8115
H
A

Cat. De Nyon 23662

HISTOIRE
ET
RECHERCHES
DES
ANTIQUITÉS
DE LA VILLE
DE
PARIS.

Par Me HENRI SAUVAL Avocat au Parlement.

TOME SECOND.

A PARIS,

Chés { CHARLES MOETTE, Libraire, rue de la Boucherie à St Alexis, près le Pont St Michel.
JACQUES CHARDON, Imprimeur-Libraire, rue du Petit-Pont, au bas de la rue St Jacques à la Croix d'or.

M. DCC. XXIV.
AVEC PRIVILEGE DU ROY.

TABLE

DES LIVRES ET DES TITRES
contenus en ce second Volume.

LIVRE SEPTIEME.

PALAIS, hotels & autres édifices publics en general. 1
Le Palais.
sa description, ses souterrains.
ses salles, ses chambres. 2. 3
faits mémorables qui s'y sont passés. 5
Le Louvre, son fondateur. 7
étymologie du mot de Louvre. 9
sa situation. 10
son plan.
rebâti par Charles V. 11
Les parties du Louvre.
basses cours.
l'artillerie. 12
le grand jardin du Louvre. 13
tours du louvre. 14
tours de la librairie. 15
la grosse tour du louvre. 16
son usage.
prisonniers. 18
le corps du chateau. 19
le grand portail. 20
l'escalier. 23
Le nouveau louvre. 25
son plan.
ornemens. 26
la face exterieure.
sa couverture. 27
l'attique.
fosses.
le grand vestibule. 28
sa description.
les dehors du louvre. 32
les dedans du louvre. 33
Tome II.

la salle des suisses 33
appartement de la reine. 34
appartement du roi. 35
la chambre de parade.
la petite gallerie, ses dehors. 37
ses dedans.
la grande gallerie. 40
l'imprimerie. 41
la monnoie. 42
salle des antiques, ses statues, ses tableaux. ibid.
Ce qui s'est passé dans le louvre de plus historique. 45
sous Philippe le Bel.
sous Philippe de Valois.
sous le roi Jean. 46
sous Charles V. 47
sous Charles VI.
sous Louis XIII & François I. 49
sous Charles IX. 50
sous Henri IV.
Noms de tous les grands seigneurs qui sont logés aux environs du louvre. 51
Le palais des Tuilleries. 52
plan du palais.
l'escalier des Tuilleries. 54
le magasin des antiques. 55
bas reliefs.
statues.
bustes. 56
jets de basses tailles. 58
mesure des chapiteaux des colonnes qui sont à l'avant portique de la rotonde.
la grande écurie. 59

a

TABLE DES LIVRES ET TITRES.

le jardin des Tuilleries.	59	comtes de Thoulouze.	111
l'écho.		comtes de Flandres.	
Jardin de Renard.	60	comtes de Champagne.	112
Le peristille ou la grande façade du Louvre.	61	Pairs ajoutés aux anciens.	113
		Ducs & Pairs d'Orleans.	115
Le cours.	62	Jean, duc de Berri.	116
Hotels des princes du sang.	63	ducs de Nemours.	118
Hotels des princes de Bourbon.	67	ducs d'Alençon.	119
Hotels des comtes de Valois & d'Alençon.	69	ducs de Longueville.	
		ducs d'Angoulême.	
Hotels des rois & reines de Navarre, de Sicile, de Boheme & d'Armenie.	75	ducs de Guise.	
		ducs de Montpensier.	120
Hotels des douze grands & anciens pairs ecclesiastiques & laïques de France, & de quelques souverains.	77	ducs d'Aumale.	
		ducs de Nevers.	
		duchesse de Valentinois.	121
des archevêques de Reims.		ducs de Chevreuse.	
des evêques de Langres.	78	duc de Beaupreau.	122
des evêques de Laon.		duc de Mercoeur.	
des evêques de Chalons.		ducs de Maïenne.	123
ducs de Bourgogne.	79	ducs de Joyeuse.	
ducs de Normandie.		ducs d'Epernon.	
Hotels de quelques souverains.	80	ducs de Retz.	124
Hotels des ambassadeurs extraordinaires, avec leur reception sous Charles VI.	83	ducs d'Elbœuf.	
		ducs de Montbazon.	
sous Charles VII.	86	ducs de la Trimoille, de Thouars.	125
sous Louis XI.	87		
sous Charles VIII.	88	duchesse de Beaufort.	
sous Louis XII.		duc de Sully.	126
sous François I.	89	comte de St Paul.	
sous Henri II.	91	duc de Dampville.	
sous Charles IX.	93	duc de Lesdiguieres.	
sous Henri III.	96	duc de Brissac.	
sous Henri IV.	99	duc de Luines.	127
sous Louis XIII.	102	duc de Bellegarde.	
sous Louis XIV.	106	duc de la Roche-guion.	
Hotels des pairs de France, anciens & nouveaux. Les six ecclesiastiques.		duc de Chaulnes.	
		duc de Richelieu.	128
archevêques de Reims.	107	Hotels des princes du sang qui n'ont point été pairs.	
evêques de Langres.			
evêques de Laon.	108	comtes de Dreux.	
evêques de Chalons.		comtes d'Evreux.	129
evêques de Beauvais.		comtes d'Alençon.	
evêques de Noyon.	109	comtes d'Angoulême.	130
Pairs de France seculiers.	ibid.	princes de Bourbon.	
ducs de Bourgogne.		Hotels des princes étrangers & autres qui n'ont point été pairs de France.	131
ducs de Normandie.	110		

TABLE DES LIVRES ET TITRES.

comtes de Bourgogne. 133	l'oratoire. 169
comtes de Boulogne.	le grand cabinet.
comtes de Mâcon.	le balcon. 171
dauphins de Viennois. 134	le rond d'eau. 172
comtes de Savoie.	Le Palais Mazarin.
ducs de Savoie. 135	l'édifice en general. 173
comtes de Bar. 136	appartemens principaux.
ducs de Lorraine.	l'écurie.
comtes de Boulogne. 137	meubles. 174
comtes d'Auxerre.	bustes, statues, tableaux. 175
ducs de Baviere. 138	la gallerie basse,
evêque de Liege.	la gallerie haute. 177
princes Ecoßois.	la bibliotheque.
fille du duc de Ferrare, femme du duc de Guise. 139	L'hotel de Nesle, ou l'hotel de Soissons. 180
duchesse de Mantoue.	L'hotel de Nesle sur le bord de la riviere. 181
marquise de Genese. 140	
comte de Nassau.	Le Petit-Bourbon. 184
comte Palatin.	L'hotel de Flandres. 190
duc de Saxe.	L'hotel de Bullion. 192
Ludovic de Nassau.	L'hotel Seguier. 194
fils du duc de Wittemberg. 141	l'escalier, appartemens. 196
duc de Parme.	les deux galleries. 197
duc de Weymar.	Portail de la maison du marquis de Bauve. 198
Hotels des connétables.	
Chancelleries, & hotels des chanceliers. 147	Remarques historiques sur l'hotel Seguier. L'hotel de Rambouillet. 199
Choses remarquables arrivées à la pompe funebre de quelques chanceliers. 150	Nouvel Hotel de Rambouillet. 200 Maison de Mr de Chateauneuf. 202
Hotels de quelques garde des sceaux.	Maison du président Tubeuf.
Hotels des chanceliers de quelques rois étrangers. 151	L'hotel de Iears. 204 Maison de Mr des Noyers. 207
Amiraux.	Le petit Bourbon. 208
Grand-maîtres. 152	L'hotel de Soissons. 211
Prevôts de Paris. 154	La maison de Lambert de Thorigni. 222
Maréchaux de France. 155	Le jardin de Thevenin. 224
Le Palais-cardinal: son inscription. 158	L'hotel Beautru. 225
sa situation. 159	L'hotel d'Emmeri.
le bâtiment.	L'hotel de Senneterre.
les appartemens. 161	L'hotel de la Vrilliere. 226
la sale de la comédie.	vestibule. 227
la couverture de la sale. 163	escaliers. 228
la gallerie de l'avant-cour. 164	la gallerie. 229
la gallerie des hommes illustres. 166	l'Andromede du Titien. 232
l'appartement de la reine. 168	Remise de carosse dans la rue de Matignon. 233
sa gallerie. 169	

TABLE DES LIVRES ET TITRES.

Hotels des grands par ordre alphabetique. 234
Palais des Rois Etrangers. 245
   des rois de Sicile. 247
   des rois de Navarre. 248
   des rois de Boheme. 250
   des rois d'Armenie. 251
   du roi de Portugal.
   du roi d'Ecosse. 252
   du roi de Pologne.
   de la reine de Suede
   du roi d'Ethiopie. 253
   des Empereurs. 254
Lieux habités par des personnes sanctifiées ou en reputation de sainteté. 254
Lieux où des Papes ont logé. 255
Hotels des Cardinaux. 257
Hotels des Archevêques. 261
Hotels des Evêques. 263
Demeure des Abbés. 265
Hotels des Prieurs. 270
Des appartemens & emmeublemens de nos rois.
   Palais des rois, & comment bâtis. 272
   appartemens de nos rois & reines. 273
   appartemens de l'hotel St Pol.
   appartement du Louvre. 274
   appartement du Palais.
   grandeur de chaque piece de tous les appartemens royaux. 275
   les dedans des maisons royales. 278
   les volieres & les oiseaux de Charles V. 282
   jardins des Rois. 283
   autres jardins. 284
   le Cours. 287
Maisons de plaisance de nos rois aux environs de Paris. 288
   celle de la premiere race.
   celle de la seconde race. 297
   celle de la troisième race. 303
Maisons de plaisance des reines. 310
Maisons de plaisance des maitresses de nos rois. 311
Palais des Thermes. 313
Tresors de nos rois.
   sous la premiere race. 314
Tresor des reines. 315
   seconde race. 317
   troisiéme race.
   François I. 319
   Henri II. 320
   Henri IV. 321
Arsenaux. 325
   ceux de la ville.
Arsenaux de nos Rois. 327
   la tour de Billy. 328
   la tour du Temple.
Autres arsenaux du roi. 329
L'Arsenal d'aujourd'hui. 330
   Le salpêtre & poudre. 331

LIVRE HUITIE'ME.

Monumens antiques & modernes de Paris. 333
Bâtimens romains. 334
Mausolées des romains. 335
Mausolées de nos premiers rois. 340
   aux Jacobins. 342
   aux Celestins.
Autres tombeaux remarquables. 343
Momies. 344
Medailles.
Fragmens des curieux en medailles à Paris. 345
Chapelles. 349
Croix.
L'Université. 352
L'Université en general. 355
   le nom de l'Université. 356
   ses vignes.
   la terre de Laas. 357
   le clos de St Etienne des Grés. 358
   le clos de l'Evêque.
   le clos Mauvoisin, ou la terre & le clos de Garlande.
   le clos Bruneau. 360
   le clos de St Symphorien & celui de Ste Geneviéve. 361

TABLE DES LIVRES ET TITRES.

le Chardonnet. 362
clos des fauxbourgs de l'Université.
fauxbourg St Victor, clos des Arenes. 363
les fauxbourgs St Jaques & St Michel.
le clos le Roi. 364
le clos des Poteries.
le clos aux Bourgeois. 365
le clos des Jacobins.
les francs Mureaux. 366
le clos St Sulpice.
le clos des Cordeliers. 367
fauxbourg St Germain.
le Pré aux Clercs.
autres vignes particulieres tant dedans que dehors l'Université. 368
autres lieux remarquables aux fauxbourgs de l'Université. 369
fauxbourg St Marceau. 370
fauxbourg St Germain.
les Eglises. 371
Fondation des Colleges de Paris : la Sorbonne. 372
de Calvi.
les Bernardins. 373
de Premontré, de Cluni, des Dixhuit, du Tresorier de Notre-Dame, d'Harcourt, des Cholets. ibid.
du Cardinal le Moine. 374
Navarre, Baïeux, Laon & de Préelles. ibid.
de Beauvais. 375
Montaigu, Narbonne, du Plessis. ib.
de Bourgogne. 376
d'Arras, des Lombards, de Tours, de Torci, dit de Lizieux. ibid.
l'Ave-Maria. 377
d'Autun, de Mignon, aujourd'hui de Grammont, de Cambrai, St Michel. ibid.
de Boncourt & de Tournai. 378
de Justice, de Boissy, de Maître-Gervais, de Dainville, de Cornouaille. ibid.
de Fortet. 379

Treguier, Leon, Kairemberc, de Reims, de Coquerel, de la Marche & de Winville. ibid.
de Sées. 380
de la Merci, du Mans, Ste Barbe, des Jésuites. ibid.
des Grassins. 381
Des Ecoles publiques. ibid.
Cimetieres & Hopitaux. 382
Palais & autres demeures remarquables. 383
Les rues. 385
Dubia, College royal. 387
L'Université, College de Beauvais. ibid.
Les Grassins. 388
College de St Michel, Pénitens. ibid.
De la Justice, des Cours souveraines & autres Jurisdictions de Paris. 388
Justice de la Ville de Paris. 391
du Parlement. ibid.
du Grand-Conseil. 393
la Chambre des Comptes. 394
la Cour des Aides. 397
des Tresoriers de France. 400
de la Cour des Monnoies. 403
des Eaux & Forêts. 404
de la Connétablie & Maréchaussée de France. 405
de l'Amirauté de France. 406
du Bailliage du Palais, du Chatelet. ibid.
de l'Election. 407
du Grenier à sel. 408
de la Chambre Royale de l'Arcenal. 408
de la Varenne du Louvre, de la Jurisdiction de l'Hotel de Ville. ibid.
les Juges Consuls. 409
les Comtes & Vicomtes de Paris. 410
Les Fiefs de Paris. 416
Fiefs de Therouenne. 417
le Louvre, le grand Chatelet. 418
l'Evêché. ibid.
autres Seigneurs & Fiefs. 420
autres fiefs ecclesiastiques inferieurs.
autres fiefs encore moindres que les

Tome II. b

TABLE DES LIVRES ET TITRES.

precedents. 421
autres sortes de fiefs. 422
petits fiefs. 423
observation sur les fiefs. 423, 424.
Table des Seigneurs qui ont droit de justice. 425
Seigneurs qui n'ont que simple fief & censive sans justice. 426
Fours. 430
Domaine & Trésor du Roi. 431
Trésor des Chartes.
Tresoriers des Chartes. 433
Les redevances sous les Rois de la premiere race. 438
sous la seconde race
sous la troisiéme race. 439
observations. 440
Autres redevances. 441
Logement des Gens de guerre. 442
Redevances forcées.
La taille. 443
Autres tailles.
Tailles des Seigneurs sur leurs sujets. 445
Hommages des grands Seigneurs, & le droit des Roses. 446
Hommages des Princes. 447
Hommages de nos Rois.
Hommages des Princesses & des Reines. 449
Cens & rentes, lods & ventes exigées de nos Rois par des particuliers. 450
Obligation d'aller à la guerre.
Guerre des particuliers, & le droit qu'ils avoient de lever du monde. 451
Guerres du Roi, & obligation de le suivre.
Obligations des gens d'Eglise de suivre le Roi à la guerre. 452
Hommes & femmes de corps.
Corvées & autres choses. 455
Droits du Roi sur les meubles de l'Evêque aprés sa mort.
Repas. 456
Autres redevances dues par les ecclesiastiques. 457
Redevances dues aux gens d'Eglise. 458

Redevances des vicaires perpetuels. 460
Redevances dues aux ecclesiastiques, chargées de peines pecuniaires. 462
Juges, épices, &c. 463
Universités, recteur, regents.
Droits du Voyer. 464
Redevances ridicules.

LIVRE NEUVIE'ME.

Les six Corps des marchands. 467
rang des corps des marchands. 468
bonnetiers instalés. 469
origine des six corps. 471
les drapiers.
les épiciers, apoticaires, sauciers & chandeliers. 472
les merciers & tapissiers. 475
les bonnetiers. 478
les orféures. 479
marchands de vin.
L'Hotel de Ville ou des Consuls. 480
Le Parloir-aux-Bourgeois dans l'Université 481
L'Hotel de Ville. 482
Assemblées. 484
Conciles.
Etats. 487
Assemblées du Clergé. 489
Academies. 490
Autre projet d'Academie par Mauduit. 494
Academie des dames savantes. 496
L'academie Royale des médailles & des inscriptions. 497
L'academie royale des sciences.
Academie de manége. 498
Academie militaire. ibid.
Academie des Peintres & des Sculpteurs. 500
Manufactures. 504
Academie de musique, academie de peinture & sculpture.
la Monnoie.
Verrerie. 505
Tixeranderie, tapisserie. 505

TABLE DES LIVRES ET TITRES. 7

LIVRE DIXIE'ME.

Les Juifs.	508
Histoire de Priscus, Juif.	509
Persecution des Juifs sous Dagobert.	511
Juifs persecutés par toute l'Europe.	
Retablissement des Juifs.	511
Persecution des Juifs sous Philippe Auguste, & de plus chassés.	512
Juifs rappellés.	513
Persecution des Juifs sous St Louis.	514
Persecution des Juifs sous Philippe le Bel.	515
Retablissement des Juifs sous Louis Hutin.	516
Fable refutée.	517
Etat assés tranquile des Juifs, avec l'histoire de Hugues Aubriot.	518
Bannissement des Juifs pour la derniere fois sous Charles VI.	520
Faits remarquables touchant les Juifs depuis ce dernier exil.	521
Les sortes de marques que l'on faisoit porter aux Juifs pour les distinguer.	522
Persecution des Juifs touchant l'usage de leur religion.	523
Touchant la conversion des Juifs.	524
Emplois honorables de quelques Juifs. Usure des Juifs.	526
Le mépris qu'on faisoit des Juifs & leur esclavage.	528
Juiveries de Paris.	529
Synagogues.	531
Cimetieres des Juifs.	532
Avantures plaisantes.	533
Heretiques, leurs attentats.	535
Attentats arrivés pour cause de la Religion.	542
Prodiges ou choses passantes pour telles, Embrasemens.	543
Marionnettes & Saltinbanques.	544
Maladies extraordinaires.	547
Monstres.	560
Hommes & femmes monstrueux.	561
Fils dénaturés.	566
Jugemens supestitieux communs à Paris.	567
Les sermens.	568
Ceremonies observées aux sermens: Sermens entre princes.	569
Sermens des grands & des peuples à nos rois.	570
Sermens détestables.	572
le fer chaud, l'eau chaude & l'eau froide.	573
l'eau chaude.	574
le fer chaud: le fromage & le pain, &c.	575
la croix.	576
Duels & combats à outrance.	577
difference des duels: formalités des duels.	580
formalités singulieres: duels ordonnés pour crimes.	582
Lieux patibulaires.	583
Des supplices, sous les Druides, sous la premiere race.	592
la roue, supplice d'être enfoui, potence.	594
lapidation, décapitation, le supplice du feu.	595
l'essorillement: des hars.	596
des oreilles, du supplice de l'eau.	597
Observations sur les supplices precedens.	598
la flagellation, empalement.	598
la roue, les personnes de qualité pendues à Montfaucon.	569
Autres lieux patibulaires: touchant l'execution de deux Templiers: le Pilori.	601
Echelles.	602
la Gréve, l'Estrapade.	603
la Bastille: la Cour du Palais. Gibets & Echelles.	604
la Croix du Tiroi.	606
la Gréve.	608
le Pilori.	609
autres lieux où l'on a fait execution.	610

TABLE DES LIVRES ET TITRES.

l'Estrapade, la Riviere. 611
Montfaucon. 612
le Pilori: autre gibet: des Martyres. 613

LIVRE ONZIEME.

Des coutumes en usage, & de leur origine. 615
Des fêtes. 617
Confrairies. 618
Obit salé & O sucré. 619
Processions. 620
Institution de certaines prieres & de quelques fêtes. 621
Scandales à certaines fêtes. 622
Lettres touchant la suppression des fêtes. 624
Coutumes abolies parmi les Ecclesiastiques. 628
Cures affermées. Investitures. 630
Voyages. 632
Suspensoires. Le Couvre-feu. 633
Breviaires publics. 634
Eglises, leur aspect. 635
 Ornemens des Eglises. 636
 Sermons & harangues. 637
Excommunications. Coutume de l'Université. Barbe. Pourceaux. 639
Paille de la chambre du Roi: lits des Chanoines de Notre-Dame: paille jonchée. 640
Coutumes abolies parmi les gens du monde. 641
Entrées des Rois. 642
Mariages des Rois. Ceremonies aux enterremens. 646

LIVRE DOUZIEME.

Spectacles & divertissemens. 649
Gages de bataille. 651
Deffis. 657

Duels en particulier. 659
 ceux qui se faisoient en faveur des Dames, ou pour faire voir son adresse. ibid.
 duel de Pierre de Massé. 661
 duels par bravoure. 662
 duels de parade. 664
 duels par vengeance. 666
 duels pour venger l'honneur des dames, fletri par paroles ou autrement. 669
 la Tombe Isoire. 674
 duels. 675
 duel de Biron & de Carency en 1586. 676
 duel de Marolles & de l'Isle Marivaux. 677
Balets & fêtes. ibid.
Les Comediens. 678
Des spectacles de Paris. 680
Le Cirque. 681
Les Tournois. 683
 tournois des particuliers. 685
 tournois pour les Ambassadeurs. 686
 tournois pour les nouveaux Chevaliers. 687
 tournois pour les mariages 688
 tournois pour le sacre, couronnement, mariage & entrée des Rois. 689
Combats sur l'eau. Carrousel. 692
Divertissemens des Parisiens. 693

LIVRE TREIZIEME.

Croisades conclues à Paris sous les differens Regnes. 697 jusqu'à 709.
Nouveaux Chevaliers, & des Ordres de Chevalerie créés à Paris. 710 jusqu'à 730.
Des anciennes Enseignes, Etendars de France, Oriflamme & Banniere de France: les Officiers & Capitaines particuliers à ce sujet, 732 jusqu'à 757.

Fin de la Table du Tome II.

HISTOIRE
ET
RECHERCHES
DES
ANTIQUITÉS
DE LA VILLE
DE
PARIS.
LIVRE SEPTIE'ME.

DES PALAIS, HOTELS, ET AUTRES
Edifices publics.

L'égard des Palais, & autres grands édifices, le Louvre fut bâti par Philippe Auguste en 1204. Le Temple l'étoit auparavant.

En 1222. subsistoit près du Louvre l'Hotel de Henri de France, troisiéme fils de Louis le Gros.

St Louis en 1232. acheta l'Hotel de Nesle, appellé maintenant l'Hotel de Soissons.

De ses freres, Alphonse, Comte de Poitiers, demeuroit à la rue d'Autriche, proche du Louvre.

Charles, Roi de Sicile, à l'Hotel St Pol, situé au bout de la rue du Roi de Sicile, & rebâti dans le siecle passé : que si Robert, Comte d'Artois, frere aîné de Charles & d'Alphonse, ne logeoit pas à la rue Pavée, certainement Robert son fils y avoir établi sa demeure.

Tome II. A

HISTOIRE ET ANTIQUITES

Robert de France, Comte de Clermont, sixiéme fils de St Louis, & tige de la Maison Royale de Bourbon, avoit son Hotel à la rue d'Autriche, au lieu où sont à present les Prêtres de l'Oratoire.

En 1303. Louis, Duc de Bourbon son fils, commença le Petit-Bourbon, que nous avons vû ruiner pour faire la face du Louvre; & de plus en 1318. il acheta encore l'Hotel du Petit-musc, tout contre la rue qui porte ce nom-là, & qui aboutit à celle de St Antoine.

Charles, Comte de Valois, second fils de Philippe le Hardi, demeuroit au bout de la rue du Roi de Sicile, & dans celle des Deux-écus : & Louis de France son frere, premier Comte d'Evreux, à la rue du Louvre.

Clemence de Hongrie, veuve & seconde femme de Louis Hutin, avoit pour demeure la maison aux Pilliers qui étoit à la Gréve, à la place même qu'occupe aujourd'hui l'Hotel de Ville.

Blanche de Navarre, seconde femme de Philippe de Valois, a eu deux Palais dans le quartier de la Ville ; l'un à la rue de Paradis, l'autre dans celle de la Tixeranderie.

Sur les ruines de trois Hotels, l'un de l'Archevêque de Sens, l'autre de l'Abbé de St Maur, & le troisiéme des Comtes d'Etampes, Charles V. éleva son Hotel Royal de St Pol, qui d'un côté regnoit depuis l'Eglise de la Paroisse, jusqu'à la rue du Petit-musc, & de l'autre jusqu'à la riviere, entre la rue du Petit-musc, & celle de St Paul.

Touchant les Ducs d'Orleans : le premier qui étoit frere de Philippe de Valois, a logé dans la rue des Bourdonnois ; l'autre frere, de Charles VI. à la rue Percée, derriere les Celestins, dans la rue du Chaume, à la rue St Antoine, & dans celle des Deux-écus.

Les Ducs d'Anjou, & de Berri, tous deux freres de Charles V. ont demeuré à la rue de la Tixeranderie, à la rue du Chaume, dans la rue du Four, près St Eustache, & à la rue St Antoine.

Charles VI. avoit son écurie à la rue du Jour.

Et enfin Charles, Roi de Navarre en 1380. occupoit deux maisons, l'une à la rue du Chaume, & l'autre à la rue de Paradis

LE PALAIS.

HUGUES Capet, lorsqu'il fut sur le Trône, ne voulut point quitter la demeure de ses peres pour la raison que je dirai, & laissa là le Palais des Thermes, où se tenoient auparavant les autres Rois. Robert son fils, ensuite qui lui succeda, le rebâtit magnifiquement, & l'on tient par tradition, qu'il fit faire encore le Palais de Vauvert, où sont maintenant les Chartreux ; que ce fut sa maison de plaisance ; qu'au reste faute d'avoir été habité par ses successeurs, des demons, à ce qu'on dit, s'en emparerent ; un entre autres appellé le diable de Vauvert, qui faisoit des hurlemens effroyables, & tourmentoit de sorte les passans, que la rue qui en est proche, fut nommée à cause de cela la rue d'Enfer, de & même la porte d'Enfer, celle de St Michel qui y conduit. Ces demons après tout y demeurerent jusqu'à ce que St Louis l'ayant accordé aux Chartreux en 1259. la presence & les prieres de ces Sts Religieux les en chasserent.

Dans l'Acte de 1269. il est nommé Palais. Voyés du Breul à *Chartreux*, à la fin ; cependant dans la charte de ce Prince, il n'est fait aucune mention de tout ceci ; mais elle porte au contraire que ce Palais avec ses dependances, étoit entouré de murailles fort hautes : du Breul, page 368.

J'ai dit, ou je dirai ailleurs que ces diables n'étoient peut-être que des voleurs : tout de même ces hurlemens, que des croassemens de corbeaux,

DE LA VILLE DE PARIS. Liv. VII.

& cris de hiboux, & d'autres oifeaux femblables, qui fe retirent d'ordinaire dans les mazures, & maifons abandonnées. Prefentement dans pas un de ces édifices, il ne refte rien de bien ancien ; de plus aucun Hiftorien contemporain ne parle, ni de ce Palais, ni de ces diables.

Pour ce qui eft du Palais, où fe tient le Parlement, je ne penfe pas non plus qu'il y foit rien demeuré des bâtimens que fit faire le Roi Robert avec cette magnificence que rapporte Helgaldus ; fi ce n'eft peut-être la Chambre de la Chancellerie, où l'on tient par tradition que St Louis confomma fon mariage ; encore deux Chapelles, l'une fur l'autre, favoir celle de la Conciergerie, qui eft la premiere, & l'autre de la Chancellerie ; & je fuis bien trompé fi les plus anciens bâtimens après ceux-là, ne font la Chambre de la Tournelle, & la Ste Chapelle, entreprife par St Louis ; le deffus de la grande falle fait par Philippe le Bel, fous la conduite d'Enguerand de Marigny ; la grande Chambre & la Chambre des Comptes, bâties par Charles VIII. & Louis XII. tout le refte a été fait, ou de ce temslà, ou du nôtre.

Le deffous de la grande falle eft bâti avec beaucoup de folidité, & portoit une falle qui paffoit pour l'une des plus grandes, & des plus fuperbes du monde ; elle étoit pavée de marbre blanc & noir, lambriffée & voutée de bois, accompagnée dans le milieu de piliers de même, tous rehauffés d'or & d'azure, & remplis des ftatues de nos Rois, reprefentés de forte que pour les diftinguer, ceux qui avoient été malheureux & faineans ;avoient les mains baffes & pendantes ; les braves au contraire & les conquerans, avoient tous les mains hautes.

A un des bouts étoit placée une Chapelle, qu'avoit fait faire Louis XI. en 1477. qu'il borda de deux colomnes, où étoit fur l'une la figure de Charlemagne, & fur l'autre celle de St Louis, pour qui il avoit beaucoup de devotion. A l'autre bout de la falle étoit dreffée une table, qui en occupoit prefque toute la largeur, & qui de plus portoit tant de longueur, de largeur, & d'épaiffeur, qu'on tient que jamais il n'y a eu de tranches de marbre plus épaiffes, plus larges, ni plus longues. Elle fervoit à deux ufages bien contraires : pendant deux ou trois cens ans, les Clercs de la Bazoche n'ont point eu d'autre theatre pour leurs farces, & leurs momeries ; & cependant c'étoit le lieu où fe faifoient les feftins Royaux, & où on n'admettoit que les Empereurs, les Rois, les Princes du fang, les Pairs de France, & leurs femmes, tandis que les autres Grands Seigneurs mangeoient à d'autres tables. Tout cela fut confumé en 1618. les uns difent que le feptiéme Mars après minuit, une étoile enflammée, large d'un pied, & haute d'une coudée, defcendit du ciel, qui y mit le feu ; d'autres en accuferent les complices de la mort d'Henri IV. qui pretendoient par ce moyen brûler le Greffe, & le procès de Ravaillac, qui les chargeoit, chacun en jugea à fa fantaifie. Un bon compagnon*, qui n'étoit pas fi grand politique, & qui fongeoit plus à faire rire, & à rire lui-même qu'à toute autre chofe, fit les vers fuivans.

Certes, ce fut un trifte jeu
Quand à Paris Dame Juftice
Pour avoir trop mangé d'épice,
Se mit le Palais tout en feu.   * Theophile.

Les marchands qui y étaloient, n'eurent pas trop fujet d'en rire, car ils perdirent pour près de trois cens mille francs de marchandife, & cela eft fi vrai que le compte qui en fut fait au jufte, montoit à deux cens quatre-vingt-dix-neuf mille quatre cens cinquante & une livres.

Depuis, cette falle a été rebâtie fous la conduite de Broffe, l'Architecte du portail St Gervais, & du Palais d'Orleans : on l'a voutée de pierres de taille, & accompagnée de piliers & de pilaſtres doriques, avec des pierres d'attente pour y élever les figures de nos Rois. Toute denuée neanmoins qu'elle eſt de ces ſtatues, peut-être eſt-elle encore la plus grande, & la plus magnifique de l'Europe.

Touchant les piliers qui ſoutiennent la voute, il y en a un qu'on appelle le gros pilier, non pas pour être plus gros que les autres; mais à cauſe que depuis une longue ſuite d'années, & même avant l'embraſement, il ſervoit de rendés-vous à un petit nombre choiſi de perſonnes celebres; & de fait preſentement on y trouve d'ordinaire encore les Patrus, & autres de grand merite que leurs ouvrages ont mis en reputation.

Cette ſalle comme auparavant, tient encore à la grand'Chambre, que tantôt on appelle la Chambre des Pairs; parce que c'eſt la Juriſdiction des Pairs de France, tantôt la Chambre dorée, à cauſe qu'elle eſt dorée d'or de ducat. C'eſt un ouvrage de Louis XII. Son bareau, & ſes lanternes ſont chargées de petites figures qui repreſentent des habits, tant des Preſidens, & des Conſeillers, que ceux des Avocats & des Procureurs du ſiecle paſſé; & que les curieux conſiderent particulierement, parce que ces vêtemens ne reſſemblent aucunement à ceux du Palais d'ajourd'hui. Son platfonds que chacun admire, eſt de bois de chêne, & tout entrelaſſé d'ogives, qui ne ſont ni ovales, ni de plein cintre, mais qui tiennent de l'un & de l'autre, & finiſſent en cul de lampe; ce ne ſont que placages; le plus gros ais des ogives ne porte pas plus d'un poulce & demi; le plus gros des pendentifs n'en a pas quatre; & toutefois les culs de lampe avancent plus d'un pied en ſaillie; le tout enſemble eſt jonché de bas reliefs, travaillés trop delicatement, repandus avec tant d'art qu'ils couvrent les joints des ais & des placages; ſi bien qu'il ſemble que chaque ogive ſoit taillée dans un ſeul ais.

Du Hancy celebre menuiſier ſous Louis XII. apporta d'Italie cette maniere de placage, que les gens du métier appellent moderne, pour la diſtinguer de la Gothique. Le lion de pierre dorée, qu'on voit au-deſſus de la porte, à genoux, la tête baiſſée, la queue entre les jambes, n'eſt là qu'afin de faire entendre que tout ce qu'il y a de grand doit s'humilier en entrant: auſſi tient-on que les lions du Trône de Salomon ſignifioient la même choſe. Et de fait lorſque le Chancelier d'Oriolle en 1475. vint à la grand'Chambre avertir le Parlement de ſe tranſporter à la Baſtille pour ouir la confeſſion du Connétable de St Paul, la Cour lui repondit que tous les Grands du Royaume, à la reſerve du Roi & du Dauphin, devoient venir au Parlement recevoir leurs Arrêts.

Les Chambres des Enquêtes, des Regîtres, de la Cour des Aides, & des Requêtes de l'Hotel que nous avons vû bâtir, ſont d'une ordonnance ſuperbe, & bien entenduë; mais depuis enrichies de figures de ſtuc, de tableaux, d'ornemens, executés comme en concurrence par les plus celebres ouvriers de notre tems. L'eſcalier ſuſpendu en l'air qui conduit à la Cour des Aides, eſt generalement eſtimé.

Les arcades qui bordent le grand degré de la Chambre des Comptes, ſont auſſi-bien conduites qu'executées: les figures de Louis XII. de la Temperance, de la Prudence, de la Juſtice, & de la Force, qu'on voit près de là, ſemblent bien deſſinées aux gens du métier. Le clocher de la Ste Chapelle, brûlé en 1630. par un plombier qui y mit le feu par hazard, paſſoit pour une des merveilles du monde: c'eſt ſur cet incendie qu'un homme d'eſprit fit une Epigramme, que quantité de perſonnes ont priſe pour une prophetie.

S'il me falloit faire le detail de toutes les belles choſes du Palais qui attirent les yeux & l'eſtime des curieux; & de même ſi j'avois à rapporter toutes les choſes memorables qui s'y ſont paſſées, pour ainſi dire, ce ne ſeroit jamais fait. On ſe contentera donc de ce que j'ai remarqué, & de ce que je vais ajouter.

DE LA VILLE DE PARIS. Liv. VII.

Un jour que les reliques de St Sanson, de St Magloire & de plusieurs autres Saints, avoient été exposées dans la Salle du Palais; comme le Maître d'Hotel d'Hugues le Grand, pere d'Hugues Capet vint pour les toucher de son bâton par mepris; aussi-tôt l'esprit lui trouble, & devenu furieux, querelle un chacun, & frape à tort & à travers; si bien qu'on fut contraint de le lier comme un demoniaque de crainte qu'il ne fit pis.

Le Roi Robert dans ce même Palais-là qu'il avoit fait rebâtir, lavant ses mains pour dîner le jour de Pâques, un pauvre aveugle le supplia de lui jetter de l'eau sur les yeux, ce qu'il fit en riant, & aussi-tôt l'aveugle vit clair : il le fit manger à sa table.

Louis le Gros y mourut en 1137. & Louis le Jeune en 1180. Jean Sansterre, Henri II. & Henri III. Rois d'Angleterre y logerent. Le dernier y fit hommage à St Louis dans le grand Jardin.

Dans ce Jardin-là-même, St Louis vêtu d'une cotte de camelot, d'un surcot de tirretaine sans manches, & d'un manteau par dessus de sandal noir y rendoit justice, couché sur des tapis, avec Joinville & d'autres, qu'il choisissoit pour Conseillers.

En 1314. Philippe le Bel fit dresser un haut dais dans la cour, & accompagné des Princes & des autres grands Seigneurs, demanda aux Deputés des principales Villes qu'il avoit fait venir, un emprunt d'une somme très-considerable pour faire la guerre à ses ennemis.

Robert de Bethune troisiéme du nom, Comte de Flandres, en 1320. fit hommage à Philippe le Long, & y maria Louis de Creci, son petit-fils, à Marguerite de France, fille du Roi.

En 1357. Marcel, Prevôt des Marchands, y assassina en presence du Dauphin, Robert de Clermont, Maréchal de France, & Jean de Conflans, Maréchal de Champagne.

En 1378. Charles IV. Empereur, logea au Palais. Après soupé, où il fut traité magnifiquement, & qu'il se fut retiré dans son appartement, Charles V. alla avec le Roi des Romains dans la chambre du Parlement, & avec eux tous les Grands d'Allemagne & du Royaume, entendre selon la coutume, un concert de musique douce. Le Duc de Berri servit les épices, & le Duc de Bourgogne le vin.

En 1383. Charles VI. victorieux des Flamans, fit élever un haut dais sur le perron du grand escalier. Là tout le Peuple lui vint crier misericorde, les hommes têtes nues & les femmes échevelées. Et enfin après une longue harangue que leur fit le Chancelier d'Orgemont; le Roi à la priere de ses oncles, changea la peine criminelle à laquelle étoient condamnés les Parisiens, à une pecuniaire, & qui fut exigée de ceux qui pendant son voyage avoient excité des seditions.

En 1400. Jean I. du nom, Duc de Bourbon, épousa au Palais Marie seconde fille du Duc de Berri. Le festin nuptial à l'ordinaire se fit dans la Grand'Salle; mais contre la coutume, les Princes du sang servirent & couvrirent les tables.

On déchira au Palais en 1401. les Bulles de l'Anti-pape Benedict; & ceux qui les avoient apportées y firent amende honorable, mitrés & vétus d'une tunique de toile, où ces Bulles & les armes de Benedict étoient peintes, renversées; & de là furent traînez dans un tombereau par les rues & les carrefours de Paris.

En 1415. non seulement l'Empereur Sigismond logea au Palais; mais de plus alla dans la Grand'Chambre y tenir l'audiance s'assit au dessus du premier President à la place du Roi, dont tout le monde murmura. Et comme on vint à plaider devant lui une cause entre un Chevalier & un Gentilhomme qui vouloit être Senechal de Baucaire; & parce que l'autre pretendoit qu'il falloit être Chevalier pour l'être, l'Empereur aussi-tôt fit aprocher le Gentilhomme, lui met une épée au côté, lui fait chausser ses eperons dorés, &

lui donne l'accolade, & en même tems dit à sa partie: La raison que vous alleguyés cesse, car il est Chevalier. Que si l'on avoit été scandalisé de ce qu'il avoit fait auparavant, on le fut encore plus de ceci; & si l'on n'osa pas s'en plaindre, c'est qu'il étoit partisan du Duc de Bourgogne, qui gouvernoit alors le Royaume: & la France n'a pû en avoir sa revanche que sous Charles VIII. Car étant à Rome, il fit donner le fouet & couper les oreilles à quelques fripons, pour apprendre qu'en qualité de Fils aîné de l'Eglise & du Roi très-Chrétien, il avoit dans la Ville, haute, moyenne & basse justice, aussi-bien que le Pape & l'Empereur.

En 1464. il se plaida une cause au Parlement entre l'Evêque d'Angers & un riche Bourgeois de son Diocese, accusé d'heresie, d'usure & d'athéisme. L'Avocat de l'Evêque n'eut pas plutôt prononcé les paroles horribles qu'il imposoit au Bourgeois, qu'aussi-tôt la chambre trembla, & une pierre tomba du plancher, sans pourtant blesser personne. Là-dessus chacun s'enfuit tout épouvanté. La cause ayant été remise au lendemain, comme on recommençoit à la plaider, la chambre vint encore à trembler plus fort que le jour d'auparavant, & même un sommier se défit & descendit de sa mortoise près de deux pieds; si bien que tout le monde ayant pris la fuite de nouveau, on ne plaida plus là que tout ne fût en bon état & reparé entierement.

En 1483. Marguerite de France, Prieure de Poissi, mourut de peste au Palais, mais d'une peste si maligne que les Chirurgiens qui l'ouvrirent en furent aussi-tôt frapés & moururent peu de jours après.

Enfin le Palais pendant six ou sept cens ans a été un lieu où se faisoient les festins de nos Rois à leur mariage, & le jour de leur entrée; où étoient régalés les Empereurs, les Rois & les Princes étrangers; en un mot où se tenoient toutes les grandes assemblées, & où se tenoient toutes les fêtes solemnelles.

Si du Palais je passe à Notre-Dame & au Louvre, sans m'arrêter à un autre Palais du Roi Robert, placé par le pere du Breul à St Nicolas des Champs; c'est qu'il n'y en a jamais eu là, & que ceux qui ont cru après cet Auteur des Antiquités de Paris, que ce Prince avoit fondé dans son Palais l'Eglise de St Nicolas des Champs, n'ont pas entendu le passage qui fait mention de la fondation de St Nicolas, & dont j'ai trouvé le premier l'explication & donné même au jeune Valois, quoiqu'il se la soit attribuée. En effet le Palais dont parle Helgardus à cet endroit-là, n'est autre que le Palais où se tient le Parlement. L'Eglise de St Nicolas que Robert y bâtit, n'est pas St Nicolas des Champs, mais bien la Ste Chapelle qui étoit dediée à St Nicolas, quand St Louis y apporta sur ses épaules la Couronne d'épine, & avant qu'il la rendît aussi magnifique que nous la voyons. Et ce fait ici est éclairci nettement par Gautier Cornut, Archevêque de Sens, comme je l'ai fait voir au jeune Valois près d'un an auparavant qu'il le fit imprimer, & s'attribuât l'honneur de cette petite decouverte avec autant de vanité que si ç'eût été celle de quelque nouveau monde.

Outre le Palais des Thermes & le Palais où se rend aujourd'hui la justice, qui ont servi de demeure à nos Rois, avant que le Louvre fût bâti, ils ont encore logé au Cloître Notre-Dame. Louis VII. reconnut lui-même en 1157. qu'il y avoit passé ses premieres années, ainsi que dans le sein de sa mere; & quoique nous ne sachions l'endroit où étoit cette Maison royale, il est certain que depuis il y alloit encore demeurer assés souvent, & sur tout en 1158. quand il ceda le Palais à Henri II. Roi d'Angleterre, car non seulement il y vint, mais encore avec lui Constance de Castille sa femme.

LE LOUVRE.

J'AI été tenté bien des fois de ne rien dire du Louvre, & même ai-je eu assés de peine de surmonter cette tentation. Car enfin les commencemens en sont si cachés, les progrès si incertains & si differens, tous les plans si souvent changés & remués, qu'il n'y a pas grand honneur à entreprendre une histoire si controversée, & ignorée tout ensemble si generalement.

Le Louvre fut commencé par Philippe Auguste; augmenté par St Louis & par Charles V.; aggrandi & reparé par François I.; abbatu depuis & rebâti par le même & par ses successeurs.

Pour le démolir on commença par sa grosse tour en 1537. Tour qui fait tant de bruit dans l'histoire & dans le monde; à qui tous les Grands du royaume venoient rendre hommage de leurs terres, & qu'ils lui rendent encore toute détruite qu'elle soit, & qu'il n'en reste pas la moindre pierre.

Outre cette Tour, ce Palais étoit environné d'un nombre presque infini d'autres tours; & de plus accompagné d'un grand jardin, de plusieurs basses-cours, & de quantité d'autres grandes pieces, dont je parlerai ailleurs.

SON FONDATEUR.

ET de fait, quant aux premieres pierres qui ont été emmenées exprès pour le bâtir, pas un de nos anciens Historiens ne nous dit le nom de celui qui les fit venir & en jetta les premiers fondemens. A l'égard de tout ce grand nombre de Savans & de Curieux qui depuis ont écrit l'Histoire de France, du Haillan, Favyn, du Chesne, tous trois modernes, sont les seuls qui en ayent parlé.

Favyn à son ordinaire, fait exprès une digression pour prouver que Childebert le bâtit proche de St Germain de l'Auxerrois. Du Haillan à la verité ne va pas si loin, mais le chemin qu'il prend n'est guere plus droit; car il se contente de dire que Philippe Auguste en est le fondateur, & que cet ouvrage fut la merveille de son siecle.

A l'égard de du Chesne, dans une Geographie manuscrite de Paris, que François son fils m'a communiquée, qu'on ne sait point quand il a été fondé; & néanmoins pretend que Louis le Gros l'entoura de murailles, afin d'y recevoir les hommages des grandes terres qui relevoient de la Couronne. Que depuis, Philippe Auguste fit élever cette tour, que Rigord appelle la Tour neuve, tant pour la seureté de ses tresors & de ses titres, que pour servir de prison aux grands Seigneurs.

Telles sont les opinions de ces trois Auteurs; & toutes trois, comme l'on voit, assés differentes & assés mal prouvées : laquelle choisir ?

D'écouter Favyn, qui remonte jusqu'à Childebert, c'est une raillerie, Gregoire de Tours, Fredegaire & Aimoyn, qui ont parlé de tous les édifices faits par Childebert, n'en disent pas le moindre mot.

L'opinion de du Haillan est si mal fondée, que tant s'en faut qu'elle soit vraie, qu'au contraire il semble que Rigord & Jean de St Victor nous ayent laissé des passages exprès pour la détruire. Et quand ils nous disent que Philippe Auguste fit faire la grosse tour du Louvre, sans difficulté s'il avoit ajouté d'autres édifices au palais, ils en auroient fait mention. Rigord sur tout, qui est bien moins Historien de ce Prince que son Panegyriste; joint que quand il appelle cette tour, la Tour neuve, sans doute il ne la nomme ainsi, qu'afin de la distinguer de quelques autres plus anciennes, bâties aux environs par les Rois d'auparavant. Maniere de distinguer en fait de bâtiment si ordinaire, qu'il s'en voit quantité d'exemples dans nos Chartes, dans notre Histoire, dans nos Ponts & nos Rues de Paris. Si bien que cela étant, nous apprenons par là que Philippe Auguste n'a point jetté les fondemens du Louvre, mais simplement qu'il l'a aggrandi, & qu'apparemment cette Tour neuve fut faite pour augmenter le nombre des tours, des corps de logis, des pavillons & des appartemens entrepris & achevés par ses predecesseurs; enfin pour servir de donjon au Château & de prison aux grands Seigneurs.

Du Chesne est presque de même avis, dans sa Geographie de Paris manuscrite. Il seroit pourtant à desirer que nous sussions de qui il a appris que Louis le Gros fit entourer le Louvre de murailles, afin d'y recevoir les hommages des grandes terres qui relevoient de la Couronne. Car de s'être contenté de dire simplement qu'il a vû une Charte plus ancienne que Philippe Auguste, où est écrit le nom de *Lupara*, peut-être est-ce celle-la même que Jaques Doublet & du Breul, tous deux Religieux de l'Ordre de St Benoît, ont transcrite dans leur Histoire du Monastere de St Denys, & dont Pierre Bonfons se sert pour prouver que le Louvre étoit bâti dès le tems de Dagobert. Dans cette Charte, qui d'ailleurs est fausse & que quelque Moine de ce Couvent a supposé, on lit à la verité le nom de *Lupara*, mais c'est de Louvres en Parisis, & non pas du Louvre qu'il s'agit-là, comme Doublet & du Breul l'ont fort bien remarqué.

Mais me dira-t-on, tout ceci n'apprend point le nom de celui qui a commencé le Louvre? Cela est vrai, aussi n'avons-nous point d'Historien ancien qui nous le fasse savoir, & personne n'en a parlé avant Rigord, Guillaume le Breton & Jean de St Victor. Les deux premiers rapportent que Ferrand Comte de Flandres, ayant été defait & pris à la bataille de Bouvines, fut mis dans la tour du Louvre par Philippe Auguste. Le dernier pretend que cette tour fût bâtie exprès pour y renfermer ce rebelle. Mais je prouverai ailleurs que ceci n'est point vrai, & ne peut l'être.

De s'enquerir maintenant si cette tour étoit acompagnée de quelques édifices; le moyen de satisfaire là-dessus quand personne n'en parle. On se doute seulement que Philippe augmenta le nombre d'autres tours plus anciennes; & le tout fondé, comme j'ai dit, sur ce que Rigord & Jean de St Victor lui donnent le nom de neuve. Conjecture pourtant qui n'est pas si meprisable, qu'outre la vrai-semblance, il ne s'y trouve de la verité; puisqu'une Philippine porte en termes exprès, qu'en 1222. le Louvre étoit un Château, qu'il en portoit le nom, & que Philippe Auguste ne voulant qu'il relevât de personne, traita avec l'Evêque & le Chapitre de Paris de l'amortissement de toutes les terres qui avoient été renfermées dans son enceinte par lui ou ses devanciers. Tellement que de ce titre on infere qu'il s'y trouvoit alors tous les appartemens avec les autres necessités & commodités dont on accompagnoit alors les Châteaux des Rois.

Jusques à Philippe Auguste, le Louvre, devant qui les Princes, les Pairs & autres Seigneurs venoient se prosterner & mettre bas leurs couronnes, avoit relevé lui-même de l'Eglise de Paris & du Prieuré de St Denys de la Chartre; aussi étoit-il dans leurs censives.

ETYMOLOGIE

ETYMOLOGIE DU MOT DE LOUVRE.

QUELQUE augufte que foit le nom de Louvre, il ne laiffe pas d'être fort varié auffi-bien dans notre Hiftoire que dans nos Chartes. Quant à nos Hiftoriens & nos Titres Latins, ils le nomment, *Lupera*, *Luppera*, *Luppara* & *Lupara*. Les autres qui fe lifent en François l'appellent, *Loure*, *Loures*, *Louvres* & *Louvre*. De tous ces noms differens, les plus ordinaires font, *Lupara* en Latin, & *Louvre* en François. J'en ai cherché long-tems la racine, fans rien trouver qui m'ait contenté. Quelques-uns croyent qu'il vient de Loup & de *Lupus*, à caufe de l'affinité que ces deux fubftantifs ont avec Louvre & *Lupara*. Les autres l'empruntent d'une certaine Ifle deferte, petite, qu'on appelle *Lipara*, qui jette feux & flammes de toutes parts ; & veulent que ce foit un mot venu d'Italie & donné au Palais avec grande raifon, puifque c'étoit dans fon enclos que nos Rois anciennement renfermoient les Princes & les autres Grands qui leur avoient été rebelles; & que c'eft toujours par les feux & les flames que les Poëtes auffi-bien que les Peintres nous font comprendre la colere des Dieux & des Rois. Et parce que du vivant de du Haillan, ouvrer fignifioit la même chofe que travailler, cet Hiftorien s'eft imaginé qu'il en étoit ainfi du tems de Philippe Augufte, & qu'on difoit alors Louvre avec une apoftrophe, au lieu de l'Ouvre ; & que là-deffus ce Prince voyant cet édifice fi fuperbe, l'avoit appellé l'Ouvre, afin d'apprendre à la pofterité que c'étoit le chef-d'œuvre & le dernier effort de l'architecture & de la magnificence.

Quelques-uns tiennent que ce nom eft le nom même du lieu où ce Palais a été bâti. Et de fait j'ai vû dans le trefor de St Thomas une Charte du mois d'Octobre 1215. qui porte que Henri Archevêque de Reims avoit fait faire de fon vivant une Chapelle à Paris dans un lieu appellé Loure ou Louvre. Cette opinion certainement eft affés vrai-femblable, & cependant je doute qu'elle foit vraie. Car comme le Saxon étoit autrefois une lange affés familiere dans le Royaume, le mot de Louvre pourroit bien en être venu.

Pour l'intelligence de ceci, il faut favoir que dans un vieux Gloffaire Latin-Saxon, Leouar y eft traduit *Caftellum* ; & de plus que les Saxons auffi-bien que tous les Allemans prononcent l'a devant l'r, de même que nous prononçons l'r devant l'e; de forte que Leouar en Saxon eft quafi la même chofe que Louvre en François, n'y ayant pas plus de difference entre eux pour la prononciation que pour l'orthographe. De forte que comme le Louvre étoit fans doute le plus beau Chateau de ce tems-là, auffi apparemment le nomma-t-on en Saxon Loure, ou Chateau par excellence ; & parce que le mot de Loure fembloit un peu rude fous la langue, avec le tems celui de Louvre beaucoup plus doux prit fa place, & s'y eft maintenu.

Ce Palais après tout, & dans notre Hiftoire & dans nos Chartes anciennes, eft prefque toujours appellé en François le Chateau du Louvre, jamais la maifon du Louvre, & jamais le Louvre feul, qu'aux dattes des Chartes qui y ont été données. Ce que je dis du mot de Louvre fe doit entendre des autres, favoir Louvres, Loures & Loure. En Latin au contraire on lui donne toutes ces differentes appellations, & même quelques autres. Guillelmus Armoricus le nomme *Arx Lupara*. La Philippine de l'année 1222. *Caftellum Lupera*. Guillaume de Nangis, *Domus Regia quæ Luperæ dicitur*. Guillaume de Chartres Jacobin & Chapelain de St Louis *Caftrum Luparæ*.

Un Titre du Trefor des Chartes de l'année 1308. *Domus Regis de Lupara*. Les autres, *Caftellum de Lupara*.

HISTOIRE DES ANTIQUITE'S

Le Continuateur de Nangis en 1322. & 28. *Lupara.* En 1331. *Domus Regia quæ dicitur Lupera.* Et en 1358. *Caſtrum de Lupara.*

De toutes ces differentes qualités attribuées au Louvre, on peut juger qu'il a ſervi autrefois de Maiſon Royale & de Citadelle tout enſemble.

SA SITUATION.

TOUCHANT la ſituation du Louvre, eu égard au but qu'on s'étoit propoſé en le fondant, qu'il pût ſervir en même tems de forctereſſe & de Palais, le lieu ſans doute paroit aſſés bien choiſi, le long d'une grande riviere comme il eſt. Cette aſſiette neanmoins en ce tems-là, étoit bien differente de ce qu'elle eſt aujourd'hui. Car enfin à preſent, on peut dire du Louvre, laiſſant à part ſa magnificence & ſa grandeur, que c'eſt un logis comme les autres, entouré de rues, des maiſons & des murs de la Ville ſans aucune artillerie, courtines ni baſtions. Tout au contraire autrefois, c'étoit un Chateau fort environné de tours, aſſis dans une grande plaine, nulles maiſons dans le voiſinage, detaché entierement de Paris & de ſes murailles qui en étoient fort loin. Si bien que les premiers de nos Rois qui l'entreprirent, vû les bornes ſi reculées & ſi étroites qui reſſeroient alors cette Capitale, n'ayant garde de ſonger qu'elle dût arriver à cette grandeur ſi étonnante, crurent ſimplement bâtir un logis de campagne, hors du bruit & du commerce, afin de s'y retirer quelquefois pour prendre l'air ; & par même moyen, en qualité de place forte, pour ſervir de deffenſe à la riviere, & tenir en bride les Pariſiens. Paris cependant depuis croiſſant peu à peu, s'approcha ſi bien du Louvre, qu'en quelque façon il l'aſſiegeoit, & neanmoins Philippe Auguſte faiſant travailler à une ſeconde enceinte, ne voulut point qu'il fût dans la Ville, & ne l'y renferma pas.

SON PLAN.

LE plan du Louvre étoit parallelogramme, s'étendoit en longueur ou profondeur, depuis la riviere juſqu'à la rue de Beauvais, & en largeur depuis la rue Froimanteau, juſqu'à celle d'Oſtriche, que nous nommons aujourd'hui la rue du Louvre. C'étoit alors une maiſon baſſe & attachée aux murs de la ſeconde clôture que Philippe Auguſte avoit entrepriſe. Si bien que de cette façon le Louvre faiſoit en même tems partie des dedans & partie des dehors de Paris ; & lui ſervoit de Palais & de Citadelle. C'eſt ainſi que devroient être placées les maiſons Royales: les Tournelles, l'Hotel St Pol, le Palais étoient ſitués de la ſorte. Quoi qu'en diſe Scamozzy, il n'en eſt pas des Princes & de leurs Palais comme du cœur: les Rois ne doivent point ſe loger dans le centre d'une Ville, de crainte d'y être inveſtis, & expoſés à la freneſie d'une populace irritée.

A ce Chateau au reſte ſitué ſi avantageuſement, manquoit une choſe bien neceſſaire, c'eſt qu'il n'étoit point iſolé, & que le derriere tenoit à des maiſons de particuliers. Dans le centre de ce grand quarré long, étoit une cour de même figure, longue de trente-quatre toiſes & demie, & large de trente-deux & cinq pieds: de plus garnie au milieu d'une tour qu'on appelloit communement la groſſe tour du Louvre. Ce Palais par dehors étoit entouré de foſſés, & d'une grande quantité de tours à trois étages, & de corps de logis à deux ; mais ſi ſimples du côté de la Cour, que toute la face reſſembloit à quatre pans de murailles percées à l'avanture de quantité de petites croisées, entassées les unes sur les autres, sans regle & sans symmetrie. Et neanmoins apparemment, étoit-il le plus superbe & le plus regulier du temps de Jean de Loris: & de fait il lui sembla si beau, qu'ayant à décrire une maison forte & magnifique, il choisit celle-ci pour modele.

REBATI PAR CHARLES V.

JE ne puis pas assurer si ce fut Philippe Auguste qui fit les jardins & les basse-cours qui environnoient le Louvre sous les regnes de Jean, de Charles V. & de leurs successeurs. Tout ce que je sai de plus certain là-dessus, est que Charles V. trouvant ce Palais trop bas le rehaussa en quelques endroits de cinq toises, en d'autres de six, & le couronna de terrasses; mais que François I. afin de le rendre plus logeable, le couvrit des mêmes combles que nous y voyons, où furent pratiqués quantité d'appartemens. Je crois même que le voyant de son tems renfermé dans la Ville, par une nouvelle clôture faite à Paris durant la prison du Roi Jean, il entreprit une longue suite de tours, qui regnoient le long de la riviere, depuis le Chateau jusqu'aux fossés de Paris, & par ce moyen rendit à son Palais, en quelque façon, cette assiette avantageuse qu'il avoit perdue par la derniere enceinte. Il fit encore plus, car il changea & remua tous les dedans, il y fit faire de nouvelles tours & de nouveaux escaliers; &, comme j'ai dit, couronna le tout de longues & larges terrasses: tellement qu'il depensa près de cinquante-cinq mille livres, tant à l'augmenter qu'à le reparer & l'embellir; & si cependant il ne jouissoit que d'un million de revenu. Son fils & ses successeurs l'entretinrent tous à l'envie. François I. outre la cour des cuisines qu'il rebâtit, le rendit si clair & si commode, que l'Empereur Charles-Quint y logea; mais enfin pour y bâtir un nouveau Palais, il ruina le corps de logis parallele aux Eglises de St Thomas & de St Nicolas, & laissa renverser le reste à ses descendans.

Voilà l'histoire du Louvre en general, venons maintenant au détail, & tâchons à faire connoître chacune de ses parties.

LES PARTIES DU LOUVRE.

BASSES-COURS.

ON apprend des regitres de la Chambre des Comptes, que chaque basse-cour avoit emprunté son nom du lieu dont elle étoit voisine: ainsi la plus proche de la rue Froimanteau, s'appelloit la Basse-court du côté de St Thomas du Louvre & de la rue Froimantel: celle d'auprès, avoit nom la Basse-court vers la riviere; quant à celles qui regnoient vers la rue du Louvre & du petit Bourbon; celle-ci se nommoit la Basse-court du côté de l'Hotel de Bourbon, & l'autre la Basse-court du côté de la rue d'Autriche: celle de la rue d'Autriche avoit huit toises de large sur 43. pieds & demi de long; la grandeur des autres m'est inconnue. Il falloit neanmoins qu'elles ne fussent pas petites; car nos Rois qui vivoient alors en bons Bourgeois, & qui par leurs baux obligeoient les fermiers à leur fournir des poulets, des chapons, du bled, & toutes les autres choses necessaires pour leur table, aussi bien que pour celle de leurs Commensaux, avoient fait faire au Louvre, & dans leurs autres maisons Royales, toutes les commodités à souhaiter pour les necessités de la vie, & même pour les superfluités.

Pour la bouche il y avoit la maison du four, la panneterie, la sausserie l'épicerie, la patisserie, le garde-manger, la fruiterie, l'échançonnerie, la bouteillerie, le lieu où l'on fait l'hypocras.

A l'égard des autres necessités, on y trouvoit la fourerie, la lingerie, la pelleterie, la lavanderie, la taillerie, le buchier, le charbonnier, de plus la conciergerie, la marechauffée, la fauconnerie, l'artillerie, outre quantité de celliers & de poullailliers ou galliniers, & autres appartemens de cette qualité.

L'ARTILLERIE.

La plus grande partie de la Basse-cour du côté de St Nicolas, & de la rue Froimanteau, étoit occupée par l'Arcenal. Charles V. ne fut pas le premier de nos Rois qui le plaça dans le Louvre, il y étoit dès le tems de Philippe Auguste, & n'en est point sorti que sous Charles IX. qui le transporta proche des Celestins: tous les Comptes du Domaine sont pleins tant des noms que des pensions de ceux qui en avoient la direction. L'artillerie, en ce tems-là, ne demandoit pas tant de soin, ni d'officiers qu'à present : aussi dans tous ces comptes n'est-il fait mention que d'un Maître & d'un Garde de l'Artillerie, d'un Artilleur ou Canonier, & enfin d'un Maître des petits engins.

Dans le compte des Baillis de France rendu en la Chambre en 1295. il est souvent parlé des cuirs, des nerfs de bœuf, & des arbalêtres gardées dans l'artillerie du Louvre.

La continuation de Nangis, & le quatre-vingt neuviéme régitre du Tresor des chartes, assurent que lorsque les Parisiens se saisirent du Louvre en 1358. ils y trouverent engins, canons, arbalêtres à tour, garrots & autre artillerie en très-grande quantité.

Dans le livre intitulé l'Auditeur des Comptes, l'auteur prouve qu'en 1411. 15. & 32. des Auditeurs furent deputés pour faire l'inventaire, tant de l'artillerie, que des meubles qui se trouveroient à l'Hotel de l'artillerie, dans la basse-court du Louvre.

Le volume de François I. fait savoir que ce Prince fit conduire d'Orleans à l'Arcenal du Louvre vingt-cinq grosses pieces de canon, avec quantité de charettes chargées de poudre & de boulets, pour mener en Picardie, contre les Anglois & les Bourguignons.

Dans la même basse-cour, au reste, dont j'ai parlé où étoit l'artillerie, chaque Officier avoit son appartement: le Maître entre-autres y étoit logé si commodement, qu'il avoit un jardin & des étuves, qu'on appelloit le Jardin & les Etuves du Maître de l'artillerie. Et parce qu'en ce tems-là l'invention de la poudre n'avoit pas encore été trouvée, pour cela en 1397. il y avoit là une chambre pour les Empenneresses, qui enpennoient les sajettes & viretons : de plus un atelier où l'on ébauchoit, tant les viretons que les flêches, avec une armoire à trois pans ou équieres, longue de cinq toises, haute de sept pieds, large de deux & demi, où étoient enfermées les côttes de maille, platers, les bacinets, les haches, les épées, les fers de lances & d'archegayes & quantité d'autres sortes d'armures necessaires pour la garnison du Louvre.

En 1391. encore, la maison où se faisoit l'artillerie étoit bâtie auprès de la rue Froimanteau, & portoit hors d'œuvre quatorze toises de long, sur quatre de large.

En 1430. on démolit un corps d'Hotel, d'un seul étage, dressé du côté de la rue St Thomas, qui servoit à l'artillerie du Roi & contenoit sept travées de longueur.

En 1412. il y avoit dans cette basse-cour une grande halle pour la poudre & l'artillerie qu'on faisoit dessous, & de plus un pavillon où l'on fondoit, nommé le Pavillon de la fonderie, couvert d'un comble en croupe ; & grand de sept toises en quarré.

Avec le tems toutes ces basse-cours ont été ruinées, ou converties à d'autres usages.

En 1530. François I. jetta tout par terre, pour faire à la place, du côté de la rue Froimanteau, celle que nous appellons la cour des cuisines : il fit aussi bâtir deux jeux de paume, du côté de la rue du Louvre en façon de baraque, l'un vis-à-vis l'Hôtel de Villeroi, & l'autre du côté du petit-Bourbon, qui avoient dans œuvre vingt-une toises & demi de long, sur sept toises deux pieds un quart de large. Outre ceci du côté de la riviere, il fit aplanir la basse-cour pour les joutes & les tournois, dont il regala la Reine Eleonor lors qu'elle arriva à Paris, & à son avenement à la Couronne. En 1535. du côté de St Thomas on travailla à des lices. De tout ce que je viens de dire là, il ne reste plus que la cour des cuisines & un triport. Du jeu de paume proche le petit Bourbon, Charles IX. en fit ce lieu qu'on appelle la Cour des marbres.

Le long de la riviere, Henri III. y fit bâtir un portique, qu'on a ruiné depuis peu, & où on a fait un jardin, nommé le petit Jardin du Louvre.

LE GRAND JARDIN DU LOUVRE.

CE jardin étoit renfermé entre les fossés du Louvre, la rue Froimanteau, celle de Beauvais & la rue d'Ostriche : le long de la rue Froimantel, il portoit six toises de longueur, sur six autres toises & cinq pieds de largeur, du côté de l'Eglise St Honoré ; de tous ces deux côtés-là il étoit revêtu de treillis d'un bout à l'autre, dont on avoit grand soin, & qu'on entretenoit curieusement ; le reste étoit semé de poirées, de pourpier, de laitues, sans les autres sortes de legumes ; & enrichi de treilles, de rosiers, de haies, de pavillons, de preaux & de tonnelles, comme étant toute la science des Jardiniers de ce tems-là, qui ne connoissoient point de plus magnifiques compartimens que les tonnelles & les pavillons : aussi les faisoient-ils entrer dans les jardins des Princes & des Rois.

Quatre pavillons alternativement ronds & quarrés, remplissoient les quatre coins ; quant à leur grandeur, il falloit qu'elle fût bien considerable, chacun étant environné de sieges, de chaises, & de marche-pieds faits de gazon, avec un preau dans le milieu.

Outre ce jardin il s'en trouvoit encore quelques autres au tour du Louvre ; car le Roi en avoit un, & la Reine aussi, mais qui n'ont pas duré jusqu'à la fin du regne de Charles VI. ce Prince en ayant fait des basse-cours.

Pour ce qui est du grand, il a subsisté près de trois cens ans entiers avec tous ses accompagnemens. Sous Charles V. on l'appelloit le Parc & le grand jardin du Louvre, afin de le distinguer des jardins du Roi & de la Reine, qui étoient attachés à leurs appartemens du côté de la riviere & de l'Eglise St Nicolas. Sous Louis XIII. il étoit nommé le vieux jardin, eu égard à un plus nouveau, qu'Henri IV. avoit fait planter le long de l'eau, où leurs Majestés venoient quelquefois se promener. Charles V. & ses successeurs ont assés bien entretenu ce vieux jardin ; mais Henri III. le gâta entierement, & Louis XIII. enfin le fit ruiner, pour continuer le principal corps de logis de ce Palais, sous la conduite de Mercier. Ce fut dans ce jardin là, qu'aux noces du Duc de Joyeuse, se firent les joutes, les tournois & les autres galanteries, dont nos Historiens nous ont laissé de si belles descriptions, & c'étoit encore dans le même jardin qu'Henri III. d'ordinaire faisoit battre ses dogues, contre ses lions & ses taureaux. La maison de ces bêtes étoit attachée à la rue Froimanteau & à ce grand jardin. Philippe de Valois les logea là en 1333. & pour ceci acheta à la rue Froimanteau une grange qui appartenoit à Geoffroi & à Jaques Vauriel.

TOURS DU LOUVRE.

AUX angles, aux faces, & en plusieurs autres endroits, tant des jardins, que des basse-cours & du Chateau du Louvre, étoient repandues avec un espece de profusion, quantité de tours & de tourelles de toutes les façons, hautes, basses, grosses, petites, rondes & quarrées, & pas une qui ne fût de pierre. J'ai même decouvert le nom de quelques unes dans les regîtres des œuvres Royaux, de la Chambre des Comptes. Il y en avoit deux, qu'on appelloit les Tours du Fer-de-cheval, ou faisant le fer de cheval, la premiere regardoit dans le grand jardin, & la derniere dans l'artillerie; pour ce qui est des autres, quelques-unes étoient nommées les tours du donjon, d'autres les tours des porteaux, quelques autres les tours des coins des basse-cours: le reste étoit la tour de l'Orgueil, la tour Jean de l'Etang la tour du Windal, la tour du Bois, la tour de l'Ecluse, la tour de l'Armoirie, la tour de la Librairie, la tour de l'Horloge, la tour de la Fauconnerie, la tour de la Taillerie, la tour du milieu devers le jardin, la tour de la grande Chapelle, la tour de la petite Chapelle, la tour de la grande chambre de la Tournelle, où est la Chambre du Conseil, la tour du coin devers le jardin, la tour du coin vers St Thomas, la tour du coin de la basse-cour par devers St Nicolas, la tour qui fait le coin sur Seine, vers Paris, la tour où se met le Roi quand on joute, la grosse tour du Louvre.

Voila bien des tours, sans doute, & des tourelles, & si ce n'est pas tout; il y en avoit encore d'autres, dont on ne sait ni le nom ni la situation; il s'en voyoit même une suite qui regnoit depuis le Chateau jusqu'à la tour neuve près du pont des Tuilleries. & du logis du grand Prevôt; & qui sembloit continuer le bâtiment du Louvre: & cela pour commander ses dehors, aussi bien que la riviere.

Toutes ces tours ne se trouvoient ni conformes ni en symmetrie qu'aux porteaux & aux angles: celles des porteaux ne montoient que jusqu'aux premier étage, & finissoient en terrasse ou platte forme; celles des angles, portoient beaucoup plus de hauteur, de plus étoient couvertes d'ardoise, & couronnées de girouettes peintes, rehaussées des armes de France.

La plûpart de celles que j'ai nommées furent employées, de la sorte que j'ai dit, par l'architecte de Philippe Auguste, & par Raymond du Temple Maître des œuvres de Charles V. & enfin, si l'on en excepte celles des angles des portes, cette autre, que par excellence, on appelloit la grosse tour du Louvre, & cette suite de tours du Louvre, depuis le Chateau jusqu'aux fossés de la troisiéme clôture de Paris, qu'avoit fait élever Charles V. tout le reste, tant dedans que dehors, avoit été fait après coup & à la hâte. Une bonne partie de ces tours, au reste, chacune avoit à part son Capitaine ou concierge, plus ou moins qualifié, selon que la tour étoit grosse, ou detachée du Louvre. Le Comte de Nevers fut nommé en 1411. Concierge de celle du Windal, le vingt Septembre. Sous Charles VI. les Capitaines de celle du bois, de l'Ecluse & de la grosse tour, furent cassés plusieurs fois.

La tour du Windal étoit placée sur le bord de la riviere, & attachée à la porte d'une des basse-cours. Celle de l'Eglise fut bâtie pour retenir l'eau des fossés. Charles VI. en 1391. y fit enprisonner Hugues de Salusses. La tour du Bois dans l'Histoire de Charles VI. est tantôt nommée la Tour du Bois, & tantôt le Chateau du Bois, & elle étoit tout vis-à-vis la tour de Nesle, entre la riviere & la basse-cour du Louvre; d'ailleurs entourée de fossés à fond de cuve, pleins de poisson,

DE LA VILLE DE PARIS. Liv. VII.

& dont on leva les bondes en 1415. le trois Fevrier, afin de donner air au poiſſon, qui étoit enſeveli ſous la glace. Pierre des Eſſarts & bien d'autres gens d'honneur y furent mis priſonniers, pendant les deſordres du regne de Charles VI. L'auteur anonyme de la chronique Latine manuſcrite de St Denys, l'appelle une Tour forte, environnée de foſſés, & bâtie près du Louvre en 1382. par Charles VI. pour donner de la terreur aux Pariſiens. Et les regîtres de la Ville portent que le même Prince, afin de fortifier le Louvre, auſſi bien que Paris contre les Anglois, commanda au Prevôt des Marchands de la faire ruiner de fond en comble.

LA TOUR DE LA LIBRAIRIE.

IL eſt aiſé de juger d'où la tour de la Librairie emprunte ſon nom; c'eſt là qu'étoient les livres de Charles V. & le lieu qu'il choiſit pour les y renfermer. Ce Prince magnifique en tout, n'oublia rien pour rendre cette Bibliothéque la plus nombreuſe, & la mieux conditionnée de ſon tems. Auſſi acheta-t-il autant de manuſcrits qu'il pût recouvrer, & tira du Palais Royal tous ceux que lui & ſes predeceſſeurs avoient amaſſés, avec non moins de dépenſe que de curioſité, qu'il fit porter au Louvre dans cette tour. Ils occuperent tant de place, que les deux derniers étages à peine leur ſuffiſoient; ſi bien que outre les bancs, les roues, les lettrins & les tablettes de la Bibliothéque du Palais, qu'on y avoit tranſportés, il falut que le Roi en fît faire encore quantité d'autres. Il ne ſe contenta pas de cela; car pour garantir ſes livres de l'injure du tems, il ferma de barreaux de fer, de fil d'archal & de vitres peintes, toutes les croiſées; & afin qu'à toute heure on y pût travailler, trente petits chandeliers & une lampe d'argent furent pendus à la voute, qu'on allumoit le ſoir & la nuit. On ne ſait point de quel bois étoient les bancs, les roues, les tablettes, ni les lettrins: il faloit neanmoins qu'ils fuſſent d'un bois extraordinaire, & peut-être même rehauſſé de quantité de moulures; car enfin les lambris étoient de bois d'Irlande, la voute enduite de ciprès, & le tout chargé de baſſes tailles. Tant que ce Prince vécut il prit plaiſir à l'entretenir & à l'augmenter; depuis elle tomba en de mauvaiſes mains, & ſon fils la negligea de ſorte, qu'aſſez près ſa mort elle fut diſſipée par Henri VI. Roi d'Angleterre. Je n'ai pû découvrir qu'un ſeul endroit où il en ſoit parlé pendant tout le regne de Charles VI. & cela dans les memoriaux de la Chambre des Comptes, où il eſt remarqué qu'en 1412. la garde des livres que le Roi avoit au Louvre & ailleurs, fut ôtée à Antoine des Eſſarts, & donnée le onziéme de Mai à Garnier de St Yon Echevin; il jouiſſoit encore de cette commiſſion en 1423. après la mort de Charles VI. car l'auteur du Livre intitulé l'Auditeur des Comptes, prouve que le onze Avril de la même année, un Auditeur des Comptes fit inventaire des manuſcrits du Louvre en preſence de ce Bibliothecaire: & les regîtres de la Chambre nous apprennent que peu de tems après, le Duc de Bethfort les acheta douze cens francs, & que cette ſomme fut donnée comptant à Pierre Thuri, Entrepreneur du Mauſolée de Charles VI. & d'Iſabeau de Baviere. On me dira ſans doute que j'ai bien fait du bruit pour une Bibliothéque de douze cens livres, & encore ſi petite: je l'avoue, mais c'eſt qu'en ce tems-là c'étoit une grande ſomme, & que l'argent étoit fort rare: que Charles V. tout magnifique qu'il fût, & Charles VI. ne jouiſſoient que d'un million de revenu; & qu'enfin avant l'Imprimerie les livres choiſis tels que ceux-ci, étoient difficiles à trouver.

LA GROSSE TOUR DU LOUVRE.

IL n'y a point de tour dont il soit tant parlé, & dans l'histoire & dans le monde, que du donjon, ou de la grosse tour du Louvre ; c'est d'elle que relevoient autrefois tous les grands fiefs, & les grands Seigneurs du Royaume. Et quoique maintenant elle ne soit plus, c'est d'elle neanmoins qu'ils relevent encore aujourd'hui ; son plan, & son nom subsiste toujours à leur égard, & c'est à ce nom & à ce plan, qu'on peut appeller son ombre, que nos Princes, & nos Ducs & Pairs viennent rendre hommage.

Non seulement elle étoit au milieu de cette grande quantité de tours & tourelles, dont j'ai fait mention ; mais même faisoit le centre de la cour du Louvre. Certainement quand je me la represente renfermée entre quatre grands corps de logis, & environnée de tant de cours, de jardins, de fossés, de murailles, de tours, & autres édifices, je ne puis m'empêcher de me plaindre d'une situation si étrange : car outre qu'elle gâtoit la cour, qu'elle obscurcissoit tous les appartemens, où l'on ne pouvoit jouir que d'un faux-jour & louche ; c'est que d'ailleurs elle blessoit la vue de tous ceux qui entroient. Cependant ce fut Philippe Auguste lui-même, l'un des plus sages Princes du monde, qui la fit bâtir en cet endroit ; soit que ce fut la coutûme alors, ou qu'il s'en avisât le premier, & si cela est : il ne le fit pas sans de bonnes raisons : l'histoire nous les a cachées, tâchons à les decouvrir. Cette tour doit encore 30. s. parisis au Chapitre de St Denys de la Chartre.

Si l'on remarque que dans cette place, la Tour se voyoit de tous les appartemens, & que les quatre portaux du Chateau, dressés au milieu de ces quatre corps de logis, lui étoient paralléles ; peut-être croira-t-on avec moi, que Philippe Auguste ne planta cette grosse masse, dans un lieu si en vûe, qu'afin qu'un objet si terrible avertit les grands Seigneurs de leur devoir, & les fit mieux ressouvenir de la fidelité, qu'ils lui avoient juré là, à moins que d'y vouloir être enfermés comme les autres rebelles.

Ainsi que la plupart des autres noms propres, le sien se trouve changé presque dans tous les Historiens ; tantôt c'est la Tour du Louvre, ainsi que Philippe Auguste la nomme en 1204. dans sa charte, dont j'ai parlé au commencement ; tantôt la Tour neuve, comme dans l'Histoire de Rigord, & celle de Jean de St Victor ; la Philippine, & Guillaume le Breton, l'appellent la forteresse du Louvre ; Louis VIII. la Tour de Paris, située près de St Thomas, dans son testament de l'année 1225. Le continuateur de Nangis, la Tour Ferrand, jadis Comte de Flandre ; & enfin est qualifiée la grosse Tour du Louvre, nom qui se lit dans le Journal de François I. manuscrit : dans les trente-deux bâtimens de Jean Androuet du Cerceau : dans la plupart des regîtres de la Chambre des Comptes ; & enfin dans nos Historiens & nos chartes modernes ; & le tout, sans doute, parce que c'étoit la plus grosse de tout ce grand Palais, & la plus considerable. Et de fait bien qu'il n'en reste plus que la memoire, les regîtres des foi & hommage de la Chambre, comme par respect, n'en parlent point autrement.

Quoique dans le Journal de François I. j'y aye lu la grosseur & la figure de cette Tour, les regîtres neanmoins de 1378. 1397. & 1527. touchant les reparations des maisons Royales, m'ont découvert tant d'autres particularités plus considerables, que toute ruinée qu'elle soit, j'espere d'en faire le plan, & l'élevation.

Premierement elle étoit ronde, & semblable à celle de la Conciergerie du Palais, sortoit du centre de la cour du Louvre ; par bas portoit treize pieds d'épaisseur, douze ensuite, sur vingt-quatre toises de circonference, & seize toises de hauteur, depuis le rez-de-chaussée, jusques sous la couverture

DE LA VILLE DE PARIS. Liv. VII.

verture, chaque étage recevoit le jour de huit croisées, chaque croisée avoit quatre pieds de haut & trois de large; d'ailleurs fermée d'un treillis de fer, & d'un chassis de fil d'archal, contenant cent quatre-vingt-deux trous. Pour ce qui est du nombre des étages, & des chambres qu'on y avoit pratiquées, c'est ce que je n'ai point decouvert, & peut-être ce sera la seule particularité, qui manquera à cette description. Un fossé d'une largeur & d'une profondeur considerable environnoit le pied de cette Tour, elle tenoit neanmoins à la cour du Louvre par un pont de pierre d'une seule arche & un pont levis, & au Château par une gallerie aussi de pierre qui aboutissoit au grand escalier du corps de logis de derriere. Sur le pignon du pont levis étoit la figure de Charles V. tenant un sceptre, haute de quatre pieds, & sculpée par Jean de St Romain, moyennant six livres huit sols parisis qu'on lui donna. Sur un des côtés du fossé, on avoit dressé un petit édifice couvert de tuiles, d'où sortoit une fontaine, & qui ne fut ruinée qu'avec la Tour en 1527. De l'autre côté étoit élevé un pavillon quarré, qu'on rasa en 1377. parce qu'il defiguroit, & embarrassoit trop la cour, dont les demolitions furent portées à l'Hotel de la petite Bretagne, & mises dans la grange. Cette Tour étoit occupée par une Chapelle, trois boulées, un puits, un retrait, & plusieurs chambres, & l'on y montoit par une grande vis ronde de pierre, fermée par bas d'une porte de fer épaisse, & garnie de quantité de serrures, & de verrouils.

Par l'épaisseur que Philippe Auguste donna à cette Tour, on peut juger qu'il la fit la plus forte qu'il pût, & la plus solide; mais on n'en doutera point, quand on saura qu'il la destinoit pour y renfermer ses finances, aussi-bien que les grands Seigneurs rebelles; joint que pour l'abbatre, comme je dirai incontinent, il fallut employer quatre mois entiers, & que sa demolition coûta deux mille cinq cens livres.

Les regîtres & les titres du Tresor des chartes de la Chambre des Comptes, sont pleins d'assignations de deniers, que nos Rois donnoient aux grands Seigneurs sur la tour du Louvre. Entre tant d'exemples que j'en ai recueillis, je me contenterai d'en citer deux, qui prouvent clairement que nos Rois, plus de trois cens ans durant, y ont mis en depôt une partie de leur épargne.

Louis VIII. qui pendant son regne avoit amassé tant d'or & d'argent en masse & en pieces, les fit toujours porter dans la tour du Louvre, & non point à celle du Temple, ainsi que la plupart de ses predecesseurs: & de crainte qu'après sa mort, il ne fut dissipé durant la minorité de son fils, le testament qu'il fit en 1225. porte: Nous laissons à celui de nos enfans, qui nous succedera; tout l'or, & l'argent monnoyé, & non monnoyé, que nous avons dans notre tour de Paris, près St Thomas; qu'il soit employé à la defense du Royaume. Voici le second exemple: Charles VI. avoit aussi accumulé, &c. J'ai mis tout ceci dans le discours des Tresors, à la fin de ce livre.

Les regîtres des Ordonnances du Parlement nous apprennent qu'en 1531. deux ans & demi après que cette tour eut été ruinée, on dressa une Ordonnance, contenant plusieurs articles sur l'institution du coffre de l'épargne au Louvre, & plusieurs commissions furent expediées aux Baillifs, Senechaux, & Prevôts du Royaume, pour y faire apporter la moitié des deniers communs des Villes de leur Jurisdiction.

Dans les regîtres des Bannieres, il se voit qu'en 1533. François I. commanda aux Administrateurs & Receveurs des deniers communs, Aides, Dons & Octrois des Villes, Places, & Chateaux du Royaume, de les porter dans son coffre du Louvre, pour être convertis, & employés aux reparations de la Frontiere.

Les regîtres des œuvres Royaux de l'année 1535. nous font savoir que les Commissaires établis sur le fait des finances, demeuroient au Louvre;

& nous informent des reparations qu'on fit à leurs appartemens. Par le compte de l'épargne rendu à la Chambre en 1540. il paroît qu'il fut payé comptant au Roi la somme de quatre cens trente-sept mille cent dix-sept livres; & que de ces deniers il en fut mis quatre cens dix-sept mille livres dans les coffres du Louvre, en presence de Neufville, Secretaire des finances, & du General Prudhomme, dont ils donnerent leurs certificats attachés sous le contre-scel des Lettres sur cette partie.

Les particularités de ce dernier exemple, nous instruisent du vrai usage des comptans, quand on met de l'argent en reserve pour les necessités du Royaume; tous les autres sont abusifs, à l'exception neanmoins des petites sommes qu'on emploie aux plaisirs & menues necessités des Rois.

PRISONNIERS.

LA grosse tour du Louvre a été funeste à trois Comtes de Flandres, Ferrand, Gui & Louis.

Ferrand non seulement est le premier de ces Comtes qui y a été enfermé; mais même c'est le plus ancien prisonnier, & comme dit le peuple celui qui l'éttrenna; enfin c'est ce rebelle insolent, qui s'étant joint à l'Empereur Othon, fut pris au Pont de Bouvines, & emmené dans une litiere, chargé des mêmes chaînes, & des mêmes fers qu'il avoit preparés pour lier & garotter Philippe Auguste son Souverain.

Nos Rois depuis, y en ont mis quantité d'autres, mais tous Princes & grands Seigneurs, & toujours pour de grandes injustices, pour des revoltes, & des crimes de leze-majesté.

Enguerrand de Couci, y fut conduit par le commandement de St Louis; aussi avoit-il fait pendre injustement trois jeunes Gentilshommes Flamands, qui étant venus pour apprendre la langue à l'Abbayie St Nicolas du Bois (*Abbatia sancti Nicolai de Bosco*) avoient poursuivi sur ses terres des lapins qu'ils avoient fait lever dans celle de cette Abbayie.

Gui Comte de Flandre en 1299. y fut emmené avec ses enfans pour avoir pris les armes contre Philippe le Bel.

Enguerrand de Marigni, accusé par ses ennemis d'avoir volé les finances du Roi, l'eut aussi pour prison.

Charles le Bel en 1322. y fit emmener Louis, Comte de Flandre & de Nevers, qui au prejudice du traité de l'an 1310. avoit obligé ses sujets à lui faire hommage.

Jean Duc de Bretagne quatriéme du nom, Comte de Richemont & de Montfort, y fut conduit par ordre de Philippe de Valois, pour avoir usurpé la Bretagne.

Le Roi Jean y fit mettre par deux fois Charles II. Roi de Navarre, quoiqu'il fût son gendre, comme ayant épousé Jeanne de France sa fille; premierement en 1354. pour avoir fait assassiner dans son lit, à Laigle en Normandie, Charles d'Espagne, Connétable de France : & depuis encore en 1356. comme ayant conseillé au Roi d'Angleterre de passer en France avec une puissante armée.

Dausere y fut mis en 1368. pour avoir entrepris de mener une armée à Henri Bâtard d'Espagne, qui vouloit declarer la guerre au Prince de Galles, sans le consentement de Charles V.

Jean de Grailli, Captal de Buc, y mourut de regret en 1375.

Sous Charles VI. les seditieux de Paris en 1413. y emprisonnerent Pierre des Essarts, aussi-bien que le Duc de Bar, frere de la Reine d'Aragon, & oncle de la Reine de Sicile; & de plus Antoine de Chabannes, Comte de Damp-martin.

Enfin Louis XI. en 1474. y fit enfermer Jean II. Duc d'Alençon, & Pair de France, qui est le dernier prisonnier de condition qui y ait été ; car depuis, nos Rois se sont presque toujours servis de la Bastille, du Bois de Vincennes, de la tour de Bourges, & du Château d'Angers.

Nos Rois, au reste, toute prison qu'elle fût, n'ont pas laissé d'y loger eux-mêmes. J'aprens des regîtres de la Chambre des Comptes, que Charles VI. y demeuroit en 1398. & qu'il fit fermer de fil d'archal les fenêtres de son appartement, à cause des oiseaux & des pigeons, qui sans cesse y entroient, & y faisoient leur ordure. Il y a grande apparence que ce ne fut pas la seule fois qu'il y logea ; car autrement ces regîtres l'auroient marqué : on croit même qu'il n'est pas le seul qui y ait logé, ce que nos Historiens n'auroient pas oublié de dire.

Cette Tour cependant, après avoir servi depuis Philippe Auguste jusqu'à François I. de Tresor de l'épargne, de demeure à nos Rois, & de prison aux grands Seigneurs, fut enfin ruinée en 1527. parce que ce ne fut qu'en ce tems-là qu'on commença à s'appercevoir qu'elle embarrassoit la cour du Louvre, & obscurcissoit tous les appartemens. Touchant cette demolition les Tresoriers de France eurent ordre d'en faire le marché, & après plusieurs rabais, fut livrée à Jean-aux-bœufs, Couvreur ordinaire du Roi, moyennant la somme de deux mille cinq cens livres, à la charge qu'il en seroit payé par le payeur des œuvres, à mesure qu'on y travailloit. Ce marché fut conclu en 1527. le vingt-huit Fevrier, & ce jour-là même les ouvriers commencerent à l'abattre, & à transporter les materiaux dans la grande place du Louvre, du côté de la riviere. Ces conditions sont couchées dans les œuvres Royaux, rendus en ce tems-la à la Chambre des Comptes par Antoine de Kerquifineni ; mais l'Auteur du Journal de François I. nous apprend qu'on employa quatre mois entiers à la ruiner : savoir depuis la fin de Fevrier jusqu'à la fin de Juin. Depuis la demolition de cette grosse masse, le lieu où elle avoit été bâtie, quoiqu'on l'eût comblé & applani plus de cent ans après, a toujours été un peu plus creux & enfoncé que le reste de la cour, & nos vieillards assurent qu'il n'y a pas trente ans que cet enfoncement a cessé ; & qu'enfin en leur jeunesse, cet endroit-là étoit toujours si bas qu'il servoit d'égoût aux eaux du Château, qui venoient s'y rendre, de sorte qu'il y avoit toujours là comme une petite marre qui ne tarissoit point. Le peuple ingenieux à se tromper, conte quantité de fables de cette tour, & non content de la faire passer pour la prison la plus obscure, & la plus affreuse qui ait jamais été au monde ; il veut encore que dans ses fondemens il y eût de profonds abymes, où nos Rois se defaisoient sans bruit de ceux, dont la punition publique auroit donné lieu à des seditions, ou servi à les rendre odieux : cet enfoncement même, qui paroissoit toujours, leur faisoit imaginer, qu'à cet endroit-là sous terre il y avoit une infinité de tours, & de retours embarrassés les uns dans les autres, qu'on n'avoit point comblés, & qu'on ne combleroit jamais.

LE CORPS DU CHATEAU.

J'AI dit que l'ancien Louvre étoit quarré-long, entouré de fossés, flanqué & environné de tours, & de tourelles : mais je n'ai point fait savoir qu'il portoit soixante & une toise, trois quarts de long, sur cinquante-huit & demi de large ; que son principal corps de logis, aussi-bien que sa principale entrée regardoient sur la riviere ; & enfin que la longueur de ce parallelogramme regnoit depuis la basse-cour du côté de St Thomas, jusqu'à celle de la rue d'Autriche. Ces decouvertes ne sont pas les seules que j'aye faites ; les regîtres de la Chambre des Comptes, ceux du Parlement, du Trefor des chartes, du Châtelet & de l'Hotel de Ville, m'ont bien fait voir d'autres chofes, fans parler de l'Hiftoire que j'ai lue exactement, non plus que des ruines, & des veftiges qui nous en reftent, & même du plan que j'en ai fait lever.

Les foffés étoient à fond de cuve, revêtus de petites pierres de taille, remplis d'eau de la riviere, & terminés d'un garde-fou, ou petite muraille à hauteur d'apui ; ceux des aîles, en dedans œuvre, avoient cinquante-fept toifes ; les autres des corps de logis foixante, & tous neanmoins quant à la largeur fi differens, que celui qui bordoit la premiere entrée, n'avoit que cinq toifes & demie ; l'autre qui tenoit au grand jardin fept toifes huit pieds ; celui de l'aîle droite fept toifes ; & le foffé de la gauche cinq toifes huit pieds.

LE GRAND PORTAIL.

LE grand Portail du Louvre n'a pas toujours été celui que nous voyons aujourd'hui : Philippe Augufte le fit faire du côté de l'eau avec une grande place vis-à-vis, qui occupoit en profondeur tout ce que le petit jardin & le quai occupent maintenant ; & pour ce qui eft de la largeur, s'étendoit jufqu'à la tour neuve, & à la rue d'Autriche. Là ce Prince avoit fait conftruire une porte, flanquée de tours & de tourelles entre la riviere & le Château, qui deffendoit l'abord du Louvre, du côté de la Ville, & qu'on appelloit la porte du Louvre, parce qu'elle conduifoit au grand Portail. Cette entrée fut toujours fort fpatieufe, comme n'ayant jamais été embarraffée d'aucune baffe-cour : fon nom dans les regîtres de la Chambre, fe trouve affés varié ; car tantôt elle eft appellée la principale entrée du Louvre, tantôt l'entrée de devers Seine, & tantôt l'entrée par devers la riviere.

Dans le milieu du corps de logis, qui regnoit le long de cette place, étoit élevé, entre deux groffes tours baffes, un grand portail couvert d'une terraffe longue de neuf toifes, & large de huit. On ne fait point de quels ornemens Philippe l'avoit accompagné ; mais il eft certain que Charles VII. l'enrichit de la figure de fon pere, & de la fienne, qu'il fit pofer dans des niches, & fculper par Philippe de Foncieres, & par Guillaume Jaffe, les meilleurs Sculpteurs de fon tems.

La feconde entrée eft encore fur pied, & comme on voit fort étroite, bordée de deux tours rondes, avec une figure de chaque côté, favoir celle de Charles V. & l'autre de Jeanne de Bourbon ; outre cela des fleurs-de-lis fans nombre dans le chef de fa premiere voute. A l'égard des deux autres corps de logis, étoit encore pratiqué un portail au milieu de même maniere ; mais je n'ai pu favoir leurs noms. Ces quatre porteaux au refte, conduifoient dans une cour longue de trente-quatre toifes & demie, fur trente-deux & cinq pieds de largeur, d'ailleurs environnée de quatre corps de logis à deux étages fous Philippe Augufte, & à quatre fous Charles V. tous éclairés de petites croifées, entaffées les unes fur les autres, à l'avanture, fans regle, ni aucune fymmetrie ; ce qui rendoit les appartemens fi obfcurs, qu'il fembloit que les Architectes de ce tems-là, fuffent auffi foigneux de chaffer le jour des logemens qu'ils conduifoient, que les nôtres le font de l'y faire entrer.

Les principaux appartemens de nos Rois, & de nos Reines, au Louvre ont toujours été placés au lieu même où nous les voyons ; & bien que la principale entrée fût à cet endroit, & que ce ne foit jamais dans la façade d'un Palais que fe retire le Prince, à caufe du grand bruit qui s'y fait d'ordinaire : la vûe neanmoins y eft fi belle, qu'en 1365. on l'appelloit le grand pavillon

DE LA VILLE DE PARIS. Liv. VII. 21

du Louvre ; & que nos Rois aussi-bien que nos Reines y logeoient presque toujours, & le preferoient aux autres appartemens qu'ils avoient dans l'autre corps de logis parallelle, qui jouissoit de l'aspect du grand jardin.

Tous les regîtres de la Chambre des Comptes, touchant les reparations des œuvres Royaux, depuis le Roi Jean jusqu'à Charles IX. font voir que les portes des principaux appartemens, étoient ornées de pratiques de Menuiserie ; que les appartemens tant du Roi & de la Reine, que des Enfans de France, étoient catelés, planchées, nattés & lambrissés de bois de chêne ; qui coutoit à mettre en œuvre huit sols parisis le millier ; de plus qu'ils avoient chacun leur Chapelle & leur galerie, & ne recevoient le jour que par de petites fenêtres, étroites & obscurcies d'un gros treillis de fer, d'un chassis de fil d'archal, & de vitres peintes de couleurs hautes, & rehaussées des armoiries de la personne qui y demeuroit.

Les Reines occupoient le premier étage, les Rois le second ; & la conformité de leur logement étoit si grande, que l'un n'avoit pas plus d'étendue que l'autre, ou même plus de membres, ni de commodités ; celui de la Reine étoit relevé de trois ou quatre marches au dessus du rès de chaussée. Sous Charles V. & ses successeurs, il fut toujours accompagné d'une grande salle & de deux Chapelles qui remplissoient entierement le premier étage du corps de logis parallelle à la rue Froimantel, & assorti dans celui qui regardoit sur la riviere d'une grande chambre de parade, d'une autre grande chambre & de quelques garde-robes & cabinets. On montoit à celui du Roi par une grande vis ronde que Charles V. avoit fait faire en 1365. à trois toises de la salle de la Reine dans le corps de logis opposé à celui qu'ils occupoient.

On fit tant de logemens dans ce Palais, que les Enfans de France, les Princes du sang & les Officiers de la Couronne, y avoient de si grands appartemens, qu'il n'y en avoit pas un où il ne se trouvât une chambre, un cabinet, une garde-robe, & une Chapelle ; & tous se degageoient dans des sales & des galeries : car on y comptoit jusqu'à six sales & quatre ou cinq galeries.

Pour ce qui est des sales, la premiere se nommoit la sale neuve du Roi, & la seconde la sale neuve de la Reine, toutes deux longues chacune de sept toises un pied & un quart, & larges de quatre toises trois pieds & demi. La troisiéme regardoit sur les jardins, & à cause de cette situation étoit appellée la salle sur les jardins. La quatriéme fut faite par St Louis, & pour cela portoit le nom de son Fondateur ; il lui avoit donné douze toises de long sur sept de large, mais comme elle tomboit en ruine sous Charles V. il la fit abbattre, & en fit faire une autre en cet endroit-là de pareille grandeur, & lui conserva son ancien nom, qu'elle a toujours eu jusqu'à ce que François I. ruina le corps de logis où elle étoit. La cinquiéme se nommoit la salle du Conseil, & consistoit en une chambre & une garde-robe qu'on appelloit la Garde-robe du Conseil de la Trappe. Mais la plus frequentée & la mieux ornée, se nommoit tantôt la Salle-basse, tantôt la grande Salle, tantôt la Salle du Guet, & tantôt la Salle par terre. Sous Charles V. elle portoit huit toises, cinq pieds & demi de long, sur cinq toises neuf pouces de large : & sous François I. sept toises un pied & un quart de long sur 4. toises 3. pieds & demi de large Charles V. la fit peindre en 1366. mais les peintures étant toutes effacées du tems de François I. elles furent renouvellées en 1514. rehaussées d'oiseaux & d'animaux qui se jouoient dans de grandes campagnes, & accompagnées de figures de cerfs. Dans cette salle Charles V. & ses successeurs recevoient & regaloient les Princes étrangers, c'étoit là qu'ils mangeoient en public & faisoient leurs grandes Fêtes. A un de ses bouts tenoit la Chapelle basse du Louvre : à l'autre Louis de France, Duc de Guyenne Fils aîné de Charles VI. fit élever en 1413. un avant portail de pierres de taille chargé de moulures, vouté & terminé d'une chambre, couverte d'une terrasse entourée d'un baluftre de pierre à claire voie,

Dans la chambre furent mises les orgues de ce Prince, & la terrasse destinée pour les joueurs d'instrumens, ou Menétriers du Roi & du Duc de Guyenne : car c'est ainsi qu'ils sont appellés dans les regîtres de la Chambre des Comptes. Dans le milieu de la face de cette salle, parallele à cet avant-portail, étoit pratiquée la principale porte de la Chapelle du Louvre. Raymond du Temple la couronna d'un grand Fronton gothique de pierre de taille, & Jean de St Romain Sculpteur eut six francs d'or, ou quatre livres seize sols parisis, pour le remplir ou lambrequiner d'une image de Notre-Dame, de deux Anges tenant deux encensoirs, & de cinq autres jouant des instrumens, & portant les armes de Charles V. & de Jeanne de Bourbon : elle avoit quatre toises & demi de large, sur huit & demi de long. Sous Charles V. son Autel étoit de marbre, & sous François I. il étoit paré de deux images de bois peintes & dorées, l'une de Notre - Dame, l'autre de Ste Anne ; mais ses murailles furent ornées en 1365. de treize figures de pierre, qui representoient chacun un Prophete, ayant un rouleau en main qui furent exécutés à l'envi par les meilleurs Sculpteurs du siecle : & dans ce tems-là fut dressé un Oratoire ou Prié-Dieu, pour le Roi, quand il se trouvoit au Service ; quoiqu'elle fut voutée, au reste, & qu'il ne portât que deux toises cinq pieds de haut, sur vingt toises quatre pieds de circonference, on ne laissa pas d'y bâtir une cheminée : enfin Jean Bernard, Charpentier, y fit en 1366. un petit clocher de menuiserie, terminé d'une tourelle, & garni d'une petite cloche. Avec tout cela Charles V. n'en fut point le Fondateur, mais le Restaurateur simplement, ainsi que de tout le reste du Louvre ; car sans doute, c'étoit Philippe Auguste qui l'avoit bâtie, & de plus elle avoit été érigée en Chapellenie par Philippe le Bel. Et de fait après la mort de Jeanne de Navarre, ce Prince ne se vit pas plutôt veuf, qu'il l'institua, & même donna dans son Louvre un appartement au Chapelain qui en avoit la direction ; de plus chargea la Prevôté de Paris de deux cens vingt cinq livres parisis pour sa nourriture, & de quarante sols pour ses habits : voulant encore que tant que lui & ses successeurs Rois logeroient dans ce Chateau, il eut la moitié, tant du pain, du vin, de la viande, que de la chandelle, & des autres necessités qu'on fournissoit alors aux Officiers commensaux de sa maison, & simplement la moitié de cette portion quand il n'y auroit que ses enfans qui y demeureroient.

Ce n'étoit pas la seule Chapelle qui fût alors au Louvre ; il y en avoit dans tous les appartemens principaux : le Roi, la Reine & les Enfans de France, en avoient chacun une attachée à leurs chambres, la plupart terminée d'un petit clocher & placée dans les tours qui flanquoient & environnoient le Chateau : dans celle du Roi, il y avoit une armoire garnie de tables & de reliques : dans celle de la Reine, un Autel, un Oratoire, & un Jubé de menuiserie, travaillé & taillé avec beaucoup d'art & de patience.

La chambre aux oiseaux, avoit neuf toises de long, sur quatre & demie de large ; en 1430. elle étoit mieux garnie & plus riche que celle du Palais de l'Hotel St Pol, des Tournelles, du Chateau de Vincennes, & de la Bastille. Des cabinets ou armoires à trois étages paroient ses murailles de haut en bas : là étoit enfermée & rangée l'argenterie du Roi, sa vaisselle d'or & d'argent, des draps d'or, des échiquiers de jaspe & de cristal, des anneaux Pontificaux, des Croix, des Crosses d'or, & toutes sortes d'ornemens de Chapelle, & paremens d'Autel, chargés de pierreries, ce qui fait dans les regîtres de la Chambre des Comptes, plusieurs listes & chapitres non moins longs qu'ennuyeux.

On ne se servoit alors ni de chaises, ni de placets, ni de sieges pliants; ces sortes de meubles si commodes n'avoient point encore été inventés. Dans la Chambre du Roi & de la Reine, il n'y avoit que des tretaux, des bancs, des formes & des faudesteuils ou fauteuils ; & pour les rendre plus

DE LA VILLE DE PARIS. Liv. VII.

superbes, les Sculpteurs en bois, les chargeoient d'une confusion de bas reliefs & de rondes bosses; les Menuisiers les entouroient de Lambris, & les Peintres les peignoient de rouge & de rosettes d'étain blanc. La chambre de parade où Charles V. tenoit ses requêtes, fut peinte de cette sorte en 1366. par Jean d'Ortiens, & parée de ces meubles & de ces ornemens par ses Charpentiers & Menuisiers. Au lieu de ces cabinets magnifiques d'Allemagne, qui parent les appartemens des Dames d'aujourd'hui, on ne voyoit alors que des buffets grands, gros, épais & chargés de basses tailles mal-travaillées.

L'ESCALIER.

LE grand Escalier, ou plutôt la grande vis du Louvre; (puisqu'en ce tems là le nom d'Escalier n'étoit pas connu;) cette grande vis, dis-je fut faite du regne de Charles V. & conduite par Raimond du Temple, Maçon ordinaire du Roi. Or il faut savoir que les Architectes des siecles passés ne faisoient point leurs escaliers ni droits, ni quarrés, ni à deux, ni à trois, ni à quatre banchées, comme n'ayant point encore été inventés; mais les tournoient toujours en rond, & proportionnoient du mieux qu'il leur étoit possible leur grandeur & leur petitesse, à la petitesse & à la grandeur des maisons. La grande vis de ce Palais, étoit toute de pierre de taille ainsi que le reste du bâtiment, & de même que les autres de ce tems là: elle étoit terminée d'une autre fort petite, toute de pierre encore & de pareille figure, qui conduisoit à une terrasse, dont on l'avoit couronnée; chaque marche de la petite portoit trois pieds de long, & un & demi de large: & pour celle de la grande, elles avoient sept pieds de longueur, sur un demi d'épaisseur, avec deux & demi de giron près de la coquille qui l'environnoit.

On voit dans les régîtres de la Chambre des Comptes, qu'elles portoient ensemble dix toises un demi pied de hauteur, que la grande consistoit en quatre-vingts-trois marches & la petite en quarante-un : elles furent faites à l'ordinaire de la pierre qu'on tira des carrieres d'autour de Paris. Et comme si pour les faire, ces carrieres eussent été épuisées, pour l'achever on fut obligé d'avoir recours au cimetiere St Innocent, & troubler le repos des morts : de sorte qu'en 1365. Raimond du Temple, conducteur de l'ouvrage, enleva vingt tombes le vingt-sept Septembre, qu'il acheta quatorze sols parisis la piece de Thibault de la Nasse, Marguillier de l'Eglise, & enfin les fit tailler par Pierre Anguerrand, & Jean Coulombel pour servir de pallier.

Nous l'avons vu ruiner en 16 quand Louis XIII. fit reprendre l'édifice du Louvre, sous la conduite d'Antoine le Mercier. Pour le rendre plus visible, & plus aisé à trouver, Maître Raimond le jetta entierement hors d'œuvre en dedans la cour, contre le corps de logis qui regardoit sur le jardin: & pour le rendre plus superbe, l'enrichit par dehors de basses tailles, & de dix grandes figures de pierre couvertes chacune d'un dais, posées dans une niche, & portées sur un pied d'estal : au premier étage de côté & d'autre de la porte étoient deux statues de deux Sergens d'armes, que Jean de St Romain, & au tour de la cage furent repandues par dehors, sans ordre ni symmetrie; de haut en bas de la coquille, les figures du Roi, de la Reine & de leurs Enfans mâles; Jean du Liege travailla à celle du Roi & de la Reine; Jean de Launay & Jean de St Romain partagerent entre-eux les statues du Duc d'Orleans & du Duc d'Anjou; Jaques de Chartres & Gui de Dampmartin, celles des Ducs de Berri & de Bourgogne : & ces

Sculpteurs pour chaque figure eurent vingt francs d'or, ou seize livres parisis. Enfin cette vis étoit terminée des figures de la Vierge & de St Jean de la façon de Jean de St Romain ; & le fronton de la derniere croisée étoit lambrequiné des armes de France, de Fleurs-de-lis sans nombre, qui avoient pour support deux Anges, & pour cimier un heaume couronné, soutenu aussi par deux Anges & couvert d'un timbre chargé de Fleurs-de-lis par dedans, Un Sergent-d'armes haut de trois pieds, & sculpé par St Romain, gardoit chaque porte des appartemens du Roi & de la Reine, qui tenoient à cet escalier: la voute qui le terminoit étoit garnie de douze branches d'orgues, & ornée dans le chef des armes de leurs Majestés, & dans les paneaux de celles de leurs Enfans, & fut travaillée, tant par le même St Romain, que par Dampmartin à raison de trente-deux livres parisis ou quarante francs d'or.

Les regîtres de la Chambre des Comptes sont si pleins d'autres choses remarquables dans l'ancien Louvre, que de les raporter, ce ne seroit jamais fait. Avant que de passer au nouveau neanmoins, je dirai en deux mots ce que sont devenus ses arcenaux, ses jardins, ses tours, ses basses-cours, ses fossés & ses corps de logis.

Les Arcenaux furent transportés près des Celestins en 1572. par Charles IX. le dix-huit Decembre.

Quant aux jardins François I. Henri III. & Henri IV. ruinerent les petits & Louis XIII. ruina le grand.

A l'égard des tours, il n'en reste plus que six, qui flanquent & bordent le seul corps de logis de l'ancien Louvre que nous voyons encore sur pied : toutes les autres ont été démolies, car la grosse tour, aussi bien que celle de la Ville, qu'on nommoit la porte du Louvre, furent renversées par François I. En abbattant les corps de logis, tout ce qui y tenoit a sauté avec eux ; le reste qui regnoit depuis la tour du bois, jusqu'à la tour ou la porte neuve, a été rasé par Henri IV.

Touchant les basses-cours, celle du côté de St Thomas tombant en ruine du tems de François I. il les fit rebâtir. Les autres ont été détruites par Charles IX. & Henri IV. pour faire la gallerie des Rois, & le petit Bourbon.

Enfin dans tout ce Palais, rien n'a été si bien conservé que les fossés : car bien que des quatre corps de logis, il n'en reste plus qu'un, les fossés qui le deffendoient ne laissant pas d'être pour la plupart aussi entiers que jamais : ceux qui tiennent aux appartemens du Roi & de la Reine & aux vieux corps de logis, sont ceux-là même que Philippe Auguste fit faire : pour les autres, celui du principal corps de logis du nouveau Louvre est peu gâté : l'autre qui separoit l'ancien Louvre d'avec le jardin, n'est qu'à moitié détruit.

Il n'en est pas de même des corps de logis ; François I. commença à les abbattre. Henri II. Charles IX. & Henri III. continuerent, Louis XIII. les imita, & je ne sai qui l'achevera. Le principal corps de logis du nouveau Louvre, n'est pas seulement bâti par dehors sur les fondemens de celui de l'aîle droite du vieux, mais même un de ses gros murs subsiste encore aujourd'hui. Clagny Architecte de François I. le trouva si bon, qu'il le fit servir à son nouvel édifice. Les Architectes d'Henri II. & de ses Enfans, ne furent pas si bons menagers, car sous le pere & Charles IX. son fils, ils ruinerent de fond en comble celui où demeurent maintenant le Roi & la Reine : pour bâtir une partie de l'aîle droite, Louis XIII. fit demolir celui qui regardoit sur le grand jardin, & l'on auroit vu jetter par terre le dernier, si le nouveau bâtiment du Louvre eut été continué ainsi qu'on avoit resolu.

François I. au reste, après avoir renversé l'aîle droite bâtie par Philippe Auguste & Charles V. ne planta sur les ruines que des projets informes

d'un

d'un très-grand deffein : Henri II. fon fils acheva ce que fon pere avoit commencé, & y joignit feulement le gros pavillon, où eft pratiquée la meilleure partie de l'appartement du Roi. Charles IX. fit conftruire une partie de l'aîle droite, & le premier étage de la petite gallerie. Henri III. conduifit cette aîle, jufqu'où finit le refte du vieux Louvre. Catherine de Medicis fit bâtir la falle des Antiques, la grande écurie, & le Palais des Tuilleries, avec fon jardin. Henri IV. fit faire le deuxiéme étage de la petite galerie & attacha fon Palais à celui des Tuilleries, par cette longue gallerie, qui regne le long de la riviere. Louis XIII. commença à continuer le principal corps de logis du nouveau Louvre. Louis XIV. & Anne d'Autriche, pendant fa Regence, y firent encore travailler, & jetterent les fondemens de l'aîle droite. On augmente à prefent l'appartement du Roi de quelques nouveaux membres, depuis la chambre nouvelle, jufqu'à la petite galerie.

Voila en deux mots l'origine, le progrès & la fin, tant de l'ancien Louvre que du nouveau, ou plutôt les trois âges du Louvre. Le premier a duré depuis Louis le Gros ou Philippe Augufte, jufqu'à Charles V. Le fecond depuis Charles V. jufqu'à François I. & le dernier depuis ce Prince, jufques à Louis XIV. qui a continué, & achevera, peut-être, la grande cour de ce fuperbe édifice. Après tout cela, neanmoins, il n'y a ni Curieux ni Architecte, qui fe puiffe vanter d'avoir decouvert le deffein du Louvre: les plans & les élevations que l'on fit fous François I. & Henri II. ont été égarés par malice, & je ne fai perfonne qui ait vu celui d'Henri IV. Tout le monde tient pour affuré que François I. & Henri II. avoient renfermé les limites de cet édifice dans une cour de foixante-quatre toifes en quarré, & dans un jardin derriere, d'une fort grande étendue, mais que Henri IV. trouvant ce deffein peu convenable à la Majefté d'un Roi de France, continua & pouffa ce bâtiment jufqu'à celui de Catherine de Medicis.

LE NOUVEAU LOUVRE.

PIERRE Lefcot Sieur de Clagny & de Clermont, Aumônier du Roi & Confeiller au Parlement, donna les deffeins du nouveau Louvre. Cet Architecte fut le premier qui bannit de la France l'Architecture Gothique, pour y introduire la belle & grande maniere d'y bâtir : & à fin qu'en lui faifant paffer les monts, elle fut reçue avec plus d'applaudiffement, il lui ouvrit l'entrée de la Cour la plus galante & la plus favante de l'Europe, & enfin la logea dans un Palais, qui n'aura pas fon pareil, fi jamais il eft achevé : & quoiqu'on n'ait pû découvrir qu'en partie le deffein qu'il fit pour le Louvre, cette petite partie, neanmoins, a été fi refpectée de nos Rois, qu'ils s'y font toujours affujettis, & l'ont fuivie ponctuellement. On me dira, fans doute, que le grand veftibule ou pavillon, qui partage en deux le principal corps de logis, eft de l'invention de Mercier, cela eft vrai; mais fi on le confidere de haut en bas, on y rencontrera par tout le caractere & la maniere de Clagny : & fi on le compare avec le pavillon du Roi, on reconnoîtra que Mercier l'a imité fi exactement qu'on ne peut pas plus, & peut être avouera-t-on en même tems qu'on ne l'auroit point ajouté à ce grand bâtiment, s'il eut fu ou pu deviner l'intention de Clagny.

SON PLAN.

AVANT que de paffer outre, je ne puis me difpenfer d'en faire le plan & l'élevation; & même il faut qu'auparavant j'avertiffe que le nouveau Louvre eft tout autrement orienté que l'ancien; puifque la principale entrée de celui-ci regardoit sur la riviere, & que celle du nouveau regnera le long de la rue du Louvre, du côté de St Germain de l'Auxerrois, vis-à-vis le petit Bourbon & l'Hotel de Longueville.

La principale cour aura en dedans œuvre soixante-quatre toises en quarré & passe pour une cour, d'autant plus extraordinaire, que la Place Royale, qui presentement est la plus grande place qu'il y ait au monde, & qu'il y ait eu jamais n'en a pourtant que septante : elle sera environnée de quatre corps de logis, & de quatre vestibules, de quatre gros pavillons & de vingt quatre petits. Les vestibules partageront en deux, dans le milieu chaque face ou corps de logis : les gros pavillons les flanqueront par dehors : les petits n'auront que peu de saillie : les uns seront attachés aux angles & aux vestibules, les autres distribués en deux, & tous de même hauteur que le corps de logis : comme eux ils seront élevés de trois étages, les vestibules & les pavillons au contraire en porteront quatre : cet étage de plus, par sa varieté, rendra l'édifice & plus diversifié & plus majestueux. Le premier étage, tant des uns que des autres, sera enrichi d'une ordonnance Corinthienne ; le second de pilastres & de colonnes Composites ; le troisiéme d'un attique chargé de basses tailles.

ORNEMENS.

LES quatre corps de logis de haut en bas seront revêtus de toutes sortes d'ornemens differens, aussi bien que ces petits pavillons : mais pour ce qui est des vestibules, ils ne passeront pas le troisiéme étage. Il a semblé à Mercier que leur quatriéme étage faisoit comme une piece détachée du corps entier de ce grand bâtiment, & pour cela il l'a voulu rehausser d'une ordonnance toute particuliere : ses trumeaux sont remplis de huit grands colosses de femmes Cariatydes, couronnés de trois frontons enchassés l'un dans l'autre, & chargés de quantité d'ornemens : des matrones Grecques, à son avis ne pouvoient être ni trop propres ni trop ajustées.

Clagny a répandu dans l'attique les demi reliefs avec tant de science, d'ordre & de confusion tout ensemble, & Goujon les a si bien sculpés & dessinés, que si ceux qui restent à faire sont aussi achevés, il n'y aura point de Palais au monde, où l'on en trouve une si grande quantité, ni si accomplis.

Les colonnes & les pilastres sont rangés dans les premiers étages, avec tant de profusion, que l'on en compte   dans le corps de logis seul, & si cet édifice magnifique est jamais achevé, on en comptera dans le premier & second étage, de la face interieure seulement plus de   sans y comprendre les petits pilastres de l'attique, ni les trente deux figures Cariatydes, qui couronneront le quatriéme étage des quatre grands vestibules. De dire que voila bien de la depense sur les murailles d'un logis, de prodiguer ainsi les colonnes, les pilastres, les bas-reliefs & tant d'autres ornemens : telle prodigalité neanmoins est plus à louer qu'à blamer, puisqu'enfin les Maisons Royales ne sauroient être par dedans, ni trop superbes ni trop riches.

LA FACE EXTERIEURE.

LA face exterieure ne sera ornée à chaque étage que d'une corniche ; il n'y aura ni basses-tailles, ni pilastres, ni colonnes; les pierres seulement en seront si bien liées & cimentées, qu'il semblera que le tout ne soit

DE LA VILLE DE PARIS. Liv. VII.

qu'une pierre, & cela afin que ce grand corps se presentant à la vûe comme une masse rude & informe, ses dehors en soient plus terribles & plus majestueux tout ensemble.

SA COUVERTURE.

TOUS ces bâtimens seront couverts d'une Mansarde, c'est un terme nouveau que depuis quelques années les Maçons ont introduit dans l'Architecture, pour nous figurer ces combles qui sont un peu plus bas, & plus plats que les combles ordinaires. Clagny est le premier qui les ait fait sortir d'Italie, & le Louvre est le premier logis où il les a fait entrer : Mansard depuis, l'un des premiers Architectes de notre siecle, les a montés sur le faîte de la plûpart des grandes maisons, qu'il a conduites ; & parce qu'il s'en est servi plus souvent que pas un, les ouvriers, à cause de cela, lui ont donné le nom de Mansarde.

L'ATTIQUE.

L'ATTIQUE a passé d'Italie en France, & au même tems, & pour le même lieu que la Mansarde ; mais les Architectes ne s'en sont pas servi si souvent ; il vient d'*Atto*, qui signifie propre & commode ; aussi n'y a-t-il rien dans les maisons des Grands qui soit ni si commode, ni si propre qu'un Attique. C'est-là qu'ils logent les Officiers & les domestiques qu'ils veulent avoir auprès d'eux, & quoique ce ne soit qu'une espece de galletas, ce sont des galletas neanmoins, où Gaston Fils de France, Duc d'Orleans, & le Cardinal Mazarin, ont été logés dans le Louvre, fort bien & fort commodement. Jamais au reste, on ne donne à l'Attique, ni tant d'ornemens ni tant d'eschauffement qu'aux autres étages, & toûjours est accompagné de petits pilastres, qui n'ont ni les proportions, ni les membres ordinaires. D'ailleurs on le termine d'une longue suite de feuilles d'Achante, & d'une corniche ; c'est de cette sorte que Brosse un des premiers Architectes de notre tems, s'est comporté au Palais d'Orleans, & le Muet à la maison de Tubeuf President des Comptes.

FOSSE'S.

CETTE grande masse doit être environnée des fossés à fond de cuve. On tient que François I. & Henri II. l'eussent terminée d'un jardin, qui auroit occupé tout ce grand espace qu'on voit derriere, couvert de maisons, d'Hotels, d'Eglises & d'Hopitaux, qui vient jusqu'au petit parterre du Palais des Tuilleries, c'est-à-dire jusques aux murailles de la Ville faites par Charles V. de la façon que les choses étoient en ce tems-là. Je ne repeterai point que Charles IX. Catherine de Medicis, Henri III. & Henri IV. ont augmenté le dessein de François I. & de Henri II. par la petite gallerie, la salle des Antiques, le jardin des Tuilleries & son Palais, la grande écurie & la grande gallerie ; mais afin que l'on sache ce qui me reste à dire & que je me propose de faire voir ici ; je veux dresser un état general des lieux de tout ce Palais.

Tous donc sont si imparfaits, qu'il n'y a rien d'achevé que le jardin des Tuilleries, la petite galerie & le gros pavillon qui flanque l'aîle droite du Chateau & son principal corps de logis : tout le reste, ou n'est pas encore commencé, ou n'est pas ébauché seulement, & forme cinq ou six grandes équierres qui s'entresuivent.

Quant aux basses-tailles de la face interieure du principal corps de logis; quelques-unes ne sont faites qu'à demi, d'autres ne le sont point du tout, & même ce n'est que depuis peu qu'on a incrusté & paré de stuc, ses plat-fonds, ses lambris & ses murailles.

Ses aîles ne sont pas en meilleur état, la droite n'est pas à moitié bâtie, & les bas-reliefs dont elle devoir être enrichie, ne sont pas tous sculpés: la gauche, outre qu'elle n'est qu'ébauchée, ni même elevée que jusqu'au premier étage, se trouve encore denuée de la meilleure partie de ses basses-tailles.

A l'egard de ses quatre vestibules, il n'y en a qu'un d'achevé. De ses vingt-quatre pavillons, on n'en voit encore que neuf, & des quatre gros, celui qui flanque l'aîle gauche ne consiste qu'en un étage, celui qui termine la droite, fut construit, comme j'ai dit par Henri II. des autres les fondemens n'en sont pas seulement jettés. En un mot la sculpture, la peinture, les stucs, les lambris, les plat-fonds, & les autres enrichissemens des dedans & des dehors de la grande gallerie, ont été souvent commencés & abandonnés: à peine Catherine de Medicis a-t-elle fait la quatriéme partie du Palais des Tuilleries, & la moitié de la grande écurie.

Enfin le dessein de ce Palais est si extraordinaire qu'en cent cinquante ans ou bien près, & sous huit Rois consecutifs, qui tous l'ont augmenté, on ne voit pourtant encore que des projets informes, de belles grandes & sublimes idées. C'est assés parlé du general, descendons au particulier.

LE GRAND VESTIBULE.

LE grand vestibule qui partage le corps de logis en deux également, est celui où les critiques remarquent plus de deffauts, & quoique les trois premiers étages sont entierement conformes à ceux du corps de logis & des aîles de la conduite de Clagny: neanmoins on ne laisse pas de se plaindre. Son quatriéme & dernier étage, disent-ils, n'est qu'une imitation & une copie de celui qui termine le gros pavillon; mais parce que Mercier l'a paré de quelques ornemens de son invention, & qu'il n'a emprunté de personne, c'est ce qui blesse les yeux de bien des gens. Premierement, on trouve étrange que ce vestibule brise le fronton des croisées qui éclairent les deux grands escaliers, & de plus qu'en quelques endroits il soit orné de demi colomnes gemellés: à quoi on répond que c'est pure imitation de Clagny, & que Mercier voulant continuer son ouvrage, avoit été forcé, malgré lui, de s'abandonner à cette mauvaise maniere. Mais pourquoi tant de scrupule, dit-on, pour un homme tel que Mercier, & sur tout dans un lieu qui d'ordinaire n'a rien de commun avec le reste de l'édifice.

Pour ce qui est des corniches qu'il a élevées par dehors, au dessus des croisées de la face exterieure, elles font un si bel effet aux yeux de tout le monde, qu'on s'étonneroit de Clagny, lui qui avoit deja conduit tout ce qui se voyoit de ce côté-là, de n'en avoir pas fait autant, si l'on ne savoir qu'autant par menage, qu'afin d'être plutôt logé, le mur de l'ancien Louvre fut conservé exprès. Ces corniches neanmoins toutes belles qu'elles soient ne laissent pas de choquer, de venir à mourir, comme elles font contre la saillie du vestibule; & que celles tant du dedans que du dehors, sont brisées par la rencontre des croisées qui éclairent & les vestibules & les escaliers.

On demeure aussi d'accord que les colonnes Ioniques qui ornent le premier étage de ce vestibule, ont quelque chose de superbe & de majestueux: mais en même tems on voudroit qu'elles l'embarassassent moins

DE LA VILLE DE PARIS. Liv. VII.

& de plus on ajoute qu'étant copiées fur celles que Michel Ange a rangé dans le Capitole, Mercier neanmoins, ne s'eft pas mis fort en peine des proportions, dont les chapiteaux portent les trois quarts du diametre de leurs colonnes, au lieu que les fiens ont un diametre entier, ce qui les fait paroître trop maffives & materielles.

Enfin on condamne abfolument la hauteur gigantefque de l'ordre Caryatide; & cependant fans confiderer que ce dernier étage n'eft encore qu'une imitation de celui du gros pavillon du Roi, & que Mercier en tous les endroits de ce nouveau corps, a cru être obligé de porter du refpect à fon predeceffeur, & d'affecter la maniere d'un auffi grand homme qu'étoit Clagny.

Pour ce qui eft des trois frontons enchaffés l'un dans l'autre, & portés fur une même corniche, c'eft encore une chofe qui bleffe la vue, & qu'on trouve de fort mauvais goût : d'ailleurs que ces Caryatides & ces frontons affomment l'attique; & qu'enfin c'eft un Geant fur un Pigmée : joint que le tout enfemble ne compofe pas cette belle & noble harmonie qui fe remarque dans le refte de l'édifice. Toutefois on ne laiffe pas d'admirer ces huit grands Termes de femmes qui rempliffent les trumeaux ; & enfin c'eft la plus fuperbe & la plus gratieufe partie de tout ce veftibule : on voit dans leurs belles têtes, je ne fai quel orgueil, qui marque de la vertu, & fent fa perfonne de qualité, on trouve leurs embraffemens très-naturels, & bien féans à des compatriotes affligées, qui tachent fe confoler & à s'entre-aider dans leurs miferes, par l'union de leurs bras & de leurs mains, leurs manches retrouffées jufques aux coudes, nous laiffent voir de gros bras ronds & potelés, leurs robes fendues nous montrent des jambes graffes & bien proportionnées à leur taille ; & leurs pieds nuds font plantés avec beaucoup de force ; leurs jupes liées & levées fi commodement, qu'elles ne leur font point à charge, ni ne les embaraffent. Ceux qui s'y connoiffent, & même les critiques avouent avec tout le monde, que quoique ces figures ayent plus de quinze pieds de haut, le racourciffement neanmoins, dans le point de vue en eft fi ingenieux, qu'elles ne paroiffent pas plus grandes que nature. Nonobftant cela, tant les gens font difficiles, on voudroit qu'elles euffent cette taille riche que toutes les plus belles Dames fouhaittent d'avoir, & qui leur manque fi fouvent ; d'ailleurs que leur draperie, bien loin d'être fi ferrée, fût un peu plus developée & plus large que leurs têtes, leurs bras, leurs jambes, & même tout le corps, n'euffent pas tant d'embonpoint, & paruffent moins materielles ; ces coloffes, à ce qu'on pretend, ont trop de maffe & de graiffe pour des Matrones Grecques, que Vitruve nous reprefente fi delicates; & qu'enfin cela eft trop groffier, pour fervir de couronnement à trois ordres de colonnes.

J'ai dit que le corps de logis, & les aîles de la cour font élevés de deux étages couronnés d'un attique, & garnis au premier & au fecond de deux ordres de colonnes & de pilaftres Corinthiens & Compofés ; mais ce que je n'ai pas dit & qu'il faut ajouter, eft qu'ils font enrichis de niches, de mafques de fceptres & de mains de Juftice, de cabaffets, de heaumes, de cornes d'abondance, de chiffres, de flambeaux, de trophées d'armes & de depouilles antiques, de bas-reliefs hiftoriques, & de têtes de lion & de cerf.

De tous ces ornemens, ceux que firent faire François I. & Henri II. furent conduits & exécutés par Goujon; les autres faits par Guerin, Vanopftal, Biftelle, & le Clair dit le Capitoli fous la conduite de Sarrazin. Le Clair a fculpé tous les chapiteaux des colonnes & des pilaftres; Biftelle & Guerin ont partagé entre-eux, & fait en concurrence tout le refte de la fculpture ; & il n'y a rien de Vanopftal, qu'un bas relief de pierre dure, au deffus de la derniere porte du premier étage du corps de logis neuf, proche de l'encoigneure de l'aîle commencée tout nouvellement, & où fe voyent deux figures, dont l'une reprefente la richeffe de la mer, & l'autre celle de la terre.

Ces ornemens ont plu à tout le monde, comme fort convenables à une Maison Royale : les devots neanmoins, bien loin d'en être satisfaits, les regardent de mauvais œil, & ne sauroient souffrir ces Dianes, ces D ces H, & ces croissants entrelassés que Clagny & Goujon ont distribués en tant d'endroits, & presque par tout ; que la posterité se fut bien passée d'apprendre par ces chiffres, que Henri II. prefera Diane de Valentinois à sa femme legitime ; que ces trophées de son adultere, érigés dans le plus magnifique Palais du monde, sont d'autant plus honteux, que sa passion n'avoit pour objet qu'une vieille ridée, une chassieuse, & qu'on nommoit les restes infames de tant d'autres. Ils se fachent aussi de voir des H, & des G. liés ensemble, sur les faces de la petite gallerie, & s'étonnent que Marie de Medicis ait eu plus d'indulgence pour ces monumens de l'amour de Henri IV. & de Gabrielle d'Estrées, que pour les autres chiffres de cette qualité qu'elle a fait biffer par tout ailleurs.

Tous ceux qui se connoissent en Architecture, trouvent que ces deux ordres de colonnes & de pilastres sont assis l'un sur l'autre avec tant de savoir & de justesse, qu'ils representent naïvement, ces grands troncs d'arbres, dont parle Scamozzi, & forment cette grande forêt qui sort du pavé & monte jusqu'au second étage. Quelques critiques tiennent qu'une ordonnance un peu plus puissante, eut été mieux proportionnée à la grandeur de ce majestueux édifice ; qu'un seul ordre dans une cour si vaste, auroit bien autrement reussi ; & qu'enfin ces deux beaux ordres de colonnes si reguliers, & mesurés si justement de chaque bout de la cour, ressemblent à des torches fort propres & fort ajustées. Avec tout cela c'est de cette ordonnance là même que les Grecs & les Romains paroient les murs de leurs Temples, aussi bien que les dehors de leurs theatres, & de leurs amphitheatres : il semble même qu'ils ne se sont jamais servi qu'une fois de cette autre ordonnance qu'on propose & que depuis, cet exemple n'a point été imité par les Anciens.

Il s'en trouve d'autres, qui regardent de travers l'ordre Composite au-dessus du Corinthien ; que c'est mettre le fort sur le foible ; que jamais les Anciens n'en sont venus là; & que c'est une temerité à des Modernes de l'entreprendre.

Les Architectes sont pour les chapiteaux, tant des colomnes que des pilastres du vieux bâtiment, & trouvent qu'ils ont un très-grand rapport avec les antiques, que leurs tigettes, & leurs volutes sont contournées avec beaucoup de grace, & qu'enfin c'est avec grande raison & grand jugement tout ensemble, que Goujon n'a pas trop recherché les traits des refentes de leurs feuilles, & que s'ils sont si gras & si bien nourris, c'est afin de les accommoder à l'œil, & à l'étendue de ce vaste édifice ; qu'au contraire les chapiteaux, tant des colomnes que des pilastres du grand vestibule, & du nouveau bâtiment, n'ont rien, ni de l'antiquité, ni du moderne ; qu'à proprement parler, ce n'est qu'une maniere moyenne, que le Clair a affecté de rendre sienne, après les avoir étudiés long-tems ; que les tigettes, à la verité, & les volutes sont proprement roulées, mais qu'autant que telle propreté plait dans un lieu renfermé d'une grandeur mediocre, autant paroît-elle defectueuse dans un lieu spatieux & ouvert ; qu'enfin les feuilles sont tournées avec autant de soin que de tendresse, les refentes recherchées avec beaucoup de peine, & fouillées même jusques dans la campane ; mais que ce n'est plus cela pour peu qu'on change de place ; que tout ce qui egayoit auparavant, & satisfaisoit la vûe, s'évanouit, & se perd au milieu de la cour : pour lors ce n'est plus que confusion ; toutes ces beautés, comme ennemies, non seulement se nuisent & se détruisent entre elles, mais rendent encore ces chapiteaux si grêles, & affamés, qu'ils n'ont rien de proportionné à l'étendue de l'édifice.

La frize de l'ordre Composite du vieux bâtiment est chargée de petits enfans qui se roulent, & se jouent ensemble, avec des festons, mais avec

DE LA VILLE DE PARIS. Liv. VII.

des atitudes si peu differentes, que d'un coup d'œil, on peut decouvrir toutes les beautés de cette longue frise. Sarazin pour éviter cette fterile repetition dans ce nouveau bâtiment, affés bien executé par Biftelle & Guerin, y fait follâtrer d'autres petits enfans de même, & encore au tour des feftons ; cependant avec tant de varieté, qu'il eft impoffible feulement d'en rencontrer deux, dont les poftures ayent quelque chofe de femblable, & pourtant toutes naturelles ; leurs yeux font rians, leurs vifages gratieux, leurs atitudes gaies, & toujours diverfifiées avec efprit. Je laiffe là les feftons & anciens & modernes, coupés avec tant de proportion & de cu-riofité, afin de donner lieu aux Savans de juger fi ce fiecle eft moins fe-cond en hommes illuftres que le precedent.

L'attique qui couronne ces deux étages, & qui jufqu'alors n'étoit point forti d'Italie, où il avoit commencé à voir le jour, femble à quelques-uns au-deffus de ces deux ordres de colonnes, trop mefquin, & trop petit ; à d'autres trop rehauffé de broderie : c'eft ainfi que par ironie, ils appellent ce bel attique, & cette belle profufion de fculpture dont il eft enrichi. Ils tiennent même que toute cette beauté d'architecture, qu'on voit dans la cour, eft ternie par tant de demi-reliefs en confufion ; que la nudité du dehors eft toute Royale, & rejouit autant la vûe, que la richeffe du dedans l'éblouit & l'embarraffe. Quelques autres au contraire prifent grandement cette maniere hiftoriée, & même l'admirent dans l'attique, auffi-bien que dans le principal efcalier, fur les voutes de fes rampes ; que ce grand amas d'ornemens convient bien aux maifons des Rois & des grands Princes : que leurs bâtimens, auffi-bien que leurs actions doivent toujours être fi-gnalées par des depenfes fuperflues.

Entre tant de bas-reliefs, au refte, qui ornent de haut en bas la face in-terieure du Louvre, il faut que je dife deux mots de celui qui termine la porte du grand efcalier, & de l'autre qui couronne l'entrée du grand tribu-nal du Louvre, qui eft la falle des gardes de la Reine Regente, puifque tout deux font du deffein de Goujon, & auffi même de fa main, & ne confiftent qu'en deux figures chacun.

Quant à celle du premier, l'Hiftoire eft reprefentée par l'une, & par l'autre la Victoire : l'Hiftoire écrit avec tant d'attention, fes yeux font fi ar-rêtés, fon front fi ferein, fes bras fi courbés, fa main fi bien couchée fur fon papier, fes doigts fi bien étendus le long de fon ftyle, fon papier fi bien appuyé fous fa main gauche, fes pieds & fon corps affis avec tant de fermeté, qu'on ne peut pas écrire, ni avec plus de facilité, ni avec plus de grace.

La Victoire de la main droite tient une branche de laurier, & de l'autre une palme, fa bouche eft petite & riante, fes yeux gais, & bien fendus, l'air du vifage doux & content, elle allonge les bras, & avance la main d'une façon non moins plaifante qu'amoureufe. De l'une auffi-bien que de l'autre, la coëfure eft bizarre & galante tout enfemble ; les plis de leurs robes faits après nature, font taillés avec une étude, & une delicateffe toute particuliere, leurs têtes font belles, leurs vifages doux : enfin toutes les parties de leurs corps, de même que leurs actions font d'une excellence qui fe fait admirer.

Touchant le premier bas relief, Claude Binet dans la vie de Ronfard, rapporte une chofe remarquable, & fort à l'avantage de ce Poëte : il dit que Clagny fe trouvant un jour au dîner de Henri II. le Roi lui demanda l'explication de quelques-unes des baffes-tailles qu'il avoit repandues fur les faces de fon Palais, & entre autres la figure de la Renommée fonnant de la trompette, qui eft épargnée dans celle-ci, il répondit que par la Renom-mée il avoit voulu figurer Ronfard, & par la trompette la force de fes vers qui portent le nom du Roi, & de la France par toute la terre.

DES DEHORS DU LOUVRE.

CHACUN admire la grande dureté & l'éclat de toutes les pierres qui ont été employées pour ce superbe édifice ; les joints en font si imperceptibles aux yeux des plus clair-voyans, qu'on ne sauroit se lasser d'admirer la curiosité de l'Architecte, & la patience des ouvriers ; en effet toutes sont si bien cimentées qu'il semble que ce grand bâtiment ne soit qu'une seule pierre, surtout le pavillon du Roi ; qui de plus, pendant près d'un siecle s'est conservé de haut en bas sans fraction, & même paroit encore aujourd'hui aussi uni, & aussi luisant que s'il étoit de marbre ; & s'il en faut croire tous les Maîtres, il durera plus que le monde. Ce qui a été admiré par quelques-uns avec tant d'excès, entre autres par Antoine Mornac, Avocat au Parlement, dans son Livre d'Epigrammes, intitulé *les Vacations*, que de tant de belles choses que les Sculpteurs & les Architectes regardoient dans le Louvre avec étonnement, celle-ci est la seule qui lui semble la plus merveilleuse, & s'il met Clagny au-dessus de tous les excellens Architectes qu'ont eu, l'Attique, la Sicile, & la Ville de Rome ; ce n'est ni l'ordonnance, ni la symmetrie de ce Palais, ni la belle proportion des colomnes Corinthiennes & Composites qu'il a élevées le long des murailles, mais seulement les pierres du grand pavillon, liées avec tant de propreté. C'est-à-dire qu'il le loue d'avoir réussi parfaitement au métier de manœuvre, & de maçon.

La même solidité que Mornac admire sur les murailles de ce pavillon, se remarque dans tout le reste du bâtiment ; cependant les dehors du Louvre plaisent bien moins à quelques-uns que les dedans. Ils disent qu'ils forment une masse trop nue, & trop grossiere, qui ne promet rien de toutes ces beautés dont on est surpris en entrant ; qu'une tromperie de cette qualité par l'opposition de deux ordonnances si contraires deplait à l'esprit ; que l'attique même par le dehors est plus désagreable, & fait un plus mauvais effet que par le dedans ; il leur semble bas, simple, & petit ; que la nudité de ses vastes trumeaux le rendent difforme, & couronne par dehors de très-mauvaise grace ce grand bâtiment si magnifique.

Avec tout cela tous les goûts sont differens : j'en connois beaucoup à qui les dehors plaisent bien davantage, ils disent que cette belle surprise dont on se plaint est toute Royale & pleine d'esprit. Leur solidité les ravit & étonne tout ensemble, & même leur represente assés bien la grandeur, & la gravité de nos Rois ; que les dehors du Palais d'un grand Prince ne sauroient être trop terribles ; que le peuple qui porte son jugement dans ses yeux, & ne voit d'ordinaire que les dehors, considere avec bien plus de veneration & de crainte son maître renfermé dans un bâtiment, dont l'ordonnance est si fiere, & si severe, qu'il prend des pavillons informes pour de bons bastions, & l'œuvre entier pour une forte citadelle, & s'imagine que d'un lieu si rude, & si majestueux, il ne part que des foudres ; que si l'ordonnance du dedans au contraire, est adoucie, pour ainsi dire, & temperée par une architecture gratieuse, c'est pour rassurer l'esprit épouvanté, & par ce moyen l'ayant tiré de cette frayeur que lui avoient donnée des dehors si menaçans, lui fait connoître que la puissance des Princes n'est terrible qu'aux méchans, & qu'autant qu'ils sont à craindre pour ceux-là, autant se montrent-ils agreables & doux aux autres qui demeurent dans le devoir ; & comme ça été le caractere de la plupart de nos Monarques, Clagny, peut-être en bâtissant le Louvre, l'a-t-il voulu faire remarquer par ses murailles.

LES

LES DEDANS DU LOUVRE.

LES dedans du Louvre ne sont, ni si riches, ni si bien concertés que les faces, & neanmoins c'est le même Maître qui les a conduits. Que si le Roi y est maintenant un peu mieux logé, que ses predecesseurs ; si l'appartement de la Reine Regente est commode, grand & magnifique, ce n'est que depuis quelques jours qu'on s'en est avisé, & qu'on y a reussi. Avec tout cela on n'a pas encore remedié à la Chambre du Roi, où en plein midi même on n'entre qu'à tâtons : obscurité d'autant plus fâcheuse qu'elle defigure la plus belle chambre qui soit au monde, & du plus grand Roi de la terre.

La salle de ses Suisses, & celle de ses Gardes du corps, remplissent les deux premiers étages de ce qui a été bâti par Henri II. Dans le corps de logis, la Reine Regente occupoit tout le premier étage du gros pavillon, & de l'aîle droite. Le Roi a pour logement ce qui est au-dessus, & de plus jouit de deux galleries, l'une qui est la petite, appellée la gallerie des Rois ; l'autre qu'on nomme la grande, & qui va aboutir au Palais des Tuilleries. Et parce que dans tous ces lieux il y a quantité de très-belles choses, il nous les faut particulariser.

LA SALLE DES SUISSES.

LA Salle des Suisses est ornée à un bout d'un petit portique chargé de quantité d'ornemens, & accompagné de quatre termes colossales cariatides de Pierre de Trossy, & à l'autre d'un parallélogramme formé de trente-deux colonnes attiques, que du Cerceau nomme le grand tribunal du Louvre, & qui sert maintenant de salle des Gardes à l'appartement de la Reine Regente.

Les termes caryatides portent   pieds de haut, & ne sont que d'une pierre chacun ; leurs coëfures & leurs cheveux viennent si bien à leur visage, qu'il ne se peut pas mieux ; leur front uni & mollement vouté, une gorge ronde & pleine, leurs yeux à fleur de tête, leurs sourcils bien rangés, leur nés aquilin, leur bouche étroite, leur menton & leurs joues rondes, nous font bien voir que Goujon s'est efforcé de representer une beauté parfaite ; surtout, il a ordonné & couché avec tant d'art & d'esprit tous les plis de leur draperie, qu'ils nous laissent decouvrir à travers, non seulement la petitesse & la rondeur de leur sein, mais encore l'embonpoint de leurs jambes, & de leurs cuisses, & de plus ce rampant imperceptible, le long duquel leur ventre monte, & se glisse insensiblement jusqu'à leur poitrine. Ces deux beaux colosses, & les plus grands du Royaume, sont à present cachés derriere un Theâtre bâti nouvellement dans cette salle. Par le marché fait en 1550. avec Goujon le cinq Septembre, ils couterent sept cens trente-sept livres tournois, à raison de quarante-six livres pour un modelle de plâtre, qu'on lui fit faire, & de quatre-vingts écus sol pour chaque figure.

Tome II.

APPARTEMENT DE LA REINE.

MARIE de Medicis pendant fa regence fit dorer une chambre dans l'appartement des Reines meres, & n'oublia rien pour la rendre la plus riche, & la plus fuperbe de fon tems : elle fut ornée d'un lambris, & d'un plafond ; on y employa un peu d'or & de peinture : Dubois, Freminet, Evrard, le Pere Bunel, tous quatre les meilleurs Peintres de ce tems-là, deployerent tout leur art, autant par émulation entre eux, que pour faire quelque chofe qui plût à cette Princeffe ; Evrard peignit les plafonds, les autres travaillerent aux tableaux qui regnent au-deffus du lambris doré, dont la chambre eft environnée : & quelques peintres Florentins, firent après nature les portraits des Heros de Medicis, qu'on voit entre ces tableaux. Chacun pour lors admira ce beau lieu, comme le dernier effort de la propreté, de la galanterie, & de la magnificence ; mais on n'eft pas demeuré long-tems dans cette erreur : prefentement nous avons une infinité de chambres bien plus riches, chés les particuliers même ; & le luxe a fait de fi grands progrès, que ce qui paffoit alors pour une merveille, n'eft pas aujourd'hui d'une beauté mediocre.

Anne d'Autriche a bien depuis encheri là-deffus ; elle a logé dans le Louvre les Reines de France, comme elles y doivent être ; fon appartement confifte en fix ou fept pieces de plein pied, rehauffées de tant de dorures, & de peintures qu'elles éblouiffent la vue : l'Autel de fon Oratoire eft orné de Jefus-Chrift mourant, de la main de le Brun, que des legions d'Anges pleurent amerement. Les murs de fon cabinet font parés de quantité de petits payfages peints par Patelle & fon fils ; ceux du pere font fi admirables, que les gens qui s'y connoiffent les appellent fon chef-d'œuvre : en effet on y voit des campagnes, & des rivieres reprefentées fi naturellement, des prés, des arbres, des bleds fi finis, des bœufs, des moutons, des bergers fi vrais, & toutes ces belles chofes font enfemble une fi belle union, qu'on tient qu'il s'eft furpaffé lui-même, & a laiffé bien loin derriere lui fes concurrens & fes rivaux.

La chambre des bains que nous avons vû faire, eft de la conduite de Jaques le Mercier ; l'or jufqu'ici avoit été employé à Fontaine-bleau, & chés quelques particuliers comme par mépris : mais là, il a été repandu avec une efpece de profufion ; fes lambris font ornés de paniers de fruits, de relief, rehauffés d'or, d'émail, & de peinture avec tant d'art, qu'ils impofent aux yeux & aux mains de ceux qui les confiderent ; fon partere, fon bain eft feulement fur fix colonnes de marbre blanc & noir, dont les bafes & les chapiteaux font de bronze dorée à feu, conduits & executés avec beaucoup de propreté veritablement, mais avec un peu de fechereffe, par Perlant. Quant au marbre des colonnes, il ne fe peut rien voir de plus varié que fon blanc & fon noir ; tantôt ils forment des nuances, tantôt des veines ; & tantôt de fi groffes pieces, les unes toutes noires, & les autres toutes blanches, & d'une figure fi bizarre, qu'il femble que ce foit des morceaux d'applique, ou pieces de rapport ; ces colonnes en un mot font d'une beauté fi exquife, qu'on les prefere au marbre Parien, & même on doute fi les Grecs & les Romains en ont jamais decouvert de pareil ; il fut deterré par hazard des fondemens de la fontaine du Parvis, & de quelques autres endroits femblables ; mais quelque rare qu'il foit, tous les pilaftres qui environnent cette chambre font encore du même marbre. Ce bel appartement regarde fur le petit jardin du Louvre, & même y eft attaché par un petit pont de bois que fit faire Marie de Medicis, pendant fa regence que les medifans de fon tems appelloient le Pont-d'amour : le Duc de Sully

DE LA VILLE DE PARIS. Liv. VII. 35

écrit qu'il fut abbatu après la mort du Maréchal d'Ancre, & depuis a été rebâti pour la commodité de ce logement.

A cet appartement si superbe, dont je viens de parler, on en a depuis joint un autre encore plus magnifique. Il est de plein pied à celui-ci, & occupe le dessous de la petite Gallerie. La Salle des Gardes, qui sert à l'un, sert aussi à l'autre. On y entre par un grand Salon qu'on acheve, & qui conduit à cinq autres pieces de suite, voûtées, peintes à fresque par François Romanelli, l'un des plus gracieux Peintres du tems, & rehaussées de figures, de bas reliefs & de quantité d'autres ornemens de stuc, conduits par Anguier, Sculpteur excellent & le meilleur stuccateur du siecle.

Ce nouvel appartement jouit de la vûë tant de la riviere, que du Pontneuf, du Pont au change & de la Place Dauphine; & jouit au reste de tous ces grands objets si agreablement, que quand ils auroient été faits exprès pour le plaisir de ce logement, ils ne pourroient pas mieux être placés : Et enfin le rendent si accompli, qu'il passe pour un des plus achevés du monde.

APPARTEMENT DU ROI.

BIEN que l'Appartement du Roi consiste en une Salle des Gardes fort vaste, en une grande Anti-chambre, une très-belle Chambre de parade, une autre à alcove & en un grand Cabinet : de plus que tous ces départemens se déchargent par un superbe Salon dans deux Galleries; ils sont neanmoins si mal ordonnés, qu'on ne peut pas dire que le Roi soit logé commodément. La dorure, la sculpture & la peinture n'y ont point été épargnées. Les Peintres & les Sculpteurs les plus estimés du Royaume, y ont déployé tout leur savoir, & sur tout ont triomphé dans la petite Gallerie & la Chambre de parade.

LA CHAMBRE DE PARADE.

LA Chambre de parade est une chambre vraiment royale. Les Curieux & les Musiciens la trouvent si accomplie, que non seulement ils la nomment la plus belle chambre du monde, mais pretendent qu'en ce genre, c'est le comble de toutes les perfections dont l'imagination se puisse former une idée. Aussi ne conviennent-ils pas entre eux du nom de celui qui en a donné le dessein. Les uns veulent que ce soit Clagny; les autres tiennent que c'est François Primatiche, Abbé de St Martin, Intendant des bâtimens. Rolland Maillard, Biart Grand-pere, les Hardouyns, Francisque & maître Ponce, ont contribué à la perfection de cette chambre. Ils se sont efforcés à l'envi de bien dessiner & finir tous les ornemens qu'ils ont sculpés sur les plafonds, les lambris, les portes & les embrasemens des croisées; & de plus n'ont rien oublié pour garantir ces belles choses de la corruption, afin de se rendre immortels par la durée d'un si merveilleux ouvrage. Le bois en est si bien preparé, que depuis un siecle, il est encore aussi sain que s'il venoit d'être mis en œuvre. Il est joint & enclavé avec tant d'industrie, qu'on le démonte & nettoie, quand il est terni par la poussiere. Le plafond n'est point offusqué d'une confusion de ces peintures, de ces stucs, ni de ces renfoncemens mal placés, dont nos modernes gâtent les plus belles chambres, & dont ils fascinent les yeux du peuple & des simples. On n'y a point fait entrer d'autre matiere que du tillau & du noyer, peints avec du vernis & de la colle, & rehaussés avec de l'or moulu ; & cette colle & cet

Tome II. E ij

or, ont été couchés & disposés d'une façon si ingenieuse & si extraordinaire, qu'il semble de prime abord que ce plafond soit une grande piece de bronze, où l'on ait épargné tous les enrichissemens que chacun admire. Il consiste en plusieurs compartimens ronds, quarrés-longs, ordonnés avec beaucoup d'esprit & de symmetrie ; mais sur tout si bien proportionnés au lieu & à la vûë, qu'il ne se peut rien voir en ce genre, ni de plus savant, ni de mieux conçu & executé. Du centre sortent les armoiries de France, foulant un grand monceau de casques, d'épées, de lances, de masses, de coutelas, de piques, embarrassées les unes dans les autres, avec autant d'ordre que de confusion. De toutes parts, ce ne sont que boucliers, cuirasses, épieux, corcelets, hallebardes, trophées, qui semblent rendre hommage à ces fleurs-de-lys victorieuses. Ces armes sont de tous les siecles, de toute taille, de tout âge & de toutes formes ; délicates, grossieres, belles, extravagantes, & chargées de basses-tailles pincées & bien finies. Les portes, les lambris & les embrasemens des croisées, sont de la même force, de la même maniere, & enrichis des mêmes ornemens. A la verité les gens du métier disent que les basses-tailles qu'on voit aux embrasemens des croisées qui regardent la riviere, ne sont pas si nettes que les autres ; mais en revanche, ils admirent aux portes le dessein & la tendresse des demi-reliefs : les uns y considerent avec étonnement deux viperes, leurs écailles sont si délicates & si serrées, leurs corps si grêle & si naturel, que les Savans pretendent que pour rendre un ouvrage si achevé, il ne faut pas avoir vû seulement quantité de viperes, mais les avoir tournées & maniées bien des fois. D'autres ne sauroient se lasser de contempler deux Centaures qui galopent, aussi-bien que deux Neptunes qui domptent des chevaux marins. Ils y admirent le caprice & l'invention du Sculpteur, qui leur fait voir d'un seul endroit toutes les mêmes choses, qu'on ne peut découvrir sur les rondes bosses qu'après avoir changé plusieurs fois de jour, de place & de vûe. En effet il a planté & taillé si industrieusement ces deux Centaures vis-à-vis l'un de l'autre, & tout de même ces deux Neptunes, que d'une seule vûe on en apperçoit le devant, les côtés & les épaules ; joint que les parties de leurs corps qui semblent cachées dans l'épaisseur d'un des batans de la porte, se voyent clairement dans l'autre. Enfin tous les ornemens en sont recherchés avec tant d'amour & de peine, que l'esprit & les yeux s'égarent & se croyent enchantés d'y rencontrer tant de merveilles. Si bien qu'une chambre si accomplie ne sauroit être comparée qu'à elle-même. Elle possede tout ce que les Sculpteurs & les Menuisiers ont jamais fait de plus admirable : & c'est sans flaterie qu'on la peut appeller le chef-d'œuvre de l'art & de l'adresse des hommes.

Outre tout ce que je viens de dire, les Musiciens y font encore des observations que les Peintres, ni les Sculpteurs n'y font pas. Aussi faut-il que chacun se mêle de son métier. Ils assurent donc que dans tout Paris il n'y a point de lieu plus propre à la musique douce, & en attribuent la cause au bois de ses plafonds, de son lambris & des embrasemens de chaque croisée. Car ils tiennent pour certain que les voûtes de pierre sont plus ingrates aux concerts que celles de bois ; l'experience leur ayant appris que la pierre reçoit la voix avec bien plus de reflexion & d'écho que le bois ; qu'elle est trop seche, a trop d'éclat & forme des échos trop durs : qu'au contraire le bois a pour la musique toute la douceur qu'elle peut desirer ; & que c'est par cette raison que presque tous les instrumens harmonieux en sont faits, & qu'il est preferé à l'ivoire, à l'ébene & à tant d'autres choses.

LA PETITE GALLERIE.

Ses dehors.

J'AI dit que la petite Gallerie fut commencée sous Charles IX. & achevée sous Henri IV. par Chambiche jusqu'au premier étage, qu'il couvrit d'une platte-forme ou terrasse, où Charles IX. alloit prendre l'air. Fournier & Plain bâtirent le second étage sous Henri IV. que du Breul, Bunel & Porbus enrichirent de peintures. Cet édifice regne en équiere depuis le gros pavillon du Louvre, jusqu'au quai de l'Ecole, sur le bord de la Seine. L'une de ses faces n'est pas fort reguliere. L'autre composée d'assises de pierre & de marbre noir & jaspé, est si embarrassée de bas reliefs, de rondes bosses, d'ornemens fort delicats & d'incrustations de marbre blanc, noir, jaspé & de toutes sortes de couleurs, qu'on ne sauroit bien representer la varieté mal concertée de telles bigarures. Le milieu de cette face est orné de haut en bas de quelque sculpture de Barthelemi. Les gens du métier disent qu'il n'a jamais rien fait de si bien, & estiment entre autres à la porte deux Renommées, couchées sur les reins de son arcade, & deux Anges qu'il a élevés au dessus près de la derniere corniche.

Pour éclairer le nouvel appartement de la Reine, dont j'ai parlé, on a ruiné deux figures de Captifs, de la main de Pierre Biart, le Praxitelle de son tems. Elles m'ont paru si accomplies, qu'il faut que je les décrive, afin que la posterité sache la perte que nous avons faite. Ces Captifs étoient couchés à leur seant & courbés avec un abandonnement fort naturel, & qui marquoit bien l'excès de leur affliction. Leurs corps pendoient à leurs mains garotées & attachées par derriere. Leurs yeux étoient fletris & colés contre leurs genoux. La tête leur tomboit sur l'estomac, mais si appesantie de tristesse, qu'elle entraînoit le reste du corps par son poids. Un talon & une jambe sembloient venir au secours d'un abattement si extraordinaire, avec si peu de fermeté pourtant, qu'il étoit aisé de juger que cela se faisoit plutôt par quelque instint de nature, que par aucun soin que ces pauvres malheureux prissent de prolonger leurs vies plus long-tems. En un mot, on ne pouvoit pas voir une tristesse, ni mieux conçue, ni exprimée plus naïvement, ni un renversement de corps plus desesperé par tout le corps. L'anatomie étoit si bien entendue, particulierement sur les épaules & sur le ventre couvert de quantité de plis écrasés, qu'on y remarquoit toutes ces differentes passions que la nature donne à ceux qui sont veritablement affligés. Enfin ces Captifs en la posture où Biart les avoit mis, disoient plus de choses par leur contenance muette, qu'ils n'auroient fait dans une harangue longue & étudiée.

SES DEDANS.

J'AI fait savoir que le premier étage de cette Gallerie est occupé par le nouvel appartement de la Reine Regente, & le second par une Gallerie qui ne cede en regularité & en ordonnance à pas une du Royaume, ni peut-être du monde. Sa longueur, sa largeur & son élevation, ne sont pas moins bien symmetrisées que compassées. Elle porte trente toises de long & vingt-huit pieds de large. Le jour y entre par vingt-une grandes croisées. Ses trumeaux sont remplis de portraits de quelques-uns de nos Rois, aussi-bien que de nos Reines; & son plafond est divisé en plusieurs compartimens de grandeur & de forme differente; de plus éclairés par douze grandes croifées : & enfin diftribués & compaffés avec beaucoup d'efprit, par rapport à la grandeur du lieu qu'ils occupent. Du Breul mourut peu de tems après avoir commencé; mais Bunel l'a continué, l'acheva & s'attacha le plus ponctuellement qu'il pût à l'intention de fon devancier.

On fe plaint au refte, que les tableaux de ce plafond ne faffent point enfemble une fuite d'hiftoire, & qu'ils n'ayent aucune affinité avec ceux des trumeaux. Quoique ce foit une faute affés ordinaire, on voudroit ne la point voir dans cette Gallerie. C'eft le feul defaut que les Critiques y remarquent, & qu'on pourroit excufer en quelque façon, puifque les Heros de quelques-unes de ces hiftoires font reprefentés fous le vifage de Henri IV. Quoi qu'il en foit, ces Heros deguifés dans la voûte, auffi-bien que les portraits de nos Rois & de nos Reines, avec ceux de leurs Courtifans & de leurs Dames, peints de côté & d'autres, rendent l'ordonnance de cette Gallerie approchant de celle que les Romains obfervoient dans leurs pratiques, & que Vitruve appelle Megalographie; puifque c'eft toujours l'hiftoire de fon pays qu'il faut reprefenter dans ces fortes d'appartemens. Augufte fit embellir fon portique des ftatues de ceux qui avoient bien fervi la Republique; & fe vantoit, dit Suetone, d'être l'inventeur de cette forte de décoration. Caracalla, dans fon grand portique, fit peindre les triomphes de fon pere: & les ftatues dont Severe environna la place de Trajan, étoient toutes des plus illuftres hommes de l'Empire Romain.

Les portraits des Rois & des Reines, que j'ai dit occuper les intervalles d'une croifée à l'autre, font grands comme nature, & reprefentés avec des habits & des geftes proportionnés à leur genie. Les Rois font placés à main droite; & vis-à-vis de l'autre côté, les Reines qu'ils ont eu par compagnes. Et tous ces portraits, tant des uns que des autres, font entourés de têtes; mais des Seigneurs feulement ou des Dames les plus confiderables de leur Cour, foit par leur naiffance ou par leur beauté, foit par leur efprit & leur humeur complaifante. Comme tous ces portraits font vrais, il n'y a que la plupart des Rois & des Reines qui ont regné en France depuis St Louis jufqu'à Henri IV.

Ces portraits font partis de la main de trois perfonnes. Porbus a fait celui de Marie de Medicis, qui paffe pour un des plus achevés que nous ayons de lui, & même le meilleur de cette Gallerie. En effet les vêtemens en font fi vrais, les diamans dont il les a brodés font fi brillans, & les perles fi naturelles; la tête de la Reine fi noble, fes mains fi belles & fi finies, qu'il ne fe peut rien voir de plus charmant : & quoique l'azur fut alors fort cher, ce Peintre neanmoins l'a repandu avec tant de prodigalité fur cette figure, qu'il y en a pour fix-vingts écus.

Tous les autres portraits font de la main ou du deffein de Bunel. Il peignit d'après le naturel, ceux des perfonnes qui vivoient de fon tems. Pour deterrer les autres, il voyagea par tout le Royaume, & prit les ftucs des cabinets, des vitres, des Chapelles & des Eglifes où ils avoient été peints de leur vivant. Il fut fi heureux dans fa recherche, que dans cette Gallerie il n'y a pas un feul portrait de fon invention, & que par le vifage & l'attitude, tant des hommes que des femmes qu'il y a reprefentés, on juge aifément de leur genie & de leur caractere. Sa femme le feconda bien dans fon entreprife. Comme elle excelloit à faire les portraits des perfonnes de fon fexe, ceux des Reines & des autres Dames pour la plupart font de fa main & du deffein de fon mari.

Les Rois font vêtus affés fimplement, & le tout à la mode de leur tems, & conformément à leur âge. Les Reines ont leurs habits de pompe & de parade; fi bien qu'avec ces vêtemens differens & bizarres, qui faifoient fans doute la principale partie de la galanterie & de la propreté de leur Cour, ils nous paroiffent fi ridicules, qu'on ne peut s'empêcher de rire.

Les hiftoires qui rempliffent la voûte que Bunel & du Breul ont peinte, font tirées des Metamorphofes & de l'Ancien Teftament. Du Breül n'étoit pas bon colorifte, & d'ordinaire ne faifoit que des cartons ; mais en recompenfe il étoit fi grand deffinateur, que Claude Vignon Peintre, a vendu à Rome de fes deffeins à François Bractanze excellent Sculpteur, que celui-ci prenoit pour être de Michel Ange. De cinq ou fix hiftoires de lui que l'on admire dans cette voûte, on ne croit pas qu'il y en ait aucune de fa main. La Gigantomachie, dont les Curieux & les Peintres font tant de recit, eft d'Artus Flamant & de Bunel. Les autres ont été executés en partie par eux, en partie par leurs élèves. Elles paroiffent fi accomplies aux yeux de ceux qui s'y connoiffent, que je fuis obligé de décrire en deux mots, tant la Gigantomachie, que les Fables de Pan & de Syringue, de Jupiter & de Danaë, de Perfée, d'Andromede & de Medufe.

Perfée de fa main gauche tenant la tête hideufe & épouvantable de Medufe, & de plus le pied droit appuyé fur fon corps qu'il vient de terraffer & priver de vie, reprefente admirablement par cette attitude la force & le courage que les Poëtes donnent à ce Heros.

Le Monftre marin qui fe prefente pour engloutir Andromede, irrite fa rage par les battemens de fa queue, & remplit de terreur les ames les plus intrepides. De fon côté, Perfée s'avance à grande hâte pour le combattre. Andromede paroît dans un état à donner de l'amour & de la pitié tout enfemble aux plus infenfibles. Cette innocente beauté tâche à cacher de fa jambe droite la partie de fon corps, que fes ennemis pour l'affouviffement de leur jaloufie lui avoient honteufement decouverte. Elle regarde fon liberateur avec zèle & avec pudeur, & pourtant fait lire fur fon vifage que fa peur eft plus grande que fon efperance.

La langueur des yeux mourans de la belle Danaë, l'affiette incertaine de fa belle tête, & toutes ces autres manieres qui fe remarquent aux perfonnes que l'amour tyrannife, font bien voir qu'elle languit dans l'attente de fon adorateur. Toutes fes actions témoignent l'excès de fa paffion ; & l'on juge par certains mouvemens de fon corps & par l'agitation de fes jambes, que la lubricité la gourmande & que les feux d'amour la devorent.

Le Dieu Pan, avec fa laideur ordinaire, & couronné d'un grand bouquet de cornes, employe toute fon induftrie & toutes fes forces pour enlever la belle Syringue. Cette Nymphe au contraire fe roidit tant qu'elle peut contre les efforts de ce vieux bouquin ; & pendant qu'il s'amufe à lui manier le fein, elle tâche à profiter de l'occafion pour fe gliffer & s'enveloper dans une forêt de rofeaux.

La Gigantomachie, qui fait un des principaux compartimens de la voûte & même le plus beau, nous figure un combat rude & opiniâtré. L'air y eft tout en feu. On ne voit que foudres & tonneres qui éclatent de toutes parts. Tout le lieu eft embaraffé & obfcurci de montagnes & de rochers qu'on veut entaffer les uns fur les autres. La crainte & la hardieffe, la temerité & le courage, s'y font remarquer. La mort même s'y montre fous toutes fortes de vifages. Mais il n'y a rien qu'on admire plus, qu'un grand Geant fort mufclé, qui fe rehauffe fur le corps mort d'un de fes freres, afin de joindre de plus près fon ennemi. La taille immenfe de ce coloffe épouvantable, occupe tant de place, qu'elle vient jufqu'à la moitié de l'arondiffement de la voûte. & quoiqu'effectivement cette figure fe courbe & tourne avec la voûte, du Breul neanmoins l'a racourcie avec tant d'art, que la voûte en cet endroit-là femble redreffée, & qu'enfin de quelque côté qu'on la regarde, on la voit toujours fortir hors de la voûte droite & entiere. Ce racourci eft un fi grand coup de maître, que tous ceux qui font capables d'en juger, non feulement l'admirent, mais difent hautement que dans l'Europe il ne s'en trouve point de plus merveilleux. Cette hiftoire eft peinte à un des bouts de la Gallerie proche de l'appartement du Roi.

A l'autre bout, fort en faillie un balcon fur le quai de l'Ecole, d'où l'on jouit d'une des plus belles vûes du monde. Là d'un côté les yeux roulent avec les eaux de la Seine, & fe promenent agreablement fur le penchant imperceptible de ce long demi cercle de collines rampantes, qui vient en tournant en cet endroit-là, de même que la riviere ; mais toutes jonchées de Maifons de plaifance, de Villages, de Bourgs, de Vignes & de Terres labourables. D'un autre côté, la vûe éblouie des beautés de la campagne, fe vient renfermer dans la ville ; & après s'être égayée fur le Pont neuf, le Pont au change & les maifons uniformes de la Place Dauphine, elle fe perd dans ce grand cahos de Ponts, de Quais, de Maifons, de Clochers, de Tours, qui de-là femblent fortir pêle-mêle du fonds de la Seine.

LA GRANDE GALLERIE.

DU bout de la petite Gallerie part en forme d'équiere un édifice de pareille élévation, qui porte en dedans œuvre cinq toifes de large, fur deux cens trente-deux de longueur, & qui a été conduit à deux reprifes par deux Architectes differens & plufieurs Entrepreneurs. C'eft un ouvrage de Henri IV. qu'il pouffa tout le long de la riviere jufqu'au Palais des Tuilleries, qui faifoit partie alors du Fauxbourg St Honoré, afin par ce moyen d'être dehors & dans la ville quand il lui plairoit, & ne fe pas voir enfermé dans des murailles, où l'honneur & la vie d'Henri III. avoient prefque dependu du caprice & de la frenefie d'une populace irritée. Je ne m'amuferai point à en faire le plan & l'élévation, mais je dirai feulement en gros que la moitié de ce bâtiment, quant à l'ordonnance, eft fort majef-tueufe, quoiqu'irreguliere ; l'autre trop riche & trop hiftoriée : & néan-moins que les ornemens dont toutes les deux font rehauffées, meritent l'eftime des habiles gens.

A l'étage bas de la premiere moitié, font des trophées qui fervent de clef à fes arcades, & une frife marine de Pierre & de François l'Heureux. L'autre moitié eft garnie d'une fuite de pilaftres compofites qui regnent de haut en bas, & font couronnés d'une corniche & de frontons d'une gran-deur & d'une projecture étonnante. Cependant quelque fuperbe que foit cette ordonnance, elle eft defectueufe dans toutes fes parties : fes fron-tons & fa corniche portent trop de faillie : fes pilaftres trop peu. Fautes contre les regles de l'architecture, qui ordonne que les frontons foient à plomb fur les pilaftres, ou fi l'on veut donner retraite à l'un des deux, que ce ne foit jamais aux pilaftres, comme étant les maîtres des dehors d'un bâtiment.

De plus on ne fauroit fouffrir que l'architrave & la frife de cet ordre viennent mourir, comme elles font, contre les jambages des croifées. C'eft, dit-on, rompre deux membres qui ne doivent jamais être brifés, ni par raifon, ni par nature. On fe plaint auffi de ce que les chapiteaux de ces pilaftres, ne s'élevent que jufqu'à la moitié des croifées du dernier éta-ge ; & qu'enfin ils devroient monter jufqu'au niveau de leur couverture.

On n'en demeure pas là ; quelques-uns blâment les volutes de ces chapi-teaux, qu'elles font trop faillantes & chargées de Dauphins : & bien qu'on fache que cette forte d'enrichiffement ne fut alors inventée que pour te-moigner la joie publique de la naiffance du Dauphin des Dauphins : ils ajoutent qu'ils font trop pefants & trop gros pour des volutes qui ne fi-gurent que des cornes de Belier, ou des treffes de cheveux des Matrones Grecques.

Mais tant les uns que les autres admirent la compofition des feuilles de ces chapiteaux. Les quatre premiers font garnis de feuilles de perfil, &

les

DE LA VILLE DE PARIS. Liv. VII.

Les quatre autres de feuilles d'olives courbées & roulées par Boileau & par Charles Morel, avec un amour & une moleſſe que perſonne ne remarque dans les chapiteaux modernes: elles gliſſent l'une ſur l'autre avec une viteſſe incomparable, elles ne ſont ni en trop grand nombre, ni par trop refendues ; les refentes même en ſont frapées avec force & rudeſſe, de peur que le trop de propreté ne les fit mal reuſſir à la vue, par la diſtance & par l'exhauſſement.

Le dernier étage de ce long édifice eſt rempli par une galerie: les autres ſont occupés par un Manege, par la ſalle des Antiques, par la Monoie, par l'Imprimerie Royale, & par des Artiſans. Une colonie de Peintres, de Sculpteurs, d'Architectes, de Tapiſſiers & autres ſemblables, occupent tout ce qu'il y a de logement deſſous cette galerie. Ces divers appartemens avoient été deſtinés par Henri IV. pour les Artiſans les plus renommés : car le deſſein de ce Prince étoit de loger dans ſon Louvre les plus grands Seigneurs, & les plus excellens Maîtres du Royaume, afin de faire comme une alliance de l'eſprit & des beaux arts, avec la nobleſſe & l'épée : mais parce que ſon Palais n'étoit pas encore en état d'admettre tant de monde, il ſe contenta d'abord d'y voir les Artiſans, tous au reſte en grande reputation & les premiers de leur ſiecle, chacun en ſon genre. Mais comme de tout tems la faveur a eu plus de partiſans que le merite ; depuis, quantité de gens ſans nom s'y ſont gliſſés, & ont uſurpé ces nobles demeures & illuſtres, ce qui a donné lieu au proverbe, Que tous les bons Maîtres ne logent pas à la galerie du Louvre.

L'IMPRIMERIE.

L'IMPRIMERIE eſt la plus grande & la mieux conditionnée du monde : auſſi l'appelle-t-on l'Imprimerie Royale. Le lieu qu'elle occupe eſt ſi vaſte & ſi commode qu'il conſiſte en une longue ſuite de chambres ſpatieuſes, dont les portes en correſpondance font une profonde perſpective. Durant quelques années, elle a été remplie d'une ſi grande quantité de preſſes & d'ouvriers, qu'en deux ans ſeulement il en eſt ſorti ſoixante & dix grands volumes Grecs, François, Latins, Italiens entre autres les Conciles, & tous imprimés d'un caractere très-gros, très-net & très-beau, mais ſur le plus fin papier, le plus fort & le plus grand, dont on ſe ſoit jamais ſervi. Louis XIII. en fut le Maître; le Cardinal de Richelieu l'Inſtituteur; Sublet Seigneur des Noyers, le Surintendant; Raphaël Trichet du Freſne le Correcteur; Cramoiſi l'Imprimeur. Et parce que le ſoin qu'on en prit ne fut pas moins grand que la dépenſe, on ne doit pas s'étonner, qu'un ſi riche travail ait porté l'Imprimerie à ſon plus haut degré de perfection. Ses premieres productions ravirent toute la terre; le Patriarche de Conſtantinople en felicita le Sieur des Noyers par une lettre fort obligeante qu'il lui écrivit. Les ſept premieres années elle couta au Roi trois cens ſoixante-huit mille ſept cens trente & une livres douze ſols quatre deniers. Il n'y eut point d'année où l'on y fit tant de depenſe qu'en 1642. ni ſi peu qu'en 1647. On debourſa juſqu'à cent vingt mille cent quatre-vingts-cinq livres trois ſols deux deniers, en 1642. & ſeulement, treize mille trois cens ſeptante quatre livres dix-neuf ſols ſix deniers en 1647. Maintenant elle eſt ſi abandonnée, qu'on n'y fait preſque plus rien.

LA MONOIE.

IL en a été au Louvre de la Monoie ainsi que de l'Imprimerie, & n'étoient separées l'une de l'autre que par un vestibule: l'appartement qu'on lui avoit donné étoit beau, spatieux, commode, magnifique, & jamais elle n'avoit été si bien placée. Chacun croyoit alors qu'elle ne sortiroit point de la Maison du Roi, comme étant un des principaux membres de l'état, & qui ayant besoin d'être éclairée des yeux du Prince, ne devoit pas s'éloigner de son Palais. Varin l'un des plus excellens Graveurs & des plus adroits Monoieurs du monde, en avoit la direction sous le même Maître, le même Instituteur & le même Surintendant qui avoient fondé & maintenu l'Imprimerie Royale. Nous y avons vu battre en moins de quatre ans plus de cent vingt millions : de là sont parties ces belles especes que nous appellons Louis, qui pour leur rondeur juste & égale, ont merité l'admiration même de nos ennemis. Nonobstant un si beau travail, la Monoie n'a pas été plus heureuse que l'Imprimerie : ce beau logement qu'on lui avoit donné, n'est plus qu'un lieu vague & inutile ; & pour elle, depuis peu, elle a été transferée dans des trous & des nids à rats, petits, obscurs, & embarassés les uns dans les autres.

LA SALLE DES ANTIQUES.

LA salle des Antiques fut commencée du tems de Catherine de Medicis, achevée par Henri IV. conduite par Thibault Methezeau, & peinte par Bunel. De haut en bas, ce ne sont que marbres noirs, rouges, gris, jaspés, rares, bizarres, bien choisis, enchassés en maniere d'incrustation dans le parterre, aussi bien que dans les murailles, qui rendent le lieu assés semblable à des reliquaires ou à des cabinets d'Allemagne fort historiés : les trumeaux sont ornés de colonnes fuselées & de niches garnies de statues de marbre, entre-autres d'un More, d'une Diane, d'un Fluteur, & d'une Venus qui meritent l'admiration de tout le monde.

Le More est excellent, la Diane incomparable, le Fluteur deliberé, agile & pourvu de cet air galant qui le rendoit si sociable, & lui livroit les cœurs les plus rebelles.

La Venus est toute nue, son port est fort gracieux, sa tête belle & bien coëffée ; son corps si achevé que les Sculpteurs disent qu'on lit sur son visage le contentement qu'elle a de se voir si belle depuis les pieds jusqu'à la tête, & de ce qu'elle en peut faire juger tous ceux qui la regardent.

Le Fluteur & le More portent chacun quelque quatre pieds de haut : la Diane est beaucoup plus grande que nature : personne ne doute qu'elle ne soit antique, non plus que le More ; mais pour les deux autres, le Mercure est absolument de Baccio Bandinelli, & les plus savans Sculpteurs ne doutent point que la Venus ne soit copiée d'après l'antique par Barthelemi Prieur.

Mais enfin le principal ornement de toute cette salle, est la statue de Diane, le peuple & Frey, tirent son origine de si loin, qu'ils veulent que ce soit une idole du Temple d'Ephese ; qu'elle servit de Guide à ces Phocenses Grecs qui bâtirent Marseille, & que ce sont eux qui la transporterent d'Ionie en Provence, par l'avis & le conseil de certaine Prêtresse qui fut cause de leur larcin, aussi bien que de leur fuite. Je ne m'amuserai point à refuter cette fable ; j'assurerai seulement qu'elle passa de Rome en France sous François I. que d'abord elle fut placée au Chateau de Meudon à deux lieues de Paris, depuis à Fontaine-bleau dans le jardin de la Reine, & enfin dans la salle dont nous parlons. On m'en a fait voir un jet de bronze à Groewich, maison de plaisance des Rois d'Angleterre; on pretend même qu'il y en a encore en Flandres, en Allemagne, en Italie, & qu'elle fait tête à l'Apollon du *Belvedere*, qui sans contredit est une des meilleures figures de Rome. Tous ceux qui ont consideré attentivement l'une & l'autre, tiennent qu'elles sont d'une même main, d'un même marbre & de la même maniere : si bien qu'ils croient que tous deux ont été adorés ensemble, & ont reçu de l'encens à Ephese, dans ce Temple de Diane si superbe & si renommé par tout le monde. Et de fait par les jets que nous avons de ces deux figures, nous voyons qu'elles s'entre-regardent ; & n'étoit leur taille qui est differente, ce que la nature observe d'ordinaire à l'égard des deux sexes, on seroit bien empêché de dire quel est l'Apollon ou la Diane. Apollon a decoché son arc pendant que notre Diane fouille dans son carquois pour assouvir sa vengeance contre Niobé & ses enfans : elle a les bras nuds & retroussés, la gorge à demi couverte, la taille gresle & deliberée, les yeux vifs, le visage doux, la tête belle, son action est libre & aisée, son habit simple; & comme elle ne s'en trouve ni chargée ni embarassée, il est si propre pour une chasseresse, qu'il semble qu'afin de mieux courir, elle l'ait moins pris par necessité que par bienseance, sa robe, retroussée jusqu'aux genoux, est liée dans la ceinture avec negligence; les plis en sont couchés & rangés avec une étude presque inimitable; elle voltige & obéit plaisamment au gré du vent & de l'air ; par endroits elle est si juste & si bien collée sur son corps, que cette Déesse toute chaste qu'elle soit, nous laisse voir quelques-unes de ces belles parties qu'elle ne decouvroit que devant ses filles & Endymion.

Sans difficulté donc, cette figure est antique & excellente tout ensemble : mais comme les chef-d'œuvres les plus parfaits ne se peuvent garantir de la critique, quelques-uns, difficiles à contenter, s'attachant aux jambes, disent qu'elles sont trop grasses, & au lieu de les diminuer insensiblement, & à leur extremité nous montrer cette apophyse ou éminence douce & gibbeuse appelée la cheville du pied, elles sont presque tout d'une piece, depuis le pied jusqu'au gras de la jambe : d'autres pourtant, qui tout au moins ont le goût aussi bon que ceux-ci, en parlent bien autrement, & soutiennent au contraire que ces jambes-là sont admirables, que dans tout le reste du corps il ne se voit rien de plus accompli, que la cheville du pied a assés de saillie pour une femme, que ce beau sexe les a ordinairement plus rondes & plus grasses que le nôtre, & qu'enfin un peu de chair sied bien aux jambes d'une Diane ; encore bien que la fatigue, le travail & les courses, les doivent avoir endurcies.

Des jambes, on passe aux autres parties, & les Savans dont je viens de parler, tout opposés qu'ils soient, demeurent d'accord touchant les pieds, qu'ils ont été regrattés & gatés en même tems, & ne savent à qui s'en prendre, sinon à Barthelemi qui l'a restaurée : c'est lui ajoutent-ils, qui lui a fait ce vilain bras qui deplaît à tant de monde, & emmanché de si mauvaise grace, que quelques-uns le nomment brusquement la partie honteuse de cette Chasseresse.

La grande gallerie regne au dessus de ces differens departemens; elle est de plein pied à la petite galerie, & terminée à ses deux bouts par un arc de triomphe : sa largeur est de vingt-huit pieds, & sa longueur de deux cens trente-deux toises : tant de longueur étonne, la vue se perd dans un enfoncement si profond, & pour ainsi dire, avant que d'être au bout on est déja las. Neron, à ce qu'on tient, est le seul qui en ait fait une de mille pas : au moins dans toute l'histoire ne se voit-il que ce seul exemple. Elle est éclairée de nonante-six grandes croisées & environnée au pourtour d'une grande corniche, qui sert d'arrachement à la voute dont elle est couverte. Dès les premieres fenêtres, on découvre tous ces beaux objets & merveilleux qui se voyent de la petite gallerie; mais de plus des dernieres, les yeux se promenent sur un grand amas de bocages, de villages, de maisons champêtres, nouvelle perspective, qui toute rustique & vague qu'elle paroit, est tout autrement égayée.

Pour conduire les tableaux & les ornemens qui devoient entrer dans cette gallerie, François Sublet Sieur des Noyers, Surintendant des bâtimens avoit fait venir Poussin de Rome exprès, comme le plus fameux peintre de notre siecle. Entre tant de Doreurs & de Stucateurs qui se trouvent toujours à Rome, on avoit choisi Arudini & Branchi pour les stucs; & quant à la dorure, Ponti & Tritani. Les trumeaux des croisées devoient être remplis de pilastres Corinthiens, de bois peint & doré, qui eussent monté jusqu'à l'arrachement de la voute: outre cela de grands tableaux; dans ces tableaux, Fouquiere le payisagiste du siecle eût peint nonante-six des plus belles & plus renommées villes du Royaume, & dont les habitans, chacun à part de la sienne, auroient fourni le profil, autant par menage, & pour sauver la depense, qu'afin que l'ouvrage fut plutôt achevé. La voute devoit être enrichie de quantité de compartimens de stuc: une partie auroit fait voir la naissance & toutes les actions heroïques d'Hercule, peintes de blanc & de noir sur un fond d'or après les desseins de Poussin: de grands Termes de même façon d'espace en espace auroient soutenu ces compartimens, leurs pieds eussent été plantés sur la corniche, & le reste du corps roulé sur la rondeur de la voute, où entre-deux on auroit rangé par maniere d'incrustation, les plus beaux bas-reliefs de l'arc de Constantin & de la colonne Trajanne. Il est aisé de juger que ces profils de Villes, & ces bas-reliefs n'ont rien de commun avec la vie d'Hercule; aussi Poussin fut-il contraint d'en venir là malgré lui, & de se conformer à la demande qu'on lui fit d'une ordonnance qui pût être exécutée en peu de tems & à peu de frais. Et de fait il n'eut pas le tems de mediter sur une aussi grande entreprise, ni de l'examiner de près; aussi est-ce pour cela que dans cette voute nous y voyons tant de choses qui n'ont entre-elles aucun raport, & de plus tant de petits compartimens, qui ne repondent point à la grandeur d'une telle galerie. On croyoit alors achever l'ouvrage; mais s'y étant mal pris, on a tout laissé-là: le quart des compartimens, des stucs & des camayeux n'a pas seulement été fait; & même on n'a pas dressé la cinquiéme partie des pilastres, ni doré la dixiéme: & quant aux tableaux aucun n'a été commencé.

Voila tout ce que j'avois à dire tant du plan que de l'élevation & des appartemens du Louvre; peut-être m'accusera-t-on de m'être trop étendu; cependant si j'avois voulu croire les curieux, j'aurois bien passé ourre, & me serois beaucoup plus arrêté que je n'ai fait, tant sur tous les bas-reliefs de la cour du Louvre & de la salle des Gardes de la Regente, que sur les tableaux, les basses-tailles & les arcs de triomphes de la grande & de la petite gallerie; sur l'Ordonnance de la salle des bains; enfin sur les peintures du nouvel appartement de la Reine, & sur les figures de la salle des Antiques. Aussi à n'en point mentir, étoit-ce une chose faite, j'en avois particularisé & prouvé toutes les beautés & les défauts, travail qui me coutoit bien du tems & de la peine, & quoique j'aime ces sortes de curiosités, je n'ai pas laissé de tout déchirer, de crainte qu'un jour l'envie me prenant de les relire, & pour lors ne me déplaisant pas, je ne les fisse imprimer de même que le reste.

DE LA VILLE DE PARIS. Liv. VII.   45

CE QUI S'EST PASSE' DANS LE LOUVRE
de plus hiſtorique.

DE tout ce qu'on a vû de memorable au Louvre, ſous Philippe Auguſte, Louis VIII. Louis IX. & Philippe le Hardi, je n'ai garde d'en rien dire, puiſque les Hiſtoriens contemporains n'en diſent rien eux-mêmes : tout ce que j'ai pu apprendre, & que j'ai déja rapporté, eſt que Philippe Auguſte y fit mettre priſonnier Ferrand, Comte de Flandres. J'ai fait encore ſavoir que long-tems depuis ces Princes, Charles V. y ruina une ſalle qu'on appelloit la ſalle de St Louis, qui eſt tout ce que j'ai pu apprendre de l'Hiſtoire touchant le Louvre, mais en revanche les regîtres du Parlement, & du Treſor des chartes, les livres imprimés, & les manuſcrits ſont pleins des actions dignes de remarque, que Philippe le Bel, auſſi-bien que ſes ſucceſſeurs y ont faites.

SOUS PHILIPPE LE BEL.

LES regîtres du Parlement, & du Treſor des chartes, nous inſtruiſent de trois choſes aſſés conſiderables qui ſe paſſerent au Louvre ſous Philippe le Bel. La premiere arriva en 1295. le jeudi de l'octave de l'Aſſomption : là Gui, Comte de Flandres demanda pardon au Roi de ſa deſobeïſſance, & de ſa rebellion, avec promeſſe de reduire la Ville de Gand à rentrer dans ſon devoir & pour garants de ſa parole, lui donna Guillaume de Flandres ſon fils, Gui Comte de St Pol, & Jean Seigneur d'Harcourt.

La ſeconde ſe paſſa en 1296. le vingt-un Janvier : là encore en preſence du Roi, & dans ſa chambre même, où étoient pluſieurs Prelats, tant Cardinaux, qu'Archevêques & Evêques, outre cela quantité de Ducs, Comtes & autres grands Seigneurs, Pierre Flotte, Chevalier & Conſeiller de Philippe le Bel, lut les lettres de Gui, Comte de Flandres, où il requeroit tous les Procureurs qu'il avoit nommés, & envoyés exprès pour traiter de paix.

La troiſiéme eſt qu'en 1310. au mois de Février, ce Prince étant veuf alors, fonda une Chapellenie dans la Chapelle du Louvre, pour l'ame de Jeanne de Navarre, ſa femme, & celles de ſes predeceſſeurs : ſi bien que ſur la Prevôté de Paris, il aſſigna vingt-deux livres pariſis de revenu, tant pour l'entretien, que pour la nourriture du Chapelain, qui en avoit la direction, & voulut de plus que lorſque lui & ſes ſucceſſeurs ſeroient logés au Château, on lui fournit la moitié du pain, du vin, de la chandelle, & autres neceſſités, qu'on livroit aux autres Chapelains ; avec cette reſtriction, qu'il n'auroit que le quart de tout ceci, quand ſes enfans ſeulement y ſeroient.

SOUS PHILIPPE DE VALOIS.

LOUIS étant mort ſans enfans mâles, Philippe de France, Comte de Poitiers ; Charles de France ſon frere, Comte de Valois ; & Eudes IV. Duc de Bourgogne, reſolurent de ſe faire declarer Regens de France & de Navarre, pendant la groſſeſſe de Clemence de Hongrie, ſeconde femme de Louis Hutin. Pour cela Charles vint à Paris le premier, ſe ſaiſit du Palais, & leve le plus de monde qu'il peut. Philippe de ſon côté ſe met en chemin : Louis de France, Comte d'Evreux, le Connétable de Chaſtillon, & quantité de grands Seigneurs vont audevant de lui, & peu de jours après le conduiſirent au Louvre, où il manda les Bourgeois; le Connétable enſuite étant ſorti à leur tête, ſe ſaiſit du Palais, malgré la reſiſtance de Charles. Peu de tems après les Princes s'accommoderent, & Philippe fut declaré Regent. Mais afin de contenter le Duc de Bourgogne, en 1316. ils firent un traité entre eux le 17. Juillet, où il fut arrêté que Jeanne de France, fille unique de Louis Hutin, & de Marguerite de Bourgogne, ſa premiere femme, & la fille qui naîtroit de la Reine Clemence auroient en mariage le Royaume de Navarre, & les Comtés de Champagne, & de Brie; que Jeanne ſeroit élevée par Agnès de France, fille de St Louis, & mere du Duc de Bourgogne, & d'ailleurs ne pourroit être mariée que du conſentement du Regent. En execution de ce traité Philippe en 1316. ayant retiré cette Princeſſe du Louvre, où elle logeoit avec la Reine, la mit entre les mains du Duc, le jeudi avant la fête St Pierre, dont il prit Acte qui fut ſcellé du ſceau de Bourgogne, & que j'ai lu au Treſor des chartes, à la layette cottée Bourgogne VI. La Reine au mois de Novembre enſuivant accoucha d'un fils dans le Château du Louvre, qu'on nomma Jean, qui y mourut huit jours après.

Depuis, Philippe de Valois tint au Louvre pluſieurs aſſemblées, où ſe trouverent ſes Pairs, ſes Barons, & le reſte de la Nobleſſe; tantôt pour remedier aux affaires & aux neceſſités de l'Etat; & tantôt pour le procès de Robert d'Artois, qui afin d'envahir le Comté d'Artois, avoit falſifié, & ſuppoſé quelques chartes, où il ſe donna bien de garde de paroître, car il n'y vint pas. Même à la troiſiéme aſſemblée qui s'y fit en 1331. ſe contentant ſimplement d'y envoyer un Abbé de l'ordre de St Benoît, avec quelques gentilshommes, pour faire ſes excuſes au Roi, & à la compagnie, & les prier tout enſemble de lui donner encore du tems.

SOUS LE ROI JEAN.

EN 1355. le Roi Jean logeoit au Louvre, quand un jeudi vingt-quatre Septembre Charles II. Roi de Navarre, accompagné de ſon gendre, jura & proteſta de lui garder la même fidelité qu'un fils doit à ſon pere, & un vaſſal à ſon Seigneur, & de plus lui demanda pardon d'être ſorti du Royaume, pour contracter alliance avec le Roi d'Angleterre; & encore d'avoir aſſaſſiné Charles d'Eſpagne, Connétable de France; ce qu'il fit au reſte en preſence de Jeanne de France, ſa femme, de Jeanne d'Evreux ſa tante, veuve de Charles le Bel, de Blanche de Navarre ſa ſœur, veuve de Philippe de Valois, de Charles Dauphin, Duc de Normandie, ſon beaufrere, & pluſieurs autres, tant Princes que Princeſſes, & grands Seigneurs.

L'année d'après Charles Dauphin, le lendemain de la Touſſaint, aſſembla ſon Conſeil au Louvre, où la reſolution fut priſe de rompre les Etats qui ſe tenoient à Paris.

En 1358 le Roi Jean pour lors étant priſonnier en Angleterre, les Pariſiens s'aviſerent d'aſſieger le Louvre, & de fait après en avoir chaſſé le Gouverneur, & tranſporté à l'Hotel de Ville toutes les munitions de guerre qui s'y trouverent, ils boucherent la principale entrée du Château qui tenoit au quai de l'Ecole, & ouvrirent en même tems celle de la rue du Louvre. Depuis le Dauphin étant rentré dans Paris, & devenu le maître, choiſit le Louvre pour ſa demeure ordinaire; & ce fut là qu'en 1359. il donna le Comté & le Bailliage de Mâcon, à Jean Comte de Poitou, & que le Roi Jean ſon pere, ayant fait la paix avec l'Anglois, unit en 1361. à la Couronne les Duchés de Bourgogne & de Normandie avec les Comtés de Thoulouſe & de Champagne.

SOUS CHARLES V.

CHARLES V. après la mort de son pere, confirma au Comte de Poitou la donation qu'il lui avoit faite en 1359. n'étant que Dauphin, du Comté & du Bailliage de Mâcon.

En 1368. il logea au Louvre Leonor de Clarence, second fils d'Edouard III. Roi d'Angleterre, lorsqu'il passoit pour aller épouser en troisiémes noces Yolande de Milan, fille de Jean Galeasse, premier Duc de Milan.

En 1373. Jean de France, Duc de Berri, lui fit hommage au Louvre du Comté de Poitiers, & par même moyen, le Sire de Parthenai, avec plusieurs autres Barons de cette Province lui prêterent le serment de fidelité avec promesse de le servir contre le Roi d'Angleterre.

La même année le Roi assembla plus de cent vingt personnes dans le même Palais, tant Princes, Prelats, grands Seigneurs, que Conseillers du Parlement, Maîtres des Requêtes, & de la Chambre des Comptes, pour proceder à l'élection par scrutin d'un Chancelier de France. Les regitres de la Chambre du Parlement, portent que Pierre d'Orgemont, premier Presídent eut cent cinq voix pour lui; que Regnaut de Corbie fut élu premier Presídent à sa place par la même assemblée; & que là tous deux preterent le serment ordinaire entre les mains du Roi : & de plus que le jour de Noel ensuivant, au même lieu, ils furent créés Chevaliers par ce Prince.

En 1377. Charles IV. Empereur vint à Paris, & logea au Louvre, à qui le Roi ceda son appartement, & la Reine le sien à Venceslas, Roi des Romains. Pendant le sejour qu'il y fit, Charles V. y assembla tous les Princes & les plus notables du Royaume, & tous les Conseillers d'Etat, qui se trouverent alors à Paris; & fut si bien representer à l'Empereur & à Venceslas, le juste sujet qu'il lui avoit de se plaindre d'Edouard III. & de Richard II. Rois d'Angleterre, qu'ils lui promirent de se declarer pour lui, non seulement contre Richard, mais encore contre tous ses ennemis.

En 1378. il donna audience au Louvre à Guy de Maillesec, surnommé de Chaslus, Cardinal de Limoges, Legat à latere, en presence de quantité de Prelats, de Princes, de Barons, de Docteurs de l'Université, sur l'élection frauduleuse du Pape Barthelemi, Archevêque de Bari, élu sous le nom d'Urbain VI.

SOUS CHARLES VI.

DANS le tems que Charles VI. faisoit la guerre en Flandres, les Maillotins proposerent de raser le Louvre, aussi-bien que le Chateau de Beauté, & celui de la Bastille ; ce qui fut si bien reçu des seditieux, que la chose auroit été executée sans un marchand nommé le Flamand, qui leur conseilla de ne pas tant se hâter, & d'attendre au moins, qu'on fût au vrai comment les affaires alloient en Flandres, & ce qu'il en falloit esperer. On sait que le Roi retourna victorieux ; qu'il entra à Paris comme dans une Ville de conquête ; obligea les Bourgeois d'apporter leurs armes & leurs chaînes à la Bastille, & au Louvre. L'Auteur anonyme de la chronique manuscrite de St Denys, en parlant de leurs armes, ajoute qu'ils en avoient fait une si grande provision, qu'il s'en trouva assés pour armer huit cens mille hommes : ceci arriva en 1382.

En 1388. Guillaume Evêque d'Evreux se retracta dans la chambre du Roi, de plusieurs opinions erronées, & cela en presence, tant du Roi, que de plusieurs Princes, & grands Seigneurs, & de l'Université.

En 1389. Isabelle de Baviere, femme de Charles VI. accoucha au Louvre d'une fille, qui fut nommée Isabelle, mariée depuis à Richard II. Roi d'Angleterre, & à Charles I. Duc d'Orleans.

En 1399. Andronic, en 1400. Emanuel, tous deux Empereurs de Grece; en 1415. l'Empereur Sigismond; & en 1422. le Roi & la Reine d'Angleterre demeurerent quelques jours au Louvre.

Enfin durant la maladie de Charles VI. deux assemblées fort memorables furent tenues dans la grande salle, & toutes deux à pareil jour, le même mois, la même année, & à huit jours l'une près de l'autre; savoir la premiere en 1408. le mercredi cinq Septembre, & la seconde le mercredi onze du même mois.

La premiere eut lieu, lsque le Roi par la bouche de Jean Juvenal des Ursins, son Avocat, fit savoir qu'il se reposoit du gouvernement de son Royaume, pendant son absence, ou sa maladie, sur Isabelle de Baviere, sa femme, & sur Louis de France, Duc de Guyenne, son fils aîné. Comme cette nouveauté étoit de très-grande importance, aussi voulut-on qu'elle fût examinée par des personnes les plus considerables, tant de la Noblesse que du Clergé, & du tiers Etat. Les regîtres du Conseil du Parlement, portent que la Reine, le Duc de Guyenne, & des Ursins y assisterent, avec les Ducs de Berri, de Bretagne, & de Bourbon, de plus les Comtes de St Pol, de Mortaing, d'Alençon, de Clermont, de Dommartin, de Tancarville, la Duchesse de Guyenne, & la Comtesse de Charolois s'y trouverent. Outre cela le Connétable, le Chancelier, les Presidens du Parlement, le grand Maître d'Hotel, les Archevêques de Bourges, de Thouloufe, & de Sens, les Evêques de Senlis, de Beauvais, d'Amiens, d'Evreux, de Lodeve, d'Albi, de Therouenne, de Senez, de Maillezais, sans bien d'autres Evêques & Abbés. Ajoutés à cela le Prevôt de Paris, le Prevôt des Marchands, une centaine de Bourgeois, ou peu s'en faut, avec je ne sai combien d'autres personnes notables, & Conseillers d'Etat.

La seconde qui étoit composée de la plupart des personnes que j'ai dit, savoir de Louis de France, des Ducs de Berri, de Bretagne, & de Bourbon, des Comtes de Mortaing, d'Alençon, de Tancarville, & de Clermont; du Connétable, du Chevalier, des Presidens & principaux Officiers du Parlement, aussi-bien que de la Chambre des Comptes; de plusieurs Barons, Prelats & Chevaliers; du Prevôt de Paris, & de celui des Marchands avec quantité de Bourgeoisie: le Recteur de plus s'y trouva accompagné d'un grand nombre de Regens, & Maîtres ès Arts. Là fut donnée audience à Valentine de Milan, Duchesse d'Orleans, & à ses enfans; l'Abbé de Chesy parla pour eux, & se plaignit hautement de la hardiesse de Jean Petit, qui avoit eu l'insolence de soutenir que c'étoit avec raison, que Jean Duc de Bourgogne, avoit attenté à la vie de Louis I. Duc d'Orleans, & ensuite refuta avec vigueur toutes les calomnies que sa partie adverse avoit alleguée contre l'honneur de son Maître.

Je ne crois pas qu'il se soit rien passé de notable au Louvre, sous les regnes de Charles VII. Louis XI. & Charles VIII. Du moins je n'en ai rien decouvert, ni dans l'Histoire, ni dans les chroniques de ces Princes, qui m'ont passé par les mains. Aussi est-il vrai qu'ils y logerent rarement, ne le considerant plus comme une maison Royale, mais simplement comme un Arsenal, & une Citadelle: si bien que lors qu'ils demeuroient à Paris, leur sejour ordinaire étoit à l'Hotel de St Pol, & aux Tournelles. En effet ces Princes tinrent si peu de compte du Louvre, & le lieu demeura si abandonné, que quelques-uns ayant fait acroire aux Officiers de la Prevôté de Paris, que le Châtelet, où ils rendoient la justice, menaçoit de ruine, Louis XII. leur permit d'y transporter leur auditoire & leurs prisons. Mais comme depuis on vint à reconnoître que c'étoit une terreur

panique

panique, que le Roi de plus faisoit travailler au Chatelet, & n'entendoit pas qu'ils demeurassent au Louvre long-tems. Car même d'abord il leur fut deffendu d'allumer du feu dans pas une cheminée, à cause du soufre, du charbon & des autres munitions de guerre qu'on gardoit dans les caves, dans les chambres, les salles basses, & même dans un des corps de logis. Tellement qu'en 1506. les reparations étant achevées, le Roi par ses Lettres Patentes du 23. Decembre, leur ordonna de retourner au Chatelet, & de le faire augmenter & rebâtir.

SOUS LOUIS XII. ET FRANCOIS I.

SOUS le regne de Loüis XII. le Louvre ne fut pas mieux entretenu que sous Charles VIII. Louis XI. & Charles VII. il étoit en si mauvais état, que du tems de François I. pour y loger Charles-Quint en 1539. il fallut faire quantité de reparations. On dora toutes les girouettes. Les armes de France en plusieurs endroits furent peintes & arborées. On attacha contre le mur, tant des escaliers que des salles & des anti-chambres, des chandeliers de laiton. La plupart des croisées furent agrandies, & les vitres peintes. On augmenta le nombre des appartemens. On fit des lices : il y eut des joûtes & des tournois. En un mot on n'oublia ni n'épargna rien, afin d'y mieux recevoir l'Empereur, & le regaler magnifiquement. Et de fait on rendit ce Chateau si logeable, que Charles-Quint, le Roi, la Reine, le Dauphin, la Dauphine, le Roi & la Reine de Navarre, les Enfans de France, le Cardinal de Tournon, le Connétable, & même la Duchesse d'Etampes, Maitresse de François I. y eurent chacun des appartemens proportionnés à leur qualité. Aussi alors y fit-on tant de depense, qu'un regître entier des œuvres Royaux en est tout plein, & ne contient autre chose. Ce fut au Louvre que l'Empereur entendit les harangues des Cours souveraines; & que le Prevôt des Marchands lui presenta un Hercule d'argent de six pieds de haut, tenant deux grosses colonnes qu'il s'efforçoit d'enfoncer dans la terre bien avant.

Je pense avoir dit qu'avant l'arrivée de Charles-Quint, & même depuis, non seulement François I. avoit fait dresser des lices devant la principale entrée du Louvre, qui étoit du côté de la riviere; mais même Charles VI. & Charles V. & que les Princes & les Grands Seigneurs y étoient souvent; mais tout cela n'est point comparable à ce qui s'y passa en 1545.

Le jeune Savoniere, autrement dit le sieur de la Perrine, ayant tenu quelques propos scandaleux de Vanlai, jusqu'à l'accuser d'un crime infame, dont les Historiens contemporains ne nous ont point voulu faire savoir le nom. Vanlai là-dessus l'obligea par force de signer un écrit où il se retractoit de tout ce qu'il avoit publié contre lui. Savoniere aussi-tôt se vint plaindre à François I. du procedé de celui-ci, lui en demanda justice; & comme l'autre n'étoit pas trop bien venu à la Cour, non seulement il obtint la permission de lui faire un appel; mais même le Roi lui dit qu'il vouloit être spectateur de leur combat, & qu'il prit un de ses Herauts d'armes pour envoyer à son ennemi : ce qui fut executé avec toutes les formes observées en telle occasion. Le Heraut porta à Vanlai le cartel de la Perrine, & lui en fit savoir le jour & le camp. Le devant du Louvre étoit le camp; le premier jour de l'an celui du duel : & quoi qu'en ce tems-là l'année commençât encore à Pâques, une si sainte journée ne laissa pas d'être choisie pour cette action sanguinaire. Ce jour-là donc, tout l'espace qui regne depuis les fossés du Louvre jusqu'à la riviere, se trouva couvert d'échafauts, de tentes, de barrieres, & d'une grande foule de spectateurs. François I, Louise de Savoie sa mere, plusieurs Princes & Princesses y étoient, avec quantité de Seigneurs & Dames de la Cour. Savoniere se presenta, & attendit vainement son adversaire, car il ne parut point, à cause du Roi & de la Regente qui le haïssoient. Quelques-uns tiennent pourtant qu'il y vint, mais deguisé. Quoi qu'il en soit, Savoniere sortit glorieux du camp, & l'on n'oublia aucune des ceremonies accoutumées, pour lui donner tout l'honneur de la victoire.

Sous Henri II. & François II. il ne se fit rien au Louvre de considerable, parce que le dernier regna peu, & que du tems de Henri son pere, qui y faisoit bâtir, il fut presque toujours embarrassé de pierres, de Manœuvres & de Maçons.

SOUS CHARLES IX.

CHARLES IX. après avoir abandonné les Tournelles, à cause qu'elles étoient ensanglantées du sang de son pere, vint loger au Louvre, où il se passa de son tems quatre choses memorables.

La premiere est tirée du troisiéme livre des Hommes. Illustres de Brantôme, où il dit qu'en 1567. le sept Octobre on tint au Louvre une assemblée generale, où Anne de Montmoranci, Connétable de France, se trouva, & fit voir une monoie qui surprit & irrita en même tems toute la compagnie. Louis de Bourbon, Prince de Condé, frere d'Antoine Roi de Navarre, l'avoit fait fraper. Du côté de la tête étoit le portrait de ce Prince, & pour legende Louis XIII. Roi de France.

La seconde & la troisiéme se passerent en 1572. le dix-huit & le vingt-quatre du mois d'Août, qui furent le festin nuptial de Henri de Bourbon, Roi de Navarre, depuis Roi de France, & de Marguerite de France, fille de Henri II. & sœur de Charles IX. Festin qui fut ensanglanté six jours après du meurtre de Gaspar de Coligni, Amiral de France, & de tant d'autres Religionaires. Le tout comploté & conclu au Louvre, à la poursuite de Catherine de Medicis & de la Maison de Guise.

La derniere fut la naissance de Marie Isabelle, fille de Charles IX. qui vint au monde en 1572. le vingt-sept Octobre.

SOUS HENRI IV.

EN 1591. Charles de Lorraine, Duc de Maïenne fit pendre dans la basse Salle du Louvre, Louchard, Ameline, Aimonnot & Henroux, les plus seditieux des douze Quarteniers de Paris, pour vanger la mort de Barnabé Brisson, Premier President, qu'ils avoient fait mourir injustement.

En 1593. dans la grande Salle, se joua la farce des Etats de la Ligue convoqués à Paris le onze Janvier.

En 1599. Henri IV. le trente Janvier, fit faire à sa mode, dans son cabinet, le mariage de Catherine de Bourbon sa sœur, qui étoit de la Religion, avec Henri de Lorraine, Duc de Bar, Catholique, & fils ainé de Charles Duc de Lorraine. Et sur ce que Charles de Bourbon, Archevêque de Rouen, son frere naturel, en faisoit refus, le Roi l'y contraignit. Il y pratiqua à la verité toutes les ceremonies qu'on observe dans l'Eglise, hormis qu'il ne dit point la Messe, à cause que la Princesse ne voulut point quitter la Religion où elle avoit été élevée; si bien qu'après la benediction nuptiale, chacun alla faire ses devotions où il voulut.

En 1617. sur un des poteaux du pont-levis du Louvre, Conchino Conchini, le lundi vingt-sept Avril, fut tué à coups de pistolet; & même là sur quelque poteau se voient des balles de plomb qu'on tira sur lui.

DE LA VILLE DE PARIS. Liv. VII. 51
Voila tout ce que j'ai pû découvrir du Louvre, touchant ce qui y est arrivé de considerable depuis sa fondation.

NOMS DE TOUS LES GRANDS SEIGNEURS
qui se sont logés aux environs du Louvre.

QUANT aux Grands Seigneurs qui ont eu des Hotels, tant le long de la rue du Louvre, que dans cette grande Isle, renfermée entre cette rue-là & celle de St Honoré, & même les fossés de la ville & la riviere. Voici leurs noms.

Le plus ancien Hotel que j'aie deterré en ce quartier-là, est celui d'Alphonse de France, frere de St Louis, Comte de Poitiers & de Toulouse; & parce que sa principale entrée étoit à la rue d'Hosteriche, on l'appelloit l'Hotel d'Hosteriche. Après sa mort Archambault, Comte de Perigord, l'acheta de ses heritiers; & en ayant revendu la moitié à Pierre de France, Comte d'Alençon & de Blois, & frere de Philippe le Bel, il changea de nom pour lors, & fut appellé l'Hotel d'Alençon. Depuis, Enguerrand de Marigni l'acquit après sa mort. Louis Hutin l'unit à son domaine, & le donna à Philippe de Valois. Ensuite il appartint à Charles son frere, Comte d'Alençon. Et enfin à Henri de France, Duc d'Anjou, depuis Roi de France & de Pologne; ce qui fut cause qu'on l'appella l'Hotel d'Anjou, nom qu'il conserva même après que ce Prince l'eut donné à Marguerite de France sa sœur, Reine de Navarre; mais qu'il perdit en 1581. si-tôt que Marie de Bourbon, Duchesse de Longueville, l'eut acheté du sieur de Pybrac, en faveur duquel la Reine de Navarre s'en étoit defaite un an auparavant.

Sous Philippe le Bel, Enguerand de Marigni avoit son Hotel attenant celui dont je viens de parler.

Du tems de Philippe le Long, Mathieu de Trie, Maréchal de France, demeuroit entre deux. Et sous les regnes de ces deux Philippes, les Ducs de Bourbon commencerent à loger au petit Bourbon & s'y établir.

Catherine d'Artois, Comtesse d'Aumalle, & Blanche, Comtesse d'Harcourt, sa fille, avoient leur Hotel du tems du Roi Jean à la rue de l'Hosteriche; mais que Charles Regent du Royaume pendant la prison de son pere, confisqua & donna au Maréchal de Boucicquault, pour s'être declarées contre lui, & avoir reçu le Roi de Navarre, dans leurs forteresses, aussi-bien que sa garnison.

Louis d'Evreux qui mourut à la fin du quatorziéme siecle, étoit proprietaire d'une grande maison qui tenoit à celle dont je viens de parler, que le Regent confisqua. Elle étoit si spacieuse, que non seulement elle passoit de la rue des Poulies à la rue du Louvre, mais se dechargeoit encore dans une basse-cour & une grange bâtie de l'autre côté de cette rue. Par la quarante-quatriéme liasse des lettres & titres trouvés en la Chambre de la grande voûte de la Chambre des Comptes de Moulins, qui m'a été communiquée; il paroît que cette grange & cette basse-cour étoient attachées d'un côté à l'Hotel de la Roche-Guyon, & de l'autre à celui du Comte de St Pol. On ne sait si c'est de la grande maison qu'il est parlé ou de l'Hotel St Pol.

J'apprens du Cartulaire de St Thomas du Louvre, que cette maison avoit appartenu à une Comtesse de Xaintonge, dont je n'ai pû savoir le nom; que depuis, Robert Comte de Clermont en fut proprietaire; & que du tems de Charles VI. Robert de Senlis & Agnès sa femme le vendirent quinze cens livres tournois, ou quinze cens francs d'or, au coin du Roi, à Wallerand de Luxembourg, Comte de St Pol & de Ligni. Si bien qu'alors

Tome II. G ij

elle s'étendoit depuis la rue d'Hosteriche jusqu'à celle du Cocq, qu'on appelloit la rue de Richebourg, & regnoit le long de la rue St Honoré.

Les Ducs de Bretagne sous Philippe Auguste & quelques-uns de ses successeurs logeoient derriere St Thomas du Louvre, dans un lieu nommé l'Hotel de la petite Bretagne.

Depuis, les Comtes de Vendôme & de Chevreuse; Jacques de Bourbon, Comte de la Marche; & Gui de Laval, eurent leur logis à la rue St Thomas & à celle de Froimantel.

Enfin Pierre des Essarts en 1342. avoit une maison de campagne dans cette grande piece de terre qui est environnée tant des vieux & nouveaux murs de la ville, que de la rue St Honoré & de la riviere; & que presentement couvrent les Couvents de l'Assomption, des Feuillans, des Capucins, la grande Ecurie, un fort grand nombre de maisons de particuliers, le Palais & le Jardin des Tuilleries. C'est là tout ce que j'avois à dire du Louvre.

LE PALAIS DES TUILLERIES.

LE nom de Tuilleries a été donné à ce Palais, à cause que le lieu où il est situé, & tous les environs étoient remplis autrefois de plusieurs Tuilleries, qui dans le treiziéme, le quatorziéme & le quinziéme siecle fournissoient des tuiles à la plupart des Couvreurs de Paris. Les Regîtres de la Chambre des Comptes, sont si pleins de noms de Tuilliers qui y ont demeuré depuis trois ou quatre cens ans, que je pourrois dans un besoin les nommer tous, & faire un juste calcul des milliers de tuiles qu'ils ont livrés pour couvrir le Palais Royal, l'Hotel St Pol, le Louvre, les Tournelles, & les autres lieux publics & Maisons Royales des environs de Paris.

J'ai dit qu'en 1342. Pierre des Essarts & Jeanne sa femme avoient là une maison qu'on nommoit l'Hotel des Tuilleries, qu'ils donnerent aux Quinze-Vingts avec quarante-deux arpens de terres labourables, fermés de murs, attachés à cet Hopital. Mais je n'ai pas dit que Nicolas Neufville, Secretaire & grand Audiancier des Finances, étoit proprietaire dans le siecle passé, d'une autre maison accompagnée d'une cour & d'un jardin appellée pareillement les Tuilleries, & située le long de la Seine sur le chemin qui conduisoit de la Porte St Honoré au Bois de Boulogne; & qu'il échangea sous François I. contre l'Hotel de Chanteloup, près de Châtres sous Montlheri, avec ses appartenances & dependances. Depuis, Catherine de Medicis fit raser tout ce qu'il y avoit de bâtimens dans ces Tuilleries pour planter son grand Jardin & fonder son Palais.

PLAN DU PALAIS.

DU Cerceau nous a donné un plan du Palais des Tuilleries, tel que la Reine l'avoit arrêté, & tel qu'elle l'auroit achevé, si certaines superstitions, auxquelles elle ajoutoit un peu trop de foi, ne l'en eussent détourné. Ce plan au reste est très-magnifique; & par le principal corps de logis que cette Princesse y a fait élever avec tant de propreté & de dépense, on peut assurer que l'élevation & le plan eussent eu ensemble beaucoup d'union & de correspondance; & qu'enfin cette Maison auroit été la plus superbe & la plus achevée du Royaume.

DE LA VILLE DE PARIS. Liv. VII.

Les anciens fossés de la ville le terminent d'un côté ; & de l'autre il est bordé de la Seine. Lorsque Catherine de Medicis le commença, une plate campagne aussi vaste que fertile, & terminée de colines fort abondantes, lui donnoit d'ailleurs plus d'espace qu'il ne lui en falloit pour faire un jardin autant grand & delicieux qu'elle eut voulu. Ainsi ce Palais n'a point été entrepris pour faire partie du Louvre ; & s'ils sont joints maintenant, la politique de Henri IV y a bien autant contribué que sa magnificence.

Dans le discours que du Cerceau a fait de cette Maison, il ne nous a point appris le nom des Architectes qui l'ont conduite. Mais j'ai été informé par les Architectes de notre tems, & par l'ordonnance & la maniere des faces, quoiqu'il ne consiste qu'en un corps de logis, qu'il a neanmoins été conduit par trois differents hommes. Ce qu'Henri IV. y fit bâtir pour le joindre au Louvre par sa grande gallerie, a été ordonné par du Cerceau : & ce que Catherine de Medicis y a construit, est de la conduite de Bullant & de Philbert de Lorme. Jean Bullant est l'Architecte de ce beau pavillon élevé de deux étages, couronnés d'un attique, & accompagnés de deux files de colonnes isolées, Ioniques & Corinthiennes, portées sur un grand socle ou pied d'estal regnant tout le long de ce superbe édifice. Quant aux colonnes du premier ordre, les plus savans Architectes les tiennent si bien mesurées & si doctement ; les bases si belles, quoique d'une maniere moderne & particuliere ; les moulures si nettement profilées ; & tous les ornemens si mignardement traités, qu'ils ne trouvent rien dans l'antique de plus grand ni de meilleur.

Mais comme il se remarque des defauts, même dans les plus excellens chef-d'œuvres, les gens du métier trouvent quelque chose à redire touchant l'ordonnance de ce premier étage. Ils tiennent que Bullant a mis mal-à-propos les couvertures des croisées au niveau de l'architrave de cet ordre ; & de plus, quoique les croisées soient très-belles, ils disent qu'elles ressemblent à des Dames de fort belle taille, à qui on auroit tranché la tête ; joint que la grande saillie de l'architrave fait trop d'ombre dans les chambres & les rend obscures. Ils se plaignent encore de ce que cet architrave brise & renverse les frontons des niches d'entre les colonnes tant du premier que du second étage ; que cela ne se fait jamais, & que c'est une témerité que Palladio a refutée par de fortes raisons.

Le corps de logis d'une grandeur demesurée & d'une magnificence admirable, mais plein de défauts, qui tient à ce Pavillon, est de la conduite de Philbert de Lorme. Ses faces sont rehaussées d'une ordonnance de colonnes & de pilastres de son invention, qu'il admire lui-même & l'appelle Françoise ; & que tout au contraire Chambrai nomme un ordre moins barbare & moins plaisant que le Gothique. Il est composé de plusieurs pieces de marbre & de pierres, chargées de basses-tailles & de devises, & de plus incrustée de diverses sortes de marbre, de bronze doré & marcassite, & d'autres pierres minerales, qui le rendent magnifique à la verité, mais très-irregulier.

Dessus cette ordonnance regne un attique de même maniere, couronné de frontons avec d'excellentes figures de pierre dure, de la main de Maître Ponce, & appliqué à des salles & des anti-chambres peintes par Bunel, dont j'ai parlé. En 1626. & 27. on tint dans la grande salle l'assemblée des Notables du Royaume, où Louis XIII. vint les assurer qu'il ne les avoit assemblés que pour remedier aux desordres de l'Etat, & où le Maréchal de Schomberg leur témoigna que le Roi vouloit entretenir trente mille hommes de guerre & les bien payer.

L'ESCALIER DES TUILLERIES.

ON monte à la grande salle dont je viens de parler, par un degré le plus vaste, le plus aisé, & le plus admirable qui soit au monde, que Philbert de Lorme a conduit. Sa cage porte en dedans quatre toises & demie de large, sur cinq de long & dix de haut; elle est quarrée-longue par dehors, mais arondie par dedans en élipse avec les marches & les rampes & entourées de trompes en niche rampante. Dans cette cage, de Lorme a renfermé un degré ovale, vuide & sans colonne ni noyau dans le milieu, qui tourne de fond en cime, commence & finit en limace, porte huit pieds de marche, & vingt-deux de vuide, & de plus bordé d'une baluftrade de bronze. Quatre trompes nommées communément trompes en tour creuse, rampantes & bombées, sont distribuées dans les quatre angles de la cage, & servent d'apui & de fondement aux marches. Ces trompes au reste, forment une ligne spirale, qui fait insensiblement une belle & longue élipse rejettant de fort bonne grace la perfection de l'ovale : d'ailleurs elles sont si plattes & surbaissées qu'elles ne se voient presque point. Si bien qu'autant de fois qu'on vient à regarder cette pesante masse de pierre & de bronze faite en coquille, qui roule entre deux airs, il semble qu'elle soit prête à tomber & à ensevelir sous ses ruines ceux qui la contemplent. Cependant on y monte en sureté & commodement par des marches spirales & tournantes, non seulement basses & aisées, mais distinguées encore par quelques paliers pour plus de facilité & de bienseance.

Cet escalier en un mot, est si bien entendu, & si proprement conduit, sans faire jarret, & tourne insensiblement tout d'une venue, par une ligne qui suit la forme de ce trait, non moins rampante qu'adoucie, que jusqu'à present il ne s'est encore rien vu de ce genre-là, de plus hardi ni de plus admirable. Les Geometres neanmoins y reprennent je ne sai quoi qui est que le socle coule soubassement de son appui, & ne porte point de haut en bas une égale hauteur; car c'est par ce petit deffaut qu'ils commencent d'ordinaire la description de ce bel escalier. De Lorme mourut avant que de l'achever; après sa mort, pas un Architecte du Royaume, ni Geometre n'osa le continuer. Boullet Maître Maçon fut le seul qui se vanta d'avoir trouvé le trait du deffunt; sur cela Henri IV. lui en ayant abandonné la conduite tout ce qu'il a fait, a été de finir de mauvaise grace, le miracle de la coupe des pierres. Ce merveilleux chef-d'œuvre a donné lieu à quantité de fables que je laisse là; tout ce que je puis dire, est que si cet escalier avoit été fait dans un siecle plus éloigné de nous, on nous feroit accroire que quelque Sorcier ou Fée l'auroient bâti.

Il y en a qui prétendent que si ce grand Geometre eut vêcu davantage il auroit rehaussé de plus de tours & de retours, de plis & de replis, une élipse si gentille & si industrieuse; bien loin de la finir ni si court, ni si roide, ni de si mauvaise grace; que toutes les marches en eussent été douces & tournantes de fond en comble; & enfin qu'il l'auroit fait regner jusques dans le dôme. D'autres au contraire veulent, que jamais de Lorme n'auroit continué les marches jusques dans le dôme, qu'il s'en feroit bien donné de garde; qu'autrement l'entrée auroit été semblable à celle d'une trape & d'un cabaret borgne.

LE MAGASIN DES ANTIQUES.

LE magafin des Antiques du Roi eft dans ce Palais, & confifte en cinq troncs de cedres du Liban ; en plufieurs morceaux de porphire des colonnes & des degrés du Temple de Salomon ; en un très-grand nombre de ftatues, de buftes & de baffes-tailles de marbre antique; en quantité de jets des meilleurs reliefs de Rome ; & en quelques debris de cette pyramide qu'on éleva devant le Palais en 1593. fur les ruines de la maifon paternelle, de Jean Chaftel.

Les marbres ont été amaffés dans ce tems heureux, mais qui a duré fi peu, où l'on a vu nos Rois aimer les belles chofes, & que les beaux arts étoient cultivés en France.

Nous tenons les cedres & les porphires de la pieté de St Louis, qui les apporta au retour de fon voyage de la Terre-Sainte : les cedres font bruts & inutiles, vêtus de leur écorce, & au même état que St Louis nous les a laiffés.

Les tronçons des colonnes font la plupart gâtés ou rompus; les uns ont été fciés en tranches pour en faire des tables ; les autres marqués feulement de traces qu'on vouloit faire en tranches; & il n'y a que les marches de porphire où l'on n'a point touché. Comme elles portent une longueur & une largeur inégale, on juge qu'elles ont fervi à plufieurs paffages & plufieurs portes. Les Juifs les ont fi fouvent preffées & foulées à force de fortir du Temple & d'y entrer, que leurs pieds en ont arondi les arêtes, & leur ont donné enfin, un poli qu'elles n'auroient pas, & qui manque ordinairement à une matiere fi rebelle & fi opiniâtre. Les curieux les confiderent à caufe de leur vieilleffe, & du lieu d'où elles ont été tirées. Les devots les honorent comme des Reliques, qui vraifemblablement ont fervi de marche-pied au Sauveur.

BAS-RELIEFS.

QUOIQUE Gafton de France ait dépouillé ce magafin de quantité de buftes, de ftatues, & de baffes-tailles antiques, il ne laiffe pas neanmoins, de s'y en voir encore un très-grand nombre.

Entre les bas-reliefs on eftime un fiege antique qui foule le monde aux pieds : c'eft ce que les anciens nommoient *Sella facra* : & on tient que Pouffin le trouva fi excellent qu'il eut envie de le faire mouler.

On confidere particulierement un petit tombeau antique, quarré, chargé de feuillances & de trophées fort curieufement deffinés, ce que les Romains nommoient *Arcula*; il paroît fi riche qu'on croit qu'il a fervi de maufolée à quelque fils d'Empereur. On admire une des faces du tombeau de Bachus couverte d'enfans, dont les uns vendangent, les autres trainent des cuves pleines de vin & de raifins.

STATUES.

POUR ce qui eft des ftatues, les curieux ne fe laffent point de regarder une Cibelle ou une Diane mamelée haute de deux pieds, & de même un Mercure, une Minerve, & une Cerès grands comme nature ; de plus une Diane fans bras, fans tête & fans jambes, dont le fein eft petit, rond,

& bien separé, la draperie bien entendue, les carnations vraies: une autre Diane encore haute de quatre pieds, dont l'air de tête est amoureux, l'attitude galante, les vêtemens negligés; enfin un Bachus chancelant, gras, potelé, appuyé sur un Satyre, monté sur une panthere, & vêtu d'une peau de bouc.

BUSTES.

ON y compte plus de bustes que de statues & de basses-tailles : j'ai vu une tête d'Apollon, montée sur un buste de femme ; une tête de Bachus, une autre d'un Satyre sans nés: cinq ou six Caligules; autant de Vitelles, & de Domitiens: un Demosthene, un Brutus, une tête de Caton d'Utique de pierre de touche montée sur un buste de marbre noir : Marc-Aurele, Balbin, Geta ; Charles le Chauve ; Faustine ; Crispine, femme de Commode, Julia Domna, femme de Severe, Julia Procla, dont l'Histoire ne parle point ; deux masques de Pan qui ont la bouche ouverte, les yeux troués, la barbe grande & mêlée.

De ces bustes, le plus universellement admiré, est celui de Marc-Aurelle: & des têtes, celle d'Apollon. Bien que le buste de Marc-Aurelle soit de marbre noir, qui passe pour une couleur ingrate en sculpture: on y trouve pourtant ces beaux traits de visage, qui d'abord faisoient juger de son integrité: il a les yeux à fleur de tête, doux & humains, le nés aquilin, mais bien fait, la barbe longue & mêlée, mais venerable, les cheveux frisés, la bouche mediocre & un peu pleine. Le Sculpteur l'a representé grand comme nature, à l'age de quarante ans ou environ, & enfin l'a si bien dessiné que les gens du métier, le tiennent pour un des meilleurs bustes du Royaume.

La tête d'Apollon ne cede en rien au buste de Marc-Aurelle : elle est d'une grandeur Colossalle, & montée sur un buste de femme d'albatre oriental: sa bouche, son nés, ses yeux, ses cheveux sont d'une grande maniere, il n'y a point de partie qui ne soit majestueuse & mesurée bien justement : en un mot tout est si achevé dans cette belle tête, que s'il s'en trouve à Rome qui puisse lui être comparée, les Curieux tiennent qu'aucune ne la surpasse. Au reste, on ne doit pas s'étonner si cet Apollon est mis sur un buste de femme, comme n'étant qu'une marque du peu de cas qu'on fait de ce magasin ; aussi est-il si negligé, que sans Tristan de St Amant, je n'aurois pas pu dire le nom des bustes & des figures que j'ai raporté. Avant que je l'eusse prié de les voir, on prenoit Balbin pour Vitelle, Charles le Chauve pour Attila; & Crispine pour Agrippine, Julia Domna & Julia Procla n'étoient pas connues, le reste n'avoit point de nom, ou portoit celui qu'il plaisoit au Garde-magasin de lui donner.

Ce ne seroit jamais fait, si je voulois raporter toutes les observations que font les Medaillistes sur ces bustes & ces figures. Je me contenterai de dire ce qu'ils pensent du buste de Charles le Chauve, & de la figure de Cibelle, ou de Diane mamelée.

Cette Diane leur semble parée d'ornemens rares & curieux ; depuis la tête jusqu'au dessous des mamelles, elle a le corps d'une femme, le reste finit en terme ou en étui quarré-long, où sont enfermés ses habits, dont le bout sort par en bas, aussi bien que ses pieds. Comme Cibelle elle a la tête couronnée de tours & voilée; mais son voile est étendu, comme Diane: elle est accompagnée de neuf mouches à miel, qui figurent les neuf muses qui parurent sous cette forme lorsque Ion passa dans l'Asie Mineure, & y fonda la Ville d'Ephese; au tour de son col & de son sein, se voient diverses colarins ou ceintures : la premiere est toute unie, la seconde couverte

verte de glands, la troisiéme de grapes de raisins: & sur le Terme ou l'étui sont sculpés des Parquetades remplis de neuf vases, d'autant de mouches à miel, & de deux demi-figures d'Anges, ou de femmes nues, ayant des aîles, qui pourroient bien être les Heures.

Quant au buste de Charles le Chauve, il a bien donné des affaires aux Curieux: le Conseiller Peyresc, soutient que c'est Charlemagne; St Amant que c'est Charles le Chauve; & les ignorans, Attila: & l'opinion de ceux-ci a si bien prévalu, que sur le pied qui le porte on a gravé en lettres modernes & capitales.

ATTILA FLAGELLUM DEI.

Ce morceau de Sculpture est de trois pieces, & a été sculpé par trois differens Sculpteurs en trois siecles différens. Le pied est moderne, le buste antique, & la tête du tems de Charles le Chauve. Le buste est de marbre noirâtre, habillé d'un thorax écaillé, comme les Empereurs Romains, avec des lambeaux sur les épaules de plusieurs couleurs, la tête est couronnée d'un diademe, sans infules pendantes, chargé de pierreries, comme celui de Constantin, mais bien plus large que ceux des Empereurs Romains, & fort convenable au siecle de Charlemagne. Au lieu d'une medaille dont étoient rehaussés au dessus du front ceux des Empereurs d'Occident, il paroît qu'on y avoit mis un Fleuron qui montoit plus haut que le diademe, & avec le tems s'étoit cassé; car il en reste encore des vestiges, aussi bien que de la pierre où on l'avoit posé. Or est-il que tout ceci se rencontre aux couronnes de Charlemagne, & de la plupart des Princes de sa race; mais particulierement dans ses sceaux & son écrin, de plus au trésor de St Denys, dans les Mosaïques du Vatican & de Ste Susanne, où il est representé, & enfin dans les sceaux de Pepin Roi d'Acquitaine, fils de Louis le Debonnaire.

Ses yeux sont grands, mais sans prunelle; on croit qu'elles étoient d'argent, & qu'on les a derobées; quoique son nés soit rompu, on juge pourtant par la racine qu'il étoit grand: sa tête aussi bien que sa barbe sont chauves; sur son menton neanmoins on voit quelque petite apparence de moustache & quelques poils folets, sa perruque est roulée à grosses boucles au tour de son diademe; & sur son front sont répandus quelques cheveux. Si bien qu'à toutes ces marques, on reconnoit aisément que c'est Charles le Chauve, tant la peinture que je viens d'en faire est differente de celles que nous lisons d'Attila & de Charlemagne: joint que c'est ainsi qu'il est toujours depeint par nos Historiens, parce qu'il n'alloit presque point sans son diademe, & le portoit exprès pour cacher sa tête chauve, par le moyen de la perruque qu'il y faisoit attacher. C'est même de cette sorte qu'il est frapé dans une médaille grande comme un écu blanc, que Tristan de St Amant m'a montrée, & qu'il tient de Natalitio Beneditti de Forligni, l'un des plus renommés Antiquaires d'Italie.

Si après cela on me demande ce qui obligeoit Pereysc de donner à ce buste le nom de Charlemagne, le diademe premierement, & que ce n'étoit point une chose si particuliere à Charles le Chauve pour le vouloir distinguer par là, qu'elle ne lui fût commune avec les Rois de la premiere race, & les premiers de la seconde: de plus c'étoit la racine du nés; mais qui ne sait que Charles le Chauve, aussi bien que Charlemagne, avoit le nés long: quant à son poil & à ses cheveux, à la verité il avoue qu'on en voit fort peu sur la tête & sur le menton, mais il dit qu'ils ont été rasés, & attribue à l'art ce qu'il devroit attribuer à la nature, se fondant sur les Mosaïques du Vatican & de Ste Susanne, où Charlemagne est representé la barbe rase, & qui ne paroît que par la couleur chenue: il confesse neanmoins que dans la Bulle de Rome, & en bien d'autres endroits il

Tome II. H

porte une mouſtache, & n'a ni la barbe ni la tête raſée : mais enfin je croi que s'il eût vu la medaille dont je viens de parler, ou qu'en voyant ce buſte il ſe fût ſouvenu des medailles de Charles le Chauve, qu'il avoit maniées, il auroit été de l'avis de St Amant.

JETS DE BASSES TAILLES.

QUANT aux jets de baſſes-tailles, ceux de ce magazin qu'on eſtime le plus, ſont quatre medailles de l'arc de Conſtantin; une bonne partie des bas-reliefs de la colonne Trajane; la Flore; un bas relief, où eſt repreſenté un triomphe marin, moulé à St François de Ripe; des morceaux de Proceſſions, moulés à Medicis, de même qu'un ſacrifice quarré; les figures ſculpées ſur un marbre blanc, du même lieu; les cinq danſeuſes de la vigne Borgheſe; des femmes qui danſent & ornent un chandelier de feſtons, à la même vigne; une friſe d'Anges, ou de Genies, dont les uns ornent un chandelier, & les autres ſont montés ſur des taureaux, moulés au Palais des Maſſimi; deux chapiteaux, l'un d'une colonne, l'autre d'un pilaſtre angulaire de la Rotonde. Et parce qu'à l'égard de la Rotonde, tant de perſonnes ont donné au public les meſures des chapiteaux, qu'on voit à ſon avant-portique; mais ſi differemment, & ſi mal, qu'il eſt aiſé de refuter tout ce qu'ils en ont dit, ou du moins de les accorder entre eux ſur le jet de cire, dont eſt enrichi ce curieux magazin, les voici. Mais auparavant je dirai ce que c'eſt que le palme Romain, dont je me veux ſervir, puiſque c'eſt la meſure la plus juſte & la mieux appropriée à ces ſortes de dimenſions.

Le palme Romain donc, vaut huit pouces de Roi deux lignes, ſe diviſe en douze onces, & chaque once en cinq minutes; cela poſé pour fondement.

MESURE DES CHAPITEAUX DES COLONNES
qui ſont à l'avant-portique de la Rotonde.

LE vif de la colonne Corinthienne a par haut quatre palmes, & vingt-deux minutes de diametre; & comme le chapiteau doit toujours être poſé à plomb de la colonne, par conſequent il porte par bas quatre palmes, vingt-deux minutes; d'une corne à l'autre il y a ſix palmes trente-trois minutes & demie. Les cornes angulaires portent trois palmes. La roſe une palme dix minutes; la campane deſſous les premieres feuilles a de diametre quatre palmes dix minutes; la campane deſſous les ſecondes feuilles ſix palmes, quarante-trois minutes; la campane au-deſſus des tigettes

Le chapiteau a de haut depuis l'aſtragale de la colonne, juſques-au-deſſus du tailloir, cinq palmes vingt-huit minutes; depuis le deſſous des premieres feuilles, juſqu'au-deſſus du tailloir trois palmes cinquante-huit minutes; depuis le deſſous des ſecondes feuilles, juſqu'au deſſus du tailloir trois palmes ſept minutes : depuis le deſſus d'un petit filet, qui eſt mêlé dans ces ſecondes feuilles, juſqu'au deſſus du tailloir, deux palmes quarante-deux minutes; depuis le deſſous des ſecondes, juſqu'au deſſus du tailloir, deux palmes un tiers; depuis le deſſous des troiſiémes feuilles, juſqu'au deſſus du tailloir, deux palmes un douziéme; depuis le deſſus des troiſiémes feuilles, juſqu'au-deſſus du tailloir, ou depuis le deſſous des tigettes, juſqu'au-deſſus du tailloir vingt onces trois minutes; depuis le deſſus des tigettes, juſqu'au-deſſus du tailloir quarante-deux minutes & demie; depuis le filet de deſſous le tailloir, juſqu'au deſſus du tailloir douze minutes ; le tailloir douze minutes & demie. Ainfi donc les premieres feuilles ont d'épaiffeur vingt-quatre minutes, les fecondes, & les troifiémes dix-fept minutes. De plus il y a du deffous de la premiere feuille, jufqu'à l'aftragale de la colonne, quarante-deux minutes ; du deffus des premieres feuilles à l'aftragalle, une palme fix minutes ou foixante & fix minutes ; du deffus des premieres feuilles au-deffus des fecondes, une palme vingt-deux minutes, ou quatre-vingt-deux minutes ; du deffus des premieres feuilles au-deffous des fecondes, y comprenant le filet, cinquante & une minutes ; le filet des fecondes feuilles, a d'épaiffeur douze minutes ; du deffus des fecondes feuilles, au-deffus des troifiémes, trente-fept minutes ; du deffus des fecondes feuilles, au-deffous des troifiémes, vingt minutes ; du deffus des troifiémes feuilles, au-deffus de la tigette, ou ce que la tigette a d'épaiffeur & de haut, quarante minutes ; le filet du deffous du tailloir, cinq minutes & demie.

LA GRANDE ECURIE.

AU bout du Palais des Tuilleries, à côté de la rue St Honoré, fe voit la grande écurie, qui eft un bâtiment flanqué d'un gros pavillon, où loge le premier Ecuyer, & accompagné d'un manége découvert, de très-grande longueur : bien qu'il ne foit que commencé, il ne laiffe pas de renfermer une écurie, où il tient quarante chevaux d'un feul côté ; de la clef des croifées de fes greniers fortent des têtes de chevaux ; au-deffus de la porte eft élevée une figure de cheval qui n'a plus de tête, & même à qui on a rompu les pieds & les jambes ; ouvrage cependant de Maître Ponce, l'un des meilleurs Sculpteurs du fiécle paffé, qui foit venu d'Italie en France.

LE JARDIN DES TUILLERIES.

DERRIERE le Palais des Tuilleries eft planté le jardin des Tuilleries, & au bout celui de Regnard : & quoique le premier foit le plus fpacieux de Paris, & le feul qui renferme dans fes murailles un étang, un bois, une volliere, une orangerie, quantité d'allées, de paliffades, de parteres, avec un écho, & un labyrinte ; fa grandeur neanmoins n'eft point proportionnée à celle du Louvre. Auffi à proprement parler n'eft-ce que le jardin du Palais des Tuilleries, & il ne fut fait que pour l'accompagner. Ce qui eft fi vrai que du tems de Catherine de Medicis, il n'étoit point appellé autrement que le jardin du Palais de la Reine. C'eft-le rendés-vous, & la promenade ordinaire du beau monde, & où il fe refugie fouvent pour moderer à l'ombre les plus grandes chaleurs du foleil, & de l'amour ; & de fait on tient que le labyrinte a été fignalé long-tems par les proueffes des Amans, & que fi fes cyprès pouvoient parler, ils nous apprendroient quantité de jolies petites avantures qu'on ne fait pas.

L'ECHO.

L'ECHO eft un reduit beaucoup plus frequenté ; les Galants y donnent fouvent des concerts à leurs Maitreffes, & les commencent quelquefois aux heures où il y grand monde, afin d'avoir plus de témoins de leurs amours. Il eft fitué au bout de la grande allée, & entouré d'une muraille haute de deux toifes, arondie en demi cercle de vingt-quatre de diametre, verte de haut en bas, cachée par des paliffades, & des tonnelles. Les endroits où fe reçoivent les voix, & d'où elles partent, en occupent prefque tout le diametre, n'étant feparés l'un de l'autre que par le vuide de quelques toifes, qui continue vers le centre de la grande allée, & conduit dans la capacité de cette demie circonference. Par là on voit que cet écho n'eft pas fi naturel, que le peuple s'imagine ; car ce n'eft, ni la proximité des foffés, ni celle de la riviere qui caufe cette reflexion de voix fi agréable qu'on y admire, mais bien la forme, & la difpofition artificielle du lieu; ce qui arrivera infailliblement, & toujours aux endroits qui feront ordonnés de la même forte.

Maître Ponce, dont j'ai parlé tant de fois, a commencé dans ce jardin un grand trophée qui devoit fervir de fontaine, & qui depuis a été gâté par un autre Sculpteur : c'eft un gros pied d'eftal de pierre, ifolé, & parallélogramme, qu'on voit pofé deffus une plinthe, & élevé d'une hauteur très-confiderable, à côté de la principale allée des Tuilleries.

Le long de fes quatre faces, font quatre figures, deux de Fleuves, & deux de Naïades, plus grandes que nature, & couchées fur des cruches, ou conques marines ; toutes d'un grand goût, & bien deffinées, mais manierées, un peu même trop fiéres pour des Naïades & de fimples Fleuves qui ne verfent que de l'eau douce, & n'ont jamais éprouvé ni bourafques ni tempêtes.

LE JARDIN DE REGNARD.

DERRIERE le jardin des Tuilleries eft planté celui de Regnard, & occupe tout le baftion de la Porte-neuve ; il confifte en un grand parterre bordé, le long des murailles de la Ville, de deux longues terraffes couvertes d'arbres, & élevées d'un commandement plus que le chemin des rondes, d'où l'on découvre une bonne partie de Paris, les tours & retours que fait la Seine dans une vafte & platte campagne, & de plus tout ce qui fe paffe dans le cours.

Depuis 1581. que ce baftion fut conftruit, jufqu'en 1530. ce fut toujours un grand defert en friche, qu'on appelloit la garenne aux lapins, & où avoit été bâti le chenil du Roi ; mais par brevet du vingt Avril de cette année-là, Louis XIII. le donna à Regnard, à certaines conditions : la premiere qu'il le rempliroit de toutes fortes de plantes, & de fleurs rares & exquifes ; la feconde qu'il recompenferoit de la fomme de deux mille livres un nommé Pafchal, qui demeuroit dans le chenil, & avoit foin des chiens; la troifiéme qu'il rebâtiroit à un autre endroit, à fes depens un chenil plus commode ; & la derniere qu'après fa mort fes heritiers pourroient retirer les fleurs & les plantes qui s'y trouveroient, ou du moins qu'on les recompenferoit. Ce brevet en 1633. fut confirmé par un fecond le dernier jour d'Août, où le Roi l'affuroit de nouveau, qu'il ne le depoffederoit point de fon jardin, qu'après l'avoir recompenfé de toutes les dépenfes qu'il y avoit faites ; & qu'enfin fi de fon vivant on venoit à l'unir aux Tuilleries, dès à prefent il lui en donnoit la conciergerie par avance.

LE PERISTYLE OU LA GRANDE FACADE du Louvre.

LA grande façade du Louvre est à l'Orient, du côté de St Germain de l'Auxerrois. Les premiers fondemens en furent jettés le dix-sept Octobre 1665. sur les desseins du Cavalier Bernin, que l'on fit venir d'Italie avec bien de la depense : ce fameux Architecte n'a pas fait tout ce que l'on attendoit de lui, on en peut juger par les modeles qui subsistent : le Roi fut obligé d'avoir recours aux Architectes François, qui executerent peu de tems après ce magnifique édifice qui se voit à present.

Cette façade est composée d'un premier étage simple, pareil à celui des autres façades de l'ancien bâtiment, & d'un grand ordre au-dessus de colonnes Corinthiennes couplées avec des pilastres de même. Elle est de quatre-vingt-sept toises & demie de longueur, divisée par trois corps avancés, & par deux Peristyles ; à savoir, deux corps avancés aux extremités, & un autre au milieu, où la grande porte & la principale entrée se trouve de ce côté-là par un vestibule sans colonnes, pour en soutenir la voute qui n'est pas encore achevée.

Le corps avancé du milieu est orné de huit colonnes couplées, & terminées par un grand fonton, dont la cimaise est de deux pierres d'une grandeur prodigieuse, & dont on n'a point de pareille dans tous les ouvrages modernes ; en effet elles ont chacune cinquante-quatre pieds de long sur huit pieds de large, & dix-huit pouces d'épaisseur seulement. Elles ont été tirées des carrieres de Meudon, où elles ne faisoient qu'un seul bloc que l'on a coupé en deux. Ces deux grandes pieces ne furent posées que dans le mois de Septembre de 1674. On auroit peut-être eu bien de l'embarras à les placer entieres, sans le secours de l'habile Charpentier Ponce Cliquin, qui par le moyen d'une machine fort ingenieuse, vint heureusement à bout de les monter où elles sont posées. Cette machine étoit dans le goût, & semblable à une autre qu'il avoit dressée pour élever le cheval de bronze, amené de Nanci quelque tems auparavant.

La machine dont il s'est servi pour la conduite de ces prodigieuses pierres, a paru si ingenieuse, & si singuliere aux Savans, que pour en conserver la memoire, l'on en a fait graver une estampe, que l'on trouve dans la derniere édition de Vitruve de Perrault, dont on a parlé à l'exemple de celle du Chevalier Fontana, pour l'obelisque du Vatican, élevé dans la place de St Pierre de Rome, sous le Pontificat de Sixte V. bien plus facile à poser que ces deux grandes pierres, lesquelles sont beaucoup plus exhaussées, & plus aisées à casser, parce qu'elles ont moins de solide, que cet obelisque. Cependant les Italiens grands admirateurs de leurs inventions, ont parlé de cette machine, comme d'une chose tout-à-fait merveilleuse & sans exemple.

Entre ces trois corps avancés, il y a deux peristyles de colonnes Corinthiennes, couplées pour une plus grande solidité, lesquelles se communiquent par un petit coridor pratiqué fort ingenieusement dans l'épaisseur du gros mur, au-dessus de la porte quarrée du milieu. Ces belles colonnes Corinthiennes, qui sont cannellées, ont trois pieds sept pouces de diametre, lesquelles forment deux grands peristyles, ou portiques de douze pieds de largeur, sur vingt-sept toises de longueur chacun, dont les plafonds sont d'une beauté surprenante. On doit admirer la hardiesse des architraves de douze pieds d'étendue, qui les soutiennent, de même que les sculptures excellentes que l'on y a disposées, & la propreté avec laquelle tout cet ouvrage a été executé ; les pierres sont jointes avec tant de soin, qu'elles semblent ne faire qu'un même corps, & l'on a caché les joints montans si à propos dans les coins des pilastres & des chambranles des niches, que les assises paroissent d'une seule piece dans toutes la face de l'édifice. La même ordonnance d'Architecture est observée à l'exterieur du corps de logis double, du côté de la riviére, par les pilastres seulement; & il doit regner par tout, au lieu de combles, une balustrade appuyée sur des pieds d'estaux que l'on voit déja commencer sur la façade de devant : ce qui embellit infiniment tout ce grand ouvrage, qui n'a pas son pareil pour la magnificence & pour la somptuosité dans les bâtimens élevés depuis les anciens Grecs & Romains.

Les sculptures des chapiteaux & quelques autres ornemens sont recherchés d'une maniere sans pareille; & quoiqu'on eut en France des ouvriers plus habiles qu'en aucun endroit du monde, pour les exécuter comme on les souhaitoit, le Roi fit venir d'Italie d'autres Sculpteurs, auquel on donna un bon prix par jour pour les animer à bien faire.

Ces grands travaux ont été commencés en 1667. & conduits dans l'état où l'on les voit à present en 1670. par les soins & sur les desseins de Louis le Vau, né à Paris, premier Architecte du Roi, lequel a eu la direction des bâtimens Royaux depuis l'année 1653. jusqu'en 1670, qu'il est mort.

François d'Orbai son élève ne contribua pas peu à la perfection de ce bel ouvrage, & c'est à ces deux excellens Architectes à qui on doit attribuer toute la gloire du dessein, & de l'exécution de ce superbe édifice; malgré tout ce que l'on a publié de contraire : lequel causera sans doute de l'admiration aux siecles à venir, & leur donnera une haute idée de celui qui aura produit des ouvrages d'une si rare & si grande perfection.

LE COURS.

LE Cours termine agreablement le Louvre, aussi bien que le Palais & le Jardin des Tuilleries; aussi sans contredit est-ce la promenade la plus accomplie qui soit au monde, elle est longue de mille cinq cens quarante pas communs, large de cent, environnée de fossés, près des murs de Paris, entre la Seine & une campagne très-fertile, d'ailleurs partagée en trois allées qui sont de seize-cens ormes, dont celle du milieu porte cinquante pas & les deux autres vingt-cinq chacune. Ce lieu si admirable a été entrepris par Marie de Medicis, & quelque achevé qu'il soit elle l'auroit bien autrement embelli, si elle eut été plus long tems en France. De cette plaine ensemencée de bled, d'orge, & d'avoine, bordée d'un côté du cours, & de l'autre du grand chemin de St Germain en Laie elle en auroit fait un grand jardin; prés, parterre, canaux, fontaines, labyrintes, & toutes les autres varietés qu'on peut desirer dans un jardin, s'y seroient rencontrées, & le tout distribué avec autant d'ordre que d'esprit; il auroit été terminé d'un grand & superbe pavillon, pour servir de retraite & de rafraichissement à leurs Majestés, lors qu'elles viendroient au cours. On avoit deja fait voir à cette Princesse plusieurs plans & élevations, tant de ce nouveau jardin que du pavillon, & même en 1628. elle en arrêta un, & qui fut paraphé le douze Mai. De plus, la charge de Capitaine & de Concierge, en avoit été donnée par le Roi un mois auparavant.

HOTELS DES PRINCES DU SANG.

L'HISTOIRE des Rois de la premiere & de la seconde race est si embrouillée que je n'ai pû découvrir les lieux où demeuroient à Paris les Princes du Sang de ces tems-là : ainsi ne doit-on pas s'étonner, si je commence par les Ducs de Bourgogne.

J'apprens des regîtres de la Chambre des Comptes, que les Ducs de Bourgogne de la seconde lignée, qui descendoient de Robert de France, premier du nom & Duc de Bourgogne, troisiéme fils du Roi Robert, & frere de Henri I. Roi de France, logeoient au Mont St Hilaire, dans une maison appellée l'Hotel de Bourgogne, environnée tant de la rue Chartiere, que de celle des Sept-voyes, & du clos Bruneau, qu'on nomme à present *Saint Jean de Beauvais*, que de la rue de Reims appellée alors & long tems depuis *la rue de Bourgogne*. Hotel qu'occupent maintenant les cours & les bâtimens du College de Reims & de celui de Cocquerel. Hugues IV. en 1254. l'agrandit de trois maisons appartenantes à Barthelemi Evêque de Cinq-Eglises, qui tenoient à l'Eglise St Hilaire.

Lorsque le Roi Jean unit le Duché de Bourgogne à la Couronne de France, il y unit aussi cet Hotel, qu'il ne donna point à Philippe le Hardi son fils, lors qu'il l'investit de ce Duché, car il ne l'obtint que de Charles son frere en 1364. après la mort du Roi Jean; & de fait sa demeure ordinaire étoit à l'Hotel d'Artois rue Mau-conseil, qui appartenoit à Marguerite sa femme Comtesse d'Artois, de Bourgogne & de Flandre, que nous appellons aujourd'hui l'Hotel de Bourgogne. Par un partage au reste qu'il fit de ses biens, en 1402. il donna son Hotel du Mont St Hilaire à Philippe son troisiéme fils Comte de Nevers & de Rethel, qui dix ans après le vendit à Gui de Roie Archevêque de Reims, pour être converti en College qu'on nomme le College de Reims du nom de son Fondateur. A l'égard de Jean son fils aîné alors Comte de Nevers, & depuis son successeur, il lui permit de choisir ou *de l'Hotel de Flandre ou de l'Hotel d'Artois*, & que celui dont il ne voudroit point, seroit pour Antoine de Bourgogne Duc de Brabant son second fils.

Jean ayant preferé l'Hotel d'Artois à celui de Flandre, il y logea & tous les Ducs de Bourgogne depuis; lui & Marguerite de Baviere sa femme l'accrurent d'un grand corps d'Hotel, qui subsiste encore en partie, & qui est couronné de grands frontons Gothiques de pierre rehaussés de leurs armes, & de plus l'accompagnerent d'un petit pavillon que Monstrelet & les regîtres de la Chambre des Comptes nomment Dongeon, avec une Chambre toute de pierres de taille, que Jean lui-même, surnommé Sans-peur, l'assassin du Duc d'Orleans, fit bâtir exprès pour sa sureté la plus forte qu'il put, & terminée de machecoulis, où toutes les nuits il couchoit.

Charles petit fils de Jean Sans-peur, Comte de Charolois & dernier Duc de Bourgogne logea à l'Hotel de Nesle : Louis XI. lui en fit don en 1461. mais il le réunit au Domaine après la mort de ce Prince, arrivée devant Nancy en 1477. avec les Hotels de Flandre & d'Artois, & trois autres maisons de plaisance qu'ils avoient à Conflans, qu'on nommoit *les Sejours, Manoirs & Maisons de Bourgogne, d'Artois & de Flandre*. Que si depuis, dans quelques-uns des traités de paix jusqu'à celui de Madrid, passés entre la Flandre & la Maison d'Austriche, les Archiducs se sont reservés la proprieté de ces Hotels, & la liberté d'en nommer les Concierges, & des Economes ; cependant ils n'en ont pas joui, & on y en a instalé d'autres, avec si peu de soin neanmoins de les entretenir, & d'y faire des reparations, qu'enfin tombant en ruine, & ne servant plus que de repaire aux voleurs la nuit, François I. & Henri II. les firent diviser en plusieurs places qu'on vendit à des particuliers.

Nous apprenons d'un concordat de l'année 1222. passé entre Philippe Auguste & l'Evêque Guillaume, que Henri de France troisiéme fils de Louis le Gros Archevêque de Reims, logeoit près le Louvre: je ne sai point où logeoit Robert de France son frere, qui fut chef de la Maison de Dreux, je trouve seulement dans les regîtres de la Chambre qu'en 1287. Beatrix Comtesse de Montfort, veuve de Robert IV. Comte de Dreux, acheta la somme de cinq cens livres deux maisons de la rue Froimantel, accompagnées de jardins, qui s'étendoient jusqu'à la rue St Thomas du Louvre, & de plus un autre jardin vis-à-vis de l'autre côté de cette rue, qui alloit jusqu'au clos des Quinze-vingts.

De plusieurs freres qu'eut St Louis, j'ai découvert les Hotels de Robert de France Comte d'Artois, d'Alphonse Comte de Poitiers & de Toulouse, & enfin de Charles Comte d'Anjou, Roi des deux Siciles: j'ai fait mention autre part de l'Hotel de celui-ci & de ses descendans, il me reste à parler de ceux des deux autres.

L'Hotel de Robert Comte d'Artois étoit celui-là même qu'eut depuis Philippe le Hardi, dont j'ai deja dit bien des choses; il occupoit ce grand espace couvert de maisons particulieres, & coupée vers le milieu par la rue Françoise, qui tient d'un bout à la rue Pavée, & de l'autre à la rue Mauconseil; de plus il s'étendoit depuis une vieille maison bâtie vis-à-vis le commencement de l'Eglise St Jaques-l'Hopital jusqu'à la rue Montorgueil; si bien que la rue qui passoit au long, à cause de cela, fut nommée *La rue au Comte d'Artois*; au bout de laquelle, entre la rue Pavée & la rue Mauconseil, avoit été dressée une porte de Ville, que pour la même raison on nommoit *La porte au Comte d'Artois*.

Cet Hotel fut long-tems une maison longue, étroite & bordée des murs de la Ville entrepris par Philippe Auguste, qui regnoient entre la rue Mauconseil, la rue Pavée, & celle du Petit-lion, dont il reste encore des pans dans ces rues-là & quelques tours; entre-autres dans un grand logis qu'on appelle aujourd'hui *Mendosse*, ainsi nommé à cause qu'il fut donné par François I. & par Henri II. à Dom Diego de Mendosse, premier Gentilhomme de la Chambre, qui abandonna sa patrie pour passer en France, & y jouir du doux fruit que meritoient les bons services qu'il avoit rendus au Roi pendant sa prison. On croit même que ce grand & vieux corps de logis qu'on voit le long de la rue Mauconseil, fut construit sur quelqu'un de ceux des premiers Comtes d'Artois: mais on ne doute point que Philippe le Hardi, en étant devenu propietaire par son mariage, le porta au delà des murs de la Ville, jusqu'à la rue Pavée & à celle du Petit-lion, parce que ces murs ne servoient plus de rien, depuis qu'on en eut commencé d'autres avant la prison du Roi Jean, & qui furent achevés sous Charles V.

Robert d'Artois, au reste, troisiéme du nom, arriere petit fils de Robert de France y logeoit encore, & en avoit un autre au faux-bourg St Germain rue des Boucheries, vis-à-vis l'Hotel des Rois de Navarre, c'est-à-dire de l'autre côté de la foire, mais comme il vint à prendre le parti d'Edouard contre Philippe de Valois, le Roi confisqua tous ses biens, *& donna entre vifs ce logis à Jean son Fils aîné.*

Catherine fille de Robert & femme de Jean de Ponthieu, Comte d'Aumalle demeuroit avec Blanche sa fille, Comtesse d'Harcourt à la rue Bethisi, dans un Hotel appellé *la Cave de Ponthieu*, mais Charles Dauphin, Regent du Royaume, durant la prison de son pere, l'ayant confisqué, parce que ces Princesses avoient abandonné leurs Chateaux & leurs Forteresses, à Charles le Mauvais, Roi de Navarre, qui lui faisoit la guerre, il le donna à *Jean le Maingre dit Boucicault Maréchal de France.*

Enfin Alphonse de France, Comte de Poitiers avoit son Hotel dans la
rue

rue du Louvre, qu'on nommoit alors *la rue d'Oſtriche*. J'apprens de douze titres du tréſor des chartes, que cette rue communiqua ſon nom au logis de ce Prince, & qu'il fut appellé l'Hotel d'Oſtriche: de plus, qu'Alphonſe pour lui donner une étendue proportionnée à un Fils de France, acheta depuis 1254. juſqu'en 1261. des logis, des prés, des granges, avec quelques places vuides, chargées de cinquante livres de rente, les unes ſituées dans la rue du Louvre, les autres dans celle des Poulies & des foſſés St Germain; & que tous ces lieux-là lui revenoient à cinq cens trente-cinq livres pariſis. En ſorte qu'il le rendit ſi ſpacieux & ſi logeable, qu'après ſa mort Archambault Comte de Perigord & Helice de Tallerande ſon fils en vendirent la moitié en 1281. à Pierre de France Comte d'Alençon & de Blois fils de St Louis qui lui couta ſept cens cinquante livres : ſi bien que par cette derniere acquiſition, l'Hotel d'Alphonſe perdit ſon nom d'Oſtriche & pour lors prit ſon nom d'Alençon, qu'il commença à porter dans notre Hiſtoire, & qu'il a porté juſqu'à Henri de France Duc d'Anjou, depuis Roi de France & de Pologne qui l'acheta de Nicolas de Villeroi.

Après tout, cet Hotel d'Alençon n'eſt pas le ſeul qui ait été à Paris; car il m'en reſte d'autres dont je parlerai, mais que j'omets à preſent, parce que ceux à qui ils appartenoient étoient ou neveux ou arriere-neveux de ce Pierre de France, dont je viens de faire mention, & qui mourut ſans enfans. Mais puiſque j'ai commencé à parler d'un des fils de St Louis, je raporterai ici par même moyen tous les Hotels qu'eurent à Paris tant Robert de France ſon ſixiéme fils & Comte de Clermont, que les Ducs de Bourbon, de Montpenſier, de Vendoſme, des Comtes de la Marche, de Ponthieu, de Soiſſons, & des Princes de Condé ſes deſcendans.

Robert de France, Comte de Clermont & Sire de Bourbon, logeoit vis-à-vis l'Hotel d'Oſtriche, dont j'ai parlé à l'endroit même où eſt l'Egliſe des Prêtres de l'Oratoire, dans un logis dont je ne ſai point le nom, qui appartenoit auparavant à la Comteſſe de Xaintonge, & au Prevôt de Bruges, que Waleran de Luxembourg Comte de St Pol acheta en 1396.

Louis I. Duc de Bourbon ſon fils, en 1318. acheta cinq cens cinq livres pariſis, à la rue St Antoine une maiſon appellée *l'Hotel du Petit muſc*, & la maiſon du Pont-perrin accompagnée d'un jardin fort grand. Depuis elle paſſa à des particuliers qui la vendirent à Charles V. & à Charles VI. Louis de France Duc de Guienne y demeura long-tems. Charles VI ſon pere le rebâtit & le nomma *l'Hotel-neuf*: enfin ce fut l'Hotel de Bretagne. Anne de Bretagne le donna au Prince d'Orange: Depuis il a appartenu à la Ducheſſe d'Etampes Maitreſſe de François I. & à Diane de Poitiers, Ducheſſe de Valentinois: & je trouve que ſous le regne de ces deux Princes, il ſe nommoit le petit Bourbon; de plus qu'il étoit au Connétable de Bourbon: ſi bien que les Commiſſaires nommés pour l'exécution du procès de ce Prince s'y tranſporterent ainſi que dans les autres lieux qui lui appartenoient. Cette grande maiſon au reſte, fut toujours la demeure des aînés des Bourbons étant à Paris.

Quoiqu'en 1360. Anne fille unique de Jeanne Comteſſe de Clermont, apportât en mariage à Louis II. du nom Duc de Bourbon, l'Hotel de ſes Ancêtres Comtes de Foreſt, ſitué à la rue de la Harpe, le long de la rue Pierre-Sarazin, & qui s'étendoit juſqu'à celle des Deux-portes, & à la rue Haute-feuille, ce Prince s'en deffit bien-tôt après, en faveur de Charles VI, qui l'achetta douze mille francs, & le donna en 1364. à Jean Duc de Bretagne, Comte de Montfort.

Quant à l'autre Hotel appellé le petit Bourbon dont j'ai parlé, & où logeoient les aînés de cette race, dont la principale entrée étoit dans la rue du Petit-muſc, ou des Celeſtins, & le jardin aboutiſſoit à la rue de la Ceriſaie il fut vendu en 1554. ſix mille cent vingt-cinq livres, & maintenant eſt renfermé en partie dans le monaftere des Filles de la Visitation, dites les Religieuses de Ste Marie de la rue St Antoine.

Ce qu'il faut favoir ici, eft qu'encore bien que ces Princes ne l'euffent bâti-là, qu'afin d'être auffi proches de l'Hotel Royal de St Pol, où Charles V, Charles VI, Charles VII, & Louis XI. faifoient leur fejour ordinaire ; qu'ils l'étoient au Petit Bourbon du Chateau du Louvre, où le Roi Jean & fes predeceffeurs, jufqu'à Philippe Augufte qui le fit faire, demeuroient auffi fouvent prefque, qu'au Palais, qu'on appelle aujourd'hui le *Parlement*.

Nous apprenons de l'Hiftoire neanmoins que les Ducs de Bourbon, fe retiroient à leur Hotel du quartier St Antoine, quand leurs affaires les appelloient à la Cour, ou que leur prefence y étoit neceffaire.

Au refte ce ne fut pas le feul que cette maifon eut aux environs de St Paul. Je trouve dans un compte de la Prevôté de Paris, que Jeanne de Bourbon Reine de France avoit un grand logis devant l'Eglife, bâti par Jean de Champ-denier, & qui fut donné par Charles VI à Jean du Train pour cent fols parifis de rente viagere, & qu'après la mort de ce locataire, Ifabelle de Baviere Reine de France, s'en empara en 1 3 9 5. & qu'en 1451. Charles VII en fit don à Marie d'Anjou fa femme ; & parce qu'il fervit d'écuries à ces deux Princeffes, qu'on le nommoit *l'Ecurie de la Reine*.

De plus les Princes de Bourbon avoient deux autres maifons de plaifance hors de Paris, l'une près la Charité, l'autre proche le Prieuré de Notre-Dame des Champs, au lieu même où eft placé le Monaftere du Val-de-grace, & où le Cardinal de Berule jetta les fondemens de la Congregation des Prêtres de l'Oratoire de Jefus: l'autre étoit au faux-bourg St Marceau, à la rue du Fer-de-moulin, qu'Anne Dauphine d'Auvergne & Comteffe de Foreft apporta en mariage à Louis II. du nom Duc de Bourbon, & que Jean Comte de Foreft en 1321, avoit acheté deux cens livres parifis des Religieux de Ste Geneviéve.

Louis I. du nom & I. Duc de Bourbonnois, Comte de Clermont & de la Marche & Chambrier de France, en 1327. acheta la premiere de Pierre du Courpalay Abbé de St Germain & de fes Religieux ; elle étoit devant la porte de l'Abbaïe & confiftoit en plufieurs maifons, granges & jardins. Des maifons qui en faifoient partie, la principale s'appelloit *la maifon de l'Aumône St Germain*, une autre *la haute maifon*, une autre *la maifon de Jean de Nefle*, Seigneur d'Auffemont, la derniere enfin *la maifon de Marie de St Pol*, *Comteffe de Pembroch*, Dame de Montignac en Poitou, veuve d'Eyrard de Valence ; & celle-ci s'étendoit jufqu'à la Chapelle St Pere, qu'on nomme à prefent l'Eglife de l'Hopital de la Charité. J'ai fait tout ce que j'ai pû pour favoir ce que lui avoient coûté les deux dernieres, fans découvrir autre chofe, finon qu'il promit aux Religieux de n'en vendre aucune à leur infû, & fans leur en donner la preference. En 1347. cet Hotel s'appelloit *le Manoir ou Sejour de Bourbon*, car fejour & manoir en ce tems-là étoit la même chofe que ce que nous appellons aujourd'hui Maifon de plaifance.

L'autre maifon de plaifance étoit au faux-bourg St Jaques, où le Val-de-grace eft à prefent. Un grand clos de vignes, & plufieurs arpens de terres labourables, l'environnoient de toutes parts; & tous les ans il s'y recueilloit beaucoup de vin & de bled. En 1398. Louis II, troifiéme Duc de Bourbon par fon teftament, ayant fondé aux Jacobins, où quelques-uns de fes Ancêtres font enterrés, cinq Services folemnels, & tous les jours une Meffe pour le remede de leurs ames, & legué pour cela fix cens francs d'or avec quatre queues de vin & deux muids de froment de revenu, il en chargea cet Hotel ; & voulut que la rente leur fut payée tous les ans par celui qui en feroit le Concierge & le Fermier.

Pierre Duc de Bourbonnois & d'Auvergne, Comte de Clermont & de

DE LA VILLE DE PARIS. Liv. VII.

Foreft & de la Marche en 1500. donna à Imbert de la Plaftriere, Doyen de Nevers, Confeiller au Parlement fa vie durant l'Hotel de Bourbon de Notre-Dame des Champs, à la charge de payer aux Jacobins les mêmes chofes: le tout comme il l'avoit donné auparavant à Jean le Vifte Seigneur d'Arcy.

PUINE'S DE BOURBON.

DES Puinés de cette ancienne race, les premiers font les Comtes de la Marche & de Ponthieu ; & enfin le premier & le plus renommé de cette branche, eft Jaques de Bourbon, troifiéme Fils de Louis I, Duc de Bourbonnois, Connétable de France fous le Roi Jean, qui mourut à Lyon en 1362. des bleffures qu'il avoit reçues à Brignais, combattant contre les Tards - venus.

Les feconds font les Ducs de Montpenfier, les uns defcendus de Jean I, Duc de Bourbon, les autres de Louis de Bourbon, petit fils du Connétable Jaques. Les titres du tréfor des chartes font voir que ce Connétable logeoit à la rue du Four, & qu'un nommé Guillaume de Dreux, qui avoit une maifon attachée à fon Hotel, ayant été banni du Royaume, le Roi Jean lui en fit don en 1353. Et dans ces titres-là encore, il fe voit que le même Jean lui donna en 1360. une autre maifon de la rue de la Tixanderie, tout joignant l'Hotel de Jean de France Duc de Berri, qui tenoit à la rue du Cocq, & que ce Connétable vendit depuis à ce Prince ; car je montrerai ailleurs que fon logis s'étendoit depuis la rue du Cocq jufqu'à la rue des Deux - portes. Et j'apprens de l'Hiftoire Genealogique des Bourbons, que Louis III, Fils de Jean I, Duc du Bourbonnois, fut le premier Comte de Montpenfier, & qui devint Dauphin d'Auvergne, par fon mariage avec Jeanne fille unique de Berault III, Dauphin d'Auvergne. Celui-ci, au refte, & les defcendans demeurerent au fauxbourg St Germain dans une maifon qu'ils vendirent à Henri de la Tour, Duc de Bouillon, Maréchal de France, & qui appartient maintenant à Duc de Liancourt. Tant qu'ils logerent là leur Hotel fut appellé l'Hotel Dauphin, qui donna le nom à la rue, & bien que depuis changeant de Maître, il ait été appellé l'Hotel de Bouillon & l'Hotel de Liancourt, la rue s'eft toujours appellée, & s'appelle encore la rue Dauphine.

Mais puifque j'ai commencé à parler des Hotels de Montpenfier, ne les quittons point que tout ne foit achevé Louis de Bourbon Duc de Montpenfier, petit-fils de Jean Comte de Vendofme, fit bâtir un Hotel de fon nom, au coin de la rue de Tournon dans la rue du petit Bourbon même. Cet Hôtel étoit accompagné de bâtimens fort fpacieux, & d'un grand jardin embelli de parterres & d'allées couvertes & découvertes. J'y ai lu au-deffus du portail en lettres majufcules, *De la liberalité de ma Princeffe* ; & l'on m'a affuré que Forget Intendant de fa femme, avoit fait mettre cette Infcription pour marque de fa reconnoiffance. J'apprens du quatriéme difcours des Femmes illuftres de Brantofme, que ce fut dans cette maifon que Catherine fa veuve, Fille de François Duc de Lorraine aprit le meurtre arrivé à Blois de Henri Duc de Guife & du Cardinal fes freres ; & qu'auffi-tôt fortant comme forcenée & toute en pleurs, elle fut par tout Paris courant de rue en rue avec les enfans de fon frere, vomiffant une infinité d'injures contre Henri III. & fon Confeil, fi bien qu'on peut dire d'elle, qu'elle fut le flambeau fatal de la Ligue qui embrafa tout le Royaume.

En 1605. Henri de Bourbon dernier Duc de Montpenfier & petit fils de Louis acheta cinquante-cinq mille livres l'Hotel de Charles de Bourbon, Comte de Soiffons de la rue de Grenelle, mais étant venu à mourir en

1608. Henriette de Joyeuse sa veuve s'étant remariée à Charles Duc de Guise, elle vendit vingt-quatre mille écus l'Hotel de Montpensier à Roger Saulary Duc de Bellegarde, qui après l'avoir rebâti magnifiquement, le revendit à Pierre Seguier Garde des Sceaux, & se nomme maintenant l'Hotel Seguier.

De Jean de Bourbon, Comte de la Marche, & de Catherine de Vendosme, sont descendus les Comtes & Ducs de Vendosme, qui du trône de Navarre où ils furent élevés, sont montés sur celui de France qu'ils remplissent maintenant. Par ce mariage, quatre Hotels appartenants aux Seigneurs de Vendosme entrerent dans la Maison de Bourbon. L'un situé à la rue St Thomas du Louvre, accompagné d'un grand jardin. L'autre placé en 1419 dans la rue de la Cour de Rouen, vis-à-vis la maison des Archevêques de Sens, près la rue de l'Eperon & celle du Jardinet. La troisième étoit une maison de plaisance appellée la Grange,Bâteliere, proche des Porcherons & de la Ville-l'Evêque, qui appartenoit à Jean de Bourbon, Comte de Vendosme. Le dernier est celui de Cesar Duc de Vendosme, fils legitimé de Henri le Grand, Roi de France & de Navarre, que de Loraine, Duc de Mercœur, a fait construire avec beaucoup de magnificence, & enrichi d'un jardin & d'un bois d'une grandeur considerable ; cet Hotel est dans la rue St Honoré près du Monastere des Capucins.

Les Hotels d'Antoine de Bourbon, Roi de Navarre, de Jeanne d'Albret sa femme, & de Henri IV doivent être compris parmi les logis des Ducs de Vendosme.

Passons maintenant aux Hotels des Princes de Condé & de Soissons, dont les premiers sortent de la branche de Vendosme, & les autres de celle des Condé.

Françoise d'Orleans, veuve & seconde femme de Louis de Bourbon, premier Prince de Condé, acheta d'Isabelle Gaillard, femme de René Baillet, Seigneur de Sceaux, second President au Parlement, deux vieilles maisons de la rue de Grenelle. Ensuite Charles de Soissons son fils, y repandit sur les vitres & sur les planchers ses chiffres, enlassés dans ceux de Catherine de Bourbon sœur d'Henri IV, que son ambition & ses sourdes pratiques lui arracherent d'entre les bras. Mais cette Princesse en 1604. étant morte à Nanci Duchesse de Bar, & six mois après sa mort, ce Prince ayant acheté quatre-vingt-dix mille trois cens livres l'Hotel de la Reine, nommé à present l'Hotel de Soissons, qui avoit appartenu à sa chere Maitresse, & qui avoit été temoin si souvent des respects & des hommages qu'il lui avoit rendus. En 1605. il vendit cinquante-cinq mille livres la maison dont il avoit herité de sa mere, à Henri de Bourbon, Souverain de Dombes, dernier Duc de Monpensier, que sa veuve revendit en 1611. au Duc de Bellegarde, ainsi que j'ai deja fait savoir.

Des enfans du premier lit de Louis premier Prince de Condé, j'apprens qu'en 1612. Henri son fils aîné, acheta des liberalités que pour cela lui fit Louis XIII. cent cinquante mille livres l'Hotel de Jerôme de Gondi, bâti magnifiquement, & situé à la rue neuve St Lambert, qu'on appella la rue Princesse, depuis que ce Prince y logea ; & je crois qu'une partie de cette grande maison a été autrefois occupée par Arnault de Corbie, Chancelier de France, sous Charles V.

Je ne sai où logeoit à Paris François Prince de Conti, son second fils ; je sai bien à la verité que Henri de Gondi, Duc de Retz & de Beaupreau, vendit la moitié de la maison qu'il avoit entre la rue du Louvre & celle des Fossés St Germain, à Louise de Lorraine Princesse de Conti, sa seconde femme. Mais comme elle fit cette acquisition après la mort de son mari, je reserve à en parler au discours des Hotels que les Ducs de Lorraine & les Princes de leur race ont eu.

Enfin je trouve que Charles, Cardinal de Bourbon, troisième fils du premier Prince de Condé, fit bâtir en 1586. la Maison Abbatiale de St Germain des Prés, & commença ce grand corps de logis de brique qui borde un des côtés de la cour. La face de cet édifice qui regarde dans la cour, est soutenue & élevée sur un grand portique de pierre; & celle qui se voit du jardin, est portée & enrichie d'une gallerie ou longue serre, ornée d'une belle suite de têtes de Cerf, distribuées avec beaucoup de symmetrie, & toutes admirables pour leurs singularités. Les unes sont d'une grosseur & d'une grandeur demesurée; les autres jettent une forêt de bois & de branches: celles-ci font des plis & replis que la nature a mêlés & entassés les uns dans les autres; celles-là s'épandent & s'élargissent d'une maniere extraordinaire; & toutes enfin sont si differentes & si bizarres, qu'il semble que la nature ait pris plaisir à se jouer. Voilà tous les Hotels que j'ai pû découvrir de la race des Bourbons, descendus de St Louis. Et voici ceux de la branche des Valois & d'Alençon, descendus de Philippe le Hardi, Roi de France, & fils de St Louis.

HOTELS DES COMTES DE VALOIS ET D'ALENCON.

PHILIPPE le Hardi eut quatre garçons. Le premier appellé Louis, fut empoisonné fort jeune en 1276. Le second nommé Philippe, regna sous le nom de Philippe le Bel. Charles le troisiéme, fut pere de Philippe de Valois, & de Charles, chef des Comtes & des Ducs d'Alençon. Louis, le dernier, fonda la Maison des Comtes d'Evreux & des Rois de Navarre.

Je n'ai rien à dire du premier, parce qu'il mourut si jeune, que l'Histoire n'en remarque que la mort & la naissance. J'ai dit auparavant que le dernier avoit sa maison de plaisance au fauxbourg St Germain, à l'endroit même où sont bâties les Halles de la Foire, & qu'elle passa à Philippe son fils, Comte d'Evreux, & Roi de Navarre. Pour le second, j'ai rapporté toutes ses maisons, en rapportant celles de nos Rois, dans le discours que j'ai fait des Maisons Royales. Ainsi il ne me reste plus qu'à parler du troisiéme fils, & de ses successeurs.

Charles de France, Comte de Valois & d'Alençon, de Chartres & d'Anjou, fils de Philippe le Hardi, logeoit au bout de la rue du Roi de Sicile, dans une grande maison qu'avoit bâtie Charles de France, Roi des deux Siciles, son oncle, frere de St Louis; & que Charles second du nom, son fils, Roi de Sicile & de Jerusalem lui donna en 1292. à la charge, comme j'ai dit ailleurs, que Marguerite de Bourgogne sa belle-mere, veuve & seconde femme de son pere, y pourroit occuper le reste de ses jours le même logement qu'elle avoit occupée du vivant du Roi son mari.

Philippe le Bel son frere, lui fit don en 1296. de l'Hotel que nous appellons maintenant l'Hotel de Nesle; & qu'en 1327. Philippe Comte de Valois son fils, donna pendant sa regence, à Jean de Luxembourg, Roi de Boheme, excepté la justice & la souveraineté qu'il se reserva; car ce sont les termes de la charte que j'aie lû au Tresor des chartes.

Je ne sai de qui Charles son pere eut une maison de plaisance au fauxbourg St Jaques où il s'alloit divertir. Je sai seulement qu'il l'agrandit en 1321. de la maison de Jean de Carnis qui y tenoit, lui donnant en échange la moitié d'un logis sur le chemin de Gentilli qui lui appartenoit. Je voi dans plusieurs chartes du Tresor & de la Chambre, qu'elle passa aux Ducs de Bourbon; qu'elle étoit accompagnée d'un grand clos de vignes & de plusieurs arpens de terres labourables; & enfin qu'elle étoit placée au lieu même où est le Val-de-Grace.

Philippes Comte de Valois, son fils aîné, avoit deux autres logis à Paris, avant que de parvenir à la Couronne; l'un bâti par Enguerand de

Marigni, que Louis Hutin lui donna en 1315. après avoir fait pendre à Montfaucon ce Surintendant de son pere. A l'égard de l'autre que lui avoit donné Charles, second du nom, Roi de Sicile, il s'en défit en faveur de Charles, Comte d'Alençon, son frere, en 1319. Et parce qu'il étoit attaché aux murs de la ville, qui tenoient à la place de la Culture Ste Catherine, où se faisoient les joûtes, courses de chevaux, duels autorisés & tournois, les seuls passetems de la Cour alors, & dont Charles VI étoit passionné, Pierre Comte d'Alençon en 1389. petit-fils de Charles de France, Comte d'Alençon & de Valois, le ceda au Roi, qui en eut besoin, afin d'avoir une maison proche de cette place, où il pût s'habiller, s'armer & se preparer à cette sorte de divertissement.

Je ne saurois dire si Philippe Comte de Valois, lorsqu'il fut Roi, donna son Hotel d'Enguerand de Marigni à son frere Charles. Je trouve seulement qu'en 1347 il appartenoit à Marie d'Espagne sa veuve & à ses enfans; qu'il étoit situé à la rue des Fossés St Germain ; qu'il alloit jusqu'à celle du Louvre ; & que René, penultiéme Duc d'Alençon, le vendit à René de Cerceaux ; de plus qu'il couvroit la place qu'on a faite depuis peu sur les ruines de l'Hotel de Retz, près l'Hotel de Longueville, & qu'on nommoit le petit Alençon, pour le distinguer de l'Hotel d'Alençon, dont Pierre de France, Comte d'Alençon, fils de St Louis, étoit proprietaire, comme j'ai déja dit.

Ces noms au reste d'Alençon & de petit Alençon, qu'on a donné de nos jours à ces deux Hotels, afin de les distinguer, me font douter qu'ils ayent été toujours deux logis separés : & mon doute est si bien fondé, que par une charte de l'année 1347, il paroît qu'Enguerand de Marigni avoit renfermé dans sa maison plusieurs logis particuliers, & l'avoit embellie de jardins & de preaux ; & qu'on l'appelloit l'Hotel d'Alençon. Or quelle apparence que dans un espace d'aussi peu d'étendue, tel que celui qui est borné du petit Bourbon & de l'Hotel de Longueville, on eut pû pratiquer des jardins & des prés, & conserver tant de maisons particulieres ?

J'apprens de quelques anciens titres & de personnes même qui ont des maisons à eux dans la rue des Cinq-diamans, qui tient d'un bout à celle des Lombards, & de l'autre à la rue Aubri-Boucher, qu'il y avoit encore là un autre Hotel d'Alençon. Et de fait j'en ai vû des traces dans quelques logis bâtis à droite & à gauche. Ce qui me fait juger que la rue a été coupée tout au travers par ceux qui l'ont acheté, soit pour leur commodité particuliere, ou pour y mieux trouver leur compte ; de même qu'on a fait à l'Hotel de Bourgogne, de St Pol & des Tournelles.

Pour continuer l'ordre genealogique de la Maison Royale de France, il faudroit parler ici des Hotels qu'a eu à Paris Louis, premier Comte d'Evreux, & frere de Philippe le Bel, & de Charles, Comte d'Alençon. Mais comme des fils de ce Prince, sont sortis les Rois de Navarre de la Maison de France, & que j'ai déja remarqué tous les Hotels que ces Souverains ont eu à Paris, je passerai à ceux des descendans de Philippe le Bel, frere de Charles de France, Comte de Valois, & cousin de Philippe de Valois, & Charles, Comte d'Alençon.

J'ai fait tout ce que j'ai pû pour découvrir les lieux où ont demeuré à Paris, tant Philippe le Bel que ses enfans, lorsqu'ils n'étoient que Princes ; mais je n'y ai rien gagné. A l'égard des Hotels de Philippe de Valois, leur successeur, j'en ai parlé ; & remarqué de plus qu'il donna à Jean, son fils aîné & Duc de Normandie, une maison de plaisance au fauxbourg St Germain, dans la rue des Boucheries, qui appartenoit à Robert d'Artois, armé pour lors contre la France.

Touchant Philippe son second fils ; je trouve que d'abord il fut Duc de Touraine & depuis d'Orleans ; & les titres du Temple & du Tresor des Chartres me font voir qu'il avoit trois Hotels à Paris.

DE LA VILLE DE PARIS. Liv. VII.

L'un avoit sa principale entrée dans la rue des Bourdonnois, & ses jardins à la rue de Bethisi. Il acquit ce logis en 1363, étant encore Duc de Touraine, & en paya deux mille francs d'or au coin du Roi. On l'appelloit alors la grande maison des Carneaux, nom qu'il a eu long-tems.

L'autre étoit à la rue du Temple derriere l'Eglise de la Merci, nommée alors la Chapelle de Bracque, & la maison de Nicolas Bracque, qui tenoit à la Chapelle & aboutissoit aux jardins de ce Prince.

Son troisiéme Hotel étoit situé à la rue St André des Arts contre la porte de Buffi. Après sa mort, Louis son petit-neveu, fils de Charles VI, l'eut avec le Duché d'Orleans. En 1401, Charles VI l'acheta vingt-deux mille cinq cens francs d'or, & le donna à Amé VII, dernier Comte de Savoie, qui avoit épousé Jeanne de Berri sa petite cousine, fille de Jean de France, Duc de Berri son oncle.

De quatre enfans mâles qu'eût le Roi Jean, Charles son fils aîné donna l'Hotel de Humbert, Dauphin de Viennois, situé à la Gréve, à Jean d'Auxerre, Receveur des Gabelles de la Prevôté de Paris, qui le vendit en 1357. au Prevôt des Marchands & Echevins, pour servir de Maison de Ville. Le même Prince jetta les fondemens de l'Hotel Royal de St Pol, dont j'ai parlé ailleurs, pendant la prison de son pere.

Louis, Duc d'Anjou, Roi de Sicile, son deuxiéme fils, occupa les maisons que j'ai remarquées au discours des Hotels des Rois Etrangers.

Philippe, Duc de Bourgogne, eut tous les logis dont j'ai fait mention en parlant des Hotels des premiers Ducs de Bourgogne.

Jean, Duc de Berri, son quatriéme fils, eut onze maisons à lui, six à Paris, & les cinq autres au fauxbourg St Marceau, à Bissestre & à qu'on nommoit alors la Grange aux Merciers.

De celles de Paris, la premiere étoit à la rue de la Tixeranderie, au coin de celle du Cocq, appellée alors la rue Andri-Mallet ; d'un côté elle aboutissoit à la rue des Deux-portes, de l'autre elle tenoit à l'Hotel de Jean de Bourbon, Comte de Ponthieu. Depuis elle a appartenu à Blanche de Navarre, fille de Philippe III, Roi de Navarre, & seconde femme de Philippe de Valois, Roi de France.

La seconde étoit sur le bord de la riviere, attachée à la porte de Nesle, & se nommoit l'Hotel de Nesle, à cause que c'étoit le logis des Seigneurs & des Connétables de Nesle. Ce Prince l'avoit eu de Charles VI en 1380. avec l'Hotel du Val-de-la-Reine & quelques autres. Mais depuis il l'agrandit & l'accompagna de jardins, de galleries, d'appartemens superbes & commodes, & d'un grand lieu au bord de l'eau où il mettoit ses chevaux. Si bien qu'on l'appelloit le Sejour de Nesle. Et parce qu'il tenoit le parti du Duc d'Orleans, ceux de Paris par vengeance le ruinerent.

La troisiéme étoit à la rue de l'Echelle du Temple, dont il se défit en 1388. en faveur d'Amé VII, dernier Comte de Savoie, mari de Bonne de Berri sa fille.

La quatriéme consistoit en huit maisons situées à la rue du Four près St Eustache, qui appartinrent depuis à Charles d'Albret, Connétable de France.

La cinquiéme s'appelloit l'Hotel des Tournelles. Elle occupoit ce grand espace couvert de maisons qui compose la Place Royale, & s'étend de-là jusqu'à la rue St Antoine. Il l'acheta en 1398 de Pierre d'Orgemont, Evêque de Paris, & l'échangea en 1404 avec Louis de France, Duc d'Orleans, pour une maison qu'il avoit à la rue de Joui, & qu'il donna bien-tôt après à Jean de Montaigu, Grand-Maître de la Maison du Roi, ou pour parler comme on faisoit alors, Grand-Maitre de l'Hotel du Roi.

Quant aux autres logis qu'il avoit près de la Ville ; le premier étoit au fauxbourg St Marceau, composé de cours, galleries, jardins, saussaies, prés, eaux, garennes & viviers. Il l'acheta en 1386 de Milles de Dormans Evêque de Beauvais, & le donna trois ans après à Isabelle de Baviere, Reine de France, femme de Charles VI.

HISTOIRE ET ANTIQUITE'S

Il en acquit une autre au mois de Decembre 1388, dans le même fauxbourg & au même quartier que Richard *Pique*, l'Agache en François, Archevêque de Reims, avoit donné à Philbert de Paillart, second President au Parlement, & que Jeanne de Dormans sa veuve lui vendit la somme de cent livres.

La troisiéme s'appelloit la Grange aux Merciers, celebre dans l'histoire des troubles, du tems de Charles VI, par tant d'assemblées qui y furent tenues, pour rendre le calme à l'Etat. En 1385 elle fut adjugée par decret à Pierre de Gyac, Chancelier de France, & vendue à Jean, Duc de Berri. En 1398 par un autre Pierre Chancelier & Conseiller du Roi.

Mais enfin la plus remarquable de ces maisons de plaisance fut celle de Bissestre, par corruption, & qu'on devroit appeller Vincestre, pour avoir appartenu en 1204 à Jean Evêque de Vincestre en Angleterre. Jean des Ursins dit qu'il la fit bâtir magnifiquement, l'enrichit de quantité de peintures ; & pour dernier embelissement y ajouta les chassis de verre, qui ne faisoient en ce tems-là que de commencer à orner l'architecture. Le même des Ursins & Monstrelet, aussi-bien que lui, temoignoient que le traité de paix fait à Chartres en 1408 ayant été violé, Charles Duc d'Orleans, Jean Duc de Berri, Artus Comte de Richemont, frere de Jean V, Duc de Bretagne, se saisirent de ce Chateau, aussi-bien que des environs, suivis de trois ou quatre mille Gentilshommes & de six mille chevaux Bretons. Que le Duc de Bourgogne en ayant eu avis, accourut à Paris accompagné de beaucoup plus de Noblesse. Mais qu'enfin en 1410, par l'entremise d'Antoine de Bourgogne, Duc de Brabant, on en vint à un accommodement, tel neanmoins qu'il fut appellé, la trahison de Vincestre, à cause des Armagnacs qui s'y étoient trouvés. Si bien que telle paix ayant été rompue depuis, les Orleanois incommodant Paris par leurs courses continuelles, le peuple pour se vanger sortant en furie en 1411, brisa & portes & chassis de verre, démolit & brûla ce Chateau, de sorte qu'il ne resta que les murailles.

Avec tout cela il y a grande apparence que le Duc de Berri le retablit depuis. Car je trouve dans les titres de Notre-Dame qu'il le donna aux Chanoines en 1416, avec les terres qui en dependoient : le tout à la charge de chanter quatre Obits, & faire deux Processions tous les ans. Cette donation fut amortie en 1441 par Charles VII, & en 1464, pas Louis XI. Donation aussi-bien que l'amortissement, ratifiée en ce tems-là par la Chambre des Comptes, qui chargea l'Eglise Cathedrale de celebrer tous les ans un Obit le jour de St Louis. En sorte que ce Chateau, soit que ce Prince l'eut reparé, ou non, demeura si abandonné, qu'à la fin il ne servit plus que de retraite aux voleurs & aux hibous, mais bien pis aux esprits malins & aux demons, à ce que bien des gens croyent. Ce qui a duré jusqu'en 1632. & 1633. qu'il fut abbatu par ordre du Roi & converti en Hopital destiné pour les Soldats estropiés, & dedié à Dieu en 1634. sous le nom de la Commanderie de St Louis. Ce dessein n'ayant pas eu l'effet qu'on s'étoit promis, il fut donné en 1656. avec les bâtimens superbes qu'on y avoit faits, à l'Hopital General, & sert maintenant de retraite à une bonne partie des pauvres.

Voilà bien des Palais pour être si proche les uns des autres, pour un seul Prince, quelque grand qu'il fût. Mais peut-être alors étoit-ce la mode. Car enfin je trouve que Louis de France, neveu du Duc de Berri, n'en eut guere moins à Paris & aux environs.

En 1386, Charles VI son frere, lui donna la Touraine, avec les Comtés de Valois & de Beaumont sur Oise pour son appanage. Depuis en 1392. au lieu du Duché de Touraine, il lui donna celui d'Orleans, malgré les plaintes des habitans, qui remontroient qu'on leur avoit promis de ne les plus demembrer de la Couronne. Après la mort de Philippe de France, Duc d'Orleans, fils de Philippe de Valois, du tems qu'il étoit Duc de Touraine, ne, le Roi lui donna en 1388. l'Hotel de Boheme, aujourd'hui l'Hotel de Soiſſons, afin qu'il fût près du Louvre, qu'on appella depuis l'Hotel d'Orleans; & la rue d'Orleans, celle qui y conduit. Il ne fut pas plutôt en poſſeſſion du Duché d'Orleans, qu'Iſabeau de Baviere, Reine de France, ſa belle-ſœur, lui tranſporta en 1390. une maiſon de plaiſance qu'elle avoit au fauxbourg St Marceau, accompagnée de ſaulſaie, d'un jardin rempli de fraiſiers, de lavande, romarin, féves, pois, ceriſiers, treilles, haies, choux & porées pour les lapins, de chenevis pour les oiſeaux; en échange de l'Hotel du Val-de-la-Reine, ſitué près de Pouilli, qui appartenoit à ce Prince, conſiſtant en pluſieurs terres labourables, vignes, prés, bois, garennes, eaux, rentes & cenſives. Je ſuis bien trompé ſi l'Hopital de la Miſericorde ne couvre aujourd'hui une partie du logis que lui donna la Reine, de ſorte qu'il s'étendoit juſques vers St Medard, lorſqu'il fut à ce Prince. Au reſte tantôt on l'appella le fief d'Orleans, & comme on fait encore à preſent une bonne partie; tantôt le petit Sejour d'Orleans, pour le diſtinguer d'une autre maiſon bâtie près la porte de Buſſy du côté de la rue Dauphine, qu'on a long-tems nommé le Sejour d'Orleans; & placé vis-à-vis l'Hotel de Philippe de France, Duc d'Orleans, dont je viens de parler, de l'autre côté de la rue de St André des Arts.

De dire s'il devint proprietaire de l'Hotel de Philippe ſon oncle, qui tenoit à la porte de Buſſy, lorſqu'il fut en poſſeſſion du Duché d'Orleans, c'eſt ce que je ne ſai pas. Je vois ſeulement dans les regîtres du Treſor des chartes, qu'en 1401 il le vendit à Charles VI vingt-deux mille cinq cens francs d'or. Je ne ſai point non plus comment ce logis rentra dans la maiſon d'Orleans: je trouve ſeulement qu'il y retourna en 1402 avec le Sejour d'Orleans.; qu'en 1425 les Anglois qui confiſquerent tout le bien des Armagnacs, le louerent mille francs; que Louis XII, auparavant Duc d'Orleans, le vendit à des particuliers en 1489; & qu'il s'étendoit depuis la rue de l'Eperon juſqu'à la porte de Buſſy.

Outre ces maiſons, je trouve qu'étant Duc d'Orleans, il eut trois autres Hotels à Paris, près de l'Hotel St Pol. Charles VI qui lui avoit fait don en 1388 de l'Hotel de Boheme, afin qu'il fut logé près du Louvre, quand il y étoit, lui permit en 1396 de bâtir une maiſon dans ce grand eſpace, qui eſt maintenant couvert du jardin de l'Arcenal, afin de l'approcher de l'Hotel St Pol, où il faiſoit ſa reſidence ordinaire, & même afin qu'il fut plus près du Monaſtere des Celeſtins, où il avoit fait conſtruire la Chapelle d'Orleans, & où il ſe plaiſoit à faire ſes devotions. Si bien qu'il lui donna une groſſe tour ronde, au coin des murs de la ville, ſur la riviere, derriere le Couvent des Celeſtins, & tout autant de terres qu'il voudroit dans la voirie du Roi, depuis là, juſqu'au chemin qui conduiſoit à l'Hotel St Pol & à la Baſtille; avec permiſſion encore de ſe ſervir de cent toiſes des remparts attachés de coté & d'autre à la tour, & même de dreſſer deux pont-levis ſur les foſſés, pour les jardins qu'il vouloit avoir hors la ville; & de plus de prendre autant d'eau dans la Seine qu'il lui en faudroit pour un vivier; & enfin de bâtir ſur toutes ſes terres tels logemens & édifices qu'il lui plairoit. Or c'eſt-là qu'il demeuroit en 1401, quand Jean Duc de Bourgogne, leva des troupes pour lui diſputer le gouvernement du Royaume, dont il s'étoit ſaiſi, depuis la maladie du Roi; & ce fut là, que ſelon la Chronique Latine manuſcrite de Charles VI, il ſe retira alors avec ceux de ſon parti, où il fit venir quelque cinq mille hommes, tant de Normandie, de Bretagne, que des autres Provinces de France, pour s'opoſer aux deſſeins de ſon concurrent, & qu'il repandit dans les bourgs & les villages des Environs.

En 1404. il avoit encore une autre maiſon à la rue de Jouy, que Charles V ſon pere avoit donné à Hugues Aubriot, Prevôt de Paris, & qui depuis avoit appartenu à Pierre de Gyac, Chancelier de France; d'un côté elle aboutiſſoit à l'ancienne cloture de la ville; de l'autre elle tenoit à l'Hotel de

Pierre d'Orgemont, aussi Chancelier de France, où Guillaume d'Orgemont son fils demeuroit, depuis la mort de son pere: & quoiqu'on y entrât par la rue de Jouy, elle regnoit neanmoins le long de la rue Percée, qui conduit de la rue de Jouy à la rue St Antoine, mais il l'échangea en 1404. pour l'Hotel des Tournelles, que Pierre d'Orgemont Chancelier avoit fait bâtir, où Pierre d'Orgemont son fils Evêque de Paris, avoit logé après sa mort; & lorsqu'il fit cet échange, l'Hotel des Tournelles appartenoit à Jean Duc de Berri son oncle, comme j'ai deja dit auparavant. Jean Duc de Betfort, Regent en France, y logea pendant les troubles des Bourguignons & des Armagnacs. Il l'agrandit & la bâtit si magnifiquement, que depuis ç'a été une Maison Royale, que nos Rois ont preferé à celles de St Pol, où Charles VII, Louis XI, Charles VIII, Louis XII, François I, ont long-tems demeuré, & où sont morts Louis XII, ce me semble, & Henri II, après avoir été blessé devant ce Palais d'un éclat de lance de Gabriel Montgommeri, le plus bel homme & le meilleur Gendarme de ce tems-là.

Des six Princes qu'eut Charles VI, les quatre premiers vécurent peu, mais je n'ai pû decouvrir où ils logeoient. Les titres du Tresor des chartes me font sçavoir seulement, que Louis de France son troisiéme fils, Dauphin de Vienne & Duc de Guyenne, demeura à l'Hotel de Pont-Perrin, près la Bastille, que Charles V, son grand-pere avoit commencé, & que Charles VI son pere avoit achevé & accompagné de basse-cour, de jardins, de parcs & de prés. Je lis de plus dans les œuvres royaux de la Chambre des Comptes, qu'il logeoit en 1411 au Sejour d'Orleans de la rue St André, dont j'ai parlé; qu'on le nommoit alors le Sejour de Monsieur le Duc de Guyenne; qu'il consistoit entre autres en une Chapelle, un manége, un jeu de paume & un pont-levis pour passer sur les fossés, au fauxbourg St Germain. Enfin je vois dans Monstrelet, qu'en 1415. il mourut à l'Hotel de Bourbon le dix-huit Decembre.

Une chose ici m'étonne; que quoique douze Rois ayent succedé à Charles VI, & que tant de Princes soient sortis d'eux, je n'aye pû découvrir que les Hotels de Henri de France, Duc d'Anjou, frere & successeur de Charles IX, & de Gaston de France, Duc d'Orleans, frere de Louis XIII.

Le premier en 1568. acheta l'Hotel d'Alençon qu'avoit fait bâtir Nicolas de Neuville de Villeroi, qu'on nomme maintenant l'Hotel de Longueville. Par son ordre du Gast, le premier favori qu'il ait eu, y fit un cabinet d'armes fort magnifique, pour armer les six mille Gascons, dont il etoit Colonel general, que ce Prince vouloit mener en Pologne avec lui. C'est dans ce logis-là que furent reçus les Ambassadeurs que les Polonois lui envoyerent après son élection. Il le garda jusqu'en 1573. & le donna pour lors à Marguerite de France, Reine de Navarre, sa chere sœur. Je dirai ailleurs comment il a passé dans la Maison de Longueville.

Pour Gaston de France Duc d'Orleans; tantôt il a logé au Louvre; tantôt à l'Hotel de Guise; tantôt au Luxembourg que Marie de Medicis a fait construire & que Louis XIII lui laissa par le partage qu'ils firent des biens de leur mere; & que depuis quelques années on n'appelle plus le Luxembourg, mais le Palais d'Orleans.

HOTELS DES ROIS ET REINES DE NAVARRE, de Sicile, de Boheme & d'Armenie.

MARGUERITE d'Anjou, fille de René d'Anjou, Duc de Bar, de Lorraine, Roi de Naples, & femme de Henri IV, Roi d'Angleterre, étant revenue en France après la mort de son mari, elle logea dans une maison de plaisance qu'elle avoit au fauxbourg St Marceau, qui étoit l'Hotel d'Orleans, & mourut en 1483.

Les Rois de Navarre ont eu huits Hotels à Paris.

En 1304. Jeanne, Reine de France & de Navarre, donna par testament son Hotel de Navarre, situé à la rue St André, au lieu même où sont les maisons bâties depuis la rue petite Dauphine ou la porte de Buffy, jusqu'à la rue des Augustins, pour y fonder un College. Mais ses Executeurs testamentaires, sans s'arrêter à ses ordres, le vendirent; & le College fut établi à la Montagne Ste Genevieve.

En 1317. Louis de France, Comte d'Evreux, fils de Philippe le Hardi, & pere de Philippe, Comte d'Evreux & Roi de Navarre, acheta de Raoul de Presle, Avocat en Parlement, & de Jeanne du Chastel sa femme, trois mille livres de bons petit parisis, des maisons, des jardins, des vignes & des terres labourables, situées au fauxbourg St Germain, à l'endroit où sont dressées les halles de la Foire, que Charles VI donna à Jean de France, Duc de Berri, & que ce Prince transporta en 1399 aux Religieux de St Germain, afin de décharger son Hotel de Nesle de neuf livres parisis de rente foncière qu'il devoit à cette Abbayie.

En 1358, Charles de France, Dauphin, Regent du Royaume pendant la prison du Roi Jean son pere, donna l'Hotel de Nesle en mariage à Jeanne de France sa sœur, lorsque Charles Roi de Navarre l'épousa.

Blanche de Navarre, veuve de Philippe de Valois, logeoit en 1391 à la rue de la Tixeranderie, dans une grande maison qui regnoit le long de la rue du Cocq & de celle des Deux-portes, qui tiennent d'un bout à la rue de la Verrerie, & de l'autre à celle de la Tixeranderie. Depuis en 1417, Catherine d'Alençon, fille de Pierre premier du nom, Comte d'Alençon & du Perche, veuve de Pierre de Navarre, Comte de Mortaing, second fils de Charles le Mauvais, Roi de Navarre, neveu de la Reine Blanche, vendit quatre mille écus d'or l'Hotel de cette douairiere de France, qui appartenoit à son mari en qualité d'executrice de son testament.

Jean d'Aragon, Blanche Reine de Navarre sa femme, & Charles de Navarre, Prince de Vienne, Duc de Nemours, leur fils aîné, logeoient à la rue des Bouchers, vis-à-vis la Chapelle de Bracque, que nous appellons maintenant la Merci, dans une maison qui regnoit le long de la rue du Chaume, tout devant l'Hotel de Guise, & aboutissoit à la rue de l'Echelle du Temple; & s'accommoderent avec le Grand Prieur de douze livres onze sols six deniers parisis de rente, que leur Hotel de Navarre devoit au Grand-Prieuré de France. Dès l'an 1480 cette maison appartenoit à Charles le Mauvais, Roi de Navarre; ce qui est si vrai que les Haudriettes en ce tems-là vendirent une maison à la rue de l'Echelle qui aboutissoit à son Hotel.

Outre cette maison, ils avoient encore un autre logis dans la rue de Paradis & celle du Chaume, à l'endroit où est à present le Manege decouvert & la Fontaine de l'Hotel de Guise, vis-à-vis le portail de la Merci, où demeuroit Bernard d'Armagnac, Duc de Nemours, & qui à cause de cela, étoit nommé quelquefois l'Hotel d'Armagnac, mais plus souvent l'Hotel de Navarre. Louis XI le confisqua avec tous les autres biens de ce

Comte, à qui il fit trancher la tête.

Antoine de Bourbon, Duc de Vendofme, Jeanne d'Albret fa femme, Reine de Navarre, & Henri de Navarre leur fils, depuis Roi de France, & appellé Henri le Grand quatriéme du nom, ont demeuré long-tems à l'Hotel d'Evreux ou de Navarre, qu'on nomme aujourd'hui l'Hotel St Pol.

Charles de France, Roi des deux Siciles, Comte d'Anjou & de Provence, frere de St Louis, & feptiéme fils de Louis VIII, logeoit à l'endroit où eft prefentement l'Hotel de St Pol, au bout de la rue du Roi de Sicile, qui n'a été ainfi nommée qu'à caufe de lui. Charles le Boiteux fon fils, Roi de Sicile & de Jerufalem y demeura auffi jufqu'en 1292, qu'il le donna à Charles de France, Comte de Valois & d'Alençon, troifiéme fils de Philippe le Hardi; à la charge que Marguerite de Bourgogne, fille d'Eude quatriéme du nom, Duc de Bourgogne, feconde femme de fon pere, y demeureroit fa vie durant.

Quand Louis II du nom, Duc d'Anjou, Roi de Naples, de Jerufalem, d'Aragon & de Sicile, petit fils de Jean Roi de France, arriva à Paris en 1388, tous les Princes & les Grands de la Cour furent au devant & l'accompagnerent jufqu'à fon Hotel d'Anjou de la rue de la Tixeranderie, Monftrelet qui tantôt appelle cet Hotel l'Hotel d'Anjou & l'Hotel d'Angiers, dit que les Ducs de Berri, de Bourgogne & de Bourbon, avec le Chancelier & plufieurs Confeillers, y tinrent fouvent affemblée en 1405; afin de tâcher que le Duc d'Orleans & le Duc de Bourgogne en puffent venir à un accommodement. Cette maifon, à ce que portent les Regîtres de la Chambre des Comptes, s'étendoit jufqu'à la rue de la Verrerie, & occupoit ce grand efpace couvert de maifons, bordé d'un côté de la rue du Cocq & de celle de la Potterie de l'autre. J'apprens du Mercure François, que l'art de filer de l'or, façon de Milan, introduit à Paris en 1604, fut établi dans la Macque, nom d'un logis qui fait partie de cet ancien Hotel d'Anjou. De plus on trouve dans un livre de Medailles & de Monumens antiques, qu'a fait imprimer Paul Petau, Confeiller de la Cour, l'un des plus curieux & des plus remarquables Antiquaires de notre tems, qu'on découvrit dans fes fondemens en 1612. un grand Squelette, des Medailles & une Infcription que l'on a placée dans la maifon, & que voici.

ALIA ISTAQUE PRÆGRANDIA OSSA CUM LAPIDE, FERCULIS, CUMQUE NUMISMATIS, ET BRACHIALI ÆNEIS ARENA OBRUTA, IN JOANNIS ALMARICI FRANCICORUM EXERCITUUM CENSITORIS ÆDIBUS, QUÆ PARS VETERIS DOMUS ANDEGAVENTIUM COMITUM FUERE, QUASQUE ILLE PARISIIS IN VICO TEXTRINARIO A FUNDAMENTIS REPARABAT. ANNO HOC DOMINI CIƆ IƆ CXII REPARATA SUNT.

Les Memoriaux de la Chambre font voir que René d'Anjou, fils de Louis XII, Duc de Bar, de Loraine, Roi de Naples & de Sicile, avoit deux autres maifons; l'une étoit au fauxbourg St Marceau qu'on appelloit l'Hotel d'Orleans, & qui maintenant eft converti en un Hopital nommé l'Hopital de la Mifericorde; qu'au refte en 1482. Charles IV du nom, Roi de Naples, Comte de Provence & d'Anjou, neveu & fucceffeur du Roi René, ayant inftitué Louis XI fon heritier univerfel, le Roi donna cette maifon à Jaques Louet Treforier des Chartes & General de la Juftice des Aides à Paris.

L'autre maifon étoit placée fur le bord de la riviere au bout de la rue des Bernardins, & fut donnée par le Roi René à vie pour cent fols de reconnoiffance par an, à Gilles Dorion, Clerc de la Chambre des Comptes, & à Perrine fa femme, fille de la Lavandiere de Louis XI. & depuis cedée à tous deux par le Roi en 1483. pour tenir lieu de mille écus d'or qu'il leur avoit promis en mariage.

DE LA VILLE DE PARIS. Liv. VII. 77

Enfin Jean Roi de Boheme, & pere de Bonne de Luxembourg, femme du Roi Jean, demeuroit à l'Hotel de Boheme, aujourd'hui l'Hotel de Soiſſons, & qui lui fut donné en 1327. par Philippe, Comte de Valois & d'Anjou, Regent du Royaume pendant la groſſeſſe de Jeanne d'Evreux, veuve de Charles le Bel.

HOTELS DES DOUZE GRANDS ET ANCIENS
Pairs Eccleſiaſtiques, & Laïques de France, & de quelques Souverains.

QUE nos Rois n'ayent créé douze Grands de France à qui ils donnérent le nom de Pairs, c'eſt de quoi on ne doute point ; ſoit que ce fût à deſſein de les interreſſer davantage à maintenir l'Etat, auſſi-bien que leur perſonne ; ſoit qu'ils le fiſſent afin que leurs ſujets, par une qualité ſi populaire, crûſſent que leur pouvoir tout ſouverain qu'il fût, étoit partagé avec eux. Ce qu'ils firent neanmoins ſi judicieuſement, que pour mieux temperer les choſes, de ces douze Pairs, ſix étoient d'Egliſe, & les autres d'épée. Quant au tems de leur erection, il eſt ignoré : & quoiqu'il ſoit certain que tous avoient leurs Palais à Paris, comme étant la Capitale du Royaume, & le ſiege de leur autorité ; cependant on ne ſait point où ils logeoient ſous la ſeconde race : & même ſous la troiſiéme, à peine devinet-on, où demeuroient les Archevêques de Reims, les Evêques de Langres, de Laon, de Châlons, les Ducs de Bourgogne, de Normandie, de Guienne, & des Comtes de Flandres ; car du reſte les Hotels de Noyon, & de Champagne me ſont tout-à-fait inconnus.

ARCHEVEQUES DE REIMS.

IL y a ſi long-tems que les Archevêques de Reims logent à la rue du Paon, que je n'ai ſu découvrir quand ils ont commencé à s'y établir ; je m'imagine que Humbert, Patriarche d'Alexandrie, Archevêque de Reims, Dauphin de Viennois auparavant, y demeuroit en 1353;& que ce fut pour l'agrandir, que cette année-là même le Roi Jean lui donna au mois de Juin une grange qu'il avoit près des Cordeliers, à la rue de la Vieille-plâtriere, que je ne trouve plus en ce quartier-là ; & qui peut-être a changé ſon nom en celui de la rue du Paon, ou de la rue de la Cour de Rouen. Quoi qu'il en ſoit, par un traité fait en 1352 entre le même Jean, & cet Archevêque, le Roi promit de lui rendre, ou ſa maiſon de Reuilly, derriere l'Abbayie St Antoine, ou bien ſa maiſon de la Gréve, que Philippe de Valois & lui, avoient donnée, tant à Gui, ſon frere Dauphin, qu'à lui-même en 1322, & 1335. appellée communement la maiſon aux piliers, ou la maiſon au Dauphin.

J'aprens des layettes du Treſor que Richaud, Archevêque de Reims, avoit une maiſon de plaiſance au fauxbourg St Marceau, qui conſiſtoit, tant en prés, cours, jardins, ſaulſaie, eaux, qu'il donna en 1578 à Philbert de Paillard, Preſident au Parlement, & qui depuis appartint à Milles de Dormans, Evêque de Beauvais, & à Jean de France, Duc de Berry.

Les regîtres de Ste Génevieve font voir que Hugues d'Aiſy, Archevêque de Reims, avoit une autre maiſon de plaiſir, à la rue du Fer-de-moulin, du même faux-bourg.

EVEQUES DE LANGRES.

BERNARD de la Tour, Evêque de Langres, logeoit à la rue St Jaques, & même sa maison fut appellée l'Hotel de Langres, tant qu'il vécut. Après sa mort le Seigneur de la Tour d'Auvergne en fit acquisition ; mais celui-ci ayant embrassé le parti de Charles VII, legitime heritier de la couronne, Henri usurpateur de la meilleure partie du Royaume, confisqua ce logis en 1424. & le donna à Charles de Poitiers, Evêque & Duc de Langres, qui n'avoit point de maison à Paris. Il y a grande apparence que cette donation n'eut pas lieu ; car en 1486. Bernard de la Tour, Comte de Boulogne & d'Auvergne, le vendit à Pierre Simart, Secretaire du Roi. C'est ce qu'on appelle maintenant le College de Clermont, & que les Jesuites acheterent en 1563. de plusieurs particuliers au mois de Juillet. Tant de changemens neanmoins n'ont point empêché qu'il n'ait toujours porté le nom de l'Hotel de Langres, & celui de l'Hotel de la Cour de Langres ; car enfin depuis Bernard de la Tour, on ne l'appellat point autrement, jusqu'en 1563, qu'il passa dans les mains des Jesuites.

EVEQUES DE LAON.

EN 1337. Jean de Chastillon ayant vendu à Jean d'Arcy, Evêque d'Autun, la maison de Gaucher de Chastillon, Connétable de France son pere, située derriere les Augustins, à la rue pavée, ou pavée d'Andouilles ; après la mort de ce Prelat, Hugues d'Arcys, Evêque de Laon, l'acheta : & quoiqu'il devint Archevêque de Reims, il ne laissa pas en 1352, de la leguer à l'Eglise de Laon par son testament du vingt-cinq Juin. Depuis, les Evêques de Laon l'ont donnée à rente aux Ducs de Nemours. Jaques de Savoie, Duc de Nemours la fit bâtir comme elle est maintenant : & le Duc de Savoie en 1599. étant venu à Paris le treiziéme Decembre, pour traiter avec Henri IV, y fut loger, où il demeura jusqu'au premier jour de Mars de l'année 1600, qu'il s'en retourna. Comme auparavant, en parlant des Archevêques de Reims, & de leur logis, nous avons dit que Hugues d'Arcy avoit une maison au faux-bourg St Marceau ; il est bon de faire savoir ici qu'il la vendit à Roger d'Armagnac, Evêque de Laon ; ce que temoigne le Tresor de Ste Génevieve.

EVEQUES DE CHALONS.

LES Evêques de Châlons ont demeuré pendant plusieurs siecles à la rue Trousse-nonain, entre la rue Chapon, & la rue Court-au-vilain ; ils furent incommodés là long-tems par les femmes de mauvaise vie, qui ocupoient une partie de la rue Chapon. Dès l'an 1368, ils s'en plaignirent au Roi, dont ils obtinrent des Lettres qui ordonnoient à ces femmes de vuider la rue ; mais ils eurent beau faire, elles ne laisserent pas de s'y tenir en depit d'eux, & n'en sortirent qu'en 1565, que les azyles des femmes publiques furent ruinés de fond en comble. Pour eux ils furent proprietaires de leur Hotel jusqu'en 1617, que Claude Tyard, Comte de Châlons, Evêque & Pair de France, le vendit aux Religieuses Carmelites qui l'occupent & l'ont agrandi, afin de n'être pas si à l'étroit.

DUCS DE BOURGOGNE.

DE tous nos Pairs, il n'y en a point qui ayent eu plus de maisons à Paris, & aux environs que les Ducs de Bourgogne. Si nous ignorons où demeuroient les Ducs de Bourgogne de la premiere branche, en recompense nous savons que ceux de la seconde avoient leur Hotel à la Montagne St Hilaire, au lieu où on a bâti depuis le College de Reims, & de Coqueretz; que Charles V le donna à Philippe de France, son frere, chef des Ducs de Bourgogne de la troisiéme lignée; que Jean son fils aîné & son successeur rebâtit l'Hôtel d'Artois de Marguerite de Flandre sa mere, où son pere logeoit étant à Paris; & qu'enfin tous les Princes de cette race avoient une maison de plaisance à Conflans, dont il reste encore des ruines.

Je touche ceci legerement pour en avoir dit assés en parlant des Hotels des Princes du sang, outre ce que j'en dirai ailleurs, & même plus au long.

DUCS DE NORMANDIE.

TANT que la Normandie a pris la qualité de souveraineté, je ne trouve point en quel endroit de Paris ces Princes avoient établi leur demeure, où logeoit Jean de France, ni les trois Princes de France, que Philippe de Valois, le Roi Jean, & Louis XI ont investi de cette souveraineté. Je sai bien que Philippe de Valois donna entre vifs à Jean de France son fils aîné, la maison de Robert d'Artois, située au faux-bourg St Germain, dans la rue des Boucheries, vis-à-vis l'Hotel de Navarre, & confisquée par Arrêt de la Cour sur Robert d'Artois, Comte de Beaumont, qui portoit les armes contre la France.

Les titres de l'Hôtel de Ville, m'apprennent qu'il donna la maison qu'il avoit à la Gréve, à Jean d'Auxerre, receveur tant des Gabelles, que de la Prevôté & Vicomté de Paris; & de plus ratifia la vente qu'il en avoit faite en 1357. à Estienne Marcel, Prevôt des Marchands, & aux Echevins.

Mais je ne sai où logeoit Charles de France, fils de Charles VII, investi par Louis XI en 1464 du Duché de Normandie; je ne sai pas non plus où il demeura, quand il fut pourvû de la Guyenne, non plus que les autres Ducs de Guyenne, ses devanciers. Je trouve seulement dans les titres du Tresor des chartes, que Louis de France troisiéme fils de Charles VI, Dauphin de Viennois, & Duc de Guyenne, logeoit en 1410. à la rue St Antoine, dans l'Hotel du Pont-perrin, ou du Petit-musc, près du Château St Antoine, qu'on appella depuis la Bastille; & que de cet Hotel relevoit quantité d'arpens de terre & de vignes, assis entre St Maur, & Vincennes. De plus j'aprens des œuvres Royaux de la Chambre des Comptes, qu'en 1411 on nommoit l'Hotel d'Orleans de la rue St André des arts, le Sejour de Mr le Duc de Guyenne: qu'il consistoit entre autres, en un manége, un jeu de paume, une Chapelle, & que des murs de la Ville on passoit au faux-bourg St Germain, pardessus un pont levis, qui y étoit attaché.

HOTELS DE QUELQUES SOUVERAINS.

JE ne fai fi les Comtes de Touloufe ont eu d'autres logis à Paris, que celui d'Alphonfe de France, frere de St Louis, qui époufa Jeanne, fille de Raymond VII, dernier Comte de Touloufe, & qui demeuroit à la rue du Louvre; & bien qu'il foit certain que Raymond étoit à Paris en 1228, & 1229. & qu'il fut reconcilié avec quantité d'autres excommuniés par le Cardinal Romain, Legat en France, le jour du Vendredi faint, dans l'Eglife de Notre-Dame; je ne trouve point dans l'Hiftoire où il demeura.

Alphonfe de France, Comte de Poitiers, & de Touloufe, depuis l'année 1254, jufqu'en 1260, acheta des logis, des prés, des granges, des places vuides, en partie à la rue du Louvre, & à celle des Poulies; cependant quoiqu'il fut premier Comte & Pair de France, on n'appella point fa maifon l'Hotel de Touloufe, mais l'Hotel d'Hoftriche, parce qu'il étoit bâti à la rue de Hoftriche, qu'on nomme prefentement la rue du Louvre. Cet Hotel au refte, qu'il fit faire, étoit fi logeable, & fi commode, que Archambault, Comte de Perigord, qui après fa mort l'acheta, en revendit la moitié en 1280 à Pierre de France, Comte d'Alençon, & de Blois, cinquiéme fils de St Louis, & neveu d'Alphonfe, Comte de Poitiers.

Gui de Dampierre, Comte de Flandre, acheta de Pierre Cocquillier, Bourgeois de Paris, une grande maifon qu'il avoit à la rue Cocquilliere; & voulant l'agrandir, Simon Matifault, Evêque de Paris, & le Chapitre lui vendirent en 1292, environ trois arpens & demi de terre, qui tenoient à fon Hotel, tous dans la cenfive, juftice, & Seigneurie de Notre-Dame. Ses fucceffeurs, Comtes de Flandre, en furent proprietaires. En 1318, il appartenoit à Marie de Brabant, veuve de Philippe le Hardi, Roi de France; ce que montre affés fa declaration, par laquelle il veut & entend, que l'Evêque de Paris, prenne fur fa Chambre aux deniers l 2. (12) parifis de cens que cette maifon lui devoit. Cet Hotel demeura aux Comtes de Flandre, jufqu'à Marguerite de Flandre, fille unique du dernier Prince de la maifon de Flandre, qui l'apporta en mariage à Philippe de France, premier Duc de Bourgogne, de la troifiéme branche, avec quantité de Seigneuries & de Principautés. Après leur mort il paffa à Antoine de Bourgogne leur fecond fils, Duc de Brabant, de Lothier, de Limbourg, de Luxembourg, Marquis du St Empire, & Seigneur d'Anvers.

Enfin il appartint à la maifon d'Autriche, par le mariage de Marie de Bourgogne avec Maximilien Archiduc d'Autriche. Par les traités de paix paffés en 1482 & 1493, ce Prince s'en referva la proprieté, & à fes enfans mineurs, & de plus en 1489, difpofa de la conciergerie de ce logis en faveur d'Olivier de la Marche.

Ces Princes de Bourgogne avoient encore deux maifons de campagne, l'une à Conflans, l'autre au faux-bourg St Marceau; le jardin de celle-ci tenoit en 1388 à un grand logis qu'on nomme maintenant l'Hotel de Coupeaux, & de Clamart, & qui alors étoit une des dependances de l'Hotel de Jean de France, Duc de Berry.

L'autre maifon qui s'appelloit le Sejour, ou l'Hotel de Conflans, étoit élevée près du Sejour de Bourgogne, fur la petite éminence qui defcend par des terraffes, du village de Conflans au bord de la Seine; d'ailleurs embelie de prés, de vignes, de jets d'eau, de galleries, & des autres ornemens, dont les Princes accompagnoient en ce tems-là leurs maifons de plaifir.

Pour n'être point accufé d'avoir donné la moindre atteinte au droit de préfeance des Princes Etrangers, que nos Rois n'ont jamais voulu regler,

je

DE LA VILLE DE PARIS. Liv. VII.

je ne suivrai point ici d'autre ordre en parlant de leurs Hotels que celui de l'alphabet.

Catherine d'Alençon, fille de Pierre, Comte d'Alençon, veuve de Pierre de Navarre, Comte de Mortaing, troisiéme fils de Charles, Roi de Navarre, remariée à Louis, Comte Palatin du Rhin, Duc de Baviere, & executrice du testament de son premier mari, avoit son Hôtel de Baviere à la rue de la Tixeranderie, au coin de la rue du Cocq, qui s'appelloit l'Hotel de la Reine Blanche, mais qu'elle vendit quatre mille écus d'or en 1417, à Alexandre le Boursier, Conseiller du Roi, Maître de ses Comptes, pour accomplir la derniere volonté de son mari.

Monstrelet dit, qu'en 1409 Guillaume, Duc de Baviere, Comte de Hainaut, étant venu à Paris au secours du Duc de Bourgogne, fut logé à la rue du Jour près l'Eglise, & l'Hotel St Pol, dans une grande maison bâtie par Jean de Montaigu, grand Maître d'Hotel du Roi, appelé l'Hotel du Porc-épic, que Charles VI en 1409, le lendemain que Montaigu eut la tête tranchée, lui donna avec tous les meubles de ce malheureux, & même les vieux murs de la Ville qui en faisoient partie, & regnoient depuis la rue St Antoine, vis-à-vis le Prieuré Ste Catherine, jusqu'au chantier du Roi, bâti sur le bord de la riviere; & le tout pour en jouir sa vie durant. Les titres du Tresor des chartes portent, que ce logis après sa mort ayant été réuni à la couronne, Charles VI en 1418 le donna encore à Jean de Bourgogne, Duc de Brabant, & à Jaqueline sa femme, Duchesse de Hollande & Comtesse de Hainaut.

De tant de Ducs, & de Duchesses de Bretagne qu'il y a eu autrefois, je ne trouve cependant qu'une seule Duchesse, & deux Ducs, à qui on ait vû des Hotels à Paris.

En 1373. Charles V donna à Jeanne de Navarre, sa niéce, fille de Charles le Mauvais, Roi de Navarre, & de Jeanne de France sa sœur, & femme de Jean V, Duc de Bretagne, une maison, qu'il avoit achetée seize cens francs d'or, située au lieu-même où fut depuis l'Hotel de Craon, & qui est maintenant le nouveau cimetiere St Jean.

Charles VI, son fils, en 1384 donna à ce même Jean V, Duc de Bretagne, mari de sa cousine, l'Hotel de Forest, bâti à la rue de la Harpe, & celui de Pierre Sarrazin, qu'il avoit acheté de Louis II, Duc de Bourbon, douze mille francs, mais que ce Prince donataire, depuis en 1395, ceda à Jean de Malestroi, & Isabeau de Sarenville sa femme, pour demeurer quite d'une somme de douze cens francs de rente qu'il lui avoit promise en mariage.

En 1446 Charles VII donna à François I, Duc de Bretagne leur petit-fils, l'Hotel, ou le Sejour de Nesle, réuni à la couronne par la mort de Jean de France, Duc de Berri : ces Princes au reste avoient de plus trois autres Hotels.

Le premier étoit à l'Eglise de St Thomas du Louvre, qu'on nommoit la petite Bretagne. En 1428 il contenoit trois cens cinquante perches de superficie, à la mesure de dix-huit pieds par perche, & de cent perches pour chaque arpent ; d'ailleurs il consistoit en quelques jardins ; mais quant aux édifices, tous ruinés, & inhabitables, Jean VI, Duc de Bretagne, s'en deffit en faveur des Chanoines de St Thomas, sans que j'en sache le tems.

Quant aux deux autres Hotels, l'un étoit à Nigeon, au lieu même où sont fondés les Minimes, qu'on appelle les Bons-hommes. Anne de Bretagne qui avoit apporté en mariage à Charles VIII son Duché, donna à ces Religieux la maison de plaisance qu'elle y avoit, & les titres que j'en ai vu portent qu'on la nommoit alors le Manoir de Nigeon, & l'Hotel de Bretagne.

Le troisiéme étoit à la rue St Antoine du tems de Charles V, & de Charles VI: d'abord il eut deux noms, car on l'appella l'Hotel du Petit - musc, & l'Hotel du Pont-perrin ; depuis c'étoit le Petit-bourbon, & l'Hotel de Bretagne. Il occupoit tout l'espace couvert de maisons, depuis la Bastille, jusqu'au-dessous de la rue du Petit-musc, autrement dite des Celestins. Anne de Bretagne, Reine de France, le donna au Prince d'Orange. C'est le lieu où nous voyons maintenant Ste Marie, & l'Hotel de Maïenne.

Les Dauphins de Viennois ont eu deux maisons, l'une à Paris, l'autre à Reuilly, derriere l'Abbayie St Antoine.

Philippe de Valois en 1322 donna le premier à Gui, penultiéme Prince souverain de Dauphiné. C'étoit un grand logis, dont auparavant il avoit fait don à Clemence de Hongrie, veuve, & seconde femme de Louis Hutin, & qui par sa mort avoit été réuni à la couronne. On l'appelloit alors la maison aux Pilliers, & depuis il fut nommé la maison au Dauphin, presentement c'est l'Hotel de Ville. Humbert son frere, qui lui succeda, fut confirmé par le même Philippe de Valois en la possession, & proprieté de ce logis en 1335. Par un traité fait en 1352 entre le Roi Jean & ce Prince, qui pour lors étoit Patriarche d'Alexandrie ; le Roi s'obligea de le retablir ou dans ce logis-là même, ou bien dans la maison de plaisance, bâtie derriere l'Abbayie St Antoine, appellée alors Reuilly, nom qu'elle retient encore. Enfin Charles de France, Duc Normandie, & Regent du Royaume, la donna à Jean d'Auxerre, Receveur des Gabelles, & de la Prevôté de Paris : & de plus en 1357, lui permit de la vendre à Etienne Marcel, Prevôt des Marchands, & aux Echevins, pour servir d'Hotel de Ville.

En 1336. Philippe de Valois donna à Raoul, Duc de Loraine, son neveu, une maison de la rue Pavée, qui avoit appartenu à Hugues de Crussi, President des Enquêtes, executé à l'Hotel de Nesle pour crime de leze - majesté. Elle tenoit d'un côté au logis de l'Evêque d'Autun, & de l'autre à l'Hotel d'Artois, confisqué sur Robert d'Artois, qui portoit les armes contre la France. Outre ceci il y avoit un Hotel de Bar, & de Loraine au coin de la porte des Bernardins, sur le bord de la riviere, du côté de la porte, qui appartenoit auparavant à un Evêque d'Arras, dont je ne sai point le nom, & que Louis XI donna en 1481 à Gilles Dorin, Clerc de la Chambre des Comptes, pour s'acquitter de mille écus d'or qu'il lui avoit promis en mariage.

Charles, Duc de Loraine acheta de Philippe Chabot, Amiral de France, l'Hotel de Savoisy, qui lui appartenoit, situé à la rue du petit Marivault, & dans celle du Roi de Sicile, qu'on nomme encore l'Hotel de Loraine ; où depuis ce tems les Ambassadeurs de Loraine ont logé, & où est morte Nicolle de Loraine, derniere Duchesse de Loraine, cousine & épouse de Charles IV, & fille aînée de Henri, Duc de Loraine.

En 1333, Philippe de Valois donna la maison de Pierre de Savoie, Archevêque de Lion, bâtie au faux-bourg St Marcel, à Blanche de Bourgogne, Comtesse de Savoie, qu'elle garda jusqu'en 1339 ; & pour lors elle la rendit au Roi pour une autre maison, proche St Eustache, à la rue qui conduit des hales à l'Hotel d'Artois.

Le Roi Jean, & Charles Dauphin son fils, donnerent à Amedée, Comte de Savoie, l'Hotel du Roi de Boheme, appellé maintenant l'Hotel de Soissons, comme il paroît par un traité fait entre eux en 1354, le cinq Janvier.

A la rue de Tournon est l'Hotel de Savoie, que la Duchesse de Savoie & de Berri, femme d'Emmanuel Philbert, Duc de Savoie, & fille de François I, donna à Raimond Forget, qui pour témoigner sa reconnoissance, fit sculper sur la porte, *de la liberalité de ma Princesse*. Mais au commencement des troubles de la Ligue, cet Hotel ayant été saisi, & loué par le Parlement, comme pretendu appartenir à Forget, son Secretaire ; après que Guillaume Martin, Procureur de la Princesse, eut remontré à la Cour qu'il appartenoit à sa partie, la saisie fut levée en 1570, au mois de Decembre par Arrêt, & la maison vendue à Martin avec tous les loyers.

Jean de France, Duc de Berri, declara en 1388, qu'ayant fait don à Amé VII, Comte de Savoie son gendre, d'un logis situé tant à la rue du Grand Chantier qu'à celle de l'Echelle du Temple, il n'avoit pas pretendu le garentir du payement des droits Seigneuriaux dûs au Grand Prieur, sur les terres duquel il étoit bâti. Cet Hotel au reste avoit tant d'étenduë, qu'il étoit separé en deux; une moitié, s'appelloit l'Hotel de Savoie, bâti comme j'ai dit à la rue du Chaume & celle de l'Echelle ou du Grand Chantier: l'autre moitié étoit nommée le petit Hotel de Savoie, dressé dans la rue des Quatre-fils, qu'on nommoit alors la rue des Deux-portes. On passoit de l'un à l'autre par une galerie qui traversoit la rue du Chaume. Tous deux furent vendus à Jean de Montagu, Vidame du Laonois, Souverain Maître d'Hotel du Roi, & depuis revendu à Jean de Hangest, Chambellan du Roi, quatre mille cinq cens livres.

Enfin Charles VI acheta vingt-deux mille cinq cens francs d'or, l'Hotel d'Orleans de la rue St André des Arts, où avoit demeuré Philippe de France, Duc d'Orleans, cinquiéme fils de Philippe de Valois, & qui appartenoit à Louis de France, Duc d'Orleans, son frere, qu'il donna en 1401 à Amedée VII, premier Duc de Savoie, fils d'Amedée VI, & de Bonne de Berri, sa cousine germaine.

HOTELS DES AMBASSADEURS
Extraordinaires, avec leur reception.

SOUS CHARLES VI.

DES Ambassadeurs arrivés à Paris, je n'en ai pû découvrir avant l'année 1406. Je laisse là une Ambassade d'Anglois qui vinrent en ce tems là, tant pour la paix entre la France & l'Angleterre, que pour demander en mariage Isabelle de France, veuve de leur Roi Richard, comme n'ayant rien de remarquable, & d'ailleurs qu'elle n'eut point de suite.

Ange Corravian, sous le nom de Gregoire XII, envoya des Ambassadeurs à Charles VI, chargés d'une Bulle de sa part, qui portoit: *Que pour ramener l'union dans l'Eglise & étouffer le Schisme, non seulement il étoit prêt de se demettre de sa dignité, pourvû que Pierre de la Lune, autrement dit Benoît XIII, son competiteur, en voulut faire autant; mais encore de se soumettre à tout ce qui seroit ordonné par le Roi & l'Université.*

Ces Ambassadeurs furent très-bien reçus, & renvoyés chargés de presens, avec promesse d'avertir Benedict de la sainte intention de Gregoire XII. S'en étant acquitté, & l'autre d'abord n'y voulant pas entendre; neanmoins craignant l'effet des menaces du Roi, qu'à faute d'acquiescer, la France, le Dauphiné & plusieurs autres contrées cesseroient de lui obéir & de reconnoître ses ordres Apostoliques, il consentit à la fin. L'un & l'autre depuis étant venus à se dedire, le Roi en 1407, leur manda à tous deux au mois de Mars ou d'Avril, que si l'Eglise n'étoit reunie avant l'Ascension, ni lui ni toute la France ne les reconnoitroient point pour Souverains Pontifes. Benoît aussi-tôt excommunia le Roi & tout le Royaume; & par un Courier Arragonois lui envoya la Sentence d'excommunication, lorsque ce Prince commençoit à entendre la Messe à l'Hotel de St Pol dans son Oratoire. Ce Courier en même tems, s'étant glissé dans la foule, sort de Paris & gagne

Lion, où il fut arrêté & ramené bien vîte. Cependant, à la follicitation de l'Univerſité, Sance-loup ou Sancien-leu, auſſi d'Arragon, mais Ambaſſadeur ou Envoyé de Benoît, eſt mis priſonnier au Louvre, & avec lui quelques Prelats & autres Eccleſiaſtiques accuſés d'être partiſans de Pierre de la Lune. Enſuite la Sentence d'excommunication fut dechirée publiquement dans la Grand'Chambre, & l'Ambaſſadeur, auſſi-bien que le Courier condamnés à faire amande honorable, revêtus d'une tunique de toile où ſeroient figurées les armes de Benedict renverſées, & coeffés d'une mitre de papier, avec ces mots: *Ceux ſont deloyaux à l'Egliſe & au Roi.* Ce qui fut executé avec tant d'ignominie, qu'après avoir été conduits en cet état par tous les carrefours de la ville, on les amena à la Cour du Palais; & là ſur un échafaut dreſſé au bas du grand degré furent expoſés à la vûe & à la riſée de tout le monde. Cette ignominie fut réiterée durant quelques jours, en haine d'un tel attentat, & pour punir l'inſolence de cet Anti-Pape, qui au mépris des privileges de l'Egliſe Gallicane, avoit oſé ce qu'un Pape legitime n'oſeroit & même n'a pas droit d'entreprendre.

Entre pluſieurs Ambaſſades entrepriſes pour le mariage d'Henri V, Roi d'Angleterre, & de Catherine de France, fille de Charles VI, on en vit trois à Paris en 1413, & 1414.

Les Ducs de Bretagne & d'Evreux, & les Comtes de Richemont & de Roſtellant, compoſerent la premiere en 1413, & tâcherent vainement de conclure ce mariage, afin de rompre celui que le Duc de Bougogne ſollicitoit de ſa fille avec le Roi d'Angleterre.

Jeanne de Brabant, Comteſſe de Hainaut; les Deputés des trois Etats de Flandre; le Duc de Brabant, & le Conſeil du Duc de Bourgogne, étoient de la ſeconde, à la reſerve de la Comteſſe de Hainaut, à qui Guillaume II ſon mari avoit deffendu de paſſer Senlis. Tous les autres vinrent à Paris & firent la paix entre le Roi & le Duc de Bourgogne. A l'égard de la Comteſſe, les Ducs de Guyenne & de Berri, & tout ce qu'il y avoit de Princes du ſang, furent à Senlis la ſaluer, & même la Ducheſſe de Bourbon partit de Clermont exprès pour la venir voir & lui tint compagnie tant qu'elle y demeura; & enfin après que la paix eut été publiée, elle s'en retourna avec les autres Ambaſſadeurs.

L'Archevêque de Winceſtre, les Evêques de Dumelin & de Norvegue, le Duc d'Yorc, les Comtes d'Orſet, de Salſberi & de Grez, avec quantité d'Anglois, juſqu'au nombre de cinq ou ſix cens chevaux, faiſoient la derniere Ambaſſade, à la follicitation du Duc de Berri, oncle du Roi.

Le Parlement députa trente-deux Conſeillers & quelques Prelats; ſeize allerent au devant juſqu'à la Chapelle, petit Village ſur le chemin de St Denys; les ſeize autres les attendirent au Palais dans une ſalle qui regardoit ſur la riviere. On les logea au Temple, à cauſe de leur grande ſuite & de la grandeur du lieu. Tout Paris admira leur équipage magnifique, auſſi-bien que leur depenſe. A leur magnificence furent oppoſées les joûtes, les bals & les feſtins, qui durerent trois jours, & qui paſſoient la magnificence. A cette fête le Roi joûta contre le Duc d'Alençon; le Duc de Brabant courut contre le Duc d'Orleans. La Reine, la Ducheſſe de Guyenne & toutes les Dames de la Cour, aſſiſterent à ce ſpectacle. Ces Ambaſſadeurs neanmoins ne furent pas plus heureux que les autres: à la verité on les combla d'honneur & de preſens; mais parce qu'avec Catherine de France, ils demandoient la Guyenne, la Normandie & le Ponthieu; la reponſe fut que le Roi envoieroit des Ambaſſadeurs en Angleterre qui expliqueroient ſes intentions. Or comme ils ſavoient que le Roi ſe preparoit à deſcendre en Normandie avec une puiſſante armée, ils demanderent permiſſion de s'en retourner par Honfleur pour en conſiderer la fortification.

En 1415, le Duc de Bourgogne étant en guerre avec Charles VI, le Prince d'Orange accompagné de beaucoup d'autres, tant Grands Seigneurs que

Conseillers d'Etat, partirent de Lagni suivis de quatre cens chevaux pour venir à Paris traiter de la paix avec le Duc de Guyenne, Regent de France pendant la maladie de Charles VI, & de plus gendre du Bourguignon. Leurs gens ayant été envoyés devant pour preparer le diné à l'Hotel d'Artois ; à la porte St Antoine, on ne voulut pas les laisser entrer ; si bien qu'ils furent contraints d'aller à l'Abbayie attendre leurs Maîtres. A l'égard des Ambassadeurs, neanmoins Pot & Chouffac passerent & furent presentés au Duc de Berri, peu de tems après. Un de ceux-ci étant allé à St Antoine pour faire entrer ses Collegues avec leur suite ; & ne les trouvant plus, il les suivit, & les ayant amenés, les fit consentir d'aller à la rue de la Harpe où on avoit marqué leur logis. Juvenal des Ursins pretend que le Duc de Berri & ceux du Conseil, leur donnerent audiance, à cause de la maladie du Duc de Guyenne, qui pour lors étoit à l'extremité ; & de fait il mourut le lendemain. Ils eurent parole qu'on envoieroit à leur Maître la reponse touchant sa demande ; & là-dessus furent congediés. Comme ils furent à la porte St Antoine, le Prevôt de Paris les pria de revenir sur leurs pas, & que Dieu enfin leur avoit accordé une bonne paix. A peine avoient-ils regagné la rue St Antoine, que ce Prevôt les fait prisonniers de la part du Roi. Etant à la rue de la Harpe, on leur dit le sujet qu'on avoit de les arreter, & que les Bourguignons avoient rompu la paix & emporté d'emblée Brie-Comte-Robert, qui appartenoit au Duc d'Orleans. La nouvelle neanmoins s'étant trouvée fausse, il leur fut permis de se remettre en chemin quand ils voudroient.

Monstrelet conte la chose autrement, & assure que ces Ambassadeurs eurent audiance du Duc de Guyenne, & qu'ils y demanderent de la part de leur Maître, que le Roi rapellât les cinq cens personnes qu'il avoit bannies & exceptées du traité de paix fait avec lui en 1414; que la Duchesse de Guyenne sa fille, réleguée à St Germain en Laie, retournât à Paris auprès de son mari ; que le Duc de Guyenne chassât sa Concubine qui entretenoit ce divorce ; & que sans cela leur Maître ne pouvoit être en paix avec la France. Il ajoute que ces demandes choquerent si fort le Prince, que ni alors ni depuis, ces Ambassadeurs n'en purent tirer aucune bonne reponse, & même que pendant leur sejour, il fit publier à son de trompe le bannissement des cinq cens personnes dont ils sollicitoient le retour ; ce qui les obligea de lui dire.

„ Très-redouté Prince & très-noble Seigneur, avec reverence, sachés,
„ que se vous n'accordés ce que notre-dit Seigneur vous requiert, il ne
„ jurera pas la paix faite, ne tiendra icelle, & se vous étiés travaillé d'An-
„ glois vos ennemis, il, ne ses vassaulx, ne subjects ne s'armeront pas pour
„ vous, ne vous servira, ne vous deffendra.

Que ces paroles irriterent tout de nouveau le Duc de Guyenne, sans pourtant en rien faire paroître ; & repondit, que sur toutes leurs propositions il prendroit un bon conseil, & que dans peu de jours il le feroit savoir au Duc de Bourgogne : qu'ensuite ayant assemblé le Conseil du Roi, il depêcha des Ambassadeurs à son beau-pere, qu'on obligea à jurer la paix comme avoient fait les Princes du sang & beaucoup d'autres.

SOUS CHARLES VII.

DE rapporter toutes les Ambaſſades que Monſtrelet m'a fourni qui n'ont rien d'extraordinaire, ce ne ſeroit jamais fait. Je m'arrêterai ſeulement aux plus remarquables.

En 1429. durant le ſiege d'Orleans, Charles VII envoya à Paris Pothon de Saintrailles avec d'autres Ambaſſadeurs, au Duc de Betfort, Regent du Royaume & au Conſeil du Roi d'Angleterre, maître alors de la meilleure partie de la France, pour leur propoſer de lever le ſiege, à condition que la ville ſeroit neutre & miſe en depôt entre les mains du Duc de Bourgogne; mais ils s'en retournerent ſans rien faire : & là-deſſus Jeanne d'Arc vint qui delivra Orleans.

En 1457. Lancelot, Roi de Hongrie & de Boheme, envoya demander en mariage, Marguerite de France, fille de Charles VII, par l'Archevêque de Cologne, accompagné de pluſieurs Prelats & autres Grands Seigneurs de ſes Royaumes, ſuivis de deux cens ſoixante chariots bien attelés, & de cinq à ſix cens chevaux vêtus à la mode de leur païs. Le Roi qui pour lors étoit au Pleſſis, les fit recevoir à Tours magnifiquement. Le Comte de Foix entre autres les traita avec tant de ſomptuoſité dans l'Abbayie de St Julien, qu'on but au feſtin juſqu'à cent vingt quarts d'hypocras. Les Princes, les Grands Seigneurs & toutes les Dames de la Cour s'y trouverent. Ce repas coûta dix-huit cens écus, qui en ce tems-là étoit une ſomme prodigieuſe. Ces Ambaſſadeurs preſenterent à la Reine & à ſa fille des rubis, du drap d'or ſemé de perles & de pierreries. Durant ceci le Roi de Hongrie vint à mourir. On lui fit une ſuperbe pompe funebre dans St Gracien de Tours, & tout de même à Paris dans l'Egliſe de Notre-Dame. Les Ambaſſadeurs bien triſtes s'en retournerent & prirent le chemin de Paris. On alla au devant d'eux juſqu'au moulin à vent qu'il y avoit alors hors de la porte St Jaques, & furent conduits à St Denys, & là ſi bien reçus qu'on n'en auroit pas plus fait pour le Roi. Ils y virent le Tréſor & les Mauſolées de nos Princes. Or comme alors il faiſoit ſi grand froid que les rues étoient gelées, ils ne ſortoient que dans des traînaux ; cependant ils avoient des eſclaves enchaînés qui ſur leurs chariots paſſoient la nuit.

Jamais pour une ſeule fois on ne vit tant d'Ambaſſadeurs que ſous Charles VII, en 1461, lorſque ceux de Perſe, du Prete-Jan, de l'Empereur de Trebiſonde, du Roi d'Armenie & du Roi de Meſopotamie, ne faiſant qu'un corps, arriverent. L'un au reſte étoit Patriarche d'Antioche, les autres Clercs & les autres Chevaliers. La façon de leurs habits à tous ſurprenoit, tant elle étoit étrange ; un entre autres avoit des anneaux aux oreilles. Et quoiqu'ils ne demandaſſent point d'argent au Roi, & l'aſſuraſſent même qu'un ſeul de ſes Etendars & de ſes Capitaines, feroit plus de peur au Grand Seigneur, que cent mille hommes d'un autre Royaume, ils eurent beau faire, le Roi ne voulut point ſe joindre à eux contre le Turc. Ils furent pourtant bien reçus, & s'en retournerent comblés d'honneurs & de preſens.

SOUS LOUIS XI.

LORSQUE le Duc de Bourgogne en 1468 envoya ses Ambassadeurs à Paris, pour la ratification du traité de paix que Louis XI avoit fait à Peronne avec lui ; non seulement, par ordre du Roi, le Prevôt des Marchands, & quelques-uns des principaux Officiers, & autres personnes des plus notables de la Ville, les regalerent ; mais même le Cardinal d'Angers les traita d'abord ; puis le premier President ; après la Driesche, President des Comtes & Tresorier de France ; ensuite Mery ; ensuite le Prevôt des Marchands & les Echevins ; & enfin toutes les Cours Souveraines enregîtrerent ce Traité.

Touchant la reception qui fut faite aux Ambassadeurs du Roi d'Arragon en 1474, jamais il ne s'est rien vu de pareil. Je laisse-là les superbes festins que leur firent comme à l'envi le Comte de Penthievre, le Seigneur de Gaucour & autres Grands. Le Roi leur voulut donner le plaisir d'une montre generale de tous les Parisiens en âge de porter les armes. Elle fut faite le vingtiéme d'Avril depuis la Porte St Antoine jusqu'à la Grange aux Merciers. Ce jour-là l'on traîna hors de la ville quantité d'artillerie, qu'on fit tirer. Jusqu'à cent quatre mille hommes sortirent de Paris, bien armés, ayant tous la même livrée & des hoquetons rouges garnis de croix blanches. Le Roi lui-même suivi des Comtes de Bresse & du Perche, de plusieurs grands Capitaines & autres personnes de marque & de reputation, leur fit faire l'exercice. De-là ils fût à Vincennes avec les Ambassadeurs, qu'il traita à souper. Peu de tems après, ils eurent leur audience de congé, & s'en retournerent chargés de presens. Quant aux deux Chefs de l'Ambassade, Louis XI. leur envoya deux pots d'or, enrichis de basses-tailles, du poids de quarante marcs, qui coutoient trois mille deux cens écus d'or.

A peine les Ambassadeurs d'Arragon étoient-ils partis, que deux autres Ambassades arriverent ; une de l'Empereur, conduite par le Duc de Baviere ; l'autre du Duc de Bretagne, dont entre autres étoit des Essarts, Seigneur de Thieux, Maître d'Hotel de ce Prince, qui avoit porté les armes contre le Roi; à qui Louis XI neanmoins fit un très-bon accueil, & de plus lui donna dix mille écus, avec la Charge de Maître Enquêteur & General Reformateur des Eaux & Forêts de Brie & de Champagne, qu'exerçoit Chastillon.

Mais pour venir à des Ambassades plus celebres & plus curieuses, passons à celles que l'Allemagne, Florence, l'Espagne & l'Angleterre envoyerent en 1475, 79, & 80, & qui furent reçues magnifiquement. Les Anglois étoient envoyés pour demander la continuation de la Treve. A l'égard des autres ; je ne sai point le sujet qui les amenoit ; je trouve seulement que l'Evêque de Lombez, Abbé de St Denys, les accompagna par ordre du Roi ; que le Prevôt des Marchands & d'autres Officiers de Paris les allerent recevoir hors des portes ; & qu'après leur entrée on les conduisit à St Denys, où l'Abbé leur fit faire bonne chere.

Louis XI. reçut beaucoup mieux à Clery deux Ambassades de Flandre en 1482. A la premiere veritablement il donna de belles paroles aux Deputés, qui le sollicitoient de faire la paix avec les Flamans, & même les fit conduire à Paris par Monseigneur de St Pierre, & bien traiter par le Prevôt des Marchands ; mais comme ils s'en retournoient à Gand par la Picardie, ils firent rencontre de quatorze cens lances, six mille Suisses & huit mille piquiers, qui alloient mettre le siege devant Aire, où l'Archiduc d'Autriche tenoit bonne garnison. Le Gouverneur neanmoins, qui étoit gagné, au bout de quelques jours rendit la Place par composition, & pour cela eut du Roi une Charge de cent lances, & trente mille écus d'or.

A la seconde deputation ce fut toute autre chose ; car comme les Ambassadeurs venoient pour jurer la paix, entre le Roi & l'Archiduc, & par même moyen signer le Contrat de mariage de Charles, Dauphin, avec Marguerite d'Autriche ; Alaudet, Evêque de Marseille & Gouverneur de Paris, fut envoyé au devant, accompagné du Prevôt des Marchands & quantité de Bourgeois, & d'un Docteur de l'Université nommé Scourable, qui les harangua en Latin, dont ils demeurerent fort satisfaits. Le lendemain le même Evêque les envoya prier de se trouver à Notre-Dame & assister au *Te Deum*, à la grande Messe & à la predication du même Docteur, où il y eut des processions generales ; ensuite de quoi ils furent dîner à l'Hotel de Ville. Le soir dans les rues on ne vit que rejouissances, tables dressées & bonne chere. Le jour suivant, le Cardinal de Bourbon, leur donna la Comedie dans la Cour de l'Hotel de Bourbon, qu'il entoura de ses plus belles tapisseries. De-là ils furent à Tours, où le Roi leur fit present de quantité de vaisselle d'argent, outre trente mille écus d'or qu'ils toucherent de lui. Ensuite ils retournerent à Paris, pour faire enregîtrer tant leur Traité de paix que le Contrat de mariage. Le Parlement cependant par des ordres plus diligens qu'eux, étoit déja averti de son devoir, avant qu'ils fussent arrivés ; qui étoit de les verifier sans aucune modification, & du reste accomplir ce qu'Estellan, Bailli de Rouen & Chambellan du Roi, leur feroit savoir. La Cour assemblée là-dessus au mois de Fevrier, ordonna que si ces Ambassadeurs & Estellan venoient ce jour-là durant l'audience, ils presenteroient leurs Traités, & aussi-tôt prendroient séance dans les hauts sieges après les Prelats, en qualité d'Ambassadeurs ; mais quant au Grand Bailli de Gand & autres de leur suite, ceux-là se mettroient au bas banc, au dessous du Greffier des presentations & des Notaires de la Cour. Comme tout ceci fut executé de point en point, au sortir du Palais, quand la Cour fut levée, le Bailli de Rouen les mena dîner chés lui à la rue Quinquampoix, où rien ne fut épargné ; après quoi ils reprirent leur chemin pour s'en-retourner.

SOUS CHARLES VIII.

SI sous Charles VIII il arriva des Ambassadeurs à Paris, c'est ce que je ne dirai point ; comme n'en sachant rien & ne l'ayant pû savoir.

SOUS LOUIS XII.

SOUS Louis XII, je ne trouve que deux Ambassades que Paris ait vûes. La premiere fut celle de l'Empereur en 1500 ; & pour lors les Baillis de Gisors & d'Amiens eurent ordre de conduire les Ambassadeurs : & ensuite par un autre commandement, les Prevôts & les Echevins, avec les Archers, Arbalêtriers, Sergens, Quarteniers de la Ville, & quelques Bourgeois de leurs amis, furent audevant jusques par delà Notre-Dame des Champs, qui alors étoit bien éloigné du fauxbourg St Jaques. De-là ils leur tinrent compagnie, jusqu'à la maison de l'Ange de la rue de la Huchette, fort belle pour ces tems-là, où leur logis avoit été marqué. Ensuite leur ayant envoyé des torches, de l'hypocras & des épices, le lendemain ils furent leur faire la reverence & les haranguer en Latin, & pour cela se servirent du Docteur Pinel, Grand-Maître du College de Navarre. Tant que ces Ambassadeurs demeurerent à Paris, ils furent defrayés aux depens de la Ville, & servis par le Sec, Sergent de la Ville, choisi exprès avec Bloinville, dit d'Arcy.

La

DE LA VILLE DE PARIS. Liv. VII.

La deuxiéme Ambaſſade vûe à Paris ſous le même Louis XII, étoit d'Anglois, qui vinrent pour jurer la paix, & aſſiſter à la confirmation & celebration du mariage du Roi & de Marie d'Angleterre, ſœur d'Henri VIII. En 1514 donc, veille de St Barthelemi, le Conſeil étoit du Roi, ayant mandé à l'Hotel Epiſcopal le Prevôt des Marchands, l'Evêque, qui étoit Gouverneur de la Ville, lui fit ſavoir & aux Echevins, qu'à huit jours de là il devoit arriver des Ambaſſadeurs d'Angleterre; que le Roi vouloit qu'ils allaſſent au devant, leur preſentaſſent vin, hypocras, torches, épices, & tout le reſte à l'ordinaire, enfin leur fiſſent toutes ſortes d'honneurs. Ayant repondu là-deſſus qu'ils s'aſſembleroient; dans cette aſſemblée il fut reſolu, que le Prevôt & les Echevins, vêtus de leurs habits de livrée, & accompagnés d'un certain nombre d'Archers, avec Arbalêtriers, Sergens, & d'une partie des Conſeillers de Ville, avec des Quarteniers & un bon nombre de Bourgeois iroient au devant hors des portes, & leur tiendroient compagnie juſqu'à leur logis; qu'on leur feroit les preſens ordinaires: mais que pour cela il feroit à propos d'avoir des Lettres expreſſes du Roi, à cauſe que la Ville, comme capitale du Royaume, n'a point accoutumé d'aller au devant de perſonne; qu'au reſte il feroit encore tenu une aſſemblée plus grande, afin que ceux qui devoient aſſiſter à cette ceremonie fuſſent avertis d'être bien couverts ce jour-là.

Tellement que le douze Septembre, la Ville alla recevoir ces Etrangers par de-là la porte St Denys, & ne les quitta point qu'à la rue St Antoine, près des Tournelles, où leur logis avoit été marqué. Enſuite elle fit preſenter au Chef de l'Ambaſſade, huit quarts d'hypocras, ſix layettes d'épices de chambre, de deux livres piece, avec douze torches de même poids. A chacun des deux autres, ſix quarts d'hypocras, huit livres d'épices en quatre layettes, & ſix torches de même poids que les precedentes. Et enfin à tous enſemble, quatre muids de vin & deux demie-queues de vin d'Auxerre & de Beaune, outre quatorze quarts d'hypocras blanc & clairet qu'elle leur fit porter le lendemain. Les Regîtres de l'Hotel de Ville, d'où j'ai tiré ceci, ne nomment point le Chef de l'Ambaſſade, & remarquent ſeulement que le ſecond étoit Grand Prieur d'Angleterre, & le dernier Doyen. Le Continuateur de Monſtrelet n'en dit pas tant, mais ſe contente de les appeller Grands Seigneurs temporels & ſpirituels. Quelques-uns pretendent que c'étoit le Duc de Suffolck, le Milord Marquis & le grand Chambellan d'Angleterre, qui furent des tenans aux joûtes & tournois qu'on fit après le couronnement & l'entrée de la nouvelle Reine.

SOUS FRANÇOIS I.

SOUS ce Prince, il y eut quatre Ambaſſades. La premiere & la troiſiéme d'Angleterre. La ſeconde du Chancelier du Prat, Legat *à latere*. La derniere de Portugal.

En 1518, le Roi reçut les Ambaſſadeurs de la premiere avec tant de magnificence, qu'il ne s'eſt jamais rien vû de pareil. Au mois de Decembre, il fit tendre les murs du premier étage de la cour de la Baſtille, de draps de laine, blancs, tannés & noirs, qui faiſoient la livrée de François I, & couvrir tout le reſte de plus de douze cens torches, qui jettoient tant de clarté, qu'en pleine nuit il ſembloit qu'il fit jour. La grande quantité de belles & riches tapiſſeries qui parerent tous les étages de la Baſtille, & le pompeux appareil du feſtin qui dura juſqu'à minuit, repondoient bien à cette ſomptuoſité; mais les moreſques d'hommes & de demons, vétus d'or & d'argent, qui danſerent après le banquet, ſurprirent & divertirent agreablement la compagnie; enfin pour me ſervir des termes du Journal de François

Tome II. M

I, qui m'a fourni ceci ,, brievement on ne sauroit exposer le triomphe fait ,, tant en viandes qu'en paremens.

En 1530, le Cardinal du Prat, Legat *à latere* & Chancelier de France, fit son entrée à Paris. Ainsi que les autres Legats, il descendit au fauxbourg St Jaques à la maison du Commandeur de St Jaques du haut-pas. Or comme il étoit Chancelier de France, aussi lui rendit-on plus d'honneur qu'à tous les autres Legats à l'ordinaire. On tapissa les rues par où il devoit passer. Le Parlement, la Chambre des Comptes & la Cour des Aides, allerent à St Jaques lui faire la reverence. Le Corps de Ville après l'avoir salué, l'accompagna jusqu'au logis qui lui avoit été marqué ; & les Gardes des six Corps des Marchands porterent un dais sur lui jusqu'à Notre-Dame. Mais au lieu qu'aux autres Legats le Parlement & la Chambre des Comptes deputoit seulement, tantôt douze, tantôt vingt, tantôt quarante Conseillers & Maîtres des Comptes, avec deux ou quatre Presidens en robe noire ; tous les Officiers de ces trois Cours Souveraines allerent en Corps complimenter du Prat au fauxbourg St Jaques. Le Prevôt & les Echevins se chargerent de son dais, où ils le remirent entre les mains des six Corps, qui le porterent alternativement jusqu'à la Cathedrale ; & cela tant à cause de sa dignité, que parce qu'ils l'avoient aussi porté déja aux Cardinaux de Luxemboug & d'Amboise. Ils lui tinrent compagnie jusqu'au Cloître Notre-Dame, à la maison de l'Evêque de Meaux, où il logea ; & le lendemain ils lui firent presenter par le Procureur & les Sergens de la Ville, vêtus de leurs robes mi-parties, douze double quarts d'hypocras blanc, clairet & vermeil, vingt-quatre layettes de massepain double de Lyon & doré, autant de torches de deux livres piece, & six demi queues de vin de Beaune blanc & clairet, le meilleur qu'on put trouver.

Trois ans après, lorsque le Duc de Norfolck, Ambassadeur d'Angleterre, à son arrivée vint descendre à la rue du Roi de Sicile, au logis de Savary, qui avoit appartenu au General Morelet & à l'Amiral Chabot, le Prevôt des Marchands envoya aussi-tôt dix-neuf fifres & tambours Suisses, qui firent un fort grand bruit, mais fort agreable. Et parce que ce jour-là un de ses gens fut tué, avec quelques autres, par des scelerats, qui vouloient forcer la maison du Seigneur de Traves, située à la rue St Antoine proche de St Paul; la Ville en même tems s'étant assemblée, où se trouva le Lieutenant Criminel, il fut arrêté que tant que le Duc sejourneroit à Paris, il seroit allumé douze flambeaux qui bruleroient toute la nuit, & que depuis huit heures du soir jusqu'à ce que minuit sonnât, vingt Archers feroient garde à la rue du Roi de Sicile ; ce qui dura huit jours, parce que l'Ambassadeur ne fut pas davantage à Paris. Tout ce tems-là au reste, par ordre du Roi, le Prevôt des Marchands lui faisoit present à dîné de six double-quarts d'hypocras vermeil, blanc & clairet, avec douze livres d'épices & autant de torches ; & à souper six autres quarts d'hypocras & six livres d'épices, afin qu'à ses repas il eut toujours hypocras & dragées ; car dragées & épices, qui maintenant sont deux choses bien differentes, en ce tems-là n'étoient qu'un.

Un Ambassadeur de Portugal en 1534, arriva à Paris au mois de Fevrier. Il eut audience au Louvre ; logea à la maison de Meignet qui étoit mort, dont je ne sai ni la qualité ni le quartier ; & là traita magnifiquement le Roi, la Reine & toute la Cour.

SOUS HENRI II.

SOUS Henri II, le Pape, l'Empereur, les Rois d'Espagne, d'Angleterre & d'Alger, la Republique de Venise & les Suisses, envoyerent leurs Ambassadeurs en 1549, 51, 52, 54, 55, & 1559.
Les Suisses députerent les premiers leurs Ambassadeurs au nombre de vingt-un, & quelque cent cinquante chevaux, conduits par Mesnage, Maître des Requêtes, arriverent à Paris en 1549, au mois de Septembre. Un peu auparavant, le Roi avoit mandé au Prevôt des Marchands de leur faire preparer quatre ou cinq des plus commodes & des meilleures Hotelleries ; d'aller au devant d'eux en bon équipage, avec le Corps de Ville & quelques Bourgeois notables & des plus apparens ; de les conduire jusqu'à leur logis, avec un bon visage & beaucoup de civilité ; & enfin de leur faire present de tant de sortes de vins, vivres & autres choses, qu'ils en fussent contens. Sur quoi ayant été arrêté aussi-tôt, que le Prevôt des Marchands iroit trouver le Roi, pour entendre mieux sa volonté ; ensuite le Maître d'Artillerie de la Ville eut ordre de faire charger toute son artillerie sur les murailles entre la porte St Jaques & la porte St Michel, pour la tirer à l'arrivée des Ambassadeurs, avec mandement tant aux Conseillers, Quatteniers & quelques Bourgeois, qu'aux bandes des Archers, Arbalêtriers & Arquebusiers de se rendre à l'Hotel de Ville. Enfin le vingt-neuf Septembre, le Prevôt & les Echevins, revêtus de leurs robes mi-parties, accompagnés de leurs Sergens & de tout ce monde, allerent recevoir ces Ambassadeurs jusqu'à une Maladerie qui est entre le fauxbourg St Jaques & le Bourg-dela-Reine, & que je crois dependre de la Commanderie de St Jean de Latran. Là les ayant rencontrés, Mendoze, Gentilhomme de la Chambre, & plusieurs autres Gentilshommes, que le Roi avoit envoyés afin de leur faire plus d'honneur, ne les apperçurent pas plutôt, qu'ils s'arrêterent & se rangerent le long du grand chemin avec leur compagnie. Après quantité de reverences, le Prevôt des Marchands prit la parole & leur fit une harangue, que je ne rapporterai point, parce qu'elle ne se trouve point dans les Regîtres de la Ville, & peut-être quand je l'y aurois trouvée, ne m'en serois-je pas chargé, puisqu'apparemment elle ne valoit pas mieux que celles qu'on y voit, qui sont toutes pitoyables. Le compliment achevé, les uns & les autres commencerent à vouloir marcher pour venir à Paris ; & déja le Prevôt des Marchands avoit cedé la droite aux Ambassadeurs. Aussi-tôt grande contestation entre Mendoze & lui pour le rang ; Mendoze en qualité d'Envoyé, pretendant que le haut bout lui appartenoit, & de fait le prit : le Prevôt au contraire qui vouloit l'avoir, soutint qu'il étoit Lieutenant du Roi à Paris, & qu'ainsi il ne devoit rien à un Envoyé. Ceci ayant duré assés long-tems, à la fin neanmoins, pour éviter le scandale, Mesnage comme Ambassadeur du Roi, conduisit le Chef de l'Ambassade, & Mendoze l'autre, le Prevôt des Marchands & un Gentilhomme du Roi le troisiéme, le premier Echevin le quatriéme, & le reste de même, chacun par un autre Echevin ou par un Conseiller. Durant leur marche, l'artillerie faisoit tant de bruit & de fumée, que s'ils se voyoient, du moins ne pouvoient-ils pas s'entendre. Au milieu de tant de feu & de tonnere, ils entrerent dans la Ville, & allerent ensemble jusqu'à l'Hotel de Tiron dans la rue de Tiron & d'autres maisons tant la rue St Antoine que du voisinage, qui leur avoient été preparées. Ce jour même le Prevôt des Marchands leur envoya de grands presens d'hypocras, de vins exquis & autres singularités. Quelques jours après, il les pria à dîner dans l'Hotel de Ville, où ils furent reçus avec toutes sortes d'honneurs, & traités somptueusement. La grande

Tome II. M ij

Salle étoit ornée de belles tapisseries, où fut dressé ce bufet d'argent, vermeil doré, si celebre en France pour sa valeur & pour ses enrichissemens, que leurs devanciers avoient fait faire, mais qu'elle leur donna avec ordre de le garder pour leurs grandes fêtes. Lorsqu'ils entrerent, qantité de grosses pieces rangées dans la Gréve, tirerent en même tems. On leur servit de tant de sortes de vins & de viandes ; tant d'instrumens de musique & de tambours furent entendus pendant le repas ; en un mot le bon visage qu'on leur fit, & l'honneur qu'on leur rendit furent tels, qu'un si magnifique accueil attira leur admiration. Car pour ne rien omettre, tous ceux de leur Nation generalement, soit Pensionnaires du Roi, soit Ecoliers faisant leurs études à Paris, soit autres, furent du festin aussi-bien qu'eux & les accompagnerent. Tous furent rangés à table d'un côté ; le Prevôt & les Echevins, les autres Officiers avec les Bourgeois se mirent de l'autre. Les Suisses entretinrent la compagnie des choses de leur pays. Après on leur fit voir l'Hotel de Ville : ensuite de quoi le Prevôt & les Echevins allerent souper avec eux à l'Hotel de Tiron, & tant qu'ils demeurerent à Paris, la Ville tous les jours ne faisoit autre chose que de leur envoyer des presens.

Edouard VI, Roi d'Angleterre, envoya la seconde Ambassade. Henri II, dépêcha sur la frontiere Mendoze, dont j'ai déja parlé, & l'instruisit auparavant de quelle maniere il vouloit qu'on reçût le Marquis de Noranthon, qui venoit en qualité d'Ambassadeur extraordinaire. Mais parce qu'il ne pouvoit être conduit à la Cour sans passer par Paris, ni s'en retourner en Angleterre que par-là, le Roi écrivit deux fois au Prevôt des Marchands. Dans la premiere lettre il enjoignoit de le bien recevoir, & pour le reste de s'en raporter à Mendoze, comme à lui-même. Dans la seconde il lui recommandoit de lui faire aussi bon accueil à son retour qu'à son arrivée. Suivant ces ordres, la premiere fois il fut arrêté, qu'on iroit au devant avec trente Archers vêtus de leurs hoquetons, & leurs Sergens ayant leurs robes mi-parties ; de plus que pendant son sejour on lui feroit present tous les jours d'hypocras, d'épices & autres choses semblables. Pour obéir à la seconde lettre, l'Ambassadeur ne fut pas plutôt à la rue du Roi de Sicile, & descendu au logis de l'Amiral Chabot, où avoit demeuré le Duc de Norfolck en 1533, que le Prevôt des Marchands & les Echevins lui vinrent faire la reverence, vêtus de leurs robes communes, & accompagnés de pareil nombre d'Archers qu'auparavant, tous à pied, avec leurs hocquetons de livrée & leurs javelines en main ; & par même moyen lui presenterent des dragées, de l'hypocras à l'ordinaire, & continuerent à lui en faire porter tous les jours tant qu'il y demeura.

La troisiéme Ambassade fut celle de Jules III, en 1552. Les lettres du Roi reçues, aussi-tôt le Prevôt des Marchands & les Echevins, le Greffier, le Procureur du Roi & Bragelone leur Lieutenant, allerent saluer le Nonce à l'Hotel de Rochepot, qui appartenoit au Connétable de Montmoranci, situé à la rue St Antoine, en partie à la rue Percée ; & ensuite lui envoyerent par le Greffier, trois double-quarts d'hypocras, avec six boëtes tant de dragées dorées que d'autre sorte. On remarquera ici en passant, que si j'ai employé en pareille occasion le mot de layette, c'est pour l'avoir trouvé dans les Regitres de l'Hotel de Ville ; & si maintenant j'use de celui de boëtes, c'est qu'il y est en effet. Cependant il y a grande apparence que tous deux ne signifient que la même chose. Le Nonce au reste, reçut ce present avec beaucoup de civilité, & témoigna qu'il ne seroit pas plutôt à la Cour qu'il en remercieroit le Roi.

La même année le Roi d'Alger dépêcha aussi à Henri II un Ambassadeur qui le vint trouver à Chaalons avec des chevaux & des jumens barbes. Mais parce que cet Envoyé souhaitoit de venir à Paris, le Roi écrivit au Prevôt des Marchands, & lui ordonna de le faire accompagner par d'honnêtes gens, qui pussent lui montrer tout ce qu'il avoit envie de voir à Paris,

& sur tout de prendre bien garde que le petit peuple & les faineans, à cause de sa mine & de ses habits extraordinaires, ne fissent rien capable de le fâcher, ni lui causer le moindre deplaisir. Le Connétable lui manda la même chose. Quelques jours après, cet Ambassadeur descendit à la rue de la Huchette, à l'Hotellerie de l'Ange; & parce que les lettres du Roi ni du Connétable ne donnoient point d'ordre pour lui aller faire la reverence ; la Ville differa d'y aller, jusqu'à ce que par ses Truchemens il l'en fit prier, la conjurant de lui fournir des gens pour lui tenir compagnie & entre autres des Archers. Là-dessus le Prevôt des Marchands & les Echevins, escortés d'un nombre d'Archers, vêtus de leurs hocquetons de livrée, furent lui faire la reverence. Le Prevôt même le harangua, & non seulement pour l'accompagner dans les rues & le garentir de la presse, on lui donna Archers & Arbalêtriers, mais encore à la porte de son logis il en fut mis d'autres, afin d'empêcher le peuple d'y entrer pour le voir. D'honnêtes gens envoyés exprès vinrent l'entretenir, & lui firent ouvrir tous les lieux où sa curiosité le porta. De plus, ce jour-là même, le Greffier suivi de deux Sergens, vêtus de leurs robes de livrée, lui fit present de six quarts d'hypocras & six boëtes de dragées dorées & autres.

Au reste, quand la Ville l'alla saluer, il étoit habillé d'une robe de toile d'or figurée à la façon des Turcs, & accompagné de sept ou huit de ses gens, tous couverts d'écarlatte. Il parloit bien Italien, entendoit un peu le François, & on disoit qu'il étoit Renegat d'Albanie ou d'Esclavonie, & pour le prouver Regnault Bachelier, Greffier de la Ville, qui se croyoit aussi savant en Geographie qu'en son metier, fait une si plaisante carte de l'Albanie & du Royaume d'Alger, que je ne veux pas donner la peine de l'aller chercher dans mes preuves.

Le Royaume d'Alger, dit-il, est situé en la terre d'Achaïe dite la Morée, laquelle joint d'un côté à la petite Albanie & à la Grece, & de l'autre à la Mer des Siciles, qui est la voie de Constantinople ; & est le Roi d'Alger de cette Nation des Mores blancs, qui est sujet & tributaire du grand Turc, à cause qu'il est prochain de ses terres & limitrophe.

On l'amena au Louvre, aux Tournelles, à la Bastille, à l'Arsenal, au Palais, à St Denys & à Notre-Dame, où il voulut qu'on lui montrât St Christophe, qu'il admira ; il demanda à voir des plus beaux draps d'écarlate. Après tout, lui & ses gens avouerent que Constantinople ne pouvoit être comparée à la ville de Paris, outre qu'elle étoit moins peuplée de la moitié; que la quantité de monde qu'il avoit vû l'étonnoit. Le Prevôt des Marchands rendit compte au Roi de tout ceci par ses lettres, aussi-bien qu'au Connétable.

La cinquiéme Ambassade vint d'Angleterre en 1554, que la Reine Marie envoya en France, & de-là à Rome. Le Roi par des lettres en avertit au mois de Mars Boisdauphin, Gouverneur de Paris, & le Prevôt des Marchands, avec ordre à celui-ci de faire tout l'accueil & la bonne reception que demandoit l'amitié qui étoit entre lui & cette Princesse ; & pour le reste de s'informer du Gouverneur, à qui il avoit fait savoir son intention, & d'executer ce qu'il lui diroit. Boisdauphin aussi-tôt manda au Prevôt & aux Echevins de le venir trouver à Ste Catherine du Val des Ecoliers : y étant venu, & un des quatre Echevins avec lui, après l'avoir attendu jusqu'à midi passé, il leur dit que le Roi entendoit qu'ils allassent saluer les Ambassadeurs; & tous les jours, tant qu'ils seroient à Paris, leur portassent sans y manquer, épices, torches, lamproies, brochets, carpes & d'excellent vin de toutes les sortes, ainsi qu'on avoit fait en Angleterre aux Ambassadeurs de France. De savoir pourquoi on ne leur envoya point de viandes, c'est que c'étoit en Carême, qui alors étoit observé en Angleterre, depuis que la Reine avoit retabli la Religion Catholique, qu'Edouard son frere y avoit abolie ; mais de dire pourquoi le Roi, Boisdauphin & la Ville ne regalerent point ces Ambassadeurs d'un plus grand nombre de poissons divers & plus rares, car les rivieres de France produisoient alors des truites, c'est ce que je ne sai pas.

L'Empereur Charles-quint & Philippe d'Autriche son fils, Roi d'Espagne, dépêcherent à Henri II la sixième Ambassade. Le Comte de Lallain, Chevalier de l'Ordre de la Toison d'or, Gouverneur & grand Bailli de Hainaut, en étoit le Chef. Destrées, Chevalier de l'Ordre, Maître & Capitaine general de l'Artillerie, l'alla recevoir par ordre du Roi sur la frontiere, & l'accompagna jusqu'à la Cour, avec des lettres de creance pour les Prevôts des Marchands, les Maires & Echevins des Villes par où il le faudroit faire passer. Avant que de l'amener à Paris, il fit tenir à la Ville les lettres que Henri II lui avoit écrites, & y joignit les siennes qui expliquoient la volonté de ce Prince.

Les premieres commandoient de recevoir l'Ambassadeur avec tout l'honneur dû à sa condition, & aux grands Princes qu'il representoit; de le bien loger lui & sa suite; lui presenter les vins, dragées, confitures & autres singularités accoutumées en pareilles rencontres; en un mot de faire en sorte qu'il eut tout sujet de se louer d'eux, & le Roi leur en savoir gré.

Les autres lettres portoient qu'ils donnassent ordre que l'Hotel de l'Amiral, où logeoit le Garde des Sceaux, fut preparé, tapissé & meublé selon la qualité de l'Ambassadeur & le commandement du Roi; que le Maréchal des logis du Comte de Lallain, qui devoit arriver un jour avant son Maître, les iroit trouver, qu'il leur plut de le faire accompagner, pour prendre telle maison qu'il voudroit; qu'il esperoit qu'après la venue de l'Ambassadeur, ils iroient lui faire les presens qu'ils auroient jugé les plus convenables & le plus dans la bienseance; qu'au reste avant que de le saluer, il leur declareroit la volonté du Roi là-dessus.

Ces dépêches reçues, le Prevôt & les Echevins, vêtus de leurs bons habits, assistés de leurs Sergens, couverts de leurs robes de livrée, furent à la rue des Poulies à l'Hotel de Villeroi, où logeoit le Comte de Lallain, & après l'avoir salué, le Prevôt lui fit une harangue.

Deux Ambassades furent encore vûes à Paris en 1559, & qui furent les dernieres qu'ait reçu Henri II. La derniere année de son regne, un mois ou environ avant sa mort, les Venitiens s'aviserent de l'envoyer feliciter à Amboise de son heureux avenement à la Couronne. C'étoit un peu tard sans doute, & encherir beaucoup sur les Ambassadeurs de Troie qui vinrent témoigner à Tibere, long tems après la mort de son fils Drusus, la douleur qu'avoient les Troyens de son affliction. Il ne se moqua pas d'eux, comme fit cet Empereur des autres, tant s'en faut; sachant qu'ils étoient curieux de voir Paris, il ordonna au Cardinal de Lorraine, de mander au Prevôt des Marchands & Echevins, qu'ils les envoyassent visiter de leur part, & leur fissent present de cire, confitures & autres galanteries accoutumées. Si bien qu'à leur arrivée, la Ville envoya à la rue de la Huchette dans la maison de l'Ange, où ils étoient logés, & leur fit presenter vingt-huit boëtes de confitures de Cotignac.

Les derniers Ambassadeurs envoyés à Henri II, & qui arriverent à Paris trois ou quatre jours après que ceux de Venise, dont je viens de parler, s'en furent allés, étoient ce Duc d'Albe, si decrié pour ses cruautés; le Prince d'Orange, non moins prevoyant que grand Capitaine; & enfin le Comte d'Egmond, autre Heros, & digne sans doute d'une plus heureuse fin. Le sujet qui les amena, fut la celebration du mariage de Philippe II, avec Elisabeth de France, fille du Roi, afin d'y assister. Avant qu'ils arrivassent, un Gentilhomme de la Chambre alla avertir la Ville d'aller saluer ces grands personnages, & leur faire de beaux presens. Etant arrivés, elle partit en cet ordre. A la tête marchoient les Archers, les Arbalêtriers & les Arquebusiers à pied, vêtus de leurs hocquetons de livrée. Ils étoient suivis de dix Sergens de la Ville, encore à pied, avec la robe mi-partie, & la nef d'argent sur l'épaule ; après venoient les Prevôts des Marchands, Echevins, & le Greffier, parés de leurs robes de livrée, & montés sur leurs mulets ; ensuite se voyoit le Procureur du Roi en la Ville, vêtu d'une robe d'écarlate, qui avoit après lui les Quarteniers au nombre de seize : à la queue étoient les Bourgeois mandés de chaque quartier, qui n'avoient pas oublié leurs plus beaux habits. Etans à l'Hotel de Villeroi, qu'on avoit preparé pour le Duc d'Albe, & ne l'y trouvant pas, ils furent à l'attendre jusqu'à six heures du soir, sans qu'il vint ; car d'abord qu'il eut mis pied à terre il alla droit au Louvre faire la reverence au Roi & à la Reine, & à la Princesse promise ; après quoi il fut souper avec ses collegues, chés le Maréchal de St André. La Ville cependant qui ne trouvoit pas à propos de revenir une seconde fois, passa à l'Hotel du Maréchal, où après avoir attendu quelque tems dans la cour, à la fin ils saluerent les trois Ambassadeurs : le Prevôt leur fit compliment, qui sans doute fut suivi de fort beaux presens, mais dont je ne puis rien dire, parce que dans le Regître d'où j'ai tiré ceci, à cet endroit-là il y a une lacune.

SOUS CHARLES IX.

SI je ne rapporte aucune Ambassade sous François II, c'est que son regne fut si court qu'il ne dura que quatorze ou quinze mois ; & quoique Charles IX, son frere qui lui succeda, fût plus long-tems sur le Trône, que lui ; cependant il n'en reçut que deux, & encore pour en bien parler, n'en reçut-il qu'une ; car enfin la seconde qui venoit de Pologne, ne le regardoit pas tant que le Duc d'Anjou, que les Polonois avoient choisi pour leur Prince.

En 1566. le Comte Palatin du Rhin, le Duc de Wirtemberg, le Landgrave de Hesse, le Duc de deux Ponts, & le Marquis de Bade, envoyerent à Charles IX leurs deputés, la Ville aussi-tôt, à cause que c'étoit un jour maigre, leur fit presenter de toutes sortes de poissons par les Sergens vêtus de leurs robes mi-parties, & de plus de l'hypocras blanc & clairet, des confitures, des dragées, & autres presens accoûtumés.

A l'égard de l'Ambassade des Polonois, après que le Senat, les Seigneurs, & tous les Ordres du Royaume en 1573, eurent élû pour leur Prince Henri de France, Duc d'Anjou, en même tems ils deputerent l'Evêque de Posna, & plusieurs autres Prelats, & grands Seigneurs avec quelque trois cens personnes, & cinquante chariots, à la mode du Pays, à quatre & six chevaux, tant pour lui rendre leurs respects, que pour l'emmener avec eux en Pologne. Approchant de la Frontiere le Roi envoya au devant d'eux l'Evêque de Langres, avec le Comte de Brienne, de la maison de Luxembourg, pour les accompagner jusqu'à Paris. A trois lieues de la Ville le Duc d'Anjou les fit recevoir par cinquante pages, montés sur des chevaux d'Espagne & Turcs, & par les Chambellans, les Gentilshommes, & les principaux Officiers, que conduisoit Villequier, son premier Chambellan ; qui les rencontrerent à Pentin, petit village à une lieue de Paris. Incontinent après, le Roi leur dépêcha le Prince Dauphin, les Ducs de Guise, de Maïenne, & d'Aumalle, le Marquis d'Elbœuf, le Grand Ecuyer, Piennes, Humieres, & de Foix, Conseillers d'Etat, qui les harangua de sa part. Ces grands Seigneurs ne les virent pas plutôt qu'ils mirent pied à terre, & vinrent ainsi ensemble, jusqu'à l'Hotel de Nantouillet, & aux autres logis des environs qui avoient été choisis pour eux. Ensuite près de l'Eglise de St Laurent, qui étoit pour lors à l'extremité du faux-bourg St Martin, ils firent rencontre du Prevôt & des Echevins, du Procureur du Roi, & du Greffier, du Corps de Ville, accompagnés des Conseillers, &c. & escortés de leurs Archers, tous bien montés, qui leur vinrent faire compliment de la part du Roi. Enfin à la porte St Martin étoient mille, ou douze cens Arquebufiers, & l'Artillerie de la Ville, rangée fur les remparts ; au milieu de tant de feu & de bruit, ils firent leur entrée, & vinrent defcendre à l'Hotel de Nantouillet, marqué pour l'Evêque de Pofna, d'où les autres furent menés chacun dans leur logis, tant à la rue de Buffi, que près des Auguftins, par des Gentilshommes François, & par des Valets de chambre du Roi, & autres Officiers envoyés pour les fervir.

Sur le foir le Prevôt des Marchands & les Echevins les allerent vifiter, avec le Procureur & le Greffier de la Ville, & leur prefenterent des confitures, des dragées, de l'hypocras, & autres prefens accoutumés. Au refte avant que de s'en retourner, l'Evêque de Pofna, follicita à la Cour la grace de Viteaux, feter de fon hôte, que le Roi jufqu'alors avoit refufée ; car ce Viteaux ici, l'homme de fon tems le plus determiné, avoit affaffiné devant l'Hotel de Nevers, Alegre Milland, homme à la verité, qui avoit poignardé fon frere le plus lachement du monde, comme il fe promenoit le foir dans fa cour, au milieu de fa belle mere, & de fa femme groffe pour lors, mais qui apprehendant ce furieux, n'étoit venu à Paris que fur la parole du Roi de Pologne, qu'il y feroit en fureté.

SOUS HENRI III.

Henri III, pendant fon regne reçut fix Ambaffades.

Maximilien II, envoya la premiere en 1574 ; auffi-tôt Marcel Intendant des Finances vint de la part du Roi, & de la Reine mere, au bureau de la Ville, en avertir le Prevôt & les Echevins ; fi bien que le lendemain deux d'entre eux furent faluer l'Ambaffadeur de l'Empereur à fon logis, & lui firent porter les prefens ordinaires.

L'année d'après les Suiffes & les Venitiens dépêcherent auffi des Ambaffadeurs, le Roi commanda à la Ville d'aller faire la reverence aux uns, & aux autres ; pour ce qui eft des Suiffes, elle ne deputa que deux Echevins ; le Prevôt des Marchands alla faluer les derniers ; mais à tous il fut envoyé les prefens accoutumés.

En 1581. deux Ambaffadeurs du Grand Seigneur arriverent au mois de Novembre ; le premier venoit prier le Roi d'affifter à la circoncifion du fils aîné de fon Maître, qui fe devoit faire à Conftantinople au mois de Mai.

Le fecond étoit envoyé pour confirmer les anciennes confederations arrêtées entre nos Rois, & les Ottomans : tous deux furent fort bien reçus ; de plus logés au faux-bourg St Germain, dans la rue de Seine, & renvoyés avec de beaux prefens.

En 1582. les Suiffes vinrent à Paris, où ils furent encore mieux reçus qu'en 1575. Ils étoient au nombre de trente, & venoient faire le ferment d'alliance, refolue à Soleure, malgré les pourfuites du Roi d'Efpagne, qui avoit perdu quatre ou cinq ans pour les gagner, quoiqu'il eut offert de leur donner huit cens mille livres que Henri III leur devoit, & à l'avenir encore autres feize cens mille livres, à condition même, que le terme échu, s'il manquoit à les payer, ils pouvoient fe departir de fa confederation. Le Roi voulut que la Ville allât au-devant, & leur fit un feftin ; & non feulement il commanda au Prevôt des Marchands, par lettres, de les bien recevoir, mais encore de bouche, & lui expliqua plus au long fa volonté. Ce Commandement après tout, n'étoit point contre la coûtume, ainfi que prétend l'Auteur du Journal d'Henri III, car j'ai fait voir qu'on reçut de même ceux que les Suiffes envoyerent en 1549. fous Henri II.

Le jour qu'ils arriverent, le Prevôt & les Echevins, vêtus de leurs robes

de

de livrée, le Procureur du Roi avec sa robe d'écarlatte, le Receveur de la Ville, les Conseillers, les Quarteniers avec deux Bourgeois de chaque quartier, escortés de leurs Sergens, couverts de leurs robes mi-parties, & de leurs Archers, Arquebusiers & Arbalêtriers, ayant leurs hoquetons de livrée, tous à cheval, & la plupart en housse, allerent jusques hors la porte St Antoine, recevoir ces Ambassadeurs, que le Prevôt harangua après leur avoir fait la reverence ; ils entrerent tous ensemble en cet ordre. Premierement marchoient les Arquebusiers, les Archers, & les Arbalêtriers ; ensuite les serviteurs des Ambassadeurs ; après leurs Messagers & Officiers qui avoient des manteaux, & des habits de drap bleu, blanc & rouge avec une marque d'argent attachée sur l'estomac ; ils étoient suivis de plusieurs Seigneurs & gentilshommes François ; derriere eux les Suisses de la garde du Roi avec leurs tambours & leurs fifres ; à la queue marchoit le premier des Ambassadeurs entre le Maréchal d'Aumont, Chevalier de l'Ordre, & le Prevôt des Marchands ; le second, au milieu de la Guiche, & du premier Echevin ; & le reste de même entre des Seigneurs de la Cour, qui les avoient accompagnés depuis la frontiere, & les autres Echevins, le Procureur du Roi, le Receveur, les Conseillers, & Quarteniers. En cet ordre ils descendirent tous à la rue St Denys, où leurs logis avoient été marqués : le soir les Echevins y retournerent, & commanderent à leurs hôtes de les traiter avec respect ; le lendemain matin ils revinrent encore avec le Procureur du Roi en habit noir, accompagnés de leurs Sergens, vêtus de leurs robes mi-parties, & leur presenterent quantité de flambeaux de cire avec de l'hypocras blanc & clairet : les deux jours suivans qui étoient le Vendredi & le Samedi, ils firent present encore de quantité de bouteilles de vin vieux & nouveau, d'hypocras, de dragées, & de pâtés, & de jambons de Maïence par commandement du Roi. Le regître de l'Hotel de Ville porte treize pâtés de jambons de Maïence, trente quarts d'hypocras, & quarante flambeaux de cire. Le Samedi au soir on fit des feux de joie dans toutes les rues. Le Dimanche le Prevôt & les Echevins, vêtus & accompagnés comme auparavant allerent en housse entendre la Messe à Notre-Dame, & se mirent dans les hautes chaises de la main gauche du Chœur. Après la Messe le Roi & les Ambassadeurs jurerent entre les mains du Cardinal de Birague d'entretenir la confederation entre la France & les Suisses. Dans ce même tems-là, au signal qui fut donné de dessus les tours de l'Eglise, le Maître de l'Artillerie, fit tirer quantité de pieces rangées dans la Gréve. Au sortir de l'Eglise le Roi leur donna à dîner magnifiquement dans la salle de l'Evêché. Sur les trois heures on chanta le *Te Deum* à St Jean en Gréve, Paroisse de l'Hotel de Ville, où assisterent le Prevôt & les Echevins avec les mêmes habits, au même ordre, & avec la même compagnie, qu'à Nôtre-Dame, & le jour de l'entrée. Le lundi on para la porte de l'Hotel de Ville de lierre, des armoiries du Roi, des Reines, de Paris, & des dix-sept Villes confederées avec la France ; la grande salle fut ornée de deux rangs de tapisseries fort fines, où furent élevées du côté du midi les dix-sept Villes alliées, & les autres de l'autre côté ; deux Echevins allerent querir dans des coches les Ambassadeurs, que par commandement exprès du Roi, la Ville avoit prié à dîner, & quand ils descendirent à la Gréve, le Prevôt & les Echevins en habit noir & accompagnés de leurs Sergens, vêtus de leurs robes de livrée, & de quantité de tambours, fifres, & trompettes les vinrent recevoir à la porte de leur Hotel, les traiterent splendidement ; & après le repas les reconduisirent jusqu'à leurs coches, parmi le bruit des trompettes, fifres & tambours, & dans le même ordre, & la même suite qu'à leur arrivée. Les jours suivans ils furent encore traités par le President de Belliévre, qui avoit été chés eux en ambassade, par les Ducs de Joyeuse, & d'Epernon, favoris du Roi, & par les Ducs de Longueville, de Nemours, & de Nevers : & quoique tous n'eussent rien épargné pour leur faire grande chere le festin néanmoins du Duc de Nevers fut estimé le plus galant & le plus somptueux. Enfin auparavant que de s'en retourner, le Roi leur fit toucher de grosses sommes, & leur donna à chacun une chaine d'or, dont les moindres pesoient deux cens écus, & les grosses sept cens, & où pendoit une médaille d'or qui representoit son portrait, du poids de douze écus.

En 1585, Elisabeth Reine d'Angleterre envoya à Henri III l'Ordre de la Jarretiere par le Comte de Warvich, que les regîtres de l'Hotel de Ville nomment le Comte d'Arby, & d'autres le Comte de Derby, qui étoit suivi de deux cens personnes montés à l'avantage. Par ordre du Roi le Duc de Montpensier accompagné de quantité de Chevaliers du St Esprit & de Gentilshommes de la Chambre, alla au devant jusques près de la porte St Denys, & le conduisit à l'Hotel de Longueville, dont j'ai parlé sous le nom de l'Hotel de Villeroi, & qu'on avoit meublé des plus précieux meubles de la Couronne. Pendant son séjour, lui & sa suite furent servis des viandes de la cuisine du Roi: à chaque repas sur la table on mettoit neuf couverts; en un mot, on les traita si somptueusement, que le bruit courut que sa dépense revenoit par jour à près de cinq cens écus; outre cela le Roi, les Princes & les Grands Seigneurs le traiterent comme à l'envie, chacun à son tour.

Le lendemain qu'il arriva, il fut au Louvre, où le conduisirent la Motte Fenelon, Curton & Grignan, qui avoient ordre de bien prendre garde qu'il ne manquât de rien. Il passa avec l'Ambassadeur ordinaire d'Angleterre, depuis l'Hotel de Longueville jusqu'à la porte du Louvre entre deux haies de Soldats aux Gardes; devant le Chateau il rencontra les Lieutenans du Prevôt & ses Archers; au portail étoit le Capitaine de la porte, dans la cour ses Archers; le long du grand escalier les Suisses de la Garde; à l'entrée de la sale le Capitaine de la sale, dedans ses Gardes en haie; puis les Gardes-du-Corps; & dedans l'antichambre quantité de Gentilshommes de la suite des Princes & des Seigneurs de la Cour. Combault premier Maître d'Hotel suivi des autres Maîtres d'Hotel de la Maison du Roi, l'alla recevoir à la porte de l'antichambre, & le mena jusqu'à la Chambre d'Etat, où le reçut Liancourt premier Ecuyer, qui étoit accompagné des autres Ecuyers, & le conduisit jusqu'à la Chambre d'audiance: là étoient avec leurs hachés les cent Gentilshommes de la Maison du Roi. Le Duc de Joyeuse le vint recevoir, & le mena à la Chambre Royale, où le Roi l'attendoit dans son Balustre, sur son haut Daix, & où il n'y avoit que des Cardinaux, des Prelats, des Princes, des Conseillers d'Etat, des Chevaliers de l'Ordre, des Gouverneurs de Province, des Lieutenans Generaux, des Capitaines de Gens d'armes, & les neuf Gentilshommes de la Chambre, avec les cinq Gentilshommes ordinaires en jour & de service.

Il presenta à Henri III les lettres de la Reine d'Angleterre, l'entretînt longtems, puis se retira avec la même ceremonie qui lui avoit été faite en venant, deux jours après les Echevins, le Procureur du Roi, le Receveur & le Greffier de la Ville en habit noir, & suivis de leurs Sergens couverts de leurs robes mi-parties, furent lui faire la reverence; & lui presenterent quantité de confitures, de dragées, d'hypocras & de vin. Quatre jours après cet Ambassadeur mit au Roi l'Ordre de la Jarretiere, à l'Hotel de Nantouillet, & lui fit faire le serment accoutumé en semblable ceremonie dans l'Eglise des Augustins, ce qui se verra plus particulierement, quand je parlerai des Ordres de Chevalerie.

J'ai passé deux Pompes funebres de Nonces, faites en 1583, & 1587.

A la derniere qui se fit aux Celestins, la Chambre des Comptes députa un President, huit Maîtres, deux Correcteurs & autant d'Auditeurs, si je ne me trompe. Le Parlement & la Cour des Aides députerent à proportion à l'autre qui fut faite à Notre-Dame pour l'Evêque de Rimini. Celui-ci mourut à l'Hotel de Sens, & fut enterré dans le Chœur; & quoiqu'il eut ordonné par son Testament, que son enterrement se feroit de nuit, sans bruit, & sans ceremonie; trois jours après neanmoins, on lui fit de solemnelles funerailles à Notre-Dame : le Chœur fut tendu de drap noir de haut en bas, avec un Listre de velours noir sans armoiries, & il y eut une Chapelle ardente ; quatre-vingts Pauvres vêtus de deuil, chacun une torche à la main ; y furent vus ; les Ducs de Joyeuse & de Maïenne y assisterent avec plusieurs Seigneurs ; les Cardinaux de Guise, de Birague & de Vaudemont y envoyerent chacun une douzaine de torches blanches, rehaussées de leurs armoiries. L'Evêque de Paris officia ; le Theologien de St Germain fit l'Oraison funebre ; le Parlement deputa deux Presidens & vingt Conseillers ; la Chambre des Comptes de même, deux Presidens, huit Maîtres, deux Correcteurs & deux Auditeurs ; la Cour des Aides à proportion ; enfin le Prevôt & les Echevins, le Procureur du Roi ; le Receveur, le Greffier & quelques Conseillers de la Ville à cheval en habit noir, & accompagnés de leurs Sergens, Archers, Arbalêtriers & Arquebusiers à pied avec leurs robes mi-parties, & leurs hoquetons de livrée, s'y trouverent, & remplirent leurs places ordinaires.

SOUS HENRI IV.

HENRI IV, en 1595, reçût à Paris une Ambassade Extraordinaire de Venise ; une autre des Suisses en 1602 ; & en 1606, une d'Espagne. Quant à celle de Venise, il envoya au-devant des Ambassadeurs, plusieurs grands Seigneurs de la Cour ; fit meubler pour eux l'Hotel d'O, aujourd'hui l'Hotel de Luines : la Ville fut au-devant, le Prevôt des Marchands les harangua, & les presens ordinaires de dragées, de flambeaux de cire, d'hypocras, & le reste ne furent pas oubliés.

Les quarante-deux Ambassadeurs des treize Cantons des Ligues Suisses, & de leurs Alliés, furent accueillies avec toute sorte d'honneur. Ils venoient pour faire le ferment d'alliance que leur Nation avoit renouvellée. Le jour de leur entrée, le Roi leur donna à diner à Charenton, village à deux petites lieues de Paris, au logis de son ami ; le plus beau qu'il y eut là pour lors. Sillery Conseiller d'Etat, qui avoit beaucoup contribué au renouvellement de la confederation, y fut envoyé afin de les recevoir & leur tenir compagnie. Pour les recevoir encore avant leur arrivée, & les accompagner jusqu'à leur logis, le Roi leur dépêcha le Duc de Montbazon, Grand Veneur de France, Chevalier de l'Ordre, & son Lieutenant General en l'Evêché de Nantes ; Montigny Gouverneur de Paris, & cent ou cent-vingt Gentils hommes fort lestes & bien montés, vinrent au-devant, étant en chemin, ils se rencontrerent entre les faux-bourgs & Charenton : le Prevôt & les Echevins, escortés à peu-près comme en 1549, & 1582, les reçurent au faux-bourg St Antoine, à quelque cinquante pas de la Porte, & trouverent l'Ambassadeur de Berne Chef de l'Ambassade, au milieu du Duc de Montbazon & de Sillery ; les Suisses de la garde avec leurs fifres & tambours furent aussi envoyés, qui les attendirent près de la Porte, dans la Ville.

Là le Prevôt des Marchands, sans mettre pied à terre, leur fit une harangue que leur truchement leur expliqua, cependant leurs valets & leur train avoient pris le devant ; les Archers de la Ville les suivirent en même tems ; les Messagers & les Officiers des Ambassadeurs, couverts de leurs manteaux de plusieurs couleurs, avec les armes de leurs Cantons, marcherent ensuite ; après venoient plusieurs Gentilshommes François ; puis les Sergens de la Ville deux à deux ; derriere les Suisses de la garde du Roi ; & enfin le premier des Ambassadeurs conduit par le Duc de Montbazon seul, à cause que Sillery avoit pris congé de la compagnie ; le second entre Montigny & le Prevôt des Marchands; les autres au milieu des Gentilshommes que le Roi leur avoit envoyés & des Echevins, &c.

En cet ordre ils furent conduits à la Croix de fer, Hotellerie la plus fameuse de la ruë St Denys, & aux environs; les principaux Seigneurs de la Cour les traiterent somptueusement trois jours de suite. Trois jours durant la Ville leur fit des presens; le premier jour on leur porta quantité de bouteilles d'hypocras blanc & clairet, avec des flambeaux de cire jaune; le second, grand nombre de bouteilles de vin excellent, aussi blanc & clairet, avec des pâtés de jambons de Maïence; le troisiéme, des dragées, des confitures, du vin & de l'hypocras. Le Dimanche ils prêterent le serment à Notre-Dame; dans la nef étoit tendue la tapisserie de St Mery, où est representée la vie, la mort & la passion de Jesus-Christ; dans le chœur, dont la clôture avoit été ôtée pour avoir plus d'espace, étoit la tapisserie ordinaire qui contient l'histoire de la Vierge, au dessus celle des douze mois, qui appartient au Roi, estimée l'une des plus riches de France; & plus haut l'histoire du Triomphe de Scipion, qu'on avoit encore tirée du Garde-meuble du Roi, qui passe pour une des plus belles du monde, soit pour les richesses de l'ouvrage, soit pour l'execution & le dessein, qui est de Jules Romain: au-dessus des formes étoient des Echafauts occupez par les Dames; de côté & d'autre du Maître-Autel il y en avoit encore deux remplis de la Musique du Roi; au milieu du Chœur étoit un haut Daix, grand de seize pieds en quarré, relevé de trois marches, couvert d'un tapis de Turquie, couronné d'un Daix de velours violet semé de fleurs de Lis d'or, & paré d'une chaise, d'un prié-Dieu & de deux oreillers de la même richesse, où se mit le Roi, qui avoit pris son collier de l'Ordre, & étoit accompagné de la plupart des Princes du Sang, de Ducs & Pairs, & sur tout des Ducs de Guise, d'Aiguillon, & du Comte d'Auvergne. Devant le haut Daix il y avoit plusieurs bancs, l'un pour les Princes de Condé & de Conti, le Comte de Soissons & le Duc de Montpensier; l'autre pour le Connétable, le Duc de Montbazon, l'Amiral d'Amville, & l'autre pour les Evêques d'Angers, de Beauvais & de Boulogne; aux hautes chaises de part & d'autre s'étoient assis d'un côté, Rambouillet, Curton, Liancourt, Souvré, Beauvais-Nangis, la Rochepot, Belin & la Chapelle aux Ursins, tous Chevaliers de l'Ordre, & ayant leur Collier dessus le manteau, & après quelques Maîtres des Requêtes: de l'autre côté, la Vieuville, Matignon, d'Alincourt, tous encore Chevaliers, & ayant pareillement leur Collier, mais suivis de plusieurs Seigneurs de la Cour, du Prevôt des Marchands, des Echevins, du Procureur du Roi, des Conseillers & Quarteniers, le Greffier s'étant mis dans une chaise basse vis-à-vis du Prevôt des Marchands, parce qu'il a coutume de marcher devant lui. A la place de la chaise de l'Evêque qu'on avoit ôtée, étoit dressé un Echafaut, où étoit la Reine chargée de pierreries, & suivie de la Princesse de Condé, des Duchesses de Montpensier & de Nemours, de la Comtesse d'Auvergne, de la Chanceliere, & de quelques autres Dames de qualité: les filles de la Reine étoient à ses pieds. Puis le Chancelier accompagné du Conseil privé, & vêtu de sa robe de velours cramoisi, tanné brun, à grandes manches doublées de velours cramoisi rouge, & d'une soutanne de satin de la même couleur: après les Cardinaux de Joyeuse & de Gondi; vis-à-vis, & de l'autre côté, les Ambassadeurs des Rois & des Princes étrangers: ensuite, sur deux bancs, les Ambassadeurs des treize Cantons & de leurs Confederés; au bout & devant l'Echafaut, de Vic & Sillery, Médiateurs du renouvellement de l'alliance entre la France & la Suisse. Enfin le Maître-Autel étoit enrichi des paremens de l'Ordre du St Esprit.

Les Princes de Condé & de Conti, allerent recevoir les Ambassadeurs à la porte de l'Eglise; l'Archevêque de Vienne officia, & durant la Messe les Suisses, de crainte de scandale, monterent au Jubé. Lorsqu'elle fut dite, ils

DE LA VILLE DE PARIS. Liv. VII.

vinrent prendre leur place ; pour lors le Chancelier, Villeroi, Vic, Sillery, & Lomenie Secretaires d'Etat, portant sur un oreiller de velours rouge le Traité de confederation, vinrent trouver le Roi ; l'ayant assuré que ce Traité étoit semblable aux autres que ses Prédecesseurs avoient fait avec les Cantons des Ligues Suisses & leurs Alliés, & que si quelque chose y avoir été ajoutée, cela étoit à son avantage, & lui faisoit honneur. L'Archevêque de Vienne revêtu de ses habits pontificaux, & tenant le Livre des Sts Evangiles, les Ambassadeurs des Suisses mirent les mains dessus, prêterent le serment les uns après les autres, selon l'ordre qu'ils tiennent dans leur assemblées, & à chacun le Chancelier dit :

„ Vous jurés & promettés à Dieu sur les Sts Evangiles, au nom de vos
„ Seigneurs & Superieurs, de bien & fidellement observer le Traité d'allian-
„ ce fait entre Sa Majesté & vos Superieurs, sans aller ni faire aucune chose
„ au contraire, directement ou indirectement.

Ensuite le Roi leur dit qu'il juroit & promettoit d'observer le Traité, ainsi qu'il avoit été convenu ; aussi-tôt on chanta le *Te Deum*, toute l'Artillerie de la Gréve tira. Les Princes de Condé & de Conti menerent dîner les Ambassadeurs dans la sale de l'Evêché, où le Roi leur avoit fait préparer un superbe festin : sur les quatre heures on fit à la Gréve un feu de joie ; deux pipes de vin furent défoncées, & quantité de petit pain distribué : l'Artillerie, tant de l'Arcenal que de la Gréve, firent grand bruit.

Le lendemain les Ambassadeurs Suisses vinrent diner à l'Hotel de Ville ; ils furent reçus à l'ordinaire, & reconduits à la porte. La sale étoit tapissée, les armoiries du Roi, de la Reine, du Gouverneur & de la Ville, étoient élevées au bout d'enhaut dans les Ecussons entourés de lierre, à main droite ; celles des Treize-Cantons, & de leurs confederés, à gauche ; une table longue de huit à neuf toises, & à la porte de la sale toutes les armoiries que je viens de dire. Devant eux marcherent les tambours & les trompetes de la Ville ; puis Marchant Capitaine des Archers, des Arbalêtriers & des Arquebusters, ayant son baton en main, & suivi du Maître d'Hotel de la Ville. Le Prevôt des Marchands se mit au haut bout, les Ambassadeurs, quelques Conseillers de Ville & Bourgeois, d'un autre côté : les Echevins, le Procureur du Roi, le Greffier & le Receveur donnerent les ordres necessaires. Les Sergens de la Ville porterent le service : durant le repas on but les santés du Roi, de la Reine & du Dauphin ; le vin de Conteperdrix & l'hypocras, tant blanc que clairet, ne furent point épargnés. Dans la salle haute fut dressée la table pour les serviteurs des Ambassadeurs, qui ammenerent avec eux les Suisses de la Garde ; tellement que leur nombre se trouva trois fois plus grand que l'on ne s'étoit attendu, à qui on fit faire bonne chere. Enfin pour couronner cette fête, le Capitaine Marchant les accompagna jusqu'à leur logis : on leur fit voir la Couronne d'épine de Notre-Seigneur, & les autres Reliques de la Ste Chapelle : à leur départ le Roi les chargea de presens.

Dom Pierre de Toledo est le dernier Ambassadeur Extraordinaire à qui Henri IV ait donné audiance ; le Prevôt de Ville & les Echevins, ensuite des Lettres du Roi, commanderent à leur Epicier trois douzaines de flambeaux de cire blanche, autant de boëtes de confitures, & autant de dragées des plus exquises. Leur Maître d'Hotel eut charge de recouvrer deux douzaines de bouteilles de très-excellent vin clairet, & une douzaine de blanc : de plus ils ordonnerent au Capitaine Marchant de faire trouver une Escouade de ses gens, garnis de leurs hoquetons & hallebardes, & commandée par quelqu'un de ses Officiers, pour leur tenir compagnie à l'Hotel de Gondi, qu'on appelle maintenant l'Hotel de Condé, où logeoit l'Ambassadeur d'Espagne : outre cela leurs Sergens eurent ordre de se rendre près de cet Hotel, couverts de leurs robes de livrée, pour porter leurs presens ; mais parce que Bonneuil Introducteur des Ambassadeurs étoit à la Cour, le Greffier de la Ville alla de leur part prendre de Dom Pierre l'heure qu'il lui plairoit pour recevoir leurs civilités : ils partirent en carosse, vêtus de leurs robes de soie, suivis de deux carosses pleins de leurs amis, & escortés de trente Archers. On remarquera en passant que c'est la premiere fois qu'ils monterent en carosse pour cette ceremonie, & que ce n'est qu'en ce tems-là qu'ils furent inventés, & qu'on commença à s'en servir. Lorsqu'ils furent arrivés au logis de l'Ambassadeur, leurs Archers se mirent en haie dans la cour ; les Sergens passerent les premiers avec les presens, & le Maître d'Hotel de la Ville, puis les Bourgeois qui remplissoient les deux carosses que j'ai dit ; après le Prevôt & l'ancien Echevin, le dernier avec le Greffier, tous avec leurs bonnets qu'ils avoient pris à la porte. Dom Pierre cependant avoit mis son monde en ordre : son Maître d'Hotel à la porte, ses Pages & ses Gentilshommes le long de la cour : sur le Peron les Chevaliers de l'ordre de St Jaques, son neveu, les Seigneurs & les Marquis de sa suite, & lui-même à la porte de la salle, où étant venu recevoir le Prevôt & les Echevins, il les conduisit à son antichambre ; & à la porte, fut long-tems à prier le Prevôt d'entrer le premier, mais inutilement. Là après avoir écouté sa harangue, & l'avoir remercié, il ne quitta la compagnie qu'à la porte de son logis, & leur dit fort obligeamment qu'ils devoient faire entrer leurs carosses.

SOUS LOUIS XIII.

LOUIS XIII. reçut toutes les Ambassades suivantes : au reste soit que la Ville n'aille plus audevant des Ambassadeurs extraordinaires, & ne leur fasse plus de presens, soit qu'on n'ait pas fait tant de fêtes à ceux qui sont venus sous Louis XIV ; le regître de l'Hotel de Ville, ni l'histoire du tems ne m'en fournissent point depuis l'année 1634 : jusques-là j'en trouve six.

La premiere vint d'Espagne en 1612, dont le Duc de Pastrane étoit chef ; il logea au bout de la rue du Roi de Sicile, à l'Hotel de Roquelaure, appellé maintenant l'Hotel de St Pol. Il étoit envoyé pour traitter du mariage d'Elisabeth de France fille de Henri le Grand avec Philippe IV son Maître. Par ordre du Roi le Prevôt & les Echevins lui allerent faire la reverence, & redoublerent les presens qu'ils font en pareilles occasions ; car après avoir fait choisir une grande quantité de confitures exquises, avec six douzaines de flambeaux musqués, ils monterent en carosse accompagnés du Procureur du Roi & du Greffier, & tous en habit noir ; de plus, escortés de quelque soixante Archers & de tous leurs Sergens à pied, ils furent trouver l'Ambassadeur chés lui, que le Prevôt harangua.

Le second Ambassadeur Extraordinaire se nommoit le Milord Hay, & venoit de la part du Roi de la Grande Bretagne, feliciter Louis XIII. de son mariage avec Anne d'Autriche. Il fut logé au bout de la rue de Seine à l'Hotel de la Reine Marguerite, dont l'Hotel de la Maréchale de Guebriant fait maintenant la plus belle partie. A peine étoit-il arrivé, que le Roi envoya ordre à la Ville de l'aller saluer avec les presens accoutumés ; le present fut de trois douzaines de flambeaux blancs, & de six douzaines de boëtes de confitures exquises, & d'excellentes dragées que lui porterent de la part du Prevôt des Marchands & des Echevins, les Sergens vêtus de leurs robes de livrée, & le Maître d'Hotel de la Ville, avec commandement de les attendre à la porte : & aussi-tôt accompagnés de trente Archers, des Arbalêtriers & Arquebusiers, ayant leurs hoquetons, leurs hallebardes & leur casaque de livrée, ils monterent en carosse en robes & manteaux, en robe de soie noire. Etant arrivés, les Archers se mirent en haie, & pour lors leurs Sergens & le Maître d'Hotel qui les attendoient, marcherent devant eux, ainſi qu'ils avoient fait chés Dom Pedre. Après ceux-ci le Greffier marcha ſeul, puis le Prevôt & les Echevins, le Procureur du Roi & le Receveur le faluerent du chapeau. Auſſi-tôt l'Ambaſſadeur ordinaire d'Angleterre étant venu les recevoir avec pluſieurs Gentilshommes & Domeſtiques de l'Ambaſſadeur extraordinaire, ils font rencontre dans la cour ſur une grande plate-forme du Milord Hay, qui les conduiſit dans ſa chambre, non pas ſans avoir prié aſſés long-tems le Prevôt d'entrer le premier, mais qui n'en voulut rien faire. Après la harangue, les preſens & les complimens de part & d'autre, le tout en François, parce que l'Ambaſſadeur ſavoit fort bien notre Langue, il reconduiſit la compagnie juſqu'à la porte de la rue.

Mais afin qu'on voie de ſuite les autres Ambaſſadeurs d'Angleterre qui me reſtent.

Milordes vint en 1621. Le Comte de Carly, Chevalier de la Jaretiere, & le Milord Richi en 1625. Le Duc de Bukinkam encore la même année.

Milordes deſcendit à la rue Dauphine. Le Chancelier auſſi-tôt ayant averti la Ville de ſon arrivée, & recommandé de lui aller faire la reverence & les preſens accoutumés; le Prevôt des Marchands fit reponſe, qu'ils n'alloient jamais ſaluer perſonne ſans des Lettres & un commandement exprès du Roi; & ſur ce que le Chancelier repartit, que le Roi étant devant Clerac dans ſon camp, c'eſt-à-dire à près de deux cens lieues de Paris, ce qu'il propoſoit étoit une choſe impoſſible; qu'au reſte le Roi apprendroit avec joie l'honneur qu'il auroit fait à cet Ambaſſadeur extraordinaire; qu'il ne falloit pas manquer de faire ce qu'il diſoit, & de plus qu'il l'en prioit. Si bien que la Ville auſſi-tôt prepara des preſens; ſavoir quatre douzaines de flambeaux blancs, avec autant de boëtes de confitures & de dragées; puis le lendemain montant en carroſſe accompagné de ſes Archers & de ſes Sergens, ſe rendit chés Milordes, qui l'attendoit dans ſa cour & le fit monter à ſa ſalle. Après la harangue du Prevôt, & avoir repondu qu'il feroit ſes remerciemens au Roi de France de l'honneur qu'on lui faiſoit, & en avertiroit le Roi ſon Maître; qu'en ſon particulier il s'en ſouviendroit toute ſa vie, & enfin qu'il les remercieroit, il les conduiſit juſqu'à la porte de la rue, & même attendit qu'ils fuſſent montés en carroſſe.

Le Comte de Carly & le Milord Richi, logerent au fauxbourg St Germain, & venoient pour la celebration du mariage d'Henriette Marie, fille de Henri le Grand, avec Charles I, Roi de la Grande Bretagne. Par commandement du Roi, le Prevôt & les Echevins, vêtus de leurs robes & de leurs habits de ſoie noire, le Greffier, le Procureur du Roi & le Receveur, ayant leurs manteaux à manche de taffetas noir, & tous leurs chapeaux, allerent leur faire la reverence. Ils étoient en carroſſe, ſuivis de quelques-uns de leurs amis, accompagnés d'une trentaine d'Archers, ayant leurs caſaques & leurs hallebardes; après avoir envoyé devant leurs Sergens & leur Maître d'Hôtel, avec ſix douzaines de flambeaux blancs, autant de confitures & trois autres de dragées. Ayant mis pied à terre à la porte; à peine étoient-ils dans la cour, que les Ambaſſadeurs vinrent au devant & les reçurent au milieu de l'eſcalier, où ils furent long-tems à offrir le pas au Prevôt qui le refuſa toujours, & monta enfin avec eux juſques dans la chambre, où il les harangua. Le Comte de Carly repondit avec beaucoup de civilité & enſuite les preſens lui furent offerts. En s'en allant la même conteſtation pour paſſer devant eut encore lieu, & il fallut tout de nouveau que le Prevôt marchât avec les Ambaſſadeurs; & quoi qu'il fit il ne pût pas les empêcher de deſcendre juſques dans la cour, & même leur civilité fut ſi grande, qu'ayant fait entrer les carroſſes, il ne les quitterent point ni les Echevins, qu'ils ne fuſſent montés.

Le Duc de Bukinkam, favori du Roi de la Grande Bretagne, deſcendit à l'Hotel de Chevreuſe de la rue St Thomas du Louvre, qu'on appelle l'Hotel d'Epernon. La Ville fut-là le faluer, par commandement du Roi en pareil ordre, avec les mêmes habits & la même quantité d'Archers & de Sergens. Lorsqu'ils arriverent, par l'avis de Bonneuil, Introducteur des Ambaſſadeurs, le Duc les vint recevoir à l'entrée de la grande ſalle, où étant tous têtes nuës, le Prevôt fit ſa harangue & lui preſenta quatre douzaines de flambeaux blancs, autant de boëtes de confitures, autant de dragées & ſix douzaines de bouteilles de vin. Comme il reconduiſoit la compagnie, il rencontra le Duc de Nemours qui venoit lui rendre viſite; & cependant n'alla à lui qu'à la priere du Prevôt & des Echevins, & qu'après avoir prié le Comte de Carly & le Milord Richi de les accompagner juſqu'à la porte.

Pour reprendre l'ordre chronologique que j'ai quitté; le Cardinal de Savoie, Ambaſſadeur extraordinaire, vint en 1618, pour traiter du mariage de Chriſtine de France, ſeconde fille de Henri IV, avec Victor Amedée Prince de Piémont & Duc de Savoie, après la mort de ſon pere, & logea au fauxbourg St Germain à l'Hotel de Luines. Le Roi ayant mandé à la Ville de l'aller ſaluer & lui faire les preſens ordinaires, auſſi-tôt elle envoya le Greffier prendre de l'introducteur des Ambaſſadeurs, l'heure du Cardinal. Ce jour-là les Archers ayant leurs caſaques de velours & de ſerge en broderie, tous la hallebarde à la main, marcherent les premiers à pied & à l'ordinaire. Mais les Sergens qui les avoient ſuivis quelquefois ſans ſe plaindre, & qu'on envoyoit auſſi quelquefois devant attendre à la porte des Ambaſſadeurs, s'aviſerent alors de dire qu'ils ne vouloient pas aller à pied après les Archers & devant le caroſſe du Prevôt & des Echevins; & enfin en vinrent ſi avant, qu'ils n'auroient point aſſiſté à la ceremonie, ſi on ne leur eut commandé abſolument de marcher, à peine de ſuſpenſion de leurs charges: ils obéïrent donc. Puis le Prevôt vêtu d'une ſoutane & d'une robe de ſatin noir, & les Echevins, le Procureur du Roi, le Greffier & le Receveur en robes & manteaux à manches de taffetas noir, ſuivis de trois caroſſes pleins de leurs amis, allerent deſcendre à la porte de l'Hotel de Luines. A leur entrée ils furent ſalués des trompettes, clairons & tambours du Cardinal. Bonneuil, Introducteur des Ambaſſadeurs & pluſieurs Chevaliers de l'Ordre de Savoie vinrent au devant & les conduiſirent dans la chambre de l'Ambaſſadeur. Le Cardinal s'avança, & après la harangue du Prevôt, remercia la Ville de ſes preſens qui étoient quatre douzaines de gros flambeaux blancs & muſqués, deux douzaines de boëtes de confitures, & autant de dragées; il les reconduiſit juſqu'à la porte de ſon anti-chambre ſeulement. Cependant Bonneuil avoit fait entrer les caroſſes. Au reſte avant que cet Ambaſſadeur s'en retournât, le Roi commanda au premier Preſident de la Chambre des Comptes, de lui faire voir les Reliques de la Ste Chapelle, & lui envoya à l'ordinaire les quatre clefs qui ouvrent le treillis doré de la Chaſſe où elles ſont enfermées.

Depuis ce tems-là les Regîtres de la Ville ne font mention d'aucune Ambaſſade. En voici encore quelques-unes neanmoins que je paſſerai en peu de mots qui ſont tirées du Ceremonial François.

Le Duc d Angouleſme ſuivi de quantité de Gentilshommes alla en 1631 au devant du Cardinal de Savoie, & le conduiſit à l'Arcenal, que le Roi lui avoit fait preparer & meubler ſomptueuſement, & où le lendemain le Cardinal de la Vallette & le Cardinal de Richelieu, accompagnés de quantité de Seigneurs le furent complimenter.

Le Maréchal de Chaſtillon & le Comte de Brulon, Introducteur des Ambaſſadeurs, allerent à St Denys en 1634, au devant de Paw & de Konitz, Ambaſſadeurs des Provinces-unies des Pays-bas, dans les caroſſes du Roi & de la Reine, & les conduiſirent à l'Hotel des Ambaſſadeurs Extraordinaires de la rue de Tournon, qui avoit appartenu au Maréchal d'Ancre, qu'on meubla exprès, & où ils furent traités par preſens juſqu'au lendemain de leur audiance, c'eſt-à-dire que leurs domeſtiques n'alloient rien acheter,

mais

mais leur aprêtoient simplement le vin, le pain & les viandes crues qu'on apportoit de la cuisine du Roi. Quelques jours après Konitz s'en retourna sans prendre congé, & Paw demeura Ambassadeur ordinaire.

En la même année Milord Fildin, Ambassadeur Extraordinaire du Roi de la Grande Bretagne, arriva à Paris avec sa femme. On meubla pour lui l'Hotel de Schomberg, parce que celui des Ambassadeurs Extraordinaires étoit occupé; mais il ne l'accepta pas à cause du peu de tems qu'il devoit être à Paris; tant qu'il y demeura il fut traité par presens.

Bien-tôt après le Comte d'Alais & Bautru, Introducteur des Ambassadeurs, monterent dans les carosses du Roi & de la Reine, & suivis de beaucoup d'autres, allerent à Picquepuce, petit village attaché maintenant au fauxbourg St Antoine, recevoir Mazarini, Nonce Extraordinaire, depuis Cardinal & premier Ministre d'Etat, qu'ils accompagnerent à la rue des Mathurins, à l'Hotel du Nonce ordinaire.

Deux ans après, le Comte de Leicestre & Zarafski, Ambassadeurs Extraordinaires de Pologne & d'Angleterre, arriverent à Paris; on alla au devant du premier, & il fut logé selon l'ordinaire à l'Hotel des Ambassadeurs Extraordinaires, où, contre la coutume, on le laissa demeurer, à sa priere, après son audiance, tant qu'il sejourna à Paris.

Le Maréchal de Chastillon & Beslize, Introducteur des Ambassadeurs, allerent au devant de Zarafski, l'autre Ambassadeur envoyé de Pologne, & le menerent à l'Hotel de St Chaumont de la rue St Denys, à cause que le Comte de Leicestre occupoit l'Hotel des Ambassadeurs Extraordinaires; qui pour lors ne pût s'empêcher de murmurer de ce qu'avoit dit le Cardinal de Richelieu, que puisqu'il avoit eu audiance & qu'on ne logeoit plus les Ambassadeurs après, il falloit l'obliger de faire place à Zarafski. Quelque tems après étant tombé malade & ayant prié qu'on le transferât à la rue de Seine, où il avoit des amis; il fut porté à l'Hotel du General des Galeres, que le Roi fit meubler, appellé auparavant l'Hotel de la Reine Marguerite & depuis l'Hotel de Guebriant.

Afin que rien de remarquable ne soit obmis sur ce sujet, la Republique de Venise en 1638, ayant choisi Cornaro pour son Ambassadeur ordinaire en France; comme c'étoit la premiere fois qu'il avoit été deputé pour venir trouver un Souverain, le Roi pour ne pas deroger à une coutume de tout tems observée en semblable rencontre, lui fit demander par le Secretaire d'Etat des affaires étrangeres s'il vouloit être fait Chevalier; de sorte qu'après la premiere audiance qu'il lui donna, toutes choses ayant été preparées exprès, Picot premier Valet de chambre, jetta un carreau de velours devant lui, où l'Ambassadeur s'étant mis à genoux, le Roi en même tems tira son épée, lui en donna une autre avec un baudrier & le fit Chevalier de l'Accolade. Peu de tems après, Brulon lui porta un buffet de vaisselle d'argent doré, de deux mille écus, qui est le present qu'on fait aux Ambassadeurs ordinaires; mais de plus une boëte de diamans de trois mille livres. Le Secretaire de l'Ambassade n'eut que ce qu'on donne aux autres, une chaîne d'or & quatre cens écus.

Enfin le Maréchal de St Luc & Berlize en 1639, allerent au Couvent de Piquepuce querir le Bailli de Fourbin, Grand-Croix & Ambassadeur Extraordinaire de Malte, que le Grand-Maître envoyoit pour feliciter le Roi de la naissance du Dauphin, qui regne sous le nom de Louis XIV. Ils l'accompagnerent jusqu'à l'Hotel de Sillery, qu'on lui avoit preparé, & que nous avons vû ruiner pour faire une place devant le Palais Royal. D'abord on fut quelque tems en doute, si durant son audiance il parleroit couvert au Roi, parce qu'il étoit François; mais à la fin le Roi y consentit, à cause que la même grace avoit déja été accordée à d'autres François, aussi-bien qu'à lui. Fourbin néanmoins, bien-loin d'abuser qui il étoit, en usa avec tant de discretion, que d'abord s'étant couvert pour montrer qu'il le pouvoit faire, presqu'aussi-tôt le chapeau à la main, il parla avec le respect qu'un sujet doit à son Roi.

O

SOUS LOUIS XIV.

PEUT-ETRE ne devrois-je pas dire ici qu'en 1645, les Ambaſſadeurs Extraordinaires de Pologne vinrent pour être preſens à la ceremonie du mariage de Louiſe Marie de Gonzague, Ducheſſe de Mantoue, avec Uladiſlas, fils du Roi Sigiſmond leur Roi. Mais pourquoi obmettre une entrée ſi magnifique & ſi remarquable, tant pour leurs vêtemens, que pour les harnois tout brillans d'or, de diamans & de pierreries, & qui ſans doute eſt la plus riche entrée qu'on ait jamais vûe à Paris. Outre les honneurs qu'on leur fit, dignes ſans doute du Roi qui les envoyoit, & en conſideration de la Reine ſon épouſe, l'Hotel de Vendoſme fut preparé exprès pour les loger & orné des plus riches & des plus beaux meubles de la couronne.

Je finirai par l'arrivée de Cornifiz Wlfeldt, Ambaſſadeur Extraordinaire de Dannemarc, qui vint à Paris en 1647, & logea encore à l'Hotel de Vendoſme ; à propos de quoi il eſt à remarquer que faute d'avoir quelques Hotels deſtinés pour les Ambaſſadeurs, on les a preſque toujours logés dans des maiſons empruntées ; & même que le Roi n'a pas long-tems gardé l'Hotel des Ambaſſadeurs Extraordinaires du fauxbourg St Germain, mais l'a vendu ou donné depuis peu.

HOTELS DES PAIRS DE FRANCE
anciens & nouveaux.

CEUX DES DOUZE PAIRS.

CHACUN ſait que nos Rois depuis fort long-tems entre les Grands du Royaume, tant Seculiers qu'Eccleſiaſtiques, ont fait choix de douze à qui ils donnerent la qualité de *Pairs de France*, & le tout par politique ; ſoit pour les intereſſer davantage à la conſervation de leur perſonne, & maintenir leur autorité ; ſoit pour faire croire que leur domination n'étoit pas tyrannique, & qu'ils étoient bien aiſes d'avoir des compagnons, afin de ne pas abuſer de ce pouvoir abſolu qu'ils avoient en main ; que dans l'occaſion ce fût comme un frein qui les retînt dans les bornes & les empêchât de s'échaper. De dire quand cette érection fut faite, c'eſt ce que perſonne ne ſait, quoique tout le monde ſache que les Pairs avoient chacun leur Hotel à Paris, comme étant le ſiege du Royaume, & par conſéquent celui de leur Pairie, qui les faiſoit approcher de ſi près du Souverain, qu'en quelque façon comme égaux, ils regnoient avec lui.

Touchant leurs Hotels, on ignore l'endroit où ils étoient ſitués ſous la ſeconde race. Que ſi l'on n'eſt point en doute, que tel Archevêque de Reims en particulier, ou tel Evêque de Langres, de Laon, de Châlons, de Beauvais, ou bien de quelques Ducs de Bourgogne, de Guyenne, de Normandie, de quelques Comtes de Flandre, de Toulouze, y ont demeuré ſous la troiſiéme lignée de nos Rois ; nonobſtant tout cela, il eſt impoſſible de deterrer les Hotels de leurs devanciers, de même que ceux des Evêques de Noyon & des Comtes de Champagne.

LES SIX ECCLESIASTIQUES.

ARCHEVÊQUES DE REIMS.

HENRI de France Archevêque de Reims, troisiéme fils de Louis le Gros, logeoit près du Louvre ; son Hotel subsistoit encore en 1222, & servoit de bornes pour marquer la separation de la Justice du Roi d'avec celle de l'Evêque. Hugues d'Arcies, Archevêque de Reims, avoit deux maisons, l'une dans l'Université, & l'autre au fauxbourg St Marceau, qui alors étoit un village, & qu'on appelloit la ville, le bourg ou le village St Marcel. En 1352, il donna par testament la premiere à l'Eglise de Laon, dont il avoit été Evêque auparavant. Depuis il vendit celle du fauxbourg qui étoit dans la rue du Fer-à-moulin, à Roger d'Armagnac.

Peut-être devrois-je commencer par l'Hotel de Reims de la rue du Paon, puisque les Archevêques de Reims y ont demeuré si long-tems, qu'on ne sauroit découvrir ni le nom de celui qui s'y est établi le premier, ni quand il a été bâti ; mais comme je n'en trouve rien avant l'Archevêque Humbert en l'année 1353, j'ai cru devoir plutôt suivre l'ordre des tems & parler d'Hugues d'Arcies son predecesseur auparavant que de venir à lui.

On croit donc que Humbert, Patriarche d'Alexandrie y a demeuré, ainsi qu'avant lui plusieurs autres Archevêques de Reims. Car enfin il est certain que le Roi Jean en 1353, lui fit don d'une Grange dans la rue des Cordeliers & dans la rue Vieille-plâtriere, qui ne se trouve plus, à raison que cette Grange lui étoit necessaire comme étant attachée à l'Hotel de Reims; si bien que ce Prelat l'y joignit aussi-tôt, afin de le rendre plus grand. Au reste ce fut dans cet Hotel, que le Cardinal de Guise, Archevêque de Reims, avoit fait meubler, que descendit en 1548, la Duchesse de Ferrare, venue en France pour épouser le Duc d'Aumale, fils du Duc de Guise, & que la Ville alla saluer & regala trois jours durant de dragées, d'hypocras & des autres presens accoutumés, mets qui convenoient mieux à une personne de son sexe & de sa qualité.

L'Archevêque Richard, un des successeurs de Humbert, outre ce logis, en avoit encore un autre au fauxbourg St Marceau, qu'il donna en 1378 à Paillard President de la Cour de Comptes, & que le Duc de Berri acheta cent francs, afin que sa maison de plaisance eut plus d'étendue.

Guillaume Briçonnet, aussi Archevêque de Reims, a logé à la rue des Deux-portes, dans un grand logis où avoient demeuré auparavant les Comtes d'Auxerre, le Chancelier de Corbie & Tanneguy du Chastel.

EVEQUES DE LANGRES.

TOUCHANT les Evêques de Langres, le premier dont j'aie découvert la demeure, est Bernard de la Tour. Il logeoit dans la rue St Jaques à l'Hotel de Langres, qu'on a couvert depuis du College de Clermont. Après sa mort il passa au Seigneur de la Tour d'Auvergne, sans pourtant perdre son nom de l'Hotel de Langres. Mais parce qu'en ce tems-là les Anglois se rendirent maîtres de Paris, & que la Tour d'Auvergne suivoit le parti de Charles VII, Henri Roi d'Angleterre, confisqua sa maison en 1424

& la donna à Charles de Poitiers, Evêque de Langres, qui n'en avoit point à Paris; dont il jouït jusqu'à ce que Charles VII chassât l'Anglois en 1486. La Tour, Comte de Boulogne & d'Auvergne, la vendit à Simart, Secretaire du Roi; & enfin les Jesuites l'acheterent en 1563. Or quoiqu'alors il appartint à des particuliers, il n'avoit point encore perdu son ancien nom, & on l'appelloit toujours l'Hotel de Langres; bien qu'il y en eut un autre en ce tems-là dans la rue St Antoine, au coin de la rue du Petit-musc, où est à present l'Hotel de Maïenne.

EVEQUES DE LAON.

JE viens de dire que Robert d'Armagnac, Evêque de Laon, acheta de Hugues d'Arcies, Archevêque de Reims, une maison de plaisance au fauxbourg St Marceau, qui étoit à la rue du Fer-à-moulin; & j'ai dit encore que le même d'Arcies, qui avoit acquis une grande maison à la rue Pavée-d'Andouilles, du tems qu'il étoit Evêque de Laon, l'avoit laissée par testament aux Evêques du même Diocese, bien qu'il fût alors Archevêque de Reims. Le Roi d'Angleterre en 1423, le donna à Louis de Luxembourg, Evêque de Therouenne, Chancelier de France, parce que l'Evêque de Laon, suivoit la fortune de Charles VII. Maintenant c'est l'Hotel de Nemours, depuis que les Princes de ce nom l'ont prise à rente des Evêques de Laon. Jaques de Savoie, Duc de Nemours, l'a fait bâtir comme nous le voyons maintenant. Le Duc de Savoie en 1599, vers la fin, étant venu à Paris, pour s'accommoder avec Henri IV, & tout d'un tems corrompre quelques-uns de la Cour des plus en faveur, y logea jusqu'au mois de Mars d'après, qu'il s'en retourna, sans avoir fait autre chose que de gagner le Duc de Biron, qui par sa fin ignominieuse ternit tout l'éclat de ses belles actions & de celles de son pere.

EVEQUES DE CHALONS.

QUANT aux Evêques de Châlons, ils demeuroient en 1416 & auparavant à la rue des Chiens, & leur maison occupoit une partie de cet espace qu'occupe maintenant le College de Ste Barbe. Louis Guillaud, Evêque de Châlons, logeoit en 1558 au bout de la rue Picquet ou de Novion, dans un grand logis qui s'étendoit jusqu'à la rue Ste Avoie, où il y avoit une belle galerie.

Quant aux Pairs anciens de Châlons, ils avoient leur Hotel à la rue Trousse-nonain, entre la rue Court-au-villain & la rue Chapon, à l'endroit même où nous voyons maintenant le Monastere des Carmelites. Quoique bien devant l'année 1366, ils y logeassent déja, néanmoins je n'ai pû rien apprendre au dessus. En ce tems-là l'Evêque de Châlons tâcha vainement de chasser de la rue Chapon des colonies de femmes debauchées, qui s'y étoient établies depuis fort long-tems; il eut beau obtenir des Lettres du Roi, qui enjoignoient au Prevôt de Paris de les renvoyer dans les rues affectées à leurs dissolutions; malgré les ordres du Roi, elles s'y tinrent en depit de lui. Que si en 1565 elles furent contraintes d'en sortir, c'est qu'alors tous les lieux infames privilegiés furent abolis & qu'il leur falut vuider de toutes les autres rues, dont elles étoient en possession. Ces Pairs ici ont gardé leur maison jusqu'en 1621, que Côme Clausse, Evêque de Châlons, vendit aux Carmelites cent vingt mille livres. Je dirai ailleurs que pour leur commodité elles y ont joint quelques maisons du voisinage.

EVÊQUES DE BEAUVAIS.

JE dirai autre part que Milles de Dormans, Evêque de Beauvais, cinquiéme Pair de France Ecclesiastique, avoit une maison de ville à la rue de la Verrerie, près l'Hotel St Pharon, & deux de campagne ou de plaisance au fauxbourg St Marceau; l'une à la rue d'Orleans, qu'il vendit quinze mille francs d'or au Duc de Berri en 1386, qu'on appella depuis l'Hotel d'Orleans; l'autre qui lui étoit contigue, mais assise à la rue du Fer-à-moulin, nommée alors l'Hotel de Dormans, & maintenant l'Hotel de Coupeaux ou de Clamart.

Il est constant que les Evêques de Beauvais avoient autrefois un Hotel affecté à leur Benefice, qui subsistoit encore du tems d'Eudes de Coligny, Cardinal de Chastillon & Evêque du même Diocese, & qu'on appelloit encore en 1552, l'Hotel de Beauvais, mais je ne sai où il étoit.

EVÊQUES DE NOYON.

JE ne dirai rien de l'Hotel des Evêques de Noyon, qui tient le dernier rang entre les autres Pairs Ecclesiastiques, comme n'ayant pû le déterrer.

PAIRS DE FRANCE SECULIERS.

DUCS DE BOURGOGNE.

JE ne sai rien de la demeure des Ducs de Bourgogne de la premiere lignée; pour ceux de la seconde, leur Hotel étoit au Mont St Hilaire, au lieu même où depuis on a fondé le College de Reims & de Cocquerel, le long de la rue de Reims, nommée alors la rue de Bourgogne.

En 1361, cette seconde branche étant venue à manquer, apparemment la maison depuis fut reünie à la Couronne aussi-bien que le Duché, puisque le Roi Jean en demembra la Principauté en faveur de Philippe le Hardi, son fils, chef de la derniere race des Ducs de Bourgogne; & qu'ensuite Charles V, son frere, quelques années après, non seulement lui confirma la possession de la Pairie, mais encore lui donna la maison dont nous parlons. On doute néanmoins que ce nouveau Duc y ait logé; il paroît simplement par le partage qu'il fit de ses biens en 1402, qu'elle échut à Philippe, son troisiéme fils, Comte de Nevers & de Rethel. Depuis on sait qu'en 1412, Guy de Royé, Archevêque de Reims, l'acheta de lui pour y fonder le College de Reims; & que ce Prince alors établit sa demeure ordinaire à la rue Mau-conseil, au lieu même qui porte encore son nom, mais qu'on appelloit en ce tems-là l'Hotel d'Artois. Jean son fils aîné y a logé après lui, aussi-bien que leurs successeurs, & même les Archiducs d'Autriche s'en reserverent la proprieté en 1492 & 93, par un traité de paix & par un contrat de mariage, & de plus y ont établi quelquefois & nommé des concierges.

Tant que Philippe & Charles furent Comtes de Charolois, ils eurent chacun un autre Hotel à Paris, & qu'ils avoient encore étant Ducs de Bourgogne. Car Philippe en 1418, fut pourvû par Charles VI, de l'Hotel du Connétable d'Armagnac, maffacré à fon fervice, qui étoit dans la rue St Honoré, dans l'endroit même où eft à prefent le Palais Cardinal : & Louis XI en 1461 ; donna pareillement à Charles, Comte de Charolois, l'Hotel de Nefle proche des Auguftins.

Les Ducs de Bourgogne eurent outre cela deux maifons de plaifance ; l'une à la rue de Bourgogne du fauxbourg St Marceau fur le bord de la riviere des Gobelins, tantôt appellée l'Hotel de Bourgogne, & tantôt le Sejour de Bourgogne; l'autre à Conflans tout contre Charenton, nommée le Sejour, le Manoir & la Maifon de Bourgogne. Quant à ces deux logis, je décrirai ailleurs celui-ci, & montrerai que c'étoit une maifon de plaifance ; pour celui du fauxbourg, il fervoit encore d'Hotel à ces Princes quand nos Rois venoient prendre l'air en ces quartiers-là, car le mot de Sejour que l'on lui donnoit, ne vouloit pas dire alors feulement, un manege, une baffe-cour & une écurie, mais même quelquefois un lieu de plaifir. Et c'eft encore en ce fens-là qu'en ufent aujourd'hui les Religieufes de Ste Catherine, en parlant du jardin qu'elles ont près la porte de St Denys, derriere les Filles-Dieu, où elles vont prendre l'air.

DUCS DE NORMANDIE.

TANT que cette Duché & Pairie a appartenu à des Princes fouverains, on ne fait point en quel endroit ils logeoient venant à Paris : depuis même que ce Duché a été réuni à la couronne, & qu'il a appartenu à des enfans de France, à peine fait-on où ces Princes demeurerent.

Jean, fils aîné de Philippe de Valois, créé Duc de Normandie en 1332, & depuis poffeffeur de tout le Royaume, eut de fon pere en même tems l'Hotel d'Artois du faux-bourg St Germain, & placé à la rue des Boucheries, vis-à-vis l'Hotel de Navarre, & confifqué par Arrêt de la Cour, fur Robert d'Artois, Comte de Beaumont, qui portoit les armes contre la France. Mais comme ce faux-bourg étoit alors un village, feparé entierement de Paris, ce logis apparemment n'étoit qu'une maifon de plaifance, & s'il logeoit à la Ville, c'étoit avec fon pere, & dans le Palais des Rois fes predeceffeurs.

Il n'en eft pas de même de Charles de France fon fils, qu'il fit Duc de Normandie en 1355, car il logeoit à la Gréve, au lieu même, où a été bâti l'Hotel de Ville : fon logis confiftoit feulement en deux pignons, & parce que la face étoit portée fur une rangée de piliers, on l'appelloit la maifon aux piliers : & quelquefois encore la maifon au Dauphin, pour avoir appartenu auparavant aux Princes Dauphins de Viennois. Depuis l'ayant donné à un Receveur des Gabelles, il acheta l'Hotel d'Etampes, qui étoit à la rue St Antoine, & là fit faire l'Hotel St Pol, qu'il érigea après en maifon Royale, & dont j'ai raporté tant de chofes, en parlant des Palais Royaux.

Le troifiéme & dernier Duc de Normandie de la maifon de France, fut Charles, frere unique de Louis XI, & qui même encore a été le dernier Duc de Guyenne. On ne fait pas même où logerent les autres Ducs d'Aquitaine fes devanciers, à l'exception de Louis, Duc de Guyenne, troifiéme fils de Charles VI ; car celui-ci logeoit en 1410 à la rue St Antoine, à l'Hotel du Pont-perrin, ou du Petit-mufc, qui faifoit partie de l'Hotel Royal de St Pol, & dont relevoient quelques arpens de vignes, & de terres labourables, fitués entre St Maur & Vincennes ; outre qu'en 1411 il avoit encore à lui l'Hotel d'Orleans de la rue St André, & qu'alors on nommoit le Sejour de Monfieur le Duc de Guyenne, qui confiftoit entre autres en un manége, un jeu de paume, une Chapelle, & un pont-levis dreſſé ſur les foſſés; il demeura encore au Petit-Bourbon proche du Louvre. Et de fait en 1415 il s'y fit une grande aſſemblée en ſa preſence, à la ſollicitation de l'Univerſité, qui ſe mêloit de tout en ce tems-là, où ſe rendirent tous les Conſeillers d'Etat. Mauger premier Preſident qui portoit la parole, prit pour ſon texte: *Domine ſalva nos qui perimus*, & là-deſſus repreſenta à ce Prince les miſeres du peuple, & la deſolation du Royaume, lui remontrant que le Roi n'avoit que le Duc de Touraine, ſon quatriéme fils, avec les Ducs de Bourgogne & de Bretagne, qui puſſent s'oppoſer à ſes ennemis, & le ſecourir: on lut quelques Ordonnances que le Parlement avoit faites, & enfin il fut arrêté qu'on donneroit des gages à tous les Officiers de la Cour du Roi, de celle de la Reine, & du Duc de Guyenne, & qu'à l'avenir aucun n'auroit bouche à Cour, ſinon les jours qu'il lui feroit commandé de ſervir; enſuite de quoi le Duc de Guyenne jura en parole de fils de Roi, qu'il feroit rendre la juſtice à tout le monde, & punir tous les malfaicteurs, ainſi qu'ils l'auroient merité, de quelque qualité qu'ils fuſſent; mais on ne recueillit aucun fruit de cette parole Royale qu'il avoit donnée, car il mourut peu de jours après dans le même Hotel; ſi bien que quelques-uns crurent qu'on l'avoit empoiſonné.

COMTES DE TOULOUZE.

DE tant de Comtes de Toulouze que nous avons eu, & qui avoient leurs Hotels à Paris, je n'ai decouvert que celui d'Alphonſe de France, le dernier des Comtes de Toulouze, & le ſeul de la maiſon Royale. Il demeuroit à la rue du Louvre, dans un logis qu'il fit bâtir là, qu'on appelloit l'Hotel d'Oſtriche, & l'Hotel d'Auſtruche, à cauſe qu'en ce tems-là c'étoit le nom de la rue du Louvre. Pour bâtir cet Hotel, il acheta entre la rue du Louvre, celle des Poulies, & la rue des foſſés St Germain, & cela depuis 1254 juſqu'en 1261, des maiſons, des granges, des places, & des prés qui lui couterent cinq cens trente-cinq livres pariſis, de ſorte qu'il le rendit ſi commode, & ſi ſpacieux, qu'après ſa mort, il s'y trouva aſſés de logement pour le Comte d'Alençon, frere de Philippe le Hardi; pour Archambault, Comte de Perigord, & ſon fils, quoiqu'il en vendit la moitié, dont on eut ſept cens cinquante livres. Je croyois pouvoir dire auſſi, où demeura Raimond VII, beau-frere d'Alphonſe; car il vint à Paris en 1228 ou plutôt 1229, & y demeura quelque tems, puiſqu'il y ſigna le traité de paix, & fut reconcilié à la France; mais c'eſt ce que je n'ai pu découvrir.

COMTES DE FLANDRE.

ENTRE les Comtes de Flandre, le premier dont j'ai deterré l'Hotel, eſt Gui de Dampierre, ſi fameux pour ſa rebellion, & qui mourut à Compiegne dans les priſons. Ce Prince non ſeulement acheta d'un Bourgeois, nommé Coquillier, une grande maiſon qu'il avoit à la rue Coquilliere, mais encore en 1292 de Simon Matephas, Evêque de Paris, & du Chapitre, trois arpens & demi de terre qui y tenoient, où il fit ſon Hotel, & qu'avec le tems il rendit ſi grand qu'il occupoit cet eſpace, couvert de maiſons, entouré de la rue Cocqueron, de celle du Verdelet, & d'une partie de la rue Plâtriere, & de la rue Cocquilliere. Cette maiſon appartenoit encore à ſes ſucceſſeurs, quand Marguerite, heritiere de cette Pairie épouſa Philippe de France, Duc de Bourgogne.

En 1402 ou environ elle appartint à Antoine de Bourgogne, Duc de Brabant leur second fils. Par le partage qu'ils firent alors de leurs biens, ils donnerent le choix à Jean leur fils aîné, ou de l'Hotel de Flandre, ou de celui d'Artois, & comme nous voyons dans l'Histoire, que Jean logea à l'Hotel d'Artois, il s'ensuit qu'il le prefera à l'autre, & ainsi que son frere eut celui de Flandre, & qu'il y demeuroit. Après sa mort, & celle de ses fils, qui ne laisserent point d'enfans, cet Hotel fut réuni au Domaine des Ducs de Bourgogne, Comtes de Flandre.

En 1482 & 1493 il appartenoit encore à Marie de Bourgogne, fille unique du dernier Duc de Bourgogne, & dernier Comte de Flandre, de la maison Royale, & femme de Maximilien, Archiduc d'Autriche, & passa à leurs enfans. Car, comme j'ai déja dit un peu auparavant, dans des traités de paix & de mariage, passés en ce tems-là, ils s'en reserverent la proprieté & la disposition, & en 1489 en donnerent la conciergerie à Olivier de la Marche.

En 1499, au reste lorsque Philippe, Archiduc d'Autriche, & Jeanne de Castille, passant de Flandre en Espagne, arriverent à Paris; l'Archiduc alla au Palais entendre plaider, & comme Pair de France fut assis à la droite du premier President, auprès de la place du Roi. Quant à leur entrée & aux honneurs qu'ils reçurent, les quatre Mendians, & le Corps de Ville, accompagné de ses Archers, Arbalêtriers & Sergens; de plus le Chevalier du guet à la tête de ses Archers, & enfin le Prevôt de Paris avec le Châtelet furent le saluer & haranguer au faux-bourg St Denys. Les rues par où ils devoient passer étoient tendues: des Prêtres à la porte de chaque Eglise, revêtus de chapes, avec la croix, l'eau benite, & des reliques, l'attendoient là: les cloches de toutes les Eglises sonnerent en branle, jusqu'à ce qu'ils fussent à Notre-Dame. Ils ne logerent pas à l'Hotel de Flandre, ni à celui de Bourgogne, qui leur appartenoit, & qu'on n'avoit pas encore ruiné, mais sur le Quai des Augustins à l'Hotel de Clerieu, Gouverneur de Paris, qui faisoit le coin de la rue des Augustins, & qu'alors on ne nommoit plus l'Hotel d'Hercules. On leur fit voir le Louvre, aussi-bien que la Ste Chapelle, & même la Bastille. Tant qu'ils furent à Paris, la Ville tous les jours leur fit presenter par ses Sergens, huit torches, quantité d'hypocras & de confitures.

Outre ces maisons dans la Ville, ces Princes en avoient encore deux de campagne, l'une au fauxbourg St Marceau en 1388, qui tenoit à l'Hotel du Duc de Berri, nommé depuis l'Hotel d'Orleans; l'autre à Conflans, près Charenton, qui s'appelloit le Sejour, ou la maison de Conflans, & tenoit au Sejour de Bourgogne, dont j'ai parlé. Les derniers Ducs de Bourgogne, ou je suis bien trompé, joignirent ces deux maisons de plaisir, & les embellirent de jardins, de prés, de vignes, de jets d'eau, de galleries, & des autres ornemens, dont les Princes enrichissoient alors leurs maisons de plaisir: bien qu'il n'en reste presque plus de trace, ce qui s'en voit neanmoins fait assés connoître qu'elles étoient élevées sur la petite éminence de Conflans, & que par des terrasses elles descendoient doucement jusques sur les bords de la Seine.

COMTES DE CHAMPAGNE.

JE ne mets point ici l'Hotel de Navarre, que Jeanne Reine de France & de Navarre, derniere Comtesse de Champagne, donna pour la fondation du College de Navarre, parce que ce n'étoit pas la maison de ces predecesseurs, & d'ailleurs qu'il portoit le nom de Navarre, & non pas celui de Champagne.

Voilà

DE LA VILLE DE PARIS. Liv. VII.

Voilà tout ce que j'avois à dire des Hotels des douze Pairs de France : en passant il est bon d'observer qu'à la reserve de l'Hotel de Reims, il n'y en a pas un à Paris : que de ceux des Princes de Bourgogne qui étoient les plus puissants de tous, il n'en reste que le nom, & encore l'auroit-on supprimé il y a plus de cent ans, si les Comédiens qui jouent sur une partie de ses debris, ne l'avoient conservé.

Au reste, au lieu de six Pairs de France laïques, que nous avions autrefois, & que nous n'avons plus, il s'en voit une grande quantité d'autres à present.

PAIRS AJOUTE'S AUX ANCIÉNS.

LE premier Pair que nos Rois ont ajoûté aux anciens est Robert II du nom, Comte d'Artois, petit-fils de Louis VIII, Roi de France. Son Hotel étoit à la rue Pavée, attaché aux murs de la Ville, que Philippe Auguste avoit fait faire, qui lui servirent de bornes, tant que cette clôture dura ; mais depuis ayant été reculés & portés jusqu'à la porte St Denys, Philippe de Bourgogne, & Comte d'Artois poussa plus avant ce logis, & jusqu'à la rue Mauconseil, faisant jetter par terre, & raser tout ce qui lui nuisoit, & pouvoit s'opposer à son dessein ; si bien qu'alors il s'étendoit depuis une vieille maison, bâtie vis-à-vis St Jaques de l'Hopital, jusqu'à la rue Montorgueil, qu'en cet endroit on appelloit la rue au Comte d'Artois, & la rue Comtesse d'Artois ; & encore à une poterne, ou petite porte de Ville, nommée pareillement la porte au Comte d'Artois, & la porte Comtesse d'Artois, dressée dans la même rue.

On prétend que ce même Philippe ici avoit fait faire la vieille maison dont je viens de parler, & que depuis, François I, & Henri II donnerent à Mendoze, Seigneur Espagnol, & premier Gentilhomme de la Chambre, qui avoit abandonné son pays, pour recueillir en France le fruit des bons services qu'il avoit rendus au Roi pendant sa prison. Jean de Bourgogne, son fils, fit élever un autre grand corps de logis qui tient à cette vieille maison ; & quoiqu'ils eussent presque tout rebâti, & que la qualité de Comte d'Artois, soit bien inferieure à celle de Duc de Bourgogne on ne laissa pas pourtant de l'appeller d'ordinaire l'Hotel d'Artois, & c'est celui qu'il porte dans Froissart, Monstrelet, & les autres Historiens contemporains.

Robert d'Artois III du nom, n'avoit pas seulement l'Hotel d'Artois de la rue Pavée, il en avoit encore un autre au faux-bourg St Germain, dans la rue des Boucheries ; mais comme il vint à se revolter, & prendre le parti d'Edouard III, Roi d'Angleterre, contre Philippe de Valois, le Roi comme j'ai déja dit, donna cette maison entre vifs à Jean, son fils, Duc de Normandie.

Ses successeurs, à mon avis, en possederent un troisiéme au coin de la rue des Bernardins, où fut depuis l'Hotel de Loraine ; & même un quatriéme, à la rue St André des arts, au coin de la rue Villequeux, qu'on ne trouve plus en ce quartier-là. Le Pere Labbe pretend que Marguerite de Flandre, Duchesse de Bourgogne, y mourut en 1406, bien qu'il soit constant que ce fut à Arras. D'ailleurs il est certain qu'il subsistoit encore en 1422, & que le Roi d'Angleterre l'ayant confisqué, le donna au Comte de Salsberi.

Charles de France, Comte de Valois & d'Anjou, fut aussi honoré de cette qualité ; & non seulement l'Anjou alors fut érigé en Pairie, mais aussi le Valois. C'est ce même Prince de qui l'Histoire remarque que, quoique fils de Roi, frere de Roi, oncle de Roi, & pere de Roi, neanmoins il ne le fut pas.

Tome II. P

Il eut deux maisons dans la Ville : la premiere étoit à la rue du Roi de Sicile, tout au bout, & se nommoit l'Hotel de Sicile. Charles II, Roi de Sicile & de Jerusalem, la lui donna en 1292, à condition que Marguerite de Bourgogne, sa belle mere, veuve, & seconde femme du Roi, son pere, y pourroit occuper, sa vie durant, le même logement qu'elle avoit toujours eu du vivant du Roi, son mari. Philippe, son fils, depuis étant Roi de France, la ceda à son frere, le Comte d'Alençon.

L'autre maison étoit à la rue des Deux-écus, couverte maintenant d'une partie de l'Hotel de Soissons, que Philippe le Bel, son frere lui donna en 1296, & dont son fils étant Regent du Royaume, se défit, afin d'en gratifier le Roi de Boheme.

Outre ces deux maisons, il en avoit une autre au fauxbourg St Jaques, au lieu même où on a fondé depuis le Monastere du Val-de-grace. Elle tenoit à un grand clos de vignes, & de terres labourables. En 1321 il y joignit le logis de Jean Carniet, qui y tenoit, & qu'il eut par échange, pour une moitié de maison qu'il avoit sur le chemin de Gentilli; & quoique ce grand logis passât ensuite aux Ducs de Bourbon, il fut pourtant toujours appellé l'Hotel de Valois.

Philippe Comte de Valois, son fils aîné, eut encore un autre maison à Paris dans la rue des Fossés St Germain, qu'avoit fait bâtir Enguerand de Marigni. Louis Hutin lui en fit don en 1315, après avoir sacrifié à la vengeance de son frere, un homme que son pere avoit tant cheri.

Les Princes de Bourbon qui furent les premiers Ducs & Pairs, que firent nos Rois de la troisiéme race, ont eu huit logis à eux, tant à Paris qu'aux environs.

Le premier à la rue du Louvre, au lieu où sont maintenant les Prêtres de l'Oratoire, & où ont demeuré Robert de France, chef de cette famille, Louis, son fils aîné, premier Duc de Bourbon, & quelques-uns de leurs successeurs.

Le second, à la rue St Antoine, appellé l'Hotel du Petit-musc, ou du Pont-perrin, dont j'ai tant parlé, & que couvre à present l'Hotel de Maïenne, & le Monastere des filles Ste Marie. Louis premier Duc de Bourbon l'acheta cinq cens cinq livres parisis en 1318. François I le confisqua en 1539 avec les autres biens du Connétable : & Henri II en 1554 le fit vendre à des particuliers qui l'acheterent six mille cent vingt-cinq livres.

Le troisiéme & le plus considerable est le petit Bourbon. Depuis 1303, jusqu'en 1404, ils acheterent de plus de trois cens personnes les maisons qui couvroient l'espace où ils le bâtirent; & n'épargnerent rien, pour le rendre très-magnifique. Du nombre de ces maisons-là qu'ils ruinerent, étoit entre-autres l'Hotel du Maréchal de Trie, & celui du Comte d'Estampes. François I l'unit à la couronne, & bien-tôt après la mort du Connétable y logea le premier Ecuyer.

Anne Comtesse de Forest, qui épousa Louis II, apporta en mariage le quatriéme & cinquiéme : l'un à la rue de la Harpe, & celle des Deux-portes, qu'ils vendirent douze mille francs à Charles VI : l'autre à la rue du Fer-à-moulin, au faux-bourg St Marceau, que Jean Comte de Forest, son pere avoit acheté en 1321 des Religieux de Ste Geneviève deux cens livres parisis.

Pierre de Courpalai, Abbé de St Germain, vendit le sixiéme en 1327 à Louis I, devant la porte de l'Abbayie, & qui alloit jusqu'à la Chapelle St Pere, nommée à present l'Hopital de la Charité : ce logis comprenoit plusieurs jardins, granges, & maisons, qu'on appelloit la maison de l'aumône St Germain, ou la haute maison. Il avoit appartenu à Jean de Neelle, Seigneur d'Offemont, & à Marie de Pembroch, Dame de Montignac en Poitou, veuve d'Evrard de Valence ; mais ce Prince ne s'y fut pas plutôt établi, que ce grand lieu prit le nom de Manoir & Sejour de Bourbon.

DE LA VILLE DE PARIS. Liv. VII.

La septiéme étoit à la rue Bordelles, qui consistoit en une grange & en deux maisons. Louis de Bourbon, en 1385, la donna au Prieur de la Charité, pour un grand logis de la rue des Fossés St Germain, nommé la maison du Noyer, où lui & ses Religieux se retiroient, quand leurs affaires les obligeoient de venir à Paris : il le fit démolir pour agrandir son Séjour de Bourbon.

Le dernier & le huitiéme logis, est celui-là même qu'avoit auparavant le Comte de Valois & d'Alençon, dont dependoient les vignes & les terres labourables. Louis II depuis, en 1398, ayant fondé aux Jacobins de Paris, cinq anniversaires solemnels, & une Messe tous les jours, pour le repos des ames de ses prédecesseurs qui sont enterrés en leur Eglise; & donné pour cela six cens francs d'or, avec quatre queues de vin, & deux muids de froment de rente, ce revenu fut assigné sur cette maison; & le Prince voulut qu'il leur fut payé tous les ans par celui qui en seroit le concierge & le fermier. Ce qui s'observoit encore en 1503, du tems que la Plastriere, Doyen de Nevers, & Conseiller au Parlement, étoit pourvu de cette conciergerie, que Pierre de Bourbon lui avoit donnée, avec permission de racheter cette rente pour quatre cens francs d'or, ou huit cens livres que demandoient les Jacobins, lui promettant de ne le pas déposseder, qu'après avoir été remboursés entierement de cette somme.

DUCS ET PAIRS D'ORLEANS.

DE ces Ducs & Pairs ici, il y en a eu de plusieurs familles. Le premier qui le fut, est Philippe, fils de Philippe de Valois.

Le second étoit Louis, fils de Charles V. On compte ensuite les enfans de François I, de Henri II, & de Henri IV.

Le premier, qui étoit Philippe, a demeuré à la rue des Bourdonnois, dans celle du Chaume, & à la rue St André des arts. Du tems qu'il étoit Duc de Touraine, il acheta deux mille francs d'or au coin du Roi, dans la rue des Bourdonnois, un grand logis appellé la Grande-Maison des Carneaux. Lorsqu'il fut Duc d'Orleans il logea à la rue du Chaume, & son Palais étoit terminé d'un jardin, qui tenoit aux anciens murs de la ville, & s'étendoit jusqu'à la porte de Chaume & la Merci. Enfin sa derniere demeure de la rue St André des arts, étoit un grand Hotel près la porte de Bussy, nommé l'Hotel d'Orleans; & le Séjour d'Orleans, qui passa après sa mort à Louis de France Duc d'Orleans, & à ses successeurs.

Ce Louis ici, Duc d'Orleans, en eut d'autres, tant à Paris, qu'aux environs; & comme d'abord, ainsi que Philippe, il n'étoit que Duc de Touraine, & qu'en ce tems-là Charles VI. son frere vint à lui donner l'Hotel de Boheme, appellé maintenant Hotel de Soissons; si-tôt qu'il y demeura, le nom d'Orleans fit oublier celui de Boheme, & la rue même où il étoit fut appellée la rue d'Orleans.

Depuis il eut encore le Val de la Reine près de Pouilli, dont il jouissoit déja, lorsque le Roi lui donna le Duché d'Orleans en appanage, belle & grande Maison accompagnée de preaux, de prés, de vignes, de bois & de terres labourables.

Ensuite par échange pour le Val de la Reine; il devint le maître de l'Hotel d'Orleans du fauxbourg St Marceau, dont j'ai fait mention tant de fois, que lui donna Isabeau de Baviere, enrichi de saulsayes, d'un jardin rempli de cerisiers, de lavande, de romarin, de poix, de feves, cerises, treilles, haies, choux, porrées pour les lapins, & de chenevis pour les oiseaux.

Quand il fut Duc d'Orleans, au lieu d'un Hotel simplement qu'il avoit à la rue St André, qui étoit celui de Philippe, appellé le Séjour d'Orleans,

Tome II.   P ij

dont, pour ainsi dire, je ne fais que de parler, il en eut encore un autre vis-à-vis, qu'on nommoit le petit Sejour d'Orleans.

En 1401 il vendit la premiere à Charles VI, vingt-deux mille cinq cens francs d'or, qui neanmoins ne laissa pas depuis de lui appartenir; car enfin non-seulement Valentine de Milan sa femme y logea, lorsqu'elle vint demander justice de sa mort; mais bien plus, Louis d'Orleans son petit fils, avant que de parvenir à la Couronne; en étoit proprietaire en 1484, & même le vendit soixante livres de rente à un Conseiller de la Cour, à un Correcteur des Comptes, & à un Avocat en Parlement.

Mais comme tous ces logis étoient fort éloignés de l'Hotel de St Pol, où Charles VI demeuroit le plus souvent, il en voulut avoir trois auprès. Un de ceux-là fut celui de Hugues Aubriot Prevôt de Paris, qui fit tant parler de lui sous Charles V; le Chancelier de Giac l'avoit agrandi: il étoit situé à la rue Percée, & dans celle de Joui proche de l'Eglise St Paul. Depuis en échange de celui-ci, il eut du Duc de Berri l'Hotel des Tournelles, dont j'ai dit tant de choses. L'autre se tenoit entre la Seine & la Bastille, à l'endroit même où nous voyons à-present le ravelin de l'Arsenal, & le champ au plâtre. C'étoit une grande place vague, terminée d'une grosse tour ronde, élevée sur le bord de la riviere, au coin des murs de la ville, derriere le Couvent des Celestins, que le Roi lui donna en 1396, avec cent toises de ces murs, & tout autant de terres qu'il voudroit prendre depuis-là, jusqu'à un chemin qui conduisoit de l'Hotel St Pol à la Bastille; & afin qu'il le put étendre au-delà des fossés dans la campagne, ou dans le champ au Plâtre, on lui permit de faire deux ponts-levis sur les fossés, pour passer dans les jardins qu'il vouloit planter, & même de prendre dans la riviere autant d'eau qu'il en faudroit pour avoir un vivier. Il y logeoit en 1401, lorsque partout aux environs, dans les bourgs & les villages, il répandit quelque cinq mille hommes qu'il avoit fait venir, tant de Normandie & Bretagne, que d'ailleurs, pour s'opposer aux insultes du Duc de Bourgogne, pour lui ravir le gouvernement du Royaume, depuis l'infirmité de Charles VI.

De tous les Ducs d'Orleans qu'on a fait depuis, je ne sai si pas un a eu d'autres maisons que les Palais de nos Rois, à la reserve de Gaston dernier fils de Henri IV, à qui appartenoit le Palais d'Orleans, bâti par Marie de Medicis.

Mais pour revenir aux Hotels des autres Pairs de France, que j'ai passé afin de faire voir tous les Ducs d'Orleans à la fois, & par ce moyen me debarasser des redites, qui autrement étoient inévitables; & de même, pour n'être pas obligé de repeter les Hotels des Ducs d'Anjou, en parlant des Palais des Rois étrangers, je viens aux maisons du Duc de Berri.

JEAN DUC DE BERRI.

JEAN Duc de Berri, créé Pair de France en 1360, fut proprietaire de l'Hotel de la Reine-Blanche, assis à la rue des Deux-portes, & dans celle de la Tixeranderie.

De plus il eut long-tems à lui un grand logis dans la rue de l'Echelle du Temple, & celles du Chaume & du Noyer, & qui même, afin d'avoir plus d'étenduë, enjamboit dans la rue des Quatre-fils, par le moyen d'une gallerie à travers celle du Chaume, par où l'on passoit pour y aller; mais que depuis il donna en 1388 à Amedée VII, dernier Comte de Savoie, qui avoit épousé sa fille.

Outre cela, il en avoit une troisiéme à la rue du Four près St Eustache, composé de quatre maisons, qui appartenoient au Connétable d'Albret, qu'il mit en un.

DE LA VILLE DE PARIS. Liv. VII.

J'ai deja dit que l'Hotel des Tournelles fut encore à lui, qu'il avoit acheté en 1398, & qu'en 1404 il donna au Duc d'Orleans en échange de l'Hotel de Giac.

Je laiffe là qu'en 1380, Charles V le mit en poffeffion de l'Hotel du Val de la Reine, & qu'en 1386, Miles de Dormans Evêque de Beauvais lui vendit, quinze mille francs d'or au coin du Roi, une grande maifon au fauxbourg St Marceau, compofée de cours, de galleries, de jardins, de faulfayes, de prés, d'eaux, de garennes & de viviers, qu'il donna en 1387 à la Reine Ifabeau de Baviere. Je laiffe là encore, qu'en 1388 Jeanne de Dormans, veuve de Paillard Prefident au Parlement, lui en vendit une autre qui tenoit à celle-ci, & qui ne lui couta que cent francs : j'obmets pareillement qu'en 1398, il acheta la Grange aux Merciers, fi fameufe pour les vaines affemblées qui s'y tinrent fous Louis XI, pendant la guerre du bien public; & qu'enfin, pour affranchir fon Hotel de Nefle, des charges qu'il devoit aux Religieux de St Germain, il leur tranfporta en 1399 l'Hotel des Rois de Navarre, qui étoit à la rue des Boucheries, que le Roi lui avoit donné tout amorti en 1398 ; je paffe, dis-je, ces maifons, pour venir à Biceftre & à l'Hotel de Nefle, fi celebre du tems de ces diffentions funeftes, caufées à l'occafion des Ducs d'Orleans & de Bourgogne.

L'Hotel de Nefle, dont j'ai parlé tant de fois, lui fut donné par Charles V en 1380; mais comme il voulut l'accroître, pour lors il acheta des tuilleries, des terres vagues, & une partie du Collège de St Denys, & du jardin des Arbalétriers : fi bien que fon jardin fut fort grand. Il fit faire un jeu de Paume, une Bibliotheque, des Chapelles, des galleries, tant du côté des Auguftins, que le long des murailles, avec de grands appartemens ; & afin de le rendre encore plus magnifique, Charles VI en 1391 lui fit prefent de quatre mille francs d'or, & de neuf mille en 1393 ; bien davantage, pour lui donner de nouveau & plus d'étendüe & plus de commodité, il fit faire dans le fauxbourg, près les foffés, & de la riviere, un grand lieu qui s'appelloit le Sejour de Nefle, & qui tenoit à la maifon par un Pont-levis.

L'Hiftoire eft fi pleine de faits memorables arrivés dans ce Palais, que je me contenterai de rapporter les principaux.

Après que le Duc de Berri eut reconcilié, & vu communier aux Auguftins les Ducs d'Orleans & de Bourgogne, au fortir de là il les mena diner chés lui.

Lorfque le Duc de Bourgogne eut fait maffacrer le Duc d'Orleans, tous les Princes & les Grands du Royaume s'affemblerent chés lui, & non pas pour une fois.

En 1411, quand le Duc de Berri envoya demander la permiffion au Duc de Guyenne, auffi-bien qu'aux Bouchers, qui alors étoient Maîtres de Paris & de la perfonne du Roi, de retourner à fa maifon ; la reponfe des Bouchers fut, qu'il s'en donnât bien de garde, & qu'ils le lui défendoient; mais craignant que malgré eux il n'y revint, ils y accoururent auffi-tôt, où ils briferent & portes & fenêtres, afin qu'il n'y put loger. Non contens de cela, quelque tems après ils furent piller Biceftre, & vinrent encore au Sejour de Nefle dont j'ai parlé, & que Monftrelet appelle une maifon fur la riviere de Seine, où icelui Duc tenoit fes chevaux, & y firent un tel ravage, que tout fut ruiné & abbatu.

Enfin c'eft dans ce logis, que Louis d'Evreux, Comte d'Eftampes, mourut à table d'apoplexie en 1400, & le Duc de Berri en 1416, où pendant fa maladie il fut vifité du Roi & de tous les Grands.

Pour ce qui eft de Biceftre, il fut commencé vers l'an 1290, par Jean Evêque de Winceftre en Angleterre, & rebâti magnifiquement par le Duc de Berri, jufqu'à l'enrichir de peintures, & de chaffis de verre. Cet édifice fuperbe neanmoins, & l'ouvrage d'un fi grand Prince, dura fi peu, & eut un fi malheureux deftin, qu'en 1411 il fut brulé & démoli de forte, par certains Bouchers féditieux, appellés les Gois, qu'il ne resta que les murailles.

Ce Prince en 1416, le donna au Chapitre de Notre-Dame, avec les terres qui en dependoient, à la charge de chanter quatre Obits, & de faire deux processions tous les ans. Charles VII, & Louis XI, l'amortirent en 1441, & 1464 : peu de tems après la Chambre des Comptes ratifia ce don, aussi bien que l'amortissement, à condition de celebrer chaque année un troisiéme Obit le jour de St Louis. De nos jours c'étoit un Chateau desert, une retraite de hiboux, effroyables la nuit par leurs cris, & rempli de voleurs qui pilloient les passans. Quoique le peuple, qui juge de tout à sa maniere, eut bien une autre pensée; car il croyoit que tout étoit plein d'esprits, & que les diables y revenoient : ce qui a donné lieu à tant de façons de parler proverbiales, en parlant d'un brise-tout ; c'est un vrai Bicestre, il fait le Bicestre, feras-tu le Bicestre? il va faire Bicestre; es-tu venu ici pour faire Bicestre ? & mille autres.

En 1633 ou environ, il fut ruiné entierement par ordre du Roi : on commença même à y ériger un Hopital pour les Soldats estropiés, qui fut consacré à Dieu en 1634, sous le nom de la Commanderie de St Louis ; mais cet établissement depuis, n'ayant pas eu l'effet qu'on desiroit, il fut donné à l'Hopital general en 1656, avec les édifices superbes qui y avoient été faits, & on l'appelle encore Bicestre.

C'est de ce même Bicestre, au reste, & du Traité qui y fut fait en 1410, dont il est tant parlé dans les Historiens du tems ; car alors le Duc d'Orleans & le Duc de Berri avec leurs amis s'y étoient retirés, suivis de trois ou quatre mille Gentilshommes, & de six mille chevaux bretons, afin de boucher de ce côté-là les avenues de la ville. Ce qu'ayant appris le Duc de Bourgogne, aussi-tôt il vint à Paris, à la tête de beaucoup plus de noblesse & de gens de guerre. Cependant le Duc de Brabant son frere fut si bien se prevaloir de l'étroite amitié qu'il avoit contractée avec les Armagnacs depuis long-tems, qu'à sa sollicitation ils signerent un accommodement, que d'abord on appella le Traité, ou la Paix de Wincestre, à cause que les Chefs du Parti d'Orleans se tenoient à Bicestre, & qu'on y ménagea cette reconciliation, qui à la fin fut nommée la trahison de Wincestre, parce que cette Paix ne dura guére.

J'allois oublier que le Duc de Berri a aussi fait bâtir dans son Duché, le Chateau de Méhun, non seulement celebre par la mort de Charles VII ; mais encore par sa belle situation, sa gentillesse, & par la fabrique des vitres de sa Chapelle, qui sont impenetrables aux rayons du Soleil. En 1414 il le donna à Louis de France, Dauphin & Duc de Guyenne, où il se plaisoit extremement.

Une chose encore à remarquer du Duc de Berri, est qu'en 1413 il demeuroit dans le Cloître-Notre-Dame, au logis d'Alegret son Medecin ; & vouloir que tous les jours Juvenal des Ursins, l'y vint voir pour conferer avec lui, & avoir son avis sur tout ce qui se passoit ; d'ailleurs pour s'entreconsoler dans un tems si malheureux, où l'on voyoit la France gémir sous la tyrannie de ceux qui s'étoient emparés du gouvernement.

DUCS DE NEMOURS.

J'AI dit ailleurs que les Rois de Navarre de la maison d'Evreux, & Ducs de Nemours avoient leur Hotel de Navarre à la rue du Chaume, au coin de la rue de Paradis, où est à present la bassecour de l'Hotel de Guise. Il y a grande apparence qu'il passa avec le Duché de Nemours à la maison d'Armagnac, puisque Louis XI le confisqua avec les autres biens de Jaques d'Armagnac, Duc de Nemours, à qui il fit trancher la tête aux Halles, en presence de ses enfans, & qui en étoient si près, que le sang de leur pere rejaillit sur eux.

DUCS D'ALENÇON.

LES Ducs d'Alençon logeoient à l'Hotel d'Alençon, qu'on nommoit il n'y a pas long-tems l'Hotel de Longueville, & que sous Philippe le Bel on appelloit l'Hotel de Marigni, & tant que les Ducs d'Alençon y demeurerent, le grand & petit Alençon. Enguerrand de Marigni, premier Ministre & Sur-Intendant des Finances, le fit bâtir sur les ruines de plusieurs maisons particulieres, & l'embellit de jardins & de prés à la mode du tems. Il est demeuré aux Ducs d'Alençon, jusqu'au commencement du siecle passé, qu'ils le vendirent.

Les Princes de cette maison avoient encore un autre Hotel d'Alençon à la rue du Roi de Sicile, que Charles VI acheta d'eux, comme j'ai dit dans un autre endroit. On croit même qu'ils avoient un troisiéme Hotel de leur nom, vers le milieu de la rue des Cinq-diamans, & qu'il occupoit une partie de la rue, tant d'un coté que d'autre; car non-seulement j'ai vu les Armes de ces Princes dans une de ces maisons, bâties du côté de la rue des Trois-Mores; mais encore j'ai lu des contrats de quelques logis, de l'autre côté, qui font mention, tant du jardin, que d'un pavillon, à l'Hotel d'Alençon.

DUCS DE LONGUEVILLE.

JE disois maintenant que le grand Alençon se nomme à present l'Hotel de Longueville. En 1581, Marie de Bourbon, fille de François Comte de Vendosme, Comte de St Pol, & veuve de Leonor d'Orleans, Duc de Longueville, l'acheta quatorze cens écus d'or. En 1665 Henri Duc de Longueville l'a vendu au Roi Louis XIV, pour le ruiner, & sur ses ruines commencer la face & la place du Louvre.

DUCS D'ANGOULESME.

DIANE legitimée de France, fille naturelle d'Henri II, & Duchesse d'Angoulesme, a fait commencer l'Hotel d'Angoulesme de la rue Pavée, que Charles de Valois aussi legitimé de France, son heritier, a fait presque entierement achever.

DUCS DE GUISE.

PHILBERT de Babou, Evêque d'Angoulesme, vendit seize mille livres, à François Duc de Guise, l'Hotel du Connétable de Clisson, sis à la rue du Chaume, & dans celle des Quatre-fils. En 1556 Charles de Guise, Cardinal de Lorraine, acheta de Brinon, Conseiller de la Cour, l'Hotel de Laval, bâti au coin de la rue de Paradis & de celle du Chaume, & separé de l'Hotel de Clisson, par un cul de sac qui aboutissoit à l'Hotel de la Roche-Guyon, placé dans la vieille rue du Temple. Depuis, Louis de Rohan, Comte de Montbazon, s'accommoda avec François, Duc de

Guise, de cet Hotel de la Roche-Guyon. Et comme auparavant, ces Princes avoient acquis deja quelques maisons de particuliers, ils en acheterent encore d'autres : si bien que peu-à-peu, joignant le tout ensemble, ils firent leur Hotel de Guise; qu'en 1556, ils substituerent au Prince de Joinville, fils aîné du Duc de Guise, & après lui, aux autres aînés mâles de leur maison.

DUCS DE MONTPENSIER.

LES Ducs de Montpensier ont logé à la rue de Seine, au lieu même, où depuis a été bâti l'Hotel de Liancourt, que de leur tems on appelloit l'Hotel Dauphin; parce qu'ils étoient Dauphins d'Auvergne. Ils ont aussi demeuré à la rue du Cocq dans la maison des Prêtres de l'Oratoire, que Henri dernier Duc de Montpensier vendit à François, Duc & Cardinal de Joyeuse. Ils ont logé encore sur le Quai St Bernard, dans une maison qui fait le coin de la rue des Bernardins, & que le Duc de Montpensier donna à de Selve : & pareillement à la rue de Grenelle, à l'endroit où est à present l'Hotel Seguier. Henri dernier Duc de Montpensier, l'acheta cinquante mille livres en 1605; & étant venu à mourir en 1608, sa veuve le donna au Duc de Bellegarde pour vingt-quatre mille écus.

Mais le plus remarquable des Hotels de Montpensier, est celui du fauxbourg St Germain, dans la rue de Bourbon, au coin de la rue de Tournon. C'étoit une maison fort logeable, accompagnée d'un grand jardin, de parteres, d'allées couvertes & découvertes. Ce fut dans ce logis que cette Princesse en 1588, reçut la nouvelle du meurtre de ses freres à Blois, par ordre du Roi Henri III, & ce fut de là qu'elle sortit comme forcenée, & qu'avec les enfans orphelins du Duc de Guise, courant par tout Paris, fondant en larmes, & vomissant toutes sortes d'injures contre le Roi, elle fit tant de compassion, & émut si bien la populace, qu'elle fut en quelque façon le flambeau fatal de la Ligue, qui embrasa tout le Royaume.

DUCS D'AUMALE.

CLAUDE de Lorraine Duc d'Aumale, Marquis de Maïenne, logeoit en 1567 à l'Hotel d'Aumale, dans la rue de l'Echelle du Temple, & celle du Grand-chantier; & depuis a demeuré à l'Hotel d'Aumale de la rue du Louvre, qui s'appelle maintenant l'Hotel de Gramont. Catherine de Cleves, Duchesse Douariere de Guise, l'a fait rebâtir, & orner d'une Gallerie, où elle a fait peindre tous les Princes, tant de la maison de Guise, que de celle de Cleves & de Nevers. C'est cet Hotel si renommé dans l'histoire du Grand Alcandre, où cette Princesse, nommée Dorinde, s'étoit retirée après le meurtre de son mari, & où la beauté ravissante de sa fille, appellée Milagarde, attiroit tous les Grands de cette faction; & de plus, tant d'autres personnes considerables, qu'on pouvoit dire avec raison, que c'étoit là que la Ligue tenoit sa cour.

DUCS DE NEVERS.

LOUIS de Gonzague, Duc de Nevers, acheta l'Hotel de Nesle, en 1572, ou à-peu-près; & en 1586, le Cardinal de Bourbon, Abbé de St Germain, l'érigea en fief, du consentement de ses Religieux.

DUCHESSE

DUCHESSE DE VALENTINOIS.

DIANE de Poitiers, Duchesse de Valentinois, & Maitresse de la France aussi bien que de Henri II, avoit à Paris les Hotels de Barbette, d'Estampes & de Rocquencourt.

Le premier étoit à la vieille rue du Temple vis-à-vis la porte de derrière de l'Hotel de Guise. Après sa mort, Louise & Françoise de Brezé ses filles, Duchesses de Guise & de Bouillon, le vendirent à des particuliers en 1561, qui y pratiquerent deux rues, qui étoient la rue Barbette, ainsi nommée parce qu'elle traversoit l'Hotel Barbette ; & l'autre, la rue Diane, à cause de la Duchesse de Valentinois. Depuis on l'a appellée la rue des Trois-pavillons, sans que j'aye pû encore savoir pourquoi.

Le second étoit à la rue St Antoine, au lieu qu'on a couvert depuis de l'Hotel de Maïenne, d'une partie de la rue du Petit-musc & de quelques maisons voisines. D'abord il fut nommé l'Hotel-neuf, comme j'ai dit autre part, ensuite l'Hotel d'Estampes, ou à cause qu'il avoit été à la Duchesse d'Estampes, Maitresse de François I, à ce que pretendent quelques-uns, ou parce que selon d'autres, à la verité en plus petit nombre, c'étoit l'Hotel des anciens Comtes d'Estampes. Elle l'acheta en 1554, des Commissaires deputés pour vendre l'Hotel de St Pol, dont il faisoit partie, six mille cinq cens quarante livres, tout entouré de bâtimens & terminé d'un jardin de vingt-une toises de largeur sur vingt-deux de profondeur, où avoit été sculpé le superbe mausolée de Louis XII.

Le dernier, qui est la maison de Rocquencourt, Controlleur General des Finances, qu'il avoit bâti magnifiquement à la rue des Etuves du quartier St Honoré, & qu'il lui donna, ou par testament à sa mort, ou de son vivant afin de se maintenir. Presentement c'est la maison du Procureur General de Harlai. Au dessus de la principale entrée, sont élevés deux Satyres, de la conduite de Maître Ponce, l'un des plus excellens Sculpteurs de son tems: & comme en plusieurs endroits on voit les armes de Bouillon-la-Marck, & que Françoise de Brezé, fille de la Duchesse de Valentinois, avoit épousé Robert de la Marck, Duc & Maréchal de Bouillon, on ne doute point qu'après la mort de Diane ce fût l'Hotel de Bouillon.

Cependant de toutes ces maisons-là, je voudrois bien savoir quelle fut celle, où Catherine de Medicis, peu de tems après la blessure de Henri II, lui envoya redemander les diamans & les joyaux de la Couronne, que le Roi lui avoit donnés, sur quoi elle repondit si fierement.

Je passe les Hotels des Ducs de Montmorenci, car outre que je serois trop long à rapporter tous ceux que les Seigneurs de cette maison ont eu à Paris, c'est que peut-être seront-ils mieux placés quand je viendrai à parler des Connétables & de leurs demeures ; puisqu'aussi-bien s'en trouve-t-il tant de ce nom-là. Et de même je laisserai-là les Hotels d'Albret & de Vendosme, comme en ayant déja parlé, en rapportant ceux des Rois de Navarre de leur famille. Venons aux autres Ducs & Pairs.

DUCS DE CHEVREUSE.

J'AI déja dit que le Cardinal de Lorraine, premier Duc & Pair de Chevreuse, acquit & fit bâtir une partie de l'Hotel de Guise. Claude de Lorraine, dernier Duc de Chevreuse, a demeuré long-tems dans la rue du Louvre à l'Hotel de Cleves, appellé maintenant l'Hotel d'Aumale ; & que Catherine de Cleves, Duchesse Douairiere de Guise, lui avoit donné. Depuis l'ayant vendu au Maréchal de Grammont quatre-vingts-dix mille liv.

il acheta à la rue St Thomas du Louvre l'Hotel de Chevreuse, qui lui couta cent quatre-vingts mille livres, & qu'ensuite il a bien augmenté & embeli. Aussi sa veuve en a-t-elle eu quatre cens mille livres du Duc de Candale, qui avoit charge du Duc d'Epernon son pere, d'en faire le marché.

DUC DE BEAUPREAU.

CHARLES de Bourbon, Prince de la Roche-sur-Yon & Duc de Beaupreau, avoit son Hotel à la rue de Tournon, que Philippe de Montespedon sa veuve vendit en 1567.

J'ai fait voir qu'Henri de France, Duc d'Anjou, acheta de Villeroi la meilleure partie de l'Hotel des Ducs d'Alençon, qui se nommoit le grand Alençon auparavant.

DUC DE MERCOEUR.

PHILIPPE Emmanuel de Lorraine, Duc de Mercœur, & Marie de Luxembourg sa femme, ont eu trois Hotels soit à Paris ou aux environs. Le premier étoit à la rue des Bons-enfans. Pour l'agrandir, Marie acheta en 1602 l'Hotel de Rambouillet qui y tenoit, & étoit placé à la rue St Honoré, au lieu où a été élevée la face du Palais Cardinal. Il lui coûta douze mille écus ; mais l'année suivante elle le vendit pour le même prix au Marquis de Rambouillet, qui y entra ou par retrait ou autrement. Quelques années après, qui fut en 1605, elle vendit sa maison au Marquis d'Estrées & à Benjamin de Hanniques, si celebre sous le nom de Benjamin, & si recommandable tout ensemble, pour avoir apporté en France le premier l'art de monter à cheval, & retenu à Paris la Noblesse, qui auparavant étoit obligée de passer les Monts pour apprendre cet exercice. Si bien que c'est dans une partie de cet Hotel de Mercœur qu'il a fait tant de beaux & de bons Gendarmes ; & ç'a été pour achever le Palais Royal, que le Cardinal de Richelieu acheta de lui & du Marquis d'Estrées cette maison.

La Duchesse de Mercœur, avant cela, avoit acquis de la Marquise de Meignelai l'Hotel du Perron, qui lui coutoit douze mille écus, & que depuis on appella l'Hotel de Mercœur. Elle ne l'eut pas plutôt qu'elle acheta quantité de terres & de maisons voisines, qu'elle jetta par terre, & fit rebâtir son Hotel par un des plus grands Architectes de son tems. Dans le tems qu'on étoit après, & qu'on faisoit encore outre cela le Couvent des Capucines qui y tient, la Princesse se retira avec douze Filles qui vouloient embrasser cette Religion, dans une grande maison de campagne nommée la Racquette de tout tems, & comprise maintenant dans le fauxbourg St Antoine sous le même nom. Ce logis consistoit en deux grandes maisons appellées la grande & la petite Racquette, & de plus accompagnée d'une galerie pleine d'orangers, d'un colombier, de basses-cours, de ferme, de prés, de garenne & de terres labourables. Lorsqu'elle y fut, elle divisa ce logis en deux ; se logea dans un avec ses domestiques, & abandonna l'autre aux douze Filles devotes. Après avoir demeuré-là deux ans ainsi, & que son Hotel fut achevé, aussi-bien que le Couvent des Capucines, elle établit les douze Filles dans le Couvent, & vint habiter l'Hotel de Mercœur. Presentement c'est l'Hotel de Vendosme, par le mariage de Françoise de Lorraine sa fille, avec Cesar Duc de Vendosme, fils naturel & legitimé de Henri IV.

DUC DE MAIENNE.

CHARLES de Lorraine, premier Duc & Pair de Maïenne, Lieutenant General de la Couronne de France, si renommé dans le Catholicon & l'Histoire de la Ligue, a fait bâtir par du Cerceau l'Hotel de Maïenne, assis à la rue St Antoine & dans la rue du Petit-musc, qu'on appelle maintenant l'Hotel d'Elbœuf. Peu de tems avant les barricades, il vint loger à l'Hotel St Denys, où s'assemblerent quelques Ligueurs, qu'il assura du secours & de l'assistance du Duc de Guise son frere; & si-tôt qu'il fut Lieutenant de la Couronne, il alla demeurer au Louvre & à l'Hotel de Soissons.

DUC DE JOYEUSE.

FRANÇOIS Cardinal & Duc de Joyeuse, acheta à la rue du Cocq l'Hotel de Montpensier, qu'on appella l'Hotel de Bouchage, parce que c'étoit le nom de la famille de Joyeuse, & celui qu'il portoit avant que d'être Cardinal. Henriette Catherine de Lorraine sa niece, Duchesse de Guise, le vendit en 1616 quatre-vingts-dix mille livres au Pere de Berule, Instituteur & Superieur de la Congregation de l'Oratoire de J. C. & maintenant c'est la maison des Prêtres de cette Société.

Henri, Duc de Joyeuse & Maréchal de France son pere, acheta un autre logis au fauxbourg St Honoré, près des Capucins, à l'endroit même où depuis a été fondé le Couvent de l'Assomption & une partie de celui des Capucins. Quelque tems après s'étant fait lui-même Capucin, par son testament de l'année 1588, il en legua une partie aux Minimes de Nigeon, pour la fondation d'une basse Messe à perpetuité, & pour y loger un Maître d'Ecole avec douze Ecoliers du fauxbourg St Honoré. Mais ensuite ayant revoqué cette fondation par un Codicile; là il declare qu'en consideration que dans cette maison Dieu lui avoit inspiré le desir de se faire Religieux, & de plus que sa femme y avoit rendu l'esprit, il la donnoit toute entiere aux Minimes de la Province de France, avec treize cens cinquante livres de rente, à condition d'y ériger du côté du Roule un Monastere de leur Ordre, d'y celebrer à perpetuité deux basses Messes, d'y loger un Maître d'Ecole, pour instruire les Enfans du Fauxbourg, & de lui payer tous les ans pour sa peine cinquante écus d'or.

Enfin c'est ce logis qui fit tant de bruit en 1651, à cause d'une petite image de la Vierge, appellée Notre-Dame de paix, & élevée au-dessus d'une de ses portes, où nous avons vu tant de Processions & un si grand concours de peuple; de plus dont on conte tant de miracles, & qu'au bout de quelques jours on transporta avec tant d'appareil dans l'Eglise des Capucins.

DUCS D'EPERNON.

JEAN de Nogaret, premier Duc d'Epernon, bâtit l'Hotel d'Epernon le plus magnifiquement qu'il pût pour le tems, à la rue Plâtriere; & se voyant borné par la rue Coqheron, il plaça de l'autre côté de cette rue son écurie & sa basse-cour. Bernard son fils, qui depuis l'a vendu cent quatre-vingts mille livres à Ervart, Intendant des Finances, que celui-ci a ruiné, rebâti tout à neuf & agrandi de beaucoup; a acheté ensuite quatre cens mille livres l'Hotel de Chevreuse, situé à la rue St Thomas du Louvre.

Tome II. Q ij

DUCS DE RETZ.

LES Ducs de Retz ont eu trois Hotels à Paris. Le premier au fauxbourg St Honoré, où j'ai dit ailleurs que Charles IX a logé deux fois, & qui maintenant est couvert du Monastere des Capucines & d'une partie de l'Hotel de Vendosme. En 1603, la Duchesse de Retz le vendit en Janvier, à son fils Evêque de Paris, dont il se défit au mois de Juillet en faveur de la Marquise de Maignelai sa sœur, & que le jour même la Duchesse de Mercœur acheta d'elle ; car il fallut que cette Princesse usât de toutes ces intrigues, pour le tirer des mains de la Duchesse de Retz qui ne vouloit point absolument qu'il passât à la maison de Mercœur, tant elle lui étoit en aversion, quoique sans raison, ou du moins mal fondée.

Le second est le petit Alençon, dont j'ai tant parlé, qui regnoit le long du grand & de la rue du petit Bourbon, depuis celle du Louvre jusqu'à la rue des Fossés St Germain.

En 1578, Albert de Gondi, Maréchal de France, & Premier Duc & Pair de Retz, l'acheta deux mille trois cens trente-trois écus d'or & un tiers des enfans de Castelan, premier Medecin de la Reine. Henri de Gondi, son petit-fils, la divisa en deux en 1617. Marguerite de Lorraine Princesse de Conti, acheta soixante-dix mille livres une de ses moitiés. Et en 1621, Blainville, premier Gentilhomme de la Chambre, acquit l'autre, qui lui couta soixante-quinze mille livres. Depuis peu le Roi les a acheté toutes deux, & les fait jetter par terre pour l'agrandissement de son Louvre.

Le dernier Hotel de Retz, est celui de la rue d'Orleans, près les petits Capucins, où demeurent à present les Seigneurs de cette famille.

DUCS D'ELBOEUF.

JE ne sai si les Ducs d'Elbœuf ont eu d'autre Hotel que celui de Maïenne & celui d'Elbœuf, vendu depuis à Montauron, Partisan si renommé, que la fortune mit si bas après l'avoir élevé si haut, que se trouvant trop à l'étroit dans la maison d'un Prince, il acheta quelques maisons voisines, pour être logé plus commodément. De nos jours neanmoins le luxe est devenu si demesuré, que depuis plusieurs années, c'est une simple auberge.

DUCS DE MONTBAZON.

L'HOTEL des Ducs de Montbazon est à la rue de Bethisi. Hercules Duc de Montbazon, mort depuis quelques années, y a demeuré un tems. Ses predecesseurs en avoient encore un à la vieille rue du Temple, nommé l'Hotel de la Roche-Guion, dont ils se defirent en 1560, en faveur du Duc de Guise ; depuis ils n'en ont point eu d'autres que le premier, s'y trouvant logés & commodément, & même selon leur qualité. Le luxe cependant demesuré qu'il est, a passé à un tel excès, que ce n'est plus qu'une auberge & une maison garnie ; & pourtant toujours au dessus de la porte se lit sur du marbre en lettres d'or, l'Hotel de Montbazon. Hercules après l'avoir quitté a demeuré douze ou quinze ans, qui ont été les dernieres de sa vie, dans un autre Hotel à la rue Barbette, avec sa femme, si renommée pour sa beauté incomparable, à qui le tems n'a presque rien ôté de toute cette grace & cet éclat qui éblouissoient autrefois.

DE LA VILLE DE PARIS. Liv. VII. 125

DUCS DE LA TRIMOILLE, DE THOUARS, &c.

LES ancêtres des Ducs & Pairs de Thouars & de la Trimoille, si fameux dans l'Histoire, n'ont pas eu à Paris pour un Hotel. Du tems qu'ils n'étoient que Vicomtes de Thouars, leur Hotel étoit à la rue de la Huchette, à celle des trois Chandeliers qui y aboutit. Et parce qu'en 1379, il tomboit en ruine, que son jardin qui regardoit sur la riviere étoit en friche, ils aimerent mieux l'abandonner à la Fabrique de St Germain-le-vieux pour plusieurs années de rente fonciere qu'ils lui devoient, à cause de ce logis, que de le reparer ou le rebâtir. Car il faut savoir que les maisons de Paris alors, n'étoient pas simplement chargées de cens & rentes comme à present, mais de grosses rentes foncieres même. Si bien que quand ceux à qui ces logis appartenoient devoient plusieurs années, aussi-tôt enlevant meubles, portes & fenêtres, ils les laissoient ruiner, sans se soucier qu'on les adjugeât au Seigneur ni aux creanciers. Ce qui se pratiquoit si souvent sous Charles V, Charles VI & Charles VII, que les regîtres du Chatelet de ce tems-là sont pleins de telles adjudications.

En 1413 Pierre de la Trimoille avoit une grande maison à la rue Plâtriere, qui étoit auparavant au Comte de Joigni, & qu'on appelloit l'Hotel ou *Chastel de Calais*; d'un côté il tenoit au Sejour du Roi, dont j'ai parlé ailleurs; & de l'autre à l'Hotel de Guillaume de la Trimoille. Il consistoit en trois corps de logis, une cour, un jardin, avec un jeu de paume au coin de la rue. Mais le plus celebre Hotel de tous est celui de la rue des Bourdonnois, nommé à present l'Hotel de Believre. De fait c'est la Maison Seigneuriale & le Fief de la Tremoille, dont relevent quantité de maisons, tant de la rue des Bourdonnois que de celle de Bethisi. Et de plus c'étoit l'Hotel de Gui de la Trimoille, ce grand personnage & si vaillant, favori du Duc de Bourgogne, entre les mains de qui Charles VI mit l'Oriflame en 1393, d'ailleurs fondateur de sa famille, & qui par ses actions éclatantes la tira de l'obscurité & du Poitou. Dans sa maison se trouvoient une gallerie, un pré & un jardin. En 1398, la Ville lui fit don de quelques pouces d'eau qu'on prit sur le gros tuyau des Fontaines qui alloient au Louvre, aux Hotels des Ducs de Berri, de Bourgogne & de Bourbon, pour les conduire chés lui. Au reste, en 1409, quand l'Evêque de Liege vint à main armée au service des Bourguignons, ce fut dans cet Hotel qu'il vint descendre, après avoir fait serment à la porte de St Denys, entre les mains du Prevôt de la Ville, qu'il ne tourneroit point ses armes contre le Roi, ni contre les habitans.

DUCHESSE DE BEAUFORT.

GABRIELLE d'Estrées, Duchesse de Beaufort, a bien passé de douces heures avec Henri IV, à l'Hotel Zamet, presentement l'Hotel de Lesdiguieres. En 1594 elle demeura à l'Hotel de Bouchage, qu'on nommoit alors l'Hotel d'Estrées, & qu'occupent maintenant les Prêtres de l'Oratoire. C'est cet Hotel que le Chancelier de Chiverni appelle l'Hotel de Schomberg, & où il dit que Henri IV fut blessé à la joue par Jean Chastel, ce detestable Ecolier des Jesuites, qui leur a tant donné d'affaires. Mais il n'y a point de lieu, où elle ait logé plus long-tems que dans la maison du Doyen de St Germain de l'Auxerrois; c'est là que Henri l'a si souvent visitée; c'est là que se termina ce grand different, lorsqu'elle vouloit qu'on batisât ses enfans avec les ceremonies pratiquées aux batêmes des enfans de France ; où le Roi fit voir qu'il ne se laissoit pas toujours maitriser par les Dames, & que quand il vouloit la raison l'emportoit sur l'amour. C'est là enfin que mourut en 1599. cette belle Venus, & qu'on la vit dans son lit de parade, vêtue d'un manteau de satin blanc, couchée sur un lit de velours rouge cramoisi, rehaussé de passemens d'or & d'argent.

DUC DE SULLI.

MAXIMILIEN de Bethune, premier Duc de Sulli, fit bâtir par du Cerceau, à la rue St Antoine, l'Hotel de Sulli, sur les ruines de celui des Tournelles.

COMTE DE SAINT PAUL.

FRANCOIS d'Orleans, Comte de St Paul, acheta du Maréchal de Rocquelaure, l'Hotel de Navarre, au bout de la rue du Roi de Sicile, qui appartient maintenant à la Marquise de Chavigni, veuve très-illustre, d'un très-illustre mari.

DUC DE DAMPVILLE.

CHARLES de Montmorenci, Colonel general des Suisses, & Duc de Dampville, logeoit dans la rue de la Coulture Ste Catherine, à l'Hotel de Dampville, qui tenoit à celui de Carnavalet.

DUC DE LESDIGUIERES.

FRANCOIS de Bonne, premier Duc de Lesdiguieres, acheta de Sebastien Zamet, Baron de Murat, sa superbe maison qu'il avoit fait faire à la rue de la Cerisaie, & qui est si considerable par sa grandeur, & par son escalier double, d'une maniere qu'on n'avoit point encore vue.

DUC DE BRISSAC.

CHARLES de Cossé, premier Duc de Brissac, a demeuré à l'Hotel de Brissac, ou de Cossé, appellé auparavant l'Hotel de Boissi, & maintenant converti en Monastere par des Religieuses de la Visitation de Ste Marie, qui l'acheterent vingt-quatre mille livres en 1628. C'est cet Hotel de Boissi, si celebre dans l'Histoire de Henri III, où moururent ses mignons, après s'être batus dans le Parc des Tournelles, & où il s'abandonna à mille foiblesses indignes d'un grand Prince.

DUC DE LUINES.

EN 1620 Charles d'Albert, premier Duc de Luines, & favori de Louis XIII, acheta cent foixante & quinze mille livres le magnifique Hotel de la Vieuville, nommé à préfent l'Hotel d'Epernon, & fitué à la rue St Thomas du Louvre.

DUC DE BELLEGARDE.

ROGER de Sanlari, premier Duc de Bellegarde, & grand Ecuyer de France acheta en 1612 vingt-quatre mille écus d'Henriette-Catherine de Joyeufe, l'Hotel de Montpenfier, placé à la rue de Grenelle, qu'il fit ruiner de fond en comble, & rebâtir en l'état prefque que nous le voyons, par du Cerceau, le plus renommé Architecte de fon tems ; mais que depuis il a vendu à Pierre Seguier, Chancelier de France, qui l'a bien augmenté & embelli : préfentement on l'appelle l'Hotel Seguier.

DUC DE LA ROCHE-GUION.

FRANCOIS de Silli, premier Duc & Pair de la Roche-guion, logeoit dans la rue des Bons-enfans, à l'Hotel de la Roche-guion, qui tient au jardin du Palais Cardinal.

Ses ancêtres en eurent trois autres ; le premier à la rue du Roi de Sicile que Gui de la Roche-guion, Chambellan, acheta en 1399. Le fecond qu'il avoit à la rue du Louvre, accompagné d'un jardin, large de dix toifes fur vingt-cinq de profondeur, & qu'il vendit en 1408 à Bacqueville, Chambellan du Roi. Le dernier étoit à la rue Barbette, que François, Duc de Guife, acquit en 1560, pour le joindre à fon Hotel : & quoiqu'alors il appartint aux Ducs de Montbazon, la moitié de fon nom neanmoins refte toujours à la porte de derriere de l'Hotel de Guife, qu'on nomme encore la porte de la Roche.

DUC DE CHAULNES.

L'HOTEL d'Honoré d'Albert, premier Duc de Chaulnes, eft eftimé generalement pour fon élegance, & fa propreté. La veuve l'a paré & le pare encore tous les jours de tant de nouveaux enrichiffemens de fon invention, & tout differens, qu'il fait un des principaux ornemens de la place Royale, où il eft fitué. Une chambre de parade, attachée à un grand falon, d'où il fort un jet d'eau d'une hauteur confiderable, & toute éclatante de miroirs qui l'environnent ; une anti-chambre embelie de colonnes canelées, & étincelantes de criftaux ; un emmeublement à fonds de foie, d'or & d'argent, d'ailleurs fi bien entendu, & executé, que le travail en eft plus admirable que l'étoffe ; des aigrettes de lit d'une beauté, & d'un prix extraordinaire ; quantité d'autres fingularités, & toutes rares, ont attiré l'admiration de tout le monde, & du Roi même, qui, quelquefois y eft venu.

DUC DE RICHELIEU.

ARMAND Jean du Pleſſis, Cardinal, Duc de Richelieu, a demeuré à l'Arcenal, au petit Luxembourg, qu'il a fait bâtir, & enfin dans le Palais Cardinal qu'il a élevé avec tant de magnificence, ſur les ruines des Hotels de Luxembourg & de Rambouillet, de quantité de maiſons voiſines, ſans parler des remparts de la Ville, qu'il a applanis, & de ſes foſſés qu'il a comblés. La gallerie des Hommes illuſtres, peinte en concurrence par Champagne & par Vouet. Sa ſale de la Comédie, remplie de degrés, preſqu'à la façon des Theatres de Grece & de Rome, & capable de tenir plus de quatre mille perſonnes; ſes tableaux, ſes antiques, ſon rondeau, ſon jardin, ſes cours, & ſes appartemens en grand nombre, le rendent ſi logeable, qu'il n'y en a point à Paris, qui le ſoient plus; & même ſi ſuperbe qu'en 1636 ce Miniſtre en fit preſent au Roi, à la charge que les Ducs de Richelieu, ſes ſucceſſeurs, en ſeroient à perpetuité les Capitaines, & les Concierges, & y auroient le logement qu'on leur deſigneroit. Il ne laiſſa pas neanmoins de commencer un Hotel pour les loger, qui eſt à la rue de Richelieu, & tient au Palais Cardinal, il n'acheva qu'un corps de logis, orné de deux ordonnances de colonnes, & deſtiné pour ſa Bibliotheque : je ne dirai rien davantage ni de l'un, ni de l'autre, parce que je reſerve d'en parler dans un diſcours à part, qui ſe verra dans ce même Volume.

HOTELS DES PRINCES DU SANG
qui n'ont point été Pairs.

L'HISTOIRE de nos Rois de la premiere & de la ſeconde race, eſt ſi inconnue, que j'ai eu bien de la peine à découvrir quelques-uns de leurs Palais Royaux; & encore je ne ſai ſi je les ai decouvert; ainſi on ne doit pas s'étonner, ſi je ne dis point où ont logé les Princes de leur ſang dans des tems ſi obſcurs, & ſi reculés, & même ſi je commence ici par les Comtes de Dreux.

COMTES DE DREUX.

LES Comtes de Dreux, deſcendans de Robert de France, frere de Louis VII, dit le Jeune, ont logé à la rue Froid-manteau, & dans celle de St Thomas, derriere le Louvre, où Beatrix, veuve de Robert IV, acheta deux maiſons en 1287, qui lui coûterent cinq cens livres.

Celle de la rue Froid-manteau, nommée l'Hotel de Dreux, penetroit juſqu'à la rue St Thomas du Louvre, & s'étendoit juſques à l'autre maiſon qui étoit de l'autre côté ; peut-être y paſſoit-on par quelque traverſe, ou gallerie ; mais enfin il eſt conſtant qu'elles avoient des jardins toutes deux, & que celui de la derniere alloit juſqu'au clos des Quinze-vingts.

DE LA VILLE DE PARIS. Liv. VII.

COMTES D'EVREUX.

LOUIS de France, chef des Comtes d'Evreux, logeoit à la rue du Louvre, de l'autre côté de l'Hotel d'Hoftriche, où est maintenant l'Hotel de Grammont. Charles, Comte d'Eftampes, son fils y demeura aussi avec lui. Louis, son petit-fils, eut deux autres maisons, l'une à la rue des fossés St Germain de l'Auxerrois, & maintenant comprise dans le petit Bourbon; qu'il legua par testament à l'Hotel-Dieu en 1399, & que les Adminiftrateurs vendirent quinze cens livres en 1405 à Jean Duc de Bourbon; l'autre assise près l'Hotel St Pol, étoit accompagnée de treilles, de prés & de jardins, qu'il vendit en 1361 à Charles Duc de Guyenne, depuis Roi de France, sous le nom de Charles V, & qui a fait partie de l'Hotel Royal de St Pol, dont j'ai parlé si souvent. Quant aux Hotels de ses successeurs, ceux qui les voudront savoir, les trouveront parmi ceux des Rois de Navarre, que j'ai rapporté, descendus de Philippe d'Evreux, Roi de Navarre; fils aîné de Louis de France, & frere de Charles, Comte d'Eftampes.

COMTES D'ALENÇON,

EN 1281 Pierre de France, Comte d'Alençon, fils de St Louis, & Jeanne de Chaftillon, Comteffe de Blois, acheterent sept cens cinquante livres tournois, d'Archambault, Comte de Perigord, la moitié de l'Hotel qu'Alphonfe, Comte de Poitiers, avoit fait bâtir à la rue du Louvre, & qui s'appelloit l'Hotel d'Hoftriche, parce que la rue du Louvre se nommoit ainsi alors, après sa mort, ce logis appartint à sa veuve. Mais comme elle n'avoit point d'enfans, & qu'elle l'avoit acquis pendant son mariage; & de plus, cent livres parifis de rente, que Bouchard de Montmorenci, Chevalier, prenoit sur le Trefor du Roi au Temple : Philippe le Bel, son neveu & son heritier s'accommoda avec elle de ses conquêts par un partage qu'ils firent ensemble en 1286, qui fut tel ; qu'elle lui abandonnoit la rente du Temple, & le Roi de son côté lui cedoit, & à ses successeurs la moitié de l'Hotel d'Hoftriche, avec promesse de la garentir des troubles, que lui pourroient apporter, touchant ce point, les executeurs testamentaires, tant du Comte d'Alençon, que du Comte, & de la Comteffe de Poitiers.

Les Comtes d'Alençon descendus de Charles de France, fils de Philippe le Hardi, Comte de Valois, ont demeuré long-tems à l'Hotel de Sicile, placé au bout de la rue qui en porte le nom, & de celle des Balets. En ce tems-là, il tenoit aux murs de la Ville, & ces murs en separoient la place de la coulture Ste Catherine, où se faifoient les duels publics, les joûtes, & les tournois. Charles VI, qui y mettoit tout son plaifir, & n'ayant point de maison plus proche de là, que son Hotel St Pol, où il put changer d'habit pour entrer sur les rangs avec ceux qui l'accompagnoient, voulut avoir celui-ci, & parce que les murailles de la Ville lui fermoient le paffage, il les fit percer pour avoir une porte. A l'égard de cet Hotel, d'abord il écrivit à Pierre, Comte d'Alençon, & le pria de le lui ceder, l'affurant qu'il l'en recompenferoit : ce que le Comte aussi-tôt lui accorda par un Acte du trente Mars 1389, où conformement aux Lettres du Roi, il declare que Charles VI lui a promis de le recompenfer de cette donation : mais comme ce procedé ne plut point au Roi, quelque quatorze mois après il lui fit savoir qu'il defiroit poffeder son logis furement & à bon titre, & entendoit qu'il le lui donnât pleinement & absolument, ce sont ses termes; si bien que le Comte reconnoiffant sa faute, en 1390 par un nouvel Acte du vingt-six Mai, renonçant à la recompenfe

Tome II. R

qui lui avoit été promise, & à toute autre pretention ; il donna au Roi & à ses successeurs & heritiers, son Hotel de Sicile, de son propre mouvement, & de sa certaine science, sans reserve, & sans aucune condition.

Depuis, ces Comtes se retirerent à leur Hotel de la rue du Louvre, & de celle des Poulies, où on a fait ceux de Retz & de Longueville. Charles, Comte d'Alençon, & Marie d'Espagne, pere & mere de Pierre, y logeoient quand le Roi demeuroit au Louvre. Enguerrand de Marigni le fit bâtir, & y avoit compris plusieurs maisons contigues. Outre ce logis, il en avoit encore fait faire une autre à la rue des Poulies, qui appartenoit au Chapitre de St Germain. Après sa disgrace, Louis Hutin le donna à Philippe, Comte de Valois. Philippe étant parvenu à la Couronne, il appartint à Charles, Comte d'Alençon, son frere, soit par don du Roi, ou autrement. Après sa mort, les Chanoines de St Germain, que ni lui, ni Marigni, n'avoient point remboursé de leur maison de la rue des Poulies, qui faisoit partie de l'Hotel d'Alençon, & où il y avoit des jardins, & même un jeu, qu'on appelle les Poulies, qui étoit une sorte d'exercice de ce tems-là ; les Chanoines, dis-je, furent trouver la Comtesse, & lui en demanderent le payement, lui representant que cette maison valoit vingt-quatre livres de loyer, & qu'il leur étoit dû six livres de cens & de rente fonciere. Pour les contenter, cette Princesse en 1347, leur abandonna deux maisons contigues ; de plus consentit que, tant l'Hotel d'Alençon, que deux maisons qui y tenoient, leur deussent à l'avenir douze deniers parisis de cens & rentes, à condition que la femme d'un Sergent d'armes, nommé Pericon, à qui le feu Comte son mari avoit donné l'usufruit, sa vie durant, d'une de ces deux maisons, y demeureroit le reste de ses jours. C'est dans cet Hotel, au reste, que Jean II, Duc d'Alençon, fut arrêté par le Comte de Dunois, assisté du Prevôt de Paris ; & enfin René son fils le rendit en 1470, ou environ.

COMTES D'ANGOULESME.

LES Comtes d'Angoulesme de la maison d'Orleans, avoient leur Hotel à la rue St Antoine au coin de la rue des Egouts ; mais qu'enfin François d'Orleans, dernier Comte d'Angoulesme, lorsqu'il parvint à la Couronne, joignit au Palais des Tournelles.

Une chose ici à remarquer de Louis XII, est que n'étant encore que Duc d'Orleans, il vivoit si familierement avec Charles, Comte d'Angoulesme, pere de François I, que non-seulement il venoit coucher dans son Hotel, mais encore avec lui ; & s'il arrivoit que le Comte fût deja au lit, quand il venoit, & même endormi, pour lors il se deshabilloit, dit un Historien du tems, le plus doucement qu'il pouvoit, & eussiés dit à le voir, qu'il alloit coucher avec un homme à qui il avoit grand peur de faire ennui & déplaisir ; & volontiers, quand on aime quelqu'un, on a crainte de lui deplaire : & je ne connois point de gens, qui s'aimerent mieux que ces deux Princes.

PRINCES DE BOURBON.

QUANT aux Hotels des cadets de la maison de Bourbon, qui n'ont point été Ducs & Pairs, les voici.

Jaques de Bourbon, Connétable de France sous le Roi Jean, logeoit à la rue du Four près St Eustache, & agrandit son Hotel de la maison d'un nommé Guillaume de Dreux, banni du Royaume, que le Roi lui donna en 1353.

Il logea aussi à la rue de la Tixeranderie, dans une autre maison que lui donna encore le Roi Jean, & qui tenoit en 1360, à celle du Duc de Berri; dont j'ai tant parlé.

Françoise d'Orleans, veuve de Louis Prince de Condé, acheta de la veuve du President Baillet, deux vieux logis à la rue de Grenelle, où elle mourut en 1601, le 11 Juillet. Charles son fils, Comte de Soissons, Amant de Catherine de Bourbon, sœur d'Henri IV, y étala, tant sur les vitres que sur les plat-fonds & les lambris, ses chiffres enlassés dans ceux de sa chere Maitresse, que son ambition & ses sourdes pratiques lui arracherent d'entre les bras. Cette Princesse, en 1604, étant morte à Bar, un mois après, il acheta son Hotel, appellé l'Hotel de la Reine, & maintenant l'Hotel de Soissons, qui avoit été témoin si souvent de leurs soupirs; ensuite il rendit au Duc de Montpensier l'Hotel de Condé, où sa mere étoit morte, & qui est à present l'Hotel Seguier.

Louise de Lorraine, seconde femme de François de Bourbon, Prince de Conti, acheta soixante-six mille livres, moitié de l'Hotel de Retz, qui avoit son entrée dans la rue du Louvre, & que le Duc de Guise, pour l'agrandissement du Louvre, a vendu au Roi.

Louis de Bourbon, troisiéme Prince de Condé, acquit en 1612, l'Hotel de Jean-Baptiste de Gondi, le plus magnifique de ce tems-là, situé au faux-bourg St Germain, dans la rue neuve St Lambert, qu'on appella la rue Princesse, si-tôt qu'il y fut : il couta cent cinquante mille livres, que le Roi lui donna pour l'acheter.

Armand Prince de Conti, le dernier de ses enfans, demeura sur le quai de la Reine Marguerite, dans la maison du Comte de Brienne, Secretaire d'Etat, qu'il a achetée depuis. Après tout, qu'on ne dise point que Henri III, Prince de Condé, son Pere, avoit plusieurs Duchés & Pairies avant sa mort; puisqu'enfin, lorsqu'il acheta son Hotel, pour lors il n'avoit ni Pairie, ni Duché.

HOTELS DES PRINCES ETRANGERS, & autres, qui n'ont point été Pairs de France.

L'ORDRE que je prétens garder ici, ne sera autre que celui des tems, sans avoir égard, ni au rang, ni à la préseance.

Sous Philippe Auguste, les Ducs de Bretagne logeoient dans la rue St Thomas du Louvre, dans une maison appellée la petite Bretagne, pour la distinguer d'une autre plus grande qu'ils avoient à Paris, & que je n'ai pu encore découvrir. Toute petite neanmoins, que fut celle-ci, elle ne laissoit pas d'avoir trois arpens & demi de superficie. Jean VI, Duc de Bretagne, voyant qu'elle tomboit en ruine, la donna aux Chanoines de St Thomas du Louvre, fondés par ses Prédecesseurs, pour y faire des maisons & des jardins. Et parce que ses Procureurs, aussi-bien que ses devanciers, en avoient aliené, & donné une partie à longues années : & de plus, qu'un nommé Pierre de Nantes, occupoit l'autre, qu'on avoit louée ou vendue, ce Prince revoqua tous ces baux, & ces aliénations, & voulut absolument que le Chapitre de St Thomas possedât la petite Bretagne dans toute son étendue, en main morte, & avec les droits de franchise dont elle jouissoit, pendant qu'elle appartenoit aux Ducs de Bretagne ses ancêtres.

Ces Princes avoient encore une maison de plaisance à Nigeon, qu'on appelloit tantôt le Manoir de Nigeon, & tantôt l'Hotel de Bretagne. Gui de

Bretagne, Comte de Penthievre, Vicomte de Limoges, fils d'Artus II, Duc de Bretagne, y mourut en 1331; il appartenoit encore à ces Princes en 1496, quand Anne de Bretagne, Reine de France, le donna aux Minimes de ce village, pour agrandir leur Monastere, appellé communément les Bonshommes, parce que c'étoit le nom qu'on donnoit à St François de Paule, Fondateur de leur Ordre.

En 1373, Charles V donna à Jeanne de Bretagne, surnommée la Boiteuse, veuve de Charles de Blois, Duc de Bretagne, un logis qui lui avoit coûté seize cens francs d'or, qui étoit près le cimetiere St Jean, au lieu même où fut depuis l'Hotel de Craon, que fit ruiner Charles VI, & convertir en cimetiere, lorsque Pierre de Craon qui en étoit proprietaire, eut assassiné le Connétable de Clisson.

Charles VI, en 1384, donna à Jean V, Duc de Bretagne, & mari de Jeanne de Navarre, l'Hotel de Forest, situé à la rue de la Harpe, & dans celle des Deux-portes, qu'il avoit acheté douze mille francs. Ce Prince depuis, en 1395, en fit transport à Jean de Malestroit, pour s'acquitter de douze cens livres de rente, qu'il lui avoit promis en mariage. C'est cette maison, où il demeura en 1388, lorsqu'il vint à Paris demander pardon au Roi, de l'injure qu'il avoit faite au Connétable de Clisson; & que pour expier cet attentat, le Roi en son Conseil le condamna à restituer 100000 francs au Connétable; & de plus, à rendre les places de la Roche-Darien, de Josselin & les autres qu'il avoit usurpées & ravies au Connétable, aussi-bien que ses joyaux, ses tresors & ses meubles. Ce jugement fut prononcé par le Chancelier d'Orgemont, & autorisé par des Lettres Royales, qu'il scella & délivra, tant au Duc, qu'au Connétable. Ce Prince toutefois n'y obéit point; mais comme il vit qu'on alloit marcher contre lui, pour appaiser le Roi, il revint à Paris en 1391, & descendit encore au même Hotel, accompagné de quatre cens Gentilshommes, armés de très-belles chemises de maille, qui leur descendoient jusqu'aux genoux, & qui se nommoient Haubergeons. Il fit ce qu'il put pour amuser le Roi par ses belles paroles; mais Charles VI, qui n'entendoit point raillerie, lui déclara tout net, qu'il prétendoit que son Arrêt fut executé, ce qu'il promit de faire, quoiqu'il n'en eut pas trop d'envie.

Après la mort de ce Prince, Jean VI, son fils, dont j'ai parlé au commencement, & ses deux freres, furent emmenés à Paris par le Duc de Bourgogne, qui avoit pris possession de la Bretagne par ordre du Roi, afin de la conserver pendant la minorité de ce jeune Prince; mais je ne sai pas où il logea pour lors. En 1415, y étant revenu, après avoir salué le Roi au Palais, il vint loger à l'Hotel du Petit-Bourbon. Douze jours après, l'Université alla lui faire la reverence à l'Hotel d'Alençon, où il demeuroit alors. Le Recteur, qui portoit la parole, l'entretint de Harfleur que les Anglois avoient pris, l'exhortant à recouvrer cette Place, & à maintenir l'Université dans ses privileges; mais sans dire un seul mot, ni de la désunion des Princes, ni de la guerre qui troubloit le Royaume: si bien que l'en ayant repris, & fait rougir en même tems toute l'assemblée, il ajouta que c'étoit à faire à l'Université, de procurer l'union des Seigneurs, & de trouver les moyens de parvenir à la Paix, & qu'il l'en prioit. Quatre jours après, on fit rapport à l'Université assemblée aux Mathurins du desir qu'avoit le Duc de Bretagne, d'apporter la paix en France; là dessus la plupart furent d'avis, qu'il falloit l'en remercier, & le supplier d'y travailler: & même de ne pas sortir de Paris, qu'il n'eut procuré un si grand bien; mais, ni le Recteur, ni quelques autres factieux, n'y voulurent point entendre: de sorte que le reste, sans se soucier d'eux, au nombre de quatre-vingts, tant Docteurs que Bacheliers, conduits par le Ministre des Mathurins, & tous n'ayant en vue que le bien public, retournerent à l'Hotel d'Alençon, & conjurerent le Prince de ne point partir, qu'il n'eut terminé l'accord qu'il s'étoit proposé, & qui l'avoit fait venir exprès. Dans le tems que le Religieux qui portoit la parole, haranguoit ainsi, un Procureur de la nation de France l'interrompit, & dit hautement, que ce qu'on venoit de propofer, ne venoit point de l'Univerfité; qu'on n'avoit point à cœur la paix qu'ils demandoient, & que c'étoit la paix Cabochienne. Ce mot vient d'une troupe de Bouchers, & autres feditieux, qui n'aimoient que les defordres & la guerre, qui firent certaines Ordonnances, appellées Cabochiennes, que caffa Charles VI en 1413. Le Prince leur repartit: Je vois bien que vous n'êtes pas d'accord, vous êtes divifés, c'eft mal fait; mais neanmoins je ne laifferai pas la chofe ainfi, ou je parlerai à vous plus à plein une autrefois de cette matiere, ou je vous envoierai mes meffagers pour cette caufe. Incontinent le Preyôt de Paris, gagné par le Recteur & fes affociés, fait conduire au Chatelet, le Miniftre des Mathurins, & un Docteur en Decret, nommé Pierre Lyevin Flamand, homme de merite & en grande reputation. Le Mathurin fe rend appellant d'une telle violence, & protefte de relever fon appel en tems & lieu; mais ils ne demeurerent pas long-tems en prifon: le Duc de Bretagne n'en ayant pas été plutôt averti, que le Prevôt les fit fortir bien vîte.

François, fon fils, logea à l'Hotel de Nefle, près des Auguftins, dont Charles VII lui fit donation en 1446. Artus fon oncle, Connétable de France, & fon fucceffeur, a demeuré long-tems à la rue Percée, & dans celle de Joui, ainfi que je ferai voir, en parlant des Connétables, & de leurs Hotels.

François II, & Artus, qui lui fuccederent, avoient encore une autre maifon à la rue St Antoine près la Baftille, qui faifoit partie du Palais Royal de St Pol, & qu'on nommoit autrefois l'Hotel du Petit-mufc, ou du Pont-perrin; mais depuis s'appella l'Hotel de Bretagne, comme on voit dans les vieux plans de Paris : c'étoit le nom qu'il portoit en 1498. Ce fut de-là que partirent douze trompettes, & les herauts d'armes du Roi, fuivis d'un Cigne de dix pieds de haut, couronné d'une couronne d'or, garnie de pierreries, & où étoit un grand Porc-epic fur une terraffe, qui fe remuoit & fe heriffoit, avec quelques autres magnificences qu'on vit aux Joûtes & Tournois qui furent faits en faveur du mariage de Louis XII, avec Anne de Bretagne. Cette Princeffe, au refte, peu de tems après fon mariage, donna à la Princeffe d'Orange, tous les Hotels des Ducs de Bretagne.

COMTES DE BOURGOGNE.

JEAN, Comte de Bourgogne, donna en 1258, à Guillaume, Seigneur d'Eftrées, l'Hotel qu'il avoit à la rue d'Enfer.

COMTES DE BOULOGNE.

BERTRAND de la Tour, Comte de Boulogne, vendit fon Hotel, appellé l'Hotel de Langres, maintenant le College de Clermont, à Simart Secretaire du Roi.

COMTES DE MASCON.

LES Comtes de Mâcon ont logé fi long-tems à la rue de Mâcon, que leur nom eft demeuré à la rue où étoit leur Hotel; & même l'abreuvoir, où alloient abreuver leurs chevaux, s'appelle encore l'abreuvoir de Mâcon : & de plus, la rue de la Bouclerie, qui tient à celle de Mâcon, a porté ce nom là. Je ne saurois dire précisément en quel tems ces Comtes y sont venus demeurer : ce que je puis assurer, est qu'avant l'année 1272, l'abreuvoir de Mâcon fut choisi, pour servir à l'étendue de la Jurisdiction de l'Abbayie St Germain des Prés.

DAUPHINS DE VIENNOIS.

EN 1324, & 1325, Philippe de Valois donna à Gui & à Humbert, Dauphins de Viennois, une maison bâtie à la Gréve, au coin de la rue du Maltois, & appellée comunement la maison aux Piliers; parce que la face étoit portée sur des piliers ; quelquefois la maison au Dauphin, à cause de celui à qui elle appartenoit ; & quelquefois la maison de la Gréve, eu égard à sa situation.

Charles de France, Dauphin, & depuis Roi de France, sous le nom de Charles V, en fut aussi propriétaire : puisque non-seulement il en fit don à nn Receveur des Gabelles ; mais encore consentit qu'en 1357, il le vendit au Prevôt des Marchands & Echevins, pour y établir leur Hotel de Ville.

Outre cette maison, ils en avoient encore d'autres à la campagne ; l'une à Reulli, derriere le monastere de St Antoine des Champs, les autres à Chauni sur Oise, & à Mehun sur Yevre : car d'un côté il se voit, qu'en 1352, le Roi Jean promit à Humbert, Patriarche d'Alexandrie, ancien Dauphin de Viennois, de lui vendre avant la Fête de l'Assomption, ou Reulli, ou l'Hotel de la Gréve ; & d'ailleurs on trouve, qu'en 1354, ce Prélat ceda les Chateaux de Mehun & de Chaulni, au Duc d'Orleans, frere du Roi, à qui ce Prince les avoit déja donnés auparavant, sans s'en être souvenu.

COMTES DE SAVOIE.

DU tems que la Savoie n'étoit qu'une Comté, Philippes de Valois donna à Blanche de Bourgogne, Comtesse de Savoie, l'Hotel de Pierre de Savoie, Archevêque de Lion, situé au fauxbourg St Marceau, qu'il avoit pris en payement pour quelque argent que ce Prélat lui devoit ; mais que trois ans après, savoir en 1339, elle vendit au Roi, pour une autre proche de St Eustache, & placé dans une rue, dont j'ignore le nom, qui des Halles conduisoit à l'Hotel d'Artois.

Le Roi Jean, & Charles son fils aîné, donnerent à Amedée VII, dernier Comte de Savoie, l'Hotel de Boheme, maintenant l'Hotel de Soissons, en accroissement du Comté de Maulevrier, & même ce fut un des premiers articles du traité & de l'accord qn'ils firent entre eux en 1354.

Jean Duc de Berri, en 1388, lui donna aussi deux grands logis ; l'un à la rue du Chaume, le long de la rue de l'Echelle du Temple, au bout de celle du Noyer ; & l'autre dans la même rue du Chaume, du côté de celle des Quatre-fils. Amedée, au reste, n'en fut pas plutôt le maître, qu'on appella celui de la rue de l'Echelle du Temple, le grand Hotel de Savoie, & l'autre le petit ; & ces deux logis avoient communication par le moyen d'une gallerie qui traversoit la rue, pour passer de l'une à l'autre. En 1400 Charles VI lui fit encore present de l'Hotel d'Orleans, placé à la rue St André des arts, dont j'ai parlé ailleurs, qui lui avoit couté vingt-deux mille cinq cens-francs d'or.

DUCS DE SAVOIE.

EMMANUEL Philibert, Duc de Savoie, avoit fon Hotel à la rue de Tournon. Marguerite fa femme, fille de François I, le donna à Forget fon Intendant, qui pour témoigner fa reconnoiffance, fit graver au deffus de la porte en Lettres majufcules : *De la liberalité de ma Princeffe.* Ce temoignage public de fa gratitude, fut caufe que fes créanciers firent faifir cette maifon, & la louerent en 1570 ; mais quelque tems après le Procureur de la Princeffe ayant remontré au Parlement, que ce logis appartenoit à la Ducheffe de Savoie ; la faifie fut levée, & les loyers rendus.

En 1559, lorfqu'Emmanuel Philibert, Duc de Savoie, arriva à Paris pour époufer Marguerite de France, Ducheffe de Berri, & fœur d'Henri II, il logea à St Denys d'abord, puis vint à Paris en pofte, accompagné de cent cinquante Gentilshommes, tous vêtus l'un comme l'autre, ayant chacun un pourpoint de fatin cramoifi rouge, des chauffes rouges, une cafaque de velours noir, couverte de paffements d'or de Cypre : un chapeau en broderie, avec une plume, & en troupe de leurs chevaux de pofte une malle de velours noir, fermée de boucles d'argent. En cet équipage il vint defcendre au Louvre, où les Prevôt des Marchands & les Echevins, l'attendoient, & qui pourtant ne purent les faluer que trois jours après. Ils avoient leurs robes de foie, mi-parties de fatin cramoifi & tanné ; & étoient affiftés d'un petit nombre de leurs Confeillers ; de plus, des Quartiniers, de leurs Sergens, Archers, Arbalêtriers & Arquebufiers. Le Prevôt des Marchands le harangua, & lui fit les prefens ordinaires.

Lorfque Charles Emmanuel, Duc de Savoie, vint à Paris en 1599, pour faire la paix avec Henri IV, il demeura quelque trois mois dans la rue Pavée, à l'Hotel de Nemours, où après avoir taché de corrompre par fes prefens & fes courtoifies, ceux qui avoient le plus de part à la faveur, s'en retourna fans avoir pu faire autre chofe, que de remplir le Duc de Biron de vaines efperances, qui n'aboutirent qu'à le conduire à la Baftille, & à monter fur un échafaut.

En 1619, Victor-Amedée, Prince Major de Savoie, étant venu à Paris pour époufer Catherine de France, fille de Henri IV, le Prevôt des Marchands eut ordre du Roi auffi-tôt de l'aller faluer, & lui faire les offres de fervice, les complimens & les prefens accoutumés. Deux jours après, le Greffier de la Ville fut chés Bonneuil, Introducteur des Ambaffadeurs, pour favoir le jour & l'heure que la Ville pourroit faire la reverence à ce Prince ; Bonneuil là-deffus l'alla trouver au fauxbourg St Germain où il étoit defcendu, & rapporta que ce feroit pour le lendemain à deux heures au Louvre, où il iroit loger. Ce jour donc, le Prevôt & les Echevins s'y rendirent à une heure après midi en cet ordre. Le Maître d'Hotel marchoit le premier à cheval ; après cent Archers à pied, conduits par leurs Capitaines, ayant leurs hoquetons & leurs hallebardes, puis les vingt Sergens de la Ville auffi à pied avec leurs robes mi-parties, & la nef d'orfeverie fur l'épaule ; enfuite le Greffier de la Ville feul à cheval : le Prevôt des Marchands avec le premier Echevin, fuivis des autres Echevins & du Procureur du Roi, tous en houffe, & habillés de velours cramoifi rouge & brun ; derriere étoit le Receveur feul, ayant un manteau à manches de velours cramoifi, tanné brun. Sept caroffes pleins de quelques-uns de leurs amis, étant arrivés au Louvre, Bonneuil auffi-tôt les conduifit dans une fale, où vint peu de tems après le Prince Major, & avec lui plufieurs Seigneurs, tant François que Savoyards. Après la harangue du Prevôt des Marchands, & avoir reçu huit douzaines de flambeaux blancs, & autant de douzaines de boëttes de dragées & de confitures, il conduisit la compagnie jusques dans la sale voisine.

Avant que la Ville partit en cet équipage, il se passa une chose que je ne puis omettre. Un des Echevins ayant sû que le Receveur de la Ville vouloit assister à la ceremonie en l'habit que j'ai dit, representa que ce vêtement ne lui appartenoit point, comme n'étant pas du corps du Bureau; que les Receveurs n'avoient jamais assisté en habit de livrée à de semblables solemnités, qu'il s'y opposoit & l'empêchoit formellement; ce sont ses termes. Le Receveur au contraire remontra qu'il avoit l'honneur d'être du corps; que ses devanciers avoient assisté à toutes les grandes fêtes, où on convoque la Ville, en robes & en manteaux de velours; qu'on les avoit toujours nommés dans les Brevets & les Lettres du Roi; qu'il en avoit de bons Arrêts & des Lettres patentes & qu'il supplioit la compagnie de l'y maintenir. Sur quoi l'affaire ayant été mise en deliberation, il fut ordonné par provision, que pour cette fois il l'accompagneroit la Ville avec son manteau de velours; mais que pour l'avenir & avant que de faire droit, on auroit recours aux regîtres de la Ville, sur lesquels on se regleroit.

COMTES DE BAR.

LES Comtes de Bar, avoient autrefois leur Hotel au Couvent des Celestins; car dans une Transaction passée en 1338, entre les Religieux de St Maur & de Ste Genevieve. Les derniers sont conservés en tous droits de Justice, de voirie, d'hommage & d'épave, depuis la Seine jusqu'aux murs des Celestins où étoit autrefois l'Hotel de Bar. Ils en avoient aussi un autre en 1338, à la rue des Murs ou Clopin, qui tenoit à la maison de Pierre Becourt, que le peuple par corruption appelle le College de Boncourt, au lieu de dire le College de Becourt.

Le plus renommé de tous est celui que les Ducs de Bar & de Lorraine, Rois de Sicile avoient sur le Quai St Bernard, au coin de la rue des Bernardins; que si quelquefois on le nommoit l'Hotel de Lorraine, d'ordinaire & le plus souvent on l'appelloit l'Hotel de Bar, & portoit encore ce nom-là en 1481. J'ai dit ailleurs que les Anglois le confisquerent en 1423, à cause que les Princes de Bar suivoient le parti de Charles VII; & de plus que René de Sicile, Duc de Bar & de Lorraine, le donna pour cinq sols par an de reconnoissance à Dorin, Clerc de la Chambre des Comptes, & à Perrine sa femme, Lavandiere de Louis XI. Et enfin ce Prince avoit encore d'autres maisons, tant dans la ville qu'au fauxbourg St Marceau, qui lui venoient des Ducs d'Anjou ses predecesseurs.

DUCS DE LORRAINE.

CE n'est pas que les Ducs de Lorraine n'eussent auparavant d'autres Hotels à Paris; & de fait en 1336, Philippe de Valois donna à Raoul son neveu, Duc de Lorraine, une grande maison de la rue Pavée, qui tenoit à la rue d'Artois, & avoit appartenu à Hugues de Crucy, President au Parlement, qu'il avoit fait décapiter en 1343, à l'Hotel de Nesle pour ses concussions & ses injustices.

Depuis, Charles Duc de Lorraine, après la mort de l'Amiral Chabot, acheta de sa veuve l'Hotel de Savoisi, memorable dans l'Histoire de Charles VI, sur tout à cause de l'Université & de sa tyrannie, si redoutable alors que tout trembloit sous elle, non seulement Paris, mais la Cour même & tout le Royaume. Nicolle derniere Duchesse de Lorraine l'a rebâti & mis en l'état qu'il est presentement, où elle est morte, abandonnée de son mari & depouillée de sa Principauté.

Quant au logement de la Duchesse de Lorraine, & du Comte de Vaudemont son beau-frere, lorsqu'ils vinrent à Paris en 1611, le Roi leur fit preparer au Louvre un appartement, & par ordre du Roi le Prevôt & les Echevins, le Procureur du Roi de la Ville, & le Greffier, vêtus de noir & assistés de leurs Sergens & Archers, furent leur faire la reverence, & leur presenterent quantité de boëtes tant de dragées que de confitures, avec des flambeaux blancs.

En 1628, lorsque Charles IV, Duc de Lorraine, arriva à Paris, il alla descendre à l'Hotel de Chevreuse dans la rue St Thomas du Louvre, où vinrent aussi-tôt le Prevôt des Marchands & les Echevins, avec trois douzaines de flambeaux blancs musqués, quatre douzaines de boëtes de confitures & de dragées, & trois douzaines de bouteilles de vin. Le Duc de Chevreuse & Bonneuil, Introducteur des Ambassadeurs, furent les recevoir dans la cour, & les conduisirent à la chambre du Duc de Lorraine, qui vint au devant d'eux jusques hors la porte & entra avec eux. Là chacun étant debout & tête nuë, Le Prevôt le harangua & lui offrit les presens. Le Duc remercia avec beaucoup de civilité la compagnie, & promit de témoigner au Roi sa reconnoissance de l'honeur qu'on lui faisoit ; puis les ayant accompagnés jusques sur l'escalier, le Duc de Chevreuse ne les quitta point qu'à la porte de son logis. Enfin toutes les fois que le Duc de Lorraine d'apresent est venu à Paris, ou y a sejourné ; tantôt il a logé au Palais d'Orleans, tantôt à l'Hotel d'Epernon, tantôt à l'Hotel de Guise, tantôt chés l'un, tantôt chés l'autre, tantôt aux Carmes déchaussés, rarement à l'Hotel de Lorraine. Aussi ceux qui connoissent l'humeur de ce Prince, disent de lui en riant : Il est comme les Ménétriers, il n'a pire maison que la sienne.

Touchant Nicolle, Duchesse de Lorraine, lorsqu'elle arriva à Paris en 1634, le Comte d'Alais, accompagné du Comte de Brulon, Introducteur des Ambassadeurs, fut la recevoir à Vincennes dans le carosse de la Reine, au milieu d'une foule de Noblesse sans nombre, outre une longue suite de carosses qui venoient à Paris. D'abord ce Prince la baisa, & après plusieurs complimens de la part du Roi, il la pria de monter dans le carosse de la Reine, où elle entra avec le Comte d'Alais, le Comte de Brulon & ses Dames d'honneur ; & de-là furent descendre à l'Hotel de Lorraine, qu'on avoit meublé des meubles de la Couronne, & où elle fut reçue de la part du Roi par la Duchesse d'Angoulesme : d'ailleurs traitée dix-huit jours durant par les Officiers du Roi, & servie comme lui par le Maître d'Hotel, ayant son bâton, & les Gentilshommes servans.

COMTES DE BOULOGNE.

EN 1352, & même long-tems auparavant, les Comtes de Boulogne avoient leur Hotel à la rue du Fer-à-moulin, qu'on appelloit alors, & qu'on a encore appellé depuis la rue au Comte de Boulogne, à cause de l'Hotel de ces Princes.

COMTES D'AUXERRE.

EN 1391, les Comtes d'Auxerre demeuroient à la rue de la Tixeranderie, au coin de celle des Deux-portes.

DUCS DE BAVIERE.

EN 1400 ou peu après, Albert Duc de Baviere, logeoit à la rue des Deux-poulies dans un Hotel qui lui appartenoit à l'endroit où on voit maintenant l'Hotel de Longueville.

Guillaume, fils d'Albert, lorsqu'il arriva à Paris à la tête d'une armée qu'il emmenoit en faveur du Duc de Bourgogne, & cela dès le lendemain que Montagu, souverain Maître d'Hotel du Roi, de plus un de ses premiers Ministres & de ses Favoris avoit perdu la vie, fut logé dans la maison même de ce pauvre malheureux, située à la rue de Joui & à la rue Percée, qu'on appelloit la maison du Porc-epic, & que le Duc de Berri avoit donné au defunt; & non seulement il y logea, mais encore le Roi lui en fit present & de tous les autres biens de Montagu qu'il avoit confisqués.

Ces Princes-ci encore, aussi-bien que leurs devanciers & leurs successeurs, ont eu une autre grande maison à la rue Bordelle, près la porte St Marceau, qui conserve encore leur nom; quoique ce soit un lieu mal bâti, mal propre, & rempli d'Artisans & Gagne-deniers, on le nomme toujours la Cour de Baviere, & si n'occuppe-t-il guere de place maintenant. On apprend des titres du College de Boncourt à qui il appartient & des Religieux de Ste Geneviéve qui en sont les Seigneurs, qu'il en occupoit autrefois bien davantage. Je passe la maison qu'Isabeau de Baviere avoit au fauxbourg St Marceau dans la rue d'Orleans, parce que c'étoit une Maison Royale, qu'elle ne posseda pas en qualité de Princesse de Baviere, mais comme Reine de France.

EVEQUE DE LIEGE

EN 1409 encore, Jean de Baviere, Evêque de Liege, vint aussi à Paris avec des troupes au service du Duc de Bourgogne. Lorsqu'il fut à la porte St Denys prêt d'entrer, le Prevôt de la Ville le fit jurer auparavant qu'il ne tourneroit point ses armes ni contre aucun des habitans, ni contre le Roi, mais bien au contraire qu'il les deffendroit de tout son pouvoir contre leurs ennemis. Si bien qu'après l'avoir promis par la foi de son corps & de son Seigneur, il le laissa passer & le conduisit à l'Hotel de la Tremoille dans la rue des Bourdonnois, où on lui avoit preparé son logis.

PRINCE ECOSSOIS.

EN 1479, un jeune Prince Ecossois, suivi de dix ou douze chevaux, & chassé par le Roi d'Ecosse, vint implorer le secours de Louis XI. Gaucourt, Gouverneur de Paris, avec tous les Etats de la Ville, allerent au devant de lui jusqu'au grand chemin de Vincennes, & fut conduit à la maison de la Chasse dans la rue St Martin, qu'on lui avoit destinée. Tant qu'il y fut, Montigni, Seigneur François, & Congressault, Gentilhomme Ecossois, lui firent toujours compagnie.

FILLE DU DUC DE FERRARE, FEMME DU DUC DE GUISE.

AU mariage du fils aîné du Duc de Guise, qui épousa en 1548 la fille aînée du Duc de Ferrare, lorsque cette Princesse arriva, le Roi commanda au Prevôt des Marchands de lui faire autant d'honneur qu'à une Princesse du Sang. Si bien qu'en entrant on tira l'artillerie & toutes les cloches furent mises en branle. La Ville l'alla recevoir au fauxbourg St Antoine à cheval en robes mi-parties, avec les Conseillers, Quarteniers, quelques Bourgeois, & de plus escortée de ses Sergens, Archers, Arbalêtriers & Arquebusiers, tous ayant leurs hoquetons & une javeline à la main. Après la harangue du Prevôt des Marchands, parmi le bruit des cloches & du canon rangé sur les remparts, elle fit son entrée en cet ordre. Les trois compagnies d'Archers, Arbalêtriers & Arquebusiers marchoient devant; après le train de la Princesse, des Princes & Seigneurs qui lui tenoient compagnie; quantité de Gentilshommes ensuite, puis les Sergens de la Ville; derriere, les Conseillers, les Quarteniers, les Echevins; à la queuë, les Cardinaux de Vendosme & de Guise, le Duc d'Enghuien & son frere, les Ducs de Montpensier, de Guise, de Nevers & d'Aumalle, le Marquis de Maïenne, l'Evêque de Troies, les Ducs de Nemours & de Longueville; la Princesse de Condé, montée sur une hacquenée blanche, vêtue très-richement & accompagnée des Cardinaux de Bourbon & de Ferrare; la Marquise de Maïenne, la Comtesse de Chateau-villain, & quantité d'autres Dames: tant de monde en un mot, qu'on y comptoit quatre ou cinq mille chevaux. En cet équipage, elle vint descendre à l'Hotel de Reims, que le Cardinal de Guise, Archevêque de Reims lui avoit fait preparer. Peu de tems avant le souper, le Prevôt & les Echevins vêtus de leurs robes mi-parties, lui vinrent presenter quantité de dragées, de massepains & hypocras; ce qu'ils continuerent de faire les deux jours suivans qu'elle demeura à Paris.

DUCHESSE DE MANTOUE.

EN 1606, Eleonor de Medicis, Duchesse de Mantoue, & sœur de la Reine, étant arrivée à Paris avec son fils Ferdinand, pour tenir sur les fonts le Dauphin, qui depuis a regné sous le nom de Louis XIII, tous deux furent logés au Louvre, où leurs appartemens avoient été preparés, aussi bien qu'aux Dames & aux Damoiselles de la Duchesse: le reste de leur suite fut conduit à l'Hotel de Gondi qui étoit au fauxbourg St Germain, & qu'on appelle maintenant l'Hotel de Condé. Ce Prince & la Princesse sejournerent quelques mois en France; mais tant qu'ils y furent, on les traita toujours aux dépens du Roi, eux & leurs gens. Ils virent la couronne d'épine, le fer de la lance, & les autres reliques de la Ste Chapelle, qu'on ne montre que par ordre du Roi. On les fit voir encore en 1608 au Duc de Mantoue, beau-frere de la Reine, quand il vint à la Cour, & logea aussi au Louvre de même que sa femme & son fils. Le Prevôt & les Echevins, vêtus de leurs habits de soie & assistés de leurs Sergens & d'une escouade d'autres, ayant leurs hoquetons & leurs hallebardes, vinrent lui presenter trois douzaines de flambeaux blancs de deux livres chacun, six douzaines de boëtes de confitures & de dragées, & trois douzaines de bouteilles d'excellent vin qui tenoient chacune une quarte.

MARQUISE DE GENESE.

EN 1530, lorsque la Marquise de Genese vint à Paris. Le Roi manda au Prevôt & Echevins de lui faire tout l'honneur qu'ils pourroient. Si bien que vêtus de leurs robes de livrée & assistés de quelques Conseillers de la Ville, des Quarteniers & des Bourgeois, outre leurs Sergens, Archers, Arbalêtriers & Arquebusiers, ils allerent la recevoir à Notre-Dame des Champs, qu'on appelle maintenant les Carmelites, & la conduisirent jusqu'à l'Hotel de Villeroi, où on lui avoit marqué son logis.

COMTE DE NASSAU.

EN 1534, le Comte de Nassau alla descendre à la rue du Roi de Sicile, chés le Lievre, sieur d'Admiraux; & alors par commandement du Roi, le Prevôt & les Echevins accompagnés de Conseillers & des Quarteniers, & vêtus de leurs habits ordinaires, furent lui faire la reverence; & le même jour lui envoyerent six doubles quarts d'hypocras blanc, clairet & vermeil, six boëtes de dragées de deux livres la piece & douze torches.

COMTE PALATIN.

EN 1538, lorsque Frederic, Comte Palatin, passa par Paris, le Connétable de Montmoranci, manda au Prevôt & Echevins de le loger dans son Hotel à la rue Ste Avoie; & que le Roi entendoit qu'ils l'y allassent visiter, & lui fissent le meilleur accueil qu'ils pourroient. Si bien qu'ayant obéi à son ordre, peu de tems après ils lui envoyerent quatre quarts d'hypocras blanc & clairet, quatre livres d'épices ou confitures, avec six torches; & tant qu'il séjourna à Paris, ils ne manquerent point tous les jours de lui faire present de vin & d'hypocras.

DUC DE SAXE.

JEAN Guillaume, Duc de Saxe, n'arriva pas plutôt en 1558, que le Roi le fit accompagner par le Heraut de Bretagne, & ordonna à la Ville de lui faire preparer un logis, & de le visiter avec les presens accoutumés. Le Prevôt & les Echevins l'allerent saluer à l'Hotel de la Rochepot, où les Jesuites maintenant ont leur Maison Professe, & où ils avoient fait tapisser & meubler une chambre & une salle; ensuite ils lui firent les presens ordinaires, & manderent le tout au Duc de Guise.

LUDOVIC DE NASSAU.

QUAND Ludovic de Nassau vint servir Charles IX aux secondes guerres de la Religion, & qu'il amena deux cens lances Bourguignognes, il logea tout le Carême à l'Hotel de Villeroi, qui depuis a été appellé l'Hotel de Longueville.

FILS DU DUC DE WIRTEMBERG.

EN 1603, le Prince de Montmiral, fils du Duc de Wirtemberg, eut pour logis l'Autruche, derriere l'Hotel de Longueville, où par ordre du Roi, le Prevôt & les Echevins, avec le Procureur du Roi & le Greffier, en houffe & en habit noir, & affiftés de leurs Sergens, ayant leurs robes de livrée, allerent chés lui le faluer.

DUC DE PARME.

LE Duc de Parme en 1636, lorfqu'il vint, logea au Louvre dans l'appartement de la Reine, avec le Comte Serty, fon favori; & fon train au Petit-Bourbon.

DUC DE WEYMAR.

LA même année, Bernard de Saxe, Duc de Weymar, fut logé à l'Arcenal, avec le Comte de Naffau, le Baron de Friberg & Ponikam fon principal Confeiller. Depuis il demeura à l'Hotel de Schomberg dans la rue St Honoré. Weymar fe couvrit devant le Roi, & Naffau en vouloit faire autant. Le Roi ôta fi promptement fon chapeau qu'on ne s'en apperçut prefque point. Parce que le Roi avoit deffendu aux Princes de fe couvrir à l'ordinaire, il ne fe trouva pour lors autre Prince du Sang que le Duc d'Orleans, qui pour lui mit fon chapeau. Lorfqu'on s'en plaignit à Ponikam, il repondit que ce Prince avoit voulu fe couvrir à l'imitation du Duc de Parme, qui comptoit moins de Gentilshommes dans fa maifon, que le Duc de Weymar ne comptoit d'Empereurs dans la fienne. Pour s'accommoder & vuider le differend, on lui accorda le tabouret devant la Reine; à l'égard du Roi, qu'il feroit decouvert devant lui dans le cabinet; mais pour lors les portes fermées, afin que fes gens ne le viffent pas en cet état. Le Duc de Chevreufe, avec les Comtes d'Alais & d'Harcourt, le vinrent vifiter, & étant dans fa chambre ne pretendirent point prendre la droite fur lui: bien plus il ne les vint recevoir que hors la porte de fa chambre, & ne paffa point la porte de fon antichambre quand il les reconduifit. A fon depart le Roi lui fit prefent d'un cordon de pierreries de cinquante mille écus, avec une caffette pleine de gentilleffes de la valeur de dix mille. Son Favori, fon Secretaire & fon Nain, eurent des chaînes d'or & des diamans pour cinq mille écus.

HOTELS DES CONNETABLES.

SI la dignité de Maire du Palais, comprenoit celle de Connétable, de Chancelier, & de Maréchal de France tout enfemble; & de plus qu'une charte du petit Paftoral foit moins fufpecte, que beaucoup d'autres que j'y ai lues, affurement Archambault, Comte de Paris, & Maire du Palais, avoit fon Hotel à l'endroit même, où eft à prefent l'Hotel-Dieu. St Chriftophe étoit fa Chapelle, & vers l'an 665 il donna l'un & l'autre à l'Eglife Notre-Dame, avec le village de Creteil: & ainfi on peut dire, que c'eft le premier & le plus ancien Hotel, tant des Connétables, que des Chanceliers, & Maréchaux de France, que nous connoiffions.

Que fi Favin, du Breul, & quelques autres Ecrivains auffi credules qu'eux doivent faire autorité, les Comtes de Paris, les Marquis de France, & les Maires du Palais, qui fuccederent à Archambault, logerent au Palais que nous appellons le Parlement, & le bâtirent avec tant de magnificence, que depuis il fervit aux premiers Rois de la troifiéme race. Raoul de Prefle pretend que Bertrand des Foffés, ou bien Guillaume d'Orange, ou Geoffroi, Comte d'Anjou, furnommé Grifegonnelle, l'un des Heros, ou plutôt des Paladins du tems paffé, demeuroit près St Merri, lorfqu'il vainquit le Geant Yfoir, ou felon d'autres le Geant Haftins, ou bien Etelulfe qui affiegeoit Paris. Mais pourquoi perdre le tems après des fables, lorfqu'on ne cherche que la verité.

Les premiers Connétables de Montmorenci avoient leur Hotel, à la rue qui conferve encore leur nom, & qu'on appelle toujours la rue de Montmorenci, quoiqu'il n'y ait plus de maifon depuis l'an 1363. En ce tems-là *Velvet*, Prêtre, & Procureur de Charles de Montmorenci, Maréchal de France, prifonnier volontaire & ôtage en Angleterre, pendant la liberté du Roi Jean, la vendit au Seigneur de Hangeft, pour fubvenir aux befoins d'un fi genereux captif.

Ses Succeffeurs en eurent un autre à la rue St Denys, contre la fontaine du Ponceau, & quand Henri VI, Roi d'Angleterre, fit fon entrée à Paris en 1431, & fut couronné Roi de France dans Notre-Dame, les Anglois dresferent une grande terraffe fur la fontaine du Ponceau, & après avoir fait des tuyaux & de grands refervoirs à l'Hotel de Montmorenci, pour faire couler dans la fontaine du vin & de l'hypocras, il fut diftribué aux paffans, en figne de réjouiffance. Toutes les portes au refte, & toutes les ouvertures, qui furent faites, tant à l'occafion des tuyaux, que pour aller fur la terraffe, furent bouchées enfuite aux dépens du Roi, comme on voit dans les regîtres des œuvres Royaux de la Chambre des Comptes de l'année 1432. Et parce que cet Hotel tomboit en ruine en 1445, & qu'une des murailles avoit comblé les égoûts du Ponceau, le Parlement commit Geoffroi Bafchelier pour enlever les debris qui bouchoient les égoûts, & par même moyen le reparer & le louer. Afin de mettre en regle, & rapporter de fuite, tout ce que je fai des Seigneurs de Montmorenci, touchant leurs Hotels :

Mathieu qui devint Connétable en 1218, & qui le premier fit valoir cette dignité, & la porta jufqu'au plus haut degré où elle pouvoit monter; avoit au pied de la Montagne Ste Geneviéve une vigne, accompagnée d'une maifon de plaifance, appellée le clos Mauvaifon, dont j'ai parlé ailleurs, & qu'il vendit en 1202, pour y bâtir & faire des rues qui furent celles du Fouarre, des Rats & des Trois-portes.

Robert de Montmorenci en 1212 demeuroit à la rue de la Mortellerie.

Anne, Connétable avoit quatre maifons à Paris, & trois aux environs ; celles de la campagne font Ecouen, à quatre lieues de Paris, qu'il tenoit de fes ancêtres, & la laiffa fi magnifique, que non feulement elle eft admirable pour fon architecture, fes vitres peintes d'après Raphael, fa table d'un fep de vigne d'une grandeur demefurée ; fa Chapelle environnée d'un lambris de bois de rapport, & de differentes couleurs ; mais plus admirable encore pour quelques buftes & figures antiques, & par ces deux captifs de marbre, du deffein, & de la main-même de Michel Ange, qu'Henri II, dernier Duc de Montmorenci donna en mourant, en 1632, au Cardinal de Richelieu, qui font une des merveilles de la Ville, & du Duché de Richechelieu.

Pour ce qui eft de Montmorenci, petite Ville à trois lieues de Paris, il eft confiderable par le Maufolé du même Connétable, & de Madelaine de Sa-

DE LA VILLE DE PARIS. Liv. VII. 143

voie, sa femme, eftimé generalement & pour sa grandeur, & pour sa magnificence.

Chantilli, à huit lieues de Paris, eft celebre par sa gallerie, sa Bibliothéque, son cabinet d'armes, ses antiques, & autres reftes precieux de la magnificence du même Connétable : sa gallerie peinte à frefcq par Meffire Nicolo, eft dans le jardin.

Sa Bibliothéque étoit remarquable autrefois par un Tite-Live, un Ciceron, un Thucydide, écrits en lettres capitales, & par quantité d'autres Manufcrits très-rares.

Le Cabinet d'armes eft plein de toutes fortes d'armes, anciennes & nouvelles, amaffées à grands frais, & avec beaucoup de curiofité.

Quant aux antiques, un bufte de marbre entre autres s'y remarque, & une petite figure de bronze, qui reprefente un jeune garçon, portant une colombe, ou un pelican dans sa main, & autres semblables, qui demanderoient trop de tems, s'il en faloit faire le détail : le Confeiller Peyrefc prend le bufte pour un Serapis, & le concierge du Château pour un Jupiter Stator, & la figure pour un Jupiter.

Les quatre Hotels dans la Ville qu'avoit le Connétable, sont l'Hotel de Montmorenci, à la rue St Avoie, l'Hotel de Rochepot, à la rue St Antoine, l'Hotel de Dampville, à la rue de la coulture Ste Catherine, & l'Hotel vieux de Montmorenci.

A l'égard du dernier, je n'en ai pu rien découvrir, finon qu'il le donna en 1563 à Charles, son troifiéme fils, Capitaine de cinquante hommes d'armes ; s'il ne fait partie de l'Hotel de Montmorenci de la rue St Avoie, ou fi ce n'eft l'Hotel de Montmorenci de la rue St Denys, près du Ponceau, il faut que ce foit l'Hotel de Meru ; & il eft certain que Charles de Montmorenci portoit ce nom-là, & de plus que l'Hotel de Meru à la rue St Antoine, a appartenu à la Maison de Montmorenci, & fe nommoit l'Hotel de Montmorenci en 1552.

L'Hotel de Marly, fitué à la rue des Sept-voies, près le College Fortet, y a été long-tems ; à la fin on l'y a joint, & amorti en 1561.

Pour ce qui eft de l'Hotel de Dampville, Anne de Montmorenci le donna en 1563 à Guillaume, son quatrieme fils, Seigneur de Thoré, Colonel general de la Cavalerie de Piedmont : Jean de Vienne, Controlleur general des Finances, & Prefident de la Chambre des Comptes, l'acheta en 1603, & ses filles, l'une mariée au Baron de Bouteville, l'autre au Marquis de Saveufe le vendirent en 1626 aux quatre-vingts-feize mille livres.

Touchant l'Hotel de Rochepot, il occupoit tout ce qu'occupe à prefent la Maifon Profeffe des Jefuites de la rue St Antoine. François de Montmorenci de la Rochepot, frere du Connétable, & Gouverneur de Paris, y demeuroit en 1538, & comme il n'y venoit point d'eau de fontaine, la Ville y en fit conduire par son Fontainier. Après sa mort il paffa à son frere aîné, & à sa belle-fœur, qui le donnerent en 1563 à Henri, leur fecond fils, Baron de de Dampville, & depuis Connétable. Long-tems après, Madelaine de Savoie, sa veuve, le vendit feize mille livres à Charles, Cardinal de Bourbon, & Legat d'Avignon, pour y fonder la Maifon Profeffe des Jefuites.

Enfin l'Hotel de Montmorenci de la rue St Avoie, s'étend jufqu'à celles de Bracque, & de l'Homme-armé ; le Connétable Anne, & sa femme le donnerent à François, Maréchal de France, leur fils aîné, après l'avoir agrandi de plufieurs Hotels particuliers, entre autres de ceux de ⸺ de Maigret, & de la plupart des autres malheureux de son tems, dont il eut la confifcation, ainfi que de leurs autres biens. On y voyoit, il n'y a pas long-tems, une gallerie peinte par Nicolo de Modene, que l'on connoît fous le nom de Meffer Nicolo, fur les deffeins de François Primatiche, Abbé de St Martin, le Raphael & l'Apellès de son siecle, & du Royaume; mais on l'a ruiné pour y faire un corps de logis: j'y ai vû quelques antiques fort estimées.

Henri II y est venu demeurer quelquefois: des Princes: & même des Ambassadeurs y ont aussi logé quelques jours; & enfin le Connétable y est mort en 1567 des coups qu'il avoit reçus à la bataille de St Denys, mais après l'avoir gagnée, & forcé les rebelles à tourner le dos.

C'est dans cet Hotel-là même que furent faites les noces du Duc d'Epernon en 1587, lorsqu'il épousa la Comtesse de Candale, & où Henri III, accompagné de toute sa Cour, témoigna tant de joie, & où on le vit danser au bal, son gros chapelet de têtes de mort à la ceinture. Mais pour ne rien oublier de tout ce qui est arrivé de remarquable aux Hotels de Montmorenci de la rue St Antoine, en 1539 le jour que Charles Quint fit son entrée à Paris, François I dîna à l'Hotel de Montmorenci avec la Reine & le Cardinal de Lorraine, & vit de là toutes les magnificences de cette ceremonie.

Gilles le Brun, Connétable de France sous St Louis, demeuroit à la rue St André des arts, dans un grand logis qui tenoit au College de St Denys, fondé derriere l'Hotel de Nesle, & au Couvent des Freres de la penitence de Jesus-Christ, occupé maintenant par les Augustins. Le Feron assure qu'il étoit Connétable; Godefroi en doute; mais comme son Hotel étoit sur le territoire de St Germain des Prés, les titres de l'Abbayie qui en font mention, l'appellent Gilon, dit le Brun, Connétable de France, & portent qu'en 1262 il logeoit là.

Gaucher de Chastillon, Connétable de France, demeuroit-là auprès, à la rue Pavée-d'andouilles, dans un grand Hotel, accompagné de cours, prés, jardins, étables, celliers, caves & plusieurs maisonnetes. Jean, son fils le vendit en 1337 à Jean d'Arcis, Evêque d'Autun. Cet Hotel au reste, de même que celui du Connétable le Brun, tenoit au jardin des Ecoliers de St Denys, & l'un & l'autre couvroient la rue des Augustins. Le premier a été converti en maisons particulieres, & l'Hotel de Nemours occupe la place du second.

Outre celui-ci, je trouve encore un autre Hotel de Châtillon, qui tenoit alors à la porte St Martin, & que des Experts que la Cour nomma, partagerent par la moitié également; & cela à la requête du Comte de Porcian, & de Marguerite, sa sœur, de la Maison de Chastillon. *Borel parle d'un Arrêt donné sur cet Hotel en 1355, fol. 603.*

Raoul I, & Raoul II de Nesle, Comtes d'Eu & de Guines, & Gaucher, Duc d'Athenes, tous trois Connétables de France, l'un après l'autre, ont logé dans la rue St Antoine, tout contre St Paul, à l'Hotel d'Estampes, que Jeanne d'Eu, fille de Raoul I, veuve du Duc d'Athenes, & femme en secondes noces de Louis, Comte d'Estampes, vendit en 1361 à Charles, Duc de Normandie, & depuis Roi de France.

Raoul II, accusé de crime de leze-majesté, arrêté aussi-tôt, & condamné par les Grands que le Roi avoit deputés, fut decapité en 1350 dans l'Hotel de Nesle-même, qui lui appartenoit, & lui avoit servi de prison: maniere d'agir, sans doute, digne d'être observée, de dire qu'en ce tems-là le Roi faisoit arrêter prisonnier, juger & decapiter tout ensemble un Connétable dans sa propre maison: On pourroit ajouter à cela, qu'Enguerand de Marigni ne fut point arrêté ailleurs que dans son Hotel, par ordre de Louis Hutin: & de même Jean, Duc d'Alençon en 1456, lorsque le Comte de Dunois, par ordre de Charles VII, s'assura de sa personne à Paris, son logis lui servit de prison, d'où le Comte ensuite le tira, sans peine & sans bruit.

Jaques de Bourbon, Comte de la Marche, & de Ponthieu, Connétable de France, demeuroit à la rue du Four, & agrandit son Hotel de la maison d'un certain Guillaume de Dreux, son voisin, banni du Royaume, que le

Roi

Roi Jean lui donna en 1353 ; outre cela il avoit un grand logis à la rue de la Tixeranderie, qui tenoit à celui du Duc de Berri, dont j'ai parlé ailleurs, & que le Roi Jean lui donna encore en 1360.

Olivier de Cliffon a fait bâtir les anciens édifices, que nous voyons encore à l'Hotel de Guife. Auparavant c'étoit une grande maifon, nommée le Grand-chantier du Temple ; dont les Parifiens lui firent prefent, à ce que pretend la tradition, & même Pafquier, lorfqu'ils fe virent reduits par fon moyen à venir crier mifericorde au Roi dans la Cour du Palais. On l'appella quelquefois l'Hotel de Cliffon, mais plus ordinairement par moquerie l'Hotel de la Mifericorde ; car il ne faut pas s'imaginer, comme font quelques-uns, que ce nom-là lui vint de certains couteaux longs & grêles à quatre tranchans que les Allemans, auffi-bien que les Anglois, & les Flamands commencerent à mettre en ufage en 1215 à la bataille de Bouvines Et de fait, ces m d'or, couronnées, qui fignifient mifericorde, que pour infulter davantage aux Parifiens, on peignit alors dans cétte maifon, & qui fe voient encore fur les combles, & fur les murailles, font bien connoître, que c'étoit bien autant par raifon pour le moins, que par raillerie, qu'on le nommoit ainfi. De la maniere que Froiffart raconte fon affaffinat, entrepris par de Craon en 1393, il y a grande apparence qu'il y logeoit alors, & qu'il en prenoit le chemin, lors qu'il fut attaqué.

Louis de Sancerre avoit fon Hotel à la rue de l'Hirondelle, qui confiftoit en prés & en jardins, comme la plupart des autres grandes maifons de ce tems-là ; & qu'il vendit trois mille livres à l'Archevêque de Befançon en 1397. Prefentement il eft occupé en partie par une maifon accompagnée de portiques, de plus enduite de bas-reliefs, & de Salamandres, & qu'on croit que François I a fait faire pour quelqu'une de fes Maitreffes.

Ses predeceffeurs avoient encore un autre Hotel à la rue St André, attaché à ceux des Connétables le Brun, & de Chaftillon, & outre cela une maifon de campagne au faux-bourg St Marceau, qui avoit appartenu à Hugues Bruin, Comte de la Marche, & d'Angoulefme, que Philippe de Valois donna en 1312, à Marie de la Marche, Comteffe de Sancerre.

Charles d'Albret avoit une maifon de plaifance au faux-bourg St Marceau, fur le bord de la riviere des Gobelins, qui la feparoit de celle du Roi de Sicile, dont j'ai fait mention autre part. Pour ce qui eft de l'Hotel qu'il avoit dans la Ville, il étoit à la rue du Four, compofé de huit petits logis & qui tenoit à l'Hotel de Boheme, ou de Soiffons ; auparavant il avoit appartenu au Duc de Berri, après fa mort il fut à fon fils. Charles VI, obfedé du Roi d'Angleterre, le confifqua, parce que le fils étoit attaché au Dauphin, & le donna à Chaftellus, plus ami de l'Angleterre, que de la France par interêt.

Valerant de Luxembourg en 1396 acheta d'un Bourgeois, quinze cens livres plufieurs maifons & places vuides, fituées à la rue du Louvre, & dans celle du Cocq, qui toutes tenoient à la porte St Honoré, au lieu même où eft à prefent l'Eglife, & le logis des Prêtres de l'Oratoire : il en avoit encore une autre à la rue de la Tixeranderie, qu'il tenoit de fes predeceffeurs, & qui depuis paffa aux Seigneurs de Coucy, appellé maintenant l'Hotel de la tour du Pet-au-diable.

Bernard d'Armagnac par fon mariage avec Bonne de Berri, devint proprietaire de la grande, & de la petite Maifon de Savoie, dont j'ai parlé en un autre endroit ; mais il logeoit à la rue St Honoré, à l'endroit même où le Cardinal de Richelieu a bâti fon Palais : & c'eft là qu'il fut attaqué par les Anglois en 1418, quand Perinet le Clerc leur ouvrit la porte St Germain, & qu'auffi-tôt le Connétable, s'étant travefti, & fauvé chés un maçon, ce perfide le livra à fes ennemis, qui l'abandonnerent à la fureur de la populace ; fi bien qu'en même tems, il fut maffacré, dechiré, & traîné par les rues ; & comme fi ce n'eut pas été affés d'une mort fi cruelle,

Charles VI, quoique ce malheur ne lui fut arrivé, que pour lui avoir été trop fidele, l'accrut encore par la confiscation de tout son bien: sa maison fut donnée au Comte de Charolois, & à Michelle de France sa femme; injustice pourtant plus à rejetter sur la maladie de ce Prince, que sur son ingratitude.

Ses ancêtres avoient eu un autre Hotel à la rue des Poulies, qui depuis appartint aux Ducs de Bavierre, & d'Alençon, & enfin au Maréchal de Retz, & au Duc de Longueville.

Artus de Richemont demeura long-tems à la rue Percée, & à l'Hotel de Joui, dans un grand logis, appellé le Porc-epic, dont les Ducs de Berri, d'Orleans, & de Bavierre avoient été proprietaires successivement. Cet Hotel au reste s'étendoit jusqu'aux anciens murs de Paris. Marguerite de Bourgogne, sa femme, veuve de Louis de France, Dauphin & Duc de Guyenne, y mourut en 1441: pendant sa maladie, qui fut longue, elle fit une penitence publique, se repentant si amerement de sa vanité, aussi-bien que des outrages, & des excès qu'elle avoit faits, que tout le monde en fut touché, & versa des larmes.

Charles d'Albert, Duc de Luines en 1620 acheta cent soixante & quinze livres l'Hotel de la Vieuville, & l'année suivante y joignit une maison tout proche, qui lui coûta huit mille écus, si bien qu'alors il alloit jusqu'aux remparts, qui terminoient son jardin, & que le Roi lui avoit donné même jusques sur le bord des fossés, à la reserve de quatre toises pour servir de passage. Sa veuve depuis, qui étoit Marie de Rohan, le vendit cent trente mille livres au Duc de Chevreuse, qu'elle épousa en secondes noces. Après la mort du Connétable, son fils fut batifé dans un autre Hotel de Luines, assis à la rue du Temple. Outre ces deux Hotels de Luines, nous en avons encore un troisiéme sur le quai des Augustins, au coin de la rue Gille-cœur qui faisoit autrefois, & fait encore, la meilleure partie de cette belle maison & si propre, de la rue de l'Hirondelle: que si l'ancien corps de logis n'est pas enduit de bas-reliefs, c'est que François I le trouvant tout bâti, l'a laissé tel qu'il étoit, & comme nous le voyons; mais pour ce qui est de la porte & de ses dernieres croisées, par tout on y voit des salamandres, & de plus il ne s'y trouve aucune cheminée, qui ne soit ornée de devises, d'emblêmes amoureuses, & pleines d'esprit.

Enfin François de Bonne, Duc de Lesdiguieres, le dernier Connétable de France, acheta des enfans de Sebastien Zamet, le superbe Hotel qu'il avoit fait bâtir à la rue de la Cerisaie, l'un des plus logeables & des plus vastes de Paris. Sa cour d'une grandeur extraordinaire, entourée de portiques, de galleries, & de corps de logis, se décharge à droit & à gauche dans de grandes basses-cours, & au fond dans un jardin qui s'étend jusqu'à la rue St Antoine; ses appartemens consistent en plusieurs grandes pieces; & sur tout, il s'y voit des bains & des étuves, que Zamet fit faire même pour le plaisir de Henri IV & de ses Maitresses, comme j'ai fait savoir ailleurs, que pour le sujet on appelloit aussi le Palais d'amour de ce grand Roi, maison qui y étoit très-propre, pour être située dans un cul-de-sac, & éloignée du commerce du monde; c'est-là au reste, que la Duchesse de Beaufort gagna la maladie dont elle mourut.

DE LA VILLE DE PARIS. Liv. VII.

CHANCELLERIES, ET HOTELS DES Chanceliers.

COMME plusieurs Evêques de Paris, & même quelques Abbés de St Germain des Prés, ont été Chanceliers de France, il ne faut point aller chercher leurs demeures ailleurs que dans leurs Cloitres.

Quant aux Archevêques de Sens, de Rouen, de Tours, de Narbonne; & de même, pour ce qui est des Evêques de Langres, de Beauvais, d'Arras & de Clermont, qu'on fait avoir été élevés à cette dignité, ils ont logé dans les maisons annexées à leurs benefices. Quelques Abbés de St Denys pareillement, qui ont exercé cette haute charge, les uns choisirent pour leur Hotel, le College de St Denys, placé alors à l'endroit même où est à present la rue Dauphine, celle d'Orleans, & la rue d'Anjou; les autres aimerent mieux se tenir à la rue St Martin, près d'une porte de ville, nommée la Porte St Merri, dans un logis que Suger Abbé de St Denys avoit acheté du tems qu'il étoit Regent en France.

De tous les Prelats au reste, il n'y en a point à qui nos Rois ayent mis plus souvent leurs sceaux entre les mains, que les Archevêques de Reims; jusques là même qu'il sembloit que ce fût une dignité affectée à leur Prelature. Que si alors ils ne logeoient pas dans quelqu'un des Hotels de Reims, dont j'ai parlé en traitant des Hotels des Ducs & Pairs, je ne saurois pas dire où ils demeuroient.

Je laisserai là les Hotels, tant de Jean & de Guillaume, que de Milles de Dormans, Chancelier de France, & Evêque de Beauvais, comme n'ayant rien à ajouter aux choses qui ont deja été dites en parlant des Pairs; venons donc au successeur de Milles.

Pierre de Giac qui succeda à Milles de Dormans, logeoit à la rue de Joui, & dans la rue Percée, dans une grande maison qui avoit appartenu à Hugues Aubriot, Prevôt de Paris, & qu'eurent depuis les Ducs d'Orleans & de Berri, & le Connétable de Richemont.

A la campagne il avoit la Grange aux Merciers, qu'il acheta par decret en 1385, & que Pierre de Giac, son fils, vendit en 1398, au Duc de Berri.

Pierre d'Orgemont successeur de Giac, fit bâtir à Mery une maison de campagne assés bien proportionnée, pour la grandeur, à une personne de son rang; & quant à la beauté, ce qu'on se peut figurer & attendre d'un siecle rude & grossier, tel que le sien.

Il agrandit aussi Chantilli, de quelques corps de logis, qui s'y voient encore.

Outre ces deux maisons, il avoit deux Hotels à Paris; l'un à la rue St Antoine, qui tenoit à celui que le Chancelier de Giac avoit à la rue Percée; l'autre encore à la rue St Antoine, vis-à-vis l'Hotel St Pol, qu'on appelloit l'Hotel des Tournelles, dont les Ducs de Berri, d'Orleans & de Bedfort, & enfin nos Rois sont devenus proprietaires. On le trouva, à ce qu'on dit, dans sa cave, mort de poux & de gravelle: ce que Juvenal des Ursins attribue à une punition de Dieu, pour avoir fait mourir sans sujet Jean des Maretz, Avocat si celebre, sous Charles VI, qui travailla avec tant de succès à pacifier toutes choses dans Paris, & à faire que chacun rentrât dans son devoir.

Il est enterré dans l'Eglise de la Couture Ste Catherine, & representé l'épée au côté, le casque à ses pieds, & une jacque de mailles, ce qui paroit

Tome II. T ij

extraordinaire ; mais en ce tems-là, aussi-bien que depuis, non seulement les Chanceliers étoient Chevaliers, mais encore quelquefois aux Entrées solennelles ils paroissoient armés d'un corcelet d'acier, & une jacque de mailles de velours cramoisi. Guillaume des Ursins, Chancelier, parut en cet équipage à l'entrée du Comte de Dunois à Bordeaux, en 1451. On apprend d'une épitaphe de l'année 1380, qu'on voit à St Etienne des Grès, que les Conseillers de la Cour s'appelloient Chevaliers ; mais bien plus, les anciens Regîtres du Palais font voir que les Avocats même, & la plupart des personnes laïques du Parlement prenoient la même qualité.

Arnauld de Corbie, demeuroit à la rue des Deux-portes, dans un grand logis qui s'étendoit jusqu'à l'Hotel St Pharon, qui est dans la rue de la Verrerie, proche de celle des Mauvais-garçons.

Outre cet Hotel, il avoit une maison de plaisance au fauxbourg St Germain, qui pour lors n'étoit qu'un village, ou tout au plus qu'un bourg, separé entierement de la ville. Cette maison occupoit la même place, où nous voyons aujourd'hui l'Hotel de Condé : & de fait, en 1614, il restoit encore un pavillon, appellé l'Hotel de Corbie.

En 1418, Henri de Marle fut arrêté par les Anglois, dans sa maison à la rue Sale-au-Comte ; de-là mené prisonnier au Palais, & peu de jours après assommé par le peuple, avec le Connétable, & bien d'autres grands personnages. En 1423, le Roi, pour obéir aux Anglois & aux Bourguignons, qui étoient les maîtres, confisqua tout son bien, & de plus son Hotel qu'il vendit au Seigneur de Villevode : présentement il appartient à un Procureur du Chatelet qui y demeure, & où il se trouve assés mal logé. Après cela, si l'on veut faire reflexion sur la simplicité du tems passé, on peut juger du luxe de notre siecle, & où on est venu. Cet Hotel après tout, tenoit & tient encore à une fontaine publique, qui conserve encore son nom, & le conservera, car on l'appelle la fontaine de Marle. Un Maître des Comptes qui étoit propriétaire de son Hotel en 1578, rétablit cette fontaine, & l'orna de quelques masques, & de deux figures de fleuves, taillées en concurrence, par Pierre & par François l'Heureux, deux des meilleurs Sculpteurs de ce tems-là, & brisées maintenant par le bouchon d'un Cabaret borgne.

S'aucun de mon nom savoir, parle,
J'ai nom la Fontaine de Marle.
Priez Dieu qu'en Paradis aille,
Qui m'a fait faire, & qui n'y faille.

Jean le Clerc, que le Roi d'Angleterre, Usurpateur de la Couronne, déchargea en 1424, de la dignité de Chancelier de France, comme un fardeau trop pesant pour un homme de son âge, avoit pour maison de plaisance en 1423, celle du Roi de Sicile, située au fauxbourg St Marceau, que l'on confisqua.

Louis de Luxembourg, Evêque de Therouenne, demeuroit à la rue St André des arts, dans un certain Hotel d'Arras qu'on ne trouve point, non plus que la rue Villequeux, dont il faisoit le coin, qui avoit appartenu à Girard de Montagu, Evêque de Paris. Charles VI depuis, en 1422, le donna à Leon de Montagu, Comte de Salsberi ; & après sa mort, le Roi d'Angleterre en pourvut le Chancelier de Luxembourg.

Martin Gouge de Charpaigne, Evêque de Clermont, Chancelier de France, ou plutôt de Charles de France, Dauphin & Regent du Royaume, pendant que Charles VI son pere, obsedé par les Anglois, leur laissoit tout à l'abandon, & approuvoit tout ce qu'ils faisoient : logeoit dans la rue des Augustins, à l'Hotel de Besançon ; & parce que ce Prelat étoit zelé pour le service de son Prince, & d'une fidelité incorruptible, le Roi d'Angleterre le confisqua, & le donna en 1423 à Gui le Bouteiller, Chevalier, homme plus ami de la fortune que de l'honneur.

DE LA VILLE DE PARIS. Liv. VII.

Guillaume Juvenal des Urfins, démis de fa dignité par Louis XI, en 1461, & que ce même Prince rétablit en 1465, demeuroit dans la rue des Deux-portes, dans la maifon d'Arnaud de Corbie.

Pierre de Morvilliers logeoit à la rue Regnaud-le-fevre, dans une maifon qui aboutiffoit à la rue St Antoine; peut-être même a-t-il demeuré auffi à la rue Quitelonne, dans de petites maifons accompagnées d'un jardin qu'il a données aux Religieux de St Martin des Champs.

Jean de Gannay avoit fait bâtir un grand logis dans la rue de la Verrerie, au coin de celle de la Poterie; c'eft cette vieille maifon qu'on nomme l'Hotel d'argent, dont il refte encore un vieux corps de logis : tout y eft neanmoins fi changé, qu'outré que cet Hotel à été partagé en plufieurs maifons feparées, ce qui reftoit de vuide fut couvert d'autres logis occupés & rebâtis depuis par des particuliers.

De plus, il avoit au fauxbourg St Marceau une maifon de plaifir, dans la rue de l'Ourfine, qui fut caufe que cette rue changea de nom, & qu'on l'appella auffi-tôt, & même encore bien long-tems après, la rue du Clos de Gannay.

Antoine du Prat avoit une maifon de plaifance au village de Vanves, du côté de Clamart, dont il refte une tour, marquée de fes armes, & où en 1530, il attendit que tout fut prêt pour fon entrée, en qualité de Legat *à latere*. Il fit un beau Chateau à Nantouillet, qui appartient à fes fucceffeurs. A Paris il logeoit à l'Hotel d'Hercules, au coin de la rue des Auguftins, Louis XII lui en fit prefent en 1514. François I, en 1536, après la mort de ce Chancelier, fe faifit de cent mille écus, qui s'y trouverent dans des coffres bandés de fer.

Charles IX, Henri de France, Roi de Pologne, & Henri de Bourbon, Roi de Navarre, faillirent à y être affaffinés par Viteaux, l'un des plus determinés de fon tems, comme je dirai ailleurs.

Henri III y a tenu la plupart des affemblées des Chevaliers de l'Ordre du St Efprit : en 1585 il y reçut l'Ordre de la Jaretiere, que lui apporta le Comte d'Erby, Ambaffadeur Extraordinaire de la Reine d'Angleterre, & s'il prefera cet Hotel à tant d'autres, qui auroient été plus propres à la celebration de telles ceremonies, c'eft parce qu'il fe nommoit l'Hotel d'Hercules, & que fur fes murailles étoient reprefentés à frefque, les travaux de ce demi-Dieu qu'il fe propofoit pour modelle, & qu'il vouloit propofer à fes Chevaliers.

Antoine du Bourg demeuroit à la rue de Bethifi, où étoit auparavant l'Hotel de la Tremoille, dont j'ai parlé déja, & où eft maintenant l'Hotel de Believre.

Guillaume Poyet, logeoit dans la rue des Auguftins.

François Olivier, à la rue des Mauvaifes-paroles.

René Birague, au bout de la rue du Roi de Sicile, à l'Hotel St Paul, & dans la maifon Prieurale de la Couture Ste Catherine.

Pomponne de Believre, au coin de la rue Bethifi.

Nicolas Brulart de Sillery, à la rue St Honoré, devant le Palais Cardinal, dans cet Hotel de Sillery que nous avons vu ruiner, pour avoir une place devant cette maifon Royale.

Etienne d'Aligre, à la rue Bailleul.

Pierre Seguier, à celle de Grenelle, dans une des maifons la plus logeable & la plus agreable de Paris.

CHOSES REMARQUABLES ARRIVE'ES A la Pompe funebre de quelques Chanceliers.

DEUX choses si singulieres se passerent, tant à la Pompe funebre du Chancelier Olivier, qu'à celle de Birague, qu'elles meritent d'être ajoutées ici.

A l'enterrement d'Olivier, qui se fit en 1560, le 28. Avril, ce jour-là le Parlement & le Corps de Ville, s'étant rendus à l'Hotel du deffunt avec l'Evêque de Paris, accompagné de son Chapitre, aussi bien que celui de St Germain de l'Auxerrois ; lorsqu'il fut question d'enlever le corps, aussi-tôt grand debat entre les deux Chapitres. Les Chanoines de St Germain, qui sont Curés primitifs de la rue des Mauvaises-paroles, & de toutes ses maisons, pretendoient que c'étoit à eux à enlever le corps, & à chanter au convoi : à la verité qu'ils reconnoissoient l'Evêque pour Superieur ; mais qu'en cette occasion, sur tout dans l'étendue de leur Paroisse, il ne devoient ceder en rien aux Chanoines de Notre-Dame. Je laisse les raisons alle-guées de part & d'autre ; de sorte que sur le champ, l'affaire ayant été mise en deliberation, le Premier President prononça que par provision l'Evêque leveroit le corps, que ses Chanoines chanteroient jusqu'à la porte de l'E-glise St Germain : cela fait, qu'ils se retireroient, & laisseroient le Chapi-tre Parochial achever la ceremonie, ce qui fut observé ponctuellement ; si bien que de tout le Corps de Notre-Dame, il n'y eut que l'Evêque, en qualité de Superieur, qui entra dans St Germain, & dit l'Office sans que personne s'y opposât.

Pour ce qui est du Chancelier de Birague, c'est le premier de la Con-frairie Royale des Penitens, qui vint à mourir : d'abord huit jours durant il fut vu sur son lit de parade en habit de Cardinal, puis en Evêque, & toujours ayant à ses pieds son sac, sa corde, sa discipline & son chapelet de Penitent. Les Princes de Bourbon & de Guise firent honneur à ses fu-nerailles, & accompagnerent son deuil ; & de même le Parlement, la Cham-bre des Comptes, la Cour des Aides, les Elûs & le Corps de Ville. Ses Confreres non seulement porterent le corps, mais tous s'y trouverent, & même Henri III leur Chef, en habit de Penitent, à côté du Duc d'Eper-non ; & enfin Regnauld de Baulne, Archevêque de Bourges, le plus élo-quent de son tems, prononça la harangue funebre.

HOTELS DE QUELQUES GARDES DES SCEAUX.

JEAN Bertrandy, en telle estime auprès de Henri II, qu'en sa faveur il érigea en titre d'office, la charge de Garde des Sceaux, acheta en 1558, quelques places & quelques jardins de la Couture Ste Catherine, qui te-noient à l'ancienne cloture de Paris, aux environs de la rue des Francs-bourgeois, où aboutissoient les jardins de l'Hotel de Savoisi, & de celui de Tancarville ; & comme ensuite de cette acquisition, le Roi vint à lui donner les murs & les tours de la Ville qui la bornoient. Pour lors il fit bâtir là une belle maison de plaisir, fort grande.

Les Gardes des Sceaux de Montholon, ont logé à la rue St André, au coin de la rue Gilles-cœur, dans un logis separé en deux maintenant, & occupé par un cordonnier & un autre artisan.

Le Garde des Sceaux de Vic demeuroit à la rue St Martin, dans la maison même du savant Budé, non moins belle que grande, que ce restaurateur des Lettres avoit fait bâtir, & où il mourut en 1540.

HOTELS DES CHANCELIERS DE QUELQUES ROIS Etrangers.

LE Chancelier de Boheme, en 1368, avoit son Hotel dans la rue du Chevalier du Guet.

Girard de Montagu, Evêque de Poitiers & Chancelier du Duc de Berri, demeuroit à la rue des Marmousets au coin de la rue de la Licorne.

Jacques Olivier, Chancelier du Duc d'Alençon, logeoit à la rue des Mauvaises-paroles, dans une maison qui depuis passa à François Olivier, Chancelier de France, l'un de ses descendans.

Gui de Pibrac, Chancelier de Marguerite, Reine de Navarre, occupoit l'Hotel d'Anjou, qui est l'Hotel de Longueville, que cette Princesse lui avoit donné.

Jean Bertier, Evêque de Rieux, qui succeda à Pibrac dans la même Charge, mais bien autrement en faveur que lui auprès de la Reine, logeoit au Cloître Notre-Dame en 1605; ce qui est si vrai, que quand elle vint à Paris, ce fut-là qu'elle alla descendre, où même elle demeura quelque tems, & où la Ville la vint saluer.

Le plus celebre de tous ces petits Chanceliers, est Philippe de Maisieres, un des Conseillers d'Etat de Charles V, & Chancelier de Pierre de Luzignan, Roi de Jerusalem & de Chipre. En 1374, Charles V lui donna une mazure ou place vuide sur le quai des Celestins, au coin de la rue St Paul, avec deux maisons joignantes, accompagnées de jardins qu'il avoit achetés de Digoine son Echanson, & unies à son Hotel Royal, dont l'une s'appelloit la maison d'Ysore. Il couvrit ces places de logemens fort commodes; & depuis son vivant, abandonna le tout aux Celestins; pour qui il avoit tant de veneration, qu'après la mort du Roi son bienfacteur, il se retira chés eux, se fit Hermite, prisonnier & muet, quasi le reste de ses jours; où enfin après avoir mené une vie exemplaire, il mourut en opinion de sainteté, & de plus voulut être enterré avec l'habit de Celestin dans le Chapitre.

AMIRAUX.

JEAN & Pierre de Vienne, tous deux Amiraux de France, l'un après l'autre, demeuroient à la rue Jean Lointier, dans une maison qui avoit appartenu au Comte de Salebruche, & aboutissoit à la rue Bertin-poirée.

Pierre de Breban, dit Clignet, logeoit à la rue neuve St Merri.

Jean de Beuil, Comte de Sancerre, avoit son Hotel à la rue Barré-dubec, entre deux culs de sac qu'on y trouve encore. Faute au reste d'avoir en soin de payer les droits seigneuriaux que cette maison devoit au Grand Prieur de France, & dont elle relevoit, le Grand-Prieur de Rochechouart la donna à cens & rentes en 1446, à Charles, Président de la Chambre des Comptes, pour quarante-huit sols six deniers parisis de rente.

J'ai dit ailleurs que les Marguilliers de St Germain le vieux, s'emparerent tout de même de l'Hotel de Thouars, & que c'étoit ainsi que les Seigneurs temporels rentroient en possession des terres vagues qu'ils avoient alienées, à la charge de les couvrir de maisons.

Jean tenoit cet Hotel des Comtes de Beuil ses ancêtres, du tems que son pere & son aïeul, sous Charles VII, s'opposoient courageusement au mauvais destin de la France, qui sembloit la menacer de sa ruine. Les Anglois, pour lors maîtres de Paris, l'ayant confisqué, le louerent huit livres parisis; & c'est de ces heros qu'est descendu notre illustre Honorat de Beuil, Marquis de Racan, qui sans le secours du Grec ni du Latin, a porté notre Poësie si loin qu'il passe pour un de nos meilleurs & plus excellens Maîtres.

Louis, bâtard de Bourbon, Comte de Roussillon sur le Rhone en Dauphiné, & mari de Jeanne, fille naturelle de Louis XI, avoit son Hotel de Roussillon au fauxbourg St Germain dans la rue du Four. Il subsistoit encore en 1615 sous ce même nom, mais que bientôt après on vendit à plusieurs particuliers pour y bâtir; & où furent faites la rue Guisarde & la rue Princesse.

Louis Mallet de Graville demeuroit devant le Palais des Tournelles à l'Hotel de Graville, qui se nommoit encore ainsi en 1551, trente-cinq ans après sa mort. Il a demeuré encore à la rue Percée & celle de Joui dans la maison du Porc-epic, qui avoit déja appartenu, tant au Connétable de Richemont, qu'aux Ducs d'Orleans, de Berri & de Bavierre, & qui passant à ses heritiers leur appartenoit encore, & à Estouteville, Prevôt de Paris en 1533.

Philippe Chabot mourut en 1543, dans la rue du Roi de Sicile, dans une grande maison appellée la maison des Savaris, qui tient à l'Hotel de Lorraine. Elle étoit auparavant au General Morlet, qui en 1536 y fit conduire la grosseur d'un pois d'eau, que le Prevôt des Marchands lui accorda.

La même année que Chabot mourut, François I donna à Françoise de Longui sa veuve, l'Hotel de Savoisy, que nous appellons l'Hotel de Lorraine; si bien que l'année d'après qui fut en 1545, elle vendit la maison où son mari étoit mort à Belle-assise, Tresorier de l'Extraordinaire des Guerres, pour cinq cens livres de rente sur l'Hotel de Ville. Avant que de mourir, elle se défit encore de l'Hotel de Savoisy, en faveur de Charles, Duc de Lorraine.

Claude Annebault a demeuré long-tems à la rue St Antoine, dans une maison qu'il donna à Goulas, l'un des plus fameux Avocats de son tems.

Gaspart de Coligni est mort à la rue de Bethisi dans le corps de logis de derriere d'une vieille maison, où sous pretexte de la Religion, il fut massacré par ses ennemis & exposé à la populace, qui poussée d'un faux zèle, & aussi-tôt pis que furieuse, le traîna, le déchira, le pendit, & tout le reste que l'on sait, qui fait lire en lettres rouges le nom de St Barthelemi dans le Calendrier.

GRANDS MAÎTRES.

SI j'ai rapporté peu d'Hotels des Amiraux, j'en rapporterai encore bien moins des Grands Maîtres de la Maison du Roi, n'ayant pû découvrir que ceux d'Enguerrand de Marigni, de Jean le Mercier, sieur de Nolon en Picardie, nommé communément le sieur de Nonjant; de Jean de Montagu; & d'Antoine de Chabannes Comte de Dammartin.

Marigni, que les grandes Chroniques appellent coadjuteur & gouverneur du Royaume de France & d'Artois, logeoit à la rue des Fossés St Germain

DE LA VILLE DE PARIS. Liv. VII.

Germain, dans un grand logis qu'il acquit d'un particulier, mais qu'il agrandit bien autrement par le moyen d'autres maisons voisines qui appartenoient au Chapitre de St Germain & à quelques Bourgeois, cependant qu'il n'acheta ni ne paya point; on l'appelloit l'Hotel de Marigny, & penetroit alors jusqu'à la rue du Louvre; & non seulement il s'y trouvoit des jardins, mais aussi des preaux, de même que dans tous les autres Hotels de ce tems-là. C'est dans cette maison que Louis Hutin le fit arrêter; & c'est cet Hotel de la rue des Fossés St Germain, si renommé dans les grandes Chroniques de France. J'ai dit qu'après sa mort le Roi le confisqua & le donna en 1315 au Comte d'Alençon; & de plus qu'en 1347, la veuve de ce Prince se voyant pressée par les Chanoines de St Germain qui vouloient rentrer dans leur maison, traita avec eux & en vint à un accommodement; de la façon qu'il en est parlé dans les Contrats d'acquisition que passerent les Ducs de Bourbon pour l'acquerir & les autres logis dont ils composerent leur *Petit-Bourbon*. Il paroît que ceux-ci y tenoient; & de là on conjecture, ou qu'il comprenoit simplement le *Petit Alençon*, ou le grand & le petit tout ensemble, que nous appellons l'Hotel de Longueville, avec l'Hotel de Retz qui y étoit attaché, qu'on a ruiné depuis peu.

Le Mercier sieur de Nonjant, demeuroit à la rue de la Porte Barbette, nommée maintenant la vieille rue du Temple, qui commençoit vers celle des Blancs-manteaux & s'alloit perdre dans les champs. Sa maison qu'on nommoit l'Hotel de Nonjant a depuis appartenu à la Damoiselle de Nantouillet.

Jean de Montagu, qui prenoit la qualité de souverain Maître d'Hotel du Roi & de Vidame de Laonois, avoit plusieurs maisons. La premiere étoit l'Hotel Barbette qu'il vendit en 1403, ou environ, à Isabeau de France, & où, comme j'ai dit ailleurs, elle étoit en couche, quand le Duc de Bourgogne fit assassiner le Duc d'Orleans.

Outre cet Hotel, il avoit à la rue de Joui celui du Porc-épic; dont j'ai tant parlé, que le Duc de Berri lui donna en 1404, mais qui après sa mort ayant été confisqué, eût pour maître Guillaume Duc de Baviere, Comte de Hainaut, dont le Roi fit présent à ce Prince.

Son troisiéme Hotel étoit la grande & la petite maison de Savoie, dont j'ai déja parlé, situées à la rue du Grand-chantier & dans celle des Quatre-fils & de l'Echelle du Temple, qu'il vendit quatre mille cinq cens livres, à Hangest de Heuqueville, Chambellan du Roi, si-tôt qu'il eut pris possession de la maison du Porc-épic.

A l'égard du dernier, placé au fauxbourg St Victor, comme Montagu en sortoit avec l'Evêque de Chartres, que Monstrelet appelle Martangouge, mais qui au vrai avoit nom Martin Gouge ou de Charpaigne, aussi-tôt il fut arrêté par des Essarts, Prevôt de Paris en 1409, & depuis decapité aux Halles & pendu sous les aisselles à Mont-faucon.

Antoine de Chabannes, qui prenoit la qualité de Grand-Maître d'Hotel de France, devint proprietaire de l'Hotel de la Pissotte ou de Beau-treillis, qui faisoit partie de l'Hotel Royal de St Pol, que Charles VIII lui donna en 1490; mais comme le Procureur du Roi vint à s'opposer à cette donation, Jean de Chabannes son fils, le pere étant mort, pour n'en être point depossedé, offrit au Roi cens sols tournois de rente, ce que depuis Louis XII en 1500 lui accorda.

Tome II.

PREVOTS DE PARIS.

QUANT aux Prevôts de Paris, je trouve dans les titres de Ste Geneviéve, un nommé Guillaume Thibouft en 1292, qui donna aux Religieux de cette Abbayie les maifons de la rue Clopin, où il demeuroit, pour la fondation d'un anniverfaire.

J'en trouve encore un autre, appellé Oudard de Ville-neuve, que ni le Feron, ni Godefroi ne reconnoiffent point, qui pourtant l'étoit en 1292; & de plus avoit une Maifon de plaifance ou Manoir, au fauxbourg St Germain dans la rue des Boucheries.

Hugues Aubriot, Bourguignon, fi celebre fous Charles V, tant pour les Ponts & le Petit-Chatelet, que pour les murs de Paris, qu'il entreprit & acheva, demeura à la rue Percée & celle de Joui, dans la maifon du Porc-épic, dont j'ai tant de fois parlé, que le Roi lui fit acheter moyennant quinze cens francs d'or qu'il lui donna en 1369, afin qu'il fut plus près de l'Hotel Royal de St Pol, où Charles V avoit établi fa demeure ordinaire. Outre cette maifon, il en avoit encore une de plaifir proche des Celeftins, accompagnée d'un jardin.

Je viens de dire que Guillaume de Hangeft acheta quatre mille cinq cens livres la grande & la petite Savoie.

Pierre des Effarts avoit une maifon de plaifance, appellée la maifon des Tuilleries, qu'il tenoit de fes ancêtres, qui même en 1342, avoient donné une partie des terres qui en dependoient, à l'Hopital des Quinze-vingts.

Au compte fecond de Hemond Raguier, Treforier general de la Reine Ifabeau de Baviere, depuis le premier Octobre 1411, jufqu'au dernier Janvier 1414, au chapitre d'achats de certains heritages; appert ladite Reine avoir acheté à Bagnolet, de Meffire Pierre des Effarts, Chevalier, Confeiller, Chambellan du Roi notre Sire, & Garde de la Prevôté de Paris, pour le prix de quatre mille livres tournois, fuivant la quittance dudit des Effarts du douze Mai 1412, un Hotel affis audit Bagnolet, au bout devers la Ville de Romainville, avec les jardins, viviers, colombier, plâtriere, preffoir, moulin à vent, vignes & terres labourables appartenant audit Hotel, contenant foixante-douze arpens de terre ou environ en plufieurs pieces, tenu & mouvant partie en fief & partie en cenfive, chargées des charges defignées d'acquifition qu'en fit Damoifelle Marie Caguerine de Guillaume Foucault dit le borgne, Ecuyer, &c.

Tannegui du Chaftel, qui fauva la France en 1418, lorfqu'enlevant dans la Baftille le Dauphin à demi endormi, il fe fauva de la fureur des Anglois, qui avoient emporté Paris d'emblée, a demeuré à la rue des Deux-portes, dans l'Hotel de la Reine Blanche, dont j'ai fait mention ailleurs.

Simon Morrier logeoit dans la rue St Honoré à l'Hotel de Charolois, qui auparavant avoit appartenu au Connétable d'Armagnac, & que nous nommons maintenant le Palais Cardinal; c'eft celui-là même qui voyant Paris repris par Charles VII, tua un Boulanger fon compere, qui lui confeilloit de fe retirer & de traiter avec le Roi. En même tems penfant fe fauver au pont de Charenton, dont il avoit le gouvernement, il fut arrêté par fa garnifon & livré à Denys de Chailly, qui le laiffa aller pour de l'argent.

Du Praft, Prevôt de Paris, demeuroit fur le quai des Auguftins à l'Hotel de Luines.

Et enfin Seguier à l'Hotel d'Hercule au coin de la rue des Auguftins.

MARE'CHAUX DE FRANCE.

MATHIEU de Trie, Comte de Dammartin, le plus ancien des Maréchaux de France, dont j'aie pû découvrir la maison, demeuroit en 1274, à la rue Ste Croix; ensuite il vint dans la rue des Fossés St Germain, dans un grand logis qu'il vendit cinq cens liv. en 1300, à Louis de Bourbon, que ce Prince & ses enfans renfermerent dans le Petit-Bourbon. Depuis il fut loger à la rue Sale-au-Comte, qu'il tenoit de ses ancêtres, & même qui font cause qu'elle a eu ce nom & l'a encore. Regnauld de Trie en 1312, voulant agrandir cet Hotel, acheta un logis de l'autre côté de la rue, qu'il attacha au sien par une galerie portée sur des poutres, sans demander la permission d'une telle nouveauté, ni même payer les lods & ventes aux Religieux de St Magloire, qui étoient Seigneurs de la rue & des maisons qui la bordoient. Dans le tems qu'on travailloit à cette traverse, Eudes, Prevôt & Procureur du Monastere, se transporte sur le lieu, fait deffenses aux ouvriers de passer outre, & jettant trois pierres à trois diverses reprises sur les poutres qu'on dressoit, demande acte de son procedé à deux Nottaires en presence de plusieurs témoins. Le Comte là-dessus en colere, armé d'une grande masse, & accompagné de gens, accourt, entre dans le Couvent, frape & blesse tout ce qui se rencontre devant lui, sans avoir égard ni à l'habit ni aux personnes, fait achever la gallerie, & la posa si bas, que les chariots chargés des provisions du Prieuré ne pouvoient plus passer par-là, ni entrer par la porte de derriere, qui étoit au fond de la rue. Mais cet homme violent étant mort quelque tems après, Philippe sa veuve fit reparation aux Religieux, dans leur Eglise & en presence de beau du monde, des insultes du deffunt, avec promesse d'abattre la galerie, & de l'élever si haut qu'elle ne boucheroit plus le passage.

Jean le Maingre, dit Bouciquaut, logeoit à la rue de Bethisi, dans une maison appellée la Cave de Ponthieu, que lui donna en 1359, sa vie durant. Charles, Regent de France, pendant la prison du Roi Jean, & qu'il avoit confisqué si-tôt qu'il fut que Catherine d'Artois, femme de Jean de Ponthieu, Comte d'Aumalle, & Blanche, Comtesse d'Harcourt, sa fille, avoient livré leurs chateaux & forteresses, à Charles, Roi de Navarre.

Jean, fils de Bouciquaut, Maréchal de France aussi bien que son pere, de plus Connétable de Constantinople & Gouverneur de Gennes, avoit une maison de plaisir au fauxbourg St Marceau, dans la rue de l'Oursine, près des Cordelieres, sur le bord de la riviere des Gobelins, contre une rue qui alloit à St Hippolyte; embellie au reste de galeries, de viviers, d'isles & d'aulnois: mais qu'enfin deux Marchands Genois, à qui il devoit quatre cens livres, firent saisir & delivrer par decret à Montagu, souverain Maitre d'Hotel du Roi pour quinze cens livres.

Jean & Pierre de Rieux & de Rochefort, tous deux Maréchaux de France, demeuroient à la vieille rue du Temple dans une maison qui aboutissoit à celle des Singes: maison d'autant plus remarquable, que ce fut tout devant, à ce que témoigne l'Histoire de Charles VI, qu'on assomma avec tant de cruauté le Duc d'Orleans, qui fut remporté mort, tout couvert de bouës, de coups, de sang & de blessures.

Jaques d'Albon de St André, avoit deux maisons, une à la ville & l'autre à la campagne. A la ville, il logeoit à la rue d'Orleans, auprès de l'ancien Couvent des Filles penitentes, où Henri II se retiroit quelquefois pour être plus en repos & vaquer mieux à certaines affaires qu'il étoit bien aise de terminer; & comme il n'y venoit point d'eau de fontaine, le Prevôt des Marchands eut ordre d'y en faire venir aux depens de la Ville de la grosseur d'un pois, à condition d'en pouvoir arrêter le cours en cas de secheresse & de necessité publique.

Pour l'autre maison je n'ai pû la découvrir.

Le Maréchal de la Vieuville, logeoit à la rue d'Orleans en 1573.

Le Maréchal de Bouillon, logeoit en 1553 à l'Hotel de Barbeau vis-à-vis l'*Ave-Maria*.

Les Maréchaux de Cossé ou de Brissac, ont demeuré à la rue St Antoine dans l'Hotel de Cossé, ruiné de nos jours par les Religieuses de Ste Marie, & couvert à present de leur Monastere.

Le Maréchal de Retz, avoit deux Hotels de son nom où il a demeuré, l'un au fauxbourg St Honoré, l'autre à la rue des Poulies, dont j'ai parlé ailleurs.

L'Hotel de Jaques de Matignon étoit tout proche St Thomas du Louvre, au bout de la rue de Matignon, qu'acheta Henri IV, & dont Louis XIII en 1615 donna une partie à Jeannin, Controlleur des finances, afin de faire là des maisons & une rue.

Henri de Joyeuse du Bouchage, non seulement a demeuré à l'Hotel du Bouchage, assis à la rue du Cocq, où le Cardinal de Berule a fondé les Prêtres de l'Oratoire, mais encore au faux-bourg St Honoré, dans l'Hotel de Joyeuse, dont les Capucins occupent une partie maintenant, & les Religieuses de l'Assomption l'autre.

Urbain de Laval, de Bois-Dauphin, logeoit à la Maison Prieurale de la Coulture Ste Catherine.

Concino Concini, Marquis d'Ancre, occupoit un logis qui avoit son entrée à la rue du Louvre, & une porte dans le partere du Louvre, qui regne le long de son aîle droite; il avoit encore, sans cela, à la rue de Tournon, un autre Hotel, reservé maintenant pour les Ambassadeurs extraordinaires, & qu'on pilla le jour que le Roi fit arrêter au Louvre Henri, Prince de Condé, à cause que ses gens firent courir le bruit, que les amis du Maréchal d'Ancre, l'avoient assassiné.

Gilles de Souvré demeuroit à la rue Froid-manteau, dans une maison qu'il avoit fait rebâtir, & que le Roi a acheteé pour y faire sa basse-cour du Louvre.

Antoine de Roquelaure acheta à la rue du Roi de Sicile, l'Hotel de Navarre, qu'il revendit depuis à François d'Orleans, Comte de St Pol, Duc de Fronsac, & que nous appellons l'Hotel de St Pol.

Nicolas de l'Hopital de Vitry acquit du Roi une partie du Parc des Tournelles, où il a fait construire l'Hotel de Vitri, dans la rue des Minimes, & que son fils a porté jusqu'à celle de St Louis.

Jean-François de la Griche de St Geran avoit son logis à la Place Royale; & tout de même Honoré-Albert de Chaulnes.

Charles de Crequi avoit le sien à la rue des Poulies.

Henri de Schomberg logeoit à la rue St Honoré, près la Croix du Tiroir, dans une grande maison, dont il fit bâtir le principal corps de logis. Charles, Duc d'Aluin, son fils y a demeuré long-tems, & pourtant est mort dans la rue de Seine, à l'Hotel de Liancourt.

Jaques Nompar, & Armand Nompar de Caumont de la Force avoient leur Hotel à la rue du Louvre.

François de Bassompierre demeuroit à la rue St Honoré, proche la Croix du Tiroir, & de plus avoit ce grand logis à Challiot, admirable pour sa situation, & qu'occupent maintenant les Religieuses de Ste Marie.

François Annibal d'Estrées avoit son Hotel dans la rue Barbette.

Antoine Buze Deffiat fit bâtir le sien à la vieille rue du Temple.

De St Geran, & de St Luc en avoient chacun un à la Place Royale, & qu'ils y avoient fait faire.

Charles de la Porte de la Meilleraye logea à l'Arcenal.

Antoine de Grammont a acheté l'Hotel de Cleves, qui est à la rue du Louvre.

Jean-Baptiste Budes, Comte de Guebriant, n'avoit point d'Hotel ; mais sa veuve en acheta un à la rue de Seine, bâti sur les ruines du Palais de la Reine Marguerite, & de plus une maison de plaisance à Vaugirard, mais dans un terroir si sterile, qu'il lui a falu acquerir de nouveau un grand jardin à Paris, pour en tirer la bonne terre, & l'y faire transporter.

François de l'Hopital du Hallier, a demeuré long-tems à l'Hotel du Hallier dans la rue des Bons-enfans, & depuis est mort à la rue des Fossés Montmartre, dans l'Hotel de l'Hopital, remarquable par un escalier, qui a fait grand bruit chés les Geometres, & neanmoins que les plus savans d'entre eux ne prennent pas pour une merveille.

Henri de la Tour de Turenne, logeoit à la rue St Louis, dans une maison qu'il a portée à travers la rue neuve des Minimes dans des places qui lui appartenoient de l'autre côté.

Cesar de Choiseul du Plessis-Praslin, demeuroit au Palais des Tuilleries dans un apartement qu'il avoit obtenu pendant qu'il étoit Gouverneur du Duc d'Orleans.

Nicolas de Neufville de Villeroi logeoit à la rue des Bourdonnois : j'ai dit ailleurs que Neuville, Secretaire d'Etat, & grand Audiancier de France, qui jetta les fondemens de la maison de Villeroi, avoit un logis de plaisir au lieu où sont maintenant le Palais & le Jardin des Tuilleries, qu'il abandonna à François I pour le Château & la terre de Chanteloup. Le même fit bâtir l'Hotel de Longueville, où se voyent encore les armes de Villerois; mais que ses enfans, l'un Tresorier des ordres du Roi, & l'autre Tresorier de France vendirent en 1568 au Duc d'Anjou, depuis Roi de France : son fils aîné se retira dans la rue des Bourdonnois, dans une maison appellée depuis l'Hotel de Villeroi, que le Gendre, son beau-pere lui avoit laissé avec de grands biens.

Antoine d'Aumont de Villequier logeoit à la rue de Joui.

Charles de Mouchi d'Hocquincourt, contre la porte St Honoré.

Henri de la Ferté Sennectaire, dans la rue des Petits-champs.

Cesar Phœbus d'Albret de Miossans, à la rue des Francs-bourgeois.

Philippe de Clerambault de Paluan

Quoique la plupart de ces Hotels de Maréchaux ayent une grandeur, & une magnificence proportionnée à leur haut rang : cependant il n'y en a point qui aprochent de ceux d'Aumont & de Sennectaire, ni qui ayent merité une estime si generale ; mais voyons un peu pourquoi.

J'ai déja dit que le Maréchal d'Aumont avoit deux Hotels, l'un à la rue de Joui, l'autre à la Place Royale, & que celui-ci étoit bien autre que le premier, quoique plus petit ; c'est de lui donc que je vais parler.

Cette maison est un bijou, où l'on admire un salon à l'Italienne, conduit par le Vau, enrichi de figures & d'ornemens de stuc par Vanopstal, & peint par Vouet, Peintre le plus celebre de son tems ; il est éclairé de deux ordonnances de croisées, l'une sur l'autre, tout environné de vitres au second étage ; accompagné d'une cheminée rehaussée d'or & de stuc ; couronné d'une voute encore plus riche, & enfin embelli d'une alcove, où Buiret, l'un des plus excelens Sculpteurs en bois de notre tems, a épuisé tout son savoir ; à gauche de cette alcove ont été rangés de haut en bas quantité de miroirs ; à droit tout vis-à-vis on a ouvert une porte de grandeur égale, non pas seulement fermée de vitres aussi grandes que les miroirs, mais qui repond encore en droite ligne à une autre porte, ou croisée sur la Place Royale, de même grandeur qu'elle, & de pareille hauteur que l'endroit à gauche où sont étalés les miroirs, tellement qu'étant couché dans ce salon, si on regarde à droit, on voit au travers de ces deux portes, carosses, gens de pied, ou à cheval, & tout ce qui se passe dans la Place Royale ; que si on se tourne à gauche, les mêmes choses, par reflexion des miroirs, se presentent encore à la vûe, si bien que sans sortir du lit, aussi-bien en été qu'en hiver, malade ou en santé, on peut avoir ce divertissement.

L'Hotel de la Ferté Sennectaire est entouré de quatre rues, ce qu'on appelle une Isle, ou maison isolée; & même est-ce le seul à Paris, qui soit de cette maniere: même les Palais Royaux, qui devroient être ainsi, afin que les Rois fussent Maîtres des dehors de leur demeure, neantmoins n'ont pas cet avantage, & peut-être est-ce pour cela autant que pour les appartemens: sa grande gallerie, sa Chapelle, sa grande basse-cour, son écurie, sa grande Serre d'orangers, qu'on dit à Paris Senneterre la grande; car non seulement toutes ces pieces sont grandes, mais encore il n'y a point de maison à Paris, où on les rencontre toutes ensemble d'une grandeur si considerable; son écurie voutée, & soutenue sur deux rangs de piliers, peut tenir quatre-vingts chevaux; sa gallerie est bordée de tableaux, où Perrier, Mignaud, Hyacinthe, & Evrart ont peint, comme à l'envie, une partie de l'Histoire d'Aminte: son jardin proportionné aux autres membres du logis, est bordé d'une longue serre qui porte une terrasse; d'ailleurs orné vers le milieu d'un bassin d'où sort un jet d'eau, qui part de la bouche d'un Triton conduit par Sarazin, l'un des plus excellens Sculpteurs de notre siecle.

LE PALAIS CARDINAL.

SON INSCRIPTION.

L'INSCRIPTION gravée en lettres d'or, qu'on voit au-dessus de la principale porte du Palais Cardinal, a été dix ans durant & bien maltraitée, & bien controllée tout ensemble. Les envieux d'abord la trouverent insolente; d'autres ingenieuse, mais enfin à tous elle parut nouvelle.

Le Marquis de Fourilles, grand Maréchal des logis de la Maison du Roi, & qui n'avoit pas trop bien été venu auprès du Cardinal; voyant que leurs Majestés avoient abandonné le Louvre pour ce Palais; crut qu'il étoit de sa charge de ne pas souffrir que le Roi demeurât dans un logis qui portoit le nom d'un de ses sujets, ce qu'il fit si bien entendre à la Reine, que ce titre fut mis en pieces.

Balzac en 1652 pretendoit que cette inscription n'étoit ni Grecque, ni Latine, ni Françoise; & pour lors écrivit qu'il ne pouvoit souffrir des incongruités en lettres d'or, ni ce frontispice fastueux par l'ordre de ses Superieurs. Outre que cette critique ne fut pas trop bien reçuë pour un Socrate chrétien, dont il avoit pris la qualité, c'est que pas un Grammairien ne prit son parti: tant s'en faut, on pretendit que c'étoit un Gallicisme, & même consacré par un usage aussi vieux que l'Hotel-Dieu, les Filles-Dieu, la Place-Maubert; qu'on disoit la rue Aubri-le-boucher, la rue Bourg-l'abé, la rue Tiron, la rue Mâcon, la rue Simon-le-Franc, la rue Geoffroi-l'angevin, la rue Michel-le-comte, sans parler de cent autres. La Regente neanmoins qui l'avoit ruinée, la retablit depuis, & se rendit aux raisons de la Duchesse d'Aiguillon, que le Roi donnoit son nom à tous les lieux où il logeoit; qu'il étoit mal séant de faire injure aux morts, & d'autant plus qu'ils sont dans l'impuissance de la repousser, & qu'enfin en retablissant la memoire du Cardinal de Richelieu, elle immortaliseroit la sienne.

DE LA VILLE DE PARIS. Liv. VII.   159

SA SITUATION.

CET Hotel est assés proche du Louvre, & dans une des plus grandes rues de Paris, & de plus, tous ceux qui ont voyagé, assurent qu'il s'en voit fort peu aux Pays étrangers, ni plus commodes, ni plus logeables; aussi est-il bâti en un endroit où le Cardinal de Richelieu, ayant l'autorité qu'il avoit, n'eut pas grande peine à le mettre en l'état où nous le voyons. Car, comme le lieu où il est situé, touchoit presque les faux-bourgs & les murs de la Ville, il lui fut aisé de donner à son Palais telle grandeur qu'il voulut, en agrandissant Paris de ce coté là, comme il fit; ainsi il est placé en partie dedans, & en partie dehors de la clôture de la Ville que fit faire Charles V. On ne doute point au reste, que le Cardinal ne l'eut fait & plus grand, & plus regulier, lorsqu'il le commença, s'il eut été, ou eut cru devenir aussi grand Seigneur qu'il étoit, lorsqu'il le finit. Que si l'on nous dit que son plan est le plus irregulier de Paris, & peut-être du Royaume; aussi n'y a-t-il point d'Hotel où l'on compte plus de cours, plus d'appartemens & plus de galleries. Cette irregularité après tout, ne lui vient que de ce que nous l'avons vu s'étendre & grossir avec la fortune, & les esperances de ce premier Ministre.

LE BATIMENT.

MERCIER, le meilleur & le plus solide Architecte de notre tems, a conduit ce grand & magnifique Palais: ou plutôt pour dire ce qui en est, Mercier, dans toute la conduite de ce Palais, n'a fait qu'executer les intentions du Cardinal de Richelieu; puisque lui-même publioit qu'il en étoit le seul Architecte, ce qu'il faisoit afin de mettre à couvert la reputation de son Architecte, & le garentir de la médisance des envieux, qui n'auroient pas manqué de le charger de toutes les irregularités & difformités, dont cet édifice est défiguré.

Sa principale entrée est sur la rue St Honoré, vis-à-vis celle de St Thomas, qui conduit en droite ligne à la grande Gallerie du Louvre. Du tems du Cardinal de Richelieu, c'étoit la seule avenue & le seul aspect, dont jouissoit cette maison. Ce n'est pas qu'il n'eut resolu de l'agrandir, puisque pour cela il avoit acheté l'Hotel de Silleri bâti de l'autre côté, & même qu'on parloit déja de le raser, afin d'y faire la place que nous voyons maintenant, lorsqu'il vint à mourir: ce qui fut executé par la Reine Regente, si-tôt qu'elle eut quitté le Louvre pour y loger avec le Roi.

Du principal Portail, on passe dans une avant-cour, dont le plan a quelque chose d'assés gentil; mais les gens du métier la trouvent trop petite, & se plaignent avec raison que la cour qui suit après celle-ci, est de beaucoup plus grande; & que la porte de cette seconde cour n'est pas placée dans le centre de son principal corps de logis; qu'une telle disposition est vitieuse, de mauvaise grace, choque la raison, & peche contre les regles de l'Architecture.

L'Avant-cour est toute environnée de bâtimens; mais non pas la seconde, car elle n'est terminée dans le fonds, que par un balcon porté sur des arcades, qui conduisent de front dans un jardin, le plus grand de Paris sans contredit, après ceux du Luxembourg & des Tuilleries. L'ordonnance des bâtimens de l'Avant-cour est rustique: son principal corps-de-logis est occupé par le principal appartement; ses ailes sont remplies par une grande sale de theatre d'un côté, & de l'autre par une gallerie. Cette sale & cette gallerie, du tems du Cardinal, étoient les deux plus belles pieces de ce Palais, & quoique presentement elles soient encore en leur genre, les plus galantes de Paris, elles ne sont plus rien neanmoins de ce qu'elles étoient du vivant de leur premier maître.

Dans la seconde cour au contraire, il n'y a rien où l'on ne trouve quelque chose à redire; l'escalier même, dont la largeur est si extraordinaire, & qui par sa grandeur & sa majesté a surpris tant de monde, paroit défectueux à quantité de gens: les Partisans de Désargues disent qu'il est plein de défauts, & qu'il n'y a ni continuation de moulures, ni égalité de pilastres; d'autres encore voudroient qu'il ne fut pas caché dans un des coins de cette cour, comme il est, & qu'on eut moins de peine à le trouver; mais enfin personne ne sauroit souffrir dans cette cour l'ordonnance des bâtimens qui s'y voyent.

Ces bâtimens sur chaque face, forment une longue suite d'arcades au premier étage, & une entresolle ou mezanine au-dessus, accompagnée dans ses trumeaux, d'ancres & de proues de Navire. Les chambres, les salles, les galleries des appartemens, tant du Roi que de la Reine, sont couchées au-dessus de ces arcades & de cette mezanine, où le jour entre par des croisées, & par des niches vitrées, disposées alternativement tout le long. Le tout est couronné d'une Attique, ou logement dans le comble, qui étoit destiné pour les Officiers & domestiques: toutes ces arcades ici, avec leurs entresolles, aussi-bien que ces proües & ces ancres, blessent les yeux de tous ceux qui s'y connoissent, comme étant très-mal proportionnées au Palais d'un homme qui a presidé long-tems aux affaires de l'Europe; tout le monde trouve les arcades trop basses pour une grande cour; que les mezanines sont d'une vilaine maniere; les ancres & les proues trop grossieres, & trop mal travaillées; que ces proues d'ailleurs tuent les yeux, & l'entresolle de même; que ces ancres & ces proues ensemble assomment les arcades. Ce n'est pas, après tout, que tels ornemens ne soient bien pensés, & se conviennent à un Sur-Intendant des Mers; mais il seroit à desirer qu'ils fussent couchés & taillés en bas relief, le long de la premiere frise. Peut-être est-ce le seul endroit où le Mercier a fait des ornemens de sa façon, car depuis il a été assés judicieux pour reconnoître sa faute, & qu'il étoit meilleur Architecte que Décorateur, & que la solidité de sa maniere étoit ravalée par ces enrichissemens.

D'alleguer pour excuse que le goût de ce tems là, aussi-bien que la mode le vouloient ainsi, parce que les Grands étoient charmés alors de tout ce qui remplissoit la vue; telle raison n'est pas trop de mise chés les Grecs, non plus que chés les Romains, inventeurs de tous les ornemens dont on se peut servir; & enfin, qui n'ont laissé après eux que l'exemple de les suivre & de les imiter.

Pour ce qui est de l'entresolle neanmoins, & de son vilain effet, on ne s'en prend point à Mercier, qui en cet endroit-là fut obligé d'executer ce que le Maître vouloit absolument, afin d'avoir auprès de sa personne les domestiques qui lui étoient les plus necessaires. Touchant les autres irregularités de ce Palais, il s'en trouve tant, que quand je les laisserois, je ne ferois que bien; tout ce que je puis dire, est que Mercier l'ayant commencé à un endroit borné de rues, avec une ordonnance assés simple, & telle que la fortune du Cardinal le permettoit alors; depuis ayant à l'agrandir, il fut contraint de le continuer de même, quoique ce Ministre en ce tems-là, fut tout à fait maître de l'esprit du Roi.

Avec tout cela on s'étonne comment cet Architecte a pu pratiquer un Palais si raisonnable, dans un plan si irregulier, si souvent remué, & de plus, où il a été contraint d'épargner des pavillons, & des corps-de-logis que des particuliers, à qui ils appartenoient auparavant, avoient fait faire

pour

DE LA VILLE DE PARIS. Liv. VII.

pour leur commodité : aussi est-ce ce qui a causé toute l'irregularité du Plan, & de tant de tours & de detours embarassés les uns dans les autres qu'on y trouve. Parmi toutes ces pieces hors d'œuvre, & qui n'ont aucun rapport avec le grand edifice, on n'a pas laissé de compter trois galleries peintes & dorées ; on y rencontre plus de huit cours, tant grandes que petites. Nous avons vu loger en même tems dans ce Palais, le Roi, la Reine, le Duc d'Anjou, & le Cardinal Mazarin, avec leurs principaux Officiers, qui toujours y ont eu des appartemens proportionnés à leur charges & à leur faveur.

LES APPARTEMENS.

ON fait état de quatre choses dans ce Palais, qui sont, la Salle de la Comedie, la Gallerie de l'avant-cour, l'appartement du Roi, & celui de la Reine.

L'appartement de la Reine est un des plus vastes & des plus commodes du monde. Celui du Roi est petit ; mais en recompense, il tient à deux galleries, dont l'une occupe entierement l'aîle gauche de la seconde cour, & est environnée des portraits des Hommes Illustres du Royaume ; l'autre qui est du même côté, & voutée, regne le long de l'aîle de l'avant-cour : celle-ci est ornée de tableaux dans la voute, où Champagne a peint les rares qualités, & les éloges du Cardinal de Richelieu, & est paralelle à cette belle Salle de la Comedie, qui remplit l'autre aîle.

LA SALLE DE LA COMEDIE.

CHACUN sait la passion que le Cardinal de Richelieu avoit pour la Comedie, qui non content d'engager les plus beaux esprits à cultiver la Poësie Dramatique, est accusé encore d'avoir donné quelques-unes de ses heures de relâche à la composition de ces sortes de Poëmes ; & on veut de plus, qu'il n'ait fait bâtir la Salle de la Comedie, que pour la representation des pieces de sa façon ; & qu'enfin Mirame & Europe sont toutes deux de lui. Certainement cette passion, s'il faut ainsi dire, le tyrannisoit si fort, que la troupe des Comediens du Roi ne lui suffisant pas, il en voulut aussi avoir une qui le suivît en campagne, & lui pût donner, chés lui à Paris, le plaisir de la Comedie, dans le tems que le Roi jouissoit au Louvre du même divertissement. Bien davantage, comme si ce n'eut pas été assés d'un Theatre dans son Palais, il lui en fallut deux, un petit & un grand ; l'un capable de contenir six cens personnes, & l'autre plus de trois mille. Dans le petit, il assistoit aux pieces de Theatre que les Comediens representoient ordinairement au Marais du Temple : le grand étoit reservé pour les Comedies de pompe & de parade, quand la profondeur des perspectives, la varieté des decorations, la magnificence des machines y attiroient leurs Majestés & la Cour.

Ce lieu est une longue Salle paralelogramme, large de neuf toises en dedans œuvre, que le Cardinal & Mercier s'efforcerent de rendre le plus admirable de l'Europe, mais la petitesse du lieu s'y opposa ; car, comme ce Ministre avoit resolu de faire au Roi un present de sa maison, il étoit bien aise qu'il s'y trouvât quelque grande partie, & quelque chose qui fût digne d'un grand Monarque, & pour cela il fit faire par plusieurs, divers desseins & élevations pour ce Théatre, mais qui ne furent pas reçus, pour être trop enjoués : de sorte qu'il se tint à celui de Mercier, comme plus solide, plus commode & plus majestueux tout ensemble.

Tome II.   X

La maniere de ce Théatre est moderne, & occupe, ainsi que j'ai dit, une longue Salle couverte, & quarreé-longue. La scene est élevée à un des bouts, & le reste occupé par vingt-sept degrés de pierre, qui montent mollement & insensiblement, & qui sont terminés par une espece de portique, ou trois grandes arcades; mais cette Salle est un peu défigurée par deux balcons dorés, posés l'un sur l'autre de chaque côté, & qui commençant au portique, viennent finir assés près du Theatre. Le tout ensemble est couronné d'un plat-fonds ou perspective, où le Maire a feint une longue ordonnance de colomnes Corinthiennes, qui portent une voute fort haute, enrichie de rozons; & cela avec tant d'art, que non seulement cette voute & le plat-fonds semblent veritables, mais rehaussent de beaucoup le couvert de la Salle, & lui donnent toute l'élevation qui lui manque. Sur les degrés de ce Theatre il n'y a ni procinctions, ni vomitoires, ni balustres à la façon des Grecs & des Romains; on n'y voit point, comme chés eux, ce grand nombre d'entrées & de sorties si commodement distribuées: ces portiques distribués avec tant d'esprit & de majesté ne s'y rencontrent point, non plus que tous ces escaliers, grands, petits, derobés, ni tous ces autres membres & commodités des Cirques & des Amphiteatres. Tels enrichissemens, outre l'embarras, eussent occupé trop de place dans un lieu où il y en avoit si peu, & qui y étoit si necessaire. Les degrés même ne sont pas arondis en circonference, ils regnent en droite ligne sur la largeur entiere de ce parallelogramme; & de plus, Mercier leur a donné moins de hauteur & de largeur, que les anciens ne faisoient. Au lieu d'un pied & demi de haut sur trois ou deux & demi de large que portoient ceux des Romains, chacun n'a de hauteur que cinq pouces & demi, & vingt-trois de largeur, si commodes pourtant, que jamais ceux des anciens ne les ont égalé en ce point: & de fait, par ce même moyen on y monte & descend avec toute une autre facilité. Là s'assemble à la Comedie dans cet espace trois fois plus de monde qu'il n'y en auroit eu, si ce theatre étoit conduit sur le dessein de quelque Architecte de Rome ou de Grece; les Spectateurs même n'y sont point assis, ainsi qu'à Rome, sur la pierre toute nue, incommode en certaines saisons pour la froideur, & ils s'y trouvent bien plus à leur aise: un même degré à même tems n'y sert point de siege & de marchepied à deux files d'Auditeurs, qui pourroient gâter leurs habits & s'entrecroter. Notre Architecte ingenieux, afin de pourvoir à cette incommodité, s'y est pris assés joliment; car peut-être est-il le premier qui s'en soit avisé. Pour mieux comprendre ceci, il faut savoir que, comme il est impossible de s'asseoir sur des degrés qui ne portent que cinq pouces & demi de haut: aussi ces degrés si bas dans cette Salle ne servent que de marchepied, & ne sont faits ainsi que pour porter chacun une longue suite de formes de bois, qu'on y place aux jours de Comedie, mais qui n'en couvrent guere que les deux tiers; ainsi les Spectateurs rangés le long du vingt-septiéme degré, par exemple, qui est le dernier, ne sont élevés que de cinq pouces & demi par dessus ceux qui occupent le vingt-sixiéme, & de même en est-il des autres; si-bien que quand la Sale est pleine de monde, on n'y voit que des têtes rangées par étage les unes au-dessus des autres, & qui rampent imperceptiblement. A Rome tout au contraire, les Spectateurs de la derniere marche étoient plus hauts que ceux de la penultiéme, de trente-deux ou de trente-six pouces, & même davantage, si-bien que comme autant de bustes, on leur voyoit la moitié du corps, ce qui n'étoit pas trop necessaire, ni trop agreable, outre l'incommodité. Car enfin, pour en revenir à ma premiere comparaison, comme les Spectateurs du dernier degré ne pouvoient poser leurs pieds que sur le penultiéme, où étoient assis ceux qui étoient au-dessous d'eux, & ainsi des autres, à aller toujours en continuant, il étoit impossible qu'ils ne gatassent leurs habits: au lieu que dans notre Sale un degré ne sert qu'à une file, & cette file n'a point les pieds fur le degré au-deſſous ; joint que dans ce petit eſpace on compte trois fois davantage de degrés & de Spectateurs, que n'y en auroient placé les Grecs & les Romains. Ce n'eſt pas que la maniere antique ne ſoit bien plus noble ; mais elle n'eſt pas neceſſaire dans les Theatres, bien pour les Amphitheatres, les Naumachies & les Cirques : & ſi les Anciens ſe ſont ſervis de cette maniere pour les Theatres, peut-être n'eſt-ce que par coûtume, & de ce qu'ils l'avoient toujours employée dans les autres lieux deſtinés aux ſpectacles ; caraux combats des Gladiateurs, aux courſes des Chevaux, aux Batailles Navales, la vuë doit être toujours baiſſée pour conſiderer ce qui ſe paſſe ſur l'eau & ſur l'arenne, ce qui demande de l'exhauſſement ; puiſque des Spectateurs rangés ſur une longue pente, ne ſauroient être trop baiſſés pour conſiderer à leur aiſe ce qui ſe paſſe dans un lieu bas : aux Comedies tout au contraire, comme il ne faut que regarder devant ſoi, la vuë ſans peine apperçoit tout ce qui ſe fait, & par conſequent n'a point beſoin d'être ſur un lieu élevé ; & c'eſt pour cela que chés les Romains les premiers degrés des Theatres, des Cirques, des Naumachies & des Amphitheatres, étoient toujours reſervés pour les Senateurs ; parce qu'à la Comedie on y avoit plus de plaiſir qu'aux autres places, les yeux de là ne portant pas plus haut, en droite ligne, qu'étoient les Comediens ; au lieu que ceux qui étoient ſur les derniers degrés, ne pouvoient voir les Acteurs, lorſqu'ils étoient au fond du Theatre, où ils ne leur voyoient que les pieds ; ſi-bien que tous ces mouvemens des yeux, ces changemens de viſages, & toutes ces autres actions, en quoi conſiſte le principal divertiſſement de la Comedie, leur étoient cachés.

Il eſt conſtant que Mercier, dans la diſtribution des parties de ce Theatre, a paſſé l'eſperance de tout le monde, & fait beaucoup plus qu'on n'attendoit, n'y ayant point d'apparence qu'un quarré long, renfermé entre une rue & une cour, dût être ſi accompli : car enfin malgré les petits défauts qu'on y remarque, il n'y a perſonne qui n'avoue que c'eſt le Theatre de France le plus commode, & le plus Royal.

LA COUVERTURE DE CETTE SALLE.

J'AUROIS tort de ne pas décrire la couverture de ce vaſte vuide, qui a merité l'admiration, non ſeulement des Charpentiers, mais encore de tous les curieux ; c'eſt une manſarde couverte de plomb, poſée ſur une fort legere charpente, & particulierement ſur huit poûtres de chêne, chacune de deux pieds en quarré ſur dix toiſes de long, & qui par conſequent font quatre-vingts pieces de bois, reduites ſuivant les Us & Coûtumes de Paris. Jamais on n'avoit vu, ni lu, ni ouï parler de poutres de chêne d'une longueur ſi extraordinaire & ſi prodigieuſe ; les plus grandes que les Charpentiers avoient employées juſqu'alors, ne portoient que trente à trente-cinq pieces de bois. Auſſi entendant parler qu'on fouilloit dans toutes les forêts Royales, pour decouvrir huit chênes de vingt toiſes de haut chacun, pour lors ils ſe prirent à rire, & dirent que c'étoit chercher ce qu'on ne trouveroit jamais ; mais ils furent bien étonnés, quand ils les virent, & qu'ils furent qu'elles avoient été taillées dans les forêts Royales de Moulins, & que pour les amener on avoit debourſé près de huit mille livres. Nous verrions encore aujourd'hui ces poutres auſſi ſaines que jamais, ſi l'on ne s'étoit point aviſé depuis la mort du Cardinal de les charger de planchers, & d'appartemens qui en ont rompu quelques-unes : tous les curieux ont été touchés de cette ruine. En effet elle eſt ſi conſiderable, qu'il n'y a point de Charpentier, qui veuille entreprendre de la rétablir à moins de quatre mille livres pour chaque poutre, ſi bien que je m'imagine qu'on ſe contentera des étages qui y ſont.

LA GALLERIE DE L'AVANT-COUR.

La gallerie qui rempliſſoit l'autre aîle de l'avant-cour, a été ruinée par la même negligence, que la belle couverture de la ſale des Comédiens. C'étoit la plus riche, & la mieux entendue de Paris ; auſſi n'y avoit-il point de morceau dans ce Palais qui plût tant au Cardinal, & ſi la mort ne l'eut point ſurpris, nous l'euſſions vu avec le tems remplie de tous les tableaux, de tous les buſtes, & de toutes les ſtatues antiques, que ſon pouvoir, & ſa curioſité lui euſſent pu fournir. Il l'avoit fait couronner d'une voûte à fond d'or, peinte en Moſaïque ; elle étoit entourée de buſtes, de marbre, de lambris, & de payſages, terminés par une architrave, une friſe, & une corniche qui regnoient tout au tour. La plupart de ces payſages avoient été peints en Italie par d'excellens ouvriers ; tous à la verité n'étoient pas d'une égale force ; j'y en ai vû pourtant quelques-uns qui meritoient bien d'être conſiderés attentivement, & qui preſentement ſont ou cachés, ou dechirés : mais cette belle friſe marine que Bernard avoit faite de blanc & de noir ſur le manteau de la cheminée, & qui a trompé tous ceux qui l'ont contemplé ; cette friſe, dis-je, ſubſiſte encore, & trompe encore tous ceux qui la regardent ; il n'y a qui que ce ſoit à qui de près auſſi-bien que de loin, elle ne paroiſſe de relief, & enfin qui n'avoue que cette copie vaut bien l'original qu'on voit à Fontainebleau. Mais la plus ſuperbe partie de ce beau lieu, étoit la voute peinte & conduite par Champagne ; des blancs & noirs, des tableaux, des roſtres imités de l'antique, & des chiffres du Cardinal de Richelieu, environnés de lauriers, étoient repandus dans cette voute ſur un grand fond d'or feint en Moſaïque, avec autant d'ordre que d'eſprit, & compoſoient enſemble comme une ſorte de panegyrique à l'honneur du Maître de la maiſon. Il n'y eut rien dans cette voute de la main de Champagne, que les tableaux ; tout le reſte fut executé par d'autres. Chacun trouva l'ordonnance entiere bien concertée, & les tableaux plurent à tout le monde, ſur tout au Cardinal ; car on tient qu'il prenoit plaiſir quelquefois de faire reciter à Champagne l'hiſtoire de ſa vie que ce Peintre avoit repreſentée dans la voute, d'un bout à l'autre. Mais tant de belles choſes ne ſont plus, & ont diſparu à nos yeux depuis qu'on a deſolé ce portique, afin d'y pratiquer un appartement pour le Duc d'Anjou, qui ne lui a preſque point ſervi, & même n'eſt encore que commencé ; & qui pis eſt, ne ſera jamais ni commode, ni achevé : en voilà déja une partie de retablie, faiſons revivre l'autre.

Comme ſa beauté conſiſtoit particulierement dans l'ordonnance & la compoſition des tableaux de Champagne, c'eſt ce qui fera que je m'y arrêterai ; mais auparavant il eſt bon que je diſe un mot du caractere de ce Peintre, & de ſes autres bonnes qualités. Pour lors donc on ne parloit dans ce Palais que de ſon pinceau, tout Flamand qu'il fût, le Cardinal l'avoit toujours preferé à tous nos autres Peintres François, pour peindre ſon appartement, & une partie de la Gallerie des Hommes-Illuſtres, non pas moins parce qu'il étoit habile homme, que parce que ſes couleurs lui plaiſoient très-fort. Ce naturel ſi poſé qu'il voyoit en lui, ſa ſincerité, ſa diſcretion, ſa retenue, le charmoient bien autant que la facilité & la liberté de ſon pinceau, ni que ce beau finiment qu'on admire dans ſes ouvrages : en un mot, c'étoit l'Appelles de cet Alexandre, & il ſeroit eſtimé des Critiques, bien plus qu'il n'eſt, s'il ſe fut par tout attaché aux manieres de ſon Payis.

Champagne donc, dans le premier tableau de la voute avoit repreſenté la figure de la Felicité publique, tenant en main une corne d'abondance pleine de Sceptres & de Couronnes, éclairée dans le Ciel de l'œil brillant de la Prevoyance, accompagnée de Mercure & de Minerve, affiftés de leurs fymboles. Par cet emblême il n'eft pas difficile de juger que ce Peintre vouloit faire entendre que, fi le Cardinal de Richelieu avoit arraché quelques fleurons de Couronne, d'Efpagne, des Princes d'Allemagne, & de l'Empereur, c'étoit par fa prudence, par fon confeil, par fon raifonnement, & par fa vigilance, qui l'éclairoient dans les affaires les plus fombres & les plus embarraffées.

A l'une des extremités du fecond tableau, la Prévoyance paroit affife fur les nues, accoudée fur le globe du monde, tenant un timon de la main droite, & de l'autre une maffue; à l'autre bout l'Hiftoire, vêtue d'une robe blanche, & regardant derriere elle, étoit fur les épaules de Saturne: dans une hauteur au-deffus, on voit deux petits enfans qui voltigent entre deux airs, & follatrent avec un Serpent arondi en cercle, & fe mordant la queue. Toutes ces figures fans doute vouloient dire que nos neveux apprendroient d'une hiftoire pure & défintéreffée, la prévoyance & la vigilance du Cardinal, & que fes actions, malgré le tems & l'envie, pafferoient à l'éternité; car c'eft par la figure circulaire, que les Philofophes & les Theologiens tachent de nous faire concevoir l'immortalité; & c'étoit encore par un Serpent qui fe mange la queue, qui fe roule & fe tourne en cercle, que les Egyptiens la reprefentoient.

Dans le centre du troifiéme tableau, Appollon le Dieu des arts & de la lumiere, monté fur une nue, joue de la Lire: là il eft environné des arts, des fciences & des Mufes; les unes concertent & chantent enfemble les éloges de leur Maître; les autres l'admirent & méditent fon panegyrique. C'étoit là proprement l'occupation des beaux efprits du tems du Cardinal de Richelieu, pendant que lui de fon côté difcouroit fouvent avec eux, les maintenoit & leur faifoit du bien.

Junon dans le quatriéme, tenant de la main droite une Grenade, & de la auche une Olive, marche à la tête de l'Abondance, de la Vertu Heroïque, & de la Renommée. Champagne affurement efperoit alors, ou du moins fouhaittoit la paix; il eft bien conftant qu'elle dépendoit abfolument du Cardinal; & même en ce tems-là il y avoit grande apparence qu'il nous la donneroit fi heureufe, que toute la terre l'apprendroit avec étonnement de la bouche de la Renommée.

Le dernier Trophée érigé dans cette Gallérie à la vertu du Cardinal, ne confifte qu'en trois figures. La principale reprefente le genie de ce grand Miniftre; les deux autres, fa prudence & fa generofité. Ce genie eft monté fur un trône relevé de quelques marches; fes deux compagnes à fes pieds, font affifes au bas du trône. Au refte, fi Champagne a introduit la Prudence dans la plupart des tableaux de cette Gallerie, c'eft qu'il a cru avec raifon, que c'étoit plus par cette vertu, que par toutes les autres enfemble, que nous rendions immortels; & qu'il avoit remarqué dans les actions du Cardinal que la prudence en rehauffoit d'ordinaire l'éclat & la grandeur.

Les ennemis du Cardinal difent qu'il ne faut pas s'étonner fi ce Portique lui plaifoit fi fort, après tant de flaterie; lui fur tout qui étoit fi fenfible à la louange. Pour ce qui eft du travail du Peintre, fes envieux pretendent que ce long panegyrique n'eft point dans les regles; que l'ordre donne le prix à toutes fortes d'entreprifes, & principalement à celles de l'efprit; que ce n'eft pas affés que ces tableaux compofent enfemble une hiftoire, qu'il faudroit encore que dans la fuite on remarquât cet ordre & cette fymmetrie qui lui manquent.

LA GALLERIE DES HOMMES ILLUSTRES.

La Gallerie des Hommes Illustres, comme j'ai dit, regne le long de l'aîle gauche de la seconde cour, & n'est separée de l'autre Gallerie, dont je viens de parler, que par la Chambre du Roi, qui étoit auparavant celle du Cardinal de Richelieu, & qu'il a conduite lui-même : que si elle est un peu obscure, & meme basse & étroite, peut-être doit-on s'en prendre à son Maçon plutôt qu'à lui. C'est-là qu'il a placé ces Heros, qui par leurs conseils & par leur courage ont maintenu de tout tems la Couronne : lui même en fit le choix, & les rangea ainsi que nous les voyons, avec des distiques, des emblêmes, & quelques representations de ce qu'ils ont fait de memorable. Les Distiques sont en lettres d'or au bas de chaque portrait, & aux deux côtés les emblêmes & les actions signalées separément : chacun de ces portraits est encore accompagné de deux bustes de marbre ; & toutes ces beautés sont entrelassées avec tant d'art, qu'elles forment ensemble un mélange tout extraordinaire, & dont on est surpris. Ce qui s'y trouve de plus précieux, sont les marbres. Quelques-uns tiennent qu'ils furent envoyés au Cardinal par l'Abbé Mazarin, & par le Marquis de Frangipani ; d'autres au contraire veulent qu'ils ayent été tirés de Fontainebleau ; peut-être n'y a-t-il que les meilleurs qui soient venus d'Italie.

Les portraits furent peints plus grands que nature, par Vouet & par Champagne, le reste fut executé par Juste & par Paerson. Bourbon fit les distiques & les éloges ; mais ce ne sont pas les mêmes que ceux qui y sont aujourd'hui ; il n'y en a, dit-on, qu'une partie, ceux qu'il avoit faits étoient tous excellens, & ont été gatés par des ignorans, & par ses ennemis. Guisse Interprete Royal, composa tout ce grand nombre d'emblêmes qu'on y voit ; de ce tems-là il n'y avoit personne en France, qui fut ni mieux versé que lui en ce genre-là, ni plus fertile. Montmaur, qui n'étoit pas de cet avis-là, s'imagina que cet Avanturier avoit entrepris sur sa charge d'Intendant des devises, & même se vanta si publiquement, que Guisse avoit emprunté de lui quelques-unes de ces emblêmes, que cet Interprete en 1644, fut obligé de refuter par écrit cette calomnie, & de détromper ceux que son adversaire avoit préoccupés ; & apparamment c'est ce qui lui fit mettre au jour ces emblêmes, mais que depuis nous avons vu paroître avec bien plus d'ordre & de bruit, lorsque Heintz & Bignon donnerent au Public, dans un Volume *in-folio*, cette Gallerie toute entiere, avec un abregé que fit la Colombiere de la vie des grands Personnages qui y sont representés. Les moindres beautés de ce Livre sont les emblêmes & les ornemens ; & quoique Bignon & Heintz ayent fait tout ce qui est possible pour se surpasser eux-mêmes, avec tout cela dans les grandes figures on n'y remarque point cette science, & cette liberté qui se voit dans les originaux : aussi avoient-ils été faits par Champagne & par Vouet avec tant d'émulation, que, comme le Cardinal ne vouloit point se servir de Vouet, & cependant à la fin y ayant consenti, celui-ci n'oublia rien pour signaler son pinceau, & montrer qu'il valoit bien, tout au moins, celui de son rival.

Pour ce qui est de recouvrer les portraits originaux de tous ces Heros, qu'ils avoient à peindre, Vouet ne les alla pas chercher plus loin que dans la petite Gallerie du Louvre, où il en copia quatre d'après Bunel ; & quant aux autres qu'il n'y rencontra pas, dont il avoit besoin, il les fit de caprice, & tacha simplement à leur donner des têtes & des attitudes, qui repondissent à la grandeur de leur ame. Champagne fut plus religieux, & n'épargna rien pour faire revivre la memoire & les visages de ceux qu'il

DE LA VILLE DE PARIS. Liv. VII.

avoit choisis pour lui : il peignit d'après Porbus le portrait de Henri IV, d'après Vandix celui de Marie de Medicis, d'après Raphaël Gaston de Foix; à l'égard des autres, il chercha dans Thevet, & remua les cabinets les plus curieux pour les trouver.

De tous ces portraits, au reste, le meilleur est celui de Gaston de Foix; & de vrai, jamais Raphaël n'a fait de figure plus simple, car d'abord il semble qu'il l'ait faite par maniere d'acquit, & en se jouant, ou que par la bassesse de son expression il se soit efforcé de diminuer la reputation de ce grand homme. Pour peu neanmoins qu'on ait de connoissance de la peinture, & de la candeur de cet excellent Ouvrier, on ne demeure guere dans cette erreur. Encore que Gaston dans ce tableau soit representé de bout, nud-tête, armé, tenant de la main gauche une demie pique assés negligemment, le bras droit étendu le long de son côté avec non-chalance ; encore, dis-je, que dans une si simple posture il n'y ait rien de brillant en apparence, ni d'heroïque, on ne laisse pas toutefois de voir un artifice, & un savoir inimitable à travers toute cette simplicité, qui jamais n'a été entreprise, ni executée heureusement, que par Raphaël. Jamais armes ne furent plus simples que celles-ci, elles ne sont rehaussées, ni de dorures, ni d'ornemens, ni de basses tailles, & neanmoins il n'y a rien de si majestueux. Dans sa tête il ne se voit ni fierté, ni orgueil : elle n'est ni ambitieuse, ni terrible, & pourtant est fort martiale ; il a les cheveux assés courts, & un peu mêlés ; sa barbe tombe sur ses levres ; le hâle l'a fatigué ; la poussiere, la fumée lui ont bazanné le visage ; mais toutes ces negligences, & tous ces mepris de soi-même, sient si bien à un Guerrier. Il part de ses yeux une certaine douceur entremêlée de je ne sai quoi de majestueux ; enfin il semble que Raphaël, animé par la presence de ce Heros, se soit efforcé de montrer sur ce tableau, que si Gaston de Foix étoit le plus brave & le plus vaillant Capitaine de son tems, lui-même de son côté étoit le plus savant Peintre, & le plus accompli de son siecle. Toutes ces belles qualités qui reluisent sur la copie de Champagne, éclatent encore bien plus sur l'original, qui est entre les mains du Duc de St Simon, & qui ne porte qu'un pied & demi de haut.

Ce tableau n'est pourtant pas la seule belle chose de notre Gallerie, encore qu'il soit le plus excellent. Les portraits de Louis de la Tremoille, & de Gaucher de Chastillon, sont d'une maniere & d'une beauté que tout le monde a estimée ; le premier est de Champagne, l'autre de Vouet ; l'un est de caprice, l'autre d'après une tête de Louis de la Tremoille, peinte de son vivant. Ce Heros est representé, commandant & donnant les ordres aux Officiers de son armée, d'une façon grave, douce & imperieuse tout ensemble ; son habit est majestueux, son attitude serieuse, l'air de sa tête noble, grand, libre & aimable ; mais sur tout la composition de son corps est si ingenieuse, que ce n'est pas une des moindres choses de Champagne, & sans doute ce qui a été cause que tant de personnes ont regardé ce portrait, comme le meilleur de ceux qu'il avoit faits pour cette Gallerie ; & quoiqu'il y soit le plus mal placé, & à un endroit qui n'est nullement propre à mettre une figure ; cependant c'est ce qui sert à faire éclater davantage l'invention & l'esprit du Peintre : car, comme il se trouvoit gêné par une porte qui le reduisoit à ne faire qu'une demie figure, & à couper les jambes à son Heros, il l'a representé assis au milieu d'une campagne, reposant un pied nonchalamment sur un de ses genoux ; son siege est disposé de façon, qu'il semble descendu, & être caché derriere la porte, & qu'un bout de l'ouverture de cette porte serve d'appui à sa jambe gauche. Je sais bien que les amis de Vouet ne font pas grand cas de cette invention, comme n'y ayant rien à tout cela d'extraordinaire, ni de fort spirituel ; mais je sais aussi ce que les amis de Champagne disent de Vouet, & de son Georges d'Amboise que l'on voit au-dessus de la porte paralelle à celle-ci, à qui il a ôté les jambes : ce n'est pas que Vouet soit moins louable à cause de cette sterilité ; mais il le seroit encore plus, s'il n'avoit point voulu ravir à Champagne l'estime qu'il merite pour cette invention. Nonobstant cela, les uns & les autres confessent que ce portrait est le plus achevé de ceux dont Champagne ait embelli cette Gallerie ; que le plus accompli de Vouet est celui de Gaucher de Chastillon, & si l'on en excepte la copie de Raphaël, qu'ils ne voyent rien là de si bien peint, ni de si terrible ; mais qu'enfin, generalement parlant, les tableaux de Vouet valent mieux que ceux de Champagne. Vouet dans l'attitude de cet Homme Illustre s'est efforcé de representer la qualité de gaucher, qui lui étoit naturelle, & qu'il avoit apportée avec lui en venant au monde. Il est debout montrant le dos, appuyé moins ferme sur le pied droit que sur le pied gauche : la main gauche accoudée sur son côté : la tête fierement retournée sur l'épaule gauche, & toutes ses actions gauches, si difficiles à exprimer, y sont admirables, & avec adresse ; son corps est couvert d'une cuirasse, & sa main droite armée d'une demie-pique. Il porte un manteau qui descend negligemment de dessus son épaule droite, jusqu'au dessous de ses armes, & qui après plusieurs plis & replis galants & bien choisis, est retenu & relevé par sa main gauche, accoudée comme j'ai dit. Quelques-uns ne considerent dans ce portrait que cette attitude si resolue, & pratiquée si rarement : les autres le trouvent bien peint, bien dessiné, d'une grande & forte maniere : les Savans en sont étonnés, & n'en estiment pas moins l'art que l'invention. Les Critiques ne voyant rien à redire à l'art, en veulent à l'action & à la tête : disent qu'il manque à une action si vraie & si naturelle, une tête veritable & originale ; que cette figure n'est que le spectre, le phantome, & l'effigie de Gaucher : que cette belle attitude est empruntée du Carrache ; que Vouet ne se contentant pas de la copier pour le Palais Cardinal, l'a fait encore entrer dans la tapisserie de Renaud & d'Armide.

L'APPARTEMENT DE LA REINE.

L'APPARTEMENT de la Reine est de beaucoup plus grand, plus commode, plus galant & plus superbe que celui du Roi. Cette longue suite de salles, de chambres, de cabinets, sans les autres membres & departemens superflus, font croire que dans toute l'Europe il ne se peut rien voir de plus ample, de si accompli, ni de si majestueux. Le Cardinal de Richelieu le commença, & le fit peindre par plusieurs ; mais il ne lui donna pas l'étendue que nous admirons : ce fut la Regente qui s'avisa de l'agrandir, & quant au-dedans en abandonna la conduite à Vouet, qui passoit pour un des meilleurs Peintres de l'Europe, & lui-même le croyoit si bien, qu'il ne faisoit aucune difficulté de s'en vanter. La Reine donc, & Vouet aussi, se proposoient de rendre ce département le plus riche qu'ils pourroient, & de fait, le Cardinal n'y avoit rien fait faire qu'un grand cabinet à la verité, qui n'avoit pas son pareil en France, excepté celui de la Reine à Fontainebleau, quoique pourtant dans les autres pieces il s'y trouvât quantité de bonnes choses executées par des Peintres choisis, entre autres cet Hercules de le Brun, executé avant qu'il allât en Italie, domptant les chevaux de Diomedes, qui rappelle toutes ses forces & sa colere pour achever d'assommer ses ennemis, où la mort, le courage, la furie & la vigueur sont si bien exprimés, que Poussin lui même dit au Cardinal de Richelieu, que le Brun étoit un jeune homme de grande esperance, & tel que si jamais il passoit les Monts quelques jours, ce seroit un excellent Peintre : & de fait ce tableau, tira le Brun de l'obscurité où sa jeunesse le tenoit caché.

Entre

DE LA VILLE DE PARIS. Liv. VII.

Entre plufieurs belles parties, dont la Reine accompagna cet appartement, non moins gentilles que commodes, les principales font un Bain, un Oratoire & une Gallerie. Le Bain veritablement eſt petit, mais fort enjoué; de toutes parts ce ne font que fleurs, ornemens, chiffres, payifages, couchés fur un fond d'or, & enlaffés les uns dans les autres avec beaucoup d'art & de caprice : pour ce qui eſt du dedans, la conduite de ce Bain, ainſi que tout le reſte de cet appartement, fut abandonné à Vouet, qui en diſtribua les ornemens à plufieurs : les fleurs à Louis, & les payifages à Belin.

SA GALLERIE.

LA Gallerie eſt placée à l'endroit le plus retiré : Vouet l'a couronnée d'un plat-fond auffi riche que doré, mais materiel; & Macé l'a pavée d'un partere de Marqueterie, travaillé artiſtement. Le lieu qu'elle occupe eſt fi retiré, & fi loin du bruit, que le Confeil d'en haut s'eſt toujours tenu là, tant que le Roi a logé dans ce Palais; & ce fut là encore que la Regente executa cette celebre entrepriſe contre la liberté des Princes de Condé, de Conti, & du Duc de Longueville.

L'ORATOIRE.

L'ORATOIRE eſt environné de tableaux, où Champagne, Vouet, Bourdon, Stella, Lahire, Corneille, Dorigni & Paerſon, ont peint en concurrence la vie & les attributs de la Vierge; travail où il ſe voit tant d'émulation, qu'il eſt affés difficile de juger laquelle de ces Hiſtoires eſt la plus achevée; car enfin fi ce ne font pas leurs chef-d'œuvres, auffi ne font-ce pas leurs coups d'eſſai. Il n'y en a pas un qui n'ait ſes partifans & ſes amoureux; la plupart neanmoins qui s'y connoiffent, eſtiment plus que pas une, la fuite de la Vierge en Egypte, par Bourdon. De grands carreaux de criſtal monrés dans de l'argent, éclairent cette retraite fi agréable ; des Points & des Triangles encore d'argent, ciſelés & enrichis de quantité de beaux ornemens, foutiennent cette belle vitre ; & quoiqu'il n'y ait qu'une feule croifée, l'argent cependant y a été employé avec tant de profufion ; qu'il y en eſt entré plus de vingt marcs.

LE GRAND CABINET.

LE grand Cabinet de cet appartement a été long-tems la merveille & le miracle de Paris. On y a vu un tableau de
un de Leonard de Vinci, que du Freſne a décrit dans la vie de ce Peintre. Toute la parenté de la Vierge, d'Andrea Del-Sarto. Un Enée fauvant Anchife fur ſes épaules, d'Annibal Carrache. Une Nativité, de Gaudentio. Une Fuite en Egypte, de la grande, & de la forte maniere du Guide. Un St Jean monté ſur un Aigle, que peu de gens reconnoiſſent pour être de Raphaël. Deux tableaux de Pouffin, avec les Pelerins d'Emaüs, de Paul Veroneſe.

On a vu, dis-je, tant de curieux tableaux dans ce grand Cabinet, où maintenant il ne ſe trouve plus que leurs copies, les originaux ayant été tranfportés à Fontainebleau, dans l'appartement que la Regente a fait faire pour elle, & ainfi je les laiſſerai là, ſans m'y arrêter : neanmoins à cauſe

Tome II. Y

que les Pelerins de Veronese sont d'un si grand goût, que les autres tableaux de tous ces illustres Peintres que je viens de nommer, quelque excellens qu'ils soient, ne paroissent presque rien devant celui-ci ; il faut que je le copie avec le Maire, afin qu'on en puisse mieux juger, & voir si ce Copiste a suivi de près son original.

Au milieu de ce tableau, & dans une grande Sale, on voit Jesus-Christ assis à table entre deux Disciples ; à l'un des bouts paroit un noble Venitien avec sa femme, ses enfans ; aussi-bien que ses domestiques sont repandus dans cette Sale, & tous differemment quant à l'attitude ; les petits enfans, qui ne songent qu'à jouer, & qui par tout où ils sont, en trouvent l'occasion, folâtrent avec des chiens assés près de la table, les embrassant, les caressant, & cela avec tant d'innocence, qu'il ne se peut rien voir de plus ingenu, ni de plus enfantin. Les valets d'autre côté, gens d'ordinaire assés grossiers, ne sont pas tellement occupés à se décharger sur la table, de leurs viandes & de leurs plats, qu'on ne remarque sur leur visage & dans leurs yeux, qu'ils pretent l'oreille à ce que dit le Sauveur, & le contemplent à la derobée ; & de plus, qu'ils songent à servir le mieux qu'ils pourront. Entre ces domestiques, on estime sur tout un gros Cuisinier, qui est si gras, si rond & si potelé, que quelques-uns ont dit en riant, qu'il leur sembloit le meilleur Cuisinier du monde ; une taille pourtant si colossale que la sienne, ne vient pas trop bien à ce tableau, & d'autant plus que dans cette Histoire elle paroit être la figure dominante. Toutes les autres figures sont bien autrement judicieuses ; elles ont les yeux tournés sur le Sauveur, & sont attentifs à l'écouter, mais plus ou moins, selon qu'ils sont plus âgés, & qu'ils ont plus de raison. Aussi s'apperçoit-on que le noble Venitien & sa femme ne perdent pas la moindre de ses paroles ; leurs fils & leurs filles de quelque seize à dix-sept ans, l'écoutent à la verité, mais il s'en faut beaucoup que leurs yeux soient aussi arrêtés, & leur esprit aussi present que ceux des deux Disciples : on reconnoit à l'enflure de leurs arteres & de leurs veines, que leur esprit est bandé, tant ils prennent de goût à tous les mysteres, & aux belles instructions qu'ils entendent ; leur joie, leur surprise, leur extase, se lisent dans leurs actions, & particulierement sur leur visage ; à leur geste il se voit qu'ils voudroient que chacun gardât un profond silence : dans leur corps, combien admire-t-on de belles parties, & toutes si nobles ? Que de grandeur ? que d'amour ? que de sainteté dans leurs têtes ? Dans celle du jeune Disciple, ses vertus paroissent pleines de vigueur, fixées dans celle du vieillard ; mais si consommées dans la figure de Jesus-Christ, que même sa Divinité s'éclate ; toutes les parties de son visage sont si tendres, ses dents si blanches & si bien rangées : son front large & serein nous represente une ame tranquile & religieuse ; ses yeux sont remplis de douceur & de gravité : là ce grand mépris qu'il a pour le monde, n'est pas moins visible que son ardeur pour le Ciel ; rien de terrestre, rien que de divin : il en sort une lumiere qui surprend, qui charme, & qui embrase ses auditeurs ; enfin cette tête est telle, qu'encore que les autres semblent de ronde bosse, soient naturelles, vivantes, bien peintes, & estimées generalement, elles ne paroissent neanmoins que des têtes de terre & de boue auprès de celle-ci : ce qui a donné sujet de croire à quelques-uns, que Veronese n'a pu peindre si parfaitement son Createur, sans l'avoir parfaitement aimé. Je n'ai que faire de dire que ce Peintre étoit judicieux, expressif, terrible & spirituel dans ses ordonnances ; qu'il peignoit avec une liberté & une facilité incroyable, & que s'il eut été aussi correct, il auroit approché de bien près les Titiens & les Raphaëls ; ce que l'on ne fait que trop voir ce beau tableau, qui est son chef-d'œuvre, où tout est touché avec autant de genie, que de fierté & de savoir ; il ne s'y voit rien de flatté ni de leché, tout y est libre : de près il semble que ce ne soit rien, ou tout au plus un ouvrage fait à la hâte; ce beau pâtis, cette riche union de couleurs qui paroissent si bien mariées, choisies & distribuées ; ces grands airs de tête qui étonnent, ce beau choix de draperies, cette ordonnance si rare & si ingenieuse ; tout cela disparoit, ce n'est plus que confusion de couleurs éteintes, répandues sans ordre & sans dessein, que figures croquées, qu'une grande toile peinte en détrempe, frottée & brossée avec des décrotoires.

Ce Tableau au reste, n'étoit pas encore commencé, quand Vasari mit au jour la vie des Peintres illustres, aussi n'en dit-il rien ; mais pour Rodolfi, qui l'a vu plusieurs fois, & bien examiné dans le cabinet du Seigneur Muselli, il en parle comme de la plus belle histoire, & de la plus gracieuse que nous ayons. Quelques-uns à la verité, qui s'y connoissent, la passion à part, ne vont pas si vite, de crainte par des louanges si excessives, de faire tort à la reputation de ces Hommes illustres, qui sans difficulté ont fait de meilleures choses : que certainement c'est un des chef-d'œuvres de ce grand Peintre, & doit passer pour une piece excellente & achevée; mais enfin que dans ce tableau il se remarque deux points de vues, l'un pour le pavé, l'autre pour la table ; qu'ils s'étonnent que Rodolfi ne se soit pas apperçu d'une faute si grossiere : que le Sauveur y paroit trop de fois avec ses Pelerins, & trop differemment : que Dieu, tout puissant qu'il soit, ne peut pas rompre le pain à Emaüs, au milieu de ses deux Disciples, & converser avec eux en même tems au milieu d'une grande campagne à une demie lieue, ou une lieue au-de-là ; que Dieu à la verité se multiplie tant qu'il veut, mais qu'il ne peut pas multiplier une même personne ; que l'enthousiasme & le caprice sans doute donnent quelque licence aux Peintres, aussi-bien qu'aux Poëtes, mais qu'elles ont des bornes & des regles que la raison & le jugement leur ont prescrites ; que telle erreur ne peut être défendue ni fortifiée par l'usage, & quoique les plus savans Maîtres ayent échoué contre cet écueil, que personne ne doit pecher par exemple, par coutume, ni par compagnie ; enforte qu'il est fâcheux que les ouvrages de Michel Ange, de Jules Romain, & de quelques autres Peintres illustres, se trouvent défigurées par des fautes si lourdes, & si peu pardonnables.

LE BALCON.

J'AI dit que le Roi dans son appartement, ne jouit que de loin de l'air du jardin & de sa vue ; la Reine au contraire en est si proche, que sa Chambre, ses Cabinets, ses Galleries, sont les parties les plus claires, & les plus égayées de tout ce Palais ; & comme cette vue est fort agreable, & qu'il y a plaisir de la posseder avec plus de liberté que par des fenêtres, on s'avisa de conduire un balcon le long des principales pieces qui regardent de front sur le jardin, & de le faire aller en retour jusqu'au bout de la Gallerie de la Reine. Mercier pour ce balcon songea à la balustrade, afin d'inventer quelque chose de galant, & y a si bien réussi, qu'il ne se voit rien en ce genre-là, de plus beau, de plus riche, ni de mieux entendu. Pour ce qui est de l'execution, on s'en rapporta à Etienne Doyart, autrement appellé Maître Etienne de Nevers, Serrurier ordinaire des bâtimens du Roi, qui suivit si ponctuellement les intentions de Mercier, que ceux du métier avouent que c'est le fer le mieux coupé, le mieux fouillé, le mieux cisélé qu'ils ayent jamais vu.

Cette Balustrade est composée de panneaux & de pilastres, revêtus de fleurons, de fleurs de Lis, de feuillages & d'enroulemens, rehaussés d'or, & tournés de fort bonne grace. Les pilastres sont éloignés l'un de l'autre de quelque six pieds, & garnis chacun d'une grande fleur de Lis, accompagnés de fleurons & d'enroulemens. Les panneaux occupent chacun tout l'espace qui est entre deux pilastres, & sont remplis de fleurons, de feuillages & d'ovales, qui finissent en rouleaux, liés ensemble artistement; à chaque travée il y a deux frises, l'une en haut, l'autre en bas, composée chacune de fleurons & de fleurs de Lis à claire voie; le tout ensemble est distribué avec un tel ordre, & tant d'esprit, que la critique n'y trouve rien à mordre: aussi est-il non seulement à jour & de relief, mais même ciselé avec plus de tendresse, de mignardise & de patience, que ne pourroit être l'argent, travaillé par les plus habiles Orfévres.

LE ROND-D'EAU.

UNE chose fort belle au Palais Cardinal, est cet Etang, ou grand bassin, appellé Rond-d'eau, qui porte quatre-vingts-deux toises de circonference; il est reculé à une des extremités du jardin, & environné d'une large allée, & d'un petit bois où regne le silence, qui n'est interrompu que par le petit murmure que fait un jet d'eau, qui sort du centre du bassin.

LE PALAIS MAZARIN.

LE dessein de ce Palais a assés de rapport avec celui du Palais Cardinal; car les commencemens en ont été très petits, les progrès fort grands, & peut-être la suite en sera-t-elle admirable.

Quand on eut achevé le Palais du Cardinal de Richelieu, tout le monde le tenoit pour le plus grand, & le plus accompli qu'on eut jamais vu dans le Royaume: chacun admiroit le nombre & le choix des Bustes & des Statues tant de son jardin, que de ses galleries. Son cabinet de peintures passoit pour le plus rare de la France; le vaisseau de sa Bibliotheque sembloit le plus vaste & le plus superbe du monde: on parloit des Volumes imprimés, & des Manuscrits qui la devoient remplir, comme du plus nombreux amas de Livres qui jamais eût été fait, depuis que les Lettres & les Sciences ont commencé à être en estime; enfin ce lieu superbe étoit regardé comme le dernier effort de la magnificence.

Cependant à le comparer avec le Palais de Jules Mazarin; non seulement le vaisseau de sa Bibliotheque est tout autre que celui du Palais Cardinal, mais encore les Livres & les Manuscrits qu'il a ramassés, sont & beaucoup plus curieux, & en bien plus grand nombre. Pour ce qui est de son Palais, quoiqu'il consiste en plusieurs grands appartemens, il n'y a pourtant point de chambres presque, ni de cabinets, où il ne se trouve plus de tableaux, de bustes & de statues, que dans l'autre; de sorte qu'on peut dire, que ce qui a été admiré plus long-tems de toute la France, n'étoit, pour ainsi dire, que l'ébauche de celui dont je vais faire la description.

La France & l'Italie sont les seules parties de l'Europe, qui ayent contribué à l'ornement de la maison du Cardinal de Richelieu; mais pour achever le Palais Mazarin, la Hollande, la Flandre, l'Angleterre, l'Allemagne, l'Italie, la Grece, la Perse, la Chine, l'Asie, ou plutôt en un mot, le monde entier, s'est comme dépouillé de ses richesses, de ses curiosités, de ses plus beaux meubles, de ses meilleurs Livres, de ses plus rares Manuscrits, de ses peintures, & de ses figures les plus excellentes.

L'EDIFICE EN GENERAL.

IL eſt ſitué à la rue neuve des Petits-champs, au coin de la rue Vivien, derriere le Jardin du Palais Royal. Charles Duret de Chevri, Preſident des Comptes l'a commencé. Jaques Tubeuf auſſi Preſident de la même Chambre, y a joint depuis une grande maiſon voiſine, & le Cardinal y a fait faire trois galleries, une Bibliotheque, une écurie, une baſſe-court, un jardin & les beaux appartemens, qui s'étendans juſqu'à la rue de Richelieu, regnent le long de la meilleure partie de cette rue, & de la rue-neuve des Petits-champs. Dans ce grand aſſemblage de maiſons, d'Hotels, & de bâtimens de differente maniere : il a renfermé tant de departemens, qu'il y en a aſſés pour loger ſuperbement pluſieurs Princes & Princeſſes avec tous leurs Officiers.

Mais après tout à conſiderer ce Palais en l'état où nous le voyons; on peut dire que ſes commencemens ont été ſi mediocres, que tout ce qu'il a de meilleur aujourd'hui, il le doit au Cardinal. Je ne m'amuſerai pas à en faire une deſcription ſi exacte, puiſqu'enfin le tout enſemble n'a rien de fort regulier : je dirai ſeulement que de tant d'appartemens differens qui s'y trouvent, les curieux en admirent quatre, comme ſurpaſſant en grandeur, en commodité, & en magnificence les plus celebres du Royaume.

APPARTEMENS PRINCIPAUX.

CHACUN de ces quatre appartemens principaux eſt accompagné d'une ſalle, d'une anti-chambre, d'une chambre, & d'une autre chambre à alcove, ou de parade, dont les portes ordonnées en droite ligne, & correſpondantes conduiſent la vue au travers, dans des ſallons, des chambres à l'Italienne, dans la campagne, & même dans les nues : tous au reſte ſe déchargent dans des cabinets, des garde-robes, & des chambres de degagement ; & de plus les unes ſe terminent par une gallerie : les autres ſont attachées à un ſallon, ou à cette illuſtre Bibliotheque. Enfin il n'y en a pas un qui juſques dans ſes moindres parties, ne ſoit rehauſſé d'or & de ſtuc, & orné de tant de buſtes, de ſtatues, & de peintures, que peut-être jamais un tel amas de choſes curieuſes, & mieux choiſies n'a été fait, depuis que les grands Seigneurs ont cette belle paſſion qui fait éclater la ſplendeur de leur fortune. Je parlerai de la Bibliotheque en un autre lieu. On remarquera ſeulement, que derriere tous ces beaux logemens, ſont étendus d'un côté un parterre fort propre, & un jardin aſſés ſpacieux, qui n'eſt pas encore achevé : dans l'autre on a pratiqué une baſſe-court, accompagnée d'un grand manege découvert, & de quantité de remiſes de carroſſes.

L'ECURIE.

L'ECURIE eſt ſi longue & ſi ſuperbe que les Etrangers avouent que ni dans l'Europe, ni dans toutes les autres parties de la terre ils n'ont rien vu qui lui puiſſe être comparé, ni qui en approche.

On y entre par trois grandes portes cocheres ; un berceau de briques & de pierres de tailles lui ſert de couverture ; dans la naiſſance de ſa voute ſont épargnés & ſculpés les chiffres, & les armes du Cardinal ; elle eſt large de quatre toises, longue de près de vingt-sept, & éclairée de dix-neuf grandes croisées; les pilliers, les auges, & les rateliers, sont de bois de chêne tourné, & derriere les chevaux regne un espace ou route, si large que cinq ou six personnes s'y peuvent promener à l'aise: j'y ai vû cent chevaux barrés tout d'une suite. Dans les embrasures des croisées, il y a des bancs, où sont les lits des palefreniers, & des armoires pour tous les utensiles necessaires à une écurie: ces armoires au reste & ces bancs sont si bien pratiqués, que non seulement ils cachent tous ces vilains objets qui d'ordinaire defigurent ces sortes de lieux, mais font encore un très-bel effet à la vue.

Or comme dans tout le corps de mon ouvrage je me suis proposé de ne point parler des belles choses qui peuvent changer de maître, & de lieu; sans doute je devrois passer sous silence les peintures, les statues, & ces meubles si magnifiques, dont ce Palais est orné: emporté neanmoins par la beauté de la matiere, je ne puis m'empêcher de me donner ici quelque liberté.

Cependant pour ne pas ennuyer par une trop longue suite de descriptions, je me renfermerai dans de certaines bornes, & même qui seront assés étroites.

MEUBLES.

JE ne parlerai point de quantité de vases, de tasses, de croix, de bassins, de damiers, d'écritoires, de chandeliers, d'avanturine, de parangon, d'albâtre, de marbre, de cristal, d'ambre, de nacres de perles; de jaspe Sardonnique & Oriental, d'agathe & de lapis, de toutes sortes de formes & de figures.

Je ne dirai rien non plus d'un nombre prodigieux de tables, de cabinets de tapis, de tapisseries, lits, emmeublemens, buffets & chapelles, tous rangés dans le garde-meuble, avec non moins d'ordre & de symmetrie que de commodité. Mais entre autres choses, il faut que je dise qu'on m'y a fait voir une tasse d'heliotrope, taillée en forme de navire, haute de sept pouces, large de onze, longue de neuf, & enrichie d'un cartouche sur la pouppe & de douze sur les flancs.

On m'y a montré une croix d'avanturine, garnie de douze chatons, & de plusieurs grenats; & un Canon de la Messe de jaspe verd d'Orient, orné d'agathes, de lapis Orientaux, d'améties, de grenats, & de quantité d'autres pierres precieuses; tout le reste n'est ni moins rare, ni moins riche.

Pour ce qui est des tables, les unes sont de marbre gris, de marbre de Gennes, d'ébeine, & d'écaille de tortue, les autres de porphyre, de pierre de parangon, de pierre de touche, & ornées de jaspe, de nacre de perle, de Calcedoine, de cornaline, de corail, d'agathes, de lapis, d'amethistes, & d'heliotropes, qu'on y a rangés & rapportés avec tant d'industrie, qu'elles representent des vases, des tridents, des dauphins, des papillons, des oiseaux, des feuillages, des festons, des panniers de fleurs, & des trophées d'armes à la Turque.

Quant aux cabinets, il n'y en a que d'ébeine, d'écaille de tortue, de pierre de parangon, & tous revêtus de colomnes de lapis, de tableaux d'émail, & de miniatures, d'ailleurs tout couverts, ou de cornalines, d'agathes, d'amethistes, d'heliotropes, ou de quantité d'autres pierres precieuses, jointes & unies ensemble si artistement, que les uns composent des roses des bouquets, & des animaux, les autres des pots de fleurs, & des oiseaux perchés sur des branches chargées de feuilles & de fruits.

Tous les tapis sont ou de Turquie, ou de Perse, ou de la Chine, les uns font rehauffés d'or & d'argent ; les autres font de cotonine travaillés à petit-point & relevés de fleurs, de figures & d'autres ouvrages à la Chinoife.

A l'égard des tapifferies, les unes font de taffetas, de damas, de velours, de brocard d'or & d'argent, & de toutes fortes de couleurs ; les autres de haute ou baffe liffe, de laine ou de foie, rehauffées d'or ou d'argent, de toutes les fabriques & d'après les meilleurs Peintres. Les unes ont été faites en Flandre & en Angleterre ; les autres aux Gobelins, au Louvre & à la Savonnerie ; & de plus, il n'y en a prefque pas une qui foit du deffein de Raphaël, de Jules Romain, d'Albert Dure, de Tempefte, de Rubens, de Pietre de Cortone, du Cavalier Jafepin, ou de quelque autre excellent Peintre.

Enfin les lits & les emmeublemens font de damas à ramages, de velours, de gaze de la Chine, & de tapifferies à petit point, de laine & de foie, façon de Perfe, de toutes fortes de couleurs ; & fi les uns font en broderie par bandes d'or & d'argent, brodées de fleurs d'or & doublées de lames d'argent, les autres font enrichis de payifages, de pots de fleurs, de trophées d'armes & de figures.

Mais laiffant-là toutes ces chofes fi precieufes, qui vont à l'infini, paffons à d'autres beautés.

BUSTES, STATUES, TABLEAUX, EN GENERAL.

J'AI vû dans ce Palais près de quatre cens têtes, buftes & ftatues antiques de marbre blanc d'Egypte, de bronze & de porphyre, qui font partie des depouilles de la Grece, de l'ancienne Rome, & peut-être de ce qu'elles avoient de plus magnifique & de plus rare. La plupart des têtes font montées fur des buftes de même matiere & de couleur façon de brocart & façon de drap d'or à grandes taches.

On m'y a fait voir aufli jufqu'à cinq cens tableaux de cent-vingt Maîtres, entre lefquels fept de Raphaël font admirés, trois du Correge, huit du Titien, deux d'André Del-Sart, douze de Louis Carrache, cinq de Paul Veronefe, trois du Giorgion, fix de Pordenon, vingt-un du Guide, trois de Paul Brille, vingt-huit de Vandick ; plufieurs de André Mantegre, de Perrin de Crague, & de ces autres genies de la Peinture, qui ont reffufcité ce bel art, enfeveli depuis tant de fiecles par l'ignorance & la barbarie.

Quoique ces buftes, ces têtes & ces ftatues foient antiques & admirables, & que les tableaux de Raphael, du Correge, du Titien, d'André Del-Sart & des autres, foient peut-être leurs chef-d'œuvres, & que ces peintures aufli-bien que les marbres, meritent chacun à part leur éloge, & qu'on en faffe la defcription ; je ne parlerai néanmoins que d'une petite partie, & encore dans le même ordre que je les ai vûs. Et parce qu'on m'a toujours conduit dans l'appartement bas avant que de me montrer les autres du premier étage, je ferai premierement mention des marbres qui m'ont le plus frappé dans les chambres & dans les galleries du rès de chauffée. Après je viendrai aux marches & aux tableaux qui parent les antichambres, les alcoves, les chambres à l'Italienne & les galleries des autres appartemens.

LA GALLERIE BASSE, &c.

LA Gallerie baſſe eſt environnée de près de cent buſtes ou ſtatues antiques de marbre, & les départemens auſquels elle eſt attachée en font ſi remplis, qu'il ſemble qu'on les y ait plutôt entaſſés qu'arrangés ; & quoique pendant les deſordres qui ſurvinrent, la meilleure partie de ces merveilles ait été diſſipée, nous les revoyons encore aujourd'hui dans le même ordre où ils étoient avant la ſedition : & cette Gallerie eſt encore la ſeule du Royaume qui ne ſoit parée que d'ouvrages de ſculpture, ſans tableaux, tapiſſerie ni autres meubles, & peut-être même la plus riche du monde.

Les principales beautés de cette Gallerie & des autres pieces & appartemens qui l'accompagnent, ſont ;

Une Flore majeſtueuſe & d'une très-grande maniere.

Une Veſtale grave & admirable pour le beau choix de la draperie.

Deux Conſuls Romains, hauts de dix palmes, tenant chacun une carſelle, & eſtimés ſur tout pour l'ordonnance & le beau maniement des plis de leurs robes.

Un Hercule qui étouffe Acheloüs du bras gauche, & tout prêt de lui décharger un coup de maſſue pour l'aſſommer.

Une Amaſone à genoux combattant, qui vend cherement ſa vie à ſon ennemi, & dont le beau corps & la tête auſſi belle que guerriere ſeroient capables de faire tomber les armes aux plus barbares.

Une Pallas grande comme nature, dont le corps eſt de porphyre, la tête & les bras de cuivre doré.

Deux bas reliefs larges de ſix pieds & hauts de trois, qui repreſentent la mort de Niobé & l'apothéoſe de Germanicus.

Mais la merveille de ce bel appartement eſt ſans doute une figure de Poppée ſortant du bain ; elle eſt grande comme nature, aſſiſe dans une chaiſe antique, & enveloppée juſqu'au menton d'un grand drap mouillé, dont les plis ne cachent rien de la grace ni des proportions de ſon beau corps ; on découvre ſur ſon viſage toutes les qualités d'une beauté achevée.

Outre ſa majeſté, l'attitude en eſt gracieuſe, la draperie en eſt incomparable ; ſon ſiege ſe reſſent de la moleſſe & de la magnificence du ſiecle de cette Imperatrice. En un mot, ſa figure entiere eſt admirée de tous les curieux, & part aſſurément de la main de quelqu'un de ces illuſtres Sculpteurs qui floriſſoient à Rome ſous Neron.

Les buſtes de cet appartement ne ſont pas moins excellens que les ſtatues.

La maniere du Bacchus & de la Cleopatre eſt fort tendre.

Celle de la Sybille & de l'Auguſte eſt bien ferme & bien fiere.

La tête de porphyre de Pallas ou d'Alexandre eſt bien deſſinée.

Il ne ſe peut rien voir de plus achevé que les portraits d'Antonin & de Fauſtine la jeune, qui s'entreregardent dans un ſeul morceau de marbre. Les cheveux d'Antonin ſont peignés & friſés avec tant de facilité & de patience, que ceux même qui font profeſſion de ſculpture, les prennent pour être de cire ou de terre cuitte.

Enfin le buſte d'Ariſtote n'eſt pas la piece qui faſſe le moins de bruit parmi les Curieux : plus de cent ans durant il a été l'ornement le plus conſiderable du Château de Meudon. Henri de Guiſe, Cardinal de Lorraine, l'avoit placé dans un très-bel appartement de cette Maiſon de plaiſance, qui conſerve encore le nom de ce Philoſophe, & qui eſt enrichi de colonnes de marbre & de peintures de Taddeo Zuccaro & de Franceſco Primaticio,

Abbé

Abbé de St Martin. La feule chofe dans ce bufte qu'on peut trouver à redire, eft qu'il eft de marbre noir, telle couleur étant ingrate & déplaifante en fculpture; car outre qu'elle attrifte, elle éblouit encore la vue & empêche de découvrir à l'aife fur le marbre toutes les beautés que le Sculpteur y a mifes. Avec tout cela on ne laiffe pas d'y appercevoir quantité de belles parties.

LA GALLERIE HAUTE.

DANS la Gallerie haute il n'y a pas tant de buftes ni de ftatues que dans la baffe; mais on y voit deux figures antiques & un tableau d'Antonio Correggio, qui font l'un des principaux ornemens de ce Palais, dont je donnerai la defcription après avoir fait celle de ce beau lieu.

Cette Gallerie d'un côté eft éclairée de huit grandes croifées & ornée de l'autre d'autant de niches. La voute qui la couronne a été peinte à frefque en fix mois par Romanelli, Peintre Romain, fort gracieux, & l'un des plus diligens de notre fiecle. Les niches ont un peu moins de largeur que les fenêtres vis-à-vis defquelles elles font diftribuées, mais elles s'élevent depuis le parterre jufqu'à l'arrachement ou naiffance de la voûte, chacune au refte enrichie d'une ftatue antique de marbre blanc & d'une excellence très-particuliere. Les murs tout environnés de tableaux, de cabinets, de tables, de buftes, dont les têtes font de bronze & de porphyre, & les épaules d'albâtre Oriental véné, façon de brocart & de drap d'or, & font encore tapiffés de damas rouge cramoifi, femé des armes & des chiffres du Cardinal, & rehauffés de paffement d'or de Milan, d'une largeur & d'une épaiffeur extraordinaire.

Mais entre un grand nombre de figures & de tableaux qui font rangés dans les niches, fur les tables & dans les trumeaux, il n'y en a point qu'on admire davantage, que deux Faunes antiques de marbre blanc & le mariage de Ste Catherine, du Correge.

Les Faunes font fi excellens, que les plus favans Sculpteurs difent qu'ils peuvent entrer en comparaifon avec les chevaux de Montecavallo, le Laocoon, la Venus de Medicis & les autres meilleures figures de l'ancienne Rome, qui fe font garanties de l'injure du tems, & de la fureur des Gots & du zèle des premiers Chrétiens. Ces deux Faunes danfent & femblent rire; l'un eft Grec, l'autre Romain; l'un eft original, l'autre copie; tous deux néanmoins antiques & admirables: & de fait, ceux du metier affurent que la Romaine n'a été faite que cent ans après la Grecque; d'ailleurs que la Grecque eft beaucoup plus accomplie. Toutes les parties de leurs beaux corps font fi bien deffinées & achevées, leur rire fi vrai & fi naïvement exprimé, qu'en leur cachant la bouche on les voit rire des yeux, & leur cachant les yeux on les voit rire de la bouche.

Le mariage de J. C. avec Ste Catherine, du Correge, n'eft pas en fon genre moins admirable que ces deux belles figures; & quoique ce grand Peintre ait fait peu d'ouvrages, parce qu'il les vouloit trop finir; j'ai pourtant vu dans le Palais dont je parle, deux autres tableaux de lui, favoir un Apollon en detrempe, qui fait écorcher Marfias, & une Venus à l'huile, qui dort toute nue auprès de Cupidon auffi endormi, & tout contre un Satyre, qui bien-loin de dormir, eft fi tranfporté d'amour & de luxure, qu'il ne fait où il en eft; le tout colorié, deffiné & fini avec cette étude & cette politeffe, dont Vafari fait mention dans la vie de ce grand homme: & bien que ces deux tableaux foient merveilleux, ils ne fauroient néanmoins entrer en comparaifon avec celui du mariage de J. C. avec Ste Catherine, où les Savans admirent tant de belles parties. Les défauts qu'on y trouve font très-petits & pareils à ceux des tableaux que l'on voit de ce Peintre à Parme & à Modenne, qui passent pour les miracles de ces deux villes & les chef-d'œuvres de cet excellent Ouvrier. Tout y est touché avec cet agrément & cet amour qui rendent ses ouvrages si singuliers, & si inimitables.

La tête de St Sebastien qui assiste à ce mariage, leur semble beaucoup plus belle que les autres & d'une plus ferme & plus grande maniere. C'est la merveille de ce tableau, & peut-être même le miracle du Peintre. La Vierge tient sur ses genoux le petit Jesus tout nud, & le regarde attentivement donner l'anneau à Catherine. Que l'action de la Vierge est pleine de grace & de sainteté! Que celle de Catherine est pleine de pudeur & de retenue! Que dans leur attitude, le Correge a heureusement repandu l'humilité religieuse dont elles faisoient profession, & qui est si difficile à concevoir & à exprimer.

Vasari au reste n'a point parlé de ce tableau; & de plus, ni lui ni Rudolfi n'ont rien dit d'un autre du Titien, qu'il envoya en Espagne à Philippe II, que Philippe IV a donné depuis à Charles I, Roi d'Angleterre, & qui enfin a passé en France avec le Marsias & la Venus de Correge, & quelques autres pieces du debris de la magnificence de ce Prince.

Ce tableau du Titien est long de dix-huit pieds ou environ. On y voit dans une grande forêt un petit Cupidon, deux Nymphes, deux Veneurs, deux Satyres grands comme nature; & en petit dans un lointain, des Chasseurs, des chiens, un cerf, une cascade & un payisage merveilleux. Un des Veneurs sonne du cor; l'autre mene les chiens en lesse: mais l'une des Nymphes est assise auprès de l'un de ces Satyres, & lui presente des fleurs & des fruits champêtres. Dans le tems que ce Faune transporté d'amour admire la delicatesse des mains de la belle, la rondeur de sa gorge & la beauté de son visage; sa compagne dort à demi-nue au pied d'un gros arbre, & se délasse de la fatigue de la chasse sur une longue peau de Tigre; tandis que Cupidon monté sur cet arbre décoche son arc contre l'autre Satyre, qui tâche de découvrir cette Nymphe, & de lui arracher des mains la peau de Tigre qu'elle tient, & dont le reste de son corps est enveloppé. Quoique toutes ces choses soient d'une ordonnance assés belle, ce n'est pas en cela néanmoins que cette histoire est la plus estimée, mais parce que le coloris en est doux & agreable, que les attitudes de toutes les figures sont naturelles & propres à leurs passions, que les mœurs n'y sauroient être mieux exprimées, & que tout y semble vrai & vivant; aussi croit-on que ce Peintre a épuisé son savoir & la force de son art sur toutes les parties de ce beau tableau. De plus on pretend qu'il s'est surpassé lui-même dans la figure de la Nymphe endormie, & dans celle du Faune qui la considere. En effet il ne se peut rien voir de mieux peint, ni rien de plus beau & plus laid tout ensemble que cette hideuse figure de Satyre & la figure charmante de la Nymphe; car si on prend garde aux mains, aux bras, au ventre, à la poitrine & aux épaules velues du Faune, de plus à son menton fourchu, sa barbe herissée, sa bouche fendue, à ses yeux brillans d'ardeur & de luxure, à ses longues oreilles, son front ridé, son nés crochu, sa tête cornue, & tout cela sur des pieds, des jambes & des cuisses de bouc; on avouera qu'il ne se peut rien faire de plus monstrueux. Au contraire si on vient à regarder la Nymphe endormie, toutes les parties de son corps sont si achevées, qu'on ne sait à laquelle on doit plutôt s'arrêter, ses mains sont longues, grasses & blanches, ses bras ronds, sa poitrine large, sa gorge ronde & pleine, son ventre petit, son corps long, ses sourcils noirs & bien rangés, ses levres vermeilles, sa bouche & ses oreilles petites, son nés aquilin, son front uni, large & mollement vouté, sa coéffure galante, son visage & sa tête incomparables; & toutes ces belles choses blanches, grasses & fort doucement assoupies. On apperçoit sur son visage beaucoup

DE LA VILLE DE PARIS. Liv. VII. 179

de simplicité, d'agrément & de majesté, & tout ce qui peut arrêter les yeux, & blesser le cœur; on voit sur le reste de son corps cette fermeté, & cette delicatesse de chair, qui font l'embonpoint.

Le Peintre en quelques endroits a repandu des tendons, des nerfs & des veines, mais avec cette discretion qu'on admire dans ses autres ouvrages, & avec la tendresse que la nature met ordinairement sur le corps des Nymphes & des Déesses: en d'autres il a touché avec tant d'étude & de patience les pores, ces petits corps presque invisibles sur le corps des femmes, qu'on les decouvre sur cette belle figure, quand on la contemple de près; de plus il a si ingenieusement representé le soufle, le someil tendre, & la respiration douce de ce sexe aimable, qu'il semble que le poulx lui bat; on pense même qu'elle respire, & on a bien de la peine à se désabuser de cette pensée. Enfin ce grand Ouvrier a rassemblé dans sa belle figure toutes ces rares qualités, & ces grands secrets, qui mettent de la difference entre une femme & une Nymphe, & que le Ciel n'a peut-être jamais donnés à une seule personne. Et si ce tableau n'est pas la plus belle production de son esprit & de sa main, les Curieux assurent au moins qu'il y en a peu dans le monde qui l'égalent, & qu'il n'y en a point certainement qui le surpassent.

Cette merveille est l'un des plus précieux ornemens d'un appartement neuf de ce Palais, qui regne le long de la rue de Richelieu, & dont les murailles sont si couvertes de tableaux, qu'on peut dire presque qu'elles en sont enduites.

Cet appartement neuf est merveilleux dans toutes ses parties; la Chapelle ornée d'un Autel couronné de deux Anges de stuc, de Michel Anguier, l'un des plus gracieux, & des plus excellens Sculpteurs de notre siecle, fait l'une de ses principales richesses; mais la Bibliotheque dont il est terminé, le met hors de toute comparaison. Je me suis reservé tout exprés de parler en cet endroit de cette merveille, qui passe toutes les autres merveilles de ce Palais, & qui sans doute efface tout ce que les siecles passés ont produit de plus memorable.

LA BIBLIOTHEQUE.

CETTE illustre Bibliotheque est dans une Gallerie longue de trente toises ou environ, large de quatre & demi, couverte d'une voute haute de plus de cinq, éclairée de huit croisées, & environnée de deux ordonnances de tablettes. Les premieres sont pleines de Livres *in-quarto & in-folio*, & de plus accompagnées d'un grand Pupitre à hauteur d'apui, qui regne tout au tour, & de cinquante colonnes Corinthiennes de bois, fort hautes, & travaillées avec bien de la propreté. Les balustres sont placés au-dessus, où l'on monte par quatre escaliers pratiqués, & cachés dans les quatre angles des premieres tablettes.

Cette seconde ordonnance occupe tout l'espace qui, depuis la premiere, va jusqu'à la naissance de la voute, & est destinée pour les Volumes, tant *in-octavo*, que pour les autres petits Livres; & pour plus d'enrichissement & de commodité, une petite Gallerie la borne, portée sur la corniche & l'entablement des colonnes Corinthiennes, & fermées d'un balustre de fer verni à hauteur d'apui.

Pour remplir de Livres ce grand espace, & les bien choisir, le Cardinal fit choix de Gabriel Naudé, consommé en cette sorte de connoissance, & qui a laissé bien loin derriere lui les plus grands Bibliothecaires. Par son ordre il fut en Hollande, en Flandre, en Angleterre, en Italie, & par toute l'Allemagne, afin d'acheter les Livres qu'on ne trouvoit point en France, & toutes les differentes éditions.

Tome II. Z ij

Autant d'Ambassadeurs & de Residens que le Roi envoyoit aux Payis étrangers, chacun devoit lui faire tenir tous les Manuscrits qu'il pourroit trouver. Tous les Rois presque, & les Princes de l'Europe favoriserent, comme à l'envi, un si grand dessein ; de sorte qu'en moins de dix ans, on compta dans ce Palais jusqu'à trente, ou trente-cinq mille Volumes, que le Cardinal eut donné au public, si le mauvais destin des Lettres ne se fût opposé à ce dessein heroïque, & ne l'eut fait avorter.

Et de fait, jamais il ne s'étoit vu une si nombreuse Bibliotheque : Constantin, Eumenes, Ptolomée, n'assemblerent jamais tant de livres, ni à Alexandrie, ni à Pergame, ni à Constantinople ; car quoique la Bibliotheque Constantine consistât en cent vingt mille Volumes, l'Attalique en deux cens mille, & l'Alexandrine en sept cens mille, comme l'impression alors n'étoit pas encore inventée, tous ces Livres étant écrits sur de la cire, & sur de l'écorce d'arbre, chaque ouvrage passoit pour un Volume ; si bien que Ruffin & Epiphane comptant sur ce pied là, assurent qu'Origene seul avoit composé six mille Volumes ; le Grammairien Didyme Alexandrin, trois mille six cens ; Mercure Trismegiste, six mille trois cens vingt-cinq : Martial même nous apprend que les Decades de Tite Live faisoient une grosse Bibliotheque. Car, comme j'ai dit, on comptoit alors les Volumes par les traittés, & par ce qui ne tient lieu aujourd'hui que de Chapitre ; mais quand on saura qu'il n'y a que douze mille Volumes dans la Bibliotheque Ambroisienne ; que dix mille dans celle d'Oxford, & que huit mille dans la Vaticane, on demeurera d'accord sans doute, que le Cardinal Mazarin avoit amassé plus de livres en dix ans, que n'ont fait plusieurs Papes & plusieurs Rois ; & que toutes les Bibliotheques qui furent jamais, ne peuvent entrer en comparaison avec la sienne.

J'y ai vu deux cens Bibles traduites en toutes sortes de Langues ; trois mille cinq cens Volumes de Mathematiques, l'Histoire la plus universelle & la mieux suivie ; la Jurisprudence la plus complette ; la Theologie & la Scholastique les mieux fournies qu'on puisse presque s'imaginer ; la plus belle Philosophie qui ait jamais été en Grece ; toutes les éditions nouvelles, tant des Peres de l'Eglise, que de tous les Auteurs classiques ; les Coutumes de plus de cent cinquante Villes ou Provinces ; les Synodes de plus de trois cens Evêchés ; les Rituels & les Offices d'une infinité d'Eglises ; les Statuts & les Fondations presque de toutes les Religions, Communautés, Hopitaux & Confrairies ; les Regles & les secrets des Arts liberaux & méchaniques ; des Manuscrits de toutes sortes de Langues & de toutes sortes de Sciences : enfin une Medecine si riche & si nombreuse, qu'on y trouvoit non seulement tous les ouvrages, mais même toutes les differentes impressions de ceux qui en ont écrit.

Ce fut aussi la seule chose que Naudé garantit du nauffrage, lorsque ce grand Vaisseau échoua par cette grande tempête qui survint, & que ce Ministre fut obligé de s'éloigner de la Cour.

L'HOTEL DE NESLE, OU L'HOTEL DE SOISSONS.

EN 1232, Jean Seigneur de Nesle, Chastelain de Bruges, & Eustache de St Pol sa femme, donnerent à St Louis, & à Blanche de Castille sa mere, leur Hotel de Nesle, que nous appellons maintenant l'Hotel de Soissons. Peu de jours après le Roi l'abandonna à sa mere, & lui ceda son droit.

Philippe le Bel depuis, qui fut en 1296, en fit don à Charles de France, son frere, Comte de Valois. Ensuite nos Rois l'ont souvent donné & réuni à la Couronne; mais, parce que de rapporter toutes ces differentes réunions & alienations, chacune en leur lieu, outre la prolixité, il feroit difficile de les retenir, je trouve à propos de les mettre ici de fuite.

En 1354, le Roi Jean, & Charles fon fils aîné, le donnerent à Amedée Comte de Savoie, en accroiffement du Comté de Maulevrier. Après cela, Charles VI l'acheta de Marie de Bretagne, & de Louis d'Anjou fon fils, Roi de Naples, de Jerufalem & d'Aragon, pour Louis de France fon frere, alors Duc de Touraine, & depuis d'Orléans, dont il prit poffeffion en 1388.

En 1498, & en 1499, Louis XII, petit fils de Louis de France, qui deja en avoit cedé une partie aux Filles Penitentes, gratifia du refte Pierre le Brun fon Valet de chambre, & Robert de Frainezelles fon Chambellan ordinaire, qui, quelque tems après, en firent tranfport aux mêmes Religieufes.

Enfin Catherine de Medicis, en 1572, l'ayant retiré de leurs mains, le rebâtit, & le mit prefque au même état, où nous le voyons maintenant.

Mais retournons à Saint Louis, & parlons de fa maifon du fauxbourg St Marceau.

Saint Louis fit bâtir une maifon au fauxbourg St Marceau, qui maintenant eft renfermée dans le Couvent des Cordelieres, dont même il en refte une tour d'une groffeur & d'une hauteur affés confiderable.

Ces Religieufes y honorent encore une chambre, où a couché ce grand Saint; & de plus, une Chapelle, où fouvent il a prié Dieu, & s'eft donné la difcipline.

Après fa mort, Marguerite de Provence fa veuve, venoit quelquefois demeurer à ce Chateau, où elle a mené une vie prefque auffi fainte que fon mari.

Et enfin en 1284, elle le donna aux Cordelieres, à la charge neanmoins que Blanche fa fille, veuve de Ferdinand de la Cerda, fils d'Alphonfe, Roi d'Arragon, en jouiroit fa vie durant; fi bien que Blanche y étant morte en 1320, elles le comprirent dans l'étendue de leur Monaftere.

L'HOTEL DE NESLE SUR LE BORD de la Riviere.

L'ANNE'E fuivante Amauri lui vendit cinq mille livres de bons petits parifis fon Hotel de Nefle, fitué fur le bord de la riviere, près du Couvent des Auguftins, & que Philippe le Long donna à Jeanne de Bourgogne, fa femme en 1319 avec la liberté même de le convertir en Monaftere, ou autres œuvres pieufes; & de fait cette Princeffe en 1325 chargea fes executeurs teftamentaires de le vendre pour la fondation du College de Bourgogne; fi bien que Philippe de Valois l'eut d'eux en 1330 pour dix mille livres de bonne & forte monnoie.

En 1332 il en fit don à Jeanne de Bourgogne, fa premiere femme.

En 1350 le Roi Jean leur fils aîné, y fit trancher la tête aux Comte d'Eu, & de Guines, Connétables de France.

En 1357 Charles de France, Regent du Royaume, s'en deffit en faveur de Charles, Roi de Navarre, & de la Reine fa femme, à la charge de réunion à la couronne, s'ils venoient à mourir fans enfans mâles.

En 1381 Charles VI le vendit vingt mille francs, au Duc de Berri, fon oncle, avec l'Hotel du Val-la-Reine; & depuis, qui fut en 1416: le Duc de Berri étant malade, treize ans avant fa mort, il le donna à Ifabeau de Baviere, fa femme.

En 1422 on y reprefenta devant le Roi & la Reine d'Angleterre, le Myftere de la paffion de St Georges.

En 1446 Charles VII en fit don à François, Duc de Bretagne.

En 1461 Louis XI le ceda à Charles de Bourgogne, Comte de Châlons; & en 1482 aux Religieux de St Germain.

En 1552 Henri II le separa du Domaine, & voulut qu'on le vendît.

En 1570 Charles IX ordonna la même chose, & que l'argent qui proviendroit de la vente seroit donné comptant, tant aux Suisses, & aux Reistres, qu'aux autres Etrangers qu'il faloit licentier.

Cette longue suite d'alienations d'un seul Hotel, & pourtant qu'il étoit necessaire de rapporter, m'a étrangement écarté de mon sujet; car enfin je n'en étois encore qu'à Philippe le Bel: revenons donc sur nos pas.

Jeanne de Navarre, femme de Philippe le Bel, avoit une maison appellée l'Hotel de Navarre, près la porte St Germain; mais comme elle avoit dessein de fonder le College de Navarre, en 1304 elle le donna par testament, afin d'en acheter quelque grand logis, où il put tenir quantité d'écoliers.

Philippe de Valois, neveu de Philippe le Bel, donna à Clemence de Hongrie, veuve & seconde femme de Louis Hutin, une grande maison, à la Gréve, qui lui appartenoit, où depuis a été bâti l'Hotel de Ville, & qu'on appelloit la maison aux pilliers.

Après la mort de cette Princesse qui mourut au Temple en 1328, il en fit transport en 1335 à Gui, Prince souverain du Dauphiné.

Comme je n'ai pas voulu repeter que l'Hotel de Nesle, situé prés des Augustins, a appartenu à Jeanne de Bourgogne, femme de Philippe le Long; aussi ne repeterai-je pas que Philippe de Valois l'acheta de ses executeurs testamentaires; mais je dirai qu'en 1345 il confirma à Notre-Dame des Champs un contrat d'échange de cinq cens livres de rente, qu'il avoit donné en faveur du mariage de Mathefelon & de Beatrix de Dreux, & que Jeanne de Bourgogne, sa premiere femme y mourut; ou en tout cas dans une maison qu'il avoit en ce quartier-là, & cela en 1350, le douze Septembre, à ce que croit le Jesuite Labbe, ou le douze de Decembre de l'année 1349 au rapport du continuateur en François de Guillaume de Nangis.

Blanche de Navarre, sa seconde femme, a eu à Paris trois maisons, une à la rue de Paradis, qu'après la mort de cette Princesse on appelloit encore l'Hotel de la Reine Blanche en 1423; une autre à la rue de la Tixeranderie, qui s'étendoit depuis la rue du Cocq, jusqu'à celle des Deux-portes, & qui conservoit encore le nom de sa Maitresse en 1426; la derniere au faux-bourg St Marceau, dans le voisinage peut-être de l'Eglise St Marcel, & d'une rue qu'on ne nomme point autrement que la rue de la Reine Blanche. Celle-ci est une des plus celebres de notre Histoire; car enfin, c'est dans une de ses salles qu'en 1392 Charles VI ayant repris ses sens, & étant vêtu de lin, couvert d'étoupes engraissées de poix-raisine, vint danser ce balet ardent, que tous les Historiens du tems ne racontent qu'avec horreur, & où il pensa être brûlé tout vif, de même que le furent quelques-uns de ceux qui lui tenoient compagnie.

L'Auteur anonyme de la chronique de St Denys, & la plupart de ceux qui ont fait mention de cette funeste avanture, assurent que ceci se passa à l'Hotel St Pol: Juvenal des Ursins, au contraire, dit que ce fut à l'Hotel de la Reine Blanche: quant à moi, dans un accident si remarquable, & de si grande importance, je ne sai si l'on ne doit point ajouter plus de foi à cet excellent homme qu'aux autres, lui principalement, qui a passé presque toute sa vie à la Cour, & qui peut-être alors étoit present.

Pendant la prison du Roi Jean, successeur de Philippe de Valois, & mari de la Reine Blanche, Charles son fils aîné, & depuis Roi de France, sous le nom de Charles V commença l'Hotel St Pol: d'abord il acheta en 1361 l'Hotel d'Estampes, bâti contre l'Eglise de St Paul, & le cimetiere dont il donna quatre mille Royaux d'or qui furent payés par le Prevôt des Marchands & Echevins; un an après il acquit de l'Abbé & des Religieux de

St Maur, leur Hotel qui tenoit à celui d'Eftampes. En 1365 l'Archevêque de Sens lui vendit fa maifon voifine de l'Hotel de St Maur, & de celui d'Eftampes, à certaines conditions, que je rapporterai en parlant de l'Hotel de Sens. En 1398 Charles VI joignit à cette Maifon Royale l'Hotel du Petit-mufc, qui lui coûta quatre mille livres, & qui tenoit tant au Couvent des Celeftins, qu'au Champ-au-plâtre, que les Foffés feparent maintenant de la Ville. En 1418 il y unit encore un logis de la rue St Paul, pour fervir de demeure à deux Maîtres des Requêtes, afin de pourvoir aux abus qui fe gliffoient dans la maifon du Roi. Avec le tems, jufqu'au Regne de Louis XI, tout ce qu'il y avoit de logis entre la rue St Antoine, & le quai des Celeftins, depuis la rue St Paul jufqu'au Champ-au-plâtre, & au faux-bourg St Antoine : tout cela, dis-je, fut acquis & renfermé dans cet Hotel, qu'on nomma l'Hotel St Paul, parce qu'il étoit attaché à l'Eglife St Paul. Enfin il devint fi grand, qu'on y comptoit, je ne fai combien d'Hotels, favoir, l'Hotel de la Reine, de Beautreillis, de Petit-muce, de la Piffotte, celui des Lions, l'Hotel neuf du Pont-perrein, & quelques autres encore, outre le Château de la Baftille.

Au refte, les actions les plus memorables de Charles V, Charles VI, & de Charles VII, fe font paffés-là ; la plupart des enfans de ces Princes y naquirent ; Jeanne de Bourbon, & Ifabeau de Baviere y moururent ; le Parlement s'y tint plufieurs fois ; les plus grands mariages s'y confommerent ; les hommages des Pairies, & des autres grandes Terres y furent faits & les fêtes les plus folemnelles celebrées : mais il ne s'y paffa rien de plus remarquable, que l'attentat entrepris en 1413 par le Duc de Bourgogne, & par une foule de bouchers & de feditieux, qui arracherent d'entre les bras du Dauphin, & de la Reine, les Ducs de Bar & de Baviere avec quantité de grands Seigneurs, de Dames, & de Damoifelles, qu'ils menerent prifonniers au Louvre, & à l'Hotel de Bourgogne.

Les enfans de France, des Princes du fang, Connétables, Chanceliers, ceux qui étoient en faveur, tous y avoient de très-grands appartemens, la plupart accompagnés de Chapelles, de jardins, de preaux, & de galleries. car j'aprens des œuvres Royaux de la Chambre des Comptes qu'on y comptoit jufqu'à fix preaux, douze galleries, fept ou huit grands jardins, quantité de tours, auffi-bien que de cours, une entre autres fi grande qu'on y joûtoit, & pour cela qu'on appelloit la cour des joûtes. Je trouve qu'il y avoit plufieurs autres grands departemens & commodes, & tous prefque faits par Charles V. Son grand corps de logis, & fa principale entrée regardoient fur la riviere, & regnoient le long du quai des Celeftins. Il eft conftant que ce Prince s'étoit tellement plu à embellir ce Palais, & à l'agrandir, & l'aimoit à ce point, qu'en 1364 & 1365, il l'unit à fon Domaine, & non feulement il défendit à fes enfans & à fes fucceffeurs, mais encore à lui-même de l'en demembrer pour quelque occafion que ce fût ; quelque raifon qu'on eût pour cela, non pas même pour le donner, ni à fes Princes, ni à fes enfans, fans en excepter la Reine, fa propre femme, qu'il honoroit & cheriffoit fi tendrement. Cependant en 1463 Louis XI ne laiffa pas de donner à Charles de Melun, Baron de Landes, fon Chambellan, l'Hotel de la Piffotte, fitué à la rue St Antoine, près de l'Eglife St Paul : de plus en 1480, non feulement il donna aux Marguilliers de l'Eglife St Paul, une enclave ou place de cet Hotel, qu'il s'étoit refervée, pour augmenter leur cimetiere ; mais encore l'année fuivante au Curé, & aux Prêtres de la Paroiffe, tout l'Hotel St Pol ; c'eft-à-dire, fans doute, ce qui s'appelloit l'Hotel St Pol, pour le diftinguer des autres Hotels qui compofoient le Palais entier, & cela avec commandement à la Chambre des Comptes d'enregistrer ces donations par des lettres qu'il lui écrivit exprès.

Outre tout ceci, Charles VIII en 1490 fit encore don de l'Hotel de Beautreillis, fitué dans la rue St Antoine, à Antoine de Chabannes, grand

Maître d'Hotel de France, & à son fils. François I, en 1516 vendit à son tour deux mille écus d'or, qui valoient alors quatre mille livres, le principal corps de logis sur le quai des Celestins, avec trente ou trente-quatre toises de place & de bastion au coin de la rue du Petit-musc; mais sur ce que la Chambre des Comptes ne voulut point enregistrer telle vente, comme étant faite sans proclamations de criées, ni d'autre enchere; & de plus, que Charles V avoit uni l'Hotel St Pol à son Domaine, le Roi en 1518, fut contraint de parler en Maître, & d'ordonner de la verifier, sans avoir égard à l'union de Charles V, & de vendre au plus offrant cette portion du Palais qui restoit.

Là-dessus la Chambre l'ayant exposée en vente, & personne n'encherissant, elle fut ajugée à Genoilhac, en 1519.

Enfin François I, en 1543, pour achever, commanda que l'Hotel de la Reine, le Petit-Bourbon, & l'Hotel neuf, appellé l'Hotel d'Estampes, parce qu'ils tomboient en ruine, fussent encore vendus, & dont la vente neanmoins ne commença qu'en 1551. Diane de Valentinois acheta en 1554, l'Hotel-neuf, six mille cinq cens quarante livres.

LE PETIT-BOURBON.

L'HOTEL des Ducs de Bourbon, appellé le Petit-Bourbon, & confisqué par François I, avec les autres biens du Connétable, fut vendu en même tems six mille cent vingt-cinq livres.

L'Hotel du Roi & de la Reine, autrement l'Hotel St Pol, qu'on vendit six mille six cens soixante livres, fut divisé en trente-six places; & celui de Beautreillis en trente. A travers ces Hotels & les autres, on ouvrit la rue du petit Musc, la rue du Beautreillis, la rue des Lions, & la rue neuve St Paul. Quantité de particuliers acheterent le reste, depuis 1551, jusqu'en 1568; ce qui me fait croire que peut-être toutes les donations que Louis XI fit à l'égard de cet Hotel Royal, n'eurent aucun lieu, & qu'on ne commença point à le démembrer de la Couronne avant 1518, & qu'en 1568, il étoit presque tout vendu, malgré les défenses si expresses de Charles V, & toutes les précautions qu'il avoit prises pour l'empêcher.

Jeanne de Bourbon, femme de Charles V, avoit encore deux autres maisons; la premiere étoit l'Hotel d'Artois, & parce qu'elle relevoit de l'Evêque de Paris, le Concierge & le Boulanger de la Reine, qui y demeuroient, y ayant cuit du pain pour eux, furent condamnés en 1360, à demander pardon à l'Evêque, pour ne l'avoir pas fait cuire à son four bannal, & à declarer en même tems qu'ils ne croyoient pas y être obligés.

L'autre maison appartint depuis à Isabeau de Baviere, & à Marie, toutes deux Reines après elle, l'une femme de Charles VI, & l'autre de Charles VII: celle-ci étoit tout vis-à-vis l'Eglise St Paul, & que Charles V lui avoit donnée: quelquefois on l'appelloit l'Hotel de la Reine, quelquefois l'Hotel de l'Ecurie de la Reine, & l'Ecurie de la Reine; ce qui me fait douter qu'elles y ayent jamais demeuré, comme étant apparemment un logis reservé pour leurs chevaux, leurs coches, leurs Ecuyers, & les autres Officiers de leur Ecurie.

Quant aux autres Hotels d'Isabeau de Baviere, & de Charles VI, ceux du Roi furent l'Hotel de Forest, l'Hotel d'Alençon ou de Sicile, & l'Hotel d'Orleans.

L'Hotel de Forest étoit à la rue de la Harpe, & à la rue Pierre-Sarazin, qu'il acheta douze mille francs, du Duc de Bourbon, & le donna après au Duc de Bretagne, en 1384.

L'Hotel d'Alençon étoit placé au bout de la rue du Roi de Sicile, & de celle des Balets, & tenoit aux anciens murs de Paris, que nous avons vu abbatre, & à la place de la Couture Ste Catherine, où se faisoient les

Joûtes

DE LA VILLE DE PARIS. Liv. VII. 185

Joûtes & les Tournois. Charles de France, frere de St Louis, & Roi de Sicile, y avoit demeuré auffi-bien que fon fils. Depuis il appartint à Pierre Comte d'Alençon, petit fils de Charles de France, troifiéme fils de Philippe le Hardi, fi bien qu'en 1389, il devint une maifon Royale, où Charles VI venoit s'habiller pour joûter à la Couture Ste Catherine, & entrer fur les rangs.

L'Hotel d'Orleans étoit près la porte de Buffi : en 1401, Charles VI, l'acheta vingt-deux mille cinq cens francs, de Charles Duc d'Orleans, fon frere, & le donna depuis à Amedé VII, dernier Comte de Savoie.

Les Hotels de la Reine Ifabeau, étoient l'Hotel Barbette, l'Hotel de Berri ou d'Orleans, & l'Hôtel du Val-la-Reine.

L'Hotel Barbette étoit à la vieille rue du Temple, au lieu même où nous voyons maintenant la rue Barbette. Sous Charles VI, il appartenoit à Montagu, fouverain Maître d'Hotel du Roi, qui le vendit à Ifabeau de Baviere. C'étoit comme une maifon de plaifance où elle venoit fouvent fe divertir ; & de fait elle l'agrandit de beaucoup, y renfermant toutes les terres vagues des environs alors en friche & abandonnées. C'eft-là qu'en 1407 elle accoucha d'un enfant mort ; & ce fut près de là encore que le Duc d'Orleans revenant de lui faire fa cour fut affaffiné par l'ordre du Duc de Bourgogne.

Les deux autres logis de cette Princeffe étoient encore des maifons de plaifance, mais un peu plus éloignées de Paris.

La premiere étoit fituée au Bourg St Marcel, que nous appellons maintenant le Fau-bourg St Marceau, dans une rue qui fe nomme la rue d'Orleans. Là, outre les jardins, fe trouvoient prés, viviers, faulfayes & même une garenne. Jean de France, Duc de Berri, lui en fit prefent en 1387 ; auffi l'appelloit-on tantôt l'Hotel de Berri, à caufe de ce Prince, tantôt l'Hotel St Marcel, à caufe de fa fituation, & tantôt l'Hotel d'Orleans, parce qu'il appartint depuis au Duc d'Orleans.

La derniere, qui eft l'Hotel du Val-la-Reine, étoit près de Pouilli, affortie de toutes les commodités & fuperfluités qu'on pouvoit defirer à une maifon de campagne. En 1390, elle l'eut du Duc de Touraine, Duc d'Orleans depuis, & cela en échange de fon Hotel de St Marcel, & le garda jufqu'en 1431 ; & pour lors elle le donna par échange à l'Eglife Notre-Dame.

C'eft ce Val-la-Reine & ce Pouilli, où vint cette Princeffe en 1405 avec le Duc d'Orleans, & où le Marquis de Baviere, le Marquis du Pont & Montagu voulant mener le Dauphin, ils furent attrapés en chemin par le Duc de Bourgogne, & ramenés par force à Paris ; ce qui caufa bien des defordres, & penfa allumer une bien longue guerre civile.

Je trouve encore par le compte de la Treforerie generale de cette Princeffe de l'année 1411, jufqu'en 1414, qu'en l'année 1412, elle acquit de Pierre des Effarts, Garde de la Prevôté de Paris, un autre Hotel fis à Bagnolet, au bout devers Romainville, avec les jardins, vivier, colombier, plâtriere, preffoir, moulin à vent, vignes & terres labourables, appartenant audit Hotel, contenant foixante-douze arpens de terre ou environ, pour la fomme de quatre mille livres.

Charles VII, fils d'Ifabeau, & fucceffeur de Charles VI, demeura prefque toujours à l'Hotel des Tournelles. C'étoit un grand logis bâti vis-à-vis l'Hotel St Pol, de l'autre côté de la rue St Antoine, entre les remparts & la rue des Egouts, que le Pere du Breul a confondu avec l'Hotel St Pol, quoiqu'il les ait vus tous deux prefque entiers, & qu'ils fuffent feparés par une grande rue. On lui donnoit le nom des Tournelles, à caufe qu'il étoit environné de quantité de petites tours.

D'abord il appartint au Chancelier d'Orgemont, puis à fon fils, Evêque de Paris en 1398, enfuite au Duc de Berri en 1404, après au Duc d'Orleans en 1422. Et comme Paris en ce tems-là tomba entre les mains

Tome II, Aa

des Anglois, le Duc de Bethfort, Regent du Royaume, en l'absence de Henri V, & pendant la minorité de Henri VI, Rois d'Angleterre & usurpateurs du Royaume, Bethfort dis-je s'en empara ; & enfin Charles VII, Louis XI, & leurs succeffeurs, jusqu'à Charles IX, qui le fit démolir, parce que Henri II son pere y étoit mort d'un coup de lance en joûtant contre Montgommeri à la rue St Antoine tout devant cette maison Royale. De tant de personnes au reste qui l'ont possedée, il n'y en a point qui ait pris plus de plaisir à l'embellir que le Duc de Bethfort. En 1425 il y joignit huit arpens & demi de terre qu'il fit acheter par la Ville des Religieux de la Coulture Ste Catherine, dont ils toucherent deux cens livres; & afin de demeurer quitte tant de soixante-six livres ou environ de cens & rentes que cette maison devoit au Prieur de St Eloi pour neuf années, que de ceux qui échéroient de son vivant en 1424, il lui donna comptant la somme de cent cinquante livres.

Louis XIII voulant aussi decharger la Place Royale qui en fait partie des cens & rentes qu'elle devoit au Monastere de la Coulture Ste Catherine, & qui tous les ans pouvoient monter à quelque quarante-cinq livres sans les lods & ventes, leur fit transport en 1620 tant des cens & rentes que des lods & ventes qui lui étoient dus par vingt-six maisons de la rue Pavée, de la rue Françoise, de celle de Montorgueil & de la rue Mauconseil & qui étoient de pareille valeur.

Ce Palais étoit si grand & si commode, qu'on y comptoit quantité de Preaux, de Chapelles, jusqu'à douze Galleries, deux Parcs, six grands Jardins, sans un Labyrinthe qu'on appelloit Dedalus ; de plus, un autre jardin ou Parc, de neuf arpens, que le Duc de Bethfort faisoit labourer à la charrue par son Jardinier.

Comme il s'y est passé trop d'actions mémorables pour les raporter toutes, il suffira de dire, qu'outre les assemblées, les Mariages, les Joûtes, les Carousels, les Hommages & autres Fêtes semblables, Leon de Luzignan, dernier Roi d'Armenie, y mourut en 1393 : la Duchesse de Bethfort, à ceque prétend Monstrelet, y mourut encore en 1432 : Louis XII, & Henri II, y finirent aussi leurs jours.

Le Roi d'Angleterre, en 1434, comme pour soulager le Chancelier le Clerc, courbé qu'il étoit sous le poids des années, lui ayant ôté de dessus les épaules la Charge de Chancelier, en revêtit Luxembourg, Evêque de Therouene : ce fut là encore que ce nouveau Chancelier, prêta le serment accoutumé entre les mains du Duc de Bethfort & depuis le Vieillard dépossedé n'en prit plus la qualité.

En 1467, Louis XI donna à Jaques Coctier, son Conseiller, Medecin, & Astrologue, tous les Jardins plantés derriere cet Hotel, avec la Tour de Dedalus, qui en faisoit partie, pour en jouir son vivant.

Mais enfin, Charles IX ordonna au Parlement en 1565, & depuis en 1569 encore pour la deuxième fois de le vendre, après l'avoir divisé en plusieurs places & rues. Le Parlement cependant, soit pour ne pas trop apporter de deference à ces Lettres, ou ne les ayant pas fait éxécuter dans le tems, Henri III son successeur, y mit des Hieronymites, & même dressa de sa propre main, un memoire de toutes les choses qui leur étoient necessaires à chacun en particulier, memoire si curieux, que je suis bien aise d'avertir le lecteur qu'il est dans mes Remarques. (Liv. 15.)

Henri IV, parvenu à la Couronne, y commença un superbe Edifice, pour les Manufactures de soie, tout nouvellement introduites en France. De plus, il y fit faire la Place Royale, avec le Couvent des Minimes, & toutes les rues de ce quartier là ; savoir, celle des Minimes, des Tournelles, du Foin, de saint Gilles, & du Parc Royal. De sorte que cette Maison Royale est si bien ruinée, que je doute fort que la Salle qu'on montre à la rue du Haha, & où l'on veut qu'Henri II, est mort, soit veritablement un reste de cette superbe Salle qu'il avoit fait faire exprès pour la celebra-

DE LA VILLE DE PARIS. Liv. VII.

tion des noces de la Reine d'Espagne, & de la Duchesse de Savoie. En un mot, les fondemens en ont été si bien fouillés, qu'il seroit difficile d'en faire voir la moindre piece.

Le Sejour du Roi, l'Hotel d'Hercule, & celui de Savoie, n'ont pas moins changé de face.

L'Hotel de Savoie étoit situé de côté & d'autre de la rue du Chaume, & se nommoit la grande & la petite Savoie, parce qu'il avoit apartenu à Amedée VII, dernier Comte de Savoie, & à Bonne de Berri sa femme; je ne sai comment il fut depuis à Charles VII : mais enfin, il est constant qu'en 1432, il le donna à Renault de Bethencourt, Garde du Guet de la nuit à Paris.

Le Sejour du Roi étoit placé dans trois rues, telle de Mont-martre, la rue du Jour, & la rue Plâtriere; il regnoit le long des anciens murs de la Ville, tenoit à la Porte Mont-martre, où étoit sa principale entrée, & consistoit en une Chapelle, une Grange, un Jardin, trois Cours & six corps de logis. C'étoit là qu'on mettoit les Chevaux de sejour du Roi, comme on parloit alors; le Jardin servoit à exercer & faire courre les grands Chevaux de sejour, c'est-à-dire peut-être les Chevaux de manege. Dans l'une des cours se trouvoit le Plaidoyer de la Justice de l'écurie, qui s'y rendoit par le grand Ecuyer; aussi demeuroit-il dans cet Hotel, & y louoit à des particuliers, ce qui lui restoit de place & de bâtimens quand nos Rois y tenoient leur écurie, ou peut-être leur grande écurie.

En 1473, il louoit à un Porte-faix vingt-quatre sols parisis le seul corps de logis qui n'étoit pas encore tombé; desorte qu'en ce tems là Louis XI le fit vendre comme étant presque tout ruiné, suivant l'estimation faite par les Experts à seize livres treize sols quatre deniers parisis de rente, rachetables de deux cens livres; si bien qu'il fut donné pour ce prix là à un Conseiller du Parlement nommé Morim.

A l'occasion de ce Logis ici, je dirai en passant, que les Princes du Sang, à l'exemple de nos Rois, avoient autrefois des maisons auprès, ou loin de leurs Hotels, à qui ils donnoient aussi le nom de Sejour: temoin le Sejour d'Orleans, le Sejour de Berri, & le Sejour de Bourgogne, qu'on trouve dans nos anciennes Chartes, & dans les œuvres Royaux de la Chambre des Comptes. Ce n'est pas que le mot de Sejour ne signifiât aussi quelque fois un lieu & une maison de plaisance; car enfin, tels étoient le Sejour d'Artois, & le Sejour de Bourgogne, à Conflans; & tel est encore le Sejour Ste Catherine, de la rue St Denys, qui est un Jardin agreable, où les Religieuses de Ste Catherine vont se recréer, & dissiper l'air infecté qu'elles respirent dans leur Hopital & parmi les malades.

Après tout, ce Sejour du Roi dont nous parlons, est tellement detruit qu'on ne trouve plus en ce quartier là, une ruelle qui le terminoit, & venoit de la rue du Jour à la rue Plâtriere; il n'en reste plus même, que le nom, & encore à demi estropié, & coupé par la moitié; car au lieu de l'apeller comme autrefois la rue du Sejour, à cause de cet Hotel, on la nomme simplement la rue du Jour, & cela depuis plus de cent ans; & même il n'y a pas bien longtems qu'on a jetté les murailles par terre, qui en marquoient l'étendue.

L'Hotel d'Hercule, n'a guere été moins maltraité que celui du Sejour du Roi: il faisoit le coin de la rue des Augustins: tant qu'il appartint à des particuliers, on le nomma l'Hotel d'Hercule, à cause des travaux d'Hercule qui y étoient peints à fresque dedans & dehors: mais depuis qu'il fut au Roi, il changea de nom, & on ne l'appella plus que l'Hotel du Roi près les Augustins.

La Driesche, President des Comptes, le fit faire, Liennes Chambellan du Roi l'acheta de lui en 1484; en 1493, Charles VIII l'acquit; & Louis XII en 1514, le donna au Chancelier du Prat. Ce Prince y logea quelque fois avec Anne de Bretagne; il étoit si commode, & si spacieux, qu'il y

Tome II.   A a ij

HISTOIRE ET ANTIQUITE'S

avoit des Preaux, des Jardins, & des Galleries, & les autres superfluités des grandes maisons de ces tems là. Jaques V Roi d'Ecosse, y demeura, lorsqu'il vint à Paris en 1536, pour épouser Madelaine de France, fille de François I. Favyn dit que de son tems, tous les Chapitres des Chevaliers du St Esprit s'y sont tenus.

Si je n'ai point parlé des Hotels de Bretagne, qui appartenoient à Anne de Bretagne, avant que d'épouser Charles VIII, & Louis XII, c'est que je les reserve pour le Discours que je ferai des maisons de ses predecesseurs, & qu'elle donna ceux qui lui restoient aux Minimes de Nigeon, & à la Princesse d'Orange.

Si je ne parle point non plus des Hotels d'Orleans, où demeuroit Louis, Duc d'Orleans, avant qu'il parvint à la Couronne, c'est qu'il les avoit déja alienés en partie, & qu'ils sont mieux placés lorsque j'ai fait mention des Hotels de ses Ancêtres.

Pour ce qui est de l'Hotel d'Angoulesme, je n'en dirai autre chose, sinon qu'il tenoit à l'Hotel des Tournelles, & que François I l'y joignit lorsqu'il fut Roi, & que Charles IX ordonna au Parlement de le vendre avec l'Hotel des Tournelles.

Catherine de Medicis, entreprit deux grandes Maisons Royales, que depuis on a bien augmentées & embellies; le Palais des Tuilleries fut la premiere. François I l'avoit eue en 1518, de Neufville, Secretaire de ses Finances, & grand Audiancier, en échange de la Terre & du Château de Chanteloup, près Châtres sous Montlheri, pour la donner à Louise de Savoie sa mere. Catherine depuis l'agrandit de quantité de Tuilleries voisines qu'elle y joignit; elle commença donc à la rebâtir, mais le plus manifiquement qu'il lui fut possible; & pourtant, ne fit que le grand corps de logis, abandonnant le reste avec beaucoup de precipitation; & le tout, à cause qu'elle étoit située sur la Paroisse St Germain de l'Auxerois, & que les devins, en qui elle avoit grande créance, lui avoient prédit qu'elle mouroit près de St Germain sous les debris d'une grande maison.

L'autre Palais qu'elle entreprit, fut l'Hotel de Soissons, qu'on appelloit alors l'Hotel de la Reine; pour lui donner plus de grandeur, elle y renferma le monastere des Filles penitentes, & les transfera à la rue St Denys, dans le Couvent de St Magloire; & enfin porta sa maison si loin, & lui donna tant d'étendue, que non seulement depuis la rue du Four elle alloit jusqu'à celle de Grenelle; mais prit encore un bout de la rue des Etuves, qui passoit à la rue d'Orleans, & encore la moitié de celle-ci qui montoit de la rue St Honoré à la rue Cocquilliere; & afin d'en rendre l'abord plus commode, & recompenser en même tems le Public de la perte qu'il faisoit de ces deux demi-rues, elle fit continuer jusqu'à celle de Grenelle, la rue des Deux-écus qui finissoit à la rue d'Orleans devant le Portail des Filles penitentes.

D'ailleurs elle l'enrichit d'une colomne Toscane terminée d'une sphere de fer haute de quatorze à quinze toises, sur le modele de la Trajane & de l'Antonine, semée de miroirs cassés, de lacs d'amour dechirés, & des autres hieroglyphes de sa douleur, & de son veuvage. Après sa mort il passa à Catherine de Bourbon, sœur d'Henri IV, & depuis au Comte de Soissons.

J'omets que cette Princesse jetta les premiers fondemens de la maison de Chaillot, qui jouit de l'une des plus belles vues du monde, & qui a été augmentée par le Marechal de Bassompierre, & donnée à des Religieuses de Ste Marie fondées & amenées par Henriette de France, Reine d'Angleterre en 1651.

Je ne croi pas être obligé de faire ici mention des maisons bourgeoises, où, à ce que dit la Chronique scandaleuse, Louis XI, quelque fois étant à Paris alloit manger avec les plus honnêtes gens: non plus que de l'Hotel de Bar, & des autres Hotels des Rois de Sicile dont il herita, ainsi que de la pluspart de leurs Terres.

DE LA VILLE DE PARIS. Liv. VII.   189

J'ai passé qu'en 1461, il logea aux Porcherons le jour de son entrée dans la maison de Jean Bureau, qu'il avoit fait Chevalier le jour de son Sacre.

J'ai omis qu'en 1543, François I, donna à la veuve de l'Amiral Chabot l'Hotel de Savoisi, appellé maintenant l'Hotel de Lorraine, qui lui appartenoit.

J'ai pareillement omis qu'en 1549, Henri II se retiroit tantôt à l'Hotel tout contre les Filles penitentes, fondées alors au lieu même où est à present l'Hotel de Soissons, dans une rue que Catherine de Medicis y renferma depuis : qu'en 1552, étant à l'Hotel de Villeroi nommé presentement l'Hotel de Longueville, & bâti à la rue des Poulies, la Ville lui vint faire la reverence, & après quelques remontrances, lui presenta le Scrutin de l'Election de Marcel à la dignité de Prevôt des Marchands, où il leur dit qu'il vouloit fortifier Paris, & pour cela cotiser tous les Bourgeois, tant de la Ville que des fau-bourgs. Ce fut encore là qu'ils le vinrent trouver en 1553, afin de visiter avec lui les fortifications. Ce fut dans cet Hotel-là même qu'en 1578 mourut Marie-Elizabeth de France, sa fille, où se rendirent les Cours souveraines, & le corps de Ville, pour honorer sa pompe funebre.

A l'égard de l'Hotel de Montmorenci, il se nommoit en 1556 le logis du Roi, qui fut à feu Maigret, appartenant au Connétable, & il est assis à la rue Ste Avoie, & appellé maintenant l'Hotel de Montmorenci. Ce fut là où en 1552 il manda les Prevôt des Marchands & Echevins, pour aller visiter avec eux les fortifications ; les nouveaux élus à ladite Prevôté & Echevinage lui preterent aussi serment de fidelité entre les mains du Garde des Sceaux, & le Connétable present.

J'ai passé qu'en 1561, & 1576 Charles IX demeura quelque tems au logis de l'Abbé de St Germain des Prés avec Catherine de Medicis, & le Duc d'Anjou ; que Marguerite de France, sœur du Roi, & le Roi de Navarre logerent à l'Infirmerie : que le Refectoire servoit de jour au Duc de Guise, & la nuit aux Gardes du corps ; & qu'il ne resta aux Religieux que le Dortoir où ils couchoient, & la Bibliothéque pour y aller manger.

J'ai omis qu'en 1574, l'entreprise des mal-contens ayant été découverte à St Germain-en-laie, Charles IX en partit presque aussi-tôt, au milieu de ses Suisses, & vint en hâte à l'Hotel de Retz de la rue St Honoré, qu'on appelle maintenant l'Hotel de Vendosme, où il avoit déja logé en 1566, & d'où quelques jours après il alla au Bois de Vincennes avec le Duc d'Alençon, & le Roi de Navarre, chefs de la conspiration.

Je n'ai point fait mention de l'Hotel de Lesdiguieres, nommé auparavant l'Hotel Zamet, qui étoit le Palais d'amour, ou la maison des menus plaisirs d'Henri IV.

Ni de même, qu'en 1601 Marie de Medicis, logea au fauxbourg St Germain dans l'Hotel de Gondi, à present l'Hotel de Condé.

Je n'ai donc point rapporté tous ces Hotels-là en leur lieu, comme n'étant la plupart que des maisons d'emprunts, & où par occasion ces Princes se retiroient, ou pour vaquer mieux à leurs affaires, ou pour prendre leurs plaisirs, ou bien même pour faire honneur à ceux à qui étoit la maison.

Je n'ai point parlé non plus de St Lazare, où il y avoit encore de nos jours un grand corps de logis, appellé la maison du Roi ; où tout devant, dans la cour, nos Rois ont si souvent reçu les hommages de tout Paris ; & ce qui en est cause, est que je ne sai point en quel tems il a été bâti, ni quand il a commencé à devenir Maison Royale.

Mais si je n'ai point mis dans son ordre le Luxembourg, ou le Palais d'Orleans, entrepris par Marie de Medicis, c'est que j'ai envie de le décrire & finir ce Discours par la description d'un si magnifique Palais.

L'HOTEL DE FLANDRE.

JE ne trouve point que Philippe le Hardi, fils de St Louis, ait eu à Paris, d'autre maison que celle de ses predecesseurs ; mais j'aprens qu'à Marie de de Bourbon, sa seconde femme, appartenoit l'Hotel de Flandres, situé à la rue Cocquilliere, & qu'en 1313, elle reconnut qu'il devoit tous les ans à l'Evêque douze livres parisis de cens, qu'elle lui permit de demander aux termes échûs, aux Officiers de sa Chambre aux deniers, & de s'en faire payer.

J'ai dit que Philippe le Bel, successeur de Philippe le Hardi, donna l'Hotel de Nesle à Charles, son frere, Comte de Valois ; mais peut-être ne sait-on pas qu'il demeuroit au Temple en 1306 & 1307 ; & il est si vrai qu'il logeoit au Temple en 1306, qu'en ce tems-là, étant venu à rehausser les monnoies, le petit peuple y accourut en furie, se jetta sur les viandes qu'on lui servoit, & excita une grosse sedition ; ce qui coûta la vie aux plus factieux : & quant à l'année 1307, après avoir fait arrêter les Templiers, & saisir tous leurs biens, non seulement il y établit sa demeure, mais encore il y transporta ses tresors & ses chartes.

Avant que les Ducs de Bourgogne fussent Maîtres des Pays-bas, les Comtes de Flandre qui se maintenoient plus par les bienfaits des Rois de France, que par leur revenu, avoient un Palais à Paris, afin qu'étant logés chés eux, près de leur Souverain, ils pussent mieux veiller à leur fortune, & lui faire plus commodement la cour. Leur maison subsistoit encore sous François I ; mais comme il y avoit fort long-tems qu'elle n'étoit point habitée, & que tout y fondoit, le Roi en 1543 par ses Lettres Patentes du vingt Septembre, ordonna qu'elle seroit vendue, & adjugée à des particuliers, pour y faire bâtir des logis, & y faire les rues Cocquilliere, du Bouloir, des Petits-champs. de Ste Marie Egyptienne, des Augustins, & enfin terminé par un mur de la ville ancienne, ce qui nous fait voir qu'il étoit très-grand, puisque les Hotels, tant du Chancelier Seguier, que de Bullion, Surintendant, sont fondés sur ses ruines, quoique tous deux soient d'une grandeur considerable, de plus assés éloignés l'un de l'autre, & qu'ils n'ayent pas été bâtis dans ses extremités.

L'Hotel de Flandre étoit donc situé proche des murailles de la Ville, bâties sous les Regnes de Jean, & de Charles V, entre la rue Plâtriere, la rue Cogheron, ou Coqueron, celle des vieux Augustins, & la rue Cocquilliere ; c'étoit une grande Isle, que Gui de Dampierre, Comte de Flandre acheta de Pierre Coquiller, de Simon Matiphas, & de l'Evêque Buci.

Je ne m'amuserai pas à prouver ici que cette maison ne fut point commencée en 1299, mais quelques années auparavant, qui fut en 1292 ; & moins encore, que ce Prince n'en acquit pas la meilleure partie d'Arnulphe, ou Renou, mais de Matiphas, ainsi que pretendent Corrozet & Bonfons.

Je laisserai de même toutes leurs autres erreurs là-dessus, indignes d'être refutées, & qui ne feroient qu'ennuyer ; de sorte que je parlerai de cet Hotel comme si jamais ils n'en avoient dit un seul mot.

Je ne sai point en quel tems ce Gui de Flandre vint loger en ce quartier-là, ni même le nom du premier particulier qui lui vendit son logis.

Corrozet le nomme Pierre Cocquillier, Bourgeois de Paris ; & tout de même Bonfons, qui pourtant n'est ici que son copiste, & enfin tiennent tous deux que la rue Cocquilliere a emprunté son nom de ce Bourgeois, bien qu'ils ne le prouvent pas, ce que je fouhaiterois : leur conjecture neanmoins a beaucoup plus d'apparence, que l'étymologie qu'en apporte Claude Irſon, Auteur d'un Dictionnaire moderne, qui le fait venir mal-à-propos de cocquille.

Quoi qu'il en ſoit, j'aprens du grand Paſtoral, qu'en 1292 ce Prince y demeuroit déja, & que le lundi avant la Fête de l'Annonciation, il acheta de l'Evêque Matiphas & du Chapitre de Paris quelque trois arpens & demi de terres labourables qui tenoient à ſon Hotel, & ſitués en la juſtice, cenſive & Seigneurie de l'Evêché : par le contrat qui en fut paſſé alors, il paroît qu'ils avoient appartenu autrefois à Pierre d'Argui, Bourgeois, & que le Comte s'obligea lui & ſes ſucceſſeurs de payer tous les ans à l'Evêque le jour de St Remi trois deniers pariſis de cenſives, & douze livres pariſis de ſur-cens, ou droits Seigneuriaux à prendre tant ſur ſon Hotel, que ſur les trois arpens & demi.

On croit que ce Prince, comme Souverain, eut bien de la peine à conſentir que ſa maiſon fut chargée d'une ſi groſſe redevance, & que l'Evêque Matiphas, tout glorieux d'avoir entre ſes ſujets un ſi grand Seigneur, fit bien des difficultés avant que de l'en décharger ; à force d'argent neanmoins il ſe laiſſa gagner, & enfin conſentit que le Comte de Flandre racheteroit quand il lui plairoit les douze livres de cenſives que devoit ſa maiſon, pourvû qu'il le recompenſât de ſeize livres pariſis de rente, aſſignées ſur quelque endroit de la terre, & de la Seigneurie qui dépendroit de ſon Evêché, & pourtant avec promeſſe que ſa maiſon ſeroit chargée à perpetuité de cinq deniers pariſis de cenſives. Malgré toutes ces precautions ici, le Comte Gui cependant ne ſe delivra point de cette redevance, puiſqu'en 1318, l'Hotel de Flandre en étoit encore chargé : & de fait cette année-là même, appartenant pour lors à Marie de Brabant, Reine de France, veuve de Philippe le Hardi, cette Princeſſe par ſes Lettres Patentes du deux Decembre declara que ſa maiſon étoit redevable à l'Evêché de douze livres pariſis, & ordonna aux Officiers de ſa Chambre aux deniers, de les payer à l'Evêque, ou à ſon Receveur ; mais depuis j'aprens d'un terrier de l'Evêché que cet Hotel en étoit chargé en 1391 ; cette dette ayant été transferée ſur trois maiſons, ſiſes à la rue Guillaume, & à la rue St Germain l'Auxerrois.

Les titres de l'Archevêché font voir que cette redevance n'étoit pas la ſeule que nos Evêques prétendoient des Comtes de Flandre, & même il n'a pas tenu à eux qu'ils ne les ayent obligé à une ſujetion bien plus rude. Quoique l'Hotel de Flandre ne fut point un fief, & que les Comtes le tinſſent en roture, ils ne laiſſerent pas de vouloir qu'ils marchaſſent à l'armée ſous leur étendard ainſi que leurs autres vaſſaux, à cauſe que cette maiſon étoit ſituée dans leur territoire ; ce qui eſt ſi vrai que Philippe de Valois ayant mandé à l'Evêque de Chanac de venir à ſon ſervice avec tous ſes Chevaliers & ſes vaſſaux, il fit appeller entre autres Louis de Creci, Comte de Flandre, en qualité de proprietaire de cet Hotel, à qui il donna le nom de fief, bien que ce Prince lui en payât trois deniers de cens, & douze livres de droits Seigneuriaux. Il ne faut être trop bien verſé en Droit, pour reconnoître combien cette demande étoit éloignée de la raiſon, & quoique nous ne ſachions point la reponſe que lui fit ce Prince, on ſe doute bien qu'il ne ſe mit pas trop en peine de lui obéir.

Cet Hotel appartint à la Maiſon de Flandre, juſques au mariage de Marguerite de Flandre avec Philippe de France, fils du Roi Jean, & premier Duc de Bourgogne de la ſeconde lignée. Or comme de leur vivant, ils firent partage entre leurs enfans de tous leurs biens, en 1402 ils ordonnerent touchant leurs deux Hotels d'Artois, & de Flandre, que Jean leur fils aîné auroit le choix, & que celui dont il ne voudroit pas, appartiendroit à Antoine leur ſecond fils, Duc de Brabant, de Lothier, de Limbourg, de

Luxembourg, Marquis du St Empire, & Seigneur d'Anvers. L'histoire dit que Jean prefera l'Hotel d'Artois, & qu'Antoine logea dans celui de Flandre, qui lui appartint en propre après la mort de son pere & de sa mere.

Par les traités de paix de 1482, & 1493, entre Louis XI & Charles VIII, & Maximilien d'Autriche, il paroit que Maximilien reserva cette maison pour Philippe son fils.

Dans les memoriaux de la Chambre des Comptes, on voit qu'il disposa de la Conciergerie de cet Hotel, en faveur d'Olivier de la Marche, & que ses lettres furent enterinées en 1489, le quatre de Juin, à condition qu'il l'entretiendroit de grosses & menues reparations, qu'il n'en seroit rien démoli, ni aucun des materiaux alienés, sur peine de restitution, & de mille livres parisis d'amende, appliquables au Roi.

Dans l'histoire de la Comedie, il sera remarqué que ce fut dans la grande Sale que les Confreres de la Passion jouérent leurs mysteres, depuis 1539, jusqu'en 1543, & que pour lors François I par ses Lettres du vingt Septembre, voulut que cette maison fût ruinée, & divisée en plusieurs places, qui seroient vendues à des particuliers.

Par les procès-verbaux de la vente & de l'adjudication, on apprend que ce logis fut divisé en vingt-trois places; les unes larges de sept toises, & longues de dix-sept; les autres de cinq de largeur sur quatorze de longueur; & les autres enfin larges de quatorze, & profondes de quarante.

De plus, on apprend qu'il en restoit encore deux gros pavillons quarrés, le premier bâti le long de la rue Cocquilliere; le dernier, le long de la rue Coqheron, & servoit de principale entrée à cet Hotel: tous deux sont demeurés sur pied, jusqu'en 1618; depuis on les a jettés par terre, & si bien ruinés, que de tous leurs appartemens il n'en reste pas le moindre vestige.

Entre quantité de grands logis qu'on a bâtis sur cette grande Isle, où étoient assis ces Hotels, les principaux sont l'Hotel d'Epernon, où je n'ai rien vu qui merite qu'on en parle, & la maison du Sur-Intendant Bullion, peinte par Blanchart & Vouet, & ornée de bustes & de bas reliefs, par Sarrasin.

L'HOTEL DE BULLION.

L'ARCHITECTURE de cet Hotel est très-simple, & je la laisserai là, aussi sent-elle plus la maison d'un particulier, que celle d'un Sur-Intendant. Je m'arreterai seulement à ses Galleries, à cause qu'elles sont de Blanchart, de Vouet & de Sarrasin, & paroissent assés bien proportionnées aux richesses & à la fortune du Maître.

SES GALLERIES.

VOUET a étalé une partie de l'Odyssée sur les plat-fonds à la voute de la Gallerie haute; & Blanchart a paré les murailles de la basse, des douze mois de l'année, figurés par des énigmes & des métamorphoses. Le Sur-Intendant voulut bien se rapporter à Vouet de la conduite du dedans de la Gallerie haute, ce que celui-ci emporta sur ses concurrens, à la faveur de ses grands amis, & de ses grandes paroles.

Les murs de ce portique sont environnés de lambris hauts d'une toise, enrichis tant des plans & perspectives des plus fortes Villes de l'Europe,

DE LA VILLE DE PARIS. Liv. VII.

& des plus peuplées : d'ailleurs couronnés d'une corniche ; mais fi chargée de porcelaines, qu'on la prend, en entrant, pour une longue & magnifique Apoticairerie.

Le reste est occupé par des tableaux, que Vouet a rempli sans ordre, de quelques travaux d'Uylsse, & que Sarrazin a orné par une figure de stuc; & enfin le tout est couvert d'une voute garnie d'un grand plafond, & de basses tailles de stuc, du même Sculpteur & du même Peintre.

Cette riche varieté d'enrichissement fait à la verité un effet surprenant & superbe ; on croit neanmoins que, s'ils étoient distribués dans un lieu plus spacieux, outre qu'ils seroient plus degagés, ils paroitroient plus egayés qu'ils ne sont ; & même que si les tableaux n'étoient pas si petits, ou moins offusqués par de gros festons dorés, on trouveroit dans l'ordonnance de ce portique, ce grand & ce majestueux que nous y cherchons, & que Vouet avoit envie de lui donner.

Quoique les tableaux de cette Gallerie, n'ayent jamais été gravés avec l'œuvre de Vouet, je ne m'amuserai point neanmoins à les décrire en particulier, comme n'en valant pas la peine ; & bien que ceux qu'on estime le moins, soient de son dessein & de sa conduite, ils passent cependant pour bien inferieurs aux autres qui sont de son dessein & de sa main ; & pourtant entre ceux-ci quelques-uns m'ont semblé assés negligés, & même les meilleurs ne sont pas à mettre au nombre de ses chefs-d'œuvres, encore n'en trouvai-je que trois, & dont je dirai peu de chose. Dans l'un il a representé Ulysse abordant dans l'Isle d'Ithaque; dans l'autre il l'a peint à table avec Circé & ses Compagnons ; & dans le dernier il lui fait scier un ais de sa barque, devant sa chere Calypso.

On voit au premier un matelot, qui n'oublie rien de sa force & de son adresse, pour approcher son brigantin de l'Isle, pour se garantir de la rage des Lestrigons.

Dans le second, Circé est à table avec Ulysse & ses Compagnons, & songe moins à manger, qu'à se faire aimer & craindre tout ensemble par ses attraits & par ses sortileges. Ces deux tableaux sont bien ordonnés, & d'une grande maniere ; & neanmoins ils meriteroient beaucoup plus d'approbation, s'ils étoient un peu plus finis, plus corrects, & mieux dessinés; car pour de l'art & de la patience, ce Peintre n'en manquoit pas, aussi est-ce qu'on admire le plus dans ses ouvrages.

Ce que l'on desire dans le second tableau, se rencontre dans le troisiéme, mais non pas à ce degré de perfection qu'on devroit attendre de Vouet, & qui se rencontre dans quelques-uns de ses chef-d'œuvres ; la maniere en est tendre & gracieuse ; la figure de Calypso est belle & fort amoureuse, son attitude noble, la draperie riche ; celle d'Ulysse est vigoureuse, son action naturelle; son corps est bien formé, & toutes ses parties ; ces deux figures neanmoins ne sont pas si bien ensemble que quelques-uns desireroient : & quant à l'ordonnance de la Gallerie, elle plairoit bien davantage, si les tableaux étoient rangés dans ce bel ordre où Homere les a mis, & si les basses tailles, dont ils sont rehaussés, avoient quelque rapport avec les travaux d'Ulysse, & étoient aussi excellentes que celles qui partent aujourd'hui de la main & de la conduite de Sarrazin.

Blanchart qui a passé pour un des plus gracieux Peintres que nous ayons eu en France, & dont le coloris peut entrer en comparaison avec celui du Titien, a peint la Gallerie basse; au reste fort honnête homme, bon, doux, commode, sociable, obligeant ; ses Confreres assurent que jamais il n'a cherché d'ouvrage avec empressement, jamais n'a couru sur le marché d'autrui, & même n'essaya pas de s'opposer à Vouet, lorsque le Surintendant parloit de lui abandonner sa Gallerie haute, quoiqu'il fût fort bien dans son esprit, qu'il eut deja peint sa Gallerie basse, & ne manquât pas d'amis pour traverser les desseins de ce nouveau venu, qui tout au contraire de lui, jamais, à ce qu'il sembloit, n'avoit affés d'ouvrage, & qui en enlevoit le plus qu'il pouvoit aux autres; au reste, la seule passion de Blanchart étoit l'amour, & en cela ressembloit-il aux Raphaëls, & aux Titiens; car c'est elle qui fut cause de la mort du premier, & Blanchart pour avoir trop caressé sa seconde femme, mourut à trente-sept ans. Il n'a jamais passé pour bon Ordonnateur ni pour bon Historien; mais en recompense, on remarque dans tous ses ouvrages une facilité de pinceau, & une liberté incroyable; on y reconnoit qu'il a affecté particulierement de donner à son coloris l'amour & la grace qu'on admire aux tableaux du Titien. Quelques-uns tiennent qu'il a approché de cet original ; qu'il est impossible de voir rien de plus tendre, de plus delicat, de plus amoureux, de plus rond, de plus vrai que ses figures ; & que si elles étoient plus correctes, elles seroient plus accomplies.

Tout ceci se voit dans la Gallerie basse que nous décrivons : sur la muraille il a représenté les douze mois de l'année, figurés par des énigmes des métamorphoses. J'ai admiré dans le mois de Mai, un certain petit Amour en l'air, qui vole, mais si rond, si tendre, si delicat; l'air de la tête est si enfantin, ses yeux si doux & si riants, son action si ingenue, sa chair enfin si blanche, que le lait dont on allaite & nourrit les petits enfans ne l'est pas plus. En un mot, ceux de la profession qui s'y connoissent le mieux, assurent qu'il est entierement de la maniere du Titien; & que s'il l'avoit fait lui-méme, il ne seroit guère plus achevé. Mais sur tout je ne saurois me taire d'une Diane sur une nue, qu'on voit dans son mois de Novembre, ce n'est qu'une demie figure ; mais il s'y voit tant de belles parties, qu'il est fâcheux que le reste soit enveloppé de nuages; ses yeux gracieux & bien fendus, ses joues fraiches & vermeilles, ses bras ronds, sa gorge blanche, son air noble, sa tête bien coéffée & couronnée d'un Croissant, donnent de la tentation à ceux qui la regardent trop curieusement.

Les autres Histoires sont plus negligées, & neanmoins il n'y en a pas une, où il ne se remarque quelque chose d'admirable; la plus estimée est celle du mois d'Aout, aussi est-elle vis-à-vis de la porte, & la premiere qui se presente à la vue, lorsqu'on entre: quoique l'ordonnance, où pourtant on ne trouve rien à dire, ne soit pas ce que l'on regarde le plus. Dans cette histoire Cerès & Flore assistent au défi de Pan & d'Apollon, & toutes deux écoutent attentivement ce concert ; à la verité Flore est une très-belle Déesse, la beauté de Cerès neanmoins est toute autre. Cette Divinité est assise sur des gerbes de bled, & coéffée d'une guirlande d'épics, entrelassée de salsifies, & de ces autres fleurettes, dont les bleds d'ordinaire sont entremelés ; qu'une coéffure si simple est galante, & qu'elle accompagne bien son beau visage ! Il ne se peut rien voir de plus gracieux que sa tête, de plus amoureux que ses yeux, de plus doux, ni de plus noble que son air, rien enfin de plus rond que son sein, ses bras, ses mains & ses jambes: sa juppe est si bien drappée ; en un mot c'est une des beautés les plus innocentes, & les plus parfaites qu'ait produit le pinceau. Le Dieu Pan n'est pas moins estimé que Cerès & Flore ; cependant on a bien plus de veneration pour l'Apollon, & on dit que Titien n'auroit pas été au-de-là ; enfin cette figure paroit si accomplie, qu'il est impossible de faire mieux, au jugement de ceux du métier.

L'HOTEL SEGUIER.

SI BALZAC eût vu au dessus du Portail de cet Hotel une telle inscription, peut-être s'en fut-il plaint aussi-bien que de celle du Palais Cardinal ; cependant dans ces titres, quoique de differentes significations,

DE LA VILLE DE PARIS. Liv. VII.   195

ainsi mis tous deux au nominatif, *Hotel Seguier* & *Palais Cardinal*, il ne s'y trouve aucune incongruité ; car enfin c'est un Gallicisme autorisé par un usage aussi vieux que l'Hotel-Dieu, les Filles-Dieu, la rue Aubri-Boucher, & une infinité d'autres.

Dans l'Histoire au reste, de cet Hotel, ou depuis plus de quinze ans, l'Academie Françoise se tient deux fois la semaine, on y verra celle des Hotels de Françoise d'Orleans Douairiere de Condé, de Charles Comte de Soissons, d'Henri Duc de Monpensier, & de Roger de Bellegarde grand Ecuyer de France, le plus galant & le plus achevé Courtisan de son siécle, qui tous ont été Proprietaires de la même maison les uns après les autres. Si bien que ce Palais à été sur la fin du siécle passé ; le séjour des plus grands Princes, & du plus noble Sang du Royaume ; au commencement du nôtre, le reduit de la galanterie, & de la generosité, & maintenant celui de l'Academie Françoise, qui s'y tient depuis plus de quinze ans, instituée pour cultiver la Langue, & retablir les belles Lettres ; mais bien plus d'où partent les graces du Souverain ou sa foudre.

J'ai tiré toutes ces particularités tant du grand Alcandre que des autres Histoires generales & particulieres, & de plus des titres des maisons de Soissons, de Guise, d'Orleans, de Bellegarde & de Seguier. Ceux de Soissons portent, qu'en 1573 cet Hotel aujourd'hui si superbe, consistoit en deux maisons, l'une grande & l'autre petite, toutes deux accompagnées de quelques petites cours & obscures, qui repondoient à l'un des bouts de la rue de Grenelle appellée dans les treize & quatorziéme siécles, la rue de Henri de Garnelles, & que dans le quinziéme & le seiziéme, on nommoit la rue de Garnelles.

Ces deux maisons appartenoient alors à Isabelle Gaillard, femme de René Baillet, Seigneur de Sceaux & second President de la Cour de Parlement qui les donna par échange à Françoise d'Orleans veuve & seconde femme de Louis de Bourbon Prince de Condé pour trois mille livres de rente sur l'Hotel de Ville de Paris.

Il y a grande apparence que cette Princesse incontinent après, vint loger là, puisque les titres de la maison d'Orleans font voir qu'elle ne souhaitoit faire cette acquisition, que pour être plus proche voisine de Catherine de Medicis, qui demeuroit à l'Hotel de la Reine, aujourd'hui l'Hotel de Soissons ; dont le jardin régnoit, & régne encore à present le long de la rue de Grenelle : d'un autre coté, je ne saurois dire si elle les rendit plus logeables, & plus dignes d'une Princesse de son rang ; tout ce que je sai est que Charles son fils, Comte de Soissons, répandit dans son appartement, tant sur les vitres, les planchers, & les platfonds, qu'en beaucoup d'autres endroits, non seulement ses chiffres, mais encore ceux de Henriette de Bourbon, sœur d'Henri IV, sa chere Maitresse, & que tant que vécut sa mere, ces maisons ne porterent point d'autre nom que celui de son mari, si bien que vingt-huit ans durant il fut appellé l'Hotel de Condé, savoir depuis 1573 que l'achat s'en fit, jusqu'en 1601 que cette Princesse mourut ; car aussi-tôt le nom de Soissons prit la place de celui de Condé, parce qu'alors il appartint à Charles de Bourbon, Comte de Soissons. Mais comme ce Prince ici en 1605 vint à acheter l'Hotel de la Reine, & qu'il vendit le sien cinquante-cinq mille livres à Henri de Bourbon, Duc de Montpensier, en changeant encore de nom, on ne l'appella plus que l'Hotel de Montpensier & quitta celui de Soissons.

Après la mort du Duc de Montpensier, comme la veuve donna assés long-tems d'agreables inquietudes à Henri IV, sa passion l'obligea de venir plus souvent à cet Hotel, qu'il n'avoit fait du vivant de son mari ; mais enfin en 1611, s'étant remariée à Charles Duc de Guise, un an après son mariage elle vendit vingt-quatre mille écus cet Hotel à Roger de Sanlari, Duc de Bellegarde.

Il n'en fut pas plutôt proprietaire, qu'il resolut de s'y loger le plus ga-

Tome II.   B b ij

lamment qu'il pourroit : & comme alors il n'y avoit point d'Architecte qui eut plus de nom que du Cerceau ; car c'étoit lui qui avoit conduit les Châteaux de Mouceaux, & de Verneuil, & non seulement qui passoit pour avoir de plus grandes pensées, & de plus nobles fougues, mais de plus étoit l'Architecte du Roi ; pour cela il se raporta à lui de la conduite de sa maison, & enfin, c'est lui qui sur le debris des Hotels de Condé, de Soissons & de Montpensier éleva le corps de logis & les aîles de l'Hotel Seguier, qu'il orna de dorures, de chiffres, de trophées d'armes, d'épées de grand Ecuyer, & de quelques appartemens qui ne sont pas tant pour l'usage que pour la magnificence & la pompe. Cette maison ainsi bâtie, veritablement celebre à cause de sa regularité, que nos Architectes avoient tout nouvellement apportée d'Italie, semble même majestueuse, parce qu'elle étoit faite de briques liées avec des chaînes de pierre, comme la Place Royale, la Place Dauphine, & les autres édifices Royaux & publics de ce tems-là : il n'y eut rien neanmoins qui surprit davantage, & donnât plus d'admiration que son grand escalier suspendu en l'air, inventé & conduit par Toussaint Vergier.

L'ESCALIER.

CET escalier est une grande masse de pierre à quatre noyaux, & à trois étages, vuides dans le milieu, renfermé dans une cage carrée, accompagnée de quantité de grands paliers, & de marches fort longues & aisées, bordées d'apuis & de balustres de pierre, & portées sur des voutes & des trompes fort accroupies & surbaissées.

APPARTEMENS.

MAIS depuis que le Chancelier eut acquis cet Hotel, il devint fameux dans toutes ses parties ; son principal appartement consiste en une grande sale, une anti-chambre, une chambre de parade, une autre à alcove, & se décharge à gauche dans une Chapelle, & à droite dans une gallerie, qui regne le long de deux jardins assés spacieux, & ornés chacun de plusieurs suites de gros orangers, & d'un grand bassin dans le milieu, d'où sort un grand jet d'eau.

La Chapelle est éclairée d'un côté de deux ordonnances de croisées, & environnée de tableaux qui representent la vie de la Vierge, & de J. C. Sarazin a élevé sur son Hotel les figures de St Pierre, & de Ste Marie Madelaine, les Patrons du Maître, & de la Maitresse de ce Palais ; & Vouet a peint dans la voute l'adoration de Notre Seigneur par les Mages, qu'il a copiée sur celle qu'on voit à la Chapelle de l'Hotel de Guise, qui remplit si agreablement sa voute peinte à fresque par Messer Nicolo, après les desseins de Francesco Primaticcio, Abbé de St Martin.

Des deux jardins, l'un est terminé par une perspective du dessein, & de la conduite de le Brun, l'autre est entouré de serres de pierres longues, larges & voutées, & d'une grande grotte éclairée d'arcades, ornée de grotesque, & de thermes marins, couverts d'une voute incrustée de coquilles de conques, & de quantité de rocailles ; de plus, si pleine de tuyaux, de canaux, de jets d'eau, & de robinets invisibles, que je doute s'il y en a davantage dans les grottes de Ruelle & de St Germain.

LES DEUX GALLERIES.

ENTRE les deux jardins, que je viens de décrire, font placées les deux galleries; fur le platfonds de la premiere le Chancelier y a figuré à l'ombre de plufieurs fables les faits heroïques de Louis XIII, & du Cardinal de Richelieu.

Dans le premier tableau on voit la France qui prie les Dieux aſſemblés, de lui donner un Miniſtre.

Dans le fecond, Louis le Juſte diſpoſe du gouvernement de fon Royaume en faveur du Cardinal de Richelieu, & ce choix eſt figuré fous la fable de Jupiter qui abandonne à Apollon la conduite du chariot de la lumiere.

Dans le troifiéme Neptune donnant Thetis en mariage à Pelée, repreſente la furintendance de la navigation, & de la marine, confiée par le Roi à fon premier Miniſtre.

Les Titans défaits, font peints dans le tableau fuivant, & nous inſtruifent du fuccès qu'eut l'entrepriſe des Grands Seigneurs qui s'opofoient à l'élevation, & au miniſteré de ce grand homme.

Les Anglois chaſſés de l'Iſle de Ré, font deguiſés dans celui d'après fous la mort de Niobé, & de fes enfans, qu'Apollon & Diane firent perir à coups de fleches.

Le fuivant, fous la fable d'Apollon victorieux du ferpent Python, qui infectoit tout le Pays de la puanteur de fon haleine, eſt cachée l'hereſie domptée, & la priſe de la Rochelle.

Au feptiéme, l'hydre vaincue par Hercule & Yolaüs, exprime la reduction du Languedoc, qui acheva d'abattre le parti des Huguenots.

Calaïs & Zaëtes chaſſans les harpies qui tourmentoient Phinée, nous apprennent le fecours, & la guerre que le Roi porta en Italie contre la Maiſon d'Autriche.

Marſyas écorché par Apollon, repreſente la Lorraine conquiſe, & le Duc Charles arrêté.

Enfin l'Amour debrouillant le cabos qu'on voit dans le douziéme tableau, decouvre le deſſein du Roi, & de fon Miniſtre de donner la paix à toute la Chretienté.

Que fi je n'ai point parlé du dixiéme & du onziéme tableau, & même fi je ne dis rien du treiziéme, ni des autres, c'eſt que Vouet ne les a pas peints, & que pour lors il vint à mourir.

L'autre gallerie regne au-deſſus de la precedente; elle eſt pleine de livres, & couverte d'une voute que Vouet a enrichie d'un grand fonds d'or à la Mofaïque, & de plufieurs fables fi ingenieuſement inventées, & qui viennent fi bien à une magnifique Bibliotheque, que Dorigni les a gravées & données au public, & que Iſaac Habert, Evêque de Vabres, les a expliquées en vers Latins.

Bien que cette gallerie foit fort grande, elle ne renferme pas neanmoins la moitié des livres du Chancelier. L'Hiſtoire fainte & profane eſt fi complette, qu'elle l'occupe toute entiere: les autres fciences, les extraits des Regîtres du Parlement, de la Chambre des Comptes, du Châtelet & de l'Hôtel de Ville, font rangés dans trois grandes chambres qui y font attachées; les ambaſſades, les manufcrits grecs achetés des Caloyers du mont Athos, les Arabes, Syriaques, Chaldaïques, Hebreux, venus d'Alexandrie, rempliſſent une grande ſalle de la maiſon du Marquis de Bauve; tous ces volumes au reſte font bien choiſis, bien reliés & bien conditionnés.

PORTAIL DE LA MAISON DU MARQUIS
de Bauve.

LA maison de Nicolas de Mouy de Riberpré, Marquis de Bauve, qui fait partie maintenant de l'Hotel Seguier, est située dans la rue Coquilliere, & dans celle du Bouloi : son entrée est une grande porte quarrée, longue, d'œuvre rustique, fort simple, mais si haute & si large, qu'encore que presentement on entre dans tous les nouveaux Hotels par des porteaux d'une extraordinaire grandeur, elle ne laisse pas de paroître demesurée pour sa hauteur, aussi lorsqu'elle fut faite, tous ceux qui aimoient l'architecture & s'y connoissoient, furent si surpris, qu'ils ne pouvoient s'empêcher de l'admirer.

Cependant elle n'est bordée, ni de colomnes, ni de pilastres, mais seulement de jambages de pierres rustiques en bossage de relief par assises, & couverte d'une petite bande de même ordonnance, composée de neuf claveaux qui augmentent chacun alternativement d'une assise de bossage en hauteur de coupes, depuis le sommier jusqu'à la clef, & qui portent chacun une crossette de niveau, rachetant la suite des assises des jambages.

Mais de peur de rebuter par trop de termes barbares, je passerai sous silence quelque autre chose, qui seroit encore à dire de cette porte, si ce n'étoit que je ne pourrois pas m'expliquer plus clairement.

L'ordonnance au reste, & la composition de cette platte-bande, est si singuliere, que tous ceux du métier l'admirent, mais ce qui étonne, est que ses pierres aussi-bien que celles des pieds droits, sont disposées & assemblées de telle sorte, que sans chaux, plâtre, ni ciment, elles ne se sont point encore dementies, & ne se dementiront jamais.

Le tout est couronné d'une architrave, d'une frise, & d'une corniche d'ordre Toscan ; & quoique ce portail ne consiste qu'en un amas de grandes pierres qui le rend fort materiel, on remarque cependant dans ce grand tout, je ne sai quelle grandeur, & un port majestueux, qui ravit & épouvante tous ceux qui le considerent.

Aussi est-ce une des merveilles de Michel Ange, & de la nouvelle Rome, qui a paru si admirable à Vignole, celebre Architecte d'Italie, qu'il lui a donné place dans son livre des cinq ordres d'architecture ; & de plus Salomon de Brosse, l'Architecte du portail St Gervais, & du Palais d'Orleans, l'a élevé dans la face de cette maison de la rue Coquilliere, & de plus n'y a rien ajouté du sien, qu'un grand fronton rond, garni d'un cartouche dans le milieu, qui ne se voit point dans celui que Vignole a dessiné, & mis en lumiere ; mais qui se voit dans celui du Vignole François in-8° de la traduction de Pierre le Muet.

REMARQUES HISTORIQUES TOUCHANT
l'Hotel Seguier.

OUTRE la magnificence de l'Hotel Seguier, qui le rend si recommandable, il est encore celebre par la visite que Christine Reine de Suede, y rendit à l'Academie Françoise, le deuxiéme jour du mois de Mars 1656.

De plus, les somptueux festins que le Chancelier a faits, pour y mieux recevoir Louis XIV, Anne d'Autriche sa mere, Philippe de France, Duc d'Anjou, & toute la Cour; les bals & balets que le Roi y est venu danser avec les plus belles Dames du Royaume, ont donné à ce Palais un nom immortel.

Ce fut près de cet Hotel que mourut, en 1572, Jeanne d'Albret, qui avoit apporté à la maison de Bourbon, le nom & les débris du Royaume de Navarre : c'étoit une Princesse spirituelle, brave, magnanime, mais un peu trop entreprenante, & opiniâtre dans sa Religion ; aussi les Huguenots en font-ils leur Heroïne, & l'auroient canonisée, si les Saints leur étoient en veneration. Elle étoit venue à Paris pour le mariage de Henri, Roi de Navarre, son fils, avec Marguerite de France, & s'étoit logée exprès à la rue de Grenelle, dans la maison de l'Evêque de Chartres. Quoiqu'il n'y ait pas encore cent ans qu'elle soit morte, nos Historiens neanmoins ne conviennent pas du jour de sa mort. Mezeray veut que ç'ait été le huit Juin ; Duplex le dix ; le P. Labbe le neuf, & Claude Regin, Evêque d'Oleron, le neuf à huit heures trois quarts du matin ; mais il n'est pas difficile de prendre parti parmi tant d'opinions differentes. Car sans doute celui de l'Evêque est le meilleur ; & de fait, outre qu'il étoit un de ses Conseillers d'Etat, il a fait même un Journal de la vie de cette Princesse, qui ne passe pas seulement pour être exact & fidele, mais pour curieux.

Il n'y a pas moins de debat entre nos Historiens, touchant la cause de sa maladie : les uns disent qu'elle vint d'inflammation de poulmon, & d'une fiévre continue ensuite, pour s'être trop donnée de peine à acheter les habits nuptiaux, & les presens qu'on fait d'ordinaire en semblables rencontres. Les autres veulent qu'elle fut empoisonnée par une paire de gants que lui vendit un scelerat, nommé René Milanois, Parfumeur de son métier, & qui en avoit fait bien mourir d'autres, tant Princes que Princesses, & autres personnes de toutes conditions. La Popeliniere témoigne que, pour lever le soupçon, Charles IX la fit ouvrir, & qu'on ne lui trouva aucune marque de poison ; d'autres au contraire tiennent que les Chirurgiens qui l'ouvrirent, ne toucherent point à la tête, encore que le Roi leur eût commandé de regarder au cerveau ; pour Regin, il ne parle point de tout cela, & dit simplement qu'elle tomba malade d'une pleuresie, le troisiéme Juin, & mourut à l'heure que j'ai dit.

L'HOTEL DE RAMBOUILLET.

CET Hotel que nous avons vu bâtir, est dans la rue St Thomas du Louvre, & appartient à des Seigneurs d'une famille illustre & ancienne ; & de fait ce logis n'est pas le premier qui ait porté ce nom là ; les Seigneurs de Rambouillet en ont eu d'autres dans le treiziéme & le quatorziéme siecle ; mais ils n'en ont point eu, qui ait plus long-tems demeuré dans leur famille, que celui dont ils se désirent en 1606. Il étoit situé dans le lieu même où le Cardinal de Richelieu a fait depuis construire le Palais Royal, & relevoit du Chapitre de St Honoré, à qui il devoit quarante-six sols Parisis de cens & rentes. De plusieurs portes par où l'on y entroit, la principale étoit placée à l'endroit même où est maintenant le grand Portail de ce Palais : & quant à ses corps-de-logis, les uns étoient bâtis sur la rue & sur les aîles, & les autres sur les jardins, les cours & les basses-cours. Toutes ces pieces & ces édifices, comme ayant été faits dans un siecle brute & fort grossier, n'étoient ni reguliers, ni symmetriés, & pourtant ne laissoient pas de composer ensemble un tout très-considerable ; car enfin quoiqu'il couvrit bien moins d'espace que n'en ocuppe maintenant le Palais Royal, cependant il s'étendoit jusqu'aux anciennes murailles de la Ville, & les Seigneurs de Rambouillet y étoient logés si à l'aise ; qu'encore qu'ils fussent proprietaires d'une autre maison dans la même rue, qui y tenoit, où pendoit pour enseigne l'Ecu de Bretagne, ils ne s'en servirent jamais, & jamais il n'y fut joint.

En un mot, cet Hotel consistoit en un si grand nombre d'appartemens; & tant de commodités necessaires au logis d'un grand Seigneur, s'y trouvoient, qu'ayant été ajugé en 1606, au commencement d'Avril, pour trente-quatre mille cinq cens livres, à Pierre Forget du Fresne, Secretaire des Commandemens, le Cardinal de Richelieu l'acheta trente mille écus, en 1624.

On sait qu'en ces deux tems là cette somme étoit grande ; car outre que l'or & l'argent étoient assés rares alors, on n'avoit point encore fait monter le prix des places & des maisons de Paris, jusqu'à la valeur des terres & des Chateaux de nos Duchés & Pairies.

Jean, Louis, Claude, Nicolas, Louis-François, Louis-Jean, Philippe & Charles d'Angennes, Seigneurs de Rambouillet, Evêques de Noyon & du Mans, Gouverneurs de Provinces, Chevaliers de l'Ordre, & Cardinaux, y ont logé, successivement les uns après les autres, depuis la fin du quatorziéme siecle, jusqu'au commencement du dix-septiéme ; mais ayant été vendu pendant la minorité de Charles & de Marie d'Angennes, & cette grande famille se trouvant sans Hotel à Paris, Charles d'Angennes, & Catherine de Vivonne firent construire celui de la rue St Thomas du Louvre, dont je vais parler.

NOUVEL HOTEL DE RAMBOUILLET.

CE Logis, avant que d'être rebâti, avoit eu plusieurs noms ; car premierement il fut appellé l'Hotel d'O ; depuis, l'Hotel de Noir-moustier ; après l'Hotel de Pisani ; & enfin, lorsque le Marquis de Rambouillet, & Catherine de Vivonne y vinrent loger, après la mort de Jean de Vivonne, Marquis de Pisani, il a pris le nom de Rambouillet.

Il tient à l'Hotel de Chevreuse, & les jardins des Quinze-vingts le terminent. Je ne dirai point si c'est le plus renommé du Royaume, car personne n'en doute ; tout le beau monde a lu son éloge & sa description dans le grand Cyrus, & dans les ouvrages des plus delicats esprits du siecle ; peut-être même ne seroit-il pas besoin de faire ressouvenir que dans le Cyrus c'est lui qui est nommé le Palais de Cleomire, & que par tout ailleurs on l'appelle le Palais d'Artenice. Artenice au reste est l'anagramme de Catherine, nom de Batême de Catherine de Vivonne, Marquise de Rambouillet, & qui a été fait par Malherbe.

Tous les Illustres ont publié à l'envi, le nom de cette Heroïne, & ne m'ont presque rien laissé à dire de son Hotel. Les uns ont publié que c'est le lieu où tous les jours les Muses errantes & abandonnées, lui venoient faire la cour ; les autres se sont étendus sur la regularité & la magnificence de cette maison ; & de plus nous ont appris qu'elle en a fait & donné le dessein, qu'elle seule l'a entrepris, conduit & achevé : son goût fin, & savant tout ensemble, a decouvert à nos Architectes des agrémens, des commodités, & des perfections ignorées même des Anciens, & que depuis ils ont repandu dans tous les logis propres & superbes. Elle les y a fait entrer avec tant d'esprit, que si son Hotel n'est pas le plus logeable & le plus regulier, on en trouvera peu dans Paris, qui l'égalent, ou qui le surpassent : sa cour, ses aîles, ses pavillons & son corps-de-logis, ne sont à la verité que d'une mediocre grandeur ; mais ils sont proportionnés & ordonnés avec tant d'art, qu'ils imposent à la vue, & paroissent beaucoup plus grands qu'ils ne sont en effet.

C'est

C'est une maison de brique, rehauſſée d'embraſures, d'amortiſſemens, de chaines, de corniches, de friſes, d'architraves, & de pilaſtres de pierre. Quand Artenice l'entreprit, la brique & la pierre étoient les ſeuls materiaux que l'on employoit dans les grands bâtimens : ils avoient paru avec tant d'applaudiſſement ſur les murailles de la place Dauphine, de la place Royale, des Chateaux de Verneüil, de Mouceaux, de Fontainebleau, & de pluſieurs autres édifices Royaux & publics La rougeur de la brique, la blancheur de la pierre, & la noirceur de l'ardoiſe, faiſoient une nuance de couleur ſi agreable en ce tems-là, qu'on s'en ſervoit dans tous les grands Palais, & l'on ne s'eſt aviſé que cette varieté les rendoit ſemblables à des Chateaux de carte, que depuis que les maiſons bourgeoiſes ont été bâties de cette maniere.

De l'entrée, & de tous les endroits de la cour, on découvre le jardin, qui occupant preſque tout le côté gauche, regne le long des appartemens, & rend l'abord de cet Hotel non moins gai que ſurprenant : de la cour on paſſe à gauche dans une baſſe-cour aſſortie de toutes les commodités, & même de toutes les ſuperfluités qui conviennent à une grande maiſon; le corps-de-logis eſt accompagné de quatre beaux appartemens, dont le plus conſiderable peut entrer en paralelle avec les plus commodes, & les plus ſuperbes du Royaume. On y monte par un eſcalier, conſiſtant en une ſeule rampe large, douce, arondie en portion de cercle, attachée à une ſale claire, grande, qui ſe décharge dans une longue ſuite de chambres & d'antichambres, dont les portes en correſpondance, forment une très-belle perſpective. Quoiqu'il ſoit orné d'emmeublemens fort riches, je n'en dirai rien néanmoins, parce qu'on les renouvelle avec la mode, & que je ne parle que des choſes qui ne changent point; je remarquerai ſeulement que la chambre bleue, ſi celebre dans les œuvres de Voiture, étoit parée de ſon tems d'un emmeublement de velours bleu, rehauſſé d'or & d'argent, & que c'étoit le lieu où Artenice recevoit ſes viſites. Ses fenêtres ſans appui, qui regnent de haut en bas, depuis ſon plat-fond juſqu'à ſon parterre, la rendent très-gaie, & la laiſſent jouir ſans obſtacle de l'air, de la vue & du plaiſir du jardin.

Si nous admirons ces ſortes de croiſées au Palais Cardinal, au Petit-Luxembourg, & dans les maiſons de la Place-Royale, & de l'Iſle Notre-Dame; elles ne ſont que des images & des imitations de celles de la Chambre-bleue. C'eſt à Cleomire que les Architectes ſont redevables de ce nouvel embelliſſement; mais ce n'eſt pas le ſeul ornement qu'elle a ajouté à l'architecture : la rampe de ſon eſcalier, arondie en portion de cercle, & les portes en enfilade de ſon appartement, ont ſervi de modele à ces eſcaliers circulaires, qui ne conduiſent que juſqu'au premier étage, & à ces longues ſuites de portes, qui font les principales beautés de nos Chateaux & de nos Palais.

Par les découvertes qu'Artenice a faites dans l'Architecture, en ſe divertiſſant, on peut juger de celles qu'elle a faites dans les Belles-Lettres, où elle eſt conſommée. La vertu & le merite de Catherine de Vivonne ont attiré dans ſa maiſon, pendant pluſieurs années, tous les gens d'eſprit de la Cour & du ſiecle.

Dans ſa chambre bleue, tous les jours il ſe tenoit un cercle de perſonnes illuſtres, ou pour mieux dire, l'Academie; car c'eſt de là que l'Academie Françoiſe a tiré ſon origine; & c'eſt des grands genies qui s'y rendoient, dont la plus noble partie de ce Corps ſi conſiderable, eſt compoſée.

Auſſi eſt-ce pour cela que l'Hotel de Rambouillet a été appellé longtems, le Parnaſſe François.

On n'y parloit que de belles Lettres; il ne s'y rendoit que des gens qui avoient le goût fin & delicat; & l'on n'y admettoit ni Favoris, ni Princes même, si leur faveur & leur naissance n'étoit rehauffée par beaucoup d'esprit & de vertu.

En un mot, cette maison étoit si renommée dans la Republique des Lettres, que ceux qui n'y étoient pas connus, ne passoient que pour des personnes ordinaires, & qu'il suffisoit quasi d'y avoir entrée, pour être mis entre les Illustres du siecle.

MAISON DE MONSIEUR DE CHATEAU-NEUF.

QUELQUE irregulier que soit le plan de cet Hotel, Mansard pourtant y a si bien remedié dans son élévation, qu'il ne se voit rien de mieux entendu, soit pour la beauté de son ordonnance, soit pour la commodité de ses départemens.

L'endroit au reste, où cette irregularité paroissoit le plus, étoit à la face; & cependant c'est ce qui frappe aujourd'hui davantage; car enfin ce demi cercle & ces pilastres, dont la face du portail est accompagnée par dedans, font un effet superbe; & la corne de vache qui roule par dehors au dessus du portail, dans la rue Cocquilliere, ne lui cede pas de beaucoup.

Pour executer ce trait de Geometrie, Mansard fit choix de Toussaint Vergier, & cet habile Appareilleur s'y prit de telle sorte, qu'il n'a rien fait en sa vie de plus hardi; & de vrai, quoique cette trompe porte vingt-quatre pieds d'ouverture, il lui a donné si peu de montée, toute bombée qu'elle soit en tour ronde, qu'elle rachete une grande perte avec ses claveaux encore bombés, & relevés en bosse par assises.

Touchant l'escalier, il est en partie de pierre, & quarré; en partie elliptique & de charpente, enduite de plâtre: au reste c'est un diminutif de celui du Palais des Tuilleries; mais terminé d'une petite lanterne, où on entre par une porte faite en trape, qu'a conduit un Charpentier entendu que les gens du métier appellent Pere Cotton; & on dit que Mansard le fit faire exprés ainsi, afin de nous montrer sur le bois les défauts qu'il avoit remarqués dans celui de Catherine de Medicis; & en même tems, nous enseigner de quelle maniere il pensoit que cet escalier de pierre, dont on fait tant de cas, devoit être achevé par Philbert de Lorme.

MAISON DU PRESIDENT TUBEUF.

LE Logis de Jaques Tubeuf, President à la Chambre des Comptes, est resserré entre la rue Vivien, & le jardin des Augustins dechaussés, & ne porte que vingt-sept à vingt-huit toises de profondeur, sur dix-huit de largeur, ou environ; tout petit qu'il est cependant, & si peu proportionné à la fortune du Maître, il ne laisse pas d'avoir été menagé avec tant d'esprit, par Pierre le Muet, l'un des premiers Architectes de notre tems, qu'on y voit trois cours, deux offices très-commodes, cinq petits appartemens, quatre autres spacieux & superbes; en un mot, outre la commodité, toutes les superfluités qu'on sauroit desirer dans un magnifique Palais.

Ce petit paralellogramme donc, fermé d'un corps-de-logis sur la rue Vivien, vous represente, en entrant, une cour qui porte neuf toises de largeur, sur dix & demi, ou environ, de profondeur: cette cour est terminée d'un autre corps d'Hotel, & bordée d'ailes, le tout enrichi d'arcades, de portiques, de pilastres, & enfin couronné d'un attique, & d'une longue balustrade: quant aux deux ailes, la droite, est double, & entrecoupée par une petite cour, nommée la cour des offices, qui éclaire les appartemens qu'on y a distribués.

DE LA VILLE DE PARIS. Liv. VII.

Des deux corps de logis, celui de devant est simple, n'a que deux étages, & regarde sur la rue, & la grande cour ; l'autre corps sur le derriere est double, exposé au soleil levant, & rehaussé d'un attique de plus que les aîles & la face de l'édifice ; ce corps-là prend son jour sur la grande cour, & sur une autre petite basse-cour, qui tient au mur mitoyen du jardin des Augustins : or comme c'est le principal de toute la maison, & le plus grand, aussi est-il rempli de ses plus beaux, & plus spacieux appartemens ; car pour les cinq petits dont j'ai parlé, c'est à l'attique qu'on les trouve, au lieu que les grands sont distribués dans les autres étages, & se debordent en retour dans les aîles, à droit & à gauche.

Au reste, quoique les petits ne consistent chacun qu'en une chambre, une garde-robe, & un cabinet, ils sont pourtant si propres, si gais, si galants, & si bien degagés, que le Maître lui-même y vient loger quelquefois, soit à cause de la belle vue qu'on decouvre, & de l'air qu'on y respire, que parce qu'on s'imagine être en pleine solitude, tant le silence y est profond.

A l'égard des grands appartemens, ils ne sont pas montés si haut, le Muet, comme j'ai dit, les a repandus au premier & second étage des aîles & des deux corps de logis : celui du Maître de la maison est rehaussé de cinq marches de plus que le rès-de-chaussée de la cour, & accompagné d'une grande salle, qui conduit à droite dans un grand cabinet, une chambre à alcove, & une petite chambre en retour sur l'aîle gauche, appellée communement le serre papier : outre cela deux autres salles à manger en été & en hiver, sont attachées dans l'aîle droite, à la sommellerie, à la cuisine, à la cour des offices, au garde manger, & à la salle du commun.

Au-dessus de cet appartement est celui de la Presidente, mais beaucoup plus vaste, & plus magnifique, d'ailleurs qui est double ; on y monte par un escalier à quatre noyaux qui mene à une grande salle, cintrée de menuiserie, & commune à deux appartemens : le premier & le grand consiste en une chambre de parade à alcove, cintrée, & en une gallerie qui remplit le second étage de l'aîle gauche ; le second & le plus petit est composé d'une chambre, d'un cabinet, d'un vestibule, & d'une garde-robe ; mais de plus degagé dans la cour des offices par un petit degré derobé, il est même si commode, qu'on y loge plus ordinairement que dans l'autre, comme étant moins vaste & plus secret ; au lieu que le grand semble n'avoir été fait que pour le luxe. Leurs principaux membres sont éclairés de croisées larges de cinq pieds, & hautes de onze, & regardent non seulement sur la principale cour, & une basse-cour, mais aussi sur le jardin des Religieux, qui est fort spatieux & bien cultivé.

Pour ce qui est des deux autres grands appartemens, l'un pratiqué dans la face du logis, n'a qu'une chambre, une garde-robe, un cabinet, & un escalier de degagement ; l'autre est accompagné d'une anti-chambre, d'une Chapelle, d'une chambre de parade, d'une autre à alcove, d'une garde-robe, d'un cabinet, & est posé dans une partie du deuxième étage de l'aîle droite.

Les departemens, tant des femmes que des Officiers, ont été épargnés dans les entre-solles de ces aîles, & pour ce qui reste de bâtiment au rès-de-chaussée, là sont distribuées deux grandes écuries, cinq remises de carrosse, & le logement du portier ; tellement que toutes ces grandes, & petites parties ont été pratiquées dans ce petit parallelogramme dont j'ai parlé au commencement.

A tant de commodités, & à cette magnificence des dedans, l'Architecte a joint encore l'orgueil des dehors, & l'a repandue avec beaucoup d'art, & de succès sur toutes les faces. Au premier étage, ces faces sont enrichies de vingt-deux grandes arcades, qui roulent au pourtour de la maison, & ces mêmes faces, au premier & second étage, sont rehaussées d'une ordonnance de pilaftres Doriques, pleins d'agremens & de favoir; leurs pieds d'eftaux s'élevent depuis le rès-de-chauffé, jufqu'à l'impofte des arcs, dans l'intervale d'une arcade à l'autre, & font portés fur un grand zocle qui fort du pavé de la cour, & fert d'apui aux croifées du premier étage : leurs bafes naiffent avec les cintres, & les impoftes des arcs; leurs tiges font couronnées d'une architrave, d'une frife, & d'une corniche bien coupée, & bien mefurée, & tous ces enrichiffemens font terminés dans le fonds par un attique, & un baluftre, & enfin amortis dans les autres faces par une longue baluftrade.

On pourroit ici demander fi le Zocle de ce pied d'eftal ne porte point une hauteur exceffive; & même il y auroit lieu de s'étonner de les voir fous un ordre auquel les anciens n'ont jamais accommodé de pied d'eftal, ni de bafe; mais outre que Palladio, Scammozzi, & tous les autres Architectes modernes en ont donné à cet ordre; & de plus qu'ils n'ont pu convenir entre eux de fa proportion; à confiderer la chofe de près, on trouvera certainement que ce zocle, & ce pied d'eftal conviennent fort bien au lieu qu'ils occupent, & au bâtiment qu'ils enrichiffent; en forte que tous ces grands objets impofent tellement à la vue, qu'ils donnent à ce logis une majefté furprenante.

Toutes les cheminées au refte font prifes dans l'épaiffeur de leurs murs; & de plus pour tout cet édifice on ne s'eft point fervi de grues, mais feulement de ponts, & d'échafauts, & quoique les grandes pierres portent une largeur très-confiderable; leurs planchers ne font, ni embarraffés, ni entrecoupés de poutres, mais compofés de folives de fapin, d'une épaiffeur égale à la largeur des entrevoux, ou pour me fervir des termes de l'art, font efpacées tant plein que vuide.

C'eft une fingularité dont à Paris nous n'avons point d'autre exemple que celui-ci, car cette nouveauté eft de le Muet, qui le premier l'a introduite dans l'architecture, & qui épargne bien de l'argent, du tems, & de la place; & de fait, quelque grand que foit le nombre des folives qui y entrent, il s'en faut beaucoup qu'elles coûtent tant que des poutres; on les range même plus promptement, & de plus elles compofent une platte forme unie fur laquelle on étale aifément les plafonds, fans rencontrer cet obftacle importun que caufe l'épaiffeur des poutres & leur faillie.

L'HOTEL DE JEARS.

LA figure de cette maifon reffemble affés à une équiere, à caufe que la cour qui eft parallelogramme, n'eft pas toute environnée de bâtimens, car il n'y en a que le long de la face du fonds, & de celle de fon aîle droite, la gauche n'étant bordée, ou fermée que d'une muraille, qui s'éleve jufqu'au premier étage, & eft amortie d'une baluftrade; je fai bien que le logis en eft plus gai, & jouit d'un plus grand jour, & d'un meilleur air.

Ces commodités-là toutefois n'empêchent pas que cette fauffe aîle, ne bleffe les yeux de ceux qui entrent, qui d'ordinaire jettent plutôt la vue de ce côté-là, que de l'autre, car naturellement nous aimons le jour, & nous tournons volontiers vers l'endroit d'où il vient. Je demeure d'accord que la gallerie vis-à-vis, qui regne le long du premier étage de l'aîle droite, en eft beaucoup plus claire, & plus plaifante, & que trois ou quatre petits appartemens degagés, commodes, & qui ont tous leurs alcoves, & fe dechargent dans cette gallerie, en font plus galants & plus agreables, puifque des fenêtres on decouvre des plaines, des marêts, des valons, & des colines; mais comme la jouiffance de cette rare perfpective n'eft pas pour être de durée, les voisines du Commandeur de Jears le feront repentir auſſi-bien que Manſard, d'avoir bâti avec ſi peu de regularité, quand d'un côté par leurs maiſons, ils lui boucheront une vue ſi admirable, & qui pis eſt de l'autre lui ôteront tout le jour preſque, dont jouiſſent les petits appartemens de la gallerie.

L'ordonnance des faces eſt ſimple, mais majeſtueuſe, & feroit plus reguliere, ſi ces groſſes conſoles, penſées ſi à propos, & qui accompagnent ſi bien les croiſées, portoient les corniches dont ces croiſées ſont couronnées; des conſoles de cette maniere ont ſemblé ſi gracieuſes à quelques-uns de nos Architectes, qu'ils les ont fait entrer d'après Manſard dans de fort beaux édifices; c'eſt pourtant un ornement que nos Modernes devroient employer un peu moins ſouvent, & avec plus de diſcretion, parce que les anciens ne s'en ſont preſque jamais ſervi.

On trouve auſſi quelque choſe à redire à la face qui regarde ſur le marché-aux-chevaux, & ſi là on ne ſe plaint plus des conſoles, c'eſt qu'il n'y en a point.

On critique donc ces deux petits avant-portiques, élevés aux deux extremités de cette façade; les uns pretendent que Manſard ſe pouvoit fort bien paſſer de les embarraſſer chacun de ſix colomnes Ioniques fuſelées, puiſqu'il ne leur vouloit faire porter qu'un petit attique, les autres diſent que de loin, auſſi-bien que de près, on les prend pour des châteaux de carte; mais tous abſolument condamnent ces douze colomnes faites en navette, diminuées par haut & par bas, & renflées extraordinairement dans le milieu, aſſurant que les Anciens ne ſe ſont jamais aviſés de fuſeler leurs colomnes, & qu'ils n'ont encore veu que Manſard & de Lorme qui ayent pris cette liberté.

Quoi qu'il en ſoit, il eſt conſtant que ces deux avant-portiques offuſquent de part & d'autre les appartemens contre leſquels ils ſont élevés; mais un entre autres, qui gâte, & defigure deux alcoves très-riches, très-grandes & des plus magnifiques.

Certainement j'aurois fait quelque difficulté de parler de cette maiſon, tant à cauſe de l'irregularité de ſon plan, que des defauts qu'on remarque dans ſon élevation; mais qui ne ſe rendroit à la majeſté du portail, à la beauté de ſon eſcalier, à la grandeur & à la propreté de ſes principaux appartemens, & à la reputation que ces belles parties lui ont donnée?

Manſard a renfoncé la porte entre ſix pilaſtres Ioniques, & l'a couronnée d'un attique amorti de vaſes fumants, qui forment enſemble une façade fort ſimple veritablement, mais très-majeſtueuſe. Quatre de ces pilaſtres ſont ordonnés de deux en deux ſur la droite, & ſur la gauche; les deux autres ſont de chaque côté dans le commencement du retour de la porte, ou de ſon renfoncement, & ainſi ornent l'entrée, de profil, & de front: de plus cette porte eſt terminée d'un architrave, d'une friſe, & d'une corniche; l'architrave eſt ſimple, & roule au tour des jambages de la porte; pour la friſe elle eſt ornée de deux Griffons, qui tiennent une table d'attente, & la corniche eſt enrichie de denticules & de modillons.

On dit que ſi l'architrave avoit plus d'une face, & un peu moins de ſimplicité, il conviendroit mieux à la richeſſe de la friſe, & de la corniche, & même que ſi Manſard avoit ôté de ſa corniche les denticules, & laiſſé ſeulement les modillons, il auroit imité de plus près la Rotonde, & ne ſe ſeroit pas tant éloigné des preceptes de Vitruve, de la raiſon, & de Scamozzi, qu'il a imité ſi ponctuellement en l'ordonnance, & en toutes les autres proportions de cette porte.

Je n'ignore pas que la plupart des Anciens ont fait cette faute; mais les fautes ne ſont point à imiter. Les critiques n'en demeurent pas là, ils trouvent, à la verité, que les modillons de la corniche Ionique accompagnent fort bien le reſte de cet ordre; mais ils ſe plaignent de leur diſtribution,

& même prétendent que ce portail, ou son attique, eut été terminé de meilleure grace par des statues, que par des vases : tout le monde neanmoins n'est pas de cet avis ; car il y en a beaucoup, à qui ces vases plaisent bien davantage que ne feroient leurs figures, & maintiennent que ce portail est un des meilleurs morceaux d'Architecture de Paris. Tout ce qui manque à cette façade, est que la porte n'est pas assés large ; car sans doute elle seroit bien plus magnifique, si elle avoit un pied, ou au moins neuf pouces de plus, & même si elle étoit placée dans le milieu de la face : cette face au reste n'a que sept toises en tout.

A l'égard de l'escalier, il est quarré, porté en l'air, à la moderne, par une voute platte, & suspendue sans aucun pilier ou noyau, & renfermé dans une cage, qui porte deux cens vingt-trois pieds de long, sur vingt de large : on y entre par un grand vestibule paralellogramme, pratiqué dans le milieu du principal corps-de-logis, & qui est couronné d'un petit renfoncement épargné en rond dans sa voute.

Mais de plus, environné de quatre grandes arcades ; celle des arcades qui tourne sur sa droite, en y entrant, conduit dans l'escalier, ou plutôt, sur son premier & plus grand pallier, par une ouverture de douze pieds de large, & par deux marches qui regnent sur la longueur de cette arcade, & sur la profondeur du vestibule. Dans les quatre murs, où les quatre faces de cet escalier, sont quatre renfoncemens de voutes, qui portent dans les quatre angles, sur quatre especes de pilastres en pan coupé, terminés d'un dôme ; & ce dôme encore couronné d'un renfoncement ou espece de lanterne ; dans le fond de cette lanterne, Perrier a peint à fresque des petits enfans qui repandent, comme à l'envi, des roses & des fleurs, sur ceux qui montent & descendent ; & Mansard a fait soutenir ce dôme & cette lanterne sur quatre trompes, qui naissent dans les quatre angles de ce bel escalier, au dessus de ses quatre pilastres ; toutes les marches en sont fort larges & fort douces : les premieres sont arondies en portion de cercle, & diminuent insensiblement les unes après les autres, en forme de pérron, jusqu'à ce qu'elles ayent gagné la naissance de la premiere rampe, les autres sont couchées sur trois rampes, & conduisent ensemble jusqu'au premier étage seulement : les arcs & les voutes dont elles sont soutenues, roulent, tournent, & montent fort lentement, & differemment ; il n'y a point de rampe où l'on ne trouve, soit lunette, ou arc de Cloître, ou des arcs & des voutes rampantes, & où l'on ne voye que toutes ces pieces sont mariées fort agreablement les unes avec les autres, & menées en l'air au tour de la cage, par des pierres gauchées, sans plis ni coude, ni aucune ligne, soit droite ou paralelle.

Ce bel escalier est de l'invention de Mansard ; mais tous ces traits de Geometrie si beaux, & si difficiles à assembler, ont été conduits par Simon Lambert, fils de celui que les Ouvriers appellent par excellence, La mer-au-trait, & qui entend aussi-bien la coupe des pierres, que son pere.

C'est aussi d'après la pensée de Mansard, que Maître Louis Danic entreprit les appuis de fer, qui regnent le long des marches de cet escalier, & que Charles le Lorrain executa ; ce sont des panneaux separés l'un de l'autre par des pilastres, & renfermés entre deux petites frises ; dans ces frises au reste, aussi-bien que dans les pilastres & les panneaux, se voyent plusieurs enroulemens engagés les uns dans les autres avec ordre & confusion tout ensemble, qui tous jettent des graines & des feuilles, finissant en fleurons, & composent des ovales & des ellipses de toutes formes, & de toutes figures ; mais gentilles, capricieuses, & tout à fait spirituelles. L'ordonnance de ce fer est si estimée, aussi-bien que l'execution, qu'on ne donne pas moins de louange à l'Ouvrier qu'à l'Architecte : en effet, ce fer est roulé & entourné avec une adresse, & une propreté inimitable ; les en-

DE LA VILLE DE PARIS Liv. VII.

trelas en font mêlés & noués avec efprit; mais de plus, formés, & fouillés avec une extrême patience, ils s'embaraffent, ils s'égarrent, ils s'échapent, & fe retrouvent lorfqu'on les croit perdus.

Enfin cette maifon eft remarquable par deux des plus grands, & plus commodes appartemens de Paris. Le bas eft enrichi d'un alcove peint par le Brun; le haut eft accompagné d'une grande Gallerie, & d'une fale voutée, haute de trente pieds; au refte, c'eft le premier logis où il y ait eu des cheminées à faux-fuyans : elles roulent, tournent, fuyent, tortillent, & fe perdent fans fumer; les tuyaux n'en font pas elevés à plomb, & fe vont perdre dans d'autres murs, qui fervent à d'autres appartemens.

MAISON DE MONSIEUR DES NOYERS.

LE Logis de Monfieur des Noyers, Secretaire & Miniftre d'Etat tout enfemble, étoit à la rue St Honoré, proche des Filles de l'Affomption, où il a toujours demeuré, quelque petit qu'il fût pour une perfonne de fa qualité, & cependant qu'il n'a jamais voulu agrandir par modeftie, n'y cherchant autre chofe que la commodité, la propreté & la gentilleffe. Comme la Salle étoit fort trifte, & ne recevoit qu'un jour fombre, renfermé entre les murailles d'une petite cour derobée; de plus, que l'abord de la maifon qui doit être toujours la partie la plus riante, étoit encore affés obfcure. Le Maire entreprit de remedier à ces défauts, & promit qu'en peignant une perfpective fur le mur de la cour paralelle à la Salle, il en alongeroit la vue, & l'égayeroit.

Non feulement le Maire étoit pour lors celui qui entendoit le mieux la perfpective, mais paffoit encore pour le premier & le plus expert qui ait jamais été en ces fortes d'enchantemens & d'illufions; à Ruel & à Bagnolet, avec fes pinceaux & fes couleurs, il a trompé les hommes, auffi-bien que les oifeaux; il a fait des campagnes fertiles, longues & larges, à perte de vue, en des lieux où il n'y avoit rien; en des endroits où il ne fe trouvoit qu'une petite muraille, il a érigé de magnifiques arcs de Triomphe, élevé de fuperbes portiques, conftruit de grands Temples & de grands Palais, avec toute la hauteur & la capacité que les Architectes leur donnent.

De toutes ces perfpectives neanmoins qu'il a entreprifes, il n'y en a point où il ait montré plus d'art & de fcience, qu'en celle qu'il a peinte au logis dont nous parlons: par tout ailleurs il étoit aidé d'un grand jour, & favorifé par de larges murailles, où aboutiffoient de longues allées; ici au contraire il étoit gêné dans une petite cour quarrée-longue, qui n'a que vingt-cinq pas communs de longueur, fur dix de large; & devoit principalement travailler à agrandir par fon induftrie ce petit paralellogramme, & à rendre la vue de la Salle, & jolie & enjouée; à quoi il a fi bien reuffi, qu'il a reprefenté fur le mur qui borne la vue de cette Salle, deux fuperbes portiques qui environnent une grande cour pavée de marbre blanc & rouge, & qui conduifent dans un vafte parterre, bien entretenu, fermé d'un berceau ou d'une tonelle, & terminé d'une grande campagne.

Ces portiques font foutenus & enrichis de deux longues fuites d'arcades, accompagnées de part & d'autre d'une ordonnance de pilaftres Corinthiens. Le cintre de chaque arcade eft garni de rofons, & leur vuide orné, chacun dans le milieu, d'une Statue grande comme nature; il a couronné tous ces ornemens d'un petit mur, élevé à hauteur d'appui, & a couché deffus des baffes tailles, qui femblent être antiques, & à demi relief. Il a filé les cannelures des pilaftres, avec un amour & une patience inconcevable; les feuilles & les tigettes des Chapiteaux, font roulées avec toute la propreté, la tendreffe & la perfection que demande l'ordonnance Corinthienne, c'eſt-à-dire, l'ordre le plus accompli, qui ait jamais été inventé.

En un mot, toutes les parties de cette belle perſpective, ſont d'une excellence qui charme, & font un effet merveilleux; mais il n'y a rien qui merite plus juſtement notre admiration, que de voir qu'un Peintre ait pû renfermer dans une eſpace de dix pas communs ſeulement, une ſi grande quantité de pilaſtres, d'arcades, de ſtatues, de bas reliefs, de parteres, de portiques, & de les avoir diſpoſés en ſorte que, bien loin de s'embaraſſer, ils s'entr'aident & ſe fortifient; ils nous abuſent, & nous raviſſent par leur tromperie; ils nous groſſiſſent, & nous repreſentent réellement des objets que nous ſommes très-aſſurés n'être qu'imaginaires, & étendent une vue que nous ſavons être limitée près de nous par une petite muraille.

Cet artifice paroît dans toute ſa force des fenêtres de la Salle, de là on jouit d'un jour fort long & très riant; on apperçoit une fort grande cour au bout de la petite; on decouvre des jardins & des Palais enchantés: on voit à la faveur des portiques, des parterres tapiſſés de fleurs & de verdure, des campagnes fort éloignées; & toutes ces belles choſes ſont ſur un petit ceau de mur.

On voit auſſi dans un des coins de cette cour, un demi relief antique, de marbre blanc que la ville de Nîmes donna à ce Miniſtre d'Etat, à ſon retour de Rouſſillon: quoique ce preſent ſoit beau, il étoit neamoins aſſés negligé; mais aujourd'hui c'eſt bien pis: d'abord il fut laiſſé dans la cour à un coin, en attendant qu'on y eut choiſi un lieu pour le placer; & depuis il eſt toujours demeuré plus ſale & plus boueux que jamais; & même encore, on en tient ſi peu de conte, que depuis peu il a été permis à Thibaut Poiſſant d'en ſcier plus d'un pied d'épaiſſeur, & cette dégradation n'a été ſouffert, que pour lui en laiſſer faire deux ou trois têtes, ou buſtes. Il porte trois pieds de longueur ſur deux de largeur; & d'un pied & demi d'épaiſſeur qu'il avoit, à preſent il eſt reduit à quatre pouces.

C'étoit apparemment un morceau de friſe d'un très-grand & ſuperbe édifice; mais perſonne ne ſait à quel bâtiment il peut avoir ſervi: la ville de Nîmes a tant vu de revolutions, & éprouvée tant de changemens, qu'il a été ſans doute enterré dans les murs, avec tous ces temples & ces baſiliques, que nous ne voyons plus que dans les hiſtoires. On a gravé ſur ce marbre une forte & puiſſante aigle ſans tête, qui traînoit dans ſon bec un feſton d'une longueur, & d'une groſſeur extraordinaire: les fruits, les fleurs, les graines qui le forment, ſont d'un grand goût & d'une ſavante maniere; l'aigle a été beaucoup plus maltraitée que le feſton; les Gots lui ont caſſé la tête, comme ils ont fait à toutes celles qui ſont tombées entre leurs mains. L'attitude de cette aigle eſt fiere & brave, & ſe reſſent bien de l'orgueil du faſte Romain; elle a les aîles ouvertes, le corps ralongé, les pieds plantés dans une aſſiete forte & vigoureuſe, & ſemble ſe preparer pour s'envoler avec cette proie: ſes plumes, ainſi que les fleurs & les enrichiſſemens du feſton, n'ont été, à deſſein, ni finis ni recherchés, parce que dans la hauteur où cette baſſe taille étoit élevée, les yeux euſſent été peu ſatisfaits par une delicateſſe inutile, auſſi ne paroît-elle de près que très mediocre, & l'on n'en reconnoît l'excellence, que quand on la conſidere d'une diſtance raiſonnable.

LE PETIT-BOURBON.

A Cauſe que les grandes chroniques, & Maſſon même depuis, dans la vie de Philippe le Bel, aſſurent que la maiſon appellée autrefois le Foſſé St Germain, & qui fut raſée, appartenoit à Enguerrand de Marigni, bien

DE LA VILLE DE PARIS. Liv. VII.

Bien des gens croyent que c'est sur ces ruines que le Petit-Bourbon a été élevé; & entre ceux-là, certains superstitieux admirent que Louis de Bourbon, surnommé le Bon-Duc, Prince cependant assés scrupuleux, ait choisi pour sa demeure, un lieu de si malheureux augure, & ainsi ne s'étonnent plus que le Roi & le Parlement, pour la seconde fois, ayent repris la foudre, & l'ayent lancée une seconde fois au même endroit.

Dotronville au reste, autrement Cabavet, qui a écrit la vie du Duc Louis, ne parle nullement, ni de l'assiete de ce Palais, ni de l'année qu'il fut commencé: ce qu'on sauroit, à mon avis, qui pourroit déchiffrer les Lettres Gothiques épargnées dans la pierre de trois ou quatre des croisées de la Chapelle; mais au moins sommes nous assurés qu'on commença à y travailler sous Charles V, & qu'apparemment il ne fut achevé que sous Charles VI, à cause de ses armes, qui se voyent en quelques endroits de la même Chapelle, & qu'on y voyoit encore en bois, il n'y a pas bien long-tems à côté de celle du Fondateur. Or que cet Hotel n'ait été commencé sous Charles V, le C & l'V pratiqués par l'Architecte dans les pierres de la croisée, qui est ouverte au dessus du portail de la Chapelle, ne le font que trop connoître, & même en sont de si bonnes marques, que les Curieux les tiennent infaillibles; car tout visiblement, ces deux Lettres veulent dire Charles V, & que c'est sous son regne que ce grand Palais fut entrepris. Et de fait, ces sortes de Lettres étoient si en usage chez nos Ancêtres, qu'ils s'en servoient dans tous leurs édifices, pour informer la posterité du tems de leur fondation: ce qui se pratique encore aujourd'hui dans tous les Palais & les Hotels des grands Seigneurs; & de vrai, tous ces chiffres que nous voyons gravés dans les frises, lambris, plat-fonds, même dans les goutieres du Louvre, du Luxembourg, du Palais Cardinal, & des autres bâtimens nouveaux si superbes, ne nous apprennent autre chose que le nom du Fondateur, & le tems de leur fondation.

Que si l'Histoire est si reservée touchant l'origine du Petit-Bourbon, en recompense elle particularise assés bien sa ruine, puisqu'elle n'oublie ni le tems que François I commença à le détruire, ni pourquoi le Connétable de Bourbon, après tant de belles actions, trahit son Roi, le fit prisonnier devant Pavie, & assiegea Rome, où il perit.

Au reste, les marques de sa felonnie, & de l'Arrêt que le Roi fulmina contre lui en 1527, le vingt-septiéme du mois de Juillet, subsistent encore en plusieurs endroits de son Palais; car on y voit des armoiries brisées & effacées; une Tour dans un coin, à demi rasée, qui regarde sur la riviere; la couverture & les moulures de la principale porte, barbouillées de ce jaune, dont le bourreau brosse les maisons des criminels de leze-Majesté: jaune après tout de si bonne trempe, & si bien recommandé, que plus d'un siecle n'a pu encore lui faire perdre sa couleur.

Ce Palais au reste, étoit un des plus vastes, & des plus superbes du Royaume, temoin la Gallerie, la Chapelle, & cette Sale qui se voyent encore. La Gallerie, outre sa situation & sa longueur, étoit dorée, & enrichie de peintures: aussi l'appelloit-on la Gallerie dorée; & de fait, alors il n'y en avoit point en France qui l'égalât, ni en grandeur, ni en assiette: d'ailleurs la Chapelle est très-spacieuse; & même à Paris presentement il n'y a point d'Hotel qui en ait une si grande, ni si commode; à la verité la Chapelle de la Reine, que Catherine de Medicis a joint depuis à son Palais, l'est un peu davantage, mais chacun sait que c'est l'ancienne Eglise des Filles penitentes. Pour ce qui est de la Sale, sans contredit c'est la plus large, la plus haute, & la plus longue qui soit dans tout le Royaume; car enfin, celle du Chateau de Montargis, si vaste, & qui n'a pas sa pareille au monde à ce qu'on tient, lui cede en tout. Sa largeur est de dix-huit pas communs sur trente-cinq toises de longueur, & la couverture si rehaussée, que le comble paroit aussi élevé que ceux des Eglises de St Ger-

Tome II.   D d

main, & de St Eustache ; & enfin ce qui a été cause que sous Louis XIII un lieu si vaste, & si voisin du Louvre, fut choisi pour la representation des bals, balets, & autres magnificences de son mariage : Louis XIV même s'en est servi jusqu'à nos jours pour ses balets, & pour la comédie.

A l'égard du portail de ce Palais, il y a grande apparence qu'il étoit fort riche, & de fait les deux batans qui le fermoient, sont encore ferrés, & semés de gros clous de cuivre doré, que portoient les Chevaliers de son ordre du Chardon ; & même on y lit encore en lettres capitales & dorées le mot ESPERANCE, que Doronville appelle un joyeux mot. Cette ceinture au reste, & qui regne sur toute la largeur de la porte, est enlacée en rouleau, bordée de chaque côté, & tout du long de clous dorés ; au lieu des perles qu'on voyoit à celle des Chevaliers ; & enfin, attachée avec un ardillon par un bout, & par l'autre avec une boucle, l'un & l'autre émaillés de verd, ébarbillonnés, & dechiquetés comme la tête d'un chardon ; outre cette ceinture, il est certain qu'au milieu des deux batans, il y en avoit encore une autre toute pareille ; puisque l'endroit où elle étoit clouée en porte la marque, & il ne faut point douter que si le bois par en bas, n'étoit pas brisé, comme il est, nous y verrions tout de même les vestiges & les ruines d'une troisiéme ceinture, qui vrai-semblablement faisoit symmetrie à celle d'enhaut.

Cette porte après tout, que l'Histoire nomme la porte dorée, devoit être aussi rehaussée de quantité d'autres enrichissemens, mais qui ont été ruinés en haine du Connétable, & de sa perfidie ; quelques uns tiennent que la couverture, qui presentement est barbouillée de jaune, étoit toute dorée, & de plus que le Duc Louis y avoit fait peindre ses armes avec les deux ordres dont il étoit l'instituteur, & qu'enfin on ne lui avoit donné le nom de dorée, que parce qu'elle étoit toute rehaussée d'or.

Ces deux ordres au reste, & de l'écu d'or, & du chardon, éclatent beaucoup mieux dans ce Palais, qu'à Souvigni, ni à Moulins, où la plupart de nos Historiens croyent qu'ils ont été créés ; car on les voit & au haut du clocher, de la Chapelle, & dans sa charpente, & dans celle de la gallerie, de la salle, du corps de logis, & même sur quelques pierres, & sur des colomnes. Mais il n'y a point d'endroit où le colier de celui du chardon soit plus en vue, qu'au baluestre du grand balcon de ce corps de logis, qui regarde sur la riviere ; ce baluestre qui est de pierre de taille, est composé de fleurs de lis, & de lettres capitales antiques, épargnées dans la pierre, qui forment ensemble le mot ESPERANCE, & toutes ces lettres & ces fleurs de lis sont enchassées dans des bâtons recroisés, ou lozangés à double orle, ouvertes, & alternativement entieres, & à demi.

A la verité on trouve quelque chose à redire dans la suite des lettres ; mais c'est une faute du Sculpteur, qui a mieux aimé suivre son caprice que la raison.

Louis II, comme Prince devot & liberal, prit un soin tout particulier du bâtiment de la Chapelle, aussi-bien que de ses ornemens. Car à la grandeur il voulut joindre la magnificence ; & de fait sa voute rehaussée d'or, les enrichissemens dont elle est couverte ; les croisées qui l'environnent, coupées si delicatement ; les vitres chargées de couleurs si vives, dont elle est éclairée ; enfin les fleurs de lis de pierre, qui terminent chacune de ces croisées, & si bien pensées pour la Chapelle d'un Prince du sang, temoignent assés qu'il ne plaignoit pas la dépense. Il y éleva, ainsi que dans tous les autres endroits de son Hotel, les armes de Bourbon avec le colier du chardon, & la ceinture de l'écu d'or ; de plus il fit faire à côté gauche de l'Autel, un oratoire de menuiserie à claire voye, où il arbora quatre grands ecussons ; dans le premier étoient gravées les armes de Charles VI, à cause que cette Chapelle fut achevée sous son regne ; celles de Charles Dauphin remplissoient le second, dans le troisiéme, étoient les siennes, & dans le dernier celles d'Anne Dauphine d'Auvergne, sa femme ; c'est dans cet oratoire que le Roi se retire ordinairement pour entendre la Messe ; presentement il n'est plus fermé de cette clôture, ni orné de ces ecussons, ayant été ruiné depuis quelques années, à cause de leur caducité ; si quelqu'un toutefois a la curiosité d'en voir les debris, ils sont encore dans la Sacristie.

L'HOTEL DE SOISSONS.

LES Hotels des Grands Seigneurs changent de face, & de Maîtres aussi souvent que les logis des particuliers ; quoique j'aie decouvert les noms de plus de dix-huit de ceux qui ont été proprietaires de l'Hotel de Soissons ; je ne crois pas neanmoins que ce soit encore tout.

Dans le treiziéme siecle on l'appelloit l'Hotel de Nesle, & de fait il appartenoit aux Seigneurs d'une Ville de ce nom-là.

Par les titres du Tresor des chartes, il paroît que Jean II du nom, Seigneur de Nesle, & Chastelain de Bruges le tenoit de ses predecesseurs ; & que lui & Eustache de St Pol, sa femme, fille de Hugues Candavennes, Comte de St Pol, le donnerent en 1232 à St Louis, & à la Reine Blanche, sa mere ; & de plus par ceux de l'Archevêché nous apprenons qu'il étoit situé dans le territoire de l'Evêque de Paris, & que peu de jours après que St Louis en fut Maître, il le ceda à sa mere entierement avec toutes les pretentions qu'il y avoit.

Après ceci, je ne pense pas qu'on puisse m'objecter que je confonds l'Hotel de Soissons avec l'Hotel de Nesle, bâti au bout du Pont-neuf, sur le bord de la riviere, & qui presentement appartient à Henri de Gueneguad, Secretaire d'Etat. Bien que du Puy soit de cette opinion-là dans ses Manuscrits, & même André du Chesne dans son Histoire de la maison de Bethune ; car enfin s'ils eussent manié les titres & les papiers terriers de l'Archevêché, & de l'Abbayie St Germain des Prés, ils auroient appris que l'Archevêque de Paris est Seigneur temporel, tant de l'Hotel de Soissons, que des rues voisines, & que sa jurisdiction ne s'étend point dans le territoire où est situé l'Hotel de Nesle, près du faux-bourg St Germain ; bien plus que dans l'Acte de St Louis, lorsqu'il donne cette maison à la Reine Blanche, lui même declare qu'elle est assise dans le Domaine de l'Evêque, que si j'ajoute à cela que cette rue qui conduit de la rue St Honoré à l'Hotel de Soissons, nommée à present la rue d'Orleans, porte le nom de Nesle, tant dans les titres du Tresor des chartes, que dans les Regîtres de la Chambre des Comptes du treize & du quatorziéme siecle, il ne sera pas difficile de reconnoître, qu'elle l'avoit emprunté de l'Hotel où elle conduisoit, appellé ainsi ; & de plus nous verrons dans la suite, qu'elle ne commença à prendre celui d'Orleans, qu'on lui donne encore, que quand les Princes de la Maison d'Orleans eurent acquis cet Hotel, & y vinrent loger.

Tant que la Reine Blanche fut Maitresse de l'Hotel de Nesle, elle n'eut point d'autre demeure, & y mourut. Après sa mort apparemment on le reunit à la couronne, & de fait au commencement du Regne de Philippe le Bel, petit-fils de St Louis, c'étoit encore une maison Royale, dont il se defit en 1296 le cinquiéme Janvier en faveur de Charles son frere, Comte de Valois, d'Alençon, de Chartres, & d'Anjou ; maison au reste, qui ne sortit point des mains des Valois qu'en 1327 ; car cette année-là même Philippe, Comte de Valois, & d'Anjou, Regent du Royaume de France & de Navarre, Roi de France depuis, le donna par une pure liberalité à Jean de Luxembourg, Roi de Boheme, sans se reserver autre chose que la souveraineté ; ces deux donations, autant l'une que l'autre furent fcellées au Louvre ; la premiere du fceau de Philippe le Bel, la feconde de celui dont Philippe de Valois fe fervoit avant fa Regence. Jufques-là cet Hotel fut toujours nommé l'Hotel de Nefle ; mais comme alors il vint à changer de Maître, & que le Roi de Boheme en prit poffeffion, auffi changea-t-il de nom pour la premiere fois, & ne fut plus appellé que l'Hotel de Boheme, nom qu'il retint jufqu'au tems de Louis d'Orleans, qui l'abandonna aux Filles penitentes ; ce qui eft fi vrai, que dans quantité de chartes du quatorziéme fiecle, il n'eft prefque plus appellé autrement que l'Hotel de *Bohaigne*, de *Bahagne*, de *Behaingne*, de *Behaigne*, de *Bahaigne*, mais très-rarement de *Boheme*; & même depuis que, pour la commodité de cette maifon, nos Rois curent ouvert une fauffe porte dans les murs de la Ville, qui pour lors la feparoient de la rue de Grenelle, & traverfoient la rue Cocquilliere ; cette porte eft plus fouvent nommée dans les titres, & les regîtres de la Chambre des Comptes, la porte de la Bahagne, que la porte Cocquilliere.

S'il faut s'en rapporter aux papiers terriers de l'Evêché de l'an 1399, cet Hotel appartenoit à Charles d'Artois avant que d'être au Roi de Boheme, neanmoins après la charte de Philippe de Valois, dont je viens de parler, où ce Prince l'appelle fa maifon, & qui même alors la donne à Jean de Luxembourg, Roi de Boheme, il n'y a pas d'apparence qu'elle ait jamais appartenu au Comte d'Artois, outre qu'il étoit fils de ce Robert, qui a tenu fi long-tems le parti de l'Anglois contre Philippe ; de forte que s'il a été proprietaire de cet Hotel, ce ne fauroit être que depuis le Roi de Boheme, & avant que le Roi Jean & Charles fon fils en difpofaffent en faveur d'Amédée VI, Comte de Savoie, furnommé le Comte Vert.

Quoiqu'il en foit, il eft conftant qu'il étoit reuni à la couronne du tems du Roi Jean, & que cette reunion fe fit après la mort du Roi de Boheme, à caufe de Bonne de Luxembourg, fa fille, mariée à Jean, fils aîné de Philippe de Valois, depuis Roi de France. On ne fait fi ce Prince, & cette Princeffe y demeurerent, mais nous voyons dans le trefor des chartes, que le Roi Jean, & Charles fon fils, le donnerent à Amedée VI, en accroiffement du Comté de Maulevrier, & que ce fut un des premiers articles du traité & de l'accord fait entre eux en 1354 le cinq Janvier.

Je ne dirai pas fi bien de quelle façon ce logis revint à la Maifon d'Anjou ; il eft certain pourtant, qu'en 1388 il appartenoit à Marie de Bretagne, veuve de Louis de France, fils du Roi Jean, Duc d'Anjou, Roi de Jerufalem, & de Sicile, & à Louis II du nom leur fils ; car en ce tems-là ils le vendirent douze mille francs à Charles VI, & ce Prince étant alors à St Ouën, le donna en Juin à Louis de France, fon frere, alors Duc de Touraine, de Valois, & de Beaumont fur Oife, depuis Duc d'Orleans, afin de le loger commodement près de fon Louvre, & dans un lieu qui repondit à fa qualité ; car comme il étoit dans le territoire de l'Evêché, l'Evêque d'Orgemont ne manqua pas d'en demander auffi-tôt les lods & ventes au Roi, & neanmoins, quoique tout montât à mille livres, il fe contenta à cinq cens livres ; fi bien qu'en 1388 par ordre du Roi, les Officiers de la Chambre des Comptes, & du Domaine, lui firent toucher cette fomme tout le plutôt qu'ils purent.

Tant que les Princes de Luxembourg, de Savoie, de Jerufalem, auffibien que de Sicile, & de France, furent proprietaires de cet Hotel, & même lorfque Louis I, Duc de Touraine, fut devenu Duc d'Orleans, cet Hotel fut prefque toujours appellé l'Hotel de Boheme, rarement l'Hotel d'Orleans ; mais depuis qu'en 1492 Louis II du nom l'eut abandonné aux Filles repenties, il perdit ces deux noms, pour prendre celui de ces Religieufes : & quoique plus de cent ans durant il appartint à ces Princes, cependant ils n'en jouirent pas toujours, & enfin, n'en furent les maîtres, que quand ils le furent de Paris : & de fait le Roi d'un côté étant entré dans la Ville, & y donnant la loi auſſi-bien qu'à la meilleure partie du Royaume, d'abord confiſqua cette maiſon, ainſi que tout le bien des autres bons François, attachés au ſervice de Charles VII. Les regîtres de la Chambre des Comptes de l'année 1425 font ſavoir qu'il en diſpoſa en faveur du Chevalier Willeri, Anglois, & qu'il y demeura, juſqu'à ce que Paris reprenant les clefs de ſes portes, les ouvrit à Charles VII, ſon legitime Prince, pour en chaſſer l'uſurpateur ; ainſi chacun étant rentré dans ſon bien, Louis II, Duc d'Orleans, depuis Roi de France, le ceda ſous Charles VIII, aux Filles penitentes.

Peu d'Hiſtoriens, après tout, conviennent du tems que ce Prince fit une ſi grande charité : le Pere du Breul & André du Chêne, pretendent que ce fut en 1492 : Pierre Defrey, Orateur Troyen qui a augmenté les Chroniques de Monſtrelet, veut que ce fût en 1493 ; Nicolas Gilles de leur côté & Belleforêt que ce fût en 1493.

Le tems à leur égard, comme l'on voit, eſt incertain, mais non pas le motif de ce Prince ; car tous demeurent d'accord que plus de deux cens femmes de mauvaiſe vie étant venues alors à reconnoître leur peché, aſſiſtant aux predications de Jean Tiſſerand, de l'Ordre des Freres Mineurs, & ne ſachant où ſe retirer, Louis auſſi-tôt leur ouvrit ſon Hotel ; or quoique cette derniere circonſtance ſoit très-veritable, elle ne l'eſt pas tant neanmoins, pour ce qui eſt du tems, ainſi que le diſent ces Hiſtoriens, ni même tous les autres.

Pour l'éclairciſſement de ceci il faut ſavoir que ce Prince veritablement retira ces Religieuſes dans ſon Hotel, mais qu'il ne leur abandonna pas tout entier avant que de parvenir à la couronne, auſſi avoit-il tant d'étendue que d'abord ces femmes en eurent aſſés d'une petite partie ; & que ce qui en reſtoit lui pouvoit ſuffire, voulant être voiſin du Louvre, & de fait il la garda tant qu'il ne fut que Duc d'Orleans, & même quelques années encore après la mort de Charles VIII dont il prit la place, ſi bien qu'en 1498 par ſes lettres Patentes du mois d'Août, il donna à Pierre le Brun, ſon valet de chambre certain endroit de la cour, large de ſix toiſes, long de dix-huit & demi, attachée aux anciens murs de la Ville, & à la rue d'Orleans.

L'année ſuivante par d'autres lettres du mois de Mars, il fit don encore à Robert de Framezelles ſon Chambellan ordinaire, non ſeulement des Cours, des Jardins & Edifices qu'il s'étoit reſervé ; mais de plus, conſentit au mois d'Avril enſuivant, qu'il s'en accommodât avec les Religieuſes.

Ces Filles ne ſe virent pas plutôt proprietaires de cette grande maiſon, qu'elles n'oublierent rien pour faire enteriner à la Chambre des Comptes ces deux dernieres Lettres patentes, ſans pourtant en pouvoir venir à bout qu'en 1500, le troiſiéme Mai ; & de plus, qu'à la charge de dire tous les jours après la Meſſe, un *De profundis*, avec l'Oraiſon *Inclina*, pour l'ame des Rois de France ; & encore à l'iſſue des Vêpres, *Quæſumus omnipotens Deus, ut Rex noſter Ludovicus, &c.* pour la proſperité & ſanté du Roi.

Ces Religieuſes pourtant, quelque bien établies qu'elles fuſſent là, ſe virent contraintes d'aller ailleurs, & d'obéir à Catherine de Medicis, qui les obligea de ſe retirer à la rue St Denys, dans le Prieuré de St Magloire, & le tout par une terreur panique, fondée ſur la parole vaine d'un Devin qui avoit predit autrefois à cette Princeſſe ſuperſtitieuſe, qu'elle mourroit auprès St Germain ſous la ruine d'une grande maiſon, ce qui étoit cauſe qu'elle n'alloit plus à St Germain en Laie, ni même ne voulant pas loger au Louvre, comme étant de la Paroiſſe St Germain, & tout proche. Et pour cela faiſoit travailler avec chaleur au Palais des Tuilleries, dont une face étoit deja faite, & de plus ſe preparoit à faire achever les trois autres conformement au plan & aux élevations qui s'en voyent dans les trente-deux bâtimens de du Cerceau, quand par hazard elle apprit que ce Palais étoit encore de la même Paroisse, tellement qu'aussi-tôt elle fit cesser l'ouvrage, & entreprit sur la Paroisse St Eustache, cet Hotel si superbe & si vaste, dont nous parlons, que nous nommons l'Hotel de Soissons à present; mais que de son vivant on n'appella point autrement que l'Hotel de la Reine, & qui fut toujours le lieu de sa retraite étant à Paris.

Quant à cette belle prédiction qui lui donna tant de fausses allarmes, il n'en arriva autre chose, sinon que l'Abbé de Chaliz, Eveque de Nazaret, qui l'assista à la mort, se nommoit Laurent de St Germain. Elle mourut au reste en 1589, peu de jours après le meurtre du Duc & du Cardinal de Guise; en mourant, pour derniere marque de l'affection qu'elle portoit à Christine de Lorraine sa petite fille, qu'elle avoit élevée, & toujours aimée tendrement, entre autres choses elle lui legua cet Hotel; mais dont elle ne profita pas, parce que la Reine devoit beaucoup plus qu'elle ne laissoit; si bien que Catherine de Bourbon, Duchesse de Bar, de plus sœur de Henri IV, du nombre de ses créancieres, l'acheta en 1601; la Duchesse de Bar, quelque trois ans après, étant venue à mourir, cet Hotel en 1604, fut vendu près de cent mille livres à Charles de Bourbon, Comte de Soissons: & on dit que ce Prince aimant la défunte, & en ayant été aimé, mais dont le Roi ne voulut point souffrir le mariage, ne l'acheta à autre dessein, que pour avoir devant les yeux les confidens de son amour.

De tout ceci l'on apprend que Jean de Nesle, & Eustache sa femme; Saint Louis, & la Reine Blanche sa mere; Philippe le Bel; Charles, Comte de Valois, d'Alençon & d'Anjou; après ceux-ci, Philippe de Valois, aussi-bien que d'Anjou; Jean de Luxembourg, Roi de Boheme; Charles d'Artois, Comte de Longueville & de Pezenas; le Roi Jean, & Charles V, son fils; Amédée VI du nom, Comte de Savoie; Louis de France, fils du Roi Jean, Duc d'Anjou, &c. Charles VI; Jean de France, Duc de Touraine &c; Louis I, Duc d'Orleans; Louis XII; les Filles penitentes; Catherine de Medicis; Christine de Lorraine; Catherine de Bourbon, & les Comtes de Soissons, ont été proprietaires successivement, & qu'à l'exception de Jean, Seigneur de Nesle, on peut dire que depuis plus de quatre cens ans, elle a servi de demeure aux plus grands Princes du monde; & qu'enfin dans tout le Royaume, il n'y a point de maison plus noble que l'Hotel de Soissons. Quoiqu'il ait changé de Maître plus de vingt fois, cependant il n'a jamais changé que cinq fois de nom: d'abord on l'appella l'Hotel de Nesle; depuis, l'Hotel de Boheme; après, les Filles penitentes; enfin, l'Hotel de la Reine; & maintenant, l'Hotel de Soissons: tous ces grands noms là cependant, sont morts; celui de l'Hotel de Soissons mourra comme les autres avec le tems; mais il n'y aura que celui de la Reine qui subsistera, car c'est le nom que porte encore la Chapelle, comme ayant été bâtie par Catherine de Medicis, & même c'est celui de la Chapelenie qu'elle y a fondée.

Quelque considerable au reste, que soit cette illustre maison, à cause des grands Princes qui l'ont habitée, & à qui elle a appartenu, elle ne l'est pas moins encore, pour les actions memorables qui s'y sont passées.

En 1392, le vingt-six Janvier, jour de Dimanche, Charles VI y fit faire les noces du Seigneur de Bethencourt, avec tant de solemnité, que plusieurs jours se passerent en festins, en dances & en joûtes.

Afin de jouir mieux des divertissemens qu'on avoit là preparés, le Roi, la Reine, & tous les Princes du sang abandonnerent leurs Palais pour y venir loger, où ils ne se trouverent guere moins commodement logés que chés eux, aussi le Roi y avoit-il fait de grandes preparations, & qui montoient à des sommes très-considerables. Les comptes qu'on en rendit à la Chambre, nous apprennent le nombre, la grandeur, & même l'Ordonnance des logemens pendant le sejour que la Cour y fit. Charles VI le trouva si agreable, que depuis il venoit souvent y prendre l'air, & s'y divertiſſoit auſſi-bien dans les Jardins que dans le Parc, à la joûte & aux autres plaiſirs de ce tems-là, en quoi il fut imité par quelques-uns de ſes ſucceſſeurs, tant le Palais étoit bien placé pour cela : car il étoit bâti près des murs de la Ville, & comme environné de trois Maiſons Royales. Et de fait, le Louvre où nos Rois logeoient le plus ſouvent, en étoit aſſés voiſin ; l'Hotel de l'Ecurie du Roi, ſitué à la rue de Grenelle, n'en pouvoit pas être plus proche qu'il étoit : & enfin le Sejour du Roi, conſtruit à l'endroit même où eſt maintenant la rue du Jour, près St Euſtache, n'en étoit ſeparé que par la rue Cocquilliere.

Charles VI, Charles VII, & Charles VIII, qui tous trois vivoient en bons Bourgeois, ſortoient ſouvent du Louvre exprès, pour y venir rendre viſite aux Ducs d'Orleans, paſſer le tems avec eux, & même les conſulter touchant les affaires les plus importantes ; & comme ils en uſoient ainſi avec les autres Princes du Sang, c'eſt ce qui eſt cauſe que l'Hiſtoire n'a touché ces ſortes de particularités, qu'en paſſant.

De pluſieurs autres maiſons au reſte, que les Ducs d'Orleans avoient à Paris, comme près St Paul, au fauxbourg St Marceau, à la rue St André, & ailleurs : Valentine de Milan, après le meurtre du Duc d'Orleans ſon mari, ſe retira dans celle-ci, & ce fut là que ſes enfans la vinrent trouver ; & de plus, que quantité de Princes du Sang, auſſi-bien que de grands Seigneurs & de Gentilshommes, lui vinrent faire offre de leur épée, pour tirer raiſon de cet aſſaſſinat.

Depuis qu'elle fut convertie en Monaſtere, & que les Filles penitentes en eurent pris poſſeſſion ; tant Louis XII, que François I, Henri II, & Charles IX, les venoient ſouvent viſiter, & leur faiſoient des charités ; mais lorſque Catherine de Medicis y demeura, il n'étoit guere de ſemaines que Charles IX, & Henri III ne s'y trouvaſſent : les grands Seigneurs de leur côté, y venoient en foule ; ſi bien que chés elle ſans ceſſe il ne s'y voyoit guere moins de Courtiſans qu'au Louvre. Une choſe bien remarquable, eſt que dans ſon jardin, Henri III, en 1588, faillit à executer en la perſonne du Duc de Guiſe, ce qu'il n'executa qu'à Blois, l'année ſuivante : enfin durant la ligue, Charles de Lorraine, Duc de Maïenne, trouva cette maiſon ſi commode, qu'il en fit ſa demeure ordinaire, depuis qu'il fut créé Lieutenant General de la Couronne.

Avec tout cela, quelque ſuperbe & logeable que ſoit maintenant cet Hotel, il ne l'étoit pas moins du tems des Ducs de Tourraine & d'Orleans : veritablement tant qu'il appartint aux Seigneurs de Neſle, à la Reine Blanche, & à Charles de Valois, c'étoit peu de choſe en comparaiſon ; depuis, on lui donna plus d'étendue, quelques jardins y furent ajoutés ; il s'y trouvoit quantité de ſalles, de chambres, de garderobes, de cabinets : il étoit en cet état-là quand Philippe de Valois en fit preſent au Roi de Boheme ; mais après que des Comtes de Savoie elle paſſa aux Ducs d'Anjou, de Tourraine & d'Orleans ; on y joignit le logis du Maître des Arbalêtriers, avec quantité d'autres maiſons particulieres ; on l'étendit au-de-là des murs de la Ville, pour y faire des cours, des galleries, des jardins, & de nouveaux appartemens.

Je ne m'amuſerai point à parler ici, ni des Celiers, ni de l'Echançonnerie, de la Panneterie, Fruiterie, Salſerie, Pelleterie, Conciergerie, Epicerie, ni de même de la Maréchauſſée, de la Fouriere, Bouteillerie, du Charbonnier, Cuiſine, Rotiſſeurs, des lieux où l'on faiſoit l'hypocras, la tapiſſerie, le linge, ni la leſcive, enfin de toutes les autres commodités qui ſe trouvoient alors dans les baſſe-cours de cet Hotel, ainſi que chés les Princes, & autres grands Seigneurs.

Je dirai ſeulement qu'entre pluſieurs grands appartemens & commodes, que l'on comptoit, deux entre autres pouvoient entrer en comparaiſon avec ceux du Louvre, du Palais, & de l'Hotel Royal de St Pol ; tous deux occupoient les deux premiers étages du principal corps-de-logis; le premier étoit relevé de quelques marches de plus que le rès-de-chauſſée de la cour; Valentine de Milan y demeuroit; Louis II du nom, Duc d'Orleans, ſon mari, occupoit ordinairement le ſecond qui regnoit au-deſſus; l'un & l'autre regardoit ſur le jardin & la cour: chacun conſiſtoit en une grande ſalle, une chambre de parade, une grande chambre, une garde-robe, des cabinets, & une Chapelle: les ſalles recevoient le jour par des croiſées hautes de treize pieds & demi, & larges de quatre & demi; les chambres de parade portoient huit toiſes deux pieds & demi de longueur; les chambres tant du Duc, que de la Ducheſſe, avoient ſix toiſes de long, & trois de large; les autres, ſept & demi en quarré. Le tout éclairé de croiſées longues, étroites & fermées de fil d'archal, avec un treillis de fer percé; de lambris & de plat-fonds de bois d'Irlande, ouvré de la même façon que j'ai décrit en parlant des appartemens du Roi & de la Reine, au Louvre.

Pour ce qui eſt des deux Chapelles, la plus grande étoit par bas, & contigue à l'appartement de la Ducheſſe; la plus petite au-deſſus terminoit le department du Prince: on entroit dans la grande par un portique, accompagné d'arcades & de colomnes, & il en étoit de même dans la haute, ſans autre différence qu'en ce qui regarde la grandeur. Chacune avoit ſon oratoire; toutes les voutes étoient peintes & chargées de leurs armoiries, l'Autel orné de quelques figures decentes; en un mot, pas un des accompagnemens dont en ce tems-là on rehauſſoit les Chapelles des maiſons Royales, n'y avoit été oublié, hormis que dans la haute, toutes choſes y étoient grandes, & baſſes dans la petite.

Le jardin qui ſervoit de vue à ces deux appartemens, avoit de longueur quarante-cinq toiſes, & regnoit depuis la rue de Neſle, ou d'Orleans, juſqu'à la Croix neuve, proche St Euſtache, dans le milieu orné d'un grand baſſin, avec une fontaine jalliſſante, ayant à côté une place où le Roi & les Princes venoient aſſés ſouvent joûter. Outre ce grand jardin il y en avoit encore d'autres plus petits, mais que je laiſſe là, auſſi-bien que quantité de cours & d'appartemens qui n'ajoutoient pas peu à la magnificence, auſſi-bien qu'à la commodité de cet Hotel. Tout cela cependant fut ruiné & reduit en Chapelle, dortoirs, refectoire, cloitre, & tout le reſte convenable à une maiſon Religieuſe: ce qui dura juſqu'au tems de Catherine de Medicis, lorſqu'elle les fit ſortir; car alors elle jetta tout par terre, il n'y reſta pas le moindre veſtige, tant de l'Hotel de Neſle & de Boheme, que du Couvent des Penitentes.

Le bâtiment au reſte qu'elle entreprit, parut ſi magnifique, que dans tout le Royaume alors il ne le cedoit qu'au Louvre, & à ſon Palais des Tuilleries; car enfin elle le rendit ſi logeable, qu'on y compte cinq appartemens des plus grands, des plus clairs, des mieux dégagés, & tel qu'un ſeul même pourroit ſuffire au plus grand Prince de la terre; nous y avons vu loger en même tems Marie de Bourbon, Princeſſe de Carignan; Eugene de Savoie ſon fils, Comte de Soiſſons; Olimpe Martinozzi; Mademoiſelle de Longueville; Louiſe de Savoie, Princeſſe de Bade; & toutes ces Princeſſes ſi commodement, que chacune avoit à part une grande ſalle, une antichambre, une chambre, une garde-robe & un cabinet. Ce logis en un mot, eſt ſi vaſte & ſi commode, qu'il n'y a dans Paris que le Palais Cardinal, où il y ait plus de logement.

On y entre par un portail auſſi grand que ſuperbe; & quoiqu'imité de celui du Palais Farneſe à Caprarolle, il paſſe neanmoins pour un des chefs d'œuvres de Salomon de Breſſe, l'un des meilleurs Architectes de notre tems: il eſt ſimple, ruſtique, fort haut, fort large, & très-bien proportionné à l'étendue, auſſi-bien qu'à l'ordonnance du logis, tout ce qui lui manque, eſt de n'être pas dreſſé dans une rue plus large, ou vis-à-vis de quelque rue, comme de celle d'Orleans, ou des Vieilles-étuves, afin qu'on

le

DE LA VILLE DE PARIS. Liv. VII.

le vît mieux, & qu'il fît ce bel effet qui rend son original si considerable ; jusques-là personne en France ne s'étoit avisé de parer les entrées des Palais de portaux d'une grandeur si extraordinaire & si majestueuse, car celui-ci est le premier.

On ne les avoit point encore élevés au-dessus du premier étage : mais celui-ci ne fut pas plutôt achevé, qu'il parut si superbe aux yeux des Architectes, & si considerable à la face d'une grande maison, que ne les ayant d'abord employés qu'aux logis des grands Seigneurs, depuis il les ont rendus si communs, & même ont passé à un tel excès, & pour la hauteur & pour la largeur, qu'on pourroit dire aujourd'hui de quelques-uns, ce que Diogenes dit aux Ninydiens, qui à leurs petites Villes avoient fait de si grandes portes: Fermés vos portes au plus vîte, de crainte que la Ville ne sorte.

La Chapelle n'est pas moins considerable que les appartemens; il ne s'en trouve point de si grande, ni si bien parée dans les Hotels de nos grands Seigneurs, non pas même au Louvre, ni au Palais d'Orleans ni au Palais Cardinal. On y entre par un portail des plus élevés & des plus magnifiques; son ordonnance a quelque chose de grand & de Royal, il est couronné de deux clochers suspendus en l'air sur deux trompes, & fut conduit par Guerin : les Curieux y considerent des festons qui pendent aux deux côtés de la porte, que firent, en concurrence, Colin & Huguenin; ceux qui s'y connoissent, ne les trouvent pas moins galants, que bien fouillés, bien tournés, & recherchés ; & enfin, les font passer pour les chef-d'œuvres de ces deux bons Sculpteurs.

L'Autel est enrichi de deux figures de Pilon, le plus tendre & le plus ingenieux Sculpteur de son tems. Elles representent l'Annonciation, & ont paru si belles aux Feuillans de Paris, qu'ils les ont fait mouler, pour servir d'ornement à leur Maître-Autel. La tête de la Vierge exprime une partie de cette douceur & de cette pudeur virginale, dont l'Ecriture dit qu'elle étoit remplie. Sur celle de l'Ange paroit je ne sai quoi de saint, qui ne peut convenir qu'à ces Esprits purs & bienheureux. A la verité cette tendresse affectée qui gâte tous les ouvrages de Pilon, se fait remarquer aux pieds & aux mains de ces deux figures ; & tout de même à leur draperie entrecoupée à son ordinaire de quantité de petits plis cassés; & encore où il se voit deux fois plus d'etoffe qu'il n'en faudroit: mauvaise maniere sans doute, qu'il aimoit cependant, dont il ne s'est jamais voulu défaire ; & à quoi on le reconnôit particulierement. Tels défauts néanmoins n'empêchent pas que ces figures ne passent pour les plus spirituelles que nous ayons de ce grand Maître; & que qui que ce soit ne se plaigne que l'original & la copie ayent été barbouillés de couleurs & de dorures.

Mais le plus grand ornement de ce Palais, ou plutôt celui de toute la France en fait d'architecture, & le plus beau modele que nous ayons de l'ordre Toscan qui ait été entrepris après les Anciens, que l'Italie inventa à l'envie de la Grece, & dont Rome aussi-bien que Constantinople ne se sont jamais servis que pour immortaliser la gloire des Antonins & des Theodoses, les meilleurs de leurs Empereurs : & de fait jusques-là les colomnes n'avoient été mises en œuvre qu'en compagnie, contre les murs ou les portiques des Temples & des Palais ; mais si-tôt qu'on vint à s'appercevoir qu'elles pouvoient contribuer à la memoire des Conquerans de tout le monde, toujours on s'en servit alors & on les fit seules, collossales & isolées , ainsi que les obelisques & les pyramides, peut-être afin de mieux figurer la majesté & la grandeur de ceux qui en avoient fait la dépence.

Or quoique celle de l'Hotel de Soissons ne soit qu'une image de la premiere qui fut faite à Rome, c'est-à-dire de ce superbe & admirable mausolée que le Senat & le peuple érigerent à Trajan ; & même qu'à son imitation elle soit Toscane, seule, isolée, cannelée, vuide dans le milieu,

& remplie d'une vis ronde, néanmoins elle ne lui ressemble ni en hauteur ni en grosseur; & même au lieu de bas reliefs, dont la Trajane est comblée de haut en bas & de la figure de Trajan dont on l'avoit couronnée, celle-ci n'est terminée que d'une sphere de fer, & entrecoupée de dix-huit cannelures, où en quelques endroits se voyent des couronnes, des fleurs de lis, des cornes d'abondance, des miroirs cassés, des las d'amour déchirés, des C & des H entrelassés. Avec toutes ces differences pourtant elle ne fait point de honte à son original ; & si elle lui cede en quelque chose e n'est qu'en grandeur.

Ses ornemens, ses membres, sa diminution aussi-bien que sa grosseur & ses proportions sont merveilleuses. Jean Bullant Architecte, & de la maison & de cette colomne, a sû si bien la compasser qu'elle ravit tous ceux qui la considerent. Les savans y remarquent quantité de traits d'optique surprenans, & qu'enfin il ne se voit rien de mieux concerté ni de plus noble. D'autres ne laissent pas de l'admirer sans s'y connoître & sans savoir ce qui attire & qui merite leur admiration; les belles choses ayant cela de particulier de ravir & éblouir les yeux de tout le monde.

Cette colomne a de haut douze toises y compris sa base & son chapiteau & cent quarante-trois pieds avec son zocle & sa sphere sur neuf pieds huit pouces & demi de diametre par bas, & huit pieds deux pouces par haut. Quoique cette hauteur & cette grosseur soient pour ainsi dire gigantesques, elles forment toutes fois une colomne bien inferieure à la Trajane ; & sans doute Bullant l'auroit faite beaucoup plus grosse & plus haute, s'il n'eût été obligé de l'assujettir à la cour, qui n'a que quinze toises en quarré.

Le pied d'estal de la Romaine porte un diametre & demi ou environ de sa colomne. Sur ses quatre faces sont sculpées des trophées qui consistent en un grand amas de trompettes, de boucliers, de drapeaux, de cimeterres, de harnois, de chariots entassés pêle mêle & en confusion; son embrassement est rustique; & sur les autres membres qui le couronnent & le rehaussent, sont gravés des festons & des ornemens très-riches. Celui de l'Hotel de Soissons tout au contraire n'est proprement qu'un gros zocle simple, brut, sans moulures, ornemens ni membres tant dessus que dessous, & porte deux toises de large sur cinq pieds trois pouces de haut, c'est-à-dire sur un peu plus que le demi diametre de sa colomne.

Peut-être s'étonnera-t-on de tant de rudesse & de negligence. Les uns diront qu'une si grande colomne devoit être élevée sur un pied d'estal, puisque c'est le fondement le plus ferme & le plus ordinaire que les Anciens ayent fait sous leurs colomnes ; & tout de même quelques autres croiront qu'un zocle si petit, fait un vilain effet. Mais on changera d'avis quand toutes ces choses seront comparées à la simplicité du reste de ce chef-d'œuvre, à la petitesse de la cour où il est élevé, & à la nudité du bâtiment auquel ce zocle est attaché; on avouera même que cette colomne étant montée sur un zocle si rustique en paroît beaucoup plus solide & plus majestueuse ; & qu'enfin le peu d'ornemens dont on l'a revêtue auroit été etouffé par un zocle moins materiel & par un pied d'estal accompagné de ses membres ordinaires & de quelques autres enrichissemens.

De plus on reconnoîtra qu'un pied d'estal de hauteur proportionnée au reste de l'ouvrage, auroit blessé ou tué la vue dans une si petite cour, & eut mangé s'il faut ainsi dire la colomne qu'il porte ; & que peut-être l'Architecte de la Trajane n'en auroit point donné à la sienne s'il l'eut faite moins haute, ou ne l'eut pas dressée dans une grande place.

Enfin les Savans en architecture trouveront que non seulement ce zocle convient fort bien à sa colomne ; mais encore à l'ordre dorique dont elle tient quelques-unes de ses proportions aussi-bien que de ses parties & de ses mesures. Car c'est un ordre auquel les Anciens ne se sont point avisés d'ac-

DE LA VILLE DE PARIS. Liv. VII. 219

commoder ni bafe ni pied d'eftal; & de plus tous les Modernes avoüent que les Romains n'en ont jamais mis fous les colomnes doriques des Theatres de Marcellus & de Vicenze, de l'Arc de triomphe de Veronne, des Thermes de Diocletien & de tous les plus beaux ouvrages de l'antiquité.

Que fi Bullant a rehauffé la fienne d'une bafe, ç'a été d'une bafe Tofcane & prefque femblable à celle de fon original. Veritablement elle eft beaucoup moins riche que celle de la Trajane ; auffi eft-ce en cela principalement qu'elle lui cede. La Romaine a juftement un module ou demi diametre, & confifte en un gros plinthe ruftique & un gros thore chargé d'ornemens. Ce font les mêmes membres que Vitruve, Palladio, Scammozzi, Serlio, Vignole & tous les autres Architectes ont donné à la bafe de l'ordre Tofcan. Son chapiteau porte deux tiers de module qui font deux tiers & demi-diametre de la colomne, & n'a qu'un tailloir ruftique, un ove & un petit rondeau relevés de quelques enrichiffemens. Or eft-il que cette hauteur & ces parties ne s'accordent point avec celles que les Architectes donnent au chapiteau Tofcan, non plus qu'avec celles du chapiteau de la colomne que nous examinons ; car fa bafe auffi-bien que fon chapiteau font bruts & de hauteur égale. L'un & l'autre à la verité portent chacun le tiers du diametre de notre colomne ; mais c'eft de fon diametre par haut, où elle eft bien moins groffe que par bas, & a de diminution une fixiéme partie ou environ de la groffeur qu'elle a près de l'efcape. Cette proportion eft toute nouvelle & n'a jamais été pratiquée des Anciens, ni par aucun des bons Maîtres. Auffi de près ne voit-on prefque point cette bafe, & même elle femble extremement courte pour la colomne ; & bien qu'elle la rende & faffe paroître écrafée, fi-tôt qu'on la confidere du point de vue, on eft tout furpris de la voir fi bien proportionnée à cette fuperbe maffe. Ses membres font un plinthe, un gros thore & un petit. C'eft bien la bafe dorique de Vignole, mais ce n'en font point les dimenfions. Ceux du chapiteau font un rondeau ou aftragalle, un quart de rond, deux tailloirs pofés l'un fur l'autre, & de hauteur prefque femblable, qui eft une imitation de l'original & du chapiteau Tofcan de Scammozzi. Voila en general tous les membres de la bafe & du chapiteau de notre colomne : Examinons-les en particulier.

Le plinthe de la bafe a douze pouces de haut ; fon gros thore feize & fon petit cinq. Les dimenfions de ces trois membres font fi bifarres, que d'abord fans doute on les croira fort mal proportionnées entre elles, fur tout quand on fe fouviendra qu'ils font pofés fur un zocle haut de cinq pieds trois pouces & large de deux toifes : quelques-uns ne manqueront pas de dire que le gros thore affomme le plinthe & cache le petit thore.

D'autres croiront que le petit thore ne paroit rien, ou même qu'il ne fe voit point, étant pofé comme il eft fur un fi gros membre : mais quand on confiderera que la cour a peu de grandeur ; que ce plinthe & ces thores font montés fur un zocle de cinq pieds trois pouces de haut & de deux toifes en quarré, on reconnoîtra en même tems que de quelque endroit de la cour qu'on regarde cette bafe, le tiers ou la meilleure partie du gros thore eft cachée par ce zocle, qui eft bien plus haut que la vûe, & ainfi qu'il me femble n'être que de la hauteur qu'il doit avoir, quoiqu'effectivement il en ait bien davantage. Car fi cette bafe avoit eu fa proportion ordinaire étant confiderée de fi près, elle auroit tué la vûe.

Après tous ces grands coups de Maître, on ne peut douter que ces parties & ces dimenfions n'ayent été établies fur l'optique, après y avoir bien penfé ; & de plus accommodée avec grand jugement au rayon vifuel.

Enfin la colomne Trajane a de haut feize modules ou huit diametres, & eft amortie de la figure de St Pierre au lieu de celle de Trajan, dont le Senat & le Peuple Romain l'avoient autrefois couronnée ; & quoique de haut en bas elle foit toute conduite de belles tailles, on apperçoit néan-

Tome II. E e ij

moins près de son collier dix-huit cannelures fort simples qui est le nombre, la maniere & la proportion Dorique. Ainsi cette colomne est proprement un mélange de l'ordre Dorique & du Toscan, ou plutôt un monstre composé en quelque façon de natures & d'especes differentes, qui pourtant ne laissent pas de former le corps le plus beau & le plus achevé qu'ait jamais produit l'Architecture.

Celle de l'Hotel de Soissons au contraire, porte neuf pieds huit pouces & demi de diametre sur douze toises de haut, ce qui fait un peu plus de sept diametres, & par consequent une moyenne proportionnelle des dimensions que les Anciens & les Modernes donnent au Toscan & au Dorique.

Si Bullant n'eut pas été contraint de s'assujettir à une petite cour, il lui eut donné assurément beaucoup plus de hauteur, il ne se seroit pas contenté de celle de la Trajane, il auroit monté jusqu'à l'Antonine, & peut-être auroit passé au-delà. Aussi a-t-il eu toujours de très-belles & de très-grandes pensées, dignes de l'ambition aussi-bien que de la magnificence de Catherine de Médicis, qui ne se proposoit pas moins que d'égaler les Romains, par les ouvrages qu'elle entreprenoit.

On croit que ce qui a engagé Bullant à faire sa colomne moins égayée que l'original, vient de ce qu'elle est denuée des bas reliefs dont est couverte la Trajane, qui imposent tellement à la vûe, & par ce grand nombre d'objets en partagent l'angle en tant de rayons & si pressés, qu'elle semble plus grosse & plus materielle qu'elle n'est en effet.

De plus on tient que s'il n'eut point garni sa colomne de cannelures & de quelques ornemens, infailliblement il lui auroit donné bien plus de diametre; & qu'enfin c'est pour cette raison, qu'ayant fait sculper dix-huit cannelures de même que la Trajane, il les a rendues plus riches que celles des colomnes Corinthiennes du Temple de Salomon, & des Thermes de Diocletien, les plus délicats, & tout ensemble les plus superbes ouvrages de l'antiquité.

Ces cannelures après tout, ces couronnes, ces fleurs de lis, ces cornes, d'abondance, ces chiffres, ces miroirs cassés, & ces las d'amour dechirés dont nous avons parlé, sont les seuls enrichissemens que notre Architecte a repandus sur cette colomne; tout le reste est fort simple & solide, qui sont les proprietés specifiques de cet ordre: sur son pied d'estal, sa base & son chapiteau il n'y a ni ornemens, ni moulures; & même afin de faire paroitre cet ordre plus gigantesque, il en a augmenté la grandeur par la saillie extraordinaire que porte le couronnement ou le tailloir du chapiteau, bien loin de lui donner moins de saillie que la base, ainsi qu'à celui de la Trajane: il a cinq pouces davantage, & rehausse cet ordre, d'une espece de gravité & de majesté qui ravit, & épouvante, qui est ce qu'on appelle proprement la grande maniere.

Peut-être voudra-t-on savoir ce que signifient ces chiffres, ces miroirs brisés, & ces las d'amour qu'on voit gravés sur cette colomne, c'est pour marquer le veuvage de Catherine, & témoigner en même tems la douleur sensible qu'elle avoit de la mort de Henri II, ne voulant plus plaire à personne après la perte d'un si cher époux.

Quant à la Sphere de fer, haute de dix pieds, sur six de diametre, qui sert d'amortissement à cette Colomne merveilleuse; si l'on s'étonne de la voir là, au lieu de la statue de la Reine, ainsi que la Trajane, l'Antonine, & la Theodosienne, l'étoient de celles de ces grands Empereurs; Heutzneuve repondra aussi-tôt que cette Reine la fit faire exprès pour y aller étudier quelquefois avec ses Mathematiciens; cependant ce qu'il dit n'est pas si assuré, que peut-être ce ne soit une imitation de cette Sphere d'or & d'airain, qu'on éleva au milieu du grand Cirque de Rome, sous l'Empereur Constance, & qui étant frapée du soleil, sembloit jetter feu & flame.

Je n'examinerai point ici si cette Sphere porté une grandeur bien proportionnée à l'ordre, quoique Rolland Freart de Cambrai ait prétendu que tel couronnement doit avoir une quatriéme partie de la colomne, de même que la trabéation de l'ordre Dorique, auquel celui-ci a grand rapport ; que pourtant il n'établit pas comme une regle infaillible ; avouant lui-même que sa proportion reguliere n'étoit pas trop bien connue, après avoir jetté par terre les figures des Empereurs placées dessus, & que celles qui depuis ont pris leurs places, sont trop modernes, & d'une maniere bien éloignée de l'intention des Architectes Romains.

De savoir maintenant de quel ordre est cette colomne, c'est ce que je ne dirai point absolument ; car enfin d'un côté sa base, le nombre de ses cannelures, aussi-bien que sa proportion en general, obligent de l'appeller Dorique ; d'autre côté son zocle, son chapiteau, son couronnement & sa grandeur, veulent qu'elle passe pour Toscane, nom que les Architectes eux-mêmes lui donnent, & qu'après eux je lui ai donné d'abord, voulant en faire la description, prenant fondement sur celui que l'on donne à la Trajane, & aux deux autres anciennes, avec d'autant plus de raison, que celle-ci a été entreprise par une Princesse Toscane : nonobstant cela, après l'avoir attentivement examinée, je ne laisse pas d'être encore en doute si tel nom lui convient ; les raisons que j'ai pour l'appeller Dorique plutôt que Toscane, ne sont pas moins fortes, de sorte que pour accorder tel different, le mieux qu'on puisse faire est de lui donner le nom d'Hermaphrodite.

C'est là tout ce que j'avois à dire de cette colomne ; ce que j'ai à ajouter à l'égard de ce Palais, est que les Rois, les Reines, & les autres grands Princes qui y ont logé, ont attiré près d'eux tant de personnes de condition, que les Seigneurs de la Tremoille, les Comtes de Joigni, & de Flandre, les Ducs de Bellegarde, d'Epernon, de Montpensier, de Bourgogne, de Berri, d'Albret ; les Princes de Condé, le Chancelier de France, les Grands-Pannetiers, & quantité d'autres gens de marque, sont venus demeurer dans son voisinage.

J'ai dit que la maison du Sejour du Roi étoit bâtie à la rue du Jour, & celle de son Ecurie à la rue de Grenelles : que si ces deux Logis ici en étoient fort proches, les autres n'en étoient guere plus éloignés ; car, comme j'ai remarqué ailleurs, Gui Comte de Flandre, fit construire l'Hotel de Flandre à la rue Cocquilliere, du tems de Philippe le Bel, tant lui que ses enfans, aussi-bien que quelques-uns des Ducs de Bourgogne de la derniere race, y ont logé quand leurs affaires les appelloient à Paris.

Nous lisons dans les Regîtres du Tresor des Chartes, & de la Chambre des Comptes, ainsi que dans les Papiers-terriers de l'Archevêché, que Guillaume de Dreux, Jean Duc de Berri, Charles d'Albret II du nom, Jean son fils, Jaques de Bourbon Comte de Ponthieu, & le Grand-Pannetier de France, avoient leurs Hotels dans la rue du Four, sous Charles V, Charles VI & Charles VII ; que Guillaume & Pierre de la Tremoille demeuroient en 1413 à la rue de la Plâtriere, dans une maison nommée alors l'Hotel, ou le Chaftel de Calais, donné à heritage pour quarante fols parisis de rente ; & qu'enfin en 1424, Henri Roi d'Angleterre confisqua l'Hotel d'Albret, aussi-bien que celui d'Orleans, & le donna à Claude de Chaftelus, en haine de ce que Jean d'Albret étoit attaché au parti de Charles VII, & suivoit ses enseignes ; outre tout ceci, les Chartes du Tresor de l'Hotel de Soissons, nous font savoir qu'en 1573, & 1605, la Princesse de Condé & le Duc de Montpensier logeoient à l'Hotel Seguier, bâti par le Duc de Bellegarde.

Avant que de mettre fin à ce discours, peut-être ne sera-t-il pas mal à propos de toucher deux mots des rues voisines de l'Hotel de Soissons, où étoient situées toutes ces grandes maisons dont je viens de parler.

Quant à la rue de Grenelle, son nom a été corrompu depuis cent ou deux cens ans; car d'abord on l'appelloit la rue de Garnelles, & de fait c'est ainsi qu'on la nommoit dans le douziéme, treiziéme & quatorziéme siecle; mais de plus, c'est le nom qu'elle porte dans quantité de Chartes, de Papiers-terriers, & de Regîtres de la Chambre des Comptes de ce tems-là.

La rue du Jour a changé quatre fois de nom; dans les Regîtres des reparations des œuvres Royaux de la Chambre des Comptes, & tout de même dans les Papiers-terriers de l'Archevêché, du treiziéme siecle, elle est appellée la rue Jean Le-mire, & la rue Jean Boissole, à cause de deux Bourgeois de ce nom-là qui y logerent l'un aprés l'autre. Depuis, lorsque le Roi Jean & Charles V y eurent bâti la maison de plaisance dont j'ai parlé, qu'on nommoit la maison du Sejour du Roi, elle perdit ses deux premiers noms, & prit celui de la rue du Sejour, qu'elle a toujours eu tant que cette maison Royale a subsisté; mais lorsqu'elle vint à être ruinée, & vendue à des particuliers, le peuple retrancha la premiere syllabe de son nom, & ne l'appella plus que la rue du Jour, comme il fait encore.

Il n'en est pas de même de la rue Cocquilliere, & de la rue du Four, puisque toutes deux conservent encore leur ancien nom; car quant à la rue Cocquilliere, elle s'appelloit ainsi dès l'année 1299, à cause d'un Bourgeois nommé Pierre Cocquillier qui y demeuroit; & quoiqu'en ce tems-là il vendit sa maison au Comte Guy, & que ce Prince y fit bâtir l'Hotel de Flandres, où lui & ses successeurs logeoient ordinairement, cependant la rue n'a point changé de nom, & on l'appelle toujours la rue Cocquilliere.

Enfin la rue du Four se nommoit encore ainsi au commencement du quatorziéme siecle, à cause du four bannier que les Evêques de Paris y avoient fait faire, appellé le four de la Couture, & placé au bout de la rue, proche St Eustache, & contre le logis du Grand-Pannetier de France, dans un lieu que tantôt on nommoit l'Hotel du Four, & tantôt la Maison du Four.

Outre ce Four là, l'Evêque en avoit encore un autre à la rue de l'Arbresec, appellé le Four Gauquelin, où il fut maintenu, aussi-bien que dans l'autre, par deux Sauve-gardes de Charles VI, en 1383, 1385, & de plus en 1402, par une Sentence des Requêtes du Palais, qui porte que ces deux fours sont en la Jurisdiction & en la Justice haute, moyenne & basse de l'Evêché, & que Jean Courtecuisse, Evêque d'alors, les peut avoir dans ces deux rues de son territoire.

Ces fours au reste, ne subsistent plus que dans les Regîtres de l'Archevêché; mais quant à la chambre, où les médisans pretendent que Marguerite, fille de France, Reine de Navarre, accoucha de deux enfans, elle se voit encore vers le milieu de la rue, vis-à-vis la rue des deux Ecus, au premier étage d'une vieille maison de pierre de taille. Dupleix & l'Auteur du Divorce Satirique de Henri IV, & de cette Princesse, tiennent qu'elle n'a eu qu'un enfant, sans dire le lieu où elle accoucha; les médisans au contraire, veulent qu'elle en ait eu deux, & que ce fut dans le même logis que je viens de dire, qu'elle s'en delivra, & les traitta avec la derniere inhumanité. Quoi qu'il en soit, la chambre où se sont passés ces mysteres est encore parquetée, & accompagnée d'une cheminée de marbre jaspé fort superbe, avec un tableau qui lui sert d'ornement, où est representé la mort de Cinna.

LA MAISON DE LAMBERT DE THORIGNI.

CETTE belle & magnifique Maison appartenoit à Claude-Jean-Baptiste Lambert de Thorigni, President à la Chambre des Comptes.
Sa principale entrée est dans la rue St Louis, qui traverse l'Isle de Notre-

Dame d'une extremité à l'autre. La porte de cette maison est grande & élevée, & l'ouvrage de la menuiserie des deux grands batans, a été faite avec grande propreté; la cour qui se trouve au milieu est entourée de bâtimens dont l'exterieur est decoré d'une architecture Dorique, très-reguliere. L'escalier est dans le fond vis-à-vis la grande porte, la face duquel est embellie de deux ordres de colomnes, du Dorique, & de l'Ionique. Après quelques degrés, il se presente un grand palier, où deux rampes viennent commencer, par le moyen desquelles on monte aux appartemens, qui fournissent tout ce que l'on peut desirer de mieux entendu & de plus parfait.

Le premier de ces appartemens est composé d'un grand vestibule peint en grisaille, lequel communique d'un côté à une gallerie, qui sert à present de Bibliotheque, peinte de la même maniere, ouverte par sept grandes croisées, dont les vues donnent sur une terrasse spacieuse, ornée dans le fond de quatre figures antiques de marbre, laquelle sert de jardin à cette belle maison. On ne peut rien voir de plus beau & de plus agreable que la vaste étendue que l'on decouvre de cette terrasse, qui domine non seulement sur la riviere, mais encore sur une très-grande campagne; ce qui rend cette situation une des plus heureuses, sans contredit.

Ce même vestibule, dont je viens parler, sert encore de l'autre côté, d'entrée à une grande salle, ornée de plusieurs peintures rares, & excellentes; entre autres d'un grand tableau du Bassan, qui represente l'enlevement des Sabines, estimé un des plus beaux ouvrages de ce Peintre illustre, lequel a appartenu au Marechal d'Ancre, si l'on croit Felibien.

A l'extremité de cette salle on trouve un grand cabinet dont le lambris est d'une menuiserie très-bien dorée, dans les panneaux de laquelle on voit plusieurs payisages de Patel, & d'Hermans; & cinq grands tableaux sur une espece d'Attique qui representent l'Histoire d'Enée, peints par Romanelli.

Le platfond est orné d'un grand morceau de peinture de le Sueur, qui fait voir la naissance de l'Amour. Le tableau qui est sur la cheminée est du même Peintre.

Cet appartement est extremement enrichi; on y voit des cheminées de marbres choisis, avec des glaces d'une prodigieuse grandeur; des bronzes des mieux dessinés, & reparés très-proprement; des porcelaines anciennes; des vases de pierres précieuses, & de cristal de roche, taillés avec art, & garnis d'or émaillé par les plus habiles ouvriers; des pendules; des tables de marbre precieux sur des pieds d'une très-riche sculpture, & d'autres meubles placés avec goût, pour les faire voir dans toute leur beauté, & pour en communiquer aux lieux où elles se trouvent.

Les pieces qui regnent au-dessus sont à peu près disposées de la même maniere; il y a aussi un vestibule peint en grisaille, au travers duquel on passe pour entrer dans une magnifique gallerie, dont le platfond qui represente les travaux d'Hercules, est de le Brun, que tous les connoisseurs admirent comme un des plus beaux ouvrages de ce peintre. En effet il étoit occupé à ce travail dans le tems que le Sueur peignoit les chambres de cette maison; & comme la jalousie les piquoit l'un & l'autre très-vivement, le Brun fit tous ses efforts pour remporter l'avantage sur son concurrent; ce qui fait que les ouvrages de peinture que l'on y voit sont considerés comme les chefs-d'œuvres de ces deux grands Maîtres.

Les ornemens qui enrichissent ce platfond, repondent heureusement à tout le reste, & ont été executés par les plus habiles ouvriers du tems.

On distinguera encore de très-beaux payisages de differens Peintres, placés entre les fenêtres, avec des bas-reliefs feints de bronze, relevés d'or, sur les trumeaux entre-deux, dont le dessein & l'execution sont d'une rare beauté.

La porte de cette gallerie est ornée en dedans de deux colomnes Corinthiennes toutes dorées. Cette gallerie a peu de pareilles en France, & si on la considere, avec tous ses riches ornemens de peinture, de sculpture & de dorure, on sera obligé de convenir, que l'art le plus correct, & le plus parfait, s'y fait sentir par tout avec une satisfaction particuliere.

L'appartement qui a pour entrée le même vestibule de la gallerie, dont j'ai parlé, est composé de plusieurs pieces fort embellies de dorures, & de meubles très propres. On passe ensuite dans un cabinet, où toutes les peintures sont du fameux le Sueur. Dans le tableau du platfond, on y voit Phaëton qui demande au Soleil, son pere, à conduire son char; cette piece est tout ce que cet habile Peintre a jamais fait de plus beau. L'Alcove de ce même cabinet est enrichie de tableaux, où les neuf Muses sont representées de la main du même Maître.

On a menagé dans le comble de cette belle maison un cabinet de bains aussi peint par le Sueur, où l'on voit avec une extreme satisfaction, que tout ce qui sortoit des mains de ce Maitre, étoit d'un goût très-exquis; l'on peut même ajouter que les ouvrages que l'on trouve de lui dans les endroits dont on vient de parler, surpassent infiniment tout ce qu'il a fait ailleurs.

La face du bâtiment du côté du jardin, ou de la grande terrasse, est enrichie d'une architecture en pilastres Ioniques, qui prennent depuis le rès-de-chaussée, jusqu'à un Attique chargé de vases, qui font une belle decoration.

Cette maison a un air de grandeur, & de sagesse, qui se distingue de fort loin, & qui donne une idée avantageuse de la splendeur, & de la magnificence de la Ville de Paris, sur tout à ceux qui y arrivent du côté de Charenton.

Louis le Veau, premier Architecte du Roi, a donné les desseins de cette maison, & l'on doit convenir qu'il n'a point conduit de plus beau bâtiment que celui-ci.

LE JARDIN DE THEVENIN.

L'HOTEL de Grancey, à present la maison de Mr le President de Menars, qui a de beaucoup augmenté le jardin, y ajoutant le fossé de la Ville qu'il a fait remplir, & lever en forme de terrasse.

Ce jardin merite d'être decrit autant à cause de sa figure bizarre & galante tout ensemble, que pour la qualité, la grosseur, & la rareté de ses fruits. Il est situé au bout de la rue de Richelieu, & attaché aux murs & à la porte de la Ville; sa longueur est de trente-quatre toises, & sa largeur de trente-deux; ses quatre angles sont garnis chacun d'un cabinet, touffu & fort ombragé, qui est le seul couvert qu'on y trouve; le reste, à la verité, est environné d'arbres, mais tous taillés à trois pieds de l'affleurement de terre; le long de ses quatre faces regnent quatre allées d'une largeur considerable, & bien proportionnées à leur longeur; d'un côté elles sont pavées de contre-espaliers à hauteur d'apui, & de l'autre bordées de palissades de phillirea; les branches de phillirea sont étendues le long des murailles avec tant d'ordre & d'adresse, & de plus si bien garnies de leurs feuilles, que les murs en toute saison sont toujours verds, depuis le chaperon jusqu'au rès-de-chaussée : les contre-espaliers qu'on voit de l'autre côté, ont pour apui une haie de pieux fichés en terre, & maillés de lattes; leurs branches sont conduites comme les doigts d'une main ouverte, ou comme les bâtons d'un éventail, d'ailleurs separées les unes des autres, & espacées entre elles selon leur nombre & la force de l'arbre; outre cela le Jardinier a si ingenieusement entremêlé ces contre-espaliers de fruits hatifs & de tardifs, de ceux d'hiver, & d'été, qu'on y en voit presque en tout

tems

tems, & tous fi admirables pour leur groffeur, leur faveur & leur coloris, qu'ils fatisfont également le goût & la vue.

Entre ces quatre belles allées eft renfermé un grand parterre quarré, dont les angles viennent aboutir dans le centre de chacune, & forme une grande lozange, & agreable, qui varie fort plaifamment l'ordonnance du jardin, & furprend ; dans le milieu l'une bordée de côté & d'autre de contre efpaliers, qui apportent un nouvel agrement au parterre, & multiplié par ce moyen fa fymmetrie, auffi-bien que fes entrées. Enfin tant ces lozanges que ces quarrés & ces demi-lunes, font toujours revêtus de contre-efpaliers à hauteur d'apui, entrecoupés d'allées, & bordés de tous ces beaux fruits dont nos Provinciaux ne jouiffent que feparement, & en detail; mais que nos Jardiniers par adreffe, autant que par force, ont bien fu naturalifer. Ces belles chofes font terminées par un grand canal, par les murs de la Ville, par des campagnes, & par des montagnes voifines; la pente de ces collines, au refte, eft fi molle, & fi imperceptible, que de là les yeux prennent plaifir à les monter & à les defcendre : la moins petite de toutes, favoir Montmartre, coéffée qu'elle eft d'un gros groupe de moulins à vent, de fes deux Eglifes, & de fon dôme, forme un objet fi agreable, que c'eft une perfpective, qui n'a pas fa pareille, fur tout près d'une Ville fi grande & fi peuplée qu'eft Paris.

L'HOTEL BAUTRU.

TOUS les logis qui furent bâtis derriere le Palais Royal du vivant du Cardinal de Richelieu, certainement font magnifiques : quatre entre autres que les proprietaires ont tâché de rendre confiderables parl'or donnance tant des dehors que des dedans.

L'Hotel Bautru qui en eft un, mais des moindres, a été furnommé le gentil, comme étant gallant ; & de fait auffi eft-il accompagné de quelques pieces fort propres, & fort jolies. Neanmoins il n'eft pas le feul à Paris de cette qualité ; car il y en a bien d'autres qui ne lui cedent en rien, ni pour la gentilleffe, ni pour la propreté.

L'HOTEL D'EMMERI.

L'HOTEL d'Emmeri outre fes bains & fes étuves contient quantité d'appartemens, petits à la verité, mais tous degagés, très-logeables, & bien diftribués; ce qui le fit appeller, le commode.

L'HOTEL DE SENNETERE.

POUR l'Hotel de Senneterre, c'eft avec raifon qu'on lui a donné le nom de grand, non feulement il s'y voit deux ou trois departemens des plus grands & des plus commodes de Paris; mais encore beaucoup d'autres grandes pieces. Outre qu'il eft environné de rues fort larges & fort paffantes, qui regnent le long de fes quatre côtés, ce qui le fait encore paroître plus grand, & plus majeftueux; & d'autant plus que les grands Seigneurs doivent toujours être les Maîtres des dehors de leurs logis, & n'avoir, ni voifins, ni commerce avec qui que ce foit. On y trouve une longue gallerie, & fort large, entourée de l'Hiftoire d'Aminte, que Perrier, Evrard, Mignard, le Maire, & Hyacinthe, ont représentée en partie dans quelques tableaux. Il y a une Chapelle que Lerambert a enrichie de stuc, & qui passe pour la plus grande de tous nos Palais: l'Ecurie est capable de tenir quatre-vingts chevaux, voutée & soutenue sur deux longues suites de gros piliers: tout le défaut de cette maison, est qu'elle paroit un peu enterrée.

L'HOTEL DE LA VRILLIERE.

L'HOTEL de la Vrilliere consiste en une grande cour un peu plus longue que large, accompagnée dans le fond & sur les côtés, d'un corps-de-logis, de deux pavillons, & de deux aîles; sur le devant, elle est ornée d'un mur amorti d'une terrasse & d'un balustre, avec deux figures dans le milieu, assises au-dessus de la porte; mais ce qui est de plus considerable, est que cette maison se trouve élevée sur une petite éminence, & qu'elle est opposée de front à une rue large de six toises, longue de cent cinquante, & traversée de plusieurs rues, tant grandes que petites.

La façade est composée d'un mur de pierre, flanqué à ses extremités de deux aîles; de plus, couronné au niveau du premier étage, d'une terrasse balustrée, & ouvert dans le milieu par un portail que Mansard a bordé de pilastres, & de colomnes Doriques, & terminé, comme j'ai dit, de deux grandes figures. A voir cette face, on la trouve simple, & rehaussée de peu d'ornemens; cette simplicité néanmoins plaît à bien du monde, & leur paroît superbe & majestueuse tout ensemble. En effet ce peu d'ornemens est choisi, & à propos, & il accompagne bien le reste de ce grand édifice: sur tout ces deux figures qui regardent hardiment les passants de dessus le haut de la porte, ornent grandement la façade. Ce n'est pas que les Savans n'y trouvent à mordre, & pretendent que ce morceau d'Architecture seroit regulier & de meilleur goût, si la porte étoit un peu plus large, & si les colomnes Doriques n'étoient point un peu fuselés, & sans doute ils ont raison; mais ce sont deux erreurs dont il semble que Mansard ne se veuille point défaire; car enfin il ne se voit presque point de maison de sa conduite, où ceci ne se remarque; & pour moi je voudrois bien savoir la raison de son opiniâtreté, particulierement à l'égard de ces colomnes renflées, qu'il veut introduire en France, malgré l'antique, la raison & l'usage. Il est bien vrai que ces sortes de colomnes paroissent, & sont effectivement plus égayées; cette gaieté est cependant fondée dans tous les ordres, comme étant vitieuse, principalement dans le Dorique, où elle ne peut être soufferte; & d'autant plus que d'ordinaire on le compare à un homme fort & vigoureux, tel qu'un Atlas ou un Hercule. Quant aux figures de Mars & de Minerve, qui sont au-dessus du portail, il y a peu de choses à redire: ceux qui s'y connoissent avouent qu'elles sont très-bien dessinées, fort-bien assises, & d'une grande maniere; c'est disent-ils, le chef-d'œuvre de Biart le fils, & les plus excellentes choses qu'il ait jamais travaillées; & parce que tout ce qu'on voit de lui d'ailleurs n'a nul rapport avec ces deux belles figures, après les avoir bien considerées, ils se sont imaginés d'en avoir remarqué à Florence deux assés semblables, dans la Chapelle des Medicis. Cette face au reste, est la seule de tout le logis la moins ornée de statues: toutes les autres, du haut en bas, sont ornées de têtes antiques, mais engoncées la plupart dans de gros vilains bustes modernes, de la façon de Biart, & pourtant il n'y en a point où cette difformité soit plus visible que dans celui de Jupiter, à cause que c'est la meilleure tête de la cour, étant d'une grande & d'une noble maniere; l'air de son visage est rempli de douceur & de majesté ; sa barbe & ses cheveux sont si bien peignés : ses yeux si pleins de vie, sans parler de son attitude qui est merveilleuse ; le buste au contraire est materiel & grossier, la draperie mal travaillée, aussi-bien que tous ses plis, de sorte qu'il fait injure à une si belle tête.

La façade du corps-de-logis est droite sur la rue ; neanmoins comme elle s'arondit un peu en dedans près de ses angles, elle forme cette petite portion de cercle qui en change l'ordonnance galamment ; & même élargit & facilite au premier étage l'entrée des aîles sur la terrasse ; mais ce n'est pas là seulement que Mansard a varié la symmetrie, il l'a encore diversifiée & agrandie du côté du jardin ; & cependant, de sorte que par tout dans les élevations la regularité s'y rencontre aussi-bien que la magnificence : ainsi on ne voit pas toujours devant soi les mêmes objets, quoiqu'on voye toujours le même logis. Ceux de la cour sont differents de ceux de la face, & ceux du jardin de ceux de la cour. Bien plus, dans la distribution des bâtimens de la cour, cette varieté éclate encore, & se fait remarquer ; à l'égard des aîles qui consistent en deux étages, le premier est occupé par des arcades, le second par des appartemens éclairés de croisées, amortis d'une terrasse, & fermée par un balustre. Le corps-de-logis au contraire, & ses pavillons, reçoivent le jour ; tant au premier qu'au second étage, par deux suites de croisées, le tout terminé d'un comble, & de fenêtres ouvertes au-dessus de la derniere corniche. Les faces de ces deux premiers étages sont accompagnées de corniches, de frises, & d'architraves d'ordres differents, ainsi que de proportions, ce qui fait un fort bel effet, & frape d'abord ; néanmoins quand on vient à considerer le tout un peu attentivement, quoiqu'il soit vrai, que des aîles doivent porter toujours un peu moins de hauteur que les pavillons, & le corps-de-logis, que même ces combles d'ardoise repondent bien à la grandeur & à la majesté, tant du corps-de-logis, que de ses pavillons ; de plus, que l'orgueil des aîles soit de beaucoup rehaussé par ces balustres & ces terrasses dont on les a couronnées, cependant que cet architrave du dernier étage des aîles, brisé par la rencontre des croisées & de leurs jambages, est de fort mauvais exemple, & n'a jamais été rompu par les Anciens. Car puisque cet ornement a été inventé au lieu de poutres, & employé en cette qualité par les premiers Architectes ; comme les poutres sont pour servir de fondement aux solives & aux planchers, le moyen que des planchers puissent subsister, si leurs poutres se trouvoient rompues en quelques endroits ? D'ailleurs, quant aux pavillons, on est choqué de voir mourir la frise & la corniche de leur dernier étage, contre le balustre des aîles, & la terrasse : & tout de même de voir naître de leur architrave la corniche qui termine ces aîles ; qu'à la verité les membres de cette corniche repondent à ceux de cet architrave, & si bien même que l'ordonnance de ce dernier étage ne semble point interrompue : composition sans doute, autant nouvelle que pleine d'esprit, & qui fait un fort agreable effet ; avec tout cela néanmoins, telle nouveauté est temeraire, de changer ainsi par surprise une architrave en une corniche : les Anciens n'ont jamais voulu faire entrer cette tromperie vitieuse dans leurs bâtimens, & elle ne doit point avoir lieu dans la bonne architecture.

VESTIBULE.

MANSARD a beaucoup mieux réussi dans la composition d'un Vestibule qu'il a placé dans le milieu du corps-de-logis, & relevé de cinq marches de plus que le rès-de-chaussée de la cour. La figure en est paralellogramme & elliptique tout enfemble ; ou pour parler plus intelligiblement, c'eſt un quarré-long, entouré de quatre murailles, dont les ornemens & les portiques font ordonnés en ellipſe ; il eſt couvert d'un plat-fond elliptique, & pavé d'un parterre arondi en ellipſe, qui en renferme d'autres de marbre de diverſes couleurs, & de grandeurs differentes. Un grand zocle elliptique regne au pourtour de ce parterre, & porte douze colomnes Doriques fuſelées, dont la canelure, auſſi-bien que la diſtribution pleine d'eſprit, forment non-ſeulement une belle & longue ellipſe, mais encore ſurprend & donne du plaiſir à la vue. Sans difficulté c'eſt le Veſtibule le plus accompli de Paris, & feroit un des morceaux d'architecture des plus achevés du Royaume, s'il avoit un peu plus d'exhauſſement, & que ces colomnes ne fuſſent point fuſelées. Les yeux rencontrent dans ce reduit une grande varieté d'objets, & tous beaux ; après s'être promené au-tour de ſa figure ſi ſpirituelle, ils ſe perdent par les deux bouts, dans deux perſpectives admirables, à travers de deux portes qui les terminent : d'un côté ils decouvrent un grand parterre entouré de phillirea, & accompagné, tant de ſtatues que de buſtes antiques & modernes, de bronze & de marbre ; de l'autre côté, après avoir traverſé la cour, ils ſe gliſſent le long de la rue des Foſſés Montmartre, & ſe vont enfin égarer dans la rue Montmartre, & la rue neuve St Euſtache, qui en ſont à cent cinquante toiſes.

De tous les Palais qui ſont à Paris, il n'y a que le Palais d'Orleans & celui-ci, qui poſſedent une ſi longue avenue, & jouiſſent d'une perſpective ſi rare ; nos Rois ni nos Reines n'en ont jamais pu ouvrir de pareilles au-devant de leur Louvre, de leurs Tuilleries, & de leur Hotel de Soiſſons.

ESCALIERS.

DEUX grands Eſcaliers vuides à la moderne, ſans noyau dans le milieu, & portés ſur une voute ſuſpendue, conduiſent au premier étage ; l'un eſt quarré, l'autre ovale : l'ovale eſt bordé d'un baluſtre de fer, le quarré d'un baluſtre de pierre de tonnere ; tous deux, au reſte, forts & magnifiques, & galants, & commodes tout enſemble ; mais on les eſtimeroit encore tout autrement, s'ils étoient un peu plus aiſés à trouver, & ſi les zocles qui portent leurs baluſtres, montoient en dedans ſur les marches avec une même épaiſſeur, depuis la naiſſance de chaque rampe juſqu'à ſon extremité, les moulures tant de l'un que de l'autre, continuent de haut en bas ſans interruption, de fort bonne grace. On ne voit point de ſauts dans leurs baluſtres ni dans leurs pilaſtres, & ces pilaſtres ont par tout la même groſſeur & la même hauteur. Quelques-uns ſe plaignent du grand eſcalier, en ce que le commencement de ſa voute ſuſpendue, eſt pris un peu trop bas ſur ſon fondement ; & enfin diſent que, ſi Manſard y avoit fait entrer une rampe de moins, il auroit rendu les autres plus agreables, & pourvu ſon degré en même tems de toute la gaieté & la grace qui lui étoient ſi neceſſaires : à la verité, que Philippe le Grand y a obſervé les plis & les coudes neceſſaires avec beaucoup de dexterité ; & de plus admirent la curioſité du Maître du logis, qui a fait faire d'une ſeule pierre de liais chaque appui de ce grand eſcalier, & fouiller à jour cette longue ſuite de baluſtres que nous y voyons ; & quoique ces pierres ne ſoient pas de même longueur, à cauſe de l'inegalité des rampes : cependant j'y en ai remarqué deux entre autres, qui ont chacune près de quatorze pieds de long ſur trois & demi de hauteur ; ce qui ſans doute eſt une magnificence, & une propreté ſans exemple, & qu'on ne rencontre point ailleurs.

DE LA VILLE DE PARIS. Liv. VII.

La cage de l'autre escalier est quarrée-longue, ornée de bustes antiques, & couronnée d'un dôme peint à fresque par Remi : ses marches sont couchées sur des rampes, qui forment une ellipse agreable, & de plus bordées d'un balustre de fer, simple veritablement, mais bien pensé, & travaillé avec autant d'art que de patience ; & quoique tous ses enroulemens soient fort ordinaires ; que leurs contours ne se fassent valoir, ni par la varieté, ni par le nombre, & qu'enfin ils soient tous semblables ; cette ressemblance neanmoins, par tout ailleurs si ennuyeuse, est ici, je ne dis pas seulement plaisante, mais admirable. Le fer en est si proprement manié, si justement roulé, mené, & distribué si gaiement, que c'est tout dire, qu'il a été executé par Jean-Baptiste Chapperet, homme reconnu de tous les gens du metier pour le plus adroit Serrurier de ce siecle : du fer, disent-ils, il en fait tout ce qu'il veut, il met en execution dessus tout ce qui lui vient en pensée ; ce métail si rebelle, lui est aussi obeïssant que si c'étoit du bois, de la terre, ou de la cire. Et de fait se peut-il rien voir de plus merveilleux que ce beau vase de fer, percé à jour, qu'il a élevé sur le premier pilastre ? Y a-t-il rien de plus tendre, que les basses tailles, dont il est environné ? Les aigles qu'il y a representés semblent vivans, les fruits vrais, en un mot tous les autres enrichissemens sont taillés avec une telle mignardise, que cela est étonnant, tant ils approchent de la nature ; aussi ce vase a-t-il paru à l'ouvrier même si achevé, qu'il n'a pu s'empêcher d'y graver son nom, & son surnom.

L'un & l'autre de ces escaliers conduit à un appartement, que je tiens le plus superbe & le plus accompli de Paris. Il occupe tout le premier étage du corps de logis, & consiste en une grande salle, plusieurs chambres, cabinets & anti-chambres, tous de suite, & de plein pied, qui se degagent à droite dans un pavillon, & à gauche dans un autre pavillon & une gallerie voutée. Leurs portes, en correspondance, font dans les deux extremités, deux perspectives profondes, l'une terminée par une grande chambre, après en avoir traversé six ; l'autre après avoir fait le même chemin se perd dans une basse-cour, à travers une des croisées d'un cabinet, & paroit si longue, qu'elle lasse & éblouit la vue.

LA GALLERIE.

QUAND je dirai que la gallerie est sans contredit la plus achevée de Paris, & peut-être de toute la France : je n'avancerai rien de nouveau, & dont on ne demeure d'accord.

Premierement elle a vingt-cinq toises de long, sur vingt-un pieds de large, & regne le long d'un des côtés du jardin ; de plus elle est couverte d'une voute en ance de pannier, où Perrier a representé à fresque dans cinq grands compartimens le Soleil accompagné des quatre Elemens.

Après tout ce n'est que par l'adresse de Mansard, que cette gallerie a une longueur, & une largeur si raisonnable, & si reguliere ; car comme il se voyoit gêné à un de ses bouts par la rencontre de la rue neuve des Bonsenfans, qui en rendoit le plan biais, & irregulier, cet Architecte s'avisa d'y remedier par une trompe, & de la faire avancer en saillie sur cette rue, afin de racheter par ce moyen, & gagner la largeur qui lui manquoit. Cette trompe fut executée par Maître Philippe le Grand, qui lui a fait porter à l'ordonnance deux fois sa montée ; dehors on n'en connoît point l'artifice, ni par les joints, ni par ses coupes ; l'industrie de cet appareilleur est cachée dedans, & recouverte de pierres ; les joints & les lits de ces pierres par dedans, sont tous faits par entailles, & si adroitement enclavés les uns dans les autres, qu'encore que cette masse soit toute suspendue & soutenue en l'air, elle durera plus neanmoins que toutes les autres parties du logis, pour solides qu'elles soient.

Les murs de ce portique sont parés de tableaux, de lambris, de niches, de croisées, de bustes antiques de marbre, de basses tailles, de vases fumans, & de petits enfans de stuc moderne, mais de plus couronnés d'une corniche qui regne au pourtour, & qui sert d'arrachement à la voute.

Tous ces ornemens ont été distribués par Mansard avec beaucoup d'ordre & de symmetrie ; il ne les a point voulu embarasser, comme font la plupart de nos modernes, d'une grande confusion de couleurs vives, & differentes, se contentant de faire coucher dessus un coloris fort approchant de celui du stuc ; & afin de temperer le trop grand éclat qui sortoit d'une couleur si vive par une autre plus brillante, il l'a un peu amortie par quelques petits filets, & feuilles d'or, repandues en certains endroits seulement avec beaucoup de discretion. Enfin, pour en parler veritablement, il n'y a rien dans Paris de plus simple que cette gallerie, & cependant il n'y a rien de si riant ; son lambris de six pieds de haut, ou environ, qui regne au pourtour, est couronné d'une corniche garnie de bustes antiques, entre autres de ceux de Brutus & d'Agrippine, qu'on ne se lasse point de considerer.

Les tableaux sont posés au-dessus de côté & d'autre, & peints par le Guide, le Poussin, Pietre de Cortone, le Guarchin, & Alexandre Veronese : sur la gauche ils sont separés par des croisées ; sur la droite par de grandes niches, & bordés de part & d'autre alternativement de vases fumans, & de petits enfans de stuc, executés par le Grand, & armés de drapeaux, de masses, & d'Aigles Romaines.

Les basses tailles ont été tellement élevées par Vanopstal au-dessus des niches, & des croisées, que la corniche qui est de stuc, garnie de quelques filets d'or, & de modillons quarrés & dorés, placée comme elle est près de la naissance de la voute, accompagne fort bien tous ces enrichissemens, & les finit de bonne grace.

Dans le premier des tableaux en entrant, & qui est à main droite, Poussin a representé Camille renvoyant aux Faleriens leurs enfans, & leur Precepteur : dans la tête de ce traître, aussi-bien que dans son action, on voit la honte, l'horreur du crime, & la crainte de la mort naïvement exprimés : dans les visages & les attitudes differentes des enfans, on remarque la satisfaction que vrai-semblablement doivent avoir des écoliers à se venger enfin sur les épaules de celui, qui ne les a jamais épargné des ferules & du fouet, que tant de fois ils en ont reçus. Les uns y admirent l'union des couleurs, les autres le choix des draperies ; mais tous, les airs de tête, la varieté des passions bien remuées, & la composition entiere de cette grande histoire ; & quoique ce ne soit pas le chef-d'œuvre du Poussin, on tient neanmoins que c'est le meilleur tableau de cette gallerie.

Coriolan dans le second releve fierement sa mere & sa femme qui s'inclinent devant lui pour le salut de la patrie ; & bien qu'il semble que l'action de cette mere ne soit pas assés Romaine, & celle du fils au contraire, un peu trop ; c'est neanmoins un ouvrage du Guarchin, digne d'être beaucoup estimé, & qu'on en estimeroit bien autrement qu'on ne fait pas, s'il n'étoit point entre celui du Poussin que j'ai décrit, & celui de Cortone que je vais decrire.

Cortone dans le troisiéme tableau a peint la charité de Faustule & de Laurentia pour Remus & Romulus, mais avec cette tendresse, cet amour, cette facilité & cette perfection qui brillent dans tous ses ouvrages. Ce bon Berger porte à sa femme l'un de ces petits innocens qu'il vient de garentir de la fureur d'Amulius & du Tibre, & qui est presque aussi vrai qu'il étoit lorsqu'Ilia le mit au monde. L'amour brille dans les yeux de cette belle Courtisane ; la grace rehausse la beauté & la douceur de son visage ; ses

DE LA VILLE DE PARIS. Liv. VII.

bras font fi ronds, fes mains fi tendres, fon attitude & fa draperie fi affectées & tout enfemble fi tendres. Pour ce qui eft de Fauftule, fa figure en eft merveilleufe; fes habits ruftiques, fes bras nerveux, fes jambes fermes, fes épaules vigoureufes, fes cheveux naturels, fes yeux vivans & fa tête admirable, prouvent hautement le merite de Cortone, & que s'il eft reconnu pour un des plus amoureux & des plus favans Peintres de ce fiécle, ce n'eft pas fans raifon.

Le quatriéme eft du Guide & de fa plus tendre maniere, on dit qu'il y a voulu reprefenter Pâris enlevant Helene; mais il faut qu'on le dife : car le moyen de s'imaginer que des perfonnes fi peu échauffées executent une entreprife de cette qualité, & que cet Amant ait enlevé fa Maitreffe avec tant de lenteur & fi peu de monde & d'appareil. Quoi qu'il en foit il ne fe voit point de figure dans cette hiftoire qui ne foit excellente; & comme il y a plufieurs degrés d'excellence, la figure d'Helene l'eft bien plus que les autres. La richeffe de fon port, de fa taille & de fa draperie ravit; l'air noble de fa belle taille charme, l'amour, la grace & la douceur qui éclatent dans fon vifage font foupirer ceux qui confiderent cette beauté un peu trop attentivement.

Le dernier de ce coté-là eft encore parti de la main de Cortone; que fi ce tableau n'eft pas de la même force que fon autre dont j'ai parlé, c'eft que les Peintres ne font pas toujours en belle humeur. Cependant il devoit être enjoué ici par la dignité de fa matiere, puifqu'il avoit à reprefenter un Jules Cefar remettant Cleopatre en poffeffion de l'Egypte. Les figures veritablement en font fort belles & pourvues de ce caractere gracieux & amoureux que fait donner fon pinceau. Mais il s'eft oublié dans l'ordonnance qui devroit convenir mieux à la majefté d'une action fi celebre.

L'autre coté de la Gallerie n'eft encore garni que de trois tableaux Dans l'un Guarchin s'eft efforcé de faire la peinture de cette derniere querelle que les Romains eurent contre les Sabins, & qui fut appaifée par leurs femmes fi inopinement. Dans le fecond on voit comme Caton étant à Utique congedie fes amis. Dans le dernier Cleopatre fe tue fur le corps de Marc-Antoine. Cette hiftoire eft d'Alexandre Veronefe. Les deux autres de Guarchin. Et quoique toutes trois foient bonnes, ce n'eft pourtant pas ce que ces Peintres ont fait de mieux.

A l'égard de la voute peinte par Perrier, & qui mourut peu de jours après l'avoir achevée. C'eft la meilleure piece & la plus eftimée qui nous refte de lui. Jamais il n'a rien fait de fi libre, ni de fi fier. Il ne s'y voit hiftoire, figure ni partie où l'on ne remarque de l'efprit, du favoir & de la hardieffe. La compofition & l'affemblage tant des figures que des metamorphofes, l'union des couleurs, les belles & genereufes expreffions, l'ordonnance generale & particuliere font admirées dans tous les endroits de ce grand ouvrage. On y trouve même encore beaucoup de deffein ; & certainement Perrier étoit un excellent Peintre, il ne lui manquoit que d'être plus correct & un peu moins dur. Les Italiens qui croyent que les beaux arts leur font échus en partage, & que c'eft un propre que les Etrangers ne leur oferoient difputer, donnoient à ce François des louanges qu'ils n'ont jamais données qu'aux plus illuftres Peintres de leur pays. Ils avoient tant d'eftime pour les productions de cet Ultramontain, qu'encore aujourd'hui ils regardent les ouvrages à frefque & à huile qu'ils ont de lui dans les Palais de leurs grands Seigneurs, comme ayant été conduits & executés par un des meilleurs Peintre de notre fiecle.

Pour revenir à notre voute faite en ance de pannier, comme j'ai dit, elle eft occupée par cinq grands compartimens; le plus grand qui eft quarré, remplit dans le milieu fa rondeur toute entiere; les quatre autres font paralellogrammes & ordonnés de deux en deux dans le refte de cette demie circonference. J'ai deja remarqué que Perrier dans ces quatre compartimens quarrés-longs, a representé les quatre Elemens qu'il a deguisé sous quatre Metamorphoses. Mais je n'ai pas fait savoir que l'Eau & l'Air en entrant s'offrent les premiers à la vue, figurés tous deux l'un par Neptune faisant l'amour à Cibèlle; l'autre par Junon & Iris se promenant dans les airs, pendant qu'Eole dompte les vents & leur furie. Les deux autres Elemens, savoir le Feu & la Terre, qu'on voit à l'autre bout de la gallerie, sont representés par le ravissement de Proserpine, fille de Cerès, & par les amours de Jupiter & de Semelé.

Certainement ces quatre histoires sont fort bien peintes & bien ordonnées; il y en a pourtant quelques-unes que Perrier a plus achevées & plus étudiés que les autres.

Dans la premiere, la figure de Neptune paroît bien savante; celle d'Eole, dans la seconde passe pour merveilleuse; le Jupiter, de la troisiéme, est admiré; & dans la quatriéme, se voit le plus beau payisage du monde.

Mais ce qui plaît bien davantage, est le compartiment du milieu. C'est une histoire où Perrier s'est surpassé lui-même; & c'est-là qu'il fait presider le Soleil au milieu des quatre Elemens. Apollon donc, qui le represente, est dans le centre de ce compartiment, qui est aussi celui de la voute. On le voit sur son char accompagné des Heures & precedé du Tems, du Point-du-jour, de la Rosée, de l'Aurore, du Sommeil & de la Nuit, qui s'enveloppe dans une nue. Tout ceci frappe si fort, qu'on ne sait où l'on se doit plus arrêter, & s'il faut preferer l'excellence des figures à la grandeur & à la justesse de l'ordonnance. Le Soleil paroit-là si beau & si jeune, son char est si galant, ses chevaux si fougueux; Saturne semble si libre & vole de si bonne grace; le Point-du-jour est si gai; les Heures si vites; le Sommeil si assoupi; la Nuit si sombre; l'Aurore si riante; & enfin toutes ces figures sont si bien ensemble & distribuées si judicieusement, que ce n'est pas sans raison que cet ouvrage passe pour une merveille & le chef-d'œuvre de Perrier.

L'ANDROMEDE DU TITIEN.

DANS une grande chambre du même Hotel, dont les murailles sont ornées de tableaux des plus illustres Peintres, comme de Paul Veronese, de Tintoret, du Guide, de Bassan & semblables; on voit entre autres l'Andromede du Titien, qu'il avoit fait pour le Roi d'Espagne, & qui a été long-tems l'admiration de Vandick & la merveille de son cabinet: & parce que c'est un ouvrage si beau, que tous les habiles gens assurent qu'il est de la force de celui de St Pierre le Martyr, du même Titien, qui passe pour son chef-d'œuvre & le miracle de Venise. Je suis bien aise d'en parler, & d'autant plus que ni le Vasari, ni Radolfi ne l'ont point décrit, & que le Titien lui-même l'a fait graver chés lui par Corneille Cort.

Dans un lointain paroît Persée, combattant le Monstre marin; mais qui là est bien autrement épouvantable que dans les Fables ni dans Ovide. Il sort du feu & des flammes de ses yeux; sa gueule béante vomit contre son vainqueur des torrens d'eau épouvantables, mêlés de bile & d'écume. Le courage de ce heros & la fierté de son visage, qui lui donnent de la terreur, rejouissent en même tems la belle Andromede; ses esprits que la crainte a retirés & ramassés autour de son cœur; la chaleur naturelle qui a abandonné les parties exterieures de son beau corps, ont ajouté à la blancheur de sa chair un certain blanc qui ne s'est encore jamais vu que dans les ouvrages du Titien: son corps est si bien formé, ses bras, son sein, sa gorge si ronde, ses mains si vraies, ses yeux si gracieux, que je ne sai si l'Andromede des Poëtes, quelque parfaite qu'ils la fassent, approche de la Belle que ce Peintre a liée

au

au rocher de son tableau. Ses yeux, que la tristesse a abbatus, & que ses pleurs ont rougis, semblent se reveiller par je ne sai quelle petite espérance : & quoique le combat de ces deux passions si opposées, soit très-difficile à exprimer, il est neanmoins si heureusement, qu'encore que ce tableau soit effacé en quelques endroits, ce petit rayon d'espoir se fait voir au travers de ses larmes.

REMISE DE CARROSSE DANS LA RUE DE MATIGNON.

QUOIQU'EN apparence il soit ridicule que dans un ouvrage de la qualité de celui-ci, où j'ai parlé de tant d'Eglises & de Palais magnifiques, je m'arrête à la cheminée d'un particulier, ou à son alcove, & même de descendre si bas que de mettre sur les rangs je ne sai quelle remise de carrosse. On saura neanmoins que les petites pieces en leur genre peuvent aller du pair avec les merveilles que nous avons admirées dans tous ces autres grands lieux.

La Remise de carrosse donc que je vais décrire, occupe une partie de l'aîle de certaine maison qui appartient à la veuve de Noblet & située à la rue Matignon, vis-à-vis celle de St Nicolas du Louvre. Elle peut avoir quelque quarante pieds de long, sur neuf ou dix de profondeur, & consiste en quatre arcades, qui n'ont pas plus de douze pouces de montée chacune, & ne sont soutenues que par un seul pilastre ; & de fait il n'y en a qu'un pour les deux arcades du milieu, où les deux bouts viennent se poser : quant au reste de ces arcades, aussi-bien que des deux autres entieres, leurs pierres se trouvent balancées & suspendues en l'air, sans autre appui que celui d'une clef fort longue pareille au pilastre pour la grosseur.

Ces arcades neanmoins ne laissent pas d'avoir plus de dix-huit pieds d'ouverture de chaque côté ; & si elles portent trois grandes chambres l'une sur l'autre avec un grenier, c'est-à-dire quatre étages, sans que rien se soit encore démenti depuis vingt ans que le gros Girard executa une entreprise si hardie : & de fait les pierres des arcades sont jointes encore aussi proprement, les murs des chambres aussi droits, & tout ce bel ouvrage aussi sain & aussi entier que quand les Maçons l'abandonnerent ; & même la conduite en est si industrieuse, que ceux du metier assurent qu'il se maintiendra toujours en cet état. De dire que toute cette depense & ces façons ont été faites plus par ostentation que par necessité ; qu'il les falloit reserver pour un lieu plus considerable ; que ces aîles & ces arcades n'eussent pas été moins fermes sur trois pilastres que sur un seul ; que Girard, s'il eut voulu, au lieu de quatre arcades pouvoit fort bien n'en placer que deux le long de l'aîle ; & qu'enfin si l'on se fut servi de l'un de ces deux moyens pour éviter une entreprise si perilleuse, que la vue en eut été plus satisfaite, elle ne donneroit pas la terreur qu'elle donne à ceux qui la regardent. A cela je repons, que l'appareilleur fut obligé de mettre en œuvre des traits si hardis, pour gagner plus de place, tant sur le plan que sur l'élevation de son logis ; que la cour, qui déja étoit assés étroite, & qu'étrecissoit encore l'épaisseur de l'aîle de plus de dix ou douze pieds, le contraignit à faire porter ces quatre arcades sur un seul pilastre, afin qu'un carrosse pût tourner plus librement par le moyen de ce vuide, & de cet élargissement ; qu'à la verité il pouvoit bien se contenter de deux arcades, au lieu de quatre ; & de cette façon, qu'un carrosse auroit tourné aisément dans la cour ; aussi est-il à croire qu'il auroit bâti son aîle de la sorte, s'il n'eut craint d'exhausser trop son premier étage, & d'en perdre un autre par la montée qu'il eut été forcé de donner à ces deux arcades, à cause de leur largeur. Jamais au reste, pas un de ces Architectes, dont la maniere de bâtir a été appellée Gothique, n'a ofé entreprendre rien de fi hardi; c'eſt la premiere fois que ce trait a été inventé & mis en uſage; & je n'en ai point encore découvert de ſemblable, qu'à l'eſcalier de la Bibliotheque de St Victor, qui a été conduit par Boudin.

HOTELS DES GRANDS
par ordre alphabétique.

A

SI nous voulons croire Favyn, les Comtes de Paris demeuroient à l'Hotel-Dieu.

Archambault, Comte de Paris, & Maire du Palais, vers la fin de la premiere race, donna ſa maiſon, à ce qu'il dit, à Notre-Dame, avec le Marché-Palus, l'Egliſe St Chriſtophle qui lui ſervoit de Chapelle, & le village de Creteil. Lendregiſille ſon fils, & ſucceſſeur de ſes dignités, fit bâtir le Palais où ſe tient à preſent le Parlement.

Si nous voulons croire encore le Chroniqueur Turpin, & après lui les romans & les fables, Gallon, ou Gannelon, couſin, ou plutôt neveu de Charlemagne, ſignalé par ſes trahiſons ſous Louis le Debonnaire, ou ſous Charlemagne à la bataille de Roncevaux, logeoit dans vn vieux Hotel qu'on decouvrit en 1358 & en 1365, dans les Foſſés qui regnent derriere le Monaſtere des Jacobins. C'étoit un grand & fort Chateau, qui conſiſtoit en quantité de chambres & de tours, & dont les pierres étoient ſi bien liées & cimentées, que les marteaux, les coins & autres ferremens, avoient grande peine à y mordre. On diſoit alors que les Sarraſins l'avoient bâti; car quoiqu'ils ne ſoient jamais venus à Paris, on ne laiſſoit pas en ce tems-là, de leur attribuer tous les anciens édifices du Royaume. On tient qu'il ſe nommoit le Chateau de Haute-feuille, & que c'étoit le nom de la famille de Gannelon: & bien que la rue Haute-feuille en ſoit fort loin, on veut que ſon nom lui vienne de là; mais ſans alleguer davantage la fable ni les romans, non plus que Turpin & Favyn, qui ne ſont pas plus croyables, attachons-nous au vrai.

Les Seigneurs d'Amboiſe ont eu long-tems à la rue d'Amboiſe, une grande Maiſon, dont il ne reſte autre trace que le nom de la rue; & qui pendant quelques années a ſervi à l'établiſſement du College de Conſtantinople, & de celui de la Marche; & ſe nomme maintenant, tantôt la Petite-marche, tantôt la Maiſon de la Naſſe.

B

GUILLAUME Martel, Seigneur de Bacqueville, Chambellan de Charles VI, acheta l'Hotel de la Roche-Guion de la rue du Louvre, accompagné d'un jardin de vingt-cinq toiſes de long, ſur dix de large; & pour l'agrandir, le Roi lui donna en 1408, le jardin de la Lingere du Louvre, avec une Tour des anciennes murailles pour dix-huit ſols pariſis de rente.

Etienne Barbette Prevôt de Paris, en grande faveur ſous Philippe le Bel, & l'un de ſes Conſeillers d'Etat, demeuroit au lieu même où l'on a fait depuis la rue Barbette, vers le bout de la vieille rue du Temple, qui se nommoit alors la rue Barbette, à cause de cette maison, & près d'une porte de la Ville, appellée encore la porte Barbette en ce tems-là. Cet Hotel au reste, est fort fameux dans l'Histoire de Philippe le Bel, pour avoir été pillé par la populace, en haine de ce que ce Barbette ici étoit un de ceux qui avoient porté le Roi à rehausser la monnoie : mais depuis elle s'est faite encore mieux connoître dans l'Histoire de Charles VI, en 1407, pour avoir appartenu à Isabeau de Bavière Reine de France, & servi de piege au Duc d'Orleans, lorsqu'il fut assassiné à la porte Barbette, venant de rendre ses respects à cette Princesse. Or, quoique souvent il ait changé de Maître, & même qu'il ait été depuis à la Duchesse de Valentinois, Maîtresse de Henri II, & de tout le Royaume ; cependant il n'a jamais changé de nom, ainsi que beaucoup d'autres ; & comme tous les jours cela arrive, il subsistoit encore sous ce nom-là en 1561, quand la Duchesse d'Aumale, & celle de Bouillon filles de la Duchesse de Valentinois, le vendirent à des particuliers, & le traverserent de la rue Barbette, & de celle des trois Pavillons; & bien qu'il soit ruiné, de même que la porte Barbette, & que la rue Vieille-Barbette ait été confondue avec la vieille rue du Temple, neanmoins son nom & sa memoire ne se perdent point à cause de la rue Barbette.

Guichard, Seigneur de Beaujeu, avoit son Hotel à la rue des Cordeliers, qui s'étendoit jusqu'au jardin de l'Hotel de Reims, & que Pierre Archevêque de Lion, lui donna entre vifs, en 1318.

Jaques & Louis de Brezé, tous deux Chevaliers de l'Ordre, Comtes de Maulevrier, & grands Senechaux de Normandie, avoient pour maison de plaisance, l'Hotel Barbette qu'on vendit & divisa en rues & maisons, vers l'an 1561.

Les Comtes de Brienne ont eu autrefois leur Hotel à la rue de Joui ; ce que j'ai trouvé dans des Chartes passées en 1552, & long-tems devant, & ce que je trouve encore dans les Rolles du Commissaire de ce quartier-là.

Guillaume Budée, le Restaurateur des Lettres en France, est mort à la rue St Martin, dans l'Hotel de Vic qu'il avoit fait bâtir entre la rue aux Oues & celles du Huleu.

Bureau de la Riviere, aimé si passionnément de Charles V, qu'il voulut qu'on l'enterrât à ses pieds dans l'Eglise St Denys, avoit à la rue de Paradis, & à celle du Chaume, deux maisons, qui pourtant n'en faisoient qu'une; l'une appellée l'Hotel de la Grande-riviere, & l'autre l'Hotel de la Petite-riviere, & qui appartenoient en 1424, au Duc de Bethfort, Regent du Royaume.

On tient qu'un de ses Descendans, nommé Bureau comme lui, Grand-Voyer, & seul Tresorier de France, demeuroit à la rue des Assis, dans une maison qui est presque vis-à-vis la rue de la Lanterne, où sont encore les armes des Bureau. Enfin il est certain que Jean Bureau, en grand credit à la Cour du tems de Louis XI, venoit souvent prendre l'air aux Porcherons, & que le Roi, après l'avoir fait Chevalier à Reims le jour de son Sacre, le combla de biens & d'honneur.

L'Hotel de Braque, bâti de l'autre côté de la rue du Chaume, aboutissoit en 1368 à un jardin, & à un autre Hotel de la Riviere.

C

LOUIS d'Adjacet, Comte de Chateau-vilain, se logea plus magnifiquement que n'avoit encore fait aucun particulier, & cela dans la vieille rue du Temple, vis-à-vis celle de Blancs-manteaux, à l'Hotel de Chateau-vilain, appellé depuis l'Hotel d'O, & qu'on nomme maintenant le Monastere des Religieuses Hospitalieres de Ste Anastase, dites de St Gervais.

Etienne Chevalier, Secretaire des Commandemens de Charles VII, & de Louis XI, Controlleur des finances, & Tresorier de France, demeuroit à la rue de la Verrerie, dans un logis situé entre la rue du Regnard, & la rue Barre-du-bec, & qu'occupe maintenant Salo, Conseiller de la Cour; c'étoit un fort galant homme, & qu'Agnès Sorel, la plus belle fille de son tems, & Maitresse de Charles VII, honora d'une amitié toute particuliere, jusqu'à le choisir pour être un des executeurs de son testament. Aussi n'oublia-t-il rien toute sa vie pour lui temoigner sa reconnoissance, & même afin qu'elle éclatât davantage, & pour en laisser des marques à la posterité, il fit sculper sur le cintre de la porte d'une petite cour, qui mene au jardin de sa maison des lettres gothiques & cubitales, entrelassées de feuilles d'or, qui composent en l'honneur de sa bienfaictrice une espece d'anagramme que voici.

RIEN SUR L N'A REGAR.

Les Seigneurs de Chevreuse en 1399 avoient à la rue St Thomas du Louvre, pas trop loin de l'Hotel de Chevreuse d'aujourd'hui, une maison accompagnée d'un jardin.

Jaques Cœur que ses grands biens rendirent tout ensemble le plus riche & le plus miserable de son tems, a logé à la rue de l'Homme armé, dans une maison, où depuis demeura le Cardinal de la Balue, comme j'ai dit auparavant; & encore à la rue St Honoré, au lieu même où le Cardinal de Richelieu a bâti de nos jours le Palais Cardinal; ce dernier logis, pendant son bannissement appartint à Geoffroi Cœur son fils, Maître d'Hotel de Louis XI, où même il mourut en 1488, & est enterré avec sa femme sous une tombe de cuivre, dans la Chapelle St Clair du College des Bons enfans, vis-à-vis la porte de derriere de sa maison, ou du Palais Cardinal.

Robert de Combault, Chevalier des ordres du Roi, & son premier Maître d'Hotel, demeuroit à la rue des Fossés St Germain, à l'endroit où est la rue du Petit-bourbon, & une maison qui la borde du côté de la riviere.

Jean Galeasse de St Severin, Comte de Gayasse, & de Corbonne, Colonel general de l'Infanterie Italienne, & Chevalier des deux ordres du Roi, acheta en 1572 une maison à la rue Portefoin, près des Enfans rouges.

Raoul de Couci, Seigneur d'Encre, & de Montmiral, acquit en 1379 pour trois mille francs d'or, du coin de la rue du Roi, un grand logis, situé à la rue de la Tixeranderie, & dans le Cloître St Jean, qui tenoit à son Hotel, & qu'il y joignit : mais comme on tenoit par tradition, que les Juifs autrefois avoient fait leur Synagogue dans une vieille tour, qui s'y voit encore aujourd'hui; & de plus qu'il avoit appartenu au grand Maître du Temple; tantôt on le nommoit la Synagogue, tantôt l'Hotel de la Tour, & tantôt le Pet-au-diable.

Pierre de Craon si fameux dans l'Histoire de Charles VI, par l'attentat commis en 1392 le jour de la Fête-Dieu, en la personne du Connétable de Clisson, demeuroit au bout de la rue de la Verrerie, entre la rue Bourg-thibouft, & celle du Meurier, vis-à-vis la rue Charton, qu'on appelle maintenant la rue des Mauvais-garçons, & qui n'a changé de nom qu'à cause que les assassins que Craon avoit apostés, s'étoient logés là, en attendant l'occasion de pouvoir executer leur mauvais dessein. Son Hotel au reste n'occupoit pas seulement le cimetiere de l'Eglise St Jean, mais encore la plupart des maisons qui l'environnent. Charles VI, depuis après l'avoir confisqué le donna en 1393 aux Marguilliers de St Jean en Gréve, & de plus l'amortit à la charge d'y faire un cimetiere qui s'appelloit le nouveau cimetiere St Jean, mais que d'ordinaire on nomme le cimetiere verd; le Roi neanmoins se reserva les jardins, & les vergers qui l'accompagnoient; mais que sans doute on a couvert depuis des maisons de la rue du Meurier, & de celle de la rue Bourg-thibouft.

D

LA Communauté de la Ville de Douai a eu long tems une halle, appellée la halle de Douai, portées sur vingt-quatre maisons basses, mal bâties entre la halle au bled, & la rue de la Fromagerie : mais les Marchands de Douai en ayant abandonné volontairement la proprieté, pour s'acquitter de trente livres parisis de cens dont elle étoit chargée ; le Roi la vendit aux proprietaires des vingt-quatre maisons qu'elle couvroit, pour les rehausser, & rendre par ce moyen la rue de la Fromagerie plus belle & plus uniforme.

Mais afin de m'affranchir ici de la servitude de l'ordre alphabétique, & lui preferer l'ordre des choses, la Communauté de Tournai avoit aussi une maison à la rue des Prouvelles, qui par Arrêt de la Cour fut adjugée à Philippe de Valois, que ce Prince neanmoins à l'instante priere des Echevins, & des habitans de Tournai, leur rendit en 1334.

Pontoise tout de même, aussi-bien que Chaumont, Corbie, Aumalle, Amiens, Beauvais, & autres semblables avoient encore leur halle chacune à part, renfermée comme celle de Douai, dans l'enclos des halles.

La Driesche, President de la Chambre des Comptes, logeoit au coin de la rue des Augustins, à l'Hotel d'Hercule qu'il avoit fait bâtir, & où étoient peints à fresque sur les murailles, les travaux d'Hercule.

E

GUILLAUME, Seigneur d'Estrées, acheta en 1258 l'Hôtel de Jean, Comte de Bourgogne, assis à la rue d'Enfer. Ses successeurs, de nos jours, avoient un autre Hotel d'Estrées à la rue des Bons-enfans, que le Cardinal de Richelieu a renfermé dans son Palais Cardinal.

Gabrielle d'Estrées, Marquise de Monceaux, Maitresse d'Henri IV, & depuis Duchesse de Beaufort, a demeuré quelque tems à l'Hôtel d'Estrées, situé à la rue du Cocq, appellé auparavant & après l'Hotel de Bouchage, & maintenant la maison des Prêtres de l'Oratoire ; elle y logeoit en 1594, quand Henri le Grand y fut blessé à la joue par Jean Chastel ; les regitres de l'Hotel de Ville de ce tems-là, donnent à cet Hotel le nom de l'Hotel d'Estrées, & sont peut-être les seuls, qui portent que le Roi y fut frapé ; car enfin tous les actes, & tous les Historiens font savoir que tel malheur arriva au Louvre, & non point chés sa Maitresse, sans doute par respect.

J'ai dit, ce me semble, ailleurs que cette belle femme mourut au Cloître de St Germain dans la maison du Doyen ; qu'elle a souvent logé à l'Hotel Zamet, qui est aujourd'hui l'Hotel de Lesdiguieres ; & que le Maréchal d'Estrées, son frere, demeure à la rue Barbette dans une belle maison.

F

NICOLAS Flamel l'un des plus renommés Hermetiques du Royaume, acheta une place à la rue des Ecrivains, au coin de la rue Mativaux, qu'il couvrit d'une petite maison, où il a demeuré long-tems, & où sa femme & lui ont fini leurs jours. De la façon que les Chimistes parlent de ce logis, c'étoit l'azile des veuves, des orphelins, des pauvres, des Communautés ruinées, & la miniere d'où Flamel a puisé ces monceaux d'or, & de richesses qu'il a consumés à fonder, à maintenir, à redresser les Hopitaux, les Eglises, & les familles renversées. Ces souffleurs au reste, après avoir évaporé, & reduit en fumée leurs biens, & celui de leurs amis, pour dernier recours, ont tant de fois remué, fouillé, & tracassé dans cette maison, qu'il n'y reste plus que deux caves, assés bien bâties, & les jambes étrieres toutes barbouillées de hieroglyphes capricieux, de gravures mal faites, de mauvais vers, & d'inscriptions gothiques, que les Hermetiques subtilisent à leur ordinaire, & quintescencient.

Que si on a la curiosité de descendre avec eux dans ces caves là, aussi-tôt ils montrent le lieu où Flamel s'enterroit pour faire de l'or, & voudront faire croire que ce petit morceau de terre produit & renferme de meilleur or, & en plus grande quantité que toutes les Indes Orientales, & Occidentales. Ils ajoutent qu'en 1624 le Pere Pacifique, Capucin, grand Chimiste, ayant criblé une partie de cette terre, ensuite fouillant plus avant il trouva des urnes, & des vases de grès, remplis d'une matiere minerale, calcinée, grosse comme des dés, & des noisettes; qu'au reste, quoiqu'il pût faire pour en tirer de l'or, toute sa science, & son art échouérent contre ce petit banc de grès & de sable. Bien plus, disent-ils, un Seigneur Allemand depuis ayant creusé à un autre endroit, ne fut pas moins heureux que le Pere Pacifique; mais une femme par malheur, qui logeoit dans la maison, ayant découvert à un coin plusieurs phioles de grès, couchées sur des matras de charbon, & pleines de poudre de projection, s'en étant saisie, ignorante qu'elle étoit, tout ce grand tresor perit entre ses mains; & quoiqu'ensuite pour avoir reconnu sa faute, elle ait affecté de demeurer dans tous les autres logis, qui avoient appartenu à Flamel; elle a eu beau fouiller, & vouloir penetrer jusqu'à la premiere pierre des fondemens, jamais elle n'a pu recouvrer sa perte.

Les Comtes de Forêts avoient leur Hotel à la rue de la Harpe, & celle des deux Portes; mais pour le rendre plus grand, & le porter jusqu'à la rue Pierre Sarrazin, Jean, Comte de Forêts acheta en 1320 & 1321 sept maisons bâties dans ces trois rues-là, qui lui coûterent deux cens douze livres parisis, trente livres de bons petits tournois, & cent livres de bons petits parisis; & par échange encore il en eut une autre des Religieuses de Poissi, sise à la rue Pierre Sarrazin, pour une maison du Diocese de Meaux, de la Paroisse St Fiacre, nommée la Picardie, accompagnée d'un Jardin environné de fossés, & quatre-vingt-dix arpens de bois, & de terre, qui valoient de revenu soixante-quinze livres tournois amorties.

Outre cela, pour avoir une maison de plaisir, le même acquit à la rue du Fer-à-moulin du faux-bourg St Marceau, une maison qui s'étendoit jusqu'à la riviere des Gobelins, & que les Religieux de Ste Geneviéve, à qui elle appartenoit par desherence, lui vendirent deux cens livres parisis en 1321.

G

JEROSME de Gondi, Maréchal, Duc de Retz, demeuroit au fauxbourg St Germain, à la rue neuve St Lambert, qu'on appelle la rue de Condé.

Ce fut dans sa maison qu'en 1590 pendant le siege de Paris, se fit la conference du Legat, & du Marquis de Pisani, qui n'aboutit à rien. Ce logis ensuite appartint à Jean-Batiste de Gondi, son fils, Gentilhomme ordinaire de la Chambre du Roi.

En 1612 il fut adjugé par decret à Henri Prince de Condé, pour cent vingt mille fix cens vingt-cinq livres, & néanmoins il ne laiſſa pas d'en couter cent cinquante mille, comme étant une convention faite avec le proprietaire, moyennant quoi on vouloit avoir un decret. Le Roi paya cette ſomme pour le Prince, & toujours depuis ç'a été l'Hotel de Condé.

H

LES Comtes d'Harcourt ont eu près de deux cens ans à la rue des Mathurins, au coin de celle des Maçons, un grand & vieux logis, accompagné d'un jardin aſſés ſpacieux, qu'on appelloit l'Hotel d'Harcour, & que le peuple mal-à-propos nomme le Palais de Julien l'Apoſtat.

Jean de Harlai, Garde de l'Office de Chevalier du Guet, acquit à la rue du Roi de Sicile en 1478, l'Hotel de Pequigni, qui auparavant avoit apparτenu aux Seigneurs de la Roche-Guion.

I

LES Comtes de Joigni, dans le quatriéme ſiecle, demeuroient au coin de la rue Plâtriere, dans une maiſon qu'on a depuis appellée l'Hotel de la Tremoille; qui conſiſtoit en trois corps de logis, une cour, un jardin & un jeu de paume; & de plus s'étendoit juſqu'aux anciens murs de Paris, conſtruits par Philippe Auguſte, entre la rue Plâtriere & celle du Jour.

L

GUY de Laval avoit auſſi vers la fin du quatorziéme ſiecle une maiſon de plaiſir vers les Porcherons, nommée la Grange Bâteliere ou Gâtelier, qui étoit compoſée de terres & de marais, tenus à foi & hommage de l'Evêque de Paris. Outre cela, en 1399 il avoit encore une maiſon dans la ville à la rue St Honoré, au coin de la rue St Thomas du Louvre: mais le plus celebre des logis de cette famille, eſt celui qu'elle avoit à la rue du Chaume, au coin de celle de Paradis; & qu'en 1545, Guy, Comte de Laval, vendit huit mille livres à Brinon, Conſeiller au Parlement, & qui maintenant fait partie de l'Hotel de Guiſe.

M

PHILIPPE le Bel donna en 1312 à Marie de la Marche, Comteſſe de Sancerre, une maiſon de plaiſance du Fauxboug St Marceau, qui avoit appartenu à Hugues Brun, Comte de la Marche & d'Angoulême.

Les Comtes de la Marche en 1399, avoient une grange & un jardin à la rue St Thomas du Louvre.

Les Vicomtes de Melun, logeoient au bout de la rue du Roi de Sicile en 1280, près l'Hotel du Roi de Sicile.

Dom Diego de Mendoſſe, premier Gentilhomme de la Chambre, s'étant retiré en France avec François I, après lui avoir rendu une infinité de bons offices pendant sa prison, sans faire tort à son honneur ni à la fidelité qu'il devoit à son Prince, obtint du Roi sa vie durant, cette partie de l'Hotel de Bourgogne située à la rue Mauconseil, vis-à-vis le Cloître de St Jaques de l'Hopital, & appellée encore Mendosse.

Le Premier President de Meville, avoit en 1300 une maison de plaisance à la rue Mouffetard du fauxbourg St Marceau.

Les Marquis de Mezieres de la Maison d'Anjou, dont les grands biens ont passé aux Ducs de Montpensier, par le mariage de Renée d'Anjou, ont eu leur Hotel au fauxbourg St Germain, à l'endroit où est presentement le Noviciat des Jesuites; & de fait la rue qui le cottoye s'appelle encore la rue de Mezieres, & enfin c'est la seule chose qui reste de cet ancien logis.

Galleran de Montigni avoit en 1423 un Hotel près des Tournelles, que les Anglois confisquerent, parce qu'il suivoit le parti de Charles VII.

Le Premier President de Morvillier, avoit son logis à la rue Quiquetone; car de son tems, non plus que de celui du President de Meville, le Roi ne logeoit pas les premiers Presidens, & ce n'a été que de nos jours qu'il leur a fait bâtir l'Hotel où ils ont demeuré depuis.

N

LES Seigneurs de Nantouillet avoient en 1423 une maison à la rue de Paradis, qui appartenoit auparavant à Nonjant, grand Maître d'Hotel de Charles V.I. De nos jours, ils ont eu l'Hotel d'Hercule, qu'ils tenoient du Chancelier du Prat, & dont j'ai tant parlé.

Les Seigneurs de Nesle ont eu trois maisons à Paris; la premiere étoit à la rue de Nesle, que Catherine de Medicis a renfermée dans son Hotel, & dont le reste se nomme maintenant la rue d'Orleans. En 1232, Jean Seigneur de Nesle, Châtelain de Bruges, & Eustache de St Pol sa femme, la donnerent à St Louis & à Blanche de Castille sa mere; & depuis a appartenu à plusieurs Rois, Reines, Fils de France, Princes du Sang, & s'appelle maintenant l'Hotel de Soissons.

La seconde étoit située au bout du Pont-neuf; elle s'étendoit depuis la rue de Nevers jusqu'aux murs de la ville & jusqu'à la porte & la tour de Nesle, qui sont les seules traces de ce logis, que le tems & les hommes n'ayent point effacées.

En 1308, Amaury de Nesle, Prevôt de l'Isle, & frere de Guy de Nesle, Marechal de France, le vendit à Philippe le Bel cinq mille bons petits parisis: & quoiqu'ensuite il ait appartenu à nos Rois, aux Rois de Navarre, à quelques-unes de nos Reines, & sur tout au Duc de Berri, jamais il n'a changé de nom que lorsque Ludovic de Gonzague l'eut fait presque entierement ruiner pour y commencer le bâtiment de son Hotel de Nevers.

La derniere étoit à la rue des Lions, dans le siecle passé, & faisoit partie de l'Hotel Royal de St Pol, tout joignant la derniere des places de l'Hotel de la Reine qui tenoit à cette Maison Royale, & pour lors appartenoit à la Comtesse de Nesle.

Outre l'Hotel de Nevers, les Ducs de Nevers en avoient encore un autre à la rue St André, qui ne subsiste plus que dans les anciens plans de Paris, & dans la tapisserie de Paris, que j'ai vue à l'Hotel de Guise.

O

D'O, Surintendant des Finances, a eu dans Paris trois Hotels. Le premier se nomme à present l'Hotel d'Epernon, & a été bâti par la Vieuville, aussi Surintendant des Finances. Le second s'appelle maintenant l'Hotel de Luines; & l'autre le Monastere des Filles Hospitalieres de Ste Anastase, dites de St Gervais, qui a été achevé par le Comte de Châteauvillain & par d'O, aux depens du peuple.

L'un a élevé au dessus de la porte deux lions fort estimés & faits en concurrence par François l'Heureux & Martin le Faure, tous deux excellens Sculpteurs.

L'autre a enrichi les voutes de l'escalier, les cheminées, les portes, les croisées & les corniches de masques, de basses-tailles & de figures conduites & executées par Pilon, & encore par Faure, & par d'autres grands Sculpteurs. J'y ai vu entre autres une citerne, dont le reservoir, qui est en triangle, est porté sur trois grandes marches rondes, & embelli à chaque face d'un masque de la main de Pilon & de la conduite de Michel Ange, que chacun admire autant pour sa bizarrerie que pour l'execution. Mais du vivant du Comte de Chateau-villain, toute la Cour ne pouvoit assés contempler les meubles somptueux, les figures antiques, les tableaux de Raphael, de Michel Ange, de Jules Romain & de tous les meilleurs Peintres d'Italie. En un mot cette maison étoit la seule, la plus belle & la plus superbe du siecle passé. Chacun alors l'alloit voir pour un sou.

Après la mort du Comte de Château-villain, elle fut vendue par d'O, Surintendant des Finances. Les Religieuses de St Gervais l'ont achetée depuis de ses creanciers cent trente-cinq mille livres en 1656. Car enfin il mourut si endetté, & ses dettes ont causé tant de procès, & ces procès tant de chicanne, que le Parlement n'y voyant goutte, il a fallu qu'il ait fait une chambre exprès, qu'on appelle la Chambre d'O, à qui il en a laissé la connoissance.

P

Le Comte de Penthievre en 1423 étoit proprietaire de l'Hotel de Clisson, compris maintenant dans l'Hotel de Guise; & comme alors il portoit les armes sous Charles VII, les Anglois le confisquerent, & leurs Commissaires sur le fait des confiscations, le louerent dix livres parisis.

Les Seigneurs de Pequigny, avoient leur Hotel à la rue du Roi de Sicile, qu'ils vendirent en 1399 à la Roche-Guyon, Chambellan du Roi & grand Pannetier de France.

Archambault, Comte de Perigord, demeuroit en 1251 dans l'Hotel qu'Alphonse, Comte de Poitiers avoit bâti à la rue du Louvre, & en vendit la moitié sept cens cinquante livres tournois à Pierre de France, Comte d'Alençon.

Harlemin, Seigneur de Piennes, Chambellan de Charles VIII, acheta en 1484 du President de la Driesche, l'Hotel d'Hercules, dont j'ai parlé ci-dessus.

Les Comtes de Ponthieu logeoient vers la fin du treiziéme siecle à la rue de Bethisi, qui pour cela se nommoit encore en 1300, la rue au Comte de Ponthi, & même le carrefour de la rue de l'Arbre-sec où elle aboutit, le carrefour au Comte de Ponthi. Leur maison se nommoit alors l'Hotel de Ponthi ; en 1359 elle s'appelloit la cave de Ponthieu. Charles de France Regent du Royaume pendant la prison du Roi Jean, le donna en ce tems-là au Marechal de Boucicault, pour en jouir sa vie durant, à cause que Catherine d'Artois femme de Jean de Ponthieu, Comte d'Aumalle, & Blanche, Comtesse d'Harcourt sa fille, avoient ouverts leurs châteaux & leurs forteresses au Roi de Navarre.

Le premier President de Popincourt, si connu dans l'Histoire de Charles VI, avoit une maison de plaisance hors la porte St Antoine, sur une petite éminence, où Paris est à découvert ; & de quelque côté qu'on jette les yeux dans la campagne, la vue se perd plusieurs lieues à la ronde.

Là peu à peu, quelques payisans y ont fait de petites maisons tout au tour, qui enfin ont composé un hameau, que le peuple a long-tems appellé Pincourt par abreviation au lieu de Popincourt, & qu'on a compris de nos jours dans le fauxbourg St Antoine.

Ce lieu au reste, aussi-bien que la maison, se sont rendus remarquables sous Charles IX ; car c'est ce Pincourt-là même où alors les Huguenots faisoient leur cene & leur prêche, & où le Connétable de Montmoranci fit brûler en sa presence & les bancs & la chaire. Ce qui fut cause que ceux de la Religion le nommerent depuis, le Capitaine brûle-banc.

A l'endroit même au reste où ce premier President avoit bâti sa maison, & où les Hugenots s'assembloient, est maintenant l'Eglise des Religieuses de l'Annonciade, de l'Ordre de la Bienheureuse Jeanne, fille de Louis XI, & repudiée par Louis XII.

Après tout depuis que ce hameau a été confondu avec le fauxbourg, on ne parle plus ni de Pincourt ni de Popincourt, & il n'en reste d'autre marque que la rue qui le traversoit & qui passe devant le Monastere, qu'on appelle encore la rue de Pincourt.

R

LES Seigneurs de Rambouillet commencerent vers l'an 1460 à avoir leur Hotel à la rue St Honoré au lieu où nous voyons maintenant une partie du Palais Cardinal, & l'ont conservé dans leur famille jusqu'en 1603, que la Duchesse de Mercœur l'acheta douze mille écus. Mais cette Princesse l'année suivante le leur ayant rendu, en 1609 il fut decreté & adjugé pour trente-quatre mille cinq cens livres à Pierre Forget de Fresne, Secretaire d'Etat, & Anne de Beauvilliers sa femme. Anne après la mort de son mari le vendit en 1624 au Cardinal de Richelieu trente mille écus.

Jaques de Silly, Chevalier des Ordres du Roi, Comte de Rochefort, vendit au Duc de Guise en 1659 son Hotel de la Roche-Guyon, qu'il avoit à la vieille rue du Temple, vis-à-vis la rue Barbette, & depuis a fait partie de l'Hotel de Guise. Que si la porte de derriere se nomme encore la porte de la Roche, c'est à cause de l'Hotel de Rochefort, ou de celui de la Roche-Guyon qu'on avoit bâti-là.

S

J'AI dit qu'en 1312 Marie de la Marche, Comtesse de Sancerre, avoit une maison de plaisance au faux-bourg St Marcel, que Philippe le Bel lui avoit donnée; & de plus, que le Connétable de Sancerre avoit son Hotel à la rue de l'Hirondelle, qu'il vendit trois mille livres, en 1397.

Charles de Savoisi, Chambellan, & en grand credit près de Charles VI, avoit son Hotel à la rue de Marivaulx, & à celle du Roi de Sicile, à l'endroit même où se voit à present l'Hotel de Lorraine.

Cette maison étoit toute de pierre de taille, & qui pour sa grandeur, sa beauté & ses enrichissemens, pouvoit entrer en comparaison avec les Palais du Roi; mais parce que quelques-uns de ses domestiques, par malheur, vinrent à faire insulte à l'Université, lorsqu'un jour elle alloit en Procession à Ste Catherine du Val des Ecoliers, par Arrêt du Conseil du Roi, rendu en 1404, il fut dit que son Hotel seroit rasé, une partie des materiaux serviroit à payer les frais de la démolition, & que l'Eglise Ste Catherine auroit le reste; de plus, on le condamna à deux mille livres, & à d'autres peines qui sont mentionnées ailleurs. A la fin néanmoins, ses amis firent tant, que le Roi fit prier l'Université de permettre au Roi de Navarre d'acheter cet Hotel, tant pour diminuer l'affront que recevoit Savoisi, que pour l'acquiter promtement des sommes ausquelles il étoit condamné; mais l'Université n'y voulut point consentir, & on n'en put obtenir autre chose que la conservation des Galleries bâties sur les murailles de la Ville, considerables & par la varieté des peintures, & pour leur beauté admirable. L'Auteur de la Chronique Latine manuscrite de St Denys, pretend que l'Arrêt portoit que cet Hotel seroit abbatu au son des Hautbois & des instrumens de musique. L'Auteur d'une Chronique du tems, assure que Savoisi fut banni du Royaume, & excommunié; mais qu'en ayant obtenu l'absolution du Pape, il arma quatre Galeres, fit la guerre aux Sarrazins, revint à Paris, comblé de biens & de gloire, rebâtit sa maison qu'il ne put achever, & fit faire à trois lieues d'Auxerre, le Chateau de Signelai, par les Sarrazins mêmes qu'il avoit pris outre mer. Cependant, ni Juvenal des Ursins, ni Monstrelet, ni l'Arrêt du Conseil, ne font aucune mention de tous ces contes; mais tout au contraire, disent entre autres choses, que Savoisi fut condamné à donner deux mille francs, argent comptant, & fonder une Chapelle de cent livres de rente amortie; qu'on abbatit sa maison, & que les complices de l'injure faite à l'Université, eurent le fouet par les carrefours, firent amende honnorable, & furent bannis pour trois ans; mais qu'à ces conditions le Roi leva l'Arrêt, ou la mainmise sur sa personne par l'Université, & le mit hors de cours & de procès. Ils ajoutent qu'en 1406, à la faveur de la Reine, & après, qu'à la diligence de Savoisi, l'Université eût obtenu des Lettres du Roi, qui défendoient de transporter aucun argent hors du Royaume, ni faire tenir à l'Anti-Pape Benedict, il rentra dans ses bonnes graces. Et ensuite, en 1406, le Roi par des Lettres du mois de Septembre, lui permit de rebâtir son Hotel, à quoi s'opposa l'Université, nonobstant les services qu'elle en avoit reçus; ce qui paroit par une Inscription gravée sur de la pierre, dans la rue de Marivaulx, & élevée à côté du portail de l'Hotel de Lorraine; mais de nos jours couverte d'une muraille, par Nicolle, Duchesse de Lorraine. Enfin l'Université a tenu si long-tems son cœur, qu'elle n'a consenti au rétablissement de ce Logis, qu'en 1507: avec tout cela, je ne sai si on doit ajouter foi à toutes ces choses; car je vois dans les Registres du Temple, qu'en 1422, Jean Maximilien Sforce acheta l'Hotel de

Savoifi, & en paya les lods & ventes au Grand-Prieur de France; cependant voici l'inscription de l'Université, qui fera voir combien autrefois elle étoit imperieuse, & à quel point elle abusoit de l'autorité qu'on lui avoit laissé prendre

Cette maison de Savoisi, en 1404, fut démolie & abbatue par Arrêt, pour certains forfaits & excès, commis par Messire Charles de Savoisi, Chevalier, pour lors Seigneur & proprietaire de cette Maison, & ses serviteurs, à aucuns Ecoliers & Suppots de l'Université de Paris, en faisant la procession de ladite Université à Ste Catherine du Val de Ecoliers, près dudit lieu : avec autres reparations, fondations de Chapelle, & charges, declarées audit Arrêt ; & a demeuré démolie & abbatue l'espace de cent douze ans, & jusques à ce que l'Université, de grace speciale, & pour certaines causes, a permis la réedification d'icelle : aux charges contenues & declarées ès Lettres sur ce faites & passées à ladite Université, en l'an 1517.

T

GUILLAUME de Melun, Comte de Tancarville, avoit son Hotel en 1422, à la vieille rue du Temple, dont les jardins regnoient le long de la rue des Rosiers, & ainsi occupoit une partie du Monastere des Filles Hospitalieres de St Gervais, quoiqu'il eut bien plus d'étendue. Ce Comte au reste, l'abandonna de sorte cette année-là même, que chacun en étoit maître ; on levoit les portes, les fenêtres, & on y faisoit son ordure ; si bien que les voisins craignant qu'il ne servît de retraite aux voleurs & aux ennemis des Parisiens, furent remontrer ceci au Chatelêt, afin d'y remedier.

Là-dessus, le Prevôt de Paris ordonna qu'il seroit fermé ; ensuite les Anglois le confisquerent ; & louerent huit livres parisis une grange qui en dependoit, & qui étoit tout vis-à-vis, au coin de la rue des Ecoufles.

Il subsistoit encore sous François I, & fut un de ceux que ce Prince, en 1543, par ses Lettres voulut qu'on demolît, afin d'être partagé en plusieurs places.

Ce même Tancarville au reste, avoit encore un autre Hotel de son nom, à la rue du Roi de Sicile, que le Cardinal de Meudon acheta, & commença à rebâtir, qui est ce que nous nommons à present l'Hotel St Paul.

Le Comte de Thorigni, en 1423, logeoit dans un Hotel qui lui appartenoit, accompagné d'un jardin, & attaché à l'Hotel de la Reine Blanche; il étoit à la vieille rue du Temple, & donnoit dans celle de Paradis. Les Anglois le confisquerent, ainsi que celui de Tancarville, & le louerent huit livres parisis.

V

LES anciens Comtes de Vendosme ont eu trois Hotels, tant à Paris, qu'aux environs. Le premier, en 1309, étoit à la rue St Thomas du Louvre, où il y avoit un jardin. Le second en 1459, vis-à-vis l'Hotel de Rouen. Un troisiéme, hors le faux-bourg St Honoré, appellé la Grangebateliere; en 1473, il appartenoit à Jean de Bourbon, Comte de Vendosme; & comme c'est un fief qui releve de l'Archevêché, Jean Perot, Licentié en droit, Avocat au Parlement, & son Procureur, en fit foi & hommage pour lui, à Louis *de Bello-monte*, ou Beaumont, fils du sieur de la Forest, pour lors Evêque de Paris.

Le premier Préfident de Verdun, a demeuré quelque tems à la rue de la Chanverrerie.

La Vieuville, Sur-Intendant des Finances, a fait bâtir l'Hotel d'Epernon.

Villequier, Chevalier de l'Ordre, & premier Gentilhomme de la Chambre, avoit en 1577, fon Hotel à la rue des Poulies, qui porte encore le nom de l'Hotel de Villequier.

Jean Juvenal des Urfins, Prevôt de Paris, fi celebre dans l'Hiftoire de Charles VI, avoit fon Logis derriere St Denys de la Chartre, qui porte encore le nom de l'Hotel des Urfins, & qu'on a divifé en rues, & couvert de maifons particulieres; on dit que la Ville lui en fit prefent. Il eft certain que tant qu'il fut Prevôt des Marchands, il demeura prefque toujours à l'Hotel de Ville, ainfi que quelques-uns de fes devanciers & de fes fucceffeurs. Et ce fut devant la porte de cet Hotel, qu'en 1394, les faux temoins, fubornés par fes ennemis pour le perdre, vinrent là tout nuds, enveloppés fimplement d'un drap, lui demander pardon à genoux, par ordre du Cardinal de la Lune, Legat *à latere*.

X

LA Comteffe de Xaintonge logeoit fous Philippe de Valois, à la rue du Louvre à l'endroit où les Prêtres de l'Oratoire ont leur Eglife & leur maifon.

Z

ZAMET, Baron de Murat, que la fortune prit plaifir de nourrir, & pour ainfi dire, de l'avoir toujours entre fes bras, fit bâtir l'Hotel Zamet, appellé maintenant l'Hotel de Lefdiguieres, fur une place & quelques vieux édifices qu'il avoit achetés de Kerneremoi, Chevalier de l'Ordre : c'eft le plus grand qui fut alors à Paris.

Il eft accompagné de deux grandes baffe-cours, de galleries, d'étuves, de bains; de quantité de beaux appartemens, & fur tout d'un efcalier double, eftimé par fa fingularité.

Enfin il le rendit fi commode, & fe rendit fi agreable lui-même à Henri IV, & complaifant à fon humeur, que fous fon regne ce fut fon Palais d'amour, ou comme j'ai dit ailleurs, la maifon des menus plaifirs de ce Prince.

PALAIS DES ROIS ETRANGERS.

LA France de tout tems, auffi-bien que Paris, fe font acquis tant de nom par toute l'Europe, que les Princes fouverains, les Rois, les Empereurs, & même les Papes, font venus comme en foule & à l'envi, admirer l'étendue & la magnificence de cette Ville Capitale, & la fplendeur d'un fi grand Royaume. Dans les difcours fuivans je rapporterai les noms des Papes & des Princes fouverains qui y ont féjourné, & l'affiette des Hotels où ils ont demeuré à Paris; dans celui-ci je ne parlerai que des Empereurs, & des Rois étrangers, & des Palais où ils ont été reçus.

Ce n'est pas le lieu de dire en quel Palais ont logé les Empereurs Romains, non plus que Charlemagne, Louis le Débonnaire, Lothaire, Louis II, & Charles le Chauve; car, comme ils étoient ou Rois de France, ou de la maison de France, j'ai dit dans un discours precedent, qu'on croit qu'ils n'en ont point eu d'autre que le Palais des Thermes, bâti autrefois par les Romains, & il y a apparence que Clovis y avoit demeuré, aussi-bien que ses successeurs.

En 1201, Jean Sans-terre fut reçu à St Denys, & conduit dans l'Eglise en procession; ensuite Philippe Auguste l'amena à Paris, & le logea au Palais, où on lui fournit, & à toute sa suite, grande quantité de vins; de plus, il lui fit present de robes fort riches, de chevaux d'Espagne, & même d'or & d'argent.

En 1259, Henri III, Roi d'Angleterre, son fils aîné & son successeur, y vint avec le Comte de Glocestre, & plusieurs autres Princes: au rapport de Nangis, il logea au Palais comme son pere, & alla à St Denys, où il fut reçu par les Religieux, revêtus de leurs chappes, & y demeura plus d'un mois; & pour lors donna à l'Abbayie une chappe d'or, & un vase d'or de grand prix: il y maria Beatrix d'Angleterre sa fille, à Jean II, fils de Jean I, Duc de Bretagne, à qui l'Auteur donne seulement la qualité de Comte: outre ce mariage, il y termina les grands differends qu'il avoit avec St Louis, pour plusieurs grandes terres. Les conditions de cet accommodement furent, que Henri III cederoit au Roi toutes les pretentions qu'il avoit sur la Normandie, l'Anjou, le Maine, le Poitou & la Touraine; qu'en revanche le Roi lui donneroit le Perigord avec une grosse somme d'argent, à la charge de lui en faire hommage, ainsi que de la Guienne, du Limosin, de l'Agenois & de la Xaintonge.

Ce qu'il fit aussi-tôt en presence des Prelats & des Princes du Royaume.

Mathieu Paris assure qu'il logea au Temple, & que dès-lors c'étoit un lieu si vaste & si plein de maisons, qu'il y en avoit assés pour une grande armée; cependant que la Cour de ce Prince étoit si grosse, que tout son monde n'y pouvant pas tenir, une partie alla chercher gîte vers la Grève, & aux endroits les plus proches du Temple en ce tems-là, où ils se trouverent si à l'étroit, que la plupart de leurs chevaux coucherent dans les rues, ou en des lieux fort incommodes, & mal couverts.

Le Roi d'Angleterre traitta St Louis magnifiquement, avec tous les Grands du Royaume, dans la grande Salle du Temple; de plus, tint table ouverte à tous venants, même à tous les Pauvres, qui n'étoient pas en petit nombre, comme il ne s'en trouve que trop dans les grandes Villes. À la mode des Orientaux, les murs de la Salle étoient couverts de boucliers; entre autres s'y remarquoit celui de Richard premier Roi d'Angleterre, surnommé Cœur de Lion: un Seigneur Anglois l'ayant apperçu, pendant que les deux Rois dinoient ensemble, aussi-tôt dit à son Maître, en riant: Sire, comment avés-vous convié les François de venir en ce lieu se rejouir avec vous; voila le bouclier du magnanime Richard, qui sera cause qu'ils ne mangeront qu'en crainte, & en tremblant.

Je ne vois pas qu'en parlant de ces Rois, il y ait grand mal de faire mention de Lionne de Clarence, second fils du Roi d'Angleterre, qui allant épouser la fille de Galeasse, Comte de Milan, passa par Paris en 1368, & fut logé au Louvre avec le Roi: ensuite de quoi les Ducs de Berri & de Bourgogne en userent avec tant de magnificence au dîné & au soupé qu'ils lui preparerent à l'Hotel d'Artois, qu'ils tinrent table ouverte à tous venans.

Depuis ce tems-là, pas un autre Roi d'Angleterre n'est venu à Paris, hormis Henri V, & Henri VI, tous deux usurpateurs de la Couronne, & du titre de Roi de France; & de nos jours, Charles II, fils d'un Prince décapité par ses propres Sujets.

Quant à celui-ci sa demeure ordinaire a été au Palais Cardinal.

A l'égard des deux autres, comme ils étoient les Maîtres, ils ont logé où bon leur a semblé, tantôt au Palais, au Louvre, & à l'Hotel St Pol; tantôt aux Tournelles, & à l'Hotel de Nesle dont j'ai parlé ailleurs.

Touchant les Reines d'Angleterre, Marguerite d'Anjou, veuve de Henri VI, après la defaite de son mari, jouit pendant sa vie de six mille francs de pension que le Roi lui donnoit, & de l'Hotel d'Orleans du fauxbourg St Marceau, que Louis XI, heritier de la maison d'Anjou, donna depuis à Louet, Tresorier des chartes, & General des Aides. Peut-être pouvoit-elle être encore en possession des autres Hotels qui restoient alors des Ducs d'Anjou, & Rois de Sicile, ses predecesseurs, qui avoient vécu avec tant de splendeur.

ROIS DE SICILE.

CHARLES Comte d'Anjou, frere de St Louis, est le premier Roi de Sicile de la maison de France; en 1266 le jour des Rois, il fut couronné à Rome Roi des deux Siciles. Le premier Palais au reste, que les Rois de cette race eurent à Paris, étoit l'Hotel de Sicile, à l'endroit même où nous voyons aujourd'hui l'Hotel de St Pol, au bout de la rue du Roi de Sicile, qui conserve toujours la memoire de ce Prince, & le nom de sa maison.

Charles le Boiteux, son fils, Roi de Jerusalem, & son successeur au Royaume de Sicile, y demeura encore après lui; mais il ne lui appartint que jusqu'en 1292, qu'il le donna au Comte de Valois, son gendre, à la charge neanmoins que Marguerite de Bourgogne, seconde femme de son pere, y logeroit sa vie durant, & dans l'appartement même qu'elle y avoit toujours eu.

Les autres Rois de Sicile de la seconde race, ne se contenterent pas d'un seul Hotel. Louis, fils du Roi Jean, en avoit quatre à Paris, & deux à la campagne, qui étoient Bissestre & Cachant.

Quant à ceux de Paris, par le partage qu'il fit de ses biens en 1383, il les donna tous quatre à Louis, son fils aîné & son successeur au Royaume de Sicile, outre cela, Roi de Jerusalem, & d'Arragon. Ces Hotels étoient premierement l'Hotel d'Anjou, appellé tantôt l'Hotel d'Angiers, tantôt le Chatel d'Angiers; de plus l'Hotel de Boheme, autrement dit en ces tems-là, l'Hotel de Bahaigne: le troisiéme situé à la rue de la Tixeranderie, occupoit ce grand espace, couvert de maisons particulieres qui bordent la rue de la Poterie, & celle du Cocq, & qui s'étend jusqu'à la rue de la Verrerie. Ce fut là, au reste, que vinrent descendre après sa mort, son fils, & sa veuve en 1288, le jour qu'ils firent leur entrée à Paris, au milieu d'une foule de Ducs, de Prelats, & des Grands de France, & de Sicile: maison d'ailleurs si celebre dans l'Histoire du tems par les assemblées qu'y tinrent les Ducs de Berri, & de Bourbon, le Chancelier & les Conseillers d'Etat, pour accommoder le Duc d'Orleans avec le Duc de Bourgogne. Depuis elle passa à Louis XI avec la Provence, & quelques restes de la magnificence des Rois de Sicile; depuis elle fut vendue à divers particuliers. Un grand logis appellé la Maque, accompagné d'une très-grande salle, où on a fait autrefois tant de noces, & où en 1604 on établit la Manufacture de filer de l'or, façon de Milan, tout nouvellement alors introduite en France, ne faisoit qu'une fort petite partie de ce Palais Royal.

Le dernier enfin se trouvoit dans une partie de la rue d'Orleans, qui venoit de celle des Deux-écus, à la rue Cocquilliere, avant que Catherine de Medicis la renfermât dans son Hotel: Marie de Bretagne, sa veuve, &

Louis son fils aîné, le vendirent douze mille francs à Charles VI, qui le donna en 1388 au Duc de Touraine, depuis Duc d'Orleans.

Louis II, René & Charles d'Anjou, Rois de Sicile, enfans & heritiers de Louis de France, Duc d'Anjou, & de Marie de Bretagne, eurent quelques autres Hotels à Paris.

Le premier étoit l'Hotel d'Orleans du faux-bourg St Marceau, assis sur le bord de la riviere des Gobelins, qui appartenoit depuis, comme j'ai dit, à Marguerite d'Anjou, Reine d'Angleterre, & fille du Roi René, & qui fut uni à la couronne par la mort du Roi Charles d'Anjou avec les autres biens de cette maison, ainsi qu'il l'avoit ordonné dans son testament, où Louis XI étoit institué son heritier universel.

L'Hotel de Bar, ou de Lorraine leur appartenoit encore ; bâti alors au coin de la rue des Bernardins, sur le quai, du côté de la porte de la Tournelle. Les Anglois le confisquerent en 1423, ainsi que tout le bien de ceux qui suivoient la mauvaise fortune de Charles VII. Depuis le Roi René le donna pour cent sols par an de reconnoissance à Dorin, Clerc de la Chambre des Comptes, & à Perrine, sa femme, Lavandiere de Louis XI, leur vie durant, afin de s'acquitter des mille écus qu'il leur avoit promis en mariage.

Il y avoit encore deux autres Hotels de Bar : l'un renfermé depuis dans le Monastere des Celestins ; l'autre placé à la rue des Murs : que s'ils étoient encore au Roi Charles, & à René, il n'y a point de doute, qu'après leur mort ils passerent à Louis XI de même que les autres.

Mais comment passerois-je sans un Maître des ceremonies, aux Rois de Pologne, de Navarre, de Portugal, d'Ecosse, de Boheme, & d'Armenie, qui sont venus à Paris, & le moyen d'assembler tant de Monarques si jaloux de leur rang & de leur preseance ? Pour éviter noise, commençons par ceux qui sont venus les premiers.

ROIS DE NAVARRE.

HENRI, Roi de Navarre, avoit une maison de plaisance à la rue des Boucheries, où est maintenant la Foire, qu'on appelloit l'Hotel de Navarre en 1292.

Jeanne, Reine de France & de Navarre, avoit son Hotel à la rue St André, près la porte de Bussy, du côté de la rue, & de la porte Dauphine, qu'elle donna en 1304 pour y établir un College de soixante & dix écoliers : mais ses executeurs testamentaires le vendirent afin de bâtir à la Montagne Ste Geneviéve, le College de Navarre.

En 1317 Louis de France, fils de Philippe le Hardi, & pere de Philippe Roi de Navarre, acheta de Raoul de Presles, Avocat au Parlement, trois mille livres de bons petits parisis, quelques maisons, jardins, vignes, & terres labourables, qu'il avoit au fauxbourg St Germain dans la rue des Boucheries, à l'endroit même, où depuis on a dressé les halles de la Foire, & qui se nommoit en 1476 le lieu dit la *Blanche oye*. Après sa mort, ce fut l'Hotel de Navarre, & il s'appelloit encore ainsi en 1398 & 1399, lorsque Charles VI le donna au Duc de Berri, & que ce Prince le ceda au Monastere de St Germain des Prés, pour s'affranchir de neuf livres neuf sols quatre deniers parisis de fonds de terre, & de rente annuelle, que ce Couvent prenoit sur son Hotel, & son Sejour de Nesle. Il n'avoit pas même encore quitté son nom, non seulement en 1489, quand l'Abbé de St Germain acheta de Sandrin, le passage, ou l'allée qui conduit de la rue des Boucheries à la Foire, & qu'on nomme la porte Greffiere, ou la porte de la Treille, mais encore en 1476, 1500, 1608, lors que les Religieux vendirent cette maison Royale à des particuliers.

Jeanne

DE LA VILLE DE PARIS. Liv. VII.

Jeanne de France, Reine de Navarre, & femme de Philippe, Comte d'Evreux, mourut à Conflans, près de Charenton en 1349, comme il paroît par son epitaphe, qu'on voit à St Denys dans le chœur.

Blanche de Navarre, sa fille, femme de Philippe de Valois, avoit trois Hotels à Paris, un à la rue de Paradis, un autre au fauxbourg St Marceau, le troisiéme à la rue de la Tixeranderie, qui après sa mort appartint à Pierre de Navarre, Comte de Mortain, son neveu.

J'ai déja dit qu'en 1357, Charles de France, Regent du Royaume, pendant la prison du Roi Jean, ayant été contraint de recevoir à Paris Charles, Roi de Navarre, le flambeau fatal de la France, son beau-frere lui donna l'Hotel de Nesle, situé près du Pont-neuf, à la charge que mourant sans enfans mâles, il seroit réuni à la couronne. Cependant il y a grande apparence que cette donation n'eut pas lieu, puisqu'enfin ce logis ne passa point à Charles le Noble son fils & son successeur au royaume de Navarre.

En 1380, il en avoit un autre placé dans trois rues, savoir celle du Chaume, celle des Bouchers, & la rue de l'Echelle du Temple.

Lui-même encore, aussi-bien que ses successeurs Rois de Navarre & Ducs de Nemours, en eurent un autre près de là, au coin de la rue de Paradis, où les Ducs de Guise ont un grand manege decouvert appellé sa cour aux arbres. Louis XI le confisqua & l'unit à la Couronne avec les autres biens du compte d'Armagnac, Duc de Nemours, à qui il fit trancher la tête.

Ils en ont encore eu un long-tems près St Hilaire, nommé tantôt l'Hotel de Blois, tantôt l'Hotel d'Albret, qui fut adjugé en 1435, pardevant le Prevôt de Paris; au profit des Religieux de Ste Genevieve, faute de leur en avoir payé les lods & ventes, mais qui apparemment ne fut point delivré. Car en 1520, les Princes de cette maison en donnerent une partie aux Religieux de la Merci, pour y établir un College de ce nom-là; & dont il reste encore quelque édifice qu'on appelle la Cour d'Albret.

Antoine de Bourbon Roi de Navarre, & Jeanne d'Albret sa femme, ont eu aussi deux Hotels à Paris.

Le premier dans la Cité à la rue St Christophe, dans un vieux logis de pierre de taille, dont la principale entrée est rehaussée de leurs armes; l'autre au bout de la rue du Roi de Sicile, qu'on appelle maintenant l'Hotel St Pol, & autrefois l'Hotel de Sicile, comme j'ai dit auparavant.

Dès l'année 1572, ni l'un ni l'autre n'appartenoient plus à cette Princesse; car alors étant venue à Paris pour le mariage de son fils avec Marguerite de France, elle se retira à la rue de Grenelle à la maison de l'Evêque de Chartres, où elle mourut d'une inflammation de poulmon & d'une fiévre continue, causée, à ce que disent quelques-uns, pour s'être échauffée à courir de côté & d'autre, afin que tout fut prêt le jour des noces, & avoir de quoi faire les presens accoutumés. Il y en a qui tiennent que cela vint de gands empoisonnés que lui vendit un certain René Parfumeur, qui n'étoit pas apprenti à faire de tels coups, comme en ayant déja fait mourir bien d'autres, tant Prinçes que Princesses & de toutes qualités.

Au reste lorsque le Roi de Navarre son fils arriva, le Prevôt & les Echevins revêtus de leurs robes de livrées, accompagnés de quelques Conseillers & Bourgeois, habillés de leurs robes ordinaires & escortés de leurs Archers, Arbalêtriers & Arquebusiers à cheval, parés de leurs robes & hocquetons, l'allerent saluer & haranguer au Faux-bourg. Quantité de Princes & autres Grands Seigneurs vinrent aussi au-devant, & tous lui tinrent compagnie jusqu'au Louvre, où il descendit & logea.

Pour ne rien omettre de tout ce qui regarde les Palais des Rois & Reines de Navarre, je suis obligé de remarquer que si Marguerite de France derniere Reine de Navarre, a eu deux enfans, à ce que dit Dupleix, & même le bruit en est tout commun, elle accoucha d'un à la premiere chambre de certain logis de la rue du Four, qui regarde celle des Deux-écus; chambre qui est

Tome II.   I i

encore ornée du même parterre de parqueterie & de la même cheminée de marbre de diverses couleurs, enrichie, dit-on, pour elle, d'un tableau assés bien peint pour le tems, qu'on fit faire.

En 1573, Henri son frere à son départ pour aller prendre possession du Royaume de Pologne, lui donna son Hotel d'Anjou, que nous appellons maintenant l'Hotel de Longueville, afin, dit-on, d'exposer à ses yeux à tout moment un lieu où il avoit passé avec elle tant de douces heures, & pris tant de plaisir à sa compagnie. Elle le garda jusqu'en 1580, & pour lors elle en fit don à Pybrac son Chancelier, personnage vieux & decrepit, & qui ne laissoit pas de s'attendre à recevoir de sa Maitresse & de ses services des faveurs plus secrettes & plus grandes.

Quand elle vint à Paris en 1605, elle descendit au Cloître Notre-Dame, chés l'Evêque de Rieux son Chancelier, où par ordre du Roi, la Ville l'alla saluer & lui porta des flambeaux blancs avec des confitures. Depuis elle passa le reste de ses jours le plus delicieusement qu'il lui fut possible, dans une grande maison qu'elle fit bâtir à la rue de Seine, & qui regnoit le long du Quai jusqu'au Pré aux Clercs ; elle avoit même remué une grande partie de la terre de ce grand Pré, pour y conduire de longues & larges allées bordées de haies & de fossés, que nous y avons vûs, & dont il reste encore bien des traces. Là, souvent elle venoit se promener en litiere avec la bande voluptueuse de ses Courtisans. On l'appelloit le Cours de la Reine Marguerite. Quoiqu'elle ne soit morte qu'en 1615, il ne reste plus rien de tout cela, que la Chapelle de la Vierge des Petits-Augustins, où tous les jours à une heure après midi elle alloit entendre la Messe, qu'elle faisoit chanter par sa Musique le plus gaiement & le plus plaisamment qu'il se pût. Son Palais a été tellement renversé qu'on n'y connoît plus rien.

Passons aux Rois de Boheme & d'Armenie, puisqu'il vinrent à Paris avant ceux de Portugal, d'Ecosse & de Pologne.

ROI DE BOHEME.

JEAN de Luxembourg, Roi de Boheme, fils de l'Empereur Henri VII, & frere de Marie de Luxembourg, Reine de France, & seconde femme de Charles le Bel, tant qu'il demeura à Paris, logea à l'Hotel de Nesle, qui, comme j'ai dit souvent, fait partie de l'Hotel de Soissons.

Philippe, Comte de Valois, Regent de France & de Navarre, après la mort du Roi, & pendant la grossesse de la Reine, à qui appartenoit cette maison, lui en fit present en 1337, si-tôt qu'il fut en possession de sa Regence. Les Lettres au reste qu'il fit expedier sont remarquables pour quatre choses singulieres.

La premiere est qu'il ne scella ni du sceau du Roi, ni de celui dont il se servoit depuis qu'on l'avoit reconnu Regent, mais du sien propre, dont il se servoit avant la Regence. De plus elles portent, qu'il lui donne sa maison par une pure liberalité, comme pour avoir la gloire de faire des presens à un grand Roi. Outre cela il le traite de son très-cher & feal de même que s'il eut été son sujet ou son inferieur.

La derniere chose enfin digne d'être consideré, c'est qu'à l'égard de cette maison, il s'y reserve la justice & la souveraineté ; afin peut-être que la France ne comptât pas seulement parmi ses vassaux les Rois d'Angleterre, mais encore ceux de Boheme ; & que lui-même, tout sujet qu'il étoit, pouvoit en user en souverain dans le Palais d'un Roi, & fils d'un Empereur tout ensemble.

On croit que le Roi de Boheme demeura long-tems dans cet Hotel, puisqu'il prit son nom ; mais, à la maniere de ce tems-là, tantôt on l'appella l'Hotel de Behaigne, de Behaingue, tantôt de Bochaine & de Bohaigne, au lieu de dire de Boheme. Sous Charles VI, il conservoit encore tous ces noms, & ce sont ceux que les Historiens & les Chartes de ce siecle lui donnent, quoiqu'il appartînt alors à Louis de France Duc d'Orleans.

ROI D'ARMENIE.

LEON de Luzignan, Roi d'Armenie, dépouillé de son Royaume par les Tartares, qui de plus avoient massacré sa femme & ses enfans, arriva à Paris en 1385, où Charles VI, & toute sa Cour lui firent un très-grand accueil.

Froissard qui y demeuroit alors, rapporte que le Roi lui donna la maison de St Ouen, la plus celebre & la plus superbe qui fût en France, & six mille francs de rente, pour soutenir sa dignité avec quelque éclat, outre cinq mille qu'il lui donna comptant, afin de se meubler & s'équiper. Il me faudroit trop de tems pour prouver combien cette somme étoit alors considerable; mais enfin s'il faut croire le même Froissard, quand il vint, il n'apporta avec lui pour tout bien qu'un grand cœur, beaucoup de merite & une haute reputation. Cependant Juvenal des Ursins, qui vit souvent ce grand Prince, assure que le débris de sa fortune n'avoit pas été si malheureux, qu'il n'eut sauvé quantité de bijoux precieux & même quelques trésors. Après cela je demanderois volontiers quelle foi on doit ajouter aux Historiens contemporains.

Au rapport de ces deux Historiens, aussi-bien que de tous les autres de leur tems, il fut mediateur de la paix entre la France & l'Angleterre; & sur ses remontrances, il fut envoyé de part & d'autre des Plenipotentiaires à Boulogne; mais enfin toute la peine qu'il avoit prise, demeura inutile par l'arrogance des Anglois.

Il mourut en 1393 au Palais des Tournelles, qui appartenoit au Chancelier d'Orgemont, situé à la rue St Antoine, vis-à-vis l'Hotel Royal de St Pol, où nos Rois faisoient leur sejour ordinaire. On l'enterra aux Celestins à la maniere des Rois d'Armenie; ses amis & ses domestiques habillés de blanc, portoient des flambeaux de cire blanche; son corps couché sur un lit blanc, étoit vétu d'habits Royaux de la même couleur & sa tête ceinte d'une couronne d'or. A cette pompe funebre assisterent quantité de Princes, de Grands-Seigneurs & une infinité de peuple.

ROI DE PORTUGAL.

ALPHONSE V, Roi de Portugal, vint en France en 1476 imploter le secours de Louis XI contre Ferdinand, Roi d'Arragon qui lui avoit enlevé la Castille, & même Jeanne sa femme & sa niece à qui elle appartenoit.

On le logea à la rue des Prouvelles, dans la maison d'Herbelot, Marchand & Bourgeois de Paris. Il fut au Parlement avec le Chancelier entendre plaider Haste, Archidiacre de Paris & Avocat General, contre Brabant, Avocat en Parlement & Curé de St Eustache.

Qu'on ne s'étonne pas ici qu'un Avocat General fût Avocat des Parties; en ce tems-là cela se faisoit, & ce n'est que de nos jours que les choses ont changé. Devant lui, fut reçu un Docteur en Theologie dans la grande Salle de l'Evêché. On le mena au Châtelet. Il se fit une procession du Recteur qui passa pardevant son logis; & enfin Gaucourt, Gouverneur de Paris,

Tome II. I i ij

lui tint toujours compagnie, & toujours fut traité magnifiquement chés lui.

ROI D'ECOSSE.

EN 1536, lorfque Jaques V, Roi d'Ecoffe, vint à Paris pour époufer Madelaine de France, fille de François I, fuivant les Regîtres de l'Hotel de Ville, il fut logé à l'Hotel de Cluni, jadis l'Hotel des Thermes, dont j'ai parlé ailleurs; & cependant les Regîtres du Parlement portent que ce fut dans la maifon Epifcopale que le Prevôt des Marchands lui vint rendre fesdevoirs, & où il fut defrayé aux depens de la Ville tant qu'il y demeura, jufqu'au jour de fon mariage. Quant à l'entrée qu'on lui fit, elle fe voit dans le Ceremonial François.

ROI DE POLOGNE.

LA demeure de Henri de France, Duc d'Anjou, lorfqu'il fut élu Roi de Pologne, étoit l'Hotel d'Alençon, nommé alors l'Hotel d'Anjou & maintenant de Longueville. C'eft-là que du Guaft, favori de ce Prince & Colonel general des fix mille Gafcons qu'il avoit promis de lever, fit apporter toutes les armes qui leur étoient neceffaires.

Quand les Ambaffadeurs arriverent pour le venir querir, il ne les logea point ailleurs; & enfin lorfqu'il partit; il fit prefent de cet Horel, ainfi que j'ai dit, à Marguerite Reine de Navarre, qu'il aimoit à ce qu'on pretend plus qu'un frere ne doit, mais qu'elle n'aimoit pas tout-à-fait fi éperduement.

LA REINE DE SUEDE.

CHRISTINE Alexandre Reine de Suede, cette favante & jeune Heroïne, après avoir renouvellé dans notre fiecle l'exemple de ces grands Princes, qui d'eux-mêmes font defcendus du trône, & ont foulé aux pieds le fceptre & la couronne, arriva à Paris en 1656 le fix Septembre, la Cour alors étant à Compiegne; de forte qu'elle fut logée au Louvre dans l'appartement du Roi, qu'on avoit paré des plus beaux meubles de la Couronne. Elle y reçut les complimens des Cours Souveraines, du Châtelet, de l'Hotel de Ville, & même de l'Academie Françoife. Chaque chef de ces compagnies porta la parole, hormis celui de l'Academie; car comme il étoit Chancelier de France & l'organe du Roi, Patru, Avocat en Parlement, que quelqu'un appelle le Quintilien François, fut choifi tout d'une voix pour faire la harangue.

On montra à cette Princeffe les principales beautés de la Ville & fes raretés. On lui fit voir la Sorbonne, le Maufolée du Cardinal de Richelieu. Elle alla à la Bibliotheque du Roi, l'une des plus curieufes du monde, quoique ce ne foit pas la plus nombreufe. Elle vit le Palais Mazarin, qui lui fembla effacer par la multitude de fes meubles & de fes richeffes, tout ce qu'elle avoit vû en Allemagne & aux Payis-bas.

Enfuite elle paffa en Italie, d'où étant retournée à Paris, elle demeura quelques jours au Palais Mazarin, & encore au Louvre dans l'appartement du Cardinal qui lui ceda la principale partie, mais non plus dans celui du Roi, ni même de la Reine, parce qu'ils les occupoient.

DE LA VILLE DE PARIS Liv. VII.

Bientôt après elle établit son séjour ordinaire à Fontainebleau, où elle fit tuer par Santinelli, son grand Ecuyer, dans la gallerie des Cerfs, & presqu'à sa vue, Monaldeski, grand Maitre de sa maison, en grand credit auprès d'elle.

De ceux qui en recherchent la cause, les uns parloient de Monaldeski comme d'un fourbe, & c'est ce qui avoit porté la Reine à en user ainsi. D'autres l'accusoient d'avoir eu la langue un peu trop longue, & que s'il eut été plus discret, cela ne lui fut pas arrivé. D'autres qu'en effet ce n'étoit qu'un vrai fourbe & un mal avisé & qu'il n'avoit eu que ce qu'il méritoit.

Mais laissant-là le mort, bien du monde trouvoit étrange le procedé de cette Princesse ; & quoique quelques-uns pour l'excuser alleguent qu'une Reine peut par tout faire justice de ses domestiques, que la Reine de Suède en cette occasion ne devoit point avoir recours à personne non pas même aux Rois ni à l'Empereur ; qu'elle s'étoit servie du seul moyen qui lui restoit de se faire justice ; qu'en tous lieux elle étoit maitresse de la vie de ses gens ; & qu'enfin par cet exemple de justice extraordinaire elle vouloit faire connoître qu'elle n'avoit point encore effacé toutes les traces de sa souveraineté passée.

Avec tout cela ceux qui trouvoient à redire à cette action ne pouvoient souffrir telles raisons; & que quelque chose qu'on pût dire, cela sentoit son Goth & son Barbare.

LE ROI D'ETHIOPIE.

ON a vu long-tems roder dans Paris un certain Zaga-Christ, fils, à ce ce qu'il disoit, d'un Roi d'Ethiopie depouillé de son empire & massacré avec une cruauté inouie.

Cet homme avoit été par tout payis, allant de Royaume en Royaume, pour tacher de remedier à sa mauvaise fortune, sans trouver personne qui voulût le soulager ni lui donner un abri.

D'abord qu'il fut à Paris il marcha par les rues avec quelque suite qui lui attiroit celle du peuple & des petits garçons. Depuis il a vécu un certain tems de quelques deniers de l'épargne, que lui faisoit delivrer bien petitement le Cardinal de Richelieu, pour montrer qu'il n'en tenoit pas grand compte, & qu'il le croyoit un imposteur. Ensuite ce secours lui manquant & n'ayant pas dequoi subsister, quelques Dames charitables prirent soin de lui, l'entretinrent en Gentilhomme dans une Academie, & lui firent apprendre ses exercices. A la fin il gagna sa vie à la sueur de son corps vigoureux avec d'autres Dames plus charitables, & en plus grand nombre. Il est mort miserable à Ruel, où il étoit allé faire sa cour au Cardinal de Richelieu; & pour lors un Bel-esprit composa cette Epitaphe.

Cy gist du Roi d'Ethiopie
L'Original ou la Copie.

EMPEREURS.

EN 1377, Charles IV, Empereur, & Venceslas, Roi des Romains, vinrent à Paris, descendirent au Palais, & après logerent au Louvre & à l'Hotel St Pol, &c.

En 1400, Emanuel Paleologue, Empereur de Constantinople, que l'Auteur qui a écrit la vie du Maréchal de Boucicault, appelle Carmanoli, & que Bajazet Roi des Turcs avoit depouillé de la meilleure partie de son Empire, vint à Paris implorer le secours du Roi, & fut logé au Louvre, où il apprit la nouvelle de la prise de Besita.

En 1415, l'Empereur Sigismond, à la priere du Concile de Constance, s'en allant en Arragon avec les Ambassadeurs du Concile, à dessein de parler tout de bon aux deux Antipapes, pour mettre fin au Schisme & redonner la paix à l'Eglise, en chemin faisant, il se trouva à Paris. La Chronique de Charles VI & de Charles VII, disent qu'il étoit accompagné de huit cens chevaux; qu'il entra par la porte St Jaques: ce que confirme Monstrelet, & qu'il logea au Louvre. Deux jours après qu'il fut arrivé, par deux fois, il traita à diné à l'Hotel de Bourbon, les Damoiselles & les Bourgeoises de Paris les plus honnêtes, & la derniere fois il leur fit present d'un jouet.

Avant que de partir, il fit savoir au Roi qu'il souhaitoit avec passion de faire la paix entre la France & l'Angleterre. Le Roi au reste & tout ce qu'il y avoit de Princes le regalerent comme à l'envi.

LIEUX HABITE'S PAR DES PERSONNES
sanctifiées, ou en reputation de sainteté.

JE ne sai si un homme tel que moi, qui ne peut souffrir la Tradition, lorsqu'elle veut se mêler de parler d'Histoire, peut dire que St Denys, l'Apôtre de la France, a logé à Notre-Dame-des-Champs; & de plus, a été prisonnier à St Denys de la Chartre, près la prison du For-aux-Dames.

Et de même, que St Marcel, Evêque de Paris, naquit à la rue de la Calandre, devant S Germain-le-vieux, dans une petite maison, dont la porte est accompagnée des figures de St Marcel & de Ste Genevieve; & à cause de cela, c'est la seule de la Cité qui paye cens & rentes aux Chanoines St Marcel, quoique ce ne soit que depuis 1230, que les Templiers leur en firent le transport.

Je devrois encore bien moins dire que Ste Genevieve a demeuré dans l'Eglise de Ste Genevieve des Ardens, puisqu'il n'y a que le petit peuple qui l'assure, ni pareillement qu'elle soit morte sur la Paroisse St Jean, à un certain Monastere de Filles, qu'elle avoit fondé: quoiqu'un Religieux de Ste Genevieve, du neuviéme siecle, le rapporte au Livre qu'il a fait des miracles arrivés après la mort de cette Patrone de Paris.

Pour ce qui est de St Landri, qu'on met au nombre de nos Evêques, bien que jamais il n'ait été Evêque de Paris, comme l'ont prouvé les sieurs Launoy & les Valois; quelle apparence de croire qu'il ait fondé l'Hotel-Dieu dans la maison où il demeuroit? puisque personne jusqu'à present n'a pu decouvrir l'origine de ce celebre Hopital.

Du reste, on ne doute point que Gregoire Evêque de Tours, illustre & par ses ouvrages & par sa sainteté, n'ait logé à St Julien le Pauvre; car il le dit lui-même au sixiéme livre de son Histoire.

Chacun sait que St Eloi Evêque de Noyon, fonda un Monastere de trois cens filles, qu'on appelle encore le Prieuré de St Eloi, & cela dans une maison qu'il devoit à la liberalité de Dagobert, ainsi qu'il se voit dans sa vie écrite par St Ouen.

Tout le monde croit que St Merri finit ses jours au lieu même où depuis a été bâtie l'Eglise de St Merri; ce que Usuard rapporte, & après lui Vincent de Beauvais, & l'Auteur de la vie de ce grand Saint.

Enfin on tient que St Severin, Moine Solitaire ou Reclus, a fait une longue penitence à l'endroit même où est à present l'Eglise St Severin; & même Usuard prétend qu'il mourut à Paris le vingt-trois Novembre; mais comme les uns tiennent qu'il vivoit sous Childebert, & que d'autres le nient; à tout hazard je l'ai voulu placer ici.

Je laisse là le Pere du Beuil & du Saussai, Evêque de Toul, qui veulent à toute force que St Fiacre & St Josse ayent logé dans l'Eglise St Josse, bien que tous deux peut-être ne soient jamais venus à Paris; & que d'ailleurs l'Eglise de St Josse est moderne, & bâtie sur les ruines de quelques maisons particulieres.

A l'égard de St Ignace & de St François-Xavier; l'un & l'autre ont logé & étudié au College de Ste Barbe.

Je ne veux pas ici oublier le Pere Bernard, si renommé pour sa vie exemplaire, que nous avons vu demeurer à la rue de la Harpe, dans une petite maison attachée à un jeu de Paulme couvert, vis-à-vis la Fontaine de Cluni, & où même il est mort.

Voila tout ce que je sai des personnes saintes, ou mortes en opinion de sainteté, qui ont logé à Paris.

LIEUX A PARIS OU DES PAPES ONT LOGE'.

DANS les murs de Ste Genevieve se voit une porte de Ville flanquée de deux tours, que le peuple appelle la Porte Papale, sans qu'on en sache la raison; car même je ne pense pas qu'on l'ait jamais ouverte. Elle fut faite sous Philippe Auguste, bien long-tems après cet Alexandre III, qui vint en cette Ville; or depuis lui, aucun Pape n'a passé par cette porte-là, & même il n'en est point venu à Paris. Ce pourroit être la porte par où les Legats faisoient leur entrée à Paris.

Le premier Pape que jamais les François ayent vu à Paris dans les premiers siecles de la Monarchie, est Etienne III, lorsqu'il vint implorer le secours de Pepin contre Haishilphe Roi des Lombards, qui s'étoit emparé des terres de l'Eglise. Par une lettre qu'il écrivit à l'Abbé Reginon il paroit qu'il y fut fort malade, d'où s'étant retiré à St Denys pour prendre l'air, son mal le reprit, & le mit si bas, qu'il se vit abandonné des Medecins, neanmoins il ne laissa pas d'en guerir, mais par un pur miracle.

Calixte II, y vint depuis vers l'an 1119, & c'est lui qui accorda à l'Abbé de Vendosme, le privilege que le savant Pere Syrmond a raporté dans ses Notes sur les œuvres de cet Abbé; mais nous ne savons point où il demeura.

En 1131, du tems de Louis le Gros, Innocent II étant passé en France pour lui demander son assistance contre l'Antipape Anaclet, le Roi le reçut avec tant d'honneur, que lui, la Reine & leurs enfans, allerent au devant jusqu'à St Benoit sur Loire, & lui baiserent les pieds. A leur exemple, le Roi d'Angleterre vint à Chartres lui rendre aussi ses devoirs, &

se jetta tout de même à ses pieds, l'assurant encore de sa protection. Il celebra la Fête de Paques à St Denys avec tant de solemnité, que j'ai bien voulu en grossir mes preuves, & la rapporter tout au long, telle qu'elle se lit dans Suger. Trois jours après il vint à Paris, & on dit qu'il institua la Fête de Ste Genevieve des Ardens, mais on ne sait point où il logea; ensuite après avoir visité la plupart des Eglises du Royaume, il établit sa demeure à Compiegne & à Auxerre.

Eugene III, au retour de Reims où il avoit tenu un Concile, vint aussi à Paris; le Roi, l'Evêque, le Clergé, & toute la Ville, furent au devant, & le conduisirent à Notre-Dame : ceux de Montmartre tiennent qu'il dédia leur Eglise, & les Religieux de Ste Genevieve de leur côté, qu'il logea dans leur Abbayie; mais enfin il est certain qu'un jour y voulant officier pontificalement, un tel different survint entre ses gens & les Chanoines, que le Roi pensant faire cesser le desordre, recut un coup de poing

Alexandre III fit aussi son entrée à Paris en 1162, où il passa le Carême, & celebra la Fête de Paques; peut-être dedia-t-il l'Eglise St Germain des Prés, & prêcha le même jour au Pré aux Clercs, ainsi que veulent les Religieux. Mais on n'est pas encore plus savant : non plus que des autres, touchant le lieu où il logea. A son occasion je ne trouve pas qu'il soit hors de propos de parler de ses neveux, l'un nommé Jean, l'autre Roger, créé Cardinal en 1178; & le dernier, Blaise, tous trois ses Chapelains, qu'il envoya à Paris en 1162, pour étudier, & s'acquerir une connoissance parfaite de tout ce qui regarde la discipline de l'Eglise, avec des Lettres de recommandation au Chapitre de la Cathedrale, si obligeantes, qu'il le prioit de les recevoir dans les maisons du Cloître, quoiqu'il pût en user autrement & avec autorité, & même le dispenser de son serment, & du statut qu'il lui en donnoit, de n'y admettre que des Chanoines; mais bien plus, sa modestie fut si grande, qu'il ajouta qu'au cas qu'ils lui accordassent ce qu'il leur demandoit, leur devotion en seroit beaucoup plus meritoire.

Enfin il est certain que Boniface IX, bien avant que d'être Pape, comme n'ayant encore que les Mineurs, vint faire ses études à Paris, & demeura encore au Cloître Notre-Dame, où il fut entretenu par le Chapitre; ce qu'il reconnoit lui-même dans une Bulle de l'année 1400, en ces termes : Que l'Eglise de Paris, comme une bonne mere pourroit faire à son fils, lui avoit presenté la mamelle, & nourri de son propre lait, outre les autres graces & tant de bienfaits, dont elle l'avoit honoré.

Mais aussi qu'on ne m'accuse pas d'avoir oublié l'arrivée d'un autre Pape, en 1338, qui pourtant n'est fondée par quelques gens, que sur une épitaphe Latine de ce tems-là, dressée aux Cordeliers, contre un des piliers de l'Eglise, où il est fait mention de la semaine des deux Jeudis, ce qui a peut-être donné lieu au proverbe : Il payera ses dettes la semaine des trois Jeudis, trois jours après jamais. Afin, dis-je, qu'on ne m'accuse pas d'avoir oublié cette belle histoire de la semaine des deux Jeudis, c'est que même je ne ferai aucune difficulté d'avouer en ceci mon ignorance; & qu'enfin il faut un autre Oedipe que moi pour développer cette énigme. Car d'alleguer avec le peuple, que certain Pape voulant faire son entrée à Paris un Jeudi, & que ce jour-là comme il ne fit que pleuvoir, il remit la partie au Vendredi, ordonna que tel Vendredi seroit appellé Jeudi, & qu'on mangeroit de la viande pour rendre cette solemnité plus remarquable, ce seroit s'arrêter à un conte de vieille, qui n'a jamais été inventé que pour amuser, ou endormir les enfans, n'ayant autre fondement qu'un voyage pretendu de Benoit XII, qui n'est jamais venu à Paris : ce conte de vieille neanmoins, est ce que les vieilles gens croyent lire dans cette ancienne épitaphe des Cordeliers, que voici, & que je serois bien aise qu'on m'eut expliquée.

Hic

DE LA VILLE DE PARIS. Liv. VII.

Hic Nicolaus felicis Mimi de sancto Quirico, Civis civitatis Senarum, qui obiit anno Domini M CCC XXXVIII, die Dominicâ, duobus Jovis mensis Augusti.

HOTELS DES CARDINAUX.

PIERRE Bertrand, Evêque d'Autun, Cardinal, & de plus si renommé sous Philippe de Valois, pour avoir defendu avec tant de vigueur & de reputation les droits de l'Eglise contre Pierre de Cugnieres, demeuroit à la rue St André des Arts, au lieu même où il a fondé le College du Cardinal Bertrand. De plus il eut un autre Hotel composé de plusieurs logis particuliers qu'il acheta, & appellé la grande & la petite Savoie, qu'il fit bâtir à la rue du Noyer, si spacieux au reste qu'il s'étendoit à celle des Quatre-fils, celle de l'Echelle du Temple & à la rue du Chaume de côté & d'autre. Depuis en 1374, Jean de la Grange, Grand Prieur de France & Seigneur temporel des rues où il étoit assis, lui accorda sa vie durant, la permission d'élever à la rue du Chaume une grande gallerie de communication qui conduiroit de l'un à l'autre logis; & même il y a grande apparence qu'il continua la même grace au Duc de Berri, au Comte de Savoie, à Montagu, souverain Maître d'Hotel de Charles VI, & à la plupart de ceux à qui cette maison appartint jusqu'en 1433 & 1436. Quoi qu'il en soit en 1433, en vertu du privilege aux Bourgeois, & d'une adjudication par decret, le Prevôt de Paris delivra cet Hotel au Grand Prieur, pour les rentes de fonds & de terre qui ne lui avoient point été payés par les proprietaires pendant plusieurs années; & ordonna depuis par une autre Sentence de l'année 1436, qu'il seroit loué, & les deniers qui en proviendroient employés aux reparations.

Brande de Chatillon, Cardinal & Evêque de Lisieux, l'un des Emissaires de Henri Roi d'Angleterre & en grande consideration auprès d'Innocent VII & de Gregoire XII, demeuroit en 1423 à la rue St André contre l'Hotel du Comte d'Eu.

Simon de Cramault, presque aussi celebre sous le Regne de Charles VI, qui de Maître des Requêtes devint Chancelier du Duc de Berri, Evêque de Poitiers, d'Agen, de Bezieres, de Carcassonne, d'Avignon, enfin Archevêque de Reims, Patriarche d'Alexandrie & Cardinal, avoit une maison à la rue Poupée, qu'Henri, Roi d'Angleterre & usurpateur de la France, confisqua en 1423 & donna à Branlart Conseiller au Parlement, en haine de ce qu'il n'avoit point voulu abandonner le parti de Charles VII. Outre ce logis il en avoit un autre au fauxbourg St Marceau à la rue Moufetard, dont les ruines conservent toujours le nom, & qu'on appelle encore le Patriarche. C'étoit apparemment une maison de campagne où il venoit se divertir, & encore afin d'être proche de la Cour quand le Roi se retiroit en ce quartier-là pour prendre l'air. Depuis elle appartint au Cardinal Bertrand, Patriarche aussi-bien que lui, mais de Jerusalem, & qu'il donna avec cinq cens livres de rente pour augmenter la fondation du College de St Michel. Ce logis enfin nommé tantôt Patriarche simplement & tantôt du Patriarche, est cette même maison si renommée dans l'histoire de Charles IX, où les Huguenots par sa permission faisoient leur prêche & la Cene, & d'où en 1561 ils sortirent en furie le jour de St Jean l'Evangeliste pour piller St Medard & maltraiter les Paroissiens qui s'y trouverent.

Pierre de Foix, surnommé le jeune, pour le distinguer de son grand oncle, qui n'étoit pas moins illustre que lui, traita magnifiquement en 1478, à l'Hotel d'Estampes près la Bastille, le Duc & la Duchesse d'Orleans, le Vicomte & la Vicomtesse de Narbonne, les fils du Comte de Vendosme & du Duc de Cleves, avec toutes les Dames & les Seigneurs de leur suite. Le lendemain, Charles, Archevêque de Lion, Cardinal de Bourbon, les

Tome II. Kk

regala encore plus magnifiquement dans la gallerie du petit Bourbon. Comme ce Prince aimoit la bonne chere, à compter tous les festins superbes qu'il a fait au petit Bourbon, on pourroit avec raison l'appeller le grand Traiteur de son tems. Et de fait en 1480, il y traita splendidement le Cardinal St Pierre *ad vincula*, Legat *à latere*, venu en France pour faire la paix entre le Roi & le Duc de Bourgogne. Depuis en 1482, les Ambassadeurs de l'Archiduc d'Autriche, envoyés en France pour conclure la paix & le mariage de Charles Dauphin & de Marguerite d'Autriche, furent surpris de sa magnificence, de la façon qu'il les y regala. En 1483, il y fit encore grande chere à Anne de France, Duchesse de Beaujeu, le jour qu'elle y fit son entrée en qualité de fille du Roi, pour de-là aller recevoir en Picardie Marguerite d'Autriche qu'on devoit mettre entre les mains de son mari.

Je laisse-là bien d'autres festins, & tous superbes, qu'il seroit ennuyeux de raporter, outre qu'il ne font rien à mon sujet.

Je ne dirai point encore que Louis, Cardinal de Bourbon, Archevêque de Sens, mourut dans le même Palais; mais seulement qu'à sa pompe funebre, le Parlement qui y assista, deffendit aux Huissiers de la Cour des Aides d'y porter des baguettes sur peine de cinq cens livres d'amende; que la Chambre des Comptes marcha à la gauche du Parlement, quoique la Cour lui eut fait deffenses de prendre ce rang-là à peine de dix mille livres; & enfin que les Chanoines de St Germain, parce que l'Hotel de Bourbon est situé dans leur Paroisse, voulant aller les derniers, & chanter au prejudice du Chapitre de Notre-Dame, qui s'étoit trouvé à ses funerailles accompagné de toutes les Paroisses: le Chantre alors escorté de ses Bedaux, les contraignit à grands coups de poings de marcher devant & de ceder la place à l'Eglise Cathedrale.

Quant à Charles, dernier Cardinal de Bourbon, il mourut dans la Maison Abbatiale de St Germain des prés, qu'il avoit fait bâtir en 1586 à la place de l'ancienne, où ses devanciers avoient toujours demeuré; & c'est ce grand corps de logis de brique & de pierre que nous y voyons maintenant, qui du côté de la cour est enrichi d'un portique, & du côté du jardin d'une gallerie, ou longue & large serre entourée de têtes de Cerfs admirables pour leur singularité; les unes sont d'une grandeur & d'une grosseur demesurée; les autres jettent tant de bois & de branches, qu'à peine les peut-on compter; les unes font des plis & des replis, des tours & des détours, mêlés si artistement; les autres s'épandent & s'élargissent d'une maniere si étrange; & toutes en un mot sont si differentes & si bizarres, qu'il semble que la nature ait pris plaisir à badiner avec leur bois & faire parade de ses caprices.

Mais pour reprendre l'ordre chronologique que j'ai quitté, afin d'assembler en un les Hotels des Cardinaux de Bourbon, de crainte de tomber dans des redites importunes, qui sans cela étoient inevitables.

Jean Balue Evêque d'Angers & d'Evreux, Cardinal du titre de Ste Suzanne, que la fortune pour ainsi dire n'éleva que pour le terrasser, & ne terrassa que pour le relever, eut deux Hotels à Paris: l'un dont presentement il ne reste aucune marque, terminoit ce cul de sac que nous appellons la rue Picquet ou la rue Novion, & s'étendoit jusqu'à la rue & à la Fontaine Ste Avoie: l'autre qui subsiste encore presque tout entier, est assis à la rue de l'Homme-armé. On croit que Jaques Cœur, le plus riche homme de son siecle, & dont on m'a fait voir les armes dans les vitres de son tems, & en quelques autres endroits du logis, le commença & même y demeura quelques années; mais on ne doute point que le Cardinal Balue ne l'ait achevé: & de plus il est certain que le President Barillon y a logé fort longtems. C'est un vieux logis au reste, fait au premier étage de pierre de taille bien liées & bien cimentées, & aux autres de briques éclatantes & plombées, comme disent les Artisans, mais dont le tems a mangé & emporté l'éclat en plusieurs endroits. Cette lueur apparemment donna dans la vue alors, pour ne sçavoir pas qu'elle venoit d'une couche de plomb & de cuivre étendue sur les briques, & que toutes les terrines & les plats plombés par dedans ne sont luisants que par ce moyen-là.

Après tout je pense avoir lû quelque part que la magnificence de cette maison fut un des crimes qu'on imputa, tant à Balue qu'à Jaques Cœur, lorsque Charles VII, & Louis XI leur firent faire leur procès; car enfin cette pretendue magnificence ne peut être fondée sur l'Architecture qui est purement Gothique & fort simple; si bien que, quand je viens à considerer que celui qui a commencé cette maison, est un des plus tristes exemples qui se voyent dans l'histoire de la vicissitude des choses de ce monde; que celui qui l'a achevé a été toute sa vie comme le joüet de la fortune; & qu'enfin le President Barillon, que nous y avons vu demeurer a été confiné, & est mort miserablement à Pignerol, la derniere Ville de guerre, & frontiere du Royaume, je ne sai si je ne dois point dire qu'il se trouve de la fatalité par tout, aussi-bien dans les choses inanimées, que dans les personnes & dans les familles.

André d'Epinai, Archevêque de Lion, puis de Bordeaux, & enfin Cardinal, mais si recommandable dans l'histoire de Charles VIII, & à la bataille de Fornoue, pour y avoir toujours tenu compagnie au Roi, avec sa mitre, son surplis, & un morceau de la vraie Croix, avoit son logis sur le quai des Celestins près de l'Hotel de la Reine, & mourut en 1500, dans l'Hotel des Tournelles, comme on l'apprend de son Epitaphe qui se voit encore dans les Celestins.

Guillaume Briçonnet aussi Cardinal, & non moins zelé pour le service de Charles VIII à Fornoue, qu'André d'Epinai, où il se trouva armé de pied en cap, à la tête des Ecclesiastiques; mais bien plus, que quelques-uns appellent l'ame & l'oracle de ce Prince, demeuroit à la ruë des Deux-portes, dans une grande maison où avoient logé auparavant les Comtes d'Auxerre, le Chancelier de Corbie, & le brave Tannegui du Chastel. Ce Cardinal a fait bâtir dans le Cloître la maison de l'Evêque de Meaux, où se voyent ses armes.

J'ai dit en parlant des Hotels des Chanceliers, qu'Antoine du Prat Chancelier de France, Cardinal & Legat *à latere*, possedoit l'Hotel d'Hercules, dont il a été fait mention tant de fois; & de plus une maison de plaisance à Venves, où se voyent encore ses armes.

Là même j'ai fait sçavoir encore que Jean Bertrandi, Garde des Sceaux, Archevêque de Sens, que son merite éleva aux plus éminentes dignités, avoit en 1558, une maison de plaisir attachée aux murailles de Paris, au lieu même où depuis on a fait la ruë des Francs-bourgeois.

Les Cardinaux de Guise & de Lorraine ont acheté, l'un l'Hotel de Laval, pour le renfermer dans l'Hotel de Guise, & a logé dans une grande maison bâtie au bout de la ruë Piquet, ou de Novion, qui s'étendoit jusqu'à la ruë Ste Avoie; l'autre a fait bâtir le corps-de-logis neuf de l'Hotel de Guise, qui regne sur la ruë du Grand-chantier, & celle des Quatre-fils.

Antoine Sanguin, élevé aux dignités de Grand-Aumônier, & de Cardinal, sous le nom de Cardinal de Meudon, par la Comtesse d'Estampes, sa cousine, & Maîtresse de François I, fit commencer en 1559, l'Hôtel de Meudon, que nous appellons maintenant l'Hôtel de St Pol, & que le Cardinal de Birague fit continuer, dont j'ai parlé à l'occasion des Hotels des Chanceliers.

Jean Cardinal du Bellai, le Restaurateur, ou l'introducteur des Lettres en France, fit faire le Chateau de St Maur, que Catherine de Medicis a fait démolir & rebâtir si superbement.

Charles d'Angennes, Evêque du Mans, Cardinal de Rambouillet, le fleau des hérétiques, & si celebre dans notre Histoire, par ses Ambassades chés la plupart des Princes étrangers, logeoit dans la rue St Honoré à l'Hotel de Rambouillet, qui fut vendu à Forget Secretaire d'Etat, en 1609, trente-quatre mille cinq cens livres, & que le Cardinal de Richelieu depuis a acheté trente mille écus, pour bâtir le Palais Cardinal.

Nicolas de Pellevé, ce grand Auteur du Callepin, principal Artisan, & le flambeau fatal de la Ligue, qui de Professeur en Droit à Bourges, & Solli-citeur des affaires du Cardinal de Lorraine, se vit depuis Evêque d'Amiens, Archevêque de Sens & de Reims, & enfin Cardinal, a demeuré long-tems à la rue du Roi de Sicile, au coin de la rue Tison, dans une maison que Des-marests un des Beaux-esprits de notre tems, a fait rebâtir sur le dessein même qu'il en a donné, & depuis est mort à l'Hotel de Sens, le jour même que le grand dompteur de la Ligue entra dans Paris par la Porte-neuve, qui lui fut ouverte par le Maréchal de Brissac, secondé d'un petit nombre de Bourgeois choisis, & de quelques bons François. Le Cardinal ici, au reste, haïssoit si mortellement ce grand Roi, qu'il fut si épouvanté apprenant cette nou-velle, que quoique près de sa fin, on croit que sa frayeur avança sa mort de quelques heures. Comme il ne manquoit pas d'ennemis, il se trouve des vers qui ne lui font pas trop d'honneur, entre autres cette épigramme.

Une fois il fit bien, ce fut à son trepas,
Le bon Dieu lui pardoint, car il n'y pensoit pas.
Estant Solliciteur, il eut tant de pratique,
Qu'il en fut Conseiller, puis Evêque heretique.
Il devint tost aprés Archevêque de Sens ;
Enfin fait Cardinal, il a perdu le sens.

François, Cardinal de Joyeuse, acheta à la rue du Cocq, l'Hotel de Montpensier, que Henriette Catherine de Joyeuse sa niece, vendit en 1616, quatre-vingts-dix mille livres, à Berulle, Instituteur de la Congregation des Prêtres de l'Oratoire : il y a grande apparence que ce Prelat le fit bâtir, puis-que les armes de Joyeuse s'y voyent élevées presque par tout ; on l'appelloit ordinairement l'Hotel de Bouchage, à cause que c'étoit le nom qu'il prenoit avant que d'être Cardinal, & celui de ses dévanciers. J'ai dit ailleurs qu'on l'appella aussi l'Hotel d'Estrées, quand la Duchesse de Beaufort y demeuroit, & que Henri IV y fut frappé à la joue par Jean Chastel.

Jaques Davi, Cardinal du Perron, que ses ouvrages & son merite éle-verent aux dignités de Grand-Aumônier & de Cardinal, & qui si souvent a défait l'hérésie ; mais sur tout à la memorable journée de Fontainebleau, où à la vue du Roi & de toute la Cour, Duplessis Mornai fut terrassé si honteusement, lui qui étoit le plus savant, & le plus rusé champion de tous les Huguenots : ce Cardinal illustre, dis-je, mourut à Bagnolet en 1618, à sa maison de plaisance, où alors il faisoit imprimer sa reponse au Roi d'Angleterre.

Armand Jean Duplessis, Cardinal Duc de Richelieu, la terreur de l'Eu-rope, le fleau de la Maison d'Autriche, & le plus grand homme d'Etat de notre siecle, & peut-être même de la Monarchie, a demeuré quelque tems à l'Arsenal, & au Petit-Luxembourg qu'il avoit fait bâtir ; il est mort enfin au Palais Cardinal, que depuis il éleva sur les ruines des Hotels de Ram-bouillet, d'Estrées, de Silleri, & de plusieurs maisons particulieres.

François, Cardinal de la Roche-foucault, acheta en 1602, l'Hotel de Joyeuse du Faux-bourg St Honoré, que les Minimes de Nigeon, à qui il appartenoit, lui vendirent ; mais en 1622, il le revendit aux Haudriettes, aprés les y avoir transferées en qualité de Grand-Aumonier, & qu'il fit nom-mer les Filles de l'Assomption. Depuis il est mort à la Maison Abbatiale de Ste Genevieve, aprés y avoir demeuré fort long-tems, & reformé les

DE LA VILLE DE PARIS. Liv. VII. 261

Chanoines, à qui il reſtitua la dignité d'Abbé qu'il leur avoit priſe. Quelque tems après ſa mort, ces Reformés ici firent abbatre ſa maiſon, de crainte qu'elle ne tentât quelque grand Seigneur, & même afin d'effacer toutes les traces qui reſtoient à leurs Abbés Commendataires.

Jules, Cardinal Mazarini, qui a ſi long-tems maitriſé la Cour & le Royaume, avoit ſon Palais à la rue neuve des Petits-champs, entre la rue Vivien & celle de Richelieu.

Chacun y a admiré, & y admire encore la magnificence des Sallons, des Galleries, de la Bibliotheque, de l'Ecurie, des appartemens, ſans parler de la multitude choiſie des buſtes, des ſtatues, des tableaux, des livres, des emmeublemens & de leur ordonnance.

Tout le monde y remarque une certaine grandeur qu'il avoit apportée d'Italie, & qui n'eſt point encore entrée dans les maiſons particulieres, non pas même dans les Royales ; & quoique ce Palais conſiſte en pluſieurs Logis entaſſés confuſément les uns dans les autres, il ne laiſſe pas neanmoins d'être une des merveilles de Paris, & de la France.

HOTELS DES ARCHEVEQUES.

COMME Paris eſt la Capitale du Royaume, ayant à parler ici des Hotels Archiepiſcopaux, je commencerai par celui de ſon Archevêque, quoiqu'il ne prenne cette qualité que depuis l'année 1622.

Ceux qui prennent l'Egliſe Collegiale de St Marcel pour l'Egliſe Métropolitaine de Paris, ne ſavent point, & ne ſauroient nous apprendre en quel lieu nos premiers Evêques logeoient. On tient à la verité, mais par tradition, qu'ils avoient une maiſon de plaiſance au faux-bourg St Marceau, au bout de la rue Mouffetard, près de la fauſſe porte, à l'endroit même appellé maintenant les Gobelins, à cauſe de Jean Gobelin, homme celebre pour la teinture en écarlatte de ſon nom, & de ſon invention, & pour avoir changé le nom de la riviere de Bievre, en celui de riviere des Gobelins : & de plus a jetté les fondemens d'une famille qui remplit les premieres charges du Parlement, & des autres Cours Souveraines.

Il eſt très-certain qu'ils ont un logis de plaiſir à Gentilli depuis fort longtems qui appartient encore à l'Archevêque ; & de plus un autre à St Cloud, que St Cloud lui-même, petit-fils du Grand Clovis, donna à l'Egliſe de Paris avec le village & la Seigneurie. Outre ceci il eſt encore certain que lorſque Jean, Cardinal du Bellai, ſeculariſant l'Abbayie de St Maur, Ordre de Saint Benoît, l'eut convertie en Doyenné, & unie à ſon Evêché avec tout le revenu & les benefices qui en dependoient, il y fit bâtir une autre maiſon de plaiſance qui paſſa à Euſtache du Bellai, ſon neveu, & ſon ſucceſſeur, mais que Guillaume Violle, après lui abandonna en 1564, ou environ, à Catherine de Medicis, auſſi-bien que le droit de nommer, & de preſenter aux Vicaires, Prebendes, Canonicats, & à toutes les autres dignités, hormis celle du Doyen, qu'il ſe reſerva à lui, & à ſes ſucceſſeurs Evêques, auſſi-bien que la juriſdiction ordinaire ſur le Chantre, les Chanoines, & le Chapitre. En compenſation, cette Princeſſe promit de procurer l'union, tant de l'Abbayie St Magloire, que de tous les Prieurés, & Benefices reguliers, & conventuels qui en dependoient, à la Manſe de ſon Evêché, & de lui donner encore la Baronnie, Terre & Domaine de Leuroux en Berri : en tout cas, dans neuf ans, quelque autre terre de ſeize cens livres de rente à dix lieues à la ronde de Paris. Pour examiner l'affaire, & l'autoriſer, Pie IV nomma Louis de Loraine en 1564 Cardinal de Guiſe, Archevêque de Sens, en qualité de Metropolitain, comme en ce tems-là il l'étoit encore, & qui fit l'échange à ces conditions. Qu'avant les neuf ans expirés la Reine retireroit la Baronnie de Leuroux, & donneroit à Violle, ou à son successeur, qui fut Pierre de Gondi, la Terre d'Hermentieres de treize cens livres de revenu, & cinq cens livres de rente sur l'Hotel de Ville.

Depuis en 1574 le Cardinal Pellevé, successeur du Cardinal de Loraine à l'Archevêché de Sens, eut ordre de Gregoire XIII, d'accepter ce retrait, & le tout fut enregîtré au Parlement en 1581. Tandis que ces choses se passoient, la Reine cependant avoit fait ruiner la maison de plaisance de l'Evêque, & élevé sur ses ruines le superbe Château de St Maur, & peut-être même fut-ce en ce tems-là que les Evêques de Paris de leur côté firent faire leur maison de Noisi le Grand, où Pierre, Henri, Jean François, & Jean-François-Paul de Gondi, ont été si souvent prendre l'air. Car il ne faut pas mettre ici parmi les maisons de plaisance de nos Prelats celle de St Cloud, qui maintenant appartient au Duc d'Orleans, & qu'on appelloit autrefois Gondi, parce que Jerôme Gondi, l'un des plus riches, & des plus fameux Financiers de son tems, l'avoit fait bâtir, & qu'elle a depuis appartenu à ces Evêques que je viens de nommer, qui étoient de la même famille. Mais où m'ont emporté ces maisons de campagne, qui toutes sont modernes ? & pourquoi n'avoir pas commencé par celle de Paris où Raguemadus recueillit Fredegonde avec ses tresors, après l'assassinat de Chilperic, & dont l'antiquité m'avoit porté principalement à mettre à la tête des maisons Archiepiscopales, celle de l'Archevêque de Paris.

Du tems de Louis VIII, & de Philippe Auguste, l'Evêque Maurice ruina & rebâtit non seulement la vieille Eglise de Notre-Dame, mais aussi l'ancien logis de ses predecesseurs, cependant depuis, entre ceux qui lui ont succedé, il s'en trouve qui n'ont pas laissé d'avoir à Paris d'autres Hotels Episcopaux; & de fait, Hugue de Besançon avoit le sien à la rue des Amandiers en 1326. Guillaume de Chanac, son successeur, logeoit à la rue de Bievre, & donna son logis pour la fondation du College de Chanac, ou de St Michel. Pierre d'Orgemont, Chancelier du Duc de Berri, herita de l'Hotel des Tournelles qui appartenoit au Chancelier d'Orgemont, son pere, & le vendit au Duc de Berri, son Maître. Girard de Montagu n'avoit pas seulement une maison à la rue des Marmouzets, au coin de la rue de la Licorne, mais encore à la rue St André des arts, au coin de celle de Villequeux, que je ne connois point.

Pour revenir à la maison Episcopale que fit rebâtir l'Evêque Maurice, après avoir jetté par terre l'ancienne; d'Orgemont depuis fit construire le logement qui regne le long du jardin, & de la Cour, & qui regarde sur la riviere.

Etienne Poncher entreprit le bâtiment qui est à l'opposite de l'Eglise, & où est la geolle avec d'autres édifices.

François Poncher & Pierre, Cardinal de Gondi, ses successeurs, eleverent les autres bâtimens sur les ruines de quelques maisons canoniales : mais ils n'ont rien fait de plus considerable que la grande salle, où l'on donne les Ordres, & la Confirmation : & où le Parlement s'est tenu quelquefois; & enfin où se sont faits tant de festins Royaux, aux mariages, & aux entrées de nos Rois.

La plus ancienne maison d'Archevêque que nous ayons à Paris, après celles dont je viens de parler, est la maison de l'Archevêque de Sens, & étoit située sur le quai des Celestins. Etienne Requard la fit bâtir, & par son testament de l'année 1309, la legua à ses successeurs Archevêques, avec quelques terres qu'il avoit acquises à Villeneuve, à la charge de donner vingt francs tous les ans aux Vicaires de leur Eglise, afin qu'ils pussent vivre & s'entretenir plus honnêtement.

En 1365 Guillaume de Melun la vendit à Charles V onze mille cinq cens francs, & se chargea d'acheter de ces deniers-là l'Hotel d'Hestomenil, que maintenant nous appellons l'Hotel de Sens. Urbain V néanmoins, ne voulant point approuver cette vente, commit l'Evêque de Paris, avec celui de Beauvais, & l'Evêque de Chartres, pour échanger cette maison avec des rentes. Ces Commissaires donc, l'ayant fait priser par des Experts, qui l'estimerent valoir bien de revenu trois cens livres parisis, y compris un autre logis dans la Ville, & pareillement amorti; il fallut que le Roi achetât & amortît l'Hôtel d'Hestomenil, pour servir de demeure aux Archevêques; avec un fort, des étangs, bois, prés, terres & maisons situés près la ville de Sens, & estimés trois cens livres de rente : de sorte qu'à ces conditions Urbain V, en 1368, ratifia cette alienation. Depuis, Tristan de Sallazar a fait rebâtir cet Hotel de fond en comble.

J'ai lû quelque-part que Marguerite de France, Reine de Navarre, a demeuré dans cette nouvelle maison, & que suivant une déliberation faite dans l'ancien Hotel de Sens, en presence du Roi Jean, ce Prince en 1360, à son retour d'Angleterre, ordonna à Compiegne qu'on feroit plusieurs monnoies.

En 1317, Bernard de Farges, Archevêque de Narbonne, donna pour la fondation du College de Narbonne, l'Hotel qu'il avoit à la rue de la Harpe.

En 1318, Pierre de Savoie, Archevêque de Lion, donna entre vifs à Guichard de Baujeu, son Hotel qui étoit situé à la rue des Cordeliers, & tout devant la porte qui aboutissoit à l'Hotel de Reims. Il avoit une autre maison de plaisance au faux-bourg St Marceau, dont Philippe de Valois se saisit pour se payer d'une somme considerable que ce Prelat lui devoit, & qu'il donna en 1335, à Blanche de Bourgogne, Comtesse de Savoie.

En 1391, Jean Girard, Archevêque d'Embrun, demeuroit à la rue des Marmousets, au coin de la rue de la Licorne.

Girard d'Athies, Archevêque de Besançon, en 1397 acheta l'Hotel du Connétable de Sancerre, assis à la rue de l'Hirondelle, trois mille livres tournois.

Les Archevêques de Rouen ont leur Hotel au bout de la rue de l'Esperon, à la Cour de Rouen.

Les Archevêques de Tours en ont eu un à la rue du Paon.

HOTELS DES EVÊQUES.

LES Evêques d'Avranche ont eu long-tems un Hotel à la rue Bordelle, près la porte St Marceau.

Les Evêques de Cambrai, du Mans, de Tournai & de Treguier, ont demeuré dans le College de Tournai, du Mans, de Cambrai & de Treguier, qu'ils ont fondés.

Les Evêques de Nevers avoient leur Maison Episcopale, au coin de la rue des Amandiers, & du cimetiere St Etienne.

Quant aux Evêques d'Orleans, Guillaume de Bussi logeoit en 1255, à la rue Bordelle, dans un logis qui fait partie maintenant du College de Boncourt; & Pierre de Mornai en 1292, à la rue des Boucheries du faux-bourg St Germain.

Jaques de Dinan, Evêque d'Arras, demeuroit en 1258, à la rue StSyphorien.

Guillaume de Valence, Evêque de Vienne, logeoit en 1285, à la rue Bordelle.

La maison de Jean, Evêque de Vinceftre, en 1286, étoit tout proche de celle de l'Evêque de Vienne ; mais outre cela il en avoit encore une autre de plaisir, près de Gentilli, nommée Vinceftre, & que le peuple depuis appella Biceftre par corruption.

Gauthier de Chambli, Evêque de Senlis, qui mourut en 1279, demeuroit à la rue St Etienne des Grès, dans un grand logis, qu'acheterent en

1295, les executeurs testamentaires du Cardinal Cholet, pour y fonder le College des Cholets, & qui fut amorti par Philippe le Bel, moyennant six cens livres qu'ils payerent comptant aux Religieux de Ste Genevieve, & quatre sols six deniers de rente fonciere.

Jean de Garlande, Evêque de Chartres, logeoit en 1313, sur le quai des Celestins.

Pierre de Longeuil, Evêque du Mans, demeuroit en 1315, à la rue Clopin.

Les Evêques d'Auxerre logeoient autrefois près la porte St Michel, dans une grande maison, dont Pierre de Mornai, Evêque d'Auxerre, qui mourut en 1360, avoit acquis la meilleure partie, & qu'il agrandit d'une grande place que lui donna le Roi, où il fit des cours & des jardins, qui furent enclos de bonnes murailles, mais qu'on ruina pendant la prison du Roi, & sous le regne de Charles V; pour y faire les fossés de l'Université que nous y voyons encore.

Alphonse Chevrier, Evêque de Lisieux, logeoit en 1377, au Mont St Hilaire.

La même année, Thieri d'Aire, ou de Herisson, Evêque d'Arras, avoit son Hotel à la rue Chartron.

Raimond Saqueti, Evêque de Therouenne, avoit son Hotel en 1340, à la rue du Paon.

Martin Gouye, Evêque de Clermont, & Chancelier de Charles Dauphin, Regent, avoit son logis, comme j'ai dit ailleurs, à la rue des Augustins, que confisqua le Roi d'Anglerre en 1423.

Je trouve dans les titres de St Jean de Latran, que Robert de Montjeu, Evêque de Coutance, que les Sainte-Marthe ont oublié dans leur Gaule Chretienne, avoit une maison de plaisance à la rue de Lourfine, que vendit Odille de Montjeu, en 1451.

Raoul du Fou, Evêque d'Evreux, logeoit en 1482, en la rue des Amandiers.

Pierre de Martigni, Evêque de Castres, fort bien venu auprès de François I, avoit une maison de plaisance à la Villette; mais comme il n'y avoit point d'eau, & que le Roi quelquefois y alloit passer le tems, il commanda au Prevôt & Echevins d'y en faire conduire de la grosseur d'un pois. Après plusieurs jussions, & toujours éludées, à la fin ils obéirent; si bien qu'en 1528, ils permirent à l'Evêque de prendre un fil d'eau de la grosseur d'un grain de vesse, & de la faire venir à la Villette à ses depens, à condition de le pouvoir reprendre quand ils en auroient besoin; & de plus, que leur Maître des œuvres en feroit le regard, & qu'eux-mêmes en auroient la clef.

Guillaume Briçonnet, Evêque de Meaux, en 1530, demeuroit au Cloître Notre-Dame, dans un grand Logis, où le Chancelier du Prat, vint descendre le jour qu'il fit son entrée à Paris en qualité de Legat.

Louis Guillard, Evêque de Chartres & de Châlons sur Saonne, a eu deux maisons à Paris; l'une en 1553, au bout de la rue Picquet, dans une maison qui a depuis appartenu au Cardinal de Lorraine; l'autre à la rue de Grenelle, où Jeanne d'Albret, Reine de Navarre, mourut en 1572, non sans soupçon de poison.

Les Evêques de Meaux avoient encore en 1556, une grande maison, accompagnée de cours & de jardins, & attachée au cimetiere St Nicolas, que les Administrateurs de l'Hotel-Dieu en ce tems-là, proposerent de joindre à ce cimetiere afin de l'agrandir, au cas qu'il se trouvât trop petit, pour y enterrer les Pauvres de leur Hopital.

Charles de Marillac, Evêque de Vannes, en 1582, demeuroit sur le quai de la Tournelle, au coin de la rue des Bernardins, à l'Hotel de Bar & de Lorraine, dont j'ai parlé si souvent.

J'ai dit ailleurs que Jean Bertier, Evêque de Rieux, Chancelier de Marguerite

guerite Reine de Navarre, logeoit au Cloître Notre-Dame.

Guillaume de Broſſe, Evêque du Puy, de la maiſon des Comtes de Pentievre, avoit un logis à la rue des Boucheries du faux-bourg St Germain que les Rois de Navarre agrandirent depuis, pour leur ſervir de maiſon de plaiſance.

Jean Darcies, Evêque d'Autun, avoit deux maiſons à Paris en 1336; l'une à la Rue Pavée, contre l'Hotel d'Artois; l'autre à la rue Pavée-d'andouilles, qui avoit appartenu au Connétable de Chaſtillon, qu'à preſent nous appellons l'Hotel de Laon.

DEMEURE DES ABBE'S.

LA plus ancienne Maiſon Abbatiale que je trouve, eſt l'Hotel & le College de St Denys, près St Merri.

Sugger, Abbé, Regent de France, l'acheta mille ſols, au tems de ſa Regence, pour s'y loger & tout ſon train, quand les affaires de l'Etat l'obligeroient de venir à Paris; & même pour ſervir de demeure aux autres Abbés ſes ſucceſſeurs, en cas de neceſſité.

Mathieu de Vendoſme, Abbé de St Denys encore, & Regent du Royaume, auſſi-bien que lui, en fit bâtir une autre à la rue St André des Arts, près la porte de Buſſi, ſur des terres amorties, qu'il prit à cens & rentes en 1263, & 1268, des Religieux de St Germain des Prés.

En 1265, l'ayant agrandie d'une grange qu'il acheta ſix livres pariſis, d'Alix de la Drieſche & de ſes enfans, & que les Religieux amortirent en 1268; il y joignit en 1285, un jardin & des terres qu'il eut par échange de ces mêmes Religieux, pour d'autres terres qu'il avoit à Cachan & à Arcueil.

Gui de Caſtres, en 1299, y renferma encore un jardin, qui appartenoit à Pierre de Columna. Jean de la Groſlaye, ou de Villiers, l'augmenta de trois maiſons voiſines, qu'il acquit en 1486; & enfin il y a grande apparence que Mathieu de Vendoſme y fit faire une Chapelle, puiſque les Religieux de St Germain lui en avoient donné la permiſſion en 1263; mais ni lui, ni ſes prédeceſſeurs n'y eurent point de cimetiere, & je doute même qu'ils y ayent jamais eu de cloches. Les Religieux alors, par une clauſe expreſſe, lui ayant défendu ces deux choſes: en un mot, cet Hotel a toujours dependu, pour le ſpirituel, du Curé de St André, & quant au temporel, des Religieux de St Germain; car ce fut encore à ces conditions, que Mathieu de Vendoſme entra en poſſeſſion de cette terre.

En 1431, Guillaume de Faireſchal, Abbé de St Denys, obtint permiſſion des Religieux de St Germain, d'y tenir ſes aſſiſes En 1487, il y fonda ſix Bourſiers: en 1607 ou environ, il fut vendu ſoixante-ſix mille liv. & ruiné en même tems pour faire la rue Dauphine, la rue Chriſtine & la rue d'Anjou. En 1610, le Parlement condamna Louis de Lorraine, Abbé de St Denys, à donner tous les ans ſoixante-dix-huit livres de rente au bureau des Pauvres, à cauſe de l'alienation de ſon College, & à acheter ou faire bâtir un autre Hotel pour lui, & ſes ſucceſſeurs Abbés.

En 1611, il acquit la maiſon de Caumartin, aſſiſe à la rue de l'Echelle du Temple, qui coûta quatre-vingts-trois mille livres, à la charge qu'à l'avenir il ſeroit appellé l'Hotel St Denys, que dans la quinzaine il donneroit comptant les ſoixante-ſix mille livres qui provenoient de la vente de ſon Hotel & de ſon College; & pour le reſte, qu'il s'acquiteroit dans quatre ans, à raiſon de quatre mille livres par an, & qu'il y feroit obliger le Fermier general de ſon Abbayie.

Le Pere du Beuil fait mention d'un autre Hotel St Denys, qu'il tient être de plus ancienne fondation que celui-ci, & le place du tems de St Louis, au lieu même, où depuis a été fondé l'Hotel de Cluni; mais il n'en a point rapporté le titre, quoiqu'il en valût bien la peine, & qu'il dise l'avoir lû dans le Papier-terrier de la Sorbonne.

Quant aux Abbés de St Maur, Philippe-Auguste, en 1210, permit à l'Abbé Raoul & à ses Religieux, d'acheter ou amortir avec remise de finance, une grange située près l'Eglise St Paul, & vacante par desherence; car c'est ainsi qu'il faut expliquer la Charte de ce Prince, quoiqu'elle ne porte simplement que permission d'acheter, & ne fasse mention, ni de remise de finance, ni d'amortissement. Permission d'acheter, alors étant des termes plus significatifs qu'ils ne sont à present, puisqu'ils se prenoient pour l'un & l'autre. En ce tems-là nos Rois, à l'exemple de Charlemagne, de Lothaire, de Louis, & de leurs descendans, n'usoient point encore du mot d'amortissement; & enfin n'ont commencé à s'en servir, que vers l'année 1572, bien que les Lettres qu'ils expedioient en pareilles rencontres en comprissent la substance.

Raoul donc, & ses successeurs Abbés, accompagnerent cette grange d'un grand jardin, & de bâtimens si commodes, qu'elle leur servit de demeure, quand leurs affaires les appelloient à Paris; & pourtant qu'ils ne purent garder que jusqu'en 1362. Pour lors étant obligés de la vendre à Charles de France, Dauphin & Duc de Normandie, qui en avoit besoin pour agrandir son Hotel de St Paul, aussi-bien que les droits Seigneuriaux de Torcy, & les revenus qu'il avoit donnés aux Religieux du Vivier, pour leur fondation, leur donnant en recompense cent vingt arpens de bois situés à l'Auxoir-la-Ferriere, outre un fief à Villers près Tournehan, & autres choses semblables, mais trop longues pour en faire le detail.

Comme ce Monastere au reste, ne pouvoit se passer d'Hotel à Paris, incontinent après il acquit une maison au coin de la rue des Barres, & de celle de la Mortellerie, qu'on nommoit la maison des Barres, consistant encore en une place, appellée Chantier, & en une autre maison tout vis-à-vis, sur le bord de la riviere, dite la maison du Four-des-Barres. Charles de France, Regent alors du Royaume, l'amortit presque aussi-tôt; c'est-à-dire, qu'il rendit l'Abbé & les Religieux de St Maur, capables de la possession à perpetuité, les déchargeant d'en vuider leurs mains, par le benefice du droit d'amortissement qu'il leur vendit mille Moutons d'or frappés du coin du Roi son pere. Ce benefice, comme l'on sait, ● un dédomagement que nos Rois levent au profit de leur Domaine, à cause de la perte que souffre le public, lorsque la propriété des immeubles passe à des gens de main-morte, ou à des personnes exemtes des charges de l'Etat, & qui se perpetuent par une immortelle succession. Mais parce que pendant la guerre des Anglois, & les factions du Roi de Navarre, ces Religieux avoient debourfé ces mille Moutons d'or, tant à la structure qu'à la garde & l'entretien du Fort de St Maur; & cependant, quoique Charles de France leur eut assigné leur remboursement sur la forêt de St Germain-en-Laie, néanmoins ils n'avoient sû s'en faire payer: pour lors ils en firent remise à ce Prince, à la charge qu'en revanche il amortiroit leur logis, & leur remettroit la finance de l'argent qu'il pourroit exiger d'eux pour ce benefice: & peut-être se virent-ils contraints d'en user ainsi, prevoyant bien que jamais ils ne pourroient retirer un sol de leurs mille moutons d'or; & d'autant plus que les Lettres du Regent portent, que la maison des Barres ne valoit que soixante-quatre livres de revenu: or est-il que jamais on n'a guere vu acheter si cher l'amortissement d'une maison de si peu de valeur.

Quoi qu'il en soit, depuis que l'Abbé de St Maur eut commencé à loger dans cette maison, on l'appella quelquefois l'Hotel de St Maur, souvent l'Hotel St Maur, dit des Barres, d'ordinaire l'Hotel des Barres simplement;

& les Templiers ayant fait dreſſer vis-à-vis dans la riviere quelques moulins, on les nomma les moulins des Barres, & rarement les moulins des Templiers. Enfin avec le tems les Religieux couvrirent d'un jardin la place appellée Chantier & la maiſon du Four des Barres.

Au reſte en 1482, le Parlement deputa l'Evêque de Lombès, Abbé de St Denys, avec deux Conſeillers de la Cour, pour faire ouverture du coffre fort de Jean de Chaſtel, Abbé de St Maur, qu'il avoit à cet Hotel, & envoyer au Roi les Chroniques de France, de la compoſition de ce Religieux, qu'il y avoit enfermées avant ſa mort, & qui commençoient depuis le tems de St Denys.

En 1541, quelques années après que le Cardinal du Bellay eut fait ériger le Monaſtere de St Maur en Egliſe Collegiale, ce jardin & ce logis furent vendus quatre mille livres à Gauchery, Bailli de Berri. Maintenant l'Hotel des Barres & la maiſon du Four des Barres, appartiennent à deux differentes perſonnes, & le proprietaire de la maiſon du Four n'oſeroit élever de bâtiment devant une partie de l'Hotel des Barres, de peur de lui boucher la vue de la riviere, comme il paroît par d'anciennes Tranſactions & par quantité de vieux & de nouveaux Arrêts.

Sous le regne de St Louis, Etienne de Lexinton, Abbé de Clervaux, Anglois de nation, acheta pluſieurs maiſons à Paris; & quoiqu'on apprenne de quelques Chartes de ce tems-là que la premiere étoit fort petite, on ne ſait pas neanmoins l'endroit de ſa ſituation. A l'égard de la ſeconde, il falloit qu'elle fût au fauxbourg St Victor, entre l'Abbayie & les murs de la Ville. Pour la bâtir, Etienne acheta du Chapitre de Notre-Dame cinq arpens & demi de vignes: & même afin d'éviter les deſordres qui euſſent pû arriver entre ſes Religieux & les Chanoines de St Victor s'ils étoient ſi proches voiſins, il fonda la troiſiéme au lieu où eſt à preſent le College des Bernardins, ſur cinq arpens de terres que lui donnerent ces Chanoines Reguliers, au lieu des cinq & demi qu'il avoit achetés du Chapitre de Notre-Dame près de leur Couvent. Et enfin pour ſureté des conditions raportées dans la Tranſaction qui fut faite, l'Abbé de Clervaux hypotequa entre autres la maiſon de ſes Religieux qui étudioient à Paris, & qui ſans doute étoit la premiere des trois dont je viens de parler. La derniere étoit à la rue St Martin, depuis la rue Cour-du-More, juſqu'au de-là d'un cul de ſac, qui ſe nomme encore la rue de Clervaux. Etienne l'avoit achetée de noble homme Jean de Beaumont, & la vendit en 1253, mille livres pariſis & vingt muids de vin, à l'Abbé de Reigny, dont le Monaſtere eſt une des filles de Clervaux & du même ordre. Elle conſiſtoit alors en un pré, une place & quelques édifices. Depuis on y a fait derriere un jeu de paume découvert, qui a ſubſiſté long-tems. Les Abbés de Reigny l'ont louée à longues années à divers particuliers, à la charge de rebâtir l'Hotel de Clervaux qui tomboit en ruine, & qui étoit aſſis au lieu même où eſt maintenant l'Hotellerie de la Croix de fer, & de couvrir le reſte de maiſons & de bâtimens qui ſont ceux que nous y voyons encore. De cet Hotel relevent deux maiſons de la rue de la Mortellerie, aſſés près de l'Hopital des Audriettes, qu'on nomme le fief du for St Martin, & quoiqu'il n'appartienne plus à l'Abbayie de Clervaux & n'en prenne plus le nom, néanmoins la rue de Clervaux, dont je viens de parler ne l'a point perdu depuis; & comme l'on tient par tradition que les Religieux de Clervaux la firent faire à travers leur Hotel pour continuer la rue Berthault; elle conſerve toujours pourtant le nom de ſon origine, bien que l'Hotel de Clervaux ait changé de maître; & que les Abbés de Reigny l'ayent condamnée & reduite en cul-de-ſac.

En 1255, ſous le même regne de St Louis, l'Abbé & les Religieux de Premontré, acheterent à la rue des Cordeliers & celle de Haute-feuille, neuf maiſons, chacune redevable de ſept livres ſix ſols pariſis de cens, à Guillemette, Abbeſſe de St Antoine des Champs, oubliée par les Ste Marthe dans leur Gaule Chrétienne, qui aboutiſſoient à deux autres rues, dont l'une, continuant celle du Paon, alloit gagner la rue Haute-feuille; & l'autre qui traverſoit la rue du Paon, s'étendoit juſqu'à la rue Mignon. Depuis à diverſes fois, ces Premontrés y ajoutant quelques maiſons voiſines, fonderent le College de leur nom; enſuite rebâti ſouvent & mis enfin en l'état où il eſt.

Sous St Louis encore, en 1269, Yves de Vergi, Abbé de Clugni, acheta la place qu'occupe maintenant le College de ce nom-là, qu'il environna de murs, la couvrit d'un refectoire, d'une cuiſine & d'un dortoir.

Yves de Chaſant ſon ſucceſſeur & ſon neveu, acheva le Cloître que ſon oncle avoit commencé avec le Chapitre & l'Egliſe; lieu au reſte qu'ils choiſirent pour leur demeure, auſſi-bien que leurs ſucceſſeurs, quand leurs affaires les obligeoient de venir à Paris. Tant qu'enfin Pierre de Chaſlus, acheta le Palais des Thermes dont j'ai parlé ſouvent, & que depuis on a nommé l'Hotel de Clugni. Jean de Bourbon, fils naturel de Jean I du nom, Duc de Bourbon, l'a fait rebâtir.

Je ne ſai quand l'Abbé de St Jean-des-vignes de Soiſſons devint proprietaire de l'Hotel St Jean-des-vignes, ſitué à la rue St Jaques près St Yves; je trouve ſeulement que le premier Preſident Lizet y logeoit autrefois & le louoit, & qu'il fut aliéné depuis avec une infinité d'autres biens d'Egliſe, & vendu au Treſorier de Charles Cardinal de Bourbon.

Les Abbés du Mont St Michel, juſqu'en 1571, ont eu leur Hotel à la rue St Etienne des Grès près de la Chapelle St Symphorien; mais comme Sixte V en 1568, vint à permettre à Charles IX, de vendre du bien d'Egliſe juſqu'à la concurrence de cinquante mille écus de rente au denier vingt-quatre, & pour lors l'Abbayie de St Michel ayant été taxée pour ſa part à trois mille huit cens ſeize livres par les Cardinaux de Lorraine, de Bourbon & de Pellevé, l'Hotel de St Michel fut mis en criées en 1571, & adjugé au Principal & à la Communauté du College de Montaigu, pour deux mille deux cens ſoixante livres, à la charge des lods & ventes qui monterent à cent treize livres, à raiſon d'un ſol pour livre.

Contre cette maiſon & cette Chapelle St Symphorien, les Abbés de Vezelai ont eu long-tems un grand logis, qui occupoit une partie de la rue St Etienne des Grès, & qui en 1558, ſe nommoit d'un côté le grand Vezelai, & de l'autre le petit Vezelai, & en 1407 ou environ, l'Hotel de Verderei; ils étoient tous deux vis-à-vis. Le petit étoit ſitué entre le College de Lizieux & le clos de Ste Genevieve. Le grand aboutiſſoit comme j'ai dit, à la Chapelle de St Symphorien & à l'Hotel de l'Abbayie St Michel. Philippe de Mornai, Archidiacre de Soiſſons, le vendit à l'Abbé de Vezelai. Les Religieux de Ste Genevièvc l'indemniſerent en 1407, moyennant une certaine ſomme qu'on leur paya en écus d'or, qui valoient alors dix-huit ſols. Depuis il fut donné à des particuliers par bail emphiteotique, & après échangé en 1511, avec les Ecoliers de Montaigu, pour aggrandir leur College, contre une maiſon de la rue de Bievre qui avoit couté douze cens livres. Enfin le Cardinal de Meudon, Abbé de ce Monaſtere, ayant obtenu des Lettres de reſciſion pour faire caſſer cet échange, par Arrêt de l'an 1558, il fut exclus de ſes pretentions & le contrat d'échange maintenu.

Ces Abbés ont eu encore un autre Hotel à la rue de Bievre, du côté de la rue des Bernardins près de celui de l'Abbayie de la Trinité de Vendoſme; & pareillement un ſecond à la rue Bordelle près la porte St Marceau, que les Religieux de Ste Genevieve indemniſerent en 1524, & qui s'étendoit juſqu'au clos de leur Couvent.

Les Abbés de St Etienne de Dijon avoient leur Hotel en 1450, & long-tems auparavant, près le College de Fortet.

Les Abbés de Barbeaux ont eu le leur à la rue des Barrés à l'oppoſite du Monaſtere de l'*Ave Maria*, d'un côté, & de l'autre ſur le quai de la riviere,

DE LA VILLE DE PARIS. Liv. VII.

contre une porte qu'on nommoit la porte Barbette, à cause de ce logis.

Les Abbés de St Cornille de Compiegne ont demeuré long-tems près de-là.

Ceux de St Vandrille ont logé à la rue St Nicolas du Chardonnet.

Ceux de Tiron à la rue Tiron, que le peuple, par corruption, appelle la rue Tifon.

Ceux de St Pharon à la rue de la Verrerie près celle des Mauvais-garçons, dans un Hotel qui porte encore leur nom.

Les Abbés de St Vincent de Senlis à la rue de la Montagne Ste Genevieve, au lieu même où est le College de la Marche.

Ceux de Fefcamp à la rue Percée de la rue de la Harpe.

Ceux des Vaux de Cernai à la rue du Foin, que pour cela on appelloit autrefois la rue des Moines de Cernai.

Ceux d'Hermieres à la Trinité, avant qu'on l'eut converti en Hopital.

Ceux de Joui à la rue de Joui.

Ceux du Bec à la rue Barre-du-Bec.

Ceux de Chaalis à la rue St Jaques.

Ceux de Royaumont à la rue du Jour, dans un Hotel bâti en 1613 par Philippe Hurault, Evêque de Chartres, Abbé de Royaumont.

Ceux de Gramont au College Mignon ou de Gramont, depuis l'an 1584.

Les Abbesses de Fontevrault, de Chelles & d'Hieres, à la rue des Nonains-d'Hiere, au Cimetiere St Jean, & au Monastere des Filles-Dieu.

Au reste si j'entasse ainsi confusément tous ces Hotels, c'est que je ne sai point quand on les a bâtis; & que si j'en trouve quelques vieilles traces dans les anciens Cartulaires, elles me semblent bien plus modernes que la fondation de ces logis. Afin neanmoins d'en dire quelque chose:

L'Hotel de Joui, qui a communiqué son nom à la rue où il étoit, tombant en ruine en 1658, & n'étant loué que cinquante livres par bail emphiteotique, le sieur de Bellievre qui en est Abbé, obtint du Roi la permission de l'aliener, qu'il fit enregîtrer au Parlement dans les Regîtres des Ordonnances.

Les Abbés du Bec ont eu long-tems deux maisons à Paris. L'une qu'on appelloit l'Hotel du Bec, & l'Hotel de la Barre-du-Bec.

La premiere & la plus ancienne étoit amortie, & située à la rue Barre-du-Bec, & lui a donné le nom qu'elle porte encore, quoi qu'elle ne s'y trouve plus depuis l'an 1423, que les Anglois le confisquerent, ainsi que le bien de tous ceux qui servoient Charles VII, & qu'ils l'eurent loué quarante sols parisis: je n'en ai pû rien découvrir nulle part.

La seconde se nommoit l'Hotel du Bec, & étoit à la rue St Jaques derriere la Sorbonne & le College de Calvi. En 1410, le Prevôt des Marchands pretendit qu'il faisoit partie du fief du Parloir aux Bourgeois, qui appartient à l'Hotel de Ville, & intenta procès pour les lods & ventes à l'Abbé & aux Religieux du Bec. En 1632 il consistoit en un jardin, une gallerie & un corps de logis, & appartenoit à du Tillet, Greffier du Parlement & à son frere; depuis que l'Abbé du Bec l'eut aliené, pour s'acquitter des subventions à quoi on l'avoit taxé.

Le Cardinal de Richelieu alors avoit besoin du jardin & de la gallerie, pour le comprendre avec le College de Calvi, dans l'agrandissement de la maison de Sorbonne. Mais comme à la requête du Clergé, le Roi avoit permis aux Ecclesiastiques de retirer à leur commodité les biens alienés pour les subventions depuis l'an 1564, les proprietaires du jardin & de la gallerie de cet Hotel ne s'en voulurent point defaire, si l'Abbé du Bec ne se désistoit de cette permission & que le Roi ne les assurât qu'ils garderoient à perpetuité ce qui leur restoit de cette maison: si bien qu'il falut leur accorder ce qu'ils demandoient. Le Roi donc en 1632, & Dominique de Vic,

Archevêque d'Auch & Abbé Commendataire de ce Couvent, y apportèrent leur consentement aux mois de Mars & d'Avril. Le jardin & la gallerie couterent dix mille francs au Cardinal de Richelieu ; & presqu'aussi-tôt les Lettres du Roi & de l'Abbé furent enregîtrées au Parlement avec le Contrat de vente.

Les Abbés de Chaalis, pendant une longue suite d'années, ont eu une grande maison amortie, située aussi à la rue St Jaques derriere l'Eglise St Severin, en la censive de l'Evêché de Paris, auquel on en payoit les cens & rentes. Par le guichet de la porte il regnoit le long d'une ruelle qu'on a condamnée vers l'an 1448, & qui se nommoit la rue ou la ruelle de Chaslis ou de Chasles. Mais les Marguilliers de St Severin ayant besoin de cet Hotel en 1445, pour augmenter leur Paroisse, l'acheterent cent francs avec douze deniers parisis de fonds de terre, & quarante sols de rente, de Simon Evrard, Abbé de Fontenai, Visiteur de cette Abbayie.

Depuis les Abbés en acquirent une autre à la rue St Victor, qu'avec le tems on a confondu dans le College des Bernardins. On l'appelloit la maison de Chaalis ; & comme elle consistoit en un jardin & tenoit à l'Eglise St Nicolas du Chardonnet, elle a semblé si commode au Seminaire ou Communauté des Prêtres de cette Paroisse pour y établir leur demeure, qu'après avoir long-tems plaidé contre les Religieux pour les contraindre à vendre ce logis, à la fin ils y ont été condamnés par Arrêt en 1657 ; & quoiqu'ils ayent touché vingt-deux mille livres de ce qui peut-être n'en valoit pas la moitié, ils ne laisserent pas d'en murmurer comme d'une violence.

Enfin l'Abbesse de Fontevrault loge d'ordinaire au Couvent des Filles-Dieu, qui depend d'elle & de son Monastere.

Les Abbesses d'Hiere & de Chelles ont encore des maisons à la rue des Nonains-d'Hiere & au cimetiere St Jean, où elles se sont retirées quand les guerres les ont forcées d'abandonner leurs Monasteres. Celle des Religieuses d'Hiere, se nomme encore tantôt la maison de la Pie, tantôt la maison des Nonains-d'Hiere. Celle des Religieuses de Chelles, s'appelle la maison du Mouton, à cause de son enseigne. Et de plus j'apprens d'un titre de l'année 1552, que non seulement elle a servi de retraite à ces Religieuses pendant les troubles, mais même que durant la paix c'étoit la demeure tant de leur Procureur, Solliciteur, Receveur, que de leurs serviteurs & de leurs Messagers, autant de fois qu'ils venoient à Paris pour les affaires de l'Abbayie, car enfin c'est ainsi qu'en parlent les titres & en ces propres termes.

L'Abbé du Val-Notre-Dame logeoit à la rue du Huleu en 1352 & en 1358, comme il se voit par les titres de l'Archevêché.

HOTELS DES PRIEURS.

QUOIQUE je ne sache point, ni quand on a fondé, ni quand on a bâti le Temple, j'ai lu des Actes où il en est fait mention avant l'année 1210. Le Temple au reste consiste en un quarré irregulier, entouré de murailles, terminées de crenaux, & de plus, qui a tant d'étendue que Mathieu Paris le compare à une Ville.

Les Chevaliers Templiers, qui le firent bâtir, l'accompagnerent d'une Eglise, d'un refectoire, d'une cuisine, d'un colombier, d'une grosse tour, d'une écurie, & de plusieurs grands appartemens, & édifices pour se loger avec leur grand Maître.

De tous ces bâtimens l'Eglise dont le plan est beau, & singulier, subsiste encore aujourd'hui ; on a rempli le refectoire de maisons particulieres, & d'une rue entre d'eux, qui regne de l'un à l'autre bout.

DE LA VILLE DE PARIS. Liv. VII. 271

Le colombier & la cuisine sont encore sur pied, & servent de logemens à diverses personnes.

La grosse tout flanquée de quatre tourelles, & bâtie par frere Hubert, Tresorier de l'ordre, qui mourut en 1222, est pour durer encore bien long-tems, si autre chose n'arrive, car enfin elle passe pour un des plus solides bâtimens du Royaume.

L'écurie qui tenoit à la vieille rue du Temple, se loue maintenant à quantité de personnes, qui l'ont remplie de plusieurs maisons, aussi-bien qu'un autre grand corps de logis, qui s'étend depuis le Cloître jusqu'au portail, & à l'écurie, & qui peut-être a servi de logement au grand Maître de l'Ordre. Mais cet Ordre ayant été aboli au Concile de Vienne, tenu en 1311, Philippe le Bel en 1312 ordonna au Bailli d'Amiens de mettre en possession des biens des Templiers, Frere Leonard de Thilierte, Procureur General du grand Maître, & des Freres de l'Hopital de St Jean de Jerusalem, que nous nommons à present les Chevaliers de Malte. Depuis, les grands Prieurs de France y ont construit un grand logis, où ils demeurent, qu'ils ont agrandi peu à peu, & embelli d'un grand jardin, d'une Chapelle, & d'une grande salle, où tous les Commandeurs de la Province de France viennent tenir leur Chapitre. Et parce qu'ils ont aux environs de Paris plusieurs terres considerables, assorties de grands édifices, & commodes, ce sont comme autant de maisons de plaisance, où ils se vont divertir, & passer les plus beaux jours de l'été.

Je trouve que la Commanderie de St Jean de Latran du même Ordre des Templiers, étoit fondée dès l'an 1171, que si je n'en ai point parlé avant que de parler du Temple, c'est que je la tiens plus nouvelle ; elle s'étend jusqu'à la rue St Jean de Beauvais, & à celle des Noyers, & dans ce grand espace, il y a des jardins, quantité de maisons habitées par des particuliers, un grand logis pour le Commandeur, une vieille tour pour renfermer les chartes, & une Eglise ornée du Mausolé magnifique du Commandeur de Souvré, conduit & achevé par l'aîné Anguier, l'un des plus savans Sculpteurs de notre tems.

De plus le Commandeur de cet Hopital a deux maisons de plaisir ; l'une à la rue de Lourfine du faux-bourg St Marceau, appellée communement par corruption l'Hotel jaune, au lieu de l'Hotel Zone ; parce qu'on tient par tradition qu'un Commandeur de St Jean de Latran, curieux de penetrer, & de porter ses pas jusqu'à la Zone torride, l'a fait bâtir, & donnée à sa Commanderie ; l'autre est hors le faux-bourg, & la fausse porte St Jaques, sur le grand chemin du Bourg-la-Reine, qu'on nomme la Maison de la Tombe-Ysoire pour des raisons que j'ai dites ailleurs. Elle est accompagnée d'un colombier, une cour, un jardin, un moulin à vent de pierre de taille & de cent quarante arpens de terres labourables, franches de dixmes, avec la dépouille de quatre arpens de prés, assis au terroir de Gentilli.

En 1608 le Commandeur de Silleri, frere du Chancelier, fit bâtir de brique & de pierre l'Hotel de Silleri, à la rue St Honoré, entre la rue St Thomas du Louvre, & celle Froid-manteau ; mais que le Cardinal de Richelieu a acheté depuis pour le ruiner, & y faire une place devant son Palais Cardinal ; ce que n'ayant pas executé pendant sa vie, Anne d'Autriche, Reine Regente le fit abbatre si-tôt qu'elle se fut retirée avec le Roi dans ce Palais.

Le Prieur de la Charité avoit à la rue des Fossés St Germain une maison, où lui & ses Religieux venoient loger quelquefois, dont Bernard, Prieur de ce Couvent, se defit en 1385 en faveur de Jean, Duc de Bourbon ; & que ce Prince depuis renferma dans son Hotel, appellé le Petit-Bourbon. C'est un grand logis que Desnier, Secretaire, & Procureur du Duc, pendant sa minorité, échangea contre une grange, & deux maisons, situées à la censive de Ste Genevieve, qui valoient trois cens francs d'or ; plus que la maifon du Noyer. Auffi ce Prieur chargea-il fon Monaftere de chanter en mufique aux quatre tems de l'année quatre Meffes pour la profperité de ce Prince pendant fa vie, & le repos de fon ame après fa mort, & en revanche, Defnier lui promit de faire payer par fon Maître, & fes fucceffeurs une certaine fomme que devoit le Prieuré de la Charité au Chapitre de St Germain de l'Auxerrois, toutes les fois qu'il changeoit de Prieur ; d'obtenir du Roi l'amortiffement, & des Religieux de Ste Geneviéve, l'indemnité de la grange, & des maifons qu'on leur transportoit ; enfin de faire ratifier cet échange par fon Prince, quand il feroit en âge, & que le Prieur de la Charité le defireroit.

Nous avons à Paris, outre tous ces Hotels, les Abbayies de Ste Genevieve, de St Germain, de St Magloire, & de St Victor, & les Prieurés de St Eloi, de St Martin, de St Denys de la Charte, & de Ste Catherine du Val des Ecoliers, qui renferment des logis grands & commodes, & bâtis avec les Monafteres, où les Abbés, & les Prieurs de ces benefices font fort bien logés, & dont je dirai plus de chofes, fi jamais je fais l'Hiftoire de ces Couvents.

DES APPARTEMENS
& Emmeublemens de nos Rois.

PALAIS DES ROIS ET COMMENT BATIS.

IL n'eft pas poffible de dire comment nos Rois étoient logés avant Charles V, puifque l'Hiftoire n'en fait aucune mention, & que les Regîtres des œuvres Royaux, qui feuls prefque m'ont appris tout ce que je fais làdeffus, ne commencent qu'à fon regne, & ne montent point plus haut.

Par les reftes du Palais du Louvre, & de Vincennes, nous voyons qu'autrefois on accompagnoit ordinairement les Maifons Royales de tours hautes, groffes, rondes, & quarrées, couvertes d'ardoife, & couronnées de girouettes peintes des armes de France ; c'eft des tours qui environnoient l'Hotel des Tournelles, que cette Maifon Royale prit fon nom.

Je dirai ailleurs comment on les appelloit, & pour la même raifon je laifferai là les autres qui entouroient le Louvre de toutes parts. En paffant néanmoins, il n'y a pas grand danger de faire favoir comment fe nommoient celles du Palais en 1375. Il y avoit donc premierement la Tour de la Librairie, la Tour quarrée de l'Horloge, la Tour des Joyaux ; & enfuite celles de la Conciergerie, qui étoient la Tour quarrée, la Tour civile, la Tour de Beauvais, & la groffe Tour.

Dans l'onziéme & douziéme fiécle au refte, c'étoit un ornement fi fingulier, qu'il ne fe voyoit qu'aux Palais Royaux, & que nos Rois avoient emprunté des Villes de défenfe, pour donner plus de grandeur & de majefté à leurs demeures : auffi ne regardoient-ils qu'avec jaloufie les maifons de leurs Princes, quand il s'y en trouvoit. Et ce fut pour cela qu'en 1216, Philippe-Augufte défendit à Blanche, Comteffe de Troies, d'en faire élever aucune à fes Chateaux le long des murs, quoiqu'elle lui repréfentât qu'elle apprehendoit d'y être affiegée par Errard, Conte de Champagne, & qu'elle avoit befoin de telle fortification pour s'en garentir. A quoi le Roi répondit qu'elle fe contentât de reparer les breches & les ruines de

fon

DE LA VILLE DE PARIS. Liv. VII.

on Chateau, & du reste l'assura qu'elle ne devoit point craindre de siege. On ne sait point combien de tems nos Rois ont été jaloux de cette sorte d'ornemens; il est certain seulement que dans le quatorziéme & le quinziéme siecle, ils s'en soucierent si peu, que tout le monde en vouloit avoir, aussi-bien les roturiers que les Grands-Seigneurs; & de plus, alors les Architectes les mettoient en œuvre avec tant de mepris, que s'ils avoient oublié d'accompagner un appartement, soit d'une chapelle, d'un escalier, d'une garde-robe, ou de quelque chose de pis; aussi-tôt leur faute étoit reparée par le moyen d'une tour, ou d'une tourelle hors d'œuvre; & sans symmetrie; sans même se soucier qu'elle offusquât, ou defigurât la maison. Car pour ce qui est de la symmetrie & de la regularité, ils n'y pensoient pas seulement : & de-là vient aussi qu'on a donné long-tems aux tours, le nom de *Pont aux Anes des Architectes*.

Au milieu de tant de Tours qui environnoient les Palais des Rois, d'ordinaire il y en avoit une bien plus grosse que les autres, qui s'appelloit Donjon, en François; en Latin, *Domnionus & Domicilium*, à cause qu'elle servoit de demeure & de domicile aux Princes. Quant aux autres qui entouroient presque toujours ce Donjon de tous côtés, c'étoit afin de mettre sa personne à couvert de tous côtés, & qu'il pût être défendu au besoin.

De dire qu'il faut excepter de ce nombre le Donjon, ou la grosse Tour du Louvre, on se trompe bien-fort, car je ferai voir ailleurs que nos Rois y ont logé; & même il est constant que Charles V, & quelques-uns de ses successeurs ont demeuré dans celui de Vincennes; que ces chambres noires qui depuis un long-tems servent de prison aux Grands, ont servi de demeure à nos Rois & à nos Reines, même les plus belles & les plus delicates; leur Cour logeoit dans les autres Tours; que si les croisées en sont étroites & basses, les chambres extrémement obscures, c'étoit bien pis, quand le jour n'y entroit qu'au travers de gros barreaux de fer, qu'il lui falloit percer des chassis de fil d'archal, & des vitres rehaussées de couleurs, aussi hautes que celles de la Ste Chapelle, de Notre-Dame, & de nos plus anciennes Eglises; comme si alors on l'eut voulu chasser des chambres & des maisons, & qu'il n'eut été agreable qu'à la campagne.

APPARTEMENS DE NOS ROIS ET DE NOS REINES.

QUELQUES tristes & sombres que fussent les Palais de nos Rois, ainsi que je viens de faire voir, leurs appartemens néanmoins, aussi-bien que ceux de nos Reines, ne laissoient pas d'être fort grands, & de consister en bien plus de pieces que maintenant; ils en avoient même quelquefois jusqu'à trois au Louvre, au Palais, & à l'Hotel St Pol.

APPARTEMENS DE L'HOTEL St POL.

CEUX de Charles V à l'Hotel St Pol, étoient composés d'une ou de deux salles, d'une anti-chambre, garde-robe, chambre de parade, qu'on appelle la chambre à parer, d'une autre nommée la chambre où gît le Roi, avec une des nappes; outre cela, d'une gallerie ou deux; d'une Chapelle basse & d'une haute; de deux cabinets, l'un grand, & l'autre petit; celui-ci qu'on nommoit tantôt la chambre du petit retrait, & l'étude; & l'autre la grande chambre de retrait. De plus, il y avoit un jardin, un parc, une chambre des bains, une des étuves, une ou deux autres chaudes qu'ils appelloient chauffe-doux; un jeu de l'aume, des lices, une volliere, une chambre pour ses tourterelles, des maisons pour les Sangliers, pour les grands Lions & les petits, une chambre du Conseil, une autre encore pour le Conseil, mais plus grande, où ce Prince & ses successeurs assembloient leurs Conseillers d'Etat, & faisoient souvent venir le Parlement.

APPARTEMENT DU LOUVRE.

AU Louvre, son principal appartement consistoit en une grande salle qui s'élevoit jusqu'au comble, nommée la salle St Louis; & au bout, deux chambres de parade, ou à parer, ou si l'on veut, de parement. Ensuite étoient son antichambre, sa chambre, ses garde-robes, ses chapelles, haute & basse; après on trouvoit une gallerie; puis la chambre aux Joyaux, la Tour de la Librairie, la salle où il tenoit ses Requêtes; une chambre qu'on appelloit la chambre des Comptes, sa grande chambre, qui avoit nom la chambre de la trappe; enfin par bas, un jeu de Paume, une cour derrière, & un jardin, à qui ils donnoient le nom de Parc.

APPARTEMENS DU PALAIS.

AU Palais, l'appartement de Charles VI avoit presque toutes les pieces qui se trouvoient au Louvre, mais bien plus grandes & rangées sur la gallerie des Merciers, au lieu même où se tient la cour des Aides. Cet endroit-là néanmoins n'a pas toujours été habité par ses devanciers, ni ses successeurs; car je trouve que St Louis, & François I ont demeuré à la Chancellerie, & on dit que ce fut dans la chambre même de la Chancellerie que St Louis consomma son mariage: à l'égard de François I, les Regîtres des œuvres Royaux portent que la salle de la Chancellerie lui servoit de salle, le dessus de chambre, & les environs de garde-robes, d'antichambres, & autres choses semblables.

Ce que j'ai dit au reste, du grand nombre de pieces, qui composoient l'appartement de Charles V, il le faut entendre & de l'appartement de Jeanne de Bourbon, & de ceux des Rois & des Reines qui leur ont succédé. Car enfin à la reserve des Chambres du Conseil, des Comptes & des Requêtes, les Princesses étoient logées aussi magnifiquement que ces Princes; & pour preuve de ceci, afin de ne plus revenir, ni au Palais, ni au Louvre, ni à l'Hôtel St Pol, l'appartement qu'Isabeau de Baviere, femme de Charles VI, avoit à l'Hôtel Barbette, situé à la vieille rue du Temple, au lieu où est maintenant la rue Barbette, consistoit par bas en deux salles, l'une grande, & l'autre petite; au dessus se trouvoit une autre grande salle, une chambre attachée à un grand retrait & un petit; outre cela, une chambre, une autre aux eaux-roses, une de parade, une chambre blanche, deux chapelles, l'une grande & l'autre petite, un comptoir, des bains & des étuves. Ce que j'ai remarqué de particulier aux appartemens des Reines, est que Jeanne de Bourbon avoit encore deux chambres, l'une pour ses tourterelles, l'autre pour ses chiens; & Isabeau de Baviere un caveau à la Conciergerie du Palais, dont elle avoit fait faire le ciel, c'est-à-dire, la voute, afin de se faire à couvert du foudre, quand il tonnoit.

Touchant le Palais des Tournelles, il ne commença à devenir Maison Royale que sous Charles VII, & que lorsque le Duc de Bethfort l'eut agrandi & embelli; outre la plûpart des pieces que j'ai remarqué aux autres Palais, la chambre du Conseil étoit au bout d'une gallerie, appellée la gallerie des Courges, à cause des courges ou concombres, dont les murailles étoient rehaussées.

DE LA VILLE DE PARIS. Liv. VII.

D'ailleurs ce n'étoient que Galleries & Jardins de tous côtés, sans parler des Chapelles, trois Salles, entre autres une nommée la Salle des Ecoçois ; une autre la Salle de brique, & la troisiéme la Salle pavée, à cause peut-être qu'elle étoit pavée de grands & de petits carreaux verts & jaunes.

Au Temple, où a logé Philippe le Bel, il y avoit une si grande Salle que Henri III, Roi d'Angleterre y traita St Louis avec tous les Grands du Royaume ; & ce qui est à savoir, est que ses murailles à la maniere des Orientaux étoient toutes couvertes de boucliers.

La grandeur de chaque piece de tous les Appartemens Royaux.

APRE'S avoir donné à connoître la qualité de ces Appartemens Royaux, & fait le dénombrement de toutes leurs parties, prenons maintenant la toise pour mesurer chaque piece en particulier.

En general toutes portoient une grandeur extraordinaire.

Quant au Palais, la grande Chambre du Conseil avoit huit toises de long & quatre de large.

La chambre du Roi étoit longue de cinq toises & demie sur trois & demie de large.

Son Anti-chambre avoit dix-sept pieds de longueur & treize de large.

Son Etude trois toises & demie sur onze pieds.

Son Cabinet deux toises cinq pieds & son comptoir dix-sept.

Au Louvre, la grande Salle nommée la Salle St Louis, portoit douze toises de long sur sept de large ; les autres, huit toises sur cinq ; un peu plus de sept toises, sur quatre & demie ou environ.

La grande Chambre de parade, où le Roi tenoit quelquefois ses Requêtes, étoit longue de dix toises & large de six.

Sa Chambre avoit cinq toises & demie de longueur sur cinq de largeur.

La Chambre de la Trappe ou du Conseil en avoit six sur cinq.

Son retrait trois sur deux & demie.

Sa grande Chapelle huit & demie sur quatre & demie.

La Chapelle basse quatre & demie sur deux & demie.

Les pieces de l'appartement de la Reine étoient presque de même grandeur ; mais la Chambre du Dauphin portoit quatre toises de large sur quatre toises cinq pieds & demi de long.

Sa grande Chambre de parade avoit six toises quatre pieds ou environ de longueur sur quatre toises de largeur.

Son Cabinet trois de long & de large.

Sa Chapelle basse trois toises deux pieds sur deux toises un pied.

La Chambre de Madame Michelle, depuis Duchesse de Bourgogne, & qui lui laissa son nom, étoit de six toises & demie en longueur & de six pieds & demi en largeur.

Son Cabinet portoit trois toises en quarré ; le reste à proportion.

Les Ducs d'Orleans, de Berri, de Bourgogne, de Bourbon ; les Seigneurs d'Harcourt, de la Tremoille & de Navarre, y avoient aussi chacun leur appartement, qui consistoit en une chambre, une anti-chambre, des garde-robes & quelques autres pieces dont la grandeur & l'assiette étoient proportionnées à leur condition.

Les Chambres des Princes du Sang portoient cinq toises de long sur quatre & demie de large ; leurs garde-robes avoient quatre toises de longueur & treize pieds de largeur, & ainsi du reste.

A l'Hotel St Pol, la grande Chambre du Conseil, étoit longue de huit toises quatre pieds, large de quatre & autant de pieds, & contigue à une grande Salle basse, où dinoit Charles V, & encore à une Chambre où il

Tome II.   Mm ij

mangeoit auſſi quelquefois, qui avoit ſept toiſes quatre pieds de longueur ſur quatre toiſes & quelque quatre ou cinq pieds de largeur.

Sa grande Chambre de parade, nommée la Chambre de Charlemagne, portoit quinze toiſes de long ſur ſix de large.

Sa Chambre avoit huit toiſes de longueur & de largeur quatre & demie.

Son grand Cabinet quatre toiſes de longueur & trois de largeur.

Sa grande Garde-robe cinq toiſes un pied ſur trois toiſes trois pieds & demi.

Sa grande Chapelle quatre toiſes un pied ſur trois toiſes & demie.

Son Oratoire attaché à la Chapelle, deux toiſes ſur ſept pieds. Son Priés-Dieu dix pieds & demi ſur quatre & demi.

Les Galleries quinze, vingt-quatre & quarante-deux toiſes.

La Chambre de la Reine avoit quatre toiſes & demie de long ſur quatre de large; celle où elle couchoit en contenoit quatre de longueur & autant de largeur.

Sa Garderobe étoit longue de quatre & large d'une.

Son grand Cabinet de quatre toiſes ſur trois de largeur.

Son petit Cabinet de deux toiſes ſur dix pieds.

Sa grande Gallerie vingt-quatre toiſes de longueur.

Outre ſa grande Chapelle qui tenoit à une Salle appellée la Salle de Theſeus, à cauſe des faits de Theſée qu'un Peintre du tems y avoit repreſentés. Elle avoit encore une autre petite Chapelle dans ſon Appartement; & une troiſiéme dans l'Egliſe de St Paul de deux toiſes deux pieds de long, ſur deux toiſes de large, où elle alloit entendre le ſervice par une gallerie, c'eſt-à-dire, par une allée large de quatre pieds & longue de huit toiſes, où elle ſit faire une grande croiſée afin d'entendre le ſermon qu'on diſoit quelquefois dans le Cimetiere.

Au reſte pour mieux repreſenter la magnificence de Charles V, & par même moyen la maniere de bâtir de ſon tems, ce Prince renferma dans ſon Hotel de St Pol pluſieurs autres Hotels, ſavoir l'Hotel de l'Archevêque de Sens, celui de l'Abbé de St Maur, du Petit-Muce & du Comte d'Eſtampes, qu'il comprit tous ſous le nom de l'Hotel Royal de St Pol.

Dans l'Hotel de St Maur, qu'il nomma l'Hotel de la Conciergerie, il logea Charles Dauphin, ſon fils aîné & ſon ſucceſſeur, avec Louis de France ſon frere, Duc d'Orleans; Philippe de France, Duc de Touraine, & depuis Duc de Bourgogne, & quelques Grands du Royaume. L'Appartement du Dauphin étoit preſque auſſi vaſte & auſſi ſuperbe que celui du Roi, & même j'y ai trouvé une Chambre aux Deniers que je n'ai pas trouvée dans l'autre.

Son jardin qui avoit une grandeur aſſés conſidérable, étoit accompagné d'un partere, ce qu'ils appelloient preau.

L'Appartement du Duc de Bourgogne n'avoit guere moins de membres & d'étendue.

Ceux du Duc d'Orleans, de Marie, d'Iſabelle & de Catherine de France, des Ducs & Ducheſſes de Valois & de Bourbon, des Princes & Princeſſes du Sang, de Charles d'Albret, de Pierre de Navarre, de Philippe de Savoiſi, de Montagu, des Officiers de la Couronne, & de quantité d'autres grands Seigneurs & de gens de la faveur, tant hommes que femmes, étoient proportionnés chacun à la dignité & au rang des perſonnes. Et afin de faire voir qu'ils contenoient même des lieux ſuperflus, le Duc d'Orleans avoit près de ſa chambre juſqu'à des bains & des étuves, & de plus un cabinet qui lui ſervoit ſimplement à dire ſes heures, qu'on appelloit le retrait où dit ſes heures Monſieur Louis de France; particularité remarquable & qui nous apprend, ou la pieté de ce Prince, très-licentieux néanmoins, ou bien la coutume de prier Dieu de ſon tems & de reciter reglément certaines prieres.

DE LA VILLE DE PARIS. Liv. VII.

Après ce que j'ai rapporté de l'Hotel St Pol, on ne peut pas douter qu'il ne s'y trouvât une très-grande quantité d'Appartemens & un nombre presque infini de Chambres ; les principales se nommoient,

La Chambre lambrissée.
La grande Chambre lambrissée, appellée la Chambre verte.
La Chambre des grands aulmoires.
La Chambre de Just.
La Chambre de Mathebrune, occupée par le grand Maître d'Hotel de la Reine, ainsi nommée à cause des faits de cette Heroïne qu'on y avoit representés.

Touchant les Salles, il y avoit la Salle de Sens.
La Salle de St Maur.
La Salle verte.
La Salle aux Bourdons.
La Salle de Theseus, parce que les gestes de ce Heros y étoient peints sur les murailles.

Les autres en très-grand nombre, ou n'avoient point de nom, ou n'étoient pas considerables.

Pour ce qui est des Chapelles, outre celles que le Roi, la Reine, leurs Enfans & les Princes du Sang, avoient chacun en leur particulier auprès de leurs Appartemens, il y en avoit encore trois autres grandes, l'une à l'Hotel de Sens, une autre à l'Hotel St Maur, & la derniere à l'Hotel du Petit-Muce, où Charles V, Jeanne de Bourbon & le Dauphin, venoient entendre la Messe en public avec leur Cour, & où ils avoient fait mettre des orgues, sur tout à celle de l'Hotel de Sens.

A l'égard des Bains & des Etuves, des Galleries & des Jardins, je n'en dirai autre chose, sinon qu'il y en avoit à tous les logemens des Princes & des Princesses. Les Jardins étoient environnés ou de Galleries ou d'Appartemens ; les uns se nommoient ;

Le Preau de la Fontaine au Lion.
Le Preau de l'Hotel du Petit-Mucé.
Le Preau de l'Hotel de Sens.
Le Jardin aux Carneaux.
Le grand Preau.
Le nom des autres étoit, le Preau du Sauvoir, ce qui signifie Vivier où l'on mettoit le Poisson.
Les grands Jardins pardevers le Champ au Plâtre.
Le Jardin du grand Maître d'Hotel du Roi.
Le grand Jardin aboutissant à la rue du Petit-Muce.
Le Preau contre l'Hotel St Pol & l'Hotel de Sens.
Le Preau de la Cerisaye, ou le Preau aux Cerisiers, & même encore le Jardin de la Cerisaye.

Quant aux Galleries, voici leurs noms.
Les Galleries hautes sur le Sauvoir, à cause qu'elles l'environnoient.
Les Galleries sur le Preau de la Cerisaye, parce qu'elles le bordoient ; & peut-être même l'entouroient.
Les Galleries de la Reine sur le grand Preau, qui avoient quarante-deux toises de longueur.
La grande Gallerie de la Reine qui regarde sur la cour, longue de vingt-quatre.
La Gallerie de la Reine, longue de onze.
La Gallerie du Preau du Roi, & la Gallerie basse du Preau du Roi, longues chacune de plus de dix-sept toises.
Les Galleries hautes, & la Gallerie basse de Mathebrune, longues de quinze.
La Gallerie de l'Hotel du Petit-Muce, longue de huit.

Les Galleries hautes & basses du Dauphin; & quant aux hautes, on les nommoit les vieilles Galleries couvertes d'ardoises.

Les Galleries des dressoirs à l'Hotel de Sens.

La Gallerie au dessus de l'Echançonnerie de la Reine.

La grande Gallerie au dessus de la chambre de Mathebrune

La Gallerie qui vient du Petit-Muce au Jardin du Roi.

Les grandes Galleries qui sont entre le grand Jardin & le Preau du Sauvoir.

Les moyennes Galleries d'entre l'Hotel de Sens & l'Hotel St Pol.

Je laisserai-là les murs & les basses-cours qui étoient en plus grand nombre que toutes les Chapelles, les Galleries & les Jardins joints ensemble.

Il se trouvoit entre autres une si grande cour, qu'elle servoit aux joûtes, aussi ne l'appelloit-on point autrement que la cour des joûtes.

Dans la plupart des basses-cours avoient été pratiquées, la Maréchauffée, la Conciergerie, la Fourille, la Lingerie, la Pelleterie, la Bouteillerie, la Sausserie, le Garde-manger, la Maison du Four, la Fauconnerie, la Lavanderie, la Fruiterie, l'Echançonnerie, la Panneterie, l'Epicerie, le Charbonier, le lieu où l'on fait l'hypocras, la Patisserie, le Bucher, la Taillerie, la Cave où l'on met le vin des maisons du Roi. De plus quantité de Cuisines, quelques Jeux de paume, Celliers, Colombiers, Galliniers, c'est-à-dire Poulailliers; car nos Rois, qui vivoient alors en bons Bourgeois, tenoient leur menage, si j'ose ainsi parler, & pour cela obligeoient les Fermiers de leurs terres & de leurs domaines, à leur fournir poulets, chapons, pigeons, bled, vin, charbon, & toutes les autres choses necessaires tant pour leur table que pour celle de leurs Commensaux; & enfin ces pigeons & ces poulets étoient élevés & nourris dans leur basse-court, de même que chés les Gentilshommes de campagne.

Au Louvre il y avoit un Arsenal, des Chambres où se gardoient les armes bien travaillées & une Bibliotheque pleine de manuscrits, que je décrirai autre part.

Dans le Palais, il y avoit une fonderie sous la grande Salle.

Aux Tournelles, le Duc de Bethfort faisoit nourrir des paons, des cocqs, des pigeons, des chapons de Flandres, des gelines, ainsi appelloit-on les poules alors; outre quantité d'autres volatiles semblables, qu'il avoit venir de loin.

Avant que de venir au dedans de ces maisons Royales, j'avertirai ici que tous les Appartemens dont j'ai parlé, d'ordinaire étoient couverts de tuiles, rarement d'ardoise, quelquefois de tuiles plombées; & que les celliers, les cuisines, les écuries & les autres pieces des basse-cours, étoient presque toujours couverts de chaume.

LES DEDANS DES MAISONS ROYALES.

ON entroit dans les Chambres & les Salles, aussi-bien que dans les Chapelles, les Galleries & autres lieux semblables, par un porche de menuiserie à trois, quatre ou à cinq faces, haut de neuf & de douze pieds; d'ordinaire on le faisoit de bois d'Irlande; ils étoient couverts d'ornemens, & terminés de figures & autres enrichissemens gothiques; ils s'ouvroient de toutes parts, afin de pouvoir entrer & sortir plus commodément. Enfin ils ressembloient à ces vieilles fausses portes de bois qui se voyent encore en quantité de vieux logis, & quoiqu'ils défigurent & embarrassent les lieux, nos vieillards pourtant ne s'en veulent point défaire & les conservent en dépit d'un chacun.

DE LA VILLE DE PARIS. Liv. VII.

Les chambres, les falles, les galleries, & même les chapelles, étoient nattées, lambriffées de bois le plus rare qu'on pouvoit trouver, & quelquefois plancheyées, ou pavées de carreaux de pierre blanche & noire, de marbre & de terre cuite, verté & jaune, & de toutes fortes de couleurs. Jufques dans les galleries & les chapelles, il y avoit des cheminées & des poëles, qu'ils appelloient chauffe-doux. Les fieges ordinaires des chambres & même de la chambre du Roi, auffi-bien que de celle de la Reine, depuis St Louis jufqu'à François I, étoient des efcabelles, des bancs, des formes, des treteaux; & il n'y avoit que la Reine qui eût des chaifes de bois pliantes. On ufoit alors de deux fortes d'efcabelles: les communes étoient pleines, garnies de panneaux de bois des quatre côtés, comme un coffre ou une caiffe, & coûtoient trois fols la piece; les belles étoient foutenues fut des piliers & contre-piliers, celles-ci valoient quatre fols.

Les bancs portoient cinq, dix & vingt pieds de long; & de même que les efcabelles, les grands étoient compofés de panneaux chargés de moulures; les moindres étoient portés fur des piliers ou colomnes, qui finiffoient en anfe de pannier, & en plein cintre. Au refte, tous chargés de moulures, la plupart d'oifeaux, de bêtes, & autres enrichiffemens; les moindres coutoient vingt fols la piece, le refte à proportion. Charles V en avoit un au Louvre où il tenoit fes Requêtes de fon tems: on y en confervoit un qui avoit fervi à St Louis, & qu'on appelloit le vieil banc de St Louis: de plus, en 1365, à l'entour de la table du Roi de la grande falle du Louvre, il y en avoit un de chêne de vingt pieds de long, & élevé de deux marches.

Les formes avoient fept & douze pieds de longueur, & non feulement on mettoit des treteaux dans la chambre du Roi; mais encore dans la grande chambre du Confeil. Il y en avoit toujours quatre de rangés au tour de la table, où le Roi étoit affis avec fes Confeillers d'Etat. Enfin les chaifes pliantes étoient à bras, le bois peint de rofes rehauffées d'or fur un fond rouge, le fiege de cordouen vermeil, c'eft-à-dire, de cuir de Cordoue rouge, & toutes garnies de longues franges de foie, attachées avec des cloux dorés.

Les poutres & les folives des chambres du Roi & de la Reine, étoient rehauffées de Fleurs-de-lis d'étain doré & les entre-voues de couleur en détrempe: pour les murailles, elles étoient peintes en maniere de brique: les croifées treilliffées de fil d'archal; & de barreaux de fer; d'ailleurs obfcurcies de vitres pleines d'images de Saints & de Saintes, ou bien des devifes; & des armes du Roi & de la Reine, dont le panneau revenoit à vingt-deux fols.

En 1375, les murs & les plat-fonds de la chambre verte du Palais, étoient tout couverts des armes de France, & de Fleurs-de-lis fans nombre.

En 1365, les lambris de la chambre de parade du Roi au Louvre, où il tenoit fes requêtes, étoit peint de rouge, & de rofettes d'eftain blanc.

La cheminée de fa chambre à l'Hotel St Pol, avoit pour ornement de grands chevaux de Pierre; celle de fa chambre au Louvre, en 1365, étoit chargée de douze groffes bêtes; & des treize grands Prophetes, qui tenoient chacun un rouleau; de plus, terminée des armes de France, foutenue par deux Anges, & couverte d'une couronne. Il fe trouve encore une cheminée de cette maniere à l'Hotel de Cluni, rue des Mathurins, fans parler de celle de la grande falle, qui s'y voit embarraffée d'une infinité de Pelerins de toutes tailles, qui vont en pelerinage dans un bois, le long d'une haute montagne.

Quant aux cheminées qu'ils faifoient pour leurs courtifans, leur grandeur auffi-bien que leur magnificence, n'étoient pas croyables: il en refte une quafi entiere au bout de la grande falle du Palais, qui fert maintenant aux confultations: & depuis quelques années on en a ruiné une autre près de là pour bâtir la chambre des Enquêtes ; toutes deux remplissoient chacune une grosse Tour quarrée. Au milieu on y faisoit le feu, & étoient environnées d'échançonnerie, de fruiterie, de panneterie, & autres semblables nécessités : maintenant elles servent de chambre aux consultations, & de buvettes aux Enquêtes, & sont encore voutées, pavées de grands quartiers de pierre, & soutenues sur des colomnes Gothiques. Le dessous de la premiere qui servoit de cuisine, est encore tout entier, & sert presentement de bucher ou de cellier, où le Receveur des amendes sert le bois necessaire au chambres du Parlement : on y descend par une rampe qui conduit à une des portes de la grande salle, si large au reste, que les Officiers de la cuisine du Roi pouvoient presque tous descendre & monter à la fois. Cette cuisine à huit toises en quarré, est pavée de grands carreaux de pierres, & couverte d'une voute qui s'éleve jusqu'à la grande salle, que portent neuf pilliers de pierre gros de quelque deux pieds & demi, & distribués en trois rangs le long de quatre allées. Les quatre coins sont occupés par quatre grandes cheminées, dont les manteaux, partie de pierre & de briques faites en lozange, remontent jusqu'à la voute insensiblement, & avec beaucoup d'artifice. Elle étoit éclairée de huit croisées fort larges, & qui s'élevoient de fond en comble, mais que l'on a bouchées depuis. Les joints des pierres qui composent ces manteaux & ces pilliers, sont coulés avec de l'étain fin & du plomb fondu, au lieu de ciment, & la plupart des joints des autres pierres sont liés avec du fer, & encore avec du plomb fondu. Ceux qui ont vû la cheminée bâtie sur cette cuisine, disent qu'elle étoit quarrée, & entourée de colomnes Gothiques de pierres, qui composoient une ... voutée entre la buvette des Enquêtes, où étoit, comme j'ai dit, la fruiterie, l'échançonnerie, la panneterie, & le reste.

Pour revenir aux cheminées des chambres Royales, les chenets étoient de fer ouvré ; en 1367, on en fit quatre paires pour les chambres de la Reine au Louvre ; la plus petite pesoit quarante deux livres, l'autre soixante, l'autre cent, la plus grosse cent quatre-vingt dix-huit, & couterent vingt-six livres treize sols quatre deniers parisis, à raison de seize deniers la livre de fer. Les soufflets étoient tous chargés d'ornemens. Les tenailles, les pincettes, les pelles & le traifeu, à parler comme en ce tems-là, étoient de fer ouvré.

Les lits que l'on nommoit couches & couchettes, étoient extraordinairement grands : quand ils ne portoient que six pieds de long sur autant de large, on leur donnoit simplement le nom de couchettes ; mais lorsqu'ils étoient de huit pieds & demi sur sept & demi, ou bien de onze sur dix, ou de douze sur onze, en ce cas là on les appelloit des couches. Toutes au reste étoient montées sur des marches, qui avoient deux pieds de largeur plus que les couches. On paroit les marches des plus beaux tapis, & les lits d'étoffes les plus exquises ; & par là il se voit que sous Charles V, les alcoves, dont les Dames de notre siecle s'attribuent l'invention, étoient en usage.

Mais pour faire voir tout d'un coup la magnificence de Charles V, non seulement il se servoit de vaisselle d'argent, mais encore de vaisselle d'or. Dans l'Echançonnerie du Duc de Berri son frere à l'Hotel de Nesle, il y avoit un Cabinet où l'on rangeoit sur des tablettes scellées dans le mur, la vaisselle d'or & d'argent : les enfans de France & les Princes du sang, mangeoient dans la vaisselle d'or & d'argent. Tout de même les bains & les étuves de la Reine à l'Hotel St Pol, & à l'Hotel du Petit-Muce, étoient pavés de pierres de liais, fermés d'une porte de fer treillissée, & entourés de lambris de bois d'Irlande, les cuves étoient de même bois, ornées tout au tour de bossetes dorées, & liées de cerceaux, attachés avec des clous de cuivre doré.

Les chambres aux Joyaux de ce Prince, & de ses Palais, étoient toutes
brillantes

brillantes d'or & d'argent & de pierreries, mais elles ne le furent jamais tant que sous Henri Roi d'Angleterre, Usurpateur de Paris, & de la meilleure partie du Royaume; sur tout celle du Louvre en 1430, pour lors la plus riche & la mieux fournie. Car bien qu'elle eût neuf toises de long sur quatre & demie de large, & qu'elle fût environnée d'armoires à plusieurs étages; toutes néanmoins étoient si pleines de vaisselle d'or & d'argent, de draps d'or, d'échiquiers de jaspe & de cristal, d'anneaux Pontificaux, de croix, de crosses d'or, & de toutes sortes d'ornemens de Chapelle, que le détail qui s'en voit remplit tout un gros Regître de ce temslà. De sorte que dans cette chambre là seule il y en avoit plus que dans toutes les autres aux Joyaux, tant de l'Hotel St Pol, du Palais & de la Bastille, que des Tournelles & de Vincennes.

Les galleries de ce tems-là étoient portées sur des colomnes, ou plutôt des piliers de pierre ornés de bases & de chapiteaux; leurs murs étoient blanchis de craie detrempée avec de la colle: & pour peindre en 1486 celle de l'Hotel des Tournelles, on n'usa que quatre livres d'ocre, deux livres de colle, & un demi settier d'huile, qui couterent trois sols huit deniers parisis.

En 1432, le Duc de Bethfort en fit faire une aux Tournelles, longue de dix-huit toises, & large de deux & demie: on la nomma la gallerie des courges, parce qu'il la fit peindre de courges vertes: elle étoit terminée d'un comble peint de ses armes & de ses devises, couverte de tuiles assises à mortier de chaux & de ciment, & environnées de six bannieres rehaussées de ses armoiries & de celles de sa femme. Mais dans les siecles passés il n'y en a point eu de plus magnifique que celle qu'acheva Charles V dans l'appartement de la Reine à l'Hotel St Pol. Depuis le lambris jusques dans la voute, étoit représenté sur un fond vert, & dessus une longue terrasse qui regnoit tout au tour, une grande forêt pleine d'arbres & d'arbrisseaux, de pommiers, poiriers, cerisiers, pruniers, & autres semblables, chargés de fruits, & entremêlés de lis, de flambes, de roses, & de toutes sortes d'autres fleurs: des enfans repandus en plusieurs endroits du bois, y cueilloient des fleurs, & mangeoient des fruits: les autres poussoient leurs branches jusques dans la voute peinte de blanc & d'azur, pour figurer le ciel & le jour; & enfin le tout étoit de beau vert-gai, fait d'orpin & de florée fine. Outre cela il fit peindre encore une petite allée par où passoit la Reine pour venir à son Oratoire de l'Eglise St Paul. Là, de côté & d'autre quantité d'Anges tendoient une courtine des livrées du Roi: de la voute, ou pour mieux dire, d'un ciel d'azur qu'on y avoit figuré, descendoit une legion d'Anges, jouant des instrumens, & chantant des Antiennes de Notre-Dame. Le ciel au reste, aussi-bien de l'allée que de la gallerie, étoient d'azur d'Allemagne, qui valoit dix livres parisis la livre, & le tout ensemble couta six-vingts écus.

Quant aux Chapelles, Charles V enrichit la plus grande du même Hotel St Pol, de douze figures de pierre representant les Apôtres, hautes de quatre pieds & demi; & garnies chacune de coutelas, de croix, & des autres marques de leur martyre. Charles VI depuis les fit peindre richement par François d'Orliens, le plus celebre Peintre de ce tems-là; leurs robes & leurs manteaux étoient rehaussés d'or, d'azur & de vermillon glacé de fin sinople; leurs têtes accompagnées d'un diadême rond de bois que l'on avoit oublié, qui portoit un pied de circonference, brilloient encore d'or, de ver, de rouge & de blanc, le plus fin qui se trouvât. Ces Diadêmes revenoient à dix sols parisis la piece; & la peinture de chaque Apôtre à quatre livres aussi parisis.

Au Louvre, Charles V entoura encore la principale Chapelle, de treize grands Prophetes, qui tenoient chacun un rouleau dans un petit clocher de menuiserie terminé d'une tourelle, où il fit mettre une petite cloche;

les vîtres furent peintes d'images de Saints & de Saintes couronnées d'un dais, & assises dans un tabernacle.

Soit dans son oratoire, ou dans son priés - Dieu qui y tenoit, & qui étoit peint & vouté de pierre, il y fit mettre une tablette de bois d'Irlande de deux pieds de long sur un & demi de large, pour y placer ses reliques, que les regitres des œuvres Royaux appellent son Sanctuaire, ainsi parloit-on de ce tems-là. Du reste la Chapelle de la Reine du même Hotel de St Pol, aussi-bien que celle du Roi, & de la Reine, tant au Louvre qu'au Palais, ressembloient fort à la Chapelle de l'Hotel St Pol, que je viens de décrire. Et comme il avoit rehaussé le portail de celle de la Reine, au Louvre, d'une figure de Notre-Dame, environnée de neuf Anges, dont les uns l'encensoient, les autres jouoient des instrumens, les autres portoient les armes de France, écartelées de Bourbon, tous ouvrages de Jean de St Romain, le plus fameux Sculpteur de son tems; on présume qu'il avoit accompagné de pareils enrichissemens les portes des autres principals Chapelles de ces maisons Royales, & qu'il les avoit fait faire, & conduire par le même ouvrier, ou par quelque autre qui n'avoit pas moins de nom.

LES VOLIERES ET LES OISEAUX
de Charles V.

COMME Charles V, qu'on a surnommé le Sage avec beaucoup de raison, entretenoit des ours, & leur faisoit faire de superbes sculptures, ainsi que je montrerai ailleurs, on ne doit pas s'étonner, si je dis que dans ces Maisons Royales, il y avoit un pape-gaut, des tourterelles, des cages d'oiseaux, des volieres, des sangliers, des lions, & des lices.

A l'Hotel St Pol il fit faire une cage octogone, fermée de fil d'archal pour mettre son pape-gaut, que l'on appelloit la cage au pape-gaut du Roi.

Outre les grandes volieres qu'il avoit au Palais, au Louvre, & tout de même à l'Hotel St Pol, il avoit encore dans tous ses appartemens aussi-bien que dans ceux de la Reine, des cages pour mettre des oiseaux, peintes de ver, & treillissées de fil d'archal.

Le Duc de Bethfort en 1432, fit faire une voliere dans le Colombier des Tournelles, éclairée de neuf miroirs, enchassés en bois, & grands de demi-pied en quarré, qui coûterent soixante & quinze sols parisis.

J'ai parlé déja auparavant des chambres pour les tourterelles, & pour les chiens de la Reine, du jardin pour les sangliers, des maisons des lions, des paons, des cocqs, des poules, des pigeons, & des chapons de Flandre, que Charles V faisoit nourir à son Hotel des Tournelles. De plus, j'ai dit que la grande cour de l'Hotel St Pol, se nommoit de son tems la cour des Joûtes, à cause qu'elle servoit à cet exercice : je dirai ailleurs qu'en 1487 les lices de l'Hotel des Tournelles, étoient dans le jardin aux pommiers, & en 1529 dans le Parc ; qu'en 1530 François I en fit faire entre la Seine & le Louvre pour l'heureux avenement à la couronne de la Reine Eleonor, & qu'enfin en 1548 Henri II en entreprit une dans le Parc des Tournelles qui avoit quarante-huit toises de longueur.

JARDINS DES ROIS.

QUOIQUE je fache que dans le jardin de Childebert, premier Roi de Paris, & Ultrogothe, fa femme, il y avoit des treilles, des rofes, des fleurs, & des pommiers entés de la propre main de ce Prince ; c'eft neanmoins tout ce que je puis dire du jardinage de nos Rois jufqu'à Charles V. De fon tems tous les jardins Royaux confiftoient pour l'ordinaire en prés qu'on appelloit des preaux, ou vignes, & en tonnelles. Les prés, & chaque jardin étoient environnés de haies, couvertes de treilles, enlaffées, & couchées en maniere de lozange, qui font les tonnelles ; & ces tonnelles tenoient par les deux bouts à des pavillons faits de même qu'elles, & non feulement à chaque coin des jardins & des preaux, il y avoit des pavillons, mais encore au milieu, & même d'autres tonnelles qui les traverfoient, & les divifoient en compartimens ; dans les prés venoit du foin, qu'on fauchoit quelquefois. Les vignes étoient plantées au bout du grand jardin, fouvent dans le Parc, & qu'on cultivoit fi bien, qu'il s'en recueilloit d'affés bon vin tous les ans. Les pavillons étoient ronds ou quarrés, ou l'un & l'autre alternativement : par dedans tout au tour étoient des fieges de gazon, rehauffés fur des marche-pieds de même : les treilles qui les environnoient, finiffoient en crenaux, ou en fleur de lis : les crenaux aboutiffoient en tabernacles, à peu près comme un clocher couronné d'une groffe pomme, & d'où fortoit une girouette peinte des armes de France. Quant aux lozanges des treilles d'ordinaire, elles étoient remplies de fleurs de lis, & quelquefois pliés de forte, qu'elles reprefentoient les armes de France, celles des enfans de France & des Princes du fang.

Au milieu d'un jardin fouvent au lieu de preau, fe voyoit une fontaine dans un baffin de pierre ou de marbre, qui jettoit de l'eau par la gueule d'un Lion, ou de quelque autre bête farouche.

Charles V fit femer tous fes jardins de femences de violiers, de courges, de choux, de romarin, de marjolaine, de fauge, de girofliers, de fraifiers, de lavande, de roziers, même de pourpier, de laitue, de poirée, & autres herbes & legumes. Il fit planter à l'Hotel St Pol cinq quarterons de ceriziers à cinq fols le cent, & qui donnerent commencement au jardin des cerifiers, autrement dit le preau, ou le jardin de la Cerifaye.

Au même Hotel St Pol, en 1398, Charles VI fit planter dans le jardin du Champ-au-plâtre trois cens gerbes de rofiers blancs & rouges ; trois quarterons de bourdelais ; trois cens foixante & quinze gouais de marêts ; trois cens oignons de lis, trois cens de flambes, cent quinze entes de poiriers ; cent pommiers communs ; douze pommiers de Paradis ; un millier de cerifiers ; cent cinquante pruniers, & huit lauriers verts, achetés fur le Pont-au-change : la gerbe du rofier coûtoit alors vingt fols parifis ; les gouais de marêts en valoient douze ; le cent d'oignons de lis fix ; le cent de flambes neuf ; le cent de poiriers vingt-un fols ; le cent de pommiers communs douze ; les pommiers de Paradis quatre fols chacun ; le millier de cerifiers fix ; le cent de pruniers huit ; les lauriers deux fols la piece. En 1431 le Duc de Bethfort fit labourer à la charue le grand jardin de l'Hotel des Tournelles, qui contenoit vingt arpens, ou environ, où l'année fuivante il planta une infinité de rofiers blancs, de romarins, de figuiers ; de plus quatre entes de poiriers, & de pommiers ; trente & un houx ; trente-fix cormiers ; trente-huit meriziers, guiniers, & coigniers ; foixante & quinze cerifiers & neffliers avec deux cens épines ; outre cela il fit ouvrir mille nonante-neuf toifes de tranchées de deux pieds de large, fur autant de profondeur, pour y planter cinq mille neuf cent treize ormes, qu'on amena par eau au Port-de-l'Ecole avec la racine, & qui coûtoient quatre livres parifis le cent: fi bien que pour ce nouveau plan, il falut arracher les haies d'un labyrinthe, appellé alors la maifon de Dedalus dont on fit cinq cens & un quarteron de coterêts.

En 1433 il fit vendanger deux quarreaux de vignes, dont le vin, ne fut pas trouvé moins bon que le raifin.

Louis XII enfin dans fon jardin du Palais, fit planter en 1512 cent trente-cinq cerifiers, avec quantité de guiniers, pruniers, autant de prefliers, poiriers, & pommiers.

Nous pouvons bien, voyant ceci, nous écrier, comme le fait Valere Maxine livre 2. chapitre 9. article 4. Certes les livres de notre fiecle ont dequoi s'étonner de voir qu'ils font obligés de raporter les hiftoires d'une fimplicité fi rude. Car il eft prefque incroyable que dans un même Royaume, on ait pu dire que fi peu de chofe ait fait l'enrichiffement & la magnificence des Palais de nos Rois, & que maintenant cela ne fe trouve pas même dans les Jardins Bourgeois & dans les Chaumieres.

AUTRES JARDINS.

CHILDEBERT, Roi de Paris, & Ultrogothe, fa femme, avoient un beau jardin à Paris, où même il croiffoit du grain, furtout il y avoit des rofes qui fentoient fi bon, que Fortunat, Evêque de Poitiers, les compare aux rofes du Paradis.

De plus il étoit peint de toutes fortes de fleurs; on s'y promenoit à l'ombre fous des berceaux couverts de treilles, chargées de verjus; des pommiers, entés de la propre main de Childebert, qui n'avoit pas moins de paffion pour l'agriculture que Cyrus, étoient encore une des admirations de Fortunat, qui ne fauroit s'empêcher de le témoigner, & de fe jouer deffus.

La plupart des Auteurs au refte, qui ont écrit de Paris, pretendent que ce jardin tenoit au Palais, où fe tient le Parlement

Du Peirat, qui n'eft pas de cet avis, veut qu'il étoit au Pré aux Clercs; mais enfin les plus judicieux prétendent, & affurent qu'il étoit dans l'Univerfité, près l'Hotel de Cluni, & les ruines du Palais des thermes, bâti par les Romains. Quoi qu'il en foit fur les ruines de cet ancien Palais, eft encore un petit jardin fufpendu de même que ceux de Babylone, que les fables des Grecs ont voulu faire paffer pour un miracle. Il eft auffi haut que le comble des maifons du voifinage, & confifte en un parterre, garni de rofes, de fleurs de compartimens de buis, & foutenu fur des voutes de brique d'une longueur, & d'une largeur extraordinaire.

Prefque dans tous les quartiers de Paris il fe trouve des jardins, & de grands lieux où chacun fe va promener.

Les Ecoliers de l'Univerfité alloient autrefois fe divertir au Pré aux Clercs, qui a pris ce nom-là à caufe d'eux, malgré les Religieux de St Germain, qui foutiennent que c'eft une pure ufurpation de l'Univerfité, & qu'il dépend de leur Abbayie.

Du tems de St Louis ils alloient encore au faux-bourg St Marceau, dans une certaine campagne qu'il y avoit alors aux environs: mais comme ils en revenoient un jour, s'étant enyvrés, le defordre qu'ils cauferent fut fi grand que plufieurs fe retirerent en Angleterre.

Le Jardin du Palais d'Orleans, qu'a planté Marie de Medicis, rempli de quelques jets d'eau, d'un petit bois, de paliffades, & d'un grand nombre d'allées, eft la promenade ordinaire des habitans du faux-bourg St Germain.

DE LA VILLE DE PARIS. Liv. VII.

Dans ce quartier-là même les petits Jacobins en ont un, qui est aussi propre que bien situé, & qu'ils ouvrent aux honnêtes-gens. Il consiste en un jardin haut, & un autre bas : le haut est un grand parterre environné de ciprès, & de phillirea, qui le rendent verd en tout tems, & pourtant ordonnés de sorte qu'ils ne bouchent point la vue, ni du cours, ni de la campagne : le bas entoure le haut, & est occupé en certains endroits par une menagerie, & couvert dans les autres, d'allées & de pepinieres de plusieurs sortes d'arbres, de nains surtout & de fruitiers.

Derriere, entre ce jardin ici, & celui du Palais d'Orleans, d'un côté est l'Orangerie du Roi, qui regorge d'Oranges. En je ne sai combien d'autres endroits se voyent des jardins en quantité, tout jonchés de tulipes, d'anémones, d'œillets & de toutes sortes de fleurs, sans parler des plantes & des simples. Car il y en a, & au faux-bourg St Marceau, & au faux-bourg St Michel, au Temple, à Montmartre, & presqu'en tous les quartiers de Paris & les fauxbourgs ; où partout il semble que la nature prenne plaisir à se jouer dans ce prodigieux mélange de couleurs toutes nouvelles, qu'elle étale aux yeux chaque jour, dont la diversité surprenante, d'où dépend leur prix & leur rareté, fait paroître une puissance qui approche de la puissance infinie.

Mais si ces jardins curieux ne sont pas stables, celui des Apoticaires, situé au faux-bourg St Marceau, & le jardin Royal des plantes medicinales, planté au faux-bourg St Victor, subsistent depuis long tems, & apparemment subsisteront toujours : aussi-bien dans l'un que dans l'autre on y cultive toutes les especes d'arbres, & de plantes de medecine qui se peuvent élever à Paris.

Dans le jardin Royal surtout, il y a un valon arrosé d'eau de fontaine ; une coline, des lieux sombres, d'autres exposés au soleil pour y nourrir les plantes & les arbres qui ont besoin de ces differentes situations.

Dans la description que je ferai de ce beau jardin, il sera parlé de la plante sensitive, qu'on y a long-tems nourie. Quant à son assiette, elle est si bien pratiquée, qu'il semble renfermer toute la campagne voisine, & une partie de la Seine : ce qui fait qu'aux heures de la promenade quantité de personnes de qualité y viennent.

Tout contre est le jardin de l'Abbayie St Victor, qui est encore ouvert aux honnêtes gens, où l'on jouit du même air, & presque de la même vue mais il ne s'y trouve plus de lieux écartés, ni d'allées couvertes.

Celui des Prêtres de la Doctrine Chrétienne n'est pas moins bien situé, excepté qu'il est fort petit.

Le Jardin de Ste Geneviéve n'est pas grand non plus, & consiste entre autres en une longue allée, élevée sur les ramparts, & bordée d'une palissade : mais il ne s'ouvre qu'aux amis, & aux personnes de connoissance.

Le clos, & le grand Cloître des Chartreux, d'ordinaire sont ouverts à tout le monde : que si le clos ne l'est pas les Fêtes en certains tems, c'est quand il y a du fruit, de crainte qu'on ne le cueille.

Il en est de même du jardin des Celestins dans la saison du fruit, plein de treilles arondies en tonnelles, si touffues alors de feuilles & de grapes, qu'elles passent pour les plus belles de Paris, de plus sur un tertre pierreux s'y voit une vigne, sujette aux mêmes symptomes que celles de Bourgogne, mais dont le vin mêlé avec le verjus des treilles, fait d'excellent vin d'absinthe, que les Religieux distribuent aux pauvres, & même à d'autres, en donnant des bouteilles pour des bouteilles de vin.

Tout contre est le jardin de l'Arsenal, terminé d'une allée longue de quelque trois cens trente toises, attachée d'un bout à la Bastille, de l'autre à la Seine, & placée dans une des plus agréables vues qu'on sauroit imaginer.

Le jardin du Temple, ceux de St Martin, des Capucins du Marais, & de l'Hotel de Guise, sont ouverts en tout tems, & à toutes sortes de personnes.

Celui du Luxembourg est quelquefois publique, quelquefois non, selon qu'il plaît aux Princes qui y demeurent.

Au Jardin du Temple se voyent quelques jets de plâtre des figures les plus renommées de l'Antiquité.

Dans celui du Prieur de St Martin, ceux du quartier tant hommes que femmes y alloient autrefois passer les belles soirées. Depuis que la porte en fut fermée avant que tout le monde fut sorti, l'entrée en a été défendue aux filles & aux femmes.

Le Jardin de l'Hotel de Guise, Fêtes & Dimanches regorge de petit peuple l'après-diné; pour les autres jours, il ne s'y trouve que d'honnêtes gens le soir. On y a fait voir un arbre qu'on appelle le luxurieux, pour avoir servi aux plaisirs d'un Maréchal de France, galant & bel esprit, & d'une Princesse autant fameuse par sa beauté que par ses amours.

Contre la porte de Richelieu, le Jardin de Thevenyn, Oculiste illustre, est plus considerable par sa propreté que par sa grandeur. Ses heritiers l'ont vendu à un Maître des Requêtes nommé Puget. Il n'a que trente-quatre toises de long sur trente-deux de large, & est fait en forme de lozange. Il est entouré de quatre allées bordées d'un côté de phillirea, qui en cache les murailles, & de l'autre côté de contre-espaliers à hauteur d'appui, que soutient une haie de pieux maillée de lattes, d'où sortent des branches étendues comme les doits d'une main ouverte ou les branches d'un éventail. Aux coins du Jardin sont des cabinets fort touffus. Dans le reste il y a un parterre avec quantité d'arbres fruitiers de trois pieds de haut seulement, mais chargés les uns de fruits hâtifs, les autres de tardifs; les uns d'été, les autres d'hiver, que la Provence, la Touraine & le reste des Provinces du Royaume produisent séparément, & que nos Jardiniers ont assemblé à Paris & comme naturalisés. Enfin sa situation est si agreable, que de tous les endroits on y découvre une grande campagne, terminée de Mont-martre, petite montagne couverte de moulins, d'un village, d'un dome, d'une Eglise, d'un Couvent de Benedictines, & que les yeux ne sauroient considerer sans plaisir, ni sans y monter & descendre plusieurs fois.

Du vivant de Thevenyn, ce Jardin n'étoit point fermé pour les honnêtes gens qui y venoient en grand nombre. Depuis sa mort, je doute que Puget en use de même, & de plus qu'il en cultive les fruits avec autant de curiosité que l'autre.

Le Jardin des Capucins de St Honoré, est un des moins curieux & cependant un des mieux cultivés de Paris, avec un peu de choux, de raves, de legumes & d'herbes, ils ont pratiqué des compartimens qui ne plaisent guere moins que les tulipes, les anemones & les autres fleurs. Outre quelques allées fort touffues qui le composent, la principale n'a pas seulement une largeur extraordinaire, mais encore ce qui la rend remarquable, c'est que n'étant bordée d'arbres que d'un côté, elle ne laisse pas de donner presque toujours de la fraicheur, pour être toute couverte de branches & de feuilles.

Derriere le Louvre est le Jardin des Tuilleries, long de trois cens toises ou environ, & fait par Catherine de Medicis pour accompagner son Palais.

Il consiste en un étang, une volliere, un bois, une orangerie, un écho, un labyrinthe, un mail, une maison pour les bêtes farouches, & quantité d'allées couvertes d'arbres touffus que la fraicheur de l'ombre rend tout-à-fait delicieuses.

C'est un rendés-vous où le beau monde vient souvent attendre l'heure pour aller au Cours. Car à toute heure & par tout, on y trouve du frais & du plaisir. Il a été terminé long-tems d'une garenne de lapins; mais enfin en 1630, Regnard commença à la couvrir d'un Jardin qu'il a rendu l'un des plus plaisans de Paris. C'est un parterre planté dans la capacité d'un grand bastion qui tient à la porte de la Conference, & borné d'un rempart ou de deux longues terrasses couvertes d'arbres, & relevées d'un commandement plus que le chemin des rondes, d'où l'on voit une partie de Paris, les tours & retours que fait la Seine dans une vaste & platte campagne, & de plus tout ce qui se passe au Cours.

LE COURS.

LE Cours au reste, est un nouveau mot & une nouvelle chose, de l'invention de Marie de Medicis. Jusqu'à sa Regence on ne savoit point en France d'autre moyen d'user de la promenade qu'à pied & dans les Jardins; mais alors elle fit passer de Florence à Paris, la mode de se promener en carrosse aux heures les plus fraiches de l'après-diné: ce qui se pratique maintenant en tant de lieux.

Pour cela donc entre le rivage de la riviere & une campagne ensemencée de bled, d'orge & d'avoine, elle fit dresser & entourer de fossés trois allées longues de mil cinq cens quarante pas communs; à celle du milieu, elle donna vingt pas de largeur, dix aux deux autres chacune. Le long de ces allées, elle fit planter seize cens ormeaux, espacés de douze en douze pieds, qui toutes trois sont coupées dans le milieu d'un rond de quelque cent pas de diametre. On y entre par un grand portail bâti aux deux bouts & fermé de portes de fer. Cette Princesse lui donna le nom de Cours qu'elle forma sur le *Corso* de Florence & de Rome, qui depuis lui est demeuré.

En 1628, elle resolut, & même l'ordre en étoit donné, de couvrir d'un grand Jardin enrichi de prés, de parterre, de canaux, de fontaines, de labyrinthes & de toutes sortes d'autres varietés, la grande plaine qu'il cottoye; & de plus vouloit qu'au bout on y fit un pavillon qui servît de retraite & de rafraichissement au Roi, quand il viendroit-là se promener. La chose en étoit venue si avant, que le Roi avoit déja donné la Charge de Capitaine de ce beau reduit. Mais cette entreprise fut rompue par l'éloignement de la Reine.

Le soir depuis Pâques jusqu'à la fin de l'Automne, le beau monde y vient prendre l'air en carrosse. Les Dames pour plaire, n'oublient rien alors au logis, de tout ce qui peut servir à faire éclater leur beauté. Le reste de l'année on se va promener ou à Vincennes, ou le long de l'eau hors la porte St Bernard; rarement au Pré-aux-Clercs, qu'on a appellé le Cours melancholique. Mais maintenant presque toujours à Vincennes, soit à cause du bon air qu'on respire en y allant, soit que dans le bois on y prenne tant & si peu de fraîcheur qu'on veut; puisque dehors on ne laisse pas de jouir de son ombre. Dans tous ces lieux-là au reste, les carrosses y roulent en forme d'ovale, de même qu'au Cours. On s'entre-salue sans se connoître; & les hommes qui sont presque toujours découverts, n'oseroient manquer à saluer les Dames, à moins que de passer pour incivils.

RAMBOUILLET.

LE Jardin de Ruilly, petit hameau, uni de nos jours au fauxbourg St Antoine, est unique en son espece. Quelques-gens l'ont appellé la folie de Rambouillet, parce qu'il appartient à un homme d'affaires, ainsi appellé, qui l'a fait planter & se plait à le cultiver. Car le peuple donne legerement le nom de folie à bien des choses, quand la fantaisie lui en prend; témoin la folie Regnauld, &c.

Dans ce Jardin se trouvent des allées de toutes figures & en quantité. Les unes forment des pattes d'oie; les autres des étoiles. Quelques-unes sont bordées de pallissades ; d'autres d'arbres. La principale qui est d'une longueur extraordinaire, conduit à une terrasse élevée sur le bord de la Seine ; celles de traverse se vont perdre dans des petits bois, dans un labyrinthe & autres compartimens : toutes ensemble forment un reduit si agreable, qu'on y vient en foule pour s'y divertir.

Dans des Jardins separés se cultivent en toutes saisons un nombre infini de fruits, dont la saveur, la grosseur, ne satisfont pas simplement le goût & la vûe, mais même sont si beaux & si excellens, que les plus grands Seigneurs sont obligés de faire la cour au Jardinier, quand ils font de magnifiques festins ; & même le Roi lui en envoye demander.

En un mot on parle des fruits de Ruilly, comme de ceux des Hesperides, hormis que pour en avoir on ne court pas tant de hazard.

MAISONS DE PLAISANCE DE NOS ROIS
aux environs de Paris.

LA plupart de nos Rois de la premiere Race, d'ordinaire faisoient leur sejour à Paris, & n'en sortoient que pour jouir de l'air & des plaisirs de la campagne dans les Palais qu'ils avoient aux environs; & aller à la chasse dans les bois qui couvroient alors presque toute l'Isle de France.

Ceux de la seconde Race, au contraire, qui se tenoient dans l'Allemagne, & que pour cette raison Paris ne voyoit que lorsqu'ils y venoient en chassant, ne laisserent pas de l'environner de tant de maisons, que bien-loin de les compter toutes, je ne sai pas trop si je pourrai seulement dire le nom de la plupart.

Enfin ceux de la troisiéme, qui avoient choisi pour demeure cette Ville Capitale, encherissant de beaucoup sur les autres Rois leurs devanciers, l'entourerent d'autres Palais grands & magnifiques, les uns tout proches, les autres dans les bois & contre les forêts voisines.

CELLES DE LA PREMIERE RACE.

LA premiere maison qu'ont eu nos Rois aux environs de Paris, s'appelloit assurément en Latin *Rotolajum* & *Rotolajensis villa* ; & de fait, ce sont les noms que lui donne Gregoire de Tours, aussi-bien que l'Auteur de la vie de St Lubin, Evêque de Chartres. Mais la difficulté est de savoir comment elle se nommoit en François. J'avoue que tous ceux qui en ont parlé depuis n'ont douté aucunement que ce ne fut *Ruel*, Bourg à trois petites lieues de Paris, assis près de la Seine, & celebre par le logis & les cascades du Cardinal de Richelieu Mais si j'osois dire mon avis là-dessus & l'opposer à celui qui est reçu de tout le monde, ne pourrois-je pas demander si ce ne seroit pas plutôt le Roulle, petit village au bout du fauxbourg St Honoré, qu'on vient de joindre à la Ville, & qui du vivant de Gregoire de Tours & du tems de l'Auteur de la vie de St Lubin, que Paris alors n'étoit autre chose que la Cité, en étoit à plus d'une demie lieue ; d'ailleurs placé

dans

DE LA VILLE DE PARIS. Liv. VII.

dans un païs agreable & en belle vue. Mais de plus à considerer que le même Gregoire de Tours qui lui donne le nom de *Rotolajensis villa* appelle encore ainsi une autre maison de plaisance en Normandie proche de Rouen & du confluant de l'Eure & de la Seine, où Gontran, Roi d'Orleans, relegua Fredegonde, & où les Grands de la Cour de Clotaire II, la suivirent, avec promesse d'avoir soin de l'éducation du Roi son fils. Quelle raison y a-t-il que ces deux lieux, qui ne sont point differents pour le nom en Latin, le soient en François ? & que le *Rotolajum* de Normandie soit interpreté le *Roulle*, & que *Rotolajensis villa urbis Parisiensis*, soit pris pour Ruel & non pas pour le Roulle, tout proche de Paris. Or il est constant que le lieu appellé *Rotolajum*, où Gontran exila Fredegonde, s'appelle maintenant le Roulle. C'est un village situé sur la Seine près de Gaillon entre Vernon & le Pont-de-l'Arche à trois lieues de la riviere d'Eure, à quatre ou cinq du confluant de cette riviere & de la Seine. Du tems de Gregoire de Tours, c'étoit une Maison Royale où les Grands de la Cour de Chilperic suivirent cette Princesse, & où l'ayant laissée avec l'Evêque Melanthius, qu'on avoit chassé de Rouen quelque tems auparavant, ils lui promirent d'avoir grand soin de l'éducation de son fils.

Mais si j'ajoute que dans l'Epitaphe de Charles le Chauve, qui donna Ruel à l'Abbaïe St Denis : ce village n'est pas nommé *Rotolajum*, mais *Reuolium*, & que Suger l'appelle *Ruoïlum*, & Masson *Ruellium*; après avoir pretendu que c'est le nom qu'il porte dans l'Epitaphe que je viens d'alleguer : & enfin si l'on prend garde aux paroles de Gregoire de Tours, si claires & si expresses, savoir *Rotolajensem villam ipsius Urbis*, un village de Paris, tout voisin de Paris, & que le Roulle est justement cela; certainement c'est se moquer, de songer à Ruelle, qui en est si éloigné. Je n'ai pas rapporté que le jeune Valois semble le nommer *Rioïlum*, & que pour faire entendre qu'il signifie Ruelle, il ajoute *Rotolaïum-ve*, puisqu'enfin c'est une fausse critique & que dans les anciens manuscrits où il a voulu éclaircir ce nom à sa mode; il y a *Crioïlum* qui veut dire Creil, & *Rioïlum* qui ne signifie rien, ni *Rotolaïum* qu'il a mis ensuite de *Rioïlum*, faute de l'avoir entendu, & d'avoir su que *Crioïlum* signifioit Creil : j'en dirai davantage plus bas ; & par là on peut juger si ce fut à Ruel, ou au Roulle, que Childebert Roi de Paris, & fils du grand Clovis, reçut St Lubin, au rapport de l'Auteur de sa vie; & tout de même encore en quel lieu des deux, Gontran vint loger lorsqu'il fit preparer à Nanterre des fonds pour batiser Clotaire II, & qu'en recevant ce Sacrement il lui dit : Croissés mon enfant, rendés-vous digne du grand nom que vous portés, & devenés aussi-puissant que Clotaire.

Afin de ne plus revenir, ni à Ruel ni à Nanterre, rien n'a été cause apparemment de faire prendre Ruel pour le Roulle, que le voisinage de Nanterre & de Ruel, à cause du batême de Clotaire : car comme Gontran parrein de Clotaire, vint à choisir Nanterre pour cette ceremonie, & que pendant qu'on travailloit aux preparatifs, il se retira, soit à Ruel, soit au Roulle, chacun trompé par la proximité de Nanterre & de Ruel, s'est imaginé que ce fut à Ruel qu'il se retira, sans songer que le Roulle est sur le chemin de Nanterre à Paris, & à deux petites lieues de Nanterre : si bien que là-dessus on a pris *Rotolajensis villa*, Ruel; & on a voulu que Gontran sejournât à Ruel & non pas au Roulle, ne prenant pas garde que Ruel & Nanterre étant si proches l'un de l'autre, comme ils sont, ce Prince auroit bien mieux aimé loger à Nanterre qu'à Ruel. Tellement que personne ne s'est avisé que ce fût au Roulle, & moi-même sans doute je ne m'en ferois pas avisé non plus que les autres, sans la conformité entre *Rotolajensis villa Urbis Parisiensis*, & *Rotolajensis villa in Rothomagensi termino sita*. Quoi qu'il en soit, je ne crois pas que Nanterre fût alors une maison de plaisance ; & si Gontran, qui est mort en opinion de sainteté, le choisit pour une action si solemnelle, c'est que ce lieu étoit consacré, & par la naissance, & par la

Tome II.   O o

maison, & par le long séjour que Ste Genevieve y avoit fait, & ainsi le préféra aux autres Saints lieux de la France.

Clotaire I, frere de Childebert, avoit une maison de plaisance à Braine en Champagne, fameuse par un Concile tenu sous Pelage II, & situé sur la riviere de Vesle, dans le Soissonnois entre Fismes & Soissons, à trois lieues de l'un, & deux & demie de l'autre; lui & Chilperic son fils, y garderent leurs tresors, comme j'ai dit ailleurs. Chilperic y fut malade de la dissenterie: des deux garçons qui lui restoient de Fredegonde, l'un y mourut de cette maladie, l'autre après en avoir été tourmenté long-tems, fut transferé à Soissons, près du tombeau de St Medard, ce qui pourtant ne l'empêcha pas de mourir, ni de suivre bientôt son frere. C'est encore là, que Fredegonde inconsolable de la perte de ses très-chers enfans, conjura le Roi de jetter au feu tous les Rolles de ses nouvelles impositions qui avoient si fort irrité le Ciel contre eux, & même de depêcher des gens dans les Provinces, afin de les supprimer, & faire cesser les maledictions que les peuples opprimés leur donnoient; ce qu'il fit volontiers à sa priere, aussi-bien que d'envoyer dans le même Palais Clovis, le seul fils qui lui restoit de ses autres mariages, à dessein qu'il y gagnât ce mal contagieux qui infectoit tout le Royaume, & s'en allât en l'autre monde.

De plus, c'est dans l'une des maisons de Braine, que Chilperic assembla les Evêques de France, pour écouter Leudaste qui accusoit Gregoire de Tours d'avoir médit de Fredegonde, & où ce Prelat, quoiqu'il se justifiât en leur presence d'une telle imposture, ne laissa pas d'être condamné à s'en purger encore par serment, & à dire trois Messes à trois differens Autels. C'est encore à Braine que Fredegonde, après la mort de son mari, assembla des troupes gagnées à force de presens, pour marcher contre Childebert Roi d'Austrasie, neveu de Chilperic, qui déja étoit en chemin à la tête d'une armée, en resolution de venger la mort de son oncle, dont il l'accusoit; mais qu'elle battit & mit en deroute.

C'est là même encore où le Roi Pepin, en 574, tint les Etats, & d'où il partit avec de puissantes forces pour faire la guerre à Aistulphe Roi des Lombards.

Enfin c'est ce Chateau-là même qui appartenoit à Hugues le Grand, fils de Robert Roi de France, & pere de Hugues Capet, & qui en 931 fut pris & ruiné par les Troupes d'Heribert, Comte de Vermandois; & puis encore pour la seconde fois en 950, par les Soldats du Comte Ragenoldus; mais que Louis d'Outre-mer reprit, & vendit à Hugues. Nous voyons que c'est de cette maison qu'est sorti Agnès de Braine troisiéme femme de Robert de France quatriéme fils de Louis le Gros, Chef de la maison Royale de Dreux. Le nom de ce Chateau est resté fort varié dans notre Histoire. car Gregoire de Tours l'appelle tantôt *Brennacum*, & tantôt *Brannacum*; Frodoard, *Braina*; l'Auteur des Gestes de France, *Brinnaicum* & *Brinnacum*; les autres, *Brinacum*, *Brinniacum*, *Brinagum* & *Brinnam*.

Si nous voulons ajoûter foi à la conjecture d'Adrien Valois dans son Histoire des Choses de France, Charibert Roi de Paris, fils de Clotaire I, & frere aîné de Gontran & de Chilperic, avoit dans le Parisis une maison de plaisance, appellée *Branniacum*, où il faisoit battre monnoie, & dont on voit des pieces d'or avec son nom, & son portrait d'un côté & de l'autre, BANNIACO FIIT. Mais outre que *Banniacum* est un mot barbare qu'on ne trouve point ailleurs; & dont tout le monde ignore la signification, il est certain que tous ceux qui ont une connoissance particuliere, tant des monnoies que des medailles ne le prennent ni pour le nom d'un Palais, ni d'un Village, ni d'une monnoie, bien au contraire ils assurent tous que c'est le nom du Monetaire ou Maître de la monnoie de Charibert, & apportent pour preuve une infinité de monnoies antiques, où se lit le nom du Monetaire derriere celui du Prince; de sorte qu'ils pretendent que ce *Banniaco fuit*, veut dire: Cette monnoie a été frappée par le Monetaire *Banniacus*.

Quoique nous ne soyons pas en peine pour deterrer les maisons de plaisance de Chilperic, & que nous sachions qu'il s'alloit divertir souvent à Chelles & à Compiegne ; il est pourtant difficile de decouvrir en quel endroit étoit placé Nogent que Gregoire de Tours appelle *Novigentum villa*, où ce Prince avoit une autre maison de plaisance, à cause qu'il se trouve quatre lieux de ce nom-là.

Le plus ancien & le plus fameux est sur la Seine, & c'est St Cloud qu'on nommoit Nogent, ou *Novigentum*, avant que St Cloud fils de Clodomir & petit fils de Clovis s'y retirât, & se fit Prêtre pour se garentir de la barbarie de ses oncles, qui avoient massacré ses freres.

L'autre est Nogent sur Marne, à quatre lieues de Paris.

Un troisiéme est Nogent le Roi, assis sur la riviere d'Andelle, & fameux par la mort de Philippe de Valois.

Le dernier est Nogent sur Seine, à l'endroit où cette riviere commence à porter batteaux.

Je doute fort que ce soit du premier qu'entend parler Gregoire de Tours, puisqu'alors il appartenoit à l'Eglise de Paris à qui St Cloud l'avoit donné ; ce pouvoit bien être le second, à cause que celui dont est question, étoit dans le territoire de Paris: pour les deux derniers, comme ils en sont loin, ce seroit folie à cet égard de penser à eux. Quoi qu'il en soit, Gregoire de Tours alla un jour à Nogent faire la reverence à Chilperic, où Gilles Evêque de Reims, & lui, virent ses tresors, aussi-bien que quelques grands Seigneurs du Royaume de Childebert Roi de Bourgogne & d'Austrasie, que leur Maître avoit envoyé pour solliciter ce Prince de joindre ses armes aux siennes, afin de dépouiller Gontran de son Etat ; à qui il repondit: Mes pechés m'ont ravi tous mes enfans que j'avois, capables de me succeder, & ainsi ne me restant autre heritier que le Roi Childebert, fils de Sigebert mon frere, je n'épargnerai rien pour faire ensorte que mon Royaume lui appartienne après ma mort, pourvû que sans trouble il me laisse jouir pendant ma vie, de tout ce que je possede.

Outre une reponse si favorable & de riches presens, après que ces Ambassadeurs eurent signé le Traité de paix entre lui & son neveu ; Leudovalde Evêque de Baïeux, ou d'Avranches, en grande faveur à la Cour, & l'un des premiers du Conseil, avec les plus grands Seigneurs de France, monta à cheval pour les accompagner, & leur fit toutes sortes d'honneurs lorsqu'ils partirent.

Dans le tems, au reste, que Chilperic se preparoit pour quitter Nogent, & s'en retourner à Paris, Gregoire de Tours alors prenant congé de lui, il prit en riant par les cheveux, un certain Juif nommé Priscus, qui s'étoit insinué dans ses bonnes graces, par le moyen des meubles riches & somptueux, sans les autres curiosités, qu'il avoit soin de lui acheter : il pria cet Evêque de le faire Cathecumene, & après une longue & vaine controverse entre eux touchant la Divinité de Jesus-Christ, & ne voulant pas davantage retenir Gregoire de Tours : Prelat, lui dit-il obligeamment, & de fort bonne grace, je vois bien que vous voulés me quitter, & cela étant, il faut que j'en use avec vous, comme fit Jacob avec l'Ange : je ne vous laisserai point aller que vous ne m'ayés donné votre benediction.

A Villers-Coterêts, Chilperic avoit encore une autre maison, où il fut pleurer avec Fredegonde la mort de ses enfans ; la forêt qui y tenoit, est maintenant de vingt-cinq mille arpens, ou peu s'en faut. Clotaire II, son fils, y gagna, en chassant, la maladie dont il mourut ; il reste encore des ruines de cette maison Royale, & peut-être est-ce sur ses fondemens que François I a élevé celle que nous voyons aujourd'hui, car il est constant que le bois & le logis s'appelloient *Cotta* ; & de fait, c'est le nom que l'Histoire de Tours leur donne.

A Chelles, memorable pour un Concile tenu sous Jean XVIII, il y avoit encore une autre maison de plaisance, où Chilperic gardoit ses tresors : tout contre étoit une forêt, qui, sans doute, ne sauroit être ni celle de Bondis, ni la forêt de Livri, comme en étant trop éloignée, mais quelque-autre bois voisin qu'on a coupé depuis, & defriché, & qu'alors peut-être appelloit-on en latin *Leuchonia Sylva*. Là ce Prince alloit souvent à la chasse, & même y fut assassiné, soit par Landri, & Fredegonde, ou par des gens affidés. De la maniere que l'Auteur de la vie de Ste Blitilde parle de Chelles, il semble que dès le tems de Clovis, il y eût déja une maison de plaisance ; & dit que Clotilde, sa femme y fonda un petit Monastere de filles, en l'honneur de St Georges. Depuis Ste Baudoue, veuve de Clovis II, le fit démolir, l'agrandit & l'accompagna d'une Eglise, où ensuite, lorsque Clotaire III, son fils fut en âge de gouverner, & remplir la place de son pere, par l'avis des Prelats, & des Grands de France, elle se retira, prit l'habit de Religieuse, & mena une vie si exemplaire, qu'elle y est morte en opinion de sainteté.

Ceux au reste, qui croyent que *Lauchonia Sylva* veut dire la forêt de Chelle, pretendent que ce fut dans le Palais qu'avoient fait bâtir les enfans de Clovis, que Childeric II, & Blitilde, sa femme, furent assassinés par Bodillon, Ingolbert, & Amalbert, assistés des autres Grands de France ; mais enfin on ne doute point que Thieri II, fils de Dagobert II, n'ait été nourri, & élevé dans le Couvent que Ste Baudoue avoit rétabli, & agrandi, & même que ce fut là que les François le reconnurent pour leur Roi après la mort de son pere, & parce qu'il y demeura fort long-tems, c'est ce qui est cause qu'ordinairement on appelle ce Prince Thieri de Chelles.

Gisle ou Giselle, Religieuse à Chelles, & fille de Pepin, y fut souvent visitée par Charlemagne, son frere, qui l'honoroit à ce point, que quand elle auroit été sa mere propre, il n'auroit pas pû faire davantage, & toutes les fois qu'il venoit, il logeoit dans la maison que les Rois de la premiere race y avoient fait faire.

Le Roi Robert y a aussi demeuré, & même y a tenu un Synode, & fait de grandes largesses à l'Abbayie de St Denys, comme il se voit par une charte dattée de Chelles le quinze des calendes de Juin, & signée de quantité de Prelats.

Près de Chelles, de l'autre côté de la Marne, Chilperic avoit encore un autre Palais à Noisi, où il fit emprisonner son fils Clovis sur les faux raports de Fredegonde, que cette marâtre, incontinent après, fit tuer d'un coup de couteau, & jetter dans la Marne. Un pescheur cependant, qui non loin de là avoit tendu ses filets, pour prendre du poisson, l'ayant trouvé ; comme il reconnut à sa longue chevelure que c'étoit un fils de France, il l'enterra aussi-tôt sur le rivage, sous une motte de terre un peu éminente, d'où il fut tiré depuis par le Roi Gontran, & transporté à St Germain des Prés dans le mausolée de ses ancêtres.

Pour revenir aux Palais de Chelles, & de Noisi, tous deux étoient voisins, & bâtis de côté & d'autre de la Marne : Gregoire de Tours appelle le dernier *Nocerum*, & l'autre tantôt *Cala*, tantôt *Villa Callensis*: l'Auteur des Choses pieuses de Clovis II, lorsqu'il en parle, dit *Regalis Villa quæ dicitur Kala*; & le Roi Robert, *Kala nostræ Sedis Palatium*. Ces maisons au reste, sont à quatre lieues de Paris, & toutes deux de bons Bourgs, fermés de murailles Le dernier appartient aux Religieuses de Chelles, avec quantité de grandes Terres, & de Seigneuries. Quant au premier, je ne crois pas qu'il y reste la moindre marque, ni la moindre trace du Palais de Childebert, & même je doute fort qu'à Chelles il s'en trouve de celui de Chilperic, de Thieri II, de Charlemagne, ni de Robert.

Clotaire II ne fut pas plutôt au monde que Chilperic son pere, le fit porter à Vitri, Maison Royale entre Arras & Douai, sur la riviere de

DE LA VILLE DE PARIS. Liv. VII.   293

Scarpe, remarquable par le meurtre de Sigebert, Roi de Metz, executé par l'ordre de Fredegonde: & ce qui obligea Chilperic à l'envoyer si loin, fut la crainte qu'il eut, que l'ayant auprès de lui, ce même mal qui avoit emporté trois autres de ces fils, ne lui ravît encore celui-ci.

Après la mort du Roi, Ansonalde, & les autres Grands du Royaume se rendirent à Vitri, & là firent prêter le serment de fidelité à ce jeune Prince, par toutes les Villes qui avoient appartenu à son pere, tant à Chilperic, qu'au Roi Gontran, son oncle, & son protecteur.

A Bonneuil, autre Maison Royale, proche de Paris, sur la riviere de Marne, appellée autrefois en Latin, *Bonagellus Villa*, *Bonogilus Villa publica*, & tantôt *Bonoïus* & *Bonigulus Villa* ; Clotaire II, l'an trente-quatre de son regne, tint une assemblée où se trouverent tous les Evêques, & les Barons de Bourgogne avec Warnachaire, Maire du Palais, & là accorda toutes les justes demandes qui lui furent faites.

Ce même Prince le jour que l'on porta le corps de St Medard à Croissi, il lui donna la moitié d'une maison Royale, bâtie ou par Clotaire I, ou par Chilperic, du tems qu'ils regnoient à Soissons, & maintenant enfermée dans la Ville ; mais voyant alors qu'on ne pouvoit soulever que la moitié de la biere, se prenant à rire, il ceda à St Medard la maison toute entiere, & comme aussi-tôt la bierre devint si legere, qu'elle ne pesoit presque plus, lui & quelques grands Seigneurs la mirent sur leurs épaules, & porterent ainsi ce corps saint en terre. Or quoique Clotaire II, le donnât alors à St Medard, il n'a pas laissé d'être encore depuis une maison Royale, & où Charles le Chauve en 863, reçut les Nonces du Pape, qui le venoient prier de pardonner à Baudouin, premier Comte de Flandre, l'enlevement de Judith de France, & de lui permettre de l'épouser.

Je laisse là Merley en Alsace, où Alethée, Prince du sang des Rois de Bourgogne, voulut corrompre Bertrude, & usurper le Royaume de son mari.

Je ne dirai rien non plus de *Massolacum*, où Clotaire II, ayant assemblé son conseil pour faire le procès à Alethée, il fut condamné à perdre la tête ; quoique ce lieu soit encore remarquable par une autre avanture bien plus éclatante ; car ce fut là qu'après la mort de Dagobert les Ducs de Neustrie, & de Bourgogne, éleverent Clovis II sur le Trône.

Mais je viens à St Ouen, où s'est tenu un Concile sous le Pape Vitalien, & où Clotaire II, Dagobert I, Clovis II, Thieri I, & de plus le Roi Jean, & quelques-uns de ses successeurs, ont été si souvent prendre l'air & y ont fait tant d'actions considerables.

St Ouen maintenant est un petit Village sur le bord de la Seine, assés près de St Denys, en belle vue, & à deux petites lieues de Paris seulement. Dans les premiers tems de la Monarchie, c'étoit une Maison Royale, appellée alors Clichi en François, mais qui a pris le nom de St Ouen depuis que ce St Archevêque de Rouen y fut enterré. Les noms Latins qu'on lui a donnés, sont tantôt *Clippiacum*, & *Clipiacum*, tantôt *Clippiacum Villa Regalis*, & *Villa Regia Clippiacum* ; quelquefois *Palatium Clippiacum*, & *Villa cui vocabulum est Clipiaco*.

Fredegaire dit qu'à Romilli, Clotaire II maria Dagobert, son fils aîné, Roi d'Austrasie, à Gomatrude, sœur de la Reine Sichilde, sa troisiéme femme, sans marquer le lieu où se fit ; mais Gregoire de Tours assure que ce fut à St Ouen, & ajoute que trois jours après, il y eut grand different entre le pere & le fils ; Dagobert voulant avoir tout ce qui dépendoit de son Royaume, & Clotaire faisant le sourd là-dessus ; mais qu'enfin à la persuasion d'Arnoul, Evêque de Metz, accompagné des autres Prelats, & des plus grands personnages de la France, que ces Rois avoient choisis pour arbitres, Dagobert eut ce qu'il demandoit, son pere lui abandonnant toute l'Austrasie.

Le même Historien ajoûte encore que deux ans après Clotaire convoqua au même lieu tous les Evêques, & les Grands, tant de la Neuftrie, que de la Bourgogne, & comme alors un des gens d'Oeghina, l'un des principaux Seigneurs de Saxe, vint à tuer Ermenaire, Gouverneur du Palais de Charibert II, fils de France, qu'auſſi-tôt le Roi fit retirer Oeghina à Montmartre, où il fut fuivi par quantité de gens en armes : & fur ce que Rodulphe, oncle de Charibert, avoit déja une armée pour l'aller attaquer, Clotaire là-deſſus commanda à la nobleſſe de Bourgogne de ſe declarer contre celui qui ne voudroit pas le reconnoître pour arbitre : par ce moyen il empêcha que bien du ſang ne fût répandu, & incontinent après appaiſa la querelle. Telles ſont les choſes dignes de remarque, qui ſe paſſerent à St Ouen du tems de Clotaire II.

Sous le regne de Dagobert il s'y en paſſa encore bien d'autres, & beaucoup plus remarquables. Outre ce que j'ai déja dit qu'il y fut marié, au raport de Gregoire de Tours, je trouve dans Fredegaire, auſſi-bien que dans la vie de St Joſſe, & les Geſtes de Dagobert, que de St Ouen, où ce Prince ſejournoit, il envoya St Eloi à Judicaïl, Roi de Bretagne, pour lui faire ſavoir, que ſi promtement il ne lui faiſoit raiſon des injures qu'il avoit reçues des Bretons, & ne venoit lui rendre hommage, comme à ſon Souverain, il feroit marcher contre lui ſes troupes, victorieuſes de la Gaſcogne. Ce Prince le vint trouver auſſi-tôt à St Ouen, & outre ſes grands preſens, après avoir déclaré que lui, ſes ſucceſſeurs, & tout ſon Royaume releveroit à l'avenir, & à jamais de la couronne de France, enſuite il lui demanda pardon, avec promeſſe de faire faire raiſon aux grands Seigneurs des torts qu'ils avoient reçus de ſes ſujets.

Le Roi là-deſſus lui fit toutes fortes d'honneurs, l'aſſura de ſon amitié, & à ſon départ le combla de faveurs.

Cependant St Ouen, Evêque de Rouen, ami de St Eloi, & même qui a écrit ſa vie, dit que ceci ſe paſſa dans un lieu qu'il appelle *Priulum* ou *Crioilum*, que Valois le jeune nomme *Rioilum* & *Rotolaium*; & cela parce que n'entendant pas le mot de *Crioilum*, & qu'il avoit lu ailleurs *Rotolaium*, à la place de *Rioilum* & de *Crioilum*; mais ſeulement en cet endroit-là il a cru être bien fondé de le ſubſtituer ici. Après tout, ce n'eſt pas ici le lieu de decider s'il faut ajouter plus de foi à St Ouen qu'aux trois autres. Mais ſans perdre le tems à ſubſtituer *Rioilum* & *Rotolaium* au lieu de *Criuilum*, voyons ce que veut dire *Crioilum*.

Ne ſeroit-ce point Creil, maiſon Royale, ſituée dans une petite Iſle de la riviere d'Oiſe, au bout d'une villette du même nom ? Et de vrai à conſiderer la beauté & l'avantage de ſa ſituation, de plus l'ancienneté de la ville qui y tient, & le rapport qu'il y a pour les lettres entre Creil & *Crioilum*, ne peut-on pas croire, puiſque les Critiques ne veulent pas que le lieu où Judicaïl vint faire hommage à Dagobert, s'appellât *Priulum*, ne peut-on pas croire, dis-je, que c'eſt encore moins *Rioilum*, qu'on ne connoit point, & qui ne veut pas dire Ruel, ni *Rotolaium* non plus, qui ſignifie le Roulle; joint qu'il ne ſe lit dans aucune vie de St Eloi, ſoit manuſcrite ou imprimée; mais bien plutôt, & même aſſurément, que c'eſt *Crioilum*, que les Savans ont ſubſtitué à la place de *Priulum*, ſur de vieux manuſcrits de la vie de St Eloi, à cauſe de la conformité du mot de *Creil* à celui de *Crioilum* ?

Pour ne plus revenir à Creil, on tient que Charles V a fait rebâtir le Chateau, du moins eſt-il certain que lorſque Charles VI ſon fils eut l'eſprit troublé près du Mans, on l'amena-là, où il fut gardé & ſoigné par des Rois, de Trie, Garencieres & Martel. Et afin que de ſon appartement il pût voir jouer à la longue paume dans les foſſés du Chateau, ſans crainte qu'il ne vint à s'y precipiter, ils firent faire un balcon environné de barreaux de fer qui y eſt encore, où ſe voyent en pluſieurs endroits les chiffres & la deviſe des Princes de Bourbon, qui nous apprennent que quelque Prince de ce nom & de cette race l'a agrandi. Depuis il a paſſé à Louiſe de Savoie mere de

DE LA VILLE DE PARIS. Liv. VII.   295

François I, qui lui-même y est venu quelquefois prendre l'air & se divertir. Maintenant il appartient au Comte de Soissons.

Mais pour retourner à St Ouen d'où cette digression m'a si fort éloigné, l'an quinze du regne de Dagobert, Armand Duc de Gascogne, accompagné des plus âgés & des plus qualifiés du payis, vint encore là lui demander pardon des incursions que ses sujets avoient faites dans le Royaume: & comme ils s'étoient mis en asyle dans l'Eglise St Denys, le Roi leur donna la vie ; & aussi-tôt ils lui vinrent prêter le serment, l'assurant de lui être fideles, à lui, à ses enfans & à la France: serment néanmoins qu'à leur ordinaire ils violerent bien-tôt après, & se revolterent.

Ce fut encore à St Ouen que Dagobert transporté de joie de la naissance de Sigebert, se jetta aux pieds de St Amand, qu'il avoit banni du Royaume, pour le reprendre sans cesse de ses dissolutions, & non seulement lui demanda pardon de l'injure qu'il lui avoit faite, mais encore le pria de batiser son fils & d'en être le parrein. Ce petit Prince n'avoit guere que quarante jours, cependant à son batême, comme personne ne répondoit *Amen* à la fin d'une Oraison, Baudemon, Auteur de la vie de St Amand, assure que cet enfant le prononça; d'autres moins credules disent qu'alors il fit simplement un petit cri, qu'on prit pour une voix articulée, & même pour *Amen* bien prononcé.

L'an trois de Clovis II, Ega son Maire du Palais, mourut dans la même Maison Royale. Et Clovis II, la derniere année de sa vie, y tint ses Etats, où assisterent tous les Prelats & les Grands Seigneurs du Royaume. Là à ce que dit l'Auteur des Gestes de Dagobert, il exemta l'Abbaye St Denys de la Jurisdiction des Evêques de Paris, & cela du consentement même de St Landri, que les plus savans Critiques néanmoins ne mettent point au nombre de nos Evêques.

Enfin après la mort de St Ouen, Evêque de Rouen, qui mourut comme j'ai dit, dans cette Maison Royale. Thierri I, à la priere des principaux habitans de Rouen & en la presence des Etats assemblés alors, obligea St Ausbert, Abbé de Fontenelles, de remplir le siege de ce grand Ministre d'Etat, & le fit sacrer en même tems par St Lambert & par les autres Evêques.

J'ai dit que Dagobert avoit une Maison Royale à Creil, où Judicaïl lui prêta le serment de fidelité ; & de plus j'ai dit encore, après Fredegaire qu'il épousa Gomatrude à Romilli, & que comme il y a quantité de bourgs & de villages qui portent ce nom-là, on ne sait lequel c'est. Mais enfin je n'ai pas dit qu'il avoit aussi une autre maison de plaisir à *Bigargium* & à Epinai.

Et de fait après avoir vaincu ou appaisé les Nations voisines, il fût à Bigargium avec Sigebert & Clovis, ses deux fils, où se trouverent les plus Grands du Royaume: là élevé sur un trone d'or, & la couronne en tête, ainsi que rapporte l'Auteur de ses Gestes, il harangua la compagnie, fit son testament, & après avoir conjuré ses enfans au nom de Dieu de l'approuver, il ordonna aux Evêques qui étoient presens de prier Dieu pour lui après sa mort. Ensuite ayant fait faire quatre copies de son testament, il voulut qu'on en portât une à Paris, l'autre à Lyon, une autre à Metz & la derniere dans son tresor. Quelques années après il mourut à Epinai, les uns disent d'un flux de ventre, les autres d'une grosse fievre, & peut-être de tous les deux. Tous ceux au reste qui ont parlé de cette Maison Royale l'ont nommée en Latin *spinogilus villa*, & les autres en François Espineuil & Espernai, quoi qu'il faille l'appeller Espinai. C'est un petit village où le Chancelier Seguier a un logis de plaisir, & qui est situé sur le chemin de Paris à Pontoise, le long de la Seine, à une lieue de St Denys, & à deux & demie de Paris. Dagobert n'y fut pas plutôt malade qu'il se fit porter à St Denys où il mourut, & où depuis lui à son imitation plusieurs de ses successeurs, pendant leur maladie se sont aussi fait porter, & y sont morts.

Quant à Bigargium, voyés le Traité du Pere Mabillon *de Re Diplomatica*. Nous ne saurions pas que Childeric II, avoit une maison à Vassi, & une autre à Moustier-Ender, s'il ne se trouvoit qu'il les donna toutes deux à St Berchaire, fondateur de Moustier-Ender.

La premiere s'appelloit alors *Wassiacus* en Latin, & Vassi en François, & tenoit à une Forêt qui en dependoit. Elle est située dans le Diocese de Chalons en Champagne, sur la riviere de Blaise, qui descend dans la Marne.

L'autre est dans le Perthois, sur la riviere de Voite, nommée en ce tems-là *Puteolus*, & maintenant *Moustier-Ender*, en Latin *Monasterium-Dervense*. Ce Prince assés souvent y venoit prendre le plaisir de la chasse. Son Palais étoit magnifique & sentoit son grand Roi. St Berchaire en étant possesseur y bâtit une Eglise en l'honneur de St Pierre & de St Paul.

Thierri I, après la mort de Childeric II, se retira aussi-tôt dans une autre Maison Royale près de Laon, sur la riviere d'Ellette, appellée Nogent-sous-Couci, à cause qu'elle est près de Couci-le-Château.

Ebroïn cependant, confiné alors dans le Couvent de Luxeuil, & voyant les troubles que causoit la mort de Childeric II, songe en même tems à profiter de l'occasion, afin de renouveller sa dignité de Maire du Palais, & là-dessus assemble ses amis, leve des troupes, égorge la garnison de Ste Maixence, passe l'Oise & contraint Thierri aussi-bien que Leudesius Maire du Palais de s'enfuir avec les tresors, soit à Abbeville ou bien à Bré près de Forge, où pourtant ils furent suivis de si près par Ebroïn, qu'à peine étoient-ils arrivés qu'il leur fallut en sortir bien vîte, laissant-là à l'abandon & équipages & tresors. Ebroïn ensuite vient à Creci en Ponthieu, autre Maison Royale, où Leudesius étant venu sur sa parole, il le fait tuer & s'empare de la Mairie du Palais.

Touchant ce doute, si ce fut à Bré ou à Abbeville que se retirerent d'abord Thierri & Leudesius, je ne m'amuserai pas à vuider ce differend; il me suffira de dire que c'est Sanson, le plus savant Geographe de notre siecle, qui pretend que ce fût à Abbeville, & le Pere Labbe, Jesuite, à Bré; & de plus que Fredegaire appelle Abbeville *Abacium villa*, l'Auteur des Gestes des François, *Bacium villa*, d'autres *Bacium*, & *Bacium-villa*, & d'autres enfin *Sroacium*: ce qui n'est pas bien reçu des Critiques.

Pour ce qui est de la riviere d'Oise, dont j'ai fait mention si souvent, tantôt c'est *Isara*, tantôt *Issa* & tantôt *Isera*; à l'égard de Cressi, quelquefois il est nommé *Criscecum villa*, quelquefois *Crisciagum* & quelquefois *Crisciacum*; & c'est ce Cressi en Ponthieu si celebre par la bataille donnée entre les François & les Anglois.

Le même Thierri avoit encore une autre Maison Royale en ce quartier là, mais non pas si voisine de Laon, comme en étant à huit lieues ou guere moins. Elle est sur la riviere d'Oise entre Chaulni & Noyon, & se nomme Querci. Fredegaire l'appelle *Extrecus villa*, *Ererecus*, *Erebeus* & *Ererecum villa*. L'Auteur des Gestes des François, *Ercheregus*, *Erchrecus* & *Evcariacus villa*, & enfin quelques Modernes, *Villa Regia Erchérecus*.

Et ce fut-là qu'Ebroïn, après avoir défait Martin & Pepin, le Roi pour lors y faisant sa demeure, fit tuer Martin qui l'étoit venu trouver; & toute sa suite.

Voilà toutes les maisons de campagne & de plaisir qui appartenoient aux Rois de la premiere Race, que j'ai pû découvrir, passons à celles de la seconde Race.

MAISONS DE LA SECONDE RACE.

AFIN d'éviter les redites, on saura en general que les maisons dont je vais parler, tenoient presque toutes à des Forêts, qui subsistent encore en partie; les autres depuis ont été abbatues. De plus on saura qu'il y en a peu où les Rois de la seconde Race n'ayent tenu des Parlemens & des Etats, passé des Hivers & des Printems, fait des chasses rapportées dans nos Annales, & enfin celebré les Fêtes de Pâques & de Noel, qui alors se faisoient avec grande solemnité. Enfin on saura qu'il y avoit beaucoup de ces maisons dans le territoire de Laon, car on apprend des Annales de St Bertin, qu'en 868, Charles le Chauve se divertit dans les Cours Royales de Laonnois.

Les deux plus anciennes de ces Maisons de plaisance sont Verberie & Cressi. Le nom de la premiere dans l'Histoire de ce tems-là est assés varié. La Chronique de Fontenelle l'appelle *Vermeria Palatium*; les Annales de St Bertin, tantôt *Vermaria Palatium*, tantôt *Vermeria Palatium*; Flodoard *Vernieria Palatium Regium*; Aimoin *Villa Vermeria*; par tout ailleurs c'est ordinairement *Vermeria*, & jamais *Verberia*, quoi qu'en dise Masson, qui veut à toute force substituer *Verberia*, jusqu'à dire des injures à tous ceux qui l'ont nommée *Vermeria*, plusieurs siecles avant qu'il vint au monde.

Malgré tant de noms differens, néanmoins on ne doute point de sa situation. On sait fort bien que c'est *Verberie*, assise sur la riviere d'Oise entre Compiegne & Senlis, à quatre lieues de l'une & de l'autre Ville, où on a tenu quatre Conciles, l'un sous Etienne II, où assista le Roi Pepin, les autres sous Leon IV, Nicolas I & Adrien II.

Il n'en est pas de même de Cressi, son nom n'est point diversifié dans l'Histoire ancienne. Car enfin que Fredegaire la nomme *Carisiacus villa Palatii*, le Poëte Saxon, *Carisiacus villa Regalis*; l'Auteur de la vie de Louis le Debonnaire, *Carisiacus villa Regia*; les Annales de Metz, *Carisiaca villa*; Eginard, les Annales des François & celles de St Bertin, *Villa Carisiacus*; les Capitulaires de Charles le Chauve, *Carisiacum Palatium* & *Carisiacum Palatinum Regium*; c'est pourtant toujours *Carisiacus*, jamais *Creciacus*, non plus que *Crisciacus* ou *Crisecus*, & pour parler François ce n'est ni Cressi en Ponthieu, ni Cressi sur Serre, ni tout autre Cressi quel qu'il soit, mais Quierci sur l'Oise à deux lieues de Chaulni, à trois lieues de Noyon, à huit de Laon, & à six ou sept de Compiegne. Car il ne faut pas croire ici ni Masson, ni quelques autres Novateurs, qui au lieu de *Cresciacus super Isaram fluvium*, substituent *super Saram fluvium*. Leur erreur vient de n'avoir pas découvert Quierci sur Oise, dont je parle, ni remarqué que Fredegaire & les Annales de Metz le placent sur l'Oise aussi-bien qu'Aimoin. Davantage à Cressi sur Serre, il n'y a ni tradition, ni apparence aucune de la moindre trace d'un ancien Palais; au contraire à Quierci on voit sur l'Oise un vieux Château accompagné d'une vieille tour & environné de murailles extraordinairement épaisses. La grande rue du village est encore pavée d'une maniere & d'un pavé antique, & l'un & l'autre sont environnés de bois, une demi lieue à la ronde.

Si nous voulons croire Aimoïn, Charles Martel fut fort malade à Verberie, & vint mourir à Quierci. Car enfin il est le seul qui parle de *Verberie* en cette occasion; ce qui fait douter que ce Prince y passât. Mais on ne doute point qu'on n'y ait tenu des Conciles sous Etienne II, Leon IV, Nicolas I & Adrien II, de plus des Etats & des Assemblées generales sous nos Rois de la seconde Race qui seroient trop longues à rapporter.

En 842, Charles le Chauve y épousa Ermentrude. En 850, il y reçut les

Ambaſſadeurs des Princes Induon & Mition ou Nution, qu'il congedia ſi-tôt que la paix, qu'ils étoient venus ſolliciter, fut ſignée.

En 856, il y maria Judith de France ſa fille à Edeluphe, Roi des Anglois Occidentaux, qui la couronna d'un diadême & lui donna le nom de Reine, contre la coutume de ſon Royaume.

En 858, il y reçut Bernon, General des Pirates de la riviere de Seine, qui ſe vint rendre à lui, & lui préta le ſerment de fidelité.

En 863, à la priere de Nicolas I, il conſentit au mariage de ſa fille Judith, veuve du Roi d'Angleterre, avec Baudoin Comte de Flandres, qui l'avoit enlevée, & enfin il y donna audiance, & fit de grands preſens à l'Ambaſſadeur du Roi Mahomet, qui venoit de la part de ſon Maître, pour traiter de la paix, & faire alliance avec lui.

Comme je diſois tout maintenant, Charles Martel mourut à Quierci d'une fievre violente, & il eſt très-certain qu'on y a tenu quatre Conciles; les deux premiers ſous Leon IV; le troiſiéme ſous Benoit III; le dernier ſous Nicolas I. On lit dans Eginard qu'en 753, Etienne III y vint implorer le ſecours de Pepin contre le Roi des Lombards; & les Geſtes de ce Prince en Italie, font ſavoir que pour cette guerre, il y aſſembla alors tous les Grands du Royaume.

Il y avoit une monnoie à Quierci, dont Bouteroue a gravé un tiers de ſol d'or, où d'un côté eſt une tête ſans nom ni diadême, & la Legende CARISIACO, & de l'autre une Croix couchée, avec un FRAVARO. Mo. pour *Fraveredo Monetario*, cette monnoie eſt chés Monſieur Charron.

En 762 & 767, Pepin fils de Charles Martel, avoit une maiſon à Gentilli, village ſur la riviere de Bievre ou des Gobelins, à une lieue de Paris, ou environ.

En 767, il s'y tint un Concile, où ce Prince aſſiſta, & là il fut agité ſi le St Eſprit procedoit du Fils comme du Pere; & de plus, s'il falloit élever des Images dans les Egliſes.

Dans une autre maiſon Royale, appellée Pontion, à ce que portent les Annales de Metz, ou à Quierci, dont je viens de parler, ſelon Eginard; le même Pepin reçut fort honnorablement Etienne III, qui venoit implorer ſon ſecours contre Haiſtulphe Roi de Lombardie. Le Pape ne fut pas plutôt arrivé, que dès le lendemain ſuivi de ſon Clergé, couvert de cendre, revêtu d'un cilice, & couché aux pieds de Pepin, il le conjura par la miſericorde de Dieu, & par les merites de St Pierre & de St Paul, de le delivrer, lui & le peuple Romain, de la tyrannie des Lombards, & ne voulut point ſe lever, que le Roi & ſes enfans, & les Grands de France ne lui euſſent donné la main, pour marque de la promeſſe qu'ils lui faiſoient de le ſecourir.

Ce fut à ce Chateau-là même, que Louis Roi de Germanie, en 858, dans le tems que Charles le Chauve ſon frere, faiſoit la guerre aux Normands, ſur la Seine, vint deſcendre à la tête d'une puiſſante armée, où tous les grands Seigneurs de ces quartiers-là le furent trouver. Et c'eſt encore là que depuis, ſavoir en 876, Charles le Chauve indiqua un Concile, où tous les Prelats, Abbés, Comtes, avec les plus notables perſonnages du Royaume, confirmerent tant ſon élection à l'Empire, & ſon couronnement, que les Ordonnances qu'il avoit faites à Pavie.

Enfin, c'eſt ce lieu-là, où bien long-tems auparavant, Sigebert Roi d'Auſtraſie, après avoir défait Chilperic, & pris ſon fils Theodebert à Soiſſons, tint ce jeune Prince un an priſonnier, & qu'il ne renvoya qu'après lui avoir fait jurer qu'il ne porteroit jamais les armes contre lui.

A Chaumouci Pepin avoit encore une autre maiſon Royale, en 766: où en 771, le Roi Carloman ſon ſecond fils, mourut, & où depuis Charles le Chauve tint ſon Parlement en 876.

A Thionville, Pierre, Legat *à latere* d'Adrien I, vint trouver Charlemagne en 773, pour le fupplier, comme tuteur & protecteur de l'Eglife Romaine, de la venir garentir de l'oppreffion de Didier, Roi de Lombardie, & obtint ce qu'il demandoit. En 805, Charlemagne encore à Thionville, partagea, fes Royaumes entre fes trois fils.

En 831, Louis le Debonnaire y donna audiance aux Ambaffadeurs de Dannemarc, d'Efclavonie, & d'autres Princes; & de plus, reçut les excufes de Bernard Comte de Barcelonne, après s'être purgé par ferment des chofes dont on l'accufoit.

Ce fut à Thionville encore, qu'en 805 il tint les Etats-Generaux, qui après lui avoir fait reprendre l'habit & les autres ornemens Imperiaux dont fes enfans l'avoient depouillé, l'affurerent de nouveau, & de leur obéïffance, & de leur fidelité.

Enfin c'eft près de là, dans un lieu nommé Judtz, que fes trois fils, en 844, s'affemblerent, firent la paix entre eux, & promirent de rétablir la fainte difcipline de l'Eglife, que leurs diffentions avoient aneantie.

A Attigni, celebre par trois Conciles tenus fous Paul I, Pafchal I, & Adrien; Widuchint & Albion Chefs des Revoltés & Renegats de la Saxe, que Charlemagne avoit vaincus, le vinrent trouver en 785, y reçurent le Batême, & s'en retournerent chargés de prefens.

Là même, en 822, Louis le Débonnaire fe reconcilia avec fes freres, qu'il avoit fait rafer, demanda pardon à tous ceux qu'il avoit offenfés; mais particulierement à l'Abbé Adelard, à Vafachus fon frere, & à la memoire de Bernard Roi d'Italie, deja mort deux ans auparavant; & de plus, à l'exemple de Theodofe, fit une penitence publique qu'il accompagna d'aumônes, & des prieres de tous les gens de bien de fes Etats.

En 854, Charles le Chauve, & Lothaire y firent la paix.

En 858, les Prelats des Provinces de Reims & de Rouen, affemblés à Quierci, envoyerent les Capitulaires qu'ils y avoient faits à Louis de Germanie, qui fejournoit à Attigni, & avoit envahi une partie du Royaume de Charles le Chauve.

En 865, Arfenius, Legat *à latere* de Nicolas, y prefenta à Charles le Chauve, Rothadus, deftitué canoniquement par cinq Evêques, & que le Pape de fon autorité privée avoit rétabli contre les formes. Outre cela, il reconcilia Lothaire Roi de Lorraine, avec la Reine Theodoberte qu'il avoit repudiée, lui faifant favoir que s'il n'abandonnoit fa concubine, & ne vivoit bien avec fa femme, non feulement il étoit excommunié, mais qu'il en rendroit compte en ce monde ici & en l'autre, en prefence de St Pierre, au terrible jugement de Dieu, où il feroit envoyé en Enfer pour y être brulé du feu éternel.

A Vernon maifon de plaifance de Ste Beaudour, Regente de France, & mere de Clotaire III, Adalgarius & le Comte Egilon, ammenerent à Louis le Debonnaire, en 838, les otages de quelques peuples rebelles, qui fe foumettoient à fa domination.

En 865, il y fit grand accueil aux Prelats, & aux Grands d'Aquitaine, & à leurs prieres permit à Charles fon fils, d'aller leur commander en qualité de Roi.

On trouve dans les Capitulaires de Charles le Chauve, qu'en 853 il en fit à *Sylvacum*, que le Pere Sirmond n'a pas voulu rendre en François, & que Petau Confeiller de la Cour, nomme *Saulvoy*, Abbayie près de Laon. Je paffe d'autres actions affés celebres arrivées là, pour venir à Piftres, & aux autres maifons Royales.

A Piftres, remarquable par deux Conciles tenus fous Nicolas I, Charles le Chauve en 862, 864, & 869, fit plufieurs Ordonnances qu'on trouve dans fes Capitulaires, & qu'il voulut faire obferver, comme autant de Loix.

Tome II. P p ij

En 864, il y reçut les presens annuels de ses Sujets, avec cinquante livres d'argent de tribut, que Salomon, Duc de Bretagne, lui apporta, à l'exemple de ses predecesseurs.

En ce tems-là encore, & en 869, il y fit faire un Fort & un Pont, pour arrêter les courses des Normans qui remontoient ; & là encore par l'avis des premiers personnages de son Royaume, il ordonna qu'on menât prisonnier à Senlis, Pepin Roi de Guyenne, qui avoit embrassé le parti des Normans, & qu'on jugeoit digne de mort, comme ayant trahi sa Religion & sa Patrie.

Mais avant que de passer outre, parlons un peu des divers noms, & de la situation de Pontion, de Chaumouci, de Thionville, d'Attigni, de Vernon, de Saulnoi & de Pistres.

Les deux plus anciens de ces Palais sont Attigni, & Pontion, & tous deux presqu'aussi vieux que la Monarchie. J'ai déja dit qu'il est fait mention de l'un dans Gregoire de Tours, du tems de Sigebert, & quant à l'autre, Leodebodus, Abbé de St Aignan d'Orleans, vers l'an 622, l'échangea contre Fleuri, où cet Abbé fonda un Monastere.

Gregoire de Tours appelle deux fois le premier *Pontico* ; Anastasius *Pontico Palatium* ; les annales de St Bertin *Pontigo Palatium* ; celles de Fuldes, *Villa Regia quæ vocatur Pontigona* ; celles de Metz, *Villa quæ dicitur Pons Hugonis*; Fredegaire, *Pontigo fiscus* ; par tout ailleurs *Pontigo*, à la reserve d'une charte de Charles le Chauve, où on lit *actum Pontione Palatio Imperiali* ; ce qui empêche de revoquer en doute que ce ne soit Ponthion, ou Pontion, ou si l'on veut Pontyon, sur la riviere de Saulx, à deux lieues de Vitri-le-brûlé en Pertois ; & fait voir clairement que ce n'est point Pont-sur-Yonne, près de Sens, non plus que Pontgoin, Ville du Perche, sur la riviere d'Eure, ou Pogni assis sur la Marne, entre Châlons & Vitri-le-François : encore que Pogni soit un grand passage, & qu'il ait un pont, & tienne à une riviere beaucoup plus considerable que la Saulx.

A l'égard d'Attigni, il commença à devenir Maison Royale en 623, si les anciennes annales des François disent vrai ; Chilperic II mourut en 727 ; les Anciens l'appelloient souvent *Attiniacus villa*, quelquefois *Attiniacum Palatium*, d'ordinaire *Attiniacus* ; il est situé en Champagne sur la riviere d'Aîne à trois lieues ou environ de Rethel.

Pour Chaumouci, que quelqu'un appelle Samouci, les annales de Metz le nomment *Salmontiacum* ; celles de St Bertin *Salmunciacum* ; celles des François *Salmonecum* ; il est entre Laon, & Notre-Dame de Liesse, & au lieu du nom de Samouci qu'on lui devroit donner ; le peuple qui est toujours grossier, & plus en Picardie qu'ailleurs, l'appelle par corruption Chamouci.

Touchant Thionville, il est sur la Moselle, & considerable par quatre Conciles qui s'y sont tenus sous Leon III, Paschal I, Gregoire IV, & Sergius II. Les capitulaires de Charles le Chauve, l'appellent *Teudonis villa* ; les annales de Metz *villa quæ dicitur Theodonis* ; celles de St Bertin *villæ Theodonis Palatium*, & *villa quæ dicitur Theodone villa* ; par tout ailleurs *Theodonis villa*.

Vernon est sur les bords de la Seine, & remarquable encore par deux Conciles ; l'un tenu sous Estienne II par l'ordre de Pepin, l'autre sous Sergius II. Quant à ses noms, tantôt on l'appelle *Vernum*, tantôt *Vernum villa*, tantôt *Vernum Palatium* ; & on croit que son nom lui vient de *vernum tempus* qui signifie le printems, à cause que nos Rois s'y retiroient quelquefois en ce tems-là, pour s'y divertir à la chasse dans les forêts des environs.

Pour ce qui est de Saulvoi, c'est toujours *Sylvacum* ou *Sylviacum*, ou *Sylvaticum* ; & assurément il fait partie du territoire de Laon ; mais on doute que de le nommer Saulvoi, ce soit le bien rendre en François, & il n'y a que le Conseiller Petau qui le croye : quant à moi, comme je n'ai point trouvé cette Abbayie, ni dans la Gaule Chrétienne, ni dans pas une carte du Diocese de Laon, je ne suis pas trop de son avis.

Enfin Piſtres qui a tant donné d'affaires aux critiques eſt ſitué au confluant de la Seine, & de l'Andelle, dans la plus belle vue du monde, ſur le declin de la vallée du Pont St Pierre, & d'une petite éminence, qui deſcend inſenſiblement du bout de la forêt de Long-bouel, ſur les bords de ces deux rivieres. L'Andelle qui le mouille, eſt maintenant celebre pour ſon bois floté, qu'on nomme le bois d'Andelle. Piſtres lui-même ne l'eſt guere moins, à cauſe de ſon bœuf ſalé, qui eſt ſi excellent qu'il paſſe en proverbe & qu'on parle de ce bœuf, comme du meilleur ragoût, peut-être que nous ayons en France.

Touchant ſon nom, le fragment de la chronique de Fontenelle porte qu'il s'appelloit autrefois *Petremamulum*; ce qui fait que les Savans le prennent pour le *Petromontulum* de l'Itineraire d'Antonin. Maſſon l'a pris pour Poiſſi, le Pere Sirmond a reconnu le premier qu'il ſe trompoit, auſſi-bien que beaucoup d'autres, qui ſont de ſon avis; & de plus aſſure qu'il falloit que ce lieu fût en Normandie. Le Pere Colot à l'aide des Annales de St Bertin, qu'on commença de ſon tems à donner au public, à découvert ſon nom & ſa ſituation. Entre les Anciens les uns le nomment *Piſtiæ*, les autres *Piſtæ*: & quand Charles le Chauve y voulut faire le pont, & le fort dont j'ai parlé, il les fit de bois & de pierre, & établit un impôt.

Or parce que le Pont de l'Arche eſt à une lieue de là, où eſt une forterreſſe, qui garde encore & condamne le paſſage de la Seine, & de l'Andelle, & que près de Piſtres il ne reſte aucune marque du Pont de Charles le Chauve; quelques-uns s'imaginent que ce fût là qu'il bâtit le fort, & le pont de Piſtres, & que ce nom leur fut donné à cauſe du voiſinage. Cependant l'aſſiete de ce pont, & de ce fort, dans les Auteurs du tems, eſt ſi bien deſignée, qu'on y lit toujours *opera Pontis ad Piſtas*; *Caſtellum novum apud Piſtas,ad locum qui Piſtis dicitur*; & de fait il ſe voit encore à Piſtres quantité de reſtes de grands édifices.

Pour reprendre la ſuite des autres Palais Royaux de notre ſeconde race, & y mettre fin; il y avoit premierement *Audriacum*, ou *Audriaca villa*, ou *Oareia villa*, que le Pere Sirmond placé entre Amiens & Arras.

De plus Corbigni St Marceau entre Reims & Laon, appellé tantôt *Corbenacum*, & tantôt *Cerbonacum*, où Charlemagne s'étant rendu après la mort de ſon frere Carloman, tous les Grands du Royaume de ce Prince lui vinrent faire la cour: Charles le Chauve même y avoit un Palais, que les annales de St Bertin nomment *Corbonacum Palatium Caroli calvi*.

Les autres maiſons ſont Caſeneuil, Pouilly, *Theoduadum*, *Jocondiacum*, *Euragilum*, & *Andiacum*, qui eſt peut-être *Audriacum* dont je viens de parler; mais elles ſont ſi éloignées de Paris, que je n'oſerois preſque les mettre ici.

A Pouilli appellé en Latin *Bellus Pauliacus*, & ſitué ſur la riviere de Loire entre Giem & la Charité, Charles le Chauve en 867 fit venir les Grands de Guyenne, & leur donna pour Roi Louis ſon fils, & ſon ſucceſſeur, ſous le nom de Louis le Begue.

A Caſeneuil, aſſis, non point dans l'Albigeois, mais dans le Bazadois, entre la Reolle, & St Machaire, près de confluant du Caudrot, & de la Garonne; Charlemagne fit bâtir un ſuperbe Palais, que les annales de Metz appellent *Caſinogilum*; celles de St Bertin *Caſſiviniſſum*; l'Auteur de la vie & des Actes de Louis le Debonnaire, *Caſſinogilum*; le fragment de l'Hiſtoire de France, depuis Louis le Debonnaire juſqu'à Robert, *Karoli magni Palatium ad Caſſinogilum vocabatur*, & enfin Aimoin, *Karoli magni Principis Palatium Caſſignol*.

Du reſte *Jocundiacum* ſe nomme *Jogeniacum* dans la vie de St Martial, & pourroit bien être St Junien, dans le territoire de Limoges, ſitué ſur la Vienne; car cette ſituation ſe raporte à celle qui eſt marquée dans la vie & les actes de Louis le Debonnaire, & encore dans la vie de St Martial.

ce Prince y vint en 832, & futce un des lieux qu'il deftina pour y paffer l'hiver tous les quatre ans.

Pour ce qui eft de *Theaduadum*, *Euregilum*, & *Andiacum*, je ne les ai trouvé nulle part, que dans la vie & les Actes de Louis le Debonnaire, & tout ce que j'en puis dire, eft que ce Prince pour la commodité de fes Peuples declara qu'il avoit fait choix de quatre maifons, afin de venir paffer l'hiver tous les ans dans quelques-unes, favoir ces trois ici, & Cafeneuil.

A la verité je vois dans l'Hiftoire des Chofes de France du jeune Valois, qu'il prend *Theaduadum* pour Douai, petite ville du Poitou, à caufe de la conformité de ces deux noms; & qu'il accufe Lipfe de s'être laiffé tromper fur le raport d'autrui, & d'avoir confondu les ruines d'un amphitheatre avec celles de *Theaduadum*; mais je ne fai fi il ne s'eft pas encore plus trompé que ce grand homme, & fi ce qu'il prend pour les reftes d'un amphitheatre, & d'un Palais, ne compofe point en effet un amphitheatre; car enfin après avoir examiné foigneufement Douai, où j'ai été autrefois par curiofité, je n'y ai vu aucune marque de Palais, mais un veritable amphitheatre porté fur des cavernes taillées dans le roc, d'une grandeur, & d'une hauteur prodigieufe, d'une arene fort petite, & quantité de degrès, bas & étroits, entierement femblables à la fymmetrie des amphitheatres Grecs & Romains.

Mais pour fortir des maifons Royales de la feconde race, fi Cafeneuil n'étoit pas la plus fuperbe, du moins eft-ce celle dont l'Hiftoire nous a laiffé la plus grande idée. Charlemagne, comme j'ai dit, la fit bâtir, & ce fut-là qu'il paffa la Garonne, pour aller en Efpagne au fecours des Chrétiens, & à fon retour par où il repaffa: là Ildegarde acoucha de Louis le Debonnaire, & de Lothaire, qui d'abord y furent élevés: Lothaire y mourut, & y fut enterré. Les Normans depuis firent tout ce qu'ils purent pour le ruiner, mais leurs efforts furent vains, & quoiqu'ils le miffent en tel état qu'il n'y avoit plus moyen d'y habiter, cependant du tems d'Aimoin, on ne laiffoit pas de voir encore une partie de fa magnificence. Sur le bord du Caudrot, reftoit une tour de brique, d'où fe découvroient les vaiffeaux qui entroient dans la Garonne, & d'où, à ce qu'il dit, on pouvoit empêcher qu'ils n'abordaffent; cependant il faut favoir que Cafeneuil eft à huit lieues de Bordeaux, & Bordeaux à vingt lieues de la mer. Il femble même qu'il y avoit alors un Arfenal pour la fabrique des vaiffeaux; car il raporte que malgré les ennemis on en pouvoit faire fur le Caudrot, & les conduire dans la Garonne. Il eft certain que dans le Château il y avoit une petite Eglife attachée à une autre beaucoup plus grande, qui étoit couverte d'une voute de brique, admirable autant pour la conduite, que pour l'execution, ornée d'ailleurs d'un petit maufolé, où Lothaire, fils de Charlemagne avoit été inhumé, à ce qu'on croyoit. De favoir s'il refte encore quelque chofe de tout ceci, c'eft ce que je ne dirai pas, car quoique j'aye été dans le Pays, je n'ai ni paffé par Caffeneuil, ni n'en ai oui parler fur les lieux autrement, finon qu'en Guyenne on le nomme Caffeneuil, & qu'il fait partie du Bazadois, quoique le Pere Labbe le place dans l'Agenois, & l'appelle Chaffeneuil.

Qui voudra favoir la magnificence & l'étendue des autres maifons de plaifir, n'a qu'à lire ce qu'en dit Rheginon; Lambert de *Nermegue*, celebre par fon architecture admirable, Eginard du Palais d'*Aix la Chapelle* qui n'a été long-tems qu'une maifon de plaifance; & enfin Hermoldus, touchant le Palais d'*Ingilheim* fur le Rhin, où mourut Louis le Debonnaire, porté fur cent colomnes, & joint à une Eglife, enrichie de portes d'or, & d'airain. Paffons à la troifiéme race.

MAISONS DE PLAISANCE DE LA TROISIEME RACE.

SI je n'ai point découvert que Hugues Capet, qui a comme jetté les fondemens de la troisiéme Race, ait eu de Maison de plaisir, je trouve que Robert son fils, qui lui a succedé, en a eu à Melun, à Etampes, à Poissi, où il a fondé un Monastere, & peut-être à St Germain, puisqu'il y a fait bâtir le Couvent de St Michel: & de vrai St Germain est si bien situé & pour l'air & pour la vûe & pour la chasse tout ensemble, que ses successeurs s'y sont toujours plû. Il est à quatre lieues de Paris, élevé sur une montagne, d'où l'on découvre une partie de l'Isle de France, ayant d'un côté la Seine, & de l'autre une Forêt de plus de cinq mille arpens.

Philippe Auguste y fit son testament en 1222: il y étoit en 1191, quand les Juifs de Brie-Comte-Robert firent mourir un Chrétien ignominieusement; ce qu'il n'apprit pas plutôt qu'il y alla, où il fit brûler plus de quatre-vingt des meurtriers.

Les Anglois firent rebâtir ce Chateau du tems qu'ils étoient en France, que François I depuis fit ruiner & sur ses fondemens éleva celui que nous voyons aujourd'hui, & en prit tant de soin, que non seulement il étoit presque toujours à regarder travailler les ouvriers, mais même, en quelque façon, on peut dire qu'il en étoit l'Architecte. Les gens du métier y admirent la largeur extraordinaire de la voute des derniers étages, bien qu'à chaque montant il y ait une grosse barre de fer qui traverse de l'un à l'autre, & même de gros crampons par dehors, qui tiennent la voute & les murailles fermées & bien liées. Cette voute porte une large terrasse de pierre de liais, ordonnée comme par degrés, qui descendent insensiblement du comble, c'est-à-dire du milieu de la voute, jusques sur les murs du Chateau, & composent une terrasse, la premiere de l'Europe pour sa façon, & que depuis on a imitée à la Muette; ouvrage certainement digne d'être consideré pour sa singularité & sa conduite.

Henri II y commença un bâtiment près de la Seine, avec une terrasse le long de ses bords, & les fondemens d'un autre édifice fait en maniere de theatre entre la Riviere & le Chateau.

Henri IV y a attaché un autre Chateau qu'on appelle le Chateau neuf, pour le distinguer de l'autre, & qu'il revêtit de rampes d'une longueur & d'une largeur prodigieuse: d'ailleur de grottes admirées de son tems, à cause de leur nouveauté, mais qu'on admirera toujours à raison de leur grandeur.

A deux lieues de là, François I, à qui cet endroit plaisoit extremement fit faire dans la Forêt, proche d'un petit marécage, la Muette que je viens de nommer, pour avoir le plaisir de voir la fin des bêtes fauves, qui venoient se retirer là, quand elles étoient lasses de la chasse. Et on tient qu'il donna à ce Chateau le nom de la Muette, parce que c'étoit comme un lieu separé, secret & fermé de bois de tous côtés. Je m'en rapporte: cependant à cette étymologie, est un peu bien vague & bien generale.

Quant à St Germain, on l'appelle d'ordinaire en Latin, *Sanctus Germanus de Laiu.* Philippe Auguste lui donna ce nom-là dans son testament, aussi-bien que Rigord dans son Histoire. Helgaudus veritablement nomme sa forêt, *Silva cognominata Ledia*, ainsi que plusieurs titres anciens que j'ai vûs dans les Pastoraux de Paris & ailleurs. Les Savans au reste pour entendre ce terme n'avoient pas besoin du secours du jeune Valois, ils l'entendoient long-tems avant lui, & n'en ont pas tiré tant de vanité qu'il a fait dans son livre des Basiliques.

A Poissi pareillement sur la Seine à une lieue de St Germain & à cinq de

Paris, le Roi Robert avoit un Palais, & la Reine Constance aussi. Ce fut-là qu'il donna à un pauvre comme à la derobée, le fer d'argent d'une lance fort riche que la Reine lui avoit fait faire; & l'ayant caché dans son sac, l'avertit de prendre bien garde en sortant que sa femme ne l'apperçût.

Ce fut encore là que St Louis fut batisé; & c'est aussi pour cela qu'écrivant à quelqu'un de ses amis par plaisir, il signoit toujours ou Louis de Poissi, ou Louis Seigneur de Poissi; & l'on dit qu'on y voit encore les ruines d'un Palais de ces Princes, & même quelques restes des maisons de Boson & de Grimoalde, Courtisans de Charles le Chauve. Helgaldus nomme ce lieu *Sedes Regalis Pisciacus dicta*. Glaber Rodolphus, *Pisciacus*; Yves de Chartres, *Pixedunum*; d'autres *Pinciacum*, *Pincesisum*; & d'autres enfin avec moins de raison *Pistæ*, dont j'ai parlé à l'occasion de Pistres.

A Etampes distant de Paris de quatorze lieues & situé sur la riviere de la Juyne, la Reine Constance avoit bâti un superbe Palais, où se plaisoit le Roi Robert. Et comme un jour il y dinoit avec ses amis, il fit entrer tous les pauvres : un d'entre eux s'étant mis à ses pieds lui coupa sans qu'on en vit rien un ornement d'or de six onces qu'il portoit aux genoux qu'on appelloit la Blelle, puis s'étant fourré parmi les autres pauvres, & étant tous sortis, la Reine s'en apperçut & se fâcha : Et qui est l'ennemi de Dieu, dit-elle au Roi, qui vous a volé ? A quoi le Roi repondit, ce que j'ai perdu est plus necessaire à celui qui me l'a pris qu'à moi, & je prie Dieu qu'il en fasse son profit.

Cette Maison Royale a servi depuis à Louis le Gros & à Louis le Jeune, & y venoient quelquefois. Louis le Gros y reçut le Pape Gelase II. Louis le Jeune avant que d'entreprendre le voyage d'Outre-Mer, y assembla tous les Grands & y crea Regens du Royaume Suger, Abbé de St Denys, & Raoul, Comte de Vermandois.

Philippe Auguste y relegua la Reine Ingeburge sa femme à cause de l'amour qu'il portoit à Marie de Meranie qu'il avoit épousée.

Touchant Melun le Roi Robert & Philippe I y moururent l'un en 1031 & l'autre en 1108.

Philippe Auguste en 1206 y assembla tous les Grands Seigneurs lorsque le Pape l'eut excommunié, parce qu'il vouloit porter la guerre en Angleterre qui tous lui declarerent qu'ils ne le tiendroient point pour excommunié, qu'ils ne sussent les raisons que le Pape avoit d'en venir là.

St Louis en 1246 y fit Chevalier Charles de France, & lui donna les Comtés d'Anjou & du Maine. Le Palais étoit à la pointe de l'Isle de Melun, au lieu même où nous en voyons encore de si beaux restes, il fait partie d'une ville si ancienne, que Jules Cesar en fait mention sous le nom de *Melodunum*. Depuis on l'a appellé *Miclitanum castrum*, *Milito* & *Miclito*, car c'est le nom que lui donne l'Auteur des Gestes des François. Aimoin, Galdus & Suger l'ont appellé *Milidunum castrum*; Glaber Rodulphus, *Castrum Melodunense*; Guillaume le Breton *Meldunum*; Guillaume de Nangis, *Castrum Meledunum*.

J'ai passé le nom Latin d'Etampes, parce que c'est toujours *Stampæ*, même encore aujourd'hui

Ce n'est pas d'aujourd'hui que Vincennes est une Maison Royale. En 1164 Louis VII fonda & établit les Religieux de Grammont, que Henri III transfera à Paris au College Mignon, pour y placer les Minimes & les Hieronymites.

En 1183 Philippe Auguste environna de murailles le bois qui y tenoit, ouvert auparavant, & qui servoit de passage à tout le monde. Henri II Roi d'Angleterre lui envoya tous les Cerfs & les Dains, sans les autres bêtes fauves, qu'il put prendre tant en Normandie qu'en Guyenne.

Robert de France, Comte de Clermont, fit de nouveaux bâtimens chés les Religieux de l'Ordre de Grammont, en consideration de quoi le Roi Louis Hutin permit à Louis de Clermont, Duc de Beaumont, Chambrier

brier de France, fils dudit Robert, de demeurer en ce lieu lui & ses hoirs. Les lettres sont dattées de Vincennes au mois de Janvier 1314.

Charles de France, Comte de Valois, commença l'ancien bâtiment. Philippe de Valois & le Roi Jean le continuerent. Charles V l'acheva & y fonda la Sainte Chapelle, que Henri II a rebâtie & éclairée de vitres d'après Raphaël. Et enfin Louis XIII a jetté les fondemens du nouveau Chateau, que Louis XIV a élevé & rendu si magnifique, que maintenant c'est une des plus logeables & des plus superbes Maisons Royales de France. Que s'il donne au bois toute l'étendue qu'il a projetté il viendra jusqu'aux maisons du fauxbourg St Antoine.

Le vieux bâtiment consiste en un clos quarré d'une prodigieuse étendue, accompagné d'un donjon & environné de fossés à fond de cuve & de murailles entrecoupées de neuf vieilles tours quarrées qui font un fort bel effet à la vue. Le nouveau est bordé de deux aîles, enrichies de pilastres & terminée d'une balustrade. Au lieu d'un corps de logis pour face il y a des arcades simplement couronnées de terrasses & de balustres.

L'aîle gauche est si logeable que le Roi, la Reine & le Duc d'Orleans y ont des appartemens proportionnés à leur dignité, tant pour la grandeur & la commodité que pour les enrichissemens.

On montre encore dans le bois un vieux chêne où St Louis rendoit justice à ses Sujets. Personne ne doute que ce Prince vêtu alors d'une cotte de camelot, d'un surcot de tirtaine sans manche, & d'un manteau de sandal noir, & assis sur des tapis, avec ses Conseillers, n'ait là souvent terminé les differends de ses peuples. Car enfin tous les Historiens du tems en conviennent ; mais que ce soit sous le même chêne dont je parle, c'est un fait si peu d'importance, qu'on en peut croire ce qu'on voudra. Quoi qu'il en soit, il est certain qu'en 1239, il y mit en dépôt la Couronne d'épines de Nôtre-Seigneur, & que de ce Palais-là, avec ses freres, il l'apporta pieds-nuds dans l'Eglise de Notre-Dame. Quand il partit pour son voyage d'outre-mer, il vint coucher à Vincennes, & là prit congé de Marguerite de Provence sa femme. Philippe son fils y épousa en secondes noces Marie, fille du Duc de Brabant.

Jeanne, femme de Philippe le Bel, Louis Hutin, Charles le Bel, Charles de France Dauphin, fils de Charles VI, & Charles IX, y ont fini leurs jours. Nos Reines y ont accouché de quelques enfans : outre quantité d'autres actions considerables que je passe pour venir à Fontainebleau.

Fontainebleau est une vaste & affreuse solitude, à quatorze lieues de Paris, qui tient à une forêt de quelque vingt-six mille arpens, environnée autrefois de murailles, dont il reste encore des portes & d'autres vestiges ; maintenant on la nomme la forêt de Fontainebleau, à cause du Chateau, quoi qu'auparavant elle s'appellât la forêt de Bierre, du nom de la contrée où elle est. Le bois & le Chateau sont au milieu d'une plaine couverte de sablons infertiles, qui rendent en Eté une chaleur insupportable, entourée de roches blanches & séches, qui étant une fois échauffées de l'ardeur du Soleil, brûlent l'air & les habitans ; cependant la forêt est si épaisse, & les arbres si touffus, qu'à peine le Soleil les peut-il percer de ses rayons : des fontaines d'eau douce en plusieurs endroits, l'arrosent & conservent la verdure, & même il y en a assés pour l'usage du Bourg, & pour fournir à la magnificence de ce grand Palais.

Par des Lettres passées en 1137 à Fontainebleau, Louis VII donna à St Lazare la foire St Laurent : en 1169 il y bâtit une Eglise en l'honneur de la Vierge & de St Saturnin.

Philippe-Auguste y celebra les fêtes de Noel en 1192. A son retour du Levant, St Louis y fonda en 1259, le Couvent des Mathurins, & leur donna la Chapelle de la Vierge & de St Saturnin : il y a fait faire un pavillon rebâti depuis par François I, & pourtant qui ne laisse pas toujours de se nommer le pavillon de St Louis : il se voit plusieurs Chartes de lui passées en ses deserts de Fontainebleau, pour user de ses termes.

En 1268, Philippe le Bel y naquit, & y mourut en 1314.

Isabeau de France y fit la paix en 1323, entre Charles le Bel son frere & Edouard II, Roi d'Angleterre, son mari.

En 1543, Charles-Quint y fut reçu magnifiquement par François I. Claude de France, Catherine & Marie de Medicis, la premiere femme de François I, la seconde de Henri II, & la derniere de Henri IV, y ont accouché toutes trois de plusieurs enfans.

François I l'a tellement agrandi, l'a rempli de tant d'appartemens, que c'est peut-être la seule maison du monde où il y ait cinq Appartemens Royaux doubles, & accompagnés chacun d'une gallerie, d'un jardin & d'une Cour.

Henri IV y a creusé un canal long de six cens toises, large de vingt & bordé d'allées d'ipreaux larges de huit.

Anne d'Autriche a enrichi le cabinet de l'appartement de la Reine de tableaux de Raphael, de Jules Romain, du Titien, d'André del-Sarte & des autres grands Peintres.

A Mante, petite Ville sur la Seine à douze lieues de Paris, il y a un Chateau qui peut-être n'est pas moins ancien que Fontainebleau & Vincennes.

En 1202, Philippe Auguste y appella d'un Mandement d'Innocent III, qui ordonnoit conjointement à lui & au Roi d'Angleterre de faire la paix, & de remettre les Eglises qui avoient été ruinées par leurs guerres au même état qu'elles étoient auparavant. Si bien que pour cela y ayant assemblé les Prelats, les Abbés & les plus grands Seigneurs, par leur avis, l'affaire fut renvoyée au Pape afin de l'examiner.

En 1209, tant les Prelats que les Grands de France, s'y étant rendus avec les gens de guerre que chacun devoit fournir au Roi. Pour lors l'Evêque d'Orleans & celui d'Auxerre, ayant appris que le Roi ne marcheroit pas en personne, tous aussi-tôt s'en retournerent aussi-bien que leurs soldats, pretendans qu'ils n'étoient point obligés d'envoyer à l'armée, ni d'y aller, quand le Roi ne s'y trouvoit pas.

Philippe là dessus fait saisir leur revenu, & quoiqu'ils en appellassent au Pape, Innocent III n'osa pas se mêler de ce different, ni s'opposer aux loix & aux coutumes du Royaume; ce qui mortifia un peu ces Evêques, car ils demeurerent deux ans entiers sans toucher un sol de leur revenu, & encore ne fut-ce qu'après avoir payé l'amende. Enfin c'est-là que ce Prince mourut en 1223.

Au reste c'est une maison où plusieurs Enfans de France ont été nourris à cause de la bonté de l'air. Il y reste encore un vieux Chateau où ces jeunes Princes ont été élevés, & où leurs peres ont fait quantité d'actions signalées. Rigord le nomme *Medonta*, *Castrum Medonta*, les autres *Medunta*.

En 1244, St Louis fut fort malade à Pontoise. Et si *Cotia Sylva* veut dire la Forêt de Coussi, comme il y a bien de l'apparence, Clotaire I y gagna la maladie dont il mourut à Compiegne.

Chilperic & Fredegonde sa mere y vinrent après la mort de ses freres que la dissenterie emporta, ainsi que je l'ai remarqué auparavant. Nos Rois souvent y ont pris le divertissement de la chasse; & tout de même Chilperic, Clotaire & Charles Martel assés ordinairement. Quant au Chateau de Coussi, il est presque aussi ancien que la Monarchie, & la Forêt est une de celles où Charles le Chauve deffendit à son fils de chasser sans necessité : & même sur le point d'entreprendre le voyage de Rome, il lui donna ses ordres à Quierci, touchant le gouvernement du Royaume en son absence. Dans ses Capitulaires de cette année-là, il la nomme *Causia*, quoique Gregoire de Tours & Aimoin l'appellent *Cotia*. *Causia* au reste ressemble si fort à Coussi, & la Forêt de Coussi est si près de Compiègne, que comme les

DE LA VILLE DE PARIS. Liv. VII.

Capitulaires, Aimoin & Gregoire de Tours n'en font mention qu'avec Compiegne, on se persuade que c'est plutôt la forêt de Coussi dont ils veulent parler, que de celle de Villiers-costeretz qui en est plus éloignée.

On tient qu'Enguerard de Coussi entreprit les édifices que nous y voyons. Depuis, nos Rois en ont été possesseurs, sans que j'aye pu sçavoir comment. Il y reste encore une tour admirable, tant pour sa hauteur, que pour sa grosseur & son épaisseur. François I, qui l'augmenta d'un corps de logis, bâtit à demi lieue de là vers le Septentrion, un Chateau appellé Folembrai ou le Pavillon, afin de pouvoir changer d'air & de lieu quand il sejourneroit à Coussi; il l'accompagna d'un parc & d'un jardin de plus d'une lieue de tour, qu'il joignit à une forêt qui a plus de sept mille arpens. Mais pour ne plus revenir au Chateau & à la forêt de Villiers-costeretz, on leur donne ce nom parce qu'ils tiennent à la forêt de Retz.

Du tems de François I, c'étoit un vieux bâtiment ruiné, & qu'il rebâtit. Ce Prince y alloit souvent prendre l'air & s'y divertissoit à la chasse dans la forêt, qui contient près de vingt-cinq mille arpens.

Si l'air de Mante, comme j'ai dit, est si pur & si bon, qu'on y a élevé plusieurs enfans de France, Montargis, Amboise & Blois ne lui cedent point en cela, & même sont toutes trois des maisons anciennes, renommées pour leur belle vûe & par la frequente demeure de nos derniers Rois.

A l'égard de Montargis, qui est à vingt-quatre lieues de Paris, François I, le donna en appanage à Renée, seconde fille de Louis XI, & où elle vint demeurer lorsqu'elle revint en France, après la mort du Duc de Ferrare son mari. Non seulement elle le repara, mais encore l'embellit de jardins, de bâtimens & d'autres commodités, & enfin y mourut. La Salle m'a surpris tant elle est spacieuse; je l'ai trouvée plus longue que la grande Salle du Palais de Paris, & même elle m'a semblé plus large que n'est l'une de ses deux allées. A un quart de lieue de là il y a une forêt qui contient plus de deux lieues de diametre, & guere moins de sept à huit de circonference. Du reste cette maison est sur le grand chemin de Paris à Lyon, tient à une petite Ville, & jouit d'une très-belle vûe.

Pour Blois, aucun de nos Rois n'y a tant sejourné que Louis XII, aussi l'a-t-il fort augmenté. François I l'a encore beaucoup agrandi; Gaston de France, Duc d'Orleans, l'a ruiné pour y jetter les fondemens d'un superbe Palais. Au bout de ses jardins se voit une allée extraordinairement large, bordée de hayes, de fossés & de quatre rangées d'ormes; d'ailleurs placée au milieu d'une vaste campagne, longue de plus de douze cens toises, qui joint le Chateau à la forêt & y conduit à couvert. C'est le lieu fameux pour les Etats de Blois tenus sous Henri III, où le Duc & le Cardinal de Guise moururent, lorsqu'ils s'y attendoient le moins, & tout d'une autre façon qu'ils n'eussent cru. Il s'éleve entre deux forêts sur une montagne, à trente-quatre lieues de Paris, & à dix d'Amboise.

Amboise est un Palais fort ancien, & monté de même que Blois sur la croupe d'une colline; remarquable sur tout par la conspiration d'Amboise sous Charles IX; par la naissance & la mort subite de Charles VIII; & enfin par le sejour trop long qu'il y fit par ordre de son pere. On m'y a montré une tête de Cerf, qu'on dit être ce même Cerf que Charles VI prit dans la forêt de Senlis, à qui on trouva un collier où se lisoit, *Hoc Cæsar me donavit*: & de plus on m'y a fait voir deux tours de dix à onze toises de diametre, & si grosses en un mot que les chariots y ont monté autrefois. Au milieu est un petit escalier degagé.

Blois au reste & Amboise sont tous deux sur la riviere de Loire. Amboise tient à une forêt de plus de quatre mille arpens. Blois est placé entre deux forêts, l'une deça de la riviere, l'autre delà, & toutes deux de six à sept mille arpens.

Tome II.

J'ai passé sans y songer le Plessis-les-tours, ou Montils-les-tours, maison de plaisance, près de la Ville de Tours, de Charles VII, & de Louis XI, elle est accompagnée d'un grand parc, & tient à un Couvent de Minimes.

Louis XI s'y plaisoit tellement qu'il y a plus fait de séjour qu'en pas un autre lieu ; & enfin c'est là qu'il a passé si tristement les dernieres années de sa vie, que croyant sans cesse avoir la mort à ses talons, qu'il apprehendoit terriblement, on peut dire qu'alors il mouroit à tout moment de la peur de mourir ; & quand ce fut tout de bon que la mort vint, elle le trouva environné de reliques, d'Ermites, & autres qui prioient Dieu pour lui, & de six vingts joueurs d'instrumens.

J'ai fait savoir que François I a bâti ou rebâti Fontainebleau, St Germain, Folembrai, la Muette, Coussi, Blois, Villerscoterets, & neanmoins ce n'est pas toutes celles où il a fait travailler ; & même quand j'y aurai ajouté Challuau en Gatinois, entre Fontainebleau, Montreau, & Nemours, qu'il a fait faire, aussi-bien que Madrid à deux lieues de Paris, & Chambord à quatre de Blois ; peut-être ne sera-ce pas encore tout. Je parlerai plus bas de Challuau.

Quant à Chambord, il est situé dans un marais, près d'une forêt fermée de murs, & grande de plus de dix mille arpens. C'est une grosse masse flanquée de quatre grosses tours fort logeables, & garnies dans le milieu d'un escalier fort grand, & fort magnifique ; non seulement il est double & ordonné de sorte que deux personnes y montent en même tems, sans se rencontrer qu'à chaque étage ; mais il est encore entouré de quatre grandes salles qui conduisent chacune à deux appartemens, composées d'une chambre, d'une garderobe, d'un cabinet, & d'un escalier grand & degagé ; le tout est environné d'une cour fermée de superbes édifices, & qui contiendroient un si grand nombre d'appartemens, si jamais ils étoient achevés, qu'il y auroit suffisamment de quoi loger toutes les têtes couronnées de l'Europe.

Madrid est une grosse masse encore, aussi-bien que Chambord, mais d'une maniere toute autre. François I le commença, & Henri II l'a achevé : ce Palais s'éleve au milieu d'un grand clos ; quatre galleries couronnées de platfonds, enrichis d'ornemens, taillés & coupés avec autant de propreté que de delicatesse, l'environnent par dehors à chaque étage : quatre escaliers remplis d'ornemens bien finis, & couverts d'une voute que les gens du métier appellent cul-de-four, taillée à côte de melon, & enrichie de chiffres de Henri II, de Catherine de Medicis, & de Diane de Valentinois, qui tous diminuent insensiblement, & avec bien de l'art, sont dressés dans les quatre angles de ce gros corps d'édifice. La masse entiere est toute couverte de basses-tailles, travaillées delicatement, enduite de plus d'émaux éclatans, & brillans au soleil ; on y voit des alcoves couronnées d'une petite voute pleine d'enrichissemens bien coupés, & qui sont les premiers qu'on ait vus en France. François I en apporta l'invention d'Espagne, que personne alors n'imita, mais que de nos jours on a commencé à copier, & si bien embellir, que presentement il y en a presque dans toutes les maisons.

Le plus grand des escaliers y est admiré à cause de son noyau creux, & que son rampant est enrichi de basses-tailles, de metamorphoses de basses-tailles, executées avec beaucoup d'adresse, de tendresse, & de patience ; c'est un de ces escaliers que ceux de la profession appellent vis de St Gilles, parce que le premier de cette sorte a été fait au Prieuré de St Gilles en Provence ; mais peut-être est-ce celui qu'ils admirent davantage, soit pour la conduite, soit pour l'execution. Enfin ce château est situé presque au milieu d'un bois de plus de quatre mille arpens, qu'on nommoit auparavant la forêt de Rouvroi, mais qu'on appelle maintenant le bois de Boulogne, à cause d'un village de ce nom-là, qui en est assés voisin, & le Château tout de même pour cette raison, à cause du bois, le Château de Boulogne ; & de fait, c'est le nom qu'il porte dans les lettres de Charles IX de l'année 1568, & l'on tient que celui de Madrid lui vient de François I ; car comme il s'y plaisoit, & qu'y étant, il ne vouloit pas être vu, & que pour lors on avoit autant de peine à lui parler, que du tems qu'il étoit prisonnier à Madrid ; ses courtisans par raillerie donnerent au Château de Boulogne le nom de Château de Madrid, & devint si fréquent dans leur bouche, qu'à la fin il lui est demeuré.

Charles IX, petit-fils de François I commença un Palais dans un vallon, entouré de montagnes, qu'il appella Charleval de son nom, & de sa situation ; & ce Palais, sans doute, auroit surpassé en grandeur, & en magnificence tous les autres, tant ceux de son grand pere, que de ses predecesseurs, s'il l'eut conduit à sa perfection.

Dans la basse-cour étoit élevé jusqu'au premier étage un corps de logis, qui devoit avoir plus de cent quatre-vingts toises de long, & être embelli de colomnes, & d'ornemens. Il avoit commencé un jardin de plus de trois cens toises de longueur sur plus de quatre-vingts de largeur, placé à trois lieues de la Seine, près de la forêt de Lions, qui n'a guerre moins de vingt-huit mille arpens ; & afin que ce grand Palais, où on travailloit avançât, il fit faire près de là un petit bâtiment, où il venoit souvent, afin que sa presence hâtât les ouvriers, mais comme on n'en étoit encore qu'au corps de logis de la basse-cour, il mourut ; si bien qu'il est demeuré là, & maintenant cette maison Royale appartient à un President du Parlement de Rouen.

Henri IV a bâti Mouceaux dont je parlerai incontinent. Louis XIII Versailles : & quant à Dammartin, je ne sai qui l'a fait faire, mais c'est une masse si bien liée, & cimentée que quoiqu'on l'ait voulu faire sauter par la mine, il n'a pourtant pas branlé, & est toujours demeuré ferme comme il est, depuis une longue suite d'années, malgré la violence du feu, & de la poudre ; à la verité il est tout plein de fentes, ce qui a donné lieu au proverbe : C'est le Château de Dammartin, il creve de rire.

Au reste si je n'ai parlé ni de Compiegne, ni de St Denys, c'est qu'étant deux maisons Royales, communes à tous nos Rois, je les ai voulu reserver pour la fin.

Childebert, Roi de Paris, scella à Compiegne en presence de la Reine Ultrogothe, & des Grands de son Royaume, les lettres des dons faits à St Marcou.

Chilperic & Fredegonde y ont été souvent pour prendre l'air ensemble.

Clotaire I, & Theodebert, Roi de Metz y firent la paix ; le premier y mourut en proferant ces paroles : Ouais ce Dieu au Ciel est donc bien puissant, de faire ainsi mourir les grands Rois.

Après la mort de Dagobert, Clovis II, Nantchilde sa mere, & Sigebert, Roi d'Austrasie, y partagerent entre eux les tresors de leur pere.

En 757 Tasilon, Duc de Baviere, fit hommage à Pepin, & à ses enfans, & leur prêta le serment de fidelité sur les reliques de St Denys, de St Germain, & de St Martin.

En 830 Louis le Debonnaire y fut depouillé de la dignité Imperiale par ses propres enfans, qui non contens de cela confinerent encore l'Imperatrice Judith leur belle-mere, à Poitiers dans le Couvent de Ste Radegonde, & ses freres en d'autres Monasteres.

En 877 Richilde, seconde femme de Charles le Chauve, y apporta à Louis le Begue, l'épée de St Pierre avec la couronne, le sceptre, & les autres ornemens Royaux ; mais de plus une charte de l'Empereur où en mourant il lui avoit fait don de son Royaume, si bien qu'ensuite Hincmar, Evêque de Reims, l'ayant sacré & couronné, il reçut le serment de fidelité, tant des Prelats, & des Grands de France que de tous les peuples.

En 1017 Robert y fit couronner Hugues, son fils aîné, qui mourut là, & y fut enterré en 1026.

Innocent II y demeura presque tout le tems qu'il fut en France.

En 1209, Philippe Auguste le jour de la Pentecôte, fit Chevalier Louis son fils & son successeur, avec tant de solemnité, qu'on croit que jamais auparavant il ne s'étoit vu une si grande magnificence, soit à l'égard des presens, soit à l'égard des festins & de la bonne chere.

En 1238, St Louis y fit aussi Chevalier Robert de France son frere, & l'investit du Comté d'Artois qu'il lui donna & à ses enfans.

Ce Chateau si ancien est à dix-huit lieues de Paris, près d'une petite ville & de l'une des plus belles forêts du Royaume, appellée en Latin *Cotia Sylva*, & qu'en 1351 on nommoit la forêt de Cuise près de Compiegne, & maintenant la forêt de Compiegne.

Grégoire de Tours lorsqu'il parle de cette maison, se sert toujours du mot de *Compendium* ; Eginard l'appelle, *Compendium Palatium* ; Glaber Rodulphus, *Regium Compendium* ; Helgaldus, *Palatium Compendii* ; Rigord, *Karnopolis, Karlopolis, & Karnopolis Castrum pulcherrimum quod vulgo Compendium dicitur* ; & cela assurément parce que Charles le Chauve le rebâtit, comme on apprend de ses Capitulaires de l'an 877, où il ordonne à son fils d'achever le Chateau de Compiegne, pour l'amour de lui, pour son honneur, & pour marque de l'affection qu'il lui porte : & c'est pour cela que Helgaldus en parlant du Palais de Compiegne, fait mention de celui de Charles le Chauve, & de l'Oratoire de la Tour de Charles le Chauve, qu'il nomme, *Domus Karoli Calvi & Oratorium Turris Caroli*.

Pour ce qui est de St Denys, Dagobert se sentant malade à Epinai de la maladie dont il mourut, s'y fit porter & y rendit l'esprit.

Louis III s'y fit aussi porter de Tours en litiere, & y mourut encore. Plusieurs de ses devanciers & de ses successeurs en ont fait autant.

En 868, Charles le Chauve y jeuna le Carême, y celebra les Fêtes de Pâques, sans beaucoup d'autres ; & de plus dans l'enclos du Monastere, commença un Chateau de bois & de pierre, où lui & ses successeurs ont solemnisé quelques-fois tant les Fêtes de Noel & des Rois, que celles de Pâques & de la Pentecôte ; & que Robert enfin donna au Couvent la premiere année de son regne ; c'est dit-on la maison du Courtillier de l'Abbayie.

En 875, Richilde, seconde femme de Charles le Chauve, y accoucha d'un fils qui ne fut pas plutôt batisé qu'il mourut.

Louis le Gros y passa les premieres années de sa vie.

MAISONS DE PLAISANCE DES REINES.

CLOTILDE venve du grand Clovis, après la mort du Roi, se retira à Tours dans un logis qu'elle fit faire, où elle finit ses jours, & de même l'Imperatrice Judith après la mort de Louis le Debonnaire.

Sainte Radegonde, femme de Clotaire I, & fille du Roi de Thuringe, fut élevée à Athies, petite ville du Vermandois, qu'on appelle néanmoins le Bourg d'Athies, situé sur la riviere de Somme, au milieu de Vermand, de Peronne & de Ham. Elle y reçut, nourrit & servit les Pauvres tant qu'elle fut Reine de France ; & après avoir abandonné le diadême, elle s'enferma à Poitiers dans un Couvent.

Fredegonde passa quelques années de son veuvage au Roulle en Normandie, près du conflant de l'Eure & de la Seine.

Sainte Baudour, veuve de Clovis II, & Regente du Royaume, pendant la minorité de Clotaire III, fit construire le Couvent de Chelles, pour s'y retirer quand son fils seroit majeur & en état de gouverner.

Durant sa Regence, elle alloit aussi quelquefois se divertir à Vernon, dont j'ai parlé, & encore à Palaiseau, qui est à quatre lieues de Paris près la

DE LA VILLE DE PARIS. Liv. VII.

riviere d'Yvette & le grand chemin de Chartres à Paris, dont le nom en François est comme un diminutif du mot de Palais, comme son nom Latin *Palatiolum* l'est de *Palatium*. Là aussi-bien qu'à Vernon, elle ratifia, à ce qu'on dit, au nom de son fils, tous les biens qui appartenoient aux Monasteres de St Maur & de St Vandrille.

J'ai dit que Constance, femme de Robert, entreprit un superbe Palais à Estampes.

Adelaïde, veuve de Louis le Gros, est morte dit-on à Montmartre qu'elle avoit fondé.

Ingeberge, seconde femme de Philippe Auguste, mourut à Corbeil, & Agnès, sa troisiéme femme à Poissi.

Blanche de Castille, veuve de Louis VIII, & mere de St Louis, fit faire en Normandie une maison magnifique près du conflant de l'Eure & de la Seine, dont il reste encore des murailles fort épaisses, rehaussées de ses armes & de ses chiffres, & pleines de grandeur & de majesté.

Marie de Luxembourg, seconde femme de Charles le Bel, mourut en couche à Issoudun en 1324.

Isabeau de Baviere, femme de Charles VI, se plaisoit fort à Melun & au Val-la-Reine.

Anne de Bretagne avoit une Maison de plaisance, qu'elle tenoit de ses ancêtres, à Nigeon contre Chaillot près de Paris, qu'elle donna aux Minimes.

Catherine de Medicis augmenta Chenonceaux, Chateau bâti sur le Cher en Touraine & attaché à une forêt de plus de trois lieues de long, mais celebre par une gallerie élevée sur un pont de pierre qui conduit à deux grands jardins l'un en deçà de la riviere & l'autre au delà.

Elle jetta aussi les fondemens du logis de Chaillot, situé au bout du Cours sur le bord de la Seine, dans l'une des plus agreables vûes du Royaume, & embelli par le Maréchal de Bassompierre, mais occupé maintenant par des Religieuses.

Elle commença encore avec beaucoup de magnificence le Palais des Tuilleries que depuis Henri IV a joint au Louvre; & ce qui fut cause qu'elle cessa de le continuer, est qu'il dependoit de la Paroisse St Germain l'Auxerrois, & qu'un Devin l'avoit avertie qu'elle mourroit près de St Germain; aussi depuis n'alloit-elle plus à St Germain en Laie pour la même raison.

En revanche, Marie de Medicis y alloit fort souvent, & s'y plaisoit tellement, qu'elle dit un jour à un de ses Courtisans, le Maréchal de Bassompierre étant present pour lors, le plus galant homme & l'esprit le plus present de son tems; je me plais extremement à St Germain, car quand j'y suis j'ai un pied à St Germain & l'autre à Paris: à quoi le Maréchal repondit, qui se souvint que Nanterre est à moitié chemin; je voudrois donc bien être à Nanterre, Madame.

MAISONS DE PLAISANCE DES MAITRESSES
de nos Rois.

LA Marquise de Verneuil, Maitresse d'Henri IV, a continué le magnifique Chateau de Verneuil, élevé sur une montagne à dix ou douze lieues de Paris.

Le même Prince donna à Madame Gabrielle, qui possedoit auparavant son cœur, & que depuis il fit Duchesse de Beaufort, le Palais de Mouceaux, aussi bien que le nom & le Marquisat: Palais qu'il avoit fait bâtir avec beaucoup de grandeur & de magnificence sur la croupe d'une montagne, où la vue se perd tant elle est vaste ; & cela à deux lieues de Meaux & à douze de Paris, près d'une forêt de deux mille arpens.

La Duchesse de Valentinois, Maîtresse de Henri II, acheva le Chateau d'Anet, à quelque dix-huit lieues de Paris, admirable par sa Chapelle, par ses vîtres d'après Raphael & autres grands Peintres, par ses cabinets suspendus en l'air, & par son portrait garni d'un Cerf qui bat du pied & se remue, & de quatre dogues de bronze qui aboient quand l'horloge sonne.

François I donna à la Duchesse d'Estampes sa Maitresse, Challuau, Maison Royale qu'il avoit bâtie entre Montereau, Nemours & Fontainebleau, à cause du bois qui y tient qui est plein de Cerfs. C'est un gros corps de logis, flanqué de quatre pavillons, qui tomboit en ruine sous le regne des enfans de Henri II, son fils, & qui étoit terminé d'une couverture ou voute semblable à celle de la Muette & de St Germain.

Charles VII, fit present à Agnès Sorel, la plus belle fille de son siecle, du Chateau de Loches, où elle est morte, & de celui de Beauté, ruiné depuis fort long-tems, que Charles V avoit bâti près de Vincennes sur la riviere de Marne; mais si beau, qu'à cause de cela, on l'appella Beauté. Et de fait l'Histoire du tems, qui en fait mention, en parle comme du plus joli qu'il y eut alors en France.

La fille d'un Marchand de Chevaux, appellée communément la petite Reine, & Maîtresse de Charles VI, pendant qu'il eut l'esprit troublé, eut une Maison de plaisance à Creteil & une autre à Bagnolet.

A tout ceci pourroit être ajoutée une fable que j'ai lue dans une vieille Chronique, mais plutôt, pour en bien parler, dans un vieux Roman.

On saura donc que le Bourg-la-Reine, Bourg à deux lieues de Paris, sur le grand chemin d'Orleans, s'appelloit auparavant *Briquet*, & que le nom qu'il porté lui est venu de quelqu'une de nos Reines qui s'y plaisoit, dont on n'a pû savoir encore ni le regne ni le siecle. Quoique l'Auteur de la Chronique croye avoir fait cette découverte. En voici l'histoire.

Gerard de Dampmartin, dit-il, devenu passionné pour Colombe, Reine de Frise, Princesse belle comme le jour, comme il vint à l'enlever, le Roi se mit aussi-tôt en campagne, & à la tête d'une armée, vint fondre sur les terres du ravisseur. Gerard de son côté s'étoit mis sur la deffensive, lui faisant voir qu'il ne le craignoit pas. Là dessus, pour épargner le sang de tant d'honnêtes gens qui s'interressoient dans leur querelle, on en vint à un pour-parler ; & là convinrent de se battre en duel au Briquet près de Paris, à certaines conditions, qui furent, qu'au cas que le Roi demeurât dans le combat, Dampmartin épouseroit la Reine ; & au contraire si Dampmartin étoit vaincu, qu'il rendroit la Reine, & de plus payeroit une grosse rançon : mais enfin de quelque côté que la chose tournât, que le Royaume de Frize demeureroit en paix & la guerre seroit terminée.

Ceci accordé, ils en vinrent aux mains, le Roi fut tué, Dampmartin épousa Colombe, & depuis, le lieu où le duel avoit été fait changea son nom de Briquet, & fut appellé le Bourg-la-Reine.

PALAIS DES THERMES.

QUOIQUE j'aye rapporté un grand nombre de Palais Royaux, & que peut-être entre eux il y en ait quelques uns qui ne soient pas connus de tout le monde, je ne me vante pas néanmoins de les avoir rapportétous. Bien au contraire, je m'imagine que ce n'en sera qu'une partie, & que les curieux en trouveront encore bien d'autres que je n'ai pas découvert. Et tout de même en est-il des autres discours de pareille nature qui suivront celui-ci. Car si je ne fais pas mention de tous les Palais des Rois Etrangers &

des

DE LA VILLE DE PARIS. Liv. VII.

des Princes Souverains, ni si je ne nomme pas tous les Hotels que les Princes du Sang, les Ducs & Pairs, les Nonces, les Ambassadeurs, les Connétables, les Chanceliers, les Maréchaux de France, les Amiraux & les autres Grands du Royaume ont eu à Paris, c'est que je n'en ai pû découvrir davantage.

Enfin s'il arrive, comme je n'en doute point, que dans cette carriere mes concurrens me devancent & me laissent bien loin derriere eux, trop content de l'avoir ouverte, je battrai des mains pour leur faire honneur.

Il n'y a rien de plus certain que le premier des Romains qui conquit Paris, est Jules Cesar. Il y convoqua même les Etats des Gaules; ce qui se voit clairement dans ses Commentaires. Mais qu'il ait logé au Châtelet, & qu'on y payât le tribut & les impôts que les Romains exigeoient des Parisiens, tout cela n'est fondé que sur la tradition: & quoiqu'on y montre encore une Chambre appellée la Chambre de Cesar, & que de tems en tems & même de nos jours on ait renouvellé à côté de sa principale entrée l'inscription *HIC TRIBUTUM CÆSARI*, dont nous étourdissent ceux qui croyent cette tradition, la chose, est si douteuse, que, de tout ce qu'il y a de gens qui savent un peu notre histoire, pas un n'en tombe d'accord.

Cependant il est constant que Jules Cesar assembla à Paris les Etats de la Gaule, que Constantin, Constance, Julien, l'Empereur Valentinien, Gratien, Maxime, quantité de Cesars & Prefets du Pretoire, & de Gouverneurs des Gaules, y ont demeuré. Julien y fut malade. Ammian Marcelin parle du Palais qu'il habitoit. Mais personne ne sait où il étoit placé, ni en quel endroit de Paris ont logé tant de grands personnages.

Véritablement si nous considerons un vieux édifice, qui faisoit partie de l'Hotel de Cluni, & qui est bâti dans la rue de la Harpe & celle des Mathurins, l'ouvrage nous paroitra si antique & si ressemblant aux anciens bains de Rome, que nous le prendrons pour un ouvrage Romain. Mais si nous consultons l'histoire de ce tems-là, il ne s'y trouvera ni le nom ni le siecle de celui qui l'a bâti. Que si nous lisons nos anciennes chartes, sur tout celles du treiziéme siecle & d'auparavant, nous verrons qu'on lui donne le nom de *Palatium Thermarum*, *Palatium de Thermis* & *Palatium de Terminis*. Et enfin si nous cherchons l'explication de ce Latin dans quelques Auteurs Modernes, il se remarquera que chacun s'y prend comme il lui plaît, & fait les choses à sa mode.

Raoul de Presles, qui vivoit dans le quatorziéme siecle, l'appelle le Palais des Termes, & pretend que ce nom lui fut donné parce que les Romains tous les ans à chaque terme y recevoient les tributs qu'ils levoient sur les Parisiens.

Tous les autres le nomment le Palais des Thermes, ou le Palais des bains chauds, à cause que ce qui en reste ressemble aux Thermes & aux bains des Romains, & qu'on croit que ces Empereurs, ces Cesars & les autres que j'ai specifiés, qui ont sejourné à Paris, s'y sont baignés. Ils tiennent même avec tout le monde, que celui qui l'avoit fait faire, avoit aussi fait l'Aqueduc antique d'Arcueil, dont nous voyons de si beaux restes & si ressemblans aux ruines de ce Palais; & qu'enfin depuis l'année 1544, que leurs tuyaux ou canaux vinrent à être découverts, près la porte St Jaques, par des Pionniers qui travailloient aux boulevards qu'on faisoit pour s'opposer à l'armée de Charles-Quint, on n'a plus douté que ce ne fût le Palais des Thermes, qu'on ne s'y baignât autrefois, & que les Romains n'y eussent fait venir l'eau d'Arcueil ou de Rungis.

On pretend que sous Louis VII, il s'appelloit le vieux Palais pour le distinguer du Palais, siege aujourd'hui du Parlement, qui pour lors servoit de demeure à ce Prince. Et de plus un passage de Fortunat fait croire qu'il tenoit à un jardin couvert de treilles, où se voyoient toutes sortes de fleurs & de fruits plantés & greffés par Childebert. Et bien qu'il y ait grande apparence que ce soit du jardin de ce Palais, dont il ait voulu parler, Du Pey-

Tome II.

rat néanmoins n'est pas de cet avis, & soutient que celui-ci de Fortunat, étoit dans le Pré-aux-Clercs.

Quoi qu'il en soit Philippe Auguste en 1218 donna ce Palais à Henri Concierge, l'un de ses Chambellans, avec le pressoir qui y étoit, pour douze deniers parisis de cens, en considération de ses services.

A ce qu'on tient, il occupoit une bonne partie de la pente de la montagne; & de plus on veut que nos Rois, tant de la premiere que de la seconde race, y ayent demeuré. Il en reste encore deux voûtes, dont la hauteur monte jusqu'au comble de la plupart des maisons voisines; d'ailleurs si longues & si larges, qu'on y a pratiqué un jardin dessus.

Elles sont faites de brique, éclairées d'arcades fort élevées & fort larges, & enfin si bien bâties, que si elles subsistent encore; c'est sans doute ou parce qu'on n'a pu les démolir, ou qu'il auroit fallu trop de tems & d'argent pour les abattre.

On y montre le lieu où les Romains mettoient les cuves pour se baigner, & tout de même l'endroit par où l'eau venoit d'Arcueil.

Dessous on m'y a fait voir des voûtes semblables à celles de nos caves, dont les premieres assises sont de petites pierres de taille en retraite, & le reste de brique comme les grandes voûtes.

Les Voisins m'ont assuré, qu'eux aussi-bien que leurs devanciers, ont souvent découvert dans leurs maisons des restes de ce Palais & de ces voûtes, & l'on tient que non seulement Childebert, mais Clovis son pere, & tous ses successeurs, tant de la premiere que de la seconde Race, n'ont point demeuré ailleurs; & que si les Rois de la troisiéme, ont mieux aimé loger au Palais, où se tient le Parlement, c'est parce que c'étoit l'Hotel de Hugues le Grand, pere de Hugues Capet, & de leurs ancêtres.

Du Beuil dit qu'Aimoin assure au livre 3. chap. 48. que le Palais étoit bâti dès le tems de Clovis. *Vide.*

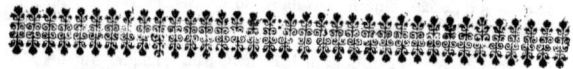

TRESORS DES NOS ROIS.

IL est certain que de tout tems, nos Rois ont eu des Tresors; de savoir à combien ils montoient, & quelle en étoit la valeur, c'est ce que je ne dirai pas, ni bien d'autres.

SOUS LA PREMIERE RACE.

CLOTAIRE I, prit les Tresors de Childebert, Roi de Paris.
Chilperic, se saisit de ceux de Clotaire.
Childebert, Roi d'Austrasie, enleva le Tresor de Chilperic.
Gontran, Roi d'Orleans, s'empara de celui de Charibert, second Roi de Paris.
Clotaire II, non seulement mit la main sur les richesses de tous les Rois qui regnoient en France; mais encore se rendit maître de leurs Royaumes.
Le Tresor de Chilperic étoit à Braine & à Chelles.
Clotaire I & Clotaire II, à Braine.
Childebert & Charibert, à Paris, ou dans quelques maisons de plaisance qui n'en étoient pas trop loin, & en cela furent imités par leurs successeurs.
Avec ceux de Clotaire, Chilperic pour se voir Roi de Paris, gagna les Grands de France, qui s'engagerent à lui contre le service de ses freres.

DE LA VILLE DE PARIS. Liv. VII.

Le Trefor de Chilperic vint bien à propos à Fredegonde, aussi-bien qu'à Landri, Maire du Palais, contre Childebert, Roi d'Austrasie, qui les armes à la main avoit resolu de les faire punir tous deux du meurtre commis en la personne de son oncle, & de dépouiller en même tems du Royaume Clotaire II.

Touchant le Trefor de ce Prince au reste, de la façon qu'en parle Gregoire de Tours, non seulement il étoit confiderable par l'or & l'argent monnoyé, mais encore par la quantité des meubles somptueux, & par la varieté des choses curieuses & rares.

De plusieurs Marchands gagés exprès pour des curiosités, entre autres étoit un certain Juif nommé Priscus, qui n'étoit bien venu auprès de lui qu'à cause de cela.

A Braine, Maison de plaisance entre Soissons & Fismes, outre ses Tresors, étoient ses Regîtres des nouvelles impositions, qu'il brûla à la priere de Fredegonde, comme étant cause de la mort de Dagobert & de Thieri, deux de leurs enfans.

Soit à Nogent sur Marne ou à St Cloud, car autrefois il s'appelloit aussi Nogent, soit à quelque autre Maison de plaisir aux environs de Paris de ce nom-là, mais qu'on ne connoît pas, il montra à Gregoire de Tours quantité de riches presens que l'Empereur Tibere lui avoit envoyés; & sur tout des medailles d'or du poids d'une livre chacune, où sur les revers étoit ce Prince representé sur un char de triomphe avec ces mots autour, *Victoria Romanorum*; de l'autre côté se voyoit son veritable portrait, & pour legende *Tiberii Constantini perpetui Augusti*. Ensuite lui faisant voir un grand bassin d'or de cinquante marcs; enrichi de pierres precieuses; il lui dit, à l'égard de ceci, je l'ai fait faire exprès pour faire honneur à la France, & afin qu'il lui serve d'ornement; mais au cas que je vive, ce sera bien autre chose.

Enfin, lorsqu'il fut assassiné à Chelles, Maison de plaisance anciennement, maintenant petite Ville proche de la Marne à quatre lieues de Paris, ce grand bassin d'or s'y trouva & le reste de son Trefor; & ceux, qui en avoient la garde, porterent le tout à Childebert, Roi d'Austrasie pour lors à Meaux.

Après la mort de Dagobert, Sigebert son fils, Roi d'Austrasie, ayant fait demander par Chernibert, Evêque de Cologne, & Pepin, Maire de son Palais, à Clovis second & à Nantchilde, qui pour lors étoient à Compiegne, sa part des Tresors de son pere; & ces Tresors qu'Egan, Maire du Palais, envoya querir, étant apportés, il en fut fait un juste partage.

Nantchilde eut la troisiéme partie des acquêts depuis qu'elle avoit commencé à regner.

Sigebert & Clovis eurent le reste.

Il est bon ici de remarquer que Dagobert avoit fait un Testament dont il y avoit quatre copies déposées en divers lieux par son ordre; l'une étoit au Trefor de Notre-Dame, c'est-à-dire dans les Archives; deux autres ailleurs. Mais pour celle de son Trefor, à ce que témoigne l'Auteur des Gestes de ce Prince, on la gardoit dans le Trefor de St Denys, où elle avoit été portée.

TRESORS DES REINES.

NON seulement les Reines de la premiére Race, mais quelques unes de la seconde & de la troisiéme ont eu des Tresors à elles du vivant même de leurs maris. Bien plus, les fils & les filles de France, leurs peres encore en vie, en avoient aussi.

Sans répéter ce que j'ai dit de Nantchilde, Galsonte, quoique très-riche, comme ayant apporté en mariage à Chilperic des Tresors considerables, & cependant si maltraitée, qu'enfin ne pouvant plus durer avec lui ni le souffrir, elle le pressa bien des fois de la laisser retourner en son payis; qu'à cela près il pouvoit retenir tout ce qu'elle avoit, & qu'elle le lui abandonnoit volontiers.

Brunehault avoit ses Tresors à Paris quand Sigebert son mari en partit pour marcher contre Chilperic: Tresors dont Chilperic s'empara après le meurtre de Sigebert. D'en dire la valeur, non plus que des autres dont j'ai parlé, soit de Reines ou de Rois, c'est ce qui est impossible. Mais quant au Tresor de Brunehault certainement il étoit excessif: & de fait Sigebert, Roi d'Austrasie, averti que Fredegonde le donnoit à Rigonte sa fille, qui épousoit le Roi des Wisigots, dépêcha aussi-tôt des Ambassadeurs à Chilperic, afin qu'elle n'emportât rien qui vînt ni de ses tresors ni des impôts levés sur les sujets du Royaume qu'il lui avoit envahi. Mais bien davantage, Chilperic lui-même fut si étonné de voir l'équipage de sa fille quand elle partit, tant de chariots chargés, tant de meubles si precieux, qu'il dit tout haut devant tout le monde, qu'on le vouloit ruiner & qu'elle emportoit tout avec elle. Si bien que Fredegonde, pour l'appaiser & empêcher en même tems que les Grands n'en murmurassent, leur dit en la presence de son mari: Ne pensés pas Messieurs que j'aye rien donné à ma fille qui appartienne à la couronne, toutes ces richesses-là que vous voyés étoient à moi auparavant; une partie vient des liberalités du Roi, & des presens que vous m'avés faits, le reste je l'ai épargné sur mon revenu & par mon bon ménage.

Quant à Fredegonde, son Tresor ainsi que celui de Brunehaut, étoit à Paris après l'assassinat de son mari, mais qu'elle transporta bien vîte à l'Evêché, où elle se refugia, & peut-être même étoit-il encore à Paris, quand faisant semblant de vouloir partager le Tresor de Chilperic avec la Reine des Wisigots sa fille; elle en tira une bonne partie en sa presence d'un grand coffre, puis comme si elle eut été lasse, elle lui dit qu'elle fouillât à son tour pour avoir le reste; & dès qu'elle la vit toute panchée la tête dedans; aussi-tôt de toute sa force elle abbat le couvercle qui lui tomba sur le col & l'alloit étouffer, n'eut été qu'on vint au secours.

Par là il paroît que non seulement une fille de France a un Tresor à elle, mais qu'elle partage les Tresors de son pere, de même que Nantchilde ceux de son mari.

Mais faisons voir un petit Prince à l'âge d'un an, qui en a un aussi bon que Rigonte.

Ce petit Prince étoit fils de Fredegonde & de Chilperic, & son Tresor l'avoit suivi à Braine où il mourut. Ce Tresor au reste étoit si riche, que sa mere l'ayant jetté au feu avec ses habits & toute sa garde-robe, afin qu'il restât rien de lui qui pût l'affliger, il s'en forma une grosse masse d'or & d'argent.

Je pourrois apporter bien d'autres exemples; mais comme pour cela il me faudroit sortir de Paris, on se contentera de ceux-ci.

Si ce dernier exemple montre que les Tresors suivoient la Cour, celui de Thieri le prouve bien mieux.

Comme il étoit à Nogent sous Coucy avec ses Tresors, peu s'en fallut que près de Laon & de Coucy-le-Château, il ne tombât entre les mains d'Ebroïn, auparavant Maire du Palais, & confiné pour lors dans le Monastere de Luxeuil; & de fait il eut toutes les peines du monde à gagner Bray, près de Forges, ou Abbeville, se voyant talonné de si près, qu'il fut contraint en chemin de laisser ses tresors en proie à son ennemi.

Isabeau de Baviere faisoit garder son Tresor à l'Abbayie de St Denys, ainsi que Dagobert, par les Religieux.

Le Duc de Guyenne son fils, en 1411, pour y entrer usa de menaces, & la porte ne fut pas plutôt ouverte que faisant rompre & serrures & portes, il enleva une bonne partie de la vaiſſelle d'or & d'argent qui y étoit, dont il recompenſa les chefs de ſes troupes.

Un autre treſor à Paris, tant en or & en argent de la même Princeſſe, qu'avoient en garde Luillier, Sanguin, & la Haye, ne fut pas plus en ſureté ; car en 1415 ſon fils mit encore la main deſſus, & auſſi-tôt faiſant venir au Louvre le Prevôt de Paris, & celui des Marchands ; de plus l'Univerſité, & quantité de Bourgeois, après leur avoir montré la diſſipation des Finances faite par les Princes, il leur declara qu'à l'avenir il vouloit gouverner ſeul ; & en même tems fait ſavoir aux Ducs de Berri, d'Orleans, & de Bourbon, qu'ils euſſent à ſe retirer chacun dans leurs terres.

SECONDE RACE.

HERMANTRUDE, femme de Charles le Chauve, étant à Senlis en 869, Ville à dix lieues de Paris, donna à beaucoup de lieux ſaints, & le Roi de même, les treſors qu'ils avoient acquis tous deux, comme pour témoigner à Dieu en quelque façon, leur reconnoiſſance, après tant de graces qu'ils en avoient reçues.

TROISIE'ME RACE.

A L'EGARD de la troiſiéme Race, on ne ſait rien des treſors de ſes premiers Rois. Depuis Philippe Auguſte, les uns en ont eu au Louvre, & à la Baſtille, les autres au Temple, dans l'Evêché, au Louvre, au Palais, & au Châtelet.

Philippe Auguſte avant ſon voyage d'outre-mer, ordonna qu'en ſon abſence, tous ſes revenus ſeroient conduits à Paris, tant à la St Remi, qu'à la Chandeleur, & à l'Aſcenſion ; qu'ils ſeroient mis entre les mains de Pierre Marêchal, & de ſix Bourgeois dont nous ignorons les noms ; qu'Adam ſon Clerc ſeroit preſent à la recette, & l'écriroit ; qu'ils ſeroient portés au Temple, & enfermés dans des coffres dont ils auroient les clefs, & les Templiers une autre ; & au cas qu'il en eût beſoin devant ſon voyage, qu'on lui envoyât tout ce qu'il demanderoit.

Que ſi par hazard il venoit faute de lui avant ſon retour, & de ſon fils pendant ſa minorité, il permettoit à Marêchal, & aux ſix autres de diſpoſer de ſon treſor à leur volonté pour le repos de l'ame de ſon fils, & de la ſienne ; qu'au reſte venant à mourir en chemin, il vouloit que ſon treſor fût porté à l'Evêché, & partagé en deux par la Reine Adelaïde, ſa mere, Guillaume de Champagne, Archevêque de Reims, ſon oncle, Maurice de Sulli, Evêque de Paris, les Abbés de St Victor, & de Cernai, frere Guerin alors Chevalier du Temple, depuis Evêque de Senlis, & Miniſtre d'Etat.

Outre cela il chargea les Officiers de ſon treſor, & ſes executeurs teſtamentaires d'en garder une partie pour ſon fils, juſqu'à ce qu'il fût majeur, & d'employer l'autre pour le repos des ames de ſon pere, de ſes ancêtres, & de la ſienne ; de plus à reparer ſi bien les Egliſes ruinées par les gens de guerre, qu'on y pût faire le ſervice ; & enfin à ſoulager ceux qu'il auroit appauvri par la taille, & qui en auroient beſoin.

Louis VIII donna à celui de ſes enfans qui lui ſuccederoit tout l'or, & l'argent qu'il avoit en ſa tour de Paris, près St Thomas, c'eſt-à-dire dans la tour du Louvre.

En 1271 Philippe le Hardi ayant fait Regent du Royaume, le Comte d'Alençon, son frere, lui ordonna en cas qu'il vint à mourir avant que son fils eût quatorze ans, & après avoir fait les dépenses necessaires aux besoins de l'Etat; de mettre en garde au Temple les deniers des Finances qui resteroient de bon, pour les lui mettre entre les mains, sitôt qu'il seroit majeur.

Enfin Philippe le Bel ne tenoit pas seulement ses tresors au Temple & au Louvre, ainsi que Philippe le Hardi, & Louis VIII, il les fit mettre encore au Châtelet, & la plupart de nos Rois de ces tems-là, qui l'imiterent en ceci, y ont assigné les douaires, tant de leurs femmes, que de leurs filles; mais bien plus des rentes viageres, & perpetuelles à toutes sortes de personnes, soit Princes, Grands, Religieux, Religieuses, Gentilshommes, & Bourgeois; rentes, au reste dont ils pouvoient disposer à leur volonté, les vendre, les donner, & transporter à qui bon leur sembloit; & ce qui est remarquable, ils en faisoient hommage, ainsi que de leurs terres. Les regîtres du tresor des chartes, & de la Chambre des Comptes, sont pleins de ces sortes de rentes, & de douaires. Or comme ces tresors étoient disposés en divers lieux, dans tous ces lieux-là il y avoit un tresorier à part, qui prenoit le nom du lieu de son tresor. Dans plusieurs Actes du treize & du quatorziéme siécle, le tresor qui étoit au Temple, s'appelle le tresor du Temple, & la bourse du Roi au Temple : les Templiers ont été long-tems gardiens de tels tresors, aussi-bien que leur tresorier; & pour lors celui-ci se qualifioit Tresorier du Temple & du Roi, & même tout simplement, afin de se faire plus valoir, Tresorier du Roi au Temple.

A l'égard de tel Officier, un certain Jean de Turno, Tresorier du Roi, & du Temple, n'ayant pas rendu compte de tout ce qu'il avoit reçu; Hugues de Parando, Visiteur general, & Lieutenant du Grand Maître, & de l'Ordre des Templiers, termina l'affaire, & en vint à un accommodement en 1290 avec les Commissaires de Philippe le Bel. Et parce qu'après l'abolition de l'Ordre de ces Chevaliers, on pretendit que leur Tresorier, aussi-bien qu'eux, avoit touché de grosses sommes, sans en faire aucune mention, bien loin d'en rendre compte; les Chevaliers de Malte que Philippe le Bel mit en possession de tout leur bien, s'obligerent en 1312 de lui compter dans trois ans deux cens mille livres tournois.

Cette somme excessive, & qui aujourd'hui vaudroit plusieurs millions, nous donne lieu de croire que ce Prince ne fit pas une fort grande liberalité aux Chevaliers de Malthe, mais plus-tôt qui leur vendit cherement le bien des Templiers.

Charles V fit fondre en lingots tout ce qu'il avoit d'or monnoyé.

D'abord Charles VI en fit autant, & bien-tôt après par l'avis de ceux qu'il écoutoit, il commanda que des lingots de son Epargne on fit un cerf de la grandeur de celui que l'on voyoit alors à la grande salle du Palais: cependant de ce cerf, il n'y eut de fondu que la tête & le cou.

Soit dans l'une des tours du Palais, soit dans celle du Louvre, par ordre des Princes du Sang, & du Conseil d'Etat, on mit en 1404 dix-huit cens mille livres, ou dix-huit millions, à la charge qu'il n'en seroit rien tiré que de leur commun consentement, & pour les necessités du Royaume : nonobstant ceci, tout n'y étoit pas encore, que de nuit le Duc d'Orleans à main armée en enleva la meilleure partie, si bien qu'on n'en sauva pas le tiers; & ce tiers-là quand il y fut, n'y demeura pas long-tems, car ce Prince après avoir rompu les portes, en emporta tout ce qu'il pût : les Grands s'emparerent du reste, qui s'en alla en dépenses inutiles.

Or comme l'or & l'argent étoient alors fort rares, je laisse à penser quelle somme c'étoit que celle de dix-huit cens mille livres; car pour l'autre de dix-huit millions, c'est un peu trop pour ces tems-là, & il n'y a pas trop lieu de le croire.

DE LA VILLE DE PARIS. Liv. VII.

Quoi qu'il en soit, jusqu'à François I, les trefors de nos Rois étoient en maſſe, dont la Chambre du Trefor de Paris quelquefois, & quelquefois les Officiers de l'Epargne & des Finances, avoient la direction. Souvent ce n'étoit qu'un gros magot ou mugot, (car pour un A ou un U, il ne faut pas ſe mettre mal avec ſes amis,) & nos Rois faiſoient porter à ce magot tout l'or & l'argent qu'ils pouvoient épargner, où l'on ne touchoit point que pour les neceſſités preſſantes de l'Etat, & eux-mêmes en étoient comme les Treſoriers & les Gardiens; depuis on y a fait bien plus de façons, ſur tout François I, Henri II, & Henri IV.

FRANÇOIS I.

D'ABORD François I, en 1523, établit ſon Trefor, où le bureau de ſon Epargne, à Blois dans le Chateau; enſuite en 1531, il le tranſporta à Paris, dans l'une des Tours du Louvre, où il avoit fait mettre des coffres forts, & voulut que les coffres & la Tour fermaſſent à pluſieurs clefs, que ſelon les occaſions il mettoit entre les mains de diverſes perſonnes, & toujours en ayant une par devers lui de reſerve. De plus, tant le Changeur du treſor, que les Receveurs generaux & particuliers, eurent ordre d'y porter à l'avenir tous les deniers du Domaine, des Tailles, des Aides, Gabelles, Equivalents & autres, à l'exception ſeulement des Parties-caſuelles, & des deniers deſtinés au payement des Cours ſouveraines, des fiefs & aumônes, des mortes-payes, & autres aſſignés ſur les Comptables & les Recettes, tant generales que particulieres.

Pour les garder, il voulut que les Capitaines des Archers de ſa garde y envoyaſſent deux Archers fideles qui ſerviſſent par quartier. Pour ce qui eſt de les recevoir & en faire la diſtribution, Guillaume Prud-homme, General de Normandie, & Treſorier de l'Epargne, fut choiſi exprès; mais afin d'empêcher le billonage & trafic, & autres ſortes d'abus ſi ordinaires auparavant, il confia les clefs, non ſeulement au premier & au ſecond Preſident de la Chambre des Comptes; mais encore aux Controlleurs Generaux de l'Epargne, & toujours une autre par devers lui, comme il avoit accoutumé. Du reſte, rien ne s'en pouvoit tirer qu'en leur preſence, & en vertu de ſes mandemens ou patentes: devant eux ſe faiſoit la recette; il faloit leur rendre compte de la dépenſe, ſans bien d'autres ceremonies qu'on devoit obſerver qui ſe voyent dans une Ordonnance publiée en ce tems-là, que je paſſe ici, parce qu'elles viendront mieux ailleurs.

A l'égard des deniers communs des Villes, il fit expedier des commiſſions la même année, à tous Baillifs, Senechaux & Prévôts du Royaume, chacun dans ſon reſſort, afin d'en envoyer la moitié au Louvre.

Deux ans & quatre ans encore après, il fit commandement à ceux qui en avoient le maniement, & en faiſoient la recette, d'apporter tout eux-mêmes pour être employé aux reparations des Villes frontieres.

Jamais le Clergé ne put obtenir de lui main-levée de la troiſiéme partie des biens temporels des Archevêques, Evêques & Colleges, qu'il avoit fait ſaiſir & affermer en 1534, par avis de ſon Conſeil; pour des appareils de guerre neceſſaires, qu'en lui jurant de faire conduire au Louvre la valeur de trois Decimes par don gratuit, partie à la Touſſaint, & partie à Noel.

L'année ſuivante il emprunta des enfans du Chancelier du Prat, cent mille écus qu'il fit porter au Louvre.

Par des Lettres patentes ſignées de ſa propre main, il ordonna au Treſorier de l'Epargne de tirer du Louvre cinq cens mille francs, & confia à Rapoüel Maitre des Comptes les clefs du coffre, où il ſe devoient prendre, dont l'une étoit entre ses mains, les autres en celles du Chancelier, du Grand-Maître & de l'Amiral. Cette somme au reste fut comptée & délivrée à Prud-homme, en presence du premier & du second Président de la Chambre des Comptes; ensuite le coffre refermé, & les clefs redonnées à Rapouël, qui les rendit au Roi, comme il le lui avoit commandé. Le lendemain la quittance de Prud-homme fut portée à la Chambre des Comptes par les deux mêmes Presidens, & par un Controlleur de l'Epargne.

L'année suivante, voulant avoir quelque soixante mille francs qui restoient au Louvre, il les eut par les mêmes voies, & se servit pour cela du Chancelier du Prat & de la Boudaisiere, qui outre cette somme lui remirent entre les mains la vaisselle d'or & d'argent blanc & doré, qui montoit à plus de cinquante-cinq mille livres.

Enfin, de quatre cens trente-sept mille cent dix-sept livres, qui lui furent payés comptant en 1540, il en fut mis au Louvre quatre cens dix-sept mille en presence de Neufville Secretaire des Finances, & du General Prud-homme, qui en donnerent leurs certificats attachés sous le Contre-scel des Lettres sur cette partie.

HENRI II.

HENRI II, non seulement maintint au Louvre le Bureau de l'Epargne que François I y avoit établi; mais encore confirma tous les Reglemens qu'il avoit faits.

De plus, aux deniers affectés à ce Tresor, en 1531 & 1533, il affecta encore ceux des Restes du passé, & y établit deux Controlleurs, l'un suivant la Cour, l'autre demeurant à Paris pour controller la recette & la dépense des sommes que recevroit le Trésorier de l'Epargne à la Cour & au Louvre, afin d'en faire regître; & encore pour controller & signer au dos toutes ses quittances. Avec le tems neanmoins ce Controlleur ici de Paris demeura les bras croisés, sans pourtant être supprimé, & ne le fut qu'en 1554, lorsque le Roi vint à créer un seul Controlleur General, à condition pourtant qu'il auroit à ses dépens un Commis incorporé à sa charge. Deux ans après il fit de nouveaux Reglemens, que, je passe aussi-bien que plusieurs autres dressés auparavant en 1547 & 1554, & qu'on peut voir le second tome de Fontanon.

De dire si les successeurs de Henri II jusqu'à Henri IV, ont thesaurisé; outre qu'il ne s'en voit rien, c'est que même il n'y a pas grande apparence. Et de fait, quant à François II, il regna si peu qu'il n'en eut pas le tems: après lui les guerres de la Religion & de la Ligue qui survinrent, les prodigalités & les dépenses desordonnées de Henri III; les rapines des Gouverneurs, qui à la faveur des mouvemens s'emparerent des deniers Royaux, sous son regne, & sous celui de Charles IX, & même de Henri IV, au commencement, bien loin de les mettre en état de rien amasser, au contraire ils se virent contraints d'emprunter de tous côtés, & de surcharger leurs sujets d'exactions inouïes.

Henri IV cependant par sa grande conduite, & à l'aide du Duc de Sully son Sur-Intendant fidele, pour sortir d'un tel labyrinthe se mit de sorte, qu'il n'acquitta pas simplement une bonne partie de ses dettes; mais de plus, il soulagea les peuples de quantité d'impôts dont ils étoient surchargés; & nonobstant ceci, ne laissa pas de mettre tant d'or & d'argent à la Bastille, que Régnier, qui par occasion en parle je ne sai comment, dit dans sa treiziéme Satire:

Prenez-moi

Prenez-moi ces Abbés, ces fils de Financiers,
Dont depuis cinquante ans les Peres usuriers,
Volants à toutes mains, ont mis en leur famille,
Plus d'argent que le Roi n'en a dans la Bastille.

HENRI IV.

PLUSIEURS Arrêts tant du Conseil d'Etat que de la Chambre des Comptes, & même des Lettres de Louis XIII, font voir que Henri IV, avoit fait porter à la Bastille huit millions deux cens mille livres, somme alors bien autre sans comparaison qu'une pareille en ce tems-ci.

Le Duc de Sulli va bien plus loin, & assure que depuis la paix de Vervins, on y avoit fait conduire vingt-deux millions quatre cens soixante mille livres. Outre ceci il avoit parole de toucher quatre-vingt-un millions dans trois ans à certaines conditions. Mais bien davantage, & qui doit surprendre, on lui étoit redevable de dix-huit millions six cens quatorze mille livres; si bien que le tout montoit à cent vingt-deux millions soixante-quatorze mille livres & bien au-delà. Ce n'est point ici le lieu, ni à moi non plus d'examiner comment en si peu de tems on pût amasser des sommes si prodigieuses; mais pour ce qui étoit de les conserver, en voici le détail.

Ce Sage Prince d'abord regla les dépenses du Royaume. Ceci fait, en 1602 il ordonna que tout payé, les Tresoriers l'année de leur exercice porteroient chacun à la Bastille tous les deniers revenans bons, & que le compte s'en feroit en presence du Surintendant & du Controlleur General des Finances. Que ces deniers seroient mis dans des coffres faits exprès & fermés à trois clefs, dont l'une demeureroit entre les mains de celui d'entre eux qui seroit de quartier; quant aux deux autres, le Surintendant & le Controlleur General s'en chargeroient. Que ces Tresoriers même prendroient de ceux-ci des certificats signés de leur main contenant les sommes qu'ils auroient mises; & que leur année d'éxercice finie, le Tresorier qui entreroit en charge recevroit les certificats de celui qui en sortiroit en lui donnant quittance des sommes qu'ils contiendroient.

Non content de telles précautions il ajouta en 1606 & 1610, que rien ne se pourroit tirer de la Bastille, qu'en vertu de ses Lettres Patentes, & qu'après leur enregîtrement à la Chambre des Comptes; autrement que les Tresoriers de l'Epargne en répondroient en leur propre & privé nom.

Apparemment, s'il s'avisa de ces dernieres formalités ici, ce ne fut qu'en 1606 & 1610 lorsqu'il eut affaire de trois millions deux cens mille livres qu'il ne voulut point prendre ailleurs que là.

Peu de tems après sa mort, qui fut en 1611, Louis XIII alors étant mineur & n'ayant que douze ans, la Reine Regente sa mere ôta la Surintendance & le Gouvernement de la Bastille au Duc de Sulli, & se fit mettre entre les mains la clef du Tresor dont il avoit la garde. Et comme tout ceci se faisoit sous le nom du Mineur, le jeune Roi déclaroit qu'il ne pretendoit rien innover aux Reglemens dressés par Henri le Grand son pere pour l'administration de ce Tresor. Avec tout cela tant s'en faut qu'aucun des deniers dûs à ce Prince, non plus que de son Epargne, y fût porté, qu'au contraire en 1614 le vingt-huit Fevrier, il fut tiré un million de la Bastille, sous pretexte de la solde des gens de guerre levés pour reprimer les mouvemens qui sembloient menacer le Royaume.

Quoique nous ignorions les moyens dont on usa pour en venir à bout, il y a toutefois bien de l'apparence qu'on se servit alors de ceux que Henri IV avoit & prescrits & observés lui-même. Mais on n'est pas en peine pour les quinze cens mille livres que la même année on voulut avoir au mois de Mai, sous ombre de l'entretenement des Troupes, & d'autres depenses à faire. A l'ordinaire des Lettres du Roi furent pour cette fois dépêchées à la Chambre des Comptes, avec commandement de les enregîtrer. La Chambre qui craignoit la dépredation de l'Epargne pendant la minorité, supplia le Roi de l'en dispenser. Aussi-tôt nouvel ordre d'obéïr, toutes affaires cessantes, sans attendre d'autre jussion ou commandement plus exprès.

Là-dessus elle fléchit, mais pour un million seulement, avec resolution à l'avenir de ne se pas laisser aller si aisément & de montrer sa fermeté. Et de fait, les jussions depuis par deux ou trois fois lui furent envoyées pour toute la somme : bien loin de l'étonner, après plusieurs remontrances, elle ordonna que son Arrêt seroit signifié aux Tresoriers de l'Epargne.

La Regente & son Conseil voyant tant de resistance, furent contraints de mander la Chambre au Louvre, & même reduits à la supplier d'homologuer ces Lettres; & de plus ensuite à lui députer deux fois le President Jannin & Boissise, avec d'autres jussions. La Chambre pressée de la sorte & ne sachant plus que faire, obéït donc malgré qu'elle en eût, mais non pas sans declarer que c'étoit aux conditions portées dans les Arrêts qu'elle avoit prononcés touchant la même affaire. Voici les principaux.

Que pour la surséance des pensions, & les dons accordés & augmentés depuis la mort de Henri IV, le Roi seroit prié de pourvoir au remplacement des quinze cens mille livres qu'il desiroit, & du million qu'il avoit tiré de la Bastille deux mois auparavant. Que le Tresorier de l'Epargne en exercice feroit depense de cette somme en son compte par chapitres distincts & separés, tout de même que ceux qui en auroient la Surintendance & le maniement, ne l'employeroient qu'aux effets destinés par les Lettres du Roi, à peine d'en être responsables nonobstant tous Mandemens.

Tant de combats essuyés & de difficultés levées, un an se passe sans qu'on propose, ou peut-être qu'on osât proposer à la Chambre de tirer le moindre denier de la Bastille. Mais en 1615, tout de nouveau la guerre recommence, & on veut avoir douze cens mille francs. Comme en pareille occasion jamais les raisons ne manquent, le pretexte fut qu'il falloit subvenir aux frais tant du mariage du Roi que de la Reine d'Espagne; mais parce que la Chambre ne vouloit point qu'il lui fut reproché d'avoir contribué à la dissipation du Tresor dont le Grand Henri lui avoit confiée la conduite. D'abord elle refusa d'enregîtrer les Lettres du Roi, & ensuite ne voulut obéïr à pas une des quatre jussions qu'elle reçut. Du reste opiniâtrée à ce point, que même elle ne se rendit point aux raisons que le Roi & la Reine apporterent au President, au Procureur & à l'Avocat General, mandés exprès au Louvre.

Cette opiniâtreté mit en colere les Maîtres qui commandoient & avoient la force en main. Aussi-tôt Arrêt du Conseil, portant que ceux qui avoient les clefs du Tresor de la Bastille, les mettroient entre les mains du Capitaine des Gardes du Roi. Qu'en sa presence & en la presence de la Reine sa mere, on y prendroit douze cens mille livres, que le reste de l'argent y demeureroit sous la même garde qu'auparavant.

Le Roi dès le lendemain ne manqua pas de se rendre à la Bastille assisté de la Reine, de quelques Princes, Ducs & Pairs, Officiers de la Couronne, & même tant du Chancelier & de plusieurs Conseillers d'Etat, que des Intendans des Finances & autres personnes de marque. Devant eux ce jeune Prince fit ouvrir la premiere porte du Tresor par le Lieutenant du Chateau, & en même tems commanda au Controlleur General & au Tresorier de l'Epargne, de donner leurs clefs à son Capitaine des Gardes. Celui-ci eut beau representer qu'il apprehendoit qu'en la recette & la depense, son compte à la Chambre n'apportât de la difficulté; & tous deux ensemble, que la Chambre les avoit rendus responsables du Tresor de la Bastille. Sans avoir égard à leurs remontrances, il fallut obéïr. La Reine en même tems donna aussi la clef devant toute la compagnie, & pour lors le Roi fit tirer de quatre caques douze cens mille livres, qu'on porta au logis du Treforier de l'Epargne, & ordonna tant aux Conseillers d'Etat qu'aux Intendans, de lui en donner une décharge. Cela fait, la porte du Tresor fut refermée, les clefs remises entre les mains de la Reine & des deux autres. Deux mois après, sans la participation de la Chambre, par un autre Arrêt du Conseil, les treize cens mille livres qui y restoient en furent encore tirées pour le payement de l'armée du Maréchal de Bois-Dauphin; & le tout en la presence du Roi, avec autant de ceremonies & de façons que la derniere fois.

Telle fut la fin de ce Tresor si confiderable, que Henri le Grand durant plusieurs années & en des tems très-difficiles avoit eu bien de la peine à amasser. Tresor cependant qu'il avoit destiné à bien d'autres usages qu'à exciter des guerres civiles, comme firent après sa mort les Princes & les Grands, qui ne quitterent point les armes que tout ne fût englouti.

Ceux de Henri II & de François I, s'en allerent à leurs guerres & à leurs magnificences.

Le Tresor de Charles VI, dès la premiere année de son Regne, avec celui de son pere, fut la proie des Ducs d'Anjou, d'Orleans, de Bourgogne & de beaucoup d'autres.

Chilperic n'eût pas plutôt mis la main sur le Tresor de son pere, qu'il en fit des largesses aux Grands Seigneurs, afin d'envahir le Royaume de Paris.

Fredegonde sa veuve, repandit à Braine tout ce qu'il avoit amassé de precieux, afin de gagner les Chefs de l'armée, qui aussi-tôt marcherent contre Childebert, Roi d'Austrasie.

Telles dissipations font voir que l'avarice dans les Palais, ne trouve pas trop son compte; car enfin elle a beau thesaurifer & épargner, tout ce qu'elle amasse lui échappe incontinent des mains, & quoi qu'elle fasse il lui faut lâcher prise & s'en retourner à vuide, comme elle étoit venue.

Une chose cependant m'étonne, contre ce que je viens de dire, que sous Philippe Auguste & ses successeurs, jusqu'à Charles VI, les Tresors qu'ils avoient au Louvre, au Temple & au Châtelet, n'ayent pas été en cet état-là & fussent comme des fonds inépuisables & pour ainsi dire des immeubles. Tout autant de douaires & de rentes assignées dessus valloient des terres & des heritages, & ceux à qui ils appartenoient en étoient si bien les maîtres, qu'ils pouvoient en disposer à leur volonté: Et de fait,

Entre plusieurs rentes que nos Rois assignerent sur celui du Châtelet; je trouve qu'en 1301, Philippe le Bel permit aux Religieuses de Long-champ d'y acquerir deux cens livres de rente, & qu'il les amortit. Cet exemple lui seul pourroit tenir lieu de plusieurs, dont il ne me souvient pas, & de beaucoup d'autres qu'il est aisé de trouver.

Celui de Gregoire IX, qui donna quittance en 1229 de vingt marcs d'argent, mis en dépôt au nom du Pape, dans le Tresor du Temple, tiendra lieu pareillement de plusieurs autres semblables, qui font voir qu'on mettoit alors au Temple son argent en dépôt, comme on fait aujourd'hui aux Configurations, au Palais, au Châtelet & ailleurs.

Quant au Tresor du Temple & celui du Louvre, quoique je ne manque pas de preuves, & que même j'en aie plus qu'il ne m'en faut; cependant de tous les exemples que j'ai découvert, je raporterai que les plus considerables.

Par le Traité de Paix fait en 1259, entre la France & l'Angleterre, St Louis ne promit pas seulement à Henri III, de lui payer chaque année au Temple le jour de l'Ascension & à la Toussaints, la valeur du revenu de l'Agenois, & tout de même en six payemens l'argent qu'il falloit pour l'entretenement de cinq cens Chevaliers, deux ans durant; il lui donna de plus le Tem-

& l'Hopital du Temple; en tout cas l'un des deux pour caution; & ce fut là même encore, qu'en 1269, il affigna aux Quinze Vingts trente livres parifis de rente.

En 1286, Philippe le Bel, réunit au Domaine cent livres parifis de revenû, que Bouchard de Montmoranci y avoit transportées à Pierre de France, fon oncle, Comte d'Alençon

De foixante-feize livres parifis de rente, que l'Abbé & le Couvent de y recevoient tous les ans par Echange, ils en donnerent vingt-cinq en 1287 à Eude Rigault, Ecuyer, & à Jeanne fa femme.

Et tout de même en 1290, la Comteffe d'Alençon qui tous les ans avoit à prendre la fomme de trois mille francs, en ceda deux cens vingt aux Chartreux de Paris pour la fondation de quatorze Religieux.

Quatre ans après pour une autre fondation de fix Chartreux, Mathurins & Religieux de Ste Croix, Marie de Brabant leur fit don de cent quatre-vingt livres de rente fur fon douaire que Philippe le Hardi lui avoit affigné fur ce Trefor.

Philippe le Bel pareillement y affigna à Jean de Chambli, quarante livres parifis de revenu, cinq cens à Henri Comte de Luxembourg depuis Empereur, & deux mille à Godefroi, fils du Duc de Brabant, à la charge que celui-ci auffi-bien que le Comte de Luxembourg lui en feroient hommage-lige.

Philippe le Bel, encore à la même condition, donna quatre cens livres tournois de rente fur le Temple en 1295, à Alfonfe, fils de Blanche de France fa tante.

De plus deux ans après, il accepta le tranfport de vingt livres tournois de revenu, que Marguerite, Dame de Souilli avoit fait à Pierre de la Buffiere, fur les rentes qu'elle avoit au Temple.

Enfin en 1304, il affigna encore fur fon Trefor du Temple à Bofon Carlon, Bourgeois de Bordeaux, cent cinquante livres de rente. Or ce que j'ai dit des rentes du Trefor du Temple, il le faut entendre de celui du Louvre.

Et de fait, le même Philippe le Bel en 1297, affigna à Charles Comte de Valois fon frere, deux mille livres de rente fur fon Trefor du Louvre, mille autres à Robert, Comte de Boulogne & d'Auvergne, & mille livres tournois de terre à Robert, Duc de Bourgogne, Chambellan de France. Gui de Nefle, Maréchal de France, en obtint encore de lui cinq cens. Robert de Varin, Seigneur de St Venant & Chevalier, quatre cens. Guillaume Rinvisk, Echevin de Bruges, vingt; fans beaucoup d'autres particuliers que je laiffe là, & même des perfonnes de qualité, qui non feulement alors & auparavant, mais encore depuis, reçurent de femblables gratifications, chacun à proportion du rang qu'ils tenoient, & qu'on les confideroit, ou du fervice qu'ils avoient rendu.

Ce Prince, la même année, affigna fur le même Trefor deux cens livres de rente à Jean d'Audenarde fa vie durant; d'ailleurs l'année fuivante & en 1301 Pernelle d'Autri, Beraud de Marcu, Etienne Haudri, & Pierre de Chambli, Chevalier & Chambellan, vendirent & tranfporterent, tant au College du Cardinal-le-Moine, aux Chapitres de Laon & de Notre-Dame, qu'à Guillaume de Hangeft Secretaire du Roi; les uns tout le revenu qu'ils tiroient de ce trefor, les autres une partie feulement. En un mot, pour ne pas ennuyer davantage fur ce même trefor du Louvre, Philippe le Bel donna à Aymar de Poitiers, à Bernard de Mercure, & à Benoit Zacharie, deux cens livres de rente chacun, à condition de lui en faire hommage. Enfin le Regître rouge de la Chambre des Comptes qui m'a fourni tout ceci, eft plein de rentes de cette qualité, fans beaucoup d'autres données à des Chapitres, à des Monafteres, & amorties en leur confideration.

J'avois envie de mettre enfuite de ce traité ici, l'Hiftoire du Trefor des

DE LA VILLE DE PARIS. Liv. VII.

Chartes; mais comme elle a été faite par Pierre du Puy, Garde de la Bibliotheque du Roi, je ne l'ai pas voulu entreprendre après lui, quoique j'eusse de quoi l'augmenter, & même de choses assés curieuses, & où ce me semble j'aurois fait voir que quelquefois les Grands-hommes peuvent s'équivoquer.

Mon dessein encore étoit de décrire la Bibliotheque du Roi, son Magasin des Antiques, & ses Cabinets de pierreries, de medailles, de peintures, de tapisseries & de tailles-douces, qui passent pour les plus complets & les plus rares qui soient dans tout le monde; chacun à part valant un trésor pour leur diversité, & pour leur rareté ; & le tout ensemble si étonnant, que jamais il ne s'est rien vû de pareil ; mais outre que cette matiere est trop ample, c'est qu'elle merite bien un discours à part.

ARSENAUX.

S'IL est vrai que nos Rois, tant de la premiere que de la seconde race, & même dans les deux premiers siecles ceux de la troisiéme ayent eu des Arsenaux à Paris ; & de plus, que la Ville alors en ait eu aussi-bien qu'eux, comme elle en a encore aujourd'hui, on ne sait point en quel endroit ils pouvoient être.

CEUX DE LA VILLE.

EN 1552, la Ville retira cinq cens cuirasses, qui lui appartenoient, de la maison d'un Marchand de vin, nommé Burette, qui logeoit à la rue de la Vannerie.

Quelques années après, elle loua les écuries de l'Hotel des Tournelles de la rue St Antoine, vers la place Royale, pour y faire dresser l'attellier & les instrumens à poudre, à canon, que son Commissaire de Salpêtre avoit fait faire à l'Hotel de Ville.

En 1589, elle fit porter dans les Halles de la foire les Armes, tant des Huguenots, que des fideles Sujets de Henri IV, dont on s'étoit emparé par son ordre, & par celui du Duc de Maïenne, Lieutenant General de l'Etat & Couronne de France, pour s'en servir contre le service du Roi. Mais sans perdre le tems à parler de plusieurs autres endroits peu considerables, où la Ville a eu des armes & des munitions de guerre, venons à ses veritables Arsenaux.

Sous Charles V, Hugues Aubriot, Prevôt de Paris, fit serrer à l'Arsenal de l'Hotel de Ville, une infinité de maillets de plomb, pour armer au besoin les Parisiens contre les ennemis du Roi & de l'Etat ; mais en 1382, les Maillotins après avoir brisé portes & coffres, s'en étant saisis, aussi-bien que de beaucoup d'autres harnois, les tournerent contre le Roi, & mirent Paris à deux doigts de sa ruine.

Depuis ce tems-là au reste, il y a toujours eu un Arsenal à l'Hotel de Ville.

En 1424, cet Arsenal consistoit en un grand grenier, nommé le grenier de l'Artillerie.

Charles IX en 1563, obligea les Bourgeois d'y porter leurs armes, avec commandement à ceux qui les recevroient, de les rembourser.

Presentement dans l'un de ces greniers il y a de quoi armer trois cens hommes ; & de plus, quelques grenades qui leur auroient bien servi en 1652 ; car enfin faute d'en avoir, le Maréchal de l'Hopital, Gouverneur de Paris, le Prevôt des Marchands, les Echevins, & quantité de gens d'honneur, l'échaperent belle ; & de fait, il y en eut d'entre eux de massacrés, d'autres blessés, & la plupart pillés.

Presentement pour leurs munitions de guerre, ils ont un autre Arsenal nommé le petit Arsenal, pour le distinguer de celui du Roi, appellé l'Arsenal, comme par excellence. Quelques maisons qui regnent le long de la rue du Parc-royal, & de celle de la Couture-Ste-Catherine, qu'on ne laisse pas de louer à des particuliers, en composent la principale partie. Il consiste sur tout en une grande cour située à la rue Païenne, & bordée d'un long appenti : là sont gardées vingt-deux pieces de canon, & quatre douzaines de boëtes, dont on ne se sert que pour les feux de joie, & pour les rejouïssances publiques.

Sous François I, l'Arsenal de la Ville étoit derriere les Celestins, où se trouvoient deux granges, un logis pour le Garde de l'Artillerie, avec la plupart des édifices & autres commodités necessaires, & ne s'appelloit point autrement que Granges de l'Artillerie de la Ville.

Or comme en 1533, le Roi voulant fondre du canon, donna charge, tant au Controlleur qu'à un des Commissaires d'Artillerie, d'emprunter de la Ville une de ces granges : le Prevôt des Marchands qui vit bien où cela tendoit, & qu'enfin il en arriveroit ce qu'on a vû depuis, tacha par des excuses specieuses à éluder le coup ; & bien que là-dessus Villeroi, Secretaire d'Etat, fut dépeché exprès avec des Lettres de créance, pour assurer la Ville que, cette fonte achevée, la grange seroit rendue aussi-tôt, le Roi cependant n'en put obtenir que la moitié ; & encore à la charge non seulement d'y reserver de la place pour les munitions de la Ville, mais encore que la Lettre de créance demeureroit au Greffe. Quoique ce prêt fût fait de très-mauvaise grace, le Roi ne laissa pas d'en remercier la Ville de bon cœur ; mais afin d'avancer sa fonte, & même avec plus de commodité & moins de frais, & que le Commissaire de l'Artillerie qui conduisoit l'entreprise, fût logé près de là, il pria bien affectueusement le Prevôt & les Echevins de lui prêter encore l'autre grange : & pour ôter tout pretexte d'excuse, il promit de leur rendre le tout, & cependant qu'il feroit transporter en lieu sûr leur Artillerie & leurs munitions, joint qu'il les assura qu'on alloit bâtir un Arsenal près du Louvre pour lui, & que les ordres en étoient déja donnés.

J'ai affecté ici de rapporter ce procedé, & les propres termes de François I, afin de faire voir comment nos Rois se comportoient alors avec leurs Sujets : que si j'ajoute qu'il leur fit écrire la même chose par le Connétable, & le grand Maître de l'Artillerie, c'est pour donner lieu d'examiner si ce fut ceci qui donna occasion de ne plus tant se fier aux paroles de ce Prince. Enfin cette derniere demande allarma si fort tout le Corps de Ville, nonobstant toutes ces assurances, que dans l'assemblée extraordinaire tenue exprès, il fut arrêté qu'on remontreroit au Roi le grand besoin que la Ville avoit des lieux qu'il demandoit : que neanmoins, si c'étoit une chose que absolument il eut resolue, il lui falloit deferer ; mais à la charge qu'il rendroit le tout aussi-tôt que la fonte seroit finie.

Le Roi temoigna se rendre à ces remontrances, mais plus en apparence qu'en effet ; car en 1547, le Prevôt des Marchands & les Echevins, ayant été deputés pour plusieurs affaires vers Henri II, qui pour lors étoit à St Germain, le Connétable leur dit de la part du Roi, que Sa Majesté vouloit faire travailler à de grands fourneaux, & pour cela qu'il lui falloit la grange qui étoit au bout de l'Artillerie, & ainsi qu'ils avisassent ce qu'ils vouloient pour leur dedommagement.

DE LA VILLE DE PARIS. Liv. VII.

Cette parole affés abfolue fit qu'ils obéirent fans rien dire: ainfi depuis ils n'ont pû rentrer dans leurs granges; car non feulement Henri II, mais fes enfans & leurs fuccefleurs, les ont toujours retenues; fi bien qu'aujourd'hui c'eft l'Arfenal du Roi, & le feul qu'il ait à Paris. De favoir fi la Ville en a été recompenfée fuivant la parole du Connétable, cela ne paroît point; mais tout au contraire il paroît qu'on lui fit payer le prix & l'amortiflement de trois places de l'Hotel de la Reine, qui faifoit partie de l'Hotel Royal de St Paul, fitué derriere l'Eglife du même nom, entre la riviere & la rue St Antoine, quoique le Roi, qui en étoit le proprietaire les fît vendre; & de plus, que la Ville ne les achetât de lui, qu'afin de rétablir fon Arfenal qu'il venoit de lui prendre.

A la verité, en 1576, Henri III ordonna aux Treforiers de France de faire vifiter, tant par fes Maîtres des œuvres que par ceux de la Ville, une place de fon Hotel des Tournelles, de la valeur de l'Arfenal de la Ville, ou des granges de l'Artillerie, mais cette vifite n'aboutit à rien.

Dans ce tems-là même, la Ville ayant eu avis de fon Controlleur d'Artillerie, que ces trois places de l'Hotel de la Reine ne fuffifoient pas pour un Arfenal, à moins que d'y faire quantité de reparations, & de plus d'y joindre quelques lieux voifins, là-deflus on regarda où il pourroit être transferé. Et enfin de plufieurs endroits qui furent propofés, on n'en trouva point qui vint mieux que le petit Arfenal dont j'ai fait la defcription; il fut donc choifi vers l'an 1550, ou 1551: & quoique maintenant il fe trouve dans un quartier fort peuplé, pour lors ce n'étoient que des places vagues de la Couture-Ste-Catherine, qu'on a amorties avec le tems.

Au refte, fi le Pere du Beuil a raifon de dire qu'en 1603 l'ancien Arfenal de la Ville fut loué quatre cens livres pour 50 ans, il faut que ce foit celui de l'Hotel de la Reine, où il avoit été quelque tems.

C'eft là tout ce que je fais des Arfenaux de la Ville, & tous les lieux que j'ai pu découvrir, où elle a tenu des armes, & des munitions de guerre.

Voyons ceux où nos Rois en ont mis, & où ils ont eu leurs Arfenaux.

ARSENAUX DE NOS ROIS.

EN 1382, 1413 & 1416, les Parifiens par ordre de Charles VI porterent leurs armes au Louvre, au Palais, & à la Baftille: & par fon ordre encore, tout de nouveau en 1416, les Confeillers du Parlement, autant ceux d'Eglife que les autres, & avec eux les Avocats, les Procureurs & les Clercs fe rendirent à St Martin des Champs le quatre Septembre, afin de voir comment ils étoient armés; le Greffier qui étoit du nombre, a laiffé par écrit dans fes regiftres, qu'il fut obligé d'en faire aurant, quoique Prêtre, & de prendre auffi les armes, ce qui lui coûta quarante francs, fomme très-confiderable en ce tems-là, ainfi que j'ai fait voir déja tant de fois, & comme il paroît par la plainte qu'il en fait.

Que fi cet ordre du Roi ne tire point à confequence pour faire croire qu'il eût là un Arfenal, au moins nous donne-t-il à connoître, qu'après avoir ôté par trois fois aux Parifiens leurs armes, il fut reduit à les leur faire reprendre, & à leur rendre leurs chaînes.

LA TOUR DE BILLI.

CE Prince au reste, ainsi que ses Predecesseurs, & les autres Rois, qui vinrent après lui, avoient à la Tour de Billi des munitions de guerre. C'étoit une grosse tour, placée sur le bord de la Seine, hors de la Ville, derriere les Celestins, qui en 1424 étoit entourée d'un boulevart, & de fossés larges de sept toises; mais enfin le dix-neuf Juillet le feu ayant pris aux poudres, la fit si bien sauter, qu'il ne resta que la marque de sa place, tant le lieu fut applani.

En 1465 le feu par hazard se prit encore à huit pieces d'artillerie qu'on gardoit à la porte du Temple.

En 1503, tant à la Bastille, qu'à l'Hotel de la Reine, de compte fait, il se trouva cinq mille bonnes pieces: deux mille, outre cela, dont le fer étoit bon, & le bois mauvais, mille soixante qui ne valoient rien, & de plus deux cens cinquante bons bois, & sept vingts bons fers.

LA TOUR DU TEMPLE.

LONG-TEMS auparavant aussi-bien que depuis, nos Rois ont tenu leurs munitions de guerre dans la grosse tour du Temple, & dans la Tournelle: & enfin en 1569 la Ville commanda au Chevalier du guet, & au Capitaine Grignon, de faire si bonne garde à toutes les deux, qu'il n'en arrivât point de faute.

A l'Hotel d'Anjou, nommé depuis l'Hotel de Longueville, & ruiné depuis peu, à cause de la face du Louvre, Henri III après avoir été élu Roi de Pologne, fit porter des armes pour armer six mille Gascons qu'il vouloit mener avec lui sous la conduite de Du Guast, son favori.

Enfin quelques Officiers d'artillerie en 1478, essayant une grosse bombarde de cinq cens livres de balle, que Jean Maugue, fondeur, avoit faite à Tours, la premiere fois elle porta jusqu'aux environs de Charenton; la seconde ayant tiré à l'improviste, outre quinze ou seize personnes qu'elle blessa, elle tua le fondeur lui-même, & quatorze ou quinze autres avec lui, dont on vit voller de tous côtés les bras, les jambes, & les têtes.

La chronique scandaleuse qui rapporte ceci, ajoute qu'on recueillit du mieux qu'on pût les debris du corps de Maugue, & qu'il fut crié par les quarrefours: *Priés pour l'ame de Jean Maugue, qui nouvellement est allé de vie à trepas entre le Ciel & la terre, au service du Roi notre Sire.*

De ce cri pour les morts, nous apprenons une coûtume abolie depuis long-tems, & de plus par un autre cri aussi ridicule qu'on fit encore à Paris la même année, lors qu'on apporta le corps de Laurent Garnier, qui avoit été condamné au suplice; le voici: *Bonnes gens dites vos patenostes pour l'ame de feu Laurent Garnier, en son vivant demeurant à Provins, qu'on a nouvellement trouvé mort sous un chesne, dites-en vos patenostes que Dieu bonne merci lui fasse.*

AUTRES ARSENAUX DU ROI.

POUR venir maintenant aux veritables Arsenaux de nos Rois, il y en avoit un au Jardin de l'Hotel Royal de Saint Pol qu'on appelloit en 1398 la Maison de la Forge de l'Artillerie.

Dans le même Palais en 1512, le long de la ruë du petit-Musce, ou des Celestins, se voyoient deux Combles qu'on ne nommoit point autrement que *l'Armeurie du Roi*, & dans le grand corps de l'Hotel, ainsi qu'en parlent les Regîtres des œuvres Royaux, étoient les meubles à faire les poudres à canon.

Dans le Louvre à commencer depuis Philippe Auguste jusqu'à Henri III, nos Rois ont eu un Arsenal plus complet.

Jean de Lorris, lorsqu'il fait la description de ce Château dans son Roman de la Rose, sous le nom du Palais de la Jalousie, parle ainsi d'une partie des Armes qui composoient cet Arsenal.

> *Dedans le Chaftel ont perrieres*
> *Et Engin de maintes manieres*
> *Vous peuffiez lors mangoniaux*
> *Veoir pardeffus les carniaux*
> *Et aux archieres tout en tour*
> *Sont les arbaleftes à tour.*

Les comptes du Domaine du treize, du quatorze & du quinziéme siécle sont pleins des noms & des pensions de ceux qui en avoient la direction. Les principaux & peut-être les seuls, s'appelloient *Artilleur* ou *Canonnier*, *Maistre des petits engins*, *Garde & Maistre de l'Artillerie*.

Les Memoriaux de la Chambre des Comptes cottés F. & H. portent que Jean de Soify, Ecuyèr, fut crée Maître des Artilleries de ce Château en 1397, par des Lettres de Charles VI du vingt deuxiéme Fevrier.

De plus, qu'un autre Ecuyer, nommé Colin de Mateville fut fait en 1415 Grand Maître, Garde & Visiteur de l'Artillerie du Roi au Louvre, à la place de Mathieu de Beauvais, par des Lettres du quatriéme Mars.

Dans les comptes des Baillis de France rendus à la Chambre en 1295, il est fait mention des arbalestres, des nerfs, & des cuirs de bœuf, du bois, du charbon, & autres menues necessités de l'Artillerie du Louvre.

Le continuateur de Nangis, & le quatre-vingt-neuviéme Regître du Tresor des Chartes, nous apprennent que lorsque les Parisiens se saisirent du Louvre en 1358, ils y trouverent quantité de canons, de gairots, d'arbalestres à tour & autres engins & artillerie de toutes façons.

En 1391, la troisiéme chambre de la grosse tour du Louvre étoit pleine d'armes, mais qu'on ôta de là pour y mettre des Livres à ce que témoignent les Regîtres des œuvres Royaux de la Chambre des Comptes, & qui font foi encore qu'en 1392 cette basse-cour appellée la basse-cour du côté de Saint Thomas du Louvre, servoit d'Arsenal. De plus, le Maître de l'artillerie logeoit dans une maison accompagnée de jardins & d'étuves, qu'on nommoit les étuves, le jardin & la maison du Maître de l'artillerie, longue de quatorze toises sur quatre & demie de largeur : & ces deux maisons d'une part tenoient à un âtelier, où l'on écochoit les fleches, & viretons ; de l'autre à une chambre pour les empenneresses qui empènneront les sajettes & viretons ; & d'une autre part encore à l'Hotel des garnisons de l'artillerie. Enfin, dans cette même Cour ou Arsenal se voyoit placée ailleurs, que les mêmes Regîtres pourtant ne marquent point, une armoire de cinq toises de longueur ; haute de sept pieds, & profonde de deux & demi, toute pleine de cottés de mailles plates, de bacines, de haches, d'épées, de fers de lances, d'archegayes & de plusieurs sortes d'armes & d'armures pour la garnison du Louvre.

Les mêmes Regîtres des œuvres Royaux ajoutent qu'il y avoit outre cela deux autres corps de logis servans à l'artillerie du Roi; que le premier qui n'étoit que d'un étage fut démoli en 1430, mais que l'autre subsistoit encore en 1487, & s'appelloit l'Ouvroër de l'artillerie. Enfin en 1512 il s'y trouvoit une halle où se faisoit la poudre & l'artillerie; avec cela un pavillon de sept toises en quarré, couvert d'un comble en croupe, qui s'appelloit le pavillon de la Fonderie, parce que c'étoit-là qu'on fondoit le canon, & les autres instrumens de guerre.

Nous apprenons du Livre intitulé l'Auditeur des Comptes qu'en 1411, 1415, 1420 & 1432, la Chambre commit des Auditeurs pour faire l'inventaire tant de l'artillerie que des meubles de l'Hotel de l'artillerie de la basse-cour du Louvre.

Non seulement la Chronique scandaleuse & le Journal de François I, mais encore les Ordonnances de Louis XII & de Charles IX, font voir qu'en 1470 on conduisoit au Louvre toutes les belles pieces d'artillerie que Louis XI tenoit à Tours: ses caves, ses salles basses, la plûpart des chambres & son principal corps de logis, étoient pleins en 1506 de canons, de poudre, de salpètre, de soufre, de charbon, & autres munitions de guerre.

En 1523 François I y fit amener d'Orleans vingt-cinq grosses pieces de canon avec quantité de charrettes pleines de poudre & de boulets, pour les conduire en Picardie contre les Anglois & les Bourguignons. En un mot jusqu'à François I qui commença à se servir de l'Arsenal de la Ville, nos Rois ont eu leur principal Arsenal dans le Château du Louvre, & même jusqu'à Charles IX, qui transporta en 1572 à l'Arsenal d'aujourd'hui le siége du Bailli de l'artillerie, la Jurisdiction ou le Baillage de l'Arsenal y a toujours été.

L'ARSENAL D'AUJOURD'HUI.

HENRI II, de la façon que j'ai dit, s'étant emparé des granges de l'Hotel de Ville qui étoient leur Arsenal, il les accompagna de logis tant pour les Officiers que pour les Ouvriers de l'artillerie; outre cela de fourneaux, de moulins à poudre, de deux grandes halles, l'une pour fondre & loger le canon & les autres instrumens de guerre; l'autre pour les mettre à couvert: bâtimens de si peu de durée cependant, pour la plûpart, qu'en 1562 le feu ayant pris par accident le vingt-huit Janvier à quinze ou vingt milliers de poudre, de sept moulins qu'il y avoit, quatre furent abatus, le reste endommagé, les granges & les halles entierement ruinées, & pour ce qui regarde les personnes il y en eut trente de blessés & trente-deux en moururent avec seize ou dix-huit chevaux, la plûpart en l'air, tous par pieces & par morceaux: les vitres & les fenêtres des Celestins en eurent leur part, & même celles de Saint Paul qui est si éloigné de là. Quant aux maisons des environs les unes furent ruinées de fond en comble, les autres à demi, d'autres découvertes; cependant une chose tout-à-fait surprenante est que dans un si grand ravage le feu épargna le soufre.

Charles IX sur ces ruines éleva de grands bâtimens; Henri III y en ajoûta encore d'autres: Et enfin, Henri IV & Louis XIII, qui ont presque tout renouvellé, outre la magnificence, ont encore accompagné cet Arsenal de toutes les commodités d'une Maison Royale.

Louis XIII, non content de ceci, a entrepris tout de nouveau de l'autre côté de la riviere, & presque vis-à-vis, dans une plate campagne, un grand édifice appelé d'abord le petit Arsenal où se faisoit le salpètre, mais qui bientôt après prit le nom de la Salpètriere, qu'il retient encore, quoique ce lieu presentement appartienne à l'Hopital Général qui s'y est établi, &

même que le Roi auſſi-bien que le Parlement ayent ordonné qu'il prendroit celui de la Maiſon de Saint Denys.

L'Arſenal au reſte conſiſte entre autres, en grand & petit Arſenal Dans le petit ſont les Charrons, les Serruriers & Artiſans ſemblables avec les Officiers qui doivent avoir l'œil ſur eux, & conduire leurs Ouvrages. Dans l'autre ſe fondent les canons, les coulevrines, les boëtes & autres pieces d'artillerie. Le Grand-Maître y loge, & les principaux Officiers dans un Palais dont les appartemens ſont magnifiques & tous élevés le long du Mail & de la Seine, & de cinq cours rangées les unes après les autres, & fort ſpacieuſes : Palais enfin qui paſſe pour un des plus grands & des plus ſuperbes de Paris.

Dans l'un & dans l'autre de ces Arſenaux, ſe trouvent des halles pour le canon; & de plus, des magaſins & des greniers tant pour les armes que pour toutes ſortes de munitions : & bien qu'entre-deux une partie du Couvent des Celeſtins ſe rencontre, ils ne laiſſent pas neanmoins de ſe tenir par le moyen d'un grand jardin bien entretenu, qui jouit d'une vûe admirable. Ils ſont ſitués entre la Riviere & la Baſtille, autrement dite la Citadelle de Paris, s'il eſt vrai que celui qui l'a ainſi nommée quelque part, ait raiſon; & tous deux, ſont couverts d'un ravelin, d'une courtine prodigieuſement longue, & de deux grands baſtions, le tout de pierre bien rempâté, & garni de foſſés à fonds de cuve d'une exceſſive largeur

Entre pluſieurs bâtimens qu'y fit faire Henri IV, on compte des magaſins, une halle, une fonderie, & même un theatre pour les bals, les balets & les comedies. Son parterre étoit environné de loges arrondies en demi circonference, avec des eſcaliers pour y monter, les uns dérobés, les autres ſpacieux & tous commodes. Le grand lieu qu'il occupoit eſt encore ſur pied, mais converti en un logement des plus magnifiques du Royaume.

En vain ai je cherché la fonderie, & peut être ne ſaurions-nous pas qu'il en fit faire une, ſi on ne liſoit dans Vaſari, & dans les Mémoires du Duc de Sully, que Bunel le plus excellent Peintre François de ſon tems y avoit peint à freſque Vulcain forgeant des armes avec ſes Cyclopes, & que ce Prince y a fait fondre une infinité de pieces d'artillerie. La halle ſubſiſte encore entre la Baſtille & le petit Arſenal. Outre qu'on y peut mettre à couvert beaucoup de canons & de coulevrines, elle porte un grand magaſin partagé en trois longues allées ou galleries que le Duc de Sully avoit remplies de piques, de biſcayes, de mouſquets façon de Mers & de corcelets faits à Milan ſur les modeles qu'il y envoya. Magaſin au reſte qu'on faiſoit voir aux étrangers comme bien fourni d'armes, non ſeulement de toutes manieres, mais bien propres, & bien travaillées. Faute d'avoir vû les autres magaſins je n'en puis dire autre choſe ſinon qu'ils étoient bien garnis de cuiraſſes, de mouſquets, d'arquebuſes, & de munitions de guerre; & enfin que ce grand Prince avoit amaſſé tant d'armes, de canons, de munitions & de machines dans ces deux Arſenaux; mais bien plus, tant d'or & d'argent dans la Baſtille qu'il ſe vantoit d'avoir de quoi mettre ſur pied, & payer trois ans une armée de cinquante mille hommes.

Après avoir parlé des Arſenaux il ſeroit neceſſaire de faire ici un diſcours ſur la poudre & le ſalpêtre ; mais comme il faudroit entrer dans un trop grand détail, je me contenterai de dire qu'il y a vingt-huit départemens où ſe fabriquent les ſalpêtres, huit grandes Rafineries & neuf petites, tous diſtribués dans le Royaume, qui ſont obligés de fournir telle quantité de poudre au Grand-Maître d'Artillerie, qu'il juge neceſſaire ſelon le beſoin de l'Etat.

Il n'eſt pas permis de fabriquer du ſalpêtre ſans la permiſſion de M. le Grand-Maître de l'Artillerie. Au commencement du Bail le Grand-Maître délivre une commiſſion generale à une des Cautions du Bail en pluſieurs commiſſions particulieres à des ſalpêtriers, les noms en blanc pour être remplies par le Commiſſaire General, lequel a inſpection ſur eux, & le pouvoir de les revoquer, lorſque ceux qui ſont pourvûs en abuſent & fourniſſent de mauvais ſalpêtre.

L'on prend pour les magaſins du Roi du ſalpêtre au lieu de poudre parce que n'y ayant pas de conſommation, le ſalpêtre ſe conſerve mieux, & qu'il n'eſt pas ſi ſuſceptible des mêmes accidens de feu que la poudre. De plus tous les magaſins ſont bons pour le reſſerrer, & auſſi-tôt qu'on aura beſoin de poudre il ſera facilement converti.

Aucun marchand revendeur ne pourra vendre de la poudre ou du plomb à tirer qu'en vertu d'une commiſſion ſignée du Traitant, parce qu'il a par ſon Bail un Privilege excluſif de les faire fabriquer & de les vendre.

Je dirai ſeulement que la poudre eſt compoſée de ſalpêtre, de ſoufre & de charbon, ſçavoir, trois quarts de ſalpêtre, & l'autre quart eſt partagé également entre le ſoufre & le charbon; en ſorte que pour faire cent livres de poudre il faut en ſalpêtre ſoixante & quinze livres, en ſoufre douze livres & demie & autant de charbon.

Le ſalpêtre ſe fabrique dans le Royaume dans les départemens.

Le ſoufre ſe tire d'Italie par des marchands de Marſeille qui en font leur principal commerce. On eſt obligé d'y donner un rafinage.

Et le charbon ſe fait d'un bois propre à cet uſage qui s'appelle Bourdaine.

J'aurois donné ici la fabrique du ſalpêtre, le raffinage du ſalpêtre, celui du ſoufre & de la pratique du charbon, ſi je ne dégenerois pas en Chimiſte ou en Operateur.

HISTOIRE
ET
RECHERCHES
DES
ANTIQUITÉS
DE LA VILLE
DE
PARIS.
LIVRE HUITIÉME.

MONUMENS ANTIQUES ET MODERNES
de Paris.

DANS l'ancien Paris auſſi-bien que dans le nouveau, je puis dire que j'ai déterré des Monumens de toutes les ſortes: Mais avant que d'en parler, il eſt à propos que je m'explique touchant ce mot de Monument, & qu'on ſache la ſignification que je lui donne.

Si par Monumens antiques on entend des Edifices entrepris par les Romains, je n'ai découvert que des débris informes d'un aqueduc & de bains; car bien qu'Ammian Marcellin rapporte que l'Empereur Julien avoit un Palais à Paris, & que de ſon tems il s'y voyoit une Place; touchant la Place, & pour ce qui eſt du Palais, je n'ai autres preuves que des conjectures: Mais ſi ſous ce mot de Monument on ne fait aucune difficulté de comprendre,

Des Mausolées.
Des Medailles antiques.
Des Statues érigées à l'honneur de nos Rois.
Des Croix.
Des Places faites sur des maisons abatues par infamie & d'autres.
Des Bibliotheques.
Des Tours.
Des Eglises.
Des Palais.
Des Bâtimens magnifiques.
Des Statues, bas-Reliefs & Tableaux.

Si, dis je, sous le nom de Monument, on ne trouve pas mauvais que je traite de toutes ces choses là, je ferai voir qu'il y en a beaucoup plus à Paris que l'on ne pense, & même en telle quantité que, de peur d'être trop long, je ne ferai mention que d'une petite partie.

Quant aux Mausolées il s'en trouve des Romains & de nos premiers Rois, venerables par leur antiquité. Il s'en trouve de nos derniers Princes, & de quelques Grands du Royaume, recommandables par leur structure & par leur magnificence.

A l'égard des Médailles nous en avons qui ont été tirées de terre en divers endroits de Paris; les autres se sont conservées dans les cabinets des Curieux.

Pour des Statues, il y en a d'érigées à l'honneur de nos Rois.

De sorte que j'ose avancer qu'à la reserve de Venise qui se vante avec sujet d'avoir une multitude presque innombrable de Tableaux faits comme en concurrence par les meilleurs peintres de la Lombardie, & encore excepté Rome qui se glorifie non sans raison de ses peintures à fresque de Raphaël & de Michel-Ange, de ses Bustes & de ses Statues antiques, de son Colisée, de la Rotonde & de quelques restes informes de Palais, de Temples, de Cirques, de Thermes, sans oublier les Mausolées d'Auguste, de Trajan, d'Adrien & d'Antonin, on compte dans Paris plus de Palais qu'en tout le reste de la terre; & ces Palais-là bien loin d'être dénués de meubles, de lambris, de plafonds peints & dorés comme ceux d'Italie & des autres Nations, ils en sont enrichis de toutes parts. Le Roi seul a assemblé depuis peu plus de bons tableaux & en plus grand nombre que Venise & peut-être que Rome.

Il y a dans Paris plus de Bibliotheques, de Livres, de Medailles, de superbes Mausolées que dans toute l'Europe: hormis Saint Pierre de Rome, les Eglises du Val-de-Grace, de Sainte Marie, de Port Royal, des Jesuites du Noviciat, passent en beauté & en ordonnance toutes celles de l'Univers.

BATIMENS ROMAINS.

NOUS avons les restes de trois Bâtimens antiques entrepris par les Romains, & que j'ai vûs: les deux premiers à Montmartre qui passent pour des ruines de Temples, l'un de Mars & l'autre de Mercure.

A l'égard du troisiéme, ce qui en reste est entre les rues du Foin, de la Harpe & des Mathurins, que jusqu'à present on a pris pour des Bains ou Thermes; mais que je prendrois plutôt pour les Bains de l'Empereur Julien dont Marcellin fait mention. Car quant aux autres restes de Thermes qui se trouvent en divers endroits, ils sont tellement ruinés qu'on n'en peut lever le plan: au reste bastis de briques, de ciment & de petites pierres, ainsi que les édifices de fabrique Romaine. Or comme les débris de celui ci sont beaucoup plus entiers, aussi tâcherai-je d'en dire davantage que des autres.

Et de fait il en reste deux salles dont l'une n'est pas moins longue ni large que celle des Thermes & des Palais des Empereurs Romains, & toutes deux ont tant de hauteur, qu'elles s'élevent jusqu'au comble des maisons voisines, de même que les Thermes Antonines. Elles sont rehaussées sur de petites voutes; & contre l'ordinaire des Bâtimens antiques, ces voutes sont portées sur des assises de petites pierres taillées proprement & si bien jointes qu'à peine en apperçoit-on les jointures. Ainsi qu'aux Palais & aux Thermes des Empereurs il y venoit de l'eau par un aqueduc, dont j'ai vû des arcades, des piles & des restes entre Paris, Arcueil & Louan, Villages l'un à deux, l'autre à trois lieues de Paris: & enfin cet aqueduc, soit pour l'ordonnance, soit pour la fabrique, ressemble entierement à ceux des Palais de l'ancienne Rome

Ce Palais ici au reste aussi bien que l'aqueduc sont bâtis avec tant de solidité, que sur leurs voutes on a fait un jardin depuis plusieurs années.

J'ai appris des voisins qu'ils ont trouvé dans leurs caves des ruines toutes semblables; mais je n'ai pas besoin de leur témoignage pour croire que ce Palais étoit fort spacieux. Outre toutes les apparences qu'il y a que nos premiers Rois y ont demeuré, & que pour cette raison quelques Auteurs & même quelques titres anciens le nomment le vieux Palais, & le Palais des Thermes, je me fonde encore sur ce que c'est le seul Ouvrage Romain dont nous ayons des marques. Ajoûtés à cela que puisqu'il ressemble aux Palais des Empereurs, ce pourroit bien être celui dont parle Marcellin, & que Jean Hautetille Poëte du tems de Philippe Auguste & fort fleuri décrit avec tant d'exageration sous le nom de Palais de nos Rois, jusqu'à dire que ces fondemens touchoient aux enfers & ses voutes aux nuës; que les salles étoient enrichies de peintures & de superbes colomnes; que de toutes parts on ne voyoit que marbre & que pierreries; & qu'il étoit tout environné de logis bâtis magnifiquement.

Je ne parlerai point ici du petit Châtelet, parce qu'il est certain que les Empereurs Romains n'y ont jamais demeuré, quoiqu'on tâche assés de le faire croire, & que c'est pour cela qu'on appelle encore une de ses chambres la chambre de Cesar. A côté de son entrée est une grille de fer nommée le treillis de Cesar où est écrit au-dessus en lettres dorées & Gothiques: *Hic tributum Cæsari*.

MAUSOLE'ES DES ROMAINS.

ON ne peut pas douter que les Romains n'ayent eû des Sepultures hors de Paris en divers endroits, & même de beaux Mausolées; ce que nous font assés voir les Tombeaux qu'on a découverts de nos jours & dans le siécle passé.

Vivès sur Saint Augustin rapporte qu'à Paris de son tems dans une maison fut rencontré certain caveau éclairé d'une lampe, qui vint à s'éteindre sitôt que l'air y entra.

On en dit autant du Tombeau de Tullia fille de Ciceron, de celui de Camille ce fameux Dictateur tout nouvellement déterré à Fresсatі, & même de la plûpart de ceux qui ont été trouvés; ce qui n'arrive point qu'en même tems on ne regrette la perte de cette admirable secret de lampes inextinguibles, & du feu éternel.

Corroset Auteur & Libraire tout ensemble du siécle passé, témoigne encore la même chose, & que de son vivant en pavant une rue devant Saint Victor, on découvrit des coffres faits de briques, de ciment & de petites pierres où il y avoit de la cendre.

De nos jours cinq ou six autres ont été déterrés dans Scipion, Hopital du Fauxbourg Saint Marceau, & plusieurs encore à Chailliot dans les fondations de la Maison de Plaisance du Maréchal de Bassompiere où sont maintenant les filles Sainte Marie.

Il y a quelque vingt ans qu'au Marché aux Chevaux du Fauxbourg Saint Victor, on en trouva aussi quantité avec des inscriptions Grecques que je n'ai pû recouvrer, & même des corps extraordinairément grands qui à l'instant perdirent leur forme, & furent réduits en poudre.

Vers ce tems-là, derriere la Tribune ou le Chevet de Saint Etienne des Grès, dans les fondations du logis d'un Maître Maçon nommé Merchant, se rencontra encore une vingtaine de ces coffres où étoient des cendres, & dessous une boëte pleine de Medailles d'or & d'argent de Constantin, de Constans, & Constance, qui à l'heure même qu'elle sentit l'air, ne fut plus que de la poussiere.

J'ai sû depuis de Merchant même, qu'ayant prêté ces Medailles à une personne de grand merite & de grande qualité, celui-ci cependant en usa si mal, qu'abusant de sa civilité, & du peu de connoissance que des personnes de sa profession ont de ces choses là, aussi-tôt il les fit sabler, garda les originaux & ne lui en rendit que les copies. Or comme cela se fit, dit-on, à la priere d'un grand Prince fort curieux, & intelligent & non moins fameux alors par ses tours de jeune homme, dont depuis il s'est corrigé, le tout d'abord passa en raillerie; mais lorsqu'il sût qu'on en murmuroit, il ft donner cent écus au Maçon, quoique les Medailles valussent bien davantage.

Enfin en 1620, ou environ dans Sainte Geneviéve, on déterra à côté du Chœur, un coffre de marbre blanc cassé en plusieurs endroits, haut de deux pieds, large de trois & long de six & demi. Sur ce coffre au reste étoit sculpée la chasse de Meleagre. J'ai vû ce qui en reste dans la cour de cette Abbayie. On m'en a fait voir quantité de semblables en plusieurs Villes d'Italie, mais par tout mal dessinées, & mal travaillées. Peut être les Anciens figuroient-ils si souvent cette fable à l'entour de leur Sepulture, à cause de la mort s'y rencontrant avec le feu, cela convenoit assés bien à des gens qui brûloient les morts.

Paul Petau Conseiller de la Cour, & l'un des plus curieux de notre tems, a fait graver dans son Livre des Medailles deux grand coffres de pierre qu'on découvrit en 1612 à la rue de la Tixeranderie, vis-à-vis celle du Mouton. Dans ces coffres étoient deux grands Squelettes, dont l'un avoit au bras un brassal d'airain. De plus il s'y trouva un lacrymoire de verre, fait en flacon, une cuilliere de corne pour recevoir des larmes, de petits plats de terre sigilée ou rouge, des Medailles de Neron & de Magnentius, avec l'inscription suivante, que depuis on a scellée dans le gros mur du logis.

D. M. N.
PATTILIUS.
PARTHICI. F.

En 1658, proche de l'Institution des Prêtres de l'Oratoire au mois de Septembre, en fouillant sur le chemin de Montrouge à quatre pieds dans terre on trouva une tombe sans dessus dessous, longue de six pieds, large de deux & plus, & qui étoit de pierre. Un pied plus bas se rencontra aussi un corps qui sentant l'air se réduisit en poudre. Sur sa tombe étoit gravée en lettres majuscules Romaines, bien formées & compassées, l'Epitaphe suivante.

L. GAVILLIUS
CN. F.
PERPETUS
H. S. E.

DE LA VILLE DE PARIS. Liv. VIII.

En 1538, sur le bord de la Seine; assés près du lieu où depuis peu a été bâti le Collège des Quatre-Nations, onze caveaux furent trouvés sous terre & dans l'un d'eux, un homme armé de toutes pieces, qui d'abord qu'on le toucha devint de la poussiere.

En 1630, ou environ au Fauxbourg Saint Jaques, lorsqu'on travailloit à faire la fontaine du jardin des Carmelites, là furent déterrés quelques restes d'un Mausolée, entre autres un bas-relief de deux pieds de haut où étoit sculpé un Sacrificateur debout, & à ses pieds, un Taureau tout prêt à être immolé. Proche de là fut découvert encore un autre Tombeau où se voyoit gravé un Licteur haut de quatre pouces, vétu d'un pallium & d'un habit plissé aussi long que celui des Senateurs Romains. Dedans on trouva une fibule avec une boule & un cornet; le tout de bronze, mais bien travaillé. Dessus se lisoit en lettres majuscules & bien formées.

VIBIVS HERMES EX VOTO.

Les mêmes Carmelites depuis ayant compris dans leur clos une piece de terre du voisinage, & creusant là pour y faire une Chapelle, rencontrerent à quatorze pieds de rès de chaussée une cave, & dedans vers le milieu un homme à cheval, deux hommes derriere lui & un petit enfant, tous trois à pied & debout. Dans l'un des doits de la main gauche d'un de ces pietons étoit passé l'anneau d'une lampe de terre rouge qui ne brûloit plus, tout au contraire de celle dont j'ai parlé, mais qui ressembloit à un pied chaussé d'un brodequin, tout couvert de clouds, ou si l'on veut; à la *caliga clavata* des Soldats Romains. Il falloit que ce fût un joueur; car de la droite il tenoit une petite tasse en forme d'écuelle de terre encore, avec trois jettons dedans & trois dés d'ivoire gros comme la moitié du pouce & presque tous petrifiés, ainsi que les terres & les carrieres d'alentour. Le petit enfant servoit de la droite avec les doits une cueillier d'ivoire dont le manche étoit long d'un pied & sembloit la vouloir porter dans un grand vaisseau de terre proche de lui qu'on trouva plein d'une liqueur si odoriferante, qu'ayant été cassé par hazard, l'air en fut tout embaumé. Dans sa bouche aussi-bien que dans celle des autres figures, une Medaille de bronze de Faustine la mere & d'Antonin le Debonnaire, apparemment pour payer le naulage de Caron.

Je pourrois encore ici parler de quantité d'autres caveaux, de coffres, de squelettes & de têtes, ayant des Medailles à la bouche, qui auparavant & depuis ont été découvertes à Notre-Dame des Champs & aux environs: ce qui donneroit lieu de croire, vû le grand nombre qu'on a trouvé en ce quartier-là, que peut-être les Romains l'avoient choisi exprès pour leur servir de cimetière & y placer leurs Tombeaux, parce que c'étoit le grand chemin de Rome.

Quelle apparence y auroit-il d'oublier ici l'Agathe-onyce Orientale qu'on garde si précieusement au Tresor de la Sainte Chapelle, puisqu'on y voit gravé l'apotheose de Marcellus ou de Germanicus, lorsqu'on eut porté leurs cendres dans le Mausolée d'Auguste. Elle a quinze ou seize pouces de haut sur un pied de large; on y compte jusqu'à vingt-quatre figures antiques; & entre autres, il s'en remarque quelques-unes dont on n'a que des Medailles Grecques, Espagnoles, ou Barbares, & même certaines dont on n'en avoit aucune, & qui ne sont reconnoissables que parce qu'elles ressemblent aux Medailles du pere ou de la mere des personnes qu'elles representent. Au reste les plus excellens Lapidaires tiennent que jamais la Nature n'a produit d'Agathe-onyce Orientale d'une si prodigieuse grandeur. Les curieux les plus intelligens à l'égard des figures prétendent que c'est une assemblée des plus proches parens d'Auguste & de Germanicus, mais de plus une des merveilles de l'art, qu'on peut même opposer à tout ce que Rome a jamais fait de plus beau en ce genre-là, & dont elle se glorifie. Ainsi au jugement des uns & des autres; c'est un miracle de l'Art & de la Nature tout ensemble.

Tome II.   V v

Comme c'est des Empereurs de Constantinople que nos Rois ont eu l'Eponge & la Couronne d'Epine de Notre-Seigneur, aussi-bien que le Fer de la Lance dont on lui ouvrit le côté; on croit que cette Agathe leur fut donnée avec. Charles V en fit don à la Sainte Chapelle. Jusqu'en 1619 elle y a été exposée, & le peuple l'alloit baiser les bonnes Fêtes avec les Reliques des Saints sous le nom de Triomphe de Joseph en Egypte. Mais Peyresc cet homme si curieux, ayant reconnu que c'étoit une histoire Romaine & un Ouvrage de l'ancienne Rome, on la fit voir à tous les curieux. Rubens plus grand antiquitaire encore que grand Peintre, en ayant eu avis, partit aussi tôt d'Angleterre où il étoit, le peignit, le fit graver & y réussit à la façon des peintres qui donnent leur maniere à tout ce qu'ils copient. Après la mort de Peyresc, le savant Gassendi écrivant sa vie, ne manqua pas de remarquer que son ami croyoit que dans cette Agathe étoit figurée l'apotheose de Marcellus. A quelque tems de-là, qui fut en 1644, Tristan de Saint Amand soûtint que c'étoit celle d'Auguste, & comme alors il ne lui fut pas possible de revoir l'Agathe sur l'estampe de Rubens, il fit graver celle que nous voyons dans ses Commentaires historiques; mais en 1650, ayant recouvré des jets de plâtre & de carton que Peyresc avoit tirés sur l'original en 1619, lorsqu'on le voyoit sans difficulté; dans sa lettre contre Angeloni, il se retracte & avoue que c'est l'apotheose de Germanicus, & l'a toujours crû depuis, même après que par le moyen de l'Evêque de Coustance Tresorier de la Sainte Chapelle, je lui fis montrer l'Agathe qu'il n'avoit pû voir depuis 1619.

Je rapporterai ici simplement leurs avis sans vouloir en juger, ni faire comme le fils de Rubens, qui sans avoir jamais vû cette Agathe non plus que les jets, a bien osé en parler sur la taille douce de son pere dans une Dissertation Latine imprimée à Anvers en 1665.

Cette Agathe est ovale & montée dans un chassis; aux quatre coins de ce chassis sont peints les quatre Evangelistes avec leurs noms écrits en Grec. Le fond en est noir, les figures blanches & rehaussées en quelques endroits de jaune doré que la Nature avoit repandu çà & là sans discernement, mais que le Sculpteur a sû menager avec autant d'art que d'esprit. Vers le haut se voyent cinq figures, dans le milieu neuf, dix au bas, & à leurs pieds. Les cinq figures d'en haut representent l'apotheose qui est en question; celles du milieu la reception de Germanicus par Tibere lorsqu'il revint d'Allemagne; le reste diverses Nations domptées, ou comme veut le fils de Rubens, les Princes & les Princesses d'Allemagne qu'il mena en triomphe dont les noms se lisent dans Strabon.

De ces captifs les uns ont les mains garottées derriere le dos, les autres la tête ou penchée ou appuyée tristement sur leurs mains, la plûpart avec des boucliers & autres armes à leur mode, tous gémissans dans un si grand malheur. A l'égard des figures d'en haut, la même que Saint Amand prend pour Jupiter, Peyresc dit que c'est Auguste; dans une autre où Saint Amand reconnoît tous les traits d'Enée, Peyresc y trouve tous ceux de Rome, & le jeune Rubens, ceux d'Iulus fils d'Enée, de qui la famille Julia tiroit son origine; quelques autres encore qui aux yeux de Saint Amand passent pour Germanicus & pour Drusus son pere, le jeune Rubens prétend que c'est Jules Cesar, ou le pere même de Tibere ; Peyresc d'autre part soûtient que c'est Marcellus : & comme Peyresc passe sous silence la cinquiéme des figures d'en haut, il y a lieu de croire qu'il tient avec Saint Amand qu'elle represente le fils de Germanicus, ce beau petit Prince dont Auguste avoit la figure dans sa chambre & qu'il baisoit autant de fois qu'il venoit à entrer ou sortir. Au milieu Tibere est tout nud à la reserve des cuisses & d'une partie du ventre qui sont couverts d'une espece de tablier fait d'écailles pardessus, & où tout au tour rampent & roulent des serpens que Peyresc prend pour un Ægide contre le sentiment de Tristan. Il est assis entre Antonia mere de Germanicus & Livie femme d'Augufte, fa mere. Germanicus eſt debout devant eux fuivi d'Agripine fa femme & de fon fils Caligula. Derriere l'Empereur eſt Julie fa femme repudiée & Numerius Atticus, à ce que tient Saint Amand ; car Peyrefc n'eſt pas de cet avis-là , qui veut que cette Livie prétendue foit Liville femme de Germanicus, & l'autre Drufus fon mari, fils de Tibere, & non point Atticus. Liville au reſte eſt dans une chaife que portent deux Sphinx, fon mari a la tête & les bras levés au Ciel, & vers ces cinq figures que j'ai dit être placées au haut du Tableau. Touchant ces deux Princeſſes affifes à côté de l'Empereur, Peyrefc & Saint Amand ne s'accordent point enfemble : Peyrefc foûtient que c'eſt Livia qui eſt à la droite & Antonia à la gauche : Saint Amand foûtient tout le contraire. Pour ce qui eſt enfin d'une certaine figure appuyée fur fa main gauche & la tête baiſſée dont je n'ai point parlé, qu'on voit affife à terre au pied de la Princeſſe qui eſt à la droite de l'Empereur, le fils de Rubens la prend pour l'Armenie où Tibere envoya Germanicus , & Triſtan prétend que c'eſt un Efclave fimplement qui écrit ce que difent Germanicus & l'Empereur. Une chofe à remarquer eſt que dans tout ce Tableau il n'y a que cinq figures qui ayent la tête couronnée de lauriers ; favoir en haut celles de Drufus & de Marcellus ; & dans le milieu Antonia, Livia & Tibere. En haut Marcellus eſt monté fur Pegafe qu'un petit enfant aîlé & tout nud tient par le mords & l'ameine devant Jupiter. Jules Cefar ou un autre vient au-devant de lui.

Au milieu Drufus & Germanicus ont le cafque en tête, Caligula ainſi que fon pere a un bouclier, la Princeſſe affife à gauche de Tibere tient de la main droite trois pavots, Drufus fils de Tibere eſt entre elle & Liville ; en un mot l'ordonnance, les têtes, les figures, l'hiſtoire toute entiere ſont nobles, d'un grand goût & d'une grande maniere comme en parlent les Maîtres.

Ces mêmes Maîtres cependant touchant ces figures en remarquent quelques unes un peu feiches, & d'autres qui ne font pas affés finies pour un fiecle où les Arts ne pouvoient fouffrir le moindre défaut ; mais en même tems ils s'en prennent à l'Agathe qu'il eſt difficile de manier, pour être plus dure que le Diamant, & difent enfin que cette riche piece n'eſt pas feulement l'ouvrage de pluſieurs années, mais peut-être auſſi de pluſieurs mains.

A leur avis les captifs compoſent des groupes merveilleux ; l'un fe plaint avec tant de douleur, l'autre embraſſe fon enfant avec une fi grande tendreſſe, leurs actions font fi triſtes & fi naïves qu'on ne fauroit prefque rien voir de plus naturel.

Dans les figures de Tibere & des femmes il y a des parties pleines de correction & de nobleſſe, des airs de tête les plus nobles du monde, des têtes coëffées avec une propreté & un artifice prefque inimitable ; mais ce qui plaît fur tout eſt la figure équeſtre de Marcellus, la tête du Cavalier ne fauroit être plus achevée, ni celle du cheval plus fiere. On ne peut pas mieux voler que fait Marcellus, & les antiquaires affûrent qu'ils n'ont jamais rien vû d'antique où il fe trouve tout à la fois tant de portraits & tant de chofes dignes d'une très curieuſe obfervation. Par malheur cette rare piece eſt caſſée vers le milieu, & quoique les Lapidaires à cauſe de ce défaut en faſſent moins de cas, les antiquaires & les curieux ne l'eſtiment pas moins que fi elle étoit en fon entier à cauſe des divers portraits qu'elle contient, & que de quelques-uns, il ne reſte que des Medailles barbares, & des autres point, comme d'Enée, de Julia, de Livilla, du petit Caligula & de celui de fes freres qu'Auguſte aima fi tendrement ; mais je perds ici le tems en defcription, cela ne m'arrivera plus.

MAUSOLE'ES DE NOS PREMIERS ROIS.

DANS le Chœur de Sainte Geneviéve se voit le Mausolée du grand Clovis premier Roi Chrétien, & quoiqu'avec lui dans la même Eglise soient aussi enterrées & la Reine Clotilde sa femme, & leur fille Clotilde Reine des Wisigots, de plus, deux jeunes Princesses enfans du Roi d'Orleans fils du même Clovis massacrés par leurs propres oncles, leur sepulture neanmoins est si cachée qu'il ne s'en voit aucune marque. Bien davantage celui de Clovis même passe pour un ouvrage du dix ou du onziéme siécle.

A Saint Germain des Prés est le Mausolée de Childebert premier Roi de Paris & celui de la Reine Ultrogothe. Depuis, Chilperic I, Clotaire II, une partie de leurs femmes avec quelques-uns de leurs enfans, y ont été encore inhumés, & tout tant qu'ils sont, soit Princes, soit Princesses, chacun a son tombeau à part.

Ceux de Childebert & d'Ultrogothe, de Chilperic & de Fredegonde, de Clotaire II, & de Bertrude paroissent du même tems, & de la même maniere que les figures du portail de l'Eglise. A l'égard des autres qui bordent une partie du Chœur, ils ont été faits depuis peu : quant à celui de Fredegonde neanmoins parce qu'il ne ressemble en rien aux anciens, on doute s'il a été fait de son tems : A la verité ainsi que les Sepulchres anciens, il ne consiste qu'en une tombe de pierre, plus large à la tête qu'aux pieds ; mais au lieu que sur ceux-là gît une figure de ronde bosse, sur le Tombeau de Fredegonde la figure est plate & faite de petites pieces de marqueterie de toutes sortes de couleurs, épargnées dans la pierre & rapportées avec bien de la patience

Au lieu du Diadême ou bandeau Royal dont les Rois & les Reines se servoient alors, & semblable à celui des Monnoies de Clotaire I, & de Charibert Roi de Paris, la tête de Fredegonde, celle de Chilperic, de Childebert & de Clovis sont environnées d'une couronne.

De plus, au lieu d'avoir pour Sceptre une hache en main nommée Francisque, ou un Javelot, comme Gontran Roi d'Orleans & Childebert son neveu Roi de Mets, ou bien à la façon des Empereurs Romains, le Lituus redressé, ils tiennent un Sceptre semblable à celui des Rois du dix & du onziéme siécle, & presque à celui d'aprésent ; outre cela leur couronne, de même que leur sceptre, est terminée de fleurons fort grossiers qui ressemblent à la fleur d'un lis, telle qu'on la representoit au commencement, il y a 700 ans ou guere moins.

Pour faire voir au reste que ces Mausolées aussi-bien que leurs ornemens sont modernes, & cela sans aller chercher des autotités ni dans l'Histoire Romaine, ni dans la nôtre, je ne veux autre preuve que l'Escrin de Charlemagne tant vanté par les Antiquaires, & l'une des raretés du Tresor de Saint Denys ; car enfin il ne s'y voit ni fleuron ni couronne, mais simplement un diadême & un sceptre tels qu'on les faisoit en ce tems-là

Mais pour autoriser encore plus ce que je viens de dire, s'il est vrai que les quatre Tombeaux qu'on déterra à Saint Germain en 1643 & 1656, sont ceux de Chilperic & de Fredegonde d'une part, ainsi que veulent les Religieux avec le jeune Valois, & les deux derniers de Childeric II, & de Blitilde, comme on n'en sauroit presque douter, qui osera soûtenir après cela que les autres ne soient pas nouveaux ?

En 1643, le jour du Vendredi-Saint on découvrit dans le Cloître de l'Abbayie de Saint Germain deux coffres de pierre plus larges à la tête qu'aux pieds, tels que les précedens. Dans le premier il y avoit des ossemens d'homme, à ce qu'on dit, une lampe d'airain de la grosseur d'une noix & une croix de même de la hauteur d'une demi palme où étoit attaché Notre-Seigneur: Dans l'autre il n'y avoit que des oſſemens de femme comme il parut par les ſutures de la tête (car c'eſt de la ſorte qu'en parle le jeune Valois) tous deux étoient couverts d'une pierre. Sur la premiere par dehors étoit gravé en lettres majuſcules, gothiques & embaraſſées l'une dans l'autre. *Tempore nullo volo hinc tollantur oʒʒa Chilperici.* De l'autre côté il y avoit en lettres peintes. *Precor ego Hilpericus non aufferantur hinc oʒʒa mea.*

Je ne m'amuſerai pas à dire que les Religieux laiſſerent caſſer la pierre à un manœuvre; pour avertir le jeune Valois, que les Medecins & les Chirurgiens ſouhaiteroient fort qu'il leur enſeignât la difference qui ſe trouve entre les ſutures de la tête d'une femme, & celle d'un homme; car non ſeulement ils ne croyent pas qu'il y en ait, mais même ils le nient. D'ailleurs il ſemble que comme dans pas une de ces inſcriptions, on ne lit point le nom de Roi, qu'on n'obmet preſque jamais en pareille occaſion, il ſe pourroit faire que dans ce coffre avoit été mis le corps d'un homme appellé Chilperic, & non pas le Roi Chilperic en effet: Car quoique la façon de parler imperieuſe de la premiere inſcription ſoit fort notable à un Souverain, il eſt conſtant toutefois qu'elle ne l'eſt pas moins à un mort & à une perſonne mourante qui dit d'ordinaire, je veux, & ne parle preſque point qu'en commandant.

Pour venir aux deux autres Tombeaux, on apprend de CHILDR. REX. gravé au fonds du premier en lettres majuſcules que Childeric II y étoit enterré, & bien que dans le ſecond on ne trouvât que des reſtes de vêtemens rehauſſés d'or & d'argent avec un petit coffre deſſus, qui apparemment avoit ſervi à quelque petit enfant, & le tout ſans inſcription aucune: Neanmoins comme il étoit prêt du premier, & que la Reine Blitilde fut tuée avec ſa fille qui étoit toute jeune, il ſemble que ce ſoit leur tombeau à toutes deux. Quoi qu'il en ſoit, dans celui du Roi il y avoit quelques morceaux rouillés d'un poignard & d'un coutelas, une agrafe d'or qui peſoit environ une once & demie, de petites plaques d'argent où étoient repreſentées un ſerpent amphiſbenne ou à deux têtes, avec un grand flacon de verre plein d'une eau qui ſentoit bon; de plus un petit reſte de bandeau Royal d'or tiſſu qui paroiſſoit avoir été enrichi de pierres précieuſes, outre beaucoup d'autres choſes rares & de prix que les Maçons dérobèrent.

Quelques-uns pourroient ici m'entreprendre, & me demander pourquoi j'attribue plûtôt ces Tombeaux à Childeric II, & à la Reine Blitilde, qu'à Childeric I, & à Baſine ſa femme; mais ceux qui ſavent que Childeric I n'eſt jamais venu à Paris, & que Saint Germain des Prés a été fondé par Childebert ſon petit-fils, n'auront garde de me faire cette queſtion. De leur aller dire que Childeric I mourut à Tournai, je m'en donnerai bien de garde, quoique Chiflet l'ait voulu prouver dans ſon Anaſtaſe, & qu'à toute force il veuille le faire croire par le cachet, les medailles, les abeilles & autres pieces d'or qu'on découvrit à Tournai en 1653, & qui ſe voyent au Louvre dans le Cabinet du Roi, depuis que l'Empereur lui en a fait preſent; car nous ſavions avant le jeune Valois, que vers le tems qu'il mourut Ragachaire regnoit à Cambrai, & que Tournai qui eſt à quatre ou cinq lieues par-delà devoit apparemment faire partie de ſon Royaume; & de plus, je m'étois bien douté que puiſqu'on lit dans le cachet le nom du Roi Childeric, ce devoit être le cachet & le ſepulchre de Childeric Roi de Tournai & de Cambrai fils de Clodion Roi du Pays, & pére de Ragachaire. D'ailleurs le jeune Valois ſe doit reſſouvenir (car on ne l'accuſe pas de manquer de mémoire) que dès que j'eus lû l'Anaſtaſe, je lui dis, & à tous les Savans de Paris, que par les paſſages & les raiſons de Chiflet, je prouverois aiſément que l'Anaſtaſe de Childeric pouvoit être l'Anaſtaſe de tel grand Seigneur qu'on voudroit. Or comme le cachet eſt conſiderable par les diverſes & curieuſes obſervations qu'on pourroit faire deſſus, & que Bouteroue a faites avec bien de l'érudition, je renvoye le lecteur à ſon livre; mais parce que les mouches qui l'accompagnent, au lieu d'être rehauſſées d'émail, comme la plûpart croyent, le sont peut-être de verre d'antimoine, à ce que disent les Chimistes, il seroit à desirer que le Garde du Cabinet du Roi, voulût permettre d'en faire l'experience, afin de savoir si le verre d'Antimoine est un secret des siécles passés, ou si veritablement c'en est un du nôtre.

Peut-être devrois-je mettre ici les Mausolées des Rois, des Reines & des Grands enterrés à Saint Denys; entre autres ceux de Charles VIII, de Louis XII, de François I, & sur tout celui des Valois que le Cavalier Bernin a admiré, qui vouloit ne trouver rien de passable en France; ce que je n'aurois pas manqué de faire si quantité déja ne l'avoient fait.

Venons aux autres Tombeaux des Princes qui se voyent dans Paris tant aux Carmes de la Place Maubert, qu'aux Jacobins du grand Couvent, aux Cordeliers & aux Celestins, quoique je doute qu'ils en vaillent la peine, ainsi je n'ai que deux mots à en dire.

En effet ceux qui ne savent pas que nos Rois en des tems ont porté de la barbe, & en d'autres l'ont fait raser aussi bien que leurs cheveux, trouveront ridicule que je leur fasse remarquer qu'aux Celestins, Leon de Lusignan Roi d'Armenie, qui mourut en 1356, est representé sur son Mausolée avec un peu de barbe & une moustache; & tout de même aux Jacobins, Pierre premier, Duc de Bourbon, mort en 1393, a une petite barbe au menton, quoique Louis de Bourbon son pere & Robert de France son grand-pere n'en ayent point.

A la verité touchant leurs Couronnes, aussi-bien que de montrer comment elles étoient faites, c'est autre chose; car par-là au moins connoîtra-t-on mieux la vanité de notre siecle.

AUX GRANDS JACOBINS.

PHILIPPE Comte d'Artois n'a autour de la tête qu'une petite tresse ornée de fleurons, & même aussi petits que si c'étoit une broderie, mort en 1298.

Robert de France Seigneur de Bourbon fils de Saint Louis n'est couronné que d'un petit filet de fleurons bien menus, mort en 1318.

Louis son fils a une couronne une fois plus large & enrichie de fleurons une fois plus grands, mort en 1342.

Pierre son fils Duc de Bourbon, l'a fort large & fort relevée, mort en 1342.

Clemence Reine de France porte une Couronne à grands feuillages, morte en 1356.

Celle de Philippe Comte d'Evreux & Roi de Navarre, est à grands fleurons garnis de pierreries, mort en 1328.

Jeanne de France sa femme pour couronne n'a qu'une grosse bande à l'entour de la tête, morte en 1349.

Pour Marie d'Espagne veuve de Charles Comte d'Alençon, elle a une couronne, mais fort petite, & terminée de petits fleurons, morte en 1379.

AUX CELESTINS.

ANNE de Bourgogne Duchesse de Bethfort n'a qu'un chapeau de feuilles d'achante, orné de roses, de fleurs & de pierreries, morte en 1432.

Louis de France Duc d'Orleans, Valentine de Milan sa femme, Charles Duc d'Orleans leur fils aîné, tant à leurs Tombeaux qu'à leurs armoiries n'ont que des couronnes rehaussées de petites perles simplement.

Celle de Philippe Comte de Vertus leur second fils est toute unie, sans perles ni autres ornemens.

Cependant c'est un ouvrage du quinzieme siécle & de la pieté de Louis XII. envers son oncle, son pere, sa grand'mere, & son grand pere.

Ces couronnes là neanmoins toutes simples qu'elles sont, honorent les têtes les plus nobles & les plus fieres de l'Europe, maintenant des gens de fortune & de neant les dédaignent, & bien loin de souffrir celles de Baron, les couronnes de Marquis leur déplaisent si fort qu'ils les font ressembler à celles des Ducs.

AUTRES TOMBEAUX REMARQUABLES.

A LA Couture Sainte Catherine les Sergens d'Armes ou Archers de la Garde du Roi sont couchez sur leurs Tombeaux, les uns avec une arbalête entre les jambes, les autres avec une arbalête & une hache d'arme.

Le Chancelier d'Orgemont y est representé armé, & l'épée au côté; & tout de même à Saint Estienne des Grès, un Conseiller de la Cour nommé la Neufville mort en 1380; ou de plus sur une Tombe se voit là une Croix sans bras, qu'on prend pour une de celles à qui Saint Louis les fit ôter, lorsqu'à l'exemple de Theodose, & conformément à l'un des canons du Concile de Constantinople *in Trullo*, il fit effacer les Croix de dessus les Sepultures.

Quand je ferai la description de l'Eglise Saint Louis de la rue Saint Antoine, je n'oublierai pas de faire celle des deux Anges plus grands que nature qui portent au Ciel le cœur de Louis XIII. Car quoique leurs têtes, leurs bras, leurs jambes qui sont d'argent, & le reste de bronze doré à feu en rehausse de beaucoup le prix; cependant on estime bien moins la matiere que l'art de Perlan qui les a fondus, & de Sarrazin qui en a eu la conduite, & fait les modeles.

On ne fait pas moins d'estime des basses-tailles & des figures de bronze doré de même & plus grandes encore que nature, que Sarrazin & Perlan ont fait dans la même Eglise pour servir de Mausolée au cœur du feu Prince de Condé.

Le Tombeau du Cardinal de Berule des P. P. de l'Oratoire de la rue Saint Honoré; celui du Commandeur de Souvré qui est à Saint Jean de Latran, tous deux de la main & de la conduite de l'aîné Anguyer, sont très-beaux, & passent pour tels.

Les Mausolées des cœurs des deux derniers Ducs de Longueville aux Celestins, & celui du Duc de Rohan sont encore du même Anguyer.

Les trois Charités qu'on voit dans la même Chapelle qui portent le cœur de Henri II, passent chez les habiles gens pour le chef-d'œuvre de Pilon, quoiqu'ils fassent plus de cas des trois petits Amours qui pleurent la mort de Charles IX autour de son cœur.

On ne sauroit trop voir le Tombeau de l'Amiral Chabot; La colomne torse sur laquelle est élevé le cœur d'Anne de Montmoranci Connétable de France, & la figure de Maigné Capitaine des Gardes de la Porte, qui dort & ne dort pas, sont des ouvrages qui n'ont pas leurs semblables. Enfin dans les trois Charités on ne sauroit trouver ni plus de graces, ni un marbre mieux manié. L'invention & l'esprit éclatent dans le Mausolée du Cœur du Connétable: dans ceux de l'Amiral & de Maigné paroît un goût fort & superbe, & tous ces grands avantages se rencontrent dans celui des Ducs de Longueville. Autant de fois qu'on vient aux Celestins pour revoir de si belles choses, c'est toujours avec plaisir, & toujours on y trouve de nouvelles beautés.

Je ne puis pas ici oublier ni le superbe Mausolée du Connétable de

Montmoranci dans l'Eglise de Montmoranci, ni le Tombeau du Prince de Carpi aux Cordeliers qu'on tient de Maître Ponce, ni encore la Croix de Gastines qui est du même.

Deux autres Tombeaux remarquables sont le petit pleureur, & la mort Saint Innocent, dont il court deux proverbes à cause du finiment de la mort & de l'excellence du pleureur. On croit que celui-ci est de François Gentil Sculpteur peu connu, mais cependant admirable.

MOMIES.

SI ce que dit Herodote est vrai, on prétend que nous avons les figures & les momies, c'est-à-dire, les corps de Cheops & de Cephren, sinon de Cephen, & de Chemnis, selon Diodore de Sicile, trois Pharaons, Rois d'Egypte; Momies au reste tirées de leurs Pyramides même, & d'une surtout qui tient rang entre les sept merveilles du monde.

On les voit à Saint Mandé, Village à un quart de lieue de Paris dans la Maison de Plaisance du Sur-Intendant Fouquet, le jouet de la Fortune. Ce sont des coffres ou bierres de granit plus grandes que nature, fort mal faites, & qui enfin ressemblent aux autres Momies des Egyptiens qu'on ne peut regarder sans horreur : & de fait ainsi que les Momies ordinaires, la tête, les jambes, les bras, les mains, tout le corps en un mot paroît enveloppé de bandes roulées les unes sur les autres. On ne sauroit distinguer que la figure de la tête, encore est-elle d'une grosseur épouventable. Le ventre, les cuisses, les jambes finissent en tronc ou plutôt en termes. Or comme ces Momies sont des corps de grands Seigneurs embaumés, par là nous apprenons que les Egyptiens enterroient les morts bien autrement que les autres Nations; car si les Grecs, aussi-bien que les Romains les brûloient, si les Canadiens les oignoient de graisse de porc, si les Indiens les mangeoient, & d'autres, comme nous faisons, les inhumoient; les Egyptiens tout au contraire, persuadés que tant que le corps étoit en son entier, l'ame ne s'en separoit point & y demeuroit attachée; pour cette raison ou l'embaumoient ou l'enveloppoient avec des bandes frottées par dessus d'une certaine gomme qui conserve les morts à jamais; après quoi ils les enfermoient dans des bierres de Sycomore qui resiste à la pourriture, en tout cas dans des pierres dures, & molles même, afin de les faire durer plus long-tems. Ces pierres au reste étoient toujours taillées sur la figure des morts.

J'ai dit que les Momies de saint Mandé sont ainsi faîtes ; mais avec tout cela, je ne sai pas comment on a eu la hardiesse de vouloir faire croire que là soient renfermés les corps de Cheops & de Cephren ; car enfin Diodore assure que ces deux Princes en mourant, sur toutes choses recommanderent qu'on les enterrât en un lieu si caché, que qui que ce fût ne le pût découvrir, de crainte que le peuple se souvenant de ses menaces ne les mît en pieces, à cause de leur tyrannie insupportable, & pour les avoir forcé à bâtir leurs Pyramides.

MEDAILLES.

OUTRE les Médailles qui furent trouvées dans les Tombeaux dont j'ai parlé, en 1651, on tira du gravier du Pont Neuf quatre Medailles de Constantin, & une cinquième en 1652, des fondations du College du Plessis. Sur l un des côtés de celle-ci, se voyoit une femme tenant

de

DE LA VILLE DE PARIS. Liv. VIII.

de la main droite une lampe, & de la gauche une corne d'abondance avec ces mots.

AUGUST. GENIO. SC.

Sur l'autre, une tête couronnée d'un Diadème, & à l'entour, NERO CLAUDIUS. GALLIAR. avec d'autres lettres effacées que les Curieux restituent IMP.

A ce propos, sous l'une des piles de l'ancien Pont-au-Change, vers l'Horloge du Palais, on découvrit en ce tems là une petite Idole de terre cuite qu'on ne put reconnoître, & deux Dieux Penates de grais, couverts d'émail bleu Turquin, haut de deux pouces ou environ.

J'ai fait mention tant de fois d'un Talisman de bronze, que du vivant de Gregoire de Tours on arracha de dessous la culée d'un Pont, & qui jusques-là avoit garanti Paris de serpens, de lirons, & de feu, à ce qu'il dit, que je n'en parlerai pas davantage.

Quant au Mercure de bronze qu'on rencontra dans les fondations du Palais d'Orleans, au commencement de la Regence de Marie de Medicis, il n'avoit pas plus de cinq à six pouces de haut : à l'ordinaire il étoit nud, déliberé, & un pied en l'air, ou pour marcher ou pour voler. Mais contre la coutume il n'avoit point de bonnet : les aîles lui sortoient de la tête, & sur la paulme de la main droite il sortoit une bourse toute pleine.

Qui voudra en savoir davantage, n'a qu'à lire le Livre d'Epigrammes qu'en fit alors Favereau, Conseiller de la Cour des Aides, sous le nom de *Mercurius redivivus*.

FRAGMENS DES CURIEUX EN MEDAILLES A PARIS.

LA Ville de Paris se glorifie de posseder celui qu'il conserve de petit bronze, de Medailles Grecques, & de Familles Consulaires, dont la suite est la plus parfaite du Royaume, & même de l'Italie. En effet elle consiste en deux cens Medailles de plus que celle de Fulvius Ursinus, ou du Cabinet Farnese. Aussi a-t-elle donné lieu à Patin de grossir de beaucoup Ursinus ; car enfin, il n'y manque que l'Horatia, qui se trouvoit dans le Cabinet Farnese du vivant d'Ursinus, mais qui ne s'y trouve plus presentement.

Enfin j'ai passé le Cabinet du Procureur General du Harlay, parce que c'est un trésor caché à tout le monde. Je n'ai point voulu dire que tous les Curieux que je vais nommer sont très-bien fournis hacun de toutes les sortes de curiosités dont j'ai fait mention, il me suffit de faire savoir en quoi ils excellent en particulier ; ce que tout le monde ne sait pas.

Quant au Cabinet du Roi, il me seroit impossible de dire en quoi il excelle ou n'excelle pas, comme étant composé de tout ce qui se voit dans les autres Cabinets & de curieux & de beau, & que Gaston son Oncle Duc d'Orleans, aussi-bien que Charron, l'Auditeur des Comptes, Ferrier & autres ont pû recueillir en leur vie. Dans quatorze coffrets de demi pied en quarré chacun, il s'y trouve plus d'Agates que chés la veuve Lescot, & presque autant que chés Richaumont. On m'y a montré plus de deux cens jettons au moins, plus que n'en a Clapisson : j'ai pris plaisir à y considerer des suites tant de grand, de moyen, que de petit bronze, presque aussi achevées que celles de Patin & des autres toutes ensemble : huit à neuf cens Medailles d'or ou plus que S   ; des Consulaires un peu moins que le Doyen de Saint Germain ; cent cinquante Medaillons d'or, d'argent & de bronze : en un mot j'y ai vû ce qu'on ne voit pas ailleurs ; plus de deux cens Medailles d'argent Grecques de Rois d'Asie, & de Déités : le plus ample & le plus rare amas de coquilles de la terre : cent vingt Volumes de plantes, de fleurs & d'oyseaux, peints sur du velin par Robert, qui

Tome II.   X x

y travaille excellemment depuis trente ans à deux pistoles par velin & six cens livres de pension.

Le Cabinet des Armes du Roi n'est pas moins curieux ni rare.

La veuve Lescot, non moins celebre par sa curiosité que par ses grands biens, acquis trafiquant en Orfévrie, a amassé tant d'Agates ou pierres gravées, de Tableaux, de Medailles modernes, de pieces des Indes, & de la Chine, de pierreries & autres bijoux qu'on fait monter la valeur de son Cabinet à une somme excessive.

Richaumont Avocat en Parlement, a assemblé tant de pierres gravées, non moins rares qu'excellentes, qu'on les estime plus de vingt-cinq mille écus; & telles enfin, que tous les Curieux de Paris ensemble n'en sauroient fournir autant.

Le Cointe Sur-Intendant du Cabinet du Roi, a des émaux du dessein de Raphael pour plus de deux mille livres.

Le Duc de Verneuil, le Comte de Brienne Secretaire d'Etat, du Harlay Procureur Général au Parlement, Tronçon Conseiller de la Cour, Seguin Doyen de Saint Germain de l'Auxerrois, Clapisson Controlleur Général de l'Artillerie, de Creil & Richaumont Avocats en Parlement, Patin Medecin de la Faculté de Paris, & Cochon Secretaire du Maréchal d'Aumont, ont chacun des Cabinets de Medailles de toutes sortes de métaux.

Je ne mets pas en ce rang Colbert Ministre d'Etat, non plus que le Premier Président de Lamoignon, parce qu'ils ne font que commencer, & s'ériger en Curieux: & tout de même, je ne dis rien encore de quantité d'autres qui à la verité ont de tout, mais rien de complet.

Quant aux Cabinets des premiers, quoique peut-être il fût à propos d'en faire une description générale, je me contenterai de remarquer simplement en quoi ils excellent.

Comme presentement ou ne doute point que Paris ne soit la plus riche Ville du monde, je puis dire encore qu'il n'y a point de Ville au monde où il y ait plus de Medailles; bien davantage, l'Italie même, ni le monde tout entier n'en ont pas plus.

De Creil excelle en Medailles modernes: il en a de rares & de choisies pour plus de six mille livres; & comme pour la rareté il passe tous les Curieux, Clapisson Controlleur Général de l'Artillerie, le passe pour la quantité. Lui seul possede plus de Monnoies & de Medailles modernes d'or & d'argent que tous les autres. On tient qu'il a jusqu'à dix huit cens jettons d'argent tous differens. Il est certain que le Conseiller Tronçon & le Doyen Seguin ont chacun une suite de Medailles Imperiales d'argent fort accomplie. La derniere passe pour la plus nombreuse.

Le Comte de Brienne en peu de tems a amassé la suite la plus recherchée qu'on ait jamais vûe de Medailles de moyen bronze ou d'Empereurs Romains On y comptoit jusqu'à deux cens Colonies, & lorsqu'il songeoit à en acquerir davantage, & à rendre sa suite encore plus complete, il s'est retiré aux Prêtres de l'Oratoire & s'en est défait en faveur du Medecin Patin, à la charge de la faire graver & imprimer.

De Seve Conseiller d'Etat, à moins de frais, & avec le tems a acquis sept à huit cens Medailles de grand bronze, & une suite d'Empereurs, ainsi que celle de moyen bronze. Le nombre au reste va si loin que jamais personne peut-être n'en a tant amassé que lui: pour des Medailles d'or il en a aussi beaucoup, mais non pas tant; & même, on dit, qu'elles n'ont garde d'être si nettes, ni si rares que celles de Cochon: car quoique ce Secretaire ici n'ait point étudié, sa curiosité pour ces sortes de Medailles va jusqu'à l'excès; & de fait en six ans il ne lui a pas été possible d'en recouvrer plus de quarante-cinq: en recompense aussi sont-elles si nettes, que quand elles ne feroient que sortir des mains du Monnoyeur, elles ne pourroient pas l'être davantage. Nous avons vû grossir ces deux Cabinets de Medailles d'or, du débris de celui de Seguin.

STATUES.

LE long du Portail de Notre-Dame regnent les Statues de quelques-uns de nos Rois.

De tous ceux qui avoient regné avant Philippe le Bel, il n'y en a pas un à qui ce Prince n'en eût érigé dans la grande Salle du Palais. J'ai lû quelque part que Pepin s'y voyoit monté sur un Lion auſſi-bien qu'à Notre-Dame, & j'apprens de l'Hiſtoire que ce n'étoit pas moins pour marquer la petiteſſe de ſa taille, que la grandeur de ſon courage contre ce Lion qu'il attaqua, & tua tout enſemble à l'Abbayie de Ferriere.

Louis Hutin y tenoit par la main Jean I du nom, ſon fils poſtume qui ne vécut qu'un mois, à ce que croyent quelques-uns, & d'autres, que huit jours, ce qui eſt cauſe qu'on ne le met pas parmi les Rois.

Henri VI Roi d'Angleterre uſurpateur du Royaume y mit ſa figure à qui Charles VII depuis fit taillader le viſage: ce qui eſt ſi vrai qu'en 1618, lorſque par malheur la Salle du Palais fut brûlée, le Conſeiller Peireſc reconnut auſſitôt cette figure parmi les ruines, & fit remarquer aux Curieux qu'elle étoit mutilée.

Le grand Cerf de Charles V pris pour modele ſous Charles VI, d'un Cerf d'or de pareille grandeur, élevé à un endroit de cette Salle, juſqu'où les Députés du Parlement alloient au-devant des Princes; cette Table de Marbre, la plus grande tranche de Marbre qu'il y ait jamais eu, où nos Rois & quelques Empereurs même ont mangé tant de fois en public: en un mot toutes les Statues de nos Rois, & pluſieurs Monumens anciens perirent par cet embraſement. De ſavoir ſi toutes ces figures étoient reſſemblantes, & bien travaillées, on en peut juger par celles de Philippe Auguſte, & de Louis VIII, élevées devant le Maître-Autel de Notre-Dame, par celle de Saint Louis dreſſée au Portail des Quinze-Vingts, par cette autre de Philippe le Bel, placée au-deſſus du Perron de la Gallerie des Merciers, par deux autres encore de Charles V, l'une qu'on voit au Portail des Celeſtins, & la ſeconde à celui des Auguſtins, ſans parler de toutes ces autres figures de nos Rois qu'on voit au deſſus du Portail de Notre-Dame, & de pluſieurs encore de Princes, de Princeſſes qu'on voit couchées ſur leurs Tombeaux, tant aux Auguſtins & aux Cordeliers, qu'aux Celeſtins.

Les Armagnacs en 1414, s'étant aviſés de mettre à une Image de Saint Euſtache dans l'Egliſe de la Paroiſſe, la bande que d'ordinaire ils portoient à leurs Armes, firent couper le poing ſur le Pont Alais à un jeune homme nommé Jean, pour l'avoir ôtée & miſe en pieces.

Du Verdier dans ſa Bibliotheque dit que de ſon tems, au Portail de Saint Julien des Ménétriers, à main droite, étoit élevée une figure de Joueur de Rebec ou de Vielle, l'archet en main. La figure y eſt encore, mais le Rebec ne s'y voit plus, ſoit qu'il ait cédé au tems, ou que quelque Curieux l'ait enlevé.

Les Auguſtins du grand Couvent au procès qu'ils eurent touchant leur habit contre les Déchauſſés, n'apporterent pour preuve qu'une figure qu'ils ont de Saint Auguſtin, & qui ſe voit encore entiere & avec toutes ſes parties au-deſſus de la porte des Blancs-Manteaux.

On veut que les deux Statues que l'on voit ſur le bord de la Riviere, vis-à-vis la rue de Biévre, ſoient celles du Duc de Bethfort, Regent en France ſous Henri VI Roi d'Angleterre, & de l'Amiral Talbot, & qu'eux-mêmes y ont fait mettre: la premiere eſt le Duc de Bethfort, de l'autre il ne reſte plus que les pieds & les jambes; & l'on tient par tradition, ou pour l'avoir songé, qu'au moment que Calais fut repris sur les Anglois, la tête & le ventre tomberent en pieces d'eux-mêmes.

Au-dessus des Portes de la grande Chambre du Parlement est la figure d'un Lion qui a sa queue entre les jambes, & la tête baissée, ainsi que ceux du Thrône de Salomon, à ce qu'on dit; & cela pour apprendre aux Grands que ce lieu-là demande du respect & de la soumission.

Dans Notre Dame depuis quelques années, des ouvriers travaillans à la Chapelle de la Vierge, découvrirent une figure cachée dans un coin, derriere de la menuiserie, à côté de la Porte du Chœur, & que les Prêtres autrefois, lorsqu'elle étoit à découvert, à force d'attacher des bougies contre, avoient rendue toute noire; & de plus par mocquerie, l'appelloient Pierre de Coignet, mot qui depuis a passé en proverbe. Cependant il est arrivé, malgré leur mocquerie, que pensant rendre ridicule celui que cette figure represente, qui est Pierre de Cugnieres, ce fameux Avocat de Philippe de Valois qui déclama si courageusement, & avec tant d'éloquence tout ensemble, contre les entreprises du Clergé, leur sobriquet n'a servi qu'à renouveller & à entterenir la mémoire d'un si grand personnage.

On prétend que les Bourguignons après avoir emporté Paris d'emblée en 1418. par le moyen de Perinet le Clerc, fils du Quattenier de la Cité, lui érigerent une Statue devant le Pont Saint Michel, au coin de la rue Saint André & celle de la Boucletie; mais que depuis ayant été chassés, les Parisiens, la mutilerent en plusieurs endroits, & l'auroient cassée s'ils eussent pû en approcher.

Ce qui en étoit resté fut mis pour borne au même coin, lorsqu'on rehaussa le pavé & le Pont Saint Michel, & y est encore.

Il est certain qu'Enguerrand de Marigny, premier Ministre de Philippe le Bel, après avoir rebâti une bonne partie du Palais, fit mettre la figure du Roi qu'on voit encore aujourd'hui, comme j'ai dit, près la Gallerie aux Merciers, & la sienne au dessous, qui n'y fut pas longtems: car à sa mort ayant été abandonnée à la fureur du Peuple, il ne lui en fit pas moins qu'il en a fait depuis dans Saint Paul aux Statues & aux Tombeaux des Mignons de Henri III.

Plusieurs ont vû des Portraits de cet execrable Jaques Clement Jacobin, que les seize Quarteniers ou plutôt les seize Boute-feux de la Sedition, non seulement exposerent aux yeux de tout le monde, en lui donnant le nom de Sauveur & de Martyr; mais que les Prédicateurs eux-mêmes montroient en chaire, avec ces paroles de l'Ecriture, *Beatus venter qui te portavit, & ubera quæ suxisti*. On lit dans le President de Thou qu'il s'en trouva un assés forcené pour proposer d'ôter de la grande Salle du Palais les figures des Rois, comme profanes, & y mettre celle de ce Parricide. Pour moi je pense avoir vû dans des Cabinets quelques-uns de ces détestables Portraits, & même deux ou trois de ceux du Duc de Guise que les Predicateurs & les Seize exposerent alors ainsi que celui du Jacobin.

Les Jacobins non contens qu'un d'entre eux eût assassiné le Roi, eux-mêmes barbouillerent son Portrait qu'ils avoient peint dans leur Cloître un peu auparavant; & les Cordeliers de leur coté casserent la tête de celui qui étoit dans les vitres de leur Eglise au-dessus du Maître Autel.

CHAPELLES.

POUR expiation de crimes le Roi & le Parlement ont fait fonder & bâtir des Chapelles, ériger des Croix, des Statues, des Pyramides, & autres Monumens semblables.

Quant aux Chapelles, on sait le nombre de celles que les Religieux de Saint Germain ont fondées, à la poursuite de l'Université, à cause de leurs gens qui avoient tué des Ecoliers, peut-être avec sujet.

En 1289 le Penitencier de Jean Cardinal de Sainte Cecile, promit à l'Université de faire bâtir entre Vaugirard & Saint Germain des Prés une Chapelle à l'endroit où quelques Ecoliers avoient été tués; & de la fonder de vingt livres Parisis amorties.

Louis de France Duc d'Orleans, fonda en 1393 la Chapelle d'Orleans des Celestins, ainsi que témoigne l'Histoire du tems, pour marque de son repentir d'avoir pensé brûler le Roi au Ballet des Sauvages, & d'avoir été cause que Joigny, le bâtard de Foix, Poitiers, & Guisay, qui dansoient au même Ballet, perirent alors miserablement.

CROIX.

EN 1394 on érigea une Croix à petit-Pont avec une inscription, & le tout aux dépens de quelques Juifs accusés d'avoir fait sortir de Paris un certain Machault Juif, qui s'étoit converti après l'avoir corrompu par argent pour devenir relaps.

Pierre de Craon en 1396, fit dresser à Mont Faucon une Croix avec ses Armes, pour reparation de l'Assassinat commis en la personne du Connétable de Clisson, & pour confesser les Patiens. Deux ans après neanmoins, lorsqu'il pensoit faire enregîtrer à la Cour ses Lettres de Remission, l'Avocat du Connétable s'y opposant, demanda qu'il fût condamné à cent mille livres: de plus à fonder une Eglise pour douze Chanoines, quatre Chapelains, autant de Vicaires & de Clercs, entre Saint Paul & l'Hotel de Guise, où l'attentat avoit été fait: & non seulement les cent mille livres furent adjugées, mais encore la permission à sa Partie de les employer à tout ce qui lui plairoit.

En 1404 Savoisy Chambellan, quoiqu'en grande faveur, & nonobstant son credit, eut le déplaisir neanmoins de voir démolir son Hotel à cause des insultes faites par ses gens à l'Université: & quoiqu'en 1517, c'est-à-dire, plus de cent ans après, il vint à être rebâti, ce ne fut qu'à la charge qu'il y auroit l'inscription que du Breul rapporte; mais que les Ducs de Lorraine devenus proprietaires de cet Hotel, ont couverte d'un mur, du consentement neanmoins de l'Université, à ce qu'on dit.

Tignonville Prevôt de Paris en 1407, ayant fait pendre à Mont Faucon deux Ecoliers convaincus de vol, & d'autres crimes, cependant à la poursuite de l'Université, fut condamné entre autres choses, à faire mettre une Croix près de-là accompagnée de la figure de ces deux scelerats, & le tout, parce qu'il n'étoit pas leur Juge, & que c'étoit à l'Université d'en connoître, qui pour lors avoit ses Juges à part.

En 1408, la Douairiere d'Orleans par une Requête qu'elle presenta tant au Roi, qu'aux Princes & au Conseil assemblé dans la grande Salle du Louvre, demanda que pour reparation du meurtre de son mari, entrepris par l'ordre du Duc de Bourgogne à la vieille rue du Temple, les Hotels qu'il avoit à Paris fuſſent raſés, que ſur leurs ruines il fut érigé de grandes Croix avec des tables où ſeroient gravées les raiſons qui avoient obligé d'en uſer ainſi : de plus qu'il en fût fait autant de la Maiſon où les Meurtriers s'étoient cachés quelques jours avant l'aſſaſſinat, & de même au lieu où il avoit été commis; & que là à ſes dépens, un College fut fondé de mille livres de rente amorties pour ſix Chanoines, ſix Vicaires & autant de Chapellains, où ſe diroient tous les jours ſix Meſſes pour le repos de l'ame du Duc d'Orleans.

En 1440, quelques Sergens firent faire ſur le Quai des Auguſtins un bas relief de pierre, qu'on voit encore derriere leur Egliſe, pour être venus chés eux autrement qu'ils ne devoient, & avoir violé l'azyle de leur Monaſtere. Voyés le Traité des Azyles.

En 1465, on érigea une Croix à ce qu'on dit, au carrefour de Reuilli, ſur le chemin de Paris à Charenton, en mémoire de la paix faite entre le Roi & les Princes, Chefs de la guerre du bien public.

Du Breul aſſure qu'on en déterra une partie en 1562, où étoit gravé: L'an 1465. fut icy tenu le Landict des Trahiſons, & fut par une Treve qui fut donnée, maudit ſoit-il qui en fut cauſe.

On tient qu'à la rue des Marmouſets, ſur les ruines de la Maiſon d'un Patiſſier qui faiſoit des patés de chair humaine, fut dreſſée une Colomne ou Pyramide, & du Breul dit que de ſon tems, il en reſtoit encore un bout au coin de la rue Coquatrix.

Sur celle du Logis de Gaſtines, riche Marchand qui demeuroit à la rue Saint Denys, vis à vis celle des Lombards, on éleva une Croix, appellée la Croix de Gaſtines, qui deux ans après, fut tranſportée au Cimetiere Saint Innocent.

Enfin au lieu même où étoit la Maiſon de Jean Chaſtel, l'un des aſſaſſins de Henri le Grand, on y a vû conſtruire en 1594. une Pyramide, qu'on démolit en 1605.

Lorſqu'on eût fait le procès au Connètable de Bourbon, ſon Hotel fut barbouillé de jaune: cependant dans le procès-verbal de l'execution de ſon Arrêt, il paroît ſeulement que ſes Commiſſaires chercherent vainement ſes Armoiries dans tous ſes Hotels pour les faire biffer.

J'ai lû dans Brantoſme, qu'on ſema du ſel dans l'Hotel de Coligni, après que le procès eût été fait à l'Amiral. & neanmoins l'Hiſtoire qui n'a rien oublié de tout ce qui arriva à la Saint Barthelemi, mais qui bien loin de cela, y a peut-être ajoûté, n'en fait aucune mention.

J'ai paſſé la Croix Benoiſte, dreſſée en 1181, au lieu où a été fondé depuis Saint Antoine des Champs, parce que je tiens pour un conte ce qu'en dit du Breul.

Par la même raiſon j'ai paſſé la Croix penchante qu'on rencontre à mi-chemin de Saint Denys, comme n'ayant peut-être rien de remarquable, ſinon qu'on ne la ſauroit baiſer les pieds joints contre le bas ſans la prendre avec les mains; & que quand les Officiers du Sel appellés Hanouards, porterent à Saint Denys le corps de Charles VII, ils ne voulurent point paſſer outre, que le grand Ecuyer ne leur eût promis de leur payer dix ſols Pariſis qu'ils prétendoient leur être dûs pour cela. Quant aux autres Croix qu'on trouve d'eſpace en eſpace ſur le même chemin, ce ſont des ouvrages de la piété de Philippe le Hardi envers Saint Louis, lorſqu'il fit ſa Pompe funèbre, ainſi que l'Hiſtoire nous apprend; & de plus, comme on l'apprenoit des figures de Louis VIII, de Saint Louis & de la ſienne, avant que les Huguenots les euſſent miſes en pieces.

Celle de devant les Jeſuites de la rue Saint Antoine, s'appelle la Croix des Anglois, parce qu'elle eſt placée au lieu même où les Anglois avoient autrefois leur Cimetiere. Véritablement on la nomme auſſi quelquefois la Croix Sainte Catherine, à cauſe du Prieuré de Sainte Catherine qui y eſt tout contre; mais ce n'est pas son vrai nom, ni celui qu'on lui a donné d'abord.

Quant à la Croix qui est devant Saint Etienne des Grès, on y lit une inscription à laquelle il ne faut point ajoûter de foi, comme je dirai ailleurs.

Sur les dégrés de la Croix qu'on voit à la Greve, Charles de France Regent du Royaume, harangua le Peuple en 1357. pour tâcher à le retenir dans le devoir.

Près du Pilori des Halles, il y a encore une Croix où les Cessionnaires vont faire cession entre les mains de certaines personnes.

Lorsqu'il en sera tems, je parlerai de la Croix de la Tombe Isoire, élevée sur le Tombeau du Geant Isoire, à ce qu'on tient, & dont il ne reste plus qu'un petit bout à mille ou douze cens pas du Fauxbourg Saint Jaques, sur le grand chemin d'Orleans.

Je parlerai aussi en son lieu de la Croix du Tiroir, de la Croix Triomphale que les Empereurs Chrétiens portoient à la guerre, & encore de la vraie Croix qu'on garde à la Sainte Chapelle.

Dans la cour des Filles-Dieu contre le chevet de l'Eglise, se voit encore le Crucifix, devant lequel les Criminels qu'on menoit à Mont-Faucon venoient boire une fois, & manger trois morceaux de pain.

Dans le petit jardin des Capucines, on va la Semaine-Sainte faire des prieres devant un Crucifix qui arrache les larmes des personnes devotes, & leur transit le cœur.

Nous avons encore la Croix Hemond devant les Carmes. La Croix de Clamart ou de Dormans au Fauxbourg Saint Victor, appellée ainsi à cause des Seigneurs de Dormans, qui sous Charles VI avoient là auprès une Maison de Plaisance: depuis elle a pris le nom de Clamart.

La Croix Faubin est le nom d'un Village compris dans le Fauxbourg Saint Antoine.

La Croix du bout de la rue Grenata, vis-à-vis St Martin & St Nicolas des Champs, se nomme la Croix St Laurent dans un papier-terrier de l'an 1552. Celle qui est à l'autre bout proche de la Trinité, s'appelloit la Croix Reine en 1202, & en 1300, à cause de l'Hopital de la Trinité, nommé alors la Chapelle la Reine.

La Croix de devant Saint Eustache est appellée la Croix neuve, & s'appelloit en 1300 la Croix Jean Bigue.

En 1366, la Ville eut permission de refaire la Croix de la Porte Baudets.

Les Marguilliers de Saint Jaques de la Boucherie en dresserent une en 1499, au milieu de la Place, qui est devant l'Eglise: mais parce qu'elle embarassoit, de nos jours on l'a ôtée de là, pour la mettre à côté du Portail.

En 1623, on fit celle de la Porte de Paris.

Tous les ans le jour des Rameaux, les Prêtres de Saint Jaques de la Boucherie, de Saint Paul, & de Saint Sulpice, vont en Procession à une Croix du Cimetiere de la Charité, à celle des Anglois, & de Saint Jaques de la Boucherie.

Il n'est rien venu à ma connoissance de la Croix Rouge du Fauxbourg Saint Germain, non plus que de celle de Saint Denys de la Chartre, de Saint Jaques de la Boucherie, de Saint Germain de l'Auxerrois, des petits Champs, de Saint Germain le Vieux, placées devant des Eglises, ou des rues, ou des Places de même nom.

Je m'étois proposé de faire ici mention de toutes les Croix qui sont devant les Eglises, & les Couvens, & même dans les Cimetieres, & ailleurs; mais outre que cela seroit ennuyeux, & que j'ai de de meilleurs choses à dire, c'est qu'enfin elles ne seroient considerables que par leur nombre.

L'UNIVERSITE'.

TOUCHANT l'Université, on n'est pas en peine du nom de ceux qui ont fondé les soixante cinq Colleges que l'on y compte : la chose est trop moderne pour être ignorée ; mais nous ne savons point quand les Lettres ont commencé à être cultivées à Paris, ni leurs progrès : les Historiens n'en font aucune mention. On croit neanmoins que depuis la naissance de la Monarchie, jusqu'au douziéme siécle & celui d'auparavant, les Muses renfermées dans les Cloîtres, & pires qu'esclaves, dépendoient des Moines qui les traitant miserablement, ne nous ont laissé que des Ouvrages pitoyables.

Sous la premiere & seconde Race, ceux de Sainte Geneviéve, aussi-bien que les autres, tant de Saint Germain des Prés que de l'Auxerrois, enseignoient les Sciences à leurs jeunes Religieux dans leurs Maisons, & de plus, quelques Regens tenoient aussi Ecole ailleurs, sur-tout au Parvis Notre-Dame, dans un grand Edifice bâti exprès, attaché à l'Hotel Dieu, & à la Maison Episcopale. Par le grand Pastoral, il paroît que cette coutume d'enseigner dans les Eglises Cathedrales s'observoit à Paris religieusement du tems de Charlemagne, joint que la Dignité de Chancelier de l'Université, beaucoup plus ancienne qu'elle, & affectée à un des Chanoines de Notre-Dame, fait voir que l'Université a tiré son origine de là ; que même le Chapitre de Paris en est le Fondateur, & toujours en a eu la direction : si bien que de regarder Charlemagne comme l'Instituteur de l'Université, & qu'il soit le premier qui ait introduit les Lettres à Paris, c'est une pure réverie. Aussi Eginard, Aimoin, Rheginon, Adon, Sigebert, & le Chroniqueur Turpin, tous contemporains de cet Empereur, & même qui ont écrit sa vie, n'en disent pas le moindre mot : Eginard sur-tout, qui pourtant s'est plus attaché à faire connoître la passion que ce grand Prince avoit pour les Lettres, qu'à particulariser ses autres actions éclatantes.

Les Lettres donc ainsi rampantes, & toujours au Parvis Notre-Dame, enfin sous Louis VII. commencerent à être recherchées, à cause des habiles gens en ce tems là qui enseignoient, & qu'on venoit écouter en foule; si bien qu'alors le lieu se trouvant trop petit pour tant de monde, il fallut faire bande à part, & se partager. Le Chapitre souffrit que les Ecoliers tant d'Humanité que de Philosophie passassent la Riviere, & se tinssent à Saint Julien le-Pauvre ; & même quelque tems après permit à Guillaume de Champeaux, & à Abailard de les transporter à Saint Victor. Depuis, le nombre des Ecoliers de dehors étant venu à s'augmenter, les Ecoles des quatre Nations furent bâties à la rue du Fouare ; ensuite on fonda le College des Bons-Enfans, celui de Saint Nicolas du Louvre, & le College Sainte Catherine du Val des Ecoliers. Il fut permis même en 1244. d'enseigner les Sciences par tout où l'on voudroit, & dans les Maisons que les Regens trouveroient les plus commodes. Mais afin que pas un d'eux ne dépossedât son compagnon de celle qu'il avoit louée, Innocent IV fit des défenses expresses là-dessus, par deux Bulles consecutives, l'une donnée à Lion le deux des Nones de Mars, l'an deuxiéme de son Pontificat ; l'autre sept ans après, datée de Peruse le troisiéme des Calendes de Juin, avec commandement au Chancelier de l'Université de faire taxer le louage des Maisons où ils demeureroient.

Dans tout ce tems-là, & même jusqu'au Regne de Saint Louis, il n'y eut point à Paris de Colleges; bien que nous apprenions de Rigord en la vie de Philippe Auguste, & même de l'*Architremius de Joannes Hantivillensis* qu'en 1183. on y comptoit plus de dix mille Ecoliers; & nonobstant cela,

il

DE LA VILLE DE PARIS Liv. VIII.

il est constant qu'ils n'avoient point de quartier affecté, & se trouvoient dispersés de côté & d'autre dans la Ville, de même que les Ecoles & les Regens; Personne encore ne s'étant avisé de fonder des Colleges ou Hospices. Je me sers ici du mot d'Hospice, non sans raison; car les Colleges qu'on vint à bâtir d'abord, n'étoient simplement que pour loger & nourir de pauvres Etudians. Que si depuis on y a fait tant d'Ecoles, ce n'a été que long tems après, & pour perfectionner ce que les Fondateurs en quelque façon n'avoient qu'ébauché.

La Sorbone est le premier College qui fut entrepris. Robert Sorbon le plaça sur la croupe de la Montagne Sainte Geneviéve, quartier alors en friche & abandonné; mais qui jouissoit d'un air fort pur. Je prouverai autre part, que ni lui, ni Saint Louis n'en furent point les Fondateurs, que Sorbon n'y mit rien du sien; mais y employa simplement les deniers de Robert de Douay, & qu'ainsi on ne le doit considerer que comme Executeur de sa derniere volonté par Testament.

Au reste, quoique du vivant de Saint Louis on vint à fonder, & renter les Colleges de Calvi, de Prémontré, de Clugni, & des Tresoriers, les Lettres neanmoins ne sortirent pas sitôt de la rue du Fouarre, puisqu'elles y étoient encore du tems de Charles V, & de Petrarque. Mais comme depuis ce tems-là, tant les Rois, que les Reines, les Princes, les Evêques, outre beaucoup de personnes riches & charitables en firent d'autres presque à l'envi, insensiblement il s'en forma un corps, dont l'union fut cause que ce grand quartier où ils se trouverent prit le nom d'Université: nom dont j'ai cherché long tems l'origine; mais qu'enfin j'ai découvert n'être qu'un mot barbare & même inconnu avant Innocent III, qui le premier l'a donné aux Ecoles, & aux Ecoliers de Paris, sous Philippe Auguste, bien devant que les Lettres fussent là assemblées. Or par le moyen des Colleges tout le quartier devint si plein d'Ecoliers, que quelquefois ils ont forcé, tant le Parlement, que ceux de Paris, & les Rois eux-mêmes, à leur accorder ce qu'ils demandoient, quoique la chose fût injuste. Et de fait, leur nombre en étoit si grand, que dans Juvenal des Ursins, il se voit qu'en 1409, le Recteur alla en Procession à Saint Denys en France pour l'assoupissement des troubles, & lui n'étant qu'aux Mathurins, les Ecoliers neanmoins du premier rang, & qui marchoient à la tête des autres, entroient déja dans Saint Denys.

Que si depuis, ce grand nombre d'Ecoliers a bien diminué, celui des Livres d'ailleurs s'est multiplié à un point, qu'on croit que maintenant il s'en trouvera davantage dans la seule Ville de Paris, que dans tout le reste du monde. Tous les Gens de Lettres ont des Bibliotheques considerables; les Avocats, les Conseillers du Châtelet, les Auditeurs & les Maîtres des Comptes (eux sur-tout qui ne sont point reçus sur la Loi) en parent les murs de leurs sales du commun, ou les logent magnifiquement dans de superbes galleries: il n'y a pas même jusqu'aux Ecoliers, aux Partisans, & aux femmes qui n'en ayent de fort nombreuses, & encore la plupart de ces gens-là, plus par ostentation que par necessité.

Quant aux Partisans qui ne savent guere que compter & jetter, & ainsi n'ayant pas grande affaire de Livres; quelques uns pourtant se sont depuis peu avisés d'avoir de belles Bibliotheques; mais en apparence simplement, & comme un meuble de parade: si bien qu'après avoir choisi un endroit chez eux propre à les placer, & les faire voir, ils enduisent les murailles de tablettes peintes & dorées, & fermées de fil d'archal, ensuite les ayant ornées de pentes de velours, couronnées de clouds dorés & terminées d'un molet d'or, pour lors au lieu de Livres, ils se contentent de les remplir de couvertures de maroquin de Levant, où sur le dos en lettres d'or est élevé le nom des Auteurs les plus celebres. Telles Bibliotheques ridicules cependant ne laissent pas de coûter tant, que sans parler des tablettes & de leurs ornemens, qui montent à des sommes considerables, un Relieur de l'Université m'a assuré il n'y a pas long tems, que ses confreres & lui en avoient fait à un seul Financier pour dix mille écus.

A la vérité la curiosité de nos Dames est bien plus raisonnable, j'avoue qu'il ne se trouvera point dans leurs Bibliotheques, ni les Peres, ni les Commentateurs sur la Bible, & moins encore ces Astrologues & ces Curieux qui cherchent à découvrir les secrets les plus cachés de la Nature, qu'elles laissent aux Schurmans, aux Cunits & autres Savantes du Septentrion; mais leurs Cabinets sont garnis de tous les Livres qui regardent les belles Lettres. Telle est la Bibliotheque de la grande Artenice, & telle est son occupation, qui ont attiré à l'Hotel de Rambouillet les plus beaux Esprits du siécle, jusqu'à former chés elles des Assemblées reglées. Ces Assemblées-là au reste, outre quelques autres qui se faisoient ailleurs, quoique differentes, ont inspiré l'amour des Lettres par toute la France; & enfin sont cause que cette Académie composée de quarante personnes, où ne doivent être reçûs que des gens du plus haut merite, a été établie.

Cette grande passion pour les Livres que j'ai remarqué être venue de là, & qui a assemblé tant de Libraires que nous avons vû sur le Pont-Neuf, & que nous voyons encore au Palais & dans l'Université; mais dont le nombre s'est tellement multiplié dans tous ces endroits là, qu'au Palais on en compte autant ou plus que d'autres Marchands: & quant au quartier de l'Université, on a été contraint, pour loger le reste, d'en étendre les anciennes bornes, depuis Saint Ives jusqu'à la Riviere.

Après cela on ne peut pas douter que l'Université de Paris ne soit la plus florissante du Monde. Celle d'Oxford & de Cambridge qui composent deux Villes entieres, & des plus considerables de l'Angleterre, toutes deux ensemble ne contiennent pas tant de Colleges, ni d'Ecoliers & de Professeurs. Je doute même qu'elles soient aussi grandes que notre Université seule, qui n'occupe pourtant qu'un des quartiers de la Ville: à la vérité si vaste & si bien situé, d'ailleurs accompagné de Colleges si grands, si magnifiquement bâtis, & d'un Jardin de Simples si ample & si bien garni, qu'Oxford, Cambridge, Leyde, Montpellier, ne peuvent pas faire entrer en comparaison leur College de Christ, ni leur Université, avec le Jardin des Plantes, la Sorbonne, Navarre, & l'Université de Paris.

Je ne dirai rien ici des avantages, ni des privileges, progrès & autres choses qui concernent l'Histoire de l'Université, comme les reservans ailleurs, quand je parlerai de ce quartier-là, & des Fauxbourgs qui l'environnent.

Je ne dirai rien non plus des Rois, des Reines, des Princes du Sang, ni des Princesses, & moins encore des grands Seigneurs, Heros, & autres Hommes & Femmes illustres enterrés dans ces Colleges, & dans toutes les autres Eglises de Paris; le nombre en étant si grand, que la liste seule ennuieroit: particularité neanmoins, qui ne contribueroit pas peu à la gloire de la Ville; mais que je toucherai ailleurs. Il me suffira de dire en passant, que dans les Colleges se trouvent les cendres de la plûpart de ceux qui les ont fondés.

A Sainte Geneviéve se voit le Mausolée de Clovis, de sa femme, & de quelques-uns de ses enfans.

A Saint Germain des Prés tout de même reposent les corps de plusieurs Rois & Reines, Princes & Princesses du Sang de la premiere Race.

A Notre Dame & à Saint Denys du Pas sont enterrés Dagobert, quelques-uns de ses enfans, même des Reines & des Princes de la troisiéme Race, sans bien d'autres Rois & Princes étrangers.

Aux Jacobins, combien de Princes de la Maison de Bourbon! aussi bien qu'aux Cordeliers, qui semblent avoir partagé entre eux les corps & les entrailles des Successeurs & des Descendans de Saint Louis.

Je laisse là tant d'autres Eglises où sont dispersées les cendres d'une infinité de personnes considerables pour leur savoir & leur merite.

DE LA VILLE DE PARIS. Liv. VIII. 355

On n'a commencé à faire des Colleges que du tems de Saint Louis: leur nombre s'augmenta sous son fils, & son petit fils : depuis , l'émulation fut si grande, que chacun en vouloit fonder. Le siécle passé en fit peu, celui-ci n'a vû bâtir que le College des Quatre-Nations. Or de savoir pourquoi l'Université fut choisie particulierement pour y mettre tous les Colleges ; les uns veulent que ce soit à cause de la pureté de l'air ; les autres , afin de peupler ce quartier-là qui étoit desert : & pour montrer que peu à peu il a été rempli de rues , & de maisons, c'est que par tout presque on y trouve des Colleges.

Si je ne rapporte point ici l'année de leur fondation , c'est que je les reserve pour un autre endroit ; & quoique du Breul & du Bouley l'ayent fait de la plupart , ils n'ont point dit que vers l'an 1171 , on fonda l'Hopital ou Commanderie de Saint Jean de Latran.

Qu'en 1350, il y avoit un College de Dace ou de Dannemarck , entre les Carmes & le College de Laon : & enfin qu'en 1384, Gilbert & Philippe Ponce établirent une Ecole de Droit à la rue Saint Jean de Beauvais , au lieu-même où a logé depuis Robert Estienne, ce fameux & docte Imprimeur , & où se voit encore l'Olivier qu'il prenoit pour enseigne.

Ces mêmes Auteurs encore n'ont point dit qu'en 1410 , le College de Suesse étoit aussi à la rue Saint Jean de Beauvais.

Qu'en 1417, le College de Kaerberts, de Cavembert , ou de Calombert, tenoit à celui de Reims, & subsistoit encore en 1552.

Que sous Urbain V, qui tint le Siége depuis 1352 , jusqu'en 1362 , le Cardinal Capoci fonda à la rue d'Amboise près de la Riviere & la Place Maubert un College que quelques uns nomment le College de Constantinople, d'autres de Sainte Sophonie, d'autres de Sainte Sophie : & de plus, qu'au même lieu , & dans le même siécle , Guillaume de la Marche jetta les fondemens du College de la Marche , transferé depuis à la Montagne Sainte Geneviéve par Rueure de Vinville.

L'UNIVERSITE' EN GENERAL.

LES Parisiens ont commencé par l'Université à agrandir Paris, & à sortir de leur Isle pour habiter en terre ferme. En effet , l'Université consistant en une Montagne si proche & si aisée à monter ; d'ailleurs exposée à un grand air & à une belle vûe ; c'est ce qui est cause sans doute que les Romains & nos premiers Rois l'ont préferé à la Ville. Les Romains s'y logerent dans des Thermes, Palais magnifiques qu'ils bâtirent. Clovis, Childebert , & Clotaire y ont fondé les Eglises de Sainte Geneviéve , & de Saint Germain des Prés , & selon toutes les apparences, nos premiers Rois y ont eû leurs Palais , Childebert sur-tout.

La Ville au contraire, est une platte campagne sujette de tout tems aux innondations de la Seine , entrecoupée anciennement de marais, empuantie d'eaux boueuses, & où il ne se voit rien que de moderne , & tout au plus du dix ou onziéme siécle, à la reserve seulement de Saint Gervais ; encore faudroit-il que ce fût celui dont Gregoire de Tours fait mention.

LE NOM D'UNIVERSITÉ.

LES noms de Ville & d'Université, au sens qu'ils se prennent à Paris, sont peut-être plus nouveaux qu'on ne pense, & même c'est à Paris qu'on a commencé à s'en servir. Et bien qu'il ne soit pas malaisé de dire pourquoi ce grand corps de Professeurs & de gens d'étude qui enseignent en ce quartier-là, prend le nom d'Université, la difficulté est de savoir par quelle raison le lieu le prend aussi.

Et de vrai, *Universitas*, est un nom collectif, & même un titre honoraire, qui ne regarde que les personnes : & insi les Papes en ont honoré autrefois le Clergé de France, les Religieux de Sainte Geneviéve, & le Chapitre de Paris au commencement des Bulles qu'ils leur ont adressées. A leur imitation en 1171, Guillaume Archevêque de Sens, Philippe Evêque de Beauvais en 1209, les Abbés de Saint Germain en 1230, & 1391, les Chapitres de Notre-Dame & de Saint Thomas du Louvre en 1211. & 1259. l'ont donné à tous ceux qui verroient leurs Lettres

Nos Rois encore s'en sont servis de la même maniere, comme Philippe Auguste, Saint Louis, Philippe le Hardi ; & enfin avec le tems, il est devenu si commun, qu'une Abbesse de Saint Antoine des Champs nommée Guillemette, s'en servit aussi en 1255, & que presque tout le monde s'en sert aujourd'hui. Mais que de-là ce mot soit passé au Corps des Docteurs & des Professeurs qui enseignent, & qu'ils l'ayent communiqué au lieu-même, & à la Montagne qu'ils habitent ; c'est ce qui fait de la peine.

A le bien prendre neanmoins telle difficulté n'est pas fondée sur une chose fort ancienne; mais assés moderne : car enfin les Lettres & les Professeurs ont erré çà & là durant plusieurs siécles, & dans le quartier que nous appellons l'Université, & dans celui de la Ville, & dans la Cité : cependant à peine sait-on quand ils se sont fixés & arrêtés dans l'Université, & encore ce qu'on en peut savoir est-il nouveau.

SES VIGNES.

VERS le Midi de Paris donc, se voit une grosse Montagne appellée l'Université, qui couvre la Cité & la Ville, & s'éléve entre deux plattes campagnes. Anciennement c'étoit tout vignoble. Dans le douze & treiziéme siécle on commença à y faire des maisons & des rues. Sous la seconde ou la troisiéme Race de nos Rois, on y bâtit, dit-on, une clôture qui venoit du petit Châtelet à la rue des Bernardins : car pour celle que nous y voyons maintenant, elle est du tems de Philippe Auguste, & qu'on ne fortifia de fossés, qu'à la prise du Roi Jean, & sous la Regence de Charles son fils aîné. Peu à peu les principales rues y ont été tellement adoucies, qu'on y monte presque imperceptiblement.

A present elle est environnée de cinq Fauxbourgs contigus, où il y a une quantité presque innombrable d'Eglises, de Palais, de rues, de maisons, de peuples. Leurs noms sont le Fauxbourg Saint Victor, celui de Saint Marceau, de Saint Jaques, de Saint Michel, & de Saint Germain. Dessous sont de vastes & profondes carrieres, d'où depuis treize ou quatorze cens ans on tire des pierres pour bâtir les maisons, & d'où dans les siécles passés on en a tiré pour faire les Eglises, le Palais, le Loûvre, & autres Maisons Royales, Hotels, & autres Edifices publics. De nos jours en divers endroits de ces Fauxbourgs, on a déterré des Mausolées & des Tombeaux Romains, sur tout près de Notre-Dame des Champs, & l'Institution des Prêtres de l'Oratoire, & même dans Sainte Geneviéve, & derriere Saint Etienne des Grés.

Ces Fauxbourgs de même que l'Université étoient anciennement des vignobles, & clos de vignes qui produifoient de fi bon vin, qu'elles faifoient partie du vin & de ces vignes que loue tant l'Empereur Julien. Il en reftoit encore en plufieurs endroits de l'Université du tems de Saint Louis, lorfqu'il fonda la Sorbone, & n'ont été arrachées que pour bâtir des Colleges & faire des maifons autour : car enfin, elles ont duré fi long-tems, qu'on a été plus de 300 ans à les défricher, ainfi que je ferai voir.

De ces clos au refte, les plus grands & les plus renommés fe trouvoient dans l'Université, le refte dehors & dans fes Fauxbourgs, & tous depuis quatre ou cinq cens ans, ont été convertis en rues, maifons, Colleges & autres bâtimens. Dans l'Université les principaux étoient, *le Clos Saint Etienne des Grès*, *la Terre de Laas*, *le Clos de l'Evêque*, *le Clos Mauvoifin ou la Terre & le Clos de Garlande*, *le Clos Bruneau*, *le Clos Saint Symphorien*, *le Bourg Sainte Geneviéve*, *le Chardonnet ou les Clos du Chardonnet*, qui tenoient à la rue Mouftard, ou la grande rue du Fauxbourg Saint Marceau.

Au bas du Fauxbourg Saint Marceau, le quartier qu'on appelle la *Ville de Lourfine*, étoit entouré de vignobles. Au haut, derriere Sainte Geneviéve, fe trouvoit le clos de Sainte Geneviéve ; & enfin dans le refte du Fauxbourg d'autres clos, dont je ne fai prefque rien, avec des vignes qu'on a arrachées pour faire des maifons.

Au Fauxbourg Saint Jaques & de Saint Michel, qui tous deux n'en faifoient qu'un auttrefois, nommé le Fauxbourg Notre-Dame des Champs, fe rencontroient d'un côté, *le Clos le Roi*, *le Clos Draplet*, *le Clos Entechelier* : de l'autre, *le Clos des Poteries*, *le Clos aux Bourgeois*, *le Clos des Jacobins*, *les Francs Mureaux*, clos de vignes ou vignoble recommandable pour fes franchifes.

Quoique le Fauxbourg Saint Germain ait plus d'étendue que les quatre précedens, toutefois je n'y ai pû déterrer que le *Clos de Saint Sulpice & celui des Cordeliers*. S'il y en avoit davantage, comme il eft affés vraifemblable, il ne m'a pas été poffible d'en favoir au moins les noms, ni l'affiette. Que fi je ne joints pas aux clos le Pré aux Clercs, où fans doute aboutiffoient quantité de clos de vignes, c'eft qu'il n'a jamais été ni vignoble, ni clos de vigne.

Voilà en gros l'état ancien de l'Université & de fes Fauxbourgs. Le voici en particulier.

LA TERRE DE LAAS.

PAR des Titres tant du Tréfor de Sainte Geneviéve, que de Saint Germain des Prés, & de Saint Thomas du Louvre, il paroît que la Terre de Laas fe nommoit encore *Lias* & *Liaas*, & qu'elle appartenoit aux Religieux de Sainte Geneviéve & de Saint Germain. Jufques à Philippe Augufte, les derniers en ont été Seigneurs fpirituels : de tout tems ils y ont eu la Seigneurie temporelle, l'ont encore aujourd'hui, & en font, difentils, redevables à Childebert fils de Clovis leur Fondateur. C'étoit un grand efpace plein de vignes qui s'étendoit le long de la Seine, depuis la porte de Nefle, celle de Saint Germain, & les murs de l'Université, jufques à la rue de la Huchette ; & ainfi enfermoit la rue Serpente, la rue Poupée, celle de Saint André & du Cimetiere Saint André, avec quelques autres qui font depuis là jufqu'à la riviere, y compris les maifons qu'on y a bâties, le Monaftere des Auguftins, & l'Eglife Saint André.

Pourvû qu'une Charte de la quarante-huitiéme année du Regne de Childebert ne foit pas fauffe, il fera vrai que de fon tems ce Vignoble appartenoit à Flavius & à Ceraunius, avec l'Oratoire de Saint Andeolle Martyr, qu'on prend pour Saint André, faute d'autre; mais fort mal-à-propos, comme je ferai voir ailleurs. De plus, il sera vrai que ce Prince acheta d'eux cet Oratoire & ce Terroir, & qu'il en fit don à l'Eglise Saint Germain, quand il la fonda. Le Pere du Breul dit que Hugues Abbé de Saint Germain en aliena la plus grande partie en 1179, pour la fondation de son anniversaire, à la charge qu'on y bâtiroit des maisons.

En 1223, & 1227, les Religieux de Sainte Geneviéve passerent à certains particuliers des baux à cens de quelques logis de la rue de la Huchette, ou pour user des termes du tems, de la rue de Laas. Le même nom demeuroit en 1261 & 1263, aux restes de ce vignoble, où alors on jetta les fondemens, non seulement du Monastere des Francs-Sacs, au lieu-même qu'occupent maintenant les Grands Augustins; mais aussi le College de Saint Denys, qui est maintenant couvert d'une partie de la rue Dauphine, de la rue d'Anjou, de la rue Christine, & des maisons qu'on y voit. Depuis, la rue Poupée prit le nom de Lias, ainsi qu'il paroît par un Titre du Cartulaire de Saint Thomas du Louvre, écrit vers l'an 1343. De ces divers noms Saint André a pris le sien; car ce n'est que par corruption que le peuple l'appelle Saint André des Arcs.

LE CLOS SAINT ETIENNE DES GRE'S.

LE Clos Saint Etienne des Grès étoit derriere l'Eglise, & le long de la rue qui porte ce nom-là. Il consistoit en un grand vignoble qui couvroit les environs. En 1238, Jean de Chetenville Ecuyer y avoit des vignes qu'il vendit à l'Evêque Guillaume. Le Roi y en avoit aussi en 1295, qu'il louoit quatre livres Parisis de rente.

LE CLOS L'EVEQUE.

SI le Clos l'Evêque, & le Clos Mauvoisin, ou la Terre de Garlande n'étoient contigus, il ne s'en falloit guere : pour le Clos l'Evêque, il tenoit aux terres de Saint Jean de Latran. En 1177, des vignes qui appartenoient à Saint Marcel, & que Gerard Procureur de l'Hopital acheta cent livres Parisis, étoient plantées entre-deux. En 1230, Suzanne *Pescharenna* donna à ce même Hopital une autre piece de vignes qui étoit tout devant la porte.

LE CLOS MAUVOISIN,
OU
LA TERRE ET LE CLOS DE GARLANDE.

JE ne saurois dire d'où le Clos Mauvoisin a pris ce nom-là : pour celui de Garlande, il vient des Seigneurs de Garlande à qui il appartenoit en partie sous Louis le Gros, & qui ont laissé leur nom à la rue Galande. Autrefois c'étoit un Fief qui d'abord relevoit du Roi & des Seigneurs de Garlande, & depuis releva du Chapitre de Notre-Dame, & de Sainte Geneviéve. D'un côté il tenoit à la rue Saint Jaques ou aux environs; de l'autre il s'étendoit jusqu'aux rues du Fouarre, des Rats, des Anglois, du Plâtre, des trois Portes, de Saint Julien le Pauvre, & à la rue Garlande ou

Gallande, dite le Clos Mauvoisin dans un papier-terrier de l'an 1536.

Au commencement du douziéme siécle, Etienne de Garlande Archidiacre de Paris, fit don aux Chanoines de Saint Aignan d'un clos de vignes qui lui appartenoit là, au pied de la Montagne Sainte Geneviéve.

En 1124, Guillaume de Garlande *Dapifer*, donna à Saint Lazare deux muids de vin tous les ans à prendre sur son clos près le petit-Pont.

En 1134, Louis le Gros se défit en faveur de Notre-Dame & des Chanoines de la Terre d'Etienne de Garlande, où étoient des vignes qu'il avoit fait arracher; mais de plus, de la Voirie, de toute la Justice, soit des coutumes, que d'autres droits, ne se reservant que dix-huit deniers de cens.

L'Evêque Eudes en 1202. fit savoir qu'en cas que le Clos Mauvoisin vint à être habité, il entendoit que ceux qui y demeureroient, fussent Paroissiens de Saint Etienne du Mont; & de plus, dépendissent de lui & de l'Archidiacre de Paris.

Machaud de Garlande apporta en mariage à Mathieu de Montmoranci (que l'Histoire appelle Mathieu de Marli) un clos de vignes qu'elle avoit en ce Fief, & qu'en 1202, son mari & elle donnerent pour trois sols huit deniers de cens à divers particuliers aux conditions suivantes. Qu'ils y feroient bâtir des maisons. Que ceux qui y habiteroient, seroient de la Paroisse Saint Etienne du Mont. Qu'ils payeroient à leur Curé les dixmes grosses & mennes, avec tous les droits dûs par les Paroissiens. Qu'à mesure qu'on y feroit des édifices, lui & sa femme en pourroient augmenter les cens & rentes, & jouiroient de la moitié des lods & ventes, du tonlieu, du rouage, du forage, de la Justice, & de tous autres droits Seigneuriaux: mais que l'Abbé & les Religieux de Sainte Geneviéve ne pourroient rien exiger, ni des Habitans de la rue, qui de la montagne Sainte Geneviéve, venoient à la riviere, ni de ceux d'une autre rue qui conduisoit par la rue Garlande.

Depuis, Bouchard de Marli se défit par échange en faveur de Garnier de Roquincourt de six livres Parisis par an de surcens qu'il prenoit sur ce clos.

En 1225, les Chanoines de Paris traiterent avec Louis VIII de la Taille qu'il levoit sur le pain & le vin par toute la Terre de Garlande.

Quelques années après, le même de Marli donna aux Religieux de Sainte Geneviéve pour son anniversaire quarante sols de cens à prendre sur ce qui lui appartenoit en cet endroit là; & Guillaume son frere, Chanoine de Paris étant venu à mourir, lui & Mathieu de Marli firent don au même Couvent de cent sols de cens sur le même lieu pour la celebration de l'anniversaire de leur frere.

Depuis, Marguerite de Marli du consentement d'Emeri Vicomte de Narbonne son mari, donna à l'Abbayie de Port Royal dix livres Tournois de rente sur le clos de Garlande pour fonder une Chapelle après sa mort; c'est-à-dire, en 1231, 1233, & 1234. Cette fondation fut ratifiée tant par son mari, que par son frere, son oncle & son cousin.

Enfin, pour assembler & mettre en un le reste des choses que j'ai découvertes de ce clos, Saint Louis déclara en 1248, que la Justice en appartenoit au Chapitre de Notre-Dame, & que ceux qui y demeuroient, étoient francs de toutes sortes de Tailles à son égard, hormis, de celle du pain & du vin en certain tems. De plus, les Juifs y avoient un Cimetiere placé entre la rue Galande & la rue du Plâtre, dans la terre de Henri & de Nicolas de Sens, celui-ci Chanoine de Notre-Dame, & l'autre Sous-Chantre, & chargé de quatre livres Parisis de cens. Enfin l'Abbayie Sainte Geneviéve en 1263, acheta sept cens livres d'Amauri Vicomte & Seigneur de Narbonne, tous les droits & domaines qui lui restoient dans ce clos.

LE CLOS BRUNEAU.

APRE'S Garlande suivoit le clos Bruneau, dont le Chapitre de Saint Marcel est Seigneur, & qui a pour limites, la rue des Noyers, celle des Carmes devant Saint Hilaire, & la rue Saint Jean de Beauvais, nommée autrefois & assés long-tems, le clos Bruneau, & la rue du clos Bruneau.

Eude de Sulli Evêque de Paris, y avoit une vigne en 1202, qu'il vendit à la charge d'y faire des maisons, & que ceux qui les occupoient, seroient Paroissiens de Saint Etienne, de même que les Habitans du clos Mauvoisin.

En 1220, l'Archevêque de Reims, Louis de France, fils aîné du Roi, l'Evêque de Senlis, le Chambellan du Roi, & le Connétable de Montmorenci d'une part. De l'autre les Comtes de Bretagne, de Dreux, de Blois, de Beaumont, de Grandpré, de Namur, avec le Maréchal de Tournel, Bouchard de Mailli, Eude de Ham, & autres Grands du Royaume, furent arbitres d'un differend survenu pour ce clos, entre Philippe Auguste, & l'Evêque Guillaume, que deux ans après ils terminerent à l'amiable, aux conditions suivantes. Que le Prevôt de Paris jaugeroit les mesures à bled, que l'Evêque en payeroit le tiers, & en jouiroit sa semaine, qu'il y connoitroit des vols & des homicides, que les biens des personnes condamnées à mort, qu'on y trouveroit, seroient à lui ; mais qu'il ne pourroit, ni faire leur procès qu'à Saint Cloud, ou sut Terres hors de la Banlieue de Paris, ni punir sur son Territoire, quelque part qu'il fût situé, que les voleurs & ceux qu'il auroit condamné à une peine afflictive. Pour ce qui est du Roi, il se réserva le droit de Guet avec celui de *Banvin*, c'est à-dire, d'accorder la permission de crier & de vendre du vin. De plus, il y étoit Juge des Marchands à l'égard des Marchandises ; c'étoit encore à lui à connoître du rapt & des assassinats qui s'y feroient ; outre cela il disposoit à sa volonté de tous les meubles des meurtriers, & des ravisseurs, au cas qu'ils avouassent leurs crimes, ou qu'on les eût pris sur le fait. Que si après le crime confessé ils venoient à s'en dedire, comme y ayant été forcés, ou qu'effectivement ils n'eussent été trouvés en flagrant delit ; si même pour ce sujet, suivant l'usage de ces tems-là, quelqu'un se vouloit battre en duel contre eux, c'étoit dans la cour l'Evêque.

Quand le Prevôt de Paris offroit de les convaincre par témoins, l'Evêque les devoit ouïr ; enfin quand ou par témoins ou par le duel, ils étoient convaincus, c'étoit au Prevôt à leur faire leur procès.

Bien plus, le Roi pouvoit lever au Clos Bruneau des gens de guerre de pied & de cheval, ou mettre les Habitans à la Taille, non seulement pour cela, mais aussi pour faire ses fils Chevaliers, pour marier ses filles, & pour payer sa rançon, venant à être pris à la guerre : pour toute autre, quelle qu'elle fût, cela lui étoit défendu, à moins que d'en obtenir la permission de l'Evêque. Avec tout cela Saint Louis & Philippe le Hardi, ne laisserent pas tous deux d'y contrevenir, & de passer outre, le premier au voyage d'outre-mer ; l'autre à celui d'Arragon. Aussi Etienne Tempier & Renould Evêque de Paris, s'en étant plaints à Mathieu de Vendôme Abbé de Saint Denys, & à Simon de Clermont Seigneur de Nesle, Lieutenant du Royaume, pendant l'absence de ces deux Princes, il leur fut déclaré que par cette entreprise on n'avoit point prétendu enfraindre la Transaction de l'an 1222, & promirent de faire vérifier leur déclaration.

Je passe qu'en 1225, Louis VIII se reserva dans le Cloître Saint Benoît, & accorda aux Chanoines Notre-Dame, les mêmes droits qu'il leur avoit accordés

accordés & qu'il s'étoit reservés au clos Mauvoisin, sur quoi il est bon de remarquer que dès ce tems-là, ce Cloître avoit apparemment autant de grandeur qu'il a; mais bien moins de maisons.

LE CLOS SAINT SYMPHORIEN,

ET CELUI

DE SAINTE GENEVIE'VE.

LE clos Saint Symphorien, le Bourg & le clos Sainte Geneviéve tenoient ensemble, au haut du clos Bruneau, sur le sommet de la Montagne, au commencement d'une grande plaine. Le clos Bruneau, & celui de Saint Symphorien, étoient dans l'Université, près des murailles; l'autre dehors, ou dans le Fauxbourg Saint Marceau, faisoit partie du Couvent de Sainte Geneviéve, avant qu'on environnât l'Université de murs & de fossés. Au reste, par le Bourg Sainte Geneviève on entendoit en 1201 & 1202, ce que nous appellons aujourd'hui le Cloître Sainte Geneviève; c'est-à-dire, l'espace couvert de maisons, & des deux Cimetiéres, l'un de Saint Etienne, & l'autre des Ecoliers, avec cette grande place circulaire, qu'on voit devant Sainte Geneviève & Saint Etienne, qui tient d'une part tant à la rue des Prêtres, qu'à celle des Amandiers, & de l'autre à une grande porte dressée au bout de la rue Saint Etienne des Grès, vers le College de Mont Aigu: si bien qu'on croit, que ce Cloître ou ce Bourg se fermoit autrefois par une autre porte, vers la rue des Amandiers. Il est certain qu'en 1335, on y fit une autre entrée le long de l'Eglise Saint Etienne, quand on commença la rue des Prêtres; cependant ç'a été un grand lieu desert jusqu'en 1253, que les Religieux en vendirent les places à des particuliers, à la charge de les remplir de maisons. Adam Charpentier, & Odeline sa femme furent les premiers qui s'y vinrent établir, à qui l'Abbé & les Religieux firent bail d'une place pour dix sols Parisis de rente; d'autres depuis y ont bâti en divers tems.

A l'égard du clos de Saint Symphorien, il se trouvoit entre la rue des Chiens, celle de Saint Etienne des Grès, & la rue Saint Symphorien. Dès l'an 1209, il y avoit déja des maisons: & de fait, l'Aumônier de Sainte Geneviève en acheta quelques-unes en 1244, 1252, & 1260. L'Evêque d'Arras y logeoit en 1260; maintenant il n'en reste autre chose qu'une petite Chapelle dédiée à Saint Symphorien, dont les Religieux de Sainte Geneviève sont Collateurs & dont ils ignorent la fondation : & bien qu'ils ayent transféré dans leur Eglise le service qui s'y faisoit, & qu'ils y devoient faire, on ne laisse pas neanmoins de la nommer toujours la Chapelle Saint Symphorien. Anciennement on l'appelloit Saint Symphorien des Vignes, à cause qu'elle tenoit au clos des Vignes dont nous parlons. J'ai vû long-tems une Fruitiere y loger : en ma jeunesse, la Messe s'y disoit tous les ans le jour de Saint Symphorien; je pense que depuis long tems on ne l'y dit plus. Que si depuis peu qu'on a bâti là, la Chapelle n'a pas été démolie, en tout cas les réparations qu'on y a faites n'ont été que pour servir de logement à des gens de métier.

LE CHARDONNET.

ASSE'S loin du clos Saint Symphorien & de Sainte Geneviéve se rencontroient encore deux autres clos de Vignes appellés le Chardonnet, qui sont les deux derniers de l'Université. Du tems de nos Peres, tous deux étoient hors de Paris ; à présent, l'un est en partie dans l'Université & dans le Fauxbourg Saint Victor, l'autre dans le Fauxbourg Saint Marceau entierement.

Le nom de Chardonnet leur vient d'une terre couverte de chardons qui y donnoit, & en quoi ils consistoient. L'Evêque & le Chapitre en sont Seigneurs temporels avec Sainte Geneviéve, Saint Victor & Tiron. Quand Paris fut enfermé ils se trouverent en partie dedans & en partie dehors des murs. Quelques-uns le font si grand, qu'ils le placent entre la rue des Bernardins, celle de Saint Victor, le quai Saint Bernard, & lui faisant traverser les chantiers du Fauxbourg, l'étendent jusqu'au moulin appellé autrefois le moulin Alais. D'autres au contraire le font fort petit, & ne lui donnent pour espace, que depuis la Place Maubert, jusqu'à la Pitié, & depuis Saint Etienne jusqu'à la riviere ; mais par ce que je vais dire, il sera bien aisé de vuider la difficulté.

En 1230, Pierre Abbé de Saint Victor en détacha cinq quartiers qui étoient en sa censive, pour les donner à l'Evêque Guillaume, afin d'y bâtir l'Eglise de Saint Nicolas.

En 1236, un Juif nommé Bonnevie y avoit un demi arpent de terre, qu'il vendit soixante sols Parisis à l'Abbé de Saint Victor.

Vers ce tems-là, Raoul de Reims Chanoine de Notre-Dame, y fit arracher quatre arpens de Vignes, qu'il convertit en terres labourables ; mais comme ils faisoient partie des biens de son Benefice, & étoient chargés de quelques redevances assés considerables ; après sa mort Eudes son successeur & Chancelier de l'Université, ayant representé le dommage qu'il en recevoit, les Executeurs du Testament de Raoul furent condamnés à lui payer vingt livres par an pour les employer en terres ou autres fonds.

En 1243, l'Evêque Guillaume, & Raoul Abbé de Saint Victor traiterent ensemble au lieu même où est encore l'ancienne Eglise Saint Nicolas ; & cela, à l'occasion de la rue des Bernardins, & fut arrêté entre eux qu'on la feroit à l'endroit où elle est, tout au travers du Cimetiere Saint Nicolas.

En 1246, vers la Toussaints, les Bernardins vinrent s'établir dans six arpens de Vignes ou environ, que le Chapitre de Paris avoit là, entre Saint Victor, & les murailles ; mais que quelques jours après ils changerent contre cinq autres arpens de Vignes appartenans à Saint Victor qui étoient dans l'Université, & là même où nous voyons presentement leur Monastere.

Si bien qu'en ces deux endroits-là du Chardonnet, ils relevoient de l'Abbé de Tyron de Saint Victor, & du Chapitre de Notre-Dame. Au rapport de Mathieu Paris, le College des Bernardins, s'appelloit de son tems, le College de Chardenai.

En 1460, ce clos se nommoit Cordonnai, selon des titres du treiziéme siécle.

En 1257, Renauld permit aux Bons-enfans, nouvellement fondés près la porte Saint Victor, de bâtir une Chapelle dans ce Chardonnet.

En 1285, les Augustins s'établirent tout contre, dans six arpens & demi de Vignes qu'ils acheterent du Chapitre Notre-Dame, & de l'Abbé de Saint Victor à l'endroit même où depuis a été fond. le College du Cardinal le Moine.

Enfin les terres attenantes en quoi consistoit la partie du clos du Char-

DE LA VILLE DE PARIS. Liv. VIII.

donnet, qui appartient à l'Abbé de Tyron, appellée autrefois presque aussi souvent le Clos de Tyron, que le Clos du Chardonnet.

Ce clos est dans le Fauxbourg Saint Victor, & embrasse les rues, les maisons, & les jardins qui regnent le long de la rue & de l'Abbaye Saint Victor : celui qui dépend de Sainte Geneviéve fut nommé d'abord le clos du Chardonnet, puis la Ville-Neuve Saint René.

En 1520, c'étoit une piece de terre, dont Albiac Elû de Paris étoit proprietaire, & qu'il vendit à des particuliers; & ceux-ci jusqu'en 1540, y bâtirent des maisons le long des rues Gratieuse, Françoise, Tripelet, & Moufsetart.

Comme me voila hors de l'Université, & même que je suis dans les Fauxbourgs, puisque la Ville-Neuve Saint René est en partie dans le Fauxbourg Saint Victor, & en partie dans celui de Saint Marceau; venons aux clos des Fauxbourgs.

CLOS DES FAUXBOURGS DE L'UNIVERSITÉ.

FAUXBOURG SAINT VICTOR.

CLOS DES ARENNES.

AU Fauxbourg Saint Victor, entre les murs de l'Université, & la Ville-Neuve Saint René, se trouvoit le clos des Arennes, ou des Avennes, ou de Saint Victor. De ces noms, le premier est apparemment tiré du lieu, & a été tellement corrompu par le peuple, qu'on ne sauroit le reconnoître ; l'autre vient de l'Abbaye du voisinage. Quoique ce clos cependant relevât de Sainte Geneviéve & de l'Evêque, la Sorbone y avoit trois quartiers de Vignes d'un côté, & quatre d'un autre, entre Sainte Geneviéve & Notre-Dame des Champs, que l'Evêque Regnoul amortit en 1284, avec le Fief de Rosiers : le reste composoit encore un clos de Vignes en 1399, & bien que le tout tînt au clos du Chardonnet, neanmoins ce n'en étoit point une piece.

Par des Chartes du Tresor de Saint Victor, il paroît que les Peres de la Doctrine Chrétienne, & la rue des Morfondus en font partie.

Près de-là il y avoit un autre vignoble nommé Mouftard, sur lequel on a pris la grande rue du Fauxbourg Saint Marceau : tout proche étoit le clos de Sainte Geneviéve, jusqu'en 1356, ou environ, il fut attaché à l'Abbaye Sainte Geneviéve & aux murs de l'Université, où les Religieux venoient par une porte qu'ils avoient dans ses murailles, & qui peut-être subsiste encore entre la porte Saint Jaques & celle de Saint Marceau. En 1218, ou à peu près, ils furent obligés d'aliener une partie, pour terminer quelque different survenu entre eux & Philippe le Bel. Il fallut en 1290, que le Roi leur donnât sept arpens de vignes ou environ qui tenoient à ce clos, avec les douze muids & demi de vin qui en provenoient tous les ans. De plus, la Justice haute, moyenne, & basse, & tous les droits des maisons & des terres assises hors la porte Saint Marceau. Enfin, dans un autre dénombrement fait en 1474, il est parlé d'une piece de quatorze arpens de vignes entourée de murailles, appellée le clos de Sainte Geneviéve, & attachée aux murs de l'Université, avant qu'on y fit des fossés. Presentement ce clos avec toutes les vignes du voisinage dont j'ai fait mention, n'en est pas seulement détaché depuis la prise du Roi Jean, mais il est plein de rues & de maisons qu'on y a bâties depuis peu:

Tome II.   Zz ij

LES FAUXBOURGS SAINT JAQUES ET S. MICHEL.
LE CLOS LE ROI.

SI je n'ai pû retrouver les autres clos de vignes, compris anciennement dans les Fauxbourgs Saint Victor, & Saint Marceau, en recompense, j'ai presque tous ceux des Fauxbourgs Saint Jaques & Saint Michel.

En 1300, Philippe le Bel donna à Guillaume d'Evreux Grennetier de Paris, seize arpens de vignes en une piece plantée dans le clos le Roi, avec plusieurs autres choses que je dirai ailleurs; le tout pour quarante livres parisis de rente.

Les Religieux de Saint Jaques du haut-Pas y acheterent six arpens de vignes pour bâtir un Hopital que Philippe de Valois amortit en 1335.

Le Maître & les Freres de Saint Jaques en 1348, promirent à l'Evêque Foulques une queue de vin de mere goute, au lieu de la moitié des dixmes de ce clos qu'ils lui devoient à cause de cet Hopital & de leur Eglise: & quoique par le discours de du Breul, il semble que le Commandeur & les Freres de Saint Jaques du haut-Pas payassent tous les ans à la Sainte Chapelle treize muids & demi de vin pour leur Hopital assis dans une partie de ce clos, & même qu'il paroisse qu'on n'en peut pas douter après les Arrêts qu'il allegue, prononcés, dit-il, en 1364, 1402 & 1434. Neanmoins parce qu'il ne les rapporte pas, je n'assûrerai rien, & ne nierai pas non plus que ce Commandeur ne les recueillit, soit dans le clos le Roi, soit aux environs, ou ailleurs.

Mais je sai fort bien qu'en 1558, Claude Roussignol Chapelain des Chapelles Saint Michel & Saint Louis de la basse Chapelle du Palais, étoit obligé de fournir tous les ans treize petits muids & demi de vin vermeil, de mere goute, pour la celebration des Messes de la Sainte Chapelle, & qu'une partie du clos le Roi étoit annexée à son Benefice; car j'en ai le Titre entre les mains. J'y trouve que pour la commodité publique, on l'avoit alors traversé d'une rue qui venoit de la porte Saint Michel à Notre-Dame des Champs, sans y avoir fait de murailles, ni songé seulement à l'en recompenser; mais qu'Henri II en ce tems-là lui permit de bailler à rente à des particuliers une partie du reste du clos le Roi, à condition d'y faire des maisons pour accroître son revenu.

De dire si le clos le Roi tenoit au clos Drapelet, & au clos Entechelier, & si Philippe le Bel avoit quatre arpens de vignes dans l'un & dans l'autre, je ne voudrois pas toutefois l'assûrer, quoique je croye; mais j'assûrerai bien que le clos de la Sorbone & un autre arpent & demi de vignes étoient près de là, avec trois autres quartiers de vignes vers la porte, qui appartenoient encore à Philippe le Bel.

LE CLOS DES POTERIES.

DE l'autre côté vers le Fauxbourg Saint Marceau, se rencontroit le clos des Poteries, appellé quelquefois le clos des Métairies La Sorbone y avoit trois quartiers de vignes que l'Evêque Renoul amortit en 1384. On tient que de ces vignes, ou de celles des environs, ont pris leur nom les rues des Vignes & des Poteries qui s'entretiennent au Fauxbourg Saint Marceau, & au Fauxbourg Saint Jaques. Certainement la derniere marque l'assiette du clos des Poteries : pour l'autre, je ne dis rien, elle nous apprend seulement qu'on l'a ouverte à travers des vignes; & de plus, quelques Titres de Sainte Geneviéve portent que ce vignoble subsistoit encore en 1407, sans faire savoir le tems qu'on a commencé à le couvrir de rues & de maisons.

LE CLOS AUX BOURGEOIS.

LE clos aux Bourgeois & celui des Jacobins étoient au commencement du Fauxbourg Saint Michel près la porte, de part & d'autre de la rue d'Enfer: l'un descendoit jusqu'au Fauxbourg Saint Germain, l'autre jusqu'au Fauxbourg Saint Jaques.

Ce clos aux Bourgeois est un Fief qui appartient à Sainte Geneviéve & à la grande Confrerie. Les Religieux de Sainte Geneviéve ne sauroient dire de qui ils tiennent ce qu'ils ont: le President Machaut veut que la grande Confrerie soit redevable de ce qu'elle y a à la pieté de Saint Louis. Philippe le Hardi l'amortit avec tous les biens de la grande Confrerie. Il consiste en une piece de quatorze à quinze arpens, & aujourd'hui est composé des maisons de devant la porte Saint Michel; d'une partie de celles de la rue d'Enfer, & du parc du Palais d'Orleans: & de fait, Gaston de France Duc d'Orleans a reconnu de nos jours qu'un bout du parc de son Palais en relevoit. Son nom vient apparemment du Parloir aux bourgeois, situé du tems de nos peres sur les murs de l'Université derriere les Jacobins, & si près de ce Fief, qu'il en faisoit partie, dont il n'a été détaché qu'en 1356, durant la prison du Roi Jean, lorsqu'on fit des fossés en ce quartier-là. Outre ce nom ici, il a été encore appellé le clos Vigneroi, ou le lieu dit Vigneroi en 1343, le clos Saint Sulpice en 1431, & depuis, l'Hotel de Bourges.

En 1536, il tenoit à un champ qui servoit de Marché aux Chevaux pendant la Foire Saint Germain, l'Hotel-Dieu y avoit un moulin à vent & un pressoir, nommé le moulin & le pressoir de l'Hotel-Dieu. Je ne dirai point d'où il a pris les noms de Vigneroi, de l'Hotel de Bourges: pour celui du clos de Saint Sulpice, s'il ne vient pas des vignes du Territoire de Saint Sulpice dont le raisin se devoit pressurer au pressoir Gibar, qui étoit un autre nom qu'on donnoit au pressoir de l'Hotel-Dieu, je ne saurois dire d'où il l'a pû tirer.

LE CLOS DES JACOBINS.

LE clos des Jacobins étoit un clos de vigne comme les autres: il doit son nom aux Jacobins qui de tout tems en ont été les proprietaires, & contenoit neuf arpens, où depuis quelques années on a fait les rues de la Madeleine, de Saint Thomas & de Saint Dominique, avec plusieurs maisons particulieres, la plûpart, grandes & bien bâties. On croit qu'anciennement il venoit jusqu'aux murs de l'Université, & qu'il en fut détaché quand on fit des fossés à la prise du Roi Jean; qu'auparavant les Jacobins y entroient, ainsi que les Cordeliers faisoient dans leur clos par une porte de communication faite dans les murailles. Il fut ruiné assurément en 1356, avec celui des Cordeliers & les Fauxbourgs circonvoisins, ainsi que j'ai dit déja bien des fois.

François I permit aux Jacobins en 1546, de la bailler à cens & rentes à divers personnes, à condition d'y faire des maisons & des rues.

En 1549, Paul III, nomma les Abbés de Sainte Geneviéve, & de Saint

Magloire, avec l'Official de Paris, pour le vendre, au cas que ce fût l'avantage du Couvent : quatre mois après il fut vendu au plus offrant & dernier encherisseur.

Charles IX & Henri IV confirmerent cette vente en 1565, & 1603. Toutes les fois que les Commissaires députés par le Roi à la recherche des droits Domaniaux en la Chambre du Tresor, ou leurs semblables, ont saisi les maisons qui composent ce clos, pour satisfaire aux subventions, ou autrement, nos Rois, & sur-tout Henri le Grand en 1604, leur ont commandé d'en donner main-levée aux Jacobins. Depuis, par divers Arrêts du Parlement les y a maintenu dans les droits, tant de cens & rentes, que de lods & ventes qu'on leur disputoit; & ça toujours été vainement qu'on a entrepris de les y troubler, presentement cela leur vaut de rente jusqu'à trois ou quatre mille francs.

LES FRANCS MUREAUX.

LE clos de vignes, ou Territoire des Francs Mureaux, est le plus célebre de tous. Il étoit au Fauxbourg Saint Jaques, & au Fauxbourg Saint Michel, près de Notre-Dame des Champs, vers le lieu où on a fondé depuis le Couvent du Port-Royal.

En 1256, & au commencement du quatorziéme siécle, il se nommoit *Murelli* : dans une Charte de l'an 1158, que j'ai tirée du Tresor des Chartes de la Chambre des Comptes, par la faute des Copistes ou autrement : il s'appelle *Murallia*, *Muralia*, & *Muralitia*, & il prenoit l'épithete de francs, parce que ceux qui y demeuroient, étoient exempts ou francs de Tailles, de subventions, de gens de cheval, d'aller à la guerre, de tous impôts, subsides, & autres droits, que nos Rois exigeoient alors, & ont exigé long-tems depuis, tant des Parisiens que de leurs autres Sujets.

Quelques Titres anciens font voir que c'est Louis le Gros qui leur avoit accordé ces franchises; d'ailleurs qu'ils ne devoient au Roi que six deniers, & un muid de vin par an pour chaque quartier de vigne; & qu'enfin ayant perdu leurs Chartes sous Louis le Jeune, ce Prince à leur priere les renouvella en 1158, non sans avoir juré auparavant & protesté tant eux que ses Sergens que ces demandes étoient raisonnables.

En 1256, Henri Sous-Chantre de Notre-Dame, vendit à Julienne des Champs & à sa fille un quartier de vignes qui lui appartenoit là, à condition d'y bâtir.

Philippe le Bel en 1300, y avoit plusieurs masures qui lui devoient onze muids & demi de vin, & qu'il bailla à rente, comme j'ai déja dit, avec beaucoup d'autres choses à Guillaume d'Evreux Grennetier, & à Nicolle sa femme, pour quarante livres Parisis tous les ans, dont il fit don en 1306 à Galerant le Breton son Echanson, & Concierge du Palais, & à Pernelle sa femme leur vie durant, laquelle rente depuis en 1309, & 1313, il leur permit d'employer à la fondation d'une Chapelle à Notre-Dame, & d'une autre à la basse Sainte Chapelle, sous l'invocation de Saint Michel, Saint Pierre, Saint Paul, & Saint Louis. Faute de savoir ceci, au reste, du Breul a dit hardiment, que les Francs Mureaux consistoient à un Fief appartenant à Saint Louis; qu'il le donna à la Sainte Chapelle, lorsqu'il y fonda la Chapelle Saint Louis, & de Saint Michel; qu'on y bâtit treize maisons, & que ceux à qui elles appartenoient devoient chacun un demi muid de vin de mere goute.

Mortier ajoûte, que les Habitans de francs Mureaux étoient obligés de demander la permission de vendanger au Chapitre de la Sainte-Chapelle, & de venir querir au Palais les muids de leur Eglise destinés pour y mettre les treize muids & demi du haut pas, ou du clos du Roi, dont je parlois tout maintenant.

Du Breul n'en demeure pas là ; mais prétend encore que tous les Dimanches reglément, ils venoient faire le pain-benit à la Sainte Chapelle. Enfin Mortier & lui avancent tant de choses de leur chef de ces Francs Mureaux, & les chargent de tant de servitudes, que malgré toutes leurs franchises, ils les rendent presque aussi esclaves, que les esclaves de ces tems-là, qu'on appelloit homme de corps, tant ceux de nos Rois, que des Seigneurs particuliers.

LE CLOS SAINT SULPICE.

TOUT ce que je sai du clos Saint Sulpice, est que le clos aux Bourgeois prenoit son nom en 1431, & qu'il étoit entre l'Eglise & le clos aux Bourgeois.

LE CLOS DES CORDELIERS.

LE clos des Cordeliers s'étendoit bien avant dans le Fauxbourg Saint Germain. Les Religieux de Sainte Geneviéve amortirent en 1286, trois piéces de vignes de cinq quartiers qui en faisoient partie assises entre Saint Sulpice & la porte Saint Michel, & contiguës, l'une à la vigne d'un Chapelain de Saint Benoît nommé Hervé Briçon : l'autre à celle de l'Hotel-Dieu ; & la derniere à celle d'un certain Jean Papin en partie, & en partie à une autre vigne qui appartenoit à Saint Etienne des Grès.

En 1298, les Cordeliers compterent au Chambrier de Sainte Geneviéve vingt livres Parisis pour l'amortissement d'une autre piéce de vignes qu'ils avoient dans ce clos. Ce clos enfin avec ses vignes a tenu à leur Couvent jusqu'en 1356, qu'il en fut séparé pour faire les fossés de la Ville. Les Cordeliers au reste n'y sont pas rentrés depuis, comme ont fait les Jacobins dans le leur ; & cela, pour en avoir été plus que recompensés par Charles V, qui, outre les Jardins agréables qu'il leur donna, fit faire encore dans leur Maison quantité de logemens, & de grandes écoles, dont ils se tinrent si contens, qu'en 1370, ils promirent de dire à perpetuité une Messe pour lui, pour la Reine, & pour leurs enfans : ce qui n'a pas empêché pourtant, que depuis ils n'ayent fait tout leur possible pour y rentrer, & même encore aujourd'hui plus que jamais, quoique sans raison : & enfin portent si loin leurs prétentions, que ce ne leur est pas assés de vouloir être Seigneurs des maisons bâties sur ce clos, ils veulent aussi en être proprietaires, & de posseder ceux à qui elles appartiennent.

FAUXBOURG SAINT GERMAIN.

LE PRE' AUX CLERCS.

POUR ce qui est du Pré aux Clercs, l'Université le fait commencer près de l'Abbayie Saint Germain, & de là le continuant de plus en plus, le conduit si avant, qu'il se va perdre bien loin dans la campagne ; assûrant de plus, sans autre preuve, qu'elle le tient de la liberalité de Charlemagne, ou de Charles le Chauve, & que sous leur Regne, c'étoit un lieu où les Ecoliers s'alloient divertir le jour de congé.

On a commencé à y bâtir en 1630, & quoique depuis, tant Louis XIII, que Louis XIV, ayent souvent fait défenses de passer certaines limites, on ne laisse pas neanmoins d'avancer toujours, & de les passer, ce qui oblige quelquefois à les reculer, & mettre un peu plus loin. Tous les jours on y entreprend de grand logis & beaux ; & enfin il y en a tant aujourd'hui qu'il seroit difficile d'en savoir le nombre, même de ceux qui se trouvent par de-là les bornes que de tems en tems on y a plantées.

AUTRES VIGNES PARTICULIERES,
tant dedans que dehors l'Université.

OUTRE tant de clos & de Territoires, il est aisé de juger par ce que j'ai dit, qu'il y avoit d'autres vignobles qui couvroient la Montagne où est l'Université, aussi-bien que ses vallons, & les autres endroits où sont ses Fauxbourgs, & pour le faire voir:

En 1033, Henri I consentit que les Religieux de Saint Magloire possedassent paisiblement dix arpens de vignes, qu'ils avoient entre Sainte Genevieve & Notre-Dame des Champs, & même en possedassent davantage.

J'ai dit qu'en 1177, des vignes se rencontroient devant & à côté de l'Hopital Saint Jean de Latran, près du clos de l'Evêque. Gautier Prieur de Saint Martin, en   , consentit qu'une maison & demi arpent de vignes assis près du Palais des Thermes, & donné à son Prieuré par Albert Sous-Chantre de Paris, appartinssent à l'Eglise Notre-Dame.

En 1183, Philippe Auguste donna quatre arpens de vignes plantés en la Paroisse Saint Etienne; l'un en la rue des Mathurins, l'autre à Saint Symphorien, le reste à la rue des sept-Voyes; c'est-à-dire, au clos Saint Symphorien, dont peut-être faisoient ils partie, & aux vignes sur lesquelles depuis la Sorbone & les Mathurins ont été fondés.

Quand Philippe Auguste entreprit en 1211, les murs de l'Université, ce fut à travers les vignes de l'Abbayie Saint-Germain.

En 1256, Evrard de Loursine, & Herbert de Centimars, avoient chacun une vigne entre Notre-Dame des Champs & la Tombe Ysoire, où passe le grand chemin d'Orleans.

La même année, Anseaume de Taverni, & Pernelle sa femme en avoient un arpent au même endroit, qu'ils chargerent de la garentie de cent sols de droits de cens, & le donnerent à Notre-Dame.

En 1258, les Chanoines de Saint Etienne des Grès vendirent aux Chartreux deux pieces de vignes proche leur Monastere, situées dans leur Territoire de Vauvert, & contigues tant à la vigne de Philippe de Lorret, qu'à celle de la grande Confrerie, ou du clos aux Bourgeois.

Ajoûtés à tout ceci, qu'en 1270, l'Evêque de Paris avoit une vigne près la Porte Saint Michel, & que proche de là une autre nommée la vigne de la Sœur appartenoit à Jean de Saint Benoît, Bourgeois.

Eudes Pepin, & un Beneficier de Saint Benoît, en possedoient deux autres dans le Territoire de Vigneroi.

Adenulfe Prevôt de Saint Omer, & Chanoine de Paris, en vendit trois pieces à Benoît frere de Jean; la premiere attachée à la vigne de l'Evêque, & celle de son frere: la seconde assise au Terroir de Vigneroi, & contigue à celle d'Eude Pepin, & d'un Beneficier de Saint Benoît: la derniere unie de toutes parts à celle du même Pepin.

A tant de particularités j'ajoûte encore qu'en 1284, l'Evêque Renoul amortit à la Sorbone trois quartiers de vignes assis vers Notre-Dame des Champs qui faisoient partie du Fief de Rosiers, & que le Prieur de Notre-Dame des Champs en avoit sept autres qui y tenoient.

De

De plus, en 1315, Raoul de Presle vendit une maison qu'il avoit au Fauxbourg saint Germain, à la rue de la Boucherie, & qui tenoit à des vignes, des terres labourables, & à la garenne de l'Abbayie saint Germain.

Enfin en 1398, Louis Duc de Bourbon donna aux Jacobins quatre queues de vin, & deux muids de froment sur le bled & les vignes de son Hotel de Valois, situé au Fauxbourg saint Jaques, à l'endroit où est à present le Val de Grace.

En 1503, ces lieux étoient presque en même état; & quoique les environs de saint Jean de Latran fussent tous semés de maisons en 1428, neanmoins à la rue des Sept-Voyes il ne laissoit pas d'y rester sept quartiers de vignes. En un mot presque de toute ancienneté, & du tems même de nos peres, les environs de Notre-Dame des Champs, de saint Etienne des Grès, & de saint Symphorien ont été pleins de vignes: aussi saint Symphorien se nommoit-il communément, comme il se nomme encore, saint Symphorien des vignes. A Notre-Dame des Champs, tout de même, le nom de Notre-Dame des vignes lui étoit donné assés souvent, & je pense avoir lû en bien des endroits que saint Etienne des Grès, s'appelloit saint Etienne des vignes.

Au reste, pour tant de vignes, de vignobles, & de clos de vignes, il y avoit des pressoirs banaux, comme je dirai autre part.

AUTRES LIEUX REMARQUABLES
aux Fauxbourgs de l'Université.

FAUXBOURG SAINT VICTOR.

VERS le commencement du Fauxbourg saint Victor se trouvoit un Territoire nommé la Terre d'Alez, & presque tout au bout, un champ appellé Coupeaux, & des voiries entre-deux.

La Terre d'Alez en 1411, & auparavant, étoit une piece de terre labourable qui s'étendoit depuis saint Victor jusqu'aux fossés & aux remparts. Avant la prison du Roi Jean on avoit bâti dans ce Fauxbourg plusieurs maisons & hotelleries qui rapportoient à l'Abbayie un revenu fort considerable; mais qu'on ruina avec les autres Fauxbourgs durant la prison pour faire des remparts & des fossés.

A l'égard de Coupeaux, c'étoit un grand Terroir, où autrefois se voyoit un grand moulin appellé le moulin de Coupeaux. En 1395, & auparavant, on y avoit fait quelques maisons, si bien que ce qui en restoit en 1545, ne consistoit plus qu'en un champ clos de murs, nommé le champ des Coupeaux, de quatre arpens ou environ; attaché d'un côté au grand chemin, de l'autre, à la riviere des Gobelins, vis-à-vis le jardin de l'ancien Hotel d'Orleans. De notre tems on l'a compris dans le jardin des Plantes; il sert aujourd'hui de jardin haut: auparavant on l'appelloit le champ de Coupeaux, & c'est là qu'étoit dressé ce moulin à vent dont je viens de parler, qui y a été assés long tems.

Tout contre étoit une voirie formée d'immondices, ainsi que les autres voiries; mais principalement du sang & des boyaux de la Boucherie sainte Geneviéve qu'on apportoit là. Ce lieu si sale ne laisse pas de former aujourd'hui avec la bute de Coupeaux, une montagne semée de simples, de plantes & autres herbes médecinales; mais de plus ombragée d'allées de cyprés & autres arbres, qui fait une des principales parties du Jardin Royal.

Près de-là, il y avoit deux autres voiries, l'une nommée la voirie ancienne &

ceinte de murailles sous Henri II; l'autre appellée la voirie sainte Geneviéve, par ce qu'elle faisoit partie du Territoire de sainte Géneviéve, tenoit aux terres de l'Aumônerie de cette Abbayie & aux Gobelins, & se rencontroit entre saint Victor & Coupeaux : deux arpens de terre en faisoient toute l'étendue. Les Religieux de sainte Geneviéve la louerent en 1549 à Jean de Cambrai, pour en tirer de la pierre, à condition qu'il leur en fourniroit la quatriéme partie.

La mauvaise odeur de tant de voiries, sur-tout de celle où les Bouchers portoient leurs boyaux, infecta long tems saint Victor, & tout le Fauxbourg : on avoit beau s'en plaindre, cela ne servoit de rien ; tant qu'enfin Henri II en 1557, qui par bonheur étoit venu à saint Victor, ayant senti la puanteur de cette voirie, ordonna qu'elle seroit fermée de murailles, de même que l'ancienne.

FAUXBOURG SAINT MARCEAU.

AU bas du Fauxbourg saint Marceau étoit la Ville de Lourfine, dont j'ai parlé. Vers le milieu la Ville Neuve d'Orleans, qui regnoit le long d'une rue du Fauxbourg saint Victor ; nommée la rue d'Orleans presentement. On donna à ce quartier là le nom de Ville-Neuve d'Orleans, parce qu'auparavant c'étoit l'espace qu'occupoit l'Hotel d'Orleans, que les Ducs d'Orleans ont eu long tems au Fauxbourg saint Marceau.

FAUXBOURG SAINT GERMAIN.

AU Faubourg saint Germain il y avoit une Garenne près de l'Abbayie, & des Tuilleries vers le College des Quatre-Nations. De tout tems la Garenne a été appellée la Garenne de saint Germain des Prés. En 1315, elle tenoit aux environs de la Foire & de la rue des Boucheries.

A l'égard des Tuilleries, les unes en 1368 étoient derriere l'Abbayie saint Germain, vers l'Hopital saint Pere, ou la Charité; le reste derriere l'Hotel de Nesle, ou le College des Quatre Nations, & compris dans le séjour de Nesle; c'est-à-dire, dans les jardins de l'Hotel de Nesle, ou de Jean de France Duc de Berri.

Mais c'est trop s'arrêter dans des lieux vagues & dans des vignes; c'est assés mesurer leurs clos & leurs arpens : imitons le Theatre qui sans miracle change de face, quand il lui plaît ; de tant de seps faisons des bâtimens, & de leurs espacés, des vûes, afin que ce tableau soit plus dans son jour, & que toutes ses parties se presentent à la vûe sans confusion. Distinguons le tems & disons quand chacune a commencé, soit rues, Eglises, Colléges, Palais, maisons, & autres édifices : car par ce moyen nous découvrirons mieux le tems que l'Université a été bâtie.

LES EGLISES.

TOUCHANT les Eglises, le Peuple tient saint Benoît, Notre-Dame des Champs, & saint Etienne des Grès si anciens, qu'il croit que c'est Saint Denys lui-même, ou les premiers Chrétiens qui en ont jetté les fondemens. Je ne parle point de saint Andeolle, dont la Charte de la fondation de saint Germain fait quelque mention, puisqu'elle passe pour fausse; & que bien loin de croire que ce soit à present l'Eglise de saint André, je ne sai, ni où il étoit, ni ce qu'il est devenu.

Launoi qui est bien un autre juge en matiere d'Histoire Ecclesiastique, assûre que saint Marcel étoit sur pied dès le tems de saint Martin.

Pour sainte Geneviéve & saint Germain, certainement ce sont des Ouvrages de la pieté de Clovis & de Childebert.

Saint Julien-le-Pauvre servit d'azyle sous le Regne de Chilperic.

Du tems d'Henri I, saint Etienne, saint Julien, saint Severin, & saint Bachus avoient des Eglises dans un des Fauxbourgs de Paris. Ceux qui tiennent vraie la Charte où ils l'ont lû, les placent dans l Université, à cause qu'ils y voyent des Eglises dédiées à saint Severin, à saint Julien, & à saint Etienne; mais ils y cherchent vainement saint Bachus. A l'égard de la troisiéme, on doute fort que ce soit saint *Severin* de la rue saint Jaques. La seconde ne sauroit être saint Etienne du Mont; car alors, on n'avoit pas encore songé seulement à y mettre la moindre pierre; ce n'est pas aussi saint Etienne des Grès, non plus que saint Julien-le-Pauvre. Quant à la Charte, veritablement nous n'en avons qu'une partie. Telle qu'elle est, neanmoins il ne seroit pas difficile de prouver qu'elle est supposée, quoique le Pere du Breul, & le jeune Valois la fassent passer pour veritable. Ce Titre ne désigne point le Fauxbourg où les quatre Eglises sont situées; si bien qu'on a tout sujet de douter de l'endroit où elles pouvoient être.

A ce que prétend Valois, saint André & saint Côme furent bâtis depuis 1210, jusqu'en 1212.

Nous ne savons point en quel tems furent fondés, ni saint Hilaire, ni saint Sulpice, saint Medard, saint Hippolyte, saint Martin du Cloître saint Marcel, ni enfin saint Pere, aujourd'hui la Charité, & autres Eglises anciennes.

Il est constant que Guillaume de Champeaux & Louis le Gros sont Fondateurs de saint Victor, & qu'en 1138, il y avoit près du Palais des Thermes un lieu nommé *Eleemosyna Beati Benedicti*: mais si les Mathurins l'occupent presentement, comme dit du Breul, je m'en rapporte.

Vers l'an 1171, l'Hopital saint Jean de Latran fut fondé.

Dans le treiziéme siécle les Juifs avoient deux Cimetieres, l'un à côté de la rue Galande, l'autre entre la rue Pierre-Sarasin & celle de la Harpe.

Les Paroissiens de saint Etienne du Mont alloient ouïr le Service à Sainte Geneviéve en 1201.

Les Chapelles de saint Jaques & de saint Mathurin furent données aux Mathurins & aux Grands Jacobins en 1218, & 1238.

En 1230, on fonda les Cordeliers; & l'Eglise saint Nicolas du Chardonnet fut bâtie.

Les Bernardins, comme j'ai dit, & les Augustins racheterent une partie du Chardonnet, & s'y logerent en 1246, & 1285.

En 1259, saint Louis fit don aux Chartreux de son Palais de Vauvert,

& de plus, en 1261, établit les Freres Sacs, au lieu même où vinrent les Auguſtins en 1293, & où depuis ils ont toujours demeuré.

Après la mort de ſaint Louis, Marguerite de Provence ſa veuve, fit faire l'Hopital ſaint Marcel.

En 1286, Philippe le Hardi fonda l'Hopital ſaint Jaques du Haut-Pas. Trois ans après, on mit les Cordelieres du Fauxbourg ſaint Marceau en poſſeſſion des maiſons de Galien de Piſes leur Fondateur.

Les Carmes en 1317, furent tranſportés à la Place Maubert du lieu où ſont à preſent les Celeſtins.

Des Bretons fonderent la Chapelle ſaint Ives en 1348.

Enfin les Carmelites, les Jeſuites du Noviciat, les Carmes Déchauſſés, les Religieux de la Charité, les Petits Auguſtins, les Religieuſes du Val de Grace, & du Calvaire, les Feuillantines, & les Peres de la Doctrine Chrétienne, ſe ſont établis au commencement du ſiécle dans les Fauxbourgs de l'Univerſité. Les autres Monaſteres en bien plus grand nombre encore, n'ont été fondés que depuis peu.

Voila pour les Egliſes.

A l'égard des Colleges, voyés ce qui ſuit

FONDATION DES COLLEGES DE PARIS.

LA SORBONE.

LE plus ancien & le plus célebre, eſt celui des Théologiens, qui porte le nom de *Sorbone*. Saint Louis l'inſtitua l'an 1252, par le conſeil de Robert de Sorbone ſon Aumônier & Confeſſeur, Chanoine de Cambrai, lequel contribua beaucoup à la dépenſe Les plus renommés Docteurs en Théologie ont fait le cours de leurs études en ce College. On y tient des diſputes générales les Vendredis depuis le vingt-neuf Juin juſqu'au mois de Novembre Les Bacheliers y diſputent, lorſqu'ils font leurs Tentatives & Veſperies. Le Pape Clement VI, dit le Cardinal de Rouen, avant ſon Pontificat, fut Proviſeur de cette Maiſon, de laquelle il fit bâtir l'Egliſe, par le moyen des Indulgences & Pardons qu'il y octroya; & Jean Armand du Pleſſis, Cardinal de Richelieu, autre Proviſeur de la même Maiſon, l'augmenta, & l'embellit depuis de pluſieurs beaux édifices.

DE CALVI.

Robert de Sorbone commença la fondation du College de *Calvi*, lequel on appelle encore la petite Sorbone de ſon nom. Il en acquit le lieu & les maiſons de Guillaume de Cambrai, Chanoine de ſaint Jean de Moreſne en Dauphiné; & le droit d'y pourvoir de Regens en demeure juſqu'à preſent à ceux de Sorbone.

LES BERNARDINS.

Mathieu Paris dit que les Moines de l'Ordre de Cîteaux, appellés vulgairement Bernardins, ont obtenu du Pape Innocent IV en 1244, permiſſion d'ériger des Ecoles & Colleges dans Paris en 1246. C'eſt pourquoi ils acquirent par échange de l'Abbé & des Religieux de ſaint Victor un fond en la rue du Chardonnet, où ils inſtituérent ſous le Regne de ſaint Louis le College ſurnommé des *Bernardins*, pour un certain nombre d'étudians.

Le Pape Benoît XII, natif de Toloſe, qui avoit été de leur Ordre, fit commencer le bâtiment de leur grande Egliſe l'an 1336, & après lui Guillaume le Blanc Cardinal, Religieux du même Ordre, le continua jusqu'au Portail, augmenta le College d'une Bibliotheque & de seize écoliers pour étudier en Theologie. Guillaume du Vair Garde des Sceaux, Evêque & Comte de Lisieux, y est enterré.

DE PREMONTRE'.

L'Abbé & le Couvent de *Premontré* acheterent en 1255, au mois de Juin, de l'Abbesse de saint Antoine neuf maisons dans la rue des Etuves, devant l'Eglise des Cordeliers, où ils bâtirent un College pour leurs Religieux, lequel fut accru de quelques édifices l'an 1286, & depuis peu l'on y a commencé une Eglise, qui n'est point même achevée.

DE CLUNI.

L'an 1269, Ives de Vergi, Abbé de Cluni, fonda au dessus de la rue de Sorbone un autre College pour les Religieux de son Ordre, appellé vulgairement le College de *Cluni*, fit faire les murailles qui l'environnent, le refectoire, la cuisine, le dortoir, la moitié du cloître. L'Eglise fut construite par Ives de Chasant son neveu & successeur en l'Abbayie, avec l'autre moitié du cloître, le chapitre & la bibliotheque : & Jaques d'Amboise aussi Abbé de Cluni, fit réparer depuis le même College. Plusieurs Illustres y sont enterrés ; entre autres, Jean Raulin Doyen de saint Denys de Nogent le Rotrou.

DES DIX-HUIT.

Devant la porte de l'Hotel-Dieu proche le Parvis de Notre Dame, il y a une grande maison, où étoient logés, entretenus, & instruits dix huit pauvres écoliers. A raison de quoi elle est appellée la maison des *Dix-huit*. Mais depuis ils furent transferés au dessus de la rue de Sorbone, devant celui de Cluni, nommé le College des Dix-huit, ou de Notre-Dame.

DU THRESORIER DE NOTRE-DAME.

Guillaume de Saona, Trésorier de l'Eglise de Notre-Dame de Rouen, fonda l'an 1269, un autre College en la rue de la Harpe pour vingt-quatre écoliers, dits Boursiers, douze grands, & douze petits, lequel a retenu le nom du Thresorier de Notre Dame.

DE HARCOURT.

Le College de *Harcourt*, assis en la même rue de la Harpe, composé de deux Hotels, vis-à-vis l'un de l'autre, fut commencé l'an 1280 par Raoul de Harcourt, lors Chanoine de Notre-Dame de Paris & Archidiacre de Coûtance, Chancelier en l'Eglise de Baïeux, enfin grand Archidiacre de Rouen & le destina pour de pauvres étudians de ces quatre Dioceses. Depuis Robert de Harcourt, Evêque de Coutance son frere, l'acheva, & Guillaume Bauffeti Evêque de Paris en confirma l'établissement en 1312. C'est le principal College de la Nation de Normandie, où doivent être douze Théologiens & vingt-huit étudians en la Faculté des Arts.

DES CHOLETS.

Jean Cholet Evêque de Beauvais, Cardinal & Legat en France, avoit laissé par testament en 1289, un legs de 6000 livres pour être employé à la guerre d'Arragon, si elle continuoit ; mais Gerard de saint Just & Evrard de Noïentel executeurs de sa volonté, le convertirent en achat de quelques maisons près l'Eglise saint Etienne des Grès, lesquelles ils érigerent en College, sous le titre de Maison des pauvres écoliers, & depuis il a pris le nom de son Fondateur, & a été appellé College des Cholets. Jean le Moine Cardinal & Legat en France, en fit les statuts, & l'augmenta de quatre Commandes majeures, lesquelles il ordonna être desservies par quatre Chapelains, deux de la Ville de Beauvais, & deux d'Amiens.

DU CARDINAL LE MOINE.

Le même Cardinal Jean le Moine acheta l'an 1302, l'ancien domicile des Freres Hermites de saint Augustin, aboutissant d'un côté à la rue saint Victor, & de l'autre au bord de la Seine, où il établit un autre College, qui a été nommé du *Cardinal le Moine*. Il y fit construire une Chapelle en laquelle il a été enterré, & auprès de lui André le Moine son frere, Evêque & Comte de Noyon.

NAVARRE.

Jeanne Reine de France, Comtesse Palatine, de Champagne & de Brie, femme de Philippe le Bel, fonda en 1304, le Royal College de *Navarre*, autrement dit de *Champagne*, en la Montagne sainte Geneviéve, pour l'entretien & instruction de trois sortes d'écoliers, savoir vingt Théologiens, trente Philosophes, & vingt Grammairiens. C'est le plus grand & le plus beau College de l'Université. Sur le Portail on voit les statues du Roi Philippe & de la Reine, & au frontispice de l'Eglise, il y en a trois autres, saint Louis, Nicolas de Clemengis, & Jean Textor ces deux derniers sont inhumés dans la Nef.

BAIEUX.

Le College de Baïeux assis rue de la Harpe, fut fondé l'an 1308, par Guillaume Bonnet Evêque de Baïeux pour douze étudians du Diocése du Maine & d'Anjou, en reconnoissance de ce qu'il étoit né dans l'un, & avoit appris les belles lettres dans l'autre.

LAON et DE PREELLES.

Gui de Laon, Chanoine de l'Eglise de Laon & Trésorier de la sainte Chapelle de Paris, & Raoul de Preelles, Secretaire de Philippe le Bel y établirent un College au bas du Mont saint Hilaire l'an 1313, pour les pauvres étudians de Laon & de Soissons. Mais peu de tems après, quelques differends s'émurent entre les Boursiers qui contraignirent les Fondateurs à le partager en deux; de sorte qu'à ceux du Diocése de Laon échûrent les corps d'Hotel qui regardoient la rue du clos Bruneau, dite maintenant de Beauvais, où fut ordonné l'ancien College de *Laon*; & ceux du Diocése de Soissons eurent les maisons assises du côté de la rue des Carmes, appellées le College de *Preelles*: auquel lieu Raoul de Preelles, Sire de Lizi, & Jeanne du Chastel sa femme instituerent de plus deux Chapelainies l'an 1324. Puis Gerard de Montaigu, Avocat du Roi en sa Cour du Parlement, Chanoine des Eglises de Paris & de Reims, ayant legué aux Boursiers du College de Laon sa propre maison, nommée l'Hotel du Lion d'or, aboutissant d'une part au Mont sainte Geneviéve, & de l'autre en la rue des Carmes, ils y allerent établir leur demeure l'an 1340. Ce dernier College est celui qui a retenu le surnom de *Laon* jusqu'à present.

DE BEAUVAIS.

Jean de Dormans Cardinal, Evêque de Beauvais & Chancelier de France, acquit l'an 1365, des Maîtres, Chapelains, Procureurs, & Boursiers de l'ancien College de Laon la maison que Gui de Laon leur avoit donnée, comme il a été remarqué ci-deffus, & y établit un autre College fous le titre de Dormans, autrement dit, de *Beauvais*, lequel il augmenta de plufieurs autres bâtimens. La premiere fondation fut de douze Bourfiers fur le Bourg & Paroiffes de Dormans. La feconde de cinq autres, par lettres de l'an 1371; & trois ans après, il y en ajoûta fept, defquels il voulut que trois fuffent pris des Villages de Biffeux & d'Athi dans le Diocéfe de Reims, s'ils fe préfentoient. Mifile de Dormans, auffi Evêque de Beauvais, & Chancelier de France fon neveu, fit conftruire la Chapelle à l'honneur de faint Jean, en laquelle il inftitua quatre Bourfiers Chapelains pour y faire le fervice, & y fut enterré après fa mort avec Guillaume de Dormans Archevêque de Sens fon frere. Leur Tombeau fe voit au milieu du Chœur en marbre noir avec les ftatues de cuivre des deux Evêques. Aux deux côtés de la Chapelle il y a fix autres ftatues de pierre, qui repréfentent trois Hommes & trois Dames iffus de la même famille. Les Hommes, font Jean, Bernard, & Regnaut de Dormans. Les femmes, Jeanne Beauder, Jeanne de Dormans & Yde de Dormans.

MONTAIGU.

Gilles Aifcelin Archevêque de Rouen, iffu de la famille des Seigneurs de Montaigu en Auvergne, acheta en 1314, une place proche fainte Geneviéve du Mont, en laquelle il fit bâtir un College appellé quelque tems des Aifcelins, & depuis de Montaigu Ce premier édifice tombant en ruine, fut térabli l'an 1388; par Pierre de Montaigu Cardinal, Evêque de Laon, & agrandi par Louis de Montaigu fon neveu & heritier en 1392. Jean Standonc Brabançon, Docteur en Theologie, & Seigneur de Villette, qui en étoit Principal, le répara encore l'an 1480, & y inftitua l'Ordre des pauvres écoliers, nommés vulgairement *Cappettes*, à caufe des manteaux qu'ils portent, faits en forme de cappes à l'antique.

NARBONNE.

Le College de Narbonne affis près de celui de Baïeux rue de la Harpe, fut fondé l'an 1317, par Bernard de Farges Evêque de Narbonne, en faveur de neuf Bourfiers natifs de fa province Ambland Cerene Jurifconfulte, y ajoûta en même tems un Chapelain; & depuis, le Pape Clement V I, originaire de Limoufin, qui par difpenfe y avoit été Bourfier en fa jeuneffe, multiplia leur nombre jufqu'à vingt. Pour l'entretien defquels il unit à ce College le Prieuré rural de Notre-Dame de Marcelle voifin de la Ville de Limous au Diocefe de Narbonne, outre celui de fainte Marie Madeleine, que le premier Fondateur y avoit déja donné.

DU PLESSIS.

Geoffroi du Pleffis, Notaire du Pape Jean XXII, & Secretaire de Philippe le Long, deftina en 1322 fon Hotel fitué rue faint Jaques pour faire un College de quarante étudians, fous le titre de faint Martin; mais depuis, s'étant rendu Religieux en l'Abbayie de Marmoûtier, il en donna une partie aux Moines de ce lieu pour fe retirer quand ils viendroient étudier à Paris, cette partie qui a été appellé le College de *Marmoûtier*, l'autre moitié prit le nom de College du *Pleffis*, qui lui eft demeuré jufqu'à prefent.

DE BOURGOGNE.

Jeanne de Bourgogne Reine de France & de Navarre, Comtesse d'Artois & de Bourgogne, veuve de Philippe le Long, à l'exemple de Jeanne de Navarre mere de son mari, fonda près de l'Eglise des Cordeliers le College de *Bourgogne*, de son nom. L'édifice fut commencé de son vivant. Mais étant prévenue par la mort en 1330, avant que de l'achever : elle laissa pour Directeurs Pierre Cardinal de saint Clement, Nicolas de Lyra, & Thomas de Savoye, Chanoine de Notre-Dame, ses Conseillers & Confesseurs ordinaires. Ordonnant par sa derniére volonté, que son Hotel de *Nesle*, bâti à Paris fut vendu, afin que du prix en provenant, on accomplît cette fondation, pour l'entretien de vingt pauvres écoliers natifs de Bourgogne, qui étudieroient en Logique, & science naturelle.

D'ARRAS.

L'an 1332, le College de saint *Vaast*, autrement dit, d'*Arras*, fut construit près la Porte de saint Victor par Nicolas le Candrelier Abbé du Monastere de saint Vaast, pour certain nombre de pauvres étudians du Payis d'Artois.

DES LOMBARDS.

André Ghini natif de Florence, Evêque d'Arras, fonda près saint Hilaire un College en faveur des écoliers d'Italie, vulgairement appellé des *Lombards*, ayant associé avec lui, pour l'accomplissement de sa fondation, trois Seigneurs d'Italie; l'un de la Cité de Pistoye, l'autre de la Cité de Modene, & le troisiéme de celle de Plaisance : lesquels tous ensemble instituerent en ce College onze Boursiers l'an 1332.

DE TOURS.

Etienne de Bourgueil Archevêque de Tours, fit édifier l'an suivant 1333, en la rue Serpente, le College de Tours avec une Chapelle, pour un Principal & six Boursiers de la Province de Touraine.

DE TORCI, DIT DE LIZIEUX.

Gui de Harcourt, Evêque de Lisieux, legua par son testament l'an 1336, une somme de deniers pour fonder l'entretien de vingt-quatre écoliers Artiens : & d'autant qu'ils n'avoient aucun College établi, il leur laissa d'abondant une autre somme pour payer le louage d'une maison, laquelle ils choisirent en la rue des Prêtres, près l'Eglise saint Severin. Mais depuis, cette fondation fut unie & incorporée au College de *Torci*, dit de *Lisieux*, construit par trois freres de l'illustre Maison d'Estouteville. Le premier, fut Guillaume d'Estouteville, Evêque de Lisieux, qui en 1414, députa les maisons par lui acquises près sainte Geneviéve, pour faire un College nommé *Torci*, auquel y avoit douze Théologiens & vingt-quatre Artiens. Estout d'Estouteville, Abbé de Fescamp son frere & executeur de son testament, accomplit ce dessein l'an 1422, auquel Colard d'Estouteville, Chevalier, Seigneur de Torci contribua pareillement de ses biens; & par Arrêt de la Cour de Parlement le College fut appellé de *Torci*, dit de *Lisieux*.

L'AVE'

L'AVE MARIA.

Celui de l'*Ave Maria* près l'Eglise Saint Etienne du Mont, fut fondé l'an 1334 par Jean de Huban Conseiller du Roi, & Président en la Chambre des Enquêtes, lequel ordonna qu'il y auroit un Maître, dit Principal, un Chapelain & six Boursiers, natifs du Village de Huban en Nivernois, ou des circonvoisins.

D'AUTUN.

Pierre Bertrand, Cardinal & Evêque d'*Autun*, natif d'Annonai au Diocése de Vienne, érigea en la rue de Saint André des Arcs un autre College appellé de son nom le College du Cardinal Bertrand, autrement d'Autun, auquel il établit l'an 1341 un Principal, un Proviseur Chapelain, & quinze Boursiers, dont cinq étudiroient en Théologie, cinq en Decret, les autres cinq en Philosophie. Oudard de Moulins, Conseiller du Roi & Président en la Chambre des Comptes, y en ajoûta depuis trois autres pris du Payis de Bourbonnois, par son testament de l'an 1398. La Chapelle est dédiée à Notre Dame, & sur le Portail se voyent les statues de deux Cardinaux, l'une du Fondateur, l'autre de Pierre Bertrand son neveu Evêque d'Arras.

DE MIGNON aujourd'hui DE GRAMMONT.

Jean Mignon, Archidiacre de Blois en l'Eglise de Chartres & Conseiller du Roi, acheta l'an 1343 plusieurs maisons contigues, tenantes à l'ancien Hotel de Vendôme, lesquelles il destina pour la fondation du *College*, qui a porté long-tems le nom de *Mignon*. Mais étant mort avant l'exécution de son entreprise, Michel Mignon Secretaire du Roi son neveu, l'effectua, & fit bâtir la Chapelle à ses frais. Ce College fut réformé en 1539. par Jean le Veneur, Cardinal, Evêque de Lisieux & Grand Aumônier de France & l'an 1584 le Roi Henri III. le donna à perpetuité, à l'Abbé de Grammont en échange du Prieuré du Bois de Vincennes, qui dépendoit de son Abbayie. Au moyen de quoi le premier nom du College fut changé en celui de *Grammont*, & les douze Boursiers seculiers qui y étoient, réduits à huit Religieux de cet Ordre envoyés pour étudier.

DE CAMBRAI.

Le College de *Cambrai*, dit, *des Trois Evêques*, voisin de l'Eglise de Saint Benoît, fut fondé en 1348, par les executeurs testamentaires des Trois Evêques; à savoir, Hugues de Pommare Evêque de Langres, Hugues d'Arci Evêque de Laon, puis Archevêque de Reims, & Guillaume d'Auxonne Evêque de Cambrai.

SAINT MICHEL.

Il y a un College en la rue de Biévre, nommé, le College de Saint Michel, de Chanac & de Pompadour, d'autant que Guillaume de Chanac Evêque de Paris, Patriarche d'Alexandrie, de la famille de Pompadour en Limosin, l'institua en l'honneur de Saint Michel environ l'an 1342 pour des pauvres étudians de sa patrie. Depuis, un autre Guillaume de Chanac Evêque de Mende, leur legua la somme de cinq cens livres, avec plusieurs Livres, pour être enchainés en la Bibliotheque, & à son exemple Bertrand Cardinal de Sainte Potentiane, Patriarche de Jerusalem, leur donna aussi cinq cens livres, avec une maison assise en la grande rue du Fauxbourg Saint Marcel, appellée encore la maison du Patriarche.

DE BONCOURT, et DE TOURNAI.

Pierre de Boncourt ou Becourt Chevalier, natif de Terouenne, fonda le College qui retient son nom, près de la Porte Saint Marcel, en faveur des écoliers du Diocese de Terouenne, qui seroient Sujets du Roi de France, non du Comte de Flandres. Ainsi le porte le Contract de sa fondation passé l'an 1353, par lequel il donna la nomination des Boursiers aux Abbés de Saint Bertin & du Mont Saint Eloi. Tout joignant est celui de *Tournai*, duquel on ne sait point la premiere érection.

DE JUSTICE.

Jean de Justice, Chantre en l'Eglise de Baïeux, Chanoine de Notre-Dame de Paris, & Conseiller du Roi, ayant acquis plusieurs maisons en la rue de la Harpe, au dessus de Saint Côme, ordonna par son Testament de l'an 1353, qu'elles fussent converties en un College: ce que ses executeurs accomplirent l'année suivante, & s'appelle le College de *Justice*, du nom de son Fondateur.

DE BOISSI.

Le College de *Boissi* fut érigé en l'an 1359, par Etienne de Boissi, natif de Boissi le sec au Diocése de Chartres, de quelques maisons que Godefroi de Boissi son oncle & lui avoient achetées derriere l'Eglise de Saint André des Arcs, pour y entretenir un Principal, dit Recteur ou Maître, un Chapelain & douze écoliers seculiers étudians, trois en Théologie, trois en Droit, trois en Logique ou Philosophie, & trois en Grammaire.

DE MAISTRE GERVAIS.

Gervais Chrestien, natif de la paroisse de Vendes en l'Evêché de Baïeux, Chanoine des Eglises Cathedrales de Baïeux & de Paris, premier Médecin & Physicien de Charles V, ayant acheté plusieurs maisons ès rues d'Erembourg-de-Brie & du Foin, derriere les Mathurins, il les convertit l'an 1370, en un College pour vingt-quatre écoliers de son Pays, lesquels il divisa en deux communautés; savoir, de Théologie & des Arts. Celle des Artiens, composée de douze Boursiers & d'un Principal; celle des Théologiens de huit étudians en la Faculté de Théologie: de deux en Médecine, & d'un en Droit, ausquels Charles V en ajoûta depuis deux en Mathématique. Ce College porte les titres de Maître Gervais Chrestien, & de Notre-Dame de Baïeux.

DE DAINVILLE.

Le College de Dainville situé devant l'Eglise de Saint Côme, fut fondé en 1380, par Michel Dainville Chanoine & Archidiacre de Noyon, Conseiller du Roi Charles V, tant en son nom que comme executeur des testamens de Gerard Dainville Evêque de Terouenne, puis d'Arras, & enfin de Cambrai, & de Jean Dainville, Chevalier, Seigneur de Bruyeres & d'Assanvillier, Maître d'Hotel du même Roi Charles V. Il y doit avoir douze étudians ou Boursiers, y compris le Principal & le Procureur.

DE CORNOUAILLE.

Galeran Nicolas, dit de Greve, natif de l'Evêché de Cornouaille en la basse Bretagne, donna commencement à un autre College assis en la rue du Plâtre, qui retint le surnom de Cornouaille. Car il y institua les cinq

DE LA VILLE DE PARIS Liv. VIII.

premiers Boursiers l'an 1380, & à son imitation Jean de Guyseu, Docteur en Médecine, Chanoine des Eglises de Paris, de Nantes, & de Cornouaille, y en ajoûta cinq autres, outre lesquels il donna aussi sa maison, où est à present le College.

FORTET.

L'an 1391, Pierre Fortet Chanoine de Notre-Dame de Paris, ordonna pareillement que l'érection d'un College fut faite de ses biens, pour un Principal & huit étudians, quatre de Paris & quatre d'Aurilhac en Auvergne, où il avoit pris naissance. De quoi il laissa la direction à Messieurs du Chapitre de Notre-Dame, qui l'an 1397, acheterent de Louis, dit le Listenois, Seigneur de Montaigu en Auvergne, le lieu où ils établirent le College appellé de Fortet, vis-à-vis de celui de Montaigu. Jean Beauchesne, Notaire du Chapitre, & Grand Vicaire en l'Eglise de Paris, l'augmenta de trois Boursiers l'an 1556, lesquels il voulut être pris du Village de Corselles, ou des Enfans-de-Chœur de Notre-Dame: & Nicolas Warin Abbé de Brenne, autrefois Principal de ce College, y en fonda encore deux l'an 1578, en faveur du Village de Curla.

TREGUIER, LEON, KAIREMBERC.

Le College de Treguier voisin de celui de Cambrai, fut établi l'an 1400, par Guillaume Coetmean, Chantre de l'Eglise Cathedrale de Treguier, & l'an 1470, on y annexa celui de *Leon*, autrement dit de Kairemberc, mais ils ont eté démolis entierement en 1610, pour la construction d'un nouveau College Royal.

DE REIMS.

Gui de Royé Archevêque de Reims, ayant acheté en 1412 de Philippe de Bourgogne Comte de Nevers & de Rethel, l'ancien Hotel de Bourgogne, assis au Mont saint Hilaire, il le convertit en un College surnommé de *Reims*, auquel il fonda quelques Bourses ou Pensions, affectées à certain nombre d'écoliers de sa Province. Mais en 1418, les Anglois entrés à Paris par la faction du Duc de Bourgogne, le pillerent & ruinerent tellement, qu'il demeura desert jusqu'en 1443, que Charles VII pour le retablir, y unit le contigu du College de *Rhetel*, érigé par Gautier de Launoi, Chevalier, en faveur des pauvres écoliers du Pays Rhetelois. Il y annexa aussi quatre Bourses fondées par Demoiselle Jeanne de Bresles, pour quatre étudians de la Comté de Porcean, & la Cour du Parlement confirma le tout en 1444.

DE COQUEREL.

La basse cour de l'Hotel de Bourgogne susdit, étoit l'étendue que contient à present le College de *Coquerel*, ainsi appellé du nom de Nicole Coquerel, natif de Montreuil sur Mer, Bachelier en Théologie, Prevôt & Chanoine de Notre-Dame d'Amiens, lequel y fit bâtir une maison, où il tint quelque tems de petites écoles.

DE LA MARCHE ET DE WINVILLE.

Le College de la *Marche* & de *Winville* a eu deux Fondateurs, qui lui ont donné ces deux titres. Le premier, fut Guillaume de la Marche Prêtre, licencié en Droit Canon, Chanoine de Toul en Lorraine, lequel institua en sa maison, dite l'Hotel d'Amboise, au bas de la Place Maubert, un Principal, un Procureur, six étudians, dont quatre seroient pris de la Ville de la Marche au Duché de Bar, ou des lieux les plus proches, & les deux autres de

Tome II. Bbb ij

Rosiers-les-Salines. Quelques-uns ont écrit qu'en ce lieu il y avoit eu le College de Constantinople, lequel étant tombé en ruine, Guillaume de la Marche l'acheta par décret, afin d'y établir sa fondation. Quoi qu'il en soit, Beve de Winville fonda peu après un second College au-dessous de celui de Navarre en son propre domicile, nommé l'Hotel de Janville, où il constitua six Bourses pour six écoliers pris du Bourg de Winville, proche saint Mihel en Loraine. Ce qui occasionna les autres, dont l'habitation étoit sujette aux débordemens de la Seine de se venir joindre à eux, & pour leur union & reglement il y eût des statuts faits en 1423, par lequel il fut ordonné que le College s'appelleroit de la *Marche* & de *Winville*. Richard de Wassebourg Archidiacre de Verdun, a écrit amplement de ces deux Colleges, la petite & la grande Marche reduits en un. Auquel il remarque avoir vécu dès sa jeunesse tant Boursier, Procureur & Regent, que Principal, environ trente années.

DE SÉES.

George Langlois Evêque de Sées, laissa des moyens à Jean Langlois son frere executeur de son testament pour bâtir le College de Sées assis rue de la Harpe, lequel fut achevé en 1427. Il doit y avoir huit Boursiers, quatre de l'Archidiaconé de Passars au Diocése du Mans, & quatre de l'Evêché de Sées.

DE LA MERCI.

Le quinziéme Mai l'an 1520, Alain Seigneur d'Albret donna une place & masure assise près saint Hilaire, faisant portion de son Hotel d'Albret, à Nicole Barriere, Religieux & Vicaire Général de l'Ordre de Notre-Dame de la Merci, Bachelier en Theologie, lequel y construisit le College de la *Merci*, pour loger & retirer les Religieux de cet Ordre, qui viendroient étudier à Paris.

DU MANS.

Les executeurs testamentaires de Philippe de Luxembourg Cardinal, Evêque du Mans, fonderent l'an 1526 le College du *Mans*, au lieu où é oit auparavant l'Hotel de ce Prélat, suivant sa derniere volonté.

SAINTE BARBE.

La Maison dite de sainte Barbe, ayant été acquise par Robert du Gast Docteur & Professeur en Droit, il l'érigea en College l'an 1556, pour un Principal, un Procureur, un Chapelain & quatre jeunes étudians, dont l'un doit être natif de la Neuville d'Aumont en l'Evêché de Beauvais, le second de la Paroisse de saint Nicolas des Allois-le-Roi près Poissi, & les deux autres de celle de saint Hilaire du Mont à Paris.

DES JESUITES.

Guillaume Duprat Evêque de Clermont en Auvergne, jetta les premiers fondemens du College des *Jesuites*. Voyant qu'ils avoient obtenu des Lettres d'Henri II, afin de s'établir en cette Université, il les transfera du College des Lombards, où ils s'étoient logés petitement, en son propre Hotel de Clermont en la rue de la Harpe: depuis il leur legua aussi par testament

DE LA VILLE DE PARIS. Liv. VIII.

diverses sommes, dont ils acheterent en 1563, un autre Hotel situé rue saint Jaques, appellé la *Tour de Langres*, auquel lieu ils bâtirent un College surnommé par eux de *Clermont*, en mémoire de leur premier bien-facteur, & l'an 1582, Henri III y posa la premiere pierre de la Chapelle.

DES GRASSINS.

Pierre Grassin Seigneur d'Ablon, Conseiller en la Cour du Parlement, legua en 1569 trente mille livres pour la construction & dotation d'un College affecté pour les pauvres de la Ville de Sens : suivant quoi Thierri Grassin Avocat en la même Cour, sieur de Tremont, commis à l'execution de ce legs, acheta l'année d'après plusieurs places & maisons rue des Amandiers, où il fit construire le College qui porte le nom des Grassins.

LES ECOLES PUBLIQUES.

OUTRE ces Colleges il y avoit des Ecoles publiques dans Paris. Savoir :

L'Ecole des Quatre Nations rue du Fouare, près l'Eglise saint Julien-le-Pauvre, en laquelle se faisoient les leçons publiques en Logique, Physique & Métaphysique pour ceux de chacune Nation. D'où vient que Petrarque en plusieurs endroits de ses écrits, loue cette rue du Fouare.

L'Ecole de Droit bâtie en 1415, au-dessus du College de Beauvais, sous le titre *d'Ecoles Doctorales, grandes, premieres & secondes Ecoles de Decrets*. Elles furent réparées de murailles en 1464, & par une inscription gravée dans l'une des vitres d'icelles, on apprend que Miles d'Iliers Docteur en Droit, Evêque de Chartres qui mourut l'an 1493, la fit faire l'an vingt-huitième de sa Regence.

L'Ecole de Médecine en la rue de la Bucherie, destinée pour l'exercice de cette Faculté, fut bâtie en 1472, dans une maison acquise des Chartreux, & depuis elle a été accrue à diverses fois de quelques autres Maisons voisines.

En 1109, Guillaume Champeaux avoit fondé une Ecole de saint Victor, située où Messieurs de saint Victor sont placés.

En 1182, il y avoit plusieurs Ecoles des Juifs, au rapport de Bejamin.

En 1187, il y avoit à saint Thomas du Louvre une Ecole pour cent soixante pauvres Prêtres, fondée par Robert Comte de Clermont.

En 1208, Etienne Beiot ou Belot, & sa femme *Ada* ont donné un arpent de terre, près le Cimetiere saint Honorat, pour établir le College des Bons-Enfans, où treize pauvres à la Porte de saint Victor ; enfin une Chapelle obtenue par l'Evêque de Paris en 1257.

En 1209, Jean de Matha a fondé un Ordre, *Asinorum*, parce qu'ils voyageoient sur des ânes, & non sur des chevaux, nommés Mathurins.

François I en 1531, à la sollicitation de Guillaume Budé Maître des Requêtes de son Hotel, & Jean du Bellai Cardinal Evêque de Paris a établi (selon Belleforest) à Paris douze Lecteurs publics en Langues Latine, Grecque & Hébraïque, en Mathématique, Philosophie, Art Oratoire, & Medecine, dont avoit entrepris de dresser un College, où toutes les Sciences & les Langues devoient être enseignées gratuitement, auquel il eût donné cent cinquante mille livres de revenu annuel pour la nouriture de six cens écoliers & l'entretien des Professeurs lisant ordinairement en ce College. Mais les gueres continuelles qui l'occuperent, l'en empêcherent, & Henri II son fils ne put accomplir ce dessein. Cependant il ordonna que les Colleges de Cambrai & de Treguier, devant faint Jean de Latran, pour lors fans exercice, feroient deftinés aux Profeffeurs Royaux. Enfin Henri IV ayant augmenté le nombre des Profeffeurs, avoit eu deffein d'y bâtir un College Royal; mais la mort l'empêcha de l'achever. Marie de Medicis n'abandonna pas une fi belle entreprife; car elle fit commencer le bâtiment, auquel Louis XIII fon fils mit la premiere pierre le vingt-huit Août 1610. L'on vit un des côtés achevé avec beaucoup de promptitude : le refte n'a pas été conduit à fa perfection.

CIMETIERES ET HOPITAUX.

CONTRE faint Hilaire autrefois il y a eu un Cimetiere pour enterrer les Habitans des environs.

De tout tems il y en a eu un autre devant faint Benoît, au commencement de la rue faint Jean de Latran, & qui de nos jours a été tranfporté derriere le College Royal : & de ces deux Cimetieres, du Boulay & du Breul n'en difent mot.

Ils ne parlent point non plus, ni pas un autre, de ce que je vas rapporter, & qui pourtant ne marque pas moins le progrès de l'Univerfité que la charité de nos ancêtres.

Sous Philippe de Valois, cinq Hopitaux y furent fondés. Le premier, deftiné pour les Pelerins, & autres paffans, étoit dédié à Saint Jaques du Haut-Pas. Les autres, pour les pauvres femmes veuves, âgées & de bonne vie, étoient épars çà & là, en diverfes rues, dans des maifons qu'on avoit achetées exprès. L'un de ceux-ci s'appelloit l'Hotel-Lieu des Parcheminiers, dont nous ne favons autre chofe, finon qu'il fut établi dans la rue de ce même nom-là. Un autre étoit dans la rue faint Jaques, vis-à-vis celle des Parcheminiers, n'ayant pû découvrir autre chofe que fa fituation. Le troifiéme, avoit été placé à la rue faint Hilaire, pour y loger fix bonnes femmes. Enfin le dernier & le plus confiderable, comme étant deftiné à fervir de retraite à vingt-cinq autres femmes, étoit à la rue des Poitevins, & avoit pour Fondateur Jean Mignon, celui là même qui a fondé le College Mignon, & Laurent l'Enfant Bachelier en Decret.

Au Fauxbourg faint Victor, près la Halle au vin, fe voit la Chapelle d'un fixiéme Hopital, où tous les jours on dit la Meffe, & dont les Chartreux ont l'adminiftration.

Au bout du Fauxbourg faint Jaques, Notre Dame des Champs fervoit d'Hopital dans le treiziéme fiécle.

Par-delà le Fauxbourg Saint Germain, il y en a eu un qu'on appelloit l'Hopital de la Banlieue.

Dans ce même Fauxbourg-là, ont fubfifté long-tems l'Hopital faint Pere, & la Maladerie faint Germain : celui-ci pour des Ladres; l'autre pour toutes fortes de pauvres.

Les Maifons des deux autres Hopitaux, établis près faint Medard, & dans la rue de Lourfine font encore fur pied, l'une eft dédié à faint Martial & à fainte Valere; l'autre s'appelloit l'Hotel-Dieu-faint-Marcel; mais on n'en fait pas davantage.

De notre tems a été ruiné un Hopital fondé le fiécle paffé pour les perfonnes atteintes du mal de Naples, & bâti fur le bord de la Seine, vers le pont des Tuilleries.

Biffeftre que Louis XIII avoit commencé avec une magnificence Royale pour les pauvres foldats eftropiés, eft demeuré imparfait, & feroit peut-être tombé en ruine, fi ce n'étoit qu'on l'a uni à l'Hopital Général.

PALAIS ET AUTRES DEMEURES REMARQUABLES.

ON est encore à savoir quand fut bâti le Palais des Thermes de la rue des Mathurins : cependant à juger de l'ouvrage par sa maniere, on l'attribue aux Romains, & non point à d'autres.

Quelques uns se sont mis en tête, que Gannelon, ce neveu imaginaire de Charlemagne, si fameux dans l'Histoire pour sa trahison, logeoit dans l'Hotel de Hautefeuille, bâti du tems de nos ancêtres, au lieu même où est la rue Hautefeuille. A present on prend un édifice, autrefois appellé le Parloir aux Bourgeois situé près des Jacobins, contre les murs de l'Université, pour un lieu où les Bourgeois s'assembloient; mais on ne sait point qui en fut le Fondateur.

Tout le monde croit que saint Severin a fait penitence dans un Hermitage qu'il fit à l'endroit même où est l'Eglise qui lui a été dédiée.

Saint Ignace & saint François Xavier ont logé au College de sainte Barbe.

Les Ducs de Bourgogne de la seconde & de la troisiéme lignée, ont eu leur Hotel à la rue de Reims.

Les anciens Comtes de Mâcon logeoient près l'abreuvoir Mâcon, & l'Eglise saint André, & tout de même à la rue saint André, ceux de Sancere, & les anciens Abbés de la Trinité de Vendôme, & de Vezelai.

Il est constant qu'en 1263, le Connétable le Brun demeuroit dans la même rue vers la Porte saint Germain, dans une grande maison, accompagnée de jardinages, à la façon de ce tems-là.

Mathieu de Vendôme Abbé de saint Denys, & sous saint Louis Regent du Royaume, bâtit près de-là l'Hotel saint Denys pour lui & ses successeurs.

Dans le treiziéme siécle, les Comtes d'Artois logeoient sur le Quai de la Tournelle, au coin de la rue des Bernardins dans un Hotel qui depuis a appartenu aux Ducs de Bar, & de Loraine de la Maison d'Anjou

Les Seigneurs de Nesle avoient leur demeure sur le Quai des Augustins, entre la rue de Seine & la rue Dauphine. Gaultier du Chambli Evêque de Senlis, logeoit à la rue saint Etienne des Grès.

L'Hotel des Ducs de Baviere étoit à la rue Bordelle, & anciennement encore celui des Evêques d'Avranches.

Dans la même rue ont demeuré les Evêques suivans ; savoir, Guillaume de Bussi Evêque d'Orleans en 1255; en 1285, Guillaume de Valence Evêque de Vienne; en 1286, Jean Evêque de Vinceftre, Guillaume Chanat Evêque de Paris, & Louis II, Duc de Bourbon en 1385, & vers la fin du quatorziéme siécle, les Abbés de la Trinité de Vendôme.

A la rue saint Symphorien qui est dans le voisinage, logeoit en 1258 Jaques de Dinant Evêque d'Arras; dans les quatorze & quinziéme siécle les Evêques de Langres & d'Auxerre, les Abbés du Bec, de saint Jean des Vignes, & de Chastie demeuroient à la rue saint Jaques, les uns près de la Porte, les autres près de saint Severin, un autre au College de Clermont, où sont presentement les Jesuites.

En 1316, Guichard Seigneur de Beaujeu, & Pierre de Savoie Archevêque de Lion, avoient leur Hotel dans la rue des Cordeliers

Le Comte de Forest en 1321, avoit le sien à la rue de la Harpe, vis-à-vis la rue du Foin.

En 1326, Hugues de Besançon Evêque de Paris, logeoit à la rue des Amandiers; & dans la rue du Paon en 1340, Raymond Saqueti Evêque de Terouenne, avec les Archevêques de Reims qui y ont encore un Hotel; mais que depuis long-tems ils n'occupent plus.

En un mot pour mettre ensemble tous les Hotels des Grands du tems passé que j'ai déterrés dans l'Université, le Connétable de Sancere logeoit à la rue de l'Hirondelle en 1397 : & près de là en 1400, Gerard de Montaigu Evêque de Paris; & enfin en 1423 le Comte d'Eu, & Brande de Chastillon Cardinal & Evêque de Lisieux.

Les maisons que les Abbés de Vezelai, & du Mont saint Michel avoient à la rue saint Etienne des Grès, furent indemnisées en 1407, & 1511.

Les Evêques de Châlons ont demeuré en 1416, & depuis, à la rue des Chiens.

En 1482, Raoul Dufou Evêque d'Evreux, auparavant & depuis, les Evêques de Nevers avoient leurs Logis à la rue des Amandiers.

Le Comte de Piennes acheta au coin de la rue Gilles-cœur en 1484 la maison du President de la Driesche.

Philippe de France Duc d'Orleans, fils de Philippe le Valois; Robert III, Comte d'Artois, & le Cardinal Bertrand, ont logé à la rue saint André: les deux premiers près la Porte de Bussi : le dernier à l'autre bout de la rue, au lieu-même où est le College d'Autun.

Les Connétables de Chastillon & de Sancere ont demeuré à la rue de l'Hirondelle, & à la rue Pavée.

Les Chanceliers de Luxembourg, Gouges & Poyet, à la rue des Augustins, Simon de Cramault Patriarche d'Alexandrie & Cardinal ; sous Charles VI, à la rue Poupée.

Du tems de nos peres, les Archevêques de Rouen avoient leur Hotel à la rue de l'Eperon : les Abbés des Vaux de Cernai à la rue du Foin : les anciens Comtes de Harcourt, à la rue des Mathurins, au coin de la rue des Maçons, qui subsiste encore en partie.

Enfin nos Rois même ont préferé d'abord l'Université à la Ville: au Fauxbourg saint Michel, ils ont eu le Palais de Vauvert, bâti par le Roi Robert, à ce qu'on prétend ; mais qui certainement a été donné aux Chartreux par saint Louis. On tient par tradition que proche de-là, le même Robert avoit fait faire un autre Palais à Notre-Dame des Champs.

Tout contre ont logé en 1258, & dans le quatorziéme siécle, Jean Duc de Bourgogne, & les Evêques d'Auxerre.

J'ai déja fait savoir qu'en 1317, Charles de France, frere de Philippe de Valois, avoit une Maison de plaisance au Fauxbourg saint Jaques, au lieu-même où est le Val-de-Grace.

Au Fauxbourg saint Marceau qui tient à celui ci, saint Louis a eu un Palais, que Marguerite de Provence sa veuve donna aux Cordelieres.

Blanche de Navarre, seconde femme de Philippe de Valois, en avoit un qui, à cause d'elle, étoit intitulé l'Hotel de la Reine Blanche, à la rue du Fer-au-Moulin : & Jean Comte de Forest en 1312, & le Comte de Boulogne en 1352, depuis Hugues d'Arcys Archevêque de Reims en 1386, aussi-bien que Mille de Dormans Evêque de Beauvais y demeuroient.

Dans la rue de Bourgogne, les Ducs de Bourgogne de la troisiéme lignée y avoient leur Maison de plaisance, de même qu'en avoient une dans la rue d'Orleans les anciens Comtes de Flandres, Jean de France Duc de Berri, Louis de France Duc d'Orleans, & Richard Archevêque de Reims, en 1378.

A la rue de Lourfine ont demeuré le Chancelier de Gannai, le Maréchal Boucicault & Robert de Montjeu Evêque de Coûtance.

Les Cardinaux de Gramault & Bertrand, tous deux Patriarches, l'un de Jerusalem, l'autre d'Alexandrie, ont eu leur Maison de plaisance, au Patriarche de la rue Moustard.

On tient que les Evêques de Paris en ont eu une long-tems aux Gobelins.

En 1312, Bruin Comte de la Marche, logeoit dans ce Fauxbourg-là, & même encore en 1318, Pierre de Savoie Archevêque de Lion; mais on ne sait pas l endroit. Enfin

DE LA VILLE DE PARIS. Liv. VIII.

Enfin, au Fauxbourg faint Germain, il y a eu deux Hotels de Navarre; l'un en 1291, à la place de la Foire, qui appartenoit à Henri Roi de Navarre; l'autre près la Porte de Buſſi, que Jeanne de Navarre, femme de Philippe le Bel, donna pour la fondation du College de Navarre.

Pierre de Mornai Evêque d'Orleans, demeuroit dans la rue des Boucheries en 1292, ainſi que Robert troiſiéme Comte d'Artois, avant que de ſe revolter contre Philippe de Valois.

Louis Duc de Bourbon, acheta un grand Logis en 1327, devant la porte de l'Abbayie ſaint Germain, ſur les ruines de l'Hotel de Louis bâtard de Bourbon, marié à une fille naturelle de Louis XI, où on a fait la rue Princeſſe, & la rue Guiſarde.

Il n'y a pas bien long-tems, puiſque c'eſt de notre ſiécle, qu'on a vû loger à la rue de Tournon, Emanuel Philbert de Savoie, les Ducs de Montpenſier & Charles de Bourbon, Prince de la Roche-ſur-Yon.

Après tant de Palais, d'Hotels, de Colleges, & d'Egliſes, qui ne font que trop voir l'agrandiſſement magnifique de l'Univerſité, pour en donner encore une plus parfaite connoiſſance, diſons quelque choſe de ſes rues.

LES RUES.

EN 1202, non ſeulement il y avoit des Maiſons ſur la Montagne ſainte Geneviéve; mais même à la grande rue qui y conduit, où ſont les Boucheries, qui porte le même nom que la Montagne.

Dans la rue de la Bucherie, il y en avoit auſſi en 1219, du côté de ſaint Julien-le-Pauvre; en 1224, à la rue du petit Lion; en 1226, à la rue de Biévre; en 1230, dans la rue ſaint Jaques; en 1253, à la rue Judas; en 1238 dans celle des Lavandieres; en 1239 à la rue Mouſtard; en 1243 à la rue ſaint Etienne des Grès; en 1245 à la rue du bon-Pui.

J'ai remarqué, ſi je ne me trompe, qu'en 1246, la rue des Bernardins fut commencée; mais je ne ſaurois dire quand on fit celle de ſaint Victor, non plus que les rues Clopin, Charetiere, des Anglois, ſaint Nicolas du Chardonnet, & Froimantel: je trouve ſeulement qu'en 1257, Henri Flamand Bourgeois acheta de Regnaut de Corbeil Evêque de Paris, une place du Chardonnet de quelque trois quartiers ſur le bord de la Seine, tant en ſa cenſive qu'en celle de Tyron, à la charge dans un an de dépenſer cent francs pour la bâtir.

En 1293, à remonter juſqu'en 1252, il y avoit des maiſons dans les rues voiſines.

La rue ſaint Victor, ſous Henri I, paſſoit derriere l'Egliſe & le Dortoir; mais pour la commodité des Religieux, on la changea de place, & fut miſe au lieu où elle eſt: ce qui en reſtoit en 1380, depuis cette Abbayie, juſqu'à la Salpétriere, s'appelloit le vieux chemin d'Yvri.

Philppe le Bel en 1312, commanda au Prevôt des Marchands de continuer le Quai de Neſle.

Les Religieux de ſainte Geneviéve allénerent en 1355, les places qui étoient devant leur Egliſe, à la charge de les remplir de maiſons.

En 1388, le Receveur du Domaine vendit les places de la rue de la Bucherie, qui étoient ſur le bord de la Riviere.

En 1548, & 1549, la Place Maubert, la rue de la Bucherie, & les environs juſqu'à la Tournelle, n'étoient que des chantiers, & autres lieux vagues.

L'année ſuivante, on fit le Quai de Nevers, quatre ans après celui de ſaint Bernard, & celui des Auguſtins en 1560.

Tome II. CCc

De plus, les Religieux de saint Germain en 1585, donnerent l'allignement pour bâtir des logis à la rue du Colombier.

On ouvrit la rue Dauphine en 1607, au travers des jardinages & du Couvent des Augustins.

En 1619, le Roi permit à Marsilli de faire des maisons de même symétrie le long du Quai Malaquest, jusqu'à la Porte de Nesle, à condition de payer dix livres Parisis au Domaine du Roi pour chaque maison.

Les adjudicataires du Palais de la Reine Marguerite, près de-là ont commencé à le couvrir des logis que nous y voyons, & depuis solliciterent le Roi de leur accorder la permission de bâtir sur le Pont des Tuileries.

En 1637, les Religieux de saint Germain voulant racheter la Baronie de Cordon, qu'autrefois ils avoient aliéné à vil prix, vendirent cinq mille francs un jardin clos de murs de trois arpens ou davantage, qu'ils avoient à côté de la rue saint Benoît, loué deux cens livres, & non seulement ils se reserverent douze deniers Parisis de cens par arpent, avec les lods & ventes; mais encore obligerent les acquereurs d'y faire des maisons

De notre tems en un mot, le Fauxbourg saint Germain s'est tellement agrandi, qu'il peut maintenant entrer en comparaison avec toutes sortes de Villes : & de plus, nous avons vû joindre à l'Université Notr.-Dame des Champs, saint Medard, saint Marcel, le petit Arsenal, qui du tems de nos peres passoient pour des Villages.

Ajoûtés à tout ceci qu'en 1624, il fut arrêté qu'on feroit des Fontaines publiques en divers endroits, près de Notre-Dame des Champs, la Porte saint Michel, aux environs de saint Côme, & de saint Benoît, au carrefour sainte Geneviéve, & vis à-vis les Carmes.

Je parlerai ailleurs de la Place Maubert : mais pour montrer simplement que tout ce qu'on en dit est faux.

Celle de saint Jean de Latran a été faite de nos jours.

On a élargi la rue saint Jaques à diverses reprises.

Le désordre des écoliers a été cause qu'en divers tems, on s'est vû obligé de mettre des portes aux deux bouts de la rue de Sorbone, & de celle du Fouare, & de les tenir fermées la nuit.

S'il est vrai après tout, que dans l'Université il y ait eu une autre clôture que celle que nous voyons, elle ne pouvoit renfermer d'autres lieux publics & sacrés que saint Julien, la Place Maubert, les Carmes, & le Cimetiere des Juifs. Au-delà, avant Philippe Auguste, ce n'étoit que vignobles qui environnoient de tous côtés le Palais des Thermes, saint Etienne des Grès & l'Hopital saint Benoît, ou les Mathurins, avant que l'Université fût ce que nous appellons Université.

Avant Philippe Auguste il portoit le nom de Fauxbourg. Les Colleges, les maisons, & les rues qui y sont, ont commencé sous son Regne seulement, & avec bien de la lenteur; avec chaleur du tems de saint Louis ; depuis, avec empressement, tant l'émulation étoit grande, sur-tout pour les Colleges.

Quant aux Fauxbourgs de l'Université, tantôt ils étoient remplis d'édifices & d'habitans, & lui étoient attachés, tantôt détruits selon le tems & la fortune des Parisiens; maintenant ils sont pleins de monde, si pressés entre eux, que ne se trouvant aucun vuide qui les sepáre, c'est comme un autre demi cercle qui enferme celui de l'Université. Le Fauxbourg saint Germain lui seul a tant d'étendue; de plus, ses Eglises, ses rues, ses maisons, ses Hotels sont en si grand nombre, & bâti avec une telle magnificence, que je puis dire avoir vû des Villes dans l'Europe aussi grandes ; mais pas une si superbe.

DUBIA.

COLLEGE ROYAL.

HENRI IV commença à le bâtir en 1609, sur trente toises de long, vingt de large, & quatre salles aux quatre coins pour les Leçons publiques en toutes sortes de Sciences & de Langues. Les Professeurs y doivent être logés avec un fonds de dix mille écus de rente : outre cela, la Bibliotheque du Roi des plus belles du monde, & nombreuse en toutes sortes de manuscrits y auroit été transferée. Mais comme cet ouvrage fut interrompu par la mort de ce grand Prince, elle demeura où elle étoit, dans une maison particuliere, derriere les Cordeliers, dont le sieur Dupuis avoit la garde & la direction.

UNIVERSITE'.

PRIMAM Aristotelis fortunam ordior ab Senonensi Concilio, quod Episcopi provinciæ anno 1209, Lutetiæ Parisiorum celebrarunt. In eo damnati sunt errores Almarici, & Aristotelis opera, quæ Parisiensis Academiæ Professores non ita pridem legerant, & suis illustrabant Commentariis. Id autem testatur Rigordus in vita Philippi Augusti, his verbis : In diebus illis, anno 1209, legebantur Parisiis Libelli quidam de Aristotele, aut dicebantur compositi, qui docebant Metaphysicam, delati de novo à Constantinopoli, & à Græco in Latinum translati, qui quidem hæresi (Almarici) sententiis subtilibus occasionem præbebant, jussi sunt omnes comburi, & sub pœna excommunicationis, cautum est in eodem Concilio, ne quis eos de cætero scribere, & legere præsumerit, vel quocumque modo habere : hæc autor æqualis, in quibus causæ suæ duæ. cur quidam Aristotelis Libri flammis ultricibus à Synodo Episcoporum addicantur; una quod Almarico errandi præbuissent occasionem ; altera, quod nondum inventis erroribus favere, opitularique potuissent. Rem noverat Rigordus, qui sancti Dyonisii Monachus cum esset, & Regius Medicus, Lutetiæque degeret, quæ vidit ipse monimentis consignavit suis. M. de Launoi, c. 1. L. de varia Aristotelis doctrina.

COLLEGE DE BEAUVAIS.

UN Tombeau magnifique de marbre & de cuivre de deux Evêques avec ces mots *Hic jacent Domini Milo de Dormano, Episcopus quondam Andegavensis, post Bajocensis, & demum Bellovacensis, Cancellarius Franciæ, qui obiit 17 Augusti anno 1387. Et Guillelmus de Dormano, ejus germanus, Episcopus quondam Meldensis, post Archiepiscopus Senonensis, Regius Consiliarius, qui obiit anno 1405, tertiâ die Octobris. Doctores Legum, nepotes Domini Joannis Cardinalis de Dormano, & filii nobilis viri Domini Guillelmi de Dormano, fratrum & Franciæ Cancellariorum, hujus Collegii Fundatorum, quorum corpora sunt apud Carthusienses prope Parisiis. Orate pro eis omnibus.*

Il y a dessus ce Tombeau une magnifique épitaphe, & qui certainement est digne de la grande dépense que l'on y a faite, & l'on voit bien qu'elle doit avoir été composée par des gens aussi spirituels que prodigues.

LES CRASSINS.

MR. Cocquerel a restauré ce College, & d'une masse informe, en a fait un assés beau College: entre autres choses, il l'a orné d'un degré en partie de pierre, & en partie de bois, quarré long, qui tourne en quatre branches, sans colomnes, dans le milieu, bordé de balustres.

COLLEGE SAINT MICHEL.

UN Crucifix de carte fait par Pilon, pour des Penitens, qui de son tems faisoient peur à Paris aux petits enfans, & enseignoient aux belles femmes une vie fort penitente & moult exemplaire. Ce Crucifix est très-beau; les muscles, les nerfs, les veines s'y voyent marqués avec autant de soin, que de mignardise: sa tête sur-tout, si bien tombée sur sa poitrine, ravit, & je ne vois pas qu'il ait affecté dans les doigts, ni dans les mains cette délicatesse ennuyeuse, que nous trouvons dans presque tous ses ouvrages.

PENITENS.

HENRI III institua la Confrerie des Penitens blancs de l'Annoncia-tion de Notre-Dame aux Augustins: des Penitens bleus de saint Jerô-me au College de Marmoûtier: celle du Crucifix des Penitens noirs, au College de saint Michel: celle des gris de saint François à saint Eloi.

DE LA JUSTICE

des Cours Souveraines, & autres Jurisdictions de Paris.

DE LA JUSTICE.

TOUTES les Justices des Seigneurs sont émanées du Roi, de même que les Fiefs.
    Justices & Fiefs sont choses distinctes. Fief est un heritage qu'on tient à foi & hommage d'un Seigneur, à la charge de lui prêter serment de fidelité, & de lui rendre certains services en paix, & en guerre.
    L'origine des Fiefs en France est du commencement de la seconde Race, vers l'an 752, sous le Regne du Roi Pepin, lorsque le Royaume fut purgé des Goths, Visigots, Vandales, & autres Nations barbares.
    Quelques uns en ont attribué l'établissement aux Lombards peuple d'Italie,

DE LA VILLE DE PARIS. Liv. VIII.

à cause que les premiers Auteurs qui ont redigé par écrit les Loix féodales, ont été deux Milanois nommés Girard le Noir, & Robert de Norbo, du tems de l'Empereur Frederic I, qui regnoit vers l'an 1160, & que ces Loix ont été particulierement en vigueur en Italie.

En France les Fiefs peuvent être considerés par raport à trois tems: dans les premiers, ils n'étoient que viagers, donnés à la personne seulement, sujets même à privation durant la vie des possesseurs, & ils s'appelloient *Beneficia*, c'étoient des Benefices chargés d'un service actuel: ensuite ils furent rendus hereditaires, pour être tenus & possedés, par les donataires à leurs descendans avec clause de reversion faute d'hoirs. De là sont venus les prestations de foi & hommage, les droits & devoirs feodaux, & Seigneuriaux, pour servir d'indemnité aux Seigneurs des droits de nomination qu'ils avoient auparavant à chaque mutation.

Et enfin, sous la troisiéme Race de nos Rois, vers l'an 987, ils ont été rendus patrimoniaux & hereditaires, de même que les autres biens.

Hugues Capet à son avenement à la Couronne, ayant distribué aux Seigneurs du Royaume des terres nobles avec reserve de foi & hommage, à la charge de le servir & de le suivre à la guerre, il leur accorda aussi le droit de Justice haute, moyenne, & basse sur leurs hommes & sujets, & se reserva le droit de ressort; c'est-à dire, les appellations de leurs Juges à ses Officiers.

Ces Seigneurs hauts Justiciers avoient sous eux des moyens & bas Justiciers qui étoient leurs Vassaux & hommes de guerre, tenus de les suivre comme Seigneurs de Fiefs, d'où sont venus les termes d'arrieres-Fiefs, & arrieres Vassaux, d'Hommes liges & non liges. Ces Seigneurs laisserent de même à leurs Officiers les appellations des Justices inferieures: ce sont là les differentes manieres dont les Fiefs ont été tenus & possedés en France depuis l'établissement de la Monarchie. Les Fiefs les plus qualifiés sont les Duchés, Comtés, Marquisats, & Baronies.

Les Duchés & Comtés sont très-anciens, on peut dire qu'ils ont commencé avec la Monarchie.

Le premier établissement est attribué aux Romains sous l'Empereur Adrien qui vivoit & regnoit l'an 130. On rapporte de cet Empereur, qu'il choisit un nombre de Senateurs pour lui servir de Conseillers qui l'accompagnoient par tout, & il les appella Comtes Compagnons.

Ses successeurs confierent à ces Conseillers d'Etat l'administration de la Justice & la direction des Finances, & en tems de guerre, ils donnerent aux plus experimentés la conduite des troupes, & les nommerent Ducs, Conducteurs, Capitaines.

Dans la décadence de l'Empire qui fut le tems de l'établissement de la Monarchie Françoise, les François conserverent ces Titres de Dignités. Pour s'accommoder à l'humeur des Peuples & à l'imitation des Romains, ils créerent des Ducs ausquels ils donnerent le commandement des Armées & le gouvernement des Provinces; ils separerent leurs nouvelles conquêtes en Duchés & Comtés suivant la destination que les Romains en avoient faite.

On remarque trois sortes de Comtes sous la premiere Race de nos Rois, dont les uns avoient l'administration de la Justice, les autres la conduite des Armées, & les troisiémes étoient honorés de ce titre, à cause de leur naissance & de leur merite, sans avoir aucune charge.

Chaque Duc avoit ordinairement sous lui douze Comtes, il s'est trouvé neanmoins des Comtes Gouverneurs de Province, qui s'appelloient indifferemment tantôt Ducs, tantôt Comtes.

Ces Titres d'honneurs étoient donnés par les Rois, souvent à la nomination des Peuples; mais toujours avec la clause de n'en jouir qu'autant qu'il leur plairoit, & à la reserve d'en disposer à leur volonté.

Quant à l'institution des douze anciennes Pairies du Royaume, ceux qui en ont traité ne s'accordent pas. Quelques-uns la font remonter jusqu'à Charlemagne, mais avec peu d'apparence, puisque dans ce tems-là plusieurs de ces Terres n'étoient point illustrées des Dignités qu'on leur attribue, étant un fait certain que la Flandre ne fut érigée en Comté que quarante-huit ans après le décès de Charlemagne, sur la fin du Regne de Charles le Chauve, en faveur de Baudouin Bras de Fer, qui avoit enlevé Judith de France sa fille, dite la belle veuve d'Edouard Roi d'Angleterre.

Quant aux Comtes de Champagne & de Brie, le docte Pithou dans son Livre premier, met pour le premier Comte hereditaire, Robert Comte de Champagne & de Brie environ l'an 950, sous le Regne de Louis d'Outre-Mer, où il observe que tous ceux qui l'avoient précedé, n'étoient que simples Gouverneurs.

A l'égard de la Normandie, elle ne fut érigée en Duché que sous Charles III, dit le Simple, qui commença de regner en 900 ; & ainsi des autres, à la reserve de la Bourgogne qui auroit pû avoir le Titre de Pairie : c'est pourquoi il y a plus de vraisemblance de s'arrêter au sentiment de Pâquier, qui attribue l'institution des Pairs à Hugues Capet, après la mort de Charles de Loraine son competiteur au Royaume, pour recompenser & attacher davantage à son service ceux qui lui avoient été fideles, & qui avoient contribué le plus à sa nouvelle conquête.

Dans la suite des tems, ces grandes Terres & Seigneuries ont été réunies à la Couronne, & nos Rois ont érigé des Terres particulieres & Duchés avec le Titre de Pairie, & à leur Sacre & Couronnement ils se sont fait assister de ces nouveaux Pairs par representation des anciens.

Le Roi Charles IX, & Henri III, ont ordonné par Edit qu'aucunes Terres ne pourroient être érigées en Duché & Pairie, qu'elles n'eussent au moins avec leurs annexes 8000 mille écus de revenu, & sans la charge expresse de réunion à la Couronne, faute d'hoirs mâles.

Les autres Fiefs titrés ont été reglés de même.

Les Marquisats doivent être composés de trois Baronies, & six Châtellenies unies & tenues du Roi à un seul hommage.

Les Comtés de deux Baronies & trois Châtellenies unies, ou une Baronie & six Châtellenies unies & incorporées. Les Baronies de trois Châtellenies unies ensemble.

Les Châtellenies doivent avoir haute, moyenne, & basse Justice, avec droit de prééminence ès Eglises qui sont dans leur Terre.

On suivra dans ce chapitre le même ordre qu'on a tenu jusqu'à present, de marquer dans chacune Election, ce qui s'y trouve qui a rapport au Titre.

On commencera par les Cours & Justices de Paris.

On rapportera ensuite les Baillages, & Siéges Présidiaux ; les Prévôtés, & autres Justices Royales : on parlera des coutumes qui les regissent & gouvernent ; de leurs ressorts, & des Magistrats qui ont de la réputation & du talent.

Ensuite des Elections, Greniers-à Sel, Maréchaussées, des Maîtres des Eaux & Forêts, & des Capitaineries Royales des chasses.

On observera les Terres titrées, les Duchés, Comtés, Marquisats, & autres terres de grande mouvance, le nombre des Fiefs à peu près qui en relevent, les familles distinguées, les Justices des Seigneurs, & enfin le nombre des Gentilshommes qui se trouvent dans chaque Election.

DE LA VILLE DE PARIS Liv. VIII.

JUSTICES DE LA VILLE DE PARIS.

IL y a dans la Ville de Paris un Parlement, le premier du Royaume, une Chambre des Comptes, une Cour des Aides, un Grand Conseil, un Bureau des Finances, une Chambre du Domaine, appellée ci devant Chambre du Thréfor, & qui y est unie, une Cour des Monnoies, une Jurisdiction des Eaux & Forêts à la Table de Marbre du Palais, la Connétablie & Maréchauffée de France, l'Amirauté, le Baillage du Palais, le Châtelet qui est la Justice ordinaire de la Ville, Prévôté, Vicomté de Paris, une Election, le Grenier-à Sel, une Jurisdiction de l'Hotel de Ville, un Siége de Justice des Juges & Consuls, une Chambre à l'Arsenal, & une Jurisdiction de la Varenne du Louvre.

DU PARLEMENT.

LE Parlement de Paris fut institué en 755, par Pepin, pour avoir l'administration de la Justice, & connoître des affaires civiles & criminelles par appel des Juges ordinaires & en dernier ressort entre particuliers. Tous les Pairs du Royaume, tant Ecclesiastiques que Seculiers, assistoient au jugement qu'il rendoit: c'étoit une Cour ambulante, qui servoit près de la Personne du Roi, & le suivoit par tout dans ses voyages.

Elle fut rendue sedentaire à Paris par le Roi Philippe le Bel en 1302, lequel établit le Siége de cette auguste Compagnie dans son Palais, & la divisa en deux Chambres, l'une pour connoître des affaires les plus importantes, qui fut appellée Grand'Chambre, & l'autre Chambre, fut nommée Enquête.

Messire Jean Boutiller Conseiller, qui vivoit du tems de Charles VI, par son Testament du seize Septembre 1402, rapporté en sa Somme Rurale, fait mention de ces deux Chambres du Parlement, & dit que la Grand'Chambre étoit composée de quatre Présidens, dont l'un étoit appellé le Premier, & de trente Conseillers, quinze Clercs & quinze Laïcs, & la Chambre des Enquêtes, de quarante Conseillers, vingt-quatre Clercs, & seize Laïcs; il décrit la forme dont on usoit au jugement des procès, & à faire les Arrêts, qui est changée depuis. Cette distinction de Conseillers Clercs & Laïcs dont les Cours du Parlement sont toujours composées, procede de l'ancienne forme des Parlemens généraux, qui ne se tenant qu'en certains tems, suivant qu'il étoit ordonné par le Roi, les Princes & les principaux Seigneurs du Royaume y étoient appellés, & y assistoient pareillement les Evêques, les Abbés & les plus illustres Gens d'Eglise; & les Parlemens particuliers ont été établis à l'instar des Parlemens généraux, & les reprefentent.

Dans les anciens tems, le Ressort du Parlement s'étendoit par tout le Royaume, étant le seul; mais depuis la création des autres Parlemens, on leur a donné à chacun un Ressort convenable, & celui de Paris a été reservé sur les provinces de l'Isle de France, la Beauce, la Sologne, le Berri, l'Auvergne, le Lionnois, Forêts, Beaujolois, le Nivernois, le Bourbonois, Mâconois, le pays d'Aunis, & Rochelois, l'Anjou, l'Angoumois, la Picardie, la Champagne le Maine, le Perche, la Brie & la Touraine.

Toute la Généralité est du Ressort du Parlement.

Le Parlement de Paris est appellé la Cour des Pairs, tant parce que les Ducs & Pairs sont du Corps du Parlement où ils sont reçûs, & prêtent serment, que parce que toutes les Terres érigées en Duchés & Pairies, qui sont les premiers Fiefs de la Couronne, & les plus hautes Dignités de l'Etat y ressortissent immédiatement.

Il est composé aujourd'hui d'un Premier Président, neuf Présidens à Mortier, quatorze autres Présidens par commission, cent quatre-vingt-deux Conseillers, & de plusieurs autres Officiers, qui sont distribués en dix Chambres; savoir, la Grand'Chambre, la Tournelle civile, qui a cessé d'être tenue depuis quelques années, la Tournelle criminelle, cinq Chambres des Enquêtes, & deux Chambres des Requêtes du Palais.

La Grand'Chambre est composée de Mr le Premier Président, de quatre Présidens à Mortier, trente Conseillers, dont douze sont Clercs, les Maîtres des Requêtes au nombre de quatre ont séance & voix délibérative en la Grand' Chambre, & les Conseillers d'honneur ont aussi cette prérogative.

La Grand'Chambre connoît des appellations verbales qui sont portées au Parlement des Juges de son Ressort, des matieres du Domaine, des Droits de la Couronne, des causes des Ducs & Pairs, & autres affaires d'importance dont elle a l'attribution.

La Grand'Chambre du Parlement de Paris connoît seule de la Regale qui est un Droit de la Couronne privativement à tous les autres Parlemens de France, en conséquence de l'Ordonnance du Roi Louis XI, du dix-neuf Juin 1464.

La Tournelle civile étoit composée d'un Président à Mortier, de six Conseillers de la Grand'Chambre & de quatre Conseillers de chacune Chambre des Enquêtes qui y servoient tour à tour pendant trois mois : elle connoissoit des appellations en matieres civiles jusqu'à la somme de mille livres, ou de cinquante livres de rente.

La Tournelle criminelle est composée de quatre Présidens à Mortier, de neuf Conseillers Laïcs de la Grand'Chambre, & de cinq Conseillers de chacune Cambre des Enquêtes qui y servent tour à tour pendant trois mois. Les Conseillers de la Grand'Chambre y servent six mois : elle connoît de toutes les appellations criminelles, excepté de celles des Gentils-hommes & autres personnes d'Etat, qui doivent être jugées à la Grand'Chambre.

Les cinq Chambres des Enquêtes sont composées chacune de deux Présidens & 28 Conseillers.

Et les deux Chambres des Requêtes du Palais, de deux Présidens & de quinze Conseillers.

Les Enquêtes connoissent des appellations des procès par écrit, pour juger si bien ou mal il a été appellé en la Cour.

Les deux Chambres des Requêtes du Palais sont du Corps du Parlement. Elles connoissent de toutes les causes personnelles, possessoires & mixtes entre les Officiers Commensaux de la Maison du Roi, ou autres, qui ont droit de *committimus*.

Il y a encore les Requêtes de l'Hotel, composées des Maîtres des Requêtes qui ont pareille connoissance des causes des Officiers privilegiés qui jouissent du droit de *committimus*, ensorte que ces Officiers ont le choix de plaider aux Requêtes de l'Hotel, ou aux Requêtes du Palais.

Les Charges des Présidens des Enquêtes & des Requêtes ne sont que des commissions qui sont possedées par des Conseillers, & lorsque le Parlement est assemblé, & qu'il marche en cérémonie, ils ont rang avec Messieurs de la Grand'Chambre, suivant un Reglement du Parlement du premier Septembre 1677, qui porte qu'aux Assemblées publiques, les Présidens des Enquêtes & des Requêtes marcheront avec les Conseillers de la Grand'Chambre, & seront seulement précedés par deux Conseillers, dont l'un sera Titulaire, & l'autre sera Honoraire.

Il y a dix-huit Substituts du Procureur Général, quatre Greffiers en Chef Civils, Secretaires du Roi, servans par quartier.

Un Greffier Criminel, Secretaire du Roi.

Quatre Notaires Secretaires du Roi à la Cour du Parlement.

Un premier & principal Commis au Greffe Civil du Parlement.

Un

DE LA VILLE DE PARIS. Liv. VIII.

Un premier & principal Commis pour le conseil de la grand'Chambre & des Greffiers aux audiances & conseils des autres Chambres.

Les Habits de cérémonie de la Cour de Parlement sont pour les Présidens le Manteau d'écarlate fourré d'hermine, & le Mortier de velours noir

Le premier Président porte deux galons d'or à son Mortier à la différence des autres Présidens à Mortier qui n'en ont qu'un au haut du Mortier.

Les Conseillers, Avocats & Procureurs Géneraux du Parlement ont la Robe d'écarlate & le chaperon rouge fourré d'hermine.

Les Greffiers en chef portent la Robe rouge avec l'épitoge.

Le Greffier criminel & les quatre Secretaires de la Cour portent la Robe rouge.

Le premier Huissier porte la Robe rouge avec un bonet d'or.

Le premier Président & les Présidens à Mortier sont conduits dans le Palais par les Huissiers, la baguette en main, & quand ils sortent les Huissiers marchent devant eux jusqu'à la Sainte Chapelle.

Anciennement tous les Evêques de France avoient séance ordinaire & voix déliberative au Parlement.

L'Archevêque de Paris a conservé cet honneur ; il est Conseiller né du Parlement, ils prennent encore la qualité de Conseiller du Roi en ses Conseils.

L'ouverture du Parlement se fait le lendemain de la saint Martin, par une Messe solemnelle qui est célébrée par un Evêque dans la grande Sale du Palais qui est ornée pour cette cérémonie, où tous Messieurs les Presidens & Conseillers assistent en Robes rouges.

Le Parlement continue ses séances jusqu'au huit Septembre jour de la Nativité de Notre-Dame ; & pendant les vacations il se tient une Chambre qu'on appelle des vacations, qui connoît des causes qui requierent celerité, & des affaires criminelles.

DU GRAND CONSEIL.

LE Grand Conseil étoit dans son origine le seul Conseil des Rois où se traitoient les affaires les plus importantes de l'Etat.

Les grands Officiers de la Couronne, & les Chefs des Cours supérieures prenoient par honneur la qualité de Conseiller du Roi en son Grand Conseil, depuis ils ont pris celle de Conseiller en ses Conseils.

La Jurisdiction du Grand Conseil, s'étend par tout le Royaume sa competence est de connoître des évocations, reglemens de Juges, nullités & contrarietés d'Arrêts, de la conservation & Jurisdiction des Présidiaux & des Prévôts des Maréchaux, des Benefices consistoriaux, Archevêchés, Evêchés, Abbayies, & des Prieurés conventuels, & de tous autres benefices qui sont à la nomination, présentation, & collation, ou autres dispositions du Roi, à la reserve de la regale, dont la connoissance appartient à la Grand'Chambre du Parlement. Il connoît aussi des droits qui appartiennent au Roi sur les Eglises Cathedrales & Colleglales, des Indults des Cardinaux & autres Prelats du Royaume, de l'Indult des Officiers du Parlement de Paris, des contraventions aux privileges des Secretaires du Roi, des appellations de la Prevôté de l'Hotel, & de plusieurs évocations concernant les personnes, biens & privileges des grands Ordres du Royaume, comme Clugni, Cisteaux, Prémontré, Grammont, la Trinité, le Saint-Esprit, Fontevrault, & l'Ordre de saint Jean de Jerusalem.

Il connoît des immunités & franchises des Ecclesiastiques & de plusieurs évocations sur differentes matieres en vertu d'Arrêts du Conseil qui lui en renvoye la connoissance.

Tome II. DDd

Le Roi Charles VIII en 1497, fixa le nombre des Conseillers au Grand Conseil à dix-sept, & un Procureur Général.

Le Roi Louis XII en 1498, les augmenta jusqu'à vingt, & rendit cette Compagnie semestre, laquelle a depuis été augmentée par les Rois ses Successeurs.

Elle se trouve aujourd'hui composée ; savoir :

D'un premier Président.

Huit Présidens, servans quatre par semestre.

Deux Avocats Géneraux qui servent aussi par semestre.

Un Procureur General.

Douze Substituts.

Un Greffier en chef.

Quatre Secretaires de la Cour créés en 1635.

Deux Greffiers principaux commis ; savoir, un pour l'Audiance, & l'autre pour la Chambre du Conseil.

Un Greffier garde-sacqs.

Un Greffier des présentations & affirmations.

Un premier Huissier.

Vingt autres Huissiers.

Et vingt-trois Procureurs.

La Charge de premier President & celles des autres ont été créés en Charges par Edit du mois de Février 1690. Avant ce tems-là, c'étoit des Commissions qui étoient attribuées aux Charges des Maîtres des Requêtes.

Le premier Président & le Procureur General servent toute l'année.

Le semestre des autres Présidens & des Avocats Géneraux commence en Janvier & en Juillet, & celui des Conseillers en Octobre & en Avril.

Les Habits de cérémonie du Grand Conseil sont pour les Présidens, la Robe noire de velours, & pour les Conseillers, Avocats, & Procureur Géneraux, le Greffier en Chef & Secretaires de la Cour, la Robe de satin noir.

DE LA CHAMBRE DES COMPTES.

IL paroît par quelques Regîtres de la Chambre des Comptes, qu'elle fût établie sedentaire à Paris en même tems que le Parlement sous le Regne du Roi Philippe le Bel dans le commencement du quatorziéme siécle.

Dans son premier établissement elle étoit seule dans le Royaume, & elle envoyoit des Commissaires dans les Provinces éloignées, & même au payis de Languedoc pour ouïr les comptes des comptables ; ce qui a cessé par l'établissement d'une Chambre des Comptes à Montpellier qui fut fait en 1320, & d'autres Chambres en differentes Provinces : elle n'étoit alors composée que de deux Présidens, six Maîtres des Comptes & huit Clercs. Des deux Présidens l'un étoit ordinairement Clerc, Archevêque, Evêque, & l'autre Laïc.

Nous avons une Ordonnance du six Janvier 1319, qui porte que des huit Clercs, deux devoient tenir les comptes, un le journal pour enregistrer les affaires, & les cinq autres pour entendre au fait de l'examen des comptes.

Depuis, Charles IV y ajoûta encore deux Maîtres.

Charles VI en 1410, créa deux Correcteurs des comptes qui furent pris du nombre des Maîtres, aux mêmes gages, honneurs, & droits, que les Maîtres, & avoient séance au Bureau.

Louis XI établit un second Bureau, créa un troisiéme Président, & augmenta le nombre des Maîtres, ensorte que jusqu'au Regne du Roi François I, la Chambre des Comptes n'étoit composée que de trois Présidens, douze

Maîtres, & feize Clercs, lefquels furent nommés depuis Auditeurs des Comptes.

Le Roi Henri II donna aux Auditeurs la qualité de Confeiller du Roi, avec voix déliberative, & établit le fervice de la Chambre des Comptes par femeftre.

Son reffort s'étend fur les Généralités de Paris, Soiffons, Amiens, Châlons, Orleans, Bourges, Moulins, Poitiers, Limoges, Riom, Lion, Bordeaux, Montauban, la Rochelle & Tours.

La Chambre des Comptes a toujours été en grande confideration. Anciennement les affaires plus importantes de l'Etat & des Finances, y étoient déliberées, où affiftoient les principaux Officiers de la Couronne & du Parlement; les Archevêques, Evêques, Princes, & autres Grands du Royaume y avoient féance; elle a eu l'honneur d'avoir Jaques de Bourbon Prince du Sang, pour premier Préfident en l'année 1397, plufieurs de nos Rois l'ont honoré de leur prefence.

Philippe de Valois pendant fon voyage de Flandres, lui laiffa fon Sceau & autorité pour la diftribution de fes graces.

Il y a feize Maîtres des Comptes, qui ont la penfion de Confeillers d'Etat de quinze cens livres, & qui ont droit de prendre la qualité de Confeiller du Roi en fes Confeils.

La Chambre enregître les fermens de fidelité des Archevêques, Evêques, Abbés, & autres pourvûs de Benefices de fondation Royale, & des Chefs d'Ordre qui font fujets au droit de regale laquelle n'eft fermée que du jour de l'enregîtrement; les fruits de ces Benefices pendant la vacance appartiennent au Roi.

Le Roi faint Louis fit don à la Sainte Chapelle de Paris des fruits de ces Benefices vacans en regale, dans les commencemens, pour une année feulement, puis pour deux; enfuite cette jouiffance fe continua &. devint perpetuelle fous les Rois fes Succeffeurs. Le Roi la retirée, & la remet prefentement aux Archevêques, Evêques, & Abbés, auffi-tôt qu'ils ont prêté à Sa Majefté le ferment de fidelité, dont ils font tenus; & pour indemnité, le Roi a uni à la Sainte Chapelle l'Abbayie de faint Nicaife de Reims qui a environ quinze mille livres de rente.

La Chambre des Comptes reçoit la foi & hommage des Vaffaux de Sa Majefté, pour les Terres, Titres, Principautés, Duchés-Pairies, Marquifats, Comtés & Baronies qu'ils poffedent. Elle a la garde des aveus & dénombremens de tous ceux de fon reffort, même des foi & hommage des Fiefs, Terres & Seigneuries qui font reçûs par les Tréforiers de France. Elle enregître les Déclarations du Roi, foit pour fait de Guerre, Traité de Paix, Contracts de Mariage des Rois & des Enfans de France, pour leurs appanages, ou autres concernant les réunions & alienations des Domaines, Lettres de naturalité & ammortiffemens, legitimation, dons, penfions, gratifications, Lettres d'érection de Duchés-Pairies, Marquifats, Comtés, Baronies, Châtellenies & hautes Juftices; enfemble les annobliffemens, confirmations & réhabilitations de Nobleffe.

Elle verifie auffi les privileges des Provinces, & des Villes, les Lettres portant permiffion d'établiffemens de foires & marchés, affranchiffemens & autres.

Elle connoît, examine & arrête les comptes du Trefor Royal, ceux de la Maifon du Roi, des Maifons Royales & ceux de tous les Officiers comptables de fon reffort.

On ne peut fe pourvoir en matiere civile contre les Jugemens & Arrêts de la Chambre des Comptes, que par révifion en la même Chambre, ce qui a été jugé & arrêté par l'Ordonnance de Moulins de l'année 1566; & en matiere criminelle, cette Ordonnance porte que les gens des Comptes font competans pour l'inftruction des procès criminels jufqu'à la torture exclusivement, & que dans ces cas les Avocats & Procureurs Généraux, tant de la Cour du Parlement que de la Chambre des Comptes, s'assembleront pour d'un commun accord & avis prendre des conclusions: & que les procès étant portés en la Chambre du Conseil, où se jugent les revisions, ils y seront jugés par un Président du Parlement, cinq Conseillers, ou six au plus, un Président de la Chambre des Comptes, avec cinq Maîtres, ou six au plus. Celui du Parlement y préside avec un Greffier du Parlement, & un Greffier de la Chambre des Comptes, & les Arrêts sont datés de la Chambre du Conseil, & Chambre des Comptes.

Elle est composée aujourd'hui :
    D'un premier Président.
    Douze autres Présidens.
    Soixante & quatorze Maîtres des Comptes.
    Trente-quatre Correcteurs.
    Et Soixante & dix-huit Auditeurs.
    Un Avocat Général.
    Un Procureur Général.
    Quatre Substituts de nouvelle création, dont il n'y en a qu'un de pourvû.
    Un Contrôleur Général des Restes.
    Deux Greffiers en chef.
    Un Greffier au plumitif, & deux Commis au Greffe.
    Un Garde des livres par commission.
    Un premier Huissier.
    Trente-deux autres Huissiers.
    Trente un Procureurs.
    Trois Receveurs & Payeurs des gages, ancien, alternatif, & triennal.

Tous ces Officiers servent par semestre, qui commence en Janvier & Juillet, à la reserve du premier Président, & des Gens du Roi qui sont toujours de service.

Les Présidens, Maîtres, Correcteurs, & Auditeurs sont de Robe longue reçûs sur la Loi, ou de Robe courte, s'ils ne sont pas reçûs: neanmoins ils portent tous la Robe longue, & le bonnet, depuis l'entrée de la Reine à Paris en 1660.

Le premier Président & les trois anciens Présidens de semestre demeurent toujours au grand Bureau, & les trois derniers de semestre tiennent le second Bureau.

Les Maîtres servent dans les deux Bureaux alternativement de mois en mois.

Les Habits de cérémonie de la Chambre des Comptes sont, sçavoir :
    Pour les Présidens, la Robe de velours noir.
    Pour les Maîtres des Comptes, la Robe de satin noir.
    Pour les Correcteurs, la Robe de damas noir.
    Pour les Auditeurs, la Robe de taffetas noir.
    Pour l'Avocat & le Procureur Général, la Robe de satin noir.
    Pour les Greffiers, la Robe de damas noir.
    Et pour le premier Huissier, la Robe de taffetas noir.

Les enfans de France ont droit d'avoir une Chambre des Comptes dans une des Villes de leurs appanages, laquelle finit dans le cas de reversion de l'appanage à la Couronne faute d'hoirs mâles. Le plus souvent les Seigneurs appanagés font compter leurs Tresoriers à la Chambre des Comptes de Paris.

DE LA COUR DES AIDES.

JUSQU'AU Regne du Roi Jean il ne se trouve point qu'il y ait eu de Juges établis pour connoître des differends qui pouvoient naître au sujet des impositions faites sur les peuples : elles étoient momentanées, elles ne se faisoient qu'à l'occasion des besoins pressans de l'Etat, & elles cessoient à l'instant que les necessités publiques finissoient.

Ce fut ce Roi qui ensuite dans une assemblée des Etats Généraux du Royaume, fit une Ordonnance dattée du vingt huit Decembre 1355, pour une levée fixe de droits sur le sel, & d'autres droits d'aides sur les marchandises & denrées qui seroient vendues à raison du huitiéme denier pour livre, qu'il ordonna être payées sans exception de personne ; par laquelle il établit des Juges pour connoître des differends qui pourroient naître à l'occasion de ces impositions ; les uns en premiere instance, & les autres en dernier ressort. Elle porte qu'il seroit choisi dans chacun Baillage un Elû de chacun des trois Etats, du Clergé, de la Noblesse, & du tiers Eat, & neuf Généraux qui auroient l'autorité sur tous ces Juges, qui seroient aussi choisis & tirés des trois Etats, pour juger par les Elûs des matieres d'Aides en premiere instance, & par les Généraux en dernier ressort les appellations de ces premiers Juges, dont les Jugemens vaudroient comme Arrêts du Parlement, sans qu'on en pût appeller. Voilà l'origine & le premier établissement des Elûs & de la Cour des Aides.

Cette Ordonnance fut donnée un an avant la prison du Roi Jean, elle eut son execution. Les Elûs de chacun ordre furent choisis dans chacun Baillage, & les neuf Généraux furent pris de même des trois Etats avec titre de Sur-intendance. Ces neuf Magistrats ausquels l'administration de la Justice des Eides fut commise, furent ; sçavoir, du Corps du Clergé, l'Evêque de Dol, l'Abbé de Bonneval & Pierre Dragant; du Corps de la Noblesse, le Comte de Forests, le sieur de Renel & le sieur de Loups, & du tiers Etat Humbert de Lyons, Jean de saint Benoît & Maurice d'Espernon.

Cet établissement fut confirmé dans une assemblée des Etats Généraux du Royaume, qui fut convoquée en l'année suivante vers la saint André en 1356, de l'autorité du Dauphin Duc de Normandie, à cause de la retention du Roi Jean son pere, prisonier en Angleterre.

Le Roi étant de retour en France, en consequence du Traité conclu à Bretigni le vingt-quatre Octobre 1360, confirma par des Lettres patentes, qui furent registrées en la Cour des Aides, la Jurisdiction des Eûs & des Greneriers en premiere instance, & celle des Sur-intendans généraux établis à Paris en dernier ressort, & sans appel.

Le Roi Charles V, lui accorda aussi des Lettres de confirmation. Il y avoit dès ce tems-là en cette Cour un Procureur Général & un Greffier.

Il paroît par des Lettres patentes des années 1373, & 1374, qui se trouvent encore à present dans les Regîtres de cette Cour, qu'elle n'enregistroit alors que les Lettres concernant les impositions seulement.

Le Roi Charles VI donna le pouvoir à cette Cour de changer & réformer les Reglemens concernant les impositions, même d'en faire de nouveaux, si elle le trouvoit necessaire ; elle lui accorda la faculté de reformer elle même ses jugemens, en cas de proposition d'erreur, ou de Requête civile, appellant néanmoins avec elle quatre ou six personnes du Conseil du Roi. Elle avoit dès lors la connoissance des matieres criminelles, jusqu'à la punition de mort que les Rois lui avoient attribué : & pour marque de cette autorité, & de cette Jurisdiction, elle a dans le Cour du Palais un Poteau avec un carcan, proche l'escalier de la Sainte Chapelle, où se font les executions à mort des coupables qui sont punis par Arrêt de cette Cour.

Pour donner à entendre de quelle maniere la Jurisdiction concernant la Finance du Royaume étoit administrée sous le Regne du Roi Charles VI, quoiqu'elle se trouve obscure & incertaine, à cause des guerres civiles, & des entreprises des Princes du Sang, pour en demeurer à ce qui est de fixe & de constant, il faut observer qu'il y avoit alors quatre sortes d'Officiers, qui connoissoient des Finances; savoir, les Trésoriers de France, les Généraux des Finances, les Généraux & les Conseillers sur le fait de la Justice & des Aides.

Les Trésoriers de France au nombre de deux ou de quatre, connoissoient du Domaine de la Couronne, ils en avoient la direction & l'administration, & ils s'assembloient au lieu où est le Bureau des Finances.

Les quatre Généraux des Finances, les quatre Généraux sur le fait de la Justice, & les Conseillers aussi sur le fait de la Justice au nombre de trois, exerçoient d'abord leur charge conjointement : ils furent dans la suite divisés; cela paroît par l'Ordonnance de Nanci de l'an 1444.

Les quatre Généraux des Finances avoient leur Chambre particuliere dans le Palais, où le Chancelier alloit quelquefois pour la direction & l'administration des Finances, & où les Généraux & Conseillers sur le fait de la Justice n'avoient point d'entrée; ils rendoient la Justice dans un autre lieu au Palais, près de la Chambre des Comptes, où les Généraux des Finances avoient entrée & voix déliberative. Les Généraux des Finances ont été depuis unis aux Trésoriers de France.

On a ajouté aux Officiers qui composoient la Cour des Aides un Président. Il paroît par les Regîtres de la Cour des Aides, que sous les Rois Charles V, & VI, les Présidens de cette Cour furent l'Evêque d'Evreux & l'Evêque de Chartres; les Archevêques de Sens, & de Besançon; le Prince d'Albret, cousin germain du Roi, & le Duc d'Orleans frere du Roi. Leurs Lettres de provision se trouvent dans les Regîtres des années 1387, 1388, 1395, 1401, & 1402. L'Evêque de Chartres présidoit en 1402, & l'Evêque de Troyes en 1460.

Le Roi Charles VII regla le nombre des Officiers de cette Cour par Lettres patentes du 29 Décembre 1470 à huit Officiers; savoir, un Président, qui étoit Louis Raguier Evêque de Troyes, quatre Généraux, & trois Conseillers sur le fait de la Justice, avec un Avocat Général nommé Violle, un Procureur Général, & un Greffier.

Il transfera la Cour des Aides qui tenoit alors & de toute ancienneté, sa Jurisdiction proche la Chambre des Comptes, comme il est porté par Lettres patentes du vingt-neuf Juillet 1474, au lieu où elle est à présent pour la commodité des Avocats, & Procureurs du Parlement qui plaident aussi en cette Cour. Cet endroit s'appelloit auparavant la Chambre de la Reine; cette translation fut autorisée par une Déclaration du dernier Avril 1477. Cet ordre de Jurisdiction dura jusqu'au Regne de François I, qui augmenta le nombre des Officiers de cette Cour. Il créa en 1522 un second Président; & alors Louis Picot de Dampiere Président en cette Cour, prit la qualité de premier Président, & créa aussi un second Avocat Général en 1543, dont Pierre Seguier fut pourvû, & augmenta le nombre des Conseillers.

Le Roi Henri II créa une seconde Chambre en la Cour des Aides par Edit du mois de Mars 1551, en augmenta le pouvoir, & ordonna qu'elle auroit la correction & la punition des Officiers de son corps, qui auroient malversé dans les fonctions de leurs Charges, & pour faire & parfaire leurs procès ; qu'elle feroit les Décrets des biens des comptables & redevables au Roi, l'ordre & la discussion de leurs biens, & la distribution du prix & des deniers en provenans. Le Roi voulut rendre cette com-

DE LA VILLE DE PARIS. Liv. VIII.

pagnie femeftre : l'Edit en fut fcellé ; mais il fut à l'inftant révoqué par la création de fix nouveaux Confeillers.

Le Roi François II ordonna par Déclaration du 23 Décembre 1559, qu'arrivant conflit de Jurifdiction entre le Parlement & la Cour des Aides, les Gens du Roi de la Cour des Aides confereroient avec les Gens du Roi du Parlement pour le regler , & s'ils ne pouvoient pas s'accorder, un des Préfidens de la Cour des Aides , & deux Confeillers iroient en la Grand' Chambre du Parlement pour conferer; & en cas qu'ils ne puffent pas s'accorder & convenir, le Roi fe referva la connoiffance de la matiere pour en décider, & éviter par ce moyen les caffations refpectives de leurs Arrêts, & les défordres qui n'auroient été que trop fréquens ; chaque compagnie voulant maintenir fa Jurifdiction avec autorité.

Lorfque pour les conferences ou autres occafions , il eft neceffaire que les deux Cours de Parlement ou des Aides s'affemblent , un Préfident de la Cour des Aides , & deux Confeillers defcendent en la Grand'Chambre, & y prennent leur place ; favoir , le Préfident à la tête du banc , qui eft à la main droite en entrant, & après les Préfidens du Parlement, & les Confeillers, prennent place au Bureau.

Le Roi Louis XIII en 1635, créa la troifiéme Chambre de la Cour des Aides, & Louis XIV glorieufement regnant, a créé pendant la derniere guerre, dans cette Cour deux Préfidens, fix Confeillers, & un troifiéme Avocat Général.

Le Reffort de la Cour des Aides eft égal à celui du Parlement , à la réferve de l'Auvergne , qui en fut démembrée en 1551 , par le Roi Henri II, qui créa une Cour des Aides pour cette province à Clermont Ferrant ; la Xaintonge , & les Elections de Coignac, Saint Jean d'Angeli, & les Sables d'Olonne qui font du Parlement de Bordeaux , font du Reffort de la Cour des Aides de Paris.

La Cour des Aides connoît & juge en dernier reffort tant en matiere civile que criminelle , des appellations de tous procès & differends concernans les Tailles & les Gabelles, cinq groffes Fermes, droits d'entrée & de fortie , octrois des Villes & de toutes autres impofitions , de la Nobleffe , même du titre quand les privileges font conteftés , de l'enterrinement des Lettres de réhabilitation , à caufe de dérogeance à Nobleffe ; tous differends entre les Fermiers des droits du Roi, leurs Affociés & Cautions , Commis & Intereffés ; des faifies réelles & décret des biens des comptables redevables à Sa Majefté ; & les feuls dépofitaires des états des Officiers des Maifons Royales, & Juges de leurs privileges.

Les Parlemens & les Cours des Aides des Provinces ne jugent pas des privileges de ces Officiers , & Mr le Chancelier ne leur accorde leur *committimus* que fur les extraits qui leur en font délivrés par le Greffier de la Cour des Aides.

Elle eft à prefent compofée d'un premier Préfident , fept autres Préfidens, quarante fix Confeillers, trois Avocats Généraux, un Procureur Général quatre Greffiers en chef, quatre Secretaires de la Cour, un Greffier criminel, un Greffier des préfentations , un Greffier des decrets, & deux principaux commis pour fervir aux audiances & expedier les Arrêts rendus par rapport.

Les Habits de céremonie des Préfidens font de velours noir.

Ceux des Confeillers, Gens du Roi & Greffiers en chef font d'écarlate.

Le rang de cette Cour eft après le Parlement & la Chambre des Comptes

DES TRESORIERS DE FRANCE.

LE tems de l'inſtitution des Tréſoriers de France n'eſt point connu. Il en eſt parlé dans nos plus anciennes Ordonnances. Leurs fonctions & leur ſoin principal a' toujours été de veiller à la conſervation du Domaine de la Couronne.

Leur nombre a été fort different ; tantôt d'un ſeul, puis de deux, de quatre & de ſix. En 1310 il n'y en avoit qu'un : il en fut crée un ſecond en 1311; en 1320, il y en avoit quatre. Par une Ordonnance du premier Mars 1388, il eſt dit qu'il y en auroit trois, dont deux feroient leurs chevauchées, tous les ans, pour voir en quel état étoit le Domaine, & y remedier, & en dreſſer leurs procès verbaux; & le troiſiéme demeureroit à Paris pour ordonner des deniers qui feroient pardevant le Changeur du Tréſor.

Ils furent réduits à deux par Ordonnance du Roi Charles VI, du ſept Janvier 1400, qui ſupprima les Tréſoriers de France ſur le fait de la Juſtice, & ordonna que s'il ſurvenoit quelque doute dans les affaires qui étoient en la Chambre du Tréſor, qui étoit le lieu de leur Juriſdiction, ces deux Tréſoriers de France pourróient avoir recours aux Gens des Chambres du Parlement & des Comptes & appeller des Conſeillers de ces Chambres pour les conſeiller en ce qu'ils auroient à faire.

Ce nombre a changé pluſieurs fois juſqu'en 1450 qu'il fut fixé à quatre par Ordonnance de Charles VII, qui partagea le Royaume en quatre départemens, qui furent nommés d'outre Seine & Yonne, de Languedouï, de Languedoc & de Normandie, dans chacun deſquels il fut établi un Tréſorier de France.

Cet ordre de Finance a duré juſqu'en 1542, que François I par Edit du mois de Décembre établit ſeize Recettes générales en ſeize Villes principales du Royaume, & créa en chacune un Office de Receveur général des Finances.

En 1551, le Roi Henri II par Edit du mois de Janvier, créa un Tréſorier de France en chacune Généralité pour y réſider, avec pouvoir & faculté aux anciens Tréſoriers de France de choiſir pour leur réſidence la Ville qu'il leur plairoit ; & il l'établit en Corps ſous le titre de Bureau des Finances.

En 1571, par Edit du mois d'Octobre, le Roi Charles IX créa un ſecond Tréſorier de France en chacune Généralité.

En 1576 le Roi Henri III, en créa un troiſiéme, par Edit du mois d'Août.

Et par un autre Edit du mois de Juillet 1577, il unit aux Charges de Tréſoriers de France, celles des deux Généraux des Finances, à cauſe de la connexité de leur fonction.

En 1581, par Edit du mois de Janvier, il créa un ſixiéme Treſorier de France, & un Préſident en chaque Bureau.

En 1586, par Edit du mois de Janvier, il créa encore deux Tréſoriers de France.

Et par un autre Edit du mois de Juin de la même année un ſecond Office de Préſident.

Depuis ce tems-là, leur nombre a été fort augmenté par differentes créations faites par les Edits des mois d'Août 1621, Février 1626, Avril 1627, Mai 1643 & 1635, Mars 1691 & 1693 & Juin 1696.

En l'année 1626, le Roi Louis XIII ſupprima l'Office de grand Voyer qui

avoit

DE LA VILLE DE PARIS. Liv. VIII.

avoit été créée en 1599 en faveur de M. le Duc de Sulli Sur-Intendant des Finances, & l'unit aux Charges des Tréforiers de France, chacune dans l'étendue de leur Généralité, en confidération de ce que ces fonctions dépendent de cette Charge, qui confifte en la connoiffance des chemins & voyes publiques & leur avoient appartenu avant la création de la Charge de grand Voyer. En 1627, il leur attribua la Jurifdiction contentieufe du Domaine en première inftance, qui avoit appartenu auparavant aux Baillis & Senéchaux en conféquence de l'Edit de Cremieu de 1536, aufquels il fut fait défenfes d'en connoître à l'avenir.

Les Tréforiers de France ont la Jurifdiction de la Voirie particuliere ou petite Voirie de Paris, qui leur a été attribuée en 1635, après la fuppreffion de l'Office de grand Voyer de Paris, dont étoit pourvû M. le Comte d'Orval; en forte qu'en qualité de grands Voyers, & de Voyers particuliers de la Ville, Prévôté & Vicomté de Paris, ils ont dans Paris la direction des rues & du pavé, des maifons & édifices qu'on ne peut conftruire fur la voye publique, fans en avoir pris d'eux les provifions & alignemens, & celle des grands chemins, des ponts & chauffées de la Généralité.

Ils avoient anciennement le foin & la direction des Bâtimens du Roi. Le fieur de Fourci Tréforien de France, fit ériger en Charge la Commiffion de Sur-Intendant des Bâtimens qu'il avoit, dont il fut pourvû en titre. Il vendit celle de Tréforier de France, & conferva l'autre: par ce moyen ces fonctions leur furent ôtées.

Le Brevet de la Taille contenant la fomme qu'il plaît au Roi de faire lever dans la Généralité, leur eft envoyé tous les ans, auffi-bien qu'à l'Intendant, pour avoir leurs avis fur la répartition qu'il en convient faire fur chaque Election: à l'effet de quoi ils fe partagent & fe tranfportent dans tous les Siéges d'Election de la Généralité, pour s'informer & prendre connoiffance de l'état des biens de la terre, de l'abondance, médiocrité, ou ftérilité qui fe trouvent dans chaque Election: enfuite ils travaillent à leur avis qu'ils ont l'honneur de donner au Confeil dans le tems que l'Intendant de la Généralité donne le fien, après avoir pris de fa part toutes les connoiffances neceffaires.

La diftribution de la fomme contenue au Brevet de la Taille, ayant été arrêtée au Confeil, on expedie les commiffions du Roi pour en faire la levée, & l'impofition fur chaque Election, qui font fcellées du grand Sceau & adreffées à l'Intendant, aux Tréforiers de France, & aux Elûs. Ces commiffions font envoyées au Bureau des Finances, fur lefquelles les Tréforiers de France mettent leurs attaches, & les remettent enfuite à l'Intendant.

Deux Tréforiers de France ont commiffion du Confeil pour travailler avec l'Intendant de la Généralité, au departement des Tailles, & aux affaires concernant le Service du Roi, dont les ordres lui font adreffés.

Il y a auffi trois autres Tréforiers de France employés par le Confeil à la direction particuliere du pavé de Paris, & des ponts & chauffées de la Généralité, dont la direction generale appartient au Corps des Tréforiers de France.

Les états du Roi des Finances & des bois font envoyés tous les ans au Bureau des Finances, pour faire payer par les Tréforiers de France aux Officiers & autres perfonnes employées dans ces états, leurs gages, penfions, Fiefs & aumones, augmentations de gages, & autres parties qui y font couchées, & pour tenir la main à l'entiere execution de ce qu'ils contiennent: & on ne peut fe pourvoir qu'au Confeil, contre ce qui eft par eux ordonné en conféquence de ces états.

Les Tréforiers de France envoyent enfuite aux Receveurs généraux, & aux Receveurs particuliers des états de recouvrement qui font des extraits des états du Roi pour la recette & dépenfe qu'ils ont à faire.

Il y a 2 Receveurs généraux, & 2 Contrôleurs generaux des Finances en la Généralité de Paris, un Receveur général & 5 Contrôleurs généraux du Domaine.

Tome II. EE e

HISTOIRE ET ANTIQUITÉS.

Les Officiers des Elections, des Greniers à Sel, & tous les Officiers comptables des Recettes Générales ou particulieres, ou les Commis à ces Recettes font tenus de se faire recevoir, & de prêter serment pardevant les Tréforiers de France, & les Officiers comptables d'y compter par état au vrai, avant que de préfenter leurs comptes à la Chambre des Comptes.

Les Tréforiers de France font du corps des Compagnies souveraines, & jouissent des mêmes privileges que la Chambre des Comptes, où ils ont rang, féance & voix déliberative, lorsqu'ils y vont pour affaire concernant le Service du Roi.

Les Tréforiers de France de Paris ont l'honneur d'avoir féance au Parlement en la Grand'Chambre avec Messieurs les Conseillers, lorsqu'ils y font mandés, ou qu'ils y vont pour les affaires de Sa Majesté ou du Public, & aux Audiances de la Cour ils ont féance fur le Banc des Baillis & Senechaux, & au dessus d'eux.

Les Tréforiers de France font réputés Domestiques & Commensaux de la Maison du Roi, & jouissent des mêmes privileges; c'est pourquoi ils prêtent serment au Roi entre les mains de M. le Chancelier avant que d'être reçûs en leurs Charges.

Ils ordonnent des bâtimens & réparations du Palais à Paris & des autres Cours & Jurisdictions Royales.

Le Roi par Edit du mois de Mars 1693, a supprimé les Officiers de la Chambre du Trésor, & en a uni & incorporé la Jurisdiction au corps des Tréforiers de France de Paris. Pour cet effet il a été créé par le même Edit une Charge de deux Préfidens, sept Tréforiers de France, quatre Charges de Commissaires généraux de la Voirie, vingt Charges de Procureurs qui ont été unies au corps des Procureurs du Parlement, & deux de Commissaires à l'apposition des scellés des Aubains, & autres dont les biens appartiennent au Roi, qui ont pareillement été unies aux Charges de Commissaires du Châtelet.

Par cet Edit le service des Préfidens & Tréforiers de France a été rendu semestre continuel, six mois au Bureau des Finances, & six mois en la Chambre du Trésor.

La competence des deux Chambres a été reglée, & il a été ordonné que l'enregistrement des Lettres d'annoblissement, réhabilitations, legitimations & érections, pensions & autres affaires de Finance & Voirie, qui jusqu'alors avoient appartenu aux Tréforiers de France, feroient jugées au Bureau des Finances: & celles concernant le Domaine, l'enregistrement & l'execution des Brevets & Lettres de Dons qui seroient accordées par le Roi: ensemble celui des Lettres de naturalité & legitimation, & autres affaires qui avoient été jusqu'alors de la connoissance de la Chambre du Trésor lui appartiendroient.

Le Bureau des Finances est dans la Cour du Palais, proche la Chapelle de faint Michel.

La Chambre du Domaine est dans la grand'Sale du Palais.

Les deux Chambres font composées d'un premier Préfident, d'un second Préfident, de quatre autres Préfidens, de vingt-neuf Tréforiers de France, deux Avocats du Roi, deux Procureurs du Roi, un Greffier en chef des deux Chambres, deux Greffiers au plumitif, quatre Commissaires généraux de la Voirie, un premier Huissier en chacune Chambre, & neuf autres Huissiers.

Ces Officiers font partagés dans les deux Chambres.

Les semestres des premier & second Préfident commencent en Janvier & Juillet, & celui des autres Préfidens & Tréforiers de France en Avril & en Octobre.

Les Gens du Roi font fixes dans les Chambres, un Avocat, & un Procureur du Roi dans chacune.

On garde au Bureau des Finances les états du Roi des Finances, du Taillon, du Domaine & des Bois qui y sont envoyés annuellement, & les états au vrai des comptables, & autres titres des Finances, qui y sont adressés pour être enregîtrés en la Chambre du Tréfor, ceux qui concernent le Domaine, comme le Terrier de la Ville, Prevôté & Vicomté de Paris, les reconnoissances des particuliers qui sont dans la censive du Roi, & quantité d'autres titres concernans le Domaine. C'est aux Officiers de cette Chambre qu'appartient la confection & renouvellement du Terrier.

DE LA COUR DES MONNOIES.

IL y avoit trois Généraux des Monnoies dès la première Race de nos Rois, qu'on pourroit dire avoir été établis à l'imitation des trois Magistrats chés les Romains, à qui ces peuples, dont il semble que nous faisions gloire d'imiter les Loix & les Coutumes, avoient donné le nom de *tres Viri Monetales*, qui avoient seuls la charge de faire battre & forger Monnoie, dont il est souvent fait mention ès anciennes inscriptions.

Ces Généraux des Monnoies furent faits sedentaires à Paris en même tems que le Parlement, sous le Regne de Philippe le Bel.

Leur nombre fut depuis augmenté, & leurs Charges furent unies à celles de la Chambre des Comptes. Elles en furent distraites en 1358, & les Généraux des Monnoies furent mis au dessus de la Chambre des Comptes, où ils ont été jusqu'en 1686. que le Roi leur a donné pour tenir leur Jurisdiction, le grand pavillon de la cout neuve du Palais.

Le Roi Henri II en 1551, donna le titre de Cour des Monnoies à leur Chambre, & l'érigea en Cour souveraine, par Edit du mois de Janvier.

On a souvent discouru pour savoir & découvrir quels peuples avoient été les inventeurs des Monnoies, ou les Hebreux, les Egyptiens, les Perses, les Grecs, ou les Romains, sans pouvoir rapporter des preuves assûrées qui puissent fonder cette décision. Ce qu'on en peut dire avec plus de vraisemblance sur ce qui s'en trouve, est que dans les premiers tems les Monnoies étoient rudes, sans forme, & sans marque; que par la suite elles se polirent & se façonnerent, & que du tems des Romains elles furent mises dans leur plus grande perfection.

Ce qu'il y a de plus certain est que dans tous les tems le droit de faire battre & forger la Monnoie, a été un droit de Souveraineté.

La Jurisdiction de la Cour des Monnoies est de connoître en dernier ressort des mines, des métaux & poids de la fabrique des monnoies, du titre, cours & prix, & de la police des especes d'or & d'argent.

Elle connoit des differends entre les Officiers & les Artisans qui y sont employés : elle reçoit les appellations des jugemens rendus par les Officiers des Chambres des Monnoies, & autres Juges qui sont de sa dépendance.

Le service de cette Cour est semestre. : elle est composée d'un premier Président, huit autres Présidens, vingt-six Conseillers, deux Avocats généraux, un Procureur général, deux Substituts, un Greffier en chef, un premier Huissier, & plusieurs autres Huissiers.

Un Prévôt général des Monnoies & Maréchaussées de France, lequel a séance après le dernier Conseiller, lorsqu'il rapporte les procès qu'il a instruits : il a plusieurs Lieutenans & Exempts dans sa compagnie, un Procureur du Roi, un Assesseur, un Greffier, & quarante Archers.

Il y a deux Présidens & plusieurs Conseillers Commissaires en titre, qui font tous les ans les visites dans les Provinces.

On garde soigneusement en cette Cour les poids originaux de France, sur lesquels ceux de toutes les Villes de France sont étallonés.

Tous les ans la Cour commet un Conseiller pour faire marquer en sa presence, sans frais, du poinçon du Roi, qui est une fleur de lis, tous les poids du public.

Dans les ceremonies cette Cour a son rang après la Cour des Aides.

Les Presidens portent la Robe de velours noir, les Conseillers, les Gens du Roi & le Greffier en chef celle de satin noir, & le premier Huissier celle de tafetas noir.

Le premier President est conduit jusqu'au bas du grand escalier du Pavillon de cette Cour par les Huissiers.

DES EAUX ET FORETS.

LA Jurisdiction des Eaux & Forêts établie à la Table de Marbre du Palais est fort ancienne, & d'une grande étendue. Son institution a été pour connoître des abus & malversations qui se commettent dans les Bois & Forêts appartenans au Roi, aux Communautés, ou aux particuliers, des entreprises sur les Rivieres, Isles, ou Islots, & de tous procès pour raison des Moulins ou autres bâtimens sur la Riviere, de la Pêche, de la Chasse, & des droits de Grueries, & tiers-danger, tant au Civil qu'au Criminel, entre toutes personnes de quelque qualité & condition qu'elles soient. Son ressort s'étend plus loin que celui du Parlement de Paris ; car outre l'appellation des Maîtrises & des Justices particulieres des Seigneurs pour le fait des Eaux & Forêts qui sont dans l'étendue du ressort du Parlement, elle reçoit encore celle des autres Parlemens où il n'y a point de Table de Marbre, comme de Grenoble, Bordeaux, Dijon, Aix, Pau, & Mets.

Elle a le droit de prévention sur les Officiers des Eaux & Forêts des autres Parlemens.

Les principaux Officiers des Maîtrises des Eaux & Forêts, & les Capitaines des Chasses & de Louveterie y sont reçûs.

Les Ducs & Pairs y procedent par privilege à toute autre Chambre des Eaux & Forêts des autres Parlemens, encore que les choses contentieuses soient situées dans leur étendue, ils ne peuvent se pourvoir à la Grand' Chambre sur ces matieres, les Ordonnances en attribuant la connoissance à cette Chambre privativement à tous autres Juges, nonobstant le droit de *Committimus*, ou autre privilege.

Cette Jurisdiction est mixte, de l'Ordinaire, & du Souverain. Les appellations de l'Ordinaire ressortissent au Parlement. Elle juge en dernier ressort les procès des réformations, malversations, délits, dégradations, & autres matieres importantes, où Monsieur le premier Président va présider, assisté de sept Conseillers de la Grand'Chambre, & de quatre des Officiers de cette Chambre.

Les grands Maîtres des Eaux & Forêts ont droit d'aller présider en cette Jurisdiction à l'Ordinaire, & les jugemens qui s'y rendent en leur presence sont intitulés de leur nom en ces termes : *Les grands Maîtres, Chefs, Enquêteurs & généraux Réformateurs des Eaux & Forêts de France, au Siége général de la Table de Marbre du Palais à Paris.*

Et ceux qui s'y rendent en dernier ressort sont intitulés : *Les Juges ordonnés par le Roi pour juger en dernier ressort, & sans appel, les procès des Reformations des Eaux & Forêts de France, au Siége de la Table de Marbre du Palais à Paris.*

Lorsqu'il n'y avoit qu'un grand Maître des Eaux & Forêts du Royaume, il n'y avoit qu'un Lieutenant dans cette Jurisdiction.

Le Roi François I y établit des Conseillers, & les Rois Henri II, & François II déleguerent des Juges suivant qu'il est porté par les Edits du mois de Mars 1550, & dix-sept Juillet 1554.

DE LA VILLE DE PARIS. Liv. VIII. 405

Cette Jurisdiction est composée à present d'un Lieutenant général, d'un Lieutenant particulier, six Conseillers, un Procureur général, un Avocat général, deux Greffiers, un premier Huissier Audiancier, & autres Huissiers.

La Chambre des Eaux & Forêts est dans la grande Sale du Palais, proche le parquet des Gens du Roi du Parlement.

Outre cette Jurisdiction des Eaux & Forêts, il y a encore celle de la Maîtrise particuliere des Eaux & Forêts de Paris, qui se tient dans la Cour du Palais. Elle connoit des procès & differends concernant les Rivieres, la Pêche, & la Chasse, dans l'étendue de la Prevôté & Vicomté de Paris; l'appel de ses jugemens est porté dans la Chambre des Eaux & Forêts de France : elle est composée,

D'un Maître.
Un Lieutenant.
Un Procureur du Roi, & autres Officiers.

DE LA CONNE'TABLIE ET MARE'CHAUSSE'E de France.

La Jurisdiction de la Connétablie & Maréchaussée de France est la Justice ordinaire de la guerre, unique & universelle dans toute l'étendue du Royaume, qui est administrée par Messieurs les Maréchaux de France, les jugemens qui s'y rendent sont intitulés, *les Connétables & Marechaux de France, à tous ceux, &c.*

L'appel de ses jugemens va au Parlement.

Elle connoît de la reception & fonction des charges de tous les Prévôts Généraux, pr vinciaux & particuliers, Vice-Baillis, Vice-Senechaux, Lieutenans Criminels de Robe-courte, Chevalier du Guet, leurs Lieutenans, Assesseurs, Procureurs du Roi, Greffiers Commissaires, & Contrôleurs à faire les montres, Trésoriers de la solde, Receveurs & Payeurs des Compagnies des Maréchaussées de Robbe-courte en quelque lieu du Royaume qu'elles soient établies. Elle connoît aussi des fautes, abus & malversations commises par tous les Officiers de guerre, de Gendarmerie & de Maréchaussées, & des procès & differends procedans de la vente des vivres, munitions, armes, chevaux & équipages de guerre, tant en demandant qu'en défendant, nonobstant toutes Lettres de *Committimus*, & attribution du Scel du Châtelet.

Cette Chambre a son entrée par les galleries des prisonniers, en allant à la Tournelle : elle est composée d'un Lieutenant géneral, un Lieutenant particulier, un Avocat & Procureur du Roi, un Greffier en chef, un premier Huissier Audiancier, & deux autres Huissiers.

Ces quatre Officiers jouissent des privileges des Officiers commensaux de la Maison du Roi, & ont droit de prendre la qualité d'Ecuyer, à cause de leurs Charges.

Le Prevôt général de la Connétablie & Maréchaussée de France a sous lui quatre Lieutenans, un Assesseur, un Procureur du Roi, un Greffier, quatre Exempts, & quarante-huit Gardes, compris un Trompette.

Cette Compagnie a un Commissaire, un & Contrôleur à faire les montres.

Ces Officiers sont du corps de la Gendarmerie : lorsqu'ils servent dans les Armées ils ont des gratifications extraordinaires par mois.

Il y a aussi une Compagnie du Prevôt général de la Cour des Monnoies & Maréchaussée de France.

HISTOIRE ET ANTIQUITE'S.

Cette Compagnie est composée de plusieurs Lieutenans & Exempts, d'un Greffier, & quarante Archers.

Il y a encore une Compagnie de Connétables & Maréchaux de France au Gouvernement de la Generalité de Paris & Isle de France.

Le Prevôt general de cette Compagnie a quatre Lieutenans, un Guidon, huit Exempts, & cent Archers distribués en sept Brigades aux environs de Paris pour la sûreté de la campagne: trente-cinq de ces Archers sont à cheval.

DE L'AMIRAUTE' DE FRANCE.

LA Jurisdiction de l'Amirauté étoit anciennement à la Table de Marbre. Elle se tient presentement dans la grand'Sale du Palais au Bailliage.

Elle connoît de toutes les affaires de l'Amirauté, débris de Vaisseaux, naufrages & commerce de la Mer, tant en premiere instance, que par appel; des differents des Officiers & Sieges particuliers de la Marine qui sont établis à la Rochelle, Calais, Boulogne, Montreuil, Abbeville, Saint-Valeri, Eu, & autres lieux.

Elle est composée d'un Lieutenant general, quatre Conseillers, un Avocat & Procureur du Roi, un Greffier, quatre Huissiers Audianciers, & deux Sergens.

Il y a encore d'autres Sieges de l'Amirauté, à Rouen, Bordeaux, Dunkerque, & autres lieux.

DU BAILLIAGE DU PALAIS.

CETTE Jurisdiction se tient dans les sales & cours du Palais tant en matiere civile & criminelle que de police. Elle est composée d'un Bailli, un Lieutenant general, un Procureur du Roi, un Greffier, & un premier Huissier.

L'Hotel qu'occupe aujourd'hui le premier President, faisoit anciennement la demeure des Baillis du Palais; mais un premier President ayant acheté pour son fils, la Charge de Bailli du Palais, ils occuperent ensemble ce magnifique Hotel, qui depuis a fait la demeure des premiers Presidens.

DU CHATELET.

LA Justice ordinaire de la Ville, Prévôté & Vicomté de Paris est le Châtelet. Elle s'exerce sous le nom du Prevôt de Paris. Tous les jugemens qui se rendent au Châtelet, & tous les Actes des Notaires sont intitulés en son nom.

L'Assemblée de la Noblesse de la Prevôté de Paris pour l'arriere-Ban se fait en son Hôtel, & c'est lui qui a droit de la commander à l'Armée.

Cette Jurisdiction est composée d'un Lieutenant general Civil, un Lieutenant general de Police, un Lieutenant Criminel, deux Lieutenans particuliers, cinquante Conseillers, dont un d'épée, créé en 1691, quatre Avocats du Roi, un Procureur du Roi, huit Subſtituts, un Greffier en chef, pluſieurs autres Greffiers, un premier Huiſſier Audiancier, pluſieurs autres Huiſſiers Audianciers : un Juge Auditeur pour les affaires de cinquante livres & au-deſſous, un Greffier, un premier Huiſſier, deux autres Huiſſiers Audianciers : quarante-huit Commiſſaires, cent treize Notaires, deux cens trente-cinq Procureurs, trois cens quatre-vingt Huiſſiers à cheval, deux cens quarante Huiſſiers à verge, & cent vingt Huiſſiers Priſeurs.

Par Edit du mois de Fevrier 1674, le Roi avoit créé un nouveau Châtele , lequel a été réuni à l'ancien par Edit du mois de Septembre 1684, & les Offices de Lieutenans Civil & Criminel du nouveau Châtelet, & celui de Procureur du Roi de l'ancien furent ſupprimés.

La Charge de Lieutenant general de Police fut démembrée en 1667 de celle de Lieutenant Civil, & le Roi en pourvût M. Gabriel Nicolas Sieur de la Reinie, qui a été depuis Conſeiller d'Etat, auquel a ſuccedé en 1697. Monſieur Marc René de Voyer d'Argenſon Conſeiller du Roi en ſon Conſeil d'Etat, qui s'en eſt acquitté avec toute l'exactitude & les ſoins que demandoit une Charge d'une auſſi grande étendue que celle de Lieutenant general de Police, auquel a ſuccedé Monſieur de Machault, auſſi Conſeiller d'Etat, & qui a merité l'eſtime & l'admiration de toute la Ville de Paris.

Les Habits de céremonie des Officiers du Châtelet ſont pour les Chefs, la robe rouge, & pour les Conſeillers la robe noir.

Avant l'année 1674, il y avoit dans la Ville de Paris pluſieurs Juſtices de Seigneurs qui ont été ſupprimées par l'Edit de création du nouveau Châtelet, & leurs Juriſdictions ont été incorporées à la Juſtice ordinaire du Châtelet.

Le Lieutenant Criminel de Paris de la Prevôté & Vicomté de Paris a dans ſa Compagnie quatre Lieutenans, ſept Exempts, & cent Archers, qui ſont auſſi Huiſſiers du Châtelet.

La Compagnie du Chevalier du Guet eſt compoſée d'un Capitaine, quatre Lieutenans, un Guidon, huit Exempts, cinquante Archers à cheval, un Enſeigne, huit Sergens de commandement, & cent hommes de pied, qui ont tous des Proviſions du Roi à la nomination du Capitaine, deux Greffiers Contrôleurs, un Payeur des gages.

Ces Archers ſont habillés de bleu, avec des bandoulieres ſemées d'étoiles d'argent, & de fleurs de lis d'or, bordées d'un galon or & argent.

Les huit Sergens ont des juſtes-au-corps galonnés d'argent, & les ceinturons de même ſans bandoulieres.

Le Parlement va tenir ſéance au Châtelet quatre fois l'année, ſavoir, le Mardi de la ſemaine ſainte, le Vendredi devant la Pentecôte, la veille de Saint Simon Saint Jude, & la ſurveille de Noël.

DE L'ELECTION.

L'ORIGINE de la Juriſdiction des Elûs a été rapportée ci-devant, en parlant de la Cour des Aides.

Leur Juriſdiction conſiſte en l'aſſiette des Tailles, au jugement des procès & differends qui naiſſent en conſequence ; & pour le fait des Tailles, Aides, & autres impoſitions & levées des deniers du Roi, tant aux entrées de la Ville de Paris, que des cinq groſſes Fermes, à l'exception des Domaines & droits Domaniaux, & droits de Gabelle.

Elle eſt compoſée d'un Preſident, un Lieutenant, un Aſſeſſeur, vingt Conſeillers-Elûs, un Avocat & Procureur du Roi, un Subſtitut, un Greffifier, un premier Huissier, trois Huissiers Audianciers, huit Procureurs des Tailles, huit Huissiers & huit Receveurs des Tailles.

Le Siége de l'Election est dans la Cour du Palais.

DU GRENIER A SEL.

CETTE Jurisdiction a été établie pour juger les contestations & differends qui naissent au sujet des Gabelles, soit pour la distribution du sel, ou des droits appartenans à Sa Majesté.

Elle est composée de deux Presidens, trois Grenetiers, trois Contrôleurs, deux Lieutenans, deux Avocats du Roi, deux Procureurs du Roi, trois Greffiers, trois Huissiers Audianciers, six autres Huissiers Sergens de Gabelles, huit Procureurs, trente Mesureurs de sel, soixante Porteurs, dix Courtiers, & plusieurs autres menus Officiers.

Le Magasin ou Grenier à sel & Siége de cette Jurisdictio est proche la Riviere & du Pont-Neuf, dans la rue Saint Germain l'Auxerrois.

La vente & distribution du sel au public se fait les Lundis, Mercredis & Samedis.

DE LA CHAMBRE ROYALE DE L'ARSENAL.

LA Chambre Royale de l'Arsenal & Artillerie est dans l'enclos de l'Arsenal.

Les Audiances de cette Chambre se tiennent les Lundis matin, & celles des poudres & salpêtres tous les Samedis de relevée.

Cette Jurisdiction a aussi des Officiers.

DE LA VARENNE DU LOUVRE.

LA Justice de la Varenne du Louvre se tient dans une Sale du Palais des Tuilleries.

Cette Jurisdiction connoît du fait des Chasses dans les plaisirs du Roi.

DE LA JURISDICTION DE L'HÔTEL DE VILLE.

CETTE Jurisdiction s'étend, tant sur les rentes de la Ville, que sur la Taxe des vivres & denrées qui arrivent à Paris par la Riviere, comme bleds & autres grains, vin, bois, charbon, foin, poisson, pommes, noix & autres denrées qui se débitent sur les ports & lieux de vente, & sur tous les differends qui naissent entre les voituriers par eau & les marchands: Elle est exercée par le Prevôt des Marchands, quatre Eschevins, vingt-six Conseillers de Ville, un Procureur du Roi & un Greffier.

L'appellation de ses jugemens est portée au Parlement.

DE LA VILLE DE PARIS Liv. VIII.

Il y a d'autres Officiers pour le service de la Maison de Ville qui sont, un Receveur de la Ville, seize Quarteniers, soixante-quatre Cinquanteniers, deux cens vingt-quatre Dixainiers, & trois Compagnies d'Archers de cent hommes chacune.

La Jurisdiction du Prevôt des Marchands s'étend aussi pour le fait des marchandises & des vivres destinées pour Paris, sur toute la Seine & les rivieres qui y tombent. Cette Jurisdiction se tient à l'Hotel de Ville.

DES JUGES CONSULS.

LA Jurisdiction des Juges Consuls fut établie à Paris par le Roi Charles IX en 1563. Elle connoît de toutes les causes & procès concernant le commerce & fait de marchandises entre Marchands, soit par lettres de change, promesses, obligations, contracts ou traités de societé pour marchandises de quelque nature & qualité qu'elles soient; & encore entre les gens d'affaires, & entre les Notaires pour payement de billets à volonté ou à tems.

L'appellation de leurs jugemens est portée au Parlement, lorsqu'il s'agit d'une somme au-dessus de cinq cens livres & au-dessous, ils jugent nonobstant l'appel.

Cette Jurisdiction est exercée par un Juge, quatre Consuls, un Greffier & quatre Huissiers.

Le Juge & les Consuls se renouvellent tous les ans, & se nomment par élection : le Juge est choisi entre les anciens Consuls, & les quatre Consuls entre les Marchands; ils vont ensuite prêter serment au Parlement; le Greffier est commis par eux; le Greffe appartient au Consulat qui l'a acquis dès le commencement de l'établissement de la Justice des Consuls : les Huissiers sont pourvûs d'Offices hereditaires, & ils sont seuls Huissiers competans pour signifier les Sentences de cette Jurisdiction rendues par défaut.

Le Siége de cette Jurisdiction est au Cloitre saint Merti, derriere l'Eglise.

Les marchands avoient encore un lieu où ils s'assembloient sous la Sale Dauphine dans la Cour du Palais, pour con erer de leurs affaires, qu'on appelloit communément la place des Marchands. Cette place n'est plus frequentée depuis environ quinze ans, parce qu'elle s'est trouvée trop incommode à cause des embatras du Palais ; ce qui a fait que les Marchands ayant cessé de se trouver ensemble, & de conferer sur l'état du commerce, les Courtiers de change s'en sont rendus les maîtres en prenant l'argent des particuliers pour leur compte, & le dispersant ensuite parmi les negocians à tel prix que bon leur semble, ils ont fait des fortunes immenses dans ces prêts d'argent, au grand préjudice du commerce, en ayant augmenté ou diminué le prix comme il leur a plû par la seule consideration de leurs interêts; ce qu'ils continuent de faire.

Le remede à ce désordre c'étoit d'indiquer une place aux Marchands où ils se trouveroient pour être ensemble, & conferer sur leurs affaires, comme il se pratique à Lion, Rouen, Lille, & en d'autres bonnes Villes du Royaume, & dans toutes les principales Villes des Etats étrangers, où se pourroient aussi trouver les gens d'affaires, & tous ceux qui se mêlent de prêt d'argent, desquelles conferences & communications il resulteroit un grand bien, utilité & avantage pour le commerce & pour le public.

On avoit autrefois proposé de joindre à la Justice des Consuls quelques maisons voisines pour servir de place. Cette proposition n'a point été suivie, quoique fort approuvée des Marchands.

Il y a à Paris six Corps des Marchands : le premier, les Drapiers; le se-

Tome II. FFf

cond, les Epiciers & les Apoticaires qui ne font qu'un même Corps; le troiſiéme, les Merciers, Jouaillers, Clinqualliers; le quatriéme, les Pelletiers; le cinquiéme, les Bonnetiers; le ſixiéme, les Orfevres.

Les Libraires, les Marchands de vin, les Marchands de bois & les Marchands de laine ont les mêmes avantages que les Marchands des ſix Corps pour parvenir au Conſulat.

LES COMTES DE PARIS.

TOUCHANT les Comtes de Paris, tous les Auteurs ſuivans, ſavoir, Favyn, du Breul, & le Pere Doublet, Brodeau, Beſli & Du-Cheſne, Dominici, Chiſlet, & Sainte Marthe enfin du Bouchet, le Pere Labbe, & autres perſonnes célebres par leur doctrine, tous ces Auteurs là, dis-je, ont parlé des Comtes de Paris; mais ſi diverſement, & ſi mal la plûpart, que je prévois bien que ce diſcours, au lieu d'être Hiſtorique à l'ordinaire, ſera Polemique, peut-être depuis le commencement juſqu'à la fin.

Avant que d'entrer en matiere, je n'examinerai point ſi les Comtes de Paris avoient en leur pouvoir les Armes, ou la Juſtice ſeulement, ou tous les deux enſemble. Car cette difficulté eſt ſi grande, & d'une ſi grande diſcuſſion, qu'elle demanderoit à être traitée à part; & peut-être même ſeroit elle encore plus Polemique, que ce que j'ai à dire des Comtes de Paris.

Pour ce qui eſt de Favyn, homme nullement exact, d'ailleurs grand cauſeur & fort credule, & attaché à la Tradition, il aſſure qu'Erchinoalde ou Archambauld Duc des François, Maire du Palais de Clovis II, étoit Comte de Paris, & qu'il donna au Chapitre de Notre-Dame, non ſeulement Creſteil aſſis ſur la Marne, le Marché Palus, & Saint Chriſtophe; mais encore l'Hotel des Comtes de Paris, où depuis l'Hotel Dieu a été bâti; & qu'enfin Lendeſigilde ſon fils commença le Palais au bout de la Cité, tant pour lui que pour ceux qui lui ſuccederoient au Comté.

Du Breul ſavant à la verité, mais non moins credule, & amateur de la Tradition que Favyn, redit preſque les mêmes choſes; mais plus ſuccinctement, & auſſi fait-il bien moins de fautes.

Brodeau Avocat fameux, non content de repeter tout ce que Favyn a inventé des Comtes de Paris, & que du Breul en a dit après lui, ajoûte encore que ſaint Chriſtophe leur ſervoit de Chapelle, & prétend que tout ce que du Breul, Favyn & lui en raportent, ſe trouve dans le vingt-deuxiéme Acte du petit Paſtoral; & de plus, par d'autres Chartes tirées de là; & de divers endroits, il s'efforce d'établir quelques autres Comtes de Paris. Quoique j'euſſe lû ces titres avant que de voir ſon ouvrage, ſans y avoir fait aucunes de ces remarques, depuis néanmoins, je n'ai pas laiſſé de les relire, & les copier; mais ſans y rien trouver de ce que je cherchois, & de ce qu'il veut qui y ſoit.

Il eſt conſtant qu'Archambauld ou Erchinoalde vivoit dans le ſeptiéme ſiécle; qu'il étoit Duc des François & Maire du Palais de Clovis II; mais enfin, aucun Hiſtorien du tems, non pas même aucun titre, ni vrai ni faux, ne le traite de Comte de Paris; & l'Acte vingt-deuxiéme du petit Paſtoral, ne lui donne point cette qualité, & comment le feroit-il, puiſqu'il ne parle pas ſeulement de lui? joint qu'il eſt datté de la huitiéme année du Regne de Charles le Chauve, & par conſequent paſſe dans le neuviéme ſiécle, en 845, ou 846; car on ſait que Louis le Debonnaire ne lui donna le Royaume de France qu'en 838. D'ailleurs touchant Erginoalde, ſaint Chriſtophe

DE LA VILLE DE PARIS. Liv VIII.

Près Notre Dame, l'Hotel des Comtes de Paris, & le reste, il n'y en a pas un seul mot; il parle veritablement d'un saint Christophe, mais bien loin d'être celui de la Cité, c'est celui de Cresteil; & ne contient autre chose, sinon, que Charles le Chauve confirme le don de quelque bien qu'un certain Vicomte de sa Cour nommé Grimaud avoit fait à Cresteil, en faveur de l'Eglise de saint Christophe.

A peine dirai-je après cela que Brodeau prend ce Grimaud ici pour un Vicomte de Paris, quoique la Charte n'en dise rien, & qu'on ne puisse savoir d'où il étoit Vicomte. Davantage, il prétend que ce titre est de l'an 900 : cependant cela ne sauroit être, puisqu'étant datté de la huitiéme année du Regne de Charles le Chauve, il doit avoir été fait en 845 ou 846, comme je viens de dire; & d'autant plus que ce Prince ne vécut pas jusqu'en 900, mais mourut en 877.

Enfin pour trancher en un mot, cette Charte est supposée, ainsi qu'on apprend de l'indiction; & bien que d'autres choses le feroient connoître s'il s'y trouvoit rien qui fût à notre sujet; & quand bien même elle feroit mention du prétendu Archambauld Comte de Paris, de Grimaud Vicomte de Paris, & tout le reste, je ne voudrois pas faire fondement là-dessus, bien loin de m'en servir pour preuve.

Je doute qu'il faille ajoûter plus de foi au Pere Doublet, & à un titre de la seconde année du Regne de Pepin, qu'il a tiré du Tresor de Saint Denys, où il est parlé de certaines exactions imposées par Guinefroid, & continuées par Girard, tous deux Comtes de Paris, tant sur les biens & habitans de saint Denys, que sur les Marchands & les marchandises qui venoient à la Foire ; car le Pere Doublet étoit un bon homme, encore plus credule, mais moins savant que Brodeau, du Breul & Favyn. Et de fait, l'Acte qu'il rapporte est tout farci de contes; d'ailleurs il y a si peu de bonnes Chartes de la seconde Race, & des premieres années de la troisiéme, que sans lire celle-ci de sa datte seule on pourroit la convaincre sinon de faussetté, du moins la soupçonner de supposition.

Il faut mettre au même rang trois autres titres de la vingt-deux & de la vingt-septiéme année du Regne de Charles le Chauve, & de la dix-septiéme de Charles le Simple. Par la premiere Charles le Chauve donne à l'Evêque Enée le Pont au Change exemt de la Jurisdiction de tous Comtes & Vicomtes, & autre Puissance judiciaire; & de plus, lui rend l'Isle Notre-Dame que les Comtes de Paris avoient usurpée.

Par la derniere, Charles le Simple ratifie la premiere ; c'est-à-dire, le don de Charles le Chauve. Ces deux Actes au reste nous apprendroient bien des choses curieuses, s'ils n'étoient pas supposés, & qu'ainsi qu'aux précedentes les indictions n'en fussent pas fausses.

Par le premier & le dernier, il paroît que les Comtes, aussi bien que les Vicomtes étoient Juges & Chefs de la Justice; d'où l'on peut inferer que ceux de cette qualité-là, dont ils font mention, étoient & Vicomtes, & Comtes de Paris.

Le troisiéme porte, qu'en ce tems-là il y avoit un Comte de Paris, & que ceux d'auparavant s'étoient emparés, à ce qu'on disoit, de l'Isle Notre-Dame, & qu'alors on se figuroit que Charles le Chauve y avoit rétabli l'Evêque Enée, & l'avoit affranchie de la Jurisdiction des Comtes.

A l'égard de ces Chartes, pourvû qu'on m'apprenne leur datte, & quand on les a composées, il ne me sera pas difficile de faire savoir le tems que tout ceci est arrivé.

A ces Comtes de Paris imaginaires, nous pouvons joindre Etienne & Begon : trois titres du petit Pastoral parlent du premier ; Nithard & Flodoard du dernier ; mais dans ces Auteurs ici non plus que dans ces Actes, la qualité de Comtes de Paris ne s'y trouve point ; quoi qu'en puissent dire Brodeau, du Bouchet & le Pere Labbe. A l'égard des Actes, le premier &

le dernier ne font point dattés : le second l'est de plusieurs façons, à l'ordinaire de ces tems là ; il n'y a même rien à dire à l'indiction. Avec tout cela, ni celui-ci, ni les deux autres ne me semblent pas moins suspects que les précedens pour des raisons que je rapporterai ailleurs. Bien loin d'y découvrir rien qui puisse faire conjecturer qu'Etienne fût Comte de Paris, on ne voit pas même s'il fut Comte autre part. Que si les deux derniers parlent encore d'un Etienne, on ne sauroit savoir si c'est du même dont le premier fait mention.

Dans le premier, Etienne purement & simplement prend la qualité de Comte & remedie à certains désordres faits à Roset, Village qui appartient à Notre-Dame : mais après l'avoir bien examiné, & de près, je n'y apperçois rien qui puisse me donner le moindre soupçon de l'année, ni du tems qu'il a été passé.

Brodeau cependant prend les Comtes Etienne de ces trois Actes, pour une même personne & pour un seul Comte de Paris ; & le tout fondé sur ce qu'au bas de la page du second, il a lû, *credo quod erat Comes Parisiensis*. Si bien qu'il le croit avec celui qui a mis cette addition, quoiqu'elle soit d'une écriture plus moderne, & simplement l'opinion d'un inconnu.

De dire maintenant s'il a raison ou non, de confondre cet Etienne ici avec un ou deux autres Etiennes, dont l'un en 802, c'est à-dire, la seconde année de l'Empire de Charlemagne, fut envoyé aussi-ben que Fardulfe pour Gouverneur de Paris, Melun, Provins, Estampes, & autres pays circonvoisins ; & l'autre se trouva en qualité de témoin & quelques autres Comtes à la description & au partage des biens de Charlemagne en 811, c'est ce que je ne ferai pas. Il suffit de savoir qu'à son avis de ces deux derniers Etiennes, le premier fut créé Gouverneur en 770, la seconde année de l'Empire de Charlemagne ; quoique ce Prince, comme je viens de dire, n'ait été couronné Empereur qu'en 800. Ainsi il faut qu'il ait pris l'an 768, que Charlemagne devint Roi de France pour l'an 800, qu'il fut Empereur, & l'année 770, qui est la seconde de son Regne, pour l'an 802, qui est celle de son Empire.

Par le second, Etienne humble Comte par la grace de Dieu, & la Comtesse Amatrude sa femme donnent à l'Eglise Cathedrale Soulci, Noisi & autres lieux du Territoire de Paris, la onziéme année de l'Empire de Charlemagne ; c'est-à-dire, en 810, ou environ.

Par le dernier, Charlemagne Roi de France & des Lombards, Patrice des Romains, confirme l'Evêque Elkeurabe en la possession des terres de son Evêché, sur-tout de Soulci, donné par le Comte Etienne de pieuse mémoire, qui sont les propres termes, & par Amaltrude sa femme ; si bien que par-là il nous fait entendre qu'Etienne alors étoit mort ; car c'est ce que signifie Etienne de pieuse mémoire ; mais quand je viens à examiner ces trois Chartes, & entre autres les deux dernieres, j'y remarque tant de contrarietés, que je trouve avoir eu grande raison d'avancer qu'elles ne me sembloient pas moins suspectes que les précedentes.

En effet, comme il est certain que Charlemagne conquit le Royaume des Lombards en 774, & fut couronné Empereur en 800, verité dont personne ne doute, or est-il qu'il paroit par les diverses dattes du second titre que le Comte Etienne ne donna Soulci à l'Eglise Notre-Dame qu'après la promotion de ce Prince à l'Empire, & même bien depuis ; & neanmoins que dans le troisiéme titre, où l'Empereur approuve son bien-fait, il en parle comme d'un homme mort, & ne prend que la qualité de Roi de France & des Lombards, & de Patrice des Romains. Ainsi afin de faire passer le second pour veritable, il faut croire, ou que les dattes en sont fausses, ou qu'on l'a fait long-tems après la mort du Comte Etienne, bien qu'il y fût present, & y parle : & tout de même, pour ajoûter foi au dernier & l'approuver, il faut supposer qu'il a été fait de son vivant, bien qu'il soit là parlé de lui comme d'un homme mort.

Enfin puisque dans la seconde Charte le Comte Etienne se qualifie Comte par la grace de Dieu, on peut croire avec Brodeau qu'il étoit Comte d'un Comté infeodé & hereditaire ; mais peut-être que ce n'étoit pas du Comté de Paris.

De plus, je croi que lorsqu'on a supposé ce titre, il y avoit un Comte de Paris, & que le Comté de Paris étoit hereditaire & infeodé ; & même je dirai plus bas que depuis, les Ducs de France s'appellerent Ducs par la grace de Dieu : bien davantage, que les Comtes de Rhodès & d'Armagnac, avec les Seigneurs de Montmorenci ne parloient point autrement, sans que pour cela leurs Terres fussent érigées en Souveraineté.

Quant au Comte Begon, du Bouchet & le Pere Labbe sont les seuls qui le fassent Comte de Paris: Nithard, Flodoard, la Chronique de Saint Nazaire, & le Mélange curieux qu'ils citent, ne lui donnent point cette qualité.

Du Bouchet cependant est tellement exact, que voici peut-être le premier & le seul endroit où il a cessé de l'être : à l'égard du Pere Labbe, bien loin de trouver le Comte Begon dans son Mélange curieux où il renvoye le Lecteur, & dans ses Tableaux Genealogiques, que même il ne l'y a sû trouver lui-même, non plus que dans son étude ; & de vrai, Nithard n'en fait aucune mention. La Chronique de Saint Nazaire le nomme simplement un des amis du Roi. Flodoard à la verité lui donne la qualité de Comte ; mais sans dire de quelle contrée, & on ne sait rien de lui, sinon qu'il épousa Alpaïde fille de Louis le Debonnaire, dont il eut Lelard & Eirard ; que Dieu permit qu'il fut possedé, pour avoir fait abbattre un Oratoire de Saint Michel bâti par Saint Rigobert sur une des portes de Reims, à cause qu'en y entrant il s'étoit blessé ; & enfin après sa mort arrivée vers l'an 816, on ignore ce que devinrent ses enfans.

Après tant de Savans qui se sont trompés, je n'oserois presque avancer qu'Eggebard étoit Comte de Paris en 834, tant j'ai peur de me tromper comme eux ; neanmoins c'est peut-être ce que veut dire l'Auteur de la Viê & des Actions de Louis le Debonnaire, quand il rapporte que le Comte Eggebard & autres personnes qualifiées de Paris marcherent contre Lothaire avec une puissante armée pour rétablir l'Empereur qu'il avoit détrôné: car assurément il y a peu de personnes qui n'interpretassent de la sorte ce passage ici, & que Eggebard étant Comte, & à la tête des Parisiens, tous braves & de condition, ne fut Comte de Paris. Quoi qu'il en soit, après avoir cherché si long tems, & si vainement les vrais Comtes de Paris, voici encore un Gerard de cette qualité, inconnu peut-être aux Savans que j'ai nommés, & à beaucoup d'autres.

En 838 il prêta le serment à Charles le Chauve, à son avenement à la Couronne de France, avec Hilduin Abbé de Saint Denys, & autres des environs. Deux ans après s'étant revolté, aussi-bien qu'Hilduin & quantité de grands Seigneurs en faveur de l'Empereur Lothaire, de crainte que le Roi ne passât la Seine, en 841 il vient camper sur ses bords, rompt tous les ponts, sans vouloir accepter non plus que les autres l'amnistie qui leur étoit offerte ; mais il ne vit pas plutôt approcher l'armée navale du Roi que prenant la fuite aussitôt, il marcha contre Thibault, Guerin & Aubert, que le Roi avoit mandés, sans effet pourtant ; car le Roi après avoir fait sa priere à Saint Denys, & marchant toute la nuit, le joignit à la pointe du jour.

Si tout ce que disent Besli, Dominici, Du Chesne, Brodeau, Sainte-Marthe, du Bouchet, le Pere Labbe & tous les autres qui ont écrit de la Maison de France du tems de Charlemagne, est digne de foi, Conrard l'aîné, oncle de Charles le Chauve, beau-frere & gendre de Louis le Debonnaire, fut Comte de Paris, & apparemment après la revolte de Gerard, ce qu'ils n'ajoûtent pas & qu'ils n'auroient eu garde d'oublier, s'ils l'avoient sû ; & quoique sans garands ils le fassent

Comte de Paris, comme je n'en ai rien pû découvrir nulle part, j'aime mieux en convenir avec eux que de rentrer dans une nouvelle querelle; bienloin d'attaquer ceux qui en font un Duc de Bourgogne, un Comte d'Altorf ou de Ravensberg. A la verité si au lieu de Conrard l'aîné ils nous parloient de Conrard le jeune son fils, c'est une autre chose, & volontiers je leur donnerois les mains; & comme Brodeau le met parmi les Comtes de Paris, si je l'ai repris toutes les fois qu'il m'a semblé en vouloir créer de son chef, je le louerai ici d'avoir bien rencontré. Ce Contard le jeune donc l'étoit vers la fin du neuviéme siécle, & parce que je n'ai rien voulu dire de son pere, à cause que l'Histoire n'en dit rien qui serve à mon sujet, je ne dirai rien de lui non plus, sinon qu'en 879, il se joignit à l'Abbé Gozlen pour lui faire tirer raison de quelques outrages qu'il avoit reçûs; & qu'enfin il mourut en 881; encore n'en aurois-je pas rapporté ces deux choses ici, n'étoit que j'ai crû qu'il falloit prouver que certainement il vivoit vers la fin du neuviéme siécle.

Il eut pour successeur Eudes son frere uterin, dont Abbon raconte quantité d'actions glorieuses durant le siége de Paris, lorsque les Normans en 886 l'attaquoient de tous côtés, & si furieusement; & même qui depuis fut Duc & Roi de France, & mourut en 898.

Robert son frere Duc de Bourgogne Abbé de Saint Martin de Tours, & qui tout de même fit merveilles à ce siége, fut aussi Comte de Paris, puis Duc & Roi de France comme lui, & prenoit en 896 pour titre, *misericordia Dei Comes* ainsi que Charles le Simple en 904.

Hugues le Grand son fils, Comte de Paris après lui, comme il paroît par plusieurs Actes, & comme il se verroit par un Titre de l'an 936, où Louis V dernier Roi de la seconde Race, affranchit de toutes choses géneralement les biens appartenans à Saint Merri, & dont Brodeau allegue seulement un passage: Titre à considerer, si l'indiction n'en étoit fausse, à l'ordinaire des autres Chartes de ce tems là, quoiqu'il y ait bien d'autres moyens pour en faire voir la fausseté.

Enfin Hugues Capet fils de Hugues le Grand, devint Comte de Paris après la mort de son pere, de même que ses prédecesseurs, & joignant heureusement à cette dignité toutes les autres qu'il avoit eues, les réunit à la Couronne; après l'avoir ôtée de dessus la tête de Louis V, pour la mettre sur la sienne; mais à l'imitation de ses prédecesseurs il ne la laissa pas, & ses successeurs depuis y ont donné bon ordre.

Quant au Comté il le donna à Bouchard, lorsqu'il épousa Elisabeth, veuve de Haimon, Comte de Corbeil, l'Histoire dit que par ce moyen là il devint Comte Royal, sans en faire savoir la raison; & neanmoins peut-être parce qu'il étoit honoré d'un Comté qui avoit appartenu à des Rois.

Vers ce tems là il y eut un autre Comte de Paris, pourvû qu'une Charte du petit Pastoral soit plus vraie que bien d'autres qui s'y trouvent, dont j'ai parlé.

Il se nommoit Eudes, & fit restitution à l'Eglise Notre-Dame de quelques biens que ses prédecesseurs lui avoient ravis; parce que pour n'avoir pas bien lû un certain passage de l'Apocalypse, il vint à s'imaginer que le monde approchoit de sa fin, & même qu'il en avoit vû des signes & quelques débris; créance au reste des gens du dixiéme siécle.

Là-dessus Brodeau & Hemeré le prennent pour Eudes, frere uterin de Conrard le jeune, qui vivoit plus de cent ans auparavant.

Brodeau même le confond avec un autre Eudes, qui vivoit, à ce que l'on dit, en 1027, c'est-à-dire, la trente-huitiéme année du Regne de Robert, & la seconde de celui de Henri I son fils, suivant la Chartre du petit Pastoral, où elle est transcrite, qu'il distingue de celle que raporte Hemeré, bienque ce soit la même.

Il n'est pas necessaire de prouver que tous deux s'abusent ici, non seulement pour les dattes ; mais parce qu'ils prennent ces deux Eudes pour la même personne.

Enfin les erreurs des Savans sur le sujet des Comtes de Paris, sont si grossieres, qu'elles ne valent pas la peine de s'y arrêter davantage, & m'obligent à croire que s'ils avoient lû dans Suger, qu'au siége d'un Château de Picardie, Mathieu Comte de Beaumont prit Hugues de Clermont, Gui de Senlis & Herluyn de Paris, ils n'auroient pas oublié de mêler cet Herluyn ici parmi les autres, il me suffira de l'avoir mis en avant, & de laisser juger du rang qu'on lui doit donner.

Voilà tous les Comtes de Paris vrais & supposés que j'ai pû découvrir. Les supposés sont Archambaud ou Erchinoalde, Etienne, Begon, Conrard l'aîné, deux Eudes, l'un du dixiéme siécle, l'autre de l'an 1027, Herluyn enfin, & peut-être Eggebard, que pourtant je ne mets pas absolument de ce nombre-là, parce qu'il paroît n'être pas trop suspect.

A l'égard des autres, savoir, Gerard, Conrard le jeune, Eudes, Robert III, Hugues le Grand, Hugues Capet & Bouchard. tous ceux-ci furent assûrément Comtes de Paris, disposerent de la Milice & des Gens de Guerre; & enfin peu à peu devinrent si puissans, que trois monterent sur le Trône, dont le dernier transmit la Couronne à ses successeurs.

Dans le même tems, à ce que prétend Brodeau, il y avoit encore à Paris des Vicomtes ; & il dit que Grimaldus, dont j'ai parlé, l'étoit en 900, quoique ce devroit être en 847, au cas que l'Acte qui en fait mention ne soit pas supposé, comme je l'ai montré auparavant. Et tout de même il assûre qu'Adalelmus le fut en 886, pendant le siége de Paris ; car il veut qu'*Adalelmus Consulis intererat populo*, qu'on lit dans Abbon, veut dire Vicomte. De plus il soûtient encore que Teudo & Fulco l'étoient en 936 & 1029, bien que la Charte de Saint Merri de l'an 936, & une autre du petit Pastoral, d'où il les a tirées, soient fausses assûrément : joint qu'elle les qualifie Vicomtes purement & simplement, sans specifier le lieu de leur vicomté.

Quoi qu'il en soit, avec les Comtes de Paris & les Vicomtes, puisque Brodeau le veut ainsi, il y avoit encore des Ducs & des Marquis de France.

En 861, durant que Conrard le jeune étoit Comte de Paris, Robert le Fort, son beau pere, second mari d'Adelaïde sœur de Charles le Chauve sa mere, reçut à Compiegne, du Roi son beau-frere, & cela du consentement des Grands du Royaume, le Duché de France, qui s'étendoit entre la Loire & la Seine, & le garda jusqu'en 867, qu'il fut tué à la guerre. Il eut d'Adelaïde Eudes & Robert III, dont j'ai parlé ; mais comme ils étoient trop jeunes, Hugues l'Abbé, Duc de Bourgogne, fils de sa femme, & frere uterin, & Hugues Capet, l'eurent successivement. On croit qu'ils demeuroient tous au Palais ; du moins est-il certain que Hugues le Grand y logeoit quand Saint Sauveur y vint, avec des Reliques, & que son premier Maitre d'Hotel devint possedé pour les avoir touchées avec son bâton : depuis, ç'a été la maison de ses descendans, & le siége de leur Royaume.

L'Histoire est pleine de ses belles actions, & de celles de ses ancêtres; de même que les Comtes de Paris & les Ducs de France ses devanciers. Il eut les Armes & peut-être encore la Justice en sa puissance : comme les Rois, ils firent battre monnoie, avec cette legende, *gratia Dei Dux*, & dans une autre monnoie encore qu'on voit d'eux, qui fut frappée à Paris, il y a d'un côté, *Parisi. Civita*. Mais de peur qu'on ne me chicane sur la premiere de ces inscriptions & qu'on ne vienne à me dire qu'elle ne parle que d'un Duc de Paris en particulier, & non pas de tous, & que c'est un peu trop prétendre de vouloir que tous les Ducs de France fissent battre monnoie. A cela je réponds qu'il suffit qu'un seul l'ait fait, pour dire en général, que ces Ducs ici ont joui de cette prérogative ; outre que sur telle piece on n'y voit point de nom ; mais simplement la qualité de Duc.

Au reste, on doit croire que Hugues Capet étant parvenu à la Royauté, abolit le Duché de France, aussi-bien que le Marquisat; car depuis ce tems-là il n'en est fait aucune mention dans l'Histoire. Pour le Comté il le donna à Bouchard, comme j'ai dit; mais on ne sait pas s'il passa à ses successeurs, ou à ses enfans, ainsi qu'auparavant : tant y a que depuis lui les Historiens ne parlent d'aucun Comte de Paris, & que depuis quelques siécles le Comté de Paris a été supprimé, à moins que la Dignité de Comte ne subsiste encore & ne reside en la personne de l'Evêque, comme il y a bien de l'apparence, & que Brodeau tâche de le prouver par quantité de raisons qui pourtant ne me paroissent pas trop décisives.

Paris enfin n'a pas eu seulement des Vicomtes, des Comtes, des Marquis, des Ducs & des Rois; mais encore des Princes, ce que j'ai découvert dans une Charte dattée de l'an 1035, & de la quatriéme année du Regne de Henri I, c'est-à-dire, après la mort du Roi Robert. En 1035 donc les Religieux de Sainte Geneviéve craignant de voir envahir leurs biens par des Seigneurs particuliers dont ils relevoient, supplierent le Roi de prendre leur Congregation en sa sauve-garde, ou de la mettre sous la protection des Princes de Paris, avec défenses aux Rois ses successeurs, ou à ceux des Princes de Paris, qu'aucun d'eux ne la permutât, ni ne la donnât à personne, afin qu'un si puissant appui ne leur fût pas moins utile qu'honorable.

Qu'on ne prétende pas m'obliger à remonter à l'origine, & à donner la suite de ces Princes de Paris: car c'est tout ce que j'en sai, & que j'ai découvert depuis peu; j'ouvre la carriere, si d'autres peuvent aller jusqu'au bout, volontiers j'applaudirai des mains.

Qu'on ne me demande pas non plus quand Paris a commencé à devenir Prévôté & Vicomté : je l'ai cherché aussi vainement que Brodeau. Qu'on soit plus heureux que nous dans cette recherche, j'en serai ravi.

Godefroi le fils a donné au public tout ce que lui & son pere homme laborieux & savant, ont pû découvrir des Prevôts; mais ce qu'ils en disent est plus moderne que ce que Brodeau rapporte de la Prevôté & de la Vicomté.

On peut voir ce qu'ils ont recueilli là dessus.

Avant que de finir, j'avertirai que dans la Prevôté & Vicomté de Paris, il se trouve une infinité de hauts Justiciers, plusieurs Seigneurs Châtelains, quatre Barons, avec deux Ducs & Pairs.

Ensuite de ceci l'ordre veut que nous parlions des Seigneurs & des Fiefs de Paris.

FIEFS DE PARIS.

QUANTITE' de gens ont parlé des Fiefs de Paris, bien ou mal, c'est la question; mais enfin, il sera aisé d'en juger pour peu qu'on se donne la peine de confronter la liste qu'ils en ont faite avec le grand nombre des choses nouvelles que je vais rapporter; & toutes tirées des Regîtres du Parlement, des déclarations contenues dans l'ancien, & le nouveau Regître du Procureur du Roi à la Chambre du Trésor; mais bien plus, d'un autre où Regnard Procureur du Roi de la même Compagnie le plus consommé en telles matieres qu'il y eût jamais, où dis-je, cet habile homme avoit ramassé tous les Jugemens, les Sentences & les Arrêts prononcés sur les prétentions des Seigneurs féodaux de Paris.

A la verité l'origine de ces Fiefs ne s'y verra point; car puisque même on est encore en peine de celle des grands Fiefs de la France, on ne doit pas s'étonner si je demeure court là dessus en parlant de ceux de Paris. En recompense il me seroit aisé de dire, non seulement les noms des Seigneurs, des Proprietaires

taires & des rues, où se repandent les Fiefs dont il sera parlé ; mais encore combien vaut chacun de cens & rentes, & en combien de maisons ils consistent. Et parce qu'à la reserve de ceux des Ecclesiastiques, les autres changent de Maîtres tous les jours; qu'on en voit qui ne rapportent que deux, trois & cinq sols par an; qu'il y en a même dont une seule maison releve, tels que ceux des Blancs Manteaux, des Religieux de Reigni, du Crucifix saint Jaques, de saint Cornille de Compiegne, & autres semblables : je n'ai pas jugé à propos de m'en charger; & le tout, à cause des changemens si fréquens des enseignes, des voisins, des proprietaires. Mais d'ailleurs, ces maisons étant disperfées çà & là en divers endroits & quartiers, que le Roi pour agrandir le Louvre, les Grands, les gens riches leur font ruiner; la Ville même à toute heure pour de nouvelles rues, & pour en élargir d'autres, si bien que tels changemens, sans les autres, font cause que je les passerai.

FIEF DE THEROUENNE.

EN 1330, Philippe de Valois achetta 1025 livres en bons petits Parisis le Fief de Therouenne situé à la rue saint Denys & aux environs, & quoique les Lois semblent exemter le Roi de tous droits Seigneuriaux ou féodaux, il ne laissa pas de payer au Comte de Dammartin, de qui ce Fief relevoit, 250 livres aussi Parisis, pour raison du quint denier du prix de la vente.

En 1416, les censives d'un petit Territoire assis hors la porte Mont-Martre & annexé au Baillage du Palais, s'adjugerent à Charles VI par Arrêt du Parlement.

François I en 1545, réunit au Domaine les censives d'un autre Territoire placé hors la porte saint Antoine, & affecté à la Charge de Grand Chambellan que ses successeurs ont engagées.

Henri II & ses enfans se sont emparés de tous les droits Seigneuriaux & feodaux des lieux occupés tant par l'Hotel Royal de saint Pol, que par ceux de Nesle, de Bourgogne, d'Artois & de Flandres. Le premier bâti entre saint Paul & la Bastille; celui de Nesle près du College des Quatre-Nations, l'Hotel de Bourgogne, & les autres le long de la rue Cocquilliere, & Mauconseil, bien que la Seigneurie en appartînt de toute ancienneté à l'Evêque de Paris, à l'Abbé de Saint Germain, & au Prieur de Saint Eloi.

Henri IV & Louis XIII, ont pris huit arpens & demi de terre, appellés la Coulture sainte Catherine pour faire la Place Royale & les maisons d'alentour, qui valoient au Prieur près de quarante cinq livres Parisis de cens & rentes, portans lods & ventes, comme on dit, à qui par échange ont été transportés les mêmes droits avec autant de revenu sur une partie du Fief Bezée, assis autour de l'Hotel de Bourgogne. Louis XIII & Louis XIV son fils ont engagé l'autre partie; & non seulement ce Fief a été engagé, mais beaucoup d'autres depuis & auparavant : & même il n'y a pas long-tems qu'on a voulu aussi engager & ériger en divers Fiefs les censives du Roi qui lui restent à Paris; si-bien que si quelqu'un se fût presenté pour les acheter, de tant de Fiefs dont le Roi a été & est encore Seigneur & proprietaire, il n'auroit plus maintenant à Paris ni rentes, ni censives, & il ne lui seroit resté que le Louvre, avec le grand & le petit Châtelet.

Tome II. GGg

LE LOUVRE.

LE GRAND ET LE PETIT CHATELET.

DE ces trois Fiefs dominans ou fuzerains, pour me fervir des termes, relevent finon tous les Fiefs de Paris, au moins la plus grande partie. bien plus, c'est à eux que prefque toutes les Pairies & tous les Grands du Royaume viennent rendre foi & hommage, ou tâchent de le faire quand leur Terre releve de quelqu'autre Fief fuzerain qui appartient au Roi, & quoique la groffe Tour du Louvre ait été ruinée vers le commencement du fiécle paffé, avec tout cela, quantité de grands Seigneurs ne laiffent pas de lui venir faire foi & hommage, & prêter ferment de fidelité à fon ombre, pour ainfi dire, en tout cas à fon nom & à fa mémoire. Chofe étrange cependant, toute confiderable qu'elle fût, elle relevoit autrefois, & releve encore du Prieuré de Saint Denys de la Chartre; & non feulement de lui, mais même de l'Evêque & du Chapitre de Notre-Dame. Car enfin, depuis 1204, cette Tour doit au Prieuré de faint Denys trente fols Parifis de rente conftitués fur la Prevôté par Philippe Augufte, & cinq fols d'amende pour chaque jour de delai après la demande. Sur quoi l'on peut voir le titre qui en eft tranfcrit par Maître Galland dans fon Traité du Franc aleu, chap. 2, pag. 35, contenant l'acquifition faite par ce Roi du fonds fur lequel eft bâtie la Tour du Louvre, pour l'indemnité duquel fut conftitué au profit du Prieur & Religieux de faint Denys de la Chartre, Seigneurs fonciers, une rente annuelle de trente fols, payable par le Prevôt de Paris au jour de faint Remi, à la condition de l'amende ci-deffus. Selon Brodeau fur les Arrêts de Loüet Tom. 2, lettre P. art. 3, le petit Châtelet & le Louvre lui même, depuis 1222 doivent vingt fols auffi Parifis, tant à l'Evêque, qu'à fon Chapitre. Mais bien davantage, le Parlement en 1277, maintint ce Prelat en la poffeffion de rendre juftice à ceux qui demeuroient dans le Louvre; fi bien qu'on peut affûrer que nos Rois fort long tems ont vécu comme particuliers avec leurs Sujets, & leurs Sujets au contraire, avec eux comme des Rois.

L'EVECHÉ.

A L'EGARD des autres Seigneurs de Paris, il n'y en a point dont dépendent tant de Fiefs que de notre Archevêque; j'en ai découvert jufqu'à neuf, qui font:

1. Le Fief de la Tremoille, fitué à la rue des Bourdonnois.
2. Le Roulle, autrefois petit Village & maladerie, compris maintenant dans le Fauxbourg faint Honoré.
3. Le Fief de la Grange-Bateliere, affis hors la porte faint Honoré.
4. Le Fief, ou l'arriere-Fief de Rofiers, ou des Francs-Rofiers; celui-ci fut donné à la Sorbone en 1284 par l'Evêque, & amorti moyennant la troifiéme partie qui lui eft demeurée, avec la mouvance & la Juftice haute, moyenne & baffe.
5. Le Fief outre Petit-pont, compofé du précedent & de plufieurs autres arriere-Fiefs. En 1238 il mouvoit en Fief de Raoul du Pleffis Chevalier, & en arriere-Fief de l'Evêché, moyennant cent vingt livres Tournois, & fut acquis par l'Evêque Jean de Chetonville à qui il appartenoit.

DE LA VILLE DE PARIS. Liv. VIII.

6. Le Fief de Tirechappe, ainsi nommé à cause de la rue où il est, en 1285 appartenoit à deux Bourgeois, tous deux freres, appellés Jean & Thibaut Paclet, & consistoit en 21 maisons qui leur raportoient vingt livres onze sols six deniers Parisis de cens & rentes. En ce tems-là ils refusoient d'en faire hommage à l'Evêque Renoul, prétendans que ni eux, ni leurs devanciers ne l'avoient jamais fait à pas un Evêque, & pour cela étoient en procès & plaidoient pardevant l'Official. A la fin neanmoins par amis, ils s'obligerent eux & leurs successeurs d'en faire hommage, & reconnurent que leurs 21 maisons mouvoient en plein Fief de l'Evêché, & que l'Evêque y avoit toute sorte de Jurisdiction, de Justice & de Domaine, à l'exception tant du fonds de terre que des lods & ventes qui leur appartenoient. Mais en ce faisant, ils se reserverent le pouvoir de rachetter cet hommage à leur volonté, & le tout pour deux marcs d'argent doré du prix de six livres Parisis : telle étoit la valeur du marc d'argent doré de ce tems-là, & bien que ce fût mettre un hommage à fort bas prix, toutesfois il me semble qu'on ne l'a point encore racheté.

7. Le Fief Popin ou Thibaut-aux-Dés consiste en dix maisons des rues de la Saulnerie, Thibaut-aux-Dés, Bertin-Poirée & saint Germain de l'Auxerrois qui conduisent à l'abrevoir Popin. Les plaids, & la Justice basse & fonciere de ce Fief, se tenoit autrefois au porche de saint Jaques de la Boucherie De tout tems il doit foi & hommage à l'Evêque & trois sols dix deniers Parisis de cens & rentes. Et enfin le six Octobre de l'année 1357, que le florin ne valloit que vingt-quatre sols Parisis, Olivier de Villecroix le vendit à Marcel, ce Prevôt des Marchands si séditieux, trente-quatre liv. aussi Parisis.

8. Le Fief des Tombes assis aux environs de l'Estrapade, étoit anciennement un Clos de vigne, nommé le Clos l'Evêque, & le Clos de Mr de Paris; maintenant il appartient aux Marguilliers Laïs de Notre-Dame. En 1490, Pierre Parent, Claude Herbelot sa femme & Nicolas Herbelot son frere le six Mai l'eurent pour eux & leurs enfans nés en loyal mariage, moyennant seize livres Parisis de rente viagere.

9. Enfin le Fief de Poissi dont les Chartreux sont proprietaires ; c'est le dernier des Fiefs qui relevent de l'Archevêque. Ces Religieux le tiennent d'un Premier President de Thoulouse, appellé le Mazurier pour la somme de vingt sols Parisis de cens sur quelques maisons particulieres. En 1496 ils en obtinrent l'amortissement, & le Tresor les y a maintenus tant en 1584 le vingt-quatre Février, 1587 le onziéme Avril, qu'en 1598 le neuf Octobre par un jugement des Commissaires sur le fait du Domaine, prononcé le quinze Octobre 1601; & de plus, par un Arrêt du Conseil de l'année 1612, donné sur les Conclusions du Procureur du Roi au Tresor.

Dans ces neuf Fiefs aussi-bien que dans ceux qui dépendoient anciennement de Saint Magloire & de Saint Eloi annexés depuis à l'Evêché, l'Archevêque a droit de Justice de Fief, de Voirie, fondé sur quelques Lettres patentes de nos Rois, & sur quantité d'Arrêts, de Sentences & de Jugemens. Pour l'Abbayie de Saint Magloire, il y a des Lettres de Louis VII de l'année 1159, confirmées par Charles V en 1364 : outre cela, un Jugement des Commissaires sur le fait des amortissemens du quinze Février 1521.

A l'égard de son Archevêché, il produit deux Philippines; c'est à-dire, des Lettres, l'une de Philippe Auguste, & l'autre de Philippe le Bel, appellées communément *Forma pacis*, passées entre eux & les Evêques de ce tems-là en 1222 & 1292.

Touchant le Prieuré de Saint Eloi, il se sert d'une autre Philippine de Philippe le Hardi de l'année 1280; mais du reste ni pour son Archevêché, ni pour Saint Magloire & le Prieuré de Saint Eloi, il n'a ni déclaration ni reglement.

AUTRES SEIGNEURIES ET FIEFS.

LES Abbés de Sainte Genéviéve, de Saint Germain des Prés & de Saint Victor, le Grand Prieur de France, le Prieur de Saint Martin des Champs & le Chapitre de Saint Marcel, font tous à Paris, aussi bien que l'Archevêque, Seigneurs Voyers, Féodaux & Justiciers; mais l'Abbé de Saint Germain n'a non plus que lui de reglement, ni de déclaration.

Du reste il prouve ses droits par des Lettres de Philippe le Hardi, appellées Philippines de l'année 1272 : de plus, par des aveus & dénombremens du vingt-six Janvier 1384, & du vingt-un Juin 1522; enfin par quantité d'Arrêts du Parlement.

En 1279, Philippe le Hardi le dix-huit Juillet regla les droits du Grand Prieur de France; & depuis encore, la Chambre du Tresor en 1598 le dix-huit Juillet.

Ceux du Chapitre de Saint Marcel le furent aussi par la même Chambre du Tresor en 1587, le quatorze Septembre.

Le Prieur de Saint Martin jouit des siens à la faveur des déclarations qu'il en a fournies au Tresor, & qui sont transcrites avec celles de Saint Marcel dans l'ancien Regitre du Procureur du Roi.

Enfin de tous ces Seigneurs, il n'y a que l'Abbé de Saint Victor qui ne puisse prouver ses droits, comme n'ayant ni déclaration, ni titre, Arrêts, Sentences, ou autres Jugemens. Cependant, il en jouit aussi paisiblement que les autres, à l'ombre d'une longue suite de prescriptions. Il prend hautement la qualité de Seigneur des Terres & Seigneuries, Jardins d'allée & Culture près Sainte Catherine du Val des Ecoliers.

Que si parmi ces Seigneurs Justiciers, Feodaux & Voyers, je n'ai pas mis le Prevôt des Marchands & les Echevins, c'est pour faire observer que ce sont les seuls seculiers de Paris qui possedent cet avantage. Ceux-ci tiennent leur Voirie de leur Magistrature & de leur Seigneurie. Leur Fief se nomme le Parloir aux Bourgeois, & est placé à la rue Saint Jaques, vers le College des Jesuites.

AUTRES FIEFS ECCLESIASTIQUES INFERIEURS.

LE Chapitre de Notre Dame, ceux de saint Mederic & de saint Benoît ont aussi leurs Seigneuries à part, mais moindres que les précedentes, comme n'ayant autres droits que de Justice & de Fiefs, & non pas de Voiries; mais qu'ils justifient par Titres, Sentences & Arrêts.

Il en est de même du Commandeur de saint Jean de Latran, de l'Abbesse de Montmartre, des Prieurs de saint Lazare, de saint Denys de la Chartre & de Notre Dame des Champs, à la reserve du dernier, qui a encore moins de prérogative, car celui-ci n'a point de haute Justice, & se contente de la moyenne & basse, avec la jouissance de quelques censives.

Le Chapitre de saint Mederic au reste est Seigneur du Fief nommé Fief de saint Mederic, qui consiste en l'étendue de son Cloître. Son Territoire & celui de saint Benoît furent reglés par la Chambre du Tresor en 1572, & 1585 le huit Mars & le treize Avril.

Au Prieuré de saint Lazare appartient le Fief de Marli; & à l'Abbayie de Montmartre celui du For aux Dames. On regla leur Territoire aussi bien que celui du Chapitre de Notre Dame en 1586, 1587 & 1589, aux mois de Fevrier, d'Août & de Septembre.

Les autres, comme le Commandeur de saint Jean de Latran & le Prieur de Saint Denys de la Chartre, ont fourni leurs déclarations qui sont transcrites dans l'ancien Regître du Procureur du Roi au Tresor.

AUTRES FIEFS ENCORE MOINDRES
que les précedens.

LES Seigneurs qui suivent ont encore moins de droits que ceux dont je viens de parler; car ils n'ont que celui de Fief, point de Voirie, ni de Justice. Le nombre de ceux-ci est fort grand, comme étant composé d'un Ordre de Chevalerie, de deux Colleges, d'autant d'Hopitaux, d'Abbés & de Chapitres, de cinq Monasteres & de six Fiefs qui appartiennent à des Particuliers.

L'Ordre de Chevalerie s'appelle l'Ordre Royal & Militaire de Notre-Dame du Mont Carmel & de saint Lazare de Jerusalem, Bethleem & Nazareth. Dans l'ancien Regître du Procureur du Roi, son Fief se nomme le Fief du Commandeur de la Maison Conventuelle de Boigni près Orleans, à cause que c'étoit le *Chef-lieu* ou le lieu principal & général de cet Ordre. Il s'étend sur treize Maisons situées en trois rues differentes; qui sont, la rue de la Pierre au Lait, celle de la Savonnerie & la rue saint Jaques de la Boucherie : ces maisons lui doivent cens & rentes, avec lods & ventes. J'ai vû sa déclaration dans l'ancien Regître, dont je viens de parler, & quoique le reglement de son Territoire ne se trouve point dans celui des Arrêts & des Sentences, les Chevaliers de cet Ordre ne laissent pas de l'avoir dans le Couvent des Billettes, où ils tiennent leurs Titres & leurs Assemblées.

Des autres Seigneurs de la même qualité, les Docteurs de Sorbone sont les premiers, avec les Chanoines de sainte Opportune, le Seigneur de Joigni près des Halles ou les Filles-Dieu, dont le Parlement & le Tresor ont reglé le Territoire par plusieurs Sentences & Arrêts.

Celui des Filles-Dieu le fut par le Parlement en 1562 le vingt-septiéme Février.

Le Territoire du Fief de Joigni l'a été par le Tresor en 1565, le vingt-deuxiéme Janvier, & depuis encore par le Parlement en 1573 & 1585, le huit Juillet & le vingt trois Décembre.

Ceux de sainte Opportune & de Sorbone l'ont été au Tresor en 1569, au mois de Mars & d'Août; & ensuite au Parlement en 1582 & 1586, au mois d'Août & de Février; & depuis encore en 1611 & 1632, au mois de Février & d'Octobre.

Les Chartreux, l'Hopital sainte Catherine, l'Abbé de Tiron, Saint Germain de l'Auxerrois & les Billettes jouissent des mêmes droits. Les derniers sont Seigneurs du Fief aux Flamans situé dans leur rue, dont le Tresor regla le Territoire en 1575 au mois d'Août.

Le même Tresor pareillement en 1576, 1579 & 1583, regla ceux de saint Germain, de Tiron & de sainte Catherine, & le Parlement confirma ceux du dernier en 1585 au mois d'Avril.

Je ne parle point des Chartreux, ni de leur Fief de Poissi, non plus que de la Sorbone & de son Fief des Francs-Rosiers, parce que je n'en sai autre chose que ce que j'ai dit auparavant.

Après ceci suivent le Chapitre de saint Honoré, Seigneur du Fief de Froimantel, dont le Territoire fut reglé en 1584 au mois d'Avril, par la Chambre du Tresor; & de plus en 1610, au mois de Mars, par la Cour du Parlement.

Le College de Baïeux & les Seigneurs des Fiefs de Garges, ou de Culdoë, du Marché Palu & Gloriette, qui ont obtenu des Sentences du Tre-

or en 1574, au mois d'Avril, d'Août & de Septembre, & encore en 1608 au mois de Mai.

Enfin l'Hopital du saint Sepulchre, le Seigneur du Fief de Mercadé, saint Cornille de Compiegne & saint Denys en France, Seigneur des Fiefs de saint Yon, ou de la Crosse, & de Haram ou de Coquatrix, à cause de la Terre de Villepinte, sont encore tous de ce nombre-là, avec les Jacobins, sainte Catherine du Val des Ecoliers, & le Seigneur du Fief Popin, & ont été maintenus en leur Seigneurie par le Conseil, le Parlement & le Tresor.

Le Sepulchre, les Seigneurs des Fiefs Popin & de Mercadé, les Abbés de saint Denys & de saint Cornille, le furent par le Tresor en 1586, 1597, 1604, 1622 & 1627, au mois d'Avril, Juin, Juillet & Septembre.

Les Jacobins l'ont été en 1608, 1609 & 1615 au mois de Juillet, Mai & Juin.

Le reste l'a été ou par le Tresor, ou par la Cour tout ensemble, comme l'Abbé de saint Denys en 1601 & 1607, aux mois de Septembre & de Décembre, pour le Fief de Coquatrix : ou simplement par le Tresor ou par le Conseil, par la Chambre des Comptes, ou par les Tresoriers de France, comme les Religieux de sainte Catherine en 1618, 1619 & 1620, aux mois de Mars & de Février.

AUTRES SORTES DE FIEFS.

JE ne sai si aux Fiefs dont je viens de parler, on peut ajoûter les suivans A la verité ceux qui les possedent prétendent être Seigneurs féodaux, de même que les autres Seigneurs de Paris ; mais bien loin de le prouver, comme font les autres, par des Arrêts, des Sentences ou par des Titres, on voit qu'ils n'en joüissent qu'à la faveur d'une longue possession, ainsi que quelques-uns dont nous avons parlé.

Ces gens là au reste sont de toutes sortes de conditions : il y a un Prieur, des Abbés, des Eglises Collegiales, des Communautés de Religieux & de Religieuses, des Chapelains, des Hospitaliers, outre cela divers particuliers.

Saint Julien le Pauvre est le Prieuré.

Les Abbayies sont, Chaalis, Reigni & Montmartre.

Sainte Croix & les Religieuses des hautes Bruyers sont les Couvents d'hommes & de filles.

Le reste, c'est saint Etienne des Grès, avec saint Thomas du Louvre & les Chanoines de la premiere Prébende de saint Benoît.

De plus, ce sont les Seigneurs des Fiefs de Tirechappe, des Tombes & de Franc Aleu.

Les Hopitaux de la Trinité & des Quinze-Vingts, avec les Religieuses de l'Assomption & de sainte Anastase, au lieu des Haudriettes & de l'Hopital saint Gervais.

En un mot ce sont les Chapelains des Chapelles de saint Aignan près le Cloître de Notre Dame des cinq Saints à saint Germain de l'Auxerrois: de sainte Agnès en l'Eglise saint Marcel & la premiere Prébende de saint Benoît.

Dans le nouveau Regître du Procureur du Roi du Tresor se trouvent les déclarations de saint Julien le pauvre & des Chapelles de saint Aignan & des cinq Saints ; celles des autres sont transcrites dans l'ancien.

PETITS FIEFS.

OUTRE ces Seigneurs en voici qui leur font inferieurs, & d'une autre espece, & peut-être même ne sont-ils point Seigneurs en effet; ou s'ils le sont, c'est si peu que rien; puisque bien loin de jouir de quelques cenfives, ou d'en prétendre, à l'exemple des autres, ils y ont renoncé au Trésor, & se contentent de simples rentes sur des maisons particulieres.

On y pouvoit comprendre autrefois le Curé de sainte Croix; car anciennement l'œuvre de saint Martial lui devoit huit livres dix sols Parisis de rente fonciere, comme il paroît par la déclaration que j'en ai vû dans l'ancien Regître du Procureur du Roi au Tresor. Mais il y a si long-tems que cette rente est éteinte, que le Curé de sainte Croix d'aujourd'hui ne sait si ses devanciers y ont renoncé, ou s'ils ont consenti qu'on la racherât.

Maintenant on y comprend les heritiers de Gilles le Maître Premier Président, qui à la verité ont renoncé à des cenfives; mais qui se sont reservés des rentes sur quelques heritages du Fauxbourg saint Germain.

L'Abbayie d'Hermieres, la sainte Chapelle & l'Hopital de Lourfine du Fauxbourg saint Marceau ont fait une pareille déclaration, & tout de même les Blancs-Manteaux, les proprietaires des Boucheries de la porte de Paris & du Cimetiere saint Jean & la Fabrique de saint Innocent, à qui Louis XI donna quelques échoppes en 1474; enfin, la plû-part ont fourni leurs déclarations qui sont transcrites dans l'ancien & le nouveau Regître du Procureur du Roi au Tresor.

Voila cinq sortes de gens qui sont ou Seigneurs dans Paris à leur maniere, ou tout au moins y ont des droits Seigneuriaux.

OBSERVATION.

BIEN-QUE ces petits Fiefs que je viens de spécifier soient les seuls à qui on puisse donner telle qualité; cependant les Auteurs qui ont traité cette matiere avant moi, en trouvent bien davantage, à ce qu'ils croyent, & même jusqu'au nombre de cent trente, à la verité qu'ils mêlent & confondent avec les précedens, sans aucun ordre, & ces prétendus Fiefs assés differens entre eux sont de quatre manieres, & forment quatre classes.

Quant à la premiere classe, ceux à qui ils appartenoient autrefois, ont renoncé à toutes sortes de prétentions Seigneuriales en Justice, soit au Tresor, ou pardevant Notaires, par Acte exprès & particulier. Mais afin de suivre l'ordre des tems, plûtôt que celui des qualités.

En 1505 au mois de Mars, le sieur d'Asnai, avec le Curé de saint Jean en Greve, renoncerent par deux fois au mois de Mars à tous droits Seigneuriaux.

Deux ans après, le sieur de Vaudetat au mois de Mai, fit la même chose.

En 1568, Chartrain Seigneur d'Yvri, en passa déclaration au mois de Mars.

Les Celestins depuis en 1581, l'ont passée au mois de Décembre.

Le sieur de Selve l'année suivante au mois de Janvier.

En 1583 au mois de Décembre, le Sieur Budé & le Chapelain de la Chapelle sainte Catherine fondée à Notre Dame.

Les sieurs Charron & de Tancarville en 1584. au mois de Mars.

L'Hopital saint Jaques au mois d'Avril de l'année 1627.

Ceux de la seconde classe ont prétendu long-tems être Seigneurs à Paris; mais enfin le Trésor & le Parlement les ont déboutés de leurs prétentions; les voici dans le même ordre que les précedents.

Le Chapelain de la Chapelle saint Michel, ou de saint Louis fondée à la sainte Chapelle, fut débouté de toutes ses prétentions en 1558, au mois de Janvier, par la Cour du Parlement.

Celui de la Chapelle de saint André, fondée à saint Eustache, le fut en 1567, par Sentence du Trésor & par Arrêt du mois de Mars 1579.

Les Celestins, les Mathurins, saint Nicolas du Louvre & le Chantre de saint Denys en France l'ont été par deux Sentences du Trésor : la premiere du dix-neuf Septembre 1575, la seconde, du treize Décembre 1583.

Depuis en 1584, le Trésor à diverses fois exclut de pareilles prétentions l'Abbayie des Yverneaux, la sainte Chapelle de Vincennes, les Religieux du petit saint Antoine, les filles de l'Assomption, en leur nom seulement, plusieurs années avant leur union avec les Haudriettes; & de plus traita de même les Colleges de Laon & des Bons-Enfans; les Hopitaux du Saint Esprit & les Quinze Vingts : la Chapelle saint Nicolas, en l'Eglise de saint Benoît : celle de Notre-Dame des Meches; & le Pitancier de sainte Geneviéve.

Les Seigneurs du troisiéme ordre ou de la troisième classe, plus opiniâtres que ceux de la seconde, quoique sans Arrêts, Sentences, Déclarations, ni Titres, ne laissent pas de prendre encore des censives, & ceux-ci sont;

Les Abbés de saint Pharon & de Joyenval.

L'Abbesse de saint Antoine des Champs.

Le Chapitre de saint Symphorien.

L'Hotel-Dieu.

La grande Confrerie.

L'Archevêque de Paris, en qualité de Doyen de saint Maur.

Le Chapelain du College des Bons Enfans.

Les Seigneurs du Fief de Guillori vers la rue de la Coûtellerie; de celui d'Ablon près le Crucifix saint Jaques; de ceux du Crucifix saint Jaques; de la Trémoille dans la rue des Bourdonnois; des trois Pucelles, près celui d'Ablon; & de la Grange-Bateliere, dont l'étendue est de trente arpens ou environ, compris la plûpart depuis quelques années, dans la clôture faite au-delà des portes de saint Honoré & de Montmartre. Et bien que les Mathurins en ayent été exclus, ainsi que nous venons de dire, ils sont encore comme ceux-ci, & ne démordent point de leurs prétentions.

Pour ce qui est des derniers, ils ne sont Seigneurs que dans les Livres de ceux qui ont écrit des Fiefs de Paris; & comme cette qualité leur est donnée sans aucun prétexte, ni fondement & même sans en avoir jamais fait la moindre poursuite, instance ou demande, certainement ils ne meriteroient pas qu'on fît mention d'eux; neanmoins parce qu'on les a confondus avec les autres, & qu'il est bon de les distinguer, au moins raporterai-je ici leurs noms; voici ceux qui tiennent le premier rang.

L'Evêque de Poitiers.

L'Abbé de Barbeau.

Ceux de Livri, de saint Marc de Soissons & de Longpont, avec les Abbesses de Maubuisson & de Longchamps.

Ceux du second rang sont :

Le Prieur de Longjumeau.

Les Bons-Hommes de Vincennes.

Les Colleges de Tours, d'Autun, de la Marche, du Tresorier & du Cardinal le Moine.

Les Chapelains des Chapelles sainte Catherine, de saint Michel, de saint Denys, de sainte Anne & de saint Nicolas dans l'Eglise Notre-Dame.

Entre

Entre les derniers on compte:
Certaines gens qui se qualifient Seigneurs du Fief Melodieux.
Ceux de Tionville, de Marinier, de la petite Tournelle, Dignacourt, de Chaumont, de Moncornet, de Roulet & d'Avignon.
Peut être faudroit-il mettre encore de ce nombre:
Les Fiefs de Patouillet, du Séjour d'Orleans, & des Arres des vignes.
Le premier est au Fauxbourg saint Victor, entre le Jardin du Roi & le Bureau des Entrées.

Le second est au Fauxbourg saint Marceau, proche saint' Medard, sur le bord de la riviere des Gobelins: ce Fief appartient au Président de Mesme; il consiste en un gros Pavillon accompagné de quantité de jardinages & en plusieurs censives: au reste, il est fait mention de l'un & de l'autre dans quelques anciens Papiers-terriers; mais il vaudroit mieux que ce fût dans les Regîtres du Tresor.

Le dernier appartient aux Religieuses de Longchamp: il tient à la porte saint Jaques: cinq maisons en dépendent, dont deux sont au College de Lizieux, les trois autres se trouvent dans la rue de la Bretonnerie, & toutes cinq valent cent quatre sols six deniers Parisis de cens & rentes; portant, comme on dit, lods & ventes, saisines & amendes.

Pour satisfaire les Curieux, je trouve à propos de placer ici la Liste des Seigneurs qui ont droit de Justice, Fiefs & Censives en la Ville & Fauxbourgs de Paris, comme ils se trouvent dans la Coutume de Paris.

TABLE

DES SEIGNEURS

Qui ont droit de Justice, Fiefs & Censives en la Ville & Fauxbourgs de Paris, les noms de leurs Fiefs, limites & situations d'iceux.

SEIGNEURS QUI ONT FIEF ET JUSTICE.

PREMIEREMENT Monsieur l'Archevêque de Paris à cause de son Archevêché en cent cinq rues, & comme Prieur de saint Eloi en cinquante neuf rues.

L'Abbé de saint Germain des Prés, en l'étendue de tout le Fauxbourg dudit saint Germain, & en trente rues de la Ville de Paris.

L'Abbayie de saint Victor en l'étendue du Fauxbourg, & en vingt-cinq rues en la Ville.

L'Abbaye sainte Geneviéve en l'étendue du Fauxbourg saint Marceau, & en cinquante-quatre rues dedans la Ville.

L'Abbé de la sainte Trinité de Tiron, appellé le Fief de Tiron, assis à Paris rue saint Antoine, a pour maison seigneuriale la maison de la Trinité, dite l'Hotel de Tiron, Censives & toute Justice en trente une rues.

L'Abbé de saint Magloire en septante rues.

L'Abbayie de saint Antoine des Champs en cinquante rues.

L'Abbayie de Montmartte en la rue de la Heaumerie, & autres.

Le grand Prieur du Temple en plusieurs rues.

Le Prieur de saint Martin des Champs en cinquante-quatre rues.

Le Prieur & Fief de saint Lazare, de Jerusalem, Bethlehem & Nazareth, dont le chef lieu en France, est la Commanderie de Boigni ou Voigni en

Beauce, Paroisse de Villermain, ledit Fief consistant en Censives portans lods & ventes, sur plusieurs maisons assises en la Ville de Paris, en dix-huit rues depuis le carrefour de la Pierre-au-Lait jusqu'au Cloître saint Jaques de la Boucherie, & jusqu'au Crucifix saint Jaques en revenant audit Cloître.

Le Prieur de Notre-Dame des Champs en quatre rues.

Le Prieur de saint Denys de la Chartre en quelques rues proche ledit Prieuré.

Le Commandeur saint Jean de Latran en neuf rues.

Les Chanoines de saint Merri en trente-trois rues.

Les Chanoines saint Germain de l'Auxerrois en dix-huit rues.

Les Chanoines saint Maur des Fossés en onze rues.

Les Chanoines de la grande Eglise de Paris en trente-huit rues.

Les Chanoines saint Benoît en quinze rues.

Les Chanoines sainte Opportune en seize rues.

Les Chanoines de saint Honoré en cinq rues.

L'Hôtel de la Ville de Paris, Prévôt des Marchands & Eschevins, & Parloir aux Bourgeois, ont Justice en cinquante rues, & sur la riviere de Seine.

Le Bailli du Palais en l'étendue de l'Isle & du Palais, & en huit rues.

Le grand Chambrier de France en huit rues.

Et tous les desfudits, qui sont au nombre de vingt-cinq, ont leurs Juges & Officiers, qui exercent la Justice envers leurs Justiciables, & chacun d'eux ont Voyeries, & ont Voyers à part.

SEIGNEURS QUI N'ONT QUE SIMPLE FIEF ET CENSIVE, sans Justice jusqu'au nombre de cent vingt-quatre.

PREMIEREMENT.

LE franc-Fief de Joigni appartient à Damoiselle Jeanne de Boillesné, Dame de Persant, veuve de feu M. de Vaudetar Conseiller du Roi en sa Cour de Parlement, lequel par deux Arrêts de la Cour, des treize Décembre mil cinq cens soixante & quinze, & six Juillet mil cinq cens quatre-vingt-cinq, a été déclaré s'étendre sur deux maisons attenant & suivant la maison de la Couronne, assise rue   jusqu'au coin de la rue de Mauconseil, du côté & vers les Halles, ensemble sur toutes les maisons assises en ladite rue de Mauconseil du côté & vers les Halles, à commencer au coin de la rue Comtesse, d'Artois & de Mauconseil, continuant jusqu'à la maison de la Levriere, icelle incluse, tenant aux maisons de l'Hôpital de saint Jaques.

Item le Fief des Tumbes assis au Fauxbourg de saint Jaques & près la porte de saint Jaques, à main gauche, lequel s'étend sur une partie & du long de la rue jusques par delà l'Ecu de Milan, du long des fossés de la Ville, & en la rue des Postes, pardelà le jeu de Paulme de l'Huis de fer, & appartient ledit Fief aux quatre Marguilliers laïcs de l'Eglise de Paris, à l'œuvre & fabrique d'icelle.

Autre Fief des Tumbes assis au Fauxbourg saint Jaques, qui appartient aux heritiers de feu Monsieur le President saint André.

Le Fief de la petite Bretonnerie assis près ladite porte saint Jaques, faisant partie de la rue anciennement dite du Puits, à present Bretonniere ou des Bretons, en allant à sainte Geneviéve, joignant les murs de la Ville, contenant cinq arpens & demi de terre, anciennement plantée en vignes, & sur lesquels est bâti le College de Torci dit Lisieux, avec cinq autres maisons près d'icelui s'entretenant l'une l'autre, tenant d'une part audit College, d'autre bout sur & quasi joignant ladite porte saint Jaques, aboutissant par derriere aux murailles de la Ville, & pardevant fur ladite rue des Bretons, lequel Fief a été infeodé dès l'an 1219, par le Roi Philippe II, qui en inveftit un nommé Thibault de Chartres, détempteur dudit lieu à titre de cenfive: à prefent appartient aux Religieufes, Abbeffe & Couvent de l'Humilité de Notre-Dame dite de Longchamp, par acquifition qu'elles en ont faite des hoirs dudit Thibault. Et pour raifon duquel Fief lefdites Religieufes ont obtenu Sentence du Tréfor à leur profit, contre le Subftitut de Monfieur le Procureur Général, le fept Décembre 1585.

Le Fief du Crucifix faint Jaques, confifte en une maifon où il y a un Crucifix fur le devant, en la rue qui va à la porte de Paris, au coin de l'Eglife faint Jaques de la Boucherie, & eft tenu & mouvant du Seigneur d'Ablon fur Seine.

Le Fief de Therouane acquis par le Roi Philippe, affis à Paris, s'étend d'un côté tout le long de la rue jufqu'à la porte faint Denys, depuis le coin de la rue du Foitre près les Innocens, jufqu'à la porte faint Denys, & de l'autre côté le long des Halles. Sera obfervé que les Procureur & Principal du Collège de Maître Gervais Chreftien en l'Univerfité de Paris, font Seigneurs en partie dudit Fief de Therouane.

Les Dames & Religieufes des Filles-Dieu de Paris rue faint Denys, font Dames du Fief de la Ville-Neuve, fis au Faubourg de faint Denys, les lieux qui en dépendent baillés par lefdites Dames à nouveaux cens en l'année 1622.

Le Fief de Haren dit Coquatrix, appartient à Nicolas Privé, de la cenfive duquel dépend la maifon de la Pierre aux Plats, & du Croiffant affife rue des Arcis, près l'Eglife faint Jaques de la Boucherie. Item la maifon où eft à prefent l'enfeigne faint Bonaventure, affife en la même rue des Arfis. Trois maifons fizes rue Guillaume Joffe.

Le Fief Tirechappes duquel eft fait mention au procès verbal de la nouvelle Coutume.

Le Fief de Marly.

Le Fief Guillory près la Greve.

Le Fief des trois Pucelles, près faint Jaques de la Boucherie, appartient à Monfieur du Drac.

Le Fief de Poiffi affis fous la Tonnellerie près les Halles, duquel dépend la maifon de la Nef d'argent, affife fous les Pilliers de la Tonnellerie près lefdites Halles de Paris, appartient à prefent à Monfieur Mazuier Premier Préfident au Parlement de Touloufe.

Le Fief du Fort, ou Fort aux Dames, affis rue de la Heaumerie, duquel fief dépend la maifon du Moulinet affife rue faint Honoré du côté & près la Croix du Tiroir, appartient ledit Fief aux Dames de Montmartre.

Le Fief de Bizée où eft à prefent l'Hotel de Bourgogne, appartient au Roi & fe confine aux rues Françoife, de Montorgueil, autrement dite Comteffe d'Artois & de Mauconfeil.

Le Fief de la grande Confrerie aux Bourgeois fitué au Fauxbourg faint Michel, qui a été borné par bornes plantées, par Arrêt du Grand Confeil donné contre les Religieux, Abbé, & Couvent de faint Germain des Prés.

Le Fief dit le Clos des Jacobins de cette Ville de Paris, fitué aux Fauxbourgs de faint Michel & faint Jaques, il y a à prefent quantité de maifons & rues bâties des Regnes de Henri le Grand, & de Louis XIII.

Le Fief des Bourfiers faint Aignan en l'Eglife faint André des Arts.

Le Chapelain de la Chapelle fainte Reine en l'Eglife faint Merri.

Le Chapelain faint André en l'Eglife de faint Germain.

Le Chapellain faint André en l'Eglife de faint Euftache.

Le College de l'Avé Maria.

Les Religieux du petit faint Antoine.

Les Seigneurs du fief de Berfi Malon.
Les Religieux de l'Abbayie de Barbeau en Brie.
Les Bernardins.
Les heritiers du Général Bonneval.
Les Religieux des Billettes, pour le fief aux Flamans.
La Chapelle des bons Enfans.
Les bons Hommes du bois de Vincennes.
Le College de Baïeux au lieu de Maître Gervais Chreftien.
Sainte Catherine du Val des Ecoliers, près la Couture fainte Catherine.
Le fief appartenant aux Celeftins de Paris.
Le fief de faint Cornille de Compiegne.
Les Clercs des Matines de Notre-Dame de Paris.
Le Seigneur du fief de la Broffe.
La Chapelle des Saints, en l'Eglife de faint Germain l'Auxerrois.
La fainte Chapelle lez Matteaux.
La Demoifelle le Clerc.
Les Religieux fainte Croix la Bretonnerie de Paris, pour le fief aux Bretons.
Les Religieux de l'Abbayie de Chaali près Senlis.
Le Chapelain de la Chapelle fainte Catherine fondée en l'Eglife de Paris.
Le College du Cardinal le Moine.
André Merault.
Les Religieux de Notre-Dame aux Yverneaux.
Le College d'Authun.
Saint Denys du Pas en l'Eglife de Paris.
Le Seigneur du fief d'Avignon.
Le fief faint Denys en France, que tient le Chantre de faint Denys.
Le fief d'Ablon.
Les héritiers de feu M. Dreux Raguier.
Le Seigneur de Domerville.
Le Chapelain faint Denys fondé en l'Eglife faint Germain de l'Auxerrois.
Jaques de Paillart, Seigneur du Franc-aleu de Hautonne.
Meffieurs de Sorbone Seigneurs du fief dit Franc-Rofier.
M. François de Sugi.
M. François de l'Arché.
L'Abbayie de faint Faron.
Le Fief de Garges, autrement Culdine.
Le Fief des Gloriettes & Marchépalu.
Le College de Maître Gervais Chreftien, autrement du Pleffis.
Le fief Halleué que poffede le Mandié de Notre-Dame de Paris.
Le fief des Haudriettes.
Le Chantre faint Honoré.
Les Chanoines faint Marcel aux Fauxbourgs de Paris.
Les Religieufes de Hautes-bruyeres.
L'Abbé d'Erivaux.
Les Religieux & Abbé de Joyenval.
Saint Julien le Pauvre.
Saint Jaques de l'Hopital.
M. Jean Migot.
Les heritiers de M. Jaques Blas.
Saint Julien de l'Ifle lès Corbeil.
M. Jean Sarreau.
Les heritiers de M. Jean de Saline.
Les Heritiers de M. Jean Budé.
Saint Jean le Rond.
Le Curé de faint Jean en Greve.
L'Hotel-Dieu de Paris, pour le fief d'Albi fitué aux Halles.

DE LA VILLE DE PARIS Liv. VIII.

Les Religieux de Livry en Lanois.
Le Seigneur de la terre de saint Landry.
L'Hotel-Dieu près saint Gervais.
Damoiselle Louise Seguyer.
L'Hopital sainte Catherine rue saint Denys.
L'Abbayie de Longpont lez Montlhery.
Le Prieur de Lonjumeau.
Le College de Laon.
Le Seigneur de saint Mandé lez Paris.
Sainte Marine Curé & Marguilliers.
Les heritiers Mathieu Mathereau.
L'Abbayie de Maubuisson.
Le fief Mercadé.
Le fief Marinier, appartenant à Dame Raoul, veuve de feu M. Pierre Boulard Avocat en la Cour.
Le Chapelain saint Michel & saint Brice, à la sainte Chapelle de Paris.
Le College de la Marche.
Le Fief, dit le Melodieux.
Saint Marc de Soissons.
Le Chapelain de la Chapelle saint Nicolas fondé en l'Eglise de saint Benoît dit le bien tourné.
Le Chapelain de la Chapelle de Mets fondé en l'Eglise de saint Germain de l'Auxerrois.
Maître Nicolas Boislené.
Le fief Poupin.
Le fief de saint Nicolas du Louvre.
Le Pitancier de sainte Geneviéve.
M. l'Evêque de Poitiers.
Les Quinze-Vingts.
Les heritiers Quentin Trierbeux ou Ruellery.
Madame la Baillifve Robertet.
Jeanne le Viste.
Le fief du Roullet appartient au Chantre de saint Denys.
Les successeurs de René d'Alance.
Les Religieux, Abbé & Couvent de Rigny.
Le fief Maranconnet autrement Ranconnet.
M. Reniere.
Madame René de Montrimal.
Les Maîtres & Gouverneurs du Sepulchre.
Le fief du Four Derfeu près la grande Boucherie, appartient aux Chanoines de saint Symphorien, de la Ville de Senlis.
Les Marguilliers de saint Severin.
Le fief de la petite Tournelle.
Le fief de Thirmelle.
Le fief de la Trimouille.
Le College des Tréforiers rue de la Harpe près la porte saint Michel.
Le fief de l'Hotel de Tancarville.
Le College de Tours.
M. de Villeneufve.
Les Religieux d'Origni lez Orleans.
Les Religieux de Daix.
Le Seigneur de Dellecomblé.
Messire Tristan de Rostaing.
Le fief de Clermont rue saint Antoine.
Le fief Galande appartient aux Chanoines de saint Alguau d'Orleans.

FOURS.

SUR ce que le Prevôt de Paris voulut faire abatre les fours des Boulangers sous Philippe Auguste, il leur fut permis en 1225, d'en avoir chacun un chés eux, d'y cuire, & même de se servir de ceux des autres, & le tout comme payant tous les ans au Roi neuf sols six deniers.

En 1402, par Sentence des Requêtes du Palais, l'Evêque fut maintenu en possession de les avoir en sa Jurisdiction, avec haute, moyenne & basse Justice.

Cependant Chopin & Brodeau prétendent qu'en 1305, Philippe le Bel abolit à Paris la Bannalité des fours, & donna permission aux Bourgeois d'en avoir dans leurs maisons, non seulement pour y cuire leur pain; mais le vendre même à leurs voisins.

C'étoit comme un reste des servitudes personnelles que les Seigneurs hauts Justiciers avoient conservé avec les droits de moulin & de pressoir, de Justice de Domaine & autres semblables, qui peu à peu sont venus à s'éteindre, plutôt par desaccoutumance & par une extinction publique des anciennes servitudes, que par une longue possession, & un usage particulier de liberté contre qui il y a prescription.

Le four saint Martin est situé a la Halle, à côté du marché aux poirées, & fait le coin de la rue de la Cordonnerie, & pourtant n'est là que depuis 1554, que les Commissaires députés pour la réformation des Halles, le firent faire & border de logis. Il a consisté fort long-tems en une grande maison, dont depuis on a fait trois ou quatre corps de logis, que le Prieur & les Religieux louent quelque trois mille livres, & où ils avoient mesurage, étalonage & tous droits de haute moyenne & basse Justice. Le principal se nomme, comme par excellence, la grande boutique, à cause qu'il consiste en une longue boutique & fort profonde, qu'occupe un Cordonnier, & où peut-être il se trouve autant, ou plus de souliers neufs, que dans tout le reste de la Halle. Anciennement il y avoit pour enseigne une Rappe; aussi l'appelloit-on l'Hotel de la Rappée; & même je pense qu'il se nomme encore de la sorte, quoiqu'au lieu de Rappe, on y ait mis depuis l'image saint Martin.

En 1137, il appartenoit à une femme nommée Adeleude Geuta, qui l'avoit fait bâtir à la priere de la Reine Adelaïde. Louis VII son fils le rendit franc & quitte de servitudes, & de toutes les autres sortes de redevances & de sujetion que celles que Geuta voudroit exiger : bien plus, il voulut qu'il n'y eut que celui-là dans les Halles, & défendit si étroitement à tout le monde d'y en bâtir d'autres, qu'il ne s'en exceptoit pas lui-même, & ne s'en reserva pas le pouvoir.

En 1223, il rapportoit treize livres à Adam Evêque de Therouenne qui l'avoit acheté; & dix sols aux Religieux de saint Martin qui leur venoient apparemment de la charité de Geuta, &c.

DE LA VILLE DE PARIS. Liv. VIII. 431

DOMAINE ET TRESOR DU ROI.

ON tient par tradition que les revenus du Domaine du Roi & des Recettes ordinaires du Royaume, se gardoient autrefois dans la Chambre du Trésor. Pour cela, sur l'anciene tapisserie de cette Chambre ne se voyoient point de fleurs de lys, mais des besans d'or de cinquante livres piece, monnoie qui avoit cours du tems de saint Louis.

Cette Jurisdiction alors avoit pour tous Officiers un Greffier, un Contrôleur & deux Clercs : le Greffier qu'on nommoit le Changeur du Trésor, faisoit sa résidence à Paris ordinairement, & étoit Receveur général du Domaine de France.

Cependant sous Philippe Auguste, le Trésor déja étoit placé ailleurs : & de fait, en 1190, ce Prince entreprenant le voyage d'outre-Mer, le fit transporter au Temple, avec ordre que les Templiers & les Executeurs de son Testament eussent une clef chacun des coffres, & que venant faute de lui, à la premiere nouvelle, le tout fût transporté à l'Evêché, afin d'en disposer ainsi qu'il l'avoit ordonné.

Cette maison étoit un asyle si assûré, que Fredegonde après l'assassinat de Chilperic, accourut à Paris avec tous les Trésors du Royaume pour s'y refugier.

On ne sait pas trop bien si les Rois de la premiere race faisoient traîner leur Trésor après eux ; du moins est-il certain que Thierri I avoit avec lui le sien à Nogent sous Couci, lorsqu'Ebrouin le vint prendre là au dépourvû ; d'où il partit en diligence, & toujours fuyant jusqu'à Abbeville ou à Bré près de Forges ; mais que là enfin, si pressé de son ennemi qu'il lui marchoit sur les talons, afin de se sauver plus aisément, il lui abandonna tout.

Or ce qui fait croire qu'anciennement nos Rois n'alloient point sans leur Trésor, c'est que du tems de Philippe Auguste, le Trésor des Chartes le suivoit par tout, même à l'armée, comme je dirai plus bas, si bien qu'il y a apparence que c'étoit la coutume, & que les autres Rois en usoient ainsi auparavant.

TRESOR DES CHARTES.

SI dans le Trésor des Chartres on ne garde ni les joyaux, ni l'or, ni l'argent de nos Rois ; en récompense, ce qui s'y trouve est bien plus précieux ; puisque c'est là qu'on voit tous les Titres qui en concernent les Tailles, les Impôts, le revenu du Domaine, les Traités de Paix, les interêts de la France ; en un mot toutes les Chartes & tous les papiers de la Couronne passés avec le Roi & enregîtrés en l'Audiance de la Chancellerie.

Sous Chilperic I, les Regîtres du revenu de la Couronne étoient en dépôt à Braine, près de Soissons, dont j'ai parlé, & ce fut là qu'à la persuasion de Fredegonde, il les brûla après la mort de ses enfans, afin de pouvoir flechir le Ciel irrité contre eux.

Sous Dagobert, les Titres de la Couronne se mettoient à Lion, à Paris, à Mets & dans le Trésor, sans que j'aye pû découvrir où étoit ce Trésor. Car enfin, ce Prince la quatorziéme année de son Regne, ayant fait un

Teſtament en préſence de ſes enfans & des principaux du Royaume, il ordonna qu'il en ſeroit fait trois copies, l'une pour être gardée à Lyon, l'autre à Paris dans les Archives de l'Egliſe Cathedrale ; la derniere à Mets : quant à l'original, il fut mis depuis dans le Tréſor de ſaint Denys. Il ne faut pourtant pas inferer de là que le Tréſor de Dagobert ſe gardât à l'Abbayie de ſaint Denys.

Sous Charlemagne & ſous Louis le Debonnaire il ſe gardoit dans leur Palais.

Du tems de Philippe Auguſte il ſuivoit le Roi même à la guerre. Auſſi fut-il pris avec le ſceau & tout l'équipage dans une embuſcade que lui dreſſa le Roi d'Angleterre, entre Blois & Freteval ; ce qui fut cauſe que ce Prince ordonna à un certain Gautier le jeune, que l'Hiſtoire du tems compare au Prophete Eſdras le Réparateur des Volumes de la Loi des Juifs, de tâcher à ſe ſouvenir de tout ce qui étoit contenu dans ces Chartes perdues, afin de les rétablir : & de crainte à l'avenir d'un pareil inconvenient, il voulut que ce qui en ſeroit dreſſé, auſſi-bien que les titres qui ſe feroient dorenavant, ne fuſſent plus ambulatoires, & qu'on les mît en dépôt à Paris. De plus il le nomma *le Tréſor des Chartes* ; & en donna la garde à un Officier créé exprès, qu'il fit appeller le Tréſorier des Chartes de France, lui commandant de recueillir tous les titres, de les porter dans le Tréſor & d'en faire les inventaires. Du reſte, je n'ai pû découvrir l'endroit où on le mit alors : maintenant & depuis pluſieurs ſiécles, il eſt à la ſainte Chapelle, & quoiqu'il ſoit certain que ſaint Louis l'ait bâtie, je ne ſai point quand ce Tréſor y fut tranſporté.

L'Hiſtoire nous apprend qu'en 1307, Philippe le Bel vint loger au Temple, & y fit conduire les Chartes de France. Il conſiſte en deux grandes Chambres, l'une ſur l'autre au-deſſus de la Sacriſtie. La premiere, eſt couverte d'une voûte gothique, & ſervoit auparavant de Chapelle ; ce qui paroît au marche pied d'Autel que j'y ai vû, ſans les autres marques : ſes croiſées ſont grillées de gros barreaux de fer & les murs couverts de layettes où ſe mettent les Chartes, & d'armoires pour les Regîtres de la Chancellerie : le tout en ſi bon ordre, qu'on trouve en un moment tant les Regîtres que les Titres dont on a affaire.

Du tems que Monſieur Fouquet étoit Procureur Général, ces armoires & ces layettes ſe trouverent ſi pouries, qu'il fut contraint d'en faire faire d'autres, dont il donna la conduite à Girard le plus galant Architecte que nous ayons, qui a rangé les layettes dans de grands pilaſtres de bois, d'ordonnance ruſtique, & les armoires entre-deux, dans les intervales d'un pilaſtre à l'autre.

Au-deſſus eſt la ſeconde Chambre qui eſt couverte d'un comble de charpenterie, & bordée d'un côté de tiroirs où peut être n'y a-t-il pas moins de titres que dans la premiere, à la reſerve des titres tirés du Château de Mercural en Auvergne. Juſqu'à preſent perſonne n'a ſû ce que ces titres contiennent, parce qu'il n'y a point d'inventaire. Là ils ſont pêle mêle, les uns parmi les autres, avec tant de confuſion, que faute d'avoir été remués, je crains fort que les rats & les ſouris n'en ayent rongé une partie, & que la pluie n'en ait pourri quelques-uns ; car enfin, la couverture de cette Chambre eſt ſi mal entretenue, que comme il fallut porter là les titres de la premiere, lorſqu'on y travailloit, les injures du tems en endommagerent pluſieurs.

Durant ce tems là on m'y a fait voir le Traité de Paix qui ſe paſſa en 1545, entre François I, & Henri VIII Roi d'Angleterre, & que ce Prince l'un des plus galans de ſon ſiécle n'envoya pas ſeulemént très-bien écrit en notre langue, mais encore ſcellé d'un ſceau d'or, auſſi grand & auſſi épais, que le grand ſceau de la Chancellerie, qui peſe plus de cent piſtoles.

TRESORIERS

TRESORIERS DES CHARTES.

APRE'S Gaultier le jeune, frere Guerin Religieux de l'Ordre de faint Jean de Jerufalem Evêque de Senlis, Garde des Sceaux de France fous Philippe Augufte, & Chancelier de Louis VIII, devint Tréforier des Chartes.

Depuis ceux-ci, Jean de Calais, & Pierre de Calais, & Pierre de Bourges exercerent cette Charge, fans qu'on fache ni en quel tems, ni de quelle condition ils étoient.

En 1305, Etienne de Mornai en faifoit auffi la fonction, & même fous lui en 1317, Pierre d'Eftampes Chanoine de la fainte Chapelle & Clerc de Philippe le Long en 1318.

Dans ce même tems-là, & même en 1316 & 1322, Felix Columbi, fous ce Pierre d'Eftampes en étoit encore pourvû, finon en qualité de Collegue, du moins fous lui.

Et bien qu'il foit certain que Pierre Juliani ait été Garde des Chartes depuis 1324 jufqu'en 1330, Jean de Brenne en 1340, Jean de Coua ou de la Queue en 1341, Adam Boucher, autrement *Carnifex* en 1352, 1354 & & 1356, de Villemar en 1361, Pierre Turpin Notaire de la Chancellerie en 1370, le favant Dupuy neanmoins Garde de la Bibliotheque du Roi, de qui j'ai tiré la meilleure partie de ce difcours, ne croit point qu'en effet ils ayent été Tréforiers des Chartes; mais fimplement Gardes des Chartes de la Chambre des Comptes; c'eft-à-dire, de fes livres, termes dont on fe fert à prefent. Auffi tient-il que Pierre de Goneffe *de Achillofiis*, Clerc du Diocefe de Sens & Notaire du Roi, fucceda dans cette dignité à Pierre d'Eftampes.

Comme je n'ai rien découvert ailleurs de Juliani, de Brenne, de la Queue & de Villemar, j'en demeurerai volontiers à ce qu'il m'en a dit; mais comme je trouve dans les Mémoriaux de la Chambre que Turpin étoit Treforier des Chartes, & que ne pouvant vacquer à cet emploi à caufe de fon infirmité, Charles V la donna en 1370 à Gerard de Montagu, pourvû tout nouvellement de la Charge de Notaire & Secretaire du Roi, qu'il fit Maître des Comptes en 1384, & qui eft pere de ce celebre Jean de Montagu, fouverain Maître d'Hotel du Roi, Vidame de Laonnois, que la fortune après plufieurs faveurs prit plaifir à ruiner, je ne puis pas là deffus être de fon avis.

A l'égard de Pierre de Goneffe, je n'affurerai point à qui il fucceda, & peut-être même qu'un autre douteroit fi ceux que Dupuy nomme Gardes des livres n'étoient point Tréforiers des Chartes.

Quoi qu'il en foit, en 1392, Gerard de Montagu le fils, Confeiller aux Enquêtes, fon pere étant mort, lui fucceda dans fes deux Charges. Depuis en 1405, & 1410, Jean de Chantrepriime, avoit le même emploi, & après lui en 1412, Pierre de Mauregard; en 1413, Robert Malliere Maître des Comptes; en 1467, Dreux Budé Secretaire du Roi & Audiancier de la Chancellerie; Jean Budé fon fils, fut Tréforier des Chartes avec fon pere, & dont il fe démit après fa mort en faveur de Jaques Louvet Confeiller du Roi.

Sebaftien le Rouillié, fieur de Genitoi, le devint fous François I, puis Chriftophe de Thou, depuis Préfident; enfuite Jean de Thou fon fils, fieur de Bonnœuil après Maître des Requêtes.

En 1577, Huguet Fourmaget Greffier des Requêtes du Palais, en fut pourvû, qu'il refigna en 1581 à Jean-Jaques de Mefmes, & dont à la fin il fe démit en faveur de Jean de la Guefle, Procureur Général, qui par lettres du Roi la fit unir à fa Charge en 1582 à perpetuité : tellement que depuis, le Procureur Général eſt Garde-né du Tréſor des Chartes : en cette qualité il jouit de quelques autres prérogatives que je rapporterai en ſon lieu.

Si Pierre Dupuy & le Prieur de ſaint Sauveur ſon frere en ont toujours eu une clef, ç'a été du conſentement du Procureur Général, peut-être autant pour le délivrer du ſoin qu'il en devoit prendre, que pour laiſſer jouir l'aîné de ſon travail, & lui fournir la commodité de donner au public les ouvrages qu'il a faits ſur les titres dont ce Tréſor eſt compoſé.

J'ai dit qu'après qu'on eut établi à Paris le Tréſor des Chartes, celui que le Roi pourvût de cette Charge, prit la qualité de Tréſorier des Chartes de France; & de plus qu'en 1371, Charles V créa Girard de Montagu, & comme celui-ci d'ailleurs étoit Notaire & Secretaire du Roi, il voulut à cauſe de cela, que celui qui lui ſuccederoit, s'appellât Tréſorier & Secretaire du Roi tout enſemble.

En 1391 Charles VI, parlant de Girard de Montagu le fils, l'appelle Tréſorier & Garde des Regîtres, Chartes & Privileges.

En 1582, Charles IX ayant fait union de cette Charge avec celle de Procureur Général, ordonna que celui qui en ſeroit pourvû ſe qualifiât à l'avenir, Notaire & Secretaire du Roi, Maiſon & Couronne de France; outre cela, lui accorda tous les privileges dont jouiſſent les Secretaires du Roi, & de-là vient qu'en 1585, la Cour des Aides lui adjugea le droit de ſcel, & qu'en 1587, le Parlement le déclara exemt de payer le droit du Receveur & du Pariſis des Epices.

Quant aux gages affectés à cette Charge, on apprend d'une lettre de Charles VII, de l'année 1440, que ceux qui l'exerçoient, avoient coutume de recevoir de ſes prédéceſſeurs, quatre ou cinq cens livres de proviſions, d'ordonnances, ou de penſion. Lorſque Jean de Brenne l'exerçoit, il avoit par jour ſix ſols Pariſis, ſans les gages du Clerc du Tréſor: quand Girard de Montagu fut reçû, le tout montoit à cinq cens livres de rente; & encore à pareille ſomme en 1582.

Lorſque Charles IX unit cette Charge à celle de Procureur Général, il falloit auparavant que le Tréſorier prêtât le ſerment à la Chambre des Comptes, comme il paroît par des lettres de 1370, 1391, & 1481.

Il y a grande apparence que de tout tems il a fourni d'extraits des titres, & même en ſi bonne forme, qu'on les pouvoit produire en Juſtice; de dire s'il les a ſinés avant l'année 1391, c'eſt ce que je ne trouve point; mais il ſe voit qu'ils avoient ſous eux des Clercs du Tréſor; témoin Jean de Brenne dont j'ai parlé, qui l'étoit en 1333, & un Acte de la Chambre des Comptes de l'année 1391, qui défend à Gerard de Montagu le fils, de bailler ſes clefs à des Clercs étrangers, outre les rouleaux de la même Chambre, qui portent qu'en 1484, Nicolles Gilles, Notaire & Secretaire du Roi, fut pourvû de l'Office de Clerc du Treſor.

Dès l'an 1391, ce Tréſor étoit en dépôt à la ſainte Chapelle; car ce fut de-là que par ordre de Charles VI, Nouviant de Moulins, & Jean de Montagu Conſeillers d'Etat, tirerent des titres pendant la maladie de Girard de Montagu.

Juſqu'en 1582, on n'en pouvoit avoir aucune Charte qu'après une Requête préſentée au Roi, & permiſſion de lui par des lettres de Cachet, qui ordonnoient au Tréſorier de délivrer le titre qu'on demandoit; & cela, en telle forme qu'on s'en pût ſervir en Juſtice, & pour uſer des termes uſités alors : *Le Tréſorier ne fourniſſoit aucune Charte, ce n'eſt que par l'eſpecial ordonnance du Roy, & qu'il ſçache certainement que ſe viengne de la propre conſcience du Roy.*

Cela s'obſervoit avec tant de Religion, que Charles VI lui-même en ayant affaire de quelques-uns en 1391, & le Tréforier étant malade, il fallut qu'il fît expedier des lettres exprès, & envoyer à la Chambre des Comptes les trois Confeillers d'Etat que je viens de nommer, pour lui déclarer que pendant la maladie de Girard de Montagu, il confioit la garde de fon Tréfor des Chartes, à Girard de Montagu fon fils, Confeiller aux Enquêtes.

Or Comme l'affaire preffoit fi fort, qu'ils ne pouvoient pas attendre l'expedition des lettres du Roi, qui faifoient mention de cet ordre ; avec tout cela, ils eurent beau le faire favoir à la Chambre, ils n'en purent rien obtenir qu'à condition de les rapporter au plutôt, tant nos Rois alors étoient jaloux de ce Tréfor, & que la confervation de leurs Chartes leur paroiffoit neceffaire, puifqu'ils ufoient de précautions fi rigoureufes : ce qui a duré jufqu'en 1482. Auffi croyoient-ils que cette Charge demandoit un homme tout entier ; & de fait, on prétend que ce fut pour cela, que lorfque Charles VI. fit Maître des Comptes Girard de Montagu le pere, ce fut à condition que telle nouveauté ne tireroit point à confequence ; & qu'après lui, ceux qui lui fuccederoient, ne pourroient tenir ces deux Charges à la fois. Et ce qui donne tout fujet de croire que ceci eft vrai, c'eft que depuis que l'Office de Garde du Tréfor a été uni à celui de Procureur Général, le Tréforier des Chartes s'eft difpenfé de prêter ferment à la Chambre des Comptes, & a été tellement occupé pour les affaires du Parlement, qu'il ne lui a pas été poffible d'amaffer les titres, & autres papiers de la Couronne ; bien loin de faire de nouveaux inventaires, ni d'augmenter ceux qui font commencés : en un mot de prendre le même foin des Chartes que prenoient fes devanciers, & que requiert cette charge.

A la verité il refte quelques mémoires de ceux qui ont travaillé à l'inventaire des titres ; mais il ne s'y voit rien d'entier, joint que le tout eft fort fuccint & de peu d'inftruction. Girard de Montagu le pere, remarque même que ceux qui l'avoient précédé dans cet emploi n'avoient achevé aucun inventaire ; les uns étant morts auparavant, les autres ayant été occupés ailleurs, ou élevés à de plus hautes Dignités.

Jean de Calais eft le premier qui commença à faire un inventaire, mais fi fuccint & en fi peu de mots, qu'il n'a jamais pû fervir.

Pierre d'Eftampes y mit la main depuis, qu'il diftingua par chapitres, & le réduifit en deux volumes, qu'on voit encore au Tréfor, & qui y furent portés par ordonnance de la Chambre des Comptes ; & cependant tous deux auffi peu utiles que le premier travail de Jean Calais, comme étant trop fommaires.

Pierre de Goneffe de Achilloffis, fit auffi un commencement d'inventaire, qui s'eft vû quelque tems au Tréfor. Charles V. l'ayant vifité en 1371, & vû que tout y étoit en confufion, il ordonna à Girard de Montagu le pere, de le mettre en meilleur état, & de dreffer un inventaire de tous les titres & des Regîtres ; ce qu'il fit : car il acheva cet inventaire ; mais fort fuccint & en général, avec deffein néanmoins d'en faire un autre plus exact & qui defcendît plus dans le particulier. Comme il refte encore, on y apprend qu'il mit à part les papiers inutiles avec plufieurs coins de monnoies qui fe trouvent tant dans la Chambre haute, & tous rouillés, que dans la baffe.

Il y avoit trois cens dix layettes, cent neuf Regîtres avec quelques livres de Juifs, dont il n'en refte plus que quatre en langue Hébraïque.

A l'égard des Regîtres, il fe contenta de les cotter felon les tems, tellement que pour y trouver un titre, il faut favoir en quel tems il a été enregîtré à l'Audiance de la Chancellerie.

Depuis, Jaques Louvet, avant que d'accepter cette Charge, fupplia le Roi de faire faire trois inventaires des Chartes qu'il confioit à fa garde, fi bien qu'à fa priere Louis XI en 1474, fit expedier des lettres de Cachet

& des lettres patentes en forme de commission, qu'il adreſſa tant à Louis le Blanc Greffier des Comptes, qu'à Pierre Aynier & Guillaume de Sailly Clercs ordinaires du Roi en la Chambre, leur ordonnant de dreſſer un inventaire avec Jean Budé, ou tel autre qu'ils voudroient.

Cet inventaire neanmoins ne fut commencé qu'en 1481, & encore ne le firent ils que de ſept à huit cahiers & de ſoixante-quinze layettes, quoiqu'enſuite le Roi leur commandât, par d'autres lettres de Cachet de le continuer & de l'achever, ajoûtant même qu'ils lui feroient grand plaiſir de finir cet ouvrage.

Cependant il y avoit trois clefs du Tréſor, l'une entre les mains de Budé, l'autre, de Louvet, & la derniere fut donnée aux Maîtres des Comptes, à qui on apportoit par cahier tout ce qui ſe faiſoit de l'inventaire.

Charles VIII donna ordre depuis, tant à Robert Thibaut, Conſeiller & Préſident du Parlement, Raoul Pichon, auſſi Conſeiller, Jaques Louvet, Général ſur le fait de la juſtice des Aides, qu'à quelques autres, de le refaire de nouveau, & plus ample.

Quelque tems après, il leur fit ſavoir l'inconvenient qu'il y avoit de ne le pas achever; & comme l'entrepriſe demandoit bien du tems, & que l'exercice de leur Charge leur en emportoit beaucoup, il leur enjoignit d'aſſocier à ce travail un Avocat de la Cour, & de faire enſorte qu'y vaquant inceſſamment, il fût bientôt achevé, & qu'il n'eût plus ſujet de ſe plaindre qu'il n'avançoit point.

Sous le Regne de François I, on porta à ce Tréſor quinze coffres qui ſe nommoient les coffres des Chanceliers, parce qu'ils contiennent les papiers trouvés chés les Chanceliers du Prat, du Bourg & Poyet. Il en fut fait un Inventaire; mais Jean du Tillet Greffier au Parlement: & Briſſon Avocat Général, ayant eu la liberté de les emporter les titres dont ils avoient beſoin, l'un pour les affaires du Roi, l'autre pour ſon Recueil des Rois de France, ou ils ne ſe ſoucierent pas de les remettre en leurs places, ou même les retinrent ils pour eux. Briſſon ſur tout en emporta une grande quantité avec pluſieurs bons mémoires & même les remontrances pour le Concordat; ſi bien que tout cela preſque a été perdu: ce qui apporta une telle confuſion dans le Tréſor, qu'on n'y pouvoit plus trouver ce qu'on cherchoit, ou ſi on le trouvoit, c'étoit avec bien de la peine, & hors de ſon lieu. Et c'eſt pour cela qu'en 1583, & cela par des lettres du grand Sceau. Henri III ordonna qu'il en ſeroit faite une revûe en preſence du Procureur Général la Gueſle & de François Pithou Avocat au Parlement, & l'un de ſes Subſtituts, par Bellievre, Videville, Potier Secretaire d'Etat, Fromaget & le Maître qui avoit été Clerc de Bonnœil Tréſoriers des Chartes. Or quoi qu'on n'en ait pas leur inventaire, il eſt certain qu'ils n'y travaillerent qu'en gros, & que non ſeulement on y trouva bien des layettes à dire; mais même que de celles qui reſtoient, les unes étoient vuides, les autres imparfaites, & fort peu d'entieres.

Enfin Mathieu Molé Procureur Général, reſolut de mettre les choſes dans un état où elles n'avoient point encore été, & de faire faire un inventaire très-exact & diſpoſé tout autrement que ceux dont j'ai parlé.

Dans ce deſſein il choiſit Pierre Dupuy & Theodore Godefroy deux ſimples Avocats alors au Parlement; mais depuis célebres par leur doctrine qu'ils ont puiſée dans ce Tréſor. & par les beaux ouvrages qui en ſont venus dont ils ont enrichi le public.

Ce choix ayant été autoriſé par Arrêt en 1615, les clefs du Tréſor leur furent miſes entre les mains; ſi bien que quoique tout s'y trouvât en déſordre; qu'il y eut trois cens cinquante layettes, deux cens ſoixante ſeize Regîtres, cinquante-deux ſacs, quarante-deux guichets & quinze coffres; ils commencerent par les layettes qu'ils diſpoſerent par les douze gouvernemens, par les affaires étrangeres, par les perſonnes & par les mélanges; que s'ils ſe contenterent de ranger les Regîtres selon l'ordre des Rois, c'est que les Ministres d'Etat les divertirent & les employerent en d'autres affaires. L'inventaire fut réduit en huit volumes, & le firent si exact, soit pour les dattes & tout ce qu'il y a de plus notable dans les titres, soit pour les noms des personnes, soit pour les clauses & les choses importantes ; que même ils y ont mis quelques Genealogies, & qu'assés souvent on peut se servir de leur inventaire, sans avoir recours aux originaux.

Tant y a que d'une décharge des papiers du Roi donnée après la mort du Chancelier des Ursins à ses heritiers, & des quinze coffres trouvés chez les quatre Chanceliers que j'ai nommés, Dupuy infere qu'anciennement les Chanceliers & les Gardes des Sceaux étoient Gardes des papiers du Roi.

Depuis Charles IX, il n'a été apporté au Trésor aucun Regître de la grande Chancellerie. Depuis plusieurs années, pas un Traité de Paix n'y a été mis, pas un Contract de mariage, ni autre Charte d'importance, hors-mis le procès de la dissolution du mariage de Henri IV, les productions pour la mouvance du Comté de saint Pol, quelques Actes concernans l'Evêché de Mets, & les dispositions testamentaires du Duc de Montpensier, quoique cependant en 1628, le Garde des Sceaux de Marillac fit ordonner par un Arrêt du Conseil, que les Traités & les Actes de Paix, de Mariage, d'Alliances & de Negociations, de quelque nature qu'ils fussent concernant les affaires du Royaume & des Etrangers se porteroient au Trésor des Chartes, & qu'enfin les Chanceliers & les Gardes des Sceaux presens, & à venir tiendroient la main à l'execution de cet Arrêt.

Après que Nicolas Fouquet à qui la fortune s'est montré avec deux visages si differens, eut fait refaire les layettes & les coffres de la premiere Chambre du Trésor, il s'avisa de créer huit Intendans des Chartes, un Contrôleur, avec un Greffier, & de faire bâtir un Hotel des Chartes à un des coins du Palais & du jardin du Premier Président, durant que cette Charge vaquoit par la mort de Pomponne de Believre.

Il nomma pour Greffier   , pour Contrôleur Jannard, l'un de ses Substituts, & pour Intendants   . Autant aux uns qu'aux autres, il accorda le droit de survivance. Tous prêterent serment entre ses mains, & il voulut que ce nouvel ordre s'observât à l'avenir, comme étant en droit de le faire.

Dans l'Hotel qu'il fit bâtir grand & magnifique se devoient porter & garder en qualité de Trésorier les titres & les papiers qui regardoient le Domaine de la Couronne : lui-même s'y devoit assembler avec ses Officiers, son Contrôleur en étoit le Concierge & le Garde des titres qui s'y mettoient en dépôt, il y pouvoit loger en l'absence du Procureur Général.

Entre autres choses, il devoit remedier aux entreprises & usurpations faites sur le Domaine.

Tout ceci au reste, fut autorisé en 1658, par des Edits du Roi, & enregîtré au Parlement. Après cela ces nouveaux Officiers rangerent les Chartes dans les coffres & les layettes que Mr Fouquet avoit fait faire, dont j'ai fait mention ; ils innoverent même l'excellent inventaire de Dupuy & de Godefroy : je ne sai si c'est de mieux en mieux ; car je n'ai pas vû leur travail : mais j'en doute fort, & ne suis pas le seul. Tout ce que je sai, c'est que ces Officiers ici n'ont pas été de longue durée : la Chambre des Comptes de qui dépend le Trésorier & le Trésor des Chartes, s'est opposé à l'entreprise de Mr Fouquet, & a cassé ses Officiers aussi-bien que ses ordres ; de sorte que presentement ce Trésor est regi par le seul Procureur Général, ainsi qu'il commença à l'être en 1582, & l'avoit toujours été jusqu'en 1658.

DES REDEVANCES SOUS LES ROIS
de la premiere Race.

DANS une chaise de bronze doré, gardée au Trésor saint Denys, & appellée la chaise de Dagobert, les premiers Rois de la premiere Race à leur avenement à la Couronne, recevoient les hommages des Grands de France, à parler comme fait Suger, pour dire leur serment de fidelité.

Les derniers Rois de la même Race, assis dans un char traîné par des bœufs, ou plutôt busles, se rendoient tous les ans, du moins une fois, au Champ de Mars, comme nous le montrerons en son lieu, & non pas au pied de Montmartre, comme le prétend le Pere du Breul, sans preuve & sans raison. Il étoit là élevé sur un lieu éminent, afin d'être vû des Grands & de tout le Peuple.

Pour lors le Maire du Palais qui étoit maître en ce tems-là du Roi & du Royaume, faisoit connoître en quel état étoient les affaires, & à quoi il devoit travailler toute l'année.

Ensuite chacun apportoit ses presens au Prince, que les Historiens anciens nomment ordinairement *annua dona*, quelquefois, *annualia debita*, *publica dona*, rarement *obsequia*; peut-être même aussi en donnoit-on aux Reines, & que c'est de-là en partie que venoient les Trésors de Fredegonde de Brunehault, & des autres Reines de la premiere Race, dont j'ai parlé assés amplement.

SOUS LA SECONDE RACE.

CETTE Coutume de faire des presents passa aux Rois de la seconde Race, sous les mêmes noms d'*annua* & *annualia dona*. Quelques-uns d'entre eux les reçûrent à Compiegne, d'autres à Pistres, d'autres ailleurs aux environs de Paris; & toujours à des Assemblées générales, où se rendoient tous les Peuples, les Prélats & les grands Seigneurs. Quelquefois les Princes souverains eux-mêmes en qualité de Tributaires y venoient aussi-bien que les autres pour ce qu'ils devoient. Là quelquefois encore chacun prétoit & renouvelloit le serment de fidelité.

En 827, 868, 869 & 874, Louis le Debonnaire & Charles le Chauve reçûrent leurs presents annuels.

Lothaire reçût les siens à Compiegne avec le serment en 833.

A Pistres, encore Charles le Chauve les reçût en 864, avec le tribut de la Bretagne, que lui porta le Duc Salomon lui-même, à l'exemple de ses Ancêtres.

SOUS LA TROISIE'ME RACE.

COMME les redevances diminuent ou augmentent à mesure qu'elles vieilliffent, celle de la premiere & de la feconde a paffé à la troifiéme, depuis deux ou trois cens ans jufqu'aux meres, aux enfans & aux belles-fœurs des Rois. Elle en eft même venue fi avant, qu'on l'a fait valoir en faveur des Empereurs, des Rois, des autres Princes étrangers, des Legats, des Nonces même, & des Ambaffadeurs après leur entrée à Paris.

Veritablement ceci ne fe pratique à Paris que depuis trois cens ans ou environ, & feulement lorfque nos Rois & nos Reines y font leur entrée, foit à leur avenement à la Couronne, après leur Couronnement, leur Sacre ou leur Mariage, & encore la maniere en eft fi differente, que c'eft tout autre chofe.

Et de fait, en de femblables rencontres, il n'y a que le Clergé, le Parlement, les Cours Souveraines, & autres Gens de Paris qui aillent au devant faire leurs hommages au nom de toute la Ville; tantôt à Saint Lazare, tantôt au bout des Fauxbourgs Saint Jaques & Saint Antoine: & cela de forte que quelques jours après, le Prévôt des Marchands accompagné des Echevins, avec toute leur fuite, leur porte des prefents; convie même quelquefois les Reines à venir dîner, & à prendre le plaifir du bal, foit à l'Evêché ou dans l'Hotel de Ville.

Voici les exemples que rapportent nos Céremoniaux, & d'autres même qui ne s'y trouvent pas que j'ai tirés de divers Hiftoriens, & des propres Regîtres de l'Hotel de Ville.

Avant Charles VI, il ne fe lit dans aucune Hiftoire les prefents que les Parifiens ayent fait, foit aux Rois, ou aux Reines de la derniere Race.

Les premiers dont il eft parlé furent offerts au Roi, à la Reine & à la Duchesse de Touraine, belle fœur du Roi.

Lorfqu'Ifabeau de Baviere en 1389, fit fon entrée à Paris, la Ville lui fit prefent de trois cens marcs de vaiffelle d'or & d'argent, compris en douze lampes & deux baffins d'argent, avec une nef, deux grands flacons, autant de drageoirs & de falieres, fix pots & fix trempoirs d'or. Et quoique déja à l'entrée de Charles VI, à fon avenement à la Couronne, ils euffent fait leur devoir, ils ne laifferent pas de lui porter alors cent cinquante marcs de vaiffelle d'or, en quatre pots, fix plats & fix trempoirs; & de plus même, ils prefenterent à la Ducheffe de Touraine une nef, un grand pot, deux drageoirs, autant de plats & de falieres d'or, avec fix pots, & quatre douzaine de fauffieres & de taffes d'argent qui pefoient deux cens marcs: le tout revenant à foixante mille couronnes ou écus d'or couronnés, qui vaudroit à prefent près de fept francs piece, & tous enfemble plus de quatre cens mille livres.

Aux deux entrées de la Reine Anne en 1501 & 1504, le premier prefent fut de fix mille livres: le fecond de dix mille livres.

Après le Mariage & le Couronement de Marie d'Angleterre, le prefent qu'on lui fit étoit de fix mille francs.

Celui de François I, à fon avenement à la Couronne, étoit de dix mille livres, & ne fut fait qu'en prefence de deux Notaires, que le Prévôt des Marchands & fa fuite menerent avec eux pour en avoir Acte; précaution peut-être fondée fur la coutume, quoiqu'il ne fe voye aucun autre exemple de cette qualité.

On ne fait point la valeur de celui qui fut fait à la Reine Claude en 1516, il fe trouve feulement que la Ville affemblée, arrêta qu'il feroit du prix accoutumé, & de davantage même, si cela se pouvoit. Le tout à la discretion du Prevôt des Marchands & des Echevins.

En 1530, la Ville dans son Hotel traita splendidement la Reine Eleonor, & ensuite lui fit present de deux chandeliers de vermeil doré, rehaussés de bas reliefs, & prisés dix mille francs.

La Ville traita encore splendidement en 1549, dans la grande Sale de l'Evêché Catherine de Medicis quelques jours après son entrée & celle de Henri II : ensuite de quoi elle lui donna le bal, & puis selon la coutume, lui fit des presents, aussi-bien qu'au Roi; mais si considerables, qu'un Auteur de ce tems-là, lorsqu'il en parle, use de ces termes. ,, Outre le grand prix & valeur dont ils étoient, l'ou- ,, vrage en fut si beau & si excellent, principalement de celui du Roi, qu'ils ,, ne meritent pas moins que d'être mis entre les manufactures que l'An- ,, tiquité a laissée en recommandation.

Bonsons autre Auteur du même tems, rapporte que celui du Roi consistoit en trois figures d'or, dont l'une lui ressembloit, les deux autres representoient au naïf François I, & Louis XII, ayant toutes trois sous leurs pieds une harpie, & plus bas, *Janus*, *Themis* & *le Dieu Mars*.

Enfin après le Mariage de Charles IX, & le Couronnement de la Reine Elisabeth, le Roi en 1571, reçût du Prévôt des Marchands un char de triomphe d'argent doré, enrichi de devises à son honneur, & de bas reliefs, où ses batailles & ses victoires étoient representées.

Dedans se voyoient les figures de Junon, de Cybele, de Pluton, de Neptune, avec celle de Charlemagne, de Charles V, de Charles VII, de Charles VIII.

Dehors étoit un Jupiter monté sur deux colones, l'une d'or & l'autre d'argent.

Pour ce qui est de la Reine, elle fut priée à dîner dans la Sale de l'Evêché.

Le festin se fit avec grand appareil, & fut tout autre que ceux de Catherine de Medicis & de la Reine Eleonor.

L'après dîné, il y eut bal qui fut suivi d'une superbe collation; après quoi parut le present, qui étoit un buffet d'argent vermeil doré, bien cifelé & de grand prix; mais que cette Princesse donna à la Ville, dont elle se sert encore, & qu'elle expose aux festins publics. La fête en un mot fut si magnifique, que le Roi en voulut être, & y survint inopinément, avec les Ducs d'Anjou & d'Alençon, & quelques autres

---

OBSERVATIONS.

DEPUIS le present de la vaisselle d'or & d'argent, fait en 1389, à la Duchesse de Touraine, rarement en a-t-on donné à des Princes, ni Princesses du Sang.

Le premier fait depuis, fut presenté à Anne de France, Duchesse de Beaujeu, fille de Louis XI; & cela, lorsqu'elle passa par Paris en 1483, pour aller au-devant de la Dauphine, & revenoit à 25000 livres.

Ce même present-là servit de pretexte & de modele en 1516, pour en faire un de même valeur à Louise de Savoie, mere de François I, alors Gouvernante du Royaume; on lui en fit encore un autre en 1530, après l'entrée de la Reine Eleonor; mais bien moindre : car il n'étoit gueres que de quatre cens écus; mais la Ville arrêta d'en faire un de six cens au Dauphin, & aux Ducs d'Orleans & d'Angoulême.

Quand Charles-Quint vint à Paris pour aller au Pays-Bas, la Ville lui presenta un Hercule d'argent, revêtu d'une peau de Lion d'or, haut de sept pieds, du poids de cent marcs, tenant deux colones, & orné de la

devise,

devise, *nec plus ultra*, & de celle-ci, *altera alterius robur*.

Lorsque Jaques V, Roi d'Ecosse vint encore à Paris, afin d'épouser Madeleine de France fille de François I, la Ville ordonna que pour lui faire un present, on obtiendroit auparavant des Lettres du Roi.

Et tout de même, lorsqu'au tems de son mariage avec Marguerite de France, Henri de Bourbon Roi de Navarre, depuis Roi de France, arriva à Paris, le present qui lui fut fait, & encore par ordre de Charles IX, ne fut que de confitures & de dragées simplement.

Et pour en faire encore au Duc d'Anjou, frere de Charles IX, en 1584, il lui falut des ordres exprès du Roi, sans cela elle n'en a jamais fait, & n'en fait point non plus, ni aux Ambassadeurs, ni aux Princes étrangers; encore ne consistent-ils qu'en dragées, en confitures & en flambeaux de cire. Et bien loin de croire que ceux qu'elle a faits au Roi, soient un don gratuit, comme chacun pense, le nom de *debita dona*, qu'ils prenoient sous la premiere Race, l'Acte pardevant Notaires que le Prévôt & les Echevins voulurent avoir de celui qu'ils firent à François I, à son avenement à la Couronne, un passage de Froissart de l'an 1389, qui porte que les Parisiens devoient la bien-venue à Isabeau de Baviere, & d'autres choses approchantes que je laisse à part, font voir que c'est une dette, & une pure redevance, qui a passé de main en main, de la premiere à la seconde Race, & de la seconde à la derniere.

AUTRES REDEVANCES.

OUTRE ces presens, les Parisiens payoient encore au Roi bien d'autres redevances plus fâcheuses; & même de tant de sortes, que je ne rapporterai que les principales.

La plus lourde est celle des sept cens, ou de quatre mille livres d'argent pesant qu'ils ont payé aux Normans dans le neuviéme siécle, durant plusieurs années, pour avoir levé le siége de devant Paris en 886.

Les Abbés, les Prieurs & les Religieux n'en étoient pas plus exemts que les autres.

Cormeilles, Village du Parisis, qui appartient à l'Abbayie de Saint Denys en France, a logé & nourri le Roi jusqu'en 1158, que Louis le Jeune l'en déchargea, en l'honneur de Dieu & de Saint Denys, & pour obtenir la remission de ses pechés. Et quoique Louis le Gros en 1111, eût affranchi le même Monastere de toutes sortes d'éxactions, tant de Rois que de Princes, neanmoins en 1254, il ne laissa pas de payer cent-vingt livres pour le gîte de saint Loüis.

Saint Maur la même année en paya autant, & pour la même redevance.

Du tems que le Roi demeuroit au Palais, le Prieur de Saint Denys de la Chartre étoit obligé de loger dans son Monastere le Maître, le Contrôleur & autres Officiers de la Chambre aux deniers du Roi.

Véritablement en revanche, on lui devoit fournir du vin & de la viande tous les jours; mais on cessa de le faire en 1348, quoique les mêmes Officiers ne laissassent pas de se retirer toujours dans son Prieuré. Le Prieur & les Religieux en 1353 eurent beau s'en plaindre au Roi, peut-être ne purent-ils en tirer autre chose, sinon qu'on s'en informât; car c'est tout ce qu'on en voit dans leur Cartulaire.

LOGEMENT DES GENS DE GUERRE.

CE n'est pas d'aujourd'hui que les Habitans des Fauxbourgs de Paris sont tenus de loger pour rien le Regiment des Gardes Françoises, & de lui fournir d'ustenciles

Ceux du Fauxbourg Saint Antoine, de Saint Denys en France, & de quelques Villages circonvoisins, retirent la Garde Suisse.

Quand le Roi séjourne à Paris, des deux Compagnies de Mousquetaires, l'une demeure à Charenton, l'autre au Fauxbourg Saint Germain, à la Halle Barbier, & toutes deux à Ruel, lorsqu'il fait son séjour à Saint Germain.

Enfin, depuis peu les Gardes du Corps, les Gendarmes, les Chevaux-Legers de la Garde, sont répandus dans les maisons voisines du Louvre quand le Roi s y tient.

J'aurai occasion de parler plus bas des autres Redevances que nos Rois exigeoient autrefois des Abbayies & des Prieurés de Sainte Geneviéve, de Saint Germain, de saint Martin & autres, tant de Paris, que des environs, maintenant je viens à celles des Parisiens.

Ces Redevances ici au reste, non seulement regardoient la personne du Roi, des Reines, & tous ceux de leur Sang; comme sous Charles VI, Louis XI & François I; mais passoient aussi au Connétable, au Chancelier même, au Chambellan, au Bouteiller, à l'Evêque & à l'Hotel-Dieu.

REDEVANCES FORCE'ES.

QUAND le Roi logeoit à Paris, ils étoient obligés de le fournir de coussins & de lits de plume, & bien que Louis VII en 1165, les en eût déchargés, sous Charles V ils ne laissoient pas de faire encore la même chose. A l'égard de ce Charles ici qu'on traite de sage, & qui en 1367. défendit expressément d'exiger telle Redevance, à l'avenir, que pour lui & la Reine, pour les Princes ses freres, & les autres de Sang Royal, sans le consentement de ceux à qui telles choses appartenoient, & sans en payer le louage; avec tout cela, on ne sait point si ses défenses furent mieux executées que celles de Louis VII.

On n'executa guere mieux les autres défenses que firent souvent nos Rois, tant pour les grains, le vin, le foin, les buches, le lard, & autres provisions que font les Marchands, les Hopitaux & la Bourgeoisie; que pour leurs charettes, batteaux, chevaux de charge, & autres voitures.

Durant plusieurs siécles, le Roi lui même, la Reine, aussi-bien que leurs enfans, les faisoient saisir pour tel prix qu'il plaisoit à certaines gens commis exprès pour cela, & pourtant qui juroient sur les Reliques des Saints, de s'acquitter fidélement de leur Charge.

Le Connétable, le Chancelier, le Bouteiller & autres à qui nos Rois avoient accordé le même droit, ou qui l'exigeoient de leur propre autorité, en ont joui des centaines d'années, quelques défenses qu'en fit le Roi: bien plus, leurs gens avoient assés d'insolence pour faire mettre pied à terre aux Marchands en pleine campagne, prendre leurs chevaux & leur faire faire telles traites qu'il leur plaisoit; & quant aux bêtes de charge qu'ils prenoient ou louoient, le fardeau qu'on leur mettoit sur le dos, étoit si pesant, que ces pauvres animaux courboient sous le fais. A la verité il y avoit des appreciateurs; mais qui étoient-ils ? gens qui se laissoient corrompre, & qui ne juroient point sur les Reliques des Saints.

Ce joug si pesant aux Parisiens, ne put être secoué que par un Traité qu'ils firent avec le Roi, dont ils ne s'aviserent qu'en 1351; d'abord ce ne fut que pour trois ans, ensuite pour trois autres, après pour cinq; puis pour toujours. Et quoiqu'à la prison du Roi Jean, on mit les Fauxbourgs dans la Ville, neanmoins on continua d'exiger les mêmes redevances de ceux qui y demeuroient, jusqu'en 1374, que Charles V les en déchargea.

LA TAILLE.

TOUCHANT la Taille, non seulement le Roi; mais quelques Seigneurs particuliers levoient à Paris la taille, tant sur le vin, que sur le bled & le pain.

Dans un Concordat passé en 1222 entre le Roi, l'Evêque & le Chapitre de Notre Dame, Philippe Auguste déclara que la traite du pain & du vin lui appartenoit dans le Clos Bruneau du Mont Saint Hilaire, dans le Bourg Saint Germain & la Clôture l'Evêque du quartier de Saint Honoré; & de plus, qu'il avoit soixante sols pour celle qu'on exigeoit de trois ans en trois ans sur le vieux Bourg Saint Germain du-même quartier.

Nos Rois l'ont levé tous les trois ans dans le Cloître Saint Benoît & par toute la Terre de Garlande des environs de la Place Maubert.

En 1225, Louis VIII, vendit cinq sols Parisis de rente triennalle au Chapitre de Notre-Dame, celle qu'on exigeoit dans ces lieux-là depuis le commencement de la moisson & des vendanges jusqu'à la Saint Martin inclusivement, & se reserva l'ordinaire le reste de l'année jusqu'à l'Octave de Pâques, hormis sur le bled & le vin des Chanoines & des personnes privilegiées.

Philippe le Hardi en 1273 mettoit la taille sur le pain & le vin des Habitans du Cloître, & du Territoire de Saint Merri.

L'année d'après, les Religieuses d'Hieres, de Senlis & de Saint Cire, prenoient la Dîme du pain & du vin des Sujets qu'elles avoient à Poissi, à Saint Germain en Laie, à Senlis à Vincennes & à Paris.

Les Leproseries de la Saulsaie, de Corbeil, de Melun, de Moret, de Corbuisson, la prenoient aussi à Samois, à Moret, à Fontainebleau, à Melun à Corbeil & encore à Paris & à Vincennes. Ainsi le bled & le pain, la nouriture des pauvres étoient alors sujets aux mêmes impôts que le vin.

AUTRES TAILLES.

OUTRE la Taille dont nous venons de parler, nos Rois de tems en tems en exigeoient encore deux autres à Paris; l'une appellée simplement la taille, & l'autre la taille aux quatre cas; c'est-à-dire, pour payer leur rançon, au cas qu'ils fussent pris à la Guerre, pour marier leurs filles, pour faire leurs fils nouveaux Chevaliers, & enfin pour déclarer la Guerre aux Infidéles.

Quant à la seconde, Philippe Auguste ne la levoit que pour les trois premiers cas, sur les sujets que l'Evêque de Paris avoit dans le Clos Bruneau, à la Coulture l'Evêque & au Bourg Saint Germain, & même promit en 1222 à Guillaume de Seligni de ne les y point mettre lui & ses descendans pour d'autres raisons, sans son consentement & celui de ses successeurs. Avec tout cela, Philippe le Hardi ne se contenta pas seulement en 1270, d'y mettre tous les Parisiens pour faire Chevalier son fils aîné, il les y mit encore pour faire le voyage d'outre-mer.

Saint Louis desirant l'exiger pour un autre sujet, ou apparemment pour subvenir aux frais de sa premiere Croisade, en demanda la permission à l'Evêque Guillaume, & l'ayant obtenue en 1259, déclara qu'elle ne pourroit apporter aucun préjudice à la convention de 1222, & neanmoins lorsqu'il vint à se croiser pour la seconde fois, il se comporta autrement; car il mit tous les Artisans à la taille.

Philippe le Hardi en usa de même, pour des affaires de grande importance.

Pareillement Philippe le Bel en 1295, lorsqu'il tira cent mille francs des Parisiens; & cependant, de toutes ces entreprises-là sur leurs droits, les Evêques n'en ont pû tirer autre raison que de simples déclarations, que c'étoit sans donner atteinte, ni faire tort à leurs privileges. Et encore ne fut-ce que sous Saint Louis & Philippe le Hardi que Mathieu Abbé de Saint Denys & Simon de Nesle, Regens pour lors du Royaume, promirent en 1270 & 1285, de faire leur possible pour faire ratifier leur déclaration: & ces differends sont les sujets presque ordinaires des Contracts faits avec nos Rois, si bien que ce n'est pas d'aujourd'hui qu'on ne les execute point, puisque le plus saint de nos Rois lui-même y a contrevenu.

Quant à l'autre taille, tantôt le Roi y mettoit ses Sujets de Paris & ceux des autres Seigneurs, pour lever de la Cavallerie, & pour faire la guerre: & ce fut ces deux raisons-là qui obligerent Philippe Auguste en 1222, & Saint Louis en 1259 de se reserver le droit d'y mettre ceux de l'Evêque; droit qu'on ne mit pas en oubli; car Charles V depuis fondé là-dessus, leva vingt mille livres sur les Parisiens en 1386, pour mettre des Troupes sur pied contre le Roi d'Angleterre & contre le Duc de Lanclastre qui faisoient la guerre au Roi de Castille.

En 1416, Charles VI mit Paris à mille francs de taille pour la guerre, & alors le Parlement aussi-bien que ses Greffiers, Notaires & Huissiers, y furent compris.

L'Evêché vacant, nos Rois passoient bien plus avant; car ils y mettoient encore à leur volonté toutes les terres des sujets que l'Evêque avoit hors de Paris; bien plus, ils se saisissoient de tous les meubles de bois & de fer qui se trouvoient dans les maisons. Et quoiqu'à force d'argent l'Evêque Thibault en achetât la suppression de Louis VII, & que l'Evêque Maurice en 1190 en obtînt la confirmation de Philippe Auguste; & le tout, à la charge que tant que l'Evêché, durant sa vacance, demeureroit entre les mains du Roi, il n'en pourroit mettre les Sujets & les terres qu'à soixante livres de taille, & au tems seulement que l'Evêque avoit accoutumé de les y mettre, Maurice ne fut pas mort, que Philippe Auguste lui-même les mit à plus de trois cens livres de taille. Et Eudes de Suilli son successeur, n'en put avoir d'autre raison, sinon que le Roi déclara que ce qui avoit été fait ne tiroit à aucune consequence; & qu'enfin il n'entendoit point par là qu'à l'avenir, l'Evêché vacant, on exigeât plus qu'à l'ordinaire des terres & des Sujets qui en dépendoient.

Tant y a que nos Rois gagnant pied à pied, & avançant toujours de plus en plus, soit par droit de coutume, soit de leur authorité, mirent enfin à la taille de tems en tems, tant ceux de l'Evêque, que des autres Seigneurs de Paris.

A la verité chaque Seigneur alors en faisoit la taxe sur son Territoire; mais de sorte que sans une grace particuliere du Roi & des Seigneurs, cette taille ne se faisoit point par les Sujets; & même sans leur permission, leurs Sujets ne pouvoient s'obliger à payer la taille.

Et de fait, quand Philippe Auguste en 1183, donna aux Drapiers de Paris vingt-quatre maisons des Juifs, il défendit à ses Officiers & aux Bourgeois de les mettre à la taille, comme ils avoient accoutumé, toutes les fois qu'on y mettoit les Parisiens, leur déclarant que lui seul alors leur feroit savoir la somme qu'ils auroient à payer, qu'ils se taxeroient entre eux

DE LA VILLE DE PARIS. Liv. VIII.

& la taxe arrêtée, que ses Officiers la recevroient de leurs mains.

Du tems que l'Abbé de Saint Germain des Prés affranchit ses Sujets & les tira de servitude, & cela en 1250, ce fut à condition sur-tout, que autant de fois que le Roi viendroit à l'imposer dans son Bourg, lui-même les cottiseroit.

De plus que ses Collecteurs la leveroient dans le tems qu'il auroit prescrit, & que lui & ses successeurs pourroient faire saisir les biens de ceux qui ne l'auroient pas payée, jusqu'à la concurrence de la somme à laquelle il les auroit taxé.

Enfin sous Philippe le Bel, lorsque les Sujets du Chapitre de Notre-Dame en 1295, se furent obligés avec les autres Parisiens au payement de cent mille livres de taille, que le Roi tira de la Ville, le Chapitre leur fit savoir que telle entreprise ne préjudicieroit en rien au droit qu'il avoit sur eux.

TAILLE DES SEIGNEURS SUR LEURS SUJETS.

A L'exemple des Rois, les Seigneurs particuliers mettoient à la taille leurs Sujets ; mais bien plus , ils y mettoient le Roi lui-même, quand il avoit des terres dans leurs Seigneuries, & exigeoient de lui les mêmes redevances qu'il exigeoit d'eux ; ce qui a duré jusqu'à François I, comme je le ferai voir quand il sera à propos.

L'Evêque de Paris a long tems joui du droit d'exiger des Habitans de Saint Cloud, le jour de Saint André autant de taille qu'il lui plairoit : c'étoit un droit coutumier, auquel ils furent condamnés sous Charles VI, par Sentence de son Bailli, & qui fut confirmé en 1381 au mois d'Août par Arrêt du Parlement.

En 1375, ils lui payoient cent francs de taille ; mais que la Cour en 1429 reduisit à vingt quatre pour les années qui étoient dûes, & à vingt en 1509.

S'il en étoit besoin, je pourrois faire voir par quantité d'exemples que l'Evêque & les autres Seigneurs particuliers de Paris étoient en possession de mettre à la taille leurs Sujets : les uns de tems en tems ; les autres tous les ans ; & que celles que nos Rois y levoient durant la vacance de l'Evêché, étoit fondée sur cette possession.

J'ai dit que Cormeilles Village du Parisis, Saint Denys & Saint Maur étoient sujets à d'autres redevances.

Bagneux Village à deux lieues de Paris, donnoit du vin au Roi. Lourcines attaché présentement au Fauxbourg Saint Marceau, lui donnoit des Gellines de Fauconnage, tous deux de l'avoine ; le reste fournissoit d'autres choses.

Saint Lazare compris maintenant dans le Fauxbourg Saint Denys, devoit tous les ans au Roi douze charettes de pailles, huit à la Reine, cinq au Dauphin.

La Ville-l'Evêque qui fait partie aujourd'hui du Fauxbourg Saint Honoré, a fourni celle des chiens du Roi jusqu'à François I, aimant mieux pour lors être mise à la taille, que d'être sujette à une telle servitude.

Ceux qui demeuroient dans la vieille Tour de Saint Marcel, & de Sainte Geneviéve, quoiqu'ils fussent Bourgeois de Paris, ont souffert long-tems les mêmes impositions que les Forains, & les gens qui n'étoient pas de la Ville. Au reste ce que j'ai rapporté de quelques villages, il faut entendre de tous les autres, & même des Villes des environs ; à la reserve peut-être seulement des Francs Mureaux, des Sergens, & des Hotes de l'Eglise Saint Marcel, qui trouvérent moyen de se faire exemter presque de toutes sortes de redevances.

Les Francs Mureaux qui sont à present dans le Fauxbourg Saint Jaques, à l'exception des marchandises, ne payoient rien pour toutes les choses dont ils pouvoient avoir besoin.

Les Sergens & les Hotes du Chapitre Saint Marcel, qui depuis plusieurs années sont renfermés dans le Fauxbourg Saint Marceau, jouissoient de la même franchise, & ne payoient encore rien pour les fruits de leurs terres.

HOMMAGES DES GRANDS SEIGNEURS, & le droit des Roses.

LES Grands, les Prélats & les Abbés rendoient au Roi leurs hommages, & le suivoient à la guerre quand il les mandoit.

Les Ducs & Pairs, soit-qu'ils fussent Princes ou Fils de France, étoient tenus de porter tous les ans des Roses au Parlement.

Le Roi lui même, qui comme j'ai fait savoir, payoit la taille à ses sujets leur faisoit hommage, leur payoit des lods & ventes, des cens & rentes, hormis qu'il ne les suivoit pas à la guerre, n'étoit guere moins sujet qu'eux ; il paye encore tous les ans un droit de Roses au Parlement, & à toutes les Cours Souveraines de Paris.

Les Pairs de France des derniers tems, devoient & presentoient eux-mêmes des Roses au Parlement en Avril, Mai & Juin, lorsqu'on appelloit leurs Rôles. Les Princes étrangers, les Cardinaux, les Princes du Sang, les enfans de France, même les Rois & les Reines de Navarre, dont les Pairies se trouvoient dans son ressort, en faisoient autant, & cette Auguste Compagnie étoit en telle consideration, que les Souverains se soûmettoient à son jugement, & la prenoient pour arbitre de leurs differends.

Ce que je dis du Parlement de Paris, il le faut entendre des autres, & sur-tout de celui de Toulouse.

A Thoulouse non seulement le Duc d'Uzez, & les autres Pairies repandues dans son ressort, presentoient des Roses au Parlement ; mais encore les Comtes de Foix, d'Armagnac, de Bigorre, de Lauragais, de Rouergue & tous les autres Seigneurs des grandes Terres du Languedoc. Les Archevêques d'Auch, de Narbonne & de Toulouse n'en étoient pas exemts : la Dignité de Président né des Etats, & la qualité de Pere spirituel du Parlement ne dispensoient point les deux derniers de telle soumission. Enfin les Rois de Navarre, comme Comtes de Foix & de Rhodés, Marguerite de France, fille & sœur de quatre Rois & Reine elle-même, à cause des Comtés de Lauragais, de Bigorre, d'Armagnac, lui ont rendu cet hommage.

Mais laissant à part le Parlement de Toulouse où il nous faudra necessairement revenir, en 1541, le Parlement de Paris au mois de Juin ordonna que Louis de Bourbon Prince du Sang, Duc de Montpensier, créé Duc & Pair en 1536, lui présenteroit des Roses avant François de Cleves, Duc de Nevers, Pair de France dès l'an 1505, & n'eût point d'égard qu'en cette redevance il s'agissoit de Pairie, non de sang & de naissance. Quarante-cinq ans après son fils le porta bien plus haut ; car il disputa le pas en pareille occasion au Roi de Navarre, depuis Roi de France, créé Duc de Vendôme en 1554 & de Beaumont.

En 1573, Charles de Lorraine Duc de Guise & Comte d'Eu, le disputa aussi au Duc de Nevers, plus ancien pair que lui, & le 23 Juin ne laissa pas de l'emporter par Arrêt ; mais comme ils plaidoient au Conseil pour la préséance, ce fut à condition que ce seroit sans préjudice.

Il ne serviroit de rien de rapporter les noms des Pairs qui rendoient ce devoir au Parlement, il fuffit en un mot de favoir qu'il fe rendoit par tous ceux qui avoient des Pairies dans fon reffort. Parmi les Princes du Sang, je trouve avec les Ducs de Vendôme, de Beaumont & de Montpenfier, ceux de Château-Thieri, de Saint Fargeau, d'Angoulème & plufieurs autres. Je trouve même qu'Antoine de Bourbon Roi de Navarre, & Jeanne d'Albret fa femme s'y affujettirent en qualité de Duc de Vendôme, comme les Pairs Gentils hommes & Princes étrangers. Et de plus, qu'en 1586, Henri leur fils, fimple Roi de Navarre alors, juftifia au Procureur General ; que ni lui ni fes prédéceffeurs n'avoient jamais manqué de s'afservir à cette redevance. Enfin, des Fils de France en 157, & depuis encore François Duc d'Alençon, fils de Henri II, frere de François II, de Charles IX & de Henri II, s'y foûmirent ainfi que les autres. Perfonne en un mot, ni depuis, ni auparavant ne s'en eft garanti que nos Rois & nos Reines. Avec tout cela nous ne favons point, ni la caufe d'une telle fujettion, ni le tems qu'elle commença. Bien davantage, nous ne favons pas quand elle a ceffé, quoique ç'ait été de nos jours, ou le fiécle paffé vers la fin d'ailleurs, nous favons auffi peu comment elle s'obfervoit à Paris. Si c'étoit de même qu'à Touloufe, voici en deux mots comment la chofe fe paffoit.

On choififfoit un jour qu'il y avoit Audiance en la grand'Chambre : ce jour-là, le Pair qui prefentoit fes Rofes faifoit joncher de Rofes, de fleurs & d'herbes odoriferantes toutes les Chambres du Parlement, avant l'Audiance. Il donnoit à déjeûner fplendidement aux Préfidens & aux Confeillers, même aux Greffiers & Huiffiers de la Cour: enfuite il venoit dans chaque Chambre, faifant porter devant lui un grand baffin d'argent, non feulement plein d'autant de bouquets d'œillets, de rofes & autres fleurs de foie & naturelles qu'il y avoit d'Officiers ; mais auffi d'autant de couronnes de même rehauffées de fes armes; après on lui donnoit audiance à la grand' Chambre, puis on difoit la Meffe; cependant les hautbois jouoient inceffamment, hormis pendant l'audiance, & même alloient jouer chés les Préfidens durant leur diné.

A cela je puis ajoûter trois chofes pratiquées à Paris : que celui qui écrivoit fous le Greffier avoit fon droit de rofes, que le Parlement avoit fon faifeur de rofes, appellé le Rofier de la Cour; & que les Pairs achetoient de lui celles dont ils faifoient leur prefent.

Je ne m'amuferai pas à dire qu'ils prefentoient des rofes, des boutons & des chapeaux de rofes, au lieu des couronnes du Parlement de Touloufe, puifque nous ne mettons point de difference, ou bien peu, entre chapeau & couronne de rofes.

HOMMAGES DES PRINCES.

L'HISTOIRE eft fi pleine des hommages que les anciens Pairs de France, c'eft à dire, les Ducs de Bourgogne, de Normandie & de Guienne, les Comtes de Touloufe, de Flandres & de Champagne, ont fait à nos Rois dans Paris que j'y renvoie le Lecteur.

De plus, tant d'auteurs modernes ont rapporté les Hommages-liges que Jean V & Jean VI Ducs de Bretagne ont rendu à Charles V, & à Charles VI, à l'Hotel Royal de Saint Pol en 1366 & 1403, à l'imitation de ceux qu'Artus & Pierre leurs prédéceffeurs avoient rendus en 1202 & 1239 à faint Louis & à Philippe Augufte, que pour revenir à des redevances moins connues, je ne rapporterai point ce qu'ils en difent.

A Creil ou à Clichi, deux Maifons Royales de plaifance aux environs de Paris, Judicaïl Roi de Bretagne fit hommage de fon Royaume à Dagobert, & promit qu'à l'avenir, la Bretagne lui feroit fujette & aux autres Rois fes fucceffeurs.

A Piſtres, autre Maiſon de plaiſance, Salomon Duc de Bretagne paya à Charles le Chauve, comme j'ai déja dit, cinquante livres d'argent de Tribut.

En 858, Bernon Chef des Pirates vint à Verberie, ſe donner à lui, & lui prêter ſerment de fidelité.

En 1259, Henri III Roi d'Angleterre fit hommage de ſa Guienne à ſaint Louis, dans l'abbayie de ſaint Denys en France, ou à Paris dans le jardin du Palais. Ses ſucceſſeurs & ſes devanciers, l'ont fait ailleurs aux devanciers & aux ſucceſſeurs de ſaint Louis, tant qu'ils ont été Ducs de Guienne.

HOMMAGES DE NOS ROIS.

S I tant eſt qu'il faille ajoûter foi à un vieux Regître, Charlémagne fit hommage de ſon Royaume à Saint Denys; & là mettant ſon Diadème ſur l'Autel, lui dit: *Monſieur Saint Denys, je me dépouille de l'honneur du Royaume de France, afin que vous en ayés la ſouveraineté*; puis lui offrit quatre Beſants d'or, pour marquer qu'il ne tenoit ſon Royaume que de Dieu & de ſon épée; après quoi il obligea ſes ſucceſſeurs de lui faire tous les ans le même hommage & la même offrande. Et pour faire achever l'Egliſe de Saint Denys, bâtiment de Dagobert juſqu'au Crucifix ſeulement, il chargea de quatre écus de redevance par an toutes les Maiſons de France.

En 1136, Louis le Gros promit à l'Evêque de Paris qu'en ſon nom le Prévôt de la Ville lui prêteroit ſerment de fidelité, pour Champeaux; & depuis, Innocent II & Eugene I, le maintinrent en cette poſſeſſion.

Le Roi Jean en 1350, reconnut qu'à ſa place Robert de Loris ſon Chambelan, lui avoit fait hommage des Châteaux de Tournan & de Torci.

En 1422, Charles VI & Henri V, Roi d'Angleterre députerent leur Procureur au Châtelet pour le faire en leur nom, des Maiſons, Terres & Seigneuries de la Prévôté & Vicomté de Paris, confiſquées quatre ans durant & pour être au lieu deux hommes & Vaſſalles des perſonnes de qui elles relevoient.

En 1430, par des Lettres patentes du vingt Octobre, le Procureur du Roi fut nommé homme Vaſſal des Fiefs échûs au Roi, & pour en faire les devoirs par Procureur.

En 1492, Pierre de Quatrelivres Procureur du Roi au Châtelet, reçût un Mandement de la Chambre des comptes, pour faire hommage au Seigneur de Chaliot, & pourtant ſans le baiſer ni s'agenouiller.

Enfin ſaint Louis peut-être eſt-il le ſeul de nos Rois qui ſe ſoit exempté de faire hommage par Procureur, encore fallut-il qu'il en obtint l'exemtion: & quand Mathieu Abbé de Saint Denys la lui accorda en 1269, pour le Comté de Clermont, ce fut à la charge que ſi il venoit à appartenir à un autre, fût-ce ſon fils même, il en feroit hommage à l'Abbayie de Saint Denys.

Je ne ſai point comment Philippe Auguſte en qualité de Seigneur de Corbeil, de Montl'heri & de la Ferté-Aleps, put ſe diſpenſer de porter l'Evêque Guillaume, lors qu'il fit ſon entrée à Paris. On trouve ſeulement qu'il députa à ſa place deux Chevaliers, & que quand Triſtan de France, fils de ſaint Louis, Comte de Nevers, fit hommage en 1268 à Etienne Templier de la Chevalerie de Montjai il fallut qu'il s'excuſât par des Lettres patentes, de ce qu'au lieu de venir lui-même à ſon entrée pour le porter, il avoit envoyé à ſa place Anjorrand de ſaint Remi.

Sans doute on ſe pourroit paſſer de toutes ces ſoumiſſions ici faites par nos Rois, ſans ſe donner la peine d'en chercher d'autres; j'ajoûterai neanmoins les ſuivantes.

En 1229, le Comte de Bar-le-Duc fut inveſti de la Terre de Torci par l'Evêque de Paris.

En

DE LA VILLE DE PARIS. Liv. VIII.   449

En 1272, Robert de Bethune, fils aîné du Comte de Flandre; en 1277, Pierre Comte d'Alençon; & en 1283, Beatrix Comtesse de Dreux & de Montfort, lui firent hommage a la Sainte Chapelle, & dans la Sale de l'Evêché, tant de Gournai, de Montjai que d'une Terre du Comté de Montfort.

Dans la même Sale, Jean fils de saint Louis Comte de Nevers, Louis de France fils de Philippe le Hardi, & Philippe son fils Roi de Navarre, lui firent hommage-lige de la même Terre de Montjai & de Brie-Comte-Robert.

HOMMAGES DES PRINCESSES ET DES REINES.

LES Princesses du Sang & les Reines même s'en sont dispensées aussi peu que les Princes & les Rois; & lorsque nos Evêques se sont quelque peu relâchés en leur faveur, ils ont eu plus d'égard à leur importunité qu'à leur sexe. Telle a été durant plusieurs siécles, ou la dureté de l'Abbé de Saint Denys & des Evêques de Paris, ou la déference de nos Rois à la coutume, pour ne faire tort aux particuliers, ni affoiblir leurs droits.

A la nouvelle que saint Louis étoit mort devant Tunis, aussi-bien que Jean son fils Comte de Nevers, Etienne Templier étant venu à Vincennes témoigner à la Reine & à la Comtesse, la part qu'il prenoit à leur affliction, la Comtesse croyant se dispenser de venir à Paris pour faire dans la Maison Episcopale l'hommage qu'elle lui devoit de Montjai qui lui appartenoit, le pria de le recevoir à Vincennes, puisqu'il étoit tout porté, & de l'exemter du voyage de Paris. D'abord, il répondit que ses prédecesseurs ne l'avoient jamais reçû qu'à l'Evêché: elle eut beau lui remontrer l'état où elle étoit, & que sa douleur l'avoit tellement affoibli, qu'absolument elle ne pouvoit sortir; d'ailleurs que ce seroit sans tirer à conséquence; il fallut que la Reine joignit ses remontrances & ses prieres aux siennes, & encore ne se rendit-il qu'à condition que toutes les difficultés qu'il avoit faites, seroient mentionnées dans un Acte, & qu'il exigea d'elle en 1270 au mois de Novembre.

Guillaume de Chanac ne fit guere moins de difficultés en 1333, lorsque Jeanne d'Evreux Reine de France & de Navarre, veuve de Charles le Bel voulut lui faire hommage par Procureur de Brie-Comte-Robert; car il lui representa, que le Roi de Navarre son frere & Louis de France son pere fils de Philippe le Bel l'avoit fait en personne, & absolument vouloit qu'elle en fît autant; si bien qu'il y eût là dessus grosse contestation entre eux. A la fin neanmoins il se rendit en consideration de sa Dignité & de sa qualité de Reine; à la charge pourtant qu'après elle, ses heritiers, & même ses enfans lui feroient foi & hommage de cette Terre en personne, soit à lui, ou à ceux qui seroient à sa place; & qu'enfin la déference qu'il avoit pour elle, ne lui pourroit être préjudiciable, ni à ses successeurs.

CENS ET RENTES, LODS ET VENTES EXIGÉES
de nos Rois par des Particuliers.

SANS avoir aucun égard à la Dignité Royale, des Religieux & des Particuliers, non-seulement ont exigé de nos Rois des cens & rentes, des lods & ventes pendant plusieurs siécles ; mais encore les ont obligés de les payer.

En 1232, saint Louis reconnut que son Hotel de Nesle situé près saint Eustache, étoit dans le Territoire de l'Evêque de Paris.

Marie de Brabant, veuve de Philippe le Hardi, avoua en 1318, que son Hotel de Flandres assés près de là, devoit à l'Evêché tous les ans douze livres parisis de cens, & voulut qu'il les demandât à ses Officiers de sa Chambre aux deniers.

Charles VI ordonna à sa Chambre des Comptes en 1388 de lui faire délivrer ou assigner 500. francs pour les lods & ventes de son Hotel de Boheme, nommé aujourd'hui l'Hotel de Soissons.

Mais pourra-t-on bien croire que Philippe Auguste ait déclaré en 1204, qu'il devoit trente sols parisis de rente aux Prieur & Religieux de saint Denys de la Chartre à cause de la Tour du Louvre qu'il avoit bâtie sur leurs terres, & que lui-même en chargea la Prévôté de Paris à des conditions fâcheuses & serviles. De plus, que dix-huit ans après, il la chargea encore d'une rente de vingt livres, aussi parisis, payable tous les ans à l'Evêque & au Chapitre de Paris à cause des Halles, du petit Châtelet & même de la plus grande partie du Louvre bâti dans leur Seigneurie.

Philippe le Bel s'obligea aux mêmes redevances en 1292.

Sous Philippe le Hardi le Parlement déclara que l'Evêque de Paris étoit en possession de faire le procès à ceux qui demeuroient dans le Louvre. Ainsi Philippe le Bel & Philippe Auguste asservirent à leurs Sujets la Tour & le Château du Louvre, le Fief souverain & dominant de tant de grandes Terres, de Duchés & de Pairies, le berceau & le siége de tant de Princes & de Rois ; & non seulement, le Parlement le souffrit, mais confirma le tout par Arrêt.

OBLIGATION D'ALLER A LA GUERRE.

APRES tant de redevances que nos Rois rendoient à leurs Sujets, il ne leur restoit plus, comme j'ai dit, que de les suivre à la Guerre ; car il faut savoir qu'autrefois non seulement les Princes & les Gentils-hommes ; mais même que toutes sortes de gens & de la plus basse condition étoient en droit de se déclarer la Guerre, faisoient des défis, des tréves, la paix, livroient bataille ; & cela par Arrêt du Parlement, du consentement du Roi & fondés sur la coutume : personne ne s'en pouvoit dispenser, sinon ceux que le Roi avoit pris en sa sauve-garde. Il en étoit de même des Villes. Que si le Roi venoit à avoir la guerre, toutes ces guerres particulieres cessoient ; mais pour recommencer si-tôt que la paix seroit faite. Au reste jamais pas un, ni même les Villes, n'appelloient le Roi à leur secours, & peut-être étoit-ce là le seul devoir que nos Rois ne rendoient point à leurs Sujets, & ce qu'ils n'avoient pas de commun avec eux.

GUERRE DES PARTICULIERS ET LE DROIT qu'ils avoient de lever du monde.

ENTRE plusieurs Villes qui avoient obtenu exemtion de faire la guerre, Paris, Orleans & Chartres, au rapport de Ragueau, étoient de ce nombre, & pour cela, dit-il, les appelloit-on, *Villes de Paix*, & le nom de *Maison de Paix* étoit donné à leur Auditoire & Siége de Justice.

Cependant par une Ordonnance du Roi Jean, adressée au Prévôt de Paris, il lui est commandé de confisquer les biens de ceux de la Prévôté qui auront querelles & défiances, & ne seront pas la paix ensemble; & de les bannir du Royaume.

Il me seroit bien aisé de rapporter les guerres que le Parlement a permises & ordonnées par les Arrêts, toutes entreprises à la verité dans l'étendue de son Ressort; mais un peu bien loin de la Vicomté de Paris, dont je ne sors guere. Afin neanmoins de ne pas demeurer dans cette grande severité, j'en rapporterai quelques unes.

A Couci, Maison de plaisance aux environs de Paris, Louis de France, Duc d'Orleans, déclara la guerre ouvertement à Henri IV Roi d'Angleterre, pour avoir déposseddé Richard II.

Charles son fils en fit de même à Jean Duc de Bourgogne, pour avoir assassiné son pere à la vieille rue du Temple.

GUERRES DU ROI ET OBLIGATION de le suivre.

QUANT à nos Rois, la plupart des conventions qu'ils ont faites anciennement, soit avec les Evêques de Paris & les Chapitres de Notre-Dame & de saint Merri, soit avec l'Abbé & les Religieux de saint Germain des Prés; toujours ils se sont conservé le droit de lever sur leurs terres des gens de pied & à cheval durant la guerre.

Les Chanoines de Notre-Dame & l'Evêque même, l'Abbé de St Denys avec leurs vassaux & leurs sujets, étoient obligés de servir le Roi en personne à l'armée.

Par certain titre dont Galland rapporte un passage, & que je n'ai point vû ailleurs, le Chapitre de Notre-Dame se tira de telle servitude avec le tems.

Philippe Auguste en 1200, en exemta l'Evêque de Sulli sa vie durant, à cause de quelque injure qu'il avoit reçue de ses Officiers: exemtion pourtant qui ne passa pas outre, & dont ne jouirent point ses successeurs.

Quand Edouard III, Roi d'Angleterre entra en France à main armée, l'Evêque de Paris qui étoit Chanac, eut ordre en 1346, de se rendre en armes à Rouen le premier jour d'Août avec les Chevaliers & les Gens de guerre qu'il devoit fournir au Roi. De plus, sommer le Comte de Flandre, en qualité de Seigneur de Montjai, le Baron de Montmorenci à cause de sa Baronnie, aussi-bien que les Barons & ses autres Vassaux, de se trouver au rendés-vous en bel équipage, sur peine de son indignation, & de confiscation de leurs Terres.

L'Evêque Etienne en 1134, reconnut qu'en ces rencontres, par son avis & par son ordre, l'Abbé de Saint Maur, & le Prieur de Saint Eloi devoient avertir ses Sujets de ce Prieuré, & les envoyer à la guerre.

Jusqu'en 1192, en pareille occasion, le Chapitre de saint Germain de l'Auxerrois, a fourni à l'Evêque de Paris un Cheval & deux muids d'avoine.

En 1326, l'Abbé de Saint Denys fournissoit au Roi deux chevaux de bas ou de bagage, & tout de même ceux de Sainte Geneviéve & de Saint Germain, aussi-bien que les Prieurs de Saint Magloire, de Saint Martin & de Saint Maur, lui en envoyoient chacun un.

OBLIGATION DES GENS D'EGLISE DE SUIVRE LE ROI
à la Guerre.

IL est bon de savoir ce que l'Evêque de Paris, l'Abbé de Saint Denys, les Chanoines de Notre-Dame & autres gens d'Eglise faisoient à la guerre.

En 886, au siége de Paris, Ebole Abbé de saint Germain, Gaslen & Anscherie Evêques de Paris, se battirent vaillamment.

A la bataille de Bouvines donnée sous Philippe Auguste, Guerin nommé à l'Evêché de Senlis, Diocèse contigu au nôtre, n'eut pas seulement la conduite de l'Armée avec le Comte de Saint Paul, mais armé de toutes pieces, jetta de cheval avec sa massue le Comte de Salsberri, & fit tout devoir de Soldat & de Capitaine.

En 1196, Philippe de Dreux Evêque de Beauvais & son Archidiacre, furent pris armés de pied en cap, près de Beauvais, & mis en prison par Richard I, Roi d'Angleterre Ce que le Pape ayant sû, il lui écrivit aussi-tôt; & qu'enfin il trouvoit étrange qu'il retînt prisonnier un Evêque son très-cher fils. Le Roi en même tems lui envoya la cuirasse que Philippe portoit lorsqu'il fut pris, avec cette réponse : *Voyes, mon Père, si c'est là la Robe de votre fils ou non?*

Sous Charles VI, Jean de Montagu Archevêque de Sens, alors Métropolitain de Paris servoit dans l'armée du Duc d'Orleans, non pas en état Pontifical ; car au lieu de mitre il portoit un bacinet, pour dalmatique un haubergeon, pour chasuble, la piece d'acier, & au lieu de crosse portoit une hache.

Je laisse là un grand nombre d'Abbés, d'Evêques, d'Archevêques & de Cardinaux pour ne pas m'écarter davantage de Paris, qui tous par leurs exploits se sont signalés dans les armées.

HOMMES ET FEMMES DE CORPS.

APRE'S avoir rapporté la plupart des redevances que nos Rois rendoient aux Parisiens, & que les Parisiens leur rendoient, venons à celles que les Parisiens se rendoient les uns aux autres.

L'Evêque de Paris, les Chapitres de Notre Dame & de saint Germain de l'Auxerois, les Abbés de saint Denys, de sainte Genevieve, de saint Germain des Prés, de saint Maur, de saint Magloire & de saint Victor, les Prieurs de saint Eloi, de saint Lazare & de saint Martin, ont eu durant plusieurs siécles des hommes & des femmes de corps de l'Eglise, comme on parloit en ce tems là, & ces gens ici étoient presque leurs serfs & leurs esclaves. De même que des esclaves ils les échangeoient à leur volonté, les envoyoient à la guerre à leur place, & enfin exigeoient d'eux quantité de services & de corvées, qui tenoient de l'ancien esclavage : il falloit qu'ils leur payassent la taille ; s'ils y manquoient, on les mettoit en prison. Ceux d'une Eglise ne pouvoient se marier à ceux d'une autre Eglise sans la permission de leurs Seigneurs, & ne l'obtenoient qu'à la charge que leurs enfans se partageroient entre les deux Eglises, & en seroient hommes de corps. Si un homme libre venoit à épouser quelque fille de corps comme elle, il devenoit homme de corps de l'Eglise de sa femme. Lorsqu'il mourroit sans enfans, les Maîtres heritoien de leurs biens; qu'ils eussent des enfans ou non.

DE LA VILLE DE PARIS. Liv. VIII. 453

Il ne leur étoit pas permis de rester sans le consentement de leurs Seigneurs, & encore à grande peine l'obtenoient-ils. Ni de se faire Clercs.

En 1108 & 1109, Louis le Gros permit à ceux de sainte Geneviéve de porter témoignage en Justice.

Il accorda encore la même prérogative à ceux de Notre-Dame, avec celle de se battre en duel, deux choses reservées aux Personnes libres.

Jamais un Seigneur ne donnoit la liberté, ni ne faisoit la moindre grace à ces gens-là, sans la faire bien acheter, & rarement y étoient-ils portés par charité & pour l'amour de Dieu.

S'il est vrai que Charlemagne affranchit tous les hommes & toutes les femmes de corps du Royaume, comme Galland l'a prétendu montrer par un passage des Capitulaires qu'il rapporte, & qu'on trouve aussi peu, que celui dont j'ai deja parlé, il est certain que pas un des Ecclesiastiques dont je viens de faire mention, ni les autres, en un mot que personne n'y eut aucun égard.

On en eut aussi peu pour l'affranchissement que Blanche de Castille mere de saint Louis accorda à toutes les femmes de corps pendant sa Regence.

Si l'on en eut davantage pour celui que Louis Hutin fit enregîtrer en 1315, à la Chambre des Comptes, cela n'est pas venu à ma connoissance: depuis ce tems-là veritablement, il m'a passé par les mains plusieurs manumissions.

Pour descendre un peu plus dans le particulier, & laisser quelque exemple des choses générales que je viens de dire. Blanche de Castille tira des prisons du Chapitre de Notre-Dame les Habitans de Châtenai, Village des environs, que les Chanoines y avoient fait mettre, faute de leur avoir payé la taille.

Ceux de Roni, autre Village du voisinage, offrirent en 1179, de se battre en duel pour prouver qu'ils n'étoient point hommes de corps de l'Abbayie sainte Geneviéve.

A la priere d'Hugues le Grand, Duc de France, Lothaire & Louis V, exempterent ceux de saint Magloire de toutes sortes de redevances.

En 1138, Louis VII confirma une convention faite entre Louis le Gros & saint Magloire, qui portoit que Guoin homme de corps de cette Abbayie, s'étant marié à une femme de corps du Roi, ses enfans se partageroient entre le Roi & saint Magloire.

En 1267, Pierre le Roi homme libre, demeurant à Cueilli, Village des environs de Paris, ayant épousé une veuve appellée Gillette, femme de corps de Notre-Dame, reconnut que suivant la coutume du Royaume, son mariage l'avoit rendu homme de corps de la même Eglise, & aussi-tôt jura sur les saints Evangiles, de reconnoitre pour son Seigneur le Chapitre de Paris; de plus promit de l'avouer & de le jurer publiquement à la grande Messe de Cueilli, après que l'Evangile seroit dit.

L'Evêque Maurice au contraire, ne se contenta pas de remettre charitablement à Dreux de Savigni homme libre toutes les redevances qu'il pouvoit prétendre de lui, s'étant marié à Sanceline de Vitri, l'une des filles de corps de son Eglise; mais il lui rendit encore le droit que la coutume lui donnoit sur ses biens, s'il venoit à mourir sans enfans: desirant seulement, au cas qu'il en eut, que ses garçons suivissent la condition de leur mere.

Hugues Abbé de saint Germain des Prés & le Chapitre de saint Germain de l'Auxerrois, se relâcherent bien davantage un peu auparavant.

Le premier donna la liberté en 1140, à une veuve nommée Lethois femme de corps de son Abbayie, & consentit qu'elle épousât Anceau Maire de saint Martin de Tours, sans rien exiger d'eux, sinon que les enfans que Lethois avoit de son premier mari, seroient hommes de corps de son Abbayie.

Quant aux Chanoines de saint Germain de l'Auxerrois, de crainte qu'une certaine Geneviéve fille de corps de leur Eglise, dont le pere étoit si pauvre, qu'il n'avoit pas moyen de la marier, ne se débauchât, il lui permirent pour l'amour de Dieu de passer en la servitude du Chapitre de Paris avec un homme de corps de Notre Dame qui la recherchoit.

Je laisserai là les échanges des hommes & des femmes de corps, tant de ces Eglises que des Prieurés de saint Martin, de saint Lazare, de saint Eloi & des Abbés de saint Denys, de saint Maur & de saint Victor, avec beaucoup d'autres choses qui s'en pourroient dire; car pour ce qui est des échanges, ils se ressemblent tous, comme il est aisé de voir dans mes preuves.

A l'égard du reste, il n'est guere different de tout ce que j'ai raporté.

Avec le tems, peu à peu, & pour de l'argent, les Habitans des Villages que j'ai nommé & des autres des environs de Paris, se garantirent de telles servitudes & acheterent leur liberté.

En 1266 & 1268, ceux de Bagneux, de Châtenai & d'Orli, acheterent leur liberté du Chapitre de Notre-Dame; les premiers, treize cens francs, les autres, quatorze; les autres quatre mille payables en trois, en quatre & en sept années.

Depuis 1255, jusqu'en 1273, l'Evêque & le Chapitre de Paris affranchirent les Habitans de Huisou, de Suci, de Creteil, de saint Mandé & des autres Bourgs & Villages d'alentour pour des sommes plus ou moins considerables.

Le dix-sept & le dix-huitiéme livre du grand Pastoral, ne contiennent que des manumissions faites vers ce tems-là par les Chanoines; & enfin parmi les Archives de Notre-Dame, se voyent deux grands coffres, où il n'y a autre chose.

Parmi ceux de sainte Geneviéve & de saint Germain des Prés sont les affranchissemens de leurs hommes de corps & Sujets, tant du Fauxbourg saint Germain, que des Villages d'auprès, & autres.

Lorsque l'Abbé Hugues affranchit en partie le Bourg saint Germain, qu'on appelle aujourd'hui Fauxbourg, ce fut à raison de trois sols parisis de cens par tête: & quand l'Abbé Thomas en 1404, affranchit le reste, ce fut moyennant deux cens livres parisis; & de plus, à condition qu'ils viendroient cuire à son four bannal, porteroient pressurer leurs raisins à son pressoir; en un mot qu'ils seroient sujets à sa Justice, aux ventes, à la taille, aux coutumes & aux autres charges dûes au Roi & à son Eglise.

Dans le treiziéme siécle, tous les hommes de corps de sainte Geneviéve acheterent leur liberté de l'Abbé Thibaut; ceux de Choisi, vingt livres parisis; quarante ceux d'Epineuil; ceux de Creteil quatre-vingts.

Quant aux autres, de ceux de Nanterre & de la Montagne sainte Geneviéve, il tira de chacun deux cens livres aussi parisis, des Habitans de Rongis cinq cens, de ceux de Venves six cens livres, & ainsi du reste.

Outre cela il voulut que la plupart s'obligeassent de ne jamais sortir de ses Terres, d'être toujours sujets de son Abbayie, de lui payer à l'ordinaire, les cens & rentes, avec la taille & autres droits.

Ils s'obligerent encore de redevenir ses hommes de corps, lorsqu'ils viendroient à se marier à quelque personne de condition servile; & quand il s'agiroit de défendre les droits de son Eglise, ou de tirer raison des injures qu'il auroit reçues, de le servir en personne, le premier jour à leurs dépens, les autres pour six deniers parisis pour chaque journée, en tout tems, à sa volonté & pour ce qui lui plairoit.

CORVE'ES ET AUTRES CHOSES.

ANCIENNEMENT ceux qui demeuroient dans les Coultures des Filles-Dieu & de saint Martin, & dans les rues au Maire & Frepillon, devoient à ces deux Monasteres, les uns une journée d'homme & un quart de corvées, les autres une demie corvée, d'autres trois quarts, quelques-uns une & demie.

Jusqu'en 1192, le Doyen de saint Germain de l'Auxerrois a payé à l'Evêque de Paris deux muids d'avoine.

Vers le milieu du siécle passé, ceux qui demeuroient à la rue de Lourfines, donnoient aussi de l'avoine tous les ans au Commandeur de saint Jean de Latran, les uns une mine, les autres un minot & demi, d'autres un sextier.

En ce tems là même, soixante-cinq maisons du Fauxbourg saint Marceau & celles des rues du Pont aux tripes, de saint Hippolyte, des Marmousets & du voisinage, devoient non seulement de l'avoine au Chapitre de saint Marcel; mais aussi du foin & des poules.

En 1450, une maison de la rue du Huleu étoit chargée envers saint Magloire d'une corvée & demie au mois de Mars, d'un minot de froment, d'un sextie d'avoine & de deux chapons.

Long-tems auparavant, sainte Geneviéve & saint Eloi devoient quelques droits à l'Evêque & au Chapitre de Notre-Dame. Le Chapitre de son côté en devoit à l'Evêque, l'Evêque pareillement au Chapitre & aux Enfans-de-Chœur. En un mot tous les Ecclesiastiques & les Hospitaliers de Paris & des environs, devoient & exigeoient des redevances.

DROITS DU ROI SUR LES MEUBLES DE L'EVEQUE
après sa mort.

AUTREFOIS, si tôt que l'Evêque de Paris étoit mort, nos Rois s'emparoient de tous les meubles de bois & de fer qui se trouvoient dans ses maisons, & l'Evêché a été sujet à telle redevance jusqu'en 1143, que l'Evêque Thibaut voyant Louis VII en peine d'argent pour son voyage d'outre-mer, & se prévalant de l'occasion acheta cette servitude à force d'argent & de prieres.

Depuis l'année 1168, le lit de l'Evêque avec ses dépendances appartient aux pauvres de l'Hotel-Dieu après sa mort; & ce fut l'Evêque Maurice, pere des pauvres, qui le premier en ce tems-là & son Chapitre, d'un commun consentement, le donnerent à cette Maison en remission de leurs pechés: ou pour me servir de leurs termes, si necessaires pour notre sujet, en 1168 ils arrêterent que l'Hotel-Dieu auroit après leur mort leur lit de plume, leur traversin & leurs draps, ou bien leur linge, qu'on traduit les rideaux du lit.

Mais en 1413, que les Chanoines étoient encore administrateurs tempo-tels de l'Hotel-Dieu, & dont les lits pour lors commençoient à n'être plus de simple toile comme auparavant, & à consister en bien plus de pieces, ils ordonnerent que leurs Executeurs testamentaires en donnant cent sols, somme en ce tems-là très-considerable, seroient quittes, s'ils vouloient, de cette charité.

Telle restriction a duré jusqu'en 1592, & alors les Directeurs seculiers de cet Hopital s'en plaignirent au Parlement, prétendant que le ciel, les rideaux, le loudier, la courte-pointe & autres accompagnemens du lit des Chanoines, soit qu'ils fussent de soie, d'argent d'or, ou de telle étoffe que le luxe avoit ajouté à la simplicité des lits du siécle dur de l'Evêque Maurice, leur devoient appartenir.

Sur les Conclusions des Gens du Roi, qui furent à leur avantage, la Cour au mois de Décembre accorda leur demande en 1547, la confirma en 1650 & 1651; & condamna en 1654 les créanciers de l'Archevêque de Gondi à leur délivrer son lit, avec tout ce qui en dépendoit.

REPAS.

EN 1107 & 1154, lorsque Galon & Etienne, tous deux Evêques de Paris, unirent le Prieuré de saint Eloi à l'Abbayie de saint Maur, ce fut à condition, entre autres, qu'aux fêtes de saint Paul & de saint Eloi ils donneroient à dîner au Chapitre dans le refectoire de Notre Dame; que le premier dîné consisteroit en six écus & une obole, huit moutons & deux sextiers & demi de froment; l'autre en trois écus, six pourceaux, deux muids & demi de vin; les pourceaux de celui-ci devoient être en vie & bien sains; le froment tant de l'un que de l'autre, bien vanné, & le vin à la mesure du Cloître des Chanoines.

J'avertirai ici en passant, que si l'on vient à observer dans mes preuves que j'ai préféré l'ordre de la Charte d'Etienne à celui de la Charte de Galon, c'est parce qu'elle réforme quelques ordonnances de l'autre, qui ne lui sembloient pas canoniques. Au reste, il est bon d'observer qu'en ce temslà, la frugalité des repas repondoit assés bien à la simplicité des meubles.

Les Evêques de Paris ont dû autrefois au Chapitre de semblables repas avec du froment, tant aux quatre Stations, ou Fêtes annuelles, qu'à d'autres Fêtes de l'année.

De plus, ils ont dû à Pâques, à la Pentecôte, à la Toussaint & à Noël, un certain nombre de pains & de quartes de vin à leurs Chapelains & à leurs Clercs de Matines: si bien que pour n'avoir pas fait ce qu'ils devoient durant plusieurs années, l'Evêque de Paris en 1429 & 1431, fut condamné par provision à leur en payer les arrerages échûs depuis qu'ils remplissoient le siége. Du reste les parties appointées au principal, comme on parle au Palais.

Sans procès, les Religieux de sainte Geneviéve se sont garantis de deux déjeûnés qu'ils devoient le jour de leur fête & la veille de l'Ascension, tant au Chapitre qu'aux Enfans-de-Chœur, aux Chantres & autres gens de Notre-Dame, qui ces deux jours-là viennent en procession à leur Eglise.

Dès l'an 1202, pour s'en décharger, ils avoient promis à l'Evêque de Sulli quarante sols parisis de rente, au cas qu'il en obtint la suppression du Pape.

Depuis peu, quelques insolences commises dans leur Refectoire par les Chantres, leur ont fait avoir pour rien ce qu'ils n'avoient pû obtenir pour de l'argent dans le treiziéme siécle; si bien que moyennant quelques petits pains benits, appellés pains de sainte Geneviéve, que les Religieux promirent de donner après la grande Messe, tant aux Chanoines, qu'à leur suite, l'Archevêque & le Chapitre les ont déchargés des deux repas qui leur coûtoient beaucoup plus que ce qu'ils donnent à present.

Il y a long-tems qu'on ne donne plus le déjeûner, que Jean de Hangest Chanoine de Paris, par son Testament fonda tous les ans en 1567, pour

les

les Enfans de Chœur qui avoient assisté à son Obit.

On ne donne plus encore celui de Guillaume de Larche Bourgeois, fondé aussi par testament en 1581, pour les enfans de la Trinité, leur Maître & leur Maitresse qui se seroient trouvés en Novembre & Avril à deux basses Messes dites dans leur Eglise à son intention pour le repos de son ame.

Et quoique tout de même, celui des nouveaux Docteurs en Medecine n'ait plus lieu, qu'ils donnoient à leurs anciens, à la fin de l'Acte qu'ils faisoient le matin dans leurs Ecoles un ou deux jours avant que de commencer à présider, neanmoins comme il ne consistoit presque qu'en petits patés, & qu'à la place des petits patés chaque Docteur ait dix sols, soit qu'il y assiste ou non, l'Acte ne laisse pas de se faire toujours, & de retenir son nom; car on l'appelle encore *Pastillaria*, mot de la Latinité des Medecins de ce tems-là.

Par là nous voyons qu'anciennement on ne trouvoit point de milleur regale, ni rien ne plus friand pour un déjeûné que les petits patés. Et de fait, aux déjeûnés fondés par de Larche, les enfans de la Trinité avoient chacun un petit pâté d'un liard; leur Maitresse un de deux sols, le Maître un de trois sols. De même en étoit-il de celui des Enfans-de-Chœur de Notre-Dame, à qui on donnoit un petit pâté d'un sol, & un de deux sols à chaque Maître & au *Spé*, qui est le plus ancien Enfant-de-Chœur, qu'on nomme ainsi durant sa derniere année, parce qu'il est dans l'esperance de jouir enfin des graces affectées aux services qu'il a rendus à l'Eglise.

J'ai oublié à dire que le Maître & la Maitresse de la Trinité avoient deux quartes de vin pour manger leurs pâtés; & autant les Enfans-de-Chœur de Notre-Dame, le *Spé* & les Maîtres; mais il faut remarquer que dans telles fondations il n'est point parlé de pain, soit qu'on voulût qu'ils se contentassent du leur, ou que comme on dit ordinairement, *croûte de pâté vaut bien pain.*

AUTRES REDEVANCES DUES PAR LES Ecclesiastiques.

TOUS les ans, la veille de la saint Martin d'Hiver, les Religieux de saint Martin accompagnés de leur Bailli, présentent au Premier Président deux bonnets quarrés, & au premier Huissier une écritoire avec une paire de gands.

Ils doivent encore tous les ans le jour de la saint Martin à l'Executeur de la haute Justice cinq pains & cinq bouteilles de vin pour les executions qu'il fait sur leurs Terres; & le bruit qui court que ce jour-là ils le faisoient dîner avec eux dans leur Refectoire sur une petite table qu'on y voit, est un faux bruit, dont on ne sait rien davantage.

Les Religieux de sainte Geneviéve lui payent encore cinq sols tous les ans le jour de leur Fête, à cause qu'il ne prend point de droit de havée, qui est une poignée de chaque denrée vendue sur leurs Terres.

L'Abbé de saint Germain des Prés lui donnoit autrefois le jour de saint Vincent, Patron de son Abbaye, une tête de pourceau, & le faisoit marcher le premier à la procession.

Du tems que les Religieux du petit saint Antoine nourrissoient dans leur porcherie près de l'Eglise, des pourceaux qui courroient les rues, & que ceux qui en nourrissoient à Paris chés eux, n'osoient les faire sortir; tout autant que le Boureau en rencontroit, les menant à l'Hotel-Dieu, la tête étoit pour lui, ou on lui donnoit cinq sols. Presentement il a encore quelques droits sur les denrées étallées aux Halles & ailleurs, les jours de Marché.

Enfin du tems qu'on executoit les Criminels à Mont-Faucon, les Religieuses de sainte Catherine & les Filles-Dieu par charité, ou autrement, leur donnoient en passant du pain & du vin, appellé le dernier morceau; & Semblançai en 1515 reçût ce dernier morceau devant un Crucifix, qu'on voit encore aujourd'hui dans la cout des Filles Dieu.

Voilà ce que je sai des redevances dues par les Ecclesiastiques, & voici une partie de celles qu'on leur devoit.

REDEVANCES DUES AUX GENS D'EGLISE

LE jour de sainte Croix il étoit dû au Prieuré de sainte Catherine un escutiers pour la récréation des Religieux, & ce furent eux mêmes qui en 1578, au mois de Mai, chargerent de cette redevance, une place vague derriere leur jardin qu'ils vendirent.

Les deniers-à-Dieu, comme on dit communément, fournis à chaque enchere, mise tant sur les Fermes du Domaine, que sur les traités, les subventions & les impôts du Royaume, étoient dûs pareillement à ce Monastere; don qui leur fut fait par Charles VII & Louis II, que François I, confirma depuis.

Le Dais porté sur nos Rois & nos Reines à leur entrée, du tems qu'ils logeoient à l'Hotel des Tournelles de la rue saint Antoine, étoit encore dû à ce Couvent. Les Sergens-d'armes, à qui il appartenoit, & en consideration desquels ce Prieuré avoit été fondé, ne manquoient point de le porter aux Religieux par devoir ou autrement. Depuis que nos Rois ne logent plus là, il appartient aux Valets-de-pied du Roi; & en 1666, lorsque le Cardinal Chigi Legat *à latere* d'Alexandre VII, fit son entrée à Paris, *Magalotti* Capitaine aux Gardes, qui gardoit le parvis de Notre-Dame & ses avenues pour empêcher le desordre, leur fit délivrer son Dais & sa Mule.

Et afin d'assembler ici en un tout ce qui vient au sujet; lorsque nos Rois à leur entrée passoient sur le Pont au Change, les Oiseliers devoient âcher deux cens douzaines d'oiseaux, à cause de la permission qu'ils avoient es Fêtes & Dimanches, d'étaler là leurs cages.

Les restes du repas qu'on faisoit après leur arrivée dans la grande Sale du Palais, appartenoit aux pauvres de l'Hotel Dieu; & en 1431, il y eut une telle confusion au souper de Charles VII, que leur part fut bien petite, & oncques si pauvre ne si nud relief de tout bien ils ne virent.

Lorsque nos Rois sortoient de Paris pour aller autre part, la paille tant de leur lit que de leur chambre leur appartenoit encore. Philippe Auguste en 1208, leur en fit don, & saint Louis non seulement le confirma en 1239, mais voulut encore qu'il durât à perpetuité.

Enfin au Prieuré de la Saulsaye près Ville Juifve, on doit les Sceaux d'or & d'argent cassés, avec leurs chaînes de la Chancellerie, après la mort du Roi. De plus, on lui doit le linge du Corps & des Tables du Roi & de la Reine, aussi-bien que les Mulets & les Chevaux de la Pompe funebre; il a été maintenu en ces redevances par plusieurs Arrêts.

Pour les funerailles du Roi Jean, on lui compta huit cens livres. Charles VII deux mille cinq cens livres pour les Chevaux & Mulets de l'enterrement de Charles VI.

Outre cela, en 1380, après la mort du même Prince, la Chambre des Comptes, au mois de Novembre, mit entre les mains de Nicole de Layville qui en étoit Prieur, les deux Sceaux d'or & d'argent de secret; le grand

DE LA VILLE DE PARIS. Liv. VIII. 459

Sceau de la Chancellerie avec le contre-Sceau, les chaînes & le coffre où on le mettoit; les Sceaux & les contre-Sceaux des grands jours de Troies & de l'Echiquier de Rouen.

En un mot, le Poisle & les dépouilles des effigies de nos Rois & de nos Reines étoient dûes à l'Abbaye Saint Denys. Le Parlement en 1501, les lui a adjugé par Arrêt au mois de Juillet, & même par beaucoup d'autres, au prejudice du grand Ecuyer & des autres Ecuyers toutes les fois qu'ils ont voulu la troubler dans cette possession.

Je ne dirai rien des autres redevances dûes à saint Denys, tant à cause de leur grand nombre, que parce que le Pere Doublet les a toutes recueillies avec grand soin dans son Histoire.

Bien que les redevances dûes au Chapitre de Notre-Dame ne cédassent en rien pour le nombre à celles de saint Denys; on se contentera pourtant de ce que j'en rapporterai ici.

Les Prieurs du Doyenné d'Issi lui devoient autrefois tous les ans la veille de l'Assomption une charette de Piement; celui de Mailli en 1261, pour avoir manqué à la payer, fut suspendu par l'Official, condamné à l'amende & à l'envoyer au Chapitre cette année-là même, la veille de saint Denys, & après, à l'ordinaire, au mois d'Août.

Ce Chapitre a droit de salage; c'est à-dire, qu'on paye deux minots de sel à chaque Chanoine qui assiste tous les ans à l'Obit de Louis XI. Et parce que le Chœur est plus rempli ce jour-là que le reste de l'année, & que même les malades s'y font porter, on n'appelle pas ce Service-là l'Obit de Louis XI; mais l'Obit salé.

En 1357, la Ville presenta à Notre-Dame une bougie aussi longue que Paris a de tour, pour brûler jour & nuit devant l'Image de la Vierge, & a continué tous les ans la même offrande jusqu'au tems de la Ligue, & pour lors elle fut quelque vingt-cinq ou trente ans sans le faire. Or soit que ce fût une fondation ou une devotion simplement, en 1605, le Président Miron Prévôt des Marchands, fonda une lampe d'argent à la place & un gros cierge qui brûle incessamment.

A ce propos, je trouve parmi les miracles de sainte Geneviéve, qu'un Aveugle nommé Magnard, offrit à cette Patrone de Paris deux cierges qui étoient aussi gros & aussi pesants que lui.

Au reste, comme j'ai tant vû de fois aux Eglises de Village des bougies ardentes, roulées à plusieurs tours les uns sur les autres, je m'imagine que celle de l'an 1357 leur ressembloit.

En 1447, les Orfevres de Paris fonderent à Notre Dame la Confrerie de sainte Anne, ou du Mai, dans la Chapelle qui porte le nom de cette grande sainte, & que depuis ils ont toujours honorée comme leur Patrone & leur Protectrice.

Pour lors ils firent faire un Tabernacle à plusieurs faces, qu'ils ont orné tous les ans d'histoires saintes, tirées tant du vieux que du nouveau Testament.

Depuis, & cela vers le commencement du dernier siécle, portés de devotion pour la Vierge, ils s'aviserent de lui présenter le premier jour de Mai dans l'Eglise un Mai chargé de vœux & de prieres, & au lieu de l'histoire d'un des Tableaux de leurs Tabernacles qu'ils renouvelloient tous les ans, de remplir ce vuide de quelque évenement miraculeux particulier à la Vierge & qui regardât sa vie.

En 1630, ayant d'autres vûes, ils commencerent à orner les piliers de la grande Nef de ces Tableaux de douze pieds de haut que nous y voyons, où sont peints les Actes des Apôtres.

La devotion de ces Confreres ici, a été si constante que quelques malheurs qui soient arrivés à la France, soit sous Charles VI, ou durant la Ligue, les deux plus fâcheux tems & les plus orageux de notre Monar-

Tome II. MMm ij

chie, leur devotion a toujours été dans le calme & ne s'est point démentie. Cette devotion si constante, qui a duré si long-tems, est cessée depuis quinze ou seize ans, & enfin cette confrerie & le Mai sont également abolis.

Après tout, il y a long-tems, qu'ils ne donnent plus à dîner le jour de Pâques aux pauvres de l'Hotel-Dieu. Ce Repas se faisoit de deux sols parisis d'aumône qu'ils mettoient dans la boëte de Saint Eloi : toutes les fois que quelque Fête d'Apôtre arrivoit le Samedi, à cause que ce jour-là, il leur étoit permis d'ouvrir leurs Boutiques, ainsi que les autres jours.

REDEVANCES DES VICAIRES PERPETUELS.

JE m'étois proposé de ne parler ici ni ailleurs des redevances que le Prieur de saint Martin des Champs & le Doyen de saint Germain de l'Auxerrois, en qualité de Curés Primitifs exigeoient il n'y a pas long-tems, tant des Curés de saint Germain de l'Auxerrois, de saint Eustache, de saint Innocent, que de saint Sauveur, de saint Jaques de la Boucherie & autres Paroisses, qu'ils appellent Vicaires Perpetuels.

Durant plusieurs siécles, non-seulement ils ont prétendu de partager le plat de la Noce, le pain & le vin de toutes les Messes des morts, les offrandes & les quêtes faites pour les pardons; mais encore d'avoir part aux legs qui leur étoient faits à l'argent qu'ils recevoient après avoir administré les Sacremens, beni le lit des nouveaux mariés, & assisté les malades & les agonisans : en un mot, ils se obligeoient à leur tenir compte de beaucoup d'autres petits presents gratuits, qu'on leur faisoit en secret par reconnoissance, & même de quelques petites dettes legeres, dont on s'acquittoit pour avoir été assisté à des heures indues, quoique par des Prêtres, qu'en telle occasion ils avoient appelés à leur secours; exactions au reste, d'autant plus specieuses, qu'elles étoient autorisées par les Papes, les Conciles & par la Cour de Parlement. Et les Religieux de saint Martin non-contens de tels garands, jamais ils n'installoient ni le Curé de saint Jaques, ni ses Officiers, ni autres, par les mains desquels quelques-unes de ces choses-là pouvoient passer : toutes leurs précautions neanmoins n'ont pas empêché plusieurs Curés de frustrer presque toujours le Prieur de saint Martin de tout ce qui pouvoit lui être caché & dérobé à sa connoissance.

En 1123, l'Evêque Etienne à l'exemple de ses prédecesseurs, fit don au Prieur de saint Martin, de la moitié de tout le casuel de saint Jaques de la Boucherie ; c'est-à-dire, de la plupart des redevances dont je viens de parler : & pour descendre un peu plus dans le particulier,

L'Evêque Guillaume en 1224, confirma le Doyen de saint Germain de l'Auxerrois en la jouissance de la moitié des choses bonnes à manger, dont on feroit present au Curé, lorsqu'elles vaudroient plus de deux sols ; & quant à l'argent que les Paroissiens donneroient en Carême pour les Confessions aux Prêtres tirés d'ailleurs pour le seconder, que ces Confesseurs-là n'en auroient que le tiers ; le reste seroit partagé entre le Curé & le Doyen.

Quant aux Mariages & aux Messes des morts, lorsque le Curé viendroit à recevoir plus de deux sols, il lui défendoit, à moins que d'en avoir la permission du Doyen, de donner davantage de deux deniers aux pauvres ; & de plus, le chargea de tenir compte au Doyen de la moitié de tout ce qu'il recevroit, lorsque pour secourir les malades, on le feroit lever la nuit, & qu'on lui donneroit plus de huit deniers. Enfin il accorda au Doyen plusieurs autres exactions semblables, que je laisse, pour passer à de meilleures choses.

L'Evêque Renaud lui accorda encore presque toutes les mêmes choses,

& en mêmes termes fur la Cure de Saint Euftache.

Au commencement du treiziéme fiécle, Gui Archiprêtre de Paris & Curé de faint Jaques, pour fe délivrer de tant de redevances, eut recours au Pape, & implora fon fecours. Innocent III, auffi tôt delegue & nomme pour Juges en 1207, l'Abbé de faint Jean en Vallée, le Chantre & l'Archidiacre de Chartres, qui tous trois lui furent contraires, & prononcerent en faveur des Religieux de faint Martin

En 1211, trois autres Commiffaires ayant été délegués par le même Pape; favoir, le Prieur de faint Victor, l'Archiprêtre de faint Severin & Pierre Pulvereau Chanoine de Notre-Dame, ceux-ci confirmerent la Sentence; & enfin le Pape lui-même homologua leur Jugement le treize des Kalendes de Janvier de la douziéme année de fon Pontificat.

Nonobftant ceci, fept autres Curés depuis, fucceffeurs de Gui, n'en voulant pas demeurer là, reprirent les armes l'un après l'autre, & ni gagnerent pas plus que lui. Le premier & le plus opiniâtre de tous appellé Robert au Clou, fit venir d'abord les Religieux à l'Officialité, puis au Parlement, où la matiere fut fort agitée; de là à Rome, où le procès demeura long-tems comme égaré parmi le grand nombre des autres; & enfin, à Bâle, où l'Eglife étoit affemblée, fi-bien qu'il confuma fi fort fes parties en voyages & en frais, que pour y fubvenir, il leur fallut vendre pour plus de quatre mille francs de Reliques de leur Sacriftie, fomme maintenant fort confiderable à la verité, mais alors incroyable. Avec tout cela fes affaires n'en allerent pas mieux, & par tout il fut condamné, tant qu'enfin le Parlement en 1626, quoiqu'il maintînt les Religieux en leur ancienne poffeffion de la moitié de tout le cafuel de faint Jaques de la Boucherie, prononça neanmoins de forte que le Curé avoit le choix, ou de les en laiffer jouir, ou de leur payer cinq cens livres tous les ans, & leur donner la moitié de toutes les cires.

On voit affés, fans que je le dife, ce que choifit le Curé dont le Benefice vaut plus de quatre à cinq mille livres.

A l'exemple des Curés de faint Jaques, ceux de faint Germain de l'Auxerrois & de faint Euftache fe font auffi foulevés contre le Doyen de faint Germain, depuis le commencement du treiziéme fiécle, jufques vers le milieu du quatorziéme, ils l'ont toujours troublé en la jouiffance de la moitié du cafuel de ces deux Paroiffes.

L'Evêque Guillaume Jean de Montmirail & Hebert Chanoines de Notre-Dame en 1223, par Sentence arbitrale, le maintinrent en la poffeffion de la moitié du revenu de l'Eglife faint Germain.

L'Evêque Renauld, le Parlement & divers Arbitres l'y ont confirmé en 1223, 1254 & 1404.

Cependant en 1570 & 1652, le Parlement le dépoffeda du revenu de faint Euftache, foit lui-même, ou fon Chapitre, auquel il avoit transporté fes droits; car enfin, c'eft bien dépoffeder, que d'avoir reduit le tout à trois cens livres, il n'a pas mis à fi bas prix le revenu de faint Germain, bien qu'en tout le refte il fe foit comporté avec le Curé de même qu'avec ceux de faint Euftache & de faint Jaques, puifqu'il n'a eu aucun égard aux Arrêts & aux Sentences arbitrales & autres Jugemens prononcés à l'avantage du Doyen en 1559 & 1573; & de plus, qu'il lui a donné l'alternative en 1632, ainfi qu'il avoit fait en 1626, au Curé de faint Jaques: mais la grande difference eft qu'il l'a chargé d'une fomme de quatorze cens livres tous les ans envers le Doyen, avec la moitié des cires, quoique fa Cure, pour le revenu foit bien inferieure à celle de faint Euftache.

En voilà affés fur cette matiere. Par-là étant aifé de juger ce qu'ont pû faire en pareils differends les Curés de faint Innocent & de faint Sauveur; mais bien plus, que le Parlement difpofe, quand il lui plaît, auffi-bien des Decrets des Papes, que des Evêques & même des Conciles.

REDEVANCES DUES AUX ECCLESIASTIQUES
chargées de peines pecuniaires.

EN 1181, Philippe Auguste constitua aux Hospitaliers de saint Lazare, sur la Prévôté de Paris, vingt livres parisis de rente, payables le premier jour de chaque mois, à condition que le Prévôt, faute d'y satisfaire dans le tems préfix, payeroit par jour cinq sols d'amende, dont ni lui ni eux ne pourroient le dispenser.

Le même Prince, & à la même condition traita avec les Religieux de saint Denys de la Chartre, de la place où il avoit bâti la grosse Tour du Louvre, pour trente sols parisis de rente.

En 1292, les Religieux de saint Germain des Prés s'obligerent de payer à l'Université quatorze livres parisis de rente payables par quartier, à la même condition encore veritablement; mais qui ne devoit avoir lieu que huit jours après le terme échû.

Enfin, pour ne point perdre le tems, ni être ennuyeux à faire le dénombrement de ces sortes d'amendes, les Religieux de saint Eloi autrefois en ont exigé des Carmes une de six deniers, du tems qu'ils demeuroient à l'endroit même, où sont à present les Celestins.

Sedille Dame de Chevreuse, s'obligea à cinq sols d'amende par jour à l'Evêque Renauld en 1288.

Le Cartulaire de sainte Opportune contient cinq Contrats de vente de quelques Marêts des environs de Paris, passés dans le treiziéme siécle, à condition de douze, de quinze, de trente, & de quarante-quatre sols d'amende.

Les Templiers, les Religieux de saint Magloire, les Cordelieres du Fauxbourg saint Marceau & les Chapelains de la Chapelle saint André à saint Eustache, ont chargé les Blancs-Manteaux & les proprietaires de quelques maisons de Paris, assises sur leurs terres, d'une partie bien plus remarquable.

En 1268, lorsque les Templiers accorderent aux Blancs-Manteaux l'amortissement du lieu où est leur Monastere, outre cinq sols parisis de cens qu'ils voulurent avoir tant à la saint Remi, qu'à Noël & à la saint Jean, & à faute de payement au jour convenu entre eux, ils se reserverent encore le pouvoir d'emporter les portes du Couvent, & les garder jusqu'à ce qu'ils y eussent satisfait.

Les Religieux de saint Magloire pouvoient aussi dépendre les portes d'une maison de la rue des Celestins, chargée envers eux de quinze sols de fonds de terre payables à la saint Remi; & de plus, empêcher de les remettre, jusqu'à ce qu'on les eut payés.

Les Cordelieres étoient en droit de faire la même chose à l'égard d'une maison & une piece de terre de la rue de Loursine; & encore les Chapelains de saint André dans quelques maisons des rues Pavée, Tireboudin & Beaurepaire; & non-seulement eux & les Cordelieres pouvoient dépendre les portes, mais les coucher à terre devant l'entrée, les sceller & les abattre, si bon leur sembloit.

Le Chapitre de Notre Dame ne se contenta pas de si peu de choses pour assurance de quatre deniers de rente que leur devoit une certaine Damoiselle nommée Sedille; il voulut qu'elle s'en chargeât, elle & ses heritiers sur peine d'excommunication: & ne fit don des Prévôtés de Roset & de Brie à *Ottoboni* neveu d'Innocent IV, qu'à condition qu'il demeureroit excommunié *ipso facto*, sitôt qu'il manqueroit à payer la pension qu'il leur devoit faire.

JUGES, EPICES, &c.

LES Epices des Cours Souveraines & autres, n'étoient au commencement qu'un present, & encore volontaire, de dragées, de confitures & semblables Epiceries que faisoit à son Raporteur seulement, celui qui avoit gagné son procès ; mais depuis les Conseillers de la Cour les trouverent si bonnes & tellement à leur goût, qu'on voit à la marge de leurs anciens Regîtres, *non deliberetur donec solvantur species*. Presentement c'est une obligation, & même qu'ils font payer aux parties en livres parisis & en écus quarts.

Je passe les droits de salage dûs au Parlement, au Chapitre de Notre-Dame & à beaucoup d'autres.

Je laisse là encore les manteaux reçus par les Maîtres des Requêtes, les Conseillers-Clercs de la Cour, les Maîtres des Comptes, les Tresoriers de France & les Secretaires du Roi ; & tout de même les robes données en de certaines rencontres aux Officiers de l'Hotel de Ville.

Comme encore les droits de bûche, affectés aux Charges des Tresoriers de France.

UNIVERSITE,

RECTEUR, REGENTS.

AUTREFOIS ceux qui appelloient de la Sentence d'un Recteur lui devoient cinq sols d'amende.

Les Proprietaires des maisons de l'Université ont été contraints fort long-tems de louer logis aux Regens & aux Ecoliers pour tel prix qu'il plaisoit à certains Taxateurs & Appréciateurs, établis exprès ; & ce droit étoit si autorisé, qu'ils y ont été maintenus par Philippe Auguste, Innocent IV, Gregoire IX & par saint Louis.

Innocent IV & Gregoire X, chargerent d'une telle servitude ; tant les maisons des Templiers & des autres Hospitaliers, que celles des Religieux de Citeaux & de Prémontré, que les Refractaires furent excommuniés par Gregoire X.

J'apprens que les exactions levées anciennement, & qu'on leve encore aujourd'hui sur les Ecoliers de l'Université sont presque innombrables.

Chaque Faculté extorquoit les siennes à part, comme elle fait encore.

J'ai déja parlé de la Pastillaire que payent les Ecoliers de Medecine. *Ramus* dans ses avertissemens au Roi, sur la reformation de l'Université, en raporte bien d'autres qui se payent en Philosophie, en Medecine & en Theologie.

Les Banquets de nos Maîtres, & les soupers du Président n'étoient pas épargnés : dans le seul Cours de Théologie, il falloit deux soupers au Président & huit banquets aux autres ; les gands, les bonnets, le sucre, les dragées se donnoient de tems en tems.

Les Licentiés en Philosophie payoient vingt-cinq sols pour le feurre ou la paille du Chancelier, & cinq pour le mitton fourré du Bedeau.

On ne pouvoit être Bachelier en Medecine qu'il n'en coûtât je ne sai combien, soit pour les étuves, pour la tapisserie de saint Luc, pour la tapisserie & la paille du *Quoalibetaire*.

Ce ne seroit jamais fait qui voudroit rapporter tout ce qu'en dit Ramus, & que j'ai mis dans mes preuves; cependant depuis, ces depences & redevances sont venues à un tel excès, que pour être Medecin de la Faculté de Paris, il coûte quatre à cinq mille livres, & cinq à six mille livres pour être de Sorbone.

Ramus de son tems en fit des plaintes à Charles IX, afin d'y donner ordre, & les retrancher; & comme de nos jours quelques uns l'ont été, c'est ce qui donna lieu à Nicolas Bourbon Regent, & connu par ses vers Latins, de composer cette indignation Valerienne qui a tant fait de bruit.

DROITS DU VOYER.

LES droits du Voyer autrefois étoient presque sans nombre.

A la rue aux-Fers en 1270, il exigeoit deux livres de chandelles, & des vendeurs de paille deux charges.

La veille des Rois, aussi-bien que des étrennes; les Fromagers du Marché-aux-Poirées lui devoient chacun un fromage; les Pâtissiers des Halles un gâteau à la féve chacun; les Herbiers de la Greve, de saint Innocent, de saint Severin, de la Croix du Tiroir, chacun deux gerbes d'herbes.

En pareille saison, les faiseurs de chapeaux & de couronnes de roses & de fleurs lui portoient une couronne avec deux ou trois chapeaux de fleurs & de roses, & vers l'Ascension un pannier de roses pour faire de l'eau rose.

Des merciers de la rue aux-Fers en 1437, il prétendoit deux aiguilles par semaine; des Chaussetiers de devant la Cour du Palais, une paire de chausses ne des pires ne des meilleures

En un mot de tous les Artisans pauvres & autres qui étaloient dans les rues & dans les places, il vouloit avoir un plat de leur métier; il n'y avoit pas, jusqu'aux Duélistes qui ne lui donnassent de l'argent pour la place où le Roi & le Parlement leur permettoit de se battre.

En 1270, ils lui donnoient chacun sept sols six deniers parisis pour avoir obtenu la permission de se battre & deux sols six deniers, après avoir jetté & levé le gage de bataille.

REDEVANCES RIDICULES.

QUELQUES Seigneurs de Fief des environs de Paris exigeoient anciennement de leurs sujets, les uns de tirer la Quintaine devant eux, de porter la veille de Noël une bûche dans leur feu, & de chanter une chanson à leurs femmes.

D'autres venoient baiser la serrure ou le verouil de la porte du Fief dominant.

Tantôt ils recevoient un soufflet; ou se laissoient tirer le nés & les oreilles.

On m'assûra dernierement que la Dame de Bantelu, Terre & Château de huit ou dix mille livres de rente, assise dans l'Isle de France près de Pontoise, a exemté de nos jours les Dames de Magni, petite ville du voisinage, de venir battre les fossés de son Château, tandis qu'elle est en travail d'enfant.

Oserois-je

DE LA VILLE DE PARIS. Liv. VIII.

Oserois je dire à ce propos, que dans les aveus & dénombremens faits en 1376 en 1517, & autres années par les Seigneurs d'une terre du Comté d'Auge, de Souloir & de Bethisi, nom de l'une de nos rues, le Seigneur de Bethisi déclare à Blanche fille de France, veuve de Philippe Duc d'Orleans, fils de France pareillement; que les femmes publiques qui viennent à Bethisi, où y demeurent, lui doivent quatre deniers Parisis, & que ce droit lui avoit valu autrefois dix sols parisis tous les ans; mais qu'alors, il ne lui valoit que cinq sols, à cause qu'il n'y en venoit plus tant.

Et tout de même le Seigneur de Souloire reconnoit que de toutes ces femmes-là qui passent sur la chauffée de l'étang de Souloire, son Juge prend ou la manche du bras droit, ou quatre deniers, ou autre chose.

L'autre enfin confesse qu'il est redevable à la Comtesse d'Auge, d'un rasoir pour lui servir à ce qu'elle jugera à propos.

Telles choses me font souvenir des Rois d'Ecosse, des Seigneurs de Presli & de Persanni en Piedmont, des Evêques d'Amiens, des Chanoines de Lion, de quelques Seigneurs d'Auvergne & autres, dont les uns autrefois étoient en possession de mettre une cuisse nue dans le lit des nouvelles mariées, la première nuit de leur noces, les autres de passer la nuit avec elles.

A Paris & en France ces abus n'ont été abolis ou échangés en d'autres redevances que dans le siécle passé.

En Ecosse le marié au lieu de sa femme donne au Roi une piece d'argent, de demi-marc, nommée Marquette.

En Piedmont, où ce désordre s'appelloit *Cazzagie*, les Seigneurs de Persanni & de Presli, n'ayant pas voulu en venir à un accommodement, leurs Sujets secouerent le joug, & se donnerent à Amedée VI, Comte de Savoie.

Je ne puis oublier celle du Fief du Pays du Maine, dont parle Salvaing; le Vassal étoit obligé, pour toute protestation de foi & devoir Seigneurial, de contrefaire l'ivrogne, & de dire une chanson gaillarde à la Dame de Levarai, & ensuite de courir la Quintaine à la maniere des paysans, & de jetter son Chapeau ou une perche en courant.

Servin nous parle d'un droit, qui consiste en ce que son Sergent de Fief devoit être convié aux noces de ses Sujets huit jours auparavant, & qu'il devoit s'asseoir à table devant la mariée, & dire une chanson après le dîner.

Anciennement le Vassal devoit mettre un genoux en terre, nue tête, sans épée ni éperons, & dire au Seigneur qu'il lui portoit foi & hommage, & le Seigneur le baisoit à la bouche, si le Vassal étoit Gentil homme; mais à Blois une Dame Vassale qui n'avoit pas voulu en faisant l'hommage, le baiser à la bouche, comme il prétendoit qu'elle fit, le Seigneur fut débouté de sa prétention, & l'hommage qu'elle avoit fait sans baiser, déclaré bon & valable, & changé, au cas que ce soit une Dame qui prête l'hommage.

Je dirai aussi, que le Vassal à genoux, nue tête, sans épée, ni éperons, joint les mains, & les met dans celles du Roi, lui fait serment sur les saints Evangiles de le servir & défendre tant à la vie qu'à la mort, envers & contre tous, sans aucune reserve, soûmettant & obligeant non-seulement son honneur & sa propre vie, mais aussi tous ses biens indistinctement Féodaux & Roturiers.

Voyés Chantereau le Fevre.

J'ai oublié de dire que le Vassal est obligé d'aller à la foi & hommage dans les quarante jours, qui est le délai ordinaire, lequel doit toujours être donné par l'assignation soit générale ou particuliere, à faute de quoi le Seigneur pourra saisir par défaut d'hommage, & cette main-mise emporte la perte des fruits, tout de même que celle qui est faite dans dans les mutations de Vassal.

Les quarante jours commencent à courir du jour de l'assignation ou de la derniere proclamation, & ils doivent être francs; c'est-à-dire, que ni les trois jours de proclamation, ni celui de l'assignation, ni le jour de la saisie n'y doivent point être compris.

Il se trouve encore une question ici à faire, savoir à quel âge le Vassal doit rendre hommage & si un mineur peut être forcé par son Seigneur de le lui rendre, étant en bas âge.

Le Seigneur est obligé d'accorder souffrance; c'est-à-dire, patienter jusqu'à la majorité des mineurs. Car si l'enfant auquel appartient un Fief est mineur & en tutelle, le Seigneur feodal est tenu de lui donner souffrance ou à son tuteur jusqu'à ce qu'il soit en âge pour faire ladite foi & hommage, pour laquelle le fils est réputé en âge à vingt-ans & la fille à l'âge de quinze ans accomplis. C'est pourquoi le tuteur est tenu de déclarer les noms & âges des mineurs pour lesquels il demande souffrance; mais si-tôt que la souffrance est finie, il faut que les mineurs aillent faire la foi : autrement on pourroit saisir féodalement sur eux, & elle finit dès le moment que les mineurs ont atteint ces âges de quinze ou vingt ans accomplis, sans que la Coutume donne un delai de quarante jours après la souffrance finie.

Il est encore certain que l'un des enfans âgés portant la foi peut demander valablement la souffrance pour ses freres & sœurs mineurs, encore qu'il ne soit point leur tuteur.

L'aîné ordinairement en portant la foi, la fait aussi pour les autres quand ils ne sont pas en âge, si le Seigneur le veut bien recevoir ainsi; mais comme il le peut refuser, il est vrai de dire que la souffrance dure à l'égard de chacun jusqu'à ce qu'il ait atteint l'âge, & qu'on ne peut saisir que pour la part des autres devenus âgés qui n'ont point été à la foi.

Je finis en faisant une observation, que quand la souffrance n'est point demandée dans les quarante jours, le Seigneur peut faire saisir féodalement, puis que ce n'est point à lui à savoir si ses Vassaux sont majeurs ou non.

Je crois aussi que quand le Seigneur est mineur, les Vassaux sont obligés d'attendre la majorité pour lui rendre foi & hommage, à la reserve du Roi.

HISTOIRE
ET
RECHERCHES
DES
ANTIQUITÉS
DE LA VILLE
DE
PARIS.
LIVRE NEUVIEME.

LES SIX CORPS DES MARCHANDS.

RESENTEMENT les six Corps des Marchands de Paris ne font autres que les Drapiers, les Epiciers, les Merciers, les Pelletiers, les Bonnetiers & les Orfevres. Et ce font eux feulement qui aux entrées tant des Empereurs, des Rois & des Reines que des Legats, leur vont rendre les devoirs avec les Prévôts des Marchands, les Echevins, & le Corps de Ville, & même leur portent le Dais les uns après les autres dans l'ordre que je les ai nommés, revêtus chacun de Robes & de Tocques de foie de differentes couleurs. Tout le monde au refte ne les appelle point autrement que les fix Corps, autant par abreviation que par excellence.

Qui voudroit croire neanmoins les Marchands de vin, il faudroit dire les fept Corps, à raifon que dès l'année 1585, Henri III les érigea en feptieme Corps des Marchands; & de fait, qu'il n'y en ait eu davantage, c'eft ce qu'enfin je

Tome II. NNn ij

viens de découvrir, qu'il y en avoit encore sept sous François I, & que cinq au contraire sous Louis XII. Et s'il est vrai que les Pelletiers puissent être écoutés en cette occasion, tant ils se veulent faire valoir, il ne s'en trouveroit que quatre anciennement, & c'étoit eux qui marchoient à la tête. Que ceci soit faux ou non, je m'en raporte, comme n'ayant rien à dire là-dessus qui puisse servir de décision, bien loin de vouloir décider leur differend touchant le droit de préséance, & d'avoir le pas devant son compagnon; car enfin, la chose est si incertaine, qu'il se trouve que les mêmes Corps n'ont pas toujours porté le Ciel aux entrées; mais selon les tems, tantôt les uns, tantôt les autres. Bien plus, que les Changeurs tout à coup & d'eux-mêmes, non seulement se sont privés de cet honneur; mais même se démembrant des autres Corps, que les Teinturiers ont pris leur place pour un tems; & les Bonnetiers depuis pour toujours; joint que la Ville aussi-bien que le hazard décide par fois de leur rang. Qu'on tire après cela l'origine de ces six Corps de celle de notre Monarchie, lorsqu'elle commença, & qu'on dise que leur nombre dès ce tems-là même, ou peu s'en faut, a été fixé, & leur rang reglé; mais afin de faire mieux voir tout ceci, descendons dans le détail.

RANG DES CORPS DES MARCHANDS.

EN 1501, au mois de Janvier, pour l'entrée d'Anne de Bretagne, la Ville dans le même rang que je vais dire, manda à son Bureau les Pelletiers, les Orfevres, les Drapiers, les Merciers & les Epiciers, & cela en qualité de Jurés & Syndics des cinq differentes Marchandises.

De plus, la même année, au mois de Février, pour l'entrée du Cardinal d'Amboise, dans le même rang encore que je vais marquer. Les Drapiers, les Epiciers, les Changeurs, les Merciers & les Orfevres porterent le Poële sur le Legat par ordre du Prévôt des Marchands & des Echevins.

Par là, il paroît qu'à la premiere entrée, la Ville fait marcher les Pelletiers à la tête des Corps des Marchands, & ne le fait pas à la seconde, quoiqu'elle les eût compris à la premiere parmi ceux à qui elle donnoit la qualité de Syndics des cinq differentes Marchandises.

De plus, il se voit qu'à l'Entrée faite au mois de Janvier, elle n'y appelle point les Changeurs, & les appelle à celle de Fevrier.

D'ailleurs, que du second rang où les Orfevres étoient montés pour la Reine, ils descendent au dernier pour le Legat.

Et au contraire, que du troisiéme où demeurerent les Drapiers à son arrivée, ils furent élevés au premier à celle du Cardinal.

Enfin que les Epiciers qui d'abord étoient au dernier rang, passerent après au second.

Outre cela, les Gardes des Corps des Marchands sont convoqués pour l'entrée de la Princesse sous le nom des Jurés des cinq differentes Marchandises; & à celle du Legat, on n'admet les Gardes que de cinq Corps de Marchands, & qui ne sont pas les mêmes.

Bien davantage, à toutes deux le Prévôt & les Echevins ne mandent que cinq Corps, ordonnent même des séances ainsi qu'il leur plaît, ni sans se soucier comment, à la reserve des Merciers.

Cependant personne n'en murmure, soit qu'en effet il n'y eût alors que cinq Corps des Marchands, soit que la Ville n'en voulût pas reconnoître davantage, ou que n'étant pas encore jaloux les uns des autres, ils vécussent alors ensemble dans l'égalité, en veritables freres, & sans se prévaloir de leurs droits d'aînesse, les Orfevres les derniers, les Changeurs auparavant, &c.

DE LA VILLE DE PARIS Liv. IX.

Entre les Epiciers les Merciers & les Pelletiers, il se forma une autre dispute pour les rangs qu'ils terminerent à l'amiable. Jamais ni eux ni les autres n'ont contesté la prééminence aux Drapiers.

Les Pelletiers qui l'avoient obtenue à la premiere entrée de la Reine Anne, les y ont aussi peu troublés que leurs Compagnons. Tous les autres au contraire, entré eux ont toujours été en querelle là dessus, & ne se sont jamais voulu céder; & enfin il y a si peu que ces sortes de differends sont terminés, qu'à peine pouvons-nous dire qu'ils le soient tout-à-fait.

En 1504, du consentement des Pelletiers, des Merciers & des Epiciers, leurs rangs furent jettés au sort en presence de plusieurs Bourgeois, de quelques Conseillers de la Ville & des Quarteniers, & même du Prévôt des Marchands, & des Echevins, tant pour cette cérémonie que pour les autres à l'avenir, & parce que le sort fut favorable aux Epiciers, au préjudice de leurs concurrents, & tout de même aux Pelletiers, entre les Merciers; le tout à la priere des parties, fut confirmé par Sentence le dix-neuf Novembre, de l'avis de tous les assistans: si bien que le jour de la solemnité venu, ils marcherent dans cet ordre là, & ainsi que la fortune en avoit décidé.

BONNETIERS INSTALE'S.

JE n'ajoûterois pas que le même ordre fut gardé dix ans après, à l'arrivée de Marie d'Angleterre, seconde femme de Louis XII, si la même chose avoit toujours continué, & si les Changeurs n'ayant pû s'y trouver, ne se trouverent plus depuis à de semblables cérémonies, & cesserent d'être du nombre des six Corps. Ce qui en fut cause au reste, c'est qu'alors, se trouvant réduits à cinq ou six chefs de famille, & n'ayant pas moyen de fournir aux frais necessaires en pareille fête, à moins que de s'incommoder beaucoup, ils furent contraints de s'en excuser à la Ville, & la prier de les en décharger.

Les Bonnetiers à qui on proposa de le faire, y consentirent volontiers. Si bien qu'après les Merciers, ils porterent le Poësle sur la Reine au lieu des Changeurs, avant les Orfevres. Par ce moyen-là d'Artisans qu'ils avoient toujours été, ils devinrent Marchands, l'un des membres & le cinquiéme des six Corps. Ainsi les Changeurs riches anciennement & en grand nombre, de plus, célebres par le Pont-au-Change affecté autrefois à leur demeure, se virent déchûs, eux & leurs descendans d'un honneur qu'ils tenoient de leurs devanciers.

En 1517, à l'entrée de la Reine Claude, les Bonnetiers descendirent à la place des Orfevres, & les Orfevres monterent à la leur, sans qu'on sache pourquoi. A l'égard des autres, chacun conserva son ancien rang; mais qu'ils changerent la plupart en 1530, à l'arrivée de la Reine Eleonor & du Cardinal du Prat Chancelier de France. A celle de la Reine la Ville m'anda les six Corps, pour lors les Orfevres rendirent aux Bonnetiers leur place, & les Merciers prirent celle des Pelletiers. A l'autre entrée, on appella seulement les Drapiers, les Epiciers, les Merciers & les Orfevres.

Les Pelletiers n'y assisterent point, non plus qu'autrefois à celle du Cardinal d'Amboise, & tout de même les Bonnetiers n'y furent pas, sans en pouvoir dire la raison. D'ailleurs les Orfevres furent contremandés deux jours après. Enfin les rangs si souvent remués entre les Epiciers, les Merciers & les Pelletiers, le furent encore en 1571, à l'entrée de Charles IX, & de la Reine Elisabeth; & depuis on ne les a pas changés.

Pour les regler, le Prévôt & les Echevins en 1571, manderent à leu

Bureau quatre Conseillers de Ville, autant de Quarteniers, & pareil nombre de Marchands Bourgeois: tous ensemble par Sentence du dernier Février maintinrent définitivement les Epiciers en la possession & jouissance du second rang, que le hazard leur avoit donné en 1514, & qu'ils avoient gardé en 1530, & exclurent par provision seulement les Pelletiers du troisiéme pour l'accorder aux Merciers qui l'avoient tenu en 1530, & dont la fortune les avoit privés en 1514. Cependant bien que par là du quatrieme Corps qu'ils étoient, ils devinssent le troisiéme, neanmoins six jours après, ils ne laissèrent pas d'appeler de la Sentence, afin d'être le second, & même de déclarer aux Epiciers ; que si à la cérémonie presente ils acceptoient le troisiéme rang, c'étoit sans préjudicier aux prétentions qu'ils avoient sur le second. Et de fait, ils les reveillererent là-dessus en 1573, à l'entrée des Ambassadeurs de Pologne. En étant déchûs par Sentence de la Ville, depuis ils se sont tenus cois, & ont laissé jouir paisiblement leurs parties de cette prééminence sur eux, & en jouissent toujours. Enfin, pour laisser là ce petit point d'honneur qui a tant excité de troubles aux entrées de Charles-Quint, de Henri II, de Charles IX, de Louis XIII, aussi-bien que des Reines suivantes, Marie, Eleonor, Catherine, Elisabeth & Anne d'Autriche, les six Corps ont toujours marché dans le même ordre qu'ils font aujourd'hui, & que je les ai nommé à la tête de ce discours.

Alors, ainsi qu'auparavant & depuis, les Drapiers ont toujours tenu le premier rang sans contredit, hormis seulement en 1501, à l'arrivée d'Anne de Bretagne. A la verité en 1517, comme j'ai dit, & encore en 1625 & 1656, la Ville accorda aux Orfevres le pas sur les Bonnetiers, lorsque la Reine de Suede, le Cardinal Barberin & la Reine Claude vinrent à Paris; mais ensuite n'ayant pû l'obtenir aux autres céremonies, ils en ont été exclus tout-à-fait en 1660, par Arrêt du Parlement le 24 Janvier, & y ont acquiescé depuis, lorsque le Roi & la Reine firent leur entrée ; également aux entrées du Cardinal Chigi neveu du Pape Alexandre VII, & du Cardinal Imperiale, pour l'affaire des Corses ; les premiers, après leur mariage ; celui ci après avoir demandé pardon au Roi au nom d'Alexandre VII, de l'insulte faite au Duc de Crequi Ambassadeur de France.

Tandis que ces querelles particulieres pour la préséance se renouvellent & qu'à la fin elles viennent à être terminées entre les cinq derniers des six Corps, les Marchands de vin en suscitent une autre, & attaquent les six Corps tous ensemble, & les ont si bien étonnés, qu'ils ne savent encore où ils en sont, ni ce qui en arrivera. Après avoir long tems sollicité Henri III, de les ériger en septiéme Corps des Marchands, & enfin obtenu ce qu'ils demandoient en 1585, par Lettres patentes du mois de Décembre non-seulement deux ans après la Cour les vérifia ; mais de plus, elles ont été confirmées tant par Henri IV, que par Louis XIII, & Louis XIV. Cependant ni les six Corps ne les ont point voulu reconnoître pour septiéme Corps des Marchands, ni même ne les ont jamais admis dans pas une de leurs Assemblées : & de plus, tout autant de fois qu'il leur a fallu porter le Poësle, ils ont toujours prétendu que ces nouveaux venus ne le devoient point porter avec eux. Bien davantage, ils ne vouloient pas même souffrir qu'ils les suivissent jusqu'au haut Dais, lorsque la Ville en Corps y va faire ses hommages. Et de fait, quand en 1610, après le Couronnement de Marie de Medicis, on vint à préparer les magnificences nécessaires à sa reception, & que les Marchands de vin prétendoient porter le Ciel après eux, ils s'y opposerent tant au Conseil qu'à la Ville ; & non-seulement s'y sont opposés encore, lorsque le Roi, la Reine, & la Reine de Suede, les Cardinaux Barberin & Chigi ont fait leurs entrées, mais de plus, les ont toujours fait exclure de l'avantage de porter le Poësle.

Avec tout cela neanmoins ils n'ont pû empêcher la Ville, ni le Conseil de leur permettre de les suivre jusqu'au haut du Dais avec des Robes &

des Tocques, tantôt de velours, tantôt pareilles à celles des Juges-Consuls. Sans doute, voila bien des chicannes pour peu de chose, sans les autres que je laisse.

ORIGINE DES SIX CORPS.

TOUCHANT les diverses Communautés des Marchands qui composent, ou ont autrefois composé les six Corps, je n'ai pû rien découvrir qui fût un peu ancien, que des Changeurs, qui présentement n'en sont plus, des Drapiers & des Pelletiers qui en sont encore. Le seul Corps des Changeurs s'est plus ressenti de la vicissitude des choses de ce Monde, que tous les autres ensemble. Ils ont exercé leur commerce si long-tems sur le Pont-au-Change, que ce sont eux qui lui ont donné le nom qu'il porte. Durant plusieurs siécles, ç'a été le seul endroit de la Ville où il se faisoit & se devoit faire à peine de confiscation. Ce qui est si vrai, que des gens s'y étant établis, aussi-tôt le Prévôt de Paris les en chassa, & même il en fut loué du Parlement en 1332. Mais comme en 1461, après la suppression de la Pragmatique, leur Corps vint à s'affoiblir ; de sorte que le Pont-au-Change n'étoit plus habité que par des Chapelliers & des faiseurs de poupées, peu à peu ils déchûrent si fort, & pour le nombre & pour le bien, qu'en 1514, se voyant réduits, comme j'ai dit auparavant, à cinq ou six chefs de famille tout au plus, & ainsi hors d'état de faire la dépense necessaire pour l'entrée de Marie d'Angleterre, il leur fallut cesser d'être du nombre des six Corps.

LES DRAPIERS.

LES Drapiers tout au contraire des Changeurs, se sont toujours maintenus dans leur rang qui est le premier, & même sont plus riches & en plus grand nombre que jamais.

En 1183, Philippe Auguste leur donna vingt-quatre maisons des Juifs qu'il avoit bannis, à la charge de cent livres parisis de cens payables tous les ans à Noël & à la saint Jean, avec permission de les vendre, à condition que chacun d'eux ne seroit chargé de cens, qu'à proportion du fonds qui leur en appartiendroit.

J'ai dit ailleurs, parlant de ces maisons, que peut-être faisoient-elles partie de la rue de la Draperie. Mais quoi qu'il en soit, il est certain que cette rue a pris son nom des Drapiers qui y demeuroient, & que ceux qui logeoient là encore en 1315, à côté de saint Barthelemi, ou de la maison Prieurale & des restes de l'ancien Monastere de saint Barthelemi, acheterent ces restes avec la maison, pour donner à leurs logis plus de profondeur.

De plus, il est constant que comme autrefois nos Rois en quatre rencontres, à l'occasion de certaines necessités, mettoient la Ville à la taille qui s'imposoit & se levoit par les Habitans, Philippe Auguste la même année du don qu'il fit aux Drapiers de ces vingt-quatre maisons, les exempta d'y être mis ; en tout cas s'il n'empêchoit point qu'ils y fussent mis, ou qu'il les y mit lui même, il leur promit que d'autres qu'eux ne les cottiseroient, & que la levée des deniers passeroit par leurs mains : & non content de telle grace, à ce qu'ils disent, il leur donna encore la Halle aux Draps, dont ils nomment le Garde, ainsi que les vingt-quatre Courretiers & Auneurs de Draps de Paris.

Leur Corps consiste en deux Communautés; l'une, de Drapiers; l'autre, de Drapiers Chauffetiers, que divers interêts ont souvent desunis, & surtout, la superiorité que les premiers prétendoient sur les autres.

Le Roi Jean confirma leurs Statuts en 1362.

Sans perdre le tems à rapporter le progrès & la suite de leur discorde, ce me sera assés de dire qu'elle fut terminée à l'amiable en 1633, le dix-septiéme Fevrier, & qu'en 1648, ils unirent leurs Confreries & les tinrent alors dans une même Eglise, après les avoir tenues à part jusques-là en plusieurs. Les Drapiers avoient pour Patron saint Nicolas, les autres honoroient particulierement la Nativité de la Vierge Presentement ces deux devotions leur sont communes, & ainsi au lieu qu'ils n'avoient qu'une Fête chacun, ils en ont deux.

Vers la fin du quinziéme siécle, les Drapiers-Chauffetiers tenoient leur Confrerie au Maître Autel de saint Pierre des Assis, ils y avoient érigé une figure de Notre-Dame qu'ils emporterent en 1473, du consentement des Marguilliers.

En 1491, & cela par contrat, ils transfererent tant l'Image que la Confrerie, à Saint Denys de la Charte, & depuis à sainte Marie Egyptienne où elles sont encore.

S'il faut ajoûter foi à des Lettres du Roi Jean de l'année 1362, Philippe Auguste érigea la Confrerie de saint Nicolas en 1188. Nicolas IV Philippe le Bel, le Roi Jean & Charles VI, en ont confirmé les Statuts.

Elle étoit établie en 1488, dans l'Eglise saint Innocent à la Chapelle de saint Nicolas, & y a subsisté jusqu'en 1648, ou 1647, que les Drapiers l'ayant unie à celle des Chauffetiers, obtinrent permission de l'Archevêque de Paris, aussi bien que du Parlement, de la transferer à sainte Marie Egyptienne.

Leur Bureau est à la rue des Déchargeurs, dans une maison appellée les Carneaux.

En 1527, c'étoit un vieux logis qui appartenoit à Jean le Bossu, Archidiacre de Josas, que les Drapiers eurent de lui pour le prix de dix-huit cens livres, & en échange d'une autre maison dont ils étoient proprietaires, située vers le Chevalier du Guet.

De nos jours ils l'ont rebâtie avec toute la magnificence que pouvoit souffrir la place qu'elle occupe, & même depuis qu'elle est achevée, ils y ont joint quelques logis du voisinage. Enfin en 1629, étant venus à demander des Armoiries au Prévôt & Echevins, tant pour mettre aux Torches de leurs Enterremens, que pour les autres solemnités, ils leur donnerent pour Armes un navire d'argent à la Banniere de France flottant, un œil en chef, ces armoiries en champ d'azur.

LES EPICIERS, APOTICAIRES, SAUCIERS, & Chandeliers.

LES Epiciers qui font le second Corps des Marchands ont pour Armoiries coupé d'azur & d'or, sur l'azur à la main d'argent, tenant des balances d'or, & sur l'or deux nefs de gueule flottantes aux Bannieres de France, accompagnées de deux étoiles à cinq pointes de gueule, avec la devise au haut, *lances & pondera servant.*

Leur Bureau est au Cloître de sainte Opportune, dans une maison qu'on leur vendit en 1363, deux cens livres de rente qu'ils ont rachetée avec le tems.

Ils

DE LA VILLE DE PARIS. Liv. IX. 473

Ils ont pour Patron saint Nicolas, aussi-bien que les Drapiers, & cela, disent-ils, ou à cause que leurs marchandises viennent par Mer & par le moyen des Pilottes & des Mariniers dont saint Nicolas est encore le Patron, ou à cause que du Tombeau de saint Nicolas Evêque de Mirre il sort une huile qui opere de merveilleuses guerisons.

En 1513, leur Confrerie se tenoit dans l'Eglise de l'Hopital sainte Catherine. En 1546, à la Chapelle de Notre-Dame, à saint Magloire, appellé maintenant les filles Penitentes; en 1572, au Chœur de sainte Opportune & depuis en 1589, au Maître Autel des Grands-Augustins. Tous ces changemens au reste d'aller ainsi d'Eglise en Eglise sont venus, ou parce que tantôt la mauvaise odeur de l'Hopital sainte Catherine leur étoit à charge, ou que les Filles Penitentes avoient pris leur Chapelle, ou que les Chanoines de sainte Opportune ne vouloient plus continuer davantage leurs services.

Quand je parle des Epiciers, je parle aussi des Apoticaires; car il y a long-tems que ce n'est qu'un Corps, qui prend la qualité de Marchands grossiers, Epiciers, Apoticaires.

Les Chandeliers autrefois y étoient unis. De plus, certains Artisans qui faisoient des sauces, & vendoient de la moutarde, qu'on appelloit Sauciers & Moutardiers. Quant à leurs sauces, les unes étoient faites de poivre blanc, nommé alors jaulner, & s'appelloient sauces chaudes; les autres, sauces à compottes, qu'on faisoit de poivre noir; d'autres, sauces - moutarde, composées de galantine, dont l'usage est perdu, aussi-bien que le nom du simple dont elles étoient faites.

Outre ces sortes de ragoûts, il y avoit la sauce rapée, faite de verjus de grain, ou de graine de groseille.

La sauce verte qui étoit composée de gingembre & de verjus, & qu'on vernissoit avec du persil tout frais & du bled verd, & où l'on mettoit du pain blanc.

La camelaine autant inconnue que la gallantine; dans celle-ci entroit du cynamome, du gingembre, du cloud de girofle, de la graine de moutarde, avec du vin, du verjus, du pain & du vinaigre.

J'ai bien voulu remarquer la composition de ces diverses sauces, pour faire juger si nos peres avoient le goût meilleur & plus friand que nous. Or à cause des abus que les Sauciers & les Moutardiers commettoient dans l'apprêt & la maniere de leurs sauces, en 1394, on leur donna des Gardes qui prenoient le nom de Gardes Epiciers & Sauciers, & pourtant ne laissoient pas d'être visités par les Gardes de l'Epicerie.

A l'égard des Chandeliers ils sont demeurés dans le Corps des Epiciers jusqu'au milieu du quinziéme siécle.

En 1450, il leur fut défendu par Lettres du Roi, de vendre aucune Epicerie, mais simplement du suif, de l'huile, du vieux-oing & semblables graisses, & denrées; & de plus, de même qu'aux Sauciers & Moutardiers on leur donna des Gardes, appellés tantôt Jurés & Gardes du Métier de Chandelier & Suif, tantôt Jurés & Gardes Epiciers & Chandeliers de Suif. Depuis en 1459, le Roi par d'autres Lettres, défendit aux Epiciers de vendre les mêmes choses qu'eux.

Mais pour venir aux Epiciers & aux Apoticaires qui nous ont obligé à parler des Chandeliers & des Sauciers, je n'ai pû trouver aucun titre qui fasse mention des Apoticaires avant l'année 1484; mais au contraire j'en ai vû de 1321, où les autres sont nommés *le commun des Officiers-Marchands d'avoir de poids*, & c'est sans doute à cause que les Apoticaires & les Epiciers ont en dépôt l'étalon Royal des poids de Paris, ainsi que je vas dire.

Par ceci il y a lieu de croire que le Corps des Apoticaires est bien moins ancien que celui des autres. On voit neanmoins par toutes les Chartres de ce tems-là, & depuis, qu'ils ont toujours été unis aux Epiciers; car enfin depuis 1484, tous les Actes qui font mention des uns, font aussi mention

Tome II. Ooo

des autres; c'est toujours ensemble, jamais séparément, quoique cependant ils ayent eu de gros procès entre eux, tan pour leurs emplois, que pour leur préséance.

Tantôt, comme en 1514, les Apoticaires ont obtenu des Lettres du Roi, pour nommer des Gardes, sans y appeller les Epiciers; & pour empêcher les Epiciers d'assister aux Actes, Examens & Chefs d'œuvres des Aspirans à l'Apoticairerie, ni de se mêler en aucune façon des choses qui la regardent; tantôt au contraire, les Epiciers, comme en 1553, le vingt-sept Août en ont obtenu d'autres, pour exclure les Apoticaires de se mêler de l'Epicerie; & tantôt, comme au mois de Mars d'après, à la Requête des Apoticaires, le Prevôt de Paris a fait défenses, aux Epiciers de se prévaloir des Lettres du Roi. Tous ces differends-là pourtant, à la fin ont été vuidés par Transaction en 1634; & quoiqu'il y fût arrêté que leurs Gardes seroient partie Epiciers, partie Apoticaires, & que tous les droits honorifiques de leurs Corps seroient égaux & alternatifs entre eux; quelquefois neanmoins les Apoticaires se qualifient Gardes de la Marchandise d'Apoticairerie & d'Epiceries, & quelquefois les Epiciers se disent Gardes de la Marchandise d'Epicerie, de Grosserie & de Mercerie.

Les Epiciers font chef d'œuvre devant les Gardes Epiciers & Apoticaires; mais les Apoticaires ne le font que devant les Apoticaires & deux Medecins de la Faculté de Paris. Jusqu'en 1622, les Apoticaires alloient seuls faire leurs visites chés leurs Confreres. Depuis par Arrêt du quatorze Octobre, ils y vont assistés des Docteurs en Medecine Professeurs en Pharmacie, députés par la Faculté.

En 1624, le Grand Conseil donna à leurs Gardes l'administration de l'Hopital de la Charité Chrétienne, établi au Fauxbourg saint Marceau sous Henri III; & de plus, les obligea de presenter au Grand Aumônier tous les trois ans un Maître pour y exercer la Pharmacie: tant qu'il a subsisté, ils ont fourni aux malades & aux blessés qu'on y recevoit, les drogues & les médicamens necessaires. Depuis sa suppression, ils ont transporté leur charité aux Petites Maisons qu'ils y continuent encore, & ne conservent plus rien de la Charité Chrétienne, qu'un jardin qu'ils ont aggrandi de quelques maisons voisines, & rempli d'une infinité de plantes médicinales, qu'on appelle le jardin des Apoticaires.

Si bien que depuis plusieurs siécles, & les Apoticaires & les Epiciers sont, comme j'ai dit, Gardes & Dépositaires de l'étalon des poids de la Ville tant Royal que médecinal.

En 1321, le Dimanche des Brandons, le Prévôt de Paris par ordre du Parlement, fit ajuster les poids à la Monnoie, du consentement des Epiciers & de trois patrons qu'il fit faire; le premier fut mis entre leurs mains, les deux autres à la Monnoie & aux poids du Roi. Et de fait, par les anciens Statuts des Epiciers toujours le soin des poids, des balances, de la cire, & de toutes les autres choses de cette nature est confié à leurs Gardes; & de plus, il leur est commandé d'aller par les maisons deux ou trois fois l'année les visiter.

En 1484, dans les Ordonnances des Apoticaires faites au mois d'Août, le Roi veut que leurs Gardes visitent les poids & les balances de ceux qui vendent sucre, figues, laines, drogues, épicerie, & generalement toutes les autres denrées qui regardent leur vacation, & y trouvant à redire, de s'en saisir & les porter au Châtelet, aussi-bien que les marchandises falsifiées & corrompues, afin de condamner à l'amende, & punir les faussaires. En un mot, c'est depuis plusieurs siecles que les Epiciers & les Apoticaires, ensuite de leur union, sont en possession, & ont droit de visiter le poids de tous les Marchands, aussi-bien que des Artisans, avec un Juré Balancier; à la reserve neanmoins de ceux des Orfevres qui relevent de la Monnoie, & même des Merciers contre lesquels ils plaident là-dessus depuis fort long-tems.

Sur leur rapport au reste, le Prevôt de Paris fait le procès à ceux qui sont trouvés en faute. Que si en 1656, la Cour des Monnoies les condamna à lui communiquer les titres qui leur accordoient ce privilege à peine d'emprisonnement & de cinq cens livres d'amende, non-seulement ils en furent déchargés aussi tôt au Parlement & au Conseil; mais encore maintenus en la possession des poids & des balances; ce qui fait voir que ce n'est pas sans sujet qu'ils prennent pour devise, *lances & pondera servant*.

LES MERCIERS ET TAPISSIERS.

CE troisiéme Corps des Marchands est si gros qu'il contient deux mille quatre ou cinq cens Chefs de familles, & n'embrasse pas seulement plus de cinq cens sortes de vacations différentes, mais entreprend encore sur celle des autres Corps des Marchands, & même sur quelques-uns des Artisans. Et de fait, aussi-bien que les Drapiers, ils vendent des bas & des chausses de drap & de laine avec des drogues, comme les Epiciers & les Apoticaires. Chés eux on achette gands fourrés, manchons & autres fourrures qui est le fait des Pelletiers, & tout de même au préjudice des Orfevres & Bonnetiers, bonnets, bas, camisoles, calleçons de laine & de soie & tous ces bijoux & galanteries dont *l'Orfévrie* se pare. Ajoûtés à cela, que dans leurs boutiques on trouve encore des gands, de la poudre, des heures, & mille autres gentillesses qui font le negoce des Libraires, des Parfumeurs, des Gantiers & autres Artisans. Si bien qu'on ne doit pas s'étonner que ce Corps soit si nombreux & plus riche tout seul que les autres cinq Corps des Marchands; & si on leve sur lui autant seul que sur les autres ensemble, quand il s'agit de faire des levées sur les six Corps.

Dès l'année 1557, ils étoient si accommodés, que Henri II faisant faire au Landi une revûe générale des gens de pied de Paris, non-seulement plus de trois mille Merciers se trouverent sous les armes; mais en si bon équipage, qu'autant pour leur nombre que pour leur bonne mine, il les fit mettre en bataille par le Prince de la Roche-sur-Yon. On dit bien plus, que Charles IX en 1567, pressé par les ennemis, & ayant besoin d'un prompt secours, tant d'hommes que d'argent, en deux jours ils lui fournirent des armes pour les Regimens d'Infanterie de Brissac & de Strozi. Comme leurs richesses & leur nombre viennent d'être unis aux Communautés des Marchands Grossiers de drap & de soie & aux Jouailliers; aussi se qualifient-ils, Marchands Merciers, Grossiers & Jouailliers; tant les Maîtres que les Gardes se prennent chés les uns & les autres indifferemment; ils ont les mêmes Armoiries, même Bureau, Patron & Confrerie. De plus ils se vantent d'avoir autrefois suivi le Roi; & que les Merciers suivant la Cour avoient un quartier séparé.

La Gallerie des Merciers du Palais, disent-ils, est le lieu où nos Rois leur permettoient d'étaler leurs merceries du tems qu'ils logeoient au Palais. La Grange aux Merciers encore, comprise de nos jours dans le Fauxbourg saint Antoine, est un lieu où ils exposoient leurs marchandises quand la Cour venoit au Bois de Vincennes prendre l'air.

Mais tout ceci est trop peu de chose pour eux; leur ambition va bien plus loin. Ils se vantent même d'avoir eu un Roi autrefois nommé *le Ro des Merciers*, qui outre ses Officiers, Lieutenans & une infinité de Sujets, étendoit son pouvoir si loin, qu'il n'avoit pour bornes que celles de la France. Aucun Mercier n'étoit reçû qu'en vertu de ses Lettres. Il visitoit leurs poids, leurs mesures, leurs marchandises. Le Grand Chambellan lui donnoit l'investiture de sa Royauté, & au raport de Fauchet, on lui permettoit de lever quelques droits sur les Merciers, à raison qu'il étoit tenu de fournir certaine quantité de cire au Sacre du Roi. Avec le tems ce Souverain eut d'autres Rois pour Compagnons; mais comme ils vinrent à abuser de leur autorité, & même de sorte que pour un écu, à ce que disent les ennemis des Merciers, ils donnoient des Lettres de Mercerie aux premiers venus, quoique peu à peu on reprimât ce désordre; neanmoins du tems de Henri IV, dans les Villes & les autres lieux où il n'y avoit ni Gardes ni Jurés, l'argent auprès d'eux faisoit tout. Ce que le Roi ayant appris en 1597, aussi-tôt il les supprima eux & leurs Officiers; & non content de leur ôter tout ce pouvoir qu'ils avoient, il voulut encore que tous ceux qui avoient obtenu des Lettres d'eux, fussent obligés dans la huitaine de renouveller leur serment de Maîtrise.

Je passerai ici quantité de choses arrivées entre les Merciers, les Marchands de drap, de soie & Jouailliers; & même je ne sai si je dois dire que les Tapissiers ont été long-tems unis aux Merciers; & que ceux-ci se vantent de les avoir détachés de leur Corps, comme n'étant que des Artisans. Et parce que durant leur union ils reconnoissoient ensemble pour Patron le Roi saint Louis, les Tapissiers ne l'ont point changé, & quoiqu'ils n'en célébrent plus la Fête au Sepulcre avec les Merciers, ils ne laissent pas de la faire toujours au Palais dans la Sainte Chapelle basse.

Anciennement les Merciers la solemnisoient aux Quinze Vingts le premier Dimanche d'après la saint Louis; mais leur Chapelle ayant été convertie en infirmerie, Charles VI en 1403, leur permit de tenir leur Confrerie au Palais dans une Sale nommée alors, la Sale Monseigneur saint Louis, bâtie au bout des grandes Galleries de ce tems-là, vers une Tour qu'on appelloit la Tour de la Reformation; & même voulut que le jour de leur Fête ils se servissent des bancs, des tables & des formes qu'ils y trouveroient, aussi-bien que de la cuisine & des lieux voisins. Et au cas que ce jour-là il vint loger au Palais, & qu'à cause de cela ils ne pussent commodément tenir leur Confrerie, il leur donna tout pouvoir de la transporter en tel endroit de Paris qu'il leur plairoit. Plus de cent ans après ils ne la tenoient point ailleurs, & l'y auroient tenu encore à l'ordinaire, si en 1508 elle n'eut été empêchée des procès de la Cour. Cet empêchement-là neanmoins ne les déposseda pas tout-à-fait; car si le jour de leur Fête il leur arriva de ne pouvoir s'assembler dans la Sale de saint Louis, le Parlement leur abandonna la grande Sale du Palais, avec les bancs & tout le reste, & de plus, sa cuisine qui est tout contre.

Presentement leur Confrerie est établie au Sepulcre, dans la Chapelle de saint Voult de Luque, que le peuple nomme par corruption saint Goguelu. Ils tiennent leur Bureau à la rue Quinquampoix, dans une maison attachée à d'autres qui en dépendent, plus spacieuse de beaucoup, & non moins superbe que celle des Drapiers. Ils gardent toujours pour Armoiries l'image de saint Louis en champ d'azur, tenant une main de Justice semée de fleurs de lis d'or, quoiqu'en 1626, le Prévôt & les Echevins leur donnassent pour Armes trois nefs d'argent à Banniere de France, un Soleil d'or à huit rais en chef entre deux nefs. Lesdites Armoiries en champ de Sinople.

LES PELLETIERS ET LES FOUREURS.

LE quatriéme Corps des Marchands est celui des Pelletiers, le moins nombreux & le moins riche des six. Ainsi que les Merciers, ils n'ont point voulu changer d'Armoiries, & conservent toujours leur Agneau Paschal d'argent, tenant une Croix d'or au champ d'azur & terminé d'une Couronne Ducale.

Quoique je sache peu de choses d'eux, cependant je n'oserois presque dire qu'ils pretendent avoir été le premier des six Corps; car comme il n'en reste aucune trace, ni dans nos Céremoniaux, ni ailleurs, il y a grande apparence que ce n'est pas tant la verité qui les fait parler ainsi, que la vanité. Qu'ils alleguent tant qu'il leur plaira, que telle prééminence leur avoit été accordée, parce que c'étoit eux qui faisoient la Robe du Roi; mais qu'avec le tems, étant devenus pauvres, il leur avoit fallu vendre leur préféance aux Drapiers, & même se contenter du dernier rang à cause que les Epiciers & les Merciers ne voulurent point perdre le leur.

Mais pour croire cela, il faudroit croire aussi qu'il n'y avoit que quatre Corps de Marchands, & admettre en même tems quantité d'autres choses de cette nature. Tous contes fades qui n'ont lieu que dans la bouche du peuple, & non pas preuves qu'on puisse faire lire sur le parchemin & sur le papier.

J'ai dit que Philippe Auguste leur donna dix-huit maisons de Juifs situées, à ce qu'on s'imagine, dans la rue même de la Pelleterie d'aujourd'hui; & que les Pelletiers étant venus l'habiter, elle prit leur nom. La même grace au reste qu'il avoit accordé aux Drapiers leur fut commune en ce point, qu'il leur permit également de les engager & de les vendre, sans les rendre autrement responsables du cens qu'à proportion des lieux que chacun occuperoit; car quant aux autres avantages qu'il fit aux Drapiers, c'est qu'enfin il lui plût ainsi.

Les Pelletiers depuis, savoir en 1586, associérent à leur Corps la Communauté des Foureurs; & quoique depuis, ou même auparavant, le peuple leur ait donné le nom de ces nouveaux Associés, il leur déplaît si fort, qu'il ne tient pas à eux que la rue des Foureurs, où ils demeurent la plupart, ne s'appelle la rue des Pelletiers. Neanmoins chacun dit la rue des Foureurs; & le peuple les nomme indifféremment Foureurs & Pelletiers. Leur union au reste n'a guere augmenté leur nombre, ni ne les a pas trop enrichis; car enfin, quand ce qu'ils disent seroit faux, que du premier rang qu'ils tenoient autrefois, la pauvreté les a fait descendre au dernier, il est certain que si les six Corps avoient à se faire valoir pour le bien, les Pelletiers seroient obligés de prendre le bas.

Notre-Dame & Saint François sont leurs anciens & premiers Patrons, & ce n'est que par occasion qu'ils reconnoissent pour Patron le Saint Sacrement; car, à ce qu'ils disent, c'étoit autrefois celui de leurs garçons.

En 1320, lorsque Philippe le Long vint à rétablir les Confreries abolies par Philippe le Bel, par même moyen, il rétablit celle de Saint François & de Notre Dame dans Saint Innocent à la Chapelle de la Vierge où elle s'est tenue jusqu'au commencement du siecle passé, qu'ils la céderent aux Potiers, Seigneurs du Blanc-Mesnil, afin de leur servir de Sepulcre.

En 1519, l'Evêque de Paris l'érigea de nouveau aux Grands-Augustins; mais sous le nom du Saint Sacrement, & à condition qu'ils en feroient la solemnité le premier Dimanche d'après la Fête-Dieu. Maintenant ils la tiennent aux Billettes, où ils prétendent que leurs garçons avoient institué la leur sous la protection du Saint Sacrement, qui a donné lieu à la fondation des Billettes ; outre cela, ils y fêtent encore la Vierge le jour de la Nativité.

Il ne me reste plus à parler que des Bonnetiers & des Orfevres, dont je pense savoir encore moins de particularités que des Pelletiers.

LES BONNETIERS.

J'AI fait savoir l'érection des Bonnetiers en cinquiéme Corps des Marchands, qui est la seule érection des six qui soit venue à ma connoissance, auparavant ils faisoient des mitaines, des aumusses & des chapeaux.

Dans les Ordonnances des Métiers de Paris, dressés en 1390, ils sont appellés Aulmussiers, Bonnetiers, Mitenniers, & Chapelliers de Paris.

En 1433, leurs Maîtres prenoient la qualité de Maîtres & Bacheliers du Métier de Bonnetier, Mitennier ; & leurs Jurés, celle de Jurés Mitenniers, Bonnetiers, & de Jurés Chapelliers, Aulmussiers, Mitenniers, Bonnetiers. En ce tems-là, sur le raport des Jurés Mitenniers, Bonnetiers, le Prevôt de Paris reçût au Métier de Mitennier Pierre de Poix Chapellier & Aulmussier, quoique par une Sentence du même tems les Chapelliers & les Aulmussiers composassent une Communauté differente de celle des Mitenniers & des Bonnetiers ; & pourtant la même année, Pierre Poulette Juré Mitennier, Bonnetier, assisté de quatre Maîtres Bacheliers, reçût Mitennier, Bonnetier le seize Avril, un Chapelier Aulmussier, nommé Jean Marceau, & si caduque, qu'il ne pouvoit faire de Chef-d'œuvre ; mais le dix-huit Mai suivant, il s'en retracta lui & les autres, comme d'une chose faite contre le bien public & par surprise.

Leur Bureau est à la rue des Ecrivains, petit veritablement, mais assés bien bâti, il appartenoit autrefois à la Fabrique de saint Jaques de la Boucherie, & l'eurent des Marguilliers par échange pour une autre maison qu'ils leur abandonnerent, afin de faire la Tour de l'Eglise. Leur Confrerie est dans la Chapelle de saint Fiacre qu'ils ont pris pour leur Patron. De toutes les Chapelles c'est la mieux placée : sur la frise d'un lambris qui l'environne sont taillés des bonnets de differentes manieres. Dans les vitres sont peints çà & là des chardons & des ciseaux ouverts, principalement des ciseaux ouverts avec quatre chardons au-dessus, qui sont leurs premieres Armes, & qu'ils ont quittées en 1629, pour prendre celles que le Prevôt des Marchands & Echevins leur donnerent.

Ce sont cinq nefs d'argent aux Bannieres de France, une étoile d'or à cinq pointes en chef. Lesdites Armoiries en champ de pourpre.

LES ORFEVRES.

LES Orfevres ont pour leur Patron Saint Eloi. Leur Bureau & leur Chapelle sont à la rue des Deux Portes. La Chapelle est grande, bien bâtie, & tient à plusieurs maisons qui en dépendent, que les Orfevres louent aux pauvres de leur vacation.

En 1474, Louis de *Bello Monte* Evêque de Paris, permit d'y dire la Messe Qui voudroit croire ces sortes de Marchands ici, anciennement, à ce qu'ils disent, ils étoient & voulurent être le premier des six Corps, dans le tems qu'on leur confioit la garde du buffet du Roi, pendant les festins Royaux qui se faisoient dans la grande Sale du Palais, après les entrées des Empereurs, des Rois & des Reines. Et cela, comme le jugeant alors plus honorable & le plus conforme à leur emploi, afin de se trouver proche du buffet Royal, & n'avoir qu'un pas à faire pour s'y rendre. Cette raison cependant qui est la plus forte de celles qu'ils alleguérent, lorsqu'ils se pourvûrent au Parlement pour le Reglement de leur marche avec les Bonnetiers, ne les empêcha pas de perdre leur procès.

La Ville en 1629, ainsi qu'aux autres Corps, voulant changer leurs Armoiries, leur en donna.

Mais ils conservent toujours celles-ci. De gueles à la Croix danchée d'or, écartelé au premier & au quatriéme d'une Couronne d'or, & au second & tiers, d'un Ciboire couvert d'or. Au Chef d'azur semé de fleurs de lis d'or sans nombre.

MARCHANDS DE VIN.

JE n'ai rien à dire autre chose des Marchands de vin, que ce que j'en ai dit, & qu'en 1629, le Prevôt & les Echevins leur donnerent des armoiries comme aux six Corps ; savoir.

Un Navire d'argent à Banniere de France flotant, avec six autres petites nefs d'argent à l'entour, une grape de raisin en chef, le tout en champ d'azur, & cela le sixiéme Juillet 1629.

L'HOTEL DE VILLE, ou DES CONSULS.

L'HOTEL de Ville n'a pas seulement changé de place par trois fois, mais encore de nom, au raport de Duchesne & du Pere du Breul; & même quatre fois, s'il faut ajoûter foi à la tradition & aux apparences.

D'abord, dit on, il se nommoit la *Maison de la Marchandise*, & étoit à la Vallée de Misere, dans un Logis appellé ainsi, & qui appartient encore à l'Hotel de Ville; après on choisit deux autres endroits fort éloignés l'un de l'autre.

Le premier s'appelloit le *Parloir aux Bourgeois*, situé dans la Ville, entre saint Leufroi & le grand Châtelet & occupoit les maisons que nous y voyons presentement.

Le deuxiéme étoit tout au bout de l'Université derriere les Jacobins, sur les murailles dans de vieilles Tours, qui depuis ont été renfermées dans ce Monastere, & que tout de même encore pour l'ordinaire, on nommoit le *Parloir aux Bourgeois*, quelquefois la *Confrerie aux Bourgeois*, comme il se voit dans un Regître de la Chambre des Comptes de l'an 1386, & rarement la *Maison de Ville*, derriere les Jacobins. Ce qu'on apprend d'un autre Regître de la même Chambre un peu plus ancien, puisqu'il est de l'année 1266. A la fin que ce fût en 1357, qu'on le transporta à la Greve, au lieu où il est maintenant, entre l'Eglise saint Jean & cette Place.

Depuis ce tems là, il a toujours été appellé l'*Hotel de Ville*, & quoiqu'on ne parle plus il y a long tems, ni de la Maison de la Marchandise, ni des Parloirs aux Bourgeois, leurs noms cependant ne laissent pas de subsister dans les Sergens de la Ville, dont quatre prennent la qualité de Sergens de la Marchandise, & six autres, celle de Sergens du Parloir aux Bourgeois; & de plus, ce dernier nom ici continue encore dans le Fief du Parloir aux Bourgeois, qui appartient toujours aux Prevôt des Marchands & Echevins, & qui a bien de l'étenduë; car tout ce qu'il y a de toits & de murailles de la Ville en cet endroit là, faisoient partie de ce Parloir, aussi bien que le Couvent des Jacobins, avant qu'on l'amortît, & qui ne le fut que dans le quatorziéme siécle. Si bien qu'outre les maisons voisines, il en renferme beaucoup d'autres de la ruë saint Jaques.

Qui voudroit croire du Breul, les fondemens de la maison de la Marchandise, furent jettés presqu'en même tems que ceux de la Monarchie & Gregoire de Tours en fait mention dans l'Histoire de Childebert I. D'un autre côté Duchesne assûre que sous ce même Prince il y avoit un autre Hotel de Ville que ceux dont j'ai parlé, qu'il étoit près du petit Châtelet, & que Gregoire de Tours l'appelle la Maison des Marchands ou des Trafiqueurs. Je puis dire avoir lû cet Auteur avec grand soin; cependant je n'y ai point découvert ni cette Maison de la Marchandise de du Breul, ni celle des Marchands ou Trafiqueurs de Duchesne. Veritablement j'y trouve bien que les maisons des Marchands, ou s'ils veulent des Trafiqueurs, nommés par Gregoire de Tours *Domus Negociantum*, & bâtie près du petit Châtelet, furent brulées avec le reste de Paris; mais outre que cet embrasement arriva sous Clotaire & Childebert II, *Domus Negociantum*, ne veut pas dire là l'Hotel de Ville, comme le prétend Duchesne; mais des maisons habitées par des Marchands qui avoient famille.

Quoi qu'il en soit, la Maison de la Marchandise, ainsi que j'ai remarqué, est encore à la Vallée de misere, & appartient à l'Hotel de Ville.

Quant

DE LA VILLE DE PARIS. Liv. IX. 481

Quant aux deux maisons du Parloir aux Bourgeois, elles se nomment encore de la sorte dans les aveux & les dénombremens de l'Hotel de Ville, l'une où pend pour enseigne le *Benoistier*, tient au grand Châtelet, & appartient encore aux Prevôt des Marchands & Echevins; l'autre, qui a pour enseigne la *Tête noire*, appartient depuis fort long-tems au Chapitre de saint Germain. Je ne sai même si la maison Presbyterale de saint Leufroi, qui est attachée à la Tête noire & celles de la Sallemandre & du Mouton d'or bâtie derriere, sur la rue de la Jouaillerie, ou du Pont au Change, ne composoient point l· Parloir aux Bourgeois, avec la maison au Benoistier; car enfin, le Prevôt des Marchands & les Echevins sont Seigneurs de tous ces logis ici, ils sont encore en leur censive, & doivent à la Ville trois sols parisis de cens.

LE PARLOIR AUX BOURGEOIS DANS L'UNIVERITÉ.

LE Parloir aux Bourgeois qui étoit dans l'Université consistoit en un gros édifice pavé sur la couverture, qui avançoit neuf toises, ou environ dans les fossés; & de plus, en des Tours rondes & quarrées, les unes avec un comble, les autres terrassées de pierres de liais.

En 1366, on racommoda le pavé qui le couvroit.

En 1368, Jean de Blois Peintre, eut vingt-six livres parisis pour l'avoir peint; & parce que Gaucher Payeur des œuvres de la Ville, oublia alors de mettre cette somme dans son compte, il la remit depuis dans celui qu'il rendit à la Chambre en 1371.

En 1370, Philippe d'Aci, alors Payeur des œuvres de la Ville, rendit compte à la Chambre de l'argent qu'il avoit donné en 1365, à Robert de Pierrefons Pionnier, qui avoit emporté les terres & les pierres tombées dans les fossés, pour avoir creusé depuis peu derriere le Parloir aux Bourgeois, ou la Maison de Ville, qui est derriere les Jacobins, afin d'user de ses termes.

Enfin en 1504, le Parloir aux Bourgeois étoit encore sur pied, & cette année-là même, dans une Assemblée de Ville tenue le dix-sept Fevrier, Jean le Clerc, Frere Prescheur & Docteur en Théologie, le vint demander avec une allée qui passoit alors entre le Couvent des Jacobins & les murs de l'Université; mais on trouva cette demande de si grande conséquence, que l'affaire fut remise à une plus grande Assemblée. Si bien que le mois d'après, tout au commencement, le Prevôt des Marchands ayant appellé à l'Hotel de Ville un plus grand nombre de Bourgeois, Frere le Clerc y presenta des Lettres de Louis XII, qui portoient que des personnes intelligentes en l'Art militaire, ayant visité par son ordre le Parloir aux Bourgeois, & l'allée que vouloient avoir les Jacobins, comme ils lui avoient fait raport, qu'il les leur pouvoit donner, sans préjudicier à la Ville; qu'il entendoit que le Prevôt & les Echevins les abandonnassent à ces Religieux.

Mais parce que cette Requête parut encore de plus grande conséquence qu'auparavant, on resolut d'avoir égard à la volonté du Roi; & neanmoins devant que de passer outre, d'en avertir le Parlement, & d'en remettre la décision à une Assemblée plus nombreuse de Bourgeois, où seroient convoqués les plus notables & les plus honnêtes gens de Paris.

Le cinquiéme Avril donc ensuivant, cette Assemblée eut lieu, & là, il fut arrêté que le Prevôt & les Echevins s'opposeroient à la ratification des Lettres du Roi, avec d'autant plus de fondement, que le Parloir aux Bourgeois est l'heritage, & l'un des propres de la Ville; que c'est une maison Seigneuriale, d'où relevent toutes les personnes, & les logis qui en dépendent; que si deux cens Religieux qui composent d'ordinaire le Couvent

Tome II. PPp

des Jacobins, devenoient proprietaires d'une Tour qui fait partie de ce logis, ils pourroient apporter un grand préjudice à la Ville.

Telles raisons après tout, ne leur serviront pas de grand'chose ; car enfin, on sait qu'il n'y a plus maintenant de passage ni d'allée entre les Jacobins & les murs de l'Université: tout est si bien confondu avec le Monastere, qu'on n'y connoît plus rien, & il s'étend jusqu'aux murailles.

Quant à l'édifice du Parloir aux Bourgeois, je ne sai ce qu'il est devenu; car ce vieux bâtiment quarré que nous voyons dans les fossés, n'y a jamais servi, c'est le bout du Refectoire & du Dortoir des Jacobins, ce qui ne paroît que trop par la symmetrie, outre que l'Histoire du Roi Jean nous apprend que pendant sa prison, ce bâtiment fut coupé pour en faire un chemin *des rondes*, & détacher ce Monastere des murailles & des fossés qu'on fit alors pour resister aux ennemis de l'Etat.

L'HOTEL DE VILLE.

TOUCHANT l'Hotel de Ville d'aujourd'hui, on l'appelloit en 1212 la *Maison de Greve*, à cause peut-être qu'alors il n'y en avoit point d'autre là, ou du moins plus considerable.

Philippe Auguste au reste l'acheta de Suger Cloyn Chanoine de Paris, & l'Abbé de Preuilli reconnut que ce Prince y avoit haute, moyenne & basse Justice. Depuis elle fut nommée la Maison aux Piliers, & *Domus ad Piloria*, parce qu'elle étoit portée sur une suite de gros pilliers, tels que ceux qui se voient encore à la Greve, le long de l'Hopital du Saint Esprit & du Bureau des pauvres; après on lui donna le nom de la *Maison au Dauphin*, à cause qu'elle vint à appartenir aux deux derniers Princes souverains du Dauphiné, & à Charles de France Dauphin, Duc de Normandie, Regent du Royaume & ensuite Roi de France, sous le nom de Charles V. Mais parce que ce Prince en 1356, la donna à Jean d'Auxerre Receveur des Gabelles de la Prevôté & Vicomté de Paris, en consideration des services qu'il lui avoit rendus, elle eut encore d'autres noms; car tantôt on l'appelloit l'Hotel de *la Marchandise*, & tantôt l'Hotel de *la Prevôté de Paris*; tant qu'enfin, celui de l'Hotel de Ville lui est demeuré, depuis que ce Receveur des Gabelles en 1357, l'eut vendue deux mille huit cens quatre-vingt livres parisis forte monnoie, au Prevôt des Marchands, qui étoit Etienne Marcel, & aux Echevins : outre que le Regent, à leur priere, la déchargea tant de l'argent que Jean d'Auxerre pouvoit devoir au Domaine, que des dettes & des hypotheques d'Humbert Dauphin, à qui elle avoit appartenu. De plus, il leur accorda la permission de la posseder à perpetuité, sans jamais pouvoir être contraints d'en vider leurs mains pour quelque cause que ce pût être.

Pour ce qui est du bâtiment, c'étoit un petit logis qui consistoit en deux pignons, & qui tenoit à plusieurs maisons Bourgeoises; & cependant, ce fut la demeure du Prevôt de Paris, quand Charles V I eut supprimé la Dignité de Prevôt des Marchands, & des deux Prevôtés n'en eut fait qu'une : & depuis qu'il l'eut rétablie, non-seulement ce fut le séjour du Prevôt des Marchands, mais de ses parens encore. Et de fait, en 1384, Juvenal des Ursins y demeuroit avec ses freres.

En 1552, dans une Assemblée de Ville, entre autres choses, il fut arrêté qu'on feroit faire un lit de camp de damas noir, pour mettre dans la Chambre du Prevôt des Marchands, à l'Hotel de Ville. Et durant les troubles de Paris, à l'occasion du Cardinal Mazarin, le President le Feron Prevôt des Marchands s'y logea, afin de remedier plus promtement aux affaires qui survenoient à tout moment.

DE LA VILLE DE PARIS. Liv. IX.

Je ne m'amuserai point à faire un long recit de tous ses appartemens. Il suffira de savoir qu'il y avoit deux cours, un poulailler, des cuisines hautes, basses, grandes & petites; des étuves accompagnées de chaudieres & de baignoires; une chambre de parade, une autre d'Audiance, appellée le Plaidoyer; une Chapelle lambrissée, une sale couverte d'ardoise, longue de cinq toises & large de trois, sans plusieurs autres commodités.

En 1434, il y avoit encore un grand grenier pour l'Artillerie. Mahiet ou Mathieu Biterne peignit la chambre qui tenoit au Bureau & l'embellit à la façon du tems, de fleurs de lis & de rosiers entre-mêlés & rehaussés des Armes de France & de la Ville.

En 532 & 1533, le Prevôt & les Echevins acheterent les maisons Bourgeoises qui tenoient à l'Hotel de Ville, afin de l'aggrandir & de le rebâtir. Dominique Bocador, dit de Cortone, qui en fit le dessin, & conduisit l'édifice, avoit deux cens cinquante livres de gages. Asselin Maître des œuvres de la Ville & commis à la sur-intendance de la charpenterie, en avoit soixante & quinze, & Chambiche Tailleur de pierres, Maçon & Conducteur des ouvriers vingt-cinq sols par jour; de dire combien coûtoit la pierre, le plâtre & les autres materiaux, ce ne seroit jamais fait. Je remarquerai seulement que le premier & second étage du grand corps de logis ne parurent que vers l'année 1549; que l'ordonnance alors ayant semblé gothique, on reforma le dessin; que ce bâtiment depuis ne fut achevé que sur les devis & élévations qu'on fit voir à Henri II, à Saint Germain en Laie. Pour ceux qui auront la curiosité de savoir à combien de reprises ce grand édifice arriva au point où il est, ils n'ont qu'à lire les inscriptions que le Prevôt des Marchands & Eschevins ont eu grand soin de répandre aux endroits où ils ont fait travailler en leur tems.

Quant aux choses qui meritent d'être regardées, les plafonds des Portiques de la cour, la délicatesse des ornemens qui y sont sculpés, les rosons des rampes de l'escalier fouillés & si finis, qu'ils semblent être suspendus en l'air, ouvrage du Thoulousin, sont des choses que les Curieux admirent, aussi-bien que les têtes de Meduse du portail qui font peur, tant elles sont hideuses & bien executées; au reste, la derniere entreprise de Petlan, le meilleur Fondeur de notre tems. Enfin la figure Equestre de Biard le pere, & les Tableaux de Porbus.

A l'égard de ces Tableaux, les uns sont posés dans les cheminées qui terminent les deux bouts de la grande sale; cet excellent Peintre y a representé Louis XIII, recevant les sermens du Prevôt & des Echevins en presence de Marie de Medicis sa mere, du Chancelier & de quelques Grands du Royaume. Au reste tout y est animé vivant; les têtes en sont peintes avec une facilité incroyable, ou plutôt inimitable. Il y en a où l'Imprimerie de la toile sert de teinte; les poils y sont si bien touchés & si bien distingués qu'on les pourroit compter.

Outre ces beaux Tableaux, la même sale est encore enduite de quantité d'autres Portraits peints en concurrence par les plus célebres Peintres de notre tems, & qui pourtant, auprès des deux de Porbus, ne paroissent que des peintures de Village, ou du Pont Notre-Dame.

Touchant la figure Equestre, c'est un chef d'œuvre de Biard, l'un des meilleurs Sculpteurs que nous ayons eu; & on dit que c'est une copie de celle de Marc-Aurele, à qui Biard a donné un peu plus d'esprit que n'en a l'original, afin de la déguiser & la rendre moins reconnoissable: les jambes du cheval sont si seches, sa croupe si ronde, son encolure si bien arondie, son crin si bien mêlé & pourtant si bien peigné; d'ailleurs, sa tête est d'une beauté incomparable, & son attitude d'une fierté qu'on ne sauroit exprimer. Henri IV qui le monte est si bien assis, son visage si ressemblant & si plein de vie, son action remplie de tant de douceur & de majesté, que c'est peut-être le seul excellent Portrait qui nous reste de ce grand Prince.

Tome II. PPp ij

Que si les deux figures qu'on voit derriere semblent malfaites , & les jambes de devant du Cheval déplaisent , il s'en faut prendre aux Incendiaires de l'Hotel de Ville , qui voulant sacrifier à leur rage une troupe de bons François qui s'y étoient assemblés en 1651 , mirent le feu à la porte , & à cette belle figure qui la termine , & ont été cause que Biard le fils , ayant voulu restaurer l'ouvrage de son pere , l'a gâté.

ASSEMBLE'ES.

DE toutes les Assemblées remarquables qui ont été faites à Paris , la premiere fut sous Jules Cesar , lorsqu'il y transfera les Etats Generaux des Gaules , à cause que les Députés de Sens, de Chartres & de Treves ne s'y étoient pas trouvés , où il fut arrêté qu'à l'ordinaire , on lui fourniroit de Cavalerie.

La seconde , se tint pour la promotion de Julien à l'Empire , quand l'armée de Constance , aussi bien que les Parisiens , le contraignirent à prendre le Diadéme.

La troisiéme lorsque ce Prince en leur presence donna audiance à Leonas , & fit faire la lecture des Lettres que Constance leur écrivoit.

La derniere enfin sous Clovis , quand il voulut déclarer la guerre à Alaric Roi des Wisigots & qu'il assembla les Grands du Royaume : & après leur avoir remontré , que c'étoit une honte de souffrir qu'un Prince Arien possedât la meilleure partie de la Gaule , tous en même tems , les mains levées , lui protesterent , que pas un d'eux ne se feroit la barbe , qu'ils ne l'eussent fait changer de pays , & chercher terre ailleurs.

Mais venons aux Conciles tenus à Paris.

CONCILES.

EN 352, il se tint un Concile à Paris contre les Ariens, où Saturnin fut excommunié. Nicolas le Febvre l'un des plus savans hommes de notre tems , fait mention d'un autre tenu vers ce tems-là, & imprimé avec les fragmens de saint Hilaire , où les Evêques de France envoyerent leur Confession de foi aux Evêques d'Orient.

Vers l'année 555 , sous Pelage I , Childebert assembla les Evêques du Royaume à l'Hotel Episcopal, où Sapaudus Evêque d'Arles présida , & là Saphoracus Evêque de Paris , convaincu d'un crime dont l'Histoire se tait , fut condamné & relegué dans un Monastere.

Deux ans après , ils s'assemblerent encore pour empêcher tant l'usurpation des biens d'Eglise que les mariages incestueux & autres désordres semblables.

En 575 , ils tinrent une autre Assemblée dans l'Eglise sainte Geneviéve , à l'occasion de Promotus , qui avoit été reçû Evêque à Châteaudun au préjudice de Papolus Evêque de Chartres.

En 577 , ils se trouverent encore au même lieu , à la poursuite de Chilperic , où Pretextat Evêque de Rouen fut condamné , que le Roi envoya en exil , mais que Gontran rappella depuis.

J'ai passé que le même Gontran en 576 , convoqua aussi à Paris tous les Prelats de son Royaume , afin de terminer les differends qu'i avoit avec Sigebert ; mais que leurs pechés & ceux des François furent cause que ne profitant point de leurs avis , ils se firent la guerre plus que jamais.

Pendant la minorité de Clotaire II , Fredegonde sa mere assembla trois Evê-

DE LA VILLE DE PARIS. Liv. IX.

ques & trois cens personnes d'honneur & de qualité, afin de lever par leur serment le soupçon qu'avoit Gontran que ce jeune Prince n'étoit pas le fils de Chilperic.

Pour revenir aux Conciles célebrés à Paris ; en 614, il s'y en tint un, où assisterent soixante & dix-neuf Evêques ; ce qui n'étoit point encore arrivé dans pas un Concile de France, d'en voir tant pour une fois.

Peu de tems encore après, un autre fut convoqué, dont il ne reste que quinze Canons, que le Pere Sirmond a tirés d'un Mf. déchiré.

Je ne parle point du Concile tenu à Clichi fous Clovis I I , où l'Abbayie de Saint Denys fut affranchie de la subjection de l'Evêque, parce que cela s'est passé hors de Paris ; joint que telle circonstance ne se trouve que dans Aymoin, qu'on prétend avoir été ajoutée par les Religieux de Saint Benoît.

Il est bien certain qu'en 767. Il s'en tint un à Gentilli, qui peut être dèslors appartenoit à l'Evêque de Paris, & encore un autre à Paris en 824, où dans tous les deux il fut agité, s'il faloit avoir des Images dans les Eglises ; mais de plus dans le premier, si le Saint Esprit procedoit aussi bien du Fils que du Pere.

En 829, par ordre de Louis le Debonnaire, quatre Conciles furent célebrés, l'un à Maïence, l'autre à Paris, le troisiéme à Lion, le dernier à Thoulouse, qui tous sont perdus, à la reserve du second, si ample au reste, qu'il contient trois Livres. Au commencement se voit une Lettre circulaire de l'Empereur à tous les Evêques. Là on prit à tâche de réformer la discipline Ecclesiastique.

En 846 par ordre de Charles le Chauve, on tint un autre Concile à Paris où il ne fit publier que dix-neuf Canons de celui de Meaux ; tous les autres furent rejettés en haine du Clergé.

A Paris encore en 847, Ebbon Archevêque de Reims, fut demis de sa Dignité par l'Eglise de France, & Hincmar fut confirmé Archevêque de Reims à sa place.

En 849, le Concile de Tours, appellé le Synode general de Paris, fut célebré à Paris contre Neomene Duc de Bretagne, se disant Roi de Bretagne.

En 862, les Evêques du Royaume tinrent un autre Concile à Paris, dont il est fait mention dans les Fragmens de faint Hilaire, mis au jour par Nicolas le Febvre, & rapportés depuis par le Pere Sirmond, tous deux d'une science consommée ; mais que Jean de Launoi, qui ne leur cede en rien, doute avoir été tenu en cette Ville, ni même ailleurs, pour les raisons qu'il allegue dans son Livre des anciennes Eglises de Paris.

En 1050., par commandement d'Henri 1, il s'y en tint un, qui condamna l'heresie de Berenger, aussi-bien que le Livre de Jean Scot, d'où elle sembloit être tirée. Ensuite de quoi, il fut arrêté que l'Armée Françoise précedée du Clergé poursuivroit tous ceux qui en feroient profession, jusqu'à ce qu'elle les eut contraints de l'abjurer, ou qu'elle les eut punis.

En 1073, Giraldus Evêque d'Ostie, Legat du saint Siége, présida à un autre Concile assemblé à Paris, & rapporté dans les Tables de Vendôme.

Je ne sai qui a dit à du Beuil qu'en 1088, les Evêques de France, d'Angleterre, de Flandre & de Lorraine, resolurent à Paris de porter la guerre dans la Terre-Sainte.

En 1092 ou 1093, l'Eglise de France assemblée, y excommunia les usurpateurs des biens de l'Abbayie saint Cornille de Compiegne.

En 1145, elle assista à la dispute de Hugues, Archevêque de Rouen, & de Gilbert Porée Evêque de Ravenne accusé d'heresie, & que deux ans après elle condamna en présence de Eugene III.

Et parce qu'en 1179, Alexandre III écrivit une Lettre à Guillaume Archevêque de Sens, contre le Livre de Pierre Lombard, l'un de nos Evêques,

Mathieu Paris & d'autres après lui, prétendent qu'alors il se tint à Paris un Concile.

En 1186 & 1188, les Prélats de France s'y rendirent, afin de déclarer la guerre aux Infideles.

En 1196, Celestin III, envoya à Paris *Melior & Censius* tous deux Cardinaux, qui présiderent à une Assemblée générale des Evêques du Royaume, où fut examinée la répudiation de la Reine Ingeburge fille du Roi de Danemarc, & seconde femme de Philippe Auguste, aussi-bien que le mariage de ce Prince avec Agnès fille du Duc de Moravie.

A la sollicitation de Marianus Religieux de Prémontré, les Prélats de France se rendirent à Paris en 1201, pour y condamner l'Heresiarque Ebraudus.

Par l'entremise de Pierre Cambellanus Evêque de Paris, l'Heresiarque Amauri fut déterré en 1209, ou 1210, & brûlé avec ses Sectateurs.

En 1212, Robert Cardinal & Legat en France, présida à un Concile, tenu encore à Paris, pour le rétablissement de la discipline Ecclesiastique & autres choses semblables.

En 1224, & 1225, les Evêques du Royaume y examinerent l'affaire des Albigeois. Conrard Cardinal & Legat *à latere*, présida à la premiere Assemblée; & à la seconde, Romain & Pierre Cardinaux aussi tous deux.

En 1288, Raimond Comte de Toulouse excommunié, se reconcilia avec l'Eglise le jour du Vendredi-Saint.

Jean Cholet Legat, présida à un autre Concile tenu à Paris en 1284.

Girard & Benoît Legats, présiderent tout de même en 1290, à une Assemblée générale de France convoquée à Sainte Geneviéve.

Entre plusieurs Conciles qui se tinrent à l'occasion des Templiers, il s'y en tint un en 1309.

Philippe & Guillaume Archevêques de Sens, en 1314 & 1324, convoquerent deux Conciles Provinciaux sur le differend des Images.

En 1329, tous les Prélats du Royaume se trouverent à Paris, pour maintenir les Libertés & la Jurisdiction de l'Eglise.

En 1379, 1394, 1398, 1406, & 1408, ils s'assemblerent au Palais, afin de remedier au Schisme qui dura plus de cent ans.

En 1428 ou 1429, ils tinrent leur Assemblée aux Bernardins, tant pour la réformation de l'Office Divin, que des Ecclesiastiques, Religieux & autres.

Le Concile que Binius appelle le Concile de Sens, se commença à Paris en 1527, où l'heresie de Luther fut condamnée.

A un autre nommé encore le Concile de Sens par quelques-uns, présida en 1612, le Cardinal du Perron, où fut examiné un certain Livre fait contre le Pape, qui traitoit de la puissance Ecclesiastique & Politique.

Au dernier enfin tenu en 1640, présida Jean-François de Gondi, premier Archevêque de Paris, où l'on condamna le Livre qui avoit pour titre, *Optatus Gallus*.

Si je n'ai point fait mention des Conciles tenus à Compiegne, à Senlis, Saint Denys, Etampes, Chelles, Melun, & autres Villes des environs, ç'a été pour ne point sortir de Paris: & si j'en suis sorti pour celui de Gentilli, c'est qu'outre qu'il a du rapport avec le Concile tenu à Paris quelques années ensuite, c'est que dès-lors peut-être, ce lieu là appartenoit à l'Evêque & qu'il y avoit une maison.

E T A T S.

VENONS maintenant aux Etats & autres Assemblées de cette qualité.
Voici ce que j'en ai pû découvrir.

En 1057, Henri I convoqua à Paris tous les Prélats & les Grands du Royaume pour le Couronnement de Philippe son fils & son successeur.

En 1179, Louis VII, tint une pareille Assemblée dans la Maison Episcopale de Maurice de Sulli, où après avoir fait sa priere, selon la coutume, & s'étant retiré dans une chambre à part, il les fit tous venir les uns après les autres pour leur déclarer son dessein, qui étoit de faire sacrer son fils aîné.

Par l'avis des Grands & des Prélats encore, Philippe Auguste donna Marguerite de France sa sœur, veuve de Henri le Jeune, fils du Roi d'Angleterre, à Bela, ou Belet III, Roi de Hongrie.

Louis VIII, par le Conseil d'Honoré III, tint son Parlement à Paris en 1228, où se trouverent tous les Prélats & les Barons, & où le Pape envoya Conrard Legat à Latere, afin de suspendre pour quelque tems l'excommunication fulminée contre les Albigeois, & recevoir dans le giron de l'Eglise Raimond Comte de Toulouse, Chef de ces Heretiques.

Saint Louis y en tint un autre en 1260, à l'occasion de ce que lui avoit mandé Alexandre IV, que les Tartares s'étoient jettés dans la Terre-Sainte, avoient défait les Sarrasins, pris Antioche, Tripoli, avec beaucoup d'autres Places; & de plus menaçoient Acre & toute la Chrétienté : si bien qu'alors il fut arrêté de tâcher à fléchir Dieu par des prieres, de faire des Processions, punir les blasphémateurs, réprimer le luxe, autant pour la table que pour les habits; défendre les Tournois pour deux ans; & enfin, quant aux jeux de ne s'exercer qu'à l'Arc & à l'Arbalêtre.

En 1275, Philippe le Hardi convoqua à Paris presque tous les Prélats de France & les Barons, avec quantité de Princes & de Chevaliers d'Allemagne pour assister au Couronement & au Sacre de Marie de Brabant sa seconde femme, qui se fit à la Sainte Chapelle. En réjouissance toutes les boutiques furent fermées huit jours durant & les rues tapissées. Et parce que la cérémonie avoit été faite par l'Archevêque de Reims, celui de Sens qui étoit alors Métropolitain de Paris s'en plaignit, prétendant que cet honneur lui appartenoit dans son Diocèse. A quoi le Roi fit réponse que la chose étoit passée dans sa Chapelle, qui ne dépendoit point de Sens; mais seulement du saint Siege.

A propos de ceci, afin de n'y plus revenir, Blanche de Bourgogne, Jeanne d'Evreux & Isabeau de Baviere femmes de Charles le Bel & de Charles VI, y ont encore été sacrées & couronées en 1323, 1328 & 1389. Renée de France fille de Louis XII, en 1528, y fut encore mariée à Hercules d'Est, fils du Duc de Ferrare.

Enfin le Roi Jean en 1332, y convoqua les Rois de Boheme & de Navarre, les Ducs de Bourgogne, de Bretagne, de Lorraine, de Brabant & de Bourbon, avec quantité d'autres Seigneurs & Prélats; & là, leur ayant déclaré son dessein, qui étoit d'aller contre les Infideles, & pendant son absence, de laisser Jean son fils aîné, âgé pour lors de quatorze ans, pour Regent du Royaume; qu'il entendoit, venant faute de lui, qu'aussi-tôt ils le couronnassent : & là dessus les pria de jurer sur les saintes Reliques du lieu, qu'ils n'y manqueroient pas. A quoi ils obéïrent, elevant tous en même tems les bras vers les saintes Châsses, & non contens de cela, chacun en particulier lui en vint faire le serment entre ses mains.

Mais pour reprendre l'ordre Chronologique que nous avons quitté, en 1301, Philippe le Bel assembla les Etats contre Boniface VIII, qui l'avoit excommunié & donné la France à l'Empereur Albert.

En 1309, les Commissaires nommés pour faire le procès aux Templiers, citerent tout l'Ordre dans la Sale de l'Evêché, dont cinquante quatre furent condamnés au feu.

En 1319, Philippe le Long commanda qu'on eut à fermer tous les soirs le Cloître saint Benoît, comme servant de rendés-vous aux voleurs & autres gens perdus, qui de nuit batoient, voloient, tuoient les passans, & même ceux qui alloient à Matines.

Pendant la prison du Roi Jean, les Etats furent assemblés au Palais, & rompus par Charles Regent du Royaume; mais depuis rétablis aux Cordeliers.

Du tems que le Palais servoit aux Fêtes de nos Rois, tantôt le Parlement se tenoit aux Grands Augustins & à l'Archevêché, tantôt aux Filles Penitentes de Saint Eloi.

Chacun sait où se tient la Chambre de la generale Réformation, où se rendent les divers Colleges des Secretaires du Roi, & les six Corps des Marchands.

L'Université quelquefois s'est assemblée aux Bernardins, souvent à saint Julien-le-Pauvre; mais d'ordinaire, c'est aux Mathurins qu'elle s'assemble.

Le Roi Jean, à son retour d'Angleterre, tint une Assemblée à l'Hotel de Sens, touchant sa rançon, qui se montoit à trois millions d'écus; & là il fut resolu qu'on feroit des pieces de la valeur d'un demi Noble d'Angleterre chacune.

En 1410, l'Université tint une Assemblée générale aux Bernardins pour empêcher que les Ambassadeurs de Jean XXIII, n'obtinssent du Roi les procurations & les dépouilles des Heretiques après leur mort, qu'ils lui venoient demander au nom de leur Maître. Là d'abord elle fit faire la lecture de l'Ordonnance du Conseil de France faite en 1406, qui portoit, qu'à l'avenir, l'Eglise Gallicane seroit franche des secours, des decimes, des procurations & autres impositions semblables, introduites par l'Eglise Romaine. Après quoi il fut arrêté que tout ceci seroit observé ponctuellement; & au cas qu'on la voulût contraindre par censures Ecclesiastiques à payer quelques-uns de ces subsides, elle en appelleroit au Concile général; que ceux qui les voudroient exiger seroient mis en prison; qu'alors elle supplieroit le Procureur Général de se joindre à elle; que neanmoins si le Pape se trouvoit pressé, & qu'il eût besoin d'argent, on assembleroit l'Eglise de France, afin de l'assister charitablement dans son besoin. Ensuite elle envoya des Députés tant au Roi qu'au Parlement, pour remontrer les inconveniens qui arriveroient si l'Ordonnance de 1406, venoit à être violée.

Entre plusieurs Assemblées qui furent faites en 1413, les unes furent tenues à saint Germain de l'Auxerrois, à sainte Opportune, à la Porte Baudets & au Cimetiere saint Jean, par ceux qui vouloient la paix: les autres, par l'Université & les gens de bien à l'Hotel de Ville & à l'Hotel Royal de saint Pol, pour tirer de prison les Ducs de Bar & de Baviere & autres grands Seigneurs & Dames qualifiées que le Duc de Bourgogne à la tête de la populace avoit arraché d'entre les bras de la Reine & du Dauphin de France.

En 1465, que Paris étoit bloqué par le Duc de Berri, le Comte de Charolois & autres, leurs Députés & ceux de Louis XI traitoient de la paix à la Grange aux Merciers, appellée maintenant Berci, sous un pavillon dressé exprès.

En 1529, François I assembla la Noblesse à l'Hotel de Bourbon, qui depuis peu a été achevé de ruiner pour aggrandir le Louvre; & là, après les avoir prié de lui fournir de l'argent pour l'accomplissement de la paix,

entre

entre lui & la Maison d'Autriche, il les détrompa du bruit faux qui couroit, que son dessein étoit de mettre les Nobles à la Taille.

En 1557, Henri II convoqua les Etats & la Noblesse du Royaume au Palais, dans la Sale saint Louis.

En 1560, François II ayant transferé les Etats de Meaux à Orleans, leur fit savoir que ceux de la Prevôté & Vicomté de Paris étoient à l'Evêché dans la grande Sale.

En 1563, Charles IX assembla la Noblesse dans la Sale du Louvre, la harangue qu'il fit fut imprimée à Lion par Benoît Rigaud.

Pour la députation aux Etats de Blois, le Prevôt de Paris en 1576, convoqua dans la même Sale une Assemblée, composée seulement des Habitans de la Prévôté & Vicomté de Paris. Que si le Prevôt des Marchands, les Echevins & les Bourgeois, tant de la Ville que du Fauxbourg, ne s'y trouverent pas, c'est que par ordre de Henri III, ayant fait un corps à part, le Prevôt des Marchands & les Echevins envoyérent alors à l'Evêché quelques-uns d'entre eux avec deux Bourgeois

Cette année-là même, le Premier Président assembla dans la Sale de saint Louis les Avocats & les Procureurs de la Cour, pour un prêt de cent mille francs que le Roi leur demandoit. Tous à la verité firent quelques offres chacun; mais Potier Secretaire des Finances, & d'autres qui avoient ordre de faire la taxe, ne se contenterent pas de si peu, ils eurent beau murmurer, il fallut en passer par-là.

En 1580, M. de Thou Premier Président, Violle, Anjorrant, de Longueil, & Chartier, tous Conseillers au Parlement, tinrent Assemblée dans la grande Salle de l'Evêché, pour travailler à la réformation de la Coutume de Paris, sur l'ancienne redigée en 1510, par M. Thibaut Baillet, President, & Roger Barme, Conseiller au Parlement, aussi en presence des Etats.

Durant le siége de Paris, Henri IV, eut une conference en 1596, à saint Antoine des Champs avec le Cardinal de Gondi, & l'Archevêque; mais qui n'aboutit à rien.

Louis XIII en 1614, le treizième Octobre, fit savoir aux Députés des Etats généraux, qu'il entendoit en faire l'ouverture le vingt, dans la grande Sale de l'Hotel de Bourbon: & cependant qu'il vouloit que tous se trouvassent dans la Sale des Augustins pour conferer ensemble, qu'ensuite le Clergé y tiendroit aussi ses Assemblées.

Quant aux autres, que la Noblesse iroit aux Cordeliers, & le tiers Etat à l'Hotel de Ville; après quoi, lorsque leurs remontrances & leurs cahiers auroient été dressés, ils conviendroient aux Augustins de celui qui porteroit la parole.

Le vingt-trois neanmoins à leur priere, le Roi consentit qu'ils s'assemblassent tous aux Augustins, puisqu'il y avoit assés de Sales, afin de pouvoir s'entrecommuniquer plus aisément.

En 1626, l'Assemblée des Notables convoquée par le Roi à Paris, se tint au Palais des Tuilleries.

ASSEMBLE'ES DU CLERGE'.

JUSQU'EN 1605, les Assemblées du Clergé se sont faites en differens endroits; tantôt à l'Archevêché & à saint Germain des Prés; tantôt à tel Monastere & tantôt à un autre; mais depuis 1605 qu'elles commencerent à se tenir aux Grands Augustins, peut-être n'ont-elles point changé de lieu

Ces Assemblées-là au reste, s'y font tous les cinq ans dans une grande Sale qui tient à la rue des Augustins, autrement dite, des Charités saint Denis; mais parce qu'elles durent long-tems, ce qui embarasse les Religieux ceux-ci de leur côté, afin de profiter de l'occasion, assés souvent en pleine Assemblée présentent quelque Requête, où ils donnent à entendre leurs necessités. Si bien que par ce moyen, ils en tirent d'assés bonnes sommes, parfois trois mille livres, & parfois quatre.

Or comme il survient des affaires, & que pour lors les Députés sont obligés de s'assembler extraordinairement, ces affaires-là d'ordinaire se traitent dans une autre Sale que le Clergé loue cent écus, & où sont enfermés ses Regîtres & ses Archives. Cette Sale est dans la cour, dont elle occupe tout le fond.

Le Parlement s'y tenoit en 1610, lorsque le Palais se trouvoit embarassé par les magnificences qui s'y devoient faire après le Couronnement de Marie de Medicis, & ce fut là que Louis XIII, tint son Lit de Justice, incontinent après la mort de Henri le Grand, & que la Reine sa mere se fit déclarer Regente du Royaume.

ACADEMIES.

JE ne saurois dire si le nom d'Academie est ancien en notre Langue; mais je sai qu'on s'en est servi si souvent, & je découvre tant de sortes d'Academies à Paris, que je suis bien empêché par où commencer. Et de fait, nous avons eu des Academies pour la propagation de la Foi, pour apprendre l'Art Militaire, pour le rétablissement de la Musique dont les anciens Grecs & Romains se servoient; en un mot, pour mille autres choses qui ne devroient point usurper ce nom-là; car enfin, il y en a où les jeunes Peintres & Sculpteurs viennent apprendre à dessiner; d'autres où on enseigne à monter à Cheval, à faire des armes & à danser. Nous en avons même encore, sans celles qu'on a eues, où des femmes président, & où elles admettent plus de personnes de leur sexe que du nôtre, quoiqu'on y parlât de toutes sortes de choses.

Enfin ce mot est devenu si général & la signification si fort étendue, qu'il n'y a presque point eu d'Assemblée qui ne l'ait pris; de maniere que ce beau nom, qu'une Compagnie des plus excellens Philosophes de la Grece a immortalité, s'est vû prostitué & souillé à ce point, que même il a été donné aux lieux où l'on joue aux Cartes & aux Dés; Réduits infames, défendus par nos Rois de tout tems, & par quantités d'Arrêts; de plus, décriés par le vilain nom de *Brelands*, aussi-bien que ceux qui les fréquentent, qu'on appelle *Brelandiers*.

Du tems de François I, de Henri III, & de la Reine Marguerite, ce nom d'Academie fut donné à un petit nombre choisi de beaux Esprits & d'autres suivant a Cour qui les entretenoient durant le repas, de choses non moins curieuses que savantes mais sans doute, un si beau nom n'a point été renouvellé plus heureusement, ni employé plus à propos que de nos jours, à l'occasion de l'Academie Françoise.

La plus ancienne que j'ai pû découvrir, est celle de Ronsard, qu'il vit neanmoins mourir avant lui; mais comme il la tenoit rarement, & qu'on s'assembloit plus souvent chés Baïf, l'un des plus savans hommes qu'il y eut alors, bien des gens croient que celui ci en fut l'instituteur. Sa maison au reste étoit sur les fossés de la Ville, entre la Porte saint Victor & celle de saint Marceau, qu'il avoit enduite d'Inscriptions & d'Epigrammes Grecques; & que depuis, on a vendue aux Religieuses Angloises & démolie entierement pour en faire un Monastere.

Là donc chés Baïf, Ronsard, Dorat, du Bellai, Jodelle, Tyard & Belleau s'assembloient au commencement; & comme c'étoit les sept meilleurs

Poëtes de ce tems-là, le nom de *Pléiade* fut donné à leur Académie, à cause de leur nombre, qui est celui d'un signe de l'Eté, composé de sept étoiles; mais qui déja avoit été donné à sept autres Poëtes Grecs anciens; savoir, Theocrite, Aratus, Nicandre, Apollonius, Philicus, le jeune, Homere & Lycophron.

Dans leur assemblée au reste, outre que chacun apportoit quelque ouvrage qu'il lisoit, afin qu'on lui en donnât son avis; il s'y traitoit encore de Philosophie, de Rhétorique, de Poésie & de toute autre matiere, quand cela se rencontroit; que si la dispute finie, il restoit quelque difficulté, à la premiere conference, la question étoit agitée tout de nouveau, & on ne la quittoit point, que tous les doutes ne fussent éclaircis. Charles IX, prit tant de goût à ces exercices d'esprit, qu'il n'y vint pas pour une fois, & même dans les commencemens honora souvent cette assemblée de sa presence, & enfin en voulut être le Chef & le Protecteur. De deux maisons où logea Ronsard, l'une au Fauxbourg près de Baïf, & ruinée, l'autre vis-à-vis, dans la Ville au College de Boncourt, qu'il appelloit le Parnasse de Paris, & dont il reste dans le jardin une sale isolée, fort claire, & toute peinte de grotesques, on ne sait point dans laquelle il tenoit l'Academie; la sale semble si propre à ces sortes de rendés-vous, qu'on croit qu'elle y a servi, & que Ronsard pour aller chés Baïf, ayant obtenu permission du Roi de faire une porte dans les murs de la Ville, dont on voit encore des marques, par-là ils s'entrevisitoient, & se rendoient à l'Assemblée, soit qu'elle se tint à Boncourt, ou sur les fossés.

Quant au logis de Baïf sans la renommée, à peine resteroit-il le moindre souvenir de son Academie. En voici l'établissement & les Statuts tels que je les ai trouvés dans les Registres du Parlement, & parmi les Titres de l'Université.

En 1570, Jean-Antoine de Baïf & Joachim Thibaut de Courville, remontrerent à Charles IX, que depuis trois ans ils avoient travaillé unanimement avec bien de l'étude & de la peine à l'avancement de la Langue Françoise, & à rétablir tant la Poësie que la mesure & les regles de la Musique des anciens Grecs & des anciens Romains, pendant que les beaux Arts & les honnêtes disciplines florissoient parmi ces deux Nations; que pour remettre en usage la Musique selon sa perfection, ou representer le sens de la lettre ou des paroles, avec des voix, des sons & des accords, ils avoient renouvellé l'usage des Vers mesurés ou composés des dactyles, spondés, iambes, anapestes, à la façon de l'antique Grecque & de l'antique Rome, pour faire voir que la Langue Françoise n'est pas moins capable de la quantité que la Latine & la Grecque; qu'ils en avoient ajusté le chant mesuré à l'art & à la mesure des Vers; ou les avoient mis en Musique mesurée selon les regles à peu près des Maîtres de Musique du bon tems; que pour les mettre en lumiere & en faire part au Public, il n'y avoit point de meilleur moyen que d'ériger une Academie composée de Maîtres de Musique, de Chantres & de Joueurs d'instrumens: & pour lors admettant des Auditeurs qui fourniroient quelque chose pour l'entretien des Musiciens, ce seroit comme une pepiniere d'excellens Poëtes & Musiciens dont Sa Majesté entendroit les Concerts avec plaisir, & liroit les Poësies avec admiration.

Sur ces remontrances, non-seulement le Roi consentit à l'établissement de l'Academie, mais en prit encore la protection; & pour user des termes de ses Lettres Patentes, il en accepta liberalement le surnom de Protecteur & de premier Auditeur. De plus, il accorda tant à Baïf & à Courville qu'à quatre autres Maîtres Musiciens les mêmes privileges dont jouissoient ses Domestiques, avec défenses à qui que ce fût, de débaucher les enfans qu'on y auroit instruit; & enfin voulut que ceux qui la composeroient, au nombre desquels étoient compris les Auditeurs, observassent les Statuts de point en point.

Cette Academie étoit gouvernée par Baïf & Courville qui prenoient tous deux la qualité d'Entrepreneurs; mais si absolus, qu'aucun Auditeur n'étoit admis, qu'il n'eût leur agrément; & pour cela il y avoit un Medaillon où étoit la devise de la Compagnie, & qui leur servoit de marque, afin d'entrer les jours d'assemblée sans pouvoir le prêter à d'autres, à moins que d'en avoir la permission des Compositeurs; joint que venant à mourir, leurs heritiers étoient obligés de le raporter, à peine de cent livres d'amende; que s'ils avoient querelle entre eux, ils ne pourroient s'entredemander rien à cent pas du lieu où s'assembloit la Compagnie. A l'égard des Auditeurs, ils étoient dans un endroit separé par une barriere qu'ils ne passoient point; ils se cottisoient d'eux-mêmes à telle somme qu'il leur plaisoit pour l'entretien de l'Academie, & qu'ils avançoient par demi année; que si après un, ou deux Concerts, ils avoient regret à leur argent, il leur étoit aussi-tôt rendu, pourvû qu'ils n'eussent transgressé aucune des Loix, & pour lors on effaçoit leur nom du Livre de l'Academie. Pendant qu'on chantoit, il leur étoit défendu de parler, de s'accoster & de faire aucun bruit, & tout de même, de fraper à la porte pour entrer quand on commençoit un air; mais il falloit attendre qu'il fût fini.

Pour ce qui est des Chantres & des Joueurs d'instrumens, il leur étoit enjoint de croire les Maîtres & de leur obéir en ce qui regardoit la Musique. Tous les Dimanches ils devoient venir chanter à deux heures, & les autres jours à certaine heure concerter ensemble les airs que les Maîtres leur avoient donné à étudier en particulier. Ils faisoient serment de ne donner aucune copie de ce qui se chantoit à l'Academie sans la permission de toute l'Assemblée. Il ne leur étoit pas permis de faire entrer personne, non plus que d'emporter rien secretement, ni autrement aucun des Livres de Musique, & des Lettres de la Compagnie; outre cela, ils ne pouvoient se retirer qu'avec la permission des Maîtres, ou après les en avoir averti deux mois auparavant, ou seulement à la fin du tems qu'ils auroient promis de demeurer. S'ils devenoient malades, on en avoit très-grand soin & ils étoient secourus jusqu'à ce qu'ils se portassent bien. Si on n'étoit pas content d'eux, l'Academie pouvoit leur donner congé, en leur payant leurs gages à proportion du tems qu'ils avoient servi. Enfin, quiconque venoit à violer quelques-uns de ces Statuts, il étoit exclus de l'Academie, & n'y pouvoit rentrer que du consentement de tous les Academiciens, & après avoir reparé sa faute. Et quant aux Auditeurs, ce qu'ils avoient avancé pour l'entretien de la Musique, étoit perdu pour eux.

Quelques jours après Baïf & Thibaut porterent ces Statuts & les Lettres du Roi au Parlement, pour les faire enregîtrer; mais parce que certains Conseillers alleguoient que cette Academie pouvoit amolir, effeminer, corrompre & pervertir la jeunesse (ce sont leurs termes), là-dessus ils supplierent la Cour par une Requête de députer douze Conseillers avec ceux qui portoient un si étrange jugement d'une entreprise aussi louable que la leur, pour assister à leur Concerts, qui se tenoient chés Baïf. Non contens de cela, ils furent encore prier le Premier Président, un des Avocats Generaux avec le Procureur General & un des plus anciens Conseillers, d'accepter le titre de Réformateurs de leur Assemblée, afin de prendre garde qu'il ne s'y fît rien contre les Loix du Royaume; ni contre les bonnes mœurs. On ne sait si le Parlement enterina leur Requête; je trouve seulement qu'en 1570, c'est-à-dire, la même année, il fut ordonné que le tout seroit communiqué au Recteur de l'Université, & quoique je n'aie point vû l'Arrêt de leur verification, il ne faut point douter qu'elles n'aient été enregîtrées; car non seulement Charles IX & Henri III, l'auroient érigée en Academie Royale & logée dans le Louvre, s'il avoit vêcu davantage. De plus, il est constant que Charles neuf se plaisoit à faire des Vers, & en faisoit sur le champ. Quand il pleuvoit & qu'il ne savoit que faire, il envoyoit chercher Ronsard, Baïf & Dorat, pour passer le tems avec eux.

Le consentement des Gens du Roi est du quatre Décembre 1570, dans les Regîtres du Parlement.

Le Préſident de Thou auſſi bien que Brantôme, rapportent qu'il leur faiſoit du bien, mais peu ; & font dire à ce Prince, que les Poëtes reſſembloient aux chevaux qu'il faut nourir & non pas fouler, ni engraiſſer, car après ils ne valent rien.

Henri III n'aima pas moins la Poëſie que les Poëtes & l'Academie. A la ſollicitation de Pybrac, il voulut en établir une de perſonnes doctes dans le Louvre. Ronſard, du Peron, Doren Maître des Requêtes, Baïf, des Portes, Tyard Evêque de Châlons & autres perſonnes de grand merite, devoient être les Academiciens Sur le point de l'entreprendre, Ronſard prononça devant lui un diſcours qui fut écouté avec grand applaudiſſement tous les autres en devoient faire autant, chacun à leur tour. Tout ceci donna une ſi grande attente, qu'on ne douta point que par ce moyen on ne pût en peu de tems apprendre les belles Lettres & devenir ſavant. Un jour au reſte que le Roi étoit venu à l'Academie de Baïf, Jaques Mauduit Greffier des Requêtes, bon Poëte neanmoins, mais plus grand Muſicien encore, & même ſi grand, qu'il s'eſt acquis le nom de pere de la Muſique, s'aviſa de faire chanter à la fin, des Vers qu'il avoit mis en chant & en partie. Ce que Henri III trouva ſi agréable & ſi à propos qu'il lui commanda de continuer & voulut qu'à l'avenir l'aſſemblée ſe terminât toujours de même.

Depuis il ne ſe fit plus de Balets ni de Maſcarades, que ſous la conduite de Baïf & de Mauduit. Auſſi leurs Recits & leurs Chœurs étoient ce qui s'y trouvoit toujours de plus divertiſſant, tant ils ſavoient bien accorder la meſure de leurs Vers, & de leur Muſique avec les pas & les mouvemens des Danſeurs ; ce qui raviſſoit à cauſe de la nouveauté : & juſques-là même, qu'un Auteur qui vivoit alors dit qu'on commença à ne plus douter des effets admirables de la Poëſie & de la Muſique ancienne, à l'égard des paſſions ; tantôt excitant la colere, comme elles faiſoient, & tantôt l'appaiſant. Bien plus, il y en eut qui s'imaginoient que c'étoit avec une ſemblable Muſique qu'Orphée avoit charmé les bêtes & Amphion les hommes ; & qu'enfin, la Poëſie rimée en quelque chant qu'on la pût mettre, étoit incapable d'arriver à ce haut point. A cela on ajoute que ſans les troubles qui ſurvinrent Mauduit & Baïf auroient fait repreſenter une piece de Theatre en Vers meſurés, à la façon des Grecs.

Après la mort de Baïf arrivée en 1589, le dix-neuf Septembre, Mauduit tranſporta l'Academie à la rue des Juifs, où il demeuroit. Avant lui la Muſique étoit une Devote qui ne connoiſſoit que les Egliſes & où les voix répondoient aux Orgues. Ce Greffier qui connoiſſoit ſes grands talens, la voulut tirer de-là, & fut le premier qui lui fit voir le monde. Ce n'eſt pas que des particuliers quelquefois ne s'aſſemblaſſent auparavant pour chanter des Chanſons, & où les flutes étoient bien venues, & encore mieux les luts & les pandores, que nous appellons mandoles par corruption, à l'imitation des Italiens, qui donnent à cette ſorte d'inſtrument, le nom de *Mandola*, quoiqu'autrefois chés eux il ne fût connu que ſous celui de *Pandora* & *Pandura*. Et de fait, les Eſpagnols quand ils en parlent, uſent du mot de *Bandurria*, les Allemands de celui de *Pandor*, les Anglois de *Bandor*, & tous tirés de Πανδῦρον, ou Πανδῶρα, mots originaux & empruntés des Grecs. Dans les Concerts de Mauduit n'entroient pas ſeulement ces inſtrumens ; mais encore des épinettes & des violles qu'il mit en vogue ; car comme il vint à reconnoître qu'elles imitoient la voix, il les trouva très-neceſſaires pour remplir & ſoûtenir la Muſique ; on y chantoit toutes ſortes de choſes en Dialogue & en Chœurs, tantôt par récits de voix, tantôt par repetitions des inſtrumens & des voix enſemble. D'ordinaire il y avoit juſqu'à ſoixante ou quatre-vingt perſonnes, ſouvent juſqu'à cent vingt. Si cet excellent homme au reſte tira la Muſique de l'Egliſe, ce ne fut point pour la rendre tout-à fait mondaine, ni lui faire perdre ſa devotion ; car il l'y ramena bientôt après. Premierement au petit ſaint Antoine de ſon voiſinage où il la fit admirer par ſes grands Concerts des Tenebres, & depuis à Notre-Dame par ceux de sainte Cecile, où tout Paris & toute la Cour accouroit en foule Aussi le reconnoît-on pour l'inventeur des Tenebres, & des O, qu'on appelloit alors les O de Mauduit On sait que ce fut aux Tenebres du peti saint Antoine, qu'en 1599 la Duchesse de Beaufort Maitresse de Henri I V se sentit attaquée de la maladie dont elle mourut.

AUTRE PROJET D'ACADEMIE PAR MAUDUIT.

MAUDUIT depuis fit le projet d'une autre Academie, qu'il appelloit la Confrerie, Societé & Academie Royale de sainte Cecile, Vierge & Martyre. Mais comme les Lettres Patentes n'en furent pas scellées, je me contenterai de rapporter les choses principales qu'elles contenoient, le reste se peut voir dans mes preuves.

Louis X I I I donc, en devoit être le Fondateur; le Grand Maître de sa Chapelle en auroit eu l Intendance; les Maîtres & les Musiciens, tant de la Chapelle que de la Chambre en devoient être. De plus, il y auroit eu un Abbé, un Gouverneur, trente Chapelains, cinquante Chantres & Joueurs d'instrumens, trois Professeurs, deux Imprimeurs, un Scribe, un Notteur, un Organiste, un Maître Faiseur d'instrumens, & des Bedeaux.

L'Abbé devoit avoir la conduite des Ecclesiastiques de l'Academie.

Le Gouverneur, celle des Seculiers.

L'un des Professeurs auroit enseigné la Musique Theorique & Mathematique aux Academiciens; les deux autres, la Musique en rimes & en Vers.

Des deux Imprimeurs l'un devoit être fourni de toutes sortes de Livres, pour le service de l'Academie, & des Academiciens.

Tous auroient joui des Privileges accordés aux Commensaux de la Maison du Roi.

L'Abbé, le Gouverneur, l'Intendant, les Maîtres de la Chambre & de la Chapelle, les Professeurs & les Confreres les plus intelligens, devoient être les juges des Poësies & des compositions de Musique qu'on y presenteroit, & faire quelque present honorable aux dépens de la Compagnie à quatre de ceux qui auroient le mieux réussi en Vers Latins & François, & aux six Musiciens qui auroient composé de meilleures pieces.

Leur Eglise enfin auroit été bâtie dans l'Isle Notre-Dame, & dédiée à sainte Cecile, qui devoit servir de Paroisse aux Habitans de l'Isle, y compris les deux ponts qui y tiennent; & le Curé choisi entre les Ecclesiastiques de la Confrerie. Marie, Lugles, Poulletier & le Regratier proprietaires alors du fonds de ce quartier là où il n'y avoit point encore de maisons, en devoient être les Presentateurs, à cause qu'ils faisoient don de la place où se devoit bâtir l'Eglise, & la maison destinée aux assemblées Academiques. Mais en 1627, tous ces beaux projets moururent avec Mauduit, qui fut enterré à saint Gervais dans la Chapelle de saint Eutrope, où se voit son Epitaphe à main droite. Ses Musiciens choisirent les Minimes pour lui faire une Pompe funebre. La Messe des Morts qu'ils y chanterent, étoit de sa composition, & la même qui avoit été chantée aux Funerailles de Henri I V, de Ronsard & de Baïf.

Je n'ai pas voulu dire qu'en 1575, les Musiciens firent enregîtrer au Parlement des Lettres du Roi du mois de Mai pour établir aux Grands Augustins la Confrerie sainte Cecile, à cause qu'il auroit fallu me charger de trop de choses; joint que je ne sai comment accorder une autre Confrerie érigée en 1656, dans la même Eglise par l'Archevêque de Paris, sous l'invocation de sainte Cecile, à la Requête des sous Maîtres, Chantres & Officiers de la Chapelle & de la Chambre du Roi : outre que quand je le pourrois faire, & rapporter les particularités de ces deux Confreries, j'apprehenderois que cela ne m'engageât infenfiblement dans l'Hiftoire des Confreres. Mais bien loin d'en vouloir venir là, je laifferai même la grande Confrerie, qui a donné lieu à toutes les autres, & en eft encore la mere.

En paffant neanmoins, je dirai qu'elle eft fi ancienne, qu'on ne fait quand elle a commencé, ni comment; on l'a tenue quelque tems à faint Etienne des Grès; depuis, dans la baffe Eglife de fainte Geneviéve; après, à faint Jaques du haut-Pas; enfuite dans la Chapelle du College de Cluni; & enfin à l'Eglife de la Madeleine. Au refte, la plupart des Rois de la derniere Race en ont voulu être. La Reine Blanche de Caftille mere de faint Louis en a auffi été, & même c'eft elle qui en a donné l'entrée aux autres perfonnes de fon fexe.

Or comme je me fuis débaraffé des Confreries, par la même raifon je ne m'amuferai point à faire mention des autres Compagnies d'hommes inftituées pour rétablir les pauvres familles honteufes des Paroiffes, & pour retirer du vice les pauvres filles débauchées, qui fongent ferieufement à changer de vie, ni encore de toutes ces autres Compagnies des Dames de la Charité, établies prefque dans toutes les Paroiffes, pour l'affiftance corporelle & fpirituelle des pauvres malades honteux.

Je ne dirai rien non plus des Miffions & des Seminaires, non-feulement pour inftruire les Prêtres, & les faire vivre en commun; mais encore pour cathechifer les ignorans, convertir les Heretiques & les Païens; & enfin, pour operer mille autres bonnes œuvres. Revenons donc à nos Academies dont nous nous fommes fi fort écartés.

ACADEMIES DES DAMES SAVANTES.

JE ne toucherai qu'en paffant l'Academie de la favante Mademoifelle de Gournai, fille adoptive de Montagne, qu'elle établit au commencement du fiécle paffé, à l'imitation de celle de Ronfard, où fe rendirent en foule quantité de perfonnes doctes.

Depuis, & prefque au même tems, un petit nombre d'Efprits polis & choifis, commença à s'affembler chés Madame des Loges, fi celebre dans les Lettres de Balzac & de Voiture; mais non moins recommandable par fa nobleffe, par la délicateffe de fon efprit, & pour avoir penetré fi avant dans les belles Lettres.

A leur exemple, la Vicomteffe d'Auchi fit auffi une Academie qui fe tenoit chés elle tous les Mercredis; mais qui loin d'être auffi bien reçûe que les deux autres, attira la raillerie de Balzac dans une Lettre à Chapelle, où il l'appelle un Senat feminin, une pedanterie de l'autre fexe, une maladie de la Republique, à laquelle il eft befoin de remedier, finiffant par ces paroles: *O fage Artenice!* que votre modeftie & votre bon fens valent bien mieux que tous les argumens & toutes les figures qui fe débitent chés Madame la Vicomteffe d'Auchi.

Avant que de venir à l'Academie des Artifans, je devrois parler de l'Academie Françoife fondée par le Cardinal de Richelieu; mais qu'en pourrois-je dire? après la belle Relation que Pelliffon en a publiée. Tout ce que je puis ajoûter, eft ce qui s'en lit dans Balzac, qui ayant apris les noms de ceux qu'on avoit admis nouvellement, mande à Chapelain, qu'il y devoit avoir deux Ordres d'Academiciens; qu'il en falloit feparer les Patrices d'avec le peuple, & que quelques-uns de la Troupe fe devoient contenter de donner des fiéges, de fermer & d'ouvrir les portes, d'être dans l'Academie en qualité de Bedeaux, ou de frere-lais, & d'en faire partie, comme les Huiffiers font partie du Parlement.

Je ne crois pas être obligé de faire ici mention de l'Academie, tenue si long-tems par le Gazetier Renaudot, où chacun étoit reçû à discourir sur un sujet proposé huit jours auparavant.

Et bien moins encore d'une autre Academie, qui tantôt se tenoit le Lundi & tantôt le Samedi au College de Cluni, par le Pere Albert, Religieux de l'Ordre de saint Benoît, où l'on s'efforçoit de prouver la Foi & tous les Mysteres de la Religion Catholique, par des raisons naturelles & démonstratives; car enfin, elle dura si peu, que presque aussi-tôt elle fut supprimée par les Grands Vicaires de l'Archevêque de Paris.

Touchant la Congregation, ou la très-Chrétienne Academie, *de propaganda fide*, introduite par le Pere Hyacinthe de Paris Capucin, fort intelligent pour la Controverse, & non moins heureux à convertir les Heretiques, je me contente de faire savoir que d'abord elle fut etablie aux Augustins par l'un des Chanceliers de l'Université, député exprès par l'Archevêque; qu'ensuite la guerre ayant été déclarée à l'Espagne, cette Compagnie vers l'année 1637, s'empara du College de Bourgogne, dont les Bourses étoient occupées par des Francs-Comtois, à qui elles étoient affectées; que depuis, les Boursiers ayant été rétablis, l'Academie ne laissa pas de s'y reserver une grande Sale pour y continuer ses assemblées les Mercredis. Que si je ne descends pas aux autres particularités, c'est que le Pere Hyacinthe étant mort, & Loisel Curé de Saint Jean en Greve, du parti des Jansenistes, ayant été élû en sa place, les Jesuites & les Molinistes eurent assés de crédit au Conseil, pour faire supprimer par Arrêt une Compagnie composée d'un bon nombre de savans personnages qui agitoient & décidoient tout ensemble, quantité de questions de Controverse, & qui bientôt auroit confondu l'Heresie à la gloire de la Religion & du saint Siége.

Que si j'oublie l'Academie du Pere Senault, qu'il tenoit tous les Lundis à saint Magloire en faveur des Ecclesiastiques qui avoient dessein de s'attacher à la Prédication : de plus, si j'obmets celle de Philosophie, tenue, & par le Marquis de Sourdis, & par Montmor Maître des Requêtes, & par d'autres, sans nom ni qualité; mais bien plus, celle de Mathematique, ouverte par Paschal, l'un des premiers Mathematiciens de notre tems, & Auteur, à ce qu'on tient, des Lettres Provinciales; & tout de même les Academies des Medaillistes faites chés de Seve, Prevôt des Marchands, & Seguin Doyen de saint Germain de l'Auxerrois, consommé en l'intelligence des Medailles; sans tant d'autres pour la Jurisprudence, pour les Langues Grecque & Italienne; pour les nouvelles; outre celles des vraies & fausses précieuses; & enfin de mille conteurs de sornettes, c'est que les unes n'ont point été en estime, les autres ont eu peu d'Academiciens de merite, & que toutes ont peu duré.

Je ne sai comment il ne m'est pas souvenu de parler lorsqu'il en étoit tems, de l'Academie des belles Lettres, ou de M. le Dauphin, inventée par l'Abbé d'Aubignac; elle embrasse tant de choses, qu'on pourroit l'appeller l'Academie Encyclopedique. Cet Abbé à la verité est savant & homme d'esprit; mais d'un goût aussi-bien que d'un humeur assés depravée: aussi tout ce qu'il a fait ne lui a pas acquis beaucoup de reputation. Deux avantures au reste sont arrivées dans son Academie assés remarquables; mais l'une honteuse & l'autre ridicule. La premiere, est que le Livre scandaleux de l'un de ses principaux Academiciens a été brûlé par la main du Boureau. La seconde, qu'un autre de la Troupe s'étant retiré de son Academie, & ayant fait une Satire contre, l'Abbé en pleine assemblée fit brûler l'ouvrage par un Laquais vêtu de livrées. C'est là tout ce que je sai des Academies de Sciences & de belles Lettres que nous avons eu à Paris; venons à celles qui regardent les autres professions. Je ne puis cependant passer sous silence les Academies differentes que M. Colbert zélé pour l'utilité publica a commencées, & qui ont été depuis perfectionnées par les soins de M. l'Abbé Bignon, savoir.

L'Academie

DE LA VILLE DE PARIS. Liv. IX.

L'Academie des Medailles & des Inscriptions commencée en 1663, achevée en 1701.
L'Academie Royale des Sciences commencée en 1666, achevée en 1699.
L'Academie Royale d'Architecture commencée en 1671.
L'Academie de Peinture très-ancienne, mais rétablie en 1664, & logée au Louvre en 1692.

L'ACADEMIE ROYALE DES MEDAILLES & des Inscriptions.

CETTE Academie doit son origine à M. Colbert, qui l'établit en 1663. Elle fut composée d'abord d'un petit nombre de personnes d'érudition capables de travailler avec succès à l'explication des Revers & des Inscriptions des Medailles qui se frapoient pour l'Histoire du Regne de Louis XIV. Mais après la mort de M. Colbert, M. de Louvois reduisit cette Academie à quatre seulement. Quelque tems après il en ajoûta quatre autres.

En 1701, par les soins de M. l'Abbé Bignon cette Academie reçût une nouvelle forme, & fut augmentée d'un plus grand nombre. Ensorte que les Academiciens qui la composent sont au nombre de quarante, divisés en quatre Classes, de dix chacune. Savoir;

Dix Honoraires.
Dix Pensionnaires.
Dix Associés.
Dix Eleves.

Selon les Reglemens donnés à Versailles le seize Juillet 1701, ils sont réduits au nombre de quarante-neuf. Les Conferences se doivent faire deux fois la semaine; le Mardi & Vendredi pendant deux heures l'après midi. Selon les mêmes Reglemens on doit faire tous les ans deux assemblées publiques, une le premier jour d'après la saint Martin, l'autre, le premier jour d'après l'Octave de Pâques.

Pour engager à l'assiduité de ces deux Conferences, Sa Majesté fait distribuer à chaque séance quarante jettons d'argent aux Académiciens qui se trouvent presens, par le quarante-septiéme article du Reglement.

Cette Academie occupe un appartement bas, à côté de celui de l'Academie Françoise.

L'ACADEMIE ROYALE DES SCIENCES.

MONSIEUR Colbert en 1666, avec le même zèle pour les Sciences utiles au Public, donna un établissement à cette Academie, & pour cela le sieur du Clos Medecin & Amable de Bourseis eurent le soin de choisir les personnes les plus capables de la former, en Mahematiques, en Medecine & en Physique : ils s'assembloient à l'Observatoire, qui fut bâti au Fauxbourg saint Jaques pour les observations Astronomiques.

Mais en 1699, le vingt-six Janvier, M. l'Abbé Bignon donna tous ses soins pour obtenir un nouveau Reglement & un nouvel appartement pour cette Academie.

Il fut reglé qu'ils seroient cinquante. Qu'ils s'assembleroient deux fois la semaine, les Mercredis & Samedis, depuis deux heures & demie après midi jusqu'à cinq, & de faire deux assemblées publiques deux fois l'année, une

Tome II. RRr

après la saint Martin, & l'autre après l'Octave de Pâques. Les cinquante se divisent en quatre Classes. Savoir ;

Dix Honoraires.
Vingt Pensionnaires.
Vingt Eleves.
Dix Associés.

De plus, par l'article quarante-neuf, on distribue quarante jettons d'argent aux Academiciens presens, pour les engager à s'y trouver plus regulierement.

ACADEMIES DE MANEGE.

AVANT Pluvinel, il falloit que la Noblesse allât en Italie pour apprendre à monter à Cheval. Il étoit Ecuyer de la grande Ecurie de Henri IV : & ce fut lui qui apprit à Louis XIII, à monter à Cheval. Il enseigna à danser aux Chevaux de Carousel; & par-là fit voir que les Bêtes, quand on veut, sont capables de bien des choses. Enfin, il est le premier qui ait tenu un Manege à Paris, & mis à Cheval les Gentils hommes. Pour cet exercice il obtint du Roi le dessous de la grande Gallerie du Louvre, vis-à-vis le Pont des Tuilleries ; & afin de rendre ses Ecoliers adroits en tout & leur procurer tous les avantages qui sont necessaires à un homme de guerre, il prit chés lui des Maîtres pour leur apprendre à voltiger, à faire des armes, à manier la pique, à danser, à jouer du Luth, à dessiner; & de plus, les Mathematiques & beaucoup d'autres choses bienseantes à des personnes de qualité. Or ces Maîtres ici n'étoient pas seulement les plus experts qu'il y eût alors ; mais gens sages & de bon exemple, & plus capables de détourner la jeunesse du vice, que de l'y porter. Enfin, Pluvinel pour donner plus d'éclat à son institution, l'honora du nom d'Academie. Sous ce beau nom, Benjamin, Potrincourt, Nesmond & plusieurs autres Ecuyers, ont exercé & exercent encore la même profession ; & si ce n'est pas avec tant de fruit que Pluvinel & Benjamin, c'est que nos mœurs se corrompent tous les jours, & que tous les Créats voulant aussi tenir Academie, se relâchent des bonnes coutumes de Pluvinel & de Benjamin, afin d'attirer chés eux plus d'Ecoliers.

ACADEMIE MILITAIRE.

COMME j'ai parlé ailleurs des Arbalétriers, je n'en dirai rien davantage, & passerai à l'Academie Militaire Royale, dressée pour l'Infanterie, quoiqu'elle ait duré peu.

En 1613, un nommé Pierre Laboureur, & un certain Samson de Lobarede Archer des Gardes Ecossoise du Roi, representerent à Louis XIII, qu'ils avoient inventé une methode tant pour le maniement de l'arquebuse & du mousquet, que de la pique & autres armes ; lui demandant permission d'ériger pendant trois ans une Academie pour enseigner cet exercice avec les motions militaires. Ce qui leur fut accordé, après avoir enseigné ce qu'ils savoient à des Bourgeois & à quelques Artisans. Mais comme tout à coup cet exercice vint à être interrompu, & le Prevôt des Marchands s'en étant plaint à la Reine mere, le Gouverneur de Paris en 1615, eut ordre de le retablir, & vint exprès le cinq Juin au Bureau de la Ville. Auparavant neanmoins ils voulurent en avoir les Statuts que voici.

Cette Academie étoit composée de Capitaines, Lieutenans, Enseignes, Sergens, Caporaux, Anspessades, Tambours & Soldats.

Les Capitaines étoient Lobarede & Laboureur, qui choisissoient les Officiers parmi les Academistes, & donnoient leurs ordres aux Officiers & aux Soldats

Ceux qui juroient étoient condamnés à l'amende.

Il falloit que chaque Soldat eût dans l'Academie une pique, un mousquet, ou bien une arquebuse, avec sa bandouillere & sa fourchette. Quant à l'arquebuse ou au mousquet, il falloit qu'il en emportât la clef, afin que personne en son absence, ne s'en pût servir ; & pour ce qui est de la pique son nom y devoit être gravé, pour empêcher qu'aucun ne la vînt prendre ayant à faire ses exercices, sous peine d'amende, ou d'en mettre une autre à la place toute neuve, s'il la rompoit ; ce qui avoit lieu aussi-bien pour ceux qui rompoient celle d'autrui que la leur propre.

Les Sergens étoient obligés de prendre garde les jours de Fêtes sur-tout & les Dimanches, que ceux qui voudroient être reçûs aux exercices eussent l'épée au côté, une brasse de méche, six charges de la bandoulliere remplies de poudre, & le pulverin plein de poudre brisée. Du reste, il falloit que ceux à qui les Capitaines permettoient de prendre le mousquet, fussent soigneux de sonder avec la baguette, s'il n'y avoit rien dedans ; afin que s'il s'en trouvoit quelques-uns de chargés, on les fit décharger en presence du Capitaine, avant que de s'en servir.

Aucun Soldat n'osoit apporter, ou faire apporter, ni balle, ni autre chose qui pût entrer dans son mousquet, & faire quelque dommage, sur peine d'être arrêté.

Personne n'osoit ni charger son mousquet ni alumer sa meche sans le commandement des Capitaines ; & en ayant obtenu la permission, il ne le pouvoit charger que de poudre pressée simplement de la crosse du mousquet contre terre. Bien plus, ils n'osoient tirer sans l'ordre des Capitaines : quiconque faisoit le contraire, s'il en arrivoit du mal, on l'arrêtoit pour en répondre, & s'il n'en arrivoit point, il ne laissoit pas de payer l'amende, comme ayant contrevenu aux ordonnances. Les Capitaines leur commandoient ils, soit à un ou à plusieurs de tirer ensemble ? ceux qui tiroient autrement qu'il ne leur avoit été commandé, en cas d'accident, tous en étoient responsables & non pas moins que celui qui avoit fait la faute. Il falloit payer une certaine amende au Tambour, quand à la course du Faquin on venoit à tomber, ou qu'on manquoit trois estocades de suite, à toucher la rondache avec la pointe de la pique ; quand on sortoit de son rang sans permission, qu'on laissoit tomber ses armes dans le champ des exercices que sans ordre on les couchoit par terre, qu'on mettoit l'épée à la main dans l'academie, qu'après avoir tiré, on ne remettoit pas sa meche entre les doigts de la main gauche, ou qu'on laissât tomber sa fourchette.

Ceux qui parloient, ou venoient à se quereller durant les exercices, étoient mis en sentinelle autant d'heures qu'on le jugeoit à propos ; avec cette difference, qu'ayant querellé, on ne les laissoit point sortir que les Capitaines n'eussent mis les parties d'accord, & ne les eussent fait embrasser. Les exercices achevés, chacun devoit remettre ses armes au lieu même où il les avoit prises.

Toutes les amendes au reste, à la reserve de celle du Tambour, se mettoient entre les mains du premier Sergent pour être employées en œuvres pies. Il ne se faisoit point d'exercice général ni les Mercredis, ni les Samedis, non plus que les Vendredis de Carême & la Semaine-sainte. Enfin, si quelqu'un des Spectateurs venoit à se railler des Soldats ou à les quereller, aussitôt on en donnoit avis aux Sergens, & les Sergens aux Capitaines pour y remedier.

Le Gouverneur de Paris & le Prevôt des Marchands, après avoir examiné ces Statuts, y ajoûterent encore ceux-ci.

Que les Capitaines ne pourroient avoir plus de cent cinquante Soldats, qu'ils en prendroient les furnoms, les qualités & la demeure, & les apporteroient au Greffe de la Ville.

Et de plus, qu'ils ne fortiroient point les portes pour faire leurs exercices, fans la permiffion du Roi, du Gouverneur & du Prevôt des Marchands.

ACADEMIES DES PEINTRES ET DES SCULPTEURS.

IL y a quelque quarante ou cinquante ans qu'un Bourgeois de Paris logé près faint Euftache, prêta fa fale à quelques uns de fes amis, au nombre de fept ou huit, tous jeunes gens, qui favoient un peu deffiner; mais dans la réfolution de fe perfectionner, & de deffiner d'après le naturel. Pour cela ils choifirent un petit homme foible appellé Vaudefchoux, qui leur fervit de modele près de fix mois, & alors fe rendoient à la rue du Cocq, dans la cave de l'un d'entre eux, qui leur fut fort commode, parce que c'étoit en hiver. Après Vaudefchoux ils prirent pour leur fervir de modele un certain ivrogne de Savètier, nommé Marin; mais bel homme & bien formé.

Cette maniere de trafic à montrer fon corps fimplement & gagner fa vie fi à fon aife, fut caufe que depuis, Dubois, Branlan & Girard louerent des fales les uns après les autres; le premier, dans la cour des cuifines du Louvre; les deux derniers ailleurs. Tous bien faits, s'offrirent pour modele à tous venans, & prenoient de l'argent. De ces trois modeles Branlan paffoit pour le plus achevé; c'étoit un Maçon âgé de trente ans, & fi bien fait, que le Brun l'ayant mené à Rome, les Italiens le préfererent à Caporali qui paffoit chés eux pour miracle, & qu'ils ne croyoient pas avoir fon pareil.

Depuis ceci, les meilleurs Peintres commencerent à avoir chés eux des modeles pour ceux de leur connoiffance, & tel quelquefois s'eft trouvé en avoir des cinq ou fix tout à la fois.

De forte qu'à la fin, favoir en 1648, tant ces Peintres que ces Sculpteurs furent erigés par le Roi en Academie Royale de Peinture & de Sculpture avec permiffion à tous Sculpteurs & Peintres, tant François & étrangers, que Maîtres ou autres, de fe faire Academiciens fans aucuns frais, au cas qu'ils en fuffent jugés capables; avec defenfes aux Maîtres Jurés Peintres & Sculpteurs de les troubler en façon quelconque.

D'abord cette Academie fe tint près faint Euftache, chés un Bourgeois qui leur prêta fa fale; enfuite ils en louerent une autre à la rue des deux Boules, près la Chapelle des Orfevres. Cependant les Maîtres Jurés s'étant oppofés à l'enregîtrement des Lettres du Roi, tout d'un coup lorfqu'on y penfoit le moins, cette oppofition fe changea en union; de forte qu'ils fe joignirent à eux; & là-deffus, drefferent des Statuts que j'obmets, comme étant trop longs. Le tout enfin ayant été enregîtré en Parlement en 1652, avec certaines modifications, ils choifirent pour tenir leurs affemblées & leurs modelles, une des fales de fainte Catherine à la rue des Déchargeurs, que ces Maîtres Jurés tenoient au'paravant pour les mêmes raifons. Leur Sale s'ouvroit tous les jours, hormis les Limanches & les Fêtes; en hiver, depuis trois heures après midi jufqu'à cinq; en été encore l'après-dîné, depuis fix jufqu'à huit. Là s'expofoit un modele qu'un de la Compagnie mettoit en attitude: & quatre ans durant, Boffe Graveur fameux y profeffa la perfpective & fes dépendances qu'il avoit apprife de Defargues.

En 1654, le Roi déclara qu'il leur vouloit faire bâtir un lieu commode pour placer leur Academie, & que cependant il leur donnoit la Gallerie du College Royal, avec mille livres de rente affignée fur les fonds des gages des

DE LA VILLE DE PARIS. Liv. IX.

Offices de ses bâtimens, & payées suivant les ordonnances de Sur-Intendant & de l'Intendant des bâtimens, à leur Trésorier.

Davantage, il accorda à cinquante de leur Corps *le Committimus* de toutes leurs causes, aux Requêtes de son Hotel, ou du Palais, à leur choix. Enfin un mois après, ils prierent le Cardinal Mazarin d'être leur Protecteur. Depuis les Academiciens s'étant séparés d'avec les Maîtres, ils furent établis dans la Gallerie du Louvre par le Chancelier Seguier, alors leur Protecteur, qui pour cela leur donna deux mille livres; & de-là enfin, Mr Colbert Intendant des Finances, leur Vice-protecteur, les a transferés dans la Bibliotheque de l'Hotel de Richelieu, où maintenant ils s'assemblent & continuent leurs exercices.

Cependant en 1663, tout au commencement, le Roi en son Conseil, ordonna que tous ceux qui se qualifieroient ses Peintres & ses Sculpteurs, eussent à s'unir au Corps de cette Academie, à peine de perdre cette qualité, avec permission aux Maîtres Jurés de Peinture & de Sculpture de leur intenter procès là-dessus.

La même année, vers la fin, il agréa le Protecteur & Vice-protecteur choisi par l'Assemblée, & lui accorda quatre mille livres par an, dont l'emploi se fait dans l'état de ses bâtimens : de plus, il défendit à qui que ce fût, d'établir autre part des exercices publics de Peinture & de Sculpture; & moins encore de troubler ceux de l'Academie sur peine de deux mille livres d'amende.

Outre ceci, il confirma l'Ordonnance faite contre ceux qui se qualifient ses Peintres & ses Sculpteurs, & voulut que tout le tems qu'avoient demeuré chés eux les Elèves des Academiciens leur fût compté pour parvenir à la Maîtrise dans toutes les Villes du Royaume; & qu'enfin le Certificat approuvé par le Chancelier de la Compagnie & contresigné du Secretaire, leur tint lieu d'Obligé; confirmant d'ailleurs les Statuts suivans, qui comprennent, ou corrigent ceux de 1648, 1651 & 1655, que je n'ai pas voulu rapporter, afin d'éviter les redites, savoir ;

Que toutes les Assemblées de l'Academie & ses déliberations se feront dans un même lieu, sous le nom d'Academie Royale.

Que là seront décidés tous les differends qui pourroient survenir touchant la Peinture & la Sculpture. Là-même seront reçûs les Academiciens, là se posera le modele, & tout de même les prix y seront distribués, & neanmoins qu'il sera permis à la Compagnie de faire ailleurs les exercices de modele, sous la conduite des Officiers qu'elle nommera.

Que si quelqu'autre entreprend d'en faire, ou vient à tenir école publique de Peinture & de Sculpture, on l'en empêchera, comme ayant contrevenu à l'intention du Roi.

Qu'à l'Academie il ne sera parlé d'autre chose que de Peinture & de Sculpture.

Que tous ceux qui en feront mépris, aussi-bien de ses Statuts que de ses emplois, qui meneront une vie deshonnête, jureront le nom de Dieu, parleront de la Religion & des choses saintes par dérision ou diront des paroles sales & impies, seront bannis de la Compagnie, & privés des Privileges que le Roi leur accorde.

Que deux fois la semaine il se fera des leçons sur le modele, la Géometrie, la Perspective & l'Anatomie.

Que tous les Samedis on examinera les dessins que les Ecoliers auront faits après le modele, & qu'à ceux qui auront le mieux réussi, on proposera quelque action heroïque du Roi, pour en faire un dessin, qu'ils seront obligés de rapporter trois mois après, & pour lors sera distribué un prix à celui qui aura fait le meilleur; qu'ensuite ils executeront les mêmes dessins en peinture, & six mois après presenteront leur tableau; & pour lors, on delivrera le grand prix Royal à celui qui l'aura merité, & pourtant de sorte que les juges seront tenus de faire savoir par écrit succinctement les raisons qu'ils ont eues d'être d'un tel avis, afin d'être examiné par les Recteurs, dont il sera parlé, & qui décideront le tout.

Qu'enfin reglément, deux heures tous les jours, horsmis les Fêtes & Dimanches, l'Academie sera ouverte aux étudians; & qu'elle aura un Sceau; sera servie par deux Huissiers, maintenue par un Protecteur & un Vice-protecteur; & gouvernée par un Directeur, un Chancelier, un Secretaire, un Tresorier, quatre Recteurs assistés de deux Adjoints, six Conseillers & douze Professeurs secondés de huit Adjoints; que tous ces Officiers, avec ceux qui rempliront les premieres places jusqu'au nombre de quarante, jouiront des privileges accordés par le Roi à l'Academie Françoise.

Que tous les ans se tiendra une Assemblée générale le premier Samedi du mois de Juillet; que chacun des Officiers y apportera quelque chose de sa façon; qu'on y fera l'élection des Officiers, dont ne seront point ceux qui n'auront fait voir aucun de leurs ouvrages; que tous les premiers & derniers Samedis du mois, on s'assemblera pour les affaires de la Compagnie, & qui regardent la Sculpture, la Peinture & leurs autres dépendances.

Que les Professeurs serviront chacun un mois seulement, poseront le modele, le dessineront & modeleront pour servir d'exemple aux étudians, feront les autres fonctions de leurs Charges, & ne seront point reçus qu'après avoir été Adjoints; qu'en sortant de Charge ils seront Conseillers avec les six autres dont il a été fait mention; & de plus, auront séance & voix déliberative comme eux, & comme les autres Officiers.

Que les Recteurs serviront par quartier, seront perpetuels, nommés par le Roi, & choisis d'entre les plus capables du Corps; que celui du quartier se trouvera tous les Samedis à l'Academie, avec le Professeur en mois, corrigera les étudians, jugera de ceux qui auront merité des recompenses, pourvoira aux affaires de la Compagnie pendant l'absence du Directeur, & qu'il fera observer les ordres necessaires.

Qu'en cas d'absence ou de maladie de lui, ou de quelqu'un des Professeurs, l'Adjoint de mois & de quartier sera la fonction; en cas de mort, celui d'entre les Adjoints qui plaira à la Compagnie, sera reçû à leur place.

Qu'on ne recevra aucun Adjoint qu'après avoir mis dans l'Academie quelque Histoire de Peinture ou de Sculpture, ordonnée par l'Assemblée.

Que le Tresorier s'élira de trois ans en trois ans, qu'il fera de recette, & la dépense, sollicitera le payement des bienfaits du Roi, aura la direction & la garde des tableaux, meubles & utenciles de la Compagnie; & sortant de Charge, deviendra Conseiller.

Que le Secretaire sera perpetuel & choisi parmi les Officiers, qu'il ouvrira les propositions; tiendra Regitre des expeditions & des déliberations, aura la garde des titres & des papiers; que si le Chancelier vient à mourir les Sceaux lui seront mis en dépôt, & scellera en présence de l'Assemblée.

Que la Charge de Chancelier sera à vie; que pour l'être, il faudra avoir été Recteur, & pour sceller les Actes, & mettre le visa sur les expeditions qu'il sera gardien des Sceaux.

Que le Directeur sera changé tous les ans, & présentera en l'absence du Protecteur & du Vice-protecteur.

Que les Armes du Protecteur seront sur l'un des côtés du Sceau; & sur l'autre, celles de l'Academie; que lui & le Vice-protecteur seront choisis parmi les personnes les plus qualifiées du Royaume.

Qu'enfin à tant d'Officiers seront associés par l'Academie quelques gens de condition, amateurs des beaux Arts, qui auront séance & voix déliberative dans toutes les Assemblées; qu'ils prendront leur place avec les Conseillers à la gauche du Président; qu'à la droite seront le Chancelier, les Recteurs, les Professeurs, le Tresorier, les Adjoints, & après les Academiciens selon l'ordre de leur reception; mais non pas toujours; car enfin, aux délibérations qui se feront pour la reception de quelqu'un qui se presentera, les Academiciens n'auront ni séance, ni voix; mais simplement il leur sera permis d'être presens.

Qu'au reste tous les Aspirans seront obligés de faire un ouvrage qui sera examiné & presenté à l'Academie pour y demeurer quand ils auront été agréés, sans pouvoir en être ôté pour quelque occasion ou prétexte que ce soit; que leurs provisions seront intitulées de l'Academie, signées du Directeur, du Chancelier, du Recteur en quartier, & du Professeur en mois; de plus, scellées du Sceau de l'Academie & contresignées du Secretaire: que les ouvrages qu'ils auront presentés à l'Assemblée, seront raportés, afin de faire connoître leur talent, qu'ils prêteront serment d'observer les Statuts en presence de la Compagnie, & entre les mains du President; que personne ne sera reconnu Academicien qu'après avoir donné quelque chose de sa main & de son dessin, & sans une Lettre de Provision.

Cependant les Maîtres Jurés, à qui des Statuts de cette qualité étoient si préjudiciables, aussi tôt formerent opposition comme j'ai dit, tant à leur enregîtrement, qu'à celui des Lettres du Roi. Sur quoi les parties ayant été appointées au mois de Janvier, ensuite par Arrêt le tout fut enregîtré au mois de Mai aux modifications suivantes.

Que les Academiciens instruiroient gratuitement les enfans des Maîtres; qu'ils n'auroient pas plus d'un Elève chacun; que leurs Elèves après avoir demeuré huit ans chés eux, parviendroient à la Maîtrise dans toutes les Villes de France en apportant un Certificat signé de celui chés qui ils auront demeuré; mais renouvellé & visité tous les ans par le Chancelier de l'Assemblée & contresigné du Secretaire.

De plus, que les Huissiers faisans profession de la Sculpture & de la Peinture pourroient travailler publiquement pendant le tems de leur service, & non pas au-delà.

Je ne me serois pas avisé de parler de ces Huissiers ici, comme étant gens d'ordinaire qui ne servent qu'à tenir les logemens nets, ouvrir & fermer une porte; mais parce que le Parlement en a fait mention, il est bon d'avertir que dans les Statuts ils avoient le privilege de travailler en public, & que la Cour ne voulant pas que ce fût pour toujours, l'a reduit simplement au tems qu'ils serviroient l'Academie.

Mais comme dans les Lettres du Roi aussi-bien que dans les Reglemens l'emploi de la pension des quatre mille livres, n'est specifiée qu'en général par exemple au payement des modeles, aux pensions des Professeurs, aux distributions des Prix; & enfin aux autres frais necessaires à l'augmentation & entretien de l'Academie, je crois être obligé de descendre dans le détail en particulier.

On saura donc que les Professeurs ont chacun cent livres pour le mois qu'ils sont en charge. Que le Maître en Geometrie & en Perspective a deux cens livres par an. Les Recteurs cent écus par quartier.

MANUFACTURES.

BIEN que les Verreries, les Monnoies, & les Tixeranderies, ne se mettent pas d'ordinaire parmi les Manufactures non plus que les Academies de Peinture, de Sculpture & de Musique, neantmoins comme ce font des Arts, & que les Sculpteurs, les Peintres, les Verreries & les Monnoyeurs font Artisans, aussi-bien que les Manufacturiers : j'en dirai deux mots ici, & renvoierai pour le reste, au discours particulier que j'en ai fait.

ACADEMIE DE MUSIQUE.

JEAN-ANTOINE de Baïf & Joachim Thibaut de Courville, établirent à Paris sous Charles IX, une Academie de Poësie & de Musique Françoise. Mauduit Greffier des Requêtes la continua après la mort de Baïf, & la transporta à la rue des Juifs, dans la maison où il logeoit.

Quelque tems après, il fit le projet d'une autre Academie de Musique qu'il appelloit la Confrerie, Societé & Academie Royale de sainte Cecile Vierge & Martyre.

ACADEMIE DE PEINTURE ET DE SCULPTURE.

IL y a quarante-cinq ou cinquante ans que les Peintres & Sculpteurs jetterent les premiers fondemens de l'Academie de Peinture & de Sculpture, qui a été instituée en 1648, par des lettres du Roi, établie à l'Hotel de Richelieu, & fondée tout de nouveau en 1651, 1652, 1654, 1655 & 1663, & depuis par d'autres Lettres & quelques Arrêts du Parlement.

LA MONNOIE.

ON ne sait point quand on fabriqua de la Monnoie à la rue de la vieille Monnoie. On tient seulement par tradition, fondée sur son nom, qu'on y en a batu anciennement.

Philippe le Bel établit sa Monnoie à la rue des Billettes. Je n'ai pû découvrir le tems qu'elle fut transportée à l'Hotel de la Monnoie des environs du Pont Neuf; mais il est constant que Henri II fit faire des pieces de trois blans & de six à l'Hotel de Nesle, & de plus, de la Monnoie au moulin, d'or & d'argent, derriere le jardin du Palais, à la pointe de l'Isle, dans la maison des Etuves du Roi.

Enfin sous Louis XIII, durant les dernieres années de son Regne & les premieres de la minorité de Louis XIV, on en a fait au Louvre sous la grande Gallerie.

VERRERIE.

VERRERIE.

IL y a maintenant une Verrerie au Fauxbourg saint Antoine : & par la même raison qui nous fait croire que la Monnoie a été autrefois établie à la rue de la vieille Monnoie, on croit encore qu'il y a eu des Verreries, tant à la rue de la Verrerie, qu'à celle de la Champverrerie, où les vieilles gens de ce tems-ci ont vû faire des verres.

TIXERANDERIE.

LA rue de la Tixeranderie se nomme ainsi, à cause d'une Tixeranderie qui y étoit.

TAPISSERIES.

SI quelqu'un des prédecesseurs de François I, établit des Manufactures ou à Paris, ou aux environs, je n'en trouve rien nulle part; & touchant ses descendans, je ne saurois pas bien dire si ce fut Henri II, ou quelqu'un de ses enfans qui l'imita en cela; mais je puis assûrer que Henri IV. & Louis XIV y en ont érigé plusieurs.

François I, ayant fait venir d'Italie François Primatiche, Abbé de saint Martin, Peintre celebre, il lui fit faire des desseins de plusieurs tapisseries, & établit à Fontainebleau une Manufacture de Tapisseries de hautelisse en broderie. Babou de la Bourdaisiere, Sur-Intendant des Bâtimens de cette Maison Royale, en eut la direction. Des Tapissiers Flamans & Italiens venus exprès d'Italie & des Pays-bas firent avec succès celles que nous voyons quelquefois au Louvre & dans les autres Palais Royaux. Le Roi leur fournissoit la soie, la laine avec tout le reste, & les faisoit travailler à la journée.

A la priere des Administrateurs de l'Hopital de la Trinité, Henri II, établit toutes sortes de Manufactures dans leur Maison; le Parlement en 1551, en confirma l'établissement le douze Septembre.

Pour en jouir & les maintenir dans cette jouissance, quantité de boutiques aussi tôt y furent bâties, des métiers dressés, qu'on distribua aux Compagnons les plus experts, & qui voulurent bien recevoir pour Apprentifs les enfans de la Trinité.

Trois ans après pour l'entretennement des Métiers & des Manufactures, le Roi donna à cet Hopital les deniers des compositions des Finances taxées à la Chambre des Comptes, qu'on avoit coutume de convertir en œuvres pies. La même année, c'est-à-dire, en 1554, le Roi par des Lettres, & le Parlement par un Arrêt ordonnerent, tant à l'égard des Compagnons qui auroient monté l'espace de six ans aux pauvres enfans de l'Hopital, qu'à l'égard des enfans après leur apprentissage qui de leur côté auroient employé autant de tems, ou au service de la Maison ou à l'instruction des autres enfans apprentifs, que tous les ans deux d'entre eux seroient reçûs Maîtres

Jurés, sur la présentation & le Certificat de leurs Administrateurs; de plus, Jouiroient des Privileges & Franchises de leur Métier, sans faire ni chef-d'œuvre, ni banquets, ni aucun des frais accoutumés en pareille occasion. Depuis par d'autres Lettres & par d'autres Arrêts donnés en tous les Compagnons que ces Artisans firent, eurent la liberté d'acheter & de lotir les lots des marchandises de Paris & des environs; comme bois ouvrés, cuirs laines, fer, acier plomb, étain, soie, & autres étoffes de même que s'ils avoient été reçûs Maîtres; & quant aux enfans, soit garçons ou filles des Maîtres & des Maîtresses de cet Hopital venus au monde avant que leur pere ou leur mere eussent prêté le serment de Maitrise, ils obtinrent les mêmes prérogatives ainsi que s'ils fussent nés auparavant.

Tant d'avantages alarmerent de telle sorte les Maîtres & les Compagnons de la Ville, qu'ils menacerent de tuer tout ce qu'il y avoit de Passemen-tiers, Ouvriers de draps de soie, Brodeurs, Tapissiers, Epingliers, Peintres, Couturiers & autres Artisans dans la Trinité, sans en épargner aucun. Et de fait, les uns les guettoient de nuit pour les battre tout leur soul; les autres jettoient des pierres contre les vitres; enfin tous faisoient du pis qu'ils pou-voient. Ce qui auroit continué si le Parlement n'y eut donné ordre en 1551, par ses défenses, sur peine de punition corporelle, d'en user encore de même à l'avenir: & cependant qu'il seroit informé de telles violences, à la Re-quête du Procureur General. Outre que l'Arrêt fut publié à son de trom-pe par tous les carrefours, bien davantage, en 1556, le Roi mit sous sa protection & sauve garde les Maîtres & les Compagnons de cet Hopital: & de plus, défendit aux Jurés de Paris, d'y faire aucune visite, sans y ap-peller deux des Gouverneurs de la maison voulant même que quand ils trouveroient quelque ouvrage défectueux, on fit aussi-tôt appeller deux Mar-chands entendus pour en connoître sur le lieu la bonté ou le défaut.

Je dirai incontinent que les Artisans de la Gallerie du Louvre jouissent presque de tous ces privileges: & que si en 1623, on eut executé la proposition faite au Roi, de remplir de Manufactures l'Isle Notre-Dame, les Manufacturiers qu'on y eut mis, en auroient aussi joui.

De quantité d'Artisans habiles qu'a produit la Trinité, il n'y en a point qui ait plus fait parler de lui que du Bourg, quoi qu'en dise Richer dans son Histoire de la paix entre la France & l'Espagne. Ce grand Artisan n'aban-donna point son pays pour venir travailler en cette Ville: car il étoit de Paris même & avoit été enfant de la Trinité, où il apprit à être Tapissier.

En 1594, il y faisoit les Tapisseries de saint Merri d'après les desseins de Lerambert, dont il étoit si grand bruit, que Henri IV les ayant été voir & les ayant trouvées à son gré, il resolut de rétablir à Paris les Manufactures de Tapisseries que le désordre des Regnes précedens avoit abolies.

Pour cela il manda à Fontainebleau du Bourg avec Laurent autre Tapis-sier excellent; mais comme du Bourg fut volé dans la Forêt, & qu'il ne put s'y rendre, le Roi choisit l'autre qu'il établit en 1597, dans la Maison Pro-fesse des Jesuites, où personne ne demeuroit depuis le patricide de Jean Chastel, & avec lui du Breuil Peintre fameux, & Tremblai fort bon Sculp-teur. Il étoit Directeur de cette manufacture, à raison d'un écu par jour, & cent francs de gages, & comme il avoit quatre Apprentifs, leur pension fut taxée à dix sols tous les jours pour chacun. Quant aux Compagnons qui travailloient sous lui, les uns gagnoient vingt-cinq sols, les autres trente, les autres quarante. Avec le tems du Bourg lui fut associé, & ils demeu-rerent ensemble jusqu'au rappel des Jesuites, & pour lors ils furent transfe-rés dans les Galleries. Après la mort du Roi ils n'eurent plus que quarante sols par jour & vingt cinq écus de pension pour les Apprentifs; mais tou-jours on continuoit à leur fournir les étoffes, & travailloient encore à la journée. Depuis ce tems-là ils ont toujours demeuré dans la Gallerie du Louvre avec les autres Artisans; mais quelque part qu'ils ayent été, ils ont joui de tous les privileges des Hofpitaliers de la Trinité, & même de quelques autres.

Le Roi au refte s'étant propofé d'avoir chés lui de toutes fortes de manufactures, & les meilleurs artifans de chaque profeffion, tant pour les maintenir à Paris, que pour s'en fervir au befoin, & qu'ainfi ce fût comme une pepiniere d'ouvriers qui pût produire quantité d'excellents Maîtres & en remplir la France, il pratiqua fous la Gallerie du Louvre divers appartemens afin de les y loger, & leur accorda en 1608, toutes les prérogatives fuivantes.

Que ni eux ni leurs fucceffeurs ne feroient empêchés ni vifités par d'autres Maîtres & Jurés des Arts dont ils font profeffion. Que s'il arrivoit que lui ou fes fucceffeurs vinffent à les mettre dehors, pourvû que ce ne fût pas pour avoir fait quelque faute, ils pourroient tenir boutique à Paris & jouir de leurs Maitrifes ainfi que s'ils y avoient été reçûs. Que les Orfevres porteroient au Bureau de l'Orfeverie, leurs befognes marquées de leurs Poinçons, pour être contremarquées de la marque des Gardes, de même que les autres Orfevres de la Ville. Qu'ils pourroient avoir chacun deux Apprentis, à la charge de prendre le dernier à la moitié du tems que le premier auroit à demeurer en apprentiffage, afin que celui ci avant que de fortir le puiffe inftruire affés fuffifamment pour foulager leur Maître. Que fur leur Certificat leurs enfans & leurs Apprentis feront reçûs Maîtres de cinq ans en cinq ans tant à Paris qu'ailleurs, fans être obligés ni de fe faire infcrire cinq mois auparavant au Regître du Procureur du Roi au Châtelet, ni de faire le chef-d'œuvre, ni de prendre Lettres non plus que de fe prefenter à la Maitrife, ni d'appeller les Maîtres des Villes où ils voudront s'établir, ni de leur faire aucun feftin, ni de payer quoi que ce foit.

Quelques jours après, ceci fut enregîtré au Parlement & au Châtelet, à condition que ces Artifans ici ne tiendroient boutique que dans la Gallerie du Louvre tant qu'ils y demeureroient; & qu'au cas qu'ils en fortiffent ils n'en pourroient tenir, ni jouir de leur Maitrife, à moins que d'y avoir demeuré & fervi cinq ans de fuite.

Le Roi alors y avoit logé Banel Peintre excellent, Courtois Orfevre fort habile, Aleaume Profeffeur Royal des Mathematiques très favant, & en grande réputation. De plus, les meilleurs Sculpteurs, Horlogeurs, Parfumeurs, Couteliers, Graveurs en pierres précieufes, Forgeurs d'épées en acier de damas; outre cela, les plus adroits Doreurs & Damafquineurs, Faifeurs de cabinets, d'inftrumens de Mathematiques, de gobelets mouvans avec trois Tapiffiers, l'un des ouvrages du Levant, les autres de hauteliffe. Or comme on n'en avoit pas encore donné tous les appartemens, avec le tems ils le furent, & même la plupart à de grands Artifans, les autres par brigues à des je ne fai qui, ce qu'on a fait depuis, & ce qui fe fait encore.

Nous y avons vû la Monnoie au Moulin, & l'Imprimerie Royale fi renommée. J'ai fait ailleurs la defcription de la Monnoie, où il a été remarqué qu'en moins de quatre ans, on y a fait plus de cent vingt millions en Louis d'or & d'argent; & qu'encore que la Monnoie foit un des principaux meubles de l'Etat, qui devroit être éclairée des yeux du Prince, & n'être point détachée de fon Palais, neanmoins on n'a pas laiffé de l'en tirer, & de la remettre au lieu même, où elle étoit auparavant.

A l'égard de l'Imprimerie, il n'y en a jamis eu de plus grande ni de mieux conditionnée, foit pour le lieu, foit pour les caracteres, le papier, la reliure, la correction & tout le refte. Quoiqu'elle confiftât en une longue fuite de chambres, voutées, fpacieufes, & dont les portes en correfpondance faifoient une agréable perfpective; cependant durant plufieurs années, nous les avons vûes fi pleines de Preffes & d'Ouvriers qu'en deux ans feulement il en eft forti foixante & dix gros Volumes, Grecs & Latins, François &

Italiens, les Conciles sur-tout en trente-sept Volumes. Louis XIII en fut le Fondateur, le Cardinal de Richelieu l'Inventeur & l'Ordonnateur. Desnoyers si recommandable par l'amour qu'il portoit aux Lettres, en étoit le Sur-Intendant. Dufresne savant en plusieurs Langues, le Correcteur & Cramoisi l'Imprimeur. Par le soin qu'on en prit, & la dépense qui en fut faite, elle devint si accomplie, que chacun avoua que par le moyen des François, l'Imprimerie étoit montée à son dernier degré de perfection. Les premieres productions ne surprirent pas seulement tout ce qu'il y avoit de savans dans les Pays-Bas, en Angleterre, en Italie & en Allemagne, elles ravirent même le Patriarche de Constantinople, qui en felicita le Sur-intendant par une Lettre fort obligeante. Aussi en 1642, coûta-t-elle au Roi plus de quarante mille écus. Les sept premieres années, il y fut dépensé près de trois cems soixante & dix mille livres. Après la mort du Cardinal de Richelieu & la disgrace de Desnoyers, on commença à s'en lasser. Depuis peu on la abandonnée presque entierement, & convertie en écurie, appellée la petite écurie du Roi, qui sans contredit est la plus longue & la plus achevée de l'Univers.

Pour retourner à Henri IV, & à ses Manufactures, il fit venir d'Italie d'excellens Ouvriers en or & en soie qu'il logea à la Maque, qui est un grand logis de la rue de la Tixeranderie. Richer, dont j'ai fait mention, s'est encore ici trompé; car ni du Bourg n'a point demeuré là, comme il dit, ni ne savoit point travailler en soie, non plus qu'en or. Quoi qu'il en soit, les Italiens logés à la Maque, firent des draps, des toiles & toutes autres sortes d'étoffes d'or & d'argent, frisées & autrement.

HISTOIRE
ET
RECHERCHES
DES
ANTIQUITÉS
DE LA VILLE
DE
PARIS
LIVRE DIXIEME.

LES JUIFS.

URANT les six premiers siécles de l'Eglise, les Chrétiens tant hommes que femmes, ne faisoient aucune difficulté de s'allier aux Juifs & de contracter mariage avec eux. En ce tems-là les Juifs étoient si grands Maîtres, que les trois derniers jours de la Semaine-sainte, aussi-bien que le jour de Pâques, ils se mocquoient publiquement de la tristesse & de la joie que les Chrétiens témoignent alors dans leurs céremonies. Mais cette licence fut reprimée en 533, 535, 538 & 581, par le Roi Childebert, par les Conciles d'Auvergne & de Mâcon, & par le deux & troisiéme d'Orleans.

Childebert fit defenses aux Juifs de paroître ces jours-là, ni dans les places ni dans les rues, aussi-bien à Paris que par tout son Royaume.

Au troisiéme Concile d'Orleans & au Concile de Mâcon, cette Déclaration du Roi fut approuvée.

En 533, le second Concile d'Orleans excommunia tous les Chrétiens qui feroient alliance avec eux : & quoiqu'en confirmant ces Canons, le Concile d'Auvergne & le troisiéme d'Orleans y apportassent quelque modification, depuis neanmoins ils furent observés à la rigueur, sur-tout à Paris. Car nous lisons dans *Joannes Galli* que le Bailli de l'Evêque de Paris condamna en 1397 Jean Hardi à être brûlé, à cause qu'il avoit eu d'une Juive des enfans qui faisoient profession de la Religion de leur mere.

Depuis ces Canons & jusqu'au neuviéme siécle, il ne s'est presque point tenu de Concile dans le Royaume, où il ne soit fait mention des Juifs. Je laisse là ce qui est rapporté contre eux dans ceux d'Agde, de Beaune, de Mâcon, de Narbonne, de Reims & de Mets, comme regardant tous les Juifs en général, & que je ne veux parler que de ceux de Paris.

HISTOIRE DE PRISCUS JUIF.

GREGOIRE de Tours Livre six, raporte que Chilperic, moitié par force, moitié par douceur, obligea une bonne partie des Juifs de Paris à se faire batiser. Les uns épouvantés par ses menaces, les autres attirés par l'honneur qu'il leur faisoit de les tenir sur les Fonts. Quoi qu'il fit neanmoins, jamais il ne put venir à bout d'un certain Priscus qui s'étoit insinué dans ses bonnes graces, & même rendu familier avec lui, à cause des riches meubles & autres curiosités qu'il lui vendoit. Son opiniâtreté fut si grande qu'il ne se rendit ni aux raisons de Gregoire de Tours, ni aux caresses de ce Prince, qui même l'embrassa, afin de lui amolir le cœur ; ce qui le piqua à un point, que de dépit il le fit mettre en prison.

Tout ce grand zèle de Chilperic neanmoins fut de peu de durée, & ne mit guére à se refroidir ; car bientôt après, il souffrit que ceux qu'il avoit contraints à se faire batiser, abjurassent la Religion Chrétienne ; mais bien pis, il fut assés lâche de permettre à Priscus pour de l'argent de differer sa conversion jusqu'à ce que son fils eut épousé une certaine Juive de Marseille. Durant ceci, un certain Phatir Juif nouvellement converti & filleul du Roi, qui en vouloit à Priscus, prend son tems comme il alloit au Sabath, & assisté de ses domestiques, l'assassine. Aussi-tôt lui & ses complices s'étant refugiés dans saint Julien le Pauvre, quoiqu'alors les Eglises servissent d'azile à toutes sortes de Criminels, le Roi cependant commanda qu'ils fussent tirés de là par force & qu'on leur fit leur procès Phatir là-dessus trouve moyen de se sauver ; les autres ne voulant pas mourir de la main d'un Boureau, prierent un de leurs Compagnons de les tuer tous les uns après les autres. Ce qu'ayant fait, en même tems il sort de l'Eglise tout furieux, l'épée à la main, & vient fondre déterminément sur une foule de monde qui s'étoit saisi des avenues, & frapant de tous côtés, aussi-tôt il fut assommé & mis en pieces.

PERSECUTION DES JUIFS SOUS DAGOBERT.

FREDEGAIRE, l'Auteur des Gestes de Dagobert, & Aimoyn, rapportent que l'Empereur Heraclius Prince consommé dans l'Astrologie judiciaire, ayant découvert que l'Empire étoit menacé de sa ruine par des Circoncis, & qu'ils s'en rendroient les Maîtres, au lieu de songer à exterminer les Mahometans qui alors commençoient à faire parler d'eux, il s'acharna de sorte sur les Juifs, que non content de les chasser de ses Terres, il pria Dagobert & les autres Princes Chrétiens d'en faire autant chés eux & de les en bannir. Si bien que Dagobert à sa priere s'étant mis à les persecuter, une partie se fit batiser, le reste abandonna le Royaume.

Cette Histoire cependant ne se lit dans pas un Auteur Grec contemporain, ni même dans tous les autres qui ont parlé des Empereurs de Constantinople: & quant à ceux qui ont fait mention des Juifs de ce tems-là, ils disent simplement, que Heraclius les fit sortir de Jerusalem, avec défenses d'y rentrer, ni d'en approcher plus près de trois lieues.

Pour ce qui regarde la prédiction de cet Empereur, les Auteurs à la vérité qui racontent l'invasion des Mahometans, assûrent qu'Etienne celebre Mathematicien d'Alexandrie, la prédit du tems d'Heraclius; mais pas un ne dit que ce Prince se connût aux Astres, ni qu'il se fût étudié à l'Astrologie judiciaire. Tellement qu'il y a grande apparence que des trois Auteurs François que j'ai nommés qui rapportent cette fable, les deux derniers l'ont tiré de Fredegaire, qui la inventée pour donner quelque couleur à la cruauté de Dagobert en persecutant les Juifs. Depuis ce Prince, je ne vois rien des Juifs dans notre Histoire qu'en 848, 877, 1009 & 1096.

En 877, les Marchands Juifs payoient pour les droits du Roi le dixiéme denier & les Chrétiens l'unziéme Cette année là même, Charles le Chauve avoit pour Medecin un Juif nommé Sedechias qui l'empoisonna.

En 1009 les Juifs d'Orleans furent accusés d'avoir porté le Prince de Babylone à brûler le Temple de Jerusalem, afin que les Chrétiens n'allassent plus faire la guerre dans la Terre Sainte.

JUIFS PERSECUTE'S PAR TOUTE L'EUROPE.

EN 1096, comme si toute l'Europe eût conspiré la ruine des Juifs, ils furent persecutés si cruellement en France, en Espagne, en Angleterre, en Italie, en Boheme, en Hongrie & généralement par toute l'Allemagne, que Joseph Cohen prétend que plusieurs millions de ces malheureux furent taillés en pieces, ou se firent mourir; & qu'enfin pas un ne put se garantir de la fureur des Chrétiens que par la mort.

RETABLISSEMENT DES JUIFS.

UNE si cruelle persecution que la précedente, sembloit obliger les Juifs à ne remettre jamais les pieds dans l'Europe. Cependant cela ne les empêcha pas, peu de tems après, de songer à leur rétablissement, sur-tout en France, & à Paris. A la verité avant que d'y venir, ils prirent un peu mieux leurs précautions qu'auparavant; car quelques-uns obtinrent de nos Rois des lieux de franchises, où ils vécurent à l'abri de toutes sortes de violences; & même d'autres eurent permission de se donner aux Ducs, aux Comtes & aux autres grands Seigneurs du Royaume; & tous enfin, eurent des Privileges, une Justice, des Juges à part, qui s'appelloient les Conservateurs des Juifs.

Ces sûretés les soutinrent veritablement sous Louis le Gros & Louis le Jeune du consentement des Papes, & malgré les remontrances de Pierre le Venerable; car nous apprenons d'une Lettre de cet Abbé de Cluni, qu'il fit son possible, afin que Louis le Jeune s'emparât de leurs biens pour secourir son Armée de la Terre Sainte; mais qu'il ne put obtenir de lui autre chose, sinon que ceux qui voudroient se croiser, demeureroient déchargés de tout ce qu'ils devoient aux Juifs.

Nous lisons dans Genebrard, que lorsqu'Innocent II, vint à Paris, les Juifs lui firent present d'un ancien Testament couvert de la plus riche étoffe qu'ils purent recouvrer, & qu'il leur dit: Je prie Dieu qu'il leve de dessus vos cœurs le voile dont ils sont couverts.

Avec tant de sûreté neanmoins & toute leur prévoyance, ils ne purent se garantir des rigueurs de Philippe Auguste, de Louis VIII, de saint Louis, de Philippe le Hardi, de Philippe le Bel, de Philippe le Long, de Charles le Bel, de Philippe de Valois, du Roi Jean & de Charles VI. La plupart de ces Princes les pillerent & les chasserent. Que s'ils les rappelloient, c'étoit pour de l'argent; & lorsque les ayant fait revenir, ils les chassoient tout de nouveau, peu de tems après, le prétexte étoit qu'il falloit purger le Royaume de ces sansues & maintenir la pureté de la Religion Chrétienne.

Mais en effet, c'étoit toujours pour partager avec les Courtisans la meilleure partie de leur bien: & quand peu de tems après les avoir exilés, ils les rappelloient, ou bien en apparence, c'étoit pour payer leur rançon, ou pour entretenir la guerre Sainte; mais toujours à dessein de les accabler d'impositions & d'achever de les piller.

PERSECUTION DES JUIFS SOUS PHILIPPE AUGUSTE & de plus chassés.

DE tous les Princes qui ont persecuté les Juifs, il n'y en a point qui les ait plus tourmentés que Philippe Auguste. Il ne fut pas plutôt sacré qu'il se saisit de leur or, de leur argent & de tous leurs meubles. Après il les fit mettre en prison, & n'en sortirent point, qu'ils ne lui eussent donné quinze mille marcs d'argent. Ensuite il les chassa de France, confisqua leurs terres & leurs maisons, & dispensa tous ses Sujets de leur payer les sommes immenses dont ils leur étoient redevables, pourvû qu'ils lui en donnassent la cinquiéme partie. Chacun en fut si joyeux, qu'on appella cette année-là, *l'année du Jubilé*; à l'imitation des Israëlites, qui appelloient ainsi la derniere année de chaque demi siécle, parce qu'alors ils devenoient quittes de toutes leurs dettes, & que les terres alienées aussi-bien que les maisons, retournoient à leurs premiers maîtres. Pour couvrir ces rapines, on les accusa, outre la ruine du peuple, d'avoir envahi par leurs usures, une infinité de Fermes, de Métairies, de terres, près de la moitié des maisons de Paris, les vases sacrés & les trésors des Eglises, de boire impudemment dans les calices, d'y faire de la soupe au vin, & enfin de s'en servir à des usages si infames, que d'y penser seulement, cela fait dresser les cheveux; de crucifier tous les ans un Chrétien, le jour du Vendredi-Saint, de faire esclaves les pauvres Chrétiens qu'ils avoient ruinés, en achetant leur liberté.

On ne voulut point se souvenir que Philippe Auguste lui même, aussi-bien

bien que les autres Rois ses Prédecesseurs, leur avoient permis de donner à usure, & de faire des acquisitions; & moins encore considerer, que le trafic des vases saints étoit devenu si commun en France, que tout le monde en achetoit: sans bien d'autres choses que les Loix permettoient en dépit des Conciles d'Orleans, de Mâcon, de Rheims, des Capitulaires de Charlemagne & de Pierre le Venerable Abbé de Cluni.

Je m'étonne de ce qu'on ne les accusa pas aussi de faire des imprecations contre les Chrétiens sur la viande qu'ils leur vendoient, de la salir de l'ordure de leurs enfans, de leurs filles & de leurs femmes; de faire faire de leur marc de vendange des galettes en forme d'hosties pour les donner après à manger à leurs chiens en haine du Saint-Sacrement; en un mot d'user de nos hosties pour se guerir quand ils étoient malades, à l'exemple des premiers Chrétiens: car ce sont les crimes dont on chargeoit les Juifs alors, & ausquels l'Evêque Eudes remedia dans un Synode tenu à Paris sous le Regne de Philippe Auguste.

L'Histoire de Rigord & les Chroniques de saint Denys sont pleines des supplices qu'on leur fit souffrir à cause de ces crimes, & pour quelques autres qu'on leur imputoit. Si ces Chroniques en sont crues aussi bien que Rigord, c'étoit justement qu'on les condamnoit au feu. Le Rabbin Abarbanel cependant, ni Joseph Cohen n'en demeurent pas d'accord, ils les regardent comme autant d'innocens & de martyrs qu'on immoloit à l'avarice & à la fureur de la populace; & qu'enfin ce fut une injustice que Dieu vengea bientôt après, par des déreglemens de nature, qui desolerent le Royaume & par les victoires que les Anglois & les Sarrasins remporterent sur les François.

Voila tous les forfaits qui rendoient les Juifs si odieux, & dont on les chargeoit. Vrais ou faux, je m'en raporte; mais les plus clair-voyans en cette matiere prétendent qu'ils n'auroient point été coupables, si Philippe Auguste jeune Prince, âgé pour lors de vingt sept ans seulement, ne se fut laissé aller aux mauvais conseils qu'on lui donna; lui faisant à croire qu'outre l'honneur qui lui en reviendroit, à son avenement à la Couronne, de purger son Royaume des sangsues du peuple & de l'Eglise Gallicane, c'étoit le vrai moyen de s'enrichir: ce qui l'anima si bien contre eux, que jamais ils ne purent le flechir, de sorte que par un Edit, il les bannit de France. Et quoiqu'alors ils fissent toutes choses pour en empêcher l'execution; que même à force d'argent & de promesses, ils eussent gagné les Princes, avec la plupart des Evêques & des grands Seigneurs, il fallut à leur aller. Pour toute grace on leur laissa leurs meubles, & encore à la charge de les vendre dans un certain tems.

Rigord qui vit tout ceci, dit qu'ils furent chassés en 1182. Joseph Cohen, David Gantz, Sethus, Calvisius & Genebrard, tous quatre Chronologues modernes ne s'accordent ni entre eux touchant l'année, ni avec Rigord.

JUIFS RAPPELLE'S.

DEPUIS, Philippe Auguste rappella les Juifs en 1198. Trois ans auparavant leur retour, le Ciel, à ce qu'assure Rigord, se fondit en pluies, pour ainsi dire, ensuite la terre devint sterile, & ils ne furent pas plutôt à Paris que le Roi d'Angleterre, à la tête d'une puissante Armée, se jetta dans le Vexin, & fit du pis qu'il pût près de Gisors: ce qui fut cause que Philippe se repentit de les avoir rappellés. De sorte que pour contenter le peuple qui en murmuroit, à ce que disent Cohen & David Gantz, il les chassa pour la seconde fois; ce qui pourtant ne se trouve point ni dans Rigord, ni dans tous les autres Historiens, quoique Rigord soit moins l'Historien de Philippe Auguste, que son Panegyriste: car enfin il n'auroit eu garde de l'oublier. Tellement qu'il faut ou que ceux-ci ayent menti, ou que les ordonnances de ce Prince faites un peu devant sa mort, soient supposées la plûpart, aussi-bien quant au Sceau, qu'à l'égard de l'usure des Juifs. Cependant les Savans les admettent, & tous les Regîtres de ce tems-là, d'où je les ai tirés.

Au reste, on ne sait point de quelle façon les Juifs en 1198, rentrerent dans les bonnes graces du Roi, & comme c'étoit l'avarice qui les avoit fait chasser, si ce ne fut point encore elle, gagnée pour lors par argent, qui les fit rappeller.

Il n'y a que nos Historiens modernes qui touchent ce point. Genebrard l'avoue franchement, Paul Emile pallie l'affaire, & veut que Philippe resolu alors de retourner dans la Terre-Sainte, & manquant d'argent, fut contraint d'en venir-là. Depuis cela jusqu'au tems de saint Louis, ils vêcurent assés paisiblement.

PERSECUTION DES JUIFS SOUS SAINT Louis.

EN 1252, lorsque saint Louis étoit en Orient, apprenant que les Sarrasins se railloient des François, & leur reprochoient qu'ils vivoient avec les Bourreaux de Jesus-Christ, & étoient de leurs bons amis. Ce reproche lui fut si sensible, qu'aussi-tôt il envoya en France une Déclaration, afin qu'on les chassât, à l'exception des Marchands & des Artisans. Mathieu Paris qui raconte ceci, ne dit point ce qui en arriva. On croit neanmoins que ce commandement ne leur fit pas grand mal, comme n'ayant point supprimé par la Déclaration, ni les usures, ni les usuriers ; puisqu'enfin *les Caoursins* furent substitués aux Juifs, avec permission d'en user comme ces exilés. Que si dans une Charte de l'année 1315, il est remarqué, que ce Prince fit par un motif de pieté ce que Philippe Auguste n'avoit fait que par ambition & par avarice; neanmoins il se repentit d'avoir chassé les Juifs, & comme lui les rappella, & même bientôt après selon toutes les apparences ; car l'Histoire de ce tems-la ne fait aucune mention de leur bannissement.

Quoi qu'il en soit, on peut dire que saint Louis fut leur plus cruel ennemi ; car il leur défendit les usures, fit brûler leur Talmud, les obligea à porter une marque, afin qu'on les pût reconnoître : en un mot il fit tout ce qu'il put pour les affliger.

Mais si d'un côté ce Prince prenoit plaisir à les tourmenter, d'autre côté, il faisoit son possible pour les convertir, n'épargnant point l'argent, afin d'en venir à bout ; si bien que ses liberalités en gagnerent plusieurs & même des familles entieres. Outre une infinité de leurs Enfans orphelins qu'il nourrissoit, ceux qui se convertissoient, il les faisoit batiser, les tenoit lui même sur les fonts, leur assignoit sur son Domaine des rentes, d'un, de deux, & même de trois deniers par jour, qui étoit beaucoup en ce tems-là, dont ils pouvoient disposer pendant leur vie, & dont leurs veuves, leurs enfans & leurs heritiers jouissoient après leur mort de la même façon.

Bien que ces Convertis coûtassent à ce bon Prince des sommes excessives, la plupart des Rois neanmoins qui vinrent après lui, & qui souffrirent les Juifs, plus imitateurs de son grand zèle, que rebutés par la dépense, augmenterent ces rentes, à mesure que le prix de tout ce qui se vend croissoit ; & de plus, les assignerent sur un si bon fonds qu'il n'y avoit rien de mieux payé : ce qu'il est aisé de voir dans les comptes du Domaine de ce tems-là, sous les noms de *Baptisati* pour les Orphelins, & de *Conversi* à l'égard des autres. C'est dans les Titres de la Chambre des Comptes que l'illustre

Antoine de Vyon, Auditeur de la même Chambre, m'a communiqués, que j'ai appris, & telles particularités, & cette prodigalité si pieuse de saint Louis.

PERSECUTION DES JUIFS SOUS PHILIPPE LE BEL.

LES Juifs sous Philippe le Hardi vécurent à Paris & ailleurs de la même sorte qu'ils avoient fait sous son pere, & si alors on proposa de les chasser, ce fut un coup en l'air. Mais à l'égard de Philippe le Bel, il s'éleva de nouvelles tempêtes : car alors en 1290, au Parlement de la Chandeleur, il fut ordonné, le Roi present, & par son commandement même, que tous les Juifs absolument, tant d'Angleterre, que de la Gascogne, qui s'étoient venus établir en France, sortiroient dans la mi Carême. Genebrard là-dessus dit qu'en 1295 qui est cinq ans après, ce Prince les chassa & pilla les autres ; & que les Juifs pour cela ont donné à cet exil le nom de   qui veut dire   parce qu'il arriva cinquante-cinq ans après le cinquième millenaire de la création du Monde.

Cependant ni l'Auteur de Sehebeth Jehuda, ni Levi Ben Gerson, ni Abraham Zachut, ni Joseph Cohen, ni David Gantz Chronologues & tous Rabins, ne parlent non plus de ce bannissement raporté par Genebrard, que de l'observation qu'il fait ; ou s'ils en touchent quelque chose, c'est seulement en 1306, qu'il est impossible d'accorder avec ce qu'il avance.

Le Continuateur de Nangis, l'Auteur de la Chronique Latine mss. de Charles VI. qui étoient de ce tems là, & tout de même, l'Auteur de la Chronique Latine de Rouen, que Philippe Labbe Jesuite a mise au jour, disent presque la même chose, & marquent cette désolation des Juifs en 1306 : tout ce que le Continuateur ajoûte, est qu'elle arriva un peu devant la Madeleine, ou bientôt après. Ce qui peut nous déterminer sur ce sujet, est un gros compte ou rouleau qui est à la Chambre des Comptes intitulé : *C'est le compte des biens des Juifs, de la Baillie d'Orliens ou du Ressort, rendu par Jean de Yenville Huissier d'Armes le Roi, & Simon de Montigni, Baillif d'Orliens, envoyé de par le Roi pour la prise d'iceux Juifs & de leurs biens, aboigié, dont les parties sont plus pleinement contenues en d'autres roullés bai lés par devers la Cour, selon ce que les personnes ; ci-dessus nommées qui furent commis a'part ledit Jean a'Yenville, & Baillif d'Orliens; à prendre iceux & leurs biens en divers lieux ont rendu & baillé par iceux roullés, & sans ce que ledit Jean Yenville & Baillif d'Orliens ait fait au:une recette d'iceux biens fors tant seulement, faire leur depens dans ladite besogne l'an MCCC VI, tout à foible monnoye.* Et sur le dos est écrit : *Non est perfectus, dies Veneris ante instans festum Magdalenæ est eis assignatus ad perficien lum istum comptum.* D'autres tiennent que leur fuite fut si précipitée, qu'on ne leur permit d'emporter que ce qu'ils pourroient cacher dans leurs habits, & néanmoins un Registre de la Chambre des Comptes intitulé, *Judæi*, fait savoir que sous main, ils mirent en dépôt chés les Chrétiens, qu'ils croyoient les plus honnêtes gens, non seulement leurs meubles, mais même de l'or, de l'argent, & ce qu'ils avoient de plus précieux, & que par ce moyen ils sauverent bien des choses.

Cet exil au raport des Rabbins que j'ai cités, fut tout autrement barbare, que celui qu'ils souffrirent sous Philippe Auguste ; car outre que le Roi engloutit tout leur bien, jusqu'à ne leur laisser que l'habit ; on en fit une cruelle boucherie. Si bien qu'au contraire de s'enfuir en désordre, leur misere fut si grande, que quantité perirent encore de peste & de faim ; tellement qu'il en mourut plus de douze cens mille, ou pour me servir des termes de leurs Rabbins, deux fois autant qu'il s'en sauva d'Egypte sous la conduite de Moïse. Il semble qu'un si grand carnage méritoit bien d'avoir place dans notre Histoire. Nos Auteurs toutesfois font muets là-deſſus, ou ſi quelqu'un fait mention de ce banniſſement, il ſe contente de dire ſimplement, qu'il arriva au mois de Juillet, & que le Roi s'empara de tous les biens des Juifs : de ſorte qu'il faut ou que cela ne ſoit pas vrai, ou bien qu'on a voulu cacher à la poſterité une ſi grande barbarie.

RETABLISSEMENT DES JUIFS SOUS LOUIS HUTIN.

NONOBSTANT tous les maux que je viens de rapporter, & une ſi cruelle perſecution, Philippe le Bel ne fut pas plutôt mort, que les Juifs par argent gagnerent Louis Hutin, & en 1315, acheterent de lui au mois de Juin la permiſſion de revenir ſeulement pour treize ans, vingt deux mille cinq cens livres qu'ils promirent de payer à la ſaint Remi, outre le tranſport qu'ils lui firent des deux tiers de ce qui leur étoit dû en France quand ſon pere les exila. Les conditions de leur retour furent que tous les Livres de leur Loi, à la reſerve du Talmud, leur ſeroient rendus au plutôt, qu'ils rentreroient dans leurs Synagogues, & leurs Cimetieres qui ſeroient encore en nature ; qu'il leur ſeroit permis de contraindre ceux qui les avoient achetés à les leur abandonner pour le même prix qu'ils leur auroient coûté ; qu'il leur en ſeroit donné d'autres à bon marché, au lieu de ceux qu'on ne pourroit découvrir, ou qui ſeroient couverts de trop de bâtimens ; qu'ils retireroient le tiers de ce qu'on leur devoit, avant leur dernier banniſſement ; que par ſemaine ils exigeroient douze deniers d'uſure pour livre ; que des treize années de ſéjour qu'on leur accordoit, ils employeroient la derniere à retirer à leur aiſe, & en ſûreté des mains de leurs debiteurs tout ce qui leur ſeroit dû ; qu'ils ne diſputeroient point de la Religion ; qu'ils ne prêteroient point ſur des ornemens d'Egliſe, ni *ſur des gages ſanglans ou mouillés*, pour me ſervir des termes ; qu'ils porteroient à leur robes de deſſus une marque de ſoie groſſierement faite, de la largeur d'un Tournois d'argent, & d'autre couleur que l'habit.

Or quoique dans les Lettres que le Roi leur fit expedier, il ne ſoit point parlé qu'ils lui devoient payer à la ſaint Remi vingt deux mille cinq cens livres, & dix mille livres tous les ans, j'apprens neanmoins d'une Charte de Philippe le Long ſon ſucceſſeur, que c'eſt la principale condition qui fut cauſe de leur retour, & que le terme échû, n'ayant pu compter au Roi cette ſomme, il leur accorda douze ans de répit, à la charge de lui faire tranſport de l'autre tiers des dettes qu'ils s'étoient reſervé.

Cet accord fait, il ſembloit que les Juifs dûſſent vivre aſſés paiſiblement ; cependant Sethus Calviſius, Genebrard, l'Auteur des Chroniques de ſaint Denys de ce tems-là, Paule Emile, Papirius Maſſon, le Rabbin David Gantz, Belleforeſt & les Titres du Tréſor des Chartes aſſûrent que Louis Hutin, Philippe le Long & preſque tous les François, firent ce qu'ils purent pour les détruire. Calviſius dit que Louis Hutin ne les fit revenir qu'afin de les piller & être en état de paſſer en Flandre avec une puiſſante Armée. Paul Emile, Maſſon, auſſi-bien que les Chroniques de ſaint Denys & Belleforeſt prétendent que ces Seditieux appellés *Paſtoureaux*, en maſſacrerent quantité. Genebrard de ſon côté veut que cinq ou ſix ans après leur retour, le peuple contraignit Philippe le Long de revoquer tout ce que Louis Hutin avoit fait pour eux en 1315 ; & qu'enfin en 1323, il le força à les exiler. Mais il ſe trompe en cela, de même qu'en bien d'autres choſes que j'ai tirées de lui pour ce diſcours, que je ne m'amuſerai pourtant pas à réfuter, puiſqu'on peut voir là-deſſus mes preuves, Livre XV.

Or pour montrer combien cet Auteur ſe mécompte ici, c'eſt que non-ſeulement il a pris une année pour l'autre ; mais encore il prolonge la vie de Philippe le Long de deux ans tout entiers, & en retranche autant du Regne de Charles le Bel son frere & son successeur; car si comme il prétend, les Juifs furent bannis en 1323, ce fut par Charles le bel, qui regnoit alors, & non point par Philippe le Long qui étoit mort près de deux ans auparavant D'ailleurs, depuis 1315, que Louis Hutin fit revenir les Juifs jusqu'en 1323, qu'ils furent bannis comme veut Genebrard, il y a huit ans tout entiers, & non cinq ou six seulement, suivant son calcul. Après tout, il est constant qu'ils ne furent exilés ni par Philippe le Long, ni en 1323, car je trouve dans les Titres du Trésor des Chartres, que les Juifs par toute la France, furent condamnés en 1324, à une si grosse amende, que la moitié de ceux qui demeuroient en Languedoc étoit taxés à quarante sept mille livres parisis: & si nous en croyons Abraham Zachut, ce fut en 1346, qu'ils reçûrent cette grande plaie, au mois que les Juifs appellent *Abib*, ,, & nous Avril. Philippe de Valois, dit-il, qui regnoit alors, les obligea de ,, se convertir, ou de sortir du Royaume Plusieurs se firent Chrétiens par ,, force, le reste voulut mourir dans la Religion de ses Peres. Aussi tôt que ,, ce Prince fut mort, le Roi Jean son fils les rappella, & les bannit sept ,, ans après, au grand contentement de ses peuples. Charles V depuis, les ,, ayant fait revenir, ils demeurerent paisiblement en France tant qu'il vécut. ,, Après sa mort, ils furent si maltraités sous Charles VI, qu'on en chassa ,, une partie, les autres furent dépouillés à force de taxes & d'impositions, & ,, la plupart assommés par la populace, qui prenoit plaisir à verser leur sang. Mais ou toutes ces particularités-là sont fausses, ou il y en a bien peu de veritables. Que si les Juifs furent chassés par Philippe de Valois, il est impossible de savoir l'année.

Au reste, avant que de passer outre, il est à propos que je refute un point de l'Histoire des Juifs de très grande importance, raconté faussement par la plupart de ceux qui ont écrit ce qui se passa en France au commencement du quatorziéme siécle.

FABLE REFUTE'E.

LES Chroniques de saint Denys assûrent qu'en 1321, les Juifs, de l'argent du Roi de Grenade, corrompirent les Ladres de France, afin d'empoisonner les Fontaines & les Rivieres, & même Paul Emile ajoûte que les Satrapes de Turquie furent, sinon les Auteurs, du moins les instrumens de cette méchanceté. Les autres Historiens François cependant, font tout tomber sur les Juifs; & les Turcs non plus que le Roi de Grenade n'y ont aucune part. Le Trésor des Chartes à la verité ne parle point des Turcs mais il fait bien noirs les Rois de Grenade & de Tunis qui, par deux Lettres Arabes & par les grandes sommes qu'ils firent tenir aux Juifs, les porterent à cette horrible entreprise. Ces Lettres au reste, ayant été interceptées, furent traduites par Pierre Diacre, Docteur en Théologie, en presence de François de Aveneriis, Bailli de Mâcon & Chevalier, de Pierre Moreau, Juge en dernier ressort à Lion, de Barthelemi de Jo Archidiacre & de Ginotus de Laubespine, Chanoine de Mâcon, Etienne Verjus, Guillaume de Nuys, Pierre Pule & Jean de Cabanes Notaires aussi de Mâcon les signerent & Pierre de Lugni Garde des Sceaux de la même Ville, les scella du Sceau du Bailliage.

A l'égard du Roi de Tunis, il adressoit sa Lettre non seulement aux Juifs, mais encore à leurs enfans: les saluoit tant au commencement qu'à la fin; les traitoit de freres, comme tenant la Loi de Moïse: du reste les prioit de se souvenir de l'accord & du serment que lui, les Ladres & les soixante & quinze Juifs avoient fait le jour de Pâques-Fleuries, avec promesse de leur envoyer autant d'argent qu'ils voudroient; afin qu'au plutôt tous les François fussent empoisonnés. Ensuite pour les rendre plus hardis & leur ôter tout sujet de peur, lorsque leurs enfans seroient en sûreté, qu'ils n'avoient qu'à les lui envoyer ; qu'il les en supplioit , & qu'il en auroit autant de soin que de lui-même.

La Lettre du Roi de Grenade étoit beaucoup plus longue , & s'adressoit à Samson fils de Helie Juif, à la charge de la faire voir à Aaron & à tous les autres Juifs. Elle portoit entre autres choses : ,, Qu'il avoit ap-
,, pris de lui avec beaucoup de joie que cent quinze Ladres eussent prêté
,, serment d'empoisonner les Chrétiens , & que l'argent qu'il lui avoit fait
,, tenir , leur eût été distribué ; que pour ne pas faire languir l'entreprise ,
,, mais l'executer promtement , il a envoyé à Abraham & à Jacob trois
,, chevaux chargés de richesses avec deux sortes de poison , l'un pour
,, jetter dans l'eau que le Roi boit , l'autre dans les citernes , les puits & les
,, fontaines ; que s'il trouvoit qu'il n'eût pas assés envoyé d'argent ni de poison ,
,, qu'il n'en chomeroit pas ; que Jacob & Acharias avoient prêté serment
,, entre ses mains ; qu'enfin il rétabliroit les Juifs dans la Terre-Sainte, comme
,, il leur avoit promis ; qu'il les saluoit tous , & les exhortoit à achever l'entre-
,, prise au plutôt ; en un mot , qu'ils n'épargnassent ni son poison , ni son
,, argent.

Voila bien des badineries sans doute & un grand galimathias. Je m'étonne fort que Pierre du Pui, personnage si bien guéri des opinions populaires , & si versé dans l'Histoire, ait laissé dans le Trésor des Chartes ces deux Lettres si pleines de fausseté & d'impostures : d'ailleurs sans datte , & dont les originaux ne se trouvent point.

De prouver qu'elles ont été supposées par les ennemis des Juifs, cela n'est pas trop necessaire , on le reconnoit assés & aux paroles & aux circonstances , & on le reconnoîtra encore mieux dans mes preuves.

Cependant sur cette supposition , on brûla tous ceux qui en furent accusés ; les Ladres qui n'en étoient pas soupçonnés , furent enfermés dans les Maladeries. A l'égard des Juifs , les pauvres furent chassés du Royaume , les riches emprisonnés & contraints de donner à Philippe le Long , cent cinquante mille livres , somme si immense , qu'elle monteroit maintenant à plus de quinze millions.

David Gantz raconte la chose tout autrement , & même vingt-sept ans plus tard que ne fait le Trésor des Chartes.

,, En 1348 , dit-il la mortalité fut si grande parmi les Chrétiens , qu'il n'en
,, resta pas dix ; & les Juifs au contraire , furent tous garantis ; où s'il en mou-
,, rut ce fut bien peu , & ceux-là étoient de la famille d'Ascher. Cette indul-
,, gence du Ciel autant que de la nature , attira sur eux la colere presque
,, de toute l'Europe : en même tems les voila persecutés & en France & en
,, Espagne & en Allemagne. On les accuse d'avoir empoisonné les puits &
,, les rivieres ; chacun se jette sur eux pour s'en venger ; & enfin la vengeance
,, fut si cruelle , que plusieurs millions furent massacrés. Mais comme ce Rabbin est le seul qui parle de ceci, il y a grande apparence que c'est une fable.

ETAT ASSE'S TRANQUILLE DES JUIFS,
avec l'Histoire de Hugue Aubriot.

EN quelque année que les Juifs aient été bannis par Philippe de Valois, il est constant neanmoins que ce Prince en 1348 , prit ceux de Paris sous sa protection, au mois de Fevrier. Quant aux autres , ils ne retournerent en France qu'en 1360 , lorsque le Roi Jean , après sa prison, les rappella , & dont il tira une partie de sa rançon. Depuis , ils furent assés heureux tant qu'il vécut , & sous le Regne de Charles V ; car nous ne trouvons nulle part qu'il les ait bannis, quoi qu'en dife Abraham Zachut. Bien loin de cela le Livre rouge du Châtelet, nous apprend que Charles VI fon fils à fon avenement à la Couronne, confirma les privileges que fon pere leur avoit octroyés: & nous lifons dans la Chronique Latine mff. de Charles VI, que tant que Charles V regna, ils furent maintenus par le crédit de Hugue Aubriot Prevôt de Paris.

Cet homme étoit Bourguignon, & de médiocre Famille. D'abord par fon efprit il s'infinua dans les bonnes graces de Louis de France Duc d'Anjou, & de Philippe de France Duc de Bourgogne. Ses prefens enfuite lui acquirent l'amitié des principaux Officiers, tant de la Cour que du Confeil; & enfin tous ces grands édifices qu'il fit, la Baftille, le petit Châtelet, le Pont faint Michel & les murailles de la Ville, qu'il conduifit depuis la Porte faint Antoine jufqu'au Louvre, le firent confiderer & du Roi & des Parifiens. Il aimoit fi paffionnement les Juifves, que lui qui gouvernoit prefque toute la Cour, fe laiffoit gouverner par ces impudiques, & elles eurent tant de pouvoir fur fon efprit, qu'elles le firent renoncer à la Loi, & embraffer celle des Juifs, afin que fous fa protection & par fon crédit leurs affaires fuffent plus en fûreté.

Tout ceci fe voit dans les écrits de ceux qui ont fait la vie de Charles VI, mais particulierement dans l'Auteur anonyme de la Chronique mff. de ce Prince. ,, Celui-ci raporte qu'en 1380, une troupe de feditieux étant venu ,, fondre fur la Juiverie, après avoir pillé quelque quarante maifons pleines ,, de richeffes, firent main baffe fur tout autant de Juifs qu'ils purent ren- ,, contrer; & de plus, obligerent leurs femmes à faire batifer leurs petits ,, enfans. Leur fureur enfin fut fi étrange, que la plupart de ceux qui l'éviterent ,, pour être plus en fûreté, prirent pour azyle les cachots du grand Châtelet. Mais le Roi dès le lendemain, gagné par Aubriot, ne rétablit pas fimplement les Juifs dans leurs maifons, il leur fit encore rendre leurs enfans batifés la veille, avec commandement fur peine de la vie, de reftituer tout ce qu'on leur avoit pris.

Dans la même année, il arriva à Manthes une pareille fedition, pendant laquelle on pilla les biens des Juifs, que Charles VI fit rendre, après avoir commis Guillaume du Bois & Jehanin Gandouin Sergent d'Armes, par Lettres patentes datées de Paris le dix neuf Novembre 1380, pour aller à Manthes s'informer fecrettement de ceux qui avoient pris les biens des Juifs, faire inventaire defdits biens, les mettre en lieu fûr, pour la confervation du droit de ceux à qui il appartiendroient.

L'Univerfité au refte, dont ce Prevôt de Paris avoit fouvent reprimé la licence, informée de la vie honteufe qu'il menoit, comme en ce tems-là elle étoit fort puiffante, jufqu'à fe mêler des affaires d'Etat, l'Univerfité, dis-je, en 1381, obligea l'Evêque de Paris à faire le procès à ce Renegat; & malgré fon credit & l'oppofition de tous les Grands, le réduifit à ce point que d'être condamné à faire amende honorable dans le Parvis Notre-Dame, & finir fes jours au pain & à l'eau dans une baffe-foffe.

Suivant la même Chronique, les Juifs en 1382, pendant fa prifon, furent encore auffi mal traités par les *Maillotins*, qu'en 1380, par les autres Seditieux. Toute la raifon qu'ils en purent tirer, eft que le Roi en 1383, s'en plaignit par la bouche du Chancelier d'Orgemont ; & cela, lorfque le peuple paya fi cherement l'ufure de fa rebellion.

BANNISSEMENT DES JUIFS POUR LA DERNIERE FOIS
sous Charles VI.

APRE'S tant de persecutions & de maux soufferts, les Juifs à la fin sous Charles VI, furent tout à fait bannis de France, & pour n'y plus revenir, sans qu'on en sache l'année. Car ce ne fut ni en 1386, comme le prétendent Cohen & Gantz, ni en 1393, ainsi que l'assure la Chronique manuscrite, ni en 1395 non plus quoi qu'en puisse dire Genebrard & Hottingerus, mais bien en 1394, le trois Novembre, comme il paroît par deux Déclarations du dix-sept Septembre de la même année. Et il ne faut pas s'étonner que ces Auteurs ici que je viens de nommer, l'ayent ignorée, puisqu'ils ne sont venus que deux cens ans depuis; mais il est étrange que l'Auteur anonyme de la Chronique manuscrite, qui vit chasser les Juifs, raconte ce bannissement treize ou quatorze mois plutôt; si bien qu'après cela, je ne sai plus où j'en suis, ni quelle foi on doit ajoûter aux Historiens contemporains.

Pour revenir à l'Histoire des Juifs, qu'une remarque si necessaire à interrompue, la premiere Déclaration du Roi nous apprend qu'il les bannit à cause de leurs usures excessives, & qu'ils violoient la plûpart des conditions & des clauses ausquelles son pere & lui, en les rappellant, les avoient obligés. La seconde de ces Déclarations addressées au Prevôt de Paris, ou à son Lieutenant, porte, qu'encore qu'il exile les Juifs, il n'entend pas que leurs personnes soient maltraitées, ni leurs biens pillés, comme les ayant pris en sa protection; bien au contraire, qu'il lui commande de faire un inventaire fidele de tout le bien qu'ils ont à Paris & dans tout le ressort de sa Jurisdiction. Outre cela il lui ordonne de faire publier, que tous ceux qui leur doivent, aient à les payer dans un mois, à peine de perdre leurs gages; & quant aux autres qui ne leur ont donné aucuns gages, de retirer leur obligation, & de les satisfaire avant le terme expiré. Enfin, il lui enjoignit, quand ils partiroient, de les conduire lui-même ou de les faire escorter en tel lieu du Royaume qu'il leur plairoit.

Cependant les Juifs à qui il fâchoit fort de s'en aller, eurent beau faire pour tâcher d'obtenir la revocation, ou du moins le retardement de cet exil; ni leurs prieres, ni leurs presens ne purent changer l'esprit du Roi. Ils sortirent donc de Paris en 1394, le troisième de Novembre; tout ce qu'ils ne purent emporter fut confisqué, & si quelques-uns de leurs débiteurs, se trouverent emprisonnés avant leur départ, aussitôt les guichets leur furent ouverts, & sortirent tous en 1395 & 1397.

Quatre mois, ou environ, après leur sortie, on trouva dans une maison du Fauxbourg saint Denys qui avoit pour enseigne le Pourcelet, cent quatorze Volumes, quatre Rôles, & quantité de Cahiers de la Bible, du Talmud & de la Loi des Juifs, que les Trésoriers de France firent porter à la Bibliotheque du Louvre, & qui furent délivrés à Gilles Mallet Maître d'Hotel du Roi & son Bibliothecaire.

En 1395, Charles VI, le deuxiéme Mars, par l'avis des Ducs d'Orleans, de Berri, de Bourgogne, de Bourbon, & de son Conseil, fit publier une Déclaration, qui défendit à tous débiteurs des Juifs de leur rien payer; de plus, fit cesser tous les procès commencés pour telle raison, avec ordre de mettre hors des prisons ceux qui y étoient retenus. Enfin en 1397, depuis le trente de Janvier, il voulut que le Prevôt de Paris, Pierre de Lesclat, Robert Maugier & Simon de Nanterre Conseillers au Parlement, fussent ses Commissaires, pour l'execution de sa Déclaration, & leur ordonna de

brûler

brûler & de déchirer tout autant d'Obligations faites aux Juifs, qu'ils pourroient trouver.

FAITS REMARQUABLES TOUCHANT LES JUIFS
depuis ce dernier exil.

LES Juifs depuis ce dernier exil, par deux fois ont fait tout ce qu'ils ont pû, afin d'être rétablis à Paris sur-tout. Cohen dit que le Rabbin Salomon, & David de la Tribu de Ruben, tâcherent d'attirer à leur Religion Charles Quint & François I, & que pour punition de cette témerité, Salomon fut brûlé à Mantoue en 1533, & David en Espagne, par le commandement de l'Empereur.

Les Regîtres du Parlement, le Mercure François, & le Recueil des charges du procès fait à la mémoire de Conchini Maréchal de France, & à Leonora Galigai sa veuve, nous apprennent que ce Maréchal & sa femme firent venir quelques Juifs d'Amsterdam, qui bientôt après furent suivis, non-seulement d'Alvarez & d'Elian Montalto, tous deux Juifs de profession; mais de beaucoup d'autres, tant de Portugal que de Hollande. Et comme ils s'étoient répandus en plusieurs quartiers de Paris, en ayant surpris préparans un Agneau pour faire la Pâque, en 1615, on ne leur fit autre mal que de les obliger à regagner la Hollande.

Jean Fontanier natif de Montpellier ou de Castres, n'en fut pas quitte à si bon marché en 1621. Celui-ci étoit Calviniste de Religion; depuis s'étant fait Moine, ensuite Avocat, Secretaire du Roi, & enfin Juif, aussi-tôt il se mit en tête de rétablir le Judaïsme en France. Et comme il y travailloit de la bonne sorte, demeurant pour lors à la rue de Bethisi, à l'Enseigne du Nom de Jesus, dans le tems qu'il dictoit à ses Auditeurs ces propres paroles, *le cœur me tremble, la plume me tombe de la main*, il fut arrêté & conduit au Châtelet par le Lieutenant Criminel, & le dixiéme Décembre brûlé en Greve avec son Livre qui étoit intitulé, *Trésor inestimable*.

Quoique je n'aie rien oublié de tout ce que j'ai pû trouver, soit dans le Trésor des Chartes, les Regîtres du Parlement, les Titres de la Chambre des Comptes, soit dans les Rabbins & quantité d'Historiens, cependant je n'oserois assurer que j'aie fait mention de tous leurs bannissemens, sujets, comme ils étoient au caprice & à l'avacice de nos Princes & des gens de Cour. Il ne faut pourtant pas passer sous silence la nouvelle doctrine de Paul Yvon de Laleu, de Jaques de la Peyrere, & d'un autre Auteur sans nom, que leur dernier exil sera suivi d'un dernier rappel.

Le dernier a tâché de prouver en 1657, dans un Livre intitulé, *l'ancienne nouveauté de l'Ecriture sainte, ou l Eglise Triomphante en terre*. „ Que les Juifs „ qui depuis la mort de Jesus-Christ sont le jouet & le mépris de toutes les „ Nations en deviendront les maîtres, & reprendront dans l'Eglise le rang „ que le droit d'aînesse leur donne. Quant à la Peyrere, il ne dit pas tout à „ fait la même chose dans son Livre *du Raport des Juifs*; mais bien que leur „ conversion est reservée à un Roi de France, que c'est à Paris qu'il les rap„ pellera & les convertira; que de cette Ville il partira avec de puissantes Ar„ mées, pour les rétablir dans Jerusalem & dans tout le reste de la Palestine; „ qu'après avoir embrassé la Foi Catholique, Dieu fera pour eux de très„ grandes choses; & qu'enfin sous un Prince de la Race de David, qui rele„ vera l'Eglise & domtera tous ses ennemis, ils seront rétablis dans Jeru„ salem, qui pour lors deviendra plus belle & plus florissante que jamais, pour „ y vivre en sainteté & en repos.

Pour Laleu c'est belle chose & grande pitié que les contes qu'il fait dans ses Lettres écrites en 1628, 1632 & 1638, tant aux Empereurs, Rois, Princes,

Potentats de la terre, qu'au Cardinal de Richelieu, aux Docteurs, heureux Rabbins, Juifs & Conducteurs du Peuple d'Ifraël. Cet homme étoit de la Rochelle ; d'ailleurs riche, Juif de profession, savant ; mais un peu évaporé. Il ne s'étoit pas seulement imaginé d'être envoyé de Dieu pour publier le grand Jubilé de l'Evangile éternel, & le retour de toutes choses en leur premier état naturel, & même pour annoncer aux Juifs qu'ils devoient bientôt faire profession de la Religion Catholique, & être rappellés par le Roi de France, aux pieds duquel toutes les Couronnes des Rois doivent être volontairement soumises, & les peuples délivrés & affranchis ; mais encore il s'étoit mis dans l'esprit que la mort avoit aussi peu de pouvoir sur lui, que sur Isaac, quand Abraham le voulut sacrifier ; & sur telle imagination, ne se contenta pas de défier le Roi, les Princes & tous les hommes du monde, par des Lettres & des Affiches imprimées de le tuer, ou de le faire tuer ; mais de plus, il promit de leur pardonner sa mort, & même supplia tous ceux qui pourroient y avoir quelque intérêt de s'en prendre à lui seul, & non pas aux autres qui l'auroient mis au repos, que sur toutes choses il souhaitoit, & qu'on ne lui pouvoit donner, puisque Dieu ne le vouloit pas. Ces Propheties sans doute, sont assés gaillardes ; les raisons au reste & les passages dont ces Devins se sont servis pour les prouver, ne sont pas plus croyables ni moins embrouillées.

LES SORTES DE MARQUES QU'ON FAISOIT PORTER aux Juifs, afin de les distinguer.

QUOIQU'AU Concile de Latran tenu en 1215, il eût été ordonné aux Juifs de porter sur l'estomac *une marque ronde* ; afin de les discerner des Chrétiens, ce Reglement toutefois n'eut lieu en France qu'en 1269. Saint Louis fut le premier de nos Rois qui leur commanda de coudre sur leurs robes de dessus, devant & derriere, *une piece de feutre, ou de drap jaune d'une palme de diamétre, & de quatre de circonference*. Il fut imité en cela par ses successeurs ; mais peu à peu, à force d'en retrancher toujours, ils l'appetisserent si bien, qu'elle n'étoit pas plus grande qu'un écu. Cependant on ne laissa pas de l'appeler toujours *Rouelle* en François, & *Rota* & *Rotella* en Latin : & peut-être ces noms ici ont été donné à tel morceau d'étofe, à cause qu'il étoit rond comme une roue, ou même qu'il resembloit tout à fait à une roue ayant *rais, jantes & moyeu* ; mais qu'avec le tems on retrancha ne laissant que les jantes ; c'est à-dire la circonference. Et quoiqu'en cet état il fut assés semblable aux anneaux & aux cercles jaunes que portent les Juifs d'Allemagne, il conserva toujours son premier nom. Peut-être l'auroit-on nommé *Rotula* au lieu de *Rotella*, si ce n'étoit qu'anciennement on appelloit ainsi les *hosties* ; car c'est le nom que le Prêtre *Ison* leur donne dans la Vie de saint Omer.

Quelques personnes savantes en l'Histoire des Juifs, croient que cette *Rouelle* étoit triangulaire, & qu'on l'appelloit *Billette*, à cause qu'elle ressembloit assés aux Billettes qu'on vit dans les Armes de plusieurs familles de France ; & fondent enfin leur conjecture sur la fable de ce Juif si renommé dans Paris, qui en 1298, demeurant, à ce qu'on tient, au lieu même où l'Eglise des Billettes a depuis été bâtie, souetta, perça avec un canif, & fit bouillir une hostie que lui avoit livrée une pauvre femme Chrétienne pour retirer sa Robe qu'il avoit engagé. Si bien qu'ils veulent même que le nom de Billettes ait été donné tant à la rue des Jardins, qu'à l'Eglise de Notre-Dame des Miracles, à cause de la Billette que ce Juif portoit au dos & à l'estomac, chose qu'ils croient aussi vraie que si c'étoit un article de Foi, sans preuve pourtant, ni Chartes, ni citer aucun Auteur contemporain.

Saint Louis après tout, pour obliger les Juifs à avoir toujours cette marque sur eux, non-seulement voulut que quiconque seroit trouvé sans l'avoir, sa robe fû confisquée au profit de celui qui l'avoit surpris en cet état, mais de plus, il le condamna à dix livres parisis d'amende.

Philippe le Hardi qui lui succeda, fit bien pis ; car outre la *Rouelle*, il les contraignit de porter une corne sur la tête pour les rendre ridicules ; ce qu'ils souffrirent dans les villes avec beaucoup d'impatience, se voyant hués & mocqués incessamment, sans oser rien dire, comme n'étant pas les plus forts ; mais apparemment à la campagne ils ne manquoient pas de s'en vanger. Ce qui fut cause que Philippe le Long en 1317 leur permit de voyager sans cette note d'infamie. Depuis, peu à peu, les plus riches s'en exemterent par argent, aussi bien que de porter une rouelle : & cela est si vrai, qu'en 1363, le Roi Jean annula toutes les dispenses qu'ils avoient obtenues, & les obligea de nouveau à porter sur leurs vêtemens de dessus une Rouelle, mi-partie de rouge & de blanc, de la grandeur de son grand Sceau.

PERSECUTION DES JUIFS TOUCHANT L'USAGE de leur Religion.

LES Juifs pour tout ce qui regarde la Religion, étoient traités à la rigueur & sans misericorde. Tous leurs presens & leur argent étoient inutiles ; & de plus, il sembloit que nos Rois, comme à l'envi, prissent plaisir à les incommoder. Tantôt ils les condamnoient à trois cens livres parisis d'amende, pour avoir chanté trop haut dans leurs Synagogues, tantôt on brûloit leur Talmud, tantôt ils étoient obligés d'entendre la prédication d'un tel Religieux en particulier qu'on leur nommoit, & même il falloit qu'ils lui montrassent tous les Livres de leur Loi qu'il voudroit voir, & répondissent à toutes les questions de Théologie qu'il leur feroit.

Tantôt au contraire, on leur défendoit d'assister à nos Sermons, d'entrer dans nos maisons & dans nos Eglises, de disputer de la Religion qu'avec les Théologiens ou des Juifs convertis, d'avoir nourices, servantes & autres domestiques de notre Religion, de circoncire leurs enfans avant qu'ils fussent en âge de répondre aux interrogatoires qu'on leur feroit ; & de crainte qu'ils ne sacrifiassent des Chrétiens dans leurs Synagogues, ou ne vinssent à cacher les Juifs couverts, ou les Catholiques qui avoient embrassé leur Loi ; il fut ordonné que ces Synagogues n'auroient que les quatre murailles, & encore toutes simples, sans être accompagnées ni de portiques, ni d'aucun autre lieu couvert.

Or comme les Jacobins alors, & même dès le tems de saint Louis, étoient les seuls en France qui fissent profession de prêcher & d'enseigner la Théologie. Ils furent fort long-tems Inquisiteurs de la Foi, & les seuls qui prêchoient les Juifs, les interrogeoient, & avoient droit d'examiner leurs Livres ; si-bien qu'en cette qualité ils leur firent beaucoup de mal.

En 1239, Henri de Cologne excellent Prédicateur de cet Ordre, & Jean de Mortare ou l'Allemand Provincial de tous les Jacobins de la Terre-Sainte, obtinrent de Gregoire IX, la condamnation du Talmud, & la permission de le brûler. A leur persuasion saint Louis aussi-tôt les voulut avoir, & se les fit apporter au Château de Vincennes, avec tous les exemplaires. Sur le point de les jetter dans le feu, ce Livre plein d'heresies & de blasphême contre Notre-Seigneur Jesus-Christ & la Sainte Vierge, un Archevêque gagné par les Juifs, dont Thomas de Champré de qui j'ai tiré ceci, ne dit point le nom, & qu'il appelle simplement premier

Miniſtre, fit tant auprès du Roi qui pour lors n'avoit que vingt ans, que ce Livre leur fut rendu, dont les Juifs eurent tant de joie, que tous les ans ils fêtent ce jour là. L'Archevêque au reſte, qui leur rendit ce bon office, étant venu à mourir un an après au même lieu. & d'une mort encore qui étonna, le Roi épouvanté des jugemens de Dieu & des rémontrances de Henri e Cologne accourut à Paris, & voulut que les Juifs ſur peine de la vie, lu remiſſent entre les mains tous les Volumes du Talmud, qui furent brûlés par le Chancelier de l'Univerſité & les Docteurs Regens en Théologie. Ces Livres au reſte pervertiſſoient tant de Chrétiens, que pour ly donner ordre, & empêcher un ſi grand mal, dès le Regne de Louis VII, il n'y avoit point de rémiſſion pour ceux qui ſe faiſoient Juifs; tantôt on leur coupoit un bras une jambe ou quelque autre partie du corps; tantôt ils étoient condamnés à avoir la tête tranchée, & quelquefois même on les brûloit tout vifs.

TOUCHANT LA CONVERSION DES JUIFS.

QUAND un Juif marié venoit à ſe convertir, on ôtoit à ſa femme les enfans qu'il en avoit eu; afin de les faire inſtruire & les élever dans la Religion Catholique. Si bien que Denys de Machault en 1393, ayant abjuré le Judaïſme, obtint une Sentence du Prevôt de Paris, tant pour faire batiſer un enfant encore au maillot, qu'il avoit eu de Lyonne de Cremi ſa femme, que pour faire inſtruire par des Chrétiens un autre fils & deux filles à ſes dépens : & ſur ce que ſa femme qui étoit Juive, appella de cette Sentence à la Chambre du Conſeil du Parlement pendant la maladie de ſon fils aîné âgé de cinq ans qui demandoit le batême, Guillaume Porel Conſeiller fut commis pour viſiter l'enfant, & voir en quel état il étoit, afin de le faire batiſer, puiſqu'il le deſiroit. Touchant l'appel de cette femme, dans les Regîtres d'où j'ai tiré ce que je viens de dire, je n'ai point trouvé quel ſuccès il avoit eu, & ſi on y eut égard.

A l'occaſion de ce même Machault ici, l'année ſuivante; c'eſt-à-dire en 1394 ſept Juifs accuſés de l'avoir tué, ou du moins fait abſenter de Paris, après l'avoir engagé pour de l'argent à quitter la Religion Chrétienne, outre tout leur bien qu'on confiſqua, furent condamnés à avoir le fouet trois Samedis de ſuite, & à dix mille livres d'amende. Ceci pourtant eſt rapporté d'une autre façon & même un an plutôt dans la Chronique de Charles VI, & dans l'Hiſtoire de Juvenal des Urſins.

La Chronique porte que lorſqu'on vint à chaſſer les Juifs, quatre furent retenus dans les priſons du Châtelet, accuſés d'avoir aſſommé un Juif converti; qu'enſuite ayant été condamnés d'avoir le fouet par tous les carrefours de Paris quatre Dimanches conſecutifs, après avoir ſouffert la moitié de la peine, pour ſe racheter de l'autre, ils donnerent dix-huit mille francs d'or dont fut bâti le Petit Pont.

Juvenal des Urſins qu'on appelle le ſinge, & le Traducteur en petit de cette Chronique, fait l'affaire bien plus grande; car il s'en prend à tous les Juifs de Paris : & non-ſeulement les accuſe d'avoir ou tué, ou bien batu un Chrétien; mais d'avoir fait pluſieurs choſes deshonnêtes au mépris de Jeſus-Chriſt & de la Religion & que ceux qu'on trouva coupables, furent condamnés au fouet & à dix huit mille écus d'amende; que quantité lors craignans d'être recherchés & traités de même, ſe firent auſſi tôt batiſer; qu'au reſte, ceci arriva en 1393. Mais je penſe que je ferai mieux de ſuivre ici Jean̄nes Gatti; il étoit Avocat du Roi & a fait un Recueil de toutes les queſtions de ſon tems jugées au Parlement.

Celui-ci qui en qualité d'Avocat du Roi, fut appellé & préſent au procès,

DE LA VILLE DE PARIS Liv. X.

„ dit que ces Juifs avoient nom Samuel Levi, Belleville de l'Etoile,
„ Abraham de Savins, Moreau de Laon, Auquin de Boure, Raphaël
„ Abraham & Joseph Dupont Devaux, qu'on les accusoit d'avoir conseillé
„ à Denys de Machault, Juif nouvellement converti, de se faire Apostat:
„ & que tant pour cela que pour terminer un procès qu'il leur avoit in-
„ tenté devant leurs Réformateurs, ils lui avoient donné de l'argent, &
„ quoiqu'il parût par les procedures, que ce Converti les avoit portés à lui
„ faire ces propositions, & que la principale raison qui avoit obligé à lui pro-
„ mettre de l'argent, étoit pour le faire désister de ses poursuites, outre
„ qu'on doutoit même qu'il eût abjuré sa Foi ; que le Prevôt de Paris nean-
„ moins assisté de quantité d'Avocats & de Docteurs en Théologie, n'avoit
„ pas laissé de les condamner à être brûlés ; qu'en ayant appellé, la Senten-
„ ce en 1394, avoit été cassée le sept Avril ; & que la Cour confiscant
„ le bien de ces sept Juifs, ordonna de plus, qu'ils seroient bannis & fouë-
„ tés trois Samedis de suite, aux Halles, à la Greve & à la Place Maubert ;
„ que cependant ils garderoient la prison, jusqu'à ce qu'ils eussent fait re-
„ venir Machault, & payé dix mille livres d'amende ; que de ces dix mille
„ livres l'Hotel-Dieu en auroit cinq cens, que le reste seroit employé à com-
„ mencer le Petit Pont, & que contre la porte de derriere de l'Hotel Dieu,
„ il seroit dressé une Croix de pierre, qui porteroit que le Pont auroit été
„ fait de l'argent des Juifs.

Les Regîtres du Conseil du Parlement disent qu'en 1395, au mois de Juin la Cour pour lever cette somme, commit Etienne de Guiri, Pierre l'Esclat & Robert Maugier, Conseillers au Parlement.

Quant aux moyens dont on se servit pour obliger les Juifs à se faire Chrétiens, j'ai déja dit que Philippe Auguste, Philippe le Bel & tous les autres Rois qui les exilerent, ne toucherent point aux biens de ceux qui voulurent se convertir.

J'ai dit aussi que saint Louis & la plupart de ses successeurs assignerent des rentes sur leur Domaine aux autres qui s'étoient convertis. Philippe de Valois ne se contenta pas de les prendre en sa sauve-garde ; mais défendit encore, sur peine de punition exemplaire, de médire d'eux, ni de leur faire du mal. Charles VI abolit cette ancienne coutume si cruelle qui confisquoit le bien des Juifs qui se faisoient batiser. Enfin tous nos Rois & la-plupart des Papes les prirent sous leur protection ; Gregoire VII, Calixte II, EugeneIII, Alexandre IV, Clement IV, Celestin V, Innocent V , Honorius & Nicolas III, deffendirent de les batre ou maltraiter ; de les contraindre à changer de Religion, d'exiger d'eux ni services, ni argent qu'ils ne dûssent point ; & tout de même de déterrer leurs morts, usurper leurs Cimetieres, troubler leurs Fêtes & leurs Céremonies : & même fulminerent des anathèmes contre ceux qui violeroient ces défenses. De plus, ils eurent des Juifs pour Medecins & même pour Conseillers d'Etat : & autant de fois qu'ils leur demandoient des Bulles pour se garantir de la persecution des François, rarement étoient-ils refusés.

EMPLOIS HONORABLES DE QUELQUES JUIFS.

QUELQUES-UNS de nos Rois ont eu des Juifs pour Medecins, témoin Charles le Chauve & Marie de Medicis. Nous apprenons des Titres du Trésor des Chartes, que Raymond Gaucelin Seigneur de Lunel, en fit venir un d'Arragon, pour guerir l'œil d'Alphonse de France, Comte de Poitiers & frere de saint Louis, leur plus grand ennemi.

Dans l'examen des Esprits, il est remarqué que François I, envoya en Espagne demander à Charles-Quint un Medecin Juif, pour une maladie dont les Medecins de sa Cour n'avoient pû le guerir ; mais que n'en trouvant point, & lui ayant envoyé un Medecin Juif nouvellement converti, il n'apprit pas plutôt qu'il étoit Chrétien, qu'il le congedia sans avoir voulu lui présenter son poulx, ni même lui rien dire de sa maladie, & en fit venir un de Constantinople, qui lui redonna la santé avec du lait d'ânesse.

Au raport de Gedalia & d'Hottingerus, quelques-uns de nos Rois ont choisi pour leurs Conseillers d'Etat Dom Gedalia fils du Prince Salomon, & le Rabbin Jechiele, si celebre par ses prodiges ou illusions dont il éblouït les yeux des Parisiens, & même d'une partie de la Cour, & d'un de nos Rois du treiziéme siécle.

Cet homme étoit fort docte, & si admirable pour ses experiences, que les Juifs le regardoient comme un saint, & les Parisiens comme un magicien, à cause de quantité de secret qu'il savoit, qui imposoient à la vûe, & que le peuple prenoit pour autant de miracles. La nuit, quand tout le monde étoit couché, il travailloit, dit-on, à la clarté d'une lampe qu'il n'allumoit que la veille du Sabbath, & qui sans huile éclairoit. Or soit qu'on le crût sorcier, ou qu'on prit plaisir à l'interrompre lorsqu'il étudioit, Gedalia & Hottinger disent que presque tous ceux qui passoient heurtoient à sa porte tant qu'ils pouvoient en faisant grand bruit ; qu'alors le Rabbin n'avoit pas plutôt donné un coup de marteau sur un certain clou fiché dans le plancher, qu'en même tems la terre s'entr'ouvroit & engloutissoit ces importuns.

De savoir si cela est vrai, je m'en raporte. Cependant les Cabalistes n'en doutent point, & prétendent que c'est un effet de la Cabale pratique que Jechiele savoit parfaitement ; & ajoutent, qu'il avoit mis le nom de Dieu au bout de son bâton, de même que Moïse au bout de sa verge. Tout savant qu'il étoit au reste, ce ne fut pas tant son merite qui l'introduisit à la Cour, que sa lampe inextinguible dont tout Paris étoit fort étonné. Si bien que saint Louis ou Philippe le Hardi en ayant entendu parler fit venir Jechiele, afin de le voir, & depuis eut tant d'estime pour ce Rabbin, qu'il le fit son Conseiller d'Etat, le combla de biens & d'honneurs, & le maintint contre l'envie & la médisance.

USURE DES JUIFS.

APRE'S ce grand crédit dont je viens de parler, que quelques Juifs de tems en tems se sont acquis auprès des Papes & des Rois de France, on voit que les Juifs n'ont pas toujours été sujets à la persecution, & qu'étant alors comme les Maîtres, ils faisoient bien valoir leur talent en matiere d'usure. Et de fait, pendant plusieurs siécles leurs exactions furent si excessives & eux si insolens, qu'ils acheroient les Chrétiens & s'en servoient comme d'esclaves. A quoi l'Eglise Gallicane, assemblée à Orleans, à Mâcon & à Reims, voulant remedier, elle excommunia tous ceux d'entre les Chrétiens qui vendroient leurs esclaves aux Juifs ; & de plus, déclara nulles telles sortes de ventes. Telles fulminations neanmoins eurent si peu d'effet, que le mal ne laissa pas de continuer, & même duroit encore du tems de Louis VII & de saint Louis.

On commença de s'opposer à ce désordre sous Philippe Auguste. Saint Louis ensuite fit assés d'Ordonnances pour l'empêcher, aussi-bien que quelques-uns de ses successeurs ; mais l'execution en étoit si molle, qu'il eut autant vallu de n'en point faire; & quant aux autres Princes, la chose les touchoit si peu, qu'ils permettoient tout pour de l'argent.

Outre ces Ordonnances contre la licence des usures, il y en eut encore d'autres pour la reprimer. Philippe Auguste défendit aux Juifs de prendre en gage ni charues, ni lits de paysans, ni toute autre chose dont ils ne se pourroient passer. Outre cela de tirer par semaine plus de deux deniers ou quatre tournois, ni même de leur argent donné, d'en exiger l'usure qu'un an après. D'ailleurs il voulut qu'ils ne fissent aucun prêt ni à Chanoines, ni à Religieux, sans un pouvoir en bonne forme, tant de leurs Chapitres que de leurs Abbés. Quelques Rois depuis à ces défenses ajoûterent d'autres menaces qui étoient de ne recevoir ni Croix, ni Calices, ni Ciboires, ni Paremens d'Eglise.

Il leur fut encore défendu de mettre aucun Chrétien en prison pour dette, ni de jouir de plus des deux tiers de son revenu. Nos Rois encore quelquefois informé de leur barbarie, donnoient des trois ans de répit aux débiteurs; afin de pouvoir s'acquitter, & même arrachoient de leurs mains avares les plus malheureux, que l'extrême necessité avoit reduits à engager leur liberté, & qu'ils traitoient d'esclaves.

Quant au procedé de saint Louis, qui, comme j'ai dit, les avoit contraint le premier à porter une Rouelle jaune, & qui le premier les éclairant de près, voulut les empêcher de prêter avec usure, il assembla pour cela à Melun en 1230, les Comtes de Boulogne, de Champagne & de la Marche ; de plus, le Duc de Bourgogne, les Comtes de Montfort, de Saint-Paul, d'Eu, & de Châlons, outre le Vicomte de Limoges, Enguerrand de Coucy, & Guillaume de Dompierre, tous ou Souverains, ou les plus Grands du Royaume, & les obligea à prêter serment, que par toutes leurs Terres une si sainte Ordonnance seroit observée & de plus, qu'ils l'assisteroient de leurs forces aussi-bien que de leurs personnes, contre tous ceux qui seroient assés hardis pour la violer. D'ailleurs, il fit savoir aux Juifs, que pour être soufferts davantage dans son Royaume, il falloit qu'ils se fissent Marchands ou Artisans, & gagnassent leur vie comme ses autres Sujets.

Ce Reglement fait, il prit tellement la chose à cœur, que si quelqu'un d'entre eux pour lors venoit à faire le moindre prêt usuraire, outre qu'on l'obligeoit à rendre ce qu'il avoit pris d'usure, quelquefois même son procès lui étoit fait, & on le punissoit rigoureusement. Son Conseil avoit beau lui remontrer, que les usures étoient les nerfs du commerce; que de les retrancher, c'étoit ruiner les peuples ; que sans elles, les Laboureurs ne pouvoient cultiver la terre, ni les Marchands trafiquer ; il se mocquoit de telles raisons; & tant qu'il regna, ce désordre que ses prédecesseurs, autant par avarice que par coutume, avoient toleré, fut aboli : il fit même si bien connoître à son fils les maux qui en arrivoient; que ce Prince après sa mort, fit executer ses Ordonnances à la rigueur.

LE MEPRIS QU'ON FAISOIT DES JUIFS
& leur Esclavage.

PHILIPPE le Hardi ne se contenta pas de s'opposer aux usures des Juifs & de faire executer ponctuellement les Ordonnances de son pere à cet égard, il les traita encore avec tant de mépris, qu'il leur fut défendu de porter des habits de couleur; de se baigner dans les rivieres où se baignoient les Chrétiens; de leur faire des medecines; de toucher aux choses qu'on vend pour manger, à moins que de les acheter; & enfin de ne point sortir sans avoir, comme j'ai déja dit, une corne sur la tête. Une chose encore bien plus affligeante pour eux & qui leur devoit faire grand dépit, est qu'il ne voulut pas que les Vendredis ni tout le Carême ils usassent de viande, ni que dans chaque Diocèse ils eussent plus d'un Cimetiere & une Synagogue.

Les Princes & les autres Grands Seigneurs ne les traitoient pas mieux; Quand on en vendoit, c'étoit toujours entre deux chiens; on les vendoit comme on fait du bled, du bois, des heritages; quelquefois ils étoient affectés aux douaires des grandes Dames & des Reines. Et de fait, dans les anciens comptes du Domaine, nous voyons que Marguerite de Provence veuve de saint Louis, avoit son douaire assigné sur des Juifs, qui lui devoient tous les quartiers deux cens dix-neuf livres sept sols six deniers tournois de rente.

Philippe le Bel donna en 1296, à Charles de France son frere, Comte de Valois un Juif de Pontoise. Il compta à Pierre de Chambli Chevalier la somme de trois cens livres tournois pour un Juif qu'il avoit acheté de lui, nommé Samuel de Guitri. Et le même Charles de France son frere, non-seulement lui vendit Samuel Viole, Juif de Rouen; mais généralement tous les Juifs tant de son Comté que de ses autres Terres & Seigneuries.

Dans la suite, il se verra qu'on ne leur permettoit pas de changer de pays ni de Maîtres. Toutes les fois que Philippe Auguste, Louis VIII, & saint Louis assembleront les Etats, le Roi & tous les Grands s'entre-promettoient de ne recevoir dans leurs Terres aucun Juif qui ne leur appartînt pas, & qu'ils n'empêcheroient point les Maîtres de tels fugitifs de s'en saisir, comme de leurs esclaves, sans avoir égard au séjour qu'ils y auroient fait; & toutes ces précautions qu'ils prenoient étoient fondées sur les sommes immenses qu'ils tiroient de ces malheureux.

En 1226, la Communauté des Juifs, devoit au Roi par quartier quatre cens quatre vingt quatre livres quinze sols.

Samuel Viole Juif en 1299, donnoit aussi par quartier à Philippe le Bel la somme de trois cens livres.

Les Juifs du Comté de Valois lui payoient par quartier quatre cens soixante-sept livres six sols.

Ceux de Marguerite de Provence Douairiere de France lui devoient par quartier, ainsi que j'ai remarqué deja, deux cens dix-neuf livres sept sols six deniers.

En 1315, Louis Hutin ne consentit à leur retour, qu'à la charge de lui payer dans trois mois vingt-deux mille cinq cens livres & dix mille francs tous les ans.

En 1324, on condamna tous les Juifs du Royaume à une somme si immense, que selon la division faite entre ceux de la Langue d'Oc, & de la Langue Françoise, ainsi parloit-on en ce tems-là, ceux de Languedoc étoient taxés à quarante-sept mille livres.

On

DE LA VILLE DE PARIS. Liv. X.

On exigea d'eux quinze cens francs en 1364.

En 1367, ceux de Paris payerent au Roi quinze mille francs d'or. En 1387, ils devoient six mille cinq cens livres à Charles VI, qu'il donna à Olivier de Cliffon Connétable de France.

En 1387 encore ceux de Languedoc promirent au Duc de Berri, de Bourgogne & de Bourbon, au Cardinal de Laon, aux Chanceliers de France, de Berri, de Bourgogne, au Comte de Sancere & à plusieurs autres du Conseil de Charles VI, de payer six mille francs pour cette année-là au Changeur du Trésor de Paris; somme qui fut employée à payer les gens de guerre, aux réparations du Palais, au payement tant des Chanoines que de l'amortissement de la Chapelle du Bois de Vincennes.

De plus, la même année, lorsque le Roi leur accorda certaine Déclaration qui défendoit aux Chrétiens d'user de Lettres de répit, le Chancelier de France exigea dix mille francs pour le Sceau; car on leur faisoit payer si cherement le Sceau des Lettres qu'ils achetoient, que nos Rois donnoient rarement ce droit là de la Chancellerie: & si le Chancelier de Chappes en jouit tant qu'il fut en Charge, c'étoit par une grace speciale, & seulement, après que le Roi lui en eut fait don au mois de Septembre.

JUIVERIES DE PARIS.

PARMI ce grand nombre d'Ordonnances & de Chartes que j'ai transcrites dans mes Preuves, il n'y en a qu'une seule qui fasse mention des quartiers de Paris où devoient demeurer les Juifs.

Philippe Auguste & saint Louis qui ont été leurs fleaux, & n'ont songé toute leur vie qu'à les charger de tributs & les accabler de misere, ne se sont pourtant jamais avisés de séparer leurs maisons de celle des Chrétiens. Philippe le Hardi fut le premier qui les confina aux extrémités de Paris, & les tira du cœur de la Ville & de tous les autres endroits où son pere & ses ancêtres les avoient laissé loger.

Depuis ils se retirerent à la rue des Juifs derriere le petit saint Antoine, dans la rue Judas, qui est à la Montagne sainte Genevieve, à la rue de la Tixeranderie, dans un cul de sac nommé le cul de sac de saint Pharon, & que les anciens Titres appellent le *cul de sac des Juifs*.

Au reste, on croit qu'avant ce Reglement de Philippe le Hardi, les plus riches d'entre eux occupoient les deux côtés de la rue qui fait le milieu de la Cité, & qui d'un bout tient au Petit-Pont, & de l'autre au Pont Notre-Dame. Et cette opinion est fondée non-seulement sur d'anciens Titres de la Sainte Chapelle, qui portent que les Juifs y avoient demeuré long-tems auparavant; mais encore parce qu'elle se nomme la rue de la Juiverie. Pour ce qui est de Artisans Juifs, assurément la plupart, dès le tems de Louis le Gros, logeoient vers la Halle, dans les rues de la Poterie, de la Friperie, de la Chausseterie, de Jean de Beausse, de la Cordonnerie & à la Halle au Bled; & enfin toutes les rues, aussi-bien que cette Halle, s'appelloient alors *la Juiverie & le quartier des Juifs*: car c'est le nom qu'elles portent dans un Titre que j'ai tiré d'un Registre de Philippe Auguste & dans les Bulles de Calixte II, & d'Innocent II, qu'on trouve imprimées dans l'Histoire de saint Martin des Champs. Si bien que ces autres noms de Cordonnerie, Chausseterie & le reste, sont tous noms modernes & changés par ceux de ce quartier-là; afin de faire oublier un nom si odieux. C'étoit là le fort des Juifs & des Juives; dans ce lieu-là ils representoient comme une p'tite République à part, ou un peuple séquestré; & enfin c'est-là qu'ils furent pillés sous Charles VI.

Tome II.   XXx

A l'égard des rues de cette Juiverie, quelques-unes sont étroites, tortues & obscures; d'un côté elles finissent en triangle, vers le Marché aux Poirées : de l'autre elles aboutissent à la Tonnellerie, vis-à-vis les Pilliers des Halles. Toutes les maisons qui les bordent, sont petites, hautes, malfaites, & semblables aux Juiveries de Rome, Mets & Avignon. Toutes ces rues autrefois étoient fermées aux deux bouts avec de grandes portes, qu'on appelloit les portes de la Juiverie, & que François I. fit abatre, quand par son ordre les portes qui restoient encore de la vieille enceinte de Paris, que Philippe Auguste avoit achevée, furent jettées par terre. On dit que les Fripiers solliciterent cette démolition avec tant d'empressement, que pour les voir plutôt à bas, ils donnerent même quelque somme au Roi; du moins est-il constant que les propriétaires des logis contre lesquels étoient ces portes, lui donnerent beaucoup, afin d'avoir permission de les raser.

Après tout, quoiqu'on ne revoque point en doute que les quarante-deux maisons que Philippe Auguste donna en 1183 aux Drapiers & aux Pelletiers de Paris, à la charge de cent soixante & treize livres de cens, faisoient partie de celles où logeoient les Juifs, & qu'ils avoient acquises; neanmoins, on ne sait point certainement en quelle rue elles étoient, bien que cette donation ait été faite par ce Prince soigneusement & avec assés de formalité: & cela en presence de Thibaut son Pannetier, de Gui son Bouteiller, de Mathieu son Chambellan, & de Raoul son Connétable. Le lieu où ces logis sont situés, n'est exprimé ni dans l'une ni dans l'autre des Chartes qu'il fit expedier, & que j'ai tirées du Regître rouge de l'Hotel de Ville. On croit toutesfois qu'il étoit dans la rue de la Pelleterie, & celle de la vieille Draperie, parce que ces deux rues aboutissent à la rue de la Juiverie : & de plus, l'on tient une chose qui n'est pas sans apparence, que les Drapiers & les Pelletiers s'y établirent si-tôt qu'ils en furent les propriétaires, & qu'à cause du long séjour que les Marchands y ont fait, on leur a donné avec le tems les noms qu'elles portent encore aujourd'hui au lieu de ceux qu'elles avoient auparavant, qui nous sont inconnus.

Au reste, ce ne sont pas là les seules Juiveries de Paris : je trouve dans le grand Pastoral, qu'en 1247, & 1261, il y en avoit une à la rue de la Harpe, & une autre dans la rue saint Bon, & celle de Jean Pain-Molet. La premiere se nommoit la Juiverie de la rue de la Harpe, & étoit à la Censive de saint Benoît & sur la Paroisse saint Severin. La derniere s'appelloit la Juiverie de saint Bon, & occupoit une partie de la rue saint Bon & de la rue Jean Pain-Molet.

Enfin nous voyons dans les anciens Papiers-terriers de Paris, que quantité de Juifs s'étoient établis à la rue des Lombards, à la rue Quinquempoix & à celle des Jardins, autrement des Billettes. Bien plus, nous lisons dans Rigord, dans le Continuateur de Nangis, l'Itineraire de Benjamin, & même dans les Chartes du Trésor, du grand Pastoral, de l'Archevêché de Paris, du Grand Prieuré de France & de l'Hopital du Saint-Esprit, qu'ils avoient deux Synagogues, deux Cimetieres, un Moulin & une Isle qui s'appelloit l'Isle des Juifs.

Une Charte de Philippe le Bel & la Chronique mss. Françoise du Continuateur de Nangis, remarquent que cette Isle étoit dans la Seine, proche de la Porte de derriere du jardin de nos Rois, entre l'Isle du Palais & le Couvent des Augustins, en un lieu où les Religieux de saint Germain des Prés avoient haute & basse justice, & que ce fut dans cette Isle-là même que Philippe le Bel en 1313, fit brûler le Grand Maître des Templiers, & le Grand Maître de Normandie.

Les anciens plans de Paris nous apprennent que cette Isle étoit fort petite, & l'une des deux qui terminoit autrefois l'Isle du Palais, avant qu'on eut bâti le Pont Neuf & la Place Dauphine ; & nos peres qui l'ont vûe, disent qu'en hiver, la riviere la couvroit entierement ; qu'en automne elle combloit un petit canal qui la féparoit de l'Ifle du Palais ; & qu'en été ce petit canal étoit à fec ; mais nous ne voyons nulle part pourquoi on l'appelloit l'Ifle des Juifs. Tous ceux qui ont parlé du lieu où furent brûlés ces deux Templiers, n'ont point dit fon nom ; nos peres l ont oublié le Continuateur de Nangis eft le feul qui le rapporte ; & quoiqu'il n'en fufle pas favoir la raifon, nous ne laiffons pas de lui être redevables de ce qu il fait revivre la mémoire & le nom d'une Ifle dont tous nos Hiftoriens n'ont point fait mention.

Pour ce qui eft du moulin aux Juifs, il eft conftant que c'étoit un moulin à eau, & portoit ce nom, parce qu'il leur appartenoit & fervoit à moudre leur bled Les Titres du Saint Efprit font voir qu'il étoit fur la Seine, & attaché à la rue de la Tannerie, & aux moulins qu'on nommoit alors, & qu'on nomme encore les chambres & les moulins Maître Hugue. Ce moulin devoit vingt livres parifis de rente fonciere à l'Hopital du Saint-Efprit, & cinq fols parifis de cens & rente au Monaftere de faint Magloire ; mais étant tombé en ruine, les Adminiftrateurs du Saint-Efprit le firent décreter, à caufe de plufieurs années d'arrerages qui étoient dûes, ils fe fervirent du privilege des Bourgeois de Paris pour fe le faire adjuger ; & en 1437, le vendirent tant à Henri Ycques & Guillaume Parifot, qu'à Raouline & Jaquette leurs femmes, à la charge de cens & rentes, de cent fols Parifis de rente fonciere, & d'y bâtir dans trois ans un moulin neuf à leurs dépens.

SYNAGOGUES.

TOUCHANT les Synagogues, il y en a eu deux ; une à la rue de la Tacherie, que Philippe le Bel donna en 1307, à Jean Prunin fon Cocher, un an après avoir chaffé les Juifs ; l'autre à la rue du Cloître faint Jean en Greve, & occupoit apparemment quelqu'un des étages d'une vieille Tour quarrée qui faifoit partie de la premiere enceinte de Paris : car dans un Titre de l'année 1298, paffé entre Girard de Villars, Grand Prieur de France & les Religieux du Val Notre Dame de l'Ordre de Citeaux, il eft parlé expreffément que cette Tour fe nommoit communément la Synagogue : ainfi il faut que les Juifs y aient fait autrefois leurs prieres, celebré leurs Fêtes & tenu leurs affemblées ; & fans doute ç'a été pour fe mocquer d'eux & de leurs ceremonies que le peuple la nommée la Tour du Pet-au-Diable, qu'elle retient encore aujourd hui.

Rigord affure que Philippe Augufte en 1183, commanda que toutes les Synagogues de France fuffent converties en Eglifes & qu'on y fit des Chapelles dédiées à Jefus-Chrift & à la Vierge Marie. Ce qui eft confirmé par la donation qu'il fit d'une Synagogue de Paris à l'Evêque Maurice, & que j'ai tirée d'un petit Cartulaire de l'Archevêché ; mais je ne fai où elle étoit fituée, & même je doute fi c'eft celle de faint Jean en Greve, ou de la rue de la Tacherie, ou de quelque autre qu'il veut parler ; car il n'en eft pas dit un mot. Certainement quand je confidere ce Titre & celui de l'année 1198, que j'ai cité, je ne faurois pas m'empêcher de me plaindre de la barbarie du douziéme fiécle, où l'on écrivoit fans prendre la peine de s'expliquer.

J'omets ici les noms d'une longue fuite de favans Rabbins, qui ont expliqué la Loi aux Juifs dans ces Synagogues, & rapporterai feulement ce qu'en dit le Docteur Benjamin à la fin de fon Itinéraire. Ce Rabbin qui écrivoit fous Louis le Jeune, après avoir fait le récit de fon voyage, tant en Europe que dans l'Afie & dans l'Afrique, & particularifé les Synagogues, les Rabbins & les Juifs qu'il avoit vûs, avoue que les Rabbins de

Paris surpassoient en savoir & en charité tous ceux que les Juifs admiroient dans le reste du monde.

CIMETIERES DES JUIFS.

LES Juifs avoient à Paris deux Cimetieres ; l'un à la rue Garlande, ou Gallende, qui devoit en 1358, quatre livres parisis de cens & rente à deux Chanoines de Notre-Dame, qu'on appelle les Chanoines de saint Aignan ; l'autre attaché à un jardin & un logis que Philippe le Hardi donna en 1283, à Gilbert de Saana Chanoine de Baïeux, & qui faisoit partie de la rue de la Harpe En 1311, c'étoit une grande place vuide que Philippe le Bel vendit mille livres de petits tournois aux Religieuses de Poissi qu'il avoit fondées, & qui étoit encore au même état en 1321 ; mais parce qu'elle tenoit au jardin de Jean Comte de Forest, ce Prince l'acquit de ces Religieuses par échange, & leur donna la Terre de la Picardie en Brie, assise dans la Paroisse saint Fiacre proche de Meaux. Charles VI, depuis ayant acheté cette maison de Louis II du nom Duc de Bourbon qui avoit épousé Anne fille unique de Jeanne Comtesse de Forest, il la donna en 1384, à Jean Duc de Bretagne Comte de Montfort, qui s'en défit en 1395, en faveur d'Alain de Malestroit Seigneur d'Oudon, & d'Isabelle sa femme. Enfin ce Cimetiere & cet Hotel ont passé entre les mains de plusieurs qui y ont bâti quantité de maisons.

Après cela, il ne faut pas s'étonner si on déterre tous les jours en ce quartier là des ossemens, des Tombes & des Epitaphes Hébraïques. C'est de ces Epitaphes là assurément que Genebrard veut parler, quand il dit qu'il y en a découvert deux. Mais par le moyen de Claude Hardi Conseiller au Châtelet, homme docte & très curieux, j'en ai vû beaucoup d'autres dans la rue de la Harpe, & qui se trouvent dans l'écurie de Jean Doujat Conseiller de la Grand'Chambre, dans l'escalier de Françoise Maynard, veuve d'Alexandre Briçonnet Trésorier de France, & dans une autre maison voisine bâtie dans la même rue, vis-à-vis la rue du Foin.

AVANTURES PLAISANTES.

JE ne saurois jamais regarder en passant l'anneau qui est au Portail de Sainte Geneviéve, qu'il ne me revienne à l'esprit celui de la Greve, où de nos jours par gageure, un gros ivrogne de Meûnier prétendit qu'il y feroit passer tout son corps. A la verité, la moitié y passa à grande peine, après quoi il fallut en demeurer-là, sans pouvoir ni avancer ni reculer, quelque effort qu'il fît : ce qui dura tant & si longuement, non pas sans souffrir beaucoup, que sans les Serruriers qui accoururent la lime à la main, c'étoit fait de lui. Cette avanture fut si scandaleuse pour les Meûniers, que bien long-tems depuis, autant de fois qu'on en rencontroit dans les rues sur leurs mulets, c'étoit à qui crieroit le plus haut, *à l'anneau*. A la fin neanmoins, le Parlement y remedia par un Arrêt, à cause des querelles & des batteries que telles huées causoient.

Fauchet & beaucoup d'autres Historiens assés dignes de foi, & sans comparaison beaucoup plus que Thevet qui en fait mention, assûrent que Jean de Mehun qui en vouloit aux Jacobins, desira être enterré chés eux, & pour cela leur legua par testament un coffre fort, avec ordre à son Executeur testamentaire de ne le leur point livrer, ni mettre entre les mains qu'après qu'il seroit enterré. Les Jacobins n'oublierent rien pour lui faire honneur & rendre ses funerailles plus solemnelles. Mais ils furent bien étonnés, quand ouvrant le coffre, ils n'y trouverent que des ardoises pleines de figures de Géometrie & d'Arithmetique ; si bien que de dépit ils le déterrerent, & mirent le corps dans la rue, où il seroit demeuré sans le Parlement qui leur fit commandement de l'enterrer dans leur Cloître ; à quoi il falut obeïr à leur grand regret.

En 1380, Charles VI, à l'entrée de la Reine sa femme, curieux de voir cette pompe, se déguisa, & monta en croupe derriere Charles de Savoisi son Chambellan & de ses Favoris : & comme il vint à s'arrêter devant la Porte de Paris dans le tems que la Reine passoit, & prenoit plaisir à considerer la figure d'un cerf sur un lit de justice, faite de tapisserie à fonds d'azur, rehaussée de fleurs de lis en or d'or ; ceux qui étoient là en garde pour empêcher qu'on n'en approchât, & qui frappoient comme des sourds, chargerent alors si rudement nos deux fils Aimon, qu'eux-mêmes le soir firent le recit de leur avanture.

Du tems de Charles VI, & que Juvenal des Ursins étoit Prevôt des Marchands, ayant été accusé devant le Roi de plusieurs crimes par près de trente faux témoins que ses ennemis avoient gagnés, comme l'affaire n'eut pas le succès qu'ils s'étoient promis, & que le Prevôt par hazard vint à avoir communication de la déposition des témoins, ces imposteurs ici touchés de repentir d'avoir voulu perdre un si homme d'honneur, furent se confesser à leur Curé qui les renvoya au Penitencier, le Penitencier à l'Evêque, & l'Evêque au Cardinal de la Lune Legat du Pape, & pour lors à Paris. Le Legat à la verité leur donna l'absolution ; mais ce fut à la charge que le jour du Vendredi saint le matin, ils se presenteroient à genoux, tout nuds & couverts seulement d'un grand drap à la porte du Prevôt, & avouant leur crime, lui en demanderoient pardon au nom de la Passion de Notre-Seigneur. Des Ursins qui logeoit à l'Hotel de Ville, bien étonné quand il vint à sortir, de voir tant de Penitens & en cet équipage qui lui crioient *misericorde*. Après leur avoir demandé qui ils étoient, & appris l'Histoire, il leur pardonna, & depuis sût d'eux, qui étoient les Auteurs de toute la trahison.

En 1476, Laurent Garnier de Provins, après avoir demeuré un an & demi attaché à Montfaucon, où nonobstant sa grace, il avoit été pendu par Arrêt du Parlement, pour avoir tué un Collecteur des Tailles; & pour lors à la sollicitation de son frere, ayant été dépendu & mis dans un cercueil, fut porté en grande cérémonie, & avec tout l'appareil des pompes funebres par la rue saint Denys jusqu'à la porte saint Antoine. De côté & d'autre marchoient douze hommes vêtus de deuil; les uns une torche à la main, les autres un cierge. Devant étoient quatre Crieurs sonnants de leurs cloches, tous portant les Armoiries du défunt, autant sur le dos que pardevant; & celui enfin qu'on voyoit à la tête de la compagnie, alloit criant à haute voix. *Bonnes gens, aites vos patenostres pour l'ame de feu Laurent Garnier, en son vivant demeurant à Provins, qu'on a nouvellement trouvé mort sous un chêne: aites en vos patenostres que Dieu bonne mercy lui fasse.*

En 1478, Jean Maugue Fondeur d'Artillerie, fit à Tours un canon, ou pour parler le langage de ce tems-là, une *grosse bombarde* qui portoit cinq cens livres de balle. On l'essaya derriere la Bastille & porta de volée la premiere fois, jusqu'à la Justice du pont de Charenton. La seconde fois, le feu prit si inopinément, qu'elle ne tua guere moins de vingt-quatre personnes, sans les blessés qui étoient en bien plus grand nombre; quatorze furent mis en pieces, bras, jambes, têtes voloient de tous côtés: un pauvre garçon qui s'amusoit à prendre des oiseaux, fut déchiré & démembré comme ceux ci. Jean Maugue lui-même n'en fut pas quitte à meilleur marché: on rassembla toutes les parties de son corps, & après avoir été ensevelies & mises dans une bierre il fut porté à saint Merri; un Crieur pour lors à chaque carrefour, disant tout haut: *Priés Dieu pour l'ame de Jean Maugue Fondeur, qui nouvellement est allé de vie à trépas, entre le Ciel & la Terre, au service du Roi notre sire.*

A ces historiettes assés bouffonnes, on pourra ajoûter celles qu'on a faites de Louis XI, François I, Henri III & Henri IV, qui peut-être sont des contes faits à plaisir, quoiqu'en très-grand nombre: je ne veux pas pourtant oublier celui qui suit.

Peu de tems après la paix de Vervins, Henri IV, au retour de la chasse, vêtu tout simplement, & seulement accompagné de trois ou quatre Gentilshommes, passant la riviere au Port de Malaquest, vis-à-vis la grande Gallerie du Louvre, comme il vit que le Bâtelier ne le connoissoit pas, il se mit à lui demander ce qu'on disoit de la paix. L'autre répondit: Pour moi je ne sai pas quelle paix; mais j'avons plus de mal que devant, & payons plus d'impôts que durant la guerre: il n'y a pas jusqu'à ce méchant bachot-là que je mene qui ne paye impôt, & si j'ai assés de peine à vivre sans cela. A ces paroles le Roi fit signe à sa suite de ne pas rire, puis repliqua: Et que dit le Roi là dessus, ne parle-t-il point d'y donner ordre? L'autre répondit: Le Roi est assés bon homme, je crois que cela ne vient pas de lui; mais il a une P..... qu'il entretient qui nous ruine tous; car sous ombre de belles robes & affiquets qu'il lui donne tous les jours, le pauvre peuple en pâtit; car c'est lui qui paye tout: encore si elle n'étoit qu'à lui, ce seroit quelque chose; mais on dit qu'il y en a bien d'autres qui y ont part. Le Roi après cette naïveté, & de plus qu'ils étoient déja à l'autre bord, se prenant à rire, sort à l'heure même du bâteau, & sans payer. Le Bâtelier se met à crier après lui, & le donne à tous les Diables. Le Roi riant de toute sa force. Retirons-nous, dit-il aux autres, nous avons notre charge. Le lendemain il fait amener le Bâtelier au Louvre, & lui commanda de repeter devant la Duchesse de Beaufort qui étoit presente tout ce qu'il lui avoit dit le jour d'auparavant; ce que l'autre fit, dont la

Duchesse fut si irritée, qu'elle vouloit le faire pendre: Non, non, dit le Roi en riant, c'est un bon homme qui y va toute à la bonne foi, & ne dit que ce qu'il a ouï dire: je lui pardonne, & si je ne veux plus qu'il paye d'impôt pour son bâteau; car c'est de là qu'est venue toute la querelle.

HERETIQUES.

LEURS ATTENTATS.

AMAURI.

SOUS Philippe Auguste l'Heresiarque Amauri professa à Paris publiquement l'Heresie que rapporte Gautier dans sa Chronologie mais qu'après il abjura devant tout le monde, de crainte d'être brûlé, quoiqu'en secret il ne laissât pas d'en faire des leçons, & de l'enseigner à tous ceux qui voulurent l'écouter. Et comme après sa mort son opiniâtreté vint à être découverte & sa persistance dans son erreur, il fut déterré en 1209, & ses Sectateurs brûlés. Que si on pardonna aux femmes, ce fut à cause du sexe.

En 1320, Marguerite de Haynaut & Guyart de Cresson, en qualité de Relaps & prévenus de plusieurs Heresies extravagantes, furent livrés à la Justice seculiere, dans une Assemblée tenue à la Greve par l'Evêque de Paris & l'Inquisiteur de la Foi en France, à la vûe de toutes les Paroisses venues en procession exprès.

Jeanne d'Abentonne, & un certain homme dont l'Histoire ne dit pas le nom, furent brûlés au Marché aux Pourceaux, hors la porte saint Honoré pour avoir prêché l'Heresie licentieuse & impudente des Turlupins, qui devant tout le monde faisoient la même chose que Diogene en plein marché, quand l'envie lui en prenoit, comme étant une chose indifferente.

En 1389, le douziéme de Mai, le Recteur accompagné de quantité de Regens, des Procureurs des Nations, de plusieurs Docteurs, Professeurs & autres Suppôts de l'Université, se rendit sur les neuf heures du matin, au Cimetiere saint Innocent, où après le Sermon fait par un Maitre ès Arts, nommé de Mauroi, Adam de Soissons, Prieur des Jacobins de Nevers, d'un visage contrit, & la larme à l'œil, reconnut que justement il avoit été amené à Paris, & détenu prisonnier jusqu'à ce qu'il eût abjuré les Heresies qu'il avoit prêchées à Nevers: là-dessus demanda pardon à la Vierge, à l'Eglise & à tous bons Chrétiens, à son Evêque, à ceux qui avoient assisté à ses Prédications, d'avoir dit qu'il croyoit sur la damnation de son ame, que si la Vierge fût morte avant Notre Seigneur elle seroit descendue en Enfer, parce qu'elle avoit été conçue en peché originel. Ensuite de quoi, il déclara qu'il tenoit pour Heretiques les quatorze opinions de Jean de Monteson condamnées par la Faculté de Théologie, & suivie à ce qu'on disoit, de tous les Jacobins généralement; & enfin promit de ne prêcher de deux ans dans son Diocèse, ainsi qu'il lui avoit été ordonné & même de faire encore deux autres abjurations semblables; l'une à Nevers l'autre devant toute l'Université assemblée.

Trois mois après l'abjuration d'Adam de Soissons, un autre Religieux du même Ordre, nommé Jean Adam, Docteur & Prédicateur de saint Jaques la Boucherie, demanda pardon en pleine Chaire, tant des opinions heretiques de Jean de Montefon qu'il avoit prêchées, que des autres dont il étoit Auteur; favoir.

Que la Vierge avoit été conçue en peché originel; qu'ainsi il ne falloit point fêter le jour de la Conception; & qu'enfin, tous ceux qui croyoient le contraire, en vouloient faire une Déesse, pechoient mortellement, & étoient heretiques.

Que quand on avoit differend avec son Curé, ou qu'on le croyoit ignorant, on pouvoit sans permission & de sa propre autorité, s'aller confesser à un autre; que les Prêtres de saint Jaques faisoient mieux d'entendre son Sermon que de confesser.

Que les Jacobins n'étoient pas seulement Curés; mais Evêques & Papes, & qu'ils avoient bien un autre pouvoir que les Curés; & ainsi quand quelque Curé ne voudroit pas communier ses Paroissiens pour s'être allé confesser aux Jacobins, ils n'avoient qu'à venir à leur Eglise recevoir la sainte Hostie.

En 1406, un Sergent à Cheval heretique fut brûlé au Marché aux Pourceaux.
En 1430, deux femmes folles & heretiques, firent amende honorable au Parvis de Notre-Dame.

En 1490, ou 1494, un Prêtre nommé Jean Langlois, fut brûlé au Marché aux Pourceaux, pour avoir arraché l'Hostie des mains d'un Prêtre celebrant la Messe à Notre-Dame.

En 1502, ou 1503, un Ecolier âgé de vingt-deux ans, nommé Edmond de la Fosse, arracha pareillement une Hostie des mains d'un Prêtre, étant à l'Autel dans la Sainte Chapelle, puis s'enfuit: & comme il vit qu'on couroit après lui, en même tems, il la met en pieces dans la cour du Palais devant la Chambre des Comptes. Il fut mené à la Conciergerie, où l'on fit tout ce qu'on put pour tâcher à le convertir. Son pere & sa mere vinrent d'Abbeville où ils demeuroient, très-gens de bien, & en grand crédit & autorité dans le pays; mais enfin, n'ayant pû vaincre son obstination, le pere de dépit, le renonça & même le voulut tuer. la mere en mourut d'affliction. On fit une procession generale & pour sa conversion, & en réparation de ce sacrilege. Il eut le poing coupé au lieu où l'Hostie avoit été rompue, & de-là fut conduit au Marché aux Pourceaux, & brûlé sans se convertir, quoiqu'assisté jusqu'à la mort par Jean Standon & deux Religieux, l'un Cordelier & l'autre Jacobin, tous trois Docteurs en Theologie. Il persista jusqu'à la fin à dire toujours qu'il tenoit la Loi de Nature. On prétend que son erreur lui venoit pour avoir hanté certains Ecoliers Espagnols, qui gagnerent bien vîte au pied, quand ils sûrent son attentat. Durant quelques jours au reste, il y eut un drap d'or & deux cierges allumés à l'endroit où l'Hostie avoit été jettée; le pavé même fut levé & porté avec les morceaux de l'Hostie au Tréfor de la Sainte Chapelle & qu'on honnora comme des Reliques.

En 1523, un Hermite convaincu d'herefie, fut encore brûlé au Marché aux Pourceaux; & depuis, bien d'autres Heretiques tant là qu'aux autres lieux patibulaires que je passe pour venir aux choses plus remarquables.

Auparavant neanmoins, je toucherai deux mots d'Anne du Bourg Conseiller-Clerc au Parlement, dont on peut dire, qu'il n'y a point eu d'Heretiques qui soient morts avec plus de résolution que lui, quelques Historiens assûrent que cette grande resolution qu'il fit paroître, ébranla & même corrompit bien du monde. Quatre jours auparavant le Président Minard qui poursuivoit sa mort avec chaleur, fut assassiné en plein midi sur sa mule, à la vieille rue du Temple, au coin de la rue des Rosiers, comme il revenoit du Palais. Les Catholiques en soupçonnerent les Huguenots. Brantome Gentil-homme de la Chambre de Henri III, & auparavant

ravant de Charles IX, en accuſe Stuart Prince Ecoſſois, ennemi des Catholiques & du Préſident, à cauſe d'un procès qu'il lui avoit fait perdre: & de plus ajoûte, qu'il le bleſſa avec des balles trempées & compoſées de ſorte, qu'il n'y avoit point de cuiraſſe qu'elles ne perçaſſent, à l'épreuve, ou non. Il aſſure encore que ce fut lui-même & avec de pareilles balles, qui, à la bataille de ſaint Denys donna au Connétable de Montmorenci le coup dont il mourut. Les Regitres de l'Hotel de Ville remarquent, que le Préſident Minard ne fut pas plutôt frappé, qu'on ferma les portes; mais qu'on eut beau chercher les aſſaſſins, pas un ne fut découvert Il y eſt encore remarqué que ce jour-là même, il tonna & éclaira par pluſieurs fois quoique ce fût le dix-neuf de Décembre, & au plus fort de l'hiver Tous les Hiſtoriens de ce tems là diſent que cet aſſaſſinat avança la mort de du Bourg.

Pour revenir à l'ordre des tems que j'ai quitté à cauſe de du Bourg, en 1528, la nuit du Lundi au Mardi des Fêtes de la Pentecôte, quelques Heretiques couperent la tête, tant à une figure de la Vierge, qu'à celle du petit Jeſus, qu'il y avoit à la rue du Roi de Sicile, au coin de la rue des Juifs, & leur donnerent pluſieurs coups de dague & de poignard. François I, & depuis Henri II ſon fils n'oublierent rien pour expier ce crime. François I promit mille écus au Denonciateur; & non-ſeulement voulut que toutes les Paroiſſes & les Communautés y vinſſent en Proceſſion; mais lui même aſſiſta à une Proceſſion générale qui fut faite, où ſe trouverent tous les Ambaſſadeurs des Princes Etrangers, & les Cours Souveraines; & de plus, à la place des figures mutilées qu'on ôta, il en mit deux autres d'argent de pareille grandeur, qui peſoient huit marcs.

Henri II, vingt-trois ans après, fit faire au même lieu une Proceſſion générale, où il voulut aſſiſter, & qui ne fut pas moins ſolemnelle que la premiere. Le Legat lui même dit la grande Meſſe à ſaint Gervais, & porta à la Proceſſion une Figure de la Sainte Vierge, tenant le petit Jeſus entre ſes bras, & l'enferma dans la grille de fer que nous voyons encore au coin de la rue des Juifs.

En 1530, la nuit du vingt un Mai, quelques Heretiques creverent les yeux, percerent le cœur, & donnerent des coups de coûteau à l'Image d'un petit Jeſus peinte au coin de la rue Aubri Boucher, du côté de la rue ſaint Martin; ſans beaucoup d'autres outrages qu'ils firent à des Figures de la Vierge, de ſaint Roch & de ſaint Fiacre, que des perſonnes devotes y avoient fait repreſenter. Le vingt huit la Sainte Chapelle & le Parlement y vinrent en Proceſſion avec la vraie Croix, les rues furent tapiſſées. Huit jours après on fit effacer le reſte de ces peintures, avec défenſes à l'avenir de n'en plus peindre dans les rues qu'à dix pieds de terre.

En 1533, au mois de Decembre, d'autres Heretiques en armes, afficherent de nuit au coin des rues des Libelles diffamatoires contre le Saint-Sacrement. Le vingt-trois en expiation il ſe fit une Proceſſion generale avec beaucoup de ſolemnité.

En ce tems là, ou à peu près, quelques gens la nuit étant entrés dans le Cimetiere de ſaint Nicolas des Champs par deſſus les murailles; les uns après avoir brilé la porte d'une Chapelle qui y eſt encore, y prirent un Benitier de cuivre avec une Cuſtode, & mirent en pieces deux prians attachés à fer & à clou aux deux côtés d'un *Ecce-Homo*; les autres accourus à une Croix ſcellée dans la pierre, à deſſein de l'arracher, quelque effort qu'ils fiſſent ne firent pourtant que l'ébranler, ſoit manque de force, ou pour n'en avoir pas le loiſir; mais ils vinrent mieux à bout d'une autre de bois, ſur laquelle étoit étendu le Sauveur Crucifié, entre la Vierge & ſaint Jean, qu'ils porterent contre la muraille.

La même nuit ſur le portail de la Trinité, fut briſée la figure de pierre d'un homme à genoux devant la repreſentation des trois perſonnes que nous adorons comme un seul Dieu. Quant à l'Eglise on y mit en pieces quelques oraisons de la Vierge écrites sur du parchemin. Et de plus, dans les rues les pardons des Quinze-Vingts qui y avoient été affichés le soir, furent déchirés : or comme ceci ne se passa pas sans que quelques-uns s'en apperçussent, un pauvre Mercier qui étoit entré dans le Cimetiere de saint Nicolas pour voir ce désordre comme les autres, & ayant dit bonnement : Ce ne sont pas les images des Saints qui sont abbatues, mais celles des Prians : c'est grand pitié d'entendre parler le monde ; on dit qu'on a déterré les morts, & iceux sessés, & il n'est pas vrai. A peine achevoit il, que chacun se rua sur lui, & après avoir été bien batu, fut traîné au Châtelet, y demeura huit jours, & n'en sortit point, que le Lieutenant Criminel Morin ne l'eût bien interrogé auparavant. Depuis, on prit celui qui avoit déchiré les pardons, & un autre qui avoit attaché des placards ; mais il y a apparence qu'on ne leur fit rien, à cause que le premier se convertit, & l'autre se retourna à Dieu, qui sont les termes dont se servit Morin dans les Lettres qu'il écrivit à François I, & que j'ai lues dans le Trésor des Chartes au vingt unième Guichet, intitulé, Huguenots.

En 1548 un Crieur de vieilles feraïlles, nommé le Blond, fut brûlé tout vif, au Parvis Notre Dame, pour avoir abatu l'Image de la Vierge élevée près du Chœur.

Un Heretique Lorrain en 1550 ou 1551, passa, l'epée nue à la main, au milieu des Chanoines de Notre-Dame, qui pour lors chantoient devant la Chapelle de la Vierge, & voulant jetter par terre son Image, comme avoit fait le Blond, il en fut empêché, & ensuite condamné à avoir la langue coupée, & être brûlé devant le Portail de l'Eglise. Quelques jours après le Clergé de Paris suivi du Parlement, de tout le Corps de Ville, & de deux notables de chaque quartier, fut en Procession à Notre-Dame.

En 1553, le jour de la Nativité de la Vierge, un inconnu qui venoit, dit-on, de Geneve, donna un dementi au Prédicateur de saint Medard, étant en Chaire ; il fut mené en prison à sainte Geneviéve : mais ayant trouvé moyen de se sauver ; à la Requête des Gens du Roi, les Officiers de sainte Geneviéve furent mandés au Parlement où après avoir déclaré que le Geolier avoit laissé échaper le prisonnier, la Cour le fit conduire à la Conciergerie.

La même année à saint Honoré, le jour de saint Etienne, lorsqu'on disoit la Messe à la Chapelle Notre Dame des Vertus, une folle à l'élévation de l'Hostie, l'arracha des mains du Prêtre, & la mit en pieces ; elle fut menée en prison : mais parce qu'en effet, il se trouva qu'elle avoit perdu l'esprit, on la laissa aller. L'Evêque de Paris cependant à la tête de tout le Clergé, ne laissa pas de venir en procession à la Chapelle ornée de belles tapisseries avec quantité de cierges. On chanta la Messe du Saint-Sacrement au Maître Autel avec beaucoup de solemnité, & ensuite le Docteur Picard, si fameux dans l'Histoire de ce tems-là, prêcha dans le Cloître, & prit pour Texte, *Mulier quid ploras ? quia tulerunt Dominum meum.*

L'année d'après, au mois de Decembre, un jeune homme Novice auparavant au College des Bernardins, & qui doutoit de l'immortalité de l'ame, pour en être éclairci, s'alla jetter dans un puits : en ayant été tiré, comme il ne cherchoit que la mort, il vint faire à sainte Geneviéve la même chose que la folle avoit faite à saint Honoré. Par Arrêt il fut condamné à avoir le poing coupé, puis pendu & brûlé ; mais auparavant il se convertit.

A quelques jours de-là Charles IX se rendit à la Sainte Chapelle, accompagné de la Reine sa mere, des Princes & des Princesses du Sang, des Cardinaux de Bourbon, de Guise, de Strozzy, sans parler des Evêques, Princes Etrangers, Ducs & Pairs, Chevaliers de l'Ordre & autres grands Seigneurs & Dames de la Cour, si-tôt que le Roi eut fait sa priere, la

DE LA VILLE DE PARIS. Liv X.

Procession partit, l'Archevêque de Sens portoit le Saint-Sacrement sous un Dais tenu par le Prince Dauphin d'Auvergne, le Duc de Guise & celui de Nemours & par le Marquis d'Elbœuf. Apres le Roi & la Cour, le Parlement marcha à main droite, ayant la Ville à sa gauche. Au dessous du premier Huissier, se mit le premier Huissier du Conseil privé, portant le cierge du Chancelier, avec deux autres qui se disoient de sa famille, contre la coûtume & la raison même; car quand le Chancelier marche avec le Parlement, il n'en est qu'un membre, & ne doit point avoir d'autre famille que celle de la Cour, y ayant serment & rang ordonné par le Roi, les familles du Chancelier, des Présidens & des Conseillers n'y ont ni rang, ni serment; & le Parlement en ces rencontres ne peut recevoir que ce qui est de son Corps. La Fête neanmoins s'acheva sans bruit avec beaucoup de devotion. Cette pompe passa par le Pont saint Michel, devant saint Severin, le long de la rue saint Jaques, & de là à sainte Geneviéve, où se dit une haute Messe, le Parlement y étant assis à la droite, & quelques Chevaliers de l'Ordre à gauche, où faute de place se mirent plusieurs Officiers de la Cour.

En 1557, le quatre Septembre, à la rue saint Jaques, vis à vis le College du Plessis, dans une maison nommée l'Hotel de Barthoniese, trois ou quatre mille Huguenots assisterent au Prêche, & y firent la Cene. Le Guet en ayant été averti par les voisins, on assembla sourdement dans toutes les rues le plus de monde qu'on put. Ceux du quartier couvrirent leurs fenêtres de pierres & de pavés, on alluma des feux, les rues furent bouchées de charrettes & d'hommes en armes. Sur le minuit, lorsque les Huguenots commençoient à se retirer, on les attaque, & ayant été repoussés dans leur Prêche, chacun se mit en devoir de les forcer. Dans cette extrémité, les plus courageux de ces associés s'attroupent, sortent à travers la grêle de pavés & de pierres qu'on leur ruoit de toutes parts, & malgré la résistance de ceux qui leur bouchoient le passage, se sauvent, horsmis un, qui ayant été renversé par terre, non-seulement fut assommé, mais exposé à toutes sortes d'outrages dans le Cloître saint Benoît où on l'avoit porté. Du reste, ceux qui voulurent passer par dessus les jardins du voisinage, furent arrêtés & menés en prison. Les femmes, les enfans & tous les autres qui étoient demeurés dans le logis au nombre de soixante-un ou soixante deux personnes, obeïrent aux ordres de Martine Lieutenant Criminel, qui les mena au petit Châtelet; & bien qu'il les eût fait lier & garotter, on ne laissa pas de les charger d'injures & de coups par le chemin. Ceci donna lieu à quantité de faux bruits; tantôt qu'ils s'étoient assemblés pour immoler des enfans; tantôt que c'étoit pour contenter leur lubricité. après avoir fait bonne chere & éteint les chandelles, comme font les Anabatistes, de sorte que peu de gens croyoient que ce fût pour la Cene & pour le Prêche. Cependant les Huguenots publioient des Apologies pour se purger; Mouchi Docteur de Sorbone, autrement dit Demochares, & Robertus Cenalis y répondirent, & le Parlement travailla au procés des Prisonniers. Philippe de Luris, Damoiselle de Laveron en Perigueux fut pendue & brûlée Nicolas Clinet de Xaintonge & Taurin Gravelle Avocat en Parlement, surveillans, après avoir été appliqués à la question, furent brulés tous vifs avec Nicolas le Cene, Medecin Normand, François Rebesser d'Aitafort en Condomois, & Federic d'Amville d'Oleron en Bearn, les uns baillonnés, les autres la langue coupée; le reste auroit couru la même fortune, sans l'arrivée des Ambassadeurs des Suisses & des Protestans d'Allemagne, qui les demanderent au Roi.

A l'Hopital de Lourfine du Fauxbourg saint Marceau, dédié à saint Martial & sainte Valere, & fondé vers le commencement de la rue de Lourfine, les Huguenots en 1560, mirent en pieces une Figure du Jesus-Christ qui étoit au-dessus de la porte. Pour réparation de cet outrage, Saint Marcel, saint Hippolyte & saint Martin vinrent en Procession à saint Medard

Tome II. YYy ij

au lieu où s'étoit fait l'attentat, & par ordre d'Eustache du Bellai Evêque de Paris, Jean Moreau Sous-Chantre & Chanoine de Notre-Dame, mit une autre figure à la place.

Comme les Heretiques avoient permission en 1561, de faire l'exercice de leur Religion à la grande rue saint Marceau dans un grand logis appellé le Patriarche, & que de peur d'insulte, on leur avoit donné le Prevôt des Maréchaux avec ses Officiers & ses gens. Le jour de saint Jean l'Evangeliste, un Renegat nommé Malo, qui de Prêtre habitué à saint André étoit devenu Ministre, faisant là le Prêche, à l'heure qu'on va dire Vêpres, en ayant été interrompu par le son des cloches de saint Medard qui est tout proche, ses Auditeurs en furie accourent à l'Eglise, se ruent sur le Prédicateur & les Paroissiens qui venoient d'entendre le Sermon, battent, blessent, massacrent, cassent les vitres, brisent les Images, pillent la Sacristie, foulent aux pieds le Saint-Sacrement & font mener en prison par le Prevôt des Maréchaux & son Lieutenant quelques-uns de ceux qu'ils avoient le plus maltraités; & même des femmes, des Prêtres & le Prédicateur; mais le Parlement ayant pris connoissance de l'émeute, les mit en liberté, & fit pendre devant saint Medard deux Huguenots convaincus de l'avoir excitée. Quelque trois jours après on reconcilia l'Eglise; avec le tems elle fut réparée des aumônes de quelques personnes charitables & des amendes à quoi avoient été condamnés les Seditieux.

Depuis, qui fut le vingt quatre Avril, le Connétable de Montmorenci fit démolir le Patriarche, Pincourt, & le Tripot de Jerusalem, où les Huguenots avoient permission d'aller au Prêche & de s'assembler; & le quatorze Juin on tapissa les rues depuis sainte Geneviéve jusqu'à saint Medard, & furent jonchées de fleurs depuis saint Medard jusqu'à Notre Dame. Devant chaque maison étoit un homme armé, & des Corps de Garde aux carrefours & aux barrieres des Sergens. Ensuite les Cardinaux de Bourbon, de Lorraine, de Guise, d'Armagnac; les Princes & Ducs & Pairs, les Maréchaux de France; le Parlement, & l'Hotel de Ville; le Chapitre de Notre-Dame se rendirent à sainte Geneviéve, puis en partirent suivis d'une infinité de peuple, & vinrent en Procession à saint Medard, où la Messe du Saint Sacrement fut celebrée par l'Evêque d'Avranches & la Prédication prononcée sur les ruines du Patriarche, par le Pere Honoré Jacobin, Docteur en Théologie.

La même année, c'est-à-dire en 1562, à la rue saint Denys, au Pilier verd, le Maître du logis fit faire si souvent le Prêche & la Cene chés lui, que ceci ayant été découvert un jour d'assemblée, le peuple casse les vitres à coups de pierres, & voulant enfoncer la porte, le Maître tire sur eux à coups d'arquebuse, en tue trois, & en blesse plusieurs; puis sortant en armes avec ses amis, lui-même est tué, ses compagnons écartés & sa maison pillée. Le Maréchal de Montmorenci Gouverneur de Paris arrive la dessus, fait pendre aux fenêtres le premier qu'il rencontra chargé de marchandises, & par ce moyen empêcha les Seditieux de passer outre.

Je ne m'amuserai point à particulariser ici ni ailleurs, ce qui se passa en 1572, le jour de la saint Barthelemi, parce que les Historiens du tems, tous tant qu'ils sont, en disent plus qu'il n'y en a. Il me suffira de remarquer que, deux jours auparavant, l'Amiral de Coligni fut blessé au sortir du Louvre derriere le Cloître de saint Germain de l'Aufferrois, proche de la petite porte qui sert de passage, dans le tems qu'il lisoit une Requête pour présenter au Conseil le lendemain: & de plus, que celui qui fit le coup, n'étoit pas un apprenti, qui en avoit assassiné bien d'autres, jusqu'à son propre Maître. La Reine Marguerite l'appelle Maurevel, le Président de Thou Moruel, Brantôme Montravez, les autres lui donnent d'autres noms qui en approchent; mais enfin, presque tous conviennent qu'il avoit été gagné par le Duc de Guise. Il s'étoit caché dans une maison de la rue des Fossés saint Germain qui tient à cette petite porte de derriere du Cloître dont je viens de parler ; & pour lors, à la faveur d'un linge étendu sur un vieux treillis de fer attaché à la fenêtre de la premiere chambre, qu'on n'a ôté que depuis six ou sept ans, il blessa l'Amiral sans être vû, ni sans savoir si ce fut à l'épaule, comme l'assûre la Reine Marguerite, ou au pouce de la main droite, ou bien au bras gauche, comme veulent tous les autres qui en ont parlé ; ni enfin, s'il se servit de pistolet ou d'arquebuse. Il est certain seulement que l'assassin se sauva par la porte de derriere sur un cheval qui l'attendoit dans le Cloître ; & que deux jours après l'Amiral fut tué dans la rue de Bethisi à la sollicitation de ses ennemis, qui envelopperent dans le même malheur un nombre presque infini d'innocents.

Enfin pour achever & assembler ici en deux mots les autres attentats, & ce que je sai sur semblables matieres, en 1576, les deux derniers Dimanches du mois de Septembre, dans le tems que les Huguenots revenoient de Noisi le-Sec, Village à quatre lieues de Paris, où le Roi leur avoit permis l'exercice de leur Religion, le peuple se voyant attaqué par de la canaille qui leur faisoit mille insolences, de part & d'autre on en vint aux pierres, puis aux épées ; de sorte qu'il y eut du sang répandu, & même des gens tués.

En 1584, le jour du Vendredi Saint, par le moyen de l'Abbé de sainte Geneviéve, on surprit dans une maison bâtie devant le College de Montaigu, un Ministre nommé du Moulin, un Maître d'Ecole, des Ecoliers, & quelques autres faisant la Cene : neanmoins par ordre du Roi, le Parlement se contenta de les bannir du Royaume.

La nouvelle ayant été sûe à Paris de la mort du Duc de Maïenne, tué au siége de Montauban, le vingt six Septembre qui étoit un Dimanche, quelques vagabonds & autres gens de la lie du peuple, attaquerent les Huguenots au retour de Charenton, quoiqu'escortés, de crainte d'émeute, tant du Duc de Montbazon Gouverneur de Paris & de ses Gardes, que des deux Lieutenans Civils & Criminels, du Chevalier du Guet & des Prevôts de l'Isle, & de Robe courte. Il y en eut de tués de part & d'autre ; quelques Catholiques même qui se promenoient aux environs, furent volés sous prétexte de leur faire montrer leur chapelet. Quatre cens Seditieux mirent le feu à Charenton, pillerent la maison du Concierge & celle du Consistoire : puis revinrent à Paris, & entrerent par la Porte saint Antoine, criant : *Vive le Roi.* Le lendemain, le Lieutenant Civil & le Lieutenant Criminel eurent ordre d'informer contre les coupables. Sur ces entrefaites, les mêmes Seditieux retournent à Charenton ; & de plus, au Fauxbourg saint Marceau, un Peignier qui demeuroit à la rue Pot-de-Fer, excite une autre émeute : & enfin après avoir tué deux hommes & une fille, lui-même fut tué avec son fils & un Maître d'Ecole. Quatre maisons de la rue des Postes appartenant à des Huguenots, furent pillées, & autant à Charenton. Le Prevôt de l'Isle & le Lieutenant de Robe courte étant accourus à la rue des Postes avec leurs Archers, prirent quatre hommes chargés de hardes, qui le lendemain par Arrêt de la Cour furent punis ; les uns pendus, les autres fouettés la corde au col & bannis pour neuf ans. Cependant le Duc de Montbazon se transporta aux Gobelins, sur le bruit qui courut que les Seditieux y vouloient aller ; & après y avoir mis l'ordre necessaire, encouragea les Habitans à repousser la violence, au cas que le désordre continuât, s'ils n'avoient envie d'être ruinés.

C'est-là tout ce que j'ai pû découvrir, tant des attentats de ceux de la Religion que des insultes & des violences qui leur ont été faites : tout ce que j'y veux ajoûter & qui n'est pas à oublier, est qu'à la sainte Chapelle en 1575, la vraie Croix que saint Louis avoit eu tant de peine à tirer des mains des Infideles, fut dérobée la nuit du dix Mai. Chacun fut très sensiblement touché de cet accident ; & il n'y eut presque personne qui ne crût que la Reine mere l'avoit vendue ou engagée en Italie. Le Prevôt & les Echevins mirent garde auſſi tôt aux portes de la Ville, avec ordre non-ſeulement à eux de ne laiſſer ſortir qui que ce fût ſans le fouiller ; mais encore aux Capitaines de la riviere & aux paſſeurs ; & le tout auſſi-bien à l'égard des paquets, coffres, hardes & autres choſes ſembl. bles, qu'à l'égard des perſonnes. De plus, il fut publié à ſon de trompe par tous les carrefours, que quiconque reveleroit le nom du raviſſeur de ce ſaint Reliquaire, auroit cinq cens écus.

Cinq jours après il ſe fit une Proceſſion générale de Notre-Dame à la ſainte Chapelle, où aſſiſta la Reine mere avec les deux autres Reines, le Duc d'Alençon, le Roi de Navarre, le Parlement & l'Hotel de Ville : & le jour de Pâques fleuries, Henri III fit publier aux Prônes de toutes les Paroiſſes, qu'on eût à aller adorer une Croix toute ſemblable à la premiere, qu'il avoit fait faire, où une grande piece d'un morceau de la Croix du Sauveur étoit enchaſſée, & qui avoit été trouvée au Tréſor de la ſainte Chapelle.

L'Auteur du Journal de Henri III, dit là deſſus, que le peuple fort devot & de legere créance en telle matiere, fut fort joyeux & fort content de cette nouvelle ; & cette Croix-là eſt la même que nous allons adorer tant la Semaine-ſainte & les Fêtes de Pâques, que pendant le Carême tous les Vendredis.

ATTENTATS ARRIVE'S POUR CAUSE DE LA Religion.

JE parlerai en ſon lieu des outrages faits à la Nature & à la Religion, dont on accuſoit les Templiers, & de leur condamnation, que Pierre du Puy Garde de la Bibliotheque Royale, a compoſé ſur les Titres du Tréſor des Chartes du Roi, pour juſtifier, ou leur mémoire, ou celle de Philippe le Bel &c.

On ſait que l'Ordre des Freres Sacs ou de la Penitence de Jeſus Chriſt, étant fort déchûs à Paris ſous Philippe le Bel, ils donnerent leur Couvent aux Auguſtins en 1293.

L'Ordre des Blancs-Manteaux, ou des Serviteurs de la Vierge Marie, ayant été ſupprimé au Synode de Lion ſous Gregoire X leur Monaſtere en 1298, fut donné aux Guillemins ou Hermites de ſaint Guillaume, & de nos jours aux Benedictins.

Quoique l'Ordre des Beguines fût condamné en Allemagne par Clement V, neanmoins il n'a pas laiſſé de ſubſiſter à Paris juſqu'à Louis XI, qui donna leur maiſon en 1461, aux Cordelieres de l'Avé-Maria.

Les Billettes, ou Freres de la Charité de la Vierge, ont de nos jours fait place aux Carmes mitigés.

Je n'ai point voulu dire qu'à cauſe d'un attentat commis en 1146, ſur la perſonne de Louis VII, par les Chanoines ſeculiers qui deſſervoient alors ſainte Genevíéve, juſqu'à lui donner un ſouflet, on mit à leur place les Chanoines Reguliers de Saint Auguſtin, que nous y voyons encore aujourd'hui.

Et tout de même, je n'ai point voulu dire que les Religieuſes de Saint Eloi ont été chaſſées de leur Couvent à cauſe de leurs diſſolutions, leur Abbayie reduite en Prieuré, & donnée aux Religieux de ſaint Maur ; car ſi j'avois mis ici ces changemens, peut-être cela m'auroit-il engagé à mettre enſuite les diverſes Réformes des Monaſteres de Paris, & les changemens arrivés à saint Merri, à saint Germain de l'Aufferrois, sainte Geneviéve des Ardents, saint Paul, & autres Eglises, qui de Chapelles, Prieurés & Abbayies, sont devenues Eglises Paroissiales.

PRODIGES,
ou choses passantes pour telles.

EMBRASEMENS.

ON peut dire que le premier embrasement de Paris fut un prodige de valeur, lorsque les Parisiens passionnés pour leur liberté, & ennemis d'une domination étrangere, aimerent mieux mettre le feu à leur Ville eux mêmes, & la reduire en cendre, comme j'ai dit ailleurs, que de voir Labienus s'en rendre Maître.

Le second arriva par accident sous Childebert, & s'éteignit par miracle & par la vertu de saint Lubin Evêque de Chartres.

Une femme depuis devina, ou prédit le troisiéme du vivant de Gregoire de Tours; & parce quelle ne se fondoit que sur un songe qu'elle avoit eu, on se mocqua de sa prédiction, comme d'une reverie; & cependant Paris, à la reserve des Eglises, ne laissa pas d'être brulé entierement, nonobstant la remarque du même Gregoire, que Paris anciennement à l'égard du feu avoit été enchanté, & qu'il n'y avoit rien à craindre pour la Ville de ce côté là.

Peu s'en fallut encore qu'il ne fut enseveli dans les flammes sous Dagobert, quand Saint Eloi par ses menaces en garantit la Basilique de saint Martial.

En 886, durant le siége des Normans, les Fauxbourgs ne s'en purent sauver, non plus que la Ville sous Henri I.

Enfin nous avons vû brûler le Pont-au-Change, la grande Sale du Palais, le Clocher & la couverture de la Sainte Chapelle; & comme on ne sait pas comment le feu y prit, bien des gens le font venir du Ciel, & même quelques Savans, qui par une observation ridicule, ayant remarqué que lorsque le feu se mit à la Sale du Palais, il n'y avoit plus de place pour y mettre aucune figure de nos Rois, & que le même accident en pareille rencontre, étoit arrivé à quelques autres Sales, prirent l'incendie de la Sale du Palais pour un prodige & une fatalité inevitable.

Il n'y a pas bien long-tems qu'un autre accident de feu arriva à la petite Gallerie du Louvre, qui auroit consumé non seulement la plupart des portraits de nos Rois & de nos Reines; mais encore des Princes & autres grands Seigneurs de la Cour, tant de l'un que de l'autre sexe, si par hazard on ne les eut ôtées quelques jours auparavant, pour faire place aux machines d'un Balet, qui fut cause de l'incendie.

MARIONNETTES ET SALTINBANQUES.

LES Historiens tant du quatorze que du quinziéme siécle, nous font entendre que tout Paris regarda comme prodige & miracle de l'Art ces enfans assis & vêtus en Anges dans un petit navire qui descendirent du Ciel, lorsque Charles VI & Isabeau de Baviere firent leur entrée à Paris & qui en volant, leur vinrent mettre des couronnes sur la tête, & aussi-tôt s'en retournerent comme ils étoient venus.

Un homme appellé le *Voleur*, sous Charles V, fit en sa presence des tours incroyables, & quantité de sauts perilleux sur une corde assés menue, attachée d'un bout au Palais & de l'autre aux Tours de Notre-Dame. Mais malheureusement pour s'être trop fié à son agilité & à son experience; un jour qu'il manqua d'attraper la corde avec le pied, il vint à tomber, il eut le corps tout brisé d'une telle chûte: certes c'est comme impossible, *qu'à homs qui de son sens, force, legi rete, ou autre chose, de soi trop presume, qu'au defrain ne lui en meschee.*

Cependant Sabellicus rapporte qu'autrefois à Rome parmi les Spectacles on vit un homme vôler à fleur de terre avec des aîles, & même depuis peu un Allemand a fait imprimer un Livre, *de volanai arre*, où il prétend que si les hommes vouloient s'accoutumer à vôler avec des aîles aux aisselles, ils vôleroient aussi bien que les oiseaux.

Le Vôleur de la Tour de Nesle l'entendoit, disoit-on, bien mieux que lui. A la verité il vôloit sur une corde, & y faisoit des tours incroyables & prodigieux; mais au lieu de la tendre au dessus des rues & du pavé, comme le premier, il l'a tendit sur la riviere, depuis la Tour de Nesle jusqu'à celle du grand Prevôt que nous avons vû démolir toutes deux, qui bordoient les deux côtés de la Seine, entre le Louvre & le College des Quatre-Nations: ainsi quand il tomba de même que l'autre, ce fut dans l'eau, & sans se faire de mal.

Il n'arriva aucun de ces accidens au Genevois qui en voulut faire autant à l'entrée d'Isabeau de Baviere; car il vola dessus un corde depuis l'une des Tours de Notre-Dame jusqu'au Pont-au-Change, ou au faîte de la plus haute maison du Pont saint Michel; car ce prodige est raconté de ces deux manieres par Froissart & par Juvenal des Ursins qui le virent. Selon Froissart parce que la Reine passoit par la rue neuve Notre-Dame, où il monta sur sa corde, un flambeau à chaque main, à cause qu'il faisoit tard, & vôlant au dessus de la rue d'un bout à l'autre, en chantant & faisant quantité de tours de souplesse, il vint gagner le Pont saint Michel, ne se faisant pas moins admirer de ceux qui le voyoient à Paris, que des gens de la campagne trois à quatre lieues à la ronde qui s'en apperçûrent par le moyen de ses deux flambeaux alumés. Juvenal des Ursins dit qu'il étoit habillé en Ange, & qu'il descendit des Tours de Notre-Dame, lorsque la Reine vint à passer sur le Pont-au-Change, & y étant entré par une fente faite dans une couverture de taffetas bleu, semée de fleurs de lis d'or, qui regnoit d'un bout à l'autre, il lui mit une couronne sur la tête, puis s'envôla, repassant par la même fente, comme s'il fût remonté au Ciel.

Un Auteur contemporain de Henri II, parle avec admiration d'un Turc qui marchant sur une corde avec un bassin, se laissoit tomber sur une autre qui étoit plus bas, où il faisoit quantité de tours de souplesse; ce que je remarque ici exprès pour montrer que peut-être, n'est ce qu'en ce tems-là qu'on commença à voir des Danseurs de corde à Paris, & que cet exercice si commun maintenant, passoit alors pour une merveille & un prodige, qui apparemment est venu de Turquie.

Peu

DE LA VILLE DE PARIS. L v. X.

Peu s'en faut que je n'aie oublié à parler du Beuveur d'eau, cet homme si merveilleux, qui sans peine fit des choses si prodigieuses, & cependant que nous n'admirons pas trop; peu être parce que nous y sommes accoutumés, & qu'il prend peu d'argent. Car enfin n'est ce pas une chose étonnante de lui voir boire un seau d'eau, & le rendre incontinent après, ou en forme de girandole, ou dans plusieurs bouteilles, toujours avec l'odeur & la couleur de l'eau rose, de l'eau d'ambre & de toutes autres sortes d'eaux; puisque quand il veut, c'est avec la couleur, l'odeur, & même les effets de l'eau de vie.

Je ne puis pas me taire touchant ce Boulonnois, qui après avoir été huit ans en Turquie, vint à Paris en 1582 où le long des murs & sur les remparts du Fauxbourg saint Germain, il faisoit pour cinq sols quantité de tours de souplesse sur un cheval si bien fait à son badinage, que son agilité paroissoit tout autrement grande & prodigieuse qu'elle n'étoit en effet. De même que le Palfrenier Maure du Roi, étant sur ce cheval, courant à toute bride, il montoit dessus tout de bout, & après y avoir demeuré quelque tems, se remettoit sur la selle, puis mettoit pied à terre, & remontoit autant de fois qu'il lui plaisoit. A ces choses que le Maure du Roi ne fait que trop souvent, & que la Cour ne se lasse point d'admirer, le Boulonnois en ajoûtoit encore bien d'autres; car se levant tout droit sur son cheval, courant à l'ordinaire, il lançoit une zagaye, & aussi tôt la lance à la main, emportoit un gand pendant au milieu de la carriere De plus, il jettoit en l'air, & recevoit plus d'une fois une masse d'armes; enfin, se remettant à cheval comme les autres, & prenant son cimeterre, il le tiroit du foureau & l'y remettoit Bien plus, avec les mains il prenoit les arçons de sa selle, puis la tête dessus & les pieds en haut, après avoir fourni une partie de la carriere, proche du bout, il se remettoit à cheval comme auparavant.

Mais n'est-ce pas encore une chose assés surprenante, que les rats qu'à la Foire on a vû danser sur la corde, & tout de même une petite guenon de l'Isle d'Angole, que son Maître qui demeuroit dans l'Isle Notre Dame, a rendu si savante qu'elle sait signer Marie d'Angole.

En 1586, un homme de Nantes, sans bras, âgé de quelque quarante ans, vint à Paris, qui ne tiroit pas seulement de l'arc, mais qui chargeoit tiroit, bandoit & démontoit un pistolet. Bien plus, il savoit écrire ôtoit son chapeau, lavoit un verre, jouoit aux dés, aux cartes & aux quilles.

Ambroise Paré parle d'un autre, qui sans bras faisoit tout ce que les autres font avec leurs bras; ce ne lui étoit pas assés de jouer aux quilles, aux cartes & aux dés, comme l'homme de Nantes, il beuvoit encore, & mangeoit tout seul, & jamais Chartier ne mania mieux un fouet que lui: pour ruer une coignée contre quelque piece de bois de grande force, il n'avoit qu'à pencher la tête sur son épaule. A la fin neanmoins il abusa de cette adresse, à ce point, qui si heureusement dans son malheur étoit venue à son secours, qu'il devint meurtrier & voleur de grands chemins.

Enfin, le fils d'un Taillleur appellé l'*Asne*, qui est venu au monde sans main droite, & sans bras ni épaule gauche, cependant taille des plumes avec le trognon du bras droit & gagne sa vie à écrire. Ce que je dis de l'adresse de cet homme, il me le faut dire encore des femmes.

Dans ce tems là même une femme sans bras, aussi-bien que ceux-ci cousoit, tailloit des chemises, des habits, & faisoit presque tout ce qu'auroient pû faire les personnes de son sexe les plus adroites.

Mais sans aller chercher de ces sortes d'exemples dans les siécles passés, nous avons vû long-tems au Cimetiere saint Innocent, & dans les rues de Paris une pauvre fille sans bras, de quinze à seize ans, qui enfiloit une aiguille, cousoit & faisoit mille autres choses fort adroitement avec ses pieds.

Mais tous les jours combien voyons-nous d'autres merveilles encore plus

Tome II.

rares aux Quinze-Vingts, dont on pourroit faire un Livre La femme du Maître & celle du Greffier de cet Hopital, quoiqu'aveugles, ne laissent pas d'enfiler une aiguille aussi-vîte que si elles voyoient clair. Autres qu'elles ne font les habits & le linge de leurs maris & de leurs enfans ; & le tout si bien, que les plus habiles Lingeres, ni les Tailleurs les plus experts ne menageroient pas mieux l'étoffe.

La moindre chose surprenante des autres Aveugles, est de les voir jouer aux quilles ; & à la boule, avec autant de mesures, & avec la même justesse que les meilleurs joueurs du Royaume. Un d'entre eux, fort long-tems a fait des formes dans une échope près la porte de l'Eglise, & passoit pour un des plus excellens Formiers de Paris. L'Horloger & l'Organiste sont aveugles nés, aussi bien qu'un autre de la même maison, qui joue très bien de l'épinette. Tous trois au reste, gagnent leur vie à ces professions & ont des écoliers en Ville & d'autres qui viennent apprendre chés eux. Trois autres Quinze-Vingts avant eux n'étoient guere moins admirables, dont l'un faisoit très-bien du passement, l'autre des portes & des serrures de bois, & le troisiéme écrivit son testament avec du charbon.

En 1427, une femme de Hainaut âgée de vingt huit à trente ans, vint à Paris, qui savoit jouer à la Paume de l'avant-main & de l'arriere-main, & à l'exception des meilleurs joueurs, gagnoit tous les autres ; ce qui étoit assés remarquable dans un siécle où on ne se servoit pas encore de la raquette : & de fait, Pasquier fait mention de cette femme avec éloge.

Le long des fossés de la Porte de Nesle, nous avons aujourd'hui une Tripotiere fort adroite à la raquette, & qu'on voit souvent jouer à la Paume dans son Tripot.

Si à Boulogne nous avons regardé comme un prodige ce jeune Professeur en Philosophie, si consommé & qui n'avoit que douze ans, combien doit-on admirer l'Espagnol qu'on vit à Paris en 1446, qui à l'âge de vingt ans savoit presque tous les Arts, & plus de sciences & de langues lui tout seul, que les plus doctes de l'Université tous ensemble. Il avoit appris tous les exercices qui regardent la guerre & les armes, jouoit fort bien des instrumens, & sur tout de l'épée à deux mains : lorsqu'il se bâtoit, c'étoit avec tant d'agilité, que tout à coup il fondoit de plain saut sur son adversaire, eût il été à vingt & vingt quatre pas de lui. Pour ce qui est de chanter, de peindre, d'enluminer, personne ne l'égaloit ; il étoit tout ensemble & Maître-ès-Arts & Docteur en Medecine Théologie, Droit Canon & Droit Civil. Il savoit parfaitement le Latin, le Grec, l'Hebreu, l'Arabe, le Caldéen. Il disputa au College de Navarre contre plus de cinquante des plus savans de l'Université, & contre trois mille autres ; & enfin répondit pertinemment à toutes les questions qui lui furent proposées. Si bien que si un homme pouvoit vivre sans boire, ni manger, & sans dormir, il n'auroit pas les sciences qu'il savoit, & toutes par cœur appises ; car il savoit plus que ne peut savoir nature humaine : il reprenoit tous les quatre Docteurs de la sainte Eglise ; bref, c'étoit la sapience, la non pareille chose du monde.

Ne fut ce pas encore un prodige que le Maître d'Hotel du Maréchal de Saint Luc, qui n'ayant été que fort peu au College & dans les basses classes, neanmoins en dormant faisoit une partie de ce que l'Espagnol faisoit, & d'autres encore qu'il n'auroit pas faites. C'étoit un cadet de Normandie, d'honnête famille qui s'appelloit le Fevre, d'ailleurs assés curieux, & qui avoit quelque teinture de plusieurs belles connoissances, à force de parcourir certains Auteurs, & même de converser avec des gens d'esprit & savans, qui presque tous les jours se rendoient au logis de ses freres habitués à Rouen, & aimés à cause de leur belle humeur. Je laisse là qu'il jouoit bien du Luth, savoit la Musique passablement, & étoit bon Empirique de plus, il avoit une notion legere des Mathematiques, & surtout de la Judiciaire. On croit même qu'il entendoit un peu le Latin, l'Italien & l'Espagnol ; pour ce qui eſt des autres Langues, il les ignoroit abſolument; cependant après avoir fait débauche avec de l'hypocras ou du vin brûlé, ſi dans le tems qu'il dormoit d'un profond ſommeil, on venoit à l'interroger, non-ſeulement en ces trois Langues mais encore en Alleman, en Anglois, en Canadois, en Topinamboux & même en tout autre langage, ou jargon qui lui étoient inconnus, il y répondoit ſans s'éveiller, d'ordinaire intelligiblement & à propos quelquefois avec cette confuſion qui accompagne les rêveries de la nuit, lorſque tout eſt en déſordre dans l'imagination, & que les eſpeces ſe preſentent en foule. Mais quand cela arrivoit, il avoit des douleurs de tête qui lui duroient des deux & trois jours: ce qui lui faiſoit connoître qu'on s'étoit joué de lui pendant qu'il dormoit. La Motte le Vayer parlant de lui dans une de ſes Lettres, aſſure qu'un jour en dormant, il fit l'horoſ-cope d'un Capitaine de Navire qui n'étoit pas de ſes amis, & que lui ayant prédit qu'il mourroit de mort violente, comme ayant *caput algol* en aſ-cendant, il fut tué en duel. L'illuſtre Marquis de Racan m'a aſſuré qu'é-tant à l'Hotel de Saint Luc de la rue Serpente, il lui avoit entendu faire cette réponſe au Comte de Comminges, qui pour l'embaraſſer étoit venu l'interroger en termes barbares, inconnus & de ſa façon: Tu es un ivrogne; vas-t-en audevant de ta femme qui ſe meurt. Ce qui étonna toute la com-pagnie; & d'autant plus qu'on ſavoit que depuis quelque tems ce Comte étoit en peine de ſa femme: & comme chacun lui conſeilla de profiter de l'avis de ce dormeur, dont les prédictions avoient ſouvent réuſſi, il fit ce qu'on lui dit; & en effet trouva ſa femme à l'extrémité, & deux Prêtres auprès d'elle qui l'exhortoient à bien mourir.

Catherine de Clermont Ducheſſe de Retz ſous Charles IX. répondit ſur le champ à la Harangue Latine des Polonois, qu'ils firent au Roi & au Duc d'Anjou, & qui depuis publierent avec admiration, qu'ils avoient vû en France une choſe ſurprenante; non-ſeulement une femme qui parloit Latin, mais la ſeule perſonne de la Cour qui le ſût & l'entendît.

Nous admirerions encore Foulques Curé de Neuilli, ce fameux ignorant, que Dieu tout à coup remplit d'une ſcience infuſe, pour operer la con-verſion des Pariſiens & des Infideles. C'étoit un pauvre garçon de Neuilli ſur Marne, à deux ou trois lieues de Paris.

MALADIES EXTRAORDINAIRES.

LA plûpart des Hiſtoires ſuivantes ſont tirées d'un petit Traité manuſcrit d'obſervations faites par Fernel lui-même, que le ſavant & curieux Mentel m'a communiqué.

Ayant été prié d'aller voir à la Greve un jeune homme qui étoit ma-lade il le trouva au lit & en tel état, qu'on avoit beau le pincer, le piquer & faire autres choſes ſemblables, il n'en ſentoit rien, non plus que s'il eut été mort; cependant il avoit la reſpiration aſſés libre, recevoit ſans peine tout ce qu'on lui préſentoit à la bouche, ſe tenoit debout quand on le levoit & marchoit tout ſeul; lui ouvroit-on la bouche ou les yeux, ils demeu-roient ouverts juſqu'à ce qu'on les lui fermât; & tout de même en étoit-il des bras & des cuiſſes, quand on les lui plioit, qui pour lors ſe tenoient en cet état. Fernel donnoit à cette maladie le nom de καταχη ou catalepſis.

A l'heure que je parle, nous avons à Paris un jeune homme âgé de dix-huit ans, & nommé Garnault, à qui de fois à autre il prend des aſſou-piſſemens de dix-huit jours, pendant leſquels il avale tout ce qu'on lui met dans la bouche ſans ſe reveiller. Ce tems-là paſſé, il ſe porte auſſi bien que jamais, fait toutes les fonctions à l'ordinaire; & même à ſon viſage on ne diroit pas qu'il ait été incommodé. Il s'eſt mis entre les mains des Médecins ; mais quoi qu'ils faſſent, quand bien même ils viendroient à découvrir la cauſe de ſon infirmité, on ne croit pas qu'ils puſſent venir à bout de cette cure.

A ce propos Stenon ſi conſommé en Aſtronomie, m'a dit que depuis peu, un autre homme à Paris étoit travaillé d'un pareil aſſoupiſſement ; mais qui ne duroit que quinze jours, & qui lui venoit d'un abcès qu'il avoit dans le cerveau, ſans ſentir aucun mal à l'endroit où il étoit ; mais ſeulement aux deux côtés de la tête ; ce qu'on découvrit après ſa mort, qui arriva ſans fiévre & ſans accident.

Je ne m'amuſerai pas à rapporter ici les divers effets cauſés par des abcès : ils en ont operé & operent encore tous les jours de ſi bizarres, que même je ne ferois pas mention des ſuivans, s'ils n'avoient ſemblé prodigieux à Fernel.

Il traita à la rue du Fouare un jeune homme tellement incommodé d'une difficulté de reſpirer, & d'une oppreſſion d'eſtomac, qu'il étoit des trois & quatre mois entiers à ne cracher que du ſang. Un jour ſe ſentant fort tourmenté dans le corps, après des efforts aſſés grands, enſuite il vomit un abcès qu'il s'arracha du poumon, puis de la boue mêlée de ſang, & enfin la veſſicule même, qui ſe trouva luiſante & blanche, ronde, & de la forme & de la groſſeur d'une balle de tripot. Ce qui ſurprit Fernel, auſſi-bien que Moreau, pour n'avoir jamais rien vû de ſemblable : après quoi le malade fut délivré de ſa difficulté de reſpirer & de ſon oppreſſion, ne cracha plus de ſang, ſe porta très bien, & mourut d'une autre maladie. Il ajoûte qu'un abcès au même endroit fit mourir le Medecin de la Barre, après avoir craché du ſang auparavant & ſans fiévre : & enfin, qu'un autre fut trouvé étouffé dans ſon lit par un ſemblable abcès, ſans cracher de ſang, ſans fiévre, ni avoir changé de place dans ſon lit.

J'ai dit ailleurs qu'à Paris en hiver l'Empereur Julien étant couché, penſa ſa nuit étouffer, pour avoir fait allumer du charbon dans ſa chambre ; mais qu'il fut ſauvé par un vomitif. Ce qui depuis eſt arrivé ſi ſouvent, que le même Fernel & Paré font mention, non ſeulement d'une Dame de qualité & de ſes ſervantes, mais de bien d'autres perſonnes ſuffoquées tant au Fauxbourg ſaint Marceau qu'ailleurs, pour avoir couché dans des chambres bien cloſes & échauffées de ce même feu de charbon.

Je laiſſe là qu'en 1565, un homme ayant mangé des champignons du Bois de Boulogne fut tourmenté d'une longue maladie & dangereuſe, & que quatre femmes en moururent : ce que je ne rapporte que pour remarquer ſimplement que puiſque Fernel n'a pas trouvé ces obſervations indignes de lui, il falloit que de ſon tems les effets prodigieux des abcès fuſſent beaucoup moins ordinaires qu'ils n'ont été depuis, & tout de même les morts ſubites cauſées par le charbon & par les champignons, ou qu'on n'en ſût pas la cauſe.

Il connoiſſoit une femme qui n'avoit jamais eu ſes ordinaires, & pourtant ne laiſſoit pas de ſe bien porter ; mais elle n'eut point d'enfans, & devint hydropique à l'âge de quarante ans.

De plus, il étoit Medecin de deux familles, où en l'une les filles commençoient à avoir leurs mois à dix ſept ans & les perdoient à quarante ; en l'autre ils ceſſoient à cinquante cinq ans, & commençoient à vingt un.

Chés une Dame de mes amies, il y a une Damoiſelle ſuivante à qui ils arrivent tous les mois par la bouche.

En 1643, on a vû à l'Hotel Dieu une femme les rendre par l'un des rameaux de la jugulaire externe, au deſſous de l'œil gauche.

Je connois une fille de qualité âgée de quinze à ſeize ans qui ne ſe purge que par le nombril, à cauſe, dit-on, qu'en venant au monde, la ſage femme ne lui lia pas bien les vaiſſeaux umbilicaux : & lorſque j'ai demandé aux

DE LA VILLE DE PARIS. Liv. X.   549

plus experimentés Medecins, si ces personnes là pouvoient devenir grosses, les uns prétendoient que oui, les autres que non.

Parmi les bouches inutiles que les François renvoyerent par Mer en 1666, il y eut entre autres une femme de Paris qui avoit un petit enfant à l'âge de six mois & une Negre avec elle. Les incommodités que cette femme souffrit, lui ayant fait perdre son lait ; comme dans un vaisseau on n'a pas tout ce qu'on voudroit bien, cette pauvre mere se trouva réduite à cette cruelle necessité de voir perir de faim entre ses bras son cher enfant. Mais Dieu y pourvût, & d'une maniere toute extraordinaire ; car l'enfant que cette Negre, dont j'ai parlé, tenoit alors, souvent pressé par la faim, & cherchant à teter, à force de la sucer, lui fit venir du lait, quoiqu'elle eût cinquante ans, & que depuis vingt cinq ans au moins, elle n'eût eû ni lait ni enfans. Si bien que depuis, elle lui servit toujours de nourice, tant son lait étoit bon, au rapport même des Medecins, lorsque ces femmes furent en terre ferme.

Il n'y a pas fort long tems qu'une Religieuse de la Conception de Chartres, rendoit ses eaux avec du sable & des pierres par la bouche.

Fernel fait mention d'une servante à qui réglément tous les mois quatre ans durant & en certains tems, les vents qui par ailleurs sortent aux autres, lui sortoient par la bouche tout de même, crachoit le sang en quantité; mais pour lors, avec grande douleur à l'hypocondre gauche, & le tout sans se purger presque, & sans rien souffrir après.

Le même Auteur parle encore d'un Portugais, qui pour avoir voulu s'accoutumer à retenir les vents qui sortent par bas, les rendit depuis par la bouche; mais puants & avec bruit, comme sortans par force, après les avoir senti venir du fond de ses intestins.

Le même Fernel fait encore mention d'un autre Portugais, qui demeuroit des dix jours entiers constipé & vingt même quelquefois sans rien rendre : mais qu'enfin, ayant demeuré en cet état depuis Pâques jusqu'à l'Ascension, il le vint trouver pour lui faire savoir qu'il lui étoit venu des crevasses à l'anus, pour les grands efforts qu'il avoit fait, afin de se décharger.

Il parle aussi d'autres personnes qui avoient certaines antipathies.

J'ai connu, dit-il, un Gentil homme qui avoit une telle aversion pour le vin blanc, qu'il lui faisoit soûlever le cœur, quand on venoit à lui en presenter ; que si en cachette on en mettoit avec du clairet, ou il le sentoit aussi-tôt, ou s'il l'avaloit, il le rendoit incontinent.

Il en traitoit un autre, qui ne pouvoit manger que du bouilli, & avoit le rôti en telle aversion que l'odeur ne lui en étoit pas moins insupportable que la vûe; & lorsque par hazard il rencontroit la boutique d'un Rotisseur, en même tems il retournoit sur ses pas.

La vûe & l'odeur des pommes, du fromage, des roses, du musc, du roussi, d'un cochon de lait rôti, blessent quelques-uns tellement, que même on en voit pâmer. Bien plus, il y en a qui ne sauroient voir un chat, non pas même le sentir, quelque éloigné qu'il soit, fut-il au grenier ou à la cave, ainsi que le feu Maréchal de Schomberg. D'autres encore fuient d'un herisson, d'un lievre, d'un hanneton, comme de choses abominables. Il ne faut pas oublier la grande Artenice, l'une des plus spirituelles Dames du Royaume, qui aimant la chaleur du feu, neanmoins, ne sauroit ni le voir, ni le souffrir. En voila assés pour les antipathies; car autrement ce ne seroit jamais fait.

Du tems de Fernel, une fille nommée la Cirice, dans une maladie qui lui dura douze jours, ne put ni boire ni manger, ni prendre aucun remede ; tout ce qu'on lui presentoit lui faisoit soûlever le cœur.

Mais sans doute l'inapetence est bien autrement considérable ; sur tout de ce jeune garçon qui mourut à l'âge de quatorze ans en 1616 ; & tout de même d'une Faiseuse de dentelle & de deux Religieuses de l'Assomption de Poissi qui vivent encore. Quant au garçon de quatorze ans, du Laurens qui en parle, dit qu'il n'avoit jamais bu ni mangé, & que même pour en être plus assuré, il l'avoit tenu enfermé chés lui quinze ou seize jours au moins. A l'égard des Religieuses, elles ont toujours été sans rien prendre. En 1655 ou 1656, la Faiseuse de passement commença à manger, si peu que rien, & après ne mangea plus; elle est à saint Clair, à douze lieues de Paris. Sa foiblesse est cause qu'on la trouve toujours au lit: elle est fort maigre & le visage basanné; du reste, quoiqu'elle parle bas, sa voix ne laisse pas d'être forte Quand on la change de lit ou de linge, aussi-tôt elle tombe en foiblesse, elle ne crache, ni ne se mouche & ne fait aucune des autres fonctions naturelles. Comme sa bouche est toujours humectée de pituite qu'elle semble macher, on croit que c'est ce qui lui sert de nouriture. Enfin elle a tant d'aversion à manger, que même les jours qu'elle communie, elle n'avalle ni ne digere l'hostie qu'à grande peine.

Deux Medecins ont examiné plus soigneusement l'inapetence d'un enfant nommé Godeau, qui à l'âge de neuf ans & cinq mois commença à perdre l'appetit tout-à-fait, & vécut quatre ans & onze mois depuis sans boire ni manger, sans évacuation, ni rendre aucun excrement, & quelquefois même sans pouvoir souffrir l'odeur des viandes, ni les regarder. Il naquit en 1602 à Vauprofonde du Diocèse de Paris; au reste quand l'appetit vint à lui manquer tout-à-fait, il ne laissa de veiller & de dormir comme auparavant, ni de faire toutes les autres fonctions: il n'en devint pas même plus maigre, & ce qui est surprenant, toujours en même état & sans douleurs. Quelque trois mois après, il devint si foible, qu'il ne pouvoit plus marcher; si bien qu'il demeura quinze mois couché sur la paillasse, le lit de plume alors aussi-bien que le matelas, lui étant insupportables. Au bout de ces quinze mois, on fut tout étonné qu'en un instant il se leva aussi vigoureux même que si de rien n'eut été. En 1612, la petite verolle lui vint, mais sans fiévre & sans garder le lit, & sans qu'il lui en restât la moindre marque au visage après sa guerison; ce que cette maladie laisse d'ordinaire. Six mois après ou environ, & âgé de quatorze ans, il mourut d'une inflammation de poumon, accompagnée de certaines douleurs de côté fort grandes. Ayant été ouvert, on trouva de l'eau dans la vessie, dans le vuide de la poitrine, & entre le cœur & le pericarde; celle de la poitrine étoit rousse & flotante l'autre transparente & tenue; la troisiéme qui étoit dans la vessie & dont elle regorgeoit, paroissoit teinte & saffrannée: de plus, on lui trouva dans l'estomac un amas de matiere blanche & jaunâtre, qui avoit la consistance d'une bouillie bien cuite; dans chacun des six intestins étoit une matiere toute semblable; mais d'une autre couleur & plus liquide, sans pourtant qu'aucune de ces parties là fût alterée en rien; soit par corruption ou par quelque mauvaise odeur. Le *jejunum* étoit arrosé de pareille eau quant à la consistance; mais de couleur verdâtre, avec trois vers & quatre ou cinq vermisseaux morts. Oté les arteres, où il n'y avoit point de sang vital, toutes les veines regorgeoient de sang naturel, à l'exception des mesenteriques, où il ne s'en trouva point du tout. Enfin, l'*œsophage* qui porte l'aliment de la bouche dans l'estomac étoit resserré & pressé vers la partie superieure seulement, le reste lâche & ouvert. Le *rectum*, par où la nature se décharge, penchoit vers le flanc gauche, un peu reculé de l'*os sacrum* & des isles, & vers la fin aussi pressé & resserré que l'entrée de l'œsophage, sans aucune apparence de division: tellement que comme rien ne descendoit & ne pouvoit descendre de la bouche dans l'estomac par l'œsophage, de même par le *rectum*, rien ne sortoit dans l'estomac, & n'en pouvoit sortir. Au reste, quoique cette inapetence ne soit pas arrivée à Paris; mais seulement aux environs, je n'ai pas fait difficulté, étant si merveilleuse, de l'inserer ici.

DE LA VILLE DE PARIS. Liv. X. 551

Sous les orgues de saint Jean en Greve, est enterrée Marguerite Malartin, qui de deux garçons & de trois filles qu'elle eut, a vû naître cent dix enfans.

Près le benitier de saint Maurice de Senlis, distant de Paris de dix lieues, Gillette Methelet est inhumée, qui mourut en 1579. & qui a vû, ou pû voir de deux de ses enfans, & de sept sœurs qu'elle avoit huit cens, tant neveux qu'arriere-neveux.

La grande-mere des Faverolles d'aujourd'hui, a vû plus de cent cinquante enfans descendus d'elle.

Et sous les Charniers saint Innocent, on voit l'Epitaphe d'Yoland de Bailli, plus remarquable par sa fecondité, ou de ceux de sa famille, que ni la Faverolle, ni la Methelet, ni la Malartin. C'étoit la femme d'un Procureur au Châtelet nommé Capette. Elle devint veuve à quarante-deux ans, mourut à quatre-vingt-huit, & vit, ou put voir deux cens quatre vingt quinze enfans issus d'elle. Que si maintenant on lit à son Epitaphe trois cens quatre-vingt quinze, c'est une addition, & une falsification qui a été faite depuis; car outre que j'y ai lû autrefois deux cens quatre-vingt-quinze, il est certain qu'avant moi du Breul, Bonnefonds, Corrozet & autres l'avoient lû.

Au rapport de Fernel, Armenault Medecin & son disciple tout ensemble, étant tombé en délire, comme il vint à se couper le gosier durant les accès d'une fiévre ardente, le sang ne commença pas plutôt à sortir, qu'il revint à lui, & le gosier lui ayant été cousu peu de tems après il guerit, non-seulement de sa blessure, mais aussi de sa fiévre. Il ajoute, qu'un autre ayant eu l'oreille coupée en se battant, & lui ayant été recousue aussi tôt, elle tint aussi-bien que jamais, quoique le Chirurgien l'eut mise sur le trou.

Le Continuateur de Monstrelet remarque que quantité de personnes furent fort tourmentées de la pierre sous Louis XI, mal d'autant plus fâcheux en ce tems-là, qu'on ne savoit pas encore en quelle partie du corps elle s'engendroit; mais ce qu'on apprit par le moyen d'un Franc-Archer qui en étoit extraordinairement incommodé; car ayant été condamné à mort en 1474, par la permission du Roi, à tout hazard il voulut bien souffrir qu'on lui fouillât dans le corps, pour trouver l'endroit où elle étoit. L'operation au reste fut si heureuse, qu'il en rechapa, & le Roi lui donna sa remission.

En 1464, l'Evêque d'Angers fit venir en justice un Bourgeois de son Diocèse; non-seulement l'accusant d'usure, mais même d'heresie, & même de prétendre qu'il n'y avoit ni Enfer ni Paradis, ni Dieu ni Diable. Le quinze Juin qui fut le jour que la cause fut plaidée au Palais. L'Avocat de l'Evêque ne vint pas plutôt à proferer les blasfêmes de l'accusé, qu'en même tems le lieu où se tenoit l'Audiance trembla, & une pierre tomba de la voute qui fit fuir tout le monde, sans que pourtant il y eut personne de blessé. Le lendemain la cause ayant été continuée tout de nouveau, la chambre trembla comme le jour d'auparavant, & de plus, un de ses sommiers sortit de sa place, & s'abbaissa de deux pieds: ce qui causa une telle frayeur, que depuis on ne plaida plus là, que le lieu ne fût tout-à-fait réparé. Ceci se voit dans les Additions de Monstrelet, & parce qu'une avanture si remarquable ne se trouve point ailleurs, il y a grande occasion d'en douter.

Pour ce qui est du conte de Zechielé, je ne le rapporterai que par divertissement. C'étoit un Rabbin du treiziéme siécle, que Gedalia, Hottingerus & les Juifs appellent *Thaumaturge*, ou *Faiseur de miracles*, mais que les autres tenoient pour Magicien, comme sachant quantité de secrets qui trompent les ieux, & que le peuple prend pour prodige. Quand il travailloit la nuit, c'étoit à la clarté d'une lampe qu'il n'allumoit que la veille du Sabbat, & qui sans huile à la verité, mais avec une matiere qui lui ressembloit assés, éclairoit ses veilles tout le reste de la semaine. Or comme cela vint à être sû, les passans pour lui faire piece & l'interrompre, prenoient plaisir à heurter à sa porte. Le Juif pour se venger de ces importuns, ficha un cloud dans terre, & si tôt qu'ils commençoient à heurter, donnant un coup de marteau sur ce cloud la terre en même tems s'entrouvroit, afin de les engloutir. Le Roi curieux de voir cette lampe que Zechielé ne lui avoit jamais voulu faire voir, l'assûrant même que cela n'étoit point, vint de nuit. son logis accompagné de quelques Seigneurs & n'eurent pas plutôt heurté, que les voila enfoncés en terre jusqu'aux cuisses, & seroient peris si au second coup de marteau le cloud n'eut rejailli en l'air ; dont étant fort étonné, incontinent il accourt, reconnoît le Roi, & se jettant à ses pieds. Et quoi, dit-il, Sire, ne savés-vous pas que l'esprit de Dieu veille à ma porte, pour perdre ceux qui me viennent nuire : bien vous en a pris que je suis accouru à votre secours ; car il ne vous auroit pas plus épargné que les autres. Là-dessus le faisant entrer, il lui montra sa lampe; dont sans doute il n'auroit pas fait grand cas, s'il avoit sû que Cassiodore Secretaire d'Etat de Theodoric, en avoit plusieurs qui brûloient sans s'éteindre.

Ce conte de peau d'âne, tout ridicule qu'il soit, est si consideré des Cabalistes neanmoins, qu'il passe chés eux pour un des effets de la Cabale pratique, dont le Rabbin avoit une connoissance parfaite, à ce qu'ils prétendent ; & non seulement ils veulent qu'au bout de son marteau il avoit écrit le Nom de Dieu de la même maniere qu'il étoit au bout de la verge de Moïse : mais que la Nature aveuglément obéïssoit au nom de son Créateur, suivant le caprice & la fantaisie de Zechielé.

En 1537, deux petits garçons au mois d'Avril, jouant au tour d'un puits où s'écouloient des lavures & détrempes des havenes, tomberent, dedans par malheur, & furent suffoqués par la mauvaise odeur qui en sortoit, le pere même pensant y descendre avec une échelle pour les secourir ; n'alla pas jusqu'au fonds qu'il étoit déja mort. De crainte de pareil accident, ce puits fut comblé, à ce que rapporte Fernel, sans nous dire son nom, ni où il étoit placé. Quelque six mois depuis, six crocheteurs ayant fait marché d'écurer un égoût formé simplement de l'urine & de l'ordure des pourceaux, cinq d'entre eux moururent subitement de la seule odeur ; & le dernier des six après ; & ce qui est étonnant, c'est qu'en tirant les autres avec des crocs, ils étoient tout verds.

La même chose presque arriva près de Pontoise, dans une certaine carriere, appellée la carriere de Bure, un paysan y étant descendu & n'en revenant point, comme un de ses amis voulut descendre pour le chercher, & lui même y demeurant, un troisiéme courut la même fortune ; un quatriéme curieux de savoir ce que c'étoit, se précautionne auparavant, boit du meilleur, jusqu'à ce qu'il en eut assés, descend, & après avoir traîné ces corps avec une corde, & pensant remonter, à peine fut-il au milieu de l'échelle, qu'il fit savoir que le cœur lui manquoit, & tomba mort avec ceux qu'il tenoit.

En 1116, Crassot Professeur en Philosophie, mourut au College de la Marche, remarquable sans doute par son savoir ; mais encore pour sa malpropreté qu'il sembloit affecter, à l'exemple des Ciniques ; & bien plus, pour ses oreilles qu'il plioit, baissoit & dressoit sans y toucher, de même que font les ânes & les chevaux ; ce qui pourtant n'étoit pas si nouveau à l'égard de Paris que Muret qui y avoit demeuré, ne lui eût pas cedé en cela, s'il en faut croire Hofmannus & Casaubon.

Au rapport de Juvenal des Ursins, le Chancelier d'Orgemont fut trouvé mort de gravelle dans sa cave & mangé des poux.

Fernel qui n'étoit pas un menteur, assure qu'un homme après une longue maladie, fut attaqué si cruellement de telle vermine, sur-tout lorsque la sueur le prenoit, que plus on en ôtoit, & plus il en revenoit.

En 1492, on vit le quatre Mai, entre Paris & Villejuif plus de quatre cens

DE LA VILLE DE PARIS. Liv. X.

cens corbeaux s'entrebattre avec tant de furie, & croaffant fi effroyablement, que le lieu rougit de leur fang ; après quoi, fur les neuf heures du foir, il commença à pleuvoir à feaux, ce qui dura toute la nuit : & enfin, cette ravine fut fi grande, que l'eau entroit dans les maifons, & jufques dans les Eglifes.

Sous Chilperic, & cela à Paris, on vit paroître au Ciel à l'Orient une vingtaine de rayons qui alloient vers l'Occident. Le plus apparent après avoir jetté une grande lumière, difparut en un inftant ; les autres fe diffiperent petit à petit. Gregoire de Tours ne doute point que ce ne fût un préfage de la mort de Meroë fils aîné du Roi.

En 587, le premier jour de l'an, à minuit, lorfqu'on fonnoit Matines, le Ciel tout à coup fe couvrit de nuages, qui venant à fe fondre en pluie, enfuite, on apperçût en l'air une groffe maffe de feu étincelante, qui errant çà & là, à la fin fut s'enfoncer dans une nue. La Seine au refte & la Marne devinrent fi groffes alors, que leur débordement étonna.

En 1382, vers le College du Cardinal le Moine, on vit en l'air de gros tourbillons de feu, roulant au deffus de Paris, d'une porte à l'autre, fans vent ni tonnerre ; car bien loin de cela, jamais le tems ne fut plus doux ni plus ferain.

En 1465, les troupes du Duc de Bourgogne tenoient la Ville bloquée, lorfque la nuit du vingt-deux Septembre, parut un Meteore qui épouvanta les affiégés ; d'autant plus, qu'on le vit comme fortir du camp ennemi, & vint tomber dans les foffés proche de l'Hotel d'Ardoife, fitué alors fur les remparts de la porte faint Antoine. Tant ceux du Guet que de l'arriere Guet, l'ayant pris pour une fufée, firent courir le bruit que c'étoient les Bourguignons qui l'avoient jettée, le Roi incontinent monta à cheval, & après avoir affemblé les Quarteniers fur le rempart, leur fit commandement de fe tenir chacun à leur Corps de Garde.

Le dix huit Novembre d'après, un autre Meteore parut encore fur les fix heures du matin, fi étincelant de flammes, qu'il fembloit que la Ville fût toute en feu ; & comme il dura fort long tems, un homme entre autres allant au Saint-Efprit, pour entendre la Meffe, en fut fi épouvanté, qu'il devint fou. Ce Meteore après avoir fait bien de la peur, tomba à la fin ; mais tout auffi brûlant & enflammé qu'il avoit été.

Deux étoiles depuis, ne cauferent pas moins d'étonnement dans Paris.

En 1467, la nuit du douze Octobre, Louis XI en apperçût une au deffus de la maifon du Premier Prefident Dauvet, où il s'étoit allé repofer, après avoir entendu Vêpres à Notre Dame. Lorfqu'il vint à fortir, cette étoile commença à le fuivre, & alla toujours après lui jufqu'au Palais des Tournelles, où il ne fut pas plûtot entré, qu'elle difparut.

L'autre étoile fe montra en 1566, le dix-fept Juillet, fur les dix ou onze heures du matin, durant une Proceffion, où furent portées les Chaffes de faint Marcel & de fainte Genevièfve, & beaucoup d'autres Corps de Saints & Reliques. A cette Proceffion affifterent Charles IX, Catherine de Medicis, les Ducs d'Anjou, d'Alençon, de Lorraine & les Princes du Sang. Elle paroiffoit fort petite ; mais fi brillante, que quoiqu'il fît foleil, bien des perfonnes la virent. On pourroit croire que c'étoit Venus, fi Bonnefons qui l'a décrite, ne la plaçoit vers le Midi : mais comme c'étoit un Libraire & un bon homme, & que ceux qui font mention de l'autre étoile, & des deux Meteores, dont j'ai parlé, n'étoient guere plus habiles que lui ; il faut fe contenter de ce que j'en ai dit. J'avertirai feulement que je n'ai pas voulu donner aux Meteores, le nom de Cometes, comme fait l'Auteur de la Chronique fcandaleufe, parce qu'en effet, ce n'étoit que de fimples Meteores.

Ici devroient trouver leurs places les Cometes, qui depuis peu ont paru fur notre horifon ; entre autres les deux dernieres, comme ayant donné tant d'exercice aux Astronomes ; mais parce qu'on les a pû voir de tous les endroits de la terre, je renvoie le Lecteur aux Historiens généraux, puisqu'ils en ont dû parler. Il me suffira de remarquer, que jusqu'apresent les plus savans Astronomes les avoient prises les uns pour des Meteores, les autres pour des étoiles, ardentes & chevelues ; c'est de nos jours seulement qu'ils ont prouvé ceci en leur donnant le nom de Cometes. Après cela on peut juger quelle sûreté il y a à l'Astronomie que tous les savans reconnoissent, sinon pour l'unique des sciences, du moins pour la seule qui soit démonstrative; & de plus, si on a raison de se figurer que les Cometes annoncent la mort des Rois, la peste, la famine, & tous les autres fleaux dont Dieu quelquefois nous afflige.

Du tems de Childebert, il tomba du Ciel des goutes de sang, dont les habits furent si bien tachés, que plusieurs en ayant horreur, ne les voulurent plus porter, & en prirent d'autres.

Sous Louis d'Outremer, il s'eleva aux environs de Paris une tempête épouvantable, non seulement pour ses tourbillons furieux, mais encore par ce qui arriva à Montmartre, où des Demons en forme de Cavaliers abatirent l'Eglise, & de ses poutres ébranlerent de sorte les murs d'une maison très bien bâtie proche de là, que le vent ne mit guere à la ruiner de fond en comble; & non content de ce ravage, ils arracherent encore & vignes & bleds & arbres, & même jusqu'aux plantes.

Ce seroit ici une assés belle occasion de débiter toutes les fables qui courent des Esprits qu'on s'imagine avoir vûs & ouïs à Paris, & même celles qu'on a faites du Moine Bourru, du Diable de Vauvert, de ceux du Château de Bicestre, du Chanoine de Notre-Dame & mille autres semblables qui, quoique dans la bouche de tout le monde, n'en sont pas plus vraies pour cela; non plus que cet Esprit dont parle Guillaume le Breton, qui en 1197, parloit dans la maison d'un pauvre homme de Marli, Village à quatre ou cinq lieues de Paris, & se disoit être l'ame d'un Sicilien nommé *Robert*.

Je ne sai si on ne pourroit point mettre au même rang ce que Fernel raconte d'un nommé Saint Quentin, de son tems fort tourmenté du mal caduc, & même si étrangement, qu'il y avoit tel jour que ce mal le prenoit plus de dix fois; & cela, tantôt au bras gauche, à la cuisse, tantôt par tout le corps, & tantôt à une moitié seulement ; mais rarement à la tête, jamais à la bouche, ni au visage ; toujours au reste avec telle agitation, & si violente, que quatre hommes ne le pouvoient tenir. Cependant en cet état, & même dans l'accès de la convulsion, il ne perdoit point les sens, & avoit l'esprit aussi libre que la parole. Ce mal prodigieux & si nouveau, s'étant long-tems joué des Medecins, à la fin, on reconnut que cela venoit du Demon qu'on chassa avec le jeûne & la priere.

Pour revenir aux orages, Rigord rapporte qu'en 1198, au mois de Juin, il fit une telle tempête à deux lieues de Paris, entre Chelles & Tremblai, que bleds, vignes, arbres, tout fut renversé, & même il tomba des pierres les unes grosses comme des noix, les autres comme des œufs, & de plus grosses encore.

En 1390, qu'il faisoit le plus beau tems du monde, lors que la Reine entendoit à saint Germain en Laie la Messe, tout à coup le Ciel étant venu à se couvrir, il fit un vent si furieux, accompagné de tonnerre qui grondoit de tous côtés, que chacun croyoit être perdu. Il tomba sur quatre Officiers du Roi entre saint Germain & Poissi, à qui il ne laissa que la peau ; mais plus noirs que du charbon, tout le dedans du corps ayant été consumé & même les os. Le vent de son côté déracina jusqu'aux plus gros arbres dans la forêt de saint Germain, fit sauter les contrevents du Château, brisa les fenêtres, mit en pieces les vitres de la Chapelle où la Reine entendoit la Messe, que le Prêtre acheva le plus vîte qu'il pût, tant on craignoit

DE LA VILLE DE PARIS Liv. X.

Pour l'Hostie; & le Conseil même cessa. La Reine toute saisie, & qui étoit prête d'acoucher, attribuant ceci à une menace du Ciel, à cause du Gouvernement, vint supplier le Roi de soulager son peuple; ce qu'il lui accorda.

Un orage bien plus étrange encore arriva en 1406, le quatre Août, qui pourtant incommoda plus Paris & les environs, qu'il ne fit de mal. Le tonnerre, après avoir long-tems grondé & épouvanté ceux de saint Denys, vint ensuite désoler & brûler la campagne avec un bruit terrible. Sur les quatre heures après midi des vents impetueux se leverent de tous côtés, souflant les uns contre les autres, comme s'ils se fussent déclarés la guerre; ensuite il tomba quantité de grêle, non seulement proche de Paris, mais depuis saint Germain jusqu'au Bourget, & entre Trape & saint Cloud, avec tant de violence, qu'en un quart d'heure de tems, elle rompit le bois des vignes, renversa les bleds, blessa des hommes & quantité d'oiseaux & des moutons. Elle étoit aussi dure que de la pierre, & de la grosseur d'un œuf: & quoiqu'il fit extraordinairement chaud, le Soleil en trois jours n'eut pas assés de force pour la fondre. Ajoûtés à cela que depuis Pâques il gela à diverses fois par toute la France, & les vignes ne furent belles qu'au mois de Mai; si bien qu'il fallut se contenter de cidre & de plusieurs autres breuvages qu'on fit; car de cent ans en çà, il ne s'en étoit jamais vû de tant de sortes.

Deux ans après, c'est-à-dire en 1408, tant à Paris qu'aux environs, il tomba de la grêle grosse comme des œufs d'oïe, qui fit des maux incroyables.

En 1434, le sept Octobre, un vent se fit entendre, le plus terrible qu'on eut ouï depuis cinquante ans. Il commença à deux heures après midi, & ne finit qu'à dix ou onze heures du soir. Une infinité de noyers & d'autres arbres furent arrachés; il emporta du Bois de Vincennes avec leurs racines trois cens soixante chênes au moins & des plus gros, abbatit la plupart des cheminées de Paris, jetta à quatre pieds d'une vieille sale qu'il ruina, trois pierres qui pesoient plus qu'un muid de vin, & enfin enleva en l'air une poutre de quatre toises de long que vingt hommes n'auroient pû remuer, & la transporta sur les muts d'un jardin à cinq ou six toises de-là.

En 1571, la nuit du vingt de Decembre, le Ciel en courroux jetta feux & flammes; l'air fut agité de tourbillons & de vents furieux qui se battoient avec un bruit épouvantable; & quoique ce fût au cœur de l'hiver, outre la grêle, il tonna & fit plus d'éclairs qu'en plein été. Froissard qui raconte ceci, prétend que cette tempête arriva au même tems qu'on démolissoit *la Croix de Gastines*, & qu'elle fut semblable à celle qu'on vit sous Julien l'Apostat, lorsqu'il voulut rétablir le Temple de Jerusalem. Cependant la Croix de Gastines fut abatue le dix-neuf Décembre; & je doute que l'Empereur Julien ait jamais fait travailler au Temple de Jerusalem.

En 1574, c'est à-dire, trois ans après la nuit du vingt-six Décembre un vent s'éleva si extraordinairement, & de plus, il tonna si furieusement tant à Paris qu'à Avignon, & presque par tout le Royaume que les vieillards disoient n'avoir jamais rien ouï de semblable. Or comme le Cardinal de Lorraine étoit mort la veille, les Partisans de la Maison de Guise prétendirent que le bon genie de la France témoignoit par-là le déplaisir qu'il avoit de la perte que faisoit l'Etat: les Huguenots au contraire, disoient que les Diables tenoient leur sabbat, & s'assembloient pour venir querir son corps; si bien que tandis qu'ils étoient si occupés, il y avoit plaisir à se laisser mourir.

En 1588, le vingt quatre Janvier, depuis midi jusqu'au lendemain, Paris fut enveloppé d'un brouillard si épais & si noir qu'on ne se voyoit pas. Sur les trois heures il fallut allumer les flambeaux. Dans la cour de la plupart des maisons, on prit quantité d'oyes sauvages & autres oiseaux, qui en volant donnoient de la tête contre les cheminées & tomboient tout étourdis.

Tome II.   A A a ij

En 1428, le tonnerre brûla le Clocher des Grands Augustins.

En 1442, il ruina le Monastere de saint Martin en plusieurs endroits, abatit la Croix de l'Eglise avec le coq, & même une pomme de pierre aussi pesante presque qu'une queue de vin.

En 1449, il tomba encore sur le Clocher des Augustins, où après avoir brisé six chevrons, & l'avoir tout découvert, il emporta le bras d'un Crucifix qui étoit sur l'Autel, avec la meilleure partie de la couverture du Couvent.

En 1469, le Vendredi-Saint, il plut & tonna si fort que les bonnes gens depuis disoient, comme en proverbe, *nul ne doit dire helas, s il n'a ouï tonner en Mars.*

En 1483, & 1546, le feu prit au Clocher de sainte Geneviéve par un coup de tonnerre, les Cloches furent fondues, & toute la couverture de plomb qui pesoit plus de cent mille livres.

En 1588, le tonnerre tomba sur la Tour de Billi, bâtie alors sur le bord de la Seine, derriere les Celestins, & toute pleine de poudre & de munitions de guerre. Le fracas fut si grand, qu'elle fut entierement ruinée; de ses pierres qui voloient de tous côtés, quelques unes furent emportées jusqu'à la Rapée, dans l'Isle Notre Dame; d'autres à saint Antoine des Champs & à l'Abbayie saint Victor. Sa ruine entraîna avec elle quelques maisons, blessa & tua bien du monde, & même des poissons qu'on voyoit flotter sur la Riviere, & qu'elle avoit été chercher jusqu'au fond de l'eau. Enfin elle fut si bien démolie & brulée, qu'après on avoit de la peine à reconnoître la place, où elle étoit auparavant.

En 1562, le 28 Janvier, le tonnerre mit encore le feu à la grange à poudre, proche de là qui causa encore plus de désordre qu'en 1588. Quinze ou vingt milliers de poudre qui y étoient, firent sauter la couverture, la porte & le pont de la Bastille avec quelques appentis, mit en pieces la plupart des vitres & des fenêtres, tant des Celestins, de l'Eglise saint Paul, que des logis de la rue saint Antoine & des environs; il y eut trente maisons endommagées, les unes par haut, les autres ruinées de fond en comble : seize chevaux furent tués, trente personnes blessées, trente-deux élevées en l'air & mises en pieces, avec la grange & quatre de ses moulins. Et comme si ce n'eut pas été assés d'un tel accident, la populace durant ces désordres, en auroit fait encore beaucoup d'autres, si le Maréchal de Montmorenci & la Ville n'y eussent remedié promtement : car la canaille n'est pas moins à craindre que le feu; ce qui parut assés en 1618, lorsque la Sale du Palais & le Pont au Change perirent avec leurs richesses par leur embrasement. Aussi la Ville alors y donna-t elle ordre encore.

J'ai déja fait savoir qu'après l'orage de l'année 1406, les vignes ne porterent point de fruit, & qu'il fallut avoir recours au cidre & à d'autres breuvages. Le vin depuis devint encore extrémement cher, tant en 1428, 1434, 1440, qu'en 1442 : si bien que plusieurs en 1428 se mirent à brasser de la bierre; & quoiqu'on ne laissât pas d'en amener tous les jours à Paris de saint Denys & des environs avant la Toussaints, cependant on comptoit dans la Ville jusqu'à trente Brasseurs.

En 1434, non seulement il se fallut passer de vin ; mais même il n'y avoit point de bonne bierre, à cause des subsides qu'on prenoit dessus.

En 1447, le peuple de Paris fut encore réduit à la bierre, au cidre & aux autres boissons dont il s'étoit servi en 1406.

Enfin en 1540, la chaleur & la secheresse furent si grandes, que les vignes étoient toutes brûlées ; ce qui fit appeller cette année-là, *l'année des vins rotis.*

Quinze ans après, il fit si grand froid au mois de Septembre, Octobre & Novembre, que les vignes n'ayant pû mûrir, les vins n'eurent point de couleur, & furent excessivement verds.

DE LA VILLE DE PARIS. Liv X.

En 1315, 1351, 1438, 1546, & 1557, Paris fut affligé d'une telle famine, à cause de la grande secheresse, que le settier de froment en 1513, se vendoit près de quarante sols parisis de bonne monnoie & forte.

Le settier de bled s'achetta huit & neuf francs en 1351; & 1438. De plus, en 1351, les pois valoient huit sols le boisseau, & les autres grains à proportion.

En 1546, le bled monta au mois de Juin jusqu'à douze francs le settier, si bien que le peuple manquant de pain, & n'en trouvant point chés les Boulangers, qui peut-être le cachoient pour leurs Chalands, ou n'avoient pas cuit, chacun se jetta sur eux, dont plusieurs furent bien batus, les autres pillés, les autres tués : & même une Bourgeoise qui vouloit vendre son bled treize francs le settier, auroit été déchirée à belles dents, si on ne l'eût arrachée d'entre les mains de ces furieux, & qu'on n'eût donné son bled à huit francs.

En 1557, il n'y eut ni pois, ni feves, ni choux; les œufs coûtoient un carolus la piece; les oignons un liard; un sol la botte de rave & de persil, quoiqu'à chacune on ne mît que quatre racines.

J'ai dit tant de fois que les denrées & les monnoies ont augmenté comme à vûe d'œil de siécle en siécle, que je n'oserois presque le repeter ici. J'ajouterai seulement qu'en 1315, quantité de pauvres moururent de faim dans les rues de Paris & dans les places; mais il en perit encore bien davantage en 1421, & la famine alors fut si étrange, qu'un petit enfant fut trouvé tétant sa mere qui venoit de mourir. Lorsqu'on vouloit faire manger les pauvres, on en entendoit qui disoient : *Donnés à un autre, car je ne mangerai point.*

Pour celle que Paris souffrit en 1590, du tems de la Ligue, elle n'a pas sa pareille, & fut si grande que les rats étoient les plus friands morceaux des riches, encore les achetoient-ils bien chers. Quantité ne vivoient que de ce qui est plus capable de faire mourir que de conserver la vie. A l'Hotel de Palaiseau, & celui de saint Denys, on surprit quelques Lansquenets qui mangeoient des enfans. Enfin, les Parisiens furent réduits à cette effroyable necessité, que de faire moudre les os de leurs peres, rangés sur les Charniers de saint Innocent, pour en faire du pain.

En 945, & non point en 1130 comme dit du Breul, quantité de monde tant à Paris qu'aux environs, perit d'une maladie appellée *le feu sacré, ou les ardents*. Ce mal les brûloit petit à petit; & enfin les consumoit sans qu'on pût y remedier. Pour éviter ce mal, ou en guérir, ceux de Paris quitterent la Ville, afin de prendre l'air des champs; & tout au contraire, les gens des champs se retirerent dans la Ville. Hugues le Grand en cette rencontre fit éclater sa charité; car il nourit alors tous les pauvres malades, quoique par fois il s'en trouvât des six cens. Or comme tous les remedes ne servoient de rien à un tel mal, à la fin on eut recours à la Vierge, dont l'assistance ne fut pas implorée vainement ; car enfin, les guérisons qui se faisoient à Notre Dame, étoient si frequentes, que cette Eglise devint un Hopital & en servit long tems.

En 1348, il mourut à Paris tant de monde, que les Cimetieres regorgeoient de corps morts : ce qui obligea Philippe de Valois d'enjoindre au Prevôt des Marchands de chercher hors la Ville quelque place pour en faire de nouveaux. Si bien qu'il prit un grand jardin de la rue saint Denys, attenant la Trinité, dont il traita avec les Religieux d'Hermieres qui desservoient alors cet Hopital.

En 1399, & les deux années suivantes, une peste maligne répandant de tous côtés son venin, désola la Bourgogne, la Champagne, la Brie & tout le Territoire de Paris & de Meaux, depuis la fin de Mai, jusqu'à la fin de Novembre; outre qu'elle redoubla, elle s'attacha particulierement aux femmes grosses. On ne sauroit dire le monde qui mourut à Paris pour lors.

HISTOIRE ET ANTIQUITE'S

Dans les rues & dans les maisons, on ne voyoit que corps morts : ce n'étoit qu'enterremens à toute heure : & comme cela épouvantoit, il fut fait défenses aux Crieurs de faire savoir publiquement la mort de qui que ce fût, & tout de même aux riches de faire de grands enterremens.

En 1413, vers le mois de Mars, on vit naître à Paris un autre mal, appellé *le Tac*, autrement le *Horion*; mais qui ne dura que trois semaines.

L'année suivante, tout le monde fut atteint d'une autre incommodité, nommée *Coqueluche*, qui causoit une telle douleur au gosier, qu'on ne pouvoit parler : & comme avec ce mal il étoit impossible aux Avocats de plaider, les Juges furent obligés d'abandonner leurs siéges. Plus de cent mille personnes en furent attaquées, & cependant pas un n'en mourut.

Quatre ans après, c'est à-dire en 1418, au mois de Septembre, un autre mal survint, & si cruel, qu'en moins de cinq semaines, il emporta plus de cinquante mille personnes, & les Fossoyeurs assûroient qu'entre la Nativité & la Conception de la Vierge, ils en avoient enterré plus de cent mille, la plupart ou enfans, ou jeunes gens. Les Cordonniers, le jour de leur Fête, trouverent qu'en deux mois, à compter les Maîtres & les Garçons, leur nombre étoit diminué de plus de dix-huit cens. En un mot, la mortalité fut si générale à Paris, & il y avoit si peu de Prêtres pour faire le service aux enterremens, qu'une grande Messe se disoit tantôt pour quatre & tantôt pour huit chefs de famille en même tems, & même les Prêtres prenoient beaucoup plus qu'à l'ordinaire.

En 1420, il fit si grand froid la semaine de Pâques, que les rues de Paris retentissoient du gemissement des pauvres, qui crioient à haute voix : *Helas, je meurs de froid*; ce qui fut cause que quelques gens charitables acheterent trois maisons pour les retirer. A peine le froid étoit il passé, qu'au mois d'Avril on vit une telle famine, que les pauvres crioient encore dans les rues, comme ils faisoient un peu auparavant à cause du froid : *Helas, je meurs de faim* Si bien qu'alors, comme il n'y avoit point de vin, & qu'on étoit contraint d'user de divers breuvages, les Bourgeois ne vinrent pas plutôt à jetter le marc des pommes & des prunes dont ils faisoient leurs boissons, que les pauvres femmes & les enfans les avoient mangé, tant ils y trouvoient de goût, avant que les pourceaux de saint Antoine, qu'en ce tems là on laissoit courir, eussent le tems de venir seulement.

En 1438, lorsque Jean du Chastelier Evêque de Paris mourut, qui fut en automne, & que l'Histoire nomme *sire Jean*; & de plus, taxé d'avoir été homme très-pompeux, convoiteux, & plus mondain que son état ne le requeroit : dans ce tems-là même cinq mille personnes moururent à l'Hotel-Dieu, & plus de quarante-cinq mille dans la Ville, autant de faim que de maladie; d'ailleurs, la plupart jeunes & vigoureux.

Vers ce tems-là, Ambroise Loré fut Prevôt des Marchands, & deux ans après Paris fut tellement affligé de peste, qu'elle emporta plus de soixante mille personnes; mais beaucoup plus encore dans l'Hotel-Dieu seul en 1562.

Sous Eugene IV, comme en une seule année, il étoit mort à l'Hotel-Dieu jusqu'à trente mille malades, ce Pontife plus pour cela que pour autre chose, accorda en 1440 & 1446, indulgences plenieres à ceux qui mettroient dans le Tronc, les uns un écu, les autres deux, les autres trois; en un mot, chacun selon son pouvoir.

Enfin en 1445, depuis le mois d'Août, jusqu'à la saint André, la petite verole fit mourir plus six mille petits enfans, & même bien des femmes, sans parler des hommes.

En 1466, depuis le mois d'Août jusqu'en Novembre, le chaud fut si grand, qu'il causa bien des maladies, & même la contagion, dont mourut un celebre Astrologue, nommé Arnoul, qu'on regretta fort, comme étant un très-honnête homme, & agréable en compagnie. Quantité de Medecins

& d'Officiers du Roi le fuivirent de près : en forte que plus de quarante mille perfonnes tant de la Ville que des environs, en moururent. Si bien que le Cimetiere de faint Innocent ne pouvant fuffire à tant de corps, on eut recours à celui de la Trinité.

Je laiffe là les débordemens de la Riviere, les gelées, les glaces & les pluies extraordinaires, comme en ayant parlé ailleurs; joint que Paris eft fi fujet à ces fortes de fleaux, qu'on ne s'en étonne pas, bien loin de paffer pour prodiges.

Je ne dirai pas non plus qu'en 588, lorfque le Roi Gontran vint à Paris, afin de favoir fi veritablement Clotaire étoit fon neveu, & le fils de Chilperic fon frere, les arbres ne fleurirent qu'au mois de Juin.

En 1197 & 1198, vers la faint Jean, il tomba fur les bleds une rofée de miel, qui depuis s'en fentirent, & en avoient le goût.

En 1424, il y eut tant de vin, que la Queue fe donnoit pour deux futailles fimplement, ou trois tout au plus. La pinte de vin au tems des vendanges, & à la faint Remi, ne valoit qu'un double & un denier. Enfin quelque grand nombre de vaiffeaux & de muids qu'il y eût, c'étoit encore fi peu, que quelques uns n'en pouvant avoir, la cuve leur tint lieu de vaiffeau, & s'en fervirent comme ils pûrent.

En 1429, l'année fut fi hâtive, qu'à Pâques fleuries qui furent le huit Avril, il y avoit des rofes blanches en quantité.

En 1556, on fit vendanges au mois d'Août, & en 1572, le propre jour de faint Barthelemi, fi remarquable dans notre Hiftoire, l'aube épine recommença à fleurir.

Dès l'an 1486, un aube épine planté devant l'Image de la Vierge du Cimetiere faint Innocent, à la façon de toutes les plantes, étant à demi feiche & fans feuilles, le vingt-quatre du mois d'Août qu'on fait la fête de faint Barthelemi, refleurit, ce jour là même fi celebre par le maffacre des Huguenots, dans cet inftant là même que l'execution fut faite. Ceux de la Religion qui échaperent de ce danger, apprenant ce prodige arrivé à faint Innocent, difoient qu'il marquoit qu'après le maffacre de tant de perfonnes innocentes leur Eglife refleuriroit à la confufion de leurs ennemis. Les Catholiques au contraire, tournant ceci à leur avantage, foutenoient que Dieu exprès avoir operé ce miracle contre la veille des plantes, la veille de Saint Louis le fleau des Albigeois, pour faire voir qu'il vouloit être encore celui des Calviniftes: fi bien qu'on y alla comme en proceffion, mais tambour batant, & maffacrant tout autant de Huguenots qu'on rencontroit.

Au refte, on ne fe contenta pas de ces deux fortes d'interpretations; les uns difoient encore, que tel prodige promettoit de meilleures affaires à l'avenir, & un fiécle floriffant : d'autres l'attribuoient à l'adreffe d'un Cordelier, comme en ce tems là & depuis, le meilleur conte ne valoit rien, fi quelque Cordelier n'y avoit part. Quelques uns qui faifoient les Philofophes & les grands Naturaliftes, prétendoient qu'en cela il n'y avoit rien d'extraordinaire ni de miraculeux; que telle étoit la nature de l'épine, qui dans la faifon de feicher fleurit quelquefois, ou même qu'elle avoit été arrofée d'eau tiede; qu'enfin, comme en plufieurs pays, les fleurs & les plantes, ne pouffent & ne fe font voir qu'en automne, la même chofe pouvoit être arrivée par hazard. Comme fi l'eau tiede étoit fort propre à faire reverdir une plante, elle qui eft plus capable de la faire mourir. Et de fait, pour empêcher une fleur ou quelque plante de flétrir, on fe fert toujours d'eau fraîche, & non pas d'eau chaude : outre qu'il eft très certain qu'à la fin de l'automne, les plantes ne fleuriffent, ni ne pouffent plus.

MONSTRES.

EN 1382, les Ecoliers du Cardinal le Moine tuerent sous terre dans leur jardin un monstre, plus grand qu'un chat; mais tout autrement fait, à qui le feu sortoit par les ieux, & qui jettoit des cris épouvantables.

La même année à Aubervilliers, ou dans la Maison de Merville près saint Denys, une vache engendra un monstre, qui avoit trois ieux, & la gueule separée en deux par dedans, avec une langue dans chacune de ces deux parties. L'Abbé de saint Denys la voyant, qui étoit un bon prud'homme, dit, que telles choses jamais ne venoient, que ce ne fussent mauvais signes & apparence de grands maux. Comme Juvenal des Ursins, non moins bon prud'homme, de qui j'ai tiré ceci, parle de quelques autres monstres du même tems, & que d'ailleurs il ajoûte qu'ils arriverent un peu devant l'émeute des Maillotins, il ne faut pas douter qu'il ne crût, avec l'Abbé de saint Denys, qu'ils en furent des présages.

En 1429, deux veaux naquirent, l'un au même lieu, l'autre auprès de saint Jean en Greve, ayant chacun huit pieds, deux têtes & deux queues. La même semaine un cochon vint au monde avec deux têtes & quatre pieds.

La même année à Aubervilliers encore, & dans la même maison où la vache véla de ces deux veaux monstrueux, la Maitresse du logis un peu auparavant, avoit accouché de deux filles qui n'étoient pas moins monstrueuses. Elles avoient deux têtes, deux cols, deux dos, avec quatre bras, quatre jambes & quatre pieds; mais un nombril seulement & un ventre par où elles s'entretenoient. Plus de dix mille personnes sortirent de Paris pour les aller voir. L'une mourut un quart d'heure devant l'autre. La Chronique Latine manuscrite de Charles VI, assure qu'elles vécurent trois jours; les Regitres du Parlement un jour; le Journal de Charles VI & Charles VII, un heure après avoir été batisées: car on les batisa toutes deux, & à chacune on donna un nom, comme ne doutant point que c'étoient deux personnes distinguées l'une de l'autre; & qu'encore bien qu'on ne vît qu'un corps, il y avoit pourtant deux ames. Cependant aujourd'hui nos Curés de Paris sont un peu plus scrupuleux, & quoiqu'en cette rencontre ils conferent deux batêmes, le second néanmoins n'est que conditionnelle, de peur de se tromper.

En 1439, certain poisson fut pêché devant les Bernardins, long de sept pieds & demi, entre la tête & la queue, & qui passa pour un monstre; car outre qu'on n'en sçavoit pas le nom, c'est que la Seine ne nourrit point de poissons ni si grands, ni seulement qui en approchent.

Avant que le feu prît au Clocher & à la couverture de la sainte Chapelle, un pied d'élan étoit pendu à la voute, que le peuple prenoit pour le pied d'un griffon; & tout de même encore, avant que la grande Sale du Palais vînt à être brûlée, qui fut en 1618, Zuinger prétend qu'on y voyoit un Crocodile, trouvé autrefois sous terre, lorsqu'on en jettoit les fondemens.

Nous en avons vû un autre fort long-tems dans l'Eglise du petit saint Antoine, dont la Republique de Venise avoit fait present à l'un de nos Ambassadeurs, nommé de la Vernade Maître des Requêtes, & qu'il fit mettre là en 1517. Pour ce qui est du conte de Zuinger, il ne merite pas

pas d'être refuté, tant il est ridicule. A l'égard du pied de griffon, qui est encore une pure fable, il suffira d'avertir que tout son crédit lui vient du Roman de Huon de Bordeaux, à qui le peuple n'ajoute pas moins de foi qu'à un bon Livre.

En 1550, au commencement, on montroit vers saint Merri un poussin qui avoit quatre aîles & deux croupions.

En 1578, au rapport du Compilateur des Histoires prodigieuses, deux monstres naquirent aux environs de Paris, un cochon & un veau; l'un le Dimanche de Quasimodo à Gentilli, l'autre à Montl'heri le jour de saint Nicolas.

Quant au veau, il n'étoit point monstrueux par la tête, car il n'en avoit qu'une, non plus qu'un gosier; mais il étoit composé de deux corps l'un sur l'autre, avec quatre pieds, quatre jambes, dont l'une lui sortoit au dessous du gosier, & chaque corps avoit ses parties naturelles à part. Il fut apporté au Fauxbourg saint Marceau, où on le montroit.

Le cochon au contraire, étoit monstrueux presque par tout.

Premierement, il n'avoit point de poil; de plus, ses machoires étoient vermeilles & ressembloient aux joues d'un homme. Sur la tête on lui voyoit une trompe approchant de celle d'un éléphant, d'où sortoit au-dessous une petite corne: outre cela il n'avoit qu'un œil placé au milieu du front.

Pour ce qui est de toutes les autres parties, tant du veau que du cochon, elles n'étoient point differentes de celles des autres animaux de leur espece.

Touchant les autres bêtes monstrueuses qu'on a vû naître à Paris dans les siécles passés, car il ne faut point douter qu'il n'y en ait eu, & même en quantité, je n'en ai pû découvrir aucune, & le tout par la negligence des Auteurs.

Bien plus, à l'égard des hommes monstrueux, aussi bien que des femmes, nos Medecins & Chirurgiens du tems passé qui devroient en avoir fait quelques observations, afin de nous les laisser, sont si blâmables en ce point, que j'ai eu bien de la peine à découvrir seulement ce petit nombre dont je vais parler.

HOMMES ET FEMMES MONSTRUEUX.

DEPUIS peu, tout Paris a vû avec étonnement une fille d'Ausbourg, qui avoit une barbe blonde, longue de quatre doigts, & n'eut été qu'on avoit soin de la raser, elle auroit été velue de même par tout le corps. Or comme en ce tems-là, il se faisoit des conferences au Bureau d'Adresse, il en fut parlé amplement.

Une pierre qui occupoit toute la capacité de la vessie, fit mourir il n'y a pas long-tems, la fille de Matharel, Président à la Cour des Monnoies.

Cinq autres petites qui remplissoient encore la vessie de la premiere femme de Quatre-hommes Conseiller de la Cour des Monnoies, qui ressembloient à la précedente, tant elles étoient égales & polies, la firent aussi mourir presque en même tems. Ce qui est à remarquer tant à la fille de Matharel qu'à cette Dame ici, c'est que les Chirurgiens qui les ouvrirent, ne purent découvrir le lieu qui pouvoit servir de réservoir à l'urine.

Le Royer Avocat au Parlement, n'avoit qu'un rein, qui lui servoit autant que s'il en eut eu deux.

Une Damoiselle d'auprès de Sens, morte depuis peu de pleuresie en sept jours, à l'âge de dix huit ans, avoit deux cœurs, & tous deux l'un dans l'autre, attachés ensemble avec des fibres de chair bien solides.

La Receleufe qu'on pendit dernierement, avoit deux eftomacs, de même que les animaux qui ruminent.

Ceux qui font courir le bruit que dans le cerveau du Cardinal de Richelieu, il fe trouva deux ventricules, ne favent pas que tous les hommes en ont quatre, & que Menard fon premier Chirurgien ne remarqua rien de fingulier en tout fon corps, finon une pinte de boue blanche dans le poumon, qui le devoit faire mourir plutôt.

Fernel qui m'a fourni tant de prodiges, traitoit à Paris trois familles dont les garçons en l'une étoient monorques; triorques en l'autre; dans la troifiéme anorques; & neanmoins ne laiffoient pas d'avoir des enfans comme les amphiorques.

Un jeune homme, dit-il, naquit monorque du côté gauche, & à l'âge de douze ans devint infenfiblement amphiorque.

Le fils de Guillaume l'Efpicier fut anorque, à ce qu'il dit, jufqu'à l'âge de dix fept ans. Comme il commençoit peu à peu a devenir amphiorque, on s'imagina qu'il s'étoit rompu quelque nerf, & que les boyaux lui alloient fortir; car en ce tems-là auffi bien que chés les Anciens, telle chofe fembloit auffi monftrueufe qu'à prefent elle le femble peu: & de-là vient que Philelphe n'a pas été moins admiré pour avoir été triorque, que pour fa doctrine.

Aujourd'hui un Avocat en Parlement non moins recommandable pour fon merite, qu'à plaindre pour fon infortune, eft triorque, & cependant on ne le montre pas au doigt pour cela. Et de fait, les Medecins de Paris connoiffent tant de triorques, de monorques & d'anorques, qu'ils tiennent que leur nombre égale prefque celui des amphiorques: & bien loin de croire que la Nature foit devenue plus capricieufe de nos jours qu'elle n'étoit auparavant, ils font tous perfuadés, que les Phyficiens des fiécles paffés, ou ne faifoient pas tant d'obfervations qu'on fait aujourd'hui, ou qu'ils n'ont pas voulu en faire mention.

Il n'y a point d'apparence après cela de parler des filles, ou que la Nature a privées pour toujours de la partie qui les diftingue des hommes; ou pour un tems, de celle par où les excremens fe déchargent.

Si j'avertis que Belei, Chirurgien de Paris, faifant dernierement la diffection du corps d'un enfant, l'on trouva la rate au côté droit, & le foie au côté gauche c'eft comme par maniere d'acquit: car combien s'eft-il vû de perfonnes dont les unes avoient une partie d'autres deux, & même plus, tout autrement placées; & de plus, en des endroits où la nature n'a point accoutumé de les mettre. Mais c'eft une chofe bien étonnante que ce fcelerat plein de fanté, & fi vigoureux, que l'on pendit en 1630, eût toutes les parties du corps pofées en des fituations contraires aux naturelles: d'où on a commencé à croire que ce n'eft pas d'aujourd'hui que la Nature fe plaît à de tels boulverfemens; mais que par notre negligence nous les avons reconnus bien tard.

Nous apprenons d'une Lettre du docte Mentel à Pecquet, tous deux Medecins & connus, que ce malheureux avoit le foie à gauche, la rate à droite, & vis-à-vis le cœur, ou fa bafe tournée du même côté; & quant à fes extrémités, bien loin de paffer fous la mamelle gauche, qu'elles penchoient vers les parties externes de la poitrine: dans le corps des inteftins & l'état du ventricule, & dans le ventricule même, on n'apperçût aucune partie qui n'eût pris la place de l'autre. L'addition du boyau, ou de l'inteftin nommé *cæcum* & le commencement du colon, alloient à gauche dans les inteftins: au deffous, les plus grands vaiffeaux comme la veine cave & l'aorte, étoient pareillement dans une fituation tout à fait oppofée à la naturelle; fi bien que des vaiffeaux fpermatiques du côté droit venoient de l'émulgente du même côté, & fortoient des troncs de l'aorte & de la veine cave du côté gauche. A la droite du ventricule fe rencontra l'orifice fuperieur appellé communément l'œsophage, à la gauche, l'orifice inférieure nommé le *pilore*, dont l'extrémité toutesfois passoit à la droite dessus le Pancreas, & bien loin de se replier incontinent après à l'ordinaire, on y voyoit ce canal assés apparent; mais découvert depuis peu par *Virdungus*, qui sortant proche de la veine du foie, traverse & va au-delà du pancreas. A l'égard des vaisseaux umbilicaux, celui qui tenoit lieu de veine pour y porter le sang, tant que ce malfaiteur demeura dans le ventre de sa mere, se glissoit à gauche dans la sissure du foie ; ceux au contraire qui lui tenoient lieu d'arteres, pour lui porter alors la nouriture, regnoient à droite vers le cœur; & fort proche dans la poitrine, le poumon avoit moins de lobes à droit qu'à gauche. De la veine cave, sortoit celle qui prend le nom d'*azigos* : comme il faut que les nerfs recurrens, suivent le train de l'aorte, qui est de la grosse artere, aussi rebroussoient ils avec elle au côté droit & au gauche avec la veine axillaire. Cependant, dans un renversement si monstrueux, où la nature sembloit avoir extravagué, tout l'ordre neanmoins & toute la symmetrie imaginable y étoient conservées.

A la rue des Blancs-Manteaux, Fernel a connu une femme qui après douze ans, sans qu'il parût qu'elle fût grosse, accoucha d'un fœtus de trois mois sans purgation à l'ordinaire, & sans se délivrer d'une mole ou masse de chair presque aussi grosse que la tête, qui lui rendoit le ventre inferieur prodigieusement dur.

Vers la fin du siécle passé, la belle-fille du Maître de la Levrette de Sens, étant devenue grosse à l'âge de quarante ans, à peine l'étoit-elle, que dès le premier mois elle fut travaillée d'un appetit de choses étranges ; elle sentit son enfant au terme accoutumé & fort souvent, à l'ordinaire son ventre & ses flancs s'enflerent peu à peu, le lait lui vint au sein à l'ordinaire; & à neuf mois, elle souffrit les tranchées & les symptomes qui précedent l'accouchement ; elle demeura même quelques jours sans rien rendre par-devant : puis tout à coup, sortit comme un torrent d'urine entremélée de quantité de sang figé, & toutefois elle n'accoucha point pour cela, comme les autres femmes; bien au contraire, une maladie la prit qui lui dura trois ans. Toute sa vie depuis, elle ne porta point de santé, & demeura toujours enflée comme une femme grosse, & sentant avec douleur son enfant tomber deçà & delà, suivant le mouvement de son corps. A la fin, qui fut vingt-huit ans après elle mourut, en ayant pour lors soixante-huit. On lui trouva dans la matrice un enfant sec, & si dur, qu'il approchoit de la dureté de la pierre; si bien formé neanmoins, qu'il ressembloit à une statue bien polie & bien travaillée. On le voit encore à Sens chés un Chirurgien, & on cherche encore vainement la cause d'une telle petrification operée dans le corps d'une femme. Je ne crois pas être beaucoup blâmable de m'être éloigné de Paris à l'occasion d'un effet si étrange, sur-tout quand on se souviendra que de nos jours seulement l'Eglise de Sens a cessé d'en être la Métropolitaine. Mais bien serois-je à blâmer, si j'allois faire le récit de l'avanture de Madame de Bennes d'Arles, qui après avoir eu quelques enfans, & sur-tout une fille qu'elle a mariée, a été grosse trois ans d'un enfant qui se trouva de pierre après sa mort; mais laissons ces sortes de monstres pour venir à d'autres.

On a vû à Paris tant d'enfans nés accouplés & attachés ensemble, qu'on en feroit un Livre, tant il s'en trouve dans les Auteurs, sans les autres dont on n'a point fait mention. Je ne parlerai donc ici que des plus rares & des plus monstrueux. Entre ceux qui se voient dans les Auteurs. Aux environs de saint Denys & de Sens, il en vint deux autres au monde en 1429, & deux autres en 1649, en 1530, 1546 & 1570 : on en vit six à Paris.

Dans le Cabinet du Roi au Louvre, j'en ai vû deux enbaumés en 1647. Du reste, il y a peu de personnes qui n'aient vû les quatre qu'on montroit à Paris en 1038 & 1002.

Tome II. BBbb ij

A Aubervilliers ou à Mervilles près de saint Denys, dans la maison-même où la vache dont j'ai parlé, vêla deux veaux. Voyés ci-devant, p.
En 1530, on vit à Paris un homme âgé de quarante ans, à qui un autre sortoit du ventre, bien formé, & qu'il portoit entre ses bras ; mais sans tête, soit qu'il n'en eût point, ou qu'elle fût cachée dans le corps de son frere qui le portoit. Paré qui l'a vû, en a fait graver la figure dans son Livre des monstres.

Paré encore au même endroit rapporte qu'en 1546, une femme de Paris accoucha à six mois d'un enfant qui avoit deux têtes, deux bras, & quatre jambes; & que l'ayant ouvert, il ne lui trouva qu'un cœur. Il ajoute avec Bonnefons.

Qu'en 1570, le vingt Juillet, la femme d'un aide à maçon de la rue des Gravilliers, mit au monde un garçon & une fille joints ensemble par le bas du ventre. Le garçon avoit un membre viril d'une longueur demesurée. La fille portoit ses pieds sous les aisselles de son frere. Tous deux au reste étoient bien formés, & ne vécurent que deux jours. On les porta batiser à saint Nicolas des Champs, & ce Sacrement leur fut conferé à tous deux sans condition, comme en ce tems-là on n'en faisoit aucun scrupule.

En 1617, il naquit près de Gennes deux garçons qui se tenoient par le ventre. quatre doigts au-dessus du nombril. De l'avis du Vicaire General de Gennes, tous deux furent batisés par le Curé, & le batême confirmé par Paul V. Aussi leurs attouchemens & leurs mouvemens se distinguoient si bien, que venant à piquer l'un, l'autre ne le sentoit pas. Le poulx & le cœur leur battoient diversement. L'un se portoit bien & dormoit quelquefois, & l'autre se portoit mal, & ne dormoit pas; & comme l'un vint à tuer un homme d'un coup de couteau, on lui fit son procès, & fut condamné à mort; mais non pas executé, à cause de son frere, qui n'avoit aucune part à ce meurtre; ne pouvant faire mourir l'un, sans faire mourir l'autre en même tems. Tous deux avoient le poil blond ou châtain, contre l'ordinaire des Italiens. Le premier étoit petit, bien proportionné, & avoit tous ses membres; mais pâle, maigre & melancholique. Le second au contraire, avoit le visage plein & rouge. Lorsqu'il vint au monde, sa tête étoit plus petite de beaucoup que celle de l'autre; & neanmoins depuis elle devint deux fois plus grosse qu'elle, & le tout par la negligence de son frere qui n'avoit pas trop de soin de le soutenir ; de sorte que demeurant toujours renversé, ceci avoit donné lieu à une descente d'humeurs, ou enflure, qu'on nomme *oedeme*, qui l'avoit fait si fort grossir, & même lui avoit causé la galle. De sa bouche sortoient de grandes dents, quantité de salive & une haleine forte. Jamais il n'avoit bû ni mangé, aussi ne voyoit-on point d'endroit par où il pût rendre ses excremens : sans cesse il fermoit ses paupieres, & on doute qu'il eut des prunelles : ses bras étoient fort grêles, avec un pouce & deux doigts au bout au lieu de mains; le tout difforme & mal proportionné.

On ne voyoit qu'une cuisse, une jambe & un pied, encore tres-mal fait & qui ne venoit que jusqu'aux genoux de son frere, avec un petit appendice membraneux sans conduit, au bas du ventre ; le reste se cachoit dans le corps de l'autre. A juger de la figure externe de sa poitrine & de la situation de ses veines jugulaires, ou jugeoit qu'il devoit avoir un cerveau, un cœur, un poumon, aussi bien que l'autre; mais tous deux n'avoient qu'un foie, qu'un estomac & une seule continuité d'intestins : enfin, celui-ci étoit sourd, muet & aveugle ; quant à son frere, il vivoit comme les autres hommes, faisoit très bien toutes sortes de fonctions, tant raisonnables, vitales, que naturelles. Il étoit si accoutumé à porter son frere, que ce fardeau ne l'empêchoit point de jouer à la paume : & bien qu'un si grand poids lui entraînât la peau du ventre, & la fit fort alonger, il ne s'en mettoit pas trop en peine, & ne se soulageoit guere plus pour cela. Dans trois

DE LA VILLE DE PARIS. Liv. X.

maladies differentes qu'il eut, on le seigna vingt fois, & même assés souvent on proposoit de le purger ; mais jamais les Medecins, non pas même les plus hardis, n'oserent l'entreprendre, de crainte que les remedes venant à passer par des conduits inusités, ne produisissent de très-méchants effets. Il vit toutes les Villes de France où il gagna bien de l'argent, & étoit à Paris en 1638.

En 1649, à Sept-sons, près de Sens, naquirent de la femme d'un Tisserand deux filles attachées ensemble par , ayant deux têtes, deux cols, deux poitrines, & deux natures, avec quatre jambes, autant de bras, un ventre & un nombril ; les têtes étoient bien proportionnées, leur visage peu : elles s'entrebaisoient, comme si elles eussent été collées l'une à l'autre ; leurs tétons d'abord étoient séparés de près de quatre doigts : avec le tems, leurs poitrines vinrent si bien à se joindre vers la cinquiéme des côtes superieures, qu'il ne s'en fit plus qu'une, & qui se termina en un seul ventre inferieur, accompagné au milieu d'un nombril. A l'égard des bras deux s'embrassoient, tous les mouvemens de leurs corps étoient differens, leurs appetits presque toujours contraires ; mais leur poulx & leur respiration très-conformes. Elles tétoient & se dechargeoient chacune à des heures differentes ; quand l'une avoit le ventre lâche, l'autre l'avoit resserré : elles dormoient, se reveilloient & crioient alternativement l'une après l'autre, cependant la mere, à ce qu'elle disoit, étoit accouchée d'elles bien plus aisément, & avec beaucoup moins de douleur que de ses autres enfans. Toutes deux furent batisées à part sans scrupule & sans précaution aucune. Le pere & la mere accoururent à Paris pour les montrer, croyant s'enrichir ; mais à peine y étoient-ils arrivés, que ces enfans moururent. Ils furent apportés au théatre anatomique de l'Ecole de Medecine, pour être ouverts. On leur trouva deux epiploons & deux poumons, deux mediastins, deux mesenteres, deux ventricules, deux pancreas, deux vessies, deux matrices, avec quatre reins ; quatre vultaires & douze intestins, & pourtant ils n'avoient qu'un foie, encore étoit-il bien petit ; le tout au reste sans confusion. Les parties vitales étoient dans leur situation naturelle ; mais doubles, comme je viens de dire, à la reserve du diaphragme qui étoit unique, & le devoit être, à cause que la respiration dépendante de lui, & ces deux enfans n'en ayant qu'une, il ne leur en falloit point davantage. Du Bé de qui j'ai tiré ces observations, en ajoûte d'autres que j'ai laissées, me contentant des principales.

Enfin en 1662, il naquit à la rue de la Cerisai deux filles bien plus imparfaites qu'aucune des précédentes, & en qui on ne remarqua rien de bien conforme, ni situé que les têtes. Le côté droit de celle qui étoit à la droite, & le côté gauche de l'autre, à l'une par derriere entre les homoplates, sortoit un moignon de bras, qui tenoit une main fort imparfaite, où se voyoient des doigts, & encore tels que tels : vers la coxe de l'autre, se trouvoit une jambe aussi mal bâtie, avec quelques doigts encore : au bas du pouce de la main étoit la figure d'une main, & tout de même au bas de l'orteil de la jambe, la figure d'un pied renversé. Enfin, la plupart des parties du corps exterieur de ces deux filles, ainsi que les cuisses, les jambes, & les bras, ne pouvoient être guere plus imparfaits qu'ils étoient, & c'est ce qui fut cause qu'un Prêtre de saint Paul les voyant, n'en voulut batiser qu'une ; & comme elles moururent incontinent après, quelques Théologiens savans en furent scandalisés, & condamnerent la témerité de ne les avoir pas batisées toutes deux. Au reste, elles étoient vives ; de sorte que le sternum de l'une & l'autre se joignoit sous les mêmes integumens ou enveloppes, & ne faisoient qu'une seule cavité.

Bertrand qui les ouvrit, leur trouva toutes les parties interieures qui devoient composer deux corps de filles ; c'est-à-dire, qu'elles avoient deux cœurs, quatre poumons, avec une distribution double de tous les vaisseaux, veines & arteres, qui ont accoutumé d'atrofer la poitrine. Entre la poitrine & le bas ventre étoit un diaphragme ; deſſous ſe rencontroient deux foies, deux rates, deux eſtomacs; enfin, les gros & les menus inteſtins étoient doubles. trois des menus aboutiſſoient dans le premier des gros, & ſe terminoient à un ſeul fondement ; tant de parties & doubles & differentes, occupoient chacune leur ſituation naturelle, & comme ces deux filles furent enbaumées ; ceux qui ne les avoient pas vû en vie, les purent voir mortes à la Foire ſaint Germain, où on les montra.

FILS DÉNATURÉS.

JE devrois finir ici pour ne point paſſer à d'autres monſtres enragés, que les furies d'Enfer ſemblent avoir engendrés & nourris de leur propre lait. Je laiſſerai là les maris & les femmes qui ſe ſont entretués pour ſe remarier à d'autres & jouir à leur aiſe, ou de leur corrupteurs, ou de celles qu'ils avoient corrompues. Car combien Paris en pourroit-il fournir d'exemples, même des plus grands Seigneurs ? Il me faudroit remonter à ce Connétable, le bon ami de Fredegonde, & à tant d'autres de cette Ville dont je deshonorerois la mémoire. Mais je ne puis paſſer qu'un Officier aux Gardes maltraité par ſon pere qui s'eſt remarié, ne ſe contente pas de l'accuſer d'avoir fait aſſaſſiner le mari de ſa ſeconde femme ; mais produit encore contre lui le meurtrier dont il s'eſt ſervi, & n'épargne rien pour lui faire trancher la tête.

En 1498, Robert de l'Eglie Armurier, égorgea ſa mere ſur le Pont Notre-Dame; & quoiqu'on l'eût condamné à mort, neanmoins l'année d'après, lorſque ce Pont vint à tomber de vieilleſſe, on ne laiſſa pas de s'en vouloir prendre à ce parricide.

Il y a quelque deux ou trois ans, qu'un fils déchargea un piſtolet ſur ſon pere, & auroit tué ſa belle mere, ſi on ne fût venu à ſon ſecours. Il mourut en croix au bout du Pont-Neuf à la pourſuite de ſon pere, preſque vis-à-vis la maiſon où il étoit venu au monde.

En 1603, un jeune homme hermaphrodite, s'étant abandonné à un autre jeune homme qui l'avoit engroſſé, tous deux furent executés.

Je ne veux pas mettre au nombre des monſtres le fœtus d'une fille qui avoit une tête de chat bien formée, & que j'ai vû dans une phiole pleine d'eau de vie chés un Curieux du Cloître ſaint Merri ; car ce pourroit être autant un effet de l'imagination de la mere, que de ſa brutalité.

JUGEMENS SUPERSTITIEUX, COMMUNS à Paris.

ANCIENNEMENT la superstition étoit si grande, que quand une personne soupçonnée de quelque crime, n'en pouvoit pas être convaincue, pour averer le fait, ou en faire perdre le soupçon, alors on avoit recours à divers moyens; mais si étranges, qu'ils alloient jusqu'à tenter la Divinité, & exiger des miracles, qu'on appelloit tantôt *Sacrement* & *Jugement de Dieu*, comme si Dieu lui même en eût été l'instituteur, & tantôt *preuves vulgaires & populaires*, à raison qu'on s'en servoit ordinairement.

Tous ces beaux moyens-là cependant le plus souvent ne servoient qu'à faire triompher le coupable & perir l'innocent. Tel abus enfin étoit si autorisé, que non-seulement les Rois & les Empereurs, mais les Prêtres, & les Religieux, les Abbés & les plus grands Prélats même les mettoient en usage; de plus, c'étoit entre leurs mains, & toujours dans l'Eglise, souvent dans la Cathedrale, d'ordinaire sur le maître Autel, sur les Reliques & le Saint-Sacrement, malgré les Papes & les Conciles.

Quoique le pere Cellot ait traité cette matiere, & qu'il semble l'avoir épuisée, tant son Livre est gros; cependant il n'a rien dit qui ne soit connu. Quant à moi, je rapporterai le tout en peu de mots, sans pourtant rien oublier des choses remarquables, où il s'est étendu; mais de plus, je mettrai en évidence des jugemens & des circonstances bien autres qu'il a passées, que j'ai tiré de plus de deux cens Auteurs.

Que si on se plaint de ma brieveté, on n'aura qu'à consulter tant les passages que les Actes que j'ai mis dans mes preuves, où se trouvera peut-être ce que l'on cherche.

Les sermens & les duels sont les plus anciens de tous ces jugemens ici, il n'y en a point dont l'Histoire nous fournisse plus de chose.

A la place des duels Louis le Debonnaire substitua les témoins & les écritures, mais combien cela dura-t-il ? Et de fait, comment en seroit-il venu à bout ? que l'Eglise même assemblée, aussi-bien que les Papes qui les ont si souvent défendus, n'y ont rien gagné avec toute leur autorité, & n'ont pû empêcher, qu'ils n'ayent eu cours à Paris, & aux environs, jusqu'à François I, & Henri II, ainsi que je ferai voir au discours suivant.

Quant aux sermens, on ne s'y est jamais guere arrêté en fait de soupçons pour s'éclaircir de la verité; & enfin il y a long tems que l'usage en est aboli. Mais on s'en sert, & on s'en est toujours servi en mille autres occasions, & même dans les affaires les plus grandes & les plus importantes. Les Rois l'employerent pour s'assûrer de la fidelité de leurs sujets, il a lieu dans les amitiés & au renouvellement des alliances, sans d'autres rencontres qui ne font point à mon sujet.

LES SERMENS.

A PARIS sous Chilperic, quelques Grands de la Cour qui avoient un parent marié à certaine Dame dont il couroit d'assés mauvais bruits, ne pouvant souffrir ce scandale, avertirent le pere de la Dame qu'il eût à étouffer ce bruit, ou que son procès lui fût fait. Le pere répartit que ces bruits étoient faux, proteste de l'honneur de sa fille, & qu'il est tout prêt d'en faire la preuve par serment. L'offre acceptée, on l'oblige à jurer sur le Tombeau de saint Denys. Etant à l'Autel, à peine avoit-il levé les mains, qu'en même tems tous les autres crient tout d'une voix qu'il est parjure. Là-dessus grosse querelle, on tire l'épée, le Tombeau de saint Denys est ensanglanté, aussi-bien que l'Eglise. Ce sacrilege parut si odieux au Roi, qu'il ne voulut point entendre parler de pardon, que l'Evêque ne les eût absous; pour ce qui est de l'accusée, il lui en coûta la vie.

A Braine dans le Soissonnois, c'est à-dire, à vingt ou vingt-deux lieues de Paris, quoique Gregoire de Tours eut affirmé devant plusieurs Evêques, qu'il n'avoit rien dit de Fredegonde ni de Bertrand Evêque de Bordeaux, que ce que chacun en disoit; on ne laissa pas de le condamner à s'en purger par serment à chaque Messe qu'il celebra à trois Autels differens.

J'ai douté quelque tems si j'en devois parler, & certainement je ne l'aurois pas fait, si ce n'étoit que cette maniere de serment est peut-être l'unique en son espece, & d'ailleurs qu'elle fut pratiquée en consideration de Chilperic par commandement d'Evêques, contre les canons des Conciles.

Quoique l'Histoire que j'ai à rapporter, ne soit pas arrivée à Paris non plus, mais au Diocèse de Sens, je l'aurois encore laissée là, si un Evêque de Paris n'y eut été présent; ce qui s'y passa, choquoit encore les canons: & de plus, il y arriva des choses assés singulieres, qui se lisent dans Yves de Chartres, Epit. 84.

En 1084, Sanche, après avoir été élû Evêque d'Orleans par son Clergé & du consentement de tout le Diocèse, accusé cependant de Simonie, non-seulement se purgea par serment entre les mains de Guillaume Evêque de Meaux, d'Yves Evêque de Chartres & de Gaultier Evêque de Paris; mais encore de six des plus gens de bien, & de ses amis & des plus qualifiés, furent obligés de prêter avec lui le même serment. Quant aux autres évenemens qui suivent, tous certainement arriverent à Paris.

Quelques années après la mort de Chilperic, comme Gontran Roi d'Orleans avoit peine à croire que Clotaire fils de Fredegonde, appellé depuis Clotaire II, fût son neveu, pour lors trois cens Evêques jurerent & prêterent serment que veritablement Chilperic étoit son pere. Si bien qu'après cela, ce Prince ne fit aucune difficulté de le lever sur les Fonts, & d'être son parain.

Vers ces tems-là, le même Gontran Roi d'Orleans ayant envoyé à Fredegonde pour lors à Paris, un certain Vadon sous bonne garde & chargé de chaîne, accusé de crime de lèze-Majesté; quoiqu'elle ne pût trouver aucun homme de bien qui voulût prêter serment pour purger un tel scelerat, & par conséquent la justifier elle-même, à la priere de Leudoal Evêque de Baïeux, ce Vadon depuis fut renvoyé absous.

DE LA VILLE DE PARIS Liv. X.

CEREMONIES OBSERVE'ES AUX SERMENS.

A L'EGARD de ces sermens, pour être valables, telles en étoient les conditions & les ceremonies qu'il falloit observer.

Outre que ceci se passoit dans l'Eglise, la personne accusée devoit être à jeun, & jurer avec l'honneur & la crainte de Dieu; ce sont les termes. Au reste plus la chose étoit de consequence, & plus falloit il de personnes qui jurassent avec l'accusé. Quand il y en avoit six, comme au serment de Sanche Evêque d'Orleans, cela s'appelloit se purger avec la septiéme main, & ainsi du reste à proportion, lorsqu'il s'y en trouvoit plus ou moins.

D'ailleurs ces personnes étoient choisies parmi les parens de l'accusé, souvent même à leur place, on ne faisoit aucune difficulté de prendre ses amis; c'étoient ses compagnons, ses gages, pour ainsi dire, & ses garands. Et de fait, ils étoient si bien ses compagnons, que comme lui ils couroient le même risque, & s'exposoient aux mêmes peines: on les appelloit *Sacramentales, Conjuratores, Comprobatores.*

Yves de Chartres témoigne qu'ils portoient tous ensemble les mains sur les Châsses des Saints, l'accusé mettoit la sienne sur celle des autres & disoit : *Que Dieu & ces Reliques m'assistent de telle sorte, moi & les mains que je touche, que je sois déclaré innocent de la chose dont on me charge.*

Chés les Lombards, ils juroient tous les uns après les autres, ou bien chacun en particulier, & disoient la même chose à peu près.

Voila pour les sermens qui regardent les soupçons, & qui est hors d'usage.

SERMENS ENTRE PRINCES.

QUANT à l'autre sorte dont les Rois même se servoient pour leurs alliances, cela se faisoit encore dans l'Eglise sur les Reliques des Saints, & presque avec les mêmes ceremonies. Nos Livres nous en fournissent tant d'exemples, que je ne m'arrêterai qu'à ceux des Grands & des Princes ; & encore choisirai-je ceux qui me sembleront le meriter.

Dans Paris, Chramnus fils de Clotaire I, promit à Childebert son oncle qui en étoit Roi, de mourir ennemi mortel de son pere, & en fit serment sur les Reliques des Saints.

Gontran, Sigebert & Chilperic, après avoir partagé entre eux le Royaume de Paris, & étant convenus que la Ville de Paris ne seroit à pas un d'eux en particulier, mais à tous trois ensemble, jurerent que celui qui y viendroit sans le consentement des autres, perdroit sa part de ce Royaume, aussi bien que de ses Trésors ; & que saint Polyeucte, saint Hilaire & saint Martin en seroient les juges & les vengeurs.

Gontran depuis, lorsque ses deux freres furent morts, un jour de Dimanche, dans l'Eglise, devant le Maître-Autel, le Diacre selon la coutume du tems, n'eut pas plutôt imposé silence pour entendre la Messe, qu'il conjura toute l'assistance de lui garder inviolablement la foi qu'elle lui avoit jurée, & de ne le pas assassiner, comme on avoit fait Chilperic, & Sigebert. Si bien qu'en même tems, chacun s'agenouilla & se mit à prier Dieu pour lui.

A saint Denys, & sur ses Reliques, les plus grands Seigneurs de Gascogne, & leur Duc lui même en personne. promirent à Dagobert, la quinziéme année de son Regne, de lui être fidales toute leur vie, & non-

Tome II.   CCcc

seulement à lui, mais encore à ses enfans & à ses successeurs.

Tasilon, tout de même, Gouverneur de Baviere, tant à saint Denys sur ses Reliques & celles de saint Germain Evêque de Paris, qu'à Tours encore sur les Reliques de saint Martin, promit au Roi Pepin de lui être soumis tant qu'il vivroit, aussi bien qu'à Charles & Carloman ses deux fils ; ce que promirent avec lui tous les Grands de la Province. Mais parce que c'étoit malgré lui qu'il le faisoit, & non pas du cœur, il s'imagina que pour éluder ce serment sans être parjure, il n'y avoit, en le prononçant, qu'à penser à toute autre chose : ce que tous les autres firent comme lui, suivant son conseil.

Ebroin Maire du Palais de Thierri I, s'étoit figuré la même chose long-tems auparavant, quand pour tirer de Laon & assassiner Martin son compétiteur, il lui fit porter parole par les Ambassadeurs du Roi, & jurer sur des Châsses vuides qu'il pouvoit venir à la Cour en toute sûreté.

Chilperic nonobstant le serment qu'il avoit fait conjointement avec ses deux freres, sur les Châsses des trois Saints que j'ai nommés touchant la Ville de Paris, où pas un d'eux ne devoit entrer sans la permission des autres, ne laissa pas néanmoins d'y venir le Samedi-Saint à la suite des Reliques, où il fit ses Pâques avec la plus grande réjouissance du monde.

SERMENS DES GRANDS ET DES PEUPLES
à nos Rois.

DANS les tems les plus difficiles de la France, lorsque le Roi d'Angleterre s'en étoit presque emparé, & que les Princes de Lorraine & de Savoie travailloient aussi de leur côté à faire ce qu'ils pouvoient pour en avoir leur part.

En 1316, vers la Chandeleur, en presence du Cardinal Darrablai Chancelier de France, quantité de grands Seigneurs, Prélats, Gentils-hommes & Bourgeois de Paris, non-seulement confirmerent le Sacre de Philippe le Long; mais de plus, jurerent de lui obéir toute leur vie, comme à leur Roi, & après sa mort à Louis son fils, qu'ils reconnoissoient pour son successeur & heritier legitime; & enfin declarerent que le Royaume de France ne tomboit point en quenouille.

En 1332, Philippe de Valois voulant aller en personne contre les Infidèles du Levant, tout ce qu'il y avoit de grands Seigneurs Ecclesiastiques & autres, s'étant assemblés, jurerent en corps, & après en particulier, sur les instrumens de la Passion, & les autres Reliques de la sainte Chapelle de Paris, d'obéir à son absence à Jean son fils aîné, comme à leur Seigneur & legitime heritier de la Couronne ; & enfin, de le sacrer au plûtôt, si à ce voyage il venoit faute de lui.

En 1413, Charles VI, le vingt un Septembre, ayant fait lever le Parlement avant l'heure, par son ordre, plusieurs Conseillers de la Cour se rendirent à la Chambre verte du Palais, où il tenoit son grand Conseil, & où se trouverent d'une part, le Roi de Sicile, les Ducs de Guyenne, de Berri, d'Orleans, de Bourbon, de Bar & de Baviere, avec les Comtes de Vertus, d'Eu, de Vendôme & autres Grands de France; outre cela, quantité de Prélats, le Recteur & plusieurs Regens de l'Université, le Prevôt des Marchands avec les Echevins, sans parler d'un grand nombre de Bourgeois. Après que le Roi de Sicile eut fait sa harangue, & fait savoir le sujet de l'Assemblée, Charles VI, les fit tous jurer sur les saints Evangiles & la vraie Croix. Le serment des premiers regardoit la paix, l'union & l'amour entre eux ; & celui des autres, d'entretenir cette paix & d'empêcher la guerre.

DE LA VILLE DE PARIS. Liv. X.

Sans perdre ici le tems à dire les raisons que Henri V Roi d'Angleterre avoit de ne se pas trop fier aux Parisiens dont il ne s'étoit rendu Maître qu'à force d'armes en 1435 : ceux à qui il avoit confié le gouvernement de la Ville, les obligerent tous tant qu'ils étoient, sans excepter même ni les Prêtres, ni les Religieux, de jurer sur leur damnation, qu'ils lui seroient fidèles & affectionnés.

En 1589, après la mort du Duc & du Cardinal de Guise Lincestre Prédicateur aussi temeraire que seditieux, exhorta dans saint Barthelemi, au milieu de son Sermon, tous ceux qui l'écoutoient, à jurer qu'ils n'épargneroient ni bien, ni vies, & verseroient même jusqu'à la derniere goute de leur sang pour venger la mort de ces Princes. Ce qui fut si bien reçû, que le Premier President de Harlai, qui pour lors étoit dans l'œuvre, se vit obligé de lever la main par deux fois, pour faire croire à tout le monde qu'il prêtoit le même serment.

Mais combien de sermens plus execrables n'arracha-t-on pas cette année-la même, aussi bien que la suivante, du peuple de Paris, des Prêtres, des Religieux, des Compagnies Souveraines, & autres, contre Henri IV, l'heritier legitime du Royaume, en faveur de Charles de Bourbon, qu'on appelloit alors Charles X, & du Duc de Maïenne, qui avoit pris la qualité inouïe de Lieutenant General de la Couronne.

Tantôt une troupe confuse d'enragés, sous le nom de Confreres du Nom de Jesus, juroient dans saint Gervais sur le Corps de Notre Seigneur qu'elle venoit de recevoir, de ne rien épargner pour cela, non pas même la vie.

Tantôt aux Grands Augustins, & tantôt à Notre Dame, le Clergé suivi de toutes les Compagnies de Judicature, la Ville avec ses Colonels & ses Capitaines, les Grands mêmes & les Princes après des Prédications pleines de fureur prononcées par des Religieux, & ensuite d'une Procession où étoient portées toutes les Reliques & les Châsses, prêtoient & renouvelloient le même serment entre les mains du Legat, & sur les saints Evangiles.

Tantôt enfin étoit dressée une nouvelle formule de serment non moins execrable, & presentée à chaque Bourgeois dans tous les quartiers de Paris par les Capitaines & les Colonels.

Je laisse là, comme ne faisant point à mon sujet, qu'au Parlement, en 1562, lorsque l'Heresie de Calvin commençoit à infecter le Royaume, le President le Maître tenant le siége, Procureurs, Avocats, Conseillers, Présidens, jurerent & signerent une Profession de Foi, en présence d'une personne députée exprès de l'Evêque de Paris; ce qui ne contribua pas peu à retirer la France du précipice où elle alloit se jetter.

Enfin, j'omets que d'ordinaire & de tout tems à Notre-Dame, & depuis peu aux Feuillans & aux Celestins, mais rarement, nos Rois consomment & consacrent, pour ainsi dire, les Traités de paix faits par leurs Ambassadeurs avec les Princes Etrangers. Bien davantage, que le Roi Jean, Charles VII, & la plupart de leurs successeurs, à leur avenement à la Couronne, ensuite de leur entrée, ont juré sur les Evangiles, entre les mains de l'Evêque devant le Portail de Notre-Dame, de maintenir dans leur privilege le Chapitre & les Chanoines, tant en général qu'en particulier. Ce qui ne se pratique plus il y a long-tems, à cause sans doute qu'en cette occasion nos Rois se trouvoient obligés de jurer des choses qu'ils ne pouvoient tenir ; & qu'en effet, pas un de leurs Ancêtres n'avoit tenues.

Tome II.   CCcc ij

SERMENS DETESTABLES.

QUAND Clotaire II obligea Godin fils de Garnier, Maire du Palais, d'Auftrafie & de Bourgogne, qu'il croyoit avoir confpiré fa mort, quand, dis-je, il l'obligea à fe purger par ferment d'un tel foupçon, tant fur le Tombeau de faint Martin à Tours, que fur celui de faint Germain à Paris, ce ne fut que pour avoir plus de moyen de le faire affaffiner.

En 1358, durant la prifon du Roi Jean, Charles de France fon fils aîné, Regent du Royaume, & Charles le Mauvais Roi de Navarre, enfuite de la paix procurée entre eux, afin de la rendre plus folemnelle, & que leur parole demeurât inviolable, fe trouverent tous deux près de l'Abbayie faint Antoine; & là en prefence de leurs Armées fous une tente, où l'Evêque de Lifieux celebra la Meffe, & qui leur devoit donner à communier, jurerent d'accomplir le Traité fait par la Reine Jeanne, veuve de Charles le Bel. Il eft certain que le Roi de Navarre n'y voulut pas venir à jeûn exprès, afin d'avoir un prétexte de refufer une moitié de l'Hoftie qui avoit été confacrée pour le Regent & pour lui; & ainfi à l'avenir, de pouvoir eluder fon ferment à la premiere occafion.

Jean Duc de Bourgogne fit bien un autre facrilege en 1407, lorfque le vingt Novembre qui étoit un Dimanche, il communia avec le Duc d'Orleans aux Grands Auguftins; car il jura même fur le Corps de Notre-Seigneur, d'être fon frere d'armes & fon vrai & fidele parent; enfuite de quoi ils furent dîner chés le Duc de Berri à l'Hotel de Nefle proche de-là, & où après avoir dîné, le Duc d'Orleans lui donna le Collier de fon Ordre qu'il reçût avec joie.

Toute cette joie neanmoins, & ces fermens fi faints, ne rompirent point le piege qu'il lui avoit tendu auparavant, & où il le fit tomber quatre jours après à la vieille rue du Temple.

Le parjure énorme de ce Prince cruel, mais bien plus cruel que je ne dis; puifque fa vengeance, non encore affouvie après la mort pitoyable du pere, pourfuivit les enfans, n'empêcha pas pourtant que le Duc de Guyenne depuis en 1413, ne fe fiât à fon ferment; à la verité dans de fi grandes angoiffes, qu'il ne pouvoit faire autre chofe. Car comme dans une fedition dont il étoit l'auteur, les Bouchers & toute la racaille armée vinrent forcer fon Hotel, & lui enlever fes Confeillers, fes amis, jufqu'aux Dames même, il lui fit promettre fur une Croix de fin or, qu'il ne leur feroit aucun mal & que cette fureur paffée, il les lui renvoieroit.

De crainte neanmoins qu'il ne lui tînt pas plus parole qu'il avoit fait au Duc d'Orleans, en même tems il affembla fes amis, & accompagné des Ducs de Berri & de Bourgogne, & fuivi de braves gens & tous fideles, il alla délivrer les prifonniers & les tirer du danger où ils étoient, fans donner le tems aux Bourguignons d'avifer s'il tiendroit fa parole, ou s'il ne la tiendroit pas.

En paffant il eft bon de remarquer, qu'anciennement la fuperftition étoit fi grande, qu'on fe fioit beaucoup plus aux fermens faits fur de l'or, que fur de l'argent ou tout autre métail. Et de fait, Charlemagne eut beau défendre cet abus, comme venant à bout. De forte que le venerable Bede affure que ceux qui juroient fur une Croix confacrée, devoient faire une plus longue penitence, que s'ils n'avoient juré que fur une qui ne le fût pas.

LE FER CHAUD, L'EAU CHAUDE ET L'EAU FROIDE.

APRE'S les fermens, il n'y a point eu de jugemens plus en ufage que ceux du fer chaud, de l'eau chaude & de l'eau froide.

Entre quantité d'exemples que l'Hiftoire de Paris nous en fournit, je me donnerai bien de garde de rapporter celui de faint Marcel, que des Forgerons, à ce qu'on prétend, obligerent d'empoigner un fer chaud, & de leur dire combien il pefoit.

Mais je n'oublierai pas qu'en 1139, l'Eglife de Notre-Dame avoit la moitié aux jugemens de l'eau & du fer de Viri : & que Thomas Prevôt de Paris aima mieux finir fes jours en prifon au pain & à l'eau fous Philippe Augufte, que de fe hazarder à en faire l'épreuve.

JUGEMENT DE L'EAU FROIDE.

EN 1200, le valet d'un Ecolier Allemand, de qualité, étant allé querir du vin au Cabaret, comme le Tavernier vint à le batre & lui cafler fa bouteille, auffi-tôt les autres Ecoliers Allemands accoururent, & le batirent lui même fi outrageufement, qu'ils le laifferent pour mort. Le voifinage en rumeur, tâche à fe faifir d'eux, le Prevôt de Paris & quantité de peuples en armes, viennent fondre dans la maifon de ces Ecoliers. Le Maître de ce valet eft tué & quatre autres avec lui. Les Regens vont fe plaindre au Roi, & demandent que le Prevôt & ceux qui l'accompagnoient leur fuffent livrés. La crainte qu'on avoit que l'Univerfité, à caufe de ceci, ne devînt un defert, & que tous les Ecoliers ne quittaffent Paris, obligea le Roi de faire arrêter le Prevôt & toute fa bande ; mais parce qu'ils nioient le fait, il les condamna à une prifon perpetuelle, ou à fubir le jugement de l'eau, à ce que porte un Titre de ce tems là, & felon les Hiftoriens contemporains, au jugement de l'eau ou du fer ; & de plus, ordonna, que quiconque à l'avenir s'attaqueroit aux Ecoliers pour les maltraiter, & viendroit à nier le fait, il ne feroit plus reçû à fe purger par le jugement de l'eau.

Au refte, on faura que pour proceder à l'execution de ces jugemens, on difoit auparavant une Meffe fort longue, comme groffie de quantité d'oraifons compofées exprès, mais differentes dans chaque Diocèfe : outre cela, on faifoit des prieres & des exorcifmes fur l'eau & fur les accufés au nom de Dieu & de la Vierge, des Anges & Archanges, des Evangeliftes & des Apôtres, des Martyrs, des Confeffeurs & de toutes les Puiffances & Dignités du Paradis. A la Meffe affiftoient les accufés, avec leurs parens & leurs amis, alloient à l'offrande, communioient fous les deux efpeces; car c'eft apparemment ce que fignifie, *ils y recevoient le Corps & le Sang de Jefus-Chrift*, qu'on lit fi fouvent dans les Livres qui en font mention. Avant la Communion le Prêtre exhortoit les accufés de ne la pas recevoir, s'ils fe fentoient coupables, ou euffent connoiffance au vrai de ceux qui l'étoient : en la donnant tant à eux qu'à leurs parens & amis, ils faifoient cette priere.

Que le Corps & le Sang de Notre-Seigneur foit un jugement à la gloire de fon Nom & à l'utilité de fon Eglife.

Après il faifoit l'eau benite, & leur en donnoit à boire en prononçant d'autres paroles, puis conjuroit l'eau froide & l'eau chaude qui devoit fervir à la condamnation ou à la justification. Cela fait, il deshabilloit ceux qu'on exposoit au jugement de l'eau froide, & leur ayant fait baiser l'Evangile & la Croix, les arrosoit d'eau benite, & en même tems les faisoit jetter pieds & mains liées, tantôt dans une riviere, tantôt dans une grande cuve pleine d'eau froide; les accusés les premiers, leurs parens ou amis après, tous séparément & en présence de tout le monde. S'ils alloient au fond, on l'attribuoit à la Providence, quoique ce soit un effet purement naturel, & que par-là Dieu vouloit manifester que l'innocence étoit opprimée : si au contraire, ils venoient sur l'eau, on les tenoit pour criminels, & convaincus, & que c'étoit pour cela que l'eau ne les vouloit pas recevoir, Dieu operant ce miracle, afin de les confondre; car alors, on étoit tout persuadé que Dieu étoit obligé d'en faire après tant de ceremonies.

Vers le commencement du douziéme siécle, un certain *Anselmus Beessus* & cinq autres avec lui, soupçonnés d'avoir dérobé le Trésor de l'Eglise de Laon, subirent ce jugement à Laon même, Ville qui fait partie du Gouvernement de Paris & de l'Isle de France. Cet Anselme au reste, quelque tems auparavant, avoit été surpris de nuit, lorsqu'en cachette il se faisoit mettre dans une cuve pleine d'eau, pour essayer auparavant ; & parce que d'abord il avoit été au fond, il ne fit aucune difficulté lui & ses compagnons de s'exposer tout de bon lorsqu'ils y furent condamnés.

Cependant la chose arriva bien autrement qu'il n'avoit pensé, puisque cette épreuve ne fut favorable qu'au premier, au troisiéme & au cinquiéme ; car quant à lui & aux autres, ils vinrent sur l'eau.

Il ne faut qu'un exemple tel que celui-ci, pour convaincre les plus superstitieux.

Telle sorte de jugement après tout, n'est point si abolie, qu'elle ne se pratique encore contre les Sorciers en quelques provinces du Royaume, & même on s'en est servi long-tems depuis, sur-tout dans le quinziéme siécle contre les Criminels ; mais en qualité de supplice, & non en qualité d'épreuve, ainsi qu'autrefois, puisqu'ils n'en pouvoient pas réchaper, dont je rapporterai plusieurs exemples, quand je viendrai à parler des supplices, & montrerai enfin, que celui-ci s'executoit à Paris dans la Seine, derriere les Celestins.

Pour faire honneur au Parlement, je suis bien aise en passant, d'avertir qu'il n'y a jamais condamné aucun de ceux qu'on accusoit d'être Sorciers.

De plus, il est à remarquer que si le même Parlement a tant de fois & si long-tems condamné à être jetté dans la Seine, c'étoit en qualité de suplice, & non pas d'épreuve.

Il faut voir sur les épreuves de l'eau le Glossaire de Mr du Cange, au mot d'*aquæ frigidæ judicium*, & celui de *judicium* & à celui de *lada*.

L'EAU CHAUDE.

JE n'ai que faire de parler ici ni de la Messe, ni des prieres, ni des exorcismes qui se disoient & faisoient contre les personnes condamnées au jugement de l'eau chaude & du fer chaud ; car si ce n'étoient pas les mêmes dont on se servoit au jugement de l'eau froide, la difference n'en étoit pas bien grande ; mais quant à l'épreuve de ces jugemens ici, il n'y avoit point de ressource, & à moins d'un miracle, on n'en pouvoit point réchapper.

A l'égard du jugement de l'eau chaude, on faisoit bouillir de l'eau dans une grande chaudiere, ensuite on attachoit une corde au-dessus, d'où pendoit une boucle, qu'on faisoit descendre dans cette eau bouillante la longueur de la main, à la simple épreuve ; mais à la triple, la longueur du bras : enſuite lorſque l'eau bouilloit à gros bouillons, on obligeoit les accuſés de l'aller chercher dans la cuve, & l'en tirer avec la main ou le bras tout nud ; l'ayant tirée, on leur ſcelloit le bras ou la main, trois jours après le ſcellé étoit levé, & alors ſi les moindres marques de brûlure y reſtoient, ils paſſoient pour convaincus; s'il n'y paroiſſoit rien, ils étoient renvoyés abſous.

La Loi Salique au reſte appelle ce jugement, *mallare ad æneum*, au lieu d'*æneum*, & c'eſt de cette épreuve-là même qu'entend parler Gregoire de Tours, lorſqu'il dit, *conſpicio eminere æneum super ignem poſitum fervere vehementer* ; & c'eſt encore de-là que vient, ſe purger par eau, & par *igniſe*, qu'on lit dans la Coutume de Normandie, auſſi-bien que le Proverbe de Paris ſi commun, & même par toute la France : *J'en mettrois ma main au feu.*

LE FER CHAUD.

BIEN QU'IL y eût trois manieres de jugemens du fer chaud, à tous trois neanmoins on ne couroit pas moins de danger qu'au jugement de l'eau chaude.

Ceux qui avoient à ſubir la premiere, marchoient tantôt ſur neuf, tantôt ſur douze fers de charues tout rouges. A la ſeconde épreuve ils prenoient avec la main un poids ardent du poids d'une livre, & un de trois à la derniere, & le portoient enſuite quelquefois neuf pas ſeulement, puis le jettoient à terre; quelquefois trois pas davantage, & pour lors au lieu de le jetter comme les précedens, ils le devoient mettre dans une petite auge : que ſi pour l'y avoir jetté trop à la hâte, il venoit à en ſortir, ils étoient obligés de le ramaſſer au plus vîte, & de l'y remettre. Cela fait, on ſcelloit les pieds aux premiers, & la main aux autres, ainſi qu'au jugement de l'eau bouillante ; & tout de même trois jours après, ce ſcellé étoit levé, & on tiroit les mêmes conſequences, ſi leur main ou leurs pieds étoient aboutis ou gueris.

Voila les diverſes épreuves, & les differens jugemens pratiqués ici autrefois, & dont l'Hiſtoire de Paris conſerve encore quelques reſtes.

LE FROMAGE ET LE PAIN, &c.

VOICI ceux dont elle ne fait aucune mention, quoique peut-être ils y aient été pratiqués, dont je n'ai que deux mots à dire.

Je laiſſe à part les charbons ardents & les gands de fer rouge, parce que s'ils ont été mis en uſage à Paris, ç'a été contre les Martyrs, avant la converſion des Pariſiens, & ſans qu'il en reſte aucune trace, à moins que d'y vouloir comprendre le Martyre de ſaint Denys roti, comme on veut ſans raiſon, ſous le maître Autel de ſaint Denys du Pas.

Je mets au même rang les feux & les buchers enflammés : j'y devrois mettre auſſi le pain & le fromage, la Croix & le Saint Sacrement ; car j'ai honte de dire que les Religieux même s'en ſont ſervis entre eux, lorſque quelque choſe venoit à être dérobée dans le Couvent, & que les Prêtres auſſi-bien qu'eux en ont abuſé au moindre ſoupçon de crime.

Dans les Monaſteres, un Religieux étoit-il accuſé d'avoir pris quelque choſe, l'Abbé auſſi-tôt, ou tel autre qu'il choiſiſſoit à ſa place, diſoit la Meſſe, où tous ceux de la Maiſon aſſiſtoient, & recevoient de ſa main le Corps & le Sang de Jeſus-Chriſt, & en les communiant, diſoit à chacun: *le Corps de Notre Seigneur Jeſus-Chriſt te ſerve aujourd'hui d'éclairciſſement.*

Pour les vols & autres crimes, on écrivoit l'Oraison Dominicale sur du fromage & du pain, ensuite on faisoit deux Croix de tremble, qu'on mettoit sur la tête & sous le pied droit de l'accusé : puis on imploroit l'assistance Divine, sans les autres oraisons & imprecations qu'on prononçoit contre lui ; comme entre autres, s'il étoit coupable, que sa langue s'attachât bien au palais, & son gosier vînt à se serrer si fort, qu'il ne pût rien avaler ; qu'il tremblât de l'un & de l'autre, & n'eût rien sur quoi se reposer.

Pithou dans son Glossaire sur les Capitulaires, raporte quelques ceremonies & exorcismes usités à l'épreuve du pain & du fromage.

LA CROIX.

LES Loix des Frisons, les vieilles formules, le Synode tenu à Verberie sous Pepin, les Capitulaires de Charlemagne, le second appendice sur le quatriéme Livre de ces Capitulaires, Agobard & autres, font mention de ceux qu'on pratiquoit au jugement de la Croix.

Chés les Frisons, le jugement de la Croix sur l'Autel se faisoit de cette maniere. On enveloppoit dans un linge deux marques, l'une toute simple, l'autre avec le signe de la Croix. Après plusieurs prieres, on les faisoit tirer par un enfant, quelquefois même par un Prêtre. Quand celle qui étoit marquée d'une Croix venoit à être tirée la premiere, l'accusé passoit pour innocent, & tout au contraire de l'autre.

Au raport d'Agobard & du cinquiéme Livre des Capitulaires, on procedoit à ce jugement encore d'une autre sorte ; car Agobard fait dire à un accusé : *Constituo Cruces ad quas stans immobilis perseverem* ; & dans le cinquiéme des Capitulaires on lit : *Si accusator contendere voluerit de ipso perjurio, stet ad Crucem.*

Voila du Latin à la verité, d'en découvrir le sens, c'est la question & qui pourroit le faire, nous apprendroit tout ensemble, comment à Paris on procedoit à cette autre maniere de jugement de la Croix, & même par toute la France & ailleurs mais ceci passe les énigmes, & Pithou tout curieux & habile qu'il fût, ni tous les Savans de son tems & du nôtre, n'en ont sû venir à bout.

Quant au jugement du pain & du fromage, quelques unes des ceremonies & des exorcismes dont j'ai parlé, y étoient aussi admises ; non pas seules veritablement, mais avec beaucoup d'autres, dont je ne rappotterai neanmoins que les plus remarquables.

Le pain étoit d'orge, un Prêtre le benissoit aussi-bien que le fromage, l'accusé juroit que faussement il étoit soupçonné du crime dont on le chargeoit : il faut savoir au reste, qu'ainsi que dans tous les autres jugemens, personne n'y assistoit qu'à jeun. A la Messe qui se disoit, ennuyeuse par ses longues oraisons faites exprès, cet accusé recevoit le Corps & le Sang de Jesus-Christ, & pour lors le Prêtre après l'avoir communié, conjuroit Dieu par le Corps & le Sang de Notre Seigneur qu'il venoit de lui donner, que s'il étoit parjure, ses entrailles se retrécissent, qu'il s'étranglât le gosier, & que sa bouche vînt à se clorre si-bien, qu'il ne pût prendre ni goûter le pain & le fromage, ou s'il le prenoit, qu'il le rendît à sa confusion ; qu'enfin il tremblât, pâlit & chancelât de tous ses membres.

Etienne III, défendit le jugement de l'eau froide, avec si peu d'effet, que cent ans après, Louis le Debonnaire, & trois cens ans depuis Innocent III, furent obligés de renouveller la même défense. Avant eux Alexandre III, l'avoit encore condamné, aussi bien que tous les autres ; mais aussi vainement. Peut-être n'eut-on pas plus de déference pour les Capitulaires, qui ordonnoient qu'a l'avenir on ne fût plus si hardi d'examiner personne

sur

DE LA VILLE DE PARIS. Liv. X.

fur la Croix, de crainte que par notre temerité, la Croix de Jesus-Chrift qui eft notre fanctification ne devînt l'objet de notre mepris ; & peut-être encore les défenfes d'Etienne V, d'Innocent & d'Honoré III, furent elles auffi inutiles

Et tout de même en 1215, celles du Concile de Latran touchant ces jugemens de l'eau froide, de l'eau chaude, du fer chaud & de leurs céremonies.

Par le Concile de Meaux, il fut enjoint aux Prélats de ne plus prêter ferment à l'avenir.

Hincmar affûre qu'autant de fois qu'on en a exigé d'eux, ça été une entreprife contre Dieu & les canons de l'Eglife. Nous voyons dans Bede, que cela arrivoit fi fouvent, qu'on fut contraint d'établir de groffes penitences contre ceux qui en feroient Ceux, dit-il, qui en font dans l'Eglife fur l'Evangile, doivent expier telle faute par une penitence de douze ans, ou de fept au moins. Quand c'étoit entre les mains d'un Evêque, d'un Prêtre, d'un Diacre, ou fur une Croix benite, l'Eglife pour lors, fe contentoit d'un an; felon quelques-uns de deux, & felon d'autres de trois. Que fi cela fe faifoit fur une Croix qui ne fût point confacrée, la penitence étoit d'un an entier, ou du moins de fept mois. Chés les Grecs, il ne fe parloit point de penitence, quand on venoit à jurer entre les mains d'une perfonne feculiere.

Enfin, le tems plus fort que tous les Papes enfemble, ni tous les Conciles, eft venu à bout de tous ces jugemens fuperftitieux, & les a entierement abolis, après avoir deshonoré l'Eglife durant tant de fiécles.

Quant au Duel, le plus barbare & le plus hazardeux de tous, il a méprifé & Conciles, & Papes, & s'eft maintenu comme en dépit d'eux, jufqu'au fiécle paffé, ainfi que je vais faire voir au difcours fuivant.

DUELS ET COMBATS A OUTRANCE.

DUELS EN GENERAL.

JE ne prétends point parler ici des Duels qu'on a faits depuis que les Lois les ont abolis, & qui fe paffent fecretement entre des engagés & des feconds qui ne fe font point fait de mal, & ne s'en veulent point, & neanmoins qui ne laiffent pas de s'entretuer, fouvent fur de faux bruits. Je ne ferois pas même fouvenir du Duel de Caylus, Maugiron & Livrot, contre Eutraquet, Riborne & Schomberg, la plupart Mignons fraifés & frifés de Henri III, quoiqu'il ait été fait dans le Parc des Tournelles, où eft aujourd'hui la Place Royale, n'étoit que c'eft le premier où les feconds, appellés alors Parains, qui ont commencé à fe batre.

Je paffe que depuis, du tems qu'Henri IV tenoit Paris affiegé, Foffé ayant obtenu permiffion du Duc de Maïenne, d'envoyer dans l'Armée du Roi appeller Saint-Juft, qui avoit tenu de mauvais difcours de fon pere, & fon appel ayant été accepté, du confentement du Roi, il eut le Duc pour parain ; & faint Juft, le Maréchal de Biron, & qu'alors Saint Juft fût defarmé par la faute de fon cheval, & tué fur le champ, fans mifericorde.

Je paffe encore les Duels de Villemors contre Fontaine ; de Varaines contre Lartigres ; de Nantouillet contre le Comte de Sault ; de Breffieu contre Balagni ; du Chevalier de Guife contre le Baron de Luy ; & enfin , celui du Marquis de Rouillac contre du Marois, qui tous deux en plein minuit, se batirent le flambeau à la main. Ces Duels-là au reste se trouvent dans le vrai Théatre d'Honneur & de Chevalerie de la Colombiere.

Je laisse là tout de même celui de Bourtheville & de Chapelle, qui leur fit trancher la tête. A peine seulement dirai-je qu'en 1642, deux Courtisanes, & en 1665, deux Dames assés qualifiées se batirent par jalousie avec de courtes épées, celles-ci près de Paris, & les autres sur le Boulevard de la Porte saint Antoine, & qu'elles se porterent des coups au visage & à la gorge qui faisoient le sujet de leur querelle.

J'étois aux petits Comediens du Marais, lors que deux Comediennes se batirent tout de même sur le Théatre, après s'être querellées à la farce.

On sait que les Auteurs, & même les plus illustres, s'en sont aussi mêlés de nos jours, témoin Malherbe, qui âgé de près de quatre vingts ans, vouloit à toute force en venir à l'épée avec un jeune Gentil-homme qui avoit tué son fils: témoin encore Voiture; car c'est à son Duel que fait allusion Sarrasin dans la Pompe funébre, lorsqu'il dit au Chapitre premier du grand & horrible combat de Vetturius contre Boun de la Coste, & comme Vetturius fit sa priere au Dieu Mars qui ne lui servit de rien.

Et encore au Chapitre quatre, du prodigieux spectacle qui apparut dans les jardins du Palais de la sage Artenice, comme Vetturius y fut blessé par le bon Luiteur, lequel il combatit aux flambeaux.

De plus, au Chapitre cinq, comme Vetturius se batoit nuit & jour, & l'Edit des Duels qui n'étoit pas fait pour lui.

En un mot, les bêtes même ont été reçues à se batre en Duel aussi bien que les Beaux-esprits & les Dames ; car s'il en faut croire quelques Historiens, un Levrier s'est batu en Duel contre l'assassin de son Maître, en presence de Charles V, ou de Charles VIII, dans l'Isle Notre-Dame il est certain, que de nos jours cette fausse bravoure s'est rendue si commune, que même les Laquais se portent sur le Pré.

Ce n'est donc pas de ces Duels ici clandestins & défendus, dont je veux traiter ; mais de ceux qui se faisoient publiquement par ordre du Roi, du Parlement & des Ecclesiastiques même ; car enfin, autrefois les Duels & les Combats à outrance que l'Eglise défend, & que les Loix punissent aujourd'hui, ne se permettoient pas seulement aux gens du siécle, mais encore aux gens d'Eglise ; & cela par les Loix & par l'Eglise même, lorsqu'il s'agissoit d'un differend qu'on ne pouvoit accorder. A la verité pour l'ordinaire, cela se faisoit par l'entremise de champions qu'ils choisissoient à leur place ; mais aussi eux-mêmes quelquefois en champ clos, & les armes à la main les uns contre les autres. Et de fait, Renaud Chesnel, Clerc de l'Evêque de Xaintes, se batit contre Guillaume l'un des Religieux de Geoffroi Abbé de Vendôme.

Saint Louis eut beau défendre les Duels, il n'y gagna rien. Si Philippe le Bel après lui en fit autant en 1296 & 1303, ce ne fut que durant la guerre ; car il les rétablit en 1306, sous quatre conditions que je montrerai quand il en sera tems.

En 1307, le Sénéchal de Toulouse, eut ordre de lui, de renvoyer au Parlement de Paris la connoissance de tous les procès des Duels qu'on lui apportoit.

Sous Charles VI, on se batoit pour si peu de chose, qu'il fit défense sur peine de la vie, d'en venir aux armes sans cause raisonnable, à ce que dit Monstrelet ; & Juvenal des Ursins tout de même assûre qu'il publia une Ordonnance, que jamais nuls ne fussent reçus, au Royaume de France, à faire gages de bataille en fait d'armes, sinon qu'il y eût gage jugé par le Roi, ou sa Cour du Parlement.

Et de fait, alors non-seulement on se batoit en Duel, & l'on s'entretuoit pour se purger d'un crime, soit qu'on en fût convaincu, ou simplement accufé & foupçonné ; mais auffi cela fe faifoit pour l'honneur des Dames, ou de fa Maitreffe, ou par une pure vanité, pour faire parade de fon adreffe & de fa valeur. Et cependant nonobftant tout cela, les efprits alors étoient fi prévenus de fuperftition, qu'il n'y avoit perfonne qui ne crût que la valeur & le bon droit étoit attaché au fuccès de tels combats ; que Dieu y préfidoit & fe déclaroit toujours en faveur de l'innocence ; & enfin on en étoit fi bien perfuadé, que le Parlement, lors même qu'il étoit rempli de Prélats & de Pairs Eccleliaftiques, confifquoit le bien des champions tués, quelque ferment qu'ils euffent fait qu'on les foupçonnoit à tort ; & de plus, adjugeoit une fomme très-confiderable à leurs meurtriers. Bien davantage, non-feulement les Loix leur permettoient de dire, mais même l'Eglife le fouffroit, qu'ils venoient fe batre au nom de faint Georges le bon Chevalier, de faint Denys, de Madame fainte Marie Mere de Dieu, & de Dieu même.

On enduroit qu'ils fiffent le figne de la Croix, & juraffent fur les faints Evangiles, par Dieu & par fes Saints, avant que d'en venir aux prifes. Si bien que Jean Duc de Bourbon, non-feulement fonda un Ordre de Chevalerie, ou plutôt un Combat à outrance, de dix-fept contre dix-fept, à l'honneur des Dames, & pour gagner les bonnes graces de fa Maitreffe ; mais encore l établit au nom de la benoîte Trinité, de la glorieufe Vierge Marie & de Monfeigneur faint Michel Ange, à Notre Dame de Paris, dans une Chapelle nommée la Chapelle de Grace Notre-Dame, où fe difoit une grande Meffe tous les Dimanches, & une petite les autres jours ; de plus, un Service & dix-fept autres Meffes pour chaque Confrere affommé en Duel.

En un mot, on fouffrit que Jarnac, après avoir vaincu en Duel la Chaftaigneraye, portât fes armes à Notre Dame, & les y élevât en guife de trophée devant la Chapelle de la Vierge où elles demeurerent long-tems ; & que Quarrouges tout couvert encore du fang de le Gris, fit une offrande à Notre-Dame, pour ufer des termes de Froiffard, qui fignifient peut-être, offrir à la Vierge les armes de celui qu'il venoit de tuer ; car enfin, les armes du vaincu appartenoient au vainqueur.

Enfin l'Eglife fouffroit que ceux qui fe devoient batre, fiffent dire des Meffes pour leur Duel, & l'on trouve dans les anciens Miffels de ces Meffes-là, appellées *Miffa pro Duello*.

Le Gris avant que de fe batre, fit prier Dieu pour lui dans tous les Monafteres de Paris, le Duc d'Orleans vint à faint Denys exprès, afin d'engager les Religieux à faire des prieres pour les fept François qui fe batirent en 1404, contre fept Anglois ; & le jour du combat les fept François, avant que d'entrer dans les lices, entendirent la Meffe bien devotement, & communierent.

Ajoutés à tout ceci que Jean de Meulant Evêque du Diocèfe, voulut être prefent au Duel des Ducs de Lenclaftre & de Boheme : & s'il m'eft permis de fortir de Paris pour un moment, l'Eglife affemblée au Concile de
affifta à celui de   , contre   & que les Ecclefiaftiques auffi-bien que les Laïques, ordonnoient le Duel par leurs Arrêts ; qu'euxmêmes s'y foumettoient devant les Juges Royaux, qu'ils amenoient & faifoient batre devant eux les champions qui prenoient leur place. Chapitres, Prieurs, Abbés, Prélats, tels que le Chapitre de Notre Dame & celui de faint Merri ; les Abbés de faint Denys, de fainte Geneviéve & de faint Germain : en un mot, tous les Seigneurs hauts Jufticiers d'Eglife, ou autres, ordonnoient par leurs Sentences les Combats à outrance & les Duels, ce qui s'appelloit, *Placitum enfis*, le procès, ou le plaids de l'épée ; & enfin les Princes condamnoient à mort ceux qui s'étoient batus fans leur permiffion. Au lieu de Crucifix qui fe met prefentement dans les lieux où les hauts Jufticiers, rendent juftice, on voyoit deux champions armés de toutes pieces, acharnés au combat.

Ragueau dit avoir vû au Cloître saint Merri, dans la Chambre où le Chapitre donnoit audiance alors, & je suis bien trompé, si je n'en ai vû moi-même dans les deux Chambres des Requêtes du Palais, avant qu'on les eût éclairées & rehauffées d'or & de peintures, & des autres ornemens dont elles font enrichies ; & enfin, je penfe que derriere le Crucifix de l'une de ces deux Chambres, il refte encore finon un champion tout entier, au moins une grande partie.

DIFFERENCE DES DUELS.

DE tout ce que j'ai dit jufqu'ici, il refulte qu'autrefois à Paris il y avoit bien des fortes de Duels, & où l'on obfervoit diverfes formalités : les unes étoient particulieres à chaque forte de Duel, & les autres communes à tous.

Quant à la difference des Duels, les uns fe batoient à l'honneur des Dames & de leurs Maitreffes ; les autres pour faire montre de leur adreffe & de leur valeur : d'autres pour fe venger d'une calomnie, ou d'une injure ; quelques-uns pour remettre fous le joug des gens qui l'avoient fecoué, ou bien pour maintenir des droits Seigneuriaux qu'on leur difputoit, ou pour fe délivrer d'exactions injuftes dont ils fe fentoient accablés. Quelquefois pour venger l'honneur des Dames flétri par des paroles indignes ou autrement.

Enfin, l'on fe batoit pour fe purger & fe laver d'un crime dont on étoit foupçonné ; tous ces duels au refte avoient chacun quelque formalité à part, qui leur étoit refervée, outre les générales.

Mais afin qu'on ne croie pas que la Colombiere & les autres les aient toutes rapportées, non plus que tous les Duels & Combats à outrance, qui font répandus dans notre Hiftoire, j'avertirai ici, avant que d'entrer en matiere, que fi je viens à faire mention de quelques Duels ou formalités qui foient dans leurs Ouvrages, ce fera en deux mots, & que ce difcours fera plein de formalités & de Duels dont ils n'ont point parlé, & qui peut-être furprendront pour leur fingularité ; car quant aux autres formalités générales & même particulieres, je ne m'en chargerai qu'autant qu'elles feront à mon fujet, & que je les jugerai neceffaires.

FORMALITE'S DES DUELS.

QUANT aux formalités générales des Duels, entre autres il falloit ;
Que le Roi marquât le lieu & le jour du Duel.

En quelque endroit de Paris qu'il fe fit, le Voyer exigeoit deux fols fix deniers de chaque champion, lorfqu'ils avoient jetté l'écu ou le gage de bataille ; fept fols fix deniers parifis, quand le lieu où ils fe devoient batre, étoit donné.

A l'égard de ces lieux-là, quelquefois c'étoit devant le Louvre, ou bien devant l'Hotel de Ville ; d'autrefois à la rue faint Antoine, ou derriere le Prieuré de faint Martin, ou enfin, au-delà de faint Germain des Prés ; mais toujours dans un grand lieu, tels que ceux-ci, nommés *Lices*, *Champ-clos & champ de bataille*, jonché de fable, entourré de barrieres doubles, avec des échafaux de tous côtés pour le Roi & la Cour, pour les Juges du combat & pour les Dames ; tantôt c'étoit le Parlement qui en faifoit là dépenfe, tantôt l'agreffeur, ou fa partie, & tantôt à frais communs. Du refte, il y a grande apparence que ceux de saint Martin & de saint Germain étoient toujours prêts, & qu'on les laissoit là sans les renouveller; jusqu'à ce qu'ils ne fussent plus en état de servir. Et de fait, le Gris & Quarrouges se batirent dans celui où la Trémoille & Courtenai s'étoient déja batus; & de plus, ce fut dans l'autre de saint Germain des Prés, qu'au tems de la prison du Roi Jean, Charles de Navarre harangua les Parisiens.

Dehors & tout au tour des Lices, s'entassoient les uns sur les autres; ceux qui mourroient d'envie de voir le Duel. Dedans & au bas de l'échafaud des Juges étoient les gardes du Champ de bataille. Aux deux bouts il y avoit deux chaises, vis à vis l'une de l'autre, où se tenoient assis les Combatans, en attendant l'heure du combat, ou s'il n'y avoit point de chaise à la place, ils trouvoient deux pavillons de toile pour s'y retirer; mais afin que ces pavillons ou ces chaises ne pussent nuire aux champions, avant que le combat commençât, on les ôtoit.

Quand le Roi, ou ne vouloit pas, ou ne pouvoit pas s'y trouver, à sa place il envoyoit le Connétable, ou quelque autre personne de merite & de grande qualité.

Au reste soit l'agresseur, ou l'accusateur, tous deux étoient obligés de se rendre là avant midi, & l'autre à trois heures; s'ils y manquoient, celui ci perdoit son honneur, les autres gagnoient leur procès; ce qui s'observoit avec tant de rigueur par les hauts Justiciers, en matiere juridique, que l'heure passée, & le jugement prononcé en faveur de celui qui s'étoit présenté, si alors il venoit à rencontrer son adversaire, ou qu'il fût sorti du champ de bataille, les juges le faisoient conduire au Châtelet.

Que si les Combatans étoient gens de qualité, & qu'ils arrivassent à tems, les armes étoient à leur choix, pour prendre celles qu'il leur plairoit, & toujours étoient assistés de Princes du Sang, ou de personnes de la plus haute condition. En entrant ils faisoient la reverence au Roi, ou à celui qui le representoit, puis s'adressant à leurs Juges, & après à leur ennemi, ils leur tenoient certains propos rapportés par la Colombiere, & par beaucoup d'autres que tout le monde sait, & dont on se servoit, aussi-bien ailleurs qu'à Paris.

Je ne m'amuserai point à dire qu'ils se reservoient la liberté de remonter à cheval, ou d'en rechanger, au cas qu'ils vinsent à tomber, ou à être portés à terre, ou même d'en descendre pour se batre à pied. Bien plus, leurs armes venant à se rompre, d'en prendre d'autres, même de les échanger & de les reprendre à leur volonté, autant de fois que Dieu leur en feroit venir l'envie.

Je laisse encore qu'ils n'osoient en avoir d'enchantées, ni d'autres que telles que permettoit la Coutume de France; qu'ils ne pouvoient commencer le Combat que les gardes du camp ne les eussent placés vis-à-vis l'un de l'autre, & ne leur eussent dit, *faites devoir*; & de plus, qu'il falloit cesser de se batre, lorsqu'on leur crioit, *ho, ho, ho*.

Enfin je ne dis point qu'au vainqueur appartenoient les armes du vaincu, & qu'on mettoit celui-ci hors des Lices avant l'autre.

Parlons maintenant des formalités singulieres aux Duels.

FORMALITÉS SINGULIERES.

A La premiere forte de Duel, lorfqu'il s'agiffoit feulement de l'adreffe, de la valeur, ou de l'honneur des Dames, la chofe fe paffoit entre Gentils-hommes, mais prefque toujours Chevaliers : d'ordinaire entre les Princes François; fouvent entre des François, des Anglois, des Portugais & autres Etrangers de haute qualité & de haut courage.

Quand de grands Seigneurs Etrangers venoient exprès en France, quelquefois le Roi les défrayoit. Entroient ils dans les Lices auffi-bien que leurs Rivaux, leurs habits étoient magnifiques, & leurs Pages richement vêtus. Des Princes, ou les plus grands Seigneurs du Royaume portoient leurs Armes, & tenoient le mord de leurs Chevaux; tantôt au fon des trompettes feulement, tantôt au fon des trompettes & des violons tour enfemble.

Les Combatans quelquefois convenoient entre eux des courfes de Lances qu'ils feroient, & des coups d'épée, de dague, ou de hache qu'ils fe donneroient. Souvent après avoir fait parade dans le Champ de bataille, tant de leur magnificence, que de leur bonne mine, & couru une fois le Roi les faifoit féparer & fortir enfemble des Lices. S'il fouffroit qu'ils en vinffent aux mains, à la premiere bleffure, ou lorfqu'ils commençoient à s'échauffer, il les empêchoit de paffer outre, & rarement les laiffoit faire jufqu'à ce que l'un vint à avoir l'avantage. Toujours à la fin, il les combloit d'honneurs & de prefents, & les faifoit conduire hors du Camp-clos, accompagnés de même, & de la même façon qu'ils y étoient entrés.

DUELS ORDONNÉS POUR CRIMES.

LE Roi & le Parlement ont fi fouvent ordonné le Duel, que pour éviter la longueur, & ne pas ennuyer, je me contenterai des exemples fuivans.

Louis le Gros étant parti de Paris, accompagné de quantité de grands Seigneurs & de Chevaliers, n'apprit pas plutôt le meurtre de Milon de Montlheri, qu'il condamna Hugues de Creci, qui en étoit accufé, de fe purger par la voie du Duel, à la Cour d'Amauri Comte de Montfort.

Au Bois de Vincennes, Philippe de Valois condamna le Chevalier Vervins à fe battre en Duel contre un autre Chevalier appellé du Bois, qu'il prétendoit l'avoir enforcelé; ajoûtant même qu'il faifoit tout ce qu'il vouloit d'une femme, la touchant fimplement, ou venant à lui parler.

Les fept Février 1375, trois Janvier 1376, & neuf Juillet 1396, plufieurs caufes de Duel & gages de batailles furent plaidées au Parlement, en prefence de Charles V & de Charles VI.

En 1256, le Parlement condamna un nommé Roza à fe purger par le Duel d'un adultere, dont l'accufoit un certain Charenton. Et tout au contraire, en 1306, 1308, 1311, 1333 & 1334, il le défendit à diverfes perfonnes.

En 1342, le Parlement encore non content de le défendre par contumace à Clement de la Hure de Château Regnard, accufé par Jean de Bizoz de Choite, de plufieurs crimes, comme d'avoir empoifonné deux de fes fervantes, & tué fa femme, & de plus, tué fon pere à lui, & fon frere avec trois autres perfonnes; il bannit encore l'accufateur, le condamna aux dépens, dont il fe referva la taxe, & renvoya la Hure abfous.

En 1354, il permit à un gendre de se batre contre son beau-pere, pour avoir violé sa femme, à ce qu'il disoit : à quoi le beau-pere accusé répondoit, que si sa fille se plaignoit d'un tel inceste, c'étoit son mari qui l'y contraignoit par force ou par sortilege.

De plus, en 1386, il ordonna qu'un Ecuyer nommé le Gris, accusé par le Chevalier Quarrouge d'avoir violé sa femme, se batroit contre lui, & se raporta au Roi, tant du lieu que du jour du Duel.

Enfin en 1404, Jean Corroboret Ecuyer, demanda permission au Parlement & au Chancelier qui se trouva à l'Audiance, de se batre contre Cuiselle qu'il accusoit, outre bien d'autres crimes, d'avoir empoisonné une femme riche, Gilles de Cuiselle, dont il étoit heritier.

Voici les termes usités alors au Bareau en pareilles rencontres.

Jean Corroboret appella du gage de bataille, Pierre de Cuiselle sur plusieurs attentats ; & quand il l'eut jetté, le Parlement décida si Cuiselle le devoit recevoir ou lever, ou s'il cheoit, ou escheoit gage de bataille ; ou bien, *si Duellum* ou *gagium Duelli cadebat*.

LIEUX PATIBULAIRES.

SAINT DENYS du Pas, Montmartre & la Croix du Tiroi, sont à ce qu'on dit, les trois plus anciens lieux patibulaires de Paris. Au dernier, Brunehaud Reine de Bourgogne & d'Austrasie, la meurtriere de plusieurs Rois, a été, dit-on, tirée à quatre chevaux. Sur la place où elle fut executée, on éleva une Croix ; on donna à la Croix & à la place, le nom de la Croix du Tiroi, & on les considere comme le Tombeau des Rois d'Austrasie & de Bourgogne, & comme la reconnoissance de la Monarchie de France ; cependant il est certain que Brunehaut ne souffrit le dernier supplice, ni à la Croix du Tiroi, ni en cette Ville, ç'a été assurément en Champagne, près de la Riviere de Vigenne, dans les Champs Catalauniques, celebres par la victoire   , & il seroit aisé de faire voir que la Croix du Tiroi doit son nom au Fief de Therouenne, appellé autrefois par corruption, le Fief de Tiroye & de Tiroi.

Les discours qu'on fait des deux autres lieux patibulaires ont un peu plus de fondement. On dit que les Païens y ont fait mourir à la façon Romaine saint Denys, l'un des Apôtres des Gaules, le premier Evêque & le premier Martyr de Paris, & qu'à la façon des premiers Chrétiens, on y bâtit avec le tems une Chapelle ; mais on ne sait auquel des deux endroits cela est arrivé : le bruit du peuple & de la renommée est pour Montmartre ; l'opinion de quelques savans Novateurs est pour saint Denys du Pas. Les noms de saint Denys du Pas, & de *sanctus Dionysius à Passu*, où peut-être, *à Passione*, petite Eglise assise à l'un des bouts de la Cité, derriére Notre Dame, & unie au Chapitre, marquent, disent ils, & signifient le lieu où saint Denys a pati, ou a souffert la mort, ou la passion, si vous voulés. Son nom, sa situation, le voisinage de l'Eglise Cathedrale, quelques autres circonstances conspirent à ce qu'ils disent, à faire voir évidemment la verité de leur découverte & d'une chose si generalement inconnue. Le peuple au contraire, donne créance au conte qu'il a reçû de ses ancêtres de main en main ; que saint Denys a eu la tête tranchée hors de Paris à Montmartre, petite Montagne élevée dans une grande plaine, sur la pente qui regarde la Ville, au même endroit où se voit une petite Chapelle appellée les Martyrs : de même que les Savans, il se fonde sur son nom, & Montmartre veut dire, à ce qu'il dit, le Mont des Martyrs, ou le lieu sanctifié par le Martyre de saint Denys & de ses Compagnons. Cependant il est certain que Montmartre signifie le Mont de Mars : le Poëte Abbon le nomme de la sorte en 886. Dans le Clos des Religieuses de cette Montagne, on voit encore les ruines d'un ancien édifice, qu'on prend pour les ruines d'un Temple dédié à Mars, & Mars étoit anciennement l'un des principaux Dieux des Gaulois, suivant Jules Cesar. Ainsi, Monsieur, sur de vains noms traduits comme on veut, sont fondés Montmartre, & saint Denys du Pas, le Tombeau du Paganisme, le Berceau du Christianisme des Parisiens, ou le Mausolée de l'Apôtre de Paris. Ni le Peuple, ni les Savans ne savent rien d'un évenement que personne ne devroit ignorer à Paris. Cela posé, il y a quelque apparence que saint Denys du Pas a servi de lieu patibulaire : peut être qu'il en servoit avant la mort de saint Denys ; Montmartre n'en a jamais servi, saint Denys n'y a point souffert le dernier supplice, & si la Croix du Tiroi en sert maintenant ce n'est que depuis peu Les choses que je vais vous dire de Mont-Faucon, de la Place Dauphine, des Filles Penitentes, & de Champeaux, trois ou quatre autres lieux patibulaires, sont bien plus assûrées.

Si rien n'empêche de déterminer le nombre de ces gibets, c'est que je me figure que Champeaux & les Filles Penitentes n'en composoient qu'un ; s'ils en composoient deux, celui-là devoit être pour les Criminels condamnés par les Juges Royaux ; celui ci pour ceux du Territoire de saint Magloire. Quoi qu'il en soit, anciennement Champeaux étoit un lieu d'une très-grande étendue : la Halle, le Cimetiere saint Innocent, une partie de la rue saint Denys, & peut-être les Filles Penitentes en faisoient partie, comme nous avons montré ailleurs. Les Sectaires de l'Heresiarque Amauri y furent punis du feu : l'Abbé de Montmirail faisant fouiller en 1503, dans le jardin des Filles Penitentes, alors Abbaye de l'Ordre de saint Benoît, sous le nom de saint Magloire, & un Bourgeois du voisinage faisant rebâtir près de-là une maison qui lui appartenoit en 1545, déterrerent des ossemens, des potences, des chaînes de fer & autres pareils vestiges d'un lieu patibulaire. Depuis on en a établi deux autres dans Champeaux, l'un à la Place aux Chats, contre le Cimetiere saint Innocent, où on a executé peu de monde, l'autre près du Marché aux Poissons, où on en a executé quantité, & où je reviendrai tantôt.

Dans la Place Dauphine, le second ou le troisiéme des lieux patibulaires que je viens de nommer, furent punis du feu en 1313 & en 1315, le Maître Général des Templiers, le Maître de Normandie & trois femmes accusées d'avoir fait des breuvages semblables à ceux avec lesquels Pierre de Latilli avoit avancé les jours de Philippe le Bel & de Philippe le Hardi. C'étoit alors une petite Isle détachée de la Cité, assise derriere le Palais, vis-à-vis & du côté des Grands Augustins, dans le Territoire de saint Germain des Prés. Comme le supplice des Templiers ne s'ordonna point par les Juges de ce Monastere, & qu'il se fit neanmoins sur ses terres, les Religieux de saint Germain demanderent raison de cette entreprise à Philippe le Bel, & obtinrent de lui un Acte par lequel il leur déclara qu'en cette rencontre il n'avoit pas prétendu préjudicier à leurs droits en aucune façon, ni qu'on s'en pût prévaloir à l'avenir. S'ils firent les mêmes plaintes à Louis Hutin en 1315, il n'en est rien venu à ma connoissance. Depuis plusieurs années le Bailli du Palais y ordonna toutes choses à sa volonté, les Moines de saint Germain las peut être de s'en plaindre & de plaider vainement pour cela, le laissent faire tout ce qui lui plaît.

Quant à Mont-Faucon, il est hors de Paris, ainsi que Montmartre sur une petite éminence, entre la porte du Temple & la porte saint Martin Son premier nom étoit Gibet ; ç'a été le Gibet de Paris, avec le tems : depuis

une

DE LA VILLE DE PARIS. Liv. X.

une longue fuite d'années c'eft Mont-Faucon. Mais laiffant à part les vains difcours de l'origine de fon nom, qui font en la bouche du peuple, & épars çà & là dans quelques méchans Livres, Mont-Faucon eft le nom du Mont, ou de l'éminence, fur lequel eft fitué ce lieu patibulaire, & vient apparemment d'un certain Comte appellé Fulco, ou Faulcon, proprietaire des Terres d'alentour. Au moins eft il certain qu'en 1189, Robert fon fils vendit à St Lazare cinquante-deux livres & demie deux Terres labourables, qui fe rencontroient entre faint Lazare & le Gibet, & fur lefquelles fon pere avoit affigné le douaire de la Comteffe fa mere. Peut-être qu'un autre ajoûteroit à cela, que fous Lothaire & Louis V, les derniers Rois de la feconde Race, un autre Comte nommé auffi Faucon, ou Fulco, poffedoit une Terre près de-là, ou près de Montmartre, qu'il donna à l'Abbaye de faint Magloire, & s'efforceroit d'en tirer à force de machines, quelque chofe qui pourroit convenir à l'étymologie en queftion. Pour moi je me contenterai de ce que j'en viens de dire; j'y joindrai feulement qu'en 1288, Froger de Villeneuve Chevalier, vendit à faint Lazare une Terre qu'il avoit entre ce Prieuré & le Gibet, & j'infererai de-là, que dès l'an 1188, & peut-être auparavant, il y avoit un lieu patibulaire fur le haut de Mont-Faucon.

Prefque tous ceux qui en ont fait quelque mention, veulent que ce foit un ouvrage d'Enguerand de Marigni, d'autres de Pierre Remi Seigneur de Montigni, tous prétendent que Montigni & Enguerand de Marigni y ont été executés, tantôt les premiers, tantôt après d'autres; tantôt à l'endroit le plus éminent. Et il n'y en a prefque aucun qui ne remarque que perfonne n'y a fait travailler, qu'il n'y ait été attaché, ou qu'il n'ait fait amende honorable, comme fi le Tombeau des Scelerats ne fe creufoit que par leurs femblables. Quoi qu'il en foit, le Continuateur de Nangis nous apprend que Pierre Remi donna le deffein d'un lieu patibulaire, qu'il le fit faire avec grand foin, & qu'il y fouffrit le dernier fupplice en 1328. Un Regiftre des œuvres Royaux de l'an 1457 porte qu'en ce tems-là il fe fit un Gibet de bois nommé le Gibet de Montigni, qui revint à quarante-cinq livres quatre fous parifis, & que devant & après on en éleva d'autres aux environs qui étoient de bois. La Chronique fcandaleufe raconte qu'à caufe de la vieilleffe & de la ruine de l'ancien Gibet appellé Mont-Faucon, on executa plufieurs Criminels au Gibet nouvellement bâti, nommé Montigni. Ces difcours divers & prefque contraires nous cauferont des difficultés que je pourrois peut-être lever; mais qui demandent trop de tems, & n'en valent pas la peine.

Qui que ce foit donc qui ait donné commencement au Gibet de Mont-Faucon, Mont-Faucon eft une éminence douce, infenfible, élevée, entre le Fauxbourg faint Martin & celui du Temple, dans un lieu que l'on découvre de quelques lieues à la ronde. Sur le haut eft une maffe accompagnée de feize pilliers, où conduit une rampe de pierre affés large, qui fe fermoit autrefois avec une bonne porte. La maffe eft paralellogramme, haute de deux à trois toifes, longue de fix à fept, large de cinq ou fix, terminée d'une plate-forme, & compofée de dix ou douze affifes de gros quartiers de pierres bien liées & bien cimentées, ruftiques ou refendues dans leurs joints. Les pilliers gros, quarrés, hauts chacun de trente-deux à trente-trois pieds, & faits de trente-deux ou trente-trois groffes pierres refendues ou ruftiques, de même que les précedentes, & auffi bien liées & cimentées, y étoient rangées en deux files fur la largeur, & en une fur la longueur. Pour les joindre enfemble & pour y attacher les Criminels, on avoit enclavé dans leurs chaperons deux gros liens de bois qui traverfoient de l'un à l'autre, avec des chaînes de fer d'efpace en efpace. Au milieu étoit une cave où fe jettoient apparemment les corps des Criminels, quand il n'en reftoit plus que les carcaffes, ou que toutes les chaînes & les places étoient remplies. Préfentement cette cave eft comblée, la porte de la rampe rompue; fes marches brifées: des pilliers, à peine y en refte-il fur pied trois ou

Tome II.   EEee

quatre, les autres font ou entierement, ou à demi ruinés ; la plupart de leurs pierres entaffées les unes fur les autres confufément, couvrent des ruines une partie de la plate-forme de la maffe ; en un mot, de ce lieu patibulaire fi folidement bâti, à peine la maffe en eft-elle encore debout. De l'éminence même fur laquelle il étoit élevé, il ne fubfifte plus que la terre que cette maffe remplit, les environs en ont été enlevés & font convertis en plâtrieres. Rien ne s'eft garanti des injures du tems & des hommes, qu'une grande Croix de pierre qui femble moderne, & qui n'eft pas affurément celle que Juvenal des Urfins, & l'Auteur de la Chronique Latine manufcrite de faint Denys, attribuent à Pierre de Craon, parent de Charles VI, Familier & Chambellan du Duc de Berri, fameux pour l'affaffinat du Connétable de Cliffon Favori du Roi, bien commencé, mieux conduit ; mais mal executé, & fuivi de fa ruine.

Il la fit faire, à ce qu'en dit le premier, en réparation de fon crime ; felon l'autre, ce fut ou par penitence, ou par Arrêt, & il la rehauffa de fes Armes & d'un Crucifix. Jufques-là il ne fe mettoit point de Croix apparemment près des lieux patibulaires ; mais certainement on n'accordoit point aux Criminels de Paris & du Royaume le Sacrement de Pénitence ; les Juges les facrifioient à la vengeance de leurs Parties, de même que les Païens les bêtes à leurs Idoles. Je ne penfe pas qu'il faille donner quelque créance aux chofes que l'Auteur de la Chronique manufcrite de faint Denys ajoute à ce propos, que Pierre de Craon obtint de Charles VI, que les Malfaiteurs feroient confeffés à l'avenir ; que pour le faire, il donna un fonds au Couvent des Cordeliers & qu'ils le faifoient aux pieds de cette Croix ; car ceci eft autrement rapporté dans les Lettes expediées fur ce fujet. Elles portent que le douze Février 1396, Charles VI abolit la mauvaife coutume de refufer le Sacrement de Penitence aux Criminels, qu'il leur permit de le recevoir après leur condamnation, & avant que de fortir de prifon pour être conduits au fupplice. Que de peur que tout éperdus de la crainte de la mort, ils n'oubliaffent de le demander, il enjoignit à fes Officiers de les en faire fouvenir, & qu'il accorda ces avantages à ces malheureux, à la perfuafion de fon frere & de fes oncles, par l'avis de fon Confeil & de quelques Confeillers du Parlement & du Châtelet. Les Conciles contiennent des chofes fur ce fujet qui conviennent trop bien à ce difcours pour être paffées fous filence.

Par celui de Cartage de l'an 395, & le fixiéme de Conftantinople tenu *in Trullo*, ou dans le Palais de l'Empereur en 835, il paroît qu'on adminiftroit aux morts les Sacremens de Penitence & de l'Euchariftie ; qu'à la place des morts on batifoit quelquefois des perfonnes en vie, & que ces abus furent alors abolis. Les Conciles d'Agde & de Worme, le onziéme de Maïence & celui de Tribur près de-là, tenus en 506, 770, 448, & 1035, ordonnent de communier les Criminels. Alexandre IV enjoint la même chofe dans le treiziéme fiécle. Clement V, en 1411, fe contente de leur accorder la Confeffion. Vers la fin du fiécle paffé, fous les Papes Pie IV, Pie V, & Gregoire XIII, les Peres affemblés à Rome, interrogés fur cela, déclarerent que fi les Conciles commandoient de confeffer ceux qui s'accufoient fimplement de leurs pechés, & de les communier, quand ils en avoient un digne repentir ; il ne le falloit pas refufer à ceux à qui leurs pechés attiroient une mort violente. On n'a commencé à les confeffer qu'en 1396 : neanmoins Guenois prétend qu'on le faifoit long-tems auparavant, mais il y a long tems que les Cordeliers ne les affiftent plus.

Louife de Lorraine veuve de Henri III, conftitua fur l'Hotel-Dieu trois mille fix cens livres au denier dix-huit, pour la fondation de trois Bourfes ou penfions de trois Bacheliers en Theologie, qu'elle obligea à venir prêcher les Fêtes folemnelles en la Conciergerie, au grand & au petit Châtelet, à confoler les prifonniers dans les cachots, à confeffer les patiens après leur condamnation & à les assister jusqu'au dernier soupir. Depuis, Madame de Simié, Dame de la Cour de Henri III & de Henri IV, si recommandable pour ses attraits & pour ses plaisirs, donna pour cela cent écus de rente à la Sorbonne ; c'étoit alors une somme assés considerable. Maintenant que c'est peu de chose pour la peine que donnent des scelerats réduits à cette extrémité, il ne laisse pas d'y avoir toujours en Sorbone plus de gens de bien qu'il n'en faut pour leur rendre ce dernier devoir, & même pour solliciter cette corvée avec empressement.

 Autrefois on executoit les Criminels les Fêtes & les Dimanches, de même que les autres jours, & on les laissoit pourir au Gibet dans leurs habits : vous verrés tantôt qu'on vola ceux d'Enguerrand de Marigni. Le lendemain de Pâques de l'année 1301, une Maquerelle fut exposée à l'échelle de sainte Geneviéve ; Pierre Remi fut mis en croix le jour de saint Marc de l'an 1328, un Chevalier convaincu de vols, de violemens & de meurtres, fut mis à mort le premier Dimanche du mois de Mai de l'année 1344. Ces quatre exemples vous tiendront lieu de cent autres semblables. Je ne saurois vous dire quand on a cessé de faire mourir les Criminels à Mont-Faucon : je sai seulement que quelquefois on ne les y portoit qu'après avoir été executés ailleurs, & je me souviens d'y avoir vû des corps attachés. Pendant qu'on les traînoit au supplice, on leur faisoit faire, dit-on, deux pauses en chemin ; la premiere, à ce qu'on dit, à l'Hopital sainte Catherine de la rue saint Denys, où on leur donnoit quelque chose à boire & à manger ; la seconde assûrement dans la cour des Filles-Dieu devant un Crucifix de bois qui s'y voit encore aujourd'hui au chevet de l'Eglise, vis-à-vis l'entrée de la cour. Dès qu'ils y étoient arrivés, le Confesseur des Religieuses disoit pour eux quelques prieres, leur donnoit de l'eau benite & on leur faisoit baiser une Croix, manger trois morceaux de pain & boire un verre de vin. La plupart des Criminels illustres dont je vais vous parler, y furent conduits de même que les miserables, quoique l'Histoire ne le dise pas. On y conduisit sur tout Semblançai Sur Intendant des Finances, à ce qu'en dit l'Auteur du Journal de François I: cela s'appelloit le dernier morceau des patiens, & ressemble fort au petit repas que les Dames Juives faisoient faire aux personnes condamnées à la mort, & au vin de myrrhe qu'ils presenterent à Jesus-Christ attaché en Croix, & qui a donné si fort dans la tête des le Fevres, des Baronius & des Casaubons.

 Il importe peu qu'Enguerrand de Marigni Gouverneur de Philippe le Bel & du Royaume, Pierre Remi, & Semblançai Sur-Intendant des Finances sous Charles le Bel, Charles VIII, Louis XII, & François I, Montagu Grand-Maître de la Maison de Charles VI, Olivier le Daim, Barbier & Tyran de Louis XI, l'Amiral de Coligni Chef du Parti Huguenot sous Charles IX, & autres grands Hommes élevés & étouffés dans les bras de la fortune, aient été executés, ou mis après leur execution au Gibet de Paris, au Gibet de Montigni, ou à Mont-Faucon. L'infortune du premier a peut-être servi de modele à ses semblables ; c'étoit le Ministre, les delices de Philippe le Bel. Incontinent après la mort de ce Prince, il fut arrêté, accusé de peculat, jugé & executé comme un scelerat. Il faut que les Favoris des Rois se méfient de la fortune, quand ils leur survivent cependant il n'avoit peut-être pas commis d'autre crime, que d'avoir rendu devant Philippe le Bel un démenti que le frere de ce Roi lui avoit donné. S'il perit à Mont-Faucon, au Gibet qu'il y avoit fait faire au lieu le plus éminent, on le dit, on le croit ; j'en doute. Après sa mort il fut détaché, dépouillé, laissé nud à terre, & remis en Croix avec un autre habillement. C'est le premier vol en l'air, & l'exemple le plus bizare de la persecution de la fortune dont vous ayés peut-être ouï parler. Le frere du Roi se repentit, dit on, à loisir de sa vengeance précipitée ; sa conscience, ou suivant la tradition, des spectres affreux, la lui reprocherent incessamment ; il en gemit, il en languit, il en mourut, & pour comble de malheur, il fut fils, frere, oncle & pere de Roi, & ne put être Roi.

Pierre Remi avoit eu en sa disposition les Trésors de Charles le Bel & les biens de ses peuples, aussi bien qu'Enguerrand de Marigni, & fut accusé d'une telle déprédation des biens du peuple, & d'une si prodigieuse dissipation des Trésors du Roi, qu'on le tenoit riche de plus de douze cens mille livres, richesse surpassant toute créance en ce tems là, que le Roi ne jouissoit pas d'un million de revenu. Charles le Bel le fit arrêter, Philippe de Valois executer, ses déprédations en furent le pretexte, ses richesses la cause : son intelligence avec les ennemis de l'Etat en auroit été la cause & le prétexte, si on ne l'eut ignorée. Le Gibet qu'il avoit préparé pour d'autres fut pour lui, le Mausolée qu'il avoit préparé pour lui fut pour d'autres ; la fortune se joue souvent ainsi des projets des hommes.

Le corps de Jean de Montagu Grand Maître de la Maison du Roi, & l'un des principaux Ministres d'Etat sous Charles VI, moins chargé de crimes que de la haine du Duc de Bourgogne, le Tyran du Royaume, fut porté à Mont-Faucon, après avoir eu la tête tranchée à la Halle. Pierre des Essarts Prevôt de Paris, qui le jugea, en paya la peine peu à près : son innocence fut justifiée; on le porta avec splendeur dans le sein de ses ancêtres; terres,biens, honneurs, devoirs, il n'y eut rien qu'on ne se mit en peine de lui rendre, si rien pouvoit compenser la perte de la vie.

On ne prit pas tant de peine pour Olivier le Daim ; aussi l'appelloit-on Olivier le Diable à cause de son empire tyrannique sur l'esprit de Louis XI, de son insolence envers les Princes, de sa barbarie envers tout le monde. La fortune qui l'avoit comme servi pendant le cours de la vie du Roi, ne l'abandonna point qu'il ne l'eût achevé. La peur du dernier supplice dont Louis XI avoit menacé quiconque l'avertiroit qu'il falloit mourir, empêcha jusqu'à son Confesseur de lui donner un avis si salutaire & si perilleux. Mais l'avidité ou de se signaler par une temerité défendue, ou d'exciter le Roi à penser enfin serieusement à l'autre monde, fit qu'Olivier le Daim entreprit au peril de sa tête, ce que son Confesseur n'avoit osé entreprendre. C'est la plus belle action de sa vie, la derniere de son pouvoir, la plus dure qu'ait souffert Louis XI, & la seule qu'il n'ait pû venger. Peu après Olivier le Daim chargé de ses crimes & d'autres, devint la victime des Grands, le jouet du peuple, l'objet de la cruauté des boureaux. Mais bien loin de servir de pâture aux oiseaux de proie aussi-long-tems que l'innocent Montagu, il n'y demeura exposé que deux jours ; après quoi il fut enterré à saint Laurent Paroisse de Mont Faucon Encore qu'il fût le Demon, ou le mauvais Ange de la Cour, toutefois il y trouva encore de bons Anges, ou de bons Demons, qui impeterent pour lui cette grace de Charles VIII.

Jaques de Beaulne de Semblançai, Général ou Sur-Intendant des Finances sous Charles VIII, Louis XII, & François I, porta aussi à Mont-Faucon l'usure des concussions dont on l'accusa, ou plutôt la vengeance de Louise de Savoie mere de François I, Regente du Royaume pendant l'expedition du Milanois. Car cette Princesse resolue de ruiner Lautrec, Gouverneur de Milan, & d'élever en sa place le bâtard de Savoie son frere, retint quatre cens mille francs destinés pour l'Armée, où le Roi étoit en personne, faute de cela, on perdit la bataille de Bicoque : & cette Princesse ayant sû que Semblançai l'avoit dit à son fils, elle lui suscita des gens qui l'accuserent de peculat, piege presque inévitable à ceux qui manient l'argent d'autrui.

Enfin l'Amiral de Coligni, grand Capitaine, Chef des Religionnaires, cause innocente de la fatale journée de saint Barthelemi, fut attaché à Mont-Faucon sous Charles IX, après avoir été assassiné par ordre & en presence de ses ennemis, moins braves, mais plus heureux que lui. Quelqu'un a laissé par écrit que le Roi, qui peu de jours auparavant l'avoit été voir, & l'avoit entretenu avec bien de la familiarité au lit où il étoit malade, l'alla pareillement voir à Mont-Faucon avec quelques-uns de ses familiers, qu'il le confidera long-tems à plaisir, pendant que ses Courtisans se bouchoient le nés, pour ne pas sentir la mauvaise odeur de son corps, & que les ayant vû faire, il se prit à leur dire, que le corps d'un ennemi mort ne sentoit jamais mal.

J'ai presque oublié le Maréchal d'Ancre, le Ministre de Marie de Medicis, l'épouventail de Henri le Grand & de Louis XIII, le tourment du Duc de Luynes, le fleau des Princes. On l'assassina sur le pont-levis du Louvre: force gens se glorifierent de l'avoir fait. Quelques débris de sa fortune, & le Bâton de Maréchal de France furent donnés à celui qui l'entreprit. S'il eut fallu recompenser de même tous ses persecuteurs, le monde n'avoit pas assés de richesses. Il fut déterré, traîné par les rues, pendu aux Gibets qu'il avoit fait dresser, exposé à toutes sortes d'outrages. Sa femme, sorciere ou non, perdit la vie, son fils & tout le reste: le Duc de Luynes logé en sa maison empêcha l'execution de l'Arrêt prononcé contre elle.

Tandis que Mont-Faucon servoit de lieu patibulaire, il y en avoit encore à la Halle dont je viens de parler; au Marché aux Pourceaux; contre la Butte saint Roch; & en divers quartiers des Piloris & des Echelles. Je trouve même que la Seine a servi, s'il faut ainsi dire, de lieu patibulaire. Dans le quatorze & quinziéme siécle, vis-à-vis la Greve, sous le Pont-au-Change, devant la Tour de Billi, bâtie alors derriere les Celestins, on a noyé par Arrêt du Parlement quantité de Criminels dont j'aurai occasion de dire un mot dans le discours suivant. Peut-être que le Marché aux Pourceaux n'a été destiné qu'au supplice des Heretiques; car entre plusieurs personnes qu'on y a executées autrefois, je ne vois point qu'on y en ait fait mourir d'autres. Aux Halles, plusieurs Seigneurs revoltés contre le Roi & autres gens chargés de toutes sortes de crimes, ont porté la peine de leur revolte & de leurs forfaits. Je ne sai s'il ne me faudroit point passer que le Gibet des Halles & le Pilori n'étoient apparemment qu'une même chose, & que si rien me le pouvoit faire croire, c'est qu'en 1542, il y avoit au Pilori un échafaud qui tomboit en ruine, & qu'à la place on y en fit un autre.

Dans un Contrat de l'année 1295, le Pilori s'appelle *Puteus dictus Lori*. De-là on apprend que Pilori est un nom corrompu & tiré de Puits Lori, & de Puits de Lori, ou d'une personne nommée Lori; & que ce Gibet a été fait à la place ou aux environs de ce Puits, & en a pris le nom. Celui que nous voyons aujourd'hui aux Halles s'est fait trois cens ans depuis. Auparavant il consistoit en une cour accompagnée d'une écurie, d'un appentis haut de sept pieds sur neuf de longueur, & d'un couvert où se gardoient la nuit les corps des malfaiteurs, avant que d'être portés à Mont-Faucon. Il y a long-tems qu'on n'y pilorie plus personne. Presentement il est environné de boutiques louées par l'Executeur à des Artisans. La Croix dressée près de-là, à la façon des autres Gibets, subsiste encore aujourd'hui, & sert d'azyle à de certaines nouvelles colonies de Voleurs publics, composées de gens de tous pays & de toutes conditions, riches des dépouilles de toutes sortes de personnes, qui jouissent de leurs vols sous ses auspices.

A ses pieds les Cessionnaires doivent venir déclarer qu'ils font cession, & recevoir le bonnet verd des mains du Boureau: sans cela les cessions n'avoient pas de lieu il y a quelques années. Les Loix avoient attaché cette ignominie à celle d'être Cessionnaire, afin que l'un pût empêcher l'autre: & cela peut-être, à la façon des anciens Romains qui n'admettoient point de femme publique qu'après en avoir fait sa déclaration aux Magistrats. Depuis peu on n'use plus de ces précautions en pareille occurrence; il n'y a que les miserables qui se rendent aux pieds de cette Croix. Ce n'est plus même l'Executeur qui fait les cris ordinaires aux miserables, mais un Porte-faix à qui il a affermé cette corvée; des autres, la plupart se contentent d'envoyer querir un Acte du Porte faix; le reste en grand nombre ne s'en foucie pas. Maintenant tant de monde fait ceſſion, que ſi tous les Ceſſionnaires étoient obligés à prendre de tels Actes, cette ferme vaudroit plus au Boureau que ſon métier.

A la place de la Barriere des Sergens du petit Marché du Fauxbourg ſaint Germain, il y avoit autrefois un autre Pilori, & près de-là une Echelle. A l'un & l'autre l'Abbé de ſaint Germain faiſoit executer ceux que ſes Juges avoient condamnés au dernier ſupplice ou à quelque peine afflictive. De même que l'Abbé de ſaint Germain, l'Evêque de Paris, l'Abbé de ſainte Geneviéve, les Prieurs de ſaint Eloi & de ſaint Martin, & le Chapitre de Notre-Dame avoient chacun une Echelle à Paris ſur leurs Terres, où ils faiſoient faire leurs executions. S'ils avoient pareillement un Pilori, il n'en reſte aucune marque ni dans Paris ni dans leurs Cartulaires. L'Echelle de l'Evêque étoit dans le Parvis, & ſans vous ennuyer par le long recit des Maletroit, des Aubriots, des Orgemonts, & autres qu'on y a fait mourir ou expoſés, je me contenterai de vous dire que le pere du Breul dit que dans le ſiécle paſſé, ou en ſa jeuneſſe, on y expoſa un Prêtre qui avoit au dos, *propter fornicationes*, écrit en lettres majuſcules. En 1301, une Macquerelle qui juroit vilainement, fut miſe à celle de ſainte Geneviéve. En 1320, Philippe le Long permit aux Bourgeois qui demeuroient près de l'Egliſe de ſaint Gervais, d'ériger une Croix à la Porte Baudets, à la place de l'Echelle du Prieuré de ſaint Eloi. Dans le ſiécle paſſé qu'on entroit dans le Prieuré de ſaint Martin par la rue au Maire, & que l'Egliſe de ſaint Nicolas des Champs n'avoit pas tant de longueur, l'Echelle du Prieuré de ſaint Martin ſe voyoit dans le Cloître de ſaint Nicolas des Champs, entre la porte de l'Egliſe & la rue au Maire, au lieu-même où il y a maintenant un Poteau. Le Chapitre de Notre Dame avoit la ſienne, près du Port ſaint Landri : on la rompit, on l'emporta, on informa contre ceux qu'on en ſoupçonnoit en 1410. Il n'y a que le Temple, ou le Grand Prieur de France, qui ait conſervé la ſienne. La rue où elle eſt érigée, en a pris ſon nom. Durant la minorité de Louis XIV, elle fut brûlée la nuit par une troupe effrenée de jeunes Seigneurs de la Cour, nommés les petits-Maîtres, fameux par les tours de jeunes gens qu'ils faiſoient jour & nuit, & rétablie ſans bruit bien-tôt après, de peur que ce petit jeu ne fit rire trop de monde, & ne mît au jour beaucoup d'autres petits jeux qu'ils faiſoient la nuit, & qu'ils vouloient tenir cachés. Juſqu'en 1667, elle a eu bien plus de largeur que preſentement, & a été de l'autre côté de la rue de l'Echelle du Temple, vis à vis la rue Michel-le-Comte ; mais comme en cet endroit elle cauſoit ſouvent des embaras ; à la priere du Préſident le Cogneux & autres gens riches du voiſinage, le Grand Prieur l'a fait étracir & tranſporter de l'autre côté, où elle occupe peu de place, & n'embaraſſe nullement.

Il ne faut point douter après cela que la Ville, les Abbés de ſaint Magloire & de ſaint Victor, le Prieur de ſaint Lazare & autres Seigneurs hauts Juſticiers n'aient eu auſſi leur Echelle chacun à Paris ; mais j'en ignore juſqu'à la ſituation. A preſent quand il leur arrive ou à eux ou à ceux que j'ai nommés de faire juſtice ſur leurs Terres, c'eſt en quelque carrefour ou en quelque Place de leur Juriſdiction, comme, à la Place Maubert, ou Cimetiere ſaint Jean, & autres Marchés.

Enfin la Greve, la Croix du Tiroi, la Porte de Paris, & l'Eſtrapade ſont maintenant les lieux patibulaires les plus ordinaires de cette Ville. Je ne ſai rien du premier avant 1310, & des autres que de fort moderne ; pour l'Eſtrapade, on l'a dreſſée de nos jours le long des foſſés du Fauxbourg ſaint Jaques : on y eſtrapade & on y arquebuſe les Soldats. Quant à la Greve, elle eſt remarquable par la mort du Maréchal de Marillac, qui n'y auroit peut-être pas été exécuté pour des corvées & des concuſſions crimes inévitables aux gens de guerre, ſi à la journée des Dupes, il n'y eût condamné le Cardinal de Richelieu, & que ce Miniſtre n'eût pas condamné à la peine du Talion toutes les Dupes de cette journée.

Je n'ajoûte pas que cette Place eſt mémorable encore par le ſupplice du Marquis de Saint-Vallier, que le Parlement jugea digne de mort ſous François I, pour avoir participé à la révolte du Connétable de Bourbon. Comme le Maréchal, il fut livré entre les mains des Boureaux, mené à la Greve, traîné ſur un échafaut, & environné de tout le funeſte appareil qui a coutume d'accompagner les Criminels au ſupplice. Mais à l'aide de la beauté & de la jeuneſſe de ſa fille, il en fut quitte pour la peur, & pour une fiévre qui a donné lieu à la fiévre de Saint-Vallier.

Peut-être qu'il ne faudroit pas joindre à ces lieux patibulaires la Place de devant la Baſtille, non plus que les Cours de ce Château & du Palais pour cinq executions qu'on y a faites, ſi elles n'étoient toutes très mémorables. Deux hommes accuſés d'avoir ſervi, contre le Roi, le Prince de Condé leur Maître pendant ſa révolte, furent traînés la nuit, & executés, à la lueur des flambeaux devant la porte de la Baſtille toute ouverte, par ordre & ſous la conduite de certaines gens, pleins de terreurs paniques, qui donnerent cette nuit-là de grandes marques de leur peur & de leur foibleſſe.

Le Duc de Biron, l'un des plus braves hommes de ſon tems, tout bouffi d'ambition & de ſes exploits, plein d'arrogance, de vanité, & de reproches contre ſon Roi, infatué de vaines eſperances par le Roi d'Eſpagne & le Duc de Savoie, aima mieux mourir en Lion, comme il avoit vécu dans la cour de la Baſtille, convaincu du crime de lèze-Majeſté, que de confeſſer ſa conjuration à Henri IV, qui l'aimoit avec ſon crime, & le lui vouloit pardonner. Le Connétable de Saint-Paul, après avoir trahi ſouvent Louis XI, fut trahi à la fin par le Duc de Bourgogne, principal auteur de ſes trahiſons. A l'exemple du Duc de Biron, il ne denia pas ſes crimes; moins vain & arrogant que lui, il en auroit volontiers demandé pardon à Louis XI, ſi ce Prince, qui ne regardoit le pardon des ennemis que comme un monſtre ou une chimere, l'eût mis en état de le demander.

De nos jours, un Maure que des gens de ſac & de corde vouloient arracher des mains de la Juſtice, a été mis à mort dans la cour du Palais. Son Arrêt portoit qu'il ſeroit attaché en Croix à la Greve; mais de peur qu'il ne s'executât pas, & faute d'avoir le tems de recouvrer une potence, on fit mourir ce miſerable au Mai dreſſé en ce lieu par les Clercs du Palais. Sur cette nouveauté, les Clercs perſuadés qu'on les avoit deshonorés, mirent le Mai à bas en furie, & de leur autorité; mais ayant ſû qu'on alloit informer contre eux, ils le remirent auſſi tôt, & bien leur en prit.

En la même cour Sance Loup.

DES SUPPLICES.

CETTE matiere pour sa varieté est assés curieuse, tant à l'égard des crimes, que des peines & des tourmens qu'on faisoit souffrir aux coupables.

Sous la premiere Race, les Francs, peuples durs & barbares, apporterent avec eux la cruauté de leurs supplices; mais qui fut bientôt moderée peu à peu, lorsqu'ils vinrent à respirer un air plus doux, tel que celui de Paris, & à vivre avec des peuples plus civilisés.

SOUS LES DRUIDES.

DU tems que les Druides gouvernoient, lorsqu'ils venoient à condamner quelqu'un, & qu'il faisoit refus d'acquiescer à leur Jugement, & d'y obeïr; sans avoir recours aux boureaux pour punition, mais pire que tous les supplices ensemble, leurs mysteres lui étoient interdits, il ne pouvoit plus être admis aux Charges, ni aux Dignités.

Les Magistrats n'osoient lui rendre justice; il passoit pour scelerat & pour impie; & enfin chacun le fuyoit comme un pestiferé. En sorte qu'il se trouvoit au même état qu'ont été depuis dans la primitive Eglise les Heretiques & les grands Pecheurs, lorsque les Evêques les avoient excommuniés.

SOUS LA PREMIERE RACE.

CLOTAIRE I, poursuivant son fils Chramnus qui s'étoit revolté contre lui, après avoir été investi par ses Troupes dans une méchante cabanne, où il s'étoit refugié, le fit étendre tout nud sur un banc, & fouetter avec des serviettes tant qu'il eut un point de vie. Ensuite de quoi, on mit le feu à cette chaumiere, où perirent miserablement sa femme & ses enfans qui s'y étoient retirés avec lui.

Mummole grand Seigneur, soupçonné simplement par Fredegonde, aussibien que quelques femmes & quelques filles, d'avoir fait mourir ses enfans par sortilege, furent tous empalés, ou roués, ou brûlés; la plupart à Paris, les autres aux environs.

Riculfe Ecclesiastique, & Lendaste Gouverneur de Touraine, ayant été convaincus d'avoir divulgué certaines petites familiarités entre Fredegonde & Bertrand Evêque de Bourdeaux, souffrirent la plus longue, & la plus barbare torture que les questionnaires pûrent inventer. Lendaste après plusieurs blessures reçues à Petit-Pont par les gens de la Reine qui le poursuivoient, & pris enfin, on le laissa languir en cet état, & pourir au milieu de l'ordure qui sortoit de ses plaies : & comme on vit qu'il n'en pouvoit plus, on lui attacha au col un long bâton, & le frapant à grands coups dessus la gorge, il fut délivré de tous ses maux.

A l'égard de Riculfe, homme d'Eglise, il n'y a sorte de torture qu'il n'endurât;

DE LA VILLE DE PARIS. Liv. X.

les coups de fouet lui venoient de tous côtés, non-seulement par la main des Boureaux qui s'en acquittoient assés bien, mais encore par tous ceux qui vouloient être de la partie ; de sorte qu'on peut dire qu'il fut presque martyrisé.

Pour Mummol dont j'ai parlé avant Lendaste, & que je devois mettre en cet endroit, son supplice fut tel. Après avoir été attaché à une poutre du plancher, & fouetté cruellement ; ainsi suspendu en l'air, il fut encore déchiré de coups étendu sur un treteau : ensuite, tant aux pieds qu'aux mains on lui attacha des alênes au bout des doigts, entre l'ongle & la chair. Cela fait, on lui fit éprouver toutes les sortes de gênes & de tortures qui étoient en usage en ce tems-là ; supplice d'autant plus cruel, que personne que lui ne l'avoit souffert en France, horsmis les Martyrs.

Quant aux femmes accusées de même crime, une belle jeune Damoiselle de la Cour, que Clovis fils aîné de Chilperic aimoit, fut empalée auprès de Paris, devant la tente de ce Prince, & presque à sa vûe. Sa mere fut brûlée ; celle-ci appliquée à la question, pour déclarer ses complices, chargea Clovis, & s'en dédit après, protestant de l'innocence de ce Prince qu'elle n'avoit accusé que pour être soulagée, vaincue par la violence des tourmens.

Les autres femmes qui passoient pour sorcieres, & dont quelques-unes confesserent à la question que veritablement c'étoient elles qui avoient fait mourir le fils de la Reine, afin de conserver la vie de Mummol, furent punies diversement ; il y en eut de brulées ; d'autres empalées, ou mises sur la roue ; & d'autres endurerent un autre supplice.

Dans ce tems-là même, Grindion que Meroë fils de Chilperic aimoit particulierement, fut aussi rouée.

Hunigisile, l'un de ceux dont Fredegonde s'étoit déja servi pour assassiner son mari, & tout de nouveau envoyé par elle en Austrasie, afin de tuer le Roi Childebert, ayant été pris, & sachant ce qui l'amenoit, pour le payer de sa peine, il fut fouetté à tant de reprises, qu'autant de fois que ses plaies étoient prêtes de se refermer, on recommençoit.

Or parce que tout le monde veut qu'on ait fait mourir Brunehault à la Croix du Tiroi, & non pas vers Châlons en Champagne, dans les Champs Cathalauniques, je rapporterai ici son supplice, autant qu'on le peut savoir : car enfin, les Historiens ne sont pas trop d'accord là-dessus entre eux, comme je ferai voir dans mes preuves.

Après donc avoir été livrée à Clotaire II, par les Grands de Bourgogne, & que ce Prince en leur presence, lui eut reproché le meurtre de dix Rois, par ignominie on la fit monter sur un Chameau, & promener par tout le Camp. Ensuite elle fut abandonnée aux questionnaires, qui trois jours durant lui firent souffrir mille maux. Cela fait, on l'attacha par les pieds, par les mains, & par les cheveux à la queue de deux chevaux indomptés ; ou de davantage, puis son corps fut jetté au feu & reduit en cendres.

S'il est vrai ce qu'on lit dans le Roman de Robert Duc de Normandie, appellé Robert le Diable, à cause de ses cruautés ; ce Prince fit attacher par les parties naturelles, l'Abbé de sainte Geneviéve, au haut du portail de son Eglise à un anneau de fer, qu'on voit encore passé dans une tête de Belier, pour lui avoir envoyé des os de chat, au lieu des Reliques de sainte Geneviéve qu'il lui demandoit, afin d'être gueri de la fiévre.

Tome II.

LA ROUE.

AIMOIN rapporte qu'en 1127, Louis le Gros fit mettre en Croix Bertholde, principal auteur de l'affassinat de Charles le Bon, Comte de Flandre, avec un chien attaché auprès de lui qu'on batoit de tems en tems, afin de lui faire mordre le visage.

Pour Bouchard qui en avoit été meurtrier, il fut roué d'une façon assés approchante de celle de Bessus.

Quelques Historiens du treiziéme siécle, assûrent encore de même qu'en 1225, Jeanne Comtesse de Flandre fit mettre en Croix entre deux vieux chiens noirs à tous les Piloris de ses principales Villes, l'Imposteur qui se disoit être son propre pere, & la vouloit dépouiller de ses Etats : Histoire dont je ne me serois pas chargé, comme n'étant point de mon sujet, si ce n'étoit que je ferai voir ailleurs qu'autrefois c'étoit le supplice dont on se servoit contre les Juifs, & à Paris & par toute la France.

SUPPLICE D'ÊTRE ENFOUI.

EN 1295, par Sentence du Bailli de sainte Geneviéve, Marie de Romainville soupçonnée de larcin, fut enfouie à Auteuil solemnellement sous les fourches.

Amelotte de Christeuil, par une autre Sentence du même Bailli, le fut encore en 1302, pour avoir dérobé, entre autres choses, une cotte, deux anneaux, & deux ceintures.

Sous Louis XI, deux autres femmes souffrirent le même supplice, l'une appellée Guillemette Maugerepuis, pour des crimes que je ne sai point ; l'autre en qualité de laronnesse & de receleuse, nommée Perrette Mauger.

Enfin, si enterrer tout vivant & enfouir signifient la même chose, Prevôt de Paris, fut enfoui & enterré tout vivant par ordre de Philippe Auguste, pour avoir juré faussement qu'il avoit acheté une certaine vigne.

POTENCE.

EN 1328, Guillaume Doyen de Bruges, principal auteur d'une revolte arrivée en Flandre, eut les mains coupées, ensuite fut pilorié & lié sur une roue, les mains attachées autour ; & le lendemain, après avoir perdu presque tout son sang, on le porta à Mont Faucon.

En 1445, une insigne laronnesse, dont nous ignorons le pays ; mais qui assûrément n'étoit ni de Paris, ni des environs, ni peut-être même de France : après avoir crevé les ïeux à un enfant de deux ans, & commis le délit d'épingle, ce qui étoit une grande cruauté, paroles que je n'entends point, fut mise en Croix. On l'executa toute déchevelée, en une longue robe, ceinte d'une corde, les deux jambes ensemble au dessous. Toutes les femmes de Paris presque, à cause de la nouveauté, la voulurent voir mourir, interpretant chacune en sa maniere. Les unes disoient que c'étoit à la mode de son pays ; d'autres que c'est que sa Sentence le portoit exprès, afin qu'il en fût plus longuement mémoire aux autres femmes ; & aussi que le délit étoit si énorme, qu'il y appartenoit bien plus grande punition qu'elle n'eut : toutes raisons aussi considerables que les Auteurs qui les rapportent.

LAPIDATION.

SIGEBERT Roi d'Auftrafie s'étant emparé de Paris, fit affommer à coups de pierres plufieurs Allemans pour avoir facagé & brûlé les Villages des environs.

Pretextat Evêque de Rouen courut le même hazard encore à Paris par la malice de Chilperic. Ce fupplice chés les Macedoniens étoit celui des Criminels de lèze-Majefté, & des femmes adulteres parmi les Juifs.

DE'CAPITATION.

DEUX Auguftins eurent le cou coupé en 1398, pour avoir mis Charles VI en très grand danger de fa vie, à force de lui faire des incifions à la tête, fous prétexte de le guerir de fa folie.

En 1416, on décapita encore un Maître-ès-Arts, un Echevin & trois Bourgeois de Paris, convaincus d'avoir voulu affaffiner le Roi de Sicile, le Duc de Berri, & quelques autres Princes & grands Seigneurs amis du Duc d'Orleans.

Six ans après, quantité d'autres Bourgeois furent encore condamnés par les Anglois à avoir la tête tranchée, pour s'être mis en devoir de livrer Paris à Charles VII, leur Prince legitime.

Un nommé Maclou, Capitaine de Voleurs, autrement dit, le Roi Guillot, fouffrit le même fupplice en 1523.

Prefentement il n'y a plus que les Nobles qu'on faffe mourir de cette forte, encore faut il que leurs crimes foient tels, que pour cela ils n'aient pas dérogé; autrefois on n'y prenoit pas garde de fi près.

LE SUPPLICE DU FEU.

LES anciens Gaulois puniffoient du feu les Voleurs; & tout de même nos ancêtres; & non-feulement les Voleurs de grands chemins, mais encore les Heretiques, les Receleurs & Receleufes, & même les femmes qui avoient deshonoré, ou fait mourir leurs maris.

Saint Louis en 1254, ordonna que tous les Voleurs de grands chemins & Receleurs, retombant dans la même faute pour la troifiéme fois, feroient brûlés fans remiffion. Seize ans après il comprit dans la même Ordonnance les Heretiques, & les femmes qui frequentoient les Meurtriers.

Charles VIII, en 1448, & 1484, renouvella la même Ordonnance; & depuis, Louis XII, en 1515, mais à l'égard des Voleurs feulement. Et de fait, elle fut mife à execution en 1533, 1545, & 1557, contre les affaffins, de Pierre Legat à latere, contre Pierre l'Affommeur, Cuifinier du Capitaine de la Bande des Bonnets verds, & en la perfonne de Batifte Croque-oifon Ecolier de l'Univerfité, furnommé le Capitaine des Boute-feux.

Quelques Templiers en 1313, trois Sorciers en 1315, quantité d'Heretiques auparavant, alors & depuis, furent brûlés, les uns au Marché aux Pourceaux, les autres dans l'Ifle du Palais & ailleurs.

La femme d'un Procureur de la Cour qui avoit empoifonné fon mari, afin d'époufer fon Clerc, fut auffi brûlée en 1404.

Et tout de même en 1407, une Damoifelle nommée Chafteauneuf, pour

Tome II. FFff ij

avoir encore empoisonné le sien, qui l'empêchoit de voir un certain Girard qu'elle aimoit éperdûment. Renée de Vendômois, comme je dirai plus bas, y fut aussi condamnée.

Une femme de Paris pour avoir entrepris avec quelques autres gens de bien, d'ouvrir à Charles VII les portes de la Ville, usurpées par le Roi d'Angleterre, souffrit encore ce genre de mort si cruel en 1422.

Perrette *Lamaugere* Larronnesse; & de plus, un Prêtre Angevin qui avoit tué son Maître, Curé en Anjou, pour avoir son argent & son Benefice, furent aussi brûlés au Parvis Notre Dame en 1460, & en 1537.

De parler du Juif des Billettes, & du Suisse de la rue aux Oues, qu'on fit encore brûler, à ce que prétend le Peuple, je n'en suis pas d'avis.

En 1527, & 1550, on bouillit deux faux Monoyeurs au Marché aux Pourceaux, où deux autres pour pareil crime, bien long-tems devant, savoir, 1347, avoient encore souffert le même supplice; & outre cela, avoient été attachés en Croix: deux punitions assés difficiles à comprendre, comme n'étant pas trop compatibles. Passe pour le feu & l'eau; car on peut faire brûler & noyer tout à la fois.

L'ESSORILLEMENT.

ANCIENNEMENT quand les serviteurs étoient méchans & réfractaires aux ordres de leurs Maîtres, c'étoit la peine ordinaire aux serfs en France, de leur couper les oreilles, & pour en perdre l'engeance, on les châtroit sans marchander davantage. Aux moindres fautes on les étendoit sur un banc, attachés par les pieds & les poings & bandés, le corps nud, comme pour donner la question, & avec des houssines de la grosseur du petit doigt, on leur faisoit une bonne distribution manuelle de six-vingts coups de houssine sur le ventre & par tout; & c'étoit la moindre peine dont on punissoit les serviteurs & servantes.

DES HARS.

QUAND on vouloit mieux traiter les bons serviteurs, on les pensoit de la main avec des houssines de cinq ou six hars, dont on faisoit des hars de ces grosses bourrées que l'on voit dans les bois, que la Loi Salique appelle *Antortas*, & puis étendu sur le banc, on leur déchiroit les épaules de six-vingts coups de hart, ou tout au moins de cinquante en ami. Quand un serviteur voloit deux deniers, ou la valeur de deux deniers, il devoit racheter ses épaules de six-vingts deniers, ou bien avoir autant de coups d'antorte. S'il déroboit la valeur de quarante deniers, il devoit racheter ses pendans, tant par la restitution du principal, duquel il avoit fait vol, que de deux cens quarante deniers pour la peine ; autrement il étoit évité. Voyés la Loi Salique.

DES OREILLES.

AUN serviteur laron ou coupeur de bourses, on lui coupoit l'oreille pour la premiere fois, & pour la seconde les deux, après quoi la mort suivoit la troisiéme. Quand le vol de la premiere fois étoit considerable, on leur coupoit l'oreille gauche, d'autant qu'il y a en icelle une veine qui répond aux parties naturelles, laquelle étant coupée, rend l'homme incapable de pouvoir engendrer, afin que telle race de gens ne laissâssent au monde une engeance vicieuse & méchante, dont il n'y en a que trop.

C'étoit de cet essoreillement & coupure d'oreille que l'on punissoit jadis les coupeurs de bourses & les larons domestiques. A Paris, en ce petit carrefour que l'on voit entre le bout du Pont Notre-Dame, la Macque, saint Jaques de la Boucherie & la Greve, où jadis il y avoit une Echelle comme celle du Temple, cette place étoit nommée, le *Carrefour Guigne-Oreille*, à cause de cette execution, & en langage corrompu, *Guillori*, par le vulgaire. Ce genre de supplice a toujours été tenu pour acte d'infamie & d'ignominie.

LE SUPPLICE DE L'EAU.

CEUX qu'on condamnoit à être noyés, s'executoient quelquefois sous le Pont au-Change; d'ordinaire, hors de la Ville, au-dessus des Celestins, vis-à-vis d'une Tour qui étoit nommée la Tour *de Billi*. Comme ce n'étoit pas de petits coupables qu'on faisoit mourir ainsi, on les enfermoit dans un sac lié avec une corde par le haut, d'où apparemment est venu le proverbe, en parlant des scelerats, *gens de sac & de corde*, & même dont on se sert quelquefois, pour gausser, sur-tout quand on se trouve parmi des Procureurs, & qu'on rit avec eux.

Quoiqu'il en soit., le Parlement, par ordre de Philippe de Valois, fit noyer en 1338, un Chevalier convaincu d'homicide, appellé du Housloi.

En 1344, il en fit encore noyer un sous le Pont au Change, nommé le Chevalier de Rigni, pour avoir tué, volé & violé. Son Arrêt neanmoins portoit qu'il seroit attaché en Croix; mais le Roi, à la priere des amis de ce malheureux, manda au Parlement de changer ce genre de mort en quelque autre qui fût moins ignominieuse.

De cette sorte encore furent punis les Maillotins en 1383, & tout de même en 1411, quelques Soldats qui pilloient & tuoient impitoyablement tout autant de gens qu'ils rencontroient en chemin, sans parler d'un nombre infini d'Armagnacs, à qui on fit faire le plongeon, aussi-bien qu'à eux en 1418.

En 1441, les Anglois pris à Pontoise pour n'avoir pas de quoi payer leur rançon, furent traités tout de même, aussi-bien que trois seditieux en 1465. Et de plus, ceux à qui il échapa de dire en 1590, durant le siége de Paris; qu'il valoit mieux se rendre au Bearnois, que de mourir de faim; que le peuple en fureur précipita dans la Riviere, comme gens infectés d'heresie, ennemis de la Foi, seditieux, & pires que des damnés.

S'il faut ajouter foi au Journal de Charles VI, ce supplice étoit si ordinaire, qu'en 1418, les Armagnacs enleverent sans payer & par force, les toiles des Marchands, sous prétexte d'en faire des tentes & des pavillons pour le Roi; & cependant ce n'étoit à autre dessein que d'en faire des sacs, & noyer toutes les femmes de Paris, qui tenoient le parti des Bourguignons. Mais ceci est un conte tout pur, & qui vient d'un homme fort simple, entierement dévoué au Duc de Bourgogne ; mais suffisant neanmoins, pour montrer combien ce supplice étoit en usage, & pratiqué souvent.

OBSERVATIONS.
sur les supplices précedens.

LA FLAGELLATION.

DE ceux que Fredegonde condamnoit à cette sorte de supplice, quelques-uns demeuroient par fois des trois heures entieres & plus, suspendus en l'air à une poutre, les mains liées sur le dos.

D'autres tout nuds étoient étendus sur un treteau, les mains liées à un moulin & les pieds à un pieu, & pour lors, tandis que les uns leur allongeoient les membres d'une façon si cruelle, que quelquefois ils venoient à se séparer ; d'autres en même tems à grands coups d'étrivieres, de fouet, de verges, de houssines, de courroies doubles & triples, étoient à les déchirer, jusqu'à ce qu'ils fussent las.

Cette sorte de gêne au reste, n'est pas mal representée à Notre-Dame dans un des Tableaux de la Nef; mais tout-à-fait bien à saint Gervais dans ceux de la Nef, & dans les Tapisseries du Chœur. Mais bien plus souvent les Boureaux ne les quittoient point qu'ils ne les eussent tout couverts de plaies, & par fois les renouvelloient à coups de fouet, si-tôt qu'elles commençoient à se fermer & à se pourir, après quoi, ils étoient attachés en Croix, ou avoient la tête tranchée.

Que si à Mummol, outre tous ces tourmens, on lui ficha encore des alênes entre les ongles & la chair, tant aux pieds qu'aux mains, c'est une cruauté digne de Fredegonde, & enfin à l'exception des Martyrs, il est le seul à qui cela soit arrivé.

EMPALEMENT.

FREDEGONDE ne se seroit fait connoître qu'à demi, si elle n'avoit fait voir à la France cet horrible spectacle, & sur-tout en la personne d'une jeune Damoiselle de qualité, belle par excellence, & innocente tout ensemble. Car il n'y a qu'elle qui ait mis cette cruauté en usage: dans tous nos Historiens, il ne s'en trouve point d'exemple que celui de Cachan Roi des Avarois, encore est-ce au-delà des Monts. Voici l'Histoire.

Ce Prince assiegeoit une Ville de Lombardie que Gisulphe vaillant homme défendoit; mais comme il vint à être tué, Romilde sa femme offre au Roi de se rendre, pourvû qu'il veuille l'épouser : elle est prise au mot, & passe avec lui la nuit de ses noces. Le lendemain par son ordre, douze Avarrois se saisissent d'elle, & l'empalent. A la verité je demeure d'accord que ce supplice n'étoit pas nouveau dans le monde, puisqu'enfin plusieurs siécles auparavant chés les Perses, à remonter jusqu'au Regne de Xerxès & de Darius, on s'en servoit ; & depuis encore à Rome contre les Martyrs.

Mais entre les Chrétiens, la chose étoit inouie, & n'a point eu de suite, & si l'on empale encore aujourd'hui, ce n'est qu'en Turquie, & chés les Infidèles.

LA ROUE.

ANCIENNEMENT on rouoit les Criminels d'une autre façon qu'on ne fait à present. Et de plus, ainsi que j'ai montré, les femmes qui en sont exemtes aujourd'hui, y étoient condamnées.

Les forcieres que Fredegonde fit mourir, eurent à la verité les os rompus; mais leur corps eut bien plus à souffrir que celui de nos rouës. Outre qu'on les tourna tout au tour du moyeu, les cuisses aussi bien que les bras rompues, furent entrelassées dans les rais de la roue, entre le moyeu & la jante.

De dire si depuis on en a toujours usé ainsi, cela n'est pas venu à ma connoissance. Je doute même quon ait fait soufrir ce supplice à personne, hormis en 1127 & 1338. S'il fut rétabli sous François I, ce fut en consideration de Nantouillet fils du Chancelier du Prat, attaqué & blessé dangereusement en 1533, par des voleurs de grand chemin.

LES PERSONNES DE QUALITÉ PENDUES à Mont-Faucon.

QUANT aux personnes de qualité qu'on fit mourir, ou qui simplement furent attachées après leur mort, soit à Mont-Faucon, ou au Gibet de Paris, ou à celui de Montigni; car cela importe peu. Les voici.

Le premier, fut Enguerrand de Marigni, l'Oracle, le Ministre, le Sur-Intendant & les delices de Philippe le Bel. Et neanmoins tout ce grand crédit n'empêcha pas qu'aussi tôt que son Prince eût rendu l'esprit, il ne fût arrêté, accusé de peculat, jugé & executé. Quoique cependant il n'eût commis autre crime peut-être, que d'avoir rendu un démenti au frere du Roi en la presence de Philippe : ce qui doit servir d'exemple aux plus grands Favoris, afin de se défier de la fortune, lors même qu'elle les caresse le plus, de crainte d'un revers.

Or qu'il ait été executé à Mont-Faucon, & de plus, au Gibet même qu'il y avoit fait faire, à l'endroit le plus éminent, on le dit, on le croit; j'en doute. Après sa mort au reste, il fut détaché, dépouillé, laissé nud en terre, & remis en Croix avec un autre habit que le sien. On tient que le frere du Roi se repentit à loisir de sa vengeance précipitée: sa conscience, ou à ce que veut la Tradition, des spectres affreux sans cesse lui en faisoient des reproches. Ce qui lui causa une telle langueur, qu'il en mourut. mort d'autant plus remarquable, qu'elle fut pour lui une double punition, puisqu'étant fils, frere, oncle & pere de Roi, elle l'empêcha de l'être.

Pierre Remi, autre Sur-Intendant du tems de Charles le Bel, eut le même destin qu'Enguerrand. Sa conduite fut si criminelle & la dissipation des Finances si étrange, que le Roi le fit arrêter, & Philippe de Valois executer. Il avoit tant de bien, qu'on le tenoit riche de plus de douze cens mille livres, somme étonnante en ce tems-là; & d'autant plus que le Roi alors ne jouissoit que d'un million de revenu. Le Gibet qu'il avoit préparé pour d'autres fut pour lui.

Le corps de Jean de Montagu Grand-Maître de la Maison de Charles VI, & un des principaux Miniftres, fut porté à Mont-Faucon, après avoir eu la tête tranchée aux Halles. Son plus grand crime étoit d'être haï du Duc de Bourgogne. Pierre des Effarts Prevôt de Paris qui le jugea, en porta la peine bien-tôt après ; fon innocence fut juftifiée, & fon corps porté au Tombeau de fes ancêtres. Terres biens, honneurs, tout lui fut rendu, hormis la vie.

Olivier le Daim, autrement appellé Olivier le Diable, Barbier de Louis XI, qui avoit tant d'afcendant fur l'efprit de ce Prince, qu'il en faifoit ce qu'il vouloit. Après la mort du Roi, comme il étoit chargé de crimes, & que d'ailleurs les Princes lui en vouloient à caufe de fon infolence, il fut livré à la Juftice, & attaché à Mont-Faucon, où il ne demeura que deux jours ; après quoi il fut enterré à faint Laurent, Paroiffe de Mont-Faucon: grace, tout méchant & haï qu'il fût, qu'on impetra de Charles VIII. La plus belle action qu'il ait faite eft d'avoir averti Louis XI proche de fa fin que fon heure étoit venue : avis non moins hardi que charitable, après avoir défendu à qui que ce fût, même à fon Confeffeur, fur peine de la vie, de lui parler de la mort.

Jaques de Beaulne de Semblançai, Général, ou Sur-Intendant des Finances fous Charles VIII, Louis XII, & François I, alla auffi mourir à Mont-Faucon, fous prétexte de concuffion ; mais en effet par vengeance : car Louife de Savoie mere de François I, & Regente du Royaume pendant la guerre du Milanois, ayant réfolu de ruiner Lautrec Gouverneur de Milan, & de mettre à fa place le bâtard de Savoie fon frere, retint exprès quatre cens mille francs deftinés pour l'Armée, où le Roi étoit en perfonne, ce qui fit perdre la bataille de Bicoque : & parce qu'elle fût que Semblançai l'avoit dit à fon fils, elle fufcita des gens qui l'accuferent de peculat, piége prefque inévitable à tous ceux qui manient l'argent des Rois.

Enfin, l'Amiral de Coligni, grand Capitaine, Chef de ceux de la Religion, fut auffi attaché à Mont Faucon fous Charles IX, après avoir été affaffiné par fon ordre en prefence de fes ennemis, moins vaillans que lui, mais plus heureux. Quelqu'un a écrit que le Roi qui peu de jours auparavant l'étoit allé voir au lit malade, & l'avoit entretenu avec beaucoup de familiarité, l'alla encore voir au Gibet avec quelques-uns de fes plus confidens ; que même il fut affés de tems à le confiderer : & comme les autres fe bouchoient le nés, à caufe qu'il puoit, le Roi s'en étant apperçû : Sachés, dit-il, que *le corps d'un ennemi mort ne fent jamais mal.*

J'alois oublier le Maréchal d'Ancre, ce Miniftre abfolu de Marie de Medicis, l'épouventail de Henri le Grand & de Louis XIII.

Celui-ci fut affaffiné fur le pont-levis du Louvre ; la recompenfe de la perfonne, non pas qui le tua ; car plufieurs fe vanterent d'avoir fait le coup, mais qui avoit été auteur de l'entreprife, fut un Bâton de Maréchal de France, & quelques débris de fa fortune. Que s'il eut fallu en donner autant à tous fes perfecuteurs, le monde entier ne fe feroit pas trouvé affés riche.

Il fut déterré, traîné par les rues, pendu au Gibet qu'il avoit fait dreffer ; enfin expofé à toutes fortes d'outrages & d'ignominies. Sa femme forciere ou non, perdit la vie, & fon fils.

Le Duc de Luines Favori & logé dans fa maifon, empêcha l'execution de l'Arrêt prononcé contre elle.

AUTRES

AUTRES LIEUX PATIBULAIRES.

DU tems que Mont-Faucon servoit de lieu patibulaire, il ne laissoit pas d'y en avoir encore d'autres, tant à la Halle dont j'ai déja parlé, qu'au Marché aux Pourceaux, contre la Bute de saint Roch; outre le Echelles & les Piloris placés en divers endroits. Je trouve même que la Seine a servi de lieu patibulaire, s'il faut ainsi dire, dans les quatorze & quinziéme siécle, vis-à-vis la Greve, sous le Pont-au-Change, devant la Tour de Billi, bâtie alors derriere les Celestins, où par Arrêt de la Cour on a noyé quantité de Criminels, dont j'aurai occasion de dire un mot dans le discours suivant.

Quant au Marché aux Pourceaux, peut-être n'étoit-il destiné que pour le supplice des Heretiques. Et de fait, de plusieurs personnes qui y ont été executées, je ne vois point qu'on y ait fait mourir d'autres.

Aux Halles, quantité de Seigneurs pour avoir pris les armes contre le Roi, & d'autres grands coupables chargés de divers crimes, ont porté la peine de leurs forfaits & de leur révolte. Le Gibet des Halles au reste, & le Pilori, apparemment n'étoient qu'une même chose ; & ce qui me donne lieu de le croire, est qu'en 1542, y ayant au Pilori un échafaut qui tomboit en ruine on en fit un autre à la place.

TOUCHANT L'EXECUTION DE DEUX TEMPLIERS
en l'Isle du Palais en 1313.

CUM nuper Parisius in Insula exeunte in fluvio Secanæ juxta pointam jardini nostri inter dictum jardinum nostrum ex una parte dicti fluvii & domum Religiosorum virorum fratrum Ordinis sancti Augustini Parif. Ex altera parte dicti fluvii executio facta fuerit de duobus hominibus, qui quondam Templarii existerunt, in insula prædicta combustis. Et Abbas & Conventus S. Germani de Pratis Parif. dicentes se esse in saisina habendi omnimodam altam, & bassam justitiam in insula prædicta super hoc conquererentur, requirentes eorum indemnit.ati super hoc providere. Nos volentes eorum juri super hoc providere tenore præsentium declaramus quod nos nolumus, nec nostræ intentionis existit, quod juri prædictorum Abbatis & Conventus Monasterii S. Germani de Pratis ex facto prædicto ex nunc vel futuris temporibus præjudicium aliquod generetur. Quod ut firmum & stabile permaneat in futurum, præsentibus litteris nostrum fecimus apponi sigillum, salvo in aliis jure nostro, & jure in omnibus alieno. Actum Parif. anno 1313, mense Martii.

LE PILORI.

DANS un Contrat de l'année 1295, le Pilori s'appelle *Puteus dictus Lori*; & de-là on apprend que Pilori est un nom corrompu, tiré de *Putei Lori* & de *Puits de Lori*, ou d'une personne nommée Lori, & que ce Gibet a été fait à la place même, ou aux environs de ce puits, & en a pris le nom.

Celui que nous voyons aujourd'hui aux Halles, a été fait trois cens ans depuis; auparavant il consistoit en une cour accompagnée d'une écurie, d'un appentis haut de sept pieds sur neuf de longueur, & d'un couvert où se gardoient la nuit les corps des malfaiteurs, avant que d'être portés à Mont-Faucon.

Si on y pilorie quelqu'un, c'est rarement ; à present il est environné de boutiques louées par l'Executeur à des Artisans.

La Croix dressée près de-là, à la façon des autres Gibets, subsiste encore aujourd'hui. A ses pieds les Cessionnaires doivent venir déclarer qu'ils font cession, & recevoir le Bonnet verd des mains du Boureau ; sans cela les cessions n'avoient point de lieu, il y a quelques années. Les Loix avoient attaché cette ignominie à la qualité de Cessionnaire, afin d'obliger chacun à prendre garde de près à ses affaires, & ne pas s'engager si librement ; ce qui a quelque rapport avec la coutume des anciens Romains, qui ne souffroient point de femmes publiques, qu'après en avoir fait sa déclaration aux Magistrats.

Depuis peu on n'use plus de cette rigueur, & il n'y a que les misérables à qui on fasse cet affront, & encore n'est ce plus l'Executeur qui fait les cris ordinaires ; mais quelque Crocheteur, ou autre, à qui il donne cette commission. Le tout cependant commence déja si bien à s'abolir, que la plûpart se contentent d'envoyer querir un Acte de ce nouveau Commis ; les autres n'y songent seulement pas. Et de vrai, tant de monde fait cession, que si tous les Cessionnaires étoient obligés à prendre de tels actes, cette Ferme vaudroit plus au Boureau, que son métier.

E'CHELLES.

AU petit Marché du Fauxbourg saint Germain, à la place même où est la Barriere des Sergens, outre un Pilori qu'il y avoit là autrefois, assés près de là étoit encore une Echelle ; & à l'un & à l'autre l'Abbé de saint Germain faisoit executer ceux que ses Juges avoient condamnés à mort, ou à quelque peine afflictive.

L'Evêque de Paris tout de même, l'Abbé de sainte Geneviéve, les Prieurs de saint Eloi & de saint Martin, & le Chapitre de Notre-Dame, avoient une Echelle à Paris, chacun sur sa Terre, où ils faisoient faire leurs executions. De savoir s'ils avoient aussi un Pilori, il n'en reste aucune marque dans la Ville, ni dans les Cartulaires.

L'Echelle de l'Evêque étoit dans le Parvis ; & sans ennuyer par le long récit des Malestroits, des Aubriots, des Orgemonts, & autres qu'on y a fait mourir ou exposé, je me contenterai de dire que le Pere du Breul assûre que le siécle passé, du tems qu'il étoit encore fort jeune, on y exposa un Prêtre, ayant au dos écrit en lettres majuscules, *propter fornicationem*.

En 1301, une maquerelle qui juroit vilainement, fut mise à celle de sainte Geneviéve.

Philippe le Long en 1320, permit aux Bourgeois qui demeuroient proche l'Eglise de saint Gervais, au lieu de l'Echelle du Prieuré de saint Eloi, dressée à la Porte Baudets, d'y ériger une Croix.

Du tems qu'on entroit à saint Martin par la rue au Maire, qui étoit le siécle passé, lorsque l'Eglise de saint Nicolas des Champs n'avoit pas tant de longueur, l'Echelle du Prieuré se voyoit dans le Cloître de saint Nicolas, entre la porte de l'Eglise & la rue au Maire, à l'endroit même où il y a aujourd'hui un Poteau.

Le Chapitre de Notre-Dame avoit la sienne près du Port saint Landri, & comme on vint à la rompre en 1410, & même à l'emporter, pour lors il fut informé contre ceux qui en étoient soupçonnés.

De toutes ces Echelles, il ne reste plus que celle du Temple que le Grand Prieur de France conserve, & c'est d'elle que prend son nom la rue où elle est.

Du tems de la minorité de Louis XIV, elle fut brûlée de nuit par des jeunes éventés de la Cour, qu'on appelloit les *Petits-Maîtres*, qui se plaisoient à faire cent folies, autant le jour que la nuit. Mais bien-tôt après, elle fut rétablie, & cela sans faire semblant de rien; pour éviter le scandale, & ne pas mettre en évidence des choses qu'il valoit beaucoup mieux cacher.

Jusqu'en 1667, qu'elle fut rétablie, elle a eu beaucoup plus de largeur qu'elle n'a, & même étoit de l'autre côté de la rue, vis-à-vis la rue Michel-le-Comte; mais comme là, elle causoit souvent des embarras, à la priere de quelques personnes de qualité du voisinage, le Grand Prieur la fit retrécir & transporter à l'autre coin, où elle ne nuit plus.

Que si tous ces hauts Justiciers dont je viens de parler, ont eu une Echelle, il ne faut point douter que la Ville les Abbés de saint Magloire & de saint Victor, le Prieur de saint Lazare, & tous les autres, n'aient eu chacun la leur à part; mais c'est une chose qui m'est si peu connue, que je n'en sai pas même la situation.

Presentement que telles Echelles sont abolies, tous ces Justiciers, lorsqu'ils font faire Justice sur leurs Terres, c'est toujours à quelque carrefour, ou autre Place de leur Jurisdiction; par exemple, à la Place Maubert, au Cimetiere saint Jean & autres Marchés.

Au reste les lieux patibulaires de Paris, les plus ordinaires aujourd'hui, sont la Greve, la Croix du Tiroi, la Porte de Paris & l'Estrapade.

Pour ce qui est de la Greve, au-dessus de 1310, je suis tout à-fait muet; des autres, je n'en puis rien dire que de fort moderé.

LA GREVE.

LA Greve est remarquable par la mort du Maréchal de Marillac, qui peut-être n'y auroit pas été executé pour des corvées & des concussions, crimes inévitables aux gens de guerre si à la journée des Dupes il n'y eût condamné le Cardinal de Richelieu, & que ce Ministre n'eût pas condamné à la peine du Talion toutes les Dupes de cette journée.

C'est encore à la Greve que bien auparavant, le Marquis de saint Vallier fut vû sur un échafaut, le Boureau à côté, que le Parlement sous François I, avoit jugé digne de mort, pour avoir participé à la revolte du Connétable de Bourbon, où il auroit laissé sa tête, sans la beauté & la jeunesse de sa fille; si bien qu'il en fut quitte pour la peur, & pour une fiévre qui a passé en proverbe: *La fievre de saint Vallier.*

L'ESTRAPADE.

L'ESTRAPADE a été dressée de nos jours le long des fossés du Fauxbourg saint Jaques. Là on y estrapade & on y arquebuse les Soldats; ce qui s'appelle, *passer par les armes.*

Peut-être ne seroit-il pas autrement necessaire d'ajouter à ces lieux de supplice, la place de devant la Bastille, aussi-bien que la cour du Château, & même celle du Palais, pour cinq ou six executions qu'on y a faites; neanmoins comme ces executions sont toutes fort remarquables, je n'en ferai aucune difficulté.

LA BASTILLE.

DEUX hommes qui étoient au Prince de Condé, & tous deux accusés de l'avoir servi pendant sa révolte contre le Roi, furent traînés de nuit, & executés aux flambeaux devant la porte de la Bastille, pour lors toute ouverte; & cela par ordre, & sous la conduite de certaines gens si effarés, que tant que la nuit dura, ils ne firent autre chose que de donner à connoître leur grande frayeur, & leur peu de résolution.

Le Duc de Biron, autant brave qu'on peut l'être, & encore plus ambitieux; d'ailleurs plein de lui même, & des services qu'il avoit rendus, bien au-dessus de tout ce qu'il avoit reçû, & enfin charmé des vaines espérances dont le Duc de Savoie à toute heure & le Roi d'Espagne l'enivroient, aima mieux mourir dans la cour de la Bastille convaincu de crime de lèze-Majesté, que de confesser sa conjuration à Henri le Grand qui l'aimoit tout coupable qu'il fût, & lui vouloit pardonner son crime.

Le Connétable de Saint-Pol, après avoir trahi Louis XI plusieurs fois, & lui-même à la fin trahi par le Duc de Bourgogne auteur de toutes ses trahisons, mourut au même lieu que Biron; mais non pas comme lui, pour n'avoir rien voulu avouer; car il confessa tout, & volontiers en auroit demandé pardon, si le Prince à qui il avoit affaire, eût été capable de pardonner.

LA COUR DU PALAIS.

IL y a quelques années qu'un Maure que des gens de sac & de corde vouloient arracher des mains de la Justice, fut pendu dans la cour du Palais. Son Arrêt portoit qu'il seroit mis en Croix à la Greve; mais de crainte que l'execution ne s'en fît pas, & cependant n'ayant pas le tems de faire faire une potence, il fut attaché au Mai de la Bazoche.

Les Clercs en fougue, & croyant que ceci tournoit à leur deshonneur, aussi-tôt font sapper leur Mai & le jettent par terre; mais parce qu'on alloit informer contre eux, eux-mêmes le firent redresser au plutôt, & bien leur en prit.

Dans la même cour, Sance-Loup

GIBETS ET ECHELLES.

PRESQUE dans toutes les Places dont j'ai parlé, aussi-bien que dans les Marchés & les Carrefours, on fait justice, & même en plusieurs autres endroits, ainsi que je vais dire, sur-tout dans l'étendue de la Juridiction des Seigneurs hauts Justiciers de Paris. Et de fait,

L'Abbé de saint Germain avoit une Echelle & un Piloti au petit Marché, à l'endroit même où depuis a été bâtie une Barriere de Sergens.

L'Evêque de Paris en avoit deux autrefois, l'une dans le Parvis, l'autre au Port saint Landri

Le Prieur de saint Martin en a eu long-tems une à la rue au Maire.

Le Grand Prieur du Temple a encore la sienne dans la rue du Temple, au bout d'une rue qui en porte le nom.

DE LA VILLE DE PARIS. Liv. X.

Je ne fai point même fi celle qui étoit érigée à la Porte Baudets, au lieu où est une Croix maintenant, n'étoit pas l'Echelle du Prieur de faint Eloi.

Ce qu'il faut favoir ici, est qu'anciennement toutes ces Echelles Patibulaires ainfi dreffées, étoient autant de marques de haute juftice. Si bien qu'il y a quelque apparence que tous les autres Seigneurs hauts Jufticiers en avoient tout de même, ou des Piloris ; mais je ne puis pas dire l'endroit. Bien plus, je fai fi peu de chofe de l'Echelle du Temple, que tout ce que j'ai à en rapporter, est que quelques jeunes éventés de la Cour, appellés les petits-Maîtres, la brûlerent il y a quelques années ; mais qu'elle fut refaite à leurs dépens.

Quant à celle de faint Landri, elle fut rompue & emportée en 1410 ; fi bien que le Chapitre Notre-Dame obtint permiffion d'informer, & de faire adjourner ceux qui en étoient accufés.

Entre plufieurs chofes arrivées devant l'Echelle du Parvis, en 1312, les Commiffaires députés par Clement V, pour le procès des Templiers, firent dreffer proche de-là un échafaut, où fut lû le Decret du Pape, & la dépofition tant du Grand-Maître de l'Ordre & du Vifiteur de France, que celle du Maître d'Aquitaine, & de celui de Normandie, qui portoit, qu'en prefence de Clement V, & de Philippe le Bel, ils avoient reconnu la corruption de leur Ordre ; & là-deffus, lorfqu'on s'y attendoit le moins, le Grand-Maître avec le Maître de Normandie qui étoit frere du Dauphin d'Auvergne vinrent à paroître, & déclarerent devant tout le monde, qu'il n'y avoit rien de vrai, qu'à la perfuafion du Pape & du Roi, qu'ils fe retractoient, & vouloient mourir pour cette verité.

A ces paroles, les Commiffaires furpris, firent livrer en même tems au Prevôt de Paris ces deux Templiers, qui bien-tôt après par l'ordre de Philippe le Bel furent brûlés tout vifs, derriere le jardin du Palais, dans une petite Ifle, qui maintenant fait partie de la Place Dauphine.

Ces malheureux au refte, fouffrirent la mort avec une conftance admirable, & au milieu des flammes perfeverent jufqu'à la fin dans leur retractation ; bien plus, ils avouerent qu'ils méritoient un fi cruel fupplice, pour avoir calomnié leurs Confreres.

Cette conftance toucha fi vivement le peuple, qu'ils pafferent pour innocens & pour Martyrs ; jufques-là qu'on vit des gens ramaffer leurs cendres & les emporter.

On remarquera en paffant que fi alors cette Ifle fervoit de lieu patibulaire, neanmoins comme elle fe trouvoit dans l'étendue de la haute Juftice de faint Germain des Prés, fur la plainte des Religieux, le Roi déclara en 1313, que pour l'execution de ces coupables, il n'avoit prétendu préjudicier à leurs droits, ni à leurs prétentions. Mais pour revenir à Notre Dame.

En 1344, Henri de Malheftret Gentilhomme Breton, Diacre, & Maître des Requêtes, comme criminel de lèze-Majefté, fut mis par trois fois à l'Echelle du Parvis ; & quoique fur peine d'excommunication, l'Official eût fait défenfe de lui rien jetter, le peuple neanmoins ne laiffa pas de le couvrir de boue & d'ordures, & même de le bleffer cruellement d'un coup de pierre qui lui fut ruée ; après quoi il fut remmené en prifon, ou plutôt comme on parloit alors, il fut mis en oubliettes ; mais il ne vêcut guere, & étant mort, fon corps, ainfi qu'il fe pratiquoit à l'égard de tous ceux que l'Official condamnoit au dernier fupplice, fut porté au Parvis.

En 1381, Hugues Aubriot Prevôt de Paris accufé de Judaïfme, & d'avoir fait mille injures à l'Univerfité à l'ordinaire, une mitre de papier en tête, fit amende honorable fur un échafaut dreffé auprès de la même Echelle, demandant pardon tant au Recteur qu'aux Docteurs qui l'accompagnoient.

Outre cela, à la Requête de l'Inquifiteur de la Foi, il fut condamné par l'Evêque revêtu de fes Habits pontificaux à finir fes jours en prifon au pain & à l'eau.

HISTOIRE ET ANTIQUITE'S

Toutes cérémonies en usage alors, ce qu'on appelloit *prêcher & mitrer & mettre en oubliettes.*

En 1406, un Sergent à Cheval du Châtelet, convaincu d'avoir mal parlé de la Foi, fut prêché & mitré au même endroit, & brûlé ensuite au Marché aux Pourceaux, pour avoir persisté dans son erreur.

En 1416, Nicolas d'Orgemont, nommé le Boiteux d'Orgemont, Diacre, Chanoine de Notre-Dame, de plus, Maître des Comptes, & le plus riche Beneficier à simple Tonsure du Royaume, après avoir été mené dans un tombereau à certains carrefours, & mis ensuite à l'Echelle du Parvis, comme les autres, de-là il fut conduit dans les prisons de Mehun, où il finit ses jours miserablement. Le tout pour avoir voulu tuer le Roi de Sicile, le Duc de Berri, & tous les amis du Duc d'Orleans.

En 1430, on prêcha là encore deux femmes folles & heretiques, dont la plus âgée étoit basse Bretonne, & disoit que la Pucelle d'Orleans étoit bonne, que ce qu'elle faisoit étoit bien fait, & selon Dieu. De plus, elle reconnoissoit qu'elle avoit reçu deux fois le Saint Sacrement en un jour, assûroit avec serment que Dieu fort souvent s'apparoissoit à elle, qu'elle lui parloit comme à son ami, que la derniere fois qu'elle l'avoit vû, il étoit vêtu de long, & avoit deux sortes d'habits, celui de dessus tout blanc, & par-dessous une tunique vermeille.

Ce sont là à peu près les executions les plus signalées qui se soient faites à cette Echelle; & quoique depuis long-tems il n'y en ait plus, cependant on ne laisse pas de mener toujours au Parvis où elle étoit, la plupart des Criminels condamnés à faire amende honorable.

Il y a grande apparence que ces lieux patibulaires & ceux des autres Ecclesiastiques sont aussi anciens que Notre-Dame, sainte Genevieve, saint Germain & tous les autres Monasteres de Paris, qui ont haute Justice; mais s'il est vrai que saint Denys ait eu la tête tranchée à saint Denys du Pas, ainsi que prétend le savant de Launoi, ou bien à Montmartre, comme veut la Tradition, assurément il faut que ces deux Gibets soient bien devant tous ceux dont j'ai parlé, & que c'étoit à l'un des deux que les premiers Parisiens, & les Romains ensuite faisoient mourir les Criminels.

LA CROIX DU TIROI.

LA Croix du Tiroi est le nom d'un carrefour où aboutit la rue de l'Arbre-sec, & où passe la rue sainte Honoré.

De tout tems il a consisté en une grande Croix ronde, de pierre de taille, au milieu de la rue de l'Arbre-sec.

En 1529, François I la fit refaire, avec une fontaine qui y tenoit. Depuis elle fut environnée d'étaux de Bouchers, & les degrés se louoient à des fruitiers, des vendeuses d'herbes & autres legumes.

En 1622, comme les Bouchers & les autres assiegeoient si bien la fontaine, que les voisins furent obligés de s'en plaindre au Conseil, aussi-bien que le Prevôt des Marchands, il fut défendu de dresser ni auvents, ni toiles, ni étaux, ni bancs qu'à une Toise de la Croix & de la fontaine. Et bien qu'en cet endroit là elles causassent mille embarras, elles n'ont pas laissé d'y demeurer jusqu'en 1636, qu'elles furent ôtées & mises à quelques toises par-delà, où elles sont encore, contre un reservoir bâti au coin de la rue de l'Arbre sec.

Son nom est fort varié dans les anciens Titres; tantôt c'est la Croix du *Traihouer* ou *Traihoir* ou *Trayoir*, tantôt la Croix du *Triouer* & *Tiroir*, & enfin, la Croix du *Tirauer*, ou *Tiroer*, ou *Tiroir*, dans les autres. Car comme le peuple veut toujours trouver la raison de ce que signifient les noms propres, quelquefois, il a fait venir celui-ci de *trahere*, qui veut dire tirer, & quelquefois de trier. Si bien qu'après avoir long-tems prétendu sans fondement que ce carrefour servoit autrefois de Marché où l'on tiroit les bêtes qu'on alloit acheter-là, & même que c'étoit un lieu où on tiroit de l'arbalête, à la fin il s'est avisé que c'étoit un lieu patibulaire du tems de Clotaire II, où la Reine Brunehault fut tirée à quatre chevaux, en tout cas à la queue d'une cavalle indomptée.

Tous ceux au reste qui ont fait l'Histoire de Paris sont tombés dans cet erreur. Malingre même qui y a travaillé le dernier, encherit dessus; & non côntent d'assûrer que ce fut à la queue d'une cavalle, mais de plus, qu'elle avoit été traînée depuis Notre-Dame des Champs, jusqu'à cette Croix, alleguant pour garands Gregoire de Tours qui mourut devant Brunehault, & Guillaume de Tiron qui vivoit dans le siécle passé.

Cependant Fredegaire, Addon, & Aymoin, Historiens contemporains rapportent, que cette Princesse finit sa malheureuse vie en Bourgogne près de Châlon, dans une plaine, tout proche un Village appellé *Riona* qui est sur la riviere de Vicenne; & tant s'en faut que cette fable ait été reçûe des habiles gens, que Bocace, Paul Emile, Jean du Tillet, Mariana, Masson, Fauchet, Baronius, Vignier & autres Savans modernes ont douté qu'une si grande Reine ait souffert une mort si ignominieuse.

Puis donc que le nom de la Croix du Tiroi ne vient point de toutes ces fausses traditions que j'ai alleguées, ne pouroit-il pas bien venir du lieu où elle est située, ou du Terroir de son voisinage. Car aux Halles qui se trouvent près de là, de l'autre côté, il y a une rue nommée dans les vieilles Chartes la rue *Pirouette en Tiroye*, & la rue *Pirouette en Tirnie*, au lieu de la rue Pirouette *en Therouenne*, parce qu'elle fait partie d'un Fief appellé le Fief de *Therouenne*.

Si bien qu'au lieu de dire la Croix de Therouenne, on a dit la Croix de Tiroye & du Tirouer, & qu'avec le tems, on l'a tout-à-fait corrompu. Car enfin avant la construction des Halles, ce Fief s'étendoit jusqu'à la rue saint Honoré, & peut-être étoit-il compris dans le lieu qu'occupe cette Croix; & que le Roi qui la dressa là, traita de la place avec le Seigneur du Fief de Therouenne: comme fit Louis le Gros en 1136, quand il tira des mains de l'Evêque une partie du Terroir nommé Champeaux, qui appartenoit à l'Eglise de Paris, pour l'enfermer dans les Halles; & tout de même depuis lui, Philippe de Valois, lorsqu'il acquit le Fief de Therouenne d'Adam de saint Menier, qui lui coûta mille vingt-cinq livres de bons petits Parisis.

Quoi qu'il en soit, je crois que la Croix du Tiroi de tout tems, a servi de lieu patibulaire, & que c'est pour cela seulement qu'on y a planté une Croix, qui est la marque ordinaire des Gibets; afin que les Criminels l'aient devant les yeux, & qu'elle leur serve de consolation: ainsi en voyons-nous à la Greve, à Mont Faucon & ailleurs.

LA GREVE.

QUANT à la Greve, en 1310, il s'y tint une assemblée fort solemnelle. L'Evêque de Paris assisté de Guillaume de Parisiis Evêque de Cambrai, Docteur & Inquisiteur de la Foi en France, & de plus accompagné de quantité de Processions, s'y rendit avec quelques Docteurs, & bien d'autres. Là Marguerite de *Hænronia*, surnommée Perrette, & Guyard de Cressonnessart, Clerc du Diocèse de Beauvais, Sectateur de cette femme, & tous deux excommuniés, furent déclarés Heretiques & Relaps, & comme tels, Marguerite toute la premiere fut livrée au bras seculier, pour souffrir les peines portées par les Constitutions canoniques, qui pourtant n'alloient point à la mort, non pas même à aucune fraction de membres.

Touchant Guyart, après avoir été privé de tous ses privileges de Clericature, l'Evêque le dégrada, & le condamna à mourir en prison. De plus, il fit jetter au feu en presence de Perrette un Livre heretique de sa composition, que l'Inquisiteur avoit déja fait brûler devant elle à Valenciennes, avec défenses à qui que ce fût de l'avoir, sur peine d'excommunication; car quoiqu'à Valenciennes il lui eût été défendu de le garder, ni de s'en servir; elle n'avoit pourtant pas laissé que de le communiquer à bien des gens.

Les principales erreurs de son Livre étoient, que l'ame abîmée en Dieu est au-dessus des vertus, & n'en a plus que faire, comme n'étant plus à son usage; & bien loin d'en dépendre, qu'elles lui obéissent comme il lui plaît, qu'en cet état-là, elle n'a pas même besoin des dons de Dieu, non plus que de sa consolation, parce qu'elle est entierement attachée à lui; & que si les choses se passoient d'une autre sorte, cela empêcheroit son attachement.

Telle Heresie étoit fondée sur ce que cette femme prétendoit que lorsqu'on étoit parvenu à un certain dégré de vertu, on ne pouvoit passer outre.

Quant à Guyard surnommé Beguin, à cause que son Heresie étoit la même que celle des Beguins, condamnés depuis au Concile général tenu en 1311, à Vienne en Dauphiné. Il avoit soûtenu en presence de l'Inquisiteur de la Foi qu'il étoit l'Ange de *Philadelphe*, envoyé immédiatement par Jesus-Christ, qui seul a le pouvoir d'instituer les Sacremens, que les Théologiens appellent *clavis excellentiæ*, non pas le Pape, qui n'a autre pouvoir que de les administrer, que la Théologie nomme *clavis ministerii*, & qu'enfin pour sauver les personnes abîmées en Dieu, il ne s'en pouvoit envoyer un autre qu'à son défaut. Tellement que par ce moyen-là, il vouloit mettre de la division dans l'Eglise, ou plutôt en faire deux.

En 1398, deux Augustins qui se disoient au Duc d'Orleans, ayant entrepris de guerir Charles VI, de sa folie, non-seulement toucherent bien de l'argent pour cela; mais eurent tout ce qu'ils demanderent. Cependant comme ils vinrent à lui faire plusieurs incisions à la tête, dont il pensa mourir, aussi-tôt on les met en prison, sont appliqués à la question, & condamnés ensuite à être dégradés, avoir le cou coupé, après avoir confessé qu'ils ne connoissoient rien à la maladie du Roi. Ils furent donc menés en Greve; & là sur un échafaut qui tenoit au Saint-Esprit par un pont de bois, tous deux revêtus d'un chasuble, d'une aube & des autres ornemens qu'ont les Prêtres, quand ils disent la Messe. Ensuite après quelque exhortation, l'Evêque en habits Pontificaux vint à eux par-dessus le pont, leur fit raser la couronne & ôter leurs ornemens. Cela fait, s'en étant retourné au Saint-Esprit par le même pont, aussi-tôt on acheva de les dépouiller jusqu'à la chemise & à une certaine jaquette; après quoi on les mit dans une charette liés pour

être

DE LA VILLE DE PARIS. Liv. X.

être conduits aux Halles, où après avoir été décapités & écartelés, leurs corps furent portés à Mont-Faucon, & leurs têtes mises sur deux demi-lances.

Quelques gens, avec assés peu de raison trouverent mauvais qu'ils eussent été livrés ainsi à la puissance seculiere. D'autres disoient que le Duc de Bourgogne étoit cause de leur mort, & le tout pour se venger du Duc d'Orleans qui avoit fait brûler son Negromancien nommé de Bar, & invocateur des Diables, au rapport de Juvenal des Ursins.

Ces deux punitions ici sont les deux plus anciennes arrivées à la Greve que j'ai pû découvrir.

Ce qui fait voir qu'elle ne servoit pas encore de lieu patibulaire, & qu'en ce tems-là on faisoit mourir à la Halle, & porter le corps à Mont-Faucon.

Cependant il ne se voit nulle part quand on a commencé à exécuter à la Halle, non plus qu'à la Greve : bien qu'il soit certain que lorsqu'on cessa de mener les Criminels à la Halle, on les conduisit à la Greve, & qu'apparemment ceci arriva dans le siécle passé ; & neanmoins sans en savoir le tems & la raison.

J'ai dit ailleurs qu'Olivier de Clisson, Jean des Mères, Pierre des Essarts, le Comte d'Armagnac, & plusieurs autres grands Seigneurs ont eu la tête tranchée à la Halle. Pour ce qui est de la Greve, nous y avons vû couper le cou au Maréchal de Marillac, au Marquis de Bouteville, au Chevalier d'Audrieux, les deux plus furieux Duelistes qu'il y ait jamais eu.

Depuis fort long-tems cette place est tellement destinée pour les executions, qu'il s'en fait peu ailleurs ; & encore n'est-ce que pour contenter les hauts Justiciers, qui ont cette fantaisie là, de vouloir qu'on fasse mourir sur leurs Terres ceux qu'ils ont condamné. Ainsi les Officiers de la Monnoie font executer les faux Monnoyeurs au bout du Pont-Neuf, le Bailli du Palais ceux qu'il a jugé devant le Cheval de Bronze, celui de Notre-Dame dans l'Isle, celui de saint Germain au petit Marché, & tout de même les autres, chacun dans l'étendue de sa Jurisdiction.

LE PILORI.

LE Pilori que nous voyons à la Halle fut fait en 1542. En 1595 on y fit un échafaut à la place de celui qu'il y avoit auparavant qui ne valoit plus rien.

En 1535, il étoit accompagné d'une cour, & d'un lieu fermé de cloisons où les corps des Criminels executés là étoient gardés jusqu'à la nuit qu'on les portoit à Mont-Faucon.

En 1516, Fleurant Executeur de la Justice, coupant là le cou à un Gentil-homme, & l'ayant manqué, se voyant attaqué de tous côtés à grands coups de pierre, aussi-tôt il s'alla cacher dans une cave qu'il y avoit dessous. Ce qui ne lui servit de rien ; car le peuple y ayant mis le feu, il mourut étouffé de la fumée : de ces furieux on en prit deux, qui eurent le fouet.

Tome II. HHhh

AUTRES LIEUX OU ON A FAIT EXECUTION.

TOUCHANT d'autres lieux où quèlquefois on a fait execution; Louis XI fit trancher la tête au Connétable de Saint-Pol dans la cour de la Baftille; & là encore Henri IV, au Duc de Biron.

Il y a quelque vingt ou vingt-cinq ans, que le Prevôt de Paris fit mourir dans la cour du Châtelet un Page du Duc de Luxembourg, à caufe que les rues par où il devoit paffer, regorgeoient de Pages & de Laquais pour le fauver.

Quand la Chambre de Juftice fe tient, elle fait punir dans la cour du Palais les Concuffionnaires qu'elle condamne.

En 1209, les Sectateurs d'Amauri Herefiarque, furent brulés près du Cimetiere faint Innocent, dans un lieu appellé alors *Champeaux*, qui peut-être s'étendoit jufqu'au Monaftere des Filles Penitentes; car en 1525, aux fondations d'un bâtiment qu'on fit dans le jardin, furent trouvés plufieurs offemens de corps morts, avec des potences, & des chaînes; & depuis encore, dans une maifon qui tient à ce Couvent, on en déterra d'autres en 1549.

En 1310, cinquante-neuf Templiers furent brûlés près l'Abbaye faint Antoine des Champs, dans une campagne, couverte maintenant de rues & de maifons qui tous moururent conftamment, proteftant qu'ils étoient innocens des crimes qu'on leur imputoit; ce qui fut reçu diverfement: les uns ne pouvant affés admirer leur conftance: les autres condamnant leur opiniâtreté.

J'ai dit qu'en 1313, le Maître Général de l'Ordre fouffrit le même fupplice avec le Maître de Normandie dans une petite Ifle où a été bâtie la Place Dauphine.

En 1315, dans la même Ifle, on fit fouffrir la même peine à trois femmes, pour avoir fait des breuvages femblables à ceux dont Pierre de Latilli Evêque de Châlons, s'étoit fervi, pour ôter la vie à Philippe le Bel & à Philippe le Hardi.

En 1306, vingt-huit de ceux qui avoient pillé la maifon d'Etienne Barbette furent pendus près des quatre principales entrées de Paris; les uns à un orme entre le Roulle & les Quinze-Vingts; les autres près la porte faint Michel. Quant à ceux qui avoient été executés près du Roulle à un orme, on fit des Gibets exprès pour les y attacher.

En 1179, au Marché aux Pourceaux dont j'ai parlé ailleurs, & qui étoit à la Bute faint Roch, fut brûlée Jeanne d'Abentonne qui avoit prêché l'Herefie des Turlupins, Secte maudite, qu'ils appelloient la fraternité, & la compagnie des pauvres, & fi pleine de libertinage, qu'ils ne couvroient pas même les parties que la pudeur fait cacher aux perfonnes même les plus effrontées. Bien pis, faifant en public & devant le monde, ce qu'on ne fait qu'en fecret dans les plaifirs les plus legitimes.

Dans ce Marché-là encore, ou bien à la Greve, furent brûlés les Livres & les habits de ces impudens, avec le corps d'un homme dont l'Hiftoire a celé le nom, qui étant mort dans la prifon quinze jours auparavant, fut gardé dans de la chaux, afin d'être brûlé avec la compagne de fon Herefie. Mathieu de Ruilli Sergent à Cheval, dont j'ai fait mention au commencement de ce difcours, fut auffi brûlé au même endroit, pour avoir perfifté dans fon erreur.

En 1494, à Notre-Dame, dans la Chapelle faint Crefpin, Jean Langlois Prêtre, ayant arraché des mains d'un Prêtre qui difoit la Meffe, une Hoftie confacrée, & qu'il faillit à fouler aux pieds, fut traîné au même Marché fur une claie, & brûlé enfuite, après avoir eu la langue coupée, parce qu'il perfeveroit dans fa fureur.

En 1523, un Hermite convaincu d'Herefie fouffrit le même genre de mort au même lieu.

Peut-être celui-ci eft-il ce Jean Dems dont il eft parlé dans un extrait que j'ai vû du Livre rouge du Procureur du Roi du Châtelet.

J'ai lû quelque part qu'on bouillit un homme à la Place aux Chats, qui tient à la rue faint Honoré, & au Cimetiere faint Innocent.

Les Hiftoriens contemporains de Charles VI, m'apprennent qu'en 1449, on dreffa deux potences, l'une hors la porte faint Jaques, l'autre hors la porte faint Denys, pour pendre deux gueux & une gueufe, qui fuivoient les pardons & les fêtes, accufés non-feulement d'avoir volé & crevé les ieux à un enfant de deux ans, & fait le délit d'épines, qui font les termes de Monftrelet, ou d'épingles, comme parle Chartier, fans les autres crimes.

A la potence de la porte faint Jaques fut attaché un de ces coquins ; car c'eft ainfi que l'Hiftoire les qualifie.

A l'autre qui étoit dreffée, entre la Chapelle & un moulin à vent, qu'on ne voit plus là, on y executa la femme & l'autre gueux, qui étoit un joueur de vielle ; & quoique tous deux fuffent le mari & la femme, neanmoins ils vivoient enfemble comme s'ils n'euffent point été mariés.

Or comme en France on n'avoit point encore vû pendre de femme, tout Paris y accourut ; Elle y alla toute échevellée, vêtue d'une longue robe, & liée d'une corde au deffous des genoux.

Les uns difoient qu'elle avoit demandé à être executée ainfi, parce que c'étoit la coutume du pays.

D'autres vouloient que ce fut par l'ordre des Juges, afin que les femmes s'en fouvinfent plus long-tems.

L'ESTRAPADE.

POUR ce qui regarde le fupplice & la punition des Soldats, c'eft toujours à l'Eftrapade, & au pré aux Clercs que cela fe paffe.

Je parlerai ailleurs du Pré aux Clercs. Quant à l'Eftrapade, c'eft une grande place fituée le long des foffés de la porte faint Jaques, où prefque au milieu fe voit une grande machine de bois appellée l'Eftrapade, qui a donné fon nom à la place ; & c'eft toujours là qu'on eftrapade à Paris les Soldats, & même on les y pend & paffe par les armes, bien plus ordinairement qu'au Pré aux Clercs.

LA RIVIERE.

JE trouve que la Seine a fervi autrefois de lieu patibulaire, s'il faut ainfi parler, puifque par autorité de Juftice, on y jettoit les criminels pour les noyer.

En 1418, quantité d'Armagnacs y furent jettés ; & tout de même ces Soldats débandés, auffi bien que leurs Capitaines Polifer & Rodrigo, que le Maréchal Boucicault & le Comte de Saint Paul prirent, qui s'étoient cantonnés à Claies Bourg entre Meaux & Paris, où ils voloient & tuoient tous ceux qu'ils pouvoient attraper, au rapport de Juvenal des Urfins.

En 1441, Pontoife ayant été prife d'affaut fur les Anglois, tous furent menés à Paris deux à deux, couverts d'un méchant haillon, la plupart même fans chauffes ni fouliers, & là furent tous jettés dans l'eau à la Grève,

Tome II. HHhh ij

vers le port au foin, pieds & poings liés, à la reserve de ceux qui pouvoient payer rançon.

En 1465, de Bourges Clerc de Berard Conseiller au Parlement, François Menodeau & Gratien son frere Notaire au Châtelet, avec un aide à maçon, furent noyés par le Boureau devant la Tour de Billi, bâtie alors derriere l'Arsenal, sur le bord de l'eau.

Les trois premiers avoient conspiré avec le Duc de Berri contre le Roi; l'autre avoit été envoyé par la femme de Bucy, porter une Lettre au frere du Seigneur de Saint-Paul qui étoit à Etampes, avec les Princes & les autres Chefs de la guerre du Bien public.

Bucy au reste étoit Avocat du Châtelet, & domestique de celui à qui la Lettre s'adressoit.

MONT-FAUCON.

JE laisse là Mont-Faucon, afin d'en traiter à part, comme étant le plus ancien, le plus superbe & le plus fameux Gibet du Royaume. Enguetrand de Marigni Favori de Philippe le Bel, & qui gouvernoit la France y a été pendu.

Le corps de Jean de Montagu Grand-Maître de la Maison de Charles VI, & un de ses principaux Ministres d'Etat, après avoir été décapité à la Halle y fut porté.

Cet Olivier le Dain, que sa cruauté & sa tyrannie ont fait nommer Olivier le Diable, & rendu execrable à la posterité, s'y vit aussi attacher.

Jaques de Beaulne de Semblançai, Général ou Sur-Intendant des Finances sous Charles VIII, Louis XII, & François I, y fut encore depuis executé.

L'Amiral de Coligni, Chef des Huguenots, qui avoit été assassiné à la saint Barthelemi, y fut porté: & Charles IX y alla contempler son corps.

Quant à sa situation, c'est une petite éminence de pierre de plâtre dans une plaine, entre le Fauxbourg saint Martin & celui du Temple, qu'on découvre, de quelques lieues à la ronde.

Lorsqu'elle servoit de Gibet, la pente en étoit douce, & l'on y montoit insensiblement. Et de fait, quand Henri IV bloqua Paris, il y fit braquer son Canon, qui de-là, aussi-bien que de Montmartre, donnoit d'étranges aubades, qui servoient de reveil-matin à ceux de Paris, à ce que dit le Chancellier de Chiverni.

Depuis, on l'a creusé tout au tour, pour y faire des plâtrieres & du plâtre, sans pourtant toucher au Gibet ni à ses fondemens.

Il consiste en une masse quarrée, longue de six à sept toises, sur cinq ou six de largeur, & composée de dix ou douze assises de pierre rustique & bien liées, d'où sortent seize gros pilliers quarrés de trente-deux ou trente-trois grosses pierres chacune rustiques encore.

En 1328, il y avoit un autre Gibet tout voisin à celui-ci, qu'on appelloit le petit, où fut condamné d'être pendu Remi Seigneur de Montigni, Lentour principal Tresorier de France, ou Sur-Intendant des Finances sous Charles le Bel, en qualité de Concussionnaire, & d'avoir acquis plus de douze cens mille francs de bien, somme d'autant plus effroyable, que le Roi en ce tems-là ne jouissoit que d'un million pour tout revenu. Mais comme fut le point de l'executer, il vint à confesser qu'il avoit eu intelligence avec les Ennemis, sur le champ il fut lié au cul de la charette, où il étoit venu, & conduit au grand Gibet qu'il avoit fait construire avec autant de soin que de diligence; si bien qu'il y fut attaché le premier.

LE PILORI.

EN 1329, Guillaume Doyen de Bruges, perturbateur du repos public, s'étant réfugié dans le Brabant auprès du Duc, il fit ce qu'il put pour le porter à faire la guerre au Comte de Flandre. Ce Prince là-dessus l'envoya au Roi à Paris. Son procès fait, les Juges le condamnerent à être mis au Pilori, y avoir les deux mains coupées, & tournées avec lui devant ses yeux, & ensuite à être pendu avec ses deux mains au même endroit.

AUTRE GIBET.

IL se voit dans les œuvres Royaux, que sur une autre petite montagne, près de la grande & ancienne Justice de Paris, pardelà saint Laurent, l'on fit en 1416, un autre lieu patibulaire tout de bois, haut de quatre toises & demie, qui coûta cinquante livres deux sols Parisis. Et de plus, que Pierre de Noyers Sergent des œuvres du Roi envoya quelques Maçons & Charpentiers, avec Etienne Lebre Executeur de la haute Justice, pour trouver un endroit à le placer le plus honorablement que faire se pourroit.

Il paroît encore qu'en 1457, ses fondemens, comme ne valant plus rien, furent refaits, & que dessus, on éleva un autre Gibet encore de bois de trois toises de haut; que pour telles réparations on déboursa cinquante livres dix sols Parisis, & qu'il s'appelloit le Gibet de Montigni.

Enfin la Chronique scandaleuse de Louis XI, fait encore mention de ce Gibet, & nous apprend qu'en 1460, plusieurs Pipeurs, Crocheteurs, Larrons & Sacrileges, furent pendus au Gibet nommé Montigni, nouvellement bâti, à cause de la vieillesse & de la ruine de l'ancien appelé Mont-Faucon.

Ceci, comme l'on voit, ne s'accorde pas trop avec ce que j'ai remarqué en l'année 1337; je n'ai cependant rien allegué qui ne fût tiré des Histo-contemporains.

Après tout neanmoins, il est aisé d'inferer, que le Gibet de Mont-Faucon dont j'ai décrit la masse, n'est point l'ouvrage d'Enguerrand de Marigni, que Montigni non plus ne l'a point fait faire; mais qu'il a été bâti depuis, sans qu'on en sache le tems.

DES MARTYRES.

JE finirai tous ces genres de supplices par les Martyres & les persecutions que les Tyrans, les Infidèles & les Heretiques ont fait souffrir aux nouveaux Chrétiens, tant en France qu'ailleurs.

Je dirai que les uns avoient une espece d'estrapade, & mettoient de gros fardeaux & des pierres attachées aux pieds des Martyrs, avec des lances de fer toutes brulantes appuyées sur le dos, & les faisoient ainsi perir. D'autres étoient liés à la queue des chevaux indomptés qui les traînoient le long des grands chemins; ensorte qu'ils se trouvoient tout fracassés & déchirés par lambeaux.

Quelques-uns attachés à des pieux & sur des chevalets étoient écorchés, & la peau leur étoit arrachée avec des rateaux de fer, qui avoient des dents aigues, courtes & épaisses.

On en expofoit aux bêtes feroces pour être dévorés ; on les jettoit dans des fournaifes ardentes, ou dans des chaudieres pleines d'eau ou d'huile bouillante, pour y être brûlés tout vifs.

Sous le Regne de Philippe Augufte, Paul Emile rapporte une cruauté d'un Juif nommé Richard, qui crucifia un enfant, ou plutôt l'attacha à la muraille en croix avec quatre clouds, & lui fit fouffrir tous les tourmens que fa fureur lui fuggera. A cette occafion je parlerai ici d'un Prêtre à Houdan au Diocefe de Chartres, qui étoit dans une Eglife à faire fa priere au pied d'un Crucifix. Des Proteftans entrerent dans l'Eglife, & clouerent ce Prêtre avec quatre clouds au même Crucifix devant lequel il étoit proſterné, & l'abandonnerent à fon fort. Je ne fai fi je dois parler de celui de Lion à qui la même chofe arriva, avec cette difference que fes bourreaux lui arracherent du ventre le cœur, & lui en fraperent le vifage. Voilà affés parler de ces tourmens, je n'aurois jamais fini, fi je voulois les rapporter ici. Je renvoie au Livre d'Antoine *Gallonius* qui nous a donné un Traité exprès, & aux Vies des Saints. Enfin au Livre de Barthelemi *Riccins*, fur le Triomphe de la Croix, c'eſt-à-dire, l'Hiſtoire de tous ceux qui ont fouffert tous les genres de Martyres de la Croix.

HISTOIRE
ET
RECHERCHES
DES
ANTIQUITÉS
DE LA VILLE
DE
PARIS
LIVRE ONZIEME.

DES COUTUMES EN USAGE,
& de leur Origine.

QUOIQUA PARIS nous ayons quantité de Coutumes, la plupart néanmoins sont de si peu d'importance, que je ne parlerai que des plus considerables. Si bien que ce que j'ai à dire sera très-peu de chose, & ne répondra guere à son titre ; tant parce qu'il ne s'y verra rien de grand, que parce que le reste est répandu dans mes autres discours. Et de fait, en parlant des Fêtes, j'ai rapporté qu'au Temple, à la St Simon, on noircit le visage à ceux qui viennent là demander des nefles : & tout de même au Parvis Notre-Dame, qu'on se rit de ceux qui viennent, en hyver, quand il gèle bien fort, demander Monsieur le Gris ; mais de l'un ni

de l'autre, je n'ai point dit l'origine, ni ne la dirai pas ici non plus, parce qu'on ne la fait point.

Dans ce discours des Coutumes abolies, & dans celui des attentats, ou avantures facheuses, j'ai fait savoir qu'une des Dames d'Isabeau de Baviere ayant convolé en quatriéme noces, Charles VI fit un charivari où il courut fortune d'être brûlé. La Menardiere dans sa Préface sur les Epîtres de Pline le Jeune, dérive ce mot de Καρυβαριια, Καρυβαριω qui veut dire, rompre la tête. Scaliger sur le Καπα, le fait venir de *Calybarium*. Saumaise dans l'Histoire d'Auguste, refute cette opinion; mais personne ne dit quand on a commencé à faire des charivaris.

J'ai montré en son lieu que les repas qu'on donne à la parenté après les enterremens, se donnerent après la mort de Flamel & de sa femme : si bien que telle institution est fort ancienne.

J'ai fait voir qu'on joue à Paris la Comedie depuis quelques siécles, & que la cause grasse est un reste des Comedies ridicules, ou farces que les Clercs du Palais jouoient autrefois dans la grande Sale sur la Table de Marbre.

Le Guet, autrement la *Patrouille*, est si ancien, que je n'en puis dire l'origine. C'est un droit Royal que Philippe Auguste se reserva en 1222, sur les Sujets de l'Evêque de Paris. Le Roi Jean en établit deux; l'un à ses gages, appellé le *Guet Royal*, qui étoit de quarante hommes à pied, & de vingt à cheval; l'autre nommé le *Guet des Métiers*, fait & entretenu aux dépens de certains Artisans de la Ville.

En 1465, pendant la guerre du Bien-public & que l'Armée des Bourguignons, approchoit de Paris, on en établit un qui marchoit par les rues & le long des murs depuis minuit jusqu'au soir. Le deux Juillet, Balue Evêque d'Evreux, le conduisit au bruit des trompettes; & le quatriéme, il fut publié par tous les carrefours, sur peine d'être pendu, que chacun eût à mettre devant sa maison une lanterne & une chandelle allumée.

En 1551, & 1558, on commanda la même chose, à peine de vingt sols Parisis d'amende.

En 1524, le Parlement ordonna que les personnes exemtes d'aller, ou d'envoyer au Guet, & autres gens privilegiés, mettroient la nuit des chandelles à leurs fenêtres, à peine de soixante & dix sols d'amende. Tantôt les Dixiniers & les Cinquanteniers seuls, & tantôt avec eux les Commissaires avec deux Bourgeois de chaque quartier regloient la quantité & la dépense des lanternes, & avoient soin que leur reglement fût observé.

Si présentement nous mangeons du beurre en Carême, c'est à Anne de Bretagne, femme de Charles VIII, que nous en sommes redevables. Cette Princesse d'abord en obtint la permission pour elle & pour sa Maison seulement, à cause qu'en Bretagne on ne mangeoit point d'huile; & neanmoins à condition qu'elle & ses gens feroient quelque œuvre de charité selon Dieu & leur conscience en remission de leurs pechés. Peu de jours après, le même Pape permit au Roi par l'avis de ses Medecins de manger en Carême du beure, des œufs & toutes sortes de laitages, à la charge encore qu'il diroit tous les jours trois fois l'Oraison Dominicale, & feroit quelques aumônes; le tout par le conseil de son Confesseur.

En 1532, 1534, 1537, 1538, 1539, & 1573, ses Successeurs permirent à tout le Diocèse, d'user en ce tems là de lait & de beure; & que pour cela les pauvres diroient trois fois le *Pater* & *l'Ave Maria*; & quant aux riches, qu'ils feroient des aumônes, dont une partie iroit à la Fabrique de leurs Paroisses, le reste seroit distribué à l'Hotel Dieu, aux Filles Penitentes, & aux Cordelieres du Fauxbourg saint Marceau.

Que si comme j'ai dit ailleurs, on obtint du Pape en 1555, la permission de manger des œufs en Carême, le Roi & le Parlement s'y opposerent.

Enfin

DE LA VILLE DE PARIS Liv. XI.

Enfin les Marguilliers des Paroisses ont tant fait, qu'ils ont obtenu la même permission, & que les aumônes qui se feroient pour cela, seroient employées au bâtiment de leur Eglise, & de-là vient, qu'encore en Carême dans nos Paroisses, on voit des *Troncs pour le beurre*, & que depuis plusieurs années, chaque Paroisse va en Procession à Notre-Dame le Dimanche de la Quinquagesime, afin d'avoir cette permission; & comme il est libre à chacun de faire, ou de ne pas faire des aumônes, si peu de gens en font, qu'un Tronc pour le beure n'enrichit guere la Fabrique.

J'ai rapporté ailleurs la plupart des Processions solemnelles qui se font à Paris. Le Recteur accompagné de l'Université en fait une tous les trois mois. La Ville en fait trois autres tous les ans à Notre-Dame, deux pour la Reduction de Paris; savoir, l'une en 1436, le huit Avril du tems de Charles VII; l'autre en 1594, du tems de Henri le Grand, le vingt-deux de Mars. La troisiéme Procession se fait depuis l'année 1638, le jour de l'Assomption, depuis que Louis XIII, eut mis sa personne, aussi-bien que ses Sujets, & son Royaume sous la protection de la Vierge.

Au reste, ce n'est pas d'aujourd'hui que des gens de tout âge, appellés Frondeurs, se batent à coups de pierre. Dans les procedures produites par les Filles-Dieu, pour tâcher à recouvrer *la Ville-Neuve sur Gravois*; j'ai vû deux dépositions de témoins, dont l'un dit qu'en 1559, tout petit garçon encore, il a frondé là; l'autre assûre que quelque quarante ans auparavant, il y avoit là une voirie, où les enfans alloient faire la bataille, & ruoient des pierres les uns contre les autres.

Chacun sait qu'en 1649, durant les troubles, il s'éleva un parti contre le Ministre & le Ministere, à qui on donna le nom de Frondeurs. Touchant son origine, quoiqu'on en rapporte beaucoup, la mieux reçue est celle que Menage attribue à Bachaumont le Coigneux Conseiller de la Cour.

DES FETES.

NON-SEULEMENT chaque Royaume & chaque Diocèse a ses Fêtes particulieres; mais encore chaque Ville & chaque Compagnie. La France fête saint Michel, Paris saint Denys, saint Marcel & sainte Genevieve; le Parlement tous les Patrons des Villes où nos Rois l'ont transferé; l'Université saint Nicolas & sainte Catherine; la Sorbone sainte Ursule; les six Corps des Marchands & tous les Corps des Métiers chacun divers Saints & Saintes pour des raisons plaisantes, car je n'oserois dire ridicules, de peur de profaner comme eux les choses les plus saintes.

Les Meûniers ont le bon Laron, comme s'ils reconnoissoient eux-mêmes qu'ils sont larons; mais qu'à la fin ils pourront s'amender.

Si l'on en veut croire les ivrognes, c'est à leur sollicitation qu'on fête saint Martin.

Les femmes de mauvaise vie prétendent que le jour de la Madelaine a été fêté à la poursuite de leurs devancieres, du tems qu'elles composoient un corps, & avoient leurs rues & leurs coutumes, & même avant que saint Louis les eût obligé à porter certains habits pour les distinguer des honnêtes femmes.

A la saint Simon saint Jude on envoie au Temple les gens un peu simples, demander des Nefles, afin de les attraper, & faire noircir par des valets: comme à la Conception de la Vierge, on les fait aller au Parvis N. D.

A la mi Carême on force les Apprentis nouveaux venus chés les Marchands & les Artisans des Halles, d'aller baiser la figure d'une truie qui file, sculpée contre une maison du Marché aux Poirées; non pas sans leur bien cogner le nés contre en la baisant, & tout le long du jour ce n'est que danses dans ce quartier-là, gourmandise & ivrognerie.

A la saint Jean, les valets & les servantes dansent ensemble d'une maniere non moins dissolue que leurs chansons. Quoi qu'il en soit, la veille, le Prévôt des Marchands & les Echevins ne laissent pas de faire un souper magnifique à l'Hotel de Ville, où se trouvent leurs amis avec leurs femmes & leurs filles, y donnent le bal, & passent une partie de la nuit à danser au son des violons.

Autrefois les gens de bien, la veille de l'Assomption, venoient à Notre-Dame, passer la nuit en prieres. Les autres au contraire, faisoient tant de scandale, que pour y remedier, l'Evêque & le Chapitre firent faire le guet par leurs Sergens en armes, & partagerent entre eux tant la garde de l'Eglise & du Cloître, que la Justice sur ceux qui auroient causé des désordres.

Tous les ans la veille de Noël, on va passer la nuit en prieres dans les Eglises; mais sans les rendés vous qu'y donnent les coquettes, le peuple y va plus pour se souler au retour avec ses amis, que pour autre chose. Ce qui peut-être est cause que cette devotion a été tournée en raillerie, & qu'on dit d'ordinaire: *Ce sont des enfans de la Messe de minuit, qui cherchent Dieu à tâtons*. Après cela il ne faut plus s'étonner si à Pâques, la plus sainte de toutes les Fêtes de l'année, le menu peuple accourt aux Petites Maisons & aux Chartreux, pour manger des échaudés, & voir les fous, au lieu d'y aller par devotion.

Enfin le jour des Rois, qui de toute ancienneté étoit une Fête si solemnelle à Paris, que non seulement Ammian Marcellin témoigne que Julien l'Empereur la fit à Paris avec beaucoup de solemnité; mais où nos Rois depuis apportoient tant de ceremonies, qu'à l'offrande de leurs Messes ils portoient de l'or, de l'encens, & de la Myrrhe, comme fit Charles V, a la sainte Chapelle en 1378, avec grand appareil. Cependant depuis, & encore aujourd'hui, il est devenu un jour de bacanales & de toutes sortes de licences. A la verité toutes ces profanations que j'ai rapportées ne se font presque que par le peuple; mais en voici quelques-unes qui se sont faites & se font encore par toutes sortes de personnes.

CONFRERIES.

EN 1589, les Ligueurs établirent une Confrerie à saint Gervais, dont les Confreres forcenés pour leur rebellion, communioient souvent, & juroient sur le saint Sacrement de vivre & mourir sous l'obéissance du Cardinal de Bourbon qu'ils appelloient Charles X, & du Duc de Maïenne son Lieutenant; de ne traiter jamais de paix ni de treve avec Henri IV, qu'ils chargeoient d'injures, & de ne le reconnoître jamais pour Roi.

Cette Confrerie non contente de ceci, par un Mandement, *signé*, Petit, ordonna aux Quarteniers de lui envoyer le Rôle de ceux qu'on soupçonnoit être vrais François & Serviteurs du Roi, qu'elle nommoit Politiques: & comme il fut porté au Parlement & mis entre les mains du Duc de Nemours, le Lieutenant Criminel eut ordre d'informer contre Petit, dont pourtant on ne pût savoir de nouvelles, quelque recherche qu'on fit; cependant en 1590, les articles de la Confrerie furent imprimés par Bichon; mais pleins d'execration que je passe sous silence.

DE LA VILLE DE PARIS. Liv. XI.

Et parce que Henri III de son côté institua aux Grands Augustins en 1583, dans la Chapelle de certaine Confrerie de Penitens Blancs, ces Rebelles ici n'en parloient que comme d'une Compagnie d'Hypocrites & d'Athées. Si bien qu'un jour de l'Annonciation, qu'il pleuvoit à verse, elle fut en Procession à Notre-Dame, où le Roi marchant sans garde, ni sans rien qui le pût faire distinguer, ils en firent des railleries. Le Duc de Maïenne fut mocqué, qui ce jour-là avoit été Maître des Ceremonies, & tout de même le Cardinal de Guise qui portoit la Croix. On fit contre, tant en général qu'en particulier, plusieurs Pasquinades ; & enfin, un nommé Poncet qui préchoit le Carême à Notre Dame, eut assés d'audace pour accuser en pleine Chaire ces Penitens d'avoir mangé le chapon gras au retour de la Procession, quoique ce fût un Vendredi ; & de plus, d'avoir passé la nuit avec leurs Maitresses.

A l'égard des Penitens Blancs, Gris, Noirs, établis à l'imitation de ceux-ci, ils ne firent point parler d'eux; mais la Ligue les abolit tous en 1594, sous prétexte que c'étoient des gens seditieux, & qui couvoient une trahison & une revolte.

Je ne m'arrêterai point ici à faire voir en détail les scandales arrivés dans les Confreries de Paris, ni combien de fois le Roi & l'Evêque les ont supprimés, comme ayant à rapporter des choses plus curieuses & plus agréables à lire.

Ailleurs on verra que la Confrerie de la Passion érigée par une troupe d'Artisans, qui jouoient des comedies & des farces durant le Service Divin, ou pour parler comme on faisoit alors, des sotises & des mommeries, & qui ensuite ayant acquis de grands biens, leurs successeurs ont tout dissipé.

On verra encore que la Confrerie de saint Jaques de l'Hopital, & celle des Violons du Roi, nommés depuis les Vingt-quatre Violons, ont consommé peu à peu le revenu, & les maisons tant de saint Julien des Menétriers, que de l'Hopital saint Jaques ; outre tant d'autres Hopitaux qui ont été ruinés par leurs Confreres & leurs Administrateurs ; & si bien ruinés, que l'Hopital général à qui le Roi en a donné les biens, n'a pû encore en découvrir qu'une petite partie.

Croiroit-on bien qu'au Saint Esprit il y a une Confrerie de Notre-Dame de Liesse fort riche & composée de gens à leur aise ; mais de condition médiocre, qui n'y admettent personne, qu'à condition de leur faire un grand festin, & qui dissipent en banquets fort fréquens les richesses que leurs devanciers n'avoient amassées, que pour mieux honorer Dieu, & faire des aumônes. Aussi y a-t-il presse à être leur Traiteur, & n'en prennent point qu'il n'ait le goût friand, & à cause de cela est perpetuel, & bien payé. Les bons compagnons d'entre eux n'appellent point autrement leur Confrerie, que *la Confrerie aux Goulus*.

OBIT SALE' ET O SUCRE'.

LOUIS XII a fondé à Notre-Dame un certain Obit qu'on celebre le jour & le lendemain de sainte Geneviéve, qui merite d'être ici remarqué, parce que chaque Chanoine qui s'y trouve, a deux minots de sel. Pas un n'a garde d'y manquer ; les malades, les gouteux, les impotens, tous s'y font porter ou traîner, & tout le monde à cause de cela, l'appelle l'*Obit salé*.

L'O de saint Gervais fondé par les Marchands de vin quelques jours avant Noel, n'est pas encore à omettre, parce que le Prevôt des Marchands & les Echevins, avec le Procureur du Roi, le Greffier, & les autres Officiers de la Ville y affiftent. Autrefois on leur donnoit des confitures & des pains de fucre, & de là il fut nommé l'*O fucré*, & l'eft encore ; mais comme on ne leur en donne plus, mais feulement quelques livres de cire, avec le tems il poura changer de nom, & être appellé l'*O ciré*.

PROCESSIONS.

EN 1638, ceux qui affifterent le jour de la mi-Août à la cérémonie qui fut faite à Notre-Dame, lorfque Louis XIII mit fon Royaume fous la protection de la Vierge, quel vacarme n'arriva-t-il point entre le Parlement & la Chambre des Comptes, & combien fe donnerent-ils de coups depuis la porte du Chœur jufqu'à fainte Geneviéve des Ardens ; & le tout à caufe que le Premier Préfident de la Chambre prit la gauche de celui du Parlement, contre les prétentions de la Cour, voulant qu'il ne marchât qu'aprés les Préfidens au Mortier : & tel fcandale auroit duré pendant la Proceffion, fi la Chambre n'eût quitté la partie, qui s'étant ralliée au Palais, députa auffi-tôt vers le Chancelier ; mais dont elle ne put avoir raifon des coups qu'elle avoit reçu ; fi bien qu'il en fut ri, & on difoit, *que les batus avoient payé l'amende*.

C'eft un paffe-tems de voir la Proceffion des Pelerins de faint Jaques en Galice avec leurs callebaffes qu'ils rempliffent de vin au premier Cabaret qui fe trouve fur leur route, & qu'en chemin ils vuident en pleine rue devant tout le monde.

Autrefois elle étoit terminée par un grand faquin vêtu en faint Jaques, marchant avec la contenance d'un crocheteur qui veut contrefaire l'honnête homme : & parce qu'au retour tous les Pelerins dînoient enfemble dans les Sales de faint Jaques de l'Hopital, celui-ci étoit affis au haut bout, entre deux hommes qui l'éventoient, & regardoit ainfi dîner la compagnie fans ofer manger, à caufe que les Saints ne mangent point.

Anciennement à la Proceffion de faint Michel, un homme choifi pour fa taille & vêtu de la même forte qu'on dépeint ordinairement cet Archange, traînoit après lui un grand Diable enchaîné qui frapoit tous ceux qu'il pouvoit attraper, & faifoit cent niches.

Tous les ans aux Proceffions que Notre-Dame fait avec fes quatre filles aux Rogations, nous voyons encore un grand dragon faire les mêmes fotifes que faifoit ce grand Diable.

Il y a fort long-tems qu'on ne voit plus les impertinences des Clercs du Palais, des Ecoliers, des enfans de Chœur & des fous-Diacres ; les uns à la Circoncifion, les autres le jour des Innocens ; les autres à la fainte Catherine, & à la faint Martin, & prefque tous aux Rois & à la faint Nicolas.

Depuis Henri II, les Clercs du Palais ne jouent plus leurs farces le jour des Rois, dont Louis XII leur avoit donné la permiffion, comme affure Fauchet.

Il y a déja quelques fiécles que les Diacres ne font plus leurs mommeries le jour de Noël, après Vêpres, en mémoire de faint Etienne Diacre, ni tout de même les Prêtres, le jour de faint Etienne, encore après Vêpres, en l'honneur de faint Jean l'Evangelifte Prêtre

Les Ecclefiaftiques, ni les autres ne vont plus en mafque à la Meffe de minuit & le jour de Noël.

On ne voit plus les fcandales qui fe faifoient dans les Cimetieres, fur les Reliques des Saints, dans l'Eglife même durant la Meffe, au milieu du Sanctuaire, & devant le Saint Sacrement de l'Autel. En ce tems-là les Rois, auffi-bien que les Papes, & les Conciles fe contentoient de les condamner en les appellant simplement, *la Fête des fous*, sans considerer que le mot de Folie & de Fête sont incompatibles. Aussi depuis quelques années le mot de Fête a été profané à ce point, qu'on s'en sert sans scrupule, tout saint qu'il est, pour signifier un festin, un bal, un balet, & toute autre assemblée où il y a Comedie, Farce, ou Marionnettes.

J'expliquerai ceci plus au long, après que j'aurai fait voir que quelques-unes de nos Fêtes ont été instituées, tantôt par une dévotion particuliere de nos Rois, tantôt par la fantaisie du peuple; mais depuis autorisées par Arrêt du Parlement, comme pour obéir à la Coutume. Voyés Monstrelet.

INSTITUTION DE CERTAINES PRIERES,
& de quelques Fêtes.

EN 1513, lorsque Louis XII fut si malade au Bois de Vincennes, pour obtenir du Ciel sa guérison, il fut ordonné qu'on chanteroit à l'élevation de la sainte Hostie, *O salutaris Hostia*.

Louis XI, qui a passé pour le plus hypocrite & le plus superstitieux de tous les hommes, en 1472, institua le pardon à midi; & depuis on y ajoûta celui du matin & du soir.

Deux ans après il voulut encore qu'on fêtât saint Charlemagne le vingt-huit Janvier, & tout de même saint Nicolas & sainte Catherine.

En 1448, l'Evêque de Paris autorisa la Fête de sainte Catherine; & de plus, établit celle de sainte Geneviéve. Selon le Journal de Charles VI, & de Charles VII, en 1477, le Parlement la confirma, à cause que le peuple la solemnisoit comme les Dimanches.

En 1536, il institua celle de sainte Anne.

En 1553, Henri II fit fêter la petite Fête-Dieu. En 1568, le Parlement ordonna qu'on tendroit ce jour là devant les maisons, pendant la procession.

Il ne tint pas aux Ligueurs que Jaques Clement meurtrier de Henri III, ne fût canonisé. Non contens de faire porter par les rues sa figure comme une Relique, ils firent venir sa mere à Paris, afin de l'enrichir d'aumônes publiques; & même un Prédicateur fut assés emporté pour l'apostropher dans la Chaire de verité, & abuser de ces paroles si saintes: *Beatus venter qui te portavit*.

Malgré tout le monde les Libraires & les Imprimeurs impriment aussi en rouge St Jean-Porte Latine, à cause qu'ils l'ont pris pour leur Patron.

Enfin saint Roch ne se fête que pour ne pas contredire le peuple.

Saint Louis n'a commencé à être fêté que sous Louis XIII.

Depuis quelques années Louis XIV a fait fêter saint Joseph & sainte Therese.

En 1131, Innocent II, institua la Fête de sainte Geneviéve des Ardens, mais on ne la connoît plus que dans les mss. de la Bibliotheque de sainte Geneviéve.

Que si en 1429, on mangea du beure le Carême, ce fut parce qu'on ne put recouvrer d'huile; mais lors qu'en 1555, Jules III, à la sollicitation de quelques-uns, nous permit de manger des œufs, sa Bulle fut brûlée, tant à la Requête des Gens du Roi, que par ordre de Henri II, & du Parlement.

La réformation du Calendrier par Urbain VIII, pour abolir les Fêtes qui n'avoient autre fondement que le caprice de la populace, fut si mal reçûe, que le Clergé de France, ne la put souffrir, & prétendit que c'étoit une innovation qui préjudicioit aux privileges de l'Eglise Gallicane.

SCANDALES A CERTAINES FETES

causés tant par les Ecoliers, Enfans-de-Chœur, que par les Diacres, & les Prêtres même.

EN 1275, à la saint Nicolas & à la sainte Catherine, & cela autant le jour que la nuit, les Ecoliers alloient par les rues masqués avec des torches, dansant, & faisant tant de désordres, que cela leur fut défendu dans une Assemblée de l'Université.

En 1367, à la saint Nicolas de Décembre, ils créoient entre eux un Evêque; & cela fait, tous en habit de Prélat, couroient de nuit les rues avec des flambeaux allumés. Et comme enfin ils furent attaqués par le Guet, l'un d'eux qui étoit Diacre, & en habit d'Evêque comme les autres, vint à être blessé, le Parlement informé de cela, envoya le Chevalier du Guet chés le malade, pour l'interroger. Y étant venu, non-seulement la porte lui fut fermée au nés, mais quantité de ses gens blessés, quoiqu'il fit savoir qu'il venoit de la part de la Cour. Aussi-tôt ceux qui avoient couru les rues la nuit de saint Nicolas, furent condamnés à faire amende honorable à genoux, pieds nuds, sans manteau ni ceinture, dans le Chapitre des Mathurins, & là demander pardon au Roi, à l'Eveque, & au Recteur & à l'Université qui y étoit assemblée. Pour les autres qui avoient fait résistance au Chevalier du Guet, il leur fut pardonné, avec défense à l'avenir, sur peine de punition, d'être refractaires aux ordres du Parlement.

En 1468, le lendemain des Rois, les Ecoliers élisoient un Roi qu'ils appelloient *le Roi des fous*, & se masquant, s'entrebatoient, & faisoient mille désordres, & ceux-ci n'étoient pas de simples Ecoliers aux Arts, mais en Droit, & Religieux même. Pour y remedier, l'année suivante, le Recteur nommé Kanedi, assembla la Faculté aux Arts à saint Julien le Pauvre, où il fut arreté d'envoyer une Lettre pleine de menaces par toutes les Ecoles, afin d'obliger les Précepteurs de retenir leurs Ecoliers dans leur devoir; & de plus, de députer vers le Prevôt de Paris des personnes notables, pour le prier de faire mener prisonniers tous ceux qu'il rencontreroit masqués dans les rues, ou ayant des bâtons; que si c'étoit des Ecoliers, de les renvoyer à leurs Maîtres, qui en feroient la punition, & quant aux autres, de leur faire leur procès.

Un an après l'Université, le quatorze Janvier, renouvella la même défense. De plus, la Nation de France fit savoir par la bouche de l'ancien *Huë* son Procureur, qu'elle envoieroit un Bedeau par toutes les Ecoles avec un billet, portant défenses de plus faire ces folies le jour & le lendemain des Rois.

Jusqu'en 1488, les Ecoliers n'ont pas laissé de passer les quatre Fêtes que j'ai dit, des Rois, de la saint Martin, de sainte Catherine & de saint Nicolas, en farces, en danses & en symphonies deshonnêtes; si bien qu'alors ne pouvant plus souffrir de tels abus, les Quatre Nations assemblées à saint Julien le Pauvre, & la Faculté des Arts, y donnerent ordre, leur commandant d'aller à l'Eglise ces jours-là, d'entendre le Service, & d'étudier de même que les Dimanches, hormis qu'après Vêpres, ils auroient deux ou trois heures à eux pour jouer & passer le tems à des divertissemens honnêtes. Que si on leur permit de faire des farces, ce fut à condition d'être examinées auparavant : qu'au reste, ceci ne se passeroit que dans leurs Colleges, & n'iroient plus courir dans tous les autres, comme auparavant : qu'enfin les frais s'en feroient aux dépens du Roi, & de l'argent seulement des nouveaux venus, appellés, *Béjaunes*.

Ce Reglement fut si exact, qu'on obligea les Principaux & les Regens de jurer entre les mains du Recteur, de le faire observer de point en point, à peine de suspension, pendant douze ans au moins, & plus même, si on le trouvoit à propos : que tout Ecolier qui y contreviendroit, seroit ou rayé du Regître de sa Nation, ou fouetté nud sur le dos par tous les Regens dans la sale du College au son de la cloche, en presence du Recteur, du Procureur, & devant tous les Ecoliers.

Telle nouveauté si extraordinaire fut cause que quelques Professeurs eurent recours au Roi, qui aussi-tôt écrivit en leur faveur à l'Université : mais bien loin d'avoir égard à ses commandemens, au contraire, elle ordonna que ses Statuts demeureroient en leur entier, & seroient observés à la rigueur. Et de fait, ceci duroit encore en 1517.

En 1525, le jour de saint Nicolas, les Chapelains, les Chantres & les Enfans-de-Chœur de Notre Dame déguisés allerent par tout Paris, menant une femme à cheval tirée par des gens faits comme des Diables & toute environnée d'hommes en habit de Docteurs, avec des écriteaux devant & derriere, où étoient écrit, Lutherien. François Premier s'en étant plaint, le Doyen & quelques Chanoines par son ordre furent au Parlement, à qui le Président Guillard commanda de supprimer ces sortes de mascarades. Que neanmoins s'ils vouloient envoyer leurs Chapelains & les autres à saint Nicolas des Champs le jour de la Fête qui approchoit, à eux permis; mais qu'il falloit que ce fût avec la bien-séance ordinaire, & sans se déguiser, à peine d'en répondre.

A quoi le Doyen répondit, que véritablement le jour de saint Nicolas leurs Chapelains & autres Choristes, avoient accoutumé d'aller dire un salut à cette Paroisse, & que s'il y arrivoit quelque désordre, c'étoit toujours par des gens inconnus, qui se mêloient parmi eux : que cependant il en feroit son rapport au Chapitre, afin qu'il y remediât, & que le Roi à l'avenir aussi bien que la Cour, eût tout sujet de s'en contenter.

Tous ces scandales ici pourtant, quelque grands qu'ils soient ne sont que des bagatelles, en comparaison des suivans.

Autrefois le jour de la Fête Dieu, des Paroissiens de saint Nicolas contrefaisoient Jesus-Christ les Apôtres, Adam, Eve, Abraham, Isaac & Moïse; mais avec des mocqueries, & des scandales si honteux, qu'en 1571, le Parlement par Arrêt condamna à deux cens livres parisis d'amende ceux qui à l'avenir profaneroient de la sorte une si sainte Fête, avec commandement aux Sergens de les mener à la Conciergerie.

La *Fête des Fous* ne fut pas si aisée à réprimer ; c'étoit des folies que faisoient dans les Eglises de Paris les Enfans-de-Chœur, les Sou-Diacres, les Diacres, & même les Prêtres à la Circoncision, aux Rois, à la Fête de Noël & de Pâques.

Jusqu'au tems de l'Evêque Hugues, elles se firent dans Notre-Dame, à la Circoncision & à la saint Etienne. Alors Pierre Cardinal Diacre, du Titre de saint Marc *in via lata*, & Legat en France, ayant appris que ces jours là, non seulement les Diacres & les Sou-Diacres disoient des paroles sales, mais se battoient outrageusement dans Notre Dame, même pendant l'Office, ordonna à Eude de Sulli Evêque de Paris, de défendre tels désordres, à peine de suspension. A quoi il obéit si ponctuellement en 1198, qu'il ne leur voulut pas même permettre d'amener à l'Eglise le Roi de la Fête, ni de le ramener à la maison en procession & en chantant ; & de plus, regla si bien l'Office de la veille & du jour des Rois, & de la Circoncision, qu'il ne tint pas à lui que ces jours-là ne fussent solemnisés avec autant de devotion & de céremonies, que durant les premiers siécles du Christianisme : ce que font voir deux Titres que j'ai transcrits dans mes preuves, l'un de 1198, & l'autre de 1208, Livre XV.

Ce que j'ai dit au reste du Roi de la Fête qu'on amenoit à l'Eglise en procession & en chantant, & qu'on ramenoit chés lui de même, s'y lit encore; mais non pas tout-à-fait les choses énormes qui s'y faisoient; comme d'user de paroles dissolues, de se battre dans l'Eglise jusqu'à l'ensanglanter. Ce que donne à connoître bien autrement & beaucoup plus au long une Lettre circulaire que la Faculté de Théologie de Paris écrivit en 1444, aux Evêques du Royaume. Elle porte que durant l'Office Divin, les Prêtres & les Clercs étoient les uns vêtus comme des bouffons, les autres en habit de femme, les autres contrefaisoient leurs galands, tous masqués & d'une façon monstrueuse; que non contens de chanter dans le Chœur des chansons deshonnêtes, de manger sur l'Autel à côté du Prêtre qui celebroit la sainte Messe, des soupes grasses, & de jouer aux dés près de lui, ils encensoient encore l'Eglise avec du fumier puant & de vieilles savates brûlées, en courant tout au tour, sautant, riant, proferant des paroles sales, & faisant mille postures honteuses; qu'après cela sortant, ils alloient par toute la Ville se faire voir en ce bel équipage dans des chariots & des charettes.

Bien plus, quelquefois ils élisoient, confirmoient & sacroient tout ensemble un Evêque, un Archevêque, & même *un Pape des Fous*, qui célebroit l'Office Divin, & donnoit la benediction au peuple, revêtu d'habits & d'ornemens Pontificaux. Enfin telles folies leur plaisoient tant, & paroissoient à leurs ieux si bien pensées, & si Chrétiennes, que qui les eut voulu croire, ceux qui les défendoient, étoient des excommuniés.

LETTRE TOUCHANT LA SUPPRESSION DES FETES.

Du quinziéme Novembre 1666.

CE que je vous ai mandé des Fêtes supprimées par une Ordonnance de l'Archevêque de Paris est veritable. Et de plus, il est vrai que le Parlement temoigne de la pas approuver; que le peuple de son côté en murmure, & qu'on en a fait quelques vers de raillerie. Bien davantage, on vient de me dire que ce matin divers Commissaires alloient par les ruës; les uns de la part de l'Archevêque, pour faire ouvrir les boutiques; & les autres par ordre du Parlement pour les faire fermer. Or comme je suis obligé de garder la chambre, & que je ne sai rien de tout cela, que par des bruits peu certains, je n'ai pas pû m'en informer, & même je n'ai pas vû l'Ordonnance; de sorte que presentement je ne suis point en état de vous satisfaire touchant ce que vous souhaités de moi à l'égard de ce détail.

Quant au reste, les murmures que cette Ordonnance a causés ne viennent que de l'ignorance du peuple. Ce n'est pas d'aujourd'hui qu'on s'avise de supprimer des Fêtes. Dès les premiers siécles, à mesure qu'on en établissoit de nouvelles, en même tems quelques jours des Fêtes de Pâque & de la Pentecôte étoient retranchés.

Charlemagne dans le neuviéme siécle fit une Constitution Liv. 1., & le Concile de Maïence, art. 813, dans le même tems un Decret pour les Fêtes qui étoient à celebrer. A la verité ni ce Decret, ni la Constitution ne comprenoient point, ni ne retranchoient point par consequent plusieurs Fêtes que nous remarquons avoir été chommées auparavant. De tems en tems nous voyons de grands personnages qui dans leurs écrits se sont plaint de la multitude des Fêtes. Contentés-vous pour le present du fameux Nicolas de Clemangis, qui se trouve heureusement sous ma main. Cet excellent homme dans le petit ouvrage de *novis festis non instituendis*, dit qu'il

seroit

seroit bien plus à propos d'en supprimer plusieurs, que d'en établir de nouvelles; & confirme son avis par l'exemple de ce rare Evêque de son tems Michel d'Auffetre Confesseur de Charles VI, qui quatre ans auparavant, pour de bonnes raisons avoit retranché la plûpart des Fêtes établies depuis long-tems par ses prédecesseurs : ses raisons étoient.

1. Qu'il avoit horreur de voir la maniere des peuples qui celebroient la plupart des Fêtes dans le jeu, la débauche, les juremens, & toutes sortes d'excès; que Dieu y étoit plus offensé qu'honoré; qu'il étoit beaucoup plus à propos qu'il y eût moins de Fêtes, & qu'elles fussent mieux celebrées; que c'étoit se tromper bien fort, de penser qu'on pût conserver tant de Fêtes, en retranchant simplement les désordres qui s'y passent ; que le peuple n'est pas capable d'une longue devotion ; que s'il ne travaille, il se jette dans la débauche; que les Fêtes enfin étant instituées pour le bien des peuples, plutôt que pour celui des Saints, si elles cessent de leur être utiles, & par consequent qu'elles leur soient préjudiciables & pour le temporel & pour le spirituel, il les falloit retrancher.

2. Que d'ailleurs ce sage Evêque ayant consideré qu'alors le peuple étoit accablé d'impôts, & si ruiné, qu'à peine pouvoit-il gagner à la sueur de son corps de quoi payer les taxes continuelles qui lui étoient imposées; que ces charges acquittées, il ne lui restoit pas de quoi s'habiller, ni avoir du pain; & ainsi qu'il étoit necessaire de lui laisser plus de jours libres pour le travail, par la suppression de la plupart des Fêtes, afin qu'il pût gagner davantage, & vivre plus à son aise.

A ce propos, il me souvient que le peuple de Rome s'étant venu plaindre à Pie IV, d'un impôt qu'il avoit mis sur le bled, qui pouvoit aller à quelque trois sols par tête tous les ans, il répondit qu'ils avoient bien plus de sujet de se plaindre de Paul IV son prédecesseur qui leur avoit fait perdre une journée de cinq sols, en instituant la Fête de la chaire saint Pierre.

3. Qu'enfin les Fêtes étoient des jours de joie & de réjouissance; & que dans un tems aussi miserable qu'étoit celui-là, comme il ne restoit plus aucun sujet de rejouissance ni de joie, aussi ne devoit il plus rester d'autres Fêtes, que celles qui absolument étoient necessaires pour entretenir la Religion dans le monde, & pour sa conservation.

Après ces exemples & de si bonnes raisons qui pourroient suffire, j'ajoûterai que dans le Concile de Constance, le Cardinal Dailli présenta un Livre pour la réformation de l'Eglise, où entre autres choses, il est requis que plusieurs Fêtes soient supprimées, afin que les autres puissent être celebrées avec plus de religion, & que les peuples en même tems aient moyen de gagner mieux leur vie.

Sous Charles-Quint en 1522, dans l'Assemblée de Nuremberg, une des choses à réformer qu'on representa au Legat fut la multitude des Fêtes; & enfin, le Cardinal Campege à Ratisbonne, entre les articles de la réformation, fit un Decret pour le retranchement des Fêtes, qui commence ainsi: *Justis de causis adducti, Festorum multitudinem constringendam esse duximus* 1524, *an.* &c.

Ce n'est pas un sujet de scandale que la suppression de quelques Fêtes. Polidore Virgile n'a point craint de dire que presentement il n'y avoit pas moins de religion à retrancher la plupart des Fêtes, qu'il y en a eu autrefois à les établir. Il prie Dieu même que plusieurs Evêques persuadés de cette verité, rendent quelques Fêtes utiles en supprimant les autres.

Ce n'est donc point, dis je, une chose extraordinaire d'abolir quelques Fêtes dans l'Eglise, c'est une coutume ancienne, c'est une conduite que les Sages de tous les siécles ont approuvée ; enfin c'est souvent une chose si necessaire, & sur-tout en ce tems ici, & dans le Royaume, où l'un des principaux desseins du Ministre est d'établir toutes sortes de Manufactures, qui ne peuvent être utiles sans un travail presque assidu; que si le peuple faisoit réflexion là dessus, il trouveroit qu'il y a plus à se réjouir qu'à se plaindre de la suppression des Fêtes. Il seroit bon même de le lui faire comprendre en pleine Chaire, puisque son murmure ne vient que d'ignorance.

Pour ce qui est des Vers qu'on a faits, ce n'est que la saillie d'un esprit qui aime à boufonner, & qui tâche de tourner en ridicule, aussi-bien les Saints que l'Archevêque. Il veut que saint Joseph ne soit point oisif davantage, & rouvre sa boutique; & tout de même que la Fête de Pâques & celle de la Pentecôte retranchent de leur train, & qu'après elles, on ne voie plus qu'une suivante. Il semble trouver à redire au choix qu'on a fait, & se plaint entre autres, qu'on ait conservé saint Louis plutôt que saint Barthelemi; saint Denys, plutôt que saint Nicolas; saint Marcel, plutôt que saint Michel; & sainte Geneviéve, plutôt que la Madelaine. Mais c'est un Poëte qui ne fait pas profession de savoir les Canons, non plus que les regles & la discipline de l'Eglise. Il y auroit appris que dans tous les Reglemens qui ont été faits là-dessus, souvent on a retranché des Fêtes considerables. Du tems qu'on permettoit aux Evêques chacun dans son Diocèse, d'ordonner les Fêtes des Saints qui en seroient reconnus les protecteurs, soit pour y être nés, ou y avoir vécu, ou y être morts, ou parce que leur corps sacrés reposeroient dans leurs Eglises & y seroient honorés. Pour toutes ces raisons-là on a grand sujet de conserver dans le Diocèse de Paris la Fête de saint Louis, aussi bien que celle de saint Denys, de saint Marcel & de sainte Geneviéve, puisqu'ils y sont nés, ou y ont vécu, ou y sont morts, ou enfin que leurs Reliques y sont honorées en qualité de Patrons & de Protecteurs particuliers de Paris, du Diocèse, & du Royaume. Quant au choix des Saints dont les Fêtes ont été supprimées, il faudroit consulter là-dessus ceux qui sont du Conseil de notre Archevêque, pour en savoir les veritables raisons. Quant à moi, je m'imagine que ce choix, pour ce qui est de la plupart, a eu pour fondement cette maxime: *Que ceux qui sont de la derniere creation, d'ordinaire sont de la premiere suppvession.*

Et de fait, à l'égard des Fêtes des Apôtres, il se remarque que dans les premiers siécles on ne chommoit que celles de saint Pierre, saint Paul & saint Jean; que Charlemagne & le Concile de Maïence n'ajoûterent à ces trois que saint André; que dans ce tems-là même on institua une Fête à l'honneur de tous les Apôtres, qui se chommoit le premier jour de Mai; mais qui peu de tems après, de générale qu'elle étoit, devint particuliere pour saint Jaques & saint Philippe seulement; que le même Charlemagne Empereur, retournant des Espagnes, autorisa & apporta en France la Fête de saint Jaques, & que quelques années après, on célébra la Fête de saint Simon saint Jude. Mais enfin il n'y a pas plus de quatre ou cinq cens ans qu'on fête saint Thomas, saint Mathias, saint Barthelemi, saint Mathieu, saint Marc, saint Luc & saint Barnabé; si bien qu'entre les Fêtes des Apôtres on a eu raison de supprimer celles qui étoient les dernieres établies. Il en est de même de la plupart des autres.

Les Fêtes de l'Exaltation de sainte Croix, de saint Nicolas, de sainte Catherine & de la Madelaine, sont assés anciennes chés les Grecs; mais leurs Histoires sont venues à nous si alterées, que l'Eglise Latine n'a jamais pû se résoudre à les admettre. Le seul Synode d'Auxonne en Angleterre les ordonna en 1222; mais peu d'années après, Gregoire IX, & le Concile de Lion ensuite sous Innocent IV, ne les comprirent point dans la Constitution & le Decret qu'ils firent touchant les Fêtes qu'on devoit chommer dans l'Eglise Romaine.

Il n'est point venu à ma connoissance comment depuis elles se sont établies; aussi ne suis-je pas trop étonné de les voir supprimées.

Pour ce qui est de la Fête de saint Roch, elle n'a été chommée que du mouvement des peuples depuis environ cent ans: jamais l'Eglise ne l'a ordonnée; de sorte qu'on ne doit point trouver étrange, si l'Archevêque de

Paris ordonnant les Fêtes chommables, ne parle point de celle-ci, puisque ci-devant même les Curés ne l'annonçoient point dans leurs Prônes, & la laissoient à la devotion du peuple.

Enfin nous voyons finir la Fête de saint Joseph & celle de sainte Anne, parce que nous les avons vû commencer.

Il est vrai que la Dédicace de saint Michel ne peut pas avoir été supprimée par cette raison-là, puisque c'étoit une Fête ancienne, & qu'on l'a voit conservée dans tous les Décrets de réformation depuis le Concile de Maïence; mais peut-être l'a-t-on fait à cause qu'étant simplement l'anniversaire de la Dédicace d'une Eglise consacrée à saint Michel, Eglise d'ailleurs à present si ruinée, qu'il n'en reste aucun vestige, on n'a pas jugé necessaire d'en celebrer plus long-tems la mémoire.

Du reste je ne sai où j'en suis touchant le retranchement d'une des Fêtes de Pâques, d'une autre de la Pentecôte, & d'une de Noël. Dans les premiers siécles on fêtoit la quinzaine de Pâques, l'octave entiere de la Pentecôte, & les quatre jours d'après Noël. Depuis en établissant d'autres Fêtes, par succession de tems, l'octave de la Pentecôte & la quinzaine de Pâques furent réduits à quatre Fêtes ainsi qu'à Noël; ensuite de quoi, à la fin le nombre de ces quatre fut diminué d'une: si bien qu'il ne resta plus que trois Fêtes tant à Pâque qu'à la Pentecôte. Car quant à la Fête de Noël, à cause que la Fête des Innocens se rencontroit le quatriéme jour, on l'a toujours chommée. Que si l'Eglise au reste à ces principales Fêtes, avoit joint tant de jours chommables, c'étoit pour nous mieux faire connoître la grandeur de leurs mysteres, & qu'on ne les pouvoit trop célebrer: & quoique nous n'ayons plus la même devotion qu'avoient nos ancêtres, du moins l'Eglise en observe-t-elle toujours les octaves & même les quinzaines.

Après tout, si Messieurs du Parlement témoignent ne pas approuver l'Ordonnance de l'Archevêque de Paris, ce n'est que parce qu'il a entrepris de la faire, & de la faire publier sans leur participation, & leur plainte est si bien fondée, que les Conciles ne commettent aux Evêques cette discipline des Fêtes, que conj intement avec le Clergé & le peuple. *Quas singuli Episcopi in suis Episcopatibus, cum Clero ac populo duxerint solemniter venerandas, quas singuli Episcopi in suis Diœcesibus cum Clero & populo collaudaverint.*

Comme les Chanoines de l'Eglise Cathedrale sont les premiers du Clergé que l'Evêque doit consulter, les Magistrats sont aussi les premiers du peuple dont il doit prendre avis. L'ordre du Royaume confirme ce reglement de l'Eglise; car par la même raison qu'on n'établit point de Fête nouvelle, que la Bulle n'en soit enregitrée au Parlement : aussi ne doit-on point en supprimer sans son autorité. Et enfin il est important que la Puissance Ecclesiastique agisse de concert avec la Puissance Seculiere, pour faire observer ses Ordonnances, & qu'elles ne soient pas vaines.

Mais je ne crois point tous ces bruits dont j'ai parlé, & moins encore que Mr l'Archevêque ait fait marcher les Commissaires pour contraindre d'ouvrir les boutiques; il auroit outrepassé les Canons, qui à la verité lui permettent de dispenser des Fêtes; mais non pas de les défendre. *Ad reliquas vero festivitates neque cogendi sunt ad celebrandum, neque prohibendi.*

De sorte que si son Ordonnance contenoit quelque prohibition de célebrer les Fêtes supprimées, elle ne seroit point dans la forme canonique de tous les anciens reglemens qui ont été faits là-dessus; ils expriment simplement les Fêtes qu'il faut célebrer, sans rien dire des autres.

Que si parmi le peuple il s'en trouve qui chomment une Fête supprimée, tandis que les autres travaillent, & tiennent les boutiques ouvertes, ce n'est point à lui à y mettre ordre, c'est à la Police, afin que l'uniformité necessaire pour le repos public soit gardée.

COUTUMES ABOLIES PARMI LES ECCLESIASTIQUES.

COMMENÇONS par celles qui regardent les gens d'Eglise.
 Anciennement les Curés primitifs de Paris, comme les Religieux de saint Martin & le Doyen de saint Germain de l'Aufferrois exigeoient de leurs Vicaires perpetuels, tels que le Curé de saint Jaques de la Boucherie, de saint Germain, de saint Eustache, & autres, tant de charges facheuses, que je ne sai si je pourrai me résoudre à les rapporter, lorsque je traiterai des Redevances. Ici je parlerai seulement des confessions, des mariages, des plats de noces, & des legs testamentaires.
 Le Prieuré de saint Eloi devoit au Chapitre de Notre-Dame deux repas tous les ans que je décrirai ailleurs.
 Touchant les confessions, il est constant qu'à Paris tout le long de l'année il n'y avoit que les Curés qui confessassent leurs Paroissiens, à l'exception des Fêtes solemnelles, qu'ils permettoient à des Prêtres de les venir aider, à cause du grand nombre de Penitens qui se présentoient ces jours-là, comme ne pouvant pas seuls entendre tant de confessions à la fois.
 Il est constant encore que lorsque les penitences publiques étoient en usage, ni les Religieux en qualité de Vicaires perpetuels, ni même les Curés primitifs, ne les osoient recevoir: c'est un droit, ou si l'on peut parler ainsi, un cas reservé à l'Evêque. Eugene & Innocent III. l'ôterent au Curé de saint Etienne du Mont, qui l'avoit usurpé sur deux de nos Evêques, Thibaut & Eudes.
 A l'égard des mariages, on les célebroit à la porte de l'Eglise. Guillaume Evêque de Paris en parle ainsi dans son Decret de l'année 1224.
 En 1397, Pernelle femme de Nicolas Flamel si renommé parmi les Hermetiques, legua par son testament douze sols & demi à cinq pauvres, qui avoient accoutumé de demander l'aumône au portail de saint Jaques de la Boucherie, où l'on marioit.
 En 1559, lorsqu'Elisabeth de France fille de Henri II, épousa Philippe II Roi d'Espagne, l'Evêque de Paris qui étoit Eustache du Bellai, alla à la porte de Notre-Dame pour faire la céremonie, & se fit la celebration des épousailles, au portail, selon la coutume de notre mere sainte Eglise, ce sont les termes du ceremonial. Et peut-être cette coutume-là étoit-elle aussi ancienne que l'Eglise, & meme s'observe-t-elle encore en quelques Provinces.
 Quant aux plats de noces, il en reste encore quelque trace à Paris & ailleurs, lorsque les mariés prient le Curé ou le Prêtre qui a fait la céremonie du mariage, de venir dîner avec eux; à quoi ne manque guere encore le petit peuple de Paris, faisant toujours asseoir le Prêtre au haut bout, & lui servant ce qu'il y a de meilleur.
 Sous Philippe Auguste, l'Evêque Eudes défendit étroitement aux Curés & aux Prêtres, à peine de suspension, de rien exiger pour les plats de noces avant la benediction nuptiale; permis neanmoins de les recevoir après, & de les demander selon la coutume, s'il étoit necessaire.
 Le même Eudes dans un grand different qu'il eut avec l'Abbé de sainte Geneviéve pour les droits Curiaux de saint Etienne du Mont, & qui fut terminé par Innocent III. remontra au Pape que les Paroissiens de cette Eglise, ainsi que les autres de la Cathedrale, payoient les plats des noces aux Marguilliers de Notre-Dame, & que pour cela l'Abbé de sainte Geneviéve tiroit d'eux une certaine maltôte.
 L'Evêque de Saligni déclare dans son Decret que j'ai si souvent allegué, que le Doyen de saint Germain doit avoir la moitié des plats de noces de

DE LA VILLE DE PARIS. Liv. XI.

la Paroisse saint Germain, & ce Doyen ici jusques dans le quinziéme siécle de ceux de la Paroisse de saint Eustache.

De nos jours encore les Religieux de sainte Geneviéve ont fait condamner par Arrêt les Habitans de Roissi, Village à deux lieues de Paris, de les payer à leur Curé; mais je n'ai pû découvrir nulle part en quoi il consistoit, ni combien ils étoient appréciés. Au reste pour ce qui est de la benediction du lit des nouveaux mariés, comme quelquefois on faisoit attendre les Curés jusqu'à minuit; les conviés alors pleins de viande & de vin, au lieu de témoigner du respect pendant cette action, se laissoient aller à des paroles si indiscretes, au mepris du Prêtre, du Sacrement, & de la Religion, qu'elles meritoient d'etre punies. Cet abus a duré jusqu'en 1577, que Pierre de Gondi commanda que telle cérémonie se fît de jour, ou du moins avant le souper, en presence seulement du marié, de la mariée, & de leurs proches parens & alliés Catholiques.

L'abus des legs testamentaires a duré bien plus long tems à Paris & ailleurs; les Prélats de France prétendoient qu'on ne devoit point mettre en terre sainte les Chrétiens qui mouroient sans rien laisser à l'Eglise: & le tout fondé sur les Canons d'un Synode de deux ou trois cens ans, qu'ils interpretoient à leur fantaisie. De sorte que sous ce prétexte, ils embarassoient tellement les consciences, que les heritiers de celui qui venoit à mourir sans faire testament, prioient d'être reçûs à tester en sa place, afin de sauver l'honneur du défunt. S'il arrivoit à quelque Curé d'enterrer un intestat, aussi-tôt l'Official le faisoit citer: si bien qu'en 1554, lorsque la peste fut si grande à Paris, qu'on mouroit subitement, sans avoir le tems ni de tester, ni de songer à sa conscience, les Curés neanmoins n'oseroient y avoir égard, de sorte qu'une infinité de corps, & tous pestiferés, seroient demeurés sans sepulture au milieu de Paris, si des Ursins Vicaire Général de l'Evêque, qui étoit le Cardinal du Bellai, n'eût ordonné aux Curés d'enterrer les intestats, tant que la contagion dureroit, de crainte de pis, & que l'air ne vint encore à s'infecter.

Les Curés & les Prélats passoient encore bien plus outre. Un pauvre venoit-il à mourir, le Curé le laissoit-là, & ne l'enterroit point que par des quêtes, ou autrement, on eût amassé la somme qu'il lui falloit pour cela.

En 1546, l'Evêque obligea les heritiers des personnes mortes dans son Diocèse à lui rendre compte de leur testament: & quoiqu'il ne s'y trouvât rien à redire, il ne laissoit pas encore de leur en coûter. Ceci dura quelque dix ou douze ans, au raport de Dumoulin.

Le Premier Président Lizet, en parlant de ces legs testamentaires, les appelle, *jus Sathanicum*, le droit Diabolique & de Sathan. Tant qu'enfin l'Avocat Général Olivier requit le Parlement d'y apporter remede. Car comme en 1505, le Curé de saint Germain avoit differé d'enlever le corps d'une femme de bien, jusqu'à ce qu'on lui eut fait voir son testament. A sa sollicitation la Cour manda les Curés de Paris, les Officiers de l'Evêque & le Vicaire perpetuel de saint Germain.

Mais je ne sai point ce qui en arriva, ni quand on abolit une coutume si injurieuse à l'Eglise.

A la verité je trouve dans du Luc un Arrêt de l'an 1552, qui en raporte la suppression. Toutefois il me semble avoir lû quelque part, que depuis on n'a pas laissé de les renouveller dans quelques-unes de nos Paroisses, & je pense même qu'il subsiste encore dans les testamens des Chrétiens, & que les cinq sols legués à l'Eglise que nos Notaires n'oublient point de mettre dans tous les testamens ne viennent que de-là.

CURES AFFERME'ES.

COMME s'il eut été question d'une Maison, d'une Ferme, ou d'une Terre, les Curés affermoient leurs Cures, aussi-bien que les droits Curiaux; mais si publiquement, que l'Evêque Regnault obligea le Curé de saint Eustache, ou son Fermier à rendre compte tous les mois au Doyen de saint Germain, de l'argent que lui & ses Prêtres avoient reçû des Penitens de sa Paroisse.

En 1416, Nicolas Flamel laissa par son testament au Curé de saint Jaques & à son Fermier un gobelet pesant un marc, à la charge que le Curé, son Fermier, ou son Commis feroit dire certaines priéres & services qu'il avoit ordonné, & non-seulement y assisteroient, mais diroient la grande-Messe.

Dans un accord passé en 1443, entre saint Germain & le Curé de saint Eustache, il est fait mention de discrete personne Jean Godard Fermier & Chapelain de cette Paroisse.

Aux Etats tenus à Orleans sous Charles IX, il fut défendu aux Prélats de donner leurs Vicariats à leurs Fermiers, & de plus, à tous Juges d'y avoir égard. Charondas ajoute que le soupçon de Simonie & de venalité des Benefices donna lieu à cet article; puis qu'enfin les choses spirituelles sont hors du commerce des hommes, & ne se doivent point donner à ferme.

Ce trafic honteux a duré long-tems dans l'Eglise, & l'on a souffert qu'impunément les Curés & les Prélats vendissent les bienfaits des personnes charitables; c'est-à-dire le salaire des Sacremens, & de l'Autel.

En 1423, il fut défendu aux femmes d'entrer dans le Chœur pendant l'Office, aux bigames & aux seculiers de servir à la Messe, & enfin de toucher aux Reliques, ni aux choses sacrées & benites; mais cela ne dura guere, non plus qu'autrefois lorsque la même défense en fut faite, & entre autres par Charlemagne.

INVESTITURES.

POUR ce qui est de recevoir sur l'Autel & sur les Reliques les sermens, & même les donations, telle coutume a été long tems en usage.

A Notre Dame, devant l'Autel même; c'est-à-dire dans le Sanctuaire de la Cathedrale; & cela en presence de plusieurs Evêques, Charlemagne confirma les franchises que ses predecesseurs avoient accordées à l'Eglise de Paris.

Dans l'Eglise de saint Pierre & saint Paul, que nous appellons sainte Geneviéve, Hugues Capet à l'Autel ratifia tout de même la donation des biens consacrés aux Idoles que le Roi Charles, avant lui, avoit faite au vrai Dieu.

Sous Louis le Debonnaire, Jouhadus Evêque de Paris à la sollicitation de son Chapitre, fit dans Notre-Dame à l'Autel, une déclaration de toutes les Terres qui appartenoient aux Chanoines de son Eglise, en presence de quantité d'Evêques venus pour tenir un Synode.

En 1203, Robert d'Angers & Emeline sa femme, firent donation entre-vifs à saint Lazare de deux moitiés de maisons, l'une assise à la rue Quinquempoix, & l'autre sur le Pont-au-Change, & en mirent l'Acte sur l'Autel, en disant : *J'offre & dédie à Dieu les choses contenues dans ce papier pour la remission de mes pechés, de ceux de mes enfans, & de mes parents. Si quelqu'un les prend, ce que je ne crois pas, qu'il rende compte à Dieu, sur peine de sacrilege.*

En 1143, Louis le Jeune offrit humblement sur l'Autel de la Vierge, pour ses pechés & ceux de son pere le don qu'il faisoit aux Evêques de Paris, de tout ce qui étoit saisi chés eux après leur mort, en meubles, soit de bois ou de fer appartenant au Roi, ce que Philippe Auguste son fils en 1190 confirma dans l'Eglise de Notre-Dame, & en mit les Lettres sur l'Autel.

Je serois ennuyeux de rapporter tant d'autres exemples de cette nature, qui se voient, & que j'ai lûs dans les Cartulaires tant de saint Vincent des Bois de Vendôme, de Notre-Dame de Josaphat, que de saint Denys en France, & de saint Denys de Nogent le Rotrou.

Je ne laisserai pas neanmoins d'ajouter encore ici une donation de Montmartre faite en 1096, aux Religieux de saint Martin des Champs, à cause de plusieurs circonstances, & toutes singulieres, qui s'y rencontrent.

On saura qu'un Chevalier de réputation nommé *Pean* ou Païen, avant que d'etre batisé, & depuis *Gauthier* étoit proprietaire aussi-bien que sa femme appellée la Comtesse Huyerne, depuis son batême, de l'Eglise & d'une partie de Montmartre; & que Montmartre relevoit alors de Bouchard IV de Montmorenci. Tous trois un jour se rendirent à saint Martin, le dernier accompagné de Gui Comte de Rochefort, de ses Vassaux & de son Maire, les deux autres de leurs Maires & de deux de leurs Vassaux; mais tous suivis de leurs gens, des serviteurs de l'Eglise & de leurs amis, au nombre de quarante. De tout ce monde, les uns n'y vinrent que comme témoins, mais pour ce qui est des Vassaux, ce fut par necessité, & parce qu'il le falloit; car en ce tems là les Seigneurs ne pouvoient aliener leurs Seigneuries sans le consentement de leurs Vassaux, & reciproquement les Vassaux ne pouvoient se défaire de leurs terres qu'avec la permission de leurs Seigneurs: coutume qui ne subsiste plus que dans les Contrats des anciennes donations où les Vassaux prenoient la qualité de *Milites*, & qui étoit un joug pour les Grands, qui leur pesoit si fort, qu'enfin ils l'ont secoué, sans qu'il en reste autre marque, que les vieilles Chartes, où il en est fait mention. En présence donc de tant de personnes Gauthier & sa femme donnerent à saint Martin l'Eglise de Montmartre, les Reliques, le droit de sepulture, la troisiéme partie de la Seigneurie, avec tous les autres biens & avantages qui se verront ailleurs. Bouchard de son côté leur ceda aussi le droit qu'il y avoit, & chacun mit son Contrat sur l'Autel de saint Martin, excommuniant ceux qui voudroient s'approprier la moindre de ces choses, ni troubler pour cela le Monastere de saint Martin & les Religieux. Il sera parlé un peu plus bas de ces sortes d'anathêmes.

En 1163, Pernelle recluse de saint Lazare, assistée de son frere, de sa belle-sœur & de son neveu, donna à cet Hopital, avec un Livre sur l'Autel, une boutique d'Orfevre du Pont-au-Change.

Saint Bernard fait savoir que les Chanoinies se conferoient de la sorte, & que ce Livre étoit les Evangiles.

On apprend du petit Pastoral, qu'autrefois l'Evêque de Paris recevoit du Doyen avec un Livre & un pain les Prebendes qui venoient à vacquer à Notre-Dame; ce qui fait qu'encore aujourd hui, on confere les benefices avec un Livre.

Dans les Cartulaires du Royaume, il se voit que ce Livre étoit tantôt un texte d'or, tantôt le texte de l'Evangile & tantôt les quatre Evangiles, comme je viens de dire. Si c'étoit ici le lieu de rapporter les autres manieres d'ensaisinement touchant les biens qu'on faisoit aux Eglises de Paris & de France, je montrerois;

Qu'en 1144, Henri de Fontenai investit saint Lazare de certaines Terres en mettant sur le Maître-Autel une baguette qu'il tenoit à sa main.

Devant & depuis, d'autres dons & investitures furent faites avec un sceptre, ou avec un signe de Croix, une regle, un rouleau de papier, des clefs, un verre, un couteau, une broche, un gand, une pointe d'épée, quelquefois avec de ses cheveux, de son sang, un baiser, son manteau, un morceau de sa robe & de sa ceinture; tantôt avec des poissons, du gazon, du bois, un bâton de cedre ou autre; tantôt avec une branche de laurier, de genêt, ou d'autre arbre; tantôt avec une courroie nouée à quatre neuds; mais plus ordinairement avec une robe, une paille & un fétu; d'où est venu le mot d'*Investiture* & de *Festucation*, qui veut dire prendre possession avec un fétu & une robe, & encore celui d'exfétucation, terme ancien, qui signifie renonciation à la propriété d'un Fief, ou d'une Terre, & d'où viennent enfin ces façons de parler proverbiales, *rompre la paille*, & *rompre avec quelqu'un*, lorsque des amis deviennent ennemis.

Quant aux sermens, en 757, Tassillon Duc de Baviere ratifia sur les Corps de saint Germain Evêque de Paris, & de saint Denys, la foi & hommage qu'il avoit fait à Compiegne au Roi Pepin & à ses enfans.

A propos de ceci, je ne puis m'empêcher de dire qu'en 1350, le Roi Jean à son avenement à la Couronne, lorsqu'il faisoit son entrée, étant allé à Notre-Dame, il trouva les portes fermées, & les Chanoines dans le Parvis, avec la Croix, les chandeliers, les cierges, les encensoirs, les Livres dorés. Mais de plus, quantité de Prélats & Abbés tous revêtus de chappes, comme à une procession. Le Roi aussi-tôt se mit à genoux, & jura sur les saints Evangiles, entre les mains du Doyen, de les maintenir dans leurs privileges.

En 1360, Charles de France Regent du Royaume, & les Ambassadeurs d'Angleterre jurerent la paix à Notre-Dame.

Par des Lettres de Philippe le Bel de l'an 1299, adressées au Prevôt de Paris, ce Prince veut que les appréciateurs des provisions necessaires pour sa Maison, aussi bien que ceux qu'il établit, afin de prendre garde qu'on ne prenne point les chevaux ni les voitures des Parisiens, si ce n'est qu'il en eût affaire; il veut, dis-je, que ces gens-là jurent seulement sur les Saints, ce sont ses termes, de s'acquitter fidélement de leur charge.

En 1465, Louis XI fit savoir à ceux de Paris, que les Ducs de Bourbon, de Nemours, le Comte d'Armagnac & le Sire d'Albret, lui avoient promis & juré, à peine d'être excommuniés, de ne jamais porter les armes contre lui; mais de vivre & mourir pour son service, & pour la défense de son Royaume.

VOYAGES.

AUTREFOIS, nos Rois obligeoient leurs Vassaux, & même leurs ennemis, en traitant de paix avec eux, de faire le voyage d'outre-mer. Saint Louis en 1228 & 1229, y contraignit Raymond dernier Comte de Toulouse, par le Traité de paix qu'il fit à Paris avec lui.

Philippe de France Regent du Royaume, pendant la grossesse de Clemence de Hongrie, veuve de Louis Hutin son frere, n'en usa point autrement avec Gui de Dampierre Comte de Flandre, lorsqu'à Paris la paix fut conclue entre eux en 1316.

Sans pourtant en venir à une si grande rigueur, nos Rois quelquefois se contentoient de quelques pelerinages. Et de fait, par le même Traité de l'an 1316, dont je viens de parler, Robert de Bethune fils aîné du Comte de Flandre, promit simplement d'aller à Notre-Dame du Pui, à saint Gilles de Provence, à saint Jaques en Galice & à Notre-Dame de Vauvert, qu'à Paris nous appellons les Chartreux.

De plus en 1316, lorsque les Habitans de Bruges se revolterent contre Louis II, Comte de Flandre leur Souverain. Charles le Bel en punition, voulut que trois cens d'entre eux allassent en pelerinage, les uns à Notre-Dame de Roquemadoux, les autres à saint Jaques, d'autres à saint Gilles & à Notre-Dame de Vauvert.

SUSPENSOIRES.

LE tems passé le Saint-Sacrement se voyoit suspendu au dessus des Reliques dans toutes les Eglises. Et de fait, au commencement de ce siécle, il y en avoit peu à Paris, où il ne fût encore ainsi. Il l'est toujours à Notre-Dame, à la Sainte-Chapelle, à saint Merri, à sainte Opportune, à saint Benoît, à saint Jean, à saint Jaques de l'Hopital, au-dessus du Tabernacle.

Dans un discours à part, j'ai fait voir que les Eglises servoient autrefois d'azyle presque à toutes sortes de Criminels, ce qui a duré jusqu'à Louis XII; mais qu'il ne voulut plus souffrir, ni à Paris, ni ailleurs. Cela se pratique encore en Italie.

Et tout de même j'ai aussi parlé séparément des Reclus & des Recluses. On apprend d'un compte de la Fabrique de saint Severin, rendu en 1419, que lorsque les pauvres femmes, après leurs couches, entendoient la Messe de Relevée, on leur mettoit un manteau fourré sur les épaules, afin de les tenir chaudement.

Dans les mêmes Regîtres aussi bien que dans ceux de saint Jaques de la Boucherie & de saint Germain, il se voit encore que le jour de la Pentecôte, on lâchoit dans l'Eglise un pigeon, & même plusieurs, pour figurer la descente du Saint-Esprit sur les Apôtres, sous la forme d'une colombe.

LE COUVRE-FEU.

TOUCHANT le Couvre feu, on voit dans les Regîtres de saint Severin qu'en 1425 on le sonnoit, & qu'alors Benoît Sede Sonneur en avoit soin, ainsi que de l'horloge.

En 1557, on en fonda un à saint Germain le Vieux, à la charge qu'il seroit sonné à huit heures du soir, comme témoigne ses Regîtres.

Mais pourquoi en aller chercher où il n'y en a plus: la cloche de la Sorbone qu'on sonne tous les soirs depuis neuf heures jusqu'à neuf heures & demie, n'est ce pas proprement un Couvre-feu & ne l'appelle-t-on pas quelquefois le Couvre feu de l'Université? Ne sonne-t-on pas encore tous les soirs à Notre-Dame, si tôt que sept heures sonnent, une cloche, qu'on nomme le Couvre feu? C'est de lui qu'entendent parler les Statuts du College de Justice dressés en 1358, quand ils ordonnent, qu'on ferme à la clef la porte du Collège des qu'il ne sonnera plus, & comme dans le quatorze & le quinziéme siécle on l'entendoit de tout Paris, qui pour lors étoit beaucoup plus petit qu'il n'est, & que les Ordonnances de ces tems-là rapportées dans le Livre rouge du Châtelet, commandent aux femmes publiques de sortir au Couvre-feu des lieux affectés à leurs débauches; on pourroit croire que c'est de celui de Notre Dame qu'elles entendent parler.

Je n'ai que faire de dire ce que signifie Couvre-feu, puisque le mot l'emporte, autant en François qu'en Latin : car *Ignitegium* & *Couvre-feu* parlent d'eux-mêmes.

L'ordre au reste & la coutume de couvrir le feu au bruit d'une cloche, marque sans doute qu'il falloit alors que tout le monde se couchât; mais qu'auparavant, de crainte d'accident, chacun couvroit son feu; d'où est venu le proverbe : *Bon soir mon pere & ma mere, les derniers couvrent le feu.*

Cette coutume s'observe encore dans les Villes frontieres & en beaucoup d'autres. Je ne sai pas même si pour lors on ne faisoit point roder dans les rues de Paris de certaines gens qui reveilloient le monde, pour les avertir de prendre garde au feu, en criant : Reveillés-vous gens qui dormés, & priés Dieu pour les trépassés. Au moins il est constant qu'on le fait encore dans la plupart des petites Villes du Royaume, & dans quelques-unes des plus grosses du Pays-Bas.

BREVIAIRES PUBLICS.

DANS tous les Comptes & Regîtres des Fabriques de Paris que j'ai parcourus, j'ai appris que pour les Chapelains & les pauvres Prêtres il y avoit des Breviaires écrits à la main sur du vélin, & enfermés dans une cage de fer, scellée contre le pilier le plus visible & le plus clair de la Nef.

En 1406, un Ecclesiastique nommé Henri Beda, legua en mourant à St Jaques de la Boucherie son Breviaire mss. Après sa mort, ses Executeurs testamentaires le mirent entre les mains de Pierre Lescale qui étoit Marguillier, avec quarante sols Parisis, pour aider à lui faire une cage. L'année d'après on donna vingt sols pour le relier : Guillaume Prandoul Serrurier lui fit une cage treillissée, pesant soixante-huit livres, dont il eut neuf livres seize deniers, & qu'il scella dans un des piliers de la Nef.

En 1415, près des Fonts de saint Severin, à un pilier des Chapelles neuves, on en attacha un autre qui revenoit à soixante-deux francs, autrement cent douze sols Parisis. Quant à cette cage, tantôt on la nommoit le *Treillis*, & le *Trilliers qui est emmy la Nef*, tantôt *le Lettrain de fer treillissé*, ou bien *la Cage*, & *la Cage de fer*. Pour le Breviaire, quelquefois il s'appelloit le *Livre commun*, le Livre pour dire les heures des Chapelains; parfois le *Breviaire commun*, le Breviaire enfermé dedans le Treillis, ou bien, *le Livre qui est dedans la Cage*, le *Breviaire enfermé dedans le Treillis qui est emmy la Nef*, la Cage de fer en laquelle est mis le Livre commun, *le Lettrain de fer treillissé*, dedans lequel est mis un Livre pour dire les heures des Chapelains; enfin la cage de fer en laquelle est mis le Breviaire commun en la Nef de l'Eglise, pour dire le service aux Chapelains de saint Jaques, & à tous autres pauvres Prêtres.

De tout cela on n'apprend ni la figure de la cage, ou de Treillis, ni la raison pourquoi on y enfermoit un Breviaire pour les Prêtres Habitués & les pauvres; tellement que pour le savoir, il faut se souvenir qu'alors l'Impression n'étoit pas encore inventée, & comme les mss. étoient fort chers, pour cela on exposoit en public un Breviaire, afin que les Prêtres qui n'avoient pas le moyen d'en acheter, le pussent dire ; que s'il étoit placé à un endroit clair & visible, c'étoit pour le trouver plus aisément, afin que plusieurs Prêtres pussent dire leur Office ensemble.

Du reste la *Cage de fer treillissées*, étoit pour empêcher qu'il ne fût dérobé, & afin que la main & le bras y pussent passer, pour tourner les feuillets.

De cette sorte-là sont faites toutes celles que j'ai vûes, soit dans la Nef de saint André de Bordeaux, à la croisée de l'Eglise Cathedrale de Laon, à Senlis à un des piliers du Jubé de saint Rieul ; dans la grande Nef de Notre-Dame de Melun ; à saint Quentin, contre le mur du Chœur de l'Eglise Collegiale, & ailleurs : & toutes sont ou quarrées, ou quarrées longues, & faites de barreaux de fer espacés, comme j'ai dit ; si bien qu'on peut assûrer de celles de Paris qu'elles étoient de même. Mais pourquoi aller chercher si loin la figure de ces Cages ? N'en avons-nous pas trois portatives près la porte du Chapitre de Notre-Dame, sous les arcades du petit Cloître qui y tient. Car enfin le Doyen & les plus anciens Chanoines assûrent que dans ces Cages-là étoient enfermés le Livre noir, avec le grand & le petit Pastoral, & que quand on avoit besoin de quelqu'une des Chartes, dont sont composés ces manuscrits, on venoit là pour les lire & les copier.

Par-là il est aisé de juger que ces Cages & ces Breviaires ont duré dans nos Eglises jusqu'à la venue de l'Impression ; car comme les Breviaires devinrent alors à bon marché, les pauvres Prêtres en pouvoient avoir aussi-bien que les autres.

EGLISES.

LEUR ASPECT.

MON dessein étoit de reserver pour un autre discours la description des anciennes Eglises de Paris ; mais après avoir parlé du Maître-Autel, du Saint-Sacrement, & des Breviaires communs, il vaut autant rapporter ce que je sai, tant de leur situation & de leur plan, que de leurs ornemens.

Comme Jesus-Christ, qu'avec raison on appelle le Soleil de Justice, naquit en Judée qui est à l'Orient, à Paris autrefois on a affecté de tourner le Maître-Autel des Eglises du côté du Levant ; & quoiqu'il ne soit venu au monde que vers le Solstice d'hiver, que le Soleil se rencontre à l'un des tropiques, neanmoins tous les Temples ont été tournés indifferemment, & vers le solstice d'hiver & vers celui de l'été, sans s'assujettir au Levant de l'équinoxe. A la priere du Conseiller Peiresc, le plus curieux de tous les hommes, Aleaume celebre Mathematicien, examina non-seulement l'aspect de l'Eglise Notre-Dame, mais de sainte Geneviéve, de saint Germain des Prés, saint Julien le Pauvre, saint Benoît, saint Etienne des Grès, St Denys de la Chartre & saint Germain de l'Auxerrois ; & enfin trouva qu'à l'exception de saint Benoît, dont le Maître-Autel a été changé par deux fois, & saint Victor qui est tourné vers l'Orient d'été, toutes les autres regardent de l'Orient équinoctial à l'Orient d'hiver.

A son avis, saint Etienne des Grès regarde l'Orient équinoctial, à vingt-cinq degrés de celui d'hiver, & à douze de l'autre.

Saint Germain de l'Auxerrois est à quatorze de l'Orient d'été, & à vingt-trois de celui d'hiver.

Sainte Geneviéve, saint Germain des Prés, saint Denys de la Chartre, & saint Denys en France, sont sur le dix-septiéme degré de l'Orient d'hiver, & sur le vingtiéme de l'équinoxe.

Il n'y en a point qui regarde plus l'Orient d'hiver que Notre-Dame & saint Julien le Pauvre ; car Notre-Dame est à vingt-huit degrés de l'équinoctial, & à dix-neuf de l'Orient d'hiver.

Saint Julien est à cinq de l'un, & à trente-deux de l'autre.

Enfin Saint Victor est la seule Eglise qui soit tournée vers l'Orient d'été, à dix degrés de l'équinoctial.

Aleaume pour trouver ceci, traça un cercle qu'il partagea en trois cens soixante degrés; autrement en quatre parties de quatre-vingt-dix dégrés chacune, plaçant le Meridien sur le vingtiéme de l'une, l'Orient équinoctial sur le soixante & dixiéme de l'autre, & l'Orient d'hiver sur le soixante & treiziéme, à trente sept de l'Orient équinoctial, & à cinquante-trois du midi.

Depuis, Petit faisant le plan de Paris, a trouvé que la plupart de ces Eglises sont tournées entre le Levant & l'équinoxe & celui d'hiver, peu entre celui d'été, & par tout neanmoins avec bien de la difference. Et de fait, à la reserve de quelques-unes en bien petit nombre, & sur-tout de saint Victor qui est à vingt-six degrés: les unes sont à douze ou à quinze degrés ou environ du solstice d'été, & à dix ou douze de l'Orient équinoctial, le reste est entre le Levant d'hiver & celui de l'équinoxe.

Saint Etienne des Grès & saint Germain de l'Ausserrois sont à douze ou quinze degrés de l'équinoctial.

Sainte Geneviéve, saint Germain des Prés & saint Denys de la Chartre en sont à quelque vingt, les autres à trente ou environ, comme Notre-Dame & saint Julien le Pauvre.

Tout ceci nous fait voir combien nos anciens étoient scrupuleux: presentement on l'est si peu à cet égard, qu'en bâtissant des Eglises, on ne s'assujettit plus qu'aux rues & aux avenues qui y conduisent, témoin l'Eglise de saint Louis des Jesuites, où l'on n'a point eu d'égard à la rue saint Antoine, mais à celle de la Coulture sainte Catherine qui est vis-à-vis.

ORNEMENS DES EGLISES.

AU rapport de Fortunat, Notre-Dame, ou saint Denys du Pas, portoit sur des colomnes.

Etienne Evêque de Tournai, parlant de l'Eglise sainte Geneviéve, dit qu'elle étoit autrefois enrichie de Mosaïque dedans & dehors, & couverte de plomb. Presentement il n'y a plus que Notre-Dame, la Sainte Chapelle & saint Denys en France qui en soient couverts.

Nous n'avons que Notre-Dame des Champs & les Chartreux qui soient peints.

Le Val de Grace est le seul qu'on ait rehaussé de sculpture.

Anciennement nos Eglises étoient très-obscures, point de Statues dedans, ni de Saints, ni de Saintes, ni de la Vierge, ni de Dieu-même; mais seulement au portail, comme à Notre-Dame, à la sainte Chapelle, à saint Germain des Prés, & ailleurs. Que si le dehors du Chœur de Notre Dame est entouré de l'Histoire de la Bible, c'est un ouvrage de l'an 1451: & si le Maître-Autel est orné d'une figure d'argent de la Vierge, c'est une entreprise de certaine personne devote du siécle passé. En un mot, ni dans la Nef, ni dans le Chœur de Notre-Dame, il ne se trouve aucune figure de Saint ni de Sainte, on n'y voit pas même de niche ni de corbeau pour y en mettre. A la Sainte Chapelle veritablement quelques Apôtres sont rangés de côté & d'autre; mais c'est un ornement plus moderne que l'édifice, comme il paroît par la sculpture des figures, & par les corbeaux qui les soutiennent, qu'on y a mis long-tems depuis. Enfin si dans quelque Eglise ancienne, il s'en rencontre d'autres, on reconnoîtra, en y regardant de près, que l'Eglise étoit faite bien auparavant.

Au reste, si jusques ici j'ai gardé quelque ordre dans le recit des anciennes Coutumes de l'Eglise, désormais je donnerai celles qui me restent confusément, & comme je les ai reçues.

SERMONS ET HARANGUES.

L'HISTOIRE du Roi Jean est pleine de Harangues, ou comme on parloit alors, de Sermons, que le Duc de Normandie son fils, le Roi de Navarre son gendre & son ennemi, le Prevôt des Marchands Marcel Chef des Seditieux, & enfin les Echevins qui n'étoient pas meilleurs que lui, firent aux Halles, à saint Jaques de l'Hopital, au Pré aux Clercs, à la Greve, à l'Hotel de Ville & ailleurs.

La Sentence de la quatriéme année du Pontificat d'Innocent III, porte que l'Evêque Maurice préchoit si bien, que tout Paris venoit l'entendre.

Sous Philippe de Valois, Roger Archevêque de Rouen, depuis Pape, & nommé Clement VI, prêcha la Croisade au Pré aux Clercs, en presence du Roi, de tout ce qu'il y avoit de Prelats & de Grands du Royaume, & d'une infinité de peuple.

En 1313, Nicolas Legat en France, la prêcha dans l'Isle Notre-Dame, devant Philippe le Bel, ses fils, Edouard II, Roi d'Angleterre, quantité de Chevaliers, tant Anglois que François, & de tant de monde, que l'Isle en étoit toute couverte.

Jean Cholet Legat en France, prêcha la Croisade de Philippe le Hardi contre le Royaume d'Arragon, mis en interdit par Martin IV.

Simon Cardinal de sainte Cecile, & Eudes de Chasteauroux, tous deux aussi Legats, précherent de même les deux Croisades entreprises par saint Louis contre les Infidèles.

Enfin si l'on veut s'en rapporter aux contes des Religieux de saint Germain des Prés, Alexandre III lui-même, après avoir dédié leur Eglise, fit une prédication au peuple dans le Pré aux Clercs, & lui fit savoir que leur Monastere ne relevoit point de l'Evêque de Paris, mais du saint Siége Apostolique.

Je ferai voir ailleurs que les Evêques de Paris, les Abbés de saint Germain & autres Ecclesiastiques, alloient à la guerre, qu'ils condamnoient leurs Sujets à terminer leurs differends par un duel, l'épée à la main, & les faisoient battre devant eux : de plus, qu'ils avoient des esclaves dont ils exigeoient quantité de choses fâcheuses.

Laissant là les autres Ecclesiastiques de Paris, nos Evêques sur-tout, recevoient des hommages, non seulement des Enfans de France & des Reines, mais du Roi même. Ils ne souffroient point qu'il mît leurs Sujets à la taille sans leur permission ; & cela arrivant, il faloit qu'il déclarât que c'étoit sans tirer à consequence, & sans préjudice de leurs droits.

Quand l'Evêque de Paris venoit à mourir, on pilloit ses maisons, & chacun pour lors pouvoit prendre impunément les meubles de bois & de fer qui s'y trouvoient ; mais cet abus qui a lieu encore à la création du Pape, fut aboli en 1143, par Louis VII, à la priere de la Reine Eleonor, & en consideration de l'Evêque Thibaut. En 1190, Philippe Auguste en confirma la suppression, aussi bien que ses Successeurs en divers tems. Les autres abus furent abolis, tantôt sous saint Louis, tantôt par Philippe Auguste ; le reste par hazard, comme on pourra voir ailleurs.

Les Evêques essayerent quelquefois d'empêcher les Prêtres de mener une vie dissolue ; mais toujours vainement.

Louis le Gros bien loin de cela, leur permit, aussi bien qu'aux Diacres & Sou-Diacre de saint Cornille de Compiegne, qui est à dix-huit lieues de Paris, & fait partie de l'Isle de France, d'avoir des concubines, & aux autres Clercs de se marier, à cause, dit-il, de leur incontinence ; mais à condition qu'ils ne tiendroient point un Benefice & une femme en même tems ; ce qui est expliqué fort nettement dans le Concile de Sens de l'an 1269, lorsqu'il excommunie les Prêtres concubinaires, ainsi que je vais dire.

Depuis, & sur tout du vivant de Jaques de Vitri, Cardinal Legat, la fornication en France ne passoit point pour un peché. Les femmes débauchées sollicitoient effrontément la vertu des Prêtres. Les Prêtres tenoient à honneur d'entretenir des concubines, & même au sortir du lit, & d'entre leurs bras, ne faisoient aucun scrupule d'aller dire la Messe. L'Evêque Maurice ne pouvant souffrir ce scandale, menace & use des censures de l'Eglise, ils s'en mocquent, & en appellent à Rome, où s'évoquoient alors les causes du Clergé, dans l'esperance que celle-ci pourroit être égarée parmi le grand nombre, & pendant cela, qu'ils seroient en repos. Luce III, aussi-tôt permet à Maurice de suspendre ceux qui entretenoient des femmes, & à faute de s'en défaire dans les quarante jours, de les interdire. Gillon Legat, renouvella les ordres de Luce, & excommunia tous les Prêtres qui n'obéïroient pas. Ensuite le Concile de Sens tenu en 1269, publia son Mandement. L'Archevêque Pierre qui y présidoit, & alors Metropolitain de Paris, commanda en vertu de l'obedience, à tous les Prélats de corriger tant en secret, que dans les Synodes, leurs Prêtres concubinaires, & en cas de contravention, de les excommunier & saisir leurs Benefices, à peine d'encourir la rigueur des Canons, & de devenir suspens eux mêmes par leur negligence.

Toute cette severité n'empêcha pas qu'Abailard ne corrompît la jeune & docte Eloïse dans le Cloître Notre-Dame, qu'il fut contraint d'épouser pour sauver l'honneur de la fille & de sa parenté, & non pas peut-être sans expier sa faute par une punition qu'il n'est pas trop à propos de dire.

Jean de Montmorenci tout de même, Chanoine & Sous-Diacre de Paris, ne laissa pas tout publiquement d'entretenir une concubine, sans que ses confreres qui le savoient, s'en missent en peine; mais l'Evêque Renoul pour y donner ordre, étant venu exprès au Chapitre en 1286, exhorta le Doyen, aussi-bien que les Chanoines, de le corriger, & même de le punir.

Depuis, la recherche de tels désordres fut si grande, que dans les Synodes de Paris, on obligea les Confesseurs de venir reveler le nom de ceux qui meneroient une pareille vie. Statut qui fut renouvellé en 1503, dans une Assemblée de Curés & de Vicaires, où présida Pinelle, Professeur en Théologie, depuis Chanoine, Chancelier de Notre-Dame, & Vicaire d'Etienne Poncher.

Que si ce vice étoit commun parmi les Prêtres & les autres gens d'Eglise, il ne l'étoit pas moins parmi les autres, on verra dans un autre discours, qu'il y avoit des rues destinées pour les femmes scandaleuses; qu'elles avoient des Statuts, certains habits, afin de les reconnoître, & même des Juges à part, sans tout le reste que j'obmets, de crainte de repetition.

EXCOMMUNICATIONS.

L'EXCOMMUNICATION autrefois étoit une sorte d'armes si en usage, que tout le monde s'en escrimoit, & à tout propos, depuis le plus grand jusqu'au plus petit

Je laisse là les Papes & les Evêques de Paris, dont les Bulles & les Actes de consequence, ou non, étoient remplis d'excommunications contre ceux qui n'y satisferoient pas ; car enfin ces sortes de foudre, ont été mis entre leurs mains ; mais non seulement encore les Rois, les Abbés, les Chapitres, l'Université de Paris, le moindre particulier même osoit aussi s'en mêler, & excommunioit tout comme les autres.

COUTUME DE L'UNIVERSITE'.

ANCIENNEMENT le Recteur & les quatre Procureurs accompagnés de leurs six Bedeaux, portant leurs Masses, des quatre Intrants des Nations ; & de plus, du Greffier de l'Université, tous les ans le lendemain de Pâques venoient entendre la Messe à la Chapelle Sainte Marguerite de saint Germain des Prés, & de-là s'en alloient au Pré aux Clercs en qualité de propriétaires comme pour en renouveller la prise de possession.

Anciennement encore, lorsque l'Official de Paris avoit jugé un homme accusé d'avoir deux femmes, les Sergens le menoient jusqu'à la rue saint Pierre aux Bœufs, puis le laissoient aller ; que si alors le Procureur du Roi en Cour d'Eglise lui vouloit faire son procès, dans ce tems là même d'autres Sergens de sa part, se trouvoient aux environs, qui lui sautoient au collet.

BARBE.

EN 1556, que Pierre Lescot de Clagni Conseiller de la Cour, Aumônier du Roi, Abbé de Clermont, Intendant des Bâtimens, & Architecte du Louvre, fut pourvû d'une Chanoinie de Notre-Dame Le Chapitre permit qu'il fût reçû avec sa barbe, sans l'obliger à la couper, quoique ce fût une nouveauté, & déroger aux Statuts de l'Eglise qui défendoit aux Prêtres d'en porter ; & de-là est venu le proverbe : *Ras comme la barbe d'un Prêtre*.

POURCEAUX.

AUTREFOIS à Paris chacun étoit en liberté de nourir des pourceaux, & même les laisser courir dans les rues : ce qui fut cause de la mort de Philippe, fils aîné de Louis le Gros, ainsi que j'ai dit ailleurs ;

car comme un pourceau proche de faint Gervais, vint à fe fourer entre les jambes de fon cheval, le cheval ombrageux ayant pris l'épouvante, jette fon Maître par terre, qui de fa chûte mourut bien-tot après. Depuis cela il n'y eut plus que les Religieux de faint Antoine, à qui il fut permis d'en nourir une douzaine, avec une fonnette au cou.

En 1344, Philippe de Valois, donna encore permiffion tant aux Religieux qu'aux Religieufes de cet Hopital, d'en mettre paître deux cens à la forêt de Rets.

En 1351, le Roi leur accorda la même grace, dans la forêt de Cuiffe près de Compiegne.

En 1372, Charles V voulut qu'ils y euffent encore des loges & du feu.

En 1381, défenfes furent faites d'en avoir à Paris, fur peine de foixante fous d'amende, avec permiffion à tous Sergens & autres de les tuer, quand ils en rencontreroient dans leur chemin, que la tête feroit pour eux, & le corps appartiendroit aux Hotels-Dieu de la Ville, & les y feroient porter, lefquels payeroient le voyage.

Ce droit au refte paffa enfin à l'Executeur de la haute Juftice, pour chaque pourceau qu'il ameneroit dans l'Hotel-Dieu, finon qu'on lui donneroit cinq fols au lieu.

PAILLE DE LA CHAMBRE DU ROI.

IL eft conftant qu'en 1208, Philippe Augufte donna à l'Hotel Dieu toute la paille de fa Chambre & de fon Palais, lorfqu'il viendroit à fortir de Paris, pour aller coucher ailleurs; & de plus, voulut en 1239, que ceci eut lieu à perpetuité.

LITS DES CHANOINES DE NOTRE-DAME.

EN 1168, le Chapitre de Notre-Dame ordonna que quand quelqu'un des Chanoines viendroit à mourir, ou à quitter fa Prébende, fes draps alors, fon oreiller & fon lit de plume appartiendroient aux pauvres de l'Hotel-Dieu.

PAILLE JONCHE'E.

IL eft certain & même je l'ai appris de quelques vieux Docteurs, qu'autrefois on jonchoit de paille, recevant un Docteur, la Sale de l'Evêché, & que cela fe pratiquoit encore, quand on leur donna le Bonet

Cette coutume affurément doit être bien ancienne, puifque nous lifons dans faint Ambroife, que de fon tems, aux Actes publics, les vieillards étoient affis dans des chaifes, d'autres fur des bancs, & le refte fur des nattes à terre: de forte que je trouve dans les archives de l'Univerfité, qu'Urbain V, ordonna aux Ecoliers de ne s'affeoir qu'à terre dans les Claffes en préfence de leurs Regens, & qu'il n'y avoit ni fiéges, ni bancs pour eux; & cela afin de leur apprendre le refpect qu'ils devoient à leurs Maîtres, & empêcher la jeuneffe d'avoir de la vanité.

Je

DE LA VILLE DE PARIS. Liv. XI.

Je vois dans Ramus, qu'au College du Cardinal le Moine, tant pour la tapisserie, que pour la paille, on dépensa soixante sols. Pierre le Venerable, Abbé de Cluni, témoigne que dans son Eglise l'Evêque du Diocèse s'y trouvant, il lui ceda son siége, & l'obligea à l'accepter, & pour lors qu'il fut s'asseoir sur une natte, appellée en ce tems-là, *Mappa antiquum Monachorum opus*; & depuis, *Mappa Monachica*; parce que c'étoit sur cette natte-là que les Religieux étoient assis durant l'Office. Cela étant, je ne sai si on ne pourroit pas croire que la natte qui couvre au Parlement en hiver le parterre du Bareau des Chambres, & où se mettent les Avocats, les Procureurs & d'autres pendant l'Audiance, de même que les Huissiers-massiers du Roi, un genou en terre & le visage tourné vers lui, seant en son Lit de Justice, ne seroit point un reste, & comme une trace de cette ancienne coutume. Mais enfin, il est constant que la rue du Fouare n'a été ainsi nommée, qu'à cause de la paille qu'on jonchoit dans les Ecoles qui y sont, lorsqu'on y faisoit des leçons; mais j'aurois tort d'oublier qu'à la Messe de minuit on en jonchoit dans les Eglises; & de plus, que l'Evêque de Paris, comme Prieur de saint Eloi, étoit tenu d'en fournir à la Paroisse saint Paul.

COUTUMES ABOLIES PARMI LES GENS DU MONDE.

SOUS la seconde Race, aussi-bien que sous les premiers Rois de la troisiéme, & même pendant les guerres de la Ligue & de la Religion, la plupart des gens de guerre, & bien d'autres, possedoient des Benefices & des Abbayies, qu'on appelloit tantôt *Archi-abbates*, tantôt *Abbates milites*, tantôt *Abbi-comites*. Et non-seulement ils en prenoient le nom ainsi que de leurs propres Terres & de leurs Seigneuries; mais encore ils en disposoient en faveur de leurs enfans & de leurs heritiers.

Mais ce qui est plus étrange, des Princesses & des Dames mariées, ont été autrefois Abbesses de plusieurs Abbayies du Royaume. Cela est tellement vrai, que l'Histoire Ecclesiastique de ce tems-là ne nous en fournit que trop d'exemples. Je n'alleguerai pourtant que ceux qui regardent l'Histoire de Paris, & laisserai les autres à notre ami qui fait l'Histoire generale de l'Eglise.

Sous Charles le Gros, Gozlenus fut tout ensemble Abbé de saint Germain, Evêque de Paris, Archi-chapelain & Archi-chancelier de France.

Quant à son Abbayie il la donna à Ebol son neveu, que le Pere Labbe appelle *Ebles*.

Anschericus lui succeda à son Evêché: ces gens ici au reste, furent trois braves qui se signalerent, & firent quantité de belles actions pendant le siege de Paris en 886.

Hugues Capet avant que d'être Roi, Hugues le Grand son pere, & Robert son aïeul, tous trois Comtes de Paris, Ducs & Marquis de France; furent Abbés de saint Germain. Fauchet prétend que tant ceux-ci que tous les autres, jouissoient de la meilleure partie du revenu de leurs Benefices, & quant à la conduite de leurs Religieux, ils s'en reposoient sur certains Ecclesiastiques appellés, *Doyens*; & que de là, les Doyens des Eglises Cathedrales peuvent avoir tiré leur origine.

Au raport du Continuateur de Aimoin, quel qu'il soit, le Comte Robert eut pour Doyens, Remi, Abbon & Gosmare.

Ceux de Hugues le Grand furent Armare, Gosbert & Abbon.

Et enfin ceux de Hugues Capet, Henri, Hubert, Gautier & Albert. De son tems l'Abbayie saint Germain étoit en pitoyable état, & si ruïnée, que Galon ne l'accepta qu'à l'instante priere du Roi Lothaire & de Hugues Capet

Pour arracher des mains de plusieurs Seigneurs, savoir de Montmorenci, de Rouci, de Mouci & de Mung, les principales Terres de l'Abbayie de saint Denys, de l'Archevêché de Reims & autres grands Benefices, il fallut que Louis le Gros, Philippe & Louis le Jeune ses enfans leur déclarassent la guerre.

Je dirai ailleurs qu'à Gauthier & à la Comtesse Huyerne sa femme, appartenoit une partie de Montmartre en 1096, avec la Paroisse, les droits de chasse & de sepulture, les Reliques, & autres droits Curiaux, & que pour le salut de leur ame, ils donnerent tout cela au Prieuré de saint Martin.

Ce ne fut que vers ces tems-là que les Fondateurs & les Patrons des Eglises & des Benefices, cesserent de les permuter, de les vendre, & de s'attribuer les offrandes qui s'y faisoient; quoique Charlemagne, quelques siécles auparavant eut retranché cet abus.

Quelques Historiens ont accusé Philippe Auguste d'avoir aboli l'Ordre des Templiers, pour en usurper les biens.

De nos jours, pendant les désordres de la Ligue & de la Religion, nous avons vû plusieurs bonnes Abbayies entre les mains des gens d'épées; jusques là même que la Princesse de Conti a long-tems joui de celle de saint Germain. Mais presentement on a si bien remedié à tel désordre, que par Arrêt du Conseil, Jeanne-Baptiste de Bourbon, Abbesse & Superieure Générale de l'Ordre de Fontevrault, toute fille naturelle qu'elle soit de Henri le Grand, a été dépouillée, à cause de son sexe, d'une pension de douze mille liv. que le Roi lui avoit donnée sur l'Abbayie de Marmoutier, administrée par des Benedictins.

Dans le discours des Redevances, je ferai voir qu'anciennement on pilloit les Maisons des Evêques de Paris, après leur mort, & que nos Rois les obligeoient de venir à l'armée, & de souffrir que les Sujets qu'ils avoient à Paris, fussent mis à la taille, quand ils faisoient la guerre, ou qu'ils y étoient pris, ou qu'ils marioient leurs filles, ou faisoient leurs enfans Chevaliers : ce qu'on appelloit alors, *la taille aux quatre cas*.

ENTRE'ES DES ROIS.

EN traitant des ordres de Chevalerie, je ferai voir avec quelle magnificence, & avec combien de cérémonies nos Rois faisoient leurs enfans Chevaliers. Mais c'étoit encore autre chose quand eux-mêmes faisoient leur entrée, soit à leur avenement à la Couronne, ou après leur Mariage & leur Couronnement; car alors comme à l'envi, tout Paris de même qu'eux, faisoit éclater tout le luxe de leur siécle.

En 1380 & 1389, quand Charles VI, & Isabeau de Baviere firent leur entrée, la rue saint Denys fut toute bordée de Tapisseries de haute lice, & couverte de draps camelotté & de soie si richement, comme si on eût eu pour neant les draps, & qu'on fût en Damas ou en Alexandrie.

En 1437, lorsque Charles VII fit la sienne, les rues par où il passa, étoient toutes tendues à ciel.

En 1483, on ne fit pas moins d'honneur à Marguerite de Bourgogne promise à Charles de France Dauphin, qu'il lui en fut faite à lui-même l'année d'après, lorsqu'il monta sur le Thrône, qui est notre Charles VIII, que l'Italie ne pourra jamais oublier.

Enfin en 1517, pour la reception de la Reine Claude qu'épousoit François I, & pour la sienne même en 1526; de plus en 1530, lorsqu'il se remaria à Eleonore d'Autriche, que ne fit on point ?

Henri II son successeur, non plus que Catherine de Medicis, dans un

DE LA VILLE DE PARIS. Liv. XI.

si heureux siécle que le leur, qui étoit le siécle des beaux Arts, n'eurent pas sujet de se plaindre de ce côté-là en 1549.

Pour l'aversion que j'ai des usurpateurs, j'ai attendu ici, quoique contre l'ordre des tems, à faire mention de l'entrée, tant de Jean Duc de Bethfort, Regent de France, que de celle de Henri VI, Roi d'Angleterre, où toutes les rues par où ils passerent, furent tendues de Tapisseries fort riches.

Afin de faire encore plus d'honneur & encherir sur toutes ces magnificences, quelquefois il y avoit aux fenêtres de beaux & grands tapis velus : tels qu'à l'entrée de Henri IV, & de Catherine de Medicis ; & outre cela la Fontaine du Ponceau jettoit du vin & de l'hypocras ; car à mon avis, c'est ce qu'entend Froissard, lorsqu'il dit, qu'à l'arrivée d'Isabeau de Baviere elle jettoit *clairé & piement*. Et de fait, *clairé*, ne signifie point de l'hypocras, comme le prétend un certain Historiographe de nos jours ; mais du vin clairét : ce que prouve Saumaise. Quant au mot de *piement*, s'il vient de *pigmentum*, qui est une drogue composée de vin, de miel & d'épices, au raport de Pierre Abbé de Cluni, Froissard par ce terme entend de l'hypocras, mais tel qu'on le faisoit en ce tems-là ; en tout cas, quelqu'autre sorte de boisson semblable : & c'est en ce sens-là que le prend l'Auteur du Roman de la Rose, quand il dit :

> Que je ne beuvrai de piment
> Devant un an, si je cy ment.

Car enfin, s'il falloit en faire la preuve, & le prouver par des exemples, j'alleguerois qu'en 1431, à l'arrivée de Henri VI, Roi d'Angleterre, à celle de Charles VII, l'année suivante ; de Louis XI en 1461 ; de Charles VIII, en 1484, la même Fontaine jetta de l'hypocras, quelquefois même de l'hypocras & du vin, comme en 1461, & 1484 ; quelquefois de l'hypocras, du vin & de l'eau ; & quelquefois de l'hypocras, du vin, de l'eau & du lait, comme aux entrées de Charles VII, & de Louis XI ; à l'arrivée d'Isabeau de Baviere, & à celles des Rois & des Reines de France & d'Angleterre en 1420 ; car le vin coula jour & nuit en certains carrefours par des robinets d'airain.

En 1437, devant les Filles-Dieu, il y avoit des gens, la tasse d'argent à la main, qui donnoient à boire à tout venant.

En 1484, on ne se contentoit pas de présenter à boire ; on donnoit encore à manger.

En 1504, qu'Anne de Bretagne premiere femme de Louis XII, vint à Paris, depuis la porte saint Denys jusqu'à Notre-Dame, il y avoit des personnes postées en douze ou quinze endroits differens, que la Ville avoit envoyé exprès, pour présenter du pain & du vin, tant à la Reine, qu'à ses Dames & à ses gens, & même pour faire davantage, s'il leur prenoit quelque foiblesse.

Je ne m'arrêterai point à ces échafaux dressés d'espace en espace, où se voyoient des figures representant quelques mysteres tirés de la Bible, non plus qu'à ces Anges qui en divers endroits, comme s'ils fussent descendus du Ciel, venoient mettre une Couronne sur la tête de nos Rois & de nos Reines, puisque nos arcs de triomphe d'aujourd'hui & autres dépences semblables, tiennent lieu de ces mysteres & de ces figures volantes.

Je ne dirai point non plus que le Clergé, les Cours souveraines, aussi-bien que les subalternes, les venoient recevoir à la porte par où ils entroient ; ni tout de même, qu'ils marchoient dans les rues sous un Ciel porté par des Marchands ; qu'il n'y avoit rien de si superbe que leurs chevaux, leurs chars & leurs litieres ; qu'ils étoient suivis de toute la Noblesse, non moins leste en habits, que magnifique, & mille autres choses de cette nature que nous avons vûes avec admiration à l'entrée du Roi & de la Reine.

Une autre coutume à remarquer, & qu'on a laissé là, est que quand Louis XI en 1461, passa sur le Pont-au-Change, plus de deux cens dou-

Tome II. MMmm ij

zaines d'oiseaux de differentes sortes, furent lâchés; & comme l'Auteur de la Chronique scandaleuse qui en fait mention, assûre que les Oiseleurs y étoient obligés, il y a apparence que la même chose se faisoit à toutes les autres entrées de nos Rois.

Je n'ai que faire de dire, que toutes les rues retentissoient de cris de joie; mais bien ne dois-je pas oublier qu'au lieu de crier, *Vive le Roi*, comme on fait, alors on crioit, *Noël*, on le cria en 1389, à la venue d'Isabeau de Baviere, & encore en 1420, à l'arrivée de Charles VI, & de Henri Roi d'Angleterre. De plus, en 1431, quand Henri VI, successeur de Henri V, entra à Paris; bref, en 1437, 1465, 1484, 1517, & 1526, lorsque Charles VII, Louis XI, Charles VIII, la Reine Claude, & François I, arriverent. On le cria même pour Jean Duc de Bourgogne en 1407, quoiqu'il vint malgré les défenses du Roi, après avoir fait assassiner le Duc d'Orleans; & encore en 1429, lorsque Philippe son fils & son successeur, animena Anne de Bourgogne sa sœur, au Duc de Bethfort Regent de France son mari. On le cria enfin en 1368, au Bâtême de Charles VI, & encore en 1465, après que Louis eut fait publier à son de trompe, la levée de plusieurs impôts. En un mot, c'étoit un vrai cri de joie si usité en ce tems-là, qu'on s'en servoit presque à toutes les rejouïssances publiques, & qui vient ou de la Fête de Noël, ou d'Emanuël, qu'on interprete: *Seigneur, soyés avec nous*. Quelquefois neanmoins on ne laissoit pas de crier & Noël & Vive le Roi tout ensemble, comme on fit en 1484, à l'entrée de Charles VIII; & quelquefois, *Vive le Roi* seulement, ainsi qu'en 1498, à l'arrivée de Louis XII. Quelquefois enfin, l'on prenoit quantité de petits garçons qu'on distribuoit par troupes, les uns de cent, les autres de quatrevingt, & qu'on plaçoit en divers endroits, afin de crier, *Vive le Roi* quand il viendroit à passer. Ce qui fut fait en 1526, à la venue de François I; car la Ville en mit alors & à la porte saint Denys, & à la Trinité, au Sepulchre, à saint Innocent, à sainte Catherine, à saint Barthelemi, à l'Hotel-Dieu, au Parvis de Notre-Dame, à saint Gervais, au petit saint Antoine & à sainte Catherine du Val des Écoliers.

Une autre chose encore qui ne se fait plus, est que le Roi avant que de mettre le pied dans Notre Dame, étoit obligé de prêter serment de fidelité entre les mains de l'Evêque, qu'il le maintiendroit lui & son Chapitre dans tous leurs privilèges, ce que j'ai déja touché dans le discours précedent. Et de fait, non-seulement le Roi Jean & Charles VII, le préterent en 1350, & 1437; mais encore en 1461, & 1498, Louis XI, & Louis XII, & même la Reine Claude en 1517.

A toutes ces entrées-là encore, outre tout ce que je viens de dire, l'horloge du Palais sonnoit en carillonnant, comme en 1571, à l'entrée de Charles IX, & de la Reine Elisabeth, & même à d'autres, dont il ne me souvient pas. On le carillonnoit encore quelquefois, lorsque quelque bonne nouvelle arrivoit; comme quand on apprit la liberté des enfans de François I, qu'il avoit donnés pour ôtage; & encore en 1598, lorsqu'on sut que la paix étoit conclue entre la France & l'Espagne.

Toutes ces cérémonies d'entrées étant faites, le Roi pour l'ordinaire, se retiroit au Palais, & là mangeoit en public sur une Table de Marbre, dressée à l'un des bouts de la grande Sale. A beaucoup d'autres endroits, étoient d'autres Tables pour les Courtisans, les Cours Souveraines, la Ville, & l'Université. De plus, on donnoit à boire & à manger à tout venant, & ceux qui vouloient se mettre à table, y étoient servis très-largement par les serviteurs du Roi, des vins & viandes d'icelui.

Et parce que Henri V, Roi d'Angleterre n'en voulut pas faire autant en 1422, losque Catherine de France sa femme arriva à Paris, après ses couches, le peuple en murmura hautement.

Une autre indignité à remarquer touchant ces usurpateurs ici, est que quand Henri VI leur fils, après la mort de son pere, vint à Paris en 1431, pour se faire couronner Roi de France, quoiqu'il satisfit en quelque sorte touchant ce festin, l'ordre neanmoins fut si mal donné, que la populace vint se placer aux tables destinées pour le Parlement, la Ville & l'Université. Si bien qu'il leur falut manger avec des Savetiers, des Manœuvres & autres canailles, & quoiqu'on pût faire, on n'en chassa qu'une petite partie. D'ailleurs on fit si mauvaise chere, que les viandes qui furent servies, étoient cuites il y avoit trois jours, ou guere moins; aussi chacun s'en plaignit, jusqu'aux malades de l'Hotel-Dieu, qui disoient, *qu'oncques si pauvre, ne si nud relief de tout bien ils ne virent.*

Je rapporte ceci pour faire voir que les pauvres malades se ressentoient de ces fêtes, & que peut-être leur portoit-on toujours, ou d'ordinaire, les restes des tables.

Après le festin, ordinairement on dansoit, & quelquefois les Clercs de la Bazoche donnoient ce divertissement au Roi & à toute la Cour, comme en 1514, à l'entrée de François I. Souvent on servoit du vin avec des dragées & des confitures, qu'on nommoit alors épices, & que quelquefois le Roi & la Reine recevoient de la main du Connétable, mais toujours de celle d'un grand Seigneur.

Le lendemain ils alloient à la Sainte Chapelle adorer la vraie Croix, la Couronne d'épine, & autres Reliques. Quelquefois on les leur montroit; d'ordinaire ils les montroient eux-mêmes aux autres, & cela non-seulement après leur entrée; mais encore le Vendredi-saint: ce qui est si vrai, que les Regîtres du Parlement de l'année 1423, portent, qu'à cause que ce jour-là Henri VI, usurpateur de la Couronne, étoit absent, la Cour ordonna que le Duc de Bethfort Regent, montreroit au peuple la vraie Croix, comme nos Rois avoient accoutumé.

Le lendemain enfin de leur entrée, & les jours suivants, nos Rois quelquefois faisoient jouer devant eux des Comedies; ce que firent Henri VI, & Catherine de France sa femme en 1422, le Lundi & le Mardi de la Pentecôte, après leur entrée; mais ils joûtoient toujours avec les Princes, & autres grands Seigneurs, & se divertissoient à des Tournois & à des Carousels, tantôt au Palais, tantôt à l'Hotel Saint-Pol, tantôt à la rue saint Antoine devant l'Hotel Saint-Pol & le Palais des Tournelles, où ils ont demeuré long-tems.

Ce sont là toutes les principales choses qu'on avoit coutume de faire aux entrées de nos Rois & de nos Reines, qui voudra en savoir davantage, n'a qu'à parcourir le Cérémonial de France.

MARIAGES DES ROIS.

DANS le discours précedent, j'ai montré qu'on marioit nos Rois ainsi que tous les autres, à la porte de l'Eglise, selon la coutume des premiers Chrétiens. Mais qui pourroit croire qu'on dépouillât autrefois toutes nues les Dames de qualité, & les Reines-même, avant que de les marier, pour voir si elles étoient propres à porter des enfans. Froissart le raconte si naïvement, en parlant du mariage d'Isabeau de Baviere avec Charles VI, que je veux rapporter ici ses propres paroles : *Il est*, dit il, *d'usage en France, quelque Dame ou fille de haut Seigneur que ce soit, qu'il convient qu'elle soit regardée & avisée toute nûe par les Dames, pour savoir si elle est propre & formée pour porter enfans.*

De plus, quand des veuves de la Cour se remarioient, on leur faisoit des charivaris, ce qui est si vrai, qu'à un charivari que Charles VI fit à Paris en 1389, lorsque Catherine, en grande faveur auprès de la Reine, se remaria en quatriéme noces, ce Prince faillit à être brûlé avec quatre autres.

CEREMONIES AUX ENTERREMENS.

A LA MORT des Rois, aussi-bien que des Grands, on faisoit presque tout ce qu'on fait encore aujourd'hui pour leur pompe funebre. Que si depuis long-tems nos Rois prennent le violet quand leur predecesseur vient à mourir, Charles VII, le jour que son pere mourut, prit le noir, & le lendemain à la Messe, il fut vêtu d'une Robe de vermeil.

Marguerite de Flandre, à la mort de Philippe de France Duc de Bourgogne, renonçant aux meubles & aux conquêts de son mari, afin de n'être point obligée de payer ses dettes; pour marque de cela, mit sur sa representation sa ceinture avec sa bourse & ses clefs, suivant la coutume. Autant en fit Bonne, lorsque son mari mourut, qui étoit Valleran Comte de Saint-Paul.

En 1437, quand le Connétable d'Armagnac mourut, Charles VII lui fit une pompe funebre si extraordinaire, qu'il n'y avoit guere moins de dix-sept cens cierges allumés, & autant de torches : & parce qu'on n'y fit point de largesse au peuple, tout le monde en fut fort étonné.

Je dirai ailleurs que les Bourgeois, quand leur pere & leur mere venoient à mourir, ou quelque autre de leurs plus proches, donnoient à dîner à leurs parens & à leurs amis après l'enterrement.

Je dirai encore que Flamel à sa mort, legua quatre livres parisis, pour le dîné des personnes qui assisteroient à son service; & sa femme quatre livres seize sols parisis, quand elle mourut.

Depuis, quelques Grands du Royaume, & même des Princes du Sang, se sont fait enterrer en habit de Religieux.

Louis de France Duc d'Orleans, voulut par son testament, qu'on le portât en terre, vêtu en Celestin, dans la Chapelle d'Orleans, & qu'au tour de sa tombe il y eût, *Pater, Ave, Credo.*

DE LA VILLE DE PARIS. Liv. XI. 647

Albert Pie de Savoie, Comte de Carpi, Général des Armées de François I, voulut être mis en terre en habit de Cordelier dans l'Eglise des Cordeliers de Paris.

En 1502 & 1503, Gilles Dauphin, Général des Cordeliers, en reconnoissance des bienfaits que son Ordre avoit reçûs du Parlement de Paris, accorda tant aux Présidens & Conseillers, & autres Officiers de la Cour, la permission de se faire enterrer en habit de Cordelier.

En 1503 encore, pour la même raison, il accorda la même grace aux Prevôts des Marchands, aux Echevins & autres Officiers de Ville.

Long-tems auparavant, saint Louis avoit fait défenses de mettre des Croix sur les Tombeaux; ce qui étoit déja défendu par le Concile de Constantinople tenu *in Trullo* : & de plus, par les Empereurs Theodose & Valentinien; & cependant telle coutume duroit encore alors en France. Et de fait, dans le Cloître de la Couture sainte Catherine, nous y avons vû une Tombe de l'an 1259, où est gravée une Croix dont les bras sont effacés, & qui le furent, à ce qu'on dit, pour obéir au commandement de saint Louis. Il y en a encore d'autres entieres à sainte Geneviéve, à saint Victor & ailleurs, & toutes plus anciennes que saint Louis, comme il paroit par les Epitaphes.

Je dirai ici que les Rois ont ordonné d'enterrer avec les Princes du Sang, & même dans leur Chapelle des illustres Officiers Généraux morts dans les actions militaires, c'est-à-dire en combattant dans une bataille, ou pendant un siége : Témoin,

Messire Bertrand du *Guesclin* Connétable de France & Comte de Longueville, qui a été enterré à saint Denys en 1380, par ordre de Charles VI, en la Chapelle du Roi Charles V son pere, au pied de la sepulture du Roi Charles VII, avec un Tombeau de marbre noir, & sa representation en marbre blanc: Ce grand Connétable mourut de maladie au siége de Randon, lequel, nonobstant sa mort, se rendit, & les clefs furent portées sur son cercueil. Son Epitaphe est écrit en lettres d'or sur le marbre noir au dos de son Tombeau en ces mots.

Cy gist noble Homme Messire Bertrand du Guesclin, Comte de Longueville & Connestable de France, qui trespassa à Chatel-Neuf de Randon, en Innandam en la Senechaussée de Beaucaire, ce XIII jour de Juillet, l'an M. CCC IIII XX. *Priez Dieu pour luy.*

Alain Chartier nous rapporte encore le même, de Louis de Sancerre Maréchal de France, qui fut Connétable après la mort de Philippe d'Artois Comte d'Eu, mort en Turquie, lorsque Jean fils aîné du Duc de Bourgogne Comte de Nevers, alla à la guerre contre Bajazet en 1396, sous Charles VI. Notre Louis de Sancerre mourut en 1402, le six Fevrier; & pour les bons services rendus au Roi & à l'Etat, fut enterré par ordre du Roi à St Denys en la même Chapelle de Charles V. Son Tombeau est posé à main droite, dont voici l'Epitaphe.

Cy gist Louis de Sancerre Chevalier, jadis Marêchal de France, & depuis Connestable de France, frere germain du Comte de Sancerre, qui trespassa le Mardi sixiéme jour de Fevrier l'an M. CCCII.

D'oublier ici ce vaillant Chevalier Arnaud de Guillem Seigneur de Barbazam & grand Chambellan du Roi Charles VII, ce seroit une injustice, lui qui mourut l'épée à la main à la bataille de Belle-Ville près de Nanterre, étant allé par le commandement du Roi Charles VII, au secours de René Duc de Bar & d'Anjou, contre Antoine Comte de Vaudemont, assisté des Ducs de Bourgogne & des Savoyards. Cette bataille fut donnée le deux Juin 1432, où notre Heros perdit la vie. Aussi le Roi le fit enterrer à St Denys en la Chapelle de Charles V, sous

HISTOIRE ET ANTIQUITES

un Tombeau de cuivre, soûtenu par quatre pilliers. Sur la plateforme est gravé cet Epitaphe.

En ce lieu-cy gist dessous cette lame,
Feu noble homme qui Dieu pardoint à l'ame
Arnault Guillem Seigneur de Barbazam:
Qui Conseiller, & premier Chambellan
Fut du Roi Charles Septiesme de ce nom
Et en armes Chevalier de renom
Sans reproche & qui aima droicture
Tout son vivant, pourquoi sa sepulture
Lui a esté permise d'estre cy,
Priez à Dieu qu'il lui fasse mercy. **Amen.**

Ne dirai je rien ici de ce grand Homme, modele à presenter à la posterité, tant par sa vertu que par sa magnanimité & sa valeur, Henri de la Tour d'Auvergne Vicomte de Turenne, dont les grandes actions sont remarquées & connues de toute la Terre; lui qui se trouva à la prise de Bos-le-Duc, à la prise de Landreci, au siége de Brisac, & plusieurs autres places qu'il a prises en differens tems. Enfin comblé de gloire, lorsqu'il se préparoit de forcer le lendemain le Général Montecuculli à combattre avec désavantage, il fut tué d'un coup de canon près le Village de Suspach audelà du Rhin le vingt-cinq Juillet 1675, âgé de soixante-quatre ans. Sa mort causa une consternation générale: le Roi Louis XIV en fut touché très-sensiblement, & après l'avoir regreté, *il dit qu'il falloit plusieurs siécles pour produire un aussi excellent Capitaine.* Il ordonna lui-même la pompe funèbre; fit porter son corps en l'Abbaÿe de St Denys en France avec les Rois ses Prédecesseurs, & lui fit faire un service solemnel. Il lui en fit faire encore un autre à Notre-Dame de Paris, où toutes les Cours souveraines furent mandées: ce service fut si beau & si magnifique, que quand même ç'auroit été pour quelque personne de la Maison Royale, on n'y auroit pas fait plus de dépense.

Fin du onziéme Livre.

HISTOIRE
ET
RECHERCHES
DES
ANTIQUITÉS
DE LA VILLE
DE
PARIS
LIVRE DOUZIEME.

SPECTACLES ET DIVERTISSEMENS.

EN PARLANT des Ordres de Chevalerie, j'y ferai voir que nos Rois avoient accoutumé de faire leurs enfans Chevaliers avec tant de cérémonies, que presque tout Paris se mettoit sous les armes, & faisoit montre devant eux.

En 1313, lorsque Philippe le Bel, la semaine de la Pentecôte, fit ses trois fils Chevaliers, en présence d'Edouard II, Roi d'Angleterre, vingt-deux mille hommes à cheval bien montés, & trente mille piétons fort lestes; firent l'exercice dans l'Isle Notre Dame.

En 1474, que les Ambassadeurs de Jean II, Roi d'Arragon arriverent; par ordre de Louis XI, plus de cent quatre mille hommes sortirent de la Ville, tous avec des Hocquetons rouges, rehauffés de Croix blanches; & se mirent en bataille hors la porte saint Antoine.

HISTOIRE ET ANTIQUITES

En 1482, lorsque les Ambassadeurs de Flandre conduisirent à Paris Marguerite d'Autriche, pour la marier au Dauphin, depuis Roi de France, sous le nom de Charles VIII, le Cardinal de Bourbon leur donna la Comedie dans son Hotel de Bourbon ; car c'est un divertissement que nos Rois ont pris de tout tems, & sur-tout depuis Charles VI, ainsi que je ferai voir ailleurs.

Non-seulement nos Rois ont assisté long-tems aux Duels publics, que le Parlement avoit ordonnés ; mais qui pis est, ont souffert des siécles entiers, que leurs Sujets s'entrefissent la guerre.

Ils prenoient aussi plaisir à voir deux aveugles des Quinze-Vingts s'entrebatre en poursuivant un pourceau qu'ils leur avoient lâché, & qui devoit être pour celui qui le tueroit.

Ils avoient encore des fous pour les faire rire, & même Charles V, le plus sage de nos Rois, en eut deux. Jean son frere Duc de Berri en avoit aussi.

Ailleurs je dirai que Chilperic rétablit à Paris les Spectacles, & les jeux des Cirques ; que les Rois de la seconde Race, & depuis eux François I, Henri II, Charles IX, & Henri III, aimoient à voir combattre des Lions contre des Taureaux, & que le peuple dès le tems de saint Louis, & auparavant, s'exerçoit à tirer de l'arc & de l'arbalête.

Sous Charles VII, dans la rue aux Oues, fut plantée une perche de six toises, avec un pannier tout en haut, où étoient un oie & six blancs en argent ; & le tout pour celui qui pourroit grimper jusques-là & l'avoir ; mais personne n'en put venir à bout.

A Paris depuis quelques siécles on s'exerce à la courte & à la longue paume, au mail, à la boule & autres sortes de jeux.

Le Cours où les personnes riches vont prendre l'air en carosse, a été introduit par Marie de Medicis.

Et tout de même les Dames, qui font le principal ornement d'une Cour, ont été introduites à la Cour de France par la Reine Anne & François I, & depuis peu à peu, elles ont commencé à se rendre des visites, & même à souffrir celle des hommes, premierement à Paris, & ensuite dans les bonnes Villes du Royaume.

L'Empereur Julien dit que de son tems à Paris on se servoit de fourneaux pour échauffer les chambres, & qu'il n'y a rien de si commode. Tels fourneaux sans doute devoient être autrement faits que les poëles d'Allemagne, ni que nos cheminées ; puisqu'enfin pour donner à entendre ce que c'est, il se sert d'un terme tout particulier, & qui ne signifie ni cheminée ni poële ; cependant on n'a sû encore en découvrir la façon, non plus que l'usage.

Vers la fin du siécle passé, on a cessé d'aller aux étuves ; auparavant elles étoient si communes, qu'on ne pouvoit faire un pas sans en rencontrer, outre les deux rues des Etuves qui en étoient toutes pleines, dont l'une vient rendre à la rue saint Martin, & l'autre à celle de saint Honoré.

Jusqu'aux Etats d'Orleans tenus sous Charles IX, on a souffert à Paris les femmes publiques qui faisoient un corps, avoient des Statuts, des Juges, des habits particuliers pour être reconnues ; & enfin des rues affectées à leurs dissolutions, comme je ferai voir.

Jusqu'à la fin du siécle passé que l'invention des carosses a été trouvée, avant cela on n'alloit dans Paris qu'à pied, ou bien à cheval, les Princesses avoient des litieres ; les Dames alloient en trousse derriere leurs Ecuyers ; les Conseillers de la Cour sur des mules ; les Rois à cheval par les rues : si bien qu'à cause de cela, & dans les Maisons Royales, & dans la cour du Palais, & à la porte de quantité de logis, il y avoit des montoirs de pierre exprès, semblables à ceux que nous voyons encore dans les rues, ainsi que je ferai voir en un autre endroit.

En 1502, le vingt-deux Novembre, & cela pour des inconveniens que je ne sai point, le Parlement défendit aux charretiers l'usage des charettes ferées, à peine d'emprisonnement & de confiscation des charettes, à la reserve neanmoins des charettes & des chariots des Etrangers, qui ne feroient que passer, ou qui seroient chargés de provisions & de marchandises necessaires, pour la subsistance de Paris. Et comme le premier Décembre d'après lecture fut faite de cet Arrêt au Bureau de la Ville, en presence de plusieurs charretiers, ils dirent tout d'une voix, que cela étoit bien étrange & même très-difficile à faire, tant pour les dangers qui en pourroient arriver, que pour trouver du bois d'orme en aussi grande quantité qu'il en falloit, afin d'entretenir les jantes des charettes & des chariots qui ne seroient pas ferés. Bochard là-dessus, Conseiller de la Cour, commis pour l'execution de l'Arrêt, répondit qu'ils pouvoient faire leurs remontrances au Parlement ; cependant le lendemain l'Arrêt fut publié à son de trompe, & exécuté depuis.

Presentement à la fin de l'année, les Masques ne courent plus les rues déguisés en fous, tenant en main des bâtons farcis de paille, ou de bourre, & faits comme des Priappes, dont ils frapoient tout ce qui se rencontroit en leur chemin.

En 1509, le Parlement fit défenses aux Marchands de vendre des Masques, & à qui que ce soit de porter des momons, à peine de punition & d'emprisonnement. Depuis, en 1513, il ordonna qu'ils seroient brûlés publiquement.

En 1539, 1561, 1579, & 1580, François I, Charles IX, & Henri III, les défendirent encore, à cause des vols & des assassinats que faisoient les personnes masquées.

GAGES DE BATAILLE.

AUTREFOIS on levoit le gage de bataille sans sujet, pour ainsi dire, & pour des veuilles. Sous Philippe le Bel, les choses changerent, & l'une de ces quatre conditions étoit requise.

Que le crime fût capital ; que certainement il eût été commis ; que quelqu'un en fût accusé ou soupçonné ; & qu'enfin par témoins, ni autrement on ne pût l'en convaincre.

Le même Prince en 1306, ajoûta ; que le crime eût été fait en trahison ; qu'il y en eût des indices, ou autre présomption violente ; qu'enfin ce ne fût point un larcin.

Sous Charles VI. l'accusation étoit reçue du Parlement, lorsque l'accusateur prétendoit que sa partie avoit fait, ou fait faire le crime dont il venoit se plaindre, sans l'obliger ni à nommer les complices, ni les témoins ; ni à marquer l'heure que la chose s'étoit passée : on se contentoit de savoir le tems & le nom de la personne, ou maltraitée, ou violée, ou morte. Et de fait, dans la cause de Quarrouge on eut si peu d'égard au tems, que sans autre enquête, il en fut quitte pour dire que cette semaine là qu'il marquoit, à tel jour, sa femme avoit été violée, & quoique le Gris prouvât au contraire, que ce jour-là même, & plus de quinze auparavant & après, il avoit été à Argentain & aux environs, à neuf lieues de la maison où elle demeuroit, le Parlement ne laissa pas d'ordonner le Duel.

Lorsqu'il s'agissoit d'une injure ; si c'étoit des Princes ou de grands Seigneurs, quelquefois ce n'étoit qu'au Roi qu'ils s'addressoient pour avoir la permission de faire leur appel ; quelquefois ils la demandoient au Roi & au Parlement tout ensemble ; & pour lors ils jettoient leur gand, ou leur chaperon qu'on nommoit gage de bataille, en François, & en Latin, *gagium duellare* & *vadium duelli*.

Que si l'accusé venoit à le lever, ou qu'il le reçût, par là il s'engageoit à se battre; sinon il se perdoit d'honneur, & passoit pour convaincu.

Je ne dis point que dans leurs combats ils gardoient toutes les formalités tant générales que particulieres dont j'ai parlé: une chose à savoir, est qu'après quelques courses de lance & quelques coups donnés & reçûs, souvent même auparavant, le Roi les faisoit séparer, & là-dessus se chargeoit de leur querelle, puis les accommodoit.

Quant aux autres, de quelque condition qu'ils fussent, Roturiers, ou Gentils-hommes, Ecuyers ou Chévaliers, ceux-là d'ordinaire venoient demander raison de leur injure au Parlement, où quelquefois se trouvoit le Chancelier, & assés souvent le Roi même en personne. Rarement en ces occasions-là, s'adressoient-ils aux Maréchaux de France; mais bien à leurs Seigneurs hauts Justiciers, & toujours il falloit acquiescer au jugement qui avoit été rendu, & s'y tenir.

Au reste il n'étoit pas permis à toutes sortes de personnes de se battre en Duel, ni de l'accepter: les Esclaves & les Hommes de Corps des Seigneurs hauts Justiciers n'eussent osé y avoir pensé; cela leur étoit expressément défendu. Quand ils étoient accusés de crime, & qu'il n'y avoit pas moyen de les convaincre, on les condamnoit à se purger par le jugement du fer chaud, ou de l'eau chaude.

A Paris, les Hommes de Corps de Notre-Dame & de saint Germain, qui étoient leurs Esclaves, commencerent à se battre en Duel contre toutes sortes de personnes par le Roi Robert, Louis le Gros & Pasqual II.

Les mineurs, les malades, les vieillards à soixante ans, les Clercs, c'est-à-dire, ceux qui avoient fait leurs études, mariés ou non, n'étoient pas obligés de se battre en personne, mais le pouvoient faire par un *advoué*, qui étoit le nom qu'on donnoit au champion qu'ils fournissoient à leur place. Il paroît neanmoins par l'ancien style du Parlement, pourvû qu'il ne soit point apocryphe, que les Avocats y pouvoient être contraints, encore qu'ils fussent gens de Lettres: & cela, lorsque sans y penser, il leur échapoit en plaidant de dire, qu'ils étoient prêts de descendre en camp clos, & de se battre corps à corps; quoique certainement en le disant, ils entendissent cela de leur partie, & que ce fût une façon de parler toute commune au Palais en mille rencontres, & qui l'est encore: cependant en celle-ci ce n'étoit pas de même; il falloit qu'ils soutinssent ce qu'ils avoient dit au peril de leur vie.

Ceci me paroîtroit tout-à-fait ridicule aussi-bien qu'à Du Moulin, s'il n'assuroit l'avoir lû dans un ancien Regître du Parlement avec le reste du Chapitre: & que de plus, celui qui le raporte n'alleguât qu'en la cause du Duel d'Armand de Montaigu & d'Aimeri de *Duroforti*, on l'objecta à l'un des Avocats nommé Hugues *Fabriforti*.

Enfin les femmes ou violées, ou adulteres, ou autres qui accusoient quelqu'un de les avoir forcées, ou qu'on accusoit elles-mêmes de s'être laissé corrompre, à la vérité ne se battoient pas non plus que les Clercs, les malades, ni les vieillards; mais il falloit aussi-bien qu'eux, qu'elles fournissent un avoué.

Au tems du combat elles étoient amenées dans le champ de bataille; si leur champion succomboit, on leur donnoit des gardes, & pour lors, comme adulteres, & accusant à faux, on les condamnoit à être brûlées.

Or comme en ces rencontres il étoit très-important aux Avocats de bien prendre garde à toutes leurs paroles, & à ne pas s'équivoquer mal à propos; & même afin que les Parties aussi-bien que les Juges sûssent ce qu'ils avoient à dire, leur leçon étoit par écrit, qu'on lit encore dans l'ancien style du Parlement.

Les Avocats donc commençoient ainsi leur plaidoyé.

DE LA VILLE DE PARIS. Liv. XII.

Messieurs j'ai à proposer pardevant vous, contre Monseigneur tel, que je vois là, si la partie étoit Chevalier, pour Monseigneur tel que voici ici, aucunes choses esquelles il chét villenie, & si Dieu m'aist il m'en poise : car tant que j'ai vescu, je ne veis onc audit tel que bien & honneur ; mais ce que j'entends dire & proposer contre lui, je le dirai comme Avocat de ceans, & pour tant que ma partie, le me fait entendre & veut que je le dise & propose, & m'en advouera s'il lui plaist, & promis me l'a, en presence de tous, & le ma baillé par écrit en &c le tiens en ma main, car jamais pour moi je ne le feisse ; car ledit tel ne me feist oncques mal, ne je à lui que je sache, fors que bien & honneur, & pour ce l'entends à dire ; car ce fait à ma querelle, & autrement elle ne se pourroit soustenir à la fin à laquelle il veut tendre, & ainsi que vous savés mieux que moi, que chacun Avocat doit dire ce que fait à la querelle de son client specialement nous de ceans y sommes tenus par serment, & aussi est il raison que chacun le fasse. Pourquoi Messeigneurs, vous supplie, qu'il ne vous déplaise & que vous me veillés octroyer que je die & propose de vostre licence, & avec ce prie à Monseigneur tel, qu'il le me pardonne. Car si m'aist Dieu, en toute autre je le serviroye ; mais en cestui cas-cy convient que je fasse mon devoir, car j'y suis tenu.

Après quoi la Cour répondoit.

Or proposés vostre fait ou querelle, & vous prenés garde que vous ne dites chose à laquelle chose ait en quoi il chée villenie, sinon qu'il feist à vostre querelle, car la Cour le vous défend.

Ensuite les Avocats disoient :

Messeigneurs, je ne dirai chose de quoi je ne sois bien advoué, & que ne face à mon escient & ma cause, & si Dieu plaist, je me garderai de mesprendre.

Pour lors donc ils plaidoient leur cause, & à la fin ils prenoient encore la parole, & disoient.

Mon fait ainsi proposé comme vous, Messeigneurs, avés ouï, je conclus ainsi. Que si ledit tel confesse les choses que j'ai proposées estre vrayes, je requiers que vous le condamnés avoir forfait corps & biens au Roi nostre Sire pour les causes dessus dites, ou que vous le punissiés de telle peine que droit, us & coutume, ou la nature du cas proposé le désire ; & s'il le nie, je dis que Monseigneur tel ne le pourroit prouver par témoins, ne autrement suffisamment ; mais il le prouvera par lui ou son advoué en champ clos comme Gentil homme, retenue faite de cheval, d'armes, d'autres choses necessaires, profitables ou convenables à gage de bataille, & en tel cas selon sa noblesse, & lui en rend son gage.

Cela dit, ils alleguoient ce qu'ils appellent *dilatoires*, & *déclinatoires* : par exemple.

Que leur partie étoit Clerc, ou malade, ou mineur, ou âgé de soixante ans.

Qu'au crime dont on l'accusoit il ne cheoit point gage de bataille.

Puis ajoutoit ce qui suit.

Et au cas que la Cour regarderoit que au fait de l'adverse partie proposé cheiroit gage de bataille, il nye les choses proposées au contraire, & dit que celui qui les a fait proposer ment, & qu'il s'en défendra comme bon & loyal Gentilhomme qu'il est, par lui ou par son advoué, faite retenue, *ut suprà dictum est in actore*, & baille son gage.

Alors le défendeur, avant que de rendre son gage, disoit :

Messeigneurs, je dis qu'en tout ce que tel a fait proposer contre moi, par tel Advocat, & l'en avoue, & baille son gage contre moi, il ment comme mauvais qu'il est de dire, sauf l'honneur de la Cour, & tout ce qu'il a fait dire & proposer contre moi, je le nie tout, & advoue mon Advocat de ce qu'il a proposé pour moi & dit que au cas que vous regarderés que gage de bataille cheuſt, je me deffendrai, nonobſtant que ſon Avocat a dit à l'encontre, comme bon & loyal Gentilhomme que je ſuis, & comme celui qui n'a tort à la cauſe contre moi propoſée, & voici mon gage.

En même tems il jettoit ſon gand ou ſon chaperon, que comme j'ai dit, on appelloit gage de bataille.

Je laiſſe ici quelques remarques de peu d'importance qui ſe voient dans l'ancien ſtyle du Parlement, ſur les procedures & autres particularités que je viens de rapporter, & pourtant qu'on trouvera dans mes preuves, afin d'y avoir recours. A l'égard de ces mots, *les choſes neceſſaires, profitables & convenables à gage de bataille*, que les Avocats retenoient pour leur partie, c'étoit *le ſoleil, le vent, & le terrein*, qu'on partageoit également: de plus, *la liberté de changer de cheval & d'armes, de deſcendre de cheval & d'y remonter*, & autres choſes ſemblables; & tout de même, *la permiſſion de fournir un champion*, ou avoué au cas qu'ils devinſſent malades, qu'ils fuſſent Clercs, ou âgés de ſoixante ans, ou qu'abſolument ils ne puſſent pas ſe battre.

Que ſi durant ces procedures & autres, ou même auparavant, la Cour venoit à défendre aux deux parties de ſortir de Paris, il falloit s'y tenir, ou perdre ſon procès, comme on l'apprend de l'Arrêt donné en 1342, contre Bizot, dont j'ai fait mention. A la verité s'ils avoient raiſon d'en ſortir, ſi c'étoit une neceſſité, & que l'affaire le meritât, la Cour en ce cas là remettoit le jugement de la courſe, juſqu'à ce que la perſonne fût de retour, ainſi qu'il paroît par un autre Arrêt prononcé en 1395, en faveur de Begue qui avoit paſſé en Sicile par ordre du Roi Louis & de la Reine de Sicile & de Jeruſalem.

Le Duel au reſte ayant été ordonné par la Cour, & le jour venu que le Roi avoit donné, les Duelliſtes pour lors entroient dans les Lices avec leurs ôtages, à l'heure que j'ai dit, & même auſſi leurs amis; mais qui ne venoient là que pour les accompagner & leur faire honneur; car quant aux ôtages, c'étoit en qualité de garands, auſſi avoient-ils des gardes; & demeuroient là juſqu'à la fin. Le combat achevé, ceux du victorieux s'en retournoient avec lui; les autres avoient part au malheur du vaincu; & étoient retenus juſqu'à ce qu'il eût ſatisfait à tout; non ſeulement à l'égard des dépens, dommages & interêts; mais encore pour le reſte que les Loix ordonnoient au vainqueur, & que le Parlement lui devoient adjuger.

Une choſe de grande importance pour l'agreſſeur, étoit de bien prendre garde comment il entroit dans le champ de bataille.

Du tems que le ſtyle du Parlement fut dreſſé, il falloit qu'il eût le pot en tête & bien attaché, la viſiere baiſſée, l'écu ou le bouclier au cou, les épées, les coutelas, les dagues à la main & au côté, avec toutes les armes dont il ſe vouloit ſervir; en un mot il devoit paroître au même état qu'il vouloit ſe battre. Car enfin ſi en entrant il lui arrivoit de faire porter ſa lance, ſon écu, ou quelqu'autre choſe, c'étoit comme s'il n'en eût point eu; il ne pouvoit plus s'en ſervir: ſi bien qu'il ne pouvoit ſe battre qu'avec les armes, & en l'état qu'il étoit entré dans le champ de bataille.

Il n'en étoit pas de même de l'accuſé ni de l'appellé; mais bien tout au contraire: car il étoit permis à ceux-ci d'y venir, la viſiere levée, le pot en tête, ou hors de la tête, les armes ſur lui ou entre les mains de qui bon lui ſembloit. Mais ceci fut aboli par Philippe le Bel, qui ne voulut plus que la condition de l'accuſateur & de celui qui faiſoit l'appel fut pire que celle de l'accuſé ou de l'appellé.

En arrivant il venoit au Roi, ou au Connétable, ou à tout autre qui les repreſentoit; & là leur faiſoit ſavoir le ſujet qui l'amenoit, & demandoit en même tems que ſon adverſaire fût tenu pour vaincu, au cas qu'il ne ſe rendît dans les Lices à l'heure portée par les Ordonnances & par la Coutume; & enfin, après s'être reſervé entre leurs mains les choſes que j'ai dites, il ſe reſervoit encore la permiſſion de ſe battre le lendemain, ou tel autre jour

DE LA VILLE DE PARIS Liv. XII.

qu'il plairoit au Roi & au Parlement, au cas que ce ne fût pas le bon plaifir de Dieu que ce jour-là leur Duel fût terminé.

L'heure venue, les gardes du camp les menoient devant les Juges, qui comme j'ai dit, avoient leur échafaut à part, & devant eux une table où les faints Evangiles étoient ouverts. Là, les deux parties portant chacun la main droite deffus, l'un après l'autre, & de la gauche fe tenant, l'accufateur affûroit de nouveau, qu'effectivement l'autre étoit coupable du crime dont il le chargeoit, & qu'il avoit tout fujet de lui faire un appel. L'accufé au contraire, foûtenoit que l'appel étoit mal fondé & l'accufation fauffe, & proteftoit de fon innocence. Enfuite tous deux témoignoient qu'ils n'avoient fur eux aucuns enchantemens; mais feulement pour défenfe, leurs armes, le bon droit & l'aide de Dieu.

Au refte, voici les termes ufités en pareilles occafions, & tels qu'ils font dans le ftyle du Parlement. Si c'étoit devant le Connétable, fe prefentant à lui, ils lui difoient :

Monfeigneur le Conneftable, voicy tel homme lequel pardevant vous, comme celuy qui en tel cas reprefentez la perfonne du Roi noftre Sire, fe prefente à vous, fon cheval & fes armes, & en l'habit de Gentilhomme, & d'homme qui doit entrer en camp pour combatre contre tel homme, au nom de Dieu & Madame fainte Marie fa mere, & de faint Georges le bon Chevalier, au jour, lieu & heure par le Roi noftre Sire, ou par fa Cour affignée, & s'offre à l'aide de Dieu, appareillé de faire fon devoir par lui, ou par fon advoué des chofes qu'il a fait propofer contre ledit tel pour lefquelles, gage de bataille a été jugé entre eux en Parlement, par la maniere par laquelle la Cour a ordonné, & vous requiers que vous lui faciez partie, & bataille de camp, & s'offre par lui ou par fon advoué de faire fon devoir à l'aide de Dieu, &c.

Et fait proteftation & retenue, tant pour lui comme pour fon advoué, & de muer fon Avocat, de muer & de changer cheval, & fes armes tant pour luy comme pour fon avoué defcendre & remonter, & de reftraindre fon cheval, d'eflargir ou eftacher, de combatre à pied ou à cheval, & foy ayder de toutes fes armes & de chacune d'icelles; de reprendre celles qu'il avoit laiffées, prémierement ou autre, & de toutes les chofes deffus dites, ou de chacune d'icelles faire, lui ou fon advoué, toutesfois qu'il lui plaira, & que Dieu lui en donnera l'aifement de le faire.

Item, fait proteftation que fi ledit tel portoit autres armes au champ qu'il ne devroit, ne pourroit porter par la Couftume de France, qu'icelles lui foient ôtées & qu'en lieu d'icelles nulles autres armes il n'ait, ni ne puiffe avoir.

Item, s'il avoit armes forgées par mauvais art, ou invocation d'ennemis, que chofe qu'il en faffe ne lui profite, ne nuife à tel; & vous requiers que fur ce, le faites jurer par efpecial.

Item, au cas que ledit tel ne viendra dans l'heure donnée par la Couftume, qu'il ne foit plus receu en champ, ains foit tenu pour vaincu.

Item, encore protefte que s'il plaifoit à Dieu qu'il ne peuft vaincre, ou deconfire fon adverfaire en ce jour, laquelle chofe il fera, fe Dieu plaift, qu'il puiffe continuer fa bataille du jour à lendemain, ou à tel jour que le Roy noftre Sire, ou fa Cour ordonnera.

Et fait encore proteftation & retenue expreffe de dire & de faire, & d'avoir tous les autres garnimens qui font neceffaires, profitables, ou convenables à Gentilhomme, en tel cas, ou pourroit eftre à tel befoin.

Item, encore fait expreffément proteftation, & fpecialement que la générale proteftation & retenue des chofes deffus dittes, comme dit eft, lui vaille autant, comme fi de chacune chofe à lui, ou à fon advoué, neceffaire, profitable, ou convenable en tel cas & befoin, en euft fait fpeciale proteftation ou retenue expreffément & deuement par le nom & furnom de chacun;

& vous requiert que vous l'ayez pour suffisamment presenté & receues ses protestations, & les choses dessus dites luy octroyez.

En jurant sur les saints Evangiles, voici ce qu'ils disoient, & premierement l'accusateur.

Homme que je tiens par la main, par Dieu & par ses Saints, je te appelle à bonne cause, ou j'ai bonne querelle contre toy, & que tu occiz tel homme en trahison, dont je te appelle, & que ce faiz justement ; & que je n'ay pierre, brief, ne herbe sur moi par quoi te cuyde vaincre : mais par l'ayde de Dieu & de mes armes, & pour le bon droit que j'ay.

L'accusé de son côté disoit :

Homme que je tiens par la main, par Dieu & par ses Saints, j'ay bonne cause de deffence contre toy, & tu me as appellé mauvaisement & faussement, & as mauvaise querelle contre moi, & que je n'ai pierre, herbe, brief, ne autre chose par laquelle je te cuyde vaincre ; mais par l'ayde de Dieu & de mes armes, & pour cause du bon droit que j'ay.

Après cela ils se battoient, les Roturiers à pied, les Gentils-hommes à cheval, tous en personne ou par leurs avoués, jusqu'à ce que l'un ou l'autre vînt à être tué, se rendît, ou se retractât. Si l'accusateur descendoit ou changeoit de cheval, qu'il prît d'autres armes, ou fit quelqu'une des choses dont il s'étoit reservé la permission, il dépendoit de l'accusé d'y avoir égard ou non, sans encourir aucun blâme, ni en être repris ; dans ce tems là il pouvoit le fraper & le tuer.

Quand le mort ou le vaincu s'étoit retracté, Hardouïn de la Jaille dit, qu'on jettoit ses armes çà & là de tous côtés, il étoit lié & traîné par des hommes hors des Lices sur une claie les pieds devant ; & delà des chevaux jusqu'au lieu patibulaire où on le pendoit par le milieu du corps ; que s'il ne s'étoit point dédit, les herauts le désarmoient sans jetter ses armes, puis le couchant sur une table, le faisoient porter hors du camp clos, & des Prêtres le prenoient pour le mettre en terre sainte. Outre ceci, le Parlement les condamnoit encore aux dépens, & confisquoit leur bien ; si bien que c'est de là qu'est venu le proverbe : *Le mort a tort, & le batu paye l'amende*, & tout de même le quadrain suivant :

  C'est un proverbe & communis,
  Qu'à la Coutume de Lorris,
  Quoiqu'on aye juste demande,
  Le batu paye l'amende.

Nonobstant tout ceci neanmoins, l'Arrêt contre le Gris nous apprend que quoiqu'avant que d'être tué, il niât encore tout de nouveau qu'il eût violé la femme de Quarrouge, on ne laissa pas de le traîner au gibet.

De plus par l'Histoire de Philippe Auguste il paroît qu'avant lui, lorsque l'accusateur venoit à implorer la misericorde de l'accusé, les Loix du Royaume le condamnoient simplement à l'amende ; & tout au contraire, si l'accusé étoit vaincu, ces mêmes Loix, outre la confiscation de son bien, lui faisoient souffrir une mort honteuse ; mais ce Prince ne pouvant souffrir telle inegalité, & trouvant l'Ordonnance trop injuste voulut que l'un & l'autre courût la même fortune, & en cela suivit la Coutume des Romains.

Voilà pour ce qui regarde les circonstances & les formalités tant générales que particulieres que j'ai crû necessaires de savoir pour l'intelligence des Duels dont je vais parler ; mais auparavant parlons de quelques défis, chose sans doute qu'on n'attendoit pas ; mais que j'aurois tort d'obmettre : car quoique ceux qui les firent n'en soient pas venus à un Duel, il ne tint pas à eux.

DEFFIS.

DE LA VILLE DE PARIS. Liv. XII.

D E' F F I S.

GONTRAN Roi d'Orleans étant venu à Paris au secours de Fredegonde & de Clotaire II; Childebert Roi d'Austrasie députa aussi-tôt Sigivald, l'Evêque Gilles & Gontran Boson, pour le venir trouver; & parce que ce Boson ici étoit soupçonné d'avoir favorisé le parti d'un certain Gondebaud, surnommé Ballomer, qui se disoit fils naturel de Clotaire I, & qui en cette qualité s'étoit fait couronner Roi de France, le Roi le voyant, non-seulement l'accusa d'avoir fait venir Ballomer de Constantinople, mais encore de perfidie, & de n'avoir jamais tenu sa parole. Boson là-dessus, ne pouvant souffrir de tels reproches, repartit : Vous êtes Maître & Roi, & il n'est pas permis de vous contredire ; cependant je suis innocent des choses dont vous m'accusés mais si quelqu'un de ma qualité l'a dit en particulier, qu'il paroisse, & le dise publiquement ; nous nous battrons en camp clos à votre presence, & remettant l'affaire au juste jugement de Dieu, vous connoîtrés la verité.

Or comme personne n'osa ni répondre, ni accepter le défi, le Roi fit réponse : chacun doit travailler à chasser cet étranger du Royaume ; car il n'est fils que d'un Meûnier ou d'un Cardeur, ou d'un faiseur de peigne, ou de laine.

II.

LE Connétable de Clisson fit deux autres défis qui n'eurent point de suite ; l'un au Louvre en 1387, en presence de Charles VI, des Ducs de Berri & de Bourgogne, & de toute la Cour; l'autre à Orleans en 1388, tous deux dans la Chambre du Roi, & à l'occasion de Jean V, Duc de Bretagne qui l'avoit fait emprisonner dans le Château de l'Hermine ; avec ordre même de le faire mourir. Il fit le premier au sortir de la prison, si-tôt qu'il fût à Paris, & se jettant aux pieds du Roi, usa des paroles suivantes. ,, Très-redouté Sire, vôstre pere à qui Dieu pardoint ses fautes, me fit ,, & créa Connestable de France, laquelle Office à mon loyal pouvoir j'ay ,, exercé & usée, n'oncques nul n'y veit deffaute, & s'il étoit aucun ex-,, cepté vostre corps, & Messeigneurs vos oncles qui voulsist dire, ne mettre ,, outre que je m'y fusse mal acquitté, & qu'envers vous, ne la noble Mai-,, son de France j'eusse fait autrement qu'à point, je voudroye bailler mon ,, gage & mettre outre.

Pour l'intelligence du second deffi, il faut savoir que Charles VI avoit fait ajourner à Orleans le Duc de Bretagne, afin de lui rendre compte du sujet qui l'avoit obligé de maltraiter son Connétable, & de le mettre en prison ; mais que n'ayant point comparu, Clisson ensuite prosterné encore aux pieds du Roi lui parla en ces termes. ,, Autrefois j'ai dit, & encore main-,, tiens que le Duc de Bretagne m'a faussement fait les choses que vous sa-,, vez, & comme traistre & deloyal je suis content de le combattre & autre ,, qui le voudroit soustenir ,,. Après il jetta sur le lit du Roi son gand pour gage de bataille ; mais ni au premier deffi pas un de ceux qui avoient tenu le propos dont il se plaignoit, n'eut la hardiesse de se déclarer & de repartir ; ni au second non plus, le Duc de Bretagne, ni qui que ce soit de sa part, n'osa recevoir le gand.

Tome II.   O O o o

III.

EN 1402, Louis de France Duc d'Orleans, par ses Lettres données à Couci, déffia Henri IV Roi d'Angleterre en ces termes. ,, Que pour ,, fuir l'oisiveté & acquerir de l'honneur, il étoit prest de se batre contre ,, lui où il lui plairoit avec cent Chevaliers, ou Ecuyers de nom & d'armes, ,, s'il vouloit se trouver au rendés-vous, accompagné de même. Mais comme la réponse du Roi étoit pleine de fierté, la replique du Duc le fut d'injures. Si bien que tous les coups donnés en cette rencontre furent des coups de plume, & non pas de lance.

IV.

EN 1402, même année, Jean Werchin Sénéchal du Hainaut, & Chevalier fameux, s'avisa de déffier généralement, & Chevaliers & Ecuyers, & autres Gentils-hommes de nom & d'armes, sans reproche, qui voudroient se rendre à Couci, & sur le chemin de saint Jaques en Galice, tant en allant qu'en revenant, dans la route qu'il tiendroit, à l'aide de Dieu, de Notre-Dame, de Monseigneur saint Georges & de sa Dame. Or comme personne ne vint à Couci, & qu'en chemin par hazard il fit rencontre de sept braves, il se batit contre eux, & si vaillamment, que les Princes pris pour Juges de ces sept Duels, en furent très-contens.

V.

EN 1475, un Chevalier du Royaume d'Arragon déffia Bouffile Chevalier aussi & de Lombardie à se batre contre lui à outrance, & à pied, en champ clos, dans Paris même.
Louis XI aussi-tôt nomma le Comte de Dampmartin pour Juge du Duel. Les Lices furent dressées devant l'Hotel de Ville, & Bouffile se rendit le jour de saint Etienne. Devant lui marchoient trois Trompettes & son Enseigne, derriere suivoient ses gens, dont l'un lui portoit une hache d'armes. Quant à lui, il en avoit une autre en main, & étoit armé de son harnois ; en un mot il entra dans le champ de bataille, au même état qu'il vouloit se batre. Tout ce grand appareil cependant, n'aboutit à rien ; car l'Arragonois e parut point, & le Lombard après avoir obtenu du Juge défaut contre i, fut contraint de retourner à l'Hotellerie du grand Godet, près de là, où logeoit.

VI.

FINISSONS par le défi de François I, le plus signalé peut-être qui ait jamais été fait.

Lorsqu'en 1528, le dix Septembre, il appella en Duel Charles-Quint, & pourtant sans autre suite que ce que je vais dire. Ce défi reçû, l'Empereur envoya un de ses Herauts d'Armes; le Roi croyant qu'il étoit porteur de quelque patente autentique pour la sûreté du champ clos, afin de le mieux recevoir, fit dresser un dais fort élevé à l'un des bouts de la grande Sale du Palais, devant la Table de Marbre, entre la grand'Chambre & la seconde des Enquêtes. Là il vint prendre sa séance; autour de lui étoient les Princes du Sang, les Pairs, tous les Ambassadeurs, les plus Grands du Royaume & les Officiers de la Couronne, le Parlement, le Prevôt des Marchands & les Echevins, le reste de la Sale crevoit de monde & de spectateurs entassés les uns sur les autres.

Après avoir fait entrer le Heraut, qui n'étoit venu seul en France, que parce que François I, à la requête de l'Empereur, avoit envoyé un sauf-conduit limité pour un seulement, & qui apporteroit la sûreté du champ de bataille.

Le Roi d'abord lui demanda la patente qu'il devoit lui apporter; ce Heraut après plusieurs refus, ayant prié le Roi de le laisser parler, le Roi à qui les mains demangeoient, & qui ne songeoit qu'à son Duel, répondit que quand il lui auroit donné sa patente, il pourroit dire tout ce qu'il voudroit; & comme le Heraut n'en voulut rien faire, en même tems il fut congedié.

Que si quelqu'un est curieux de savoir ce qui se passa dans le Louvre le jour de Pâques, en présence du Roi & de toute la Cour, au défi de la Perrine & de Vanlay, & comme le dernier ne se trouva pas au rendés vous, il n'a qu'à voir ce qu'en dit la Colombiere.

DUELS EN PARTICULIER.

CEUX QUI SE FAISOIENT EN FAVEUR DES DAMES, ou pour faire voir son adresse.

LES Duels qui se faisoient en l'honneur des Dames, ou pour donner des marques de son adresse & de sa valeur n'étoient presque point sanglants. Que si à ceux de Massé & de Marolles, Asteley & l'Isle Marivaux furent tués, ce sont les seuls qui aient été terminés à Paris par la mort de l'un des champions; car quant aux autres, de Girard de Dampmartin & de Geoffroi de Grisegonnelle, autrement dit, Guillaume aux Cornets, où le Roi de Frise perdit la vie & le Geant Isoré, je ferai voir qu'ils sont suspects ou fabuleux.

Le Duel de Girard ou Guerard de Dampmartin se fit en faveur de Colombe Reine de Frise, Princesse belle par excellence, dont il étoit passionné

& se passa entre Geoffroi son mari & lui. Le Roi eut bien de la peine à y consentir, & enfin ce fut à ces conditions; que s'il avoit l'avantage, ses Etats demeureroient en paix, sa femme lui seroit rendue, mais non pas sans argent pour la ravoir, ni payer bonne rançon; que le combat se feroit à Briquet, Village à deux lieues de Paris, sur le grand chemin d'Orleans. Tous deux donc s'y rendirent au jour assigné, & se batirent bravement. Geoffroi fut tué d'un coup de lance; le victorieux ensuite épousa Colombe, & depuis, à cause de ce Duel, le Village changea de nom, & au lieu de Briquet, fut appellé *le Bourg-la-Reine*.

Je ne dirai rien ici du Duel de dix-sept contre dix-sept des Chevaliers au Fer d'or, & des Ecuyers au Fer d'argent, établis par Jean de Bourbon en l'honneur des Dames, & pour gagner les bonnes graces de sa Maitresse, dont j'ai fait mention au discours des Chevaliers; parce qu'en effet, c'étoit plutôt un Ordre de Chevalerie, pour en bien parler, qu'un Duel, ni un Combat à outrance.

Lorsque Henri V Roi d'Angleterre, qui fut en 1414, envoya des Ambassadeurs à Paris demander en mariage Catherine de France, fille de Charles VI, à cause qu'en ce tems là l'Angleterre & le Portugal étoient alliés, quelques Portugais furent bien aises de les accompagner, & de venir avec eux; & parce que ces Ambassadeurs sûrent qu'ils mouroient d'envie de se battre contre les François pour l'amour de leurs Maitresses : sous main, comme jaloux de notre Nation, ils faisoient leur possible afin de les y engager. Si bien qu'entre eux, les Portugais & les François, il n'y eut pas pour un Duel. Plus bas je rapporterai le premier & le second : voici le dernier, qui fut de trois Portugais contre trois Gascons. Les Portugais étoient :

 Le Seigneur d'Aleuron.
 Messire Jean Cousaille, Chevalier.
 Maître Pierre Cousaille.

Quant aux Gascons, le premier prenoit la qualité de Chevalier, les deux autres d'Ecuyer, savoir.

 Messire François Grinaud, ou de Grinaulx.
 Archambaud de la Roque, ou le Roque.
 Maurignon ou Mangon.

Car c'est ainsi que les nomment Monstrelet & Juvenal des Ursins. Tous six au reste étoient fort vaillans, & se battirent à Saint-Ouen, Maison de plaisance bâtie par le Roi Jean, & embellie par ses successeurs, où Charles VI passoit alors le tems & prenoit l'air de la campagne. A l'ordinaire, des échafauts furent dressés autour des Lices, tant pour le Roi & pour la Cour, que pour les Dames, les Juges & autres. On fut assés long tems à resoudre qui entreroit le premier ; mais enfin on trouva à propos de faire cet honneur-là aux Portugais, comme étant agresseurs.

Les Combatans y vinrent au son des trompettes, accompagnés de plusieurs grands Seigneurs; le Comte d'Urset oncle du Roi d'Angleterre, & les Ambassadeurs d'Angleterre, amenerent les Portugais; Messire Clugnet de Brabant, Amiral de France, Jean frere du Duc de Bar & autres personnes de grande qualité conduisirent les Gascons. Après les cris faits, tous se leverent de leurs chaises, garnies des armures & des bâtons usités en pareille occasion. Les Portugais choisirent chacun son homme; le plus brave d'entre eux & le plus renommé s'adressa à la Roque, le Chevalier de Cousaille au Chevalier de Grinaud, le dernier à Maurignon. Lorsqu'ils en vinrent aux haches, celui qui se batoit contre la Roque donna de la sienne un si grand coup dans le pot de son adversaire qu'elle entra dedans, & sentant qu'elle tenoit, il se mit à peser dessus de toute sa force, & à se baisser pardevant, pour tâcher d'entamer le harnois ; cependant la Roque se laissoit faire & se tenoit ferme, puis tout à coup venant à reculer, ce fut si vîte, que le Portugais ne put s'empêcher de tomber, la tête emportant le corps; il ne fut pas plutôt à terre que la Roque l'étourdit de deux grands coups de hache qu'il lui déchargea, & mettant la main à l'épée, la lui alloit paffer au travers du corps: d'autres difent que lui ayant levé la vifiere, il l'alloit fraper au vifage; tellement que le Portugais fe rendit, & fut pris par les gardes du camp. Cela fait le victorieux vint au fecours de fes amis, d'un coup de hache qu'il déchargea à Pierre Coufaille, à qui Marignon avoit à faire, il le fit chanceler & Marignon au même tems lui en ayant donné un autre, il chût & fe rendit, ainfi que Daleuron; tous deux à l'heure même & fort à propos, vinrent au fecours de Grinaud; car il étoit bleffé en quelques endroits, & même avoit la main gauche percée, dont il ne fe pouvoit plus aider, & ainfi le Chevalier de Coufaille lui donnoit bien de la peine; mais pour lors il en fur délivré; car le Portugais ne pouvant refifter à trois, fe rendit auffi-bien que fes compagnons, leur difant, je me rends à vous trois. Après ceci, chacun les loua de s'être bien batus. Par ordre du Roi les vaincus furent mis hors des Lices, les premiers : les victorieux les fuivirent avec leurs amis au bruit des trompettes, & furent reçûs dans Paris avec des cris d'allegreffe. En un mot, à la referve des Anglois, tout le monde témoigna de la joie du fuccès de leur combat.

DUEL DE PIERRE DE MASSÉ.

PIERRE de Maffé Gentil-homme François, appella en Duel en 1438, un Gentil-homme d'Angleterre nommé Jean d'Afteley, & fe batit à cheval contre lui à la rue faint Antoine, en préfence de Charles VII. Les conditions du combat étoient, qu'ôté le bouclier qui leur étoit défendu, du refte ils s'armeroient le mieux qu'ils pourroient; que Maffé avoit douze lances de même longueur, feroit faire encore & fabler le champ de bataille; qu'ils romperoient fix lances chacun, dont Afteley auroit le choix, & que celui qui par la clemence de Dieu fortiroit vainqueur du combat, feroit prefent à fa Maitreffe du cafque & du refte de l'habillement de tête du vaincu. Maffé eut l'avantage, & perça d'un coup de lance la tête d'Afteley. Que fi fa Maitreffe en ce tems là, reçût fans horreur des armes teintes du fang d'un homme mort, prefentement ce n'eft pas de même; car les Dames d'aujourd'hui bien loin de recevoir de tels prefens, ne pourroient pas feulement fouffrir qu'on leur en parlât.

Voila pour les Duels qui regardent les Maitreffes; venons maintenant à ceux qui fe faifoient par bravoure, & pour montrer fon adreffe. Tous ceux au refte dont je parlerai, à la referve de celui de Geoffroi de Grifegonnelle, fe firent entre François & Anglois; car comme alors l'Angleterre & la France étoient prefque toujours en guerre, ils n'étoient pas moins jaloux & envieux les uns des autres, que les Efpagnols le font aujourd'hui des François.

DUELS PAR PURE BRAVOURE.

COMMENÇONS par le second Duel fabuleux, ou suspect, dont j'ai promis le recit, qui est celui de Geoffroi de Grisegonnelle.

Quantité d'Historiens, mais tous ou conteurs de fables, ou sujets à caution, ne sont point d'accord entre eux touchant ce Duel, ni du lieu, ni de l'année, ni du nom, ni de la qualité des champions.

Quant au tems, l'un veut que ceci arriva en 976, l'autre un an après, un autre en 979.

Pour ce qui est des noms & de la qualité des champions de cette entreprise, il n'est pas plus facile de les savoir ; car les uns assûrent que Grisegonnelle avant que de se battre, s'appelloit *Guillaume aux Cornets*, & après, *Guillaume Isoré*, d'autres en font un Comte d'Anjou, nommé *Geoffroi*, Comte d'Anjou, auparavant le Duel, & depuis, Geoffroi de Grisegonnelle. Je laisse là les autres points dont le nombre ennuieroit, puisqu'ils ne different qu'en orthographe, tels que sont Isoire, ou Isore ; Huastin, ou Hetelulphe. Bien davantage, il s'en trouve qui le font Roi des Sarrasins, & de stature Gigantale ; d'ailleurs si puissant, qu'il assiegea dans Paris Louis le Debonnaire. Enfin, à ce que d'autres rapportent, c'étoit un homme si grand & si fort, qu'on le prenoit pour un Geant, & qui ravagea la France sous la conduite de Wastandes Prince Darois, assisté de ses freres, Comtes de Flandres, & à la tête de six mille hommes. Que si l'un de ceux ci qui en fait un Geant, lui donne vingt pieds de haut, sans comprendre la tête, d'autres ne sauroient le mesurer, tant il étoit grand. Le premier tient qu'il commandoit dans les troupes d'Othon, lorsque cet Empereur vint assieger les Parisiens ; l'autre, qu'il étoit son neveu, & même s'étoit vanté de planter sa lance dans la porte de Paris, & qu'en effet il donna bien de la peine aux assiegés.

Pour ce qui est du lieu où se fit le combat, l'un prétend que ce fut à la Valée de Montmorenci, en certain endroit appellé *la Tombe Isoire*. Un autre au contraire, que ceci arriva au Fauxbourg saint Germain, contre l'Hopital de la Charité, où se voit une Tombe de pierre fort longue appellée, *la Tombe ou la mesure du Geant Isoré*. Un autre que ce ne fut point là, mais bien au Fauxbourg saint Jaques, près d'une Ferme appellée encore aujourd'hui, *la ferme de la Tombe Isore*, ou *de la Tombe Isou*, qui appartient au Commandeur de saint Jean de Latran, & est accompagnée d'un colombier, de granges, de cours, d'un moulin à vent, de huit arpens & demi de pré, & de quatorze autres, tant de vignes que de terres labourables, tous francs de dixmes.

Mais afin de rassembler tout ceci pour le mieux faire entendre, & rapporter en peu de mots, une partie de ce qui se lit de plus vraisemblable dans ces Auteurs suspects touchant le combat à outrance dont il s'agit, il faut savoir que l'Empereur Othon, piqué de ce que le Roi Lothaire lui avoit enlevé la Lorraine superieure, & de plus, l'avoit obligé de se retirer bien vîte à Aix-la-Chapelle ; pour se venger, aussi-tôt entre en France, pille & ruine par tout où il passe, & vient jusqu'à Paris, qu'il assiege avec une Armée de soixante mille hommes, où étoit aussi son neveu, ou plutôt un Geant, qui défioit tous les braves, & faisoit passer le pas à tout autant qui osoient se jouer à lui ; & d'ailleurs tuoit les François à tas.

Là-dessus Lothaire accourt avec des troupes, accompagné de ses Vassaux ; mais entre autres de Geoffroi Comte d'Anjou, qui d'abord attaque le Geant, le blesse à la cuisse, lui enleve la tête, & l'envoie au Roi par un Meûnier qui se rencontra là par hazard, sans lui dire qui il étoit. En même tems le siége fut levé. Lothaire ne pouvant savoir du Meûnier qui étoit celui qui l'avoit envoyé, lui commanda de demeurer auprès de lui pour quelque tems ; &

cependant de voir si parmi ses troupes il ne le reconnoîtroit point. Peu de tems après, appercevant proche du Roi le Comte d'Anjou en habit gris aussi-tôt tirant Lothaire par sa tunique, lui dit en son patois, *c'est celui-ci vétu d'une grise gonnelle, qui a coupé la tête du Danois*. Ces paroles naïves qui firent sourire le Roi, furent cause qu'on donna depuis au Comte le nom de Geoffroi de Grisegonnelle.

Lothaire pour recompense d'un si grand service & d'une si belle action tout ensemble, lui fit don de tout le Domaine de la Couronne, situé dans les Evêchés d'Angers & du Mans. Outre cela pleine & entiere franchise dans les Terres qu'il viendroit à acquerir lui & ses successeurs.

Ce Duel ici au reste se voit peint en Anjou dans le Cloître de l'Abbayie de Fontevrault. Quant au Tombeau du Geant, il ne se trouve plus près de la Charité; & peut-être à la Valée de Montmorenci n'y a-t-il point de lieu nommé la Tombe d'Isoire; mais en revanche, la Ferme dont j'ai parlé, s'appelle toujours la Ferme de la Tombe Isoré, & la Ferme de la Tombe Isou. Le Moulin qui en dépend, prend quelquefois le nom de *la Tour de Tombi* ou; & plus souvent celui du Moulin de la *Tombe l'ou*, que de *Mauguejourt*; les Terres qui y tiennent & les autres se nomment *le Terroir de la Tombe Ijore*. Enfin près de là, sur le grand chemin d'Orléans, une vieille Croix ruinée, dont il y a encore des restes, est appellée la Croix Isoré, & ne ressembloit pas mal au Tombeau d'une personne de qualité; car outre qu'elle étoit de pierre, & élevée sur une espece de tertre. Elle étoit encore plantée au milieu d'une autre pierre fort grande & quarrée, longue à la façon d'une Tombe.

Je le repete encore, tout ceci me paroît fabuleux, ou du moins suspect. Que si sous tant de noms conformes & répandus çà & là, il y a quelque verité cachée, elle l'est si bien pour moi, que je ne la saurois tirer du lieu où elle est, ni lui faire voir le jour.

Quant à Guillaume aux Cornets, je ne puis prouver non plus que Charlemagne lui ait donné toutes les Charges & les Dignités qu'on dit; qu'il l'avoit fait Chambellan, ou Connétable de France, Gouverneur de Languedoc, Duc de Guyenne, Comte de Provence & de Toulouse; ni tout de même, qu'après son combat, il prit le nom de Guillaume Isoré, & que de lui descendent non-seulement Clemence Isoré, Fondatrice des Jeux Floraux de Toulouse; mais encore le Marquis d'Herault, Lieutenant de Roi en Touraine, qui a pour armes des Cornets écartelés, & pour Cimier une Couronne gigantale, couronnée d'une Couronne Royale.

Je laisse là quantité d'autres particularités semblables, comme n'en ayant déja que trop dit, venons aux autres Duels faits par des personnes de qualité, pour faire montre de leur adresse & de leur valeur; mais qui ne seront ni fabuleux, ni suspects.

DUELS DE PARADE.

EN 1385, Courtenai Anglois, en grande faveur à la Cour de son Prince, vint à Paris exprès, pour se batre contre la Tremoille Garde de l'Oriflame, Favori & Chambellan du Duc de Bourgogne; & le tout, pour montrer combien la Chevalerie d'Angleterre avoit d'avantage sur celle de France, en attaquant le plus brave du Royaume.

Lorsque la Tremoille vint trouver Charles VI, afin d'en obtenir la permission, son Conseil lui remontra qu'il ne devoit point souffrir telles façons de faire, qu'il n'y avoit point d'honneur à cela, & qu'enfin Courtenai n'avoit aucune raison qui l'obligeât à se batre ; mais la Tremoille ayant répondu, qu'il y avoit assés de sujet, puisque son adversaire étoit Anglois & lui François. Le Roi outre le jour, leur assigna encore le lieu, près saint Martin. Sur ces entrefaites, des Astrologues, gens à qui la Cour en ce tems-là n'ajoutoit que trop de foi, assûrerent à la Tremoille, que ce jour-là il feroit beau, & de plus, qu'il sortiroit victorieux du combat ; mais qu'il devoit faire faire les armes dont il se vouloit servir à certaines heures qu'ils lui marquerent ; ce qu'il fit : cependant le jour du combat venu, le Ciel demeura couvert, & même il plut assés.

Après que les Champions eurent quelque peu couru & brisé leurs lances chacun, le Roi les fit prendre, leur défendit de passer outre, combla l'Anglois de présens, avec mille éloges & le défraya.

Courtenai ensuite étant venu en Picardie chés la Comtesse de Saint-Pol, sœur du Roi d'Angleterre, comme il se vantoit de n'avoir trouvé personne à la Cour de France qui osât se batre contre lui ; le Seigneur de Clari qui étoit présent, petit de corps, mais grand quant au courage, ne pouvant souffrir ces paroles, lui repartit que s'il vouloit, il se battroit contre lui dès le lendemain, ou quand il lui plairoit. L'Anglois l'ayant pris au mot, dès le lendemain ils en vinrent aux mains ; & quoique le combat fût vigoureux de part & d'autre, Courtenai neanmoins fut blessé, renversé par terre & batu. Cependant quelque belle que fût l'action de Clari, comme ayant maintenu l'honneur de la France, nonobstant tout cela, parce qu'il avoit osé se batre sans la permission du Roi, le Duc de Bourgogne à toute force lui vouloit faire trancher la tête, sans vouloir écouter ceux qui lui remontroient, qu'à la verité de François à François c'étoit un crime, mais non pas entre des François & des Anglois ; & qu'un François en tout lieu pouvoit se batre contre un Anglois, comme contre un des ennemis de l'Etat. Si bien qu'il falut que Clari s'absentât & demeurât caché de côté & d'autre, jusqu'à ce qu'il eût obtenu sa grace de Charles VI.

Je ne parlerois pas d'un autre Duel qui fut fait en 1391, entre Harpurgham Chevalier Anglois, & des Barres François, aussi Chevalier, à cause qu'ils se batirent à Montreau-faut-Yonne, Ville qui n'est pas du Gouvernement de l'Isle de France, s'il ne s'y étoit passé des choses tout-à-fait singulieres. Les conditions de ce Duel furent que les combatans feroient cinq courses de lances à cheval ; qu'ils donneroient autant de coups d'épée, de dague & de hache ; que si leurs armes venoient à rompre, ils en pourroient prendre d'autres, jusqu'à ce qu'ils eussent satisfait à leurs conventions.

Au jour assigné, le Roi, les plus grands Seigneurs, quantité de Noblesse & de peuple se rendirent à Montereau ; les champions, rompirent quatre lances, au cinquiéme coup d'épée des Barres donna un si grand coup tout au milieu du bouclier dont Harpurgham s'étoit couvert, qu'il le porta par terre, pardessus la croupe de son cheval, dont l'autre demeura si étourdi, qu'on eut bien de la peine à le relever. Avec le tems neanmoins, il se vit

en

DE LA VILLE DE PARIS. Liv XII.

en état de remonter. Si bien qu'ils acheverent leur combat de bonne grace, dont tout le monde fut fort content aussi bien que le Roi.

En 1409, il y eut encore un autre Duel entre un Anglois & un François, tous deux Chevaliers. Le François étoit Sénéchal de Hainaut. L'Anglois s'appelloit Messire Jean de Cornouaille, en grande réputation, & de plus, qui avoit épousé la sœur du Roi d'Angleterre.

En vain le Duc de Bourgogne leur prépara un champ de bataille à Lille Ville de Flandre ; car Charles V I l'ayant sû, les fit venir à Paris, & voulut lui-même être spectateur de leur combat. Ce fut vers l'Ascension que ce Duel se fit dans la place destinée aux combats à outrance, derriere le Prieuré saint Martin. L'Anglois monté sur un cheval de bataille, suivi de six Pages, les uns vêtus d'hermine, les autres de drap d'or, entra dans les Lices, en faisant une profonde reverence au Roi. Aussi tôt arriva le Sénéchal accompagné du Comte de Clermont & de celui de Ponthievre, le premier portant sa hache, & l'autre sa lance ; mais de plus, du Duc de Brabant & du Comte de Nevers, freres du Duc de Bourgogne, qui marchoient à pied à ses côtés, tenant le mords de son cheval. Après avoir fait la reverence au Roi, les deux combatans ensuite se regarderent, & se mirent en état de joûter. Sur le point de donner de l'éperon, le Roi les fait arrêter, & de plus, ordonne qu'à l'avenir qui que ce soit, sans cause raisonnable, n'appellât personne en Duel dans le Royaume, sur peine de la vie.

Quoique cette défense ne plût pas trop à nos Duellistes, il fallut pourtant obéir, & si depuis ils en vinrent aux prises, ce ne fut qu'en Angleterre, le Roi avant leur départ les traita splendidement & leur fit toutes sortes d'honneurs.

Nonobstant une défense si expresse & si solemnelle, vingt braves d'Angleterre, tous Chevaliers, priérent le Roi en 1414, de leur permettre d'accomplir un serment qu'ils avoient fait, de se batre contre autant de François avec toutes sortes d'armes ; soit en Duel, un contre un ; soit en nombre égal, à la charge que le vainqueur pourroit tuer le vaincu, s'il ne se rendoit à rançon. Si bien qu'il fut impossible de refuser aux François d'accepter le défi ; sur tout après avoir representé à Charles V I, qu'ils avoient à faire à des orgueilleux ; & de plus, qu'il leur étoit échapé de dire : *Que l'honneur de la France naturellement étoit si cher aux François, que si le Diable sortoit de l'Enfer pour leur faire un appel, il se trouveroit des gens assés braves pour accepter le défi.* Ils se batirent donc, & si bien, que chacun avoua que jamais on n'avoit vû de guerriers plus dispos que les Anglois, ni qui marchassent plus gaiement au combat.

En 1420, au siége de Melun, quantité de combats à outrance arriverent entre les assiégeans & les assiégés, non plus en plein jour comme les précédens, ni devant le Roi, & dans un champ de bataille ; mais sous terre, à la clarté des torches & des flambeaux, dans une mine faite par Henri V, Roi d'Angleterre, & bien défendue par Barbason, qui commandoit dans la Ville pour le Dauphin. Or afin que dans ce lieu plein d'obscurité, la sûreté fût toute entiere, & que les combatans n'eussent aucun sujet de se défier, la permission de se batre fut publiée & donnée à tout le monde. Bien plus, de peur qu'on ne fit des prisonniers, un gros chevron à la hauteur de l'estomach étoit en travers, qu'on n'osoit pas franchir, ce qui faisoit durer les Duels long-tems, & beaucoup plus que dans un champ de bataille.

Les plus signalés de ces Duels furent faits par Louis Juvenal des Ursins & par Raymond de Lore ; le reste par les plus généreux d'entre les Anglois & les François. Après tout, il s'en fit tant, que presque à toute heure il y en avoit ; & plusieurs enfin, tant Anglois que François s'y porterent avec tant de valeur, que ceux qui étoient Anglois furent faits Chevaliers par le Roi d'Angleterre, & les autres par Barbason.

Des Ursins ouvrit la carriere, & fut le premier qui demanda à se batre ; Il eut à faire à un Gentil homme Anglois, tous deux s'entreblesserent ; &

bien que leur combat eût déja duré plus d'une groffe demie heure, neanmoins il les fallut feparer. L'attaque & la défenfe de des Urfins fut fi belle, que Raimond de Lore, Chevalier illuftre par fa valeur, voulant fe battre deux contre deux au même endroit, le prit pour fon fecond, & remporta avec lui l'honneur du combat.

Si je n'ai pas rapporté à l'endroit où il falloit, le combat à outrance donné en 1402, ou 1404, entre fept François, & autant d'Anglois, c'eft qu'il fe paffa en Guyenne; près de Mont-André. Les fept François cependant partirent exprès de Paris pour s'aller battre là. A leur retour ils étoient tous vêtus de blanc, & furent reçûs avec bien de l'allegreffe, & même le Duc d'Orleans les regala. Au refte c'eft ce Duel ici qui obligea ce Prince à faire le voyage de faint Denys, comme j'ai dit, & ces fept Duelliftes à ouïr la Meffe & à communier avant que d'en venir aux mains.

Ce feroit ici le lieu de rapporter le Duel de Marolles & de l'Ifle Mativaux, qui fe fit à la porte faint Jaques, le jour que Henri III mourut, en prefence des Dames, & à la vûe des deux Armées; mais comme il eft fort connu, & que d'ailleurs l'Abbé de Villeloin fils de Marolles l'a décrit fort au long, & avec toutes fes circonftances, j'aime mieux renvoyer à fes Mémoires, que de rebatre une matiere fi connue.

DUELS PAR VENGEANCE.

L'HISTOIRE de Paris ne me fournit que deux exemples de Duels faits par vengeance, le premier; du tems du Roi Jean en 1352; le fecond en 1409, fous Charles VI.

En 1352, le Prince de Bohème calomnié par le Duc de Lenclaftre, & refolu de s'en venger, lui fit un appel à la Cour, & en prefence du Roi; & parce que l'Angleterre & la France étoient alors en guerre, le Roi lui fit délivrer un fauf-conduit; mais à caufe que les appellans d'ordinaire faifoient faire les Lices à leurs dépens, pour obéïr à la coutume il les fit faire, & cela le long des murs de l'Abbayie faint Germain, vers le Pré aux Clercs. Le Roi Jean y affifta fur les murs du Couvent, où fon échafaut avoit été dreffé. Jean de Meulant Evêque de Paris y vint auffi, & pour les voir battre plus à fon aife, pria l'Abbé de lui donner une chambre; ce que l'autre fit Cependant de crainte que lui ou fes fucceffeurs n'en tiraffent quelque avantage, à caufe des differends que de tout tems il y a eu entre l'Evêque & les Abbés de faint Germain, il fallut qu'auparavant, par un Acte du trois Décembre, il lui déclarât que par là, il ne prétendoit porter aucun préjudice à l'Abbayie, ni acquerir quelque nouveau droit à fon Evêché.

Avec tout cela il n'eut pas le plaifir qu'il efperoit; car quoique le lendemain les Ducs de Lenclaftre & de Bohème montaffent à Cheval, & miffent l'épée à la main, au premier coup d'éperon, pour courir l'un contre l'autre, le Roi les fit arrêter, les accommoda, & fe chargea de leurs differends.

En 1409, vers l'Afcenfion, Charles VI voulut être préfent à l'autre Duel, qui fe fit derriere faint Martin, entre deux Chevaliers, l'un Breton, nommé Guillaume Baftaille, l'autre Anglois, appellé Haymon, pour caufe *de foi mentie l'un à l'autre*, termes de ces tems-là. Les Ducs de Berri, de Bourgogne & de Bourbon s'y trouverent, avec plufieurs grands Seigneurs. Les combatans eurent chacun un pavillon; on les mit enfemble, qui étoient encore les termes. Montjoie Roi d'Armes publia les cris & les défenfes accoutumées, & après leur dit qu'ils fiffent leur devoir.

Le Breton qui avoit fait l'appel, marcha fierement contre fon ennemi; l'Anglois vint à lui avec autant de fierté, après avoir couru l'un contre l'autre, fans fe toucher de leurs lances; ils mirent l'épée à la main, Baftaille

DE LA VILLE DE PARIS. Liv. XII.

blessa Haymon legerement. Voulant passer outre, le Roi les fait cesser, puis sortir des Lices ensemble, & ramener en leurs logis avec beaucoup d'honneur.

En 1414, & encore en presence de Charles VI, fut fait un autre Duel entre Jean de Mets Portugais, attaché au parti du Duc de Bourgogne & Guillaume de la Haye Ecuyer Breton, de la Maison du Duc de Berri. Les Grands avec la Noblesse, tant de France que d'Angleterre, les voulurent voir. Le Portugais entra dans les Lices, couvert d'armes toutes rouges, accompagné des Ambassadeurs Anglois. L'un & l'autre étoient bien vêtus & bien armés, & vinrent dans le camp clos au son des trompettes & des violons. A chacun étoit préparée une chaise pour s'asseoir, le Heraut n'eut pas plutôt crié: *Faites devoir*, qu'ils se leverent, & s'avancerent l'un contre l'autre la lance à la main, outre l'épée, la dague, & la hache d'armes. Quand ils furent près; car c'est ainsi qu'on parloit, jettant là la lance sans se toucher, ils prennent la hache, & pour lors le Portugais gaiement & fierement tout ensemble, venant à son ennemi pour le fraper, le Breton, excellent Luteur qu'il étoit, & qui n'avoit pas son pareil, d'ailleurs averti que son Adversaire étoit travaillé d'une courte haleine, ne fit que rabatre & parer les coups, afin de le terrasser, s'il pouvoit le joindre. Telle maniere d'agir nouvelle surprit d'abord, & lassa après, ne sachant pas son dessein: mais comme l'haleine vint à manquer au Portugais, & que pour la reprendre, il lui fallut souvent hausser sa visiere, & à chaque fois faire signe à la Haye de lever aussi la sienne, il le fit. Mais ce petit jeu durant un peu trop, & le Breton s'en lassant, aussi tôt il lui porte au visage la pointe de sa hache; & si ce n'eut été que le Portugais dans ce tems-là même recula, mais bien plus qu'on cria, ho, ho, ho, pour les separer, il couroit fortune d'être frapé & bien battu. Avec tout cela on ne lui fit pas ni moins bonne chere, ni moins d'honneur qu'à la Haye.

Les champions qui vont paroître, sont gens de robe longue, portant aumusse, mitre & froc. Que si quelques uns d'entre eux ne se battent pas en personne, du moins sera-ce par des hommes qu'ils fourniront à leur place, appellés en Latin, *Pugiles*, & *Advouez* en François, & le tout par Arrêt du Parlement, des Maréchaux de France, des Abbés de saint Denys, de sainte Genevieve, de saint Germain, de l'Evêque & du Chapitre de Paris.

Je dirois ici que Godefroi Abbé de Vendôme se plaignit à l'Evêque de Xaintes, nommé Pierre, qu'un de ses Clercs étoit le premier qui avoit commencé de se battre en Duel contre un de ses Religieux. Et de plus, j'ajouterois qu'Anselme Prêtre, Tresorier de Notre Dame de Laon, se battit contre un Orfevre; mais comme ce seroit s'éloigner de Paris, je n'en veux pas sortir.

Le Roi Robert, à qui quelques uns donnent la qualité de saint, accorda aux Religieux de saint Denys la permission d'ordonner le Duel.

Louis le Jeune commanda à l'Eglise sainte Genevieve, c'est-à-dire à l'Abbé & aux Religieux, de prouver par le Duel, que les Habitans de Rhosni petit Village à quelque deux lieues de Paris, étoient leurs Esclaves & Hommes de Corps de leur Eglise; & tout de même à ces Habitans qui prétendoient être libres de se rendre à la Cour de l'Abbé le jour qu'il leur assigneroit. S'y étant trouvés & le Roi de son côté ayant envoyé des personnes de consideration pour voir ce qui se passeroit; pour lors l'Abbé Etienne, en leur presence, dit à ces Villageois, qu'il étoit prêt de prouver leur servitude par le Duel: ce qu'il repeta plusieurs fois. A quoi les autres répondirent, qu'ils n'étoient pas venus pour ce sujet-là, & qu'ils se rapportoient au Roi de la décision de leur differend.

Si après cela je n'allegue point divers Duels ordonnés par les Abbés de sainte Genevieve, ou par leurs Juges, à la verité c'est que je n'en ai pû découvrir aucun, quoiqu'après tout je n'en aie pas trop à faire, puisqu'étant hauts Justiciers, il est très-certain qu'ils en ordonnoient aussi bien que les autres qui avoient la même Jurisdiction dans Paris.

Enfin je ne repeterai point ce que j'ai dit à ce propos du Chapitre de St Merri tout au commencement de ce discours, pour faire voir qu'en qualité de haut Justicier il ordonnoit du Duel.

Je trouve que l'Abbayie saint Germain jouissoit autrefois du même privilege. La prestation de bouclier, pour laquelle les Habitans de Cachant, petit Village aux environs de Paris, lui devoient quinze sous parisis de rente, n'avoit point d'autre fondement que le Duel. D'ailleurs il est constant que ce Monastere en 1357, avoit des Lices derriere ses murailles, vers le Pré aux Clercs, tout contre celles du Roi, dont j'ai fait mention, & qui ne servoient que pour les Duels ordonnés par ses Juges.

Bien plus, vers l'an 1150, du vivant de l'Abbé Geofroi, un certain Etienne de Maci, ayant fait mettre en prison un des Sujets de cette Abbayie, nommé Enguerrand d'Antoni, à cause qu'il faisoit un fossé près du grand chemin, où lui & Eustache de Bievre, de ses parens avoient la moitié de la voirie; l'Abbé s'en plaignit au Roi, comme d'une injure faite à sa personne. Mais comme le Roi ne put les accorder, ni décider le differend, il leur ordonna de se battre en Duel: si bien qu'Eustache & Enguerrand se rendirent à Paris dans la Cour, avec leur avoué chacun; l'un conduit par Etienne, l'autre par Renard & Philippe Religieux de saint Germain, députés exprès à la place de l'Abbé Geofroi. Là Guillaume de Gournai, Regnault de Beaumont, & Baudouin de Flandre, Prevôt de Paris, & Lieutenant du Roi, examinerent la cause de nouveau, & ne la pouvant juger, firent venir & battre les deux avoués. Le combat dura long-tems; & comme tous deux étoient déja fort blessés; enfin à l'aide de Dieu, ce sont les termes, le champion de saint Germain emporta l'œil de son adversaire, & l'obligea de confesser qu'il étoit vaincu.

Mais parce que ce jour-là même Etienne vint à produire deux témoins pour affirmer que sans le consentement de l'Abbé ou de ses Officiers, il pouvoit donner des alignemens à *Pyrodium*; à cela, Engilbert d'Antoni, répondit sur le champ à l'un des témoins appellé Eudes, qu'il avoit fait un faux serment, & que pour le maintenir, il se battroit en Duel contre lui. Aussi-tôt ils jettent leur gage de bataille, le jour & l'heure du combat ayant été donné, pour lors Philippe & Renard, Religieux de l'Abbayie, conduisirent Engilbert. Après avoir bien attendu, comme Etienne & Eudes ne venoient point, & que l'heure étoit déja passée, les Juges permirent aux autres de se retirer, & leur accorderent ce qu'ils demandoient. Ceux-ci incontinent après venant à rencontrer Etienne avec son avoué & ses cautions, ils les firent tous mener en prison au Châtelet, tant pour ne s'être pas trouvés au dernier Duel, que pour avoir été vaincus au premier.

En 1108, à la sollicitation du Chapitre de Notre-Dame, Louis le Gros ordonna que les Esclaves des Chanoines se pourroient battre en Duel contre toutes sortes de personnes même libres, sans qu'on pût les refuser à cause de leurs servitudes. Et ce qui est surprenant, Paschal II, peut-être confirmat-il une chose si étrange, par une Bulle de l'année 1114.

Vers ce tems-là, un certain Marmarellus grand Tyran, & qui accabloit d'exactions ses Sujets & les autres que le Chapitre de Notre Dame avoit à Suffi, Village proche de Paris, voulant se justifier, & défendre son procedé juridiquement, s'en vient à la Cour de Galon, alors Evêque, & arive dans le tems qu'Anceau Grand-Maitre de la Maison du Roi, rendoit justice, & aussi-tôt offre de maintenir son droit en Duel, contre celui qu'on voudra des Sujets du Chapitre. Par l'entremise neanmoins de l'Evêque Galon, l'affaire fut terminée à l'amiable.

En 1139, Durand Chanoine de Paris & de Noyon, s'étant plaint à l'E-

DE LA VILLE DE PARIS Liv. XII.   669

vêque de Noyon nommé Simon, que Roger de Corota avoué de Viri, ordonnoit le Duel, avec les Jugemens d'eau & de fer; & qu'il en recevoit seul les ôtages & les profits, quoique Viri appartînt au Chapitre de Notre-Dame, l'Evêque Simon, après avoir fait lire le privilege de l'Eglise de Paris, & examiné les raisons de Durand & de l'avoué, ordonna qu'à l'avenir, le Juge des Chanoines de Notre Dame recevroit les gages de bataille, & neanmoins que la chose se pourroit terminer sans le Juge de l'avoué, & qu'ils auroient chacun la moitié des jugemens de fer & d'eau.

Depuis, par un concordat passé en 1222, entre Philippe Auguste & Guillaume II, Evêque de Paris, il fut arrêté que tout meurtrier ou ravisseur qui ne seroit pas pris sur le fait, soit au Fauxbourg saint Germain, dans la Couture l'Evêque, ou au Clos Bruneau, quartier de la Ville & de l'Université, & qu'ils niassent le crime; en ce cas-là, afin de les convaincre, l'Evêque pourroit les obliger de se battre dans sa cour, contre ceux qui les auroient vû faire & l'affirmeroient, quoique ces cas fussent purement Royaux, & qu'il n'appartînt qu'au Roi d'en connoitre: mais si tout au contraire, en étant convaincus, soit par leur propre confession, par un Duel, ou pour avoir été trouvés en flagrant delit, pour lors le Roi s'en reservoit la connoissance toute entiere, & tous les biens mobiliers du coupable.

Les Chanoines de Paris & le Doyen, étant venu à remontrer en 1246, à Innocent IV, que quelques Sujets de leur Eglise, outre leurs Terres & leurs Villages qu'ils abandonnoient, refusoient encore de leur rendre les services qu'ils leur devoient & n'en feroient rien, à moins que d'en venir à un Duel qui décidât le different; la réponse du Pape fut, qu'à l'avenir ils pourroient les contraindre de leur obéïr, tant par titres & par témoins, que par toute autre sorte de bonnes preuves, encore que ce ne fût pas la coutume.

De là j'infere, comme je suis assés bien fondé, qu'en ce tems-là les Chanoines, & les autres Ecclesiastiques; aussi-bien que les gens d'épée & autres, avoient accoutumé d'avoir recours au Duel, quand il s'agissoit d'une chose douteuse. Peut être fera-ce donner quelque jour à cette coutume dont parle Innocent IV, & sur laquelle il ne s'est point expliqué.

Ce qui est vrai, c'est que depuis, le Chapitre de Paris, en 1255, ne fit aucun scrupule d'acheter tant de Marie la Raimbaude, que de Girard son fils, & autres, quarante quatre sols parisis de cens qu'ils tenoient en Fief à l'Atchant de Jean de Villars, Chevalier & sa femme, avec tous les droits de voirie, de meurtre & de duel.

DUELS POUR VENGER L'HONNEUR DES DAMES,
flétri par paroles ou autrement.

LE premier se fit sous Chilperic, dont j'ai déja parlé ailleurs dans l'Eglise même de saint Denys du Pas, sanctifiée par le Martyre de l'Apôtre de Paris, & dépositaire alors de ses Reliques; & cela à l'occasion d'une Dame de la Cour, accusée devant son pere par les parens du mari de deshonorer leur maison par la vie qu'elle ménoit.

Suivant la Coutume de ce tems-là, le pere se vit contraint d'en venir aux Sermens pour maintenir l'honneur de sa fille. Ce qu'il fit sur la Châsse de saint Denys & des autres Saints, en presence des Accusateurs & de ses amis. Les Accusateurs s'en mocquant, crient aussi-tôt qu'il s'étoit parjuré.

A ces paroles piquantes les autres n'étant pas maîtres d'eux mêmes, & ne pouvant se retenir, sans attendre plus long-tems, ni en vouloir venir au Duel permis par les Loix, à l'heure même ils mettent l'épée à la main, se battent, se blessent devant l'Autel & les Reliques, percent à coups de fleches le Tombeau de saint Denys, aussi-bien que les portes de l'Eglise, souillent enfin de sorte la Maison de Dieu, qu'ils la remplissent de sang & de carnage.

Je ne repeterai point ce que j'ai dit du Duel de Jarnac, accusé par la Chasteigneraie, d'avoir joui de sa belle-mere. Je ne rapporterai pas même certaines choses qui s'y passerent, bien qu'elles soient fort considerables, & dont Henri II fut Spectateur à Saint Germain en Laie, aussi-bien que toute la Cour, parce que la Colombiere ne m'a rien laissé à dire.

Quant au Duel d'Ingelger Comte d'Anjou contre Gontrant, l'un des braves Chevaliers de son tems, j'en toucherai peu de mots, à cause qu'il arriva à Château-Landon en Gatinois, à vingt lieues de Paris, sous Louis le Begue Empereur.

Ingelger Comte de Gatinois mourut dans son lit auprès de sa femme. Gontrant qui étoit son parent, accusé aussi-tôt la veuve de l'avoir fait mourir, & qu'il le maintiendroit en Duel. La Comtesse soûtient que cela est faux, & là-dessus sollicite parens & amis pour trouver un protecteur qui l'assistât de son bras. Mais parce que Gontrant étoit si redoutable, qu'on ne voyoit pas au monde son pareil, ni pour l'adresse, ni pour la valeur; chacun s'en excusa le mieux qu'il put; de sorte qu'elle alloit être condamnée à la mort, lorsque Ingelger Comte d'Anjou son filleul lui vint offrir son secours, battit Gontrant & lui enleva la tête. En reconnoissance d'un si grand service, il eut de sa mareine la Seigneurie de Château-Landon, avec ses dépendances, & tous les Fiefs qui en relevoient.

Quoique le Duel de le Gris & de Quarrouges ordonné par Arrêt de la Cour en 1386, se trouve dans tous les Historiens de ce tems-là, qui ne sont point en petit nombre, & qu'ainsi il semble que je le devrois passer, comme j'ai fait celui de Jarnac, neanmoins parce qu'il est raconté diversement, & même je l'ose dire, peu veritablement, touchant ce qui se passa avant qu'ils en vinssent aux prises, je le rapporterai ici de la façon que je l'ai lû dans les Registres criminels du Parlement, où sont les accusations & les défenses des parties, & où il n'est presque remarqué aucune des circonstances qu'on trouve dans les Livres, que je ne m'amuserai point à refuter; puisqu'enfin l'Arrêt de la Cour, les plaintes, les accusations, les réponses & les repliques des parties, sont bien plus capables de nous apprendre la verité, qui jusqu'ici a été ignorée.

Quarrouges & le Gris étoient deux Gentils-hommes de Normandie, qui avoient contracté amitié à la Cour, au service de Pierre Comte d'Alençon & de Robert Comte du Perche son frere; mais de plus, bien servi le Roi à la guerre. Depuis, d'amis qu'ils étoient auparavant, ils devinrent ennemis mortels en 1385. Le pere de Quarrouges avoit été Capitaine du Château de Belême: pour lui il merita d'être fait Chevalier par ses belles actions. Il se maria deux fois, & épousa en premieres noces la fille d'un Chevalier nommé Tilli, dont il eut un fils entre autres que le Gris tint sur les Fonts. Sa seconde femme fut Marie Theroville, qui accusa celui-ci de l'avoir violée.

A l'égard de le Gris il étoit Clerc, & âgé de plus de cinquante ans, d'ailleurs consideré particulierement du Duc d'Alençon, Ecuyer, & qui ne fut fait Chevalier qu'un peu auparavant que d'entrer dans le champ de bataille. D'abord le Comte d'Alençon jugea l'affaire par défaut à l'avantage de le Gris. Quarrouges là-dessus en appelle au Roi, qui le renvoya au Parlement, & enfin le Parlement par un Arrêt contradictoire, prononça en faveur de Quarrouges. Voici à peu près comme ils se défendirent tous deux, tant au Parlement que devant le Roi.

Quarrouges representa qu'il avoit toujours fort bien vêcu avec ses deux femmes, & elles avec lui; qu'à son retour d'Ecosse & d'Angleterre où il étoit allé sous la conduite de l'Amiral   , de Fontaine, la Sorelle où étoit Marie de Thibouville sa seconde femme, il l'avoit menée chés Nicolle de Quarrouges sa mere à Capomesnil, Maison en Normandie, à neuf lieues d'Argentan, bâtie à l'écart dans une plaine & loin du monde; qu'en 1385, il vint à Paris au mois de Janvier, & passa par Argentan où il vit le Gris & les autres Gentils hommes de la Cour du Duc d'Alençon; que la troisiéme semaine du même mois, ou environ, sa mere ayant été ajournée devant le Vicomte de Falese à saint Pierre sur Dyve, elle y alla avec ses gens, & la Damoiselle de sa femme, là laissant là presque toute seule à Capomesnil; que le Gris homme riche & dissolu, en ayant été averti par un certain Louvet ministre de ses débauches, & voisin de la maison de sa mere, aussi-tôt il accourt à Capomesnil; mais avant que de parler à sa femme qui est belle, jeune & sage, il envoya cet homme la prier d'obtenir de sa partie quelque delai pour cent francs d'or qu'il lui devoit; qu'ensuite lui ayant déclaré que son ami l'aimoit passionnement & souhaitoit de l'entretenir, & lui accorderoit tout ce qu'elle demanderoit; que là-dessus lui commandant de tenir d'autres discours, & lui faisant savoir qu'elle ne vouloit point voir le Gris, comme elle se préparoit à passer outre, dans ce tems-là le Gris entre, & après l'avoir salué, lui prend les mains, la conjure de s'asseoir auprès de lui, la cajole, lui offre de l'argent pour payer les dettes que son mari avoit contractées en Angleterre & en Ecosse; que cependant elle retira ses mains d'entre les siennes, recevant ses discours aussi-bien que ses offres en honnête femme; que le Gris piqué de son procedé, la prit par les bras en jurant; qu'en même tems elle ayant gagné une chambre haute proche de là, il l'en tira par force à l'aide de Louvet jusques sur l'escalier; que là s'étant jetté par terre & criant har à haute voix, de plus, les menaçant de tirer raison de leur violence en Justice & par le moyen de ses amis, ils ne laisserent pas de l'emporter dans la chambre; qu'enfin le Gris en jouit, dont il ne seroit point venu à bout sans Louvet; que le Gris ensuite renouvella à la femme les offres qu'il lui avoit déja faites, & qu'il ne tint qu'à elle qu'il ne lui laissât un sac où il y avoit de l'argent; que de crainte d'être diffamée toute sa vie & de mourir de ma main, elle dissimula l'outrage qu'il lui venoit de faire; qu'à quelques jours de là, étant retourné à Capomesnil, & ayant trouvé sa femme fort triste, il crut qu'elle avoit eu quelque démélé avec sa mere; mais qu'il fut fort surpris quand jurant sur la damnation de son ame, en presence de ses parens & de ses amis, elle lui fit le recit de tout ce qui étoit arrivé, & l'exhorta à en prendre vengeance.

Tels faits allegués, outre beaucoup d'autres choses qu'on peut voir dans l'Arrêt du Parlement, Quarrouges ajoûta qu'en cette cause il se rencontroit toutes les circonstances necessaires & ordonnées par les Loix pour jetter & recevoir le gage de bataille; qu'il s'agissoit d'un crime capital; que certainement sa femme avoit été violée; mais d'une maniere si secrette, & avec tant de précaution, qu'on n'en pouvoit convaincre son ennemi par témoin, ni autrement; qu'enfin ce soupçon tomboit sur lui plutôt que sur pas un autre, comme étant particulierement adonné aux femmes, & passant pour tel. Et là-dessus par ses conclusions demanda que le Gris fût condamné aux peines portées par les Ordonnances en pareille occasion; sinon qu'on lui permit de se battre contre lui en personne ou par son avoué. Si bien qu'il jetta son gage de bataille, faisant toutes les reserves accoutumées en ces rencontres.

A tant de charges si odieuses, le Gris répondit; qu'il avoit toujours vécu en honnête homme, & servi le Roi long tems, & même si-bien, que pour recompense de ses services, Charles V I l'avoit fait Sergent d'Armes; que tout au contraire, Quarrouges a toujours passé pour un homme jaloux, pour un melancholique & un esprit volage; que sa mere n'ayant pû empêcher de plaider contre elle, en étoit morte de douleur; que sa mauvaise humeur avoit avancé les jours de sa premiere femme; que son pere étant venu à mourir, il n'avoit jamais pû obtenir du Comte d'Alençon la Capitainerie du Château de Belesme. Et parce, dit-il, que j'avois part à la confidence de ce Prince, & qu'en qualité de Seigneur dominant, il vint à retirer des mains de Quarrouges la Terre de Cuigni pour le prix qu'il l'avoit achetée, là-dessus il s'est imaginé que je lui avois nui dans ces deux occasions, & depuis m'a toujours voulu du mal. Souvent il a sollicité sa premiere femme de faire la même chose qu'il fait faire maintenant à la seconde; qu'au reste il n'a jamais vû celle-ci qu'une seule fois, chés le Chevalier Crespin, où il l'obligea de la saluer; que Quarrouges étant de retour à Paris, & sachant que la Damoiselle de sa femme l'avoit quittée pour aller avec sa mere à saint Pierre sur Dives, il les avoit traitées toutes deux à coups de poing; que dès le lendemain il fit courir le bruit que le Jeudi dix Janvier de la troisiéme semaine du mois, j'avois violé sa femme par le moyen de Louvet; & de plus, contraignit sa femme de dire la même chose: mais pour faire voir enfin que cela ne peut pas avoir été ni le jour, ni la semaine, ni de la façon que son adversaire le disoit, c'est que saint Pierre sur Dives, où fut ajournée Nicolle Quarrouges, n'est qu'à deux petites lieues de Capomesnil; qu'aussi en étant partie le matin, elle fut de retour à midi, ou bien-tôt après; que cependant elle avoit laissé auprès de sa belle-fille un Tixerand avec deux femmes; qu'en arrivant elle l'avoit trouvée en belle humeur & fort gaie; qu'au reste sa partie par malice ne marquoit point précisément le jour de ce violement prétendu, quoique lui aussi-bien que sa femme aient dit assés de fois qu'il étoit arrivé le Jeudi de la troisiéme semaine du mois de Janvier. Or est-il qu'il paroissoit par de certaines lettres que c'est ce jour-là même que sa mere avoit été à saint Pierre sur Dive, & qu'ainsi ne soit, c'est la troisiéme semaine de Janvier, il n'y eût que ce jour-là qu'on plaidât; d'ailleurs le quinziéme de Janvier qui étoit un Lundi, je fus d'Argentan chés un Ecuyer de mes amis nommé Belloteau, qui demeure à deux lieues de là, où je demeurai jusqu'à Mercredi dix sept, que je me trouvai au coucher du Duc d'Alençon. Le Jeudi dix-huit, Belloteau me vint prendre au lit avec Taillepied autre Ecuyer, & m'étant levé aussi-tôt, je les presentai au Duc d'Alençon; ensuite j'entendis la Messe, je dînai & fûmes ensemble jusqu'au soir que ce Prince les fit souper avec lui. Le Vendredi dix-neuf, je les menai à Arnou, où nous passâmes le tems à nous divertir jusqu'au Samedi que je retournai à la Ville. Cependant d'Argentan à Capomesnil on compte neuf grandes lieues, & encore le chemin est-il si mauvais, principalement en hiver, qu'on ne les sauroit faire en un jour. Mais enfin que le Duc d'Alençon n'entendit pas plutôt parler de tout ceci, qu'il fit venir Bernard de la Tour, beau-pere de Quarrouges, & Jean Crespin dont j'ai fait mention, qui confirmerent le tout, & que non-seulement Quarrouges l'accusoit d'avoir violé sa femme; mais qu'il viendroit lui en demander justice; que cependant n'étant point venu, ce Prince fit emprisonner Louvet, & aussi-tôt assembla Prélats, Chevaliers, Conseillers & autres personnes intelligentes pour juger le procès; que tout d'une voix ayant été renvoyé absous, le Comte en écrivit au Roi & à quelques Princes du Sang.

Outre tout ceci, le Gris pressa la Cour d'obliger Quarrouges à convenir du jour qu'il prétendoit que sa femme avoit été violée; & de plus, representa que si l'outrage qu'on lui imputoit étoit vrai; Marie de Thibouville, forte & courageuse comme elle est, n'auroit pas manqué de l'égratigner & de lui laisser de belles marques: joint que si elle eût crié haro, de la façon qu'on disoit, les voisins d'autour de Capomesnil, où il n'y a guere moins de dix ou douze maisons, auroient entendu sa voix. Le Parlement fit appliquer à la question Louvet, & la Damoiselle de la femme de Quarrouges

qui

DE LA VILLE DE PARIS. Liv. XII. 673

qui ne confefferent rien. Or quoique le Gris fût Clerc, il ne voulut point se servir du privilege de sa Clericature, bien que son conseil en fût d'avis; ses conclusions furent qu'il ne devoit point recevoir le gage de bataille de Quarrouges, puisque les conditions necessaires en cette rencontre manquoient; que le violement n'étoit point certain; qu'il n'y avoit ni indice, ni présomption contre lui; que si quelqu'un l'en soupçonnoit, c'étoit Quarrouges & sa femme ses ennemis mortels; qu'enfin il demandoit que sa partie fût condamnée à lui faire amende honorable, & de plus à quarante mille francs d'or; que tout ce qu'il avoit dit contre lui étoit faux; qu'il en avoit menti, & étoit prêt de le maintenir en Duel; qu'il offroit de se batre en camp clos, en personne ou par son avoué; que pour cela il jettoit son gage de bataille, & faisoit les protestations & les reserves ordinaires.

Sur tant de faits contraires, le Parlement après avoir consulté plusieurs personnes du Conseil; enfin en 1386, déclara le quinziéme Septembre que la plainte de Quarrouges étoit bien fondée; qu'il y échéoit gage de bataille, & qu'il le lui falloit adjuger; qu'à l'égard du jour & du lieu du combat, la Cour s'en rapportoit au Roi. Mais avant que de passer outre, il sera bon de remarquer ici deux choses assés particulieres; l'une que le Parlement ordonna le Duel pour le violement d'une femme, bien que ce ne soit pas un crime évident, ainsi que portent les Lettres de Philippe le Bel; l'autre qu'encore que l'accusateur ne convint pas du jour que sa femme avoit été violée, & qu'au contraire l'accusé prouvât que cette semaine-là même qu'on alleguoit, tant s'en faut qu'il se trouvât à Capomesnil, il en avoit été toujours bien loin, la Cour n'y eut point d'égard. Jean Galli pour défendre le procedé du Parlement, dit que cela venoit peut-être de quelques circonstances qu'il y avoit dans les informations. Entre autres présomptions contre le Gris, il rapporte celle-ci : Que dès qu'il sût que Quarrouges le vouloit accuser du violement de sa femme, à l'heure-même il alla à Confesse, & que Louvet en fit autant; & par là il semble comme donner à entendre qu'après s'être confessé d'un crime à un Confesseur, on le peut nier en Justice sans scrupule, ni sans craindre de faire un faux serment, & que ce fut pour cela que le Gris & Louvet ne voulurent rien avouer, croyant le pouvoir faire en conscience; ce qui fut reproché à Tietberge Reine de Lorraine, accusée d'adultere par Lothaire son mari, à cause que le jour du combat, son avoué avoit subi le Jugement d'eau bouillante sans souffrir de mal.

Au reste quand la Cour prononça l'Arrêt, Charles VI pour lors étoit à l'Ecluse, dans le dessein de passer en Angleterre. Si bien qu'à la sollicitation des Ducs de Berri, de Bourgogne, de Bourbon & du Connétable, il differa jusqu'à son retour, le jour du Duel, afin d'y assister. Le Parlement durant ce tems-là fit faire les Lices derriere saint Martin : un des côtés fut bordé d'échafauts pour les gens de Cour, & le reste laissé pour le peuple. Ce combat se donna en 1386, le vingt-neuf Décembre. Quarrouges & le Gris se rendirent au champ de bataille, à l'heure portée par les Ordonnances; Marie de Thibouville y vint dans un char couvert de deuil, & renvoyée aussi-tôt par ordre du Roi. Son mari entrant dans les Lices, l'ayant rencontrée, lui dit : Dame, par vostre information & sur vostre querelle, je vois avanturer ma vie & combatre Jacques le Gris; vous savés si ma cause est juste & loyale. Elle répondit : Monseigneur, il est ainsi, & vous combattés tout seurement; car la cause est bonne. Après il la baisa, la prit par la main, fit le signe de la Croix, & entra dans le camp clos, accompagné du Comte de Saint-Pol. Le Gris arriva avec les gens du Comte d'Alençon. Tous deux étoient armés de toutes piéces, & furent assis chacun dans une chaise. A l'ordinaire on les mit l'un devant l'autre; alors les fiévres prirent à Quarrouges qui les avoit depuis long tems. Neanmoins ils ne laissérent pas de joûter. Comme ce fut sans effet, Joannes Galli semble s'en prendre à la mauvaise cause de le Gris & à la debilité de Quarrouges qui n'avoit pas la force de se défendre, à ce qu'il

Tome II. QQqq

dit. Cependant la plupart des autres Historiens les font battre en braves gens, & qu'après s'être aussi-bien attaqués que défendus à cheval, ils mirent pied à terre. Quarrouges fut blessé à la cuisse ; mais le Gris étant venu à tomber, l'autre en même tems se jetta sur lui, le pressa d'avouer qu'il avoit violé sa femme, & quoique sur Dieu & sur le peril de la damnation de son ame, il lui jurât que cela n'étoit point, neanmoins il ne laissa pas de lui passer son épée au travers du corps, & le tua sur le champ. Ensuite il vint demander s'il avoit fait son devoir ? On lui répondit qu'oui. Puis il se mit à genoux devant le Roi, qui le fit lever, & lui donna mille francs, & une Charge dans sa Chambre avec deux cens livres de pension. Après il fut trouver sa femme qu'il baisa, & la mena à Notre-Dame, où ils firent leur offrande. Cependant on livra le corps de le Gris à l'Executeur, pour le traîner & le pendre à Mont-Faucon. Le mois suivant, qui fut le neuf Fevrier, le Parlement adjugea à Quarrouges la somme de six mille livres sur les biens de son ennemi. A quelque tems de là, il partit pour la Terre-Sainte, & on sût depuis que sa femme avoit pris le Gris pour un autre, parce que celui qui l'avoit violée en effet le confessa à la mort, à ce que dit Juvenal des Ursins.

L'Auteur de la Chronique manuscrite de saint Denys, assure que Marie de Thibouville étant veuve, se fit recluse, & finit ses jours seule dans une chambre murée.

LA TOMBE ISOIRE.

GRISEGONELLE commandant l'avant-garde de l'Armée du Roi, & allant après l'Empereur qui se retiroit, le défit dans le Soissonnois, & tua ou noya la plus grande partie de ses troupes.

Ce Duel si favorable aux Parisiens, est representé en Anjou dans le Cloître de Fontevrault. Quant à la valée de Montmorenci où l'on dit quil y a un lieu nommé la Tombe d'Isoire : c'est de quoi je doute : mais il est bien certain que son Tombeau ne se voit plus près de la Charité. En récompense, la Ferme dont j'ai parlé, s'appelle toujours la Ferme de la Tombe Isore, & la Ferme de la Tombe Isou. Que si le moulin à vent qui en dépend, prend depuis quelques années le nom de moulin de Mauguesouri, c'est à cause d'un Meûnier nommé ainsi qui l'a occupé long-tems ; car auparavant chacun l'appelloit le moulin de la Tombisou, le moulin de la Tombe-isou, & le moulin à vent de la Tombe-isou. Quelques-uns même, sur tout les vieillards des environs, lui donnent encore plus ce nom là que l'autre, & même dans un bail à ferme de cette maison passé en 1610, il est nommé la Tour de Tombisou, & les terres qui en dépendent, le Terroir de la Tombe-Isore.

Enfin une Croix qui subsistoit alors, & dont on voit encore les restes sur le grand chemin assés près du moulin, y est appellée la Croix Isore. Les paysans d'alentour la nomment la Tombe Isou, & la Tombe Isore. Aussi effectivement ressemble t elle fort à un Tombeau, & il y a grande apparence qu'elle a été dressée en cet endroit-là sur le corps de quelque personne de consideration : car elle étoit de pierre de taille, de plus, élevée sur une espece de tertre, & plantée au milieu d'une grande pierre plus longue que large, telles que sont les Tombes d'ordinaire.

En 1553, ayant été renversée, un Maître Maçon nommé de Lorme la fit redresser ; depuis elle est encore venue à tomber, & quoiqu'il n'en reste plus qu'un petit tronçon avec la pierre qui lui servoit de base, elle n'a point perdu son nom, & on ne l'appelle point autrement que quand elle étoit entiere. Et de fait, dans le recit des entrées de Louis XIII à Paris en 1614, il est rapporté que six mille Bourgeois choisis dans les Compagnies des

eize Colonnelles, tous leftes & bien armés, furent rangés en plufieurs ba-
aillons, hors la porte faint Jaques, au-delà de la Tombe Ifore.

DUELS.

AVANT que de finir ce difcours, je trouve à propos de ramaffer les principales chofes que j'ai dites des Duels, pour faire voir de quelle forte ils fe donnoient, & comment on s'y comportoit.

Quand l'honneur des Dames n'étoit point le fujet du combat, il falloit que ce fût un crime capital; qu'il eût été commis; qu'on en foupçonnât quelqu'un, ou qu'il en fût accufé, & le tout fans preuves.

A ces quatre conditions, le Roi ou le Parlement permettoit à celui qui demandoit le combat à outrance, de jetter un gage de bataille, qui étoit prefque toujours un gand, comme pour marque de fa parole donnée dont il étoit le fymbole; enfuite le combat étoit ordonné. Sans telle permiffion au refte, quiconque étoit fi ofé que de fe battre, meritoit la mort. Peut-être eft-il vrai qu'aucun de ceux qui violerent ces Loix ne fut traité fi fort à la rigueur. Ce qui fut caufe qu'à la fin tant de gens fe licencierent, que Charles VI fut contraint de défendre fur peine de la vie à toutes fortes de perfonnes de fe battre, fans caufe raifonnable. Si bien que lorfqu'il s'a-giffoit feulement de l'honneur des Dames, le Roi laiffoit pour lors les champions faire fimplement parade dans la Lice, de leur dépenfe & de leur adreffe, fans qu'ils en vinffent aux mains; après quoi il les combloit d'honneur & de prefens. Mais auffi quelquefois ne les empêchoit il pas de paffer outre, & pourtant s'ils s'échauffoient trop & couruffent fortune de la vie, d'ordinaire il faifoit ceffer le combat, les honorant encore de fes prefens: quelquefois dans de certaines rencontres il les regardoit faire jufqu'à ce que l'un des deux fût bleffé, & alors les faifant feparer, le vaincu étoit mis hors du champ de bataille avant le victorieux; car il faut favoir que le Roi affiftoit prefque toujours à ces fortes de fpectacles, & s'il ne fe trouvoit pas à Paris, où au lieu où telle chofe fe devoit paffer, il faifoit remettre la partie pour quand il feroit préfent, & pour lors tous les Princes & toute la Cour y accouroient avec lui.

Le lieu à Paris où tels combats fe donnoient, a toujours été la Coulture faint Martin des Champs; car quant à la rue faint Antoine, il ne s'y en eft jamais fait qu'un.

Le Roi d'ordinaire choififfoit le jour & le lieu du combat; quelquefois l'accufé, mais rarement. Au rapport de Froiffart, le plus fouvent les combatans faifoient faire le champ de bataille à frais communs; quelquefois il n'y avoit que l'agreffeur qui mît la main à la bourfe, & toujours on le bordoit d'échafauts, tant pour le Roi que pour la Cour & le Parlement. Tous au refte, autant les champions que le Roi & les autres, croyoient fermement que Dieu préfidoit aux Duels, & que la verité étoit affûrément attachée au fuccès du combat. Auffi les combatans ne manquoient-ils jamais d'implorer fon affiftance & celle des Saints.

Ceux qui fortoient victorieux du champ de bataille alloient leur rendre graces de leur victoire, & leur faifoient prefent de leurs armes, ou à Notre-Dame, ou à quelqu'autre Eglife pour qui ils avoient de la devotion, il n'y avoit pas jufqu'à la Cour du Parlement, pendant même qu'elle étoit compofée de Prélats & de Pairs de France, qui ne fe laiffât aller à cette erreur commune; car non-feulement elle confifquoit les biens du vaincu, mais encore fur ces biens-là adjugeoit au vainqueur une amende d'une fomme très-confiderable, depuis que Philippe Augufte l'eut ordonné ainfi; & de-là eft venu le proverbe: Le battu paye l'amende.

Tome II.   QQqq ij

Le jour du combat les champions rarement à pied, mais presque toujours montés à l'avantage; de plus conduits par de grands Seigneurs, ou par leurs amis, & armés de pied en cap, ordinairement de lances, de haches, de dagues & d'épées, arrivoient dans les lices, toujours au son des trompettes; quelquefois au son des trompettes & des violons; tantôt l'appellant, & tantôt l'appellé entroit le premier, selon qu'il plaisoit au Roi de l'ordonner. Après quoi ils venoient lui faire la reverence, puis s'en retournoient chacun dans un pavillon, qu'on leur avoit dressé aux deux bouts du champ de bataille, ou bien venoient s'asseoir dans une chaise. Ensuite un Heraut d'Armes crioit: Faites devoir, & publioient les défenses & les autres cris accoutumés. En même tèms ils montoient à cheval, & rompoient leurs lances l'un contre l'autre, puis prenoient leurs haches & leurs dagues, & enfin mettoient l'épée à la main. Quand ils tomboient, quelquefois on les remontoit à cheval; quelquefois on les abandonnoit à leur ennemi. Lorsque les spectateurs ou les Juges du Duel vouloient faire cesser le combat, ils se mettoient à crier, ho, ho, ho, mais si c'étoit le Roi qui les fit séparer, il se servoit des Juges pour cela, & ces Juges-là même les mettoient tous deux à la fois hors des Lices.

Rarement, à moins qu'il ne s'agît de crime, le Roi les laissoit-il faire, jusqu'à ce que le combat se décidât aux dépens de la vie, ou de l'honneur. Avant Philippe Auguste, si l'accusateur se voyoit réduit à implorer la misericorde de l'accusé, les Loix du Royaume le condamnoient seulement à l'amende; si l'accusé étoit vaincu, ces mêmes Loix confisquoient tout son bien, & lui faisoient souffrir une mort honteuse; s'il étoit tué, outre la confiscation de ses biens, on le livroit à l'Executeur de la haute Justice, qui le traînoit à Mont-Faucon; mais ce Prince voyant tant d'inégalité & d'injustice dans cette Ordonnance, voulut que la peine fût égale de part & d'autre, de même qu'en Normandie, où l'on en usoit ainsi.

Ensuite de la victoire, le vainqueur prosterné aux pieds du Roi, le supplioit de lui dire, s'il avoit fait son devoir; & après une réponse favorable, il s'en retournoit chés lui accompagné, avec ses amis, comme en triomphe, au son des violons & des trompettes.

Comme je n'ai allegué qu'un seul exemple d'un champion que le Roi défraya devant & après son combat, c'est ce qui me fait douter que cela fût fondé sur la coutume. Du reste, si je ne rapporte pas toutes les autres formalités observées dans ces Duels & combats à outrance, c'est que je n'en ai voulu donner qu'une idée en gros; comme cela n'est pas de mon sujet, le Lecteur qui sera curieux d'en savoir davantage, peut consulter la Colombiere là-dessus, qui peut-être en a dit plus qu'il n'en falloit.

DUEL DE BIRON ET DE CARENCY
en 1586.

LE sujet de l'heritiere Caumont m'oblige de rapporter ici un fameux Duel auquel son premier mari perdit la vie. Elle avoit été recherchée par Charles Baron de Biron, depuis Amiral, & après encore Maréchal de France, qui pourroit être marqué dans l'Histoire pour un des plus illustres Heros de notre siécle, si sa mort honteuse n'eût flétri la gloire de sa vie. Celui-ci ne pouvant souffrir que Carenci lui eût été préféré en sa recherche, le querella de gaieté de cœur, & le fit appeller au combat d'homme à homme. Les amis s'y interessant, la partie fut liée de trois contre trois. Tous s'étant trouvés au lieu assigné lès Paris, près du Fauxbourg saint Marcel.

Biron & fes deux amis, Laugnac & Geniffac laifferent les trois de l'autre parti étendus morts fur la place. Aucuns difent que ce combat fe faifant un jour qu'il neigeoit, Biron fut fi judicieux, qu'il gagna l'avantage du vent qui portoit la neige dans les ïeux de fes adverfaires; de forte qu'en recevant une grande incommodité, ils furent tués. D'autres pour attenuer encore la gloire de Biron, ajoutoient à cela que lui étant bleffé, fe trouvoit grandement preffé par Carenci qui s'étoit attaché à lui; mais que Laugnac ayant dépéché celui à qui il avoit à faire, le fecourut, & que Biron ému de fa bleffure, fe fervant de l'avantage que l'heureux fuccès de Laugnac lui donnoit, quoique fes deux amis y refiftaffent, s'obftina à ravir la vie à tous les trois champions du parti contraire.

DUEL DE MAROLLES ET DE L'ISLE MARIVAUX, en 1589.

LE plus fignalé exploit qui fe life depuis la mort de Henri III, fut ce fameux Duel d'entre les fieurs de Marolles & de l'Ifle Marivaux, braves & généreux Cavaliers, celui-ci Royal, & l'autre Ligueur. Le déffi fut accepté par Marivaux à tirer un coup de lance le lendemain du trépas de ce bon Roi devant les murs de Paris, en prefence d'un certain nombre de troupes des deux partis, les unes commandées par Chaftillon, & les autres par la Chaftre. Marolles ayant obfervé le jour précédent que Marivaux avoit fon habillement de tête entr'ouvert par des grilles affés larges, dit à la Chaftre que fans fufe il lui donneroit dans la vifiere. Et de fait, il s'ajufta fi bien, qu'il lui perça la tête, & y laiffa le fer avec un tronçon de fa lance. Marivaux étant terraffé roide par terre mort de ce coup, Marolles retourna avec les fiens, ramenant le cheval de fon adverfaire pour marque de fa victoire.

BALETS ET FETES.

J'AI paffé les bals & les balets danfés à Paris par nos Rois, à caufe de leur trop grand nombre; & même je renvoie au difcours des avantures touchant ce trifte balet des Sauvages enchaînés, & tous vêtus de lin & d'étoupes attachées avec de la poix-raifine, que Charles VI danfa en 1392, foit à l'Hotel faint Pol, ou à celui de la Reine Blanche du Fauxbourg faint Marceau, où lui-même penfa être brûlé auffi cruellement que quelques-uns de fes compagnons.

J'ai encore paffé qu'en 1313, lorfque Philippe le Bel reçût Chevaliers les Enfans de France & les Princes du Sang, les Bourgeois & les Artifans tous en habits leftes, firent étaler leur joie au bruit des trompettes, des tambours & autres inftrumens, tant dans la Cour du Palais, qu'au Pré aux Clercs, & dans l'Ifle Notre Dame. Fête d'autant plus folemnelle, qu'elle attira l'admiration d'Edouard II Roi d'Angleterre, d'Ifabelle de France fa femme, & de toute la Cour.

J'ai paffé tout de même les montres & les exercices militaires de ceux de Paris, non feulement en 1467, en prefence de Louis XI. de la Reine & de tous les Grands du Royaume où près de quatre vingts mille hommes en armes forirent de la Ville; mais encore ce qui arriva en 1474, devant les Ambaſſadeurs d'Arragon, où l'on compta plus de cent mille hommes vêtus de hoquetons rouges, ſemés de Croix blanches.

Enfin j'ai paſſé cette montre ſi remarquable, & ſeulement des gens de Métier de Paris, que fit faire François I en 1544, dont le nombre étoit ſi grand, qu'il ne s'y en trouva guere moins de ſoixante & dix mille; car il s'en eſt fait à toutes les entrées de nos Rois & de nos Reines.

Je devrois auſſi paſſer qu'en 1549, le Prevôt des Marchands par ordre de Henri II, bâtit un Fort au bout de l'Iſle Louviers, vis-à-vis des Celeſtins, avec un petit baſtion; & de plus, dreſſa des ponts de bâteaux dans l'Iſle Notre-Dame & dans celle aux Vaches, ſeparée alors par un petit bras de la Seine qui paſſoit entre-deux; qu'enſuite pluſieurs grands Seigneurs & autres gens de guerre s'étant retirés dans ce Fort, ils défendirent vaillamment & le Fort & le baſtion, quoiqu'attaqués de tous côtés par une infinité de gens de pied, les uns venant à eux pardeſſus les ponts, les autres dans des bâteaux en forme de galeres, garnies d'artillerie & de mariniers. Dépenſe au reſte, qui fut ſi grande, que la Ville ſeule pour ſa part débourſa ſoixante-trois mille livres, & même qu'il lui fallut emprunter; car cela eſt rapporté tout au long dans le Cérémonial François. Ceci ſe paſſa à l'entrée de Henri II, & de Catherine de Medicis.

LES COMEDIENS.

L'ORIGINE des Repreſentations de Moralités vint à Paris par l'établiſſement d'une Confrerie fondée en 1402, ſous le titre de la Paſſion de Notre-Seigneur, comme l'on voit dans le deuxiéme volume des Bannieres du Châtelet, page 96, & au ſixiéme volume, page 207.

L'objet de cette Confrerie étoit de repreſenter en public ſur le Théatre les Myſteres de notre Redemption, les Actes des Apôtres, la Paſſion de Jeſus-Chriſt, & d'autres actions de pieté.

Le premier eſſai en a été fait au Bourg ſaint Maur quelque tems auparavant, ainſi qu'il paroît par une Ordonnance du Prevôt de Paris du troiſiéme Juin 1398, par laquelle il fait défenſe à tous Habitans de Paris, à ceux de ſaint Maur & des autres Villes de ſa Juriſdiction, de repreſenter aucuns Jeux de perſonnages, ſoit de Vies des Saints, ou autrement, ſans permiſſion du Roi.

Alors ceux qui faiſoient ces Repreſentations voulant ſe rendre la Cour plus favorable, érigerent leur Société en Confrerie, ſous le titre de la Paſſion de Notre-Seigneur. Ils en repreſenterent quelques piéces en preſence de Charles VI, qui leur permit par des Lettres patentes du quatre Novembre 1402, regîtrées au Châtelet, de continuer ces Repreſentations publiquement dans Paris & aux environs, en preſence de quelques-uns de ſes Officiers, & même leur donna la liberté d'aller & de venir par la Ville habillés ſuivant le ſujet & la qualité des Myſteres qu'ils devoient repreſenter.

Ces Lettres obtenues, ils loüerent une grande ſale que deux Gentilshommes Allemans avoient fait bâtir il y avoit environ deux cens ans, avec une Chapelle ſous le titre de la très-ſainte Trinité, hors la Porte de Paris, du côté de ſaint Denys, pour recevoir les Pelerins & les Voyageurs, qui arriveroient trop tard pour entrer dans la Ville, dont les portes ſe fermoient ···rs. Cette ſale leur convenoit d'autant mieux qu'elle ſe trouvoit au même lieu de la Chapelle, où ils avoient fondé le Service Divin pour leur Confrerie.

Or comme ces Representations se faisoient à la fin du jour, qui étoit le tems de l'Office Canonial de Vêpres, on anticipa dans Paris l'heure de cet Office & on le dit ainsi qu'il se pratique encore aujourd'hui, après l'Office de None, qui ne se disoit qu'à trois heures après midi, suivant ce qui est marqué dans l'ancien Reglement de l'Eglise de Paris.

Par cette anticipation de l'Office de Vêpres dit ensuite de None, dans une même & unique Assemblée, on trouvoit le moyen d'assister avec liberté à cette nouvelle Representation de Théatre, dite de Moralité, & substituée à l'Assemblée Canonique qu'on doit faire à l'heure de Vêpres, pour offrir à Dieu le sacrifice de louanges & d'actions de graces de ses benedictions répandues sur notre travail.

Cet expedient fit sans doute présumer que cette Assemblée de Théatre étoit censée assés pieuse pour tenir lieu de Vêpres, vû même que l'Office n'en étoit pas supprimé; mais seulement avancé & joint à None, afin que sans scrupule le Theatre fût préferé à l'Office Divin, paroissant plus utile, Assemblée pour Assemblée, Office pour Office, lorsqu'il n'y a que la forme qui est différente.

Il y eut en 1541, neuf Décembre un Arrêt de la Cour où il en est parlé comme d'un abus, & le Procureur Général s'en plaint comme de chose indecente, non accoutumée, de mauvais exemple & contre les Conciles de l'Eglise; ce sont les propres termes.

Un siécle & demi après, que ce premier Théatre fut occupé à ne representer que des piéces de pieté ou de morale, sous ce titre commun de Moralité, l'on commença à s'ennuyer de ces Representations serieuses: les Joueurs y mélerent quelques farces tirées de sujets profanes & burlesques, qui firent beaucoup de plaisir au peuple, qui est plus porté à goûter les divertissemens où il entre plus d'imagination que d'esprit.

Ce mélange de morale & de bouffonnerie déplut dans la suite aux gens sages, leur Religion ne put souffrir plus long tems cette idée de devotion, qu'une pieuse simplicité avoit introduite, tolerée & attachée au Théatre, & encore moins cette profanation de nos principaux Mysteres, qui en faisoient le plus souvent la matiere.

Pour empêcher ces abus, le Parlement par Arrêt du dix-neuf Novembre 1548, leur fit défenses de representer aucuns Mysteres de la Passion, ni autres Mysteres sacrés.

Par autre Arrêt du Parlement du trente Juillet 1547, la Maison de la Trinité ayant été de nouveau destinée à un Hopital, selon l'esprit de la fondation, les Confreres de la Passion furent contraints d'abattre leur Theatre, d'abandonner leur Sale, & de choisir un autre lieu, pour faire leurs Representations.

Ils acheterent l'ancien Hotel des Ducs de Bourgogne, qui n'étoit qu'une masure, où ils firent bâtir les édifices qu'on y voit encore à present, avec un écusson d'Armoiries sur la porte, où sont representés les instrumens de la Passion de Notre-Seigneur. Mais comme ils avoient seuls le privilege de monter sur le Théatre, & que les pieces qui devoient y être representées, ne convenoient plus au titre religieux qui caracterisoit leur Compagnie, une Troupe de Comediens se forma pour la premiere fois, & prit à loyer le Privilege & l'Hotel de Bourgogne. Les Confreres se reserverent seulement deux loges pour eux & pour leurs amis. Elles étoient les plus proches du Théatre, distinguées par des barreaux, & on les nommoit *les loges des Maitres.*

Ils quitterent leur Chapelle à la Trinité pour le Service Divin de leur Confrerie, & l'établirent aux Jacobins de la rue saint Jaques, où ils sont encore à present, après quelque interruption de tems, pendant lequel ils ont fait leur Service Divin à saint Julien-le-Pauvre, à saint Ives & aux deux Maisons des Prémontrés.

DES SPECTACLES DE PARIS.

JE ne pretends pas ici parler de tous les spectacles, jeux & autres exercices publics, qui ont servi autrefois, ou servent encore de divertissement aux Parisiens; car outre que ce ne seroit jamais fait, puisque le changement en a été presque aussi grand que celui des modes : c'est que d'ailleurs la plupart sont de fort petites choses, & encore qui ne se trouvent que par hazard dans l'Histoire & les Actes publics.

Anciennement nos Rois autant par magnificence que pour leur plaisir, ont fait voir à tout Paris les jeux du Cirque, les combats de Taureaux, d'Ours, de Lions & autres bêtes farouches.

De plus, à Paris encore, pendant plusieurs siécles, & cela à la vûe de tout le peuple, ils se sont divertis avec leur Noblesse aux courses de Bague, aux Joûtes, aux Tournois, aux Carrousels & pareils spectacles, où les Dames étoient invitées, aussi-bien que les Etrangers, & où chacun pouvoit venir, souvent même avec le beau sexe. Ils ont assisté aux Duels de la Noblesse & des Grands, & presentement encore à portes ouvertes, pour ainsi dire, ils passent le tems au Galet, aux Echets, aux Cartes, au Triquetrac, aux Dés, à la courte & longue Paume, au Billard, au Mail, à la Comedie, & ainsi du reste.

Voilà pour ce qui regarde nos Rois.

Quant au peuple autrefois, aussi-bien qu'aujourd'hui, il a eu ses divertissemens à part. Avant l'arquebuse & la poudre à canon, on lui voyoit toujours l'arc en main & l'arbalêtre. De tout tems il s'est plû au Palet & aux Quilles, aux Danses, à la Boule & autres passe-tems; mais si petits, qu'ils ne meritent pas qu'on les nomme.

Enfin chaque corps, dont le nombre est infini, peut-être a-t-il eu les siens en particulier, ainsi que les Mariniers & les Quinze-Vingts.

Les Quinze-Vingts fort long-tems & publiquement même ont couru un pourceau dans leur cour.

Les Mariniers tout de même; mais depuis tant d'années qu'on ne sauroit compter, tirent l'Oie, & font des courses de lance sur l'eau.

En un mot pendant des siécles entiers, les Parisiens ont regalé nos Rois & nos Reines à leurs entrées, tantôt de figures volantes, qui dans les rues les couronnoient en passant, tantôt de deux cens douzaines d'oiseaux qu'on lâchoit à leur vûe sur le Pont-au-Change.

Je laisse là les Tapisseries à personnages tant saintes que profanes, qu'on appelloit Mysteres & Mommeries, élevées sur des échafauts, sans bien d'autres spectacles qui font rire, quand on lit les Cérémoniaux compilés par les deux Godefroi pere & fils.

LE CIRQUE.

CHILPERIC bâtit à Paris un Cirque, jeux & spectacles autrefois les délices de Rome; mais pour lors abolis depuis sa ruine tant en Italie que dans l'Orient, n'étant plus en usage de son tems qu'à Sarragosse & à Arles, c'est-à-dire, chés les Wisigots & les Bourguignons.

Je dis que Chilperic bâtit un Cirque, & non pas comme le jeune Valois, qu'il répara le Cirque; comme si avant ce Prince il y en eut eu un à Paris. Car enfin Gregoire de Tours de qui nous apprenons ceci, & tous les Historiens anciens, disent simplement qu'il bâtit un Cirque, & non pas qu'il répara celui qui y étoit.

Je laisse-là ce qu'il ajoûte de son chef, en parlant du même Chilperic; qu'il auroit continué ces sortes de divertissemens, tant il y prenoit de plaisir, s'il se fût trouvé en France de bons Atheletes, & des chevaux bien dressés.

A l'égard de Paris, nous ne savons rien davantage des spectacles, ni des autres exercices de nos Rois sous la premiere Race, & personne ne dit qu'ils prissent plaisir à faire battre des Taureaux, des Ours, des Lions & autres bêtes feroces. Au contraire, deux Auteurs contemporains en parlant de Pepin, Chef de la seconde Race de nos Rois, assûrent que tels combats étoient tout son divertissement, & qu'un jour se trouvant à Ferriere, Abbayie à vingt deux lieues de Paris, accompagné des principaux Officiers de son Armée, il fit lâcher un Lion en furie contre un Taureau d'une force & d'une grandeur extraordinaire. Ce Lion aussi-tôt s'étant lancé sur lui, le prend par la tête, & le renverse à ses pieds, & comme chacun étoit attentif à les regarder; le Roi qui étoit fort petit, & qui se sentoit méprisé à cause de sa taille, se tournant vers les Chefs d'Armée. Faites, dit-il, lâcher prise au Lion, ou le tués sur le Taureau Les autres sont surpris de ce commandement, & répondant qu'il faudroit être bien hardi pour en venir là. Pepin là-dessus part, l'épée à la main, & d'un seul coup abbat la tête à ces deux animaux. Puis revenant à ses gens : Mes braves, dit-il, que vous en semble? Un tel homme que moi est-il capable d'être votre Maître? La taille n'ajoûte rien au courage, ni à la valeur; qu'il vous souvienne de ce que fit le petit David au grand Goliath, de même Alexandre encore plus petit que lui au Lion de Basarie. Oui, Sire, répartirent-ils, vous êtes capable de nous commander, & non-seulement à nous, mais encore à tous les peuples de la terre.

Or comme je n'ai garde d'assûrer une chose quand j'en doute, aussi ne puis-je taire ni supprimer ce que j'ai lû.

J'avoue que toutes ces circonstances ici du Lion sont dans le Moine de saint Gal, Historien suspect ou supposé; mais enfin, si tout ce qu'il en dit, n'est pas vrai, le principal l'est sans contredit, & peut-être avec lui entraîne-t-il tout le reste. Et de fait, l'Auteur de la Vie & des Actions de Louis le Debonnaire, demeure d'accord que Pepin tua un Lion dans la cour du Couvent de Ferrieres. Et enfin, du tems de Philippe Auguste, on en étoit si-bien persuadé, qu'au Portail de Notre-Dame, fait sous son Regne, parmi les figures des Rois, on le representa l'épée nue, monté sur un Lion.

On croit que ce divertissement a continué sous les successeurs de Pepin, & même sous quelques Rois de la troisiéme Race; mais comme on n'en a pas de preuve, aussi n'en dirai-je rien. Tout ce que je puis rapporter là-dessus & qui est certain, est qu'en 1333, Philippe de Valois acheta à la rue Froid-Manteau une grange qui tenoit au Louvre, afin d'y mettre ses Lions, ses Ours & ses autres bêtes sauvages A l'Hotel saint Pol de la rue saint Antoine Charles V, Charles VI, Charles VII, & leurs successeurs jusqu'à Henri II,

Tome II. R R r r

ou François I, ont eu une maison appellée l'Hotel des Lions, à l'endroit-même où la rue des Lions est à present.

Ce n'est pas ici le lieu de dire que Charles VIII mourut à Amboise, après avoir assisté à un pareil spectacle. Ailleurs je raconterai plus au long, que François I prenant le plaisir du combat des Lions dans la Cour du Louvre, de Lorge, l'un des plus braves hommes de son tems, y alla querir le gand de sa Maitresse, qu'elle avoit fait tomber exprès, dans le tems qu'ils étoient le plus acharnés. Pour les mêmes spectacles le fils & le petit-fils de François I ont encore nouri des Lions, des Taureaux & des Ours dans la grange achetée par Philippe de Valois; & il y en a toujours eu jusqu'en 1583; car la nuit du Samedi-saint, Henri III ayant songé qu'ils le devoroient, & qu'un jeune Lion furieux lui faisoit plus de mal que les autres, il les fit tous tuer à coups d'arquebuse, à son retour de Nigeon, où il étoit allé faire ses Pâques aux Minimes. Ainsi à cause d'un songe, la Cour se vit privée d'un spectacle auquel elle étoit accoutumée depuis si long-tems; ce qui fit tant de bruit alors & depuis, que ceux qui cherchent à trouver de la raison dans les songes, interpreterent celui-ci à leur fantaisie. Si bien qu'il y en eut qui s'allerent figurer que par les Lions qui devoroient le Roi, il devoit entendre ses Mignons, qui engloutissoient & son Domaine & le bien de ses Sujets: d'autres encore plus hardis, lui remontrerent que les Ligueurs étoient veritablement ces bêtes farouches là, qui le rongeoient & que ce Lion furieux qui lui donnoit tant de peine, n'étoit autre que le Duc de Guise.

De nos jours nous avons vû d'autres bêtes farouches dans quelques loges faites exprès, derriere le jardin des Tuilleries: & presentement encore près de Vincennes on vient d'en faire d'autres dans un lieu accompagné de tout ce qui leur est necessaire pour les bien loger; mais de plus entourré de galleries spacieuses & si bien placées, que le Roi & toute la Cour peuvent à leur aise & sans danger, les voir battre.

En 1425, le dernier Samedi du mois d'Août, quatre Aveugles armés de toutes piéces, & d'un bâton en main, furent promenés par tout Paris avec deux hommes qui marchoient devant, dont l'un jouoit du haut-bois, & l'autre portoit une baniere, où étoit representé un pourceau. Le lendemain équipés de même, ils se trouverent dans la cour de l'Hotel d'Armagnac, situé à la rue saint Honoré vis-à-vis celle de Froid-Manteau, où à present se voit le Palais Cardinal; & là bien pis que les *Andabates*, qui combattoient à l'eux clos, au lieu d'attaquer un pourceau qui devoit appartenir à celui qui le tueroit, c'étoit eux-mêmes qu'ils attaquoient, & croyant fraper la bête, s'entredonnoient de si rudes coups, que sans ces armes défensives dont ils étoient couverts, qui pourtant ne les sauvoient pas des blessures, ils se seroient bien-tôt entr'assommés. Or quoique dans tous les Historiens on ne trouve que ce seul exemple d'un pareil combat; neanmoins nous apprenons & des Quinze-Vingts & des anciens même, qu'autrefois à la vûe de tout le monde, ces Aveugles à Carême-prenant entroient en Lice ainsi armés & pour le même prix : ce qui est si vrai que Charles IX, & Henri III, étant à Paris en ce tems là, ne manquoient jamais de se trouver à cet Hopital, pour avoir leur part de ce plaisir.

Je rapporterois ici plusieurs autres sortes de spectacles & de divertissemens, dont nos Rois ont été spectateurs à Paris, ou qu'eux-mêmes ont donnés, s'il s'y étoit passé quelque chose de mémorable, & qui meritât de grossir l'Histoire. C'est pourquoi je passerai aux courses de Bagues, Joûtes, Tournois, Carrousels, où nos Rois tant de fois ont fait gloire d'y montrer leur adresse.

LES TOURNOIS.

QUOIQUE la Colombiere & Favyn femblent avoir épuifé cette matiere, & n'avoir rien laiffé à dire après eux, je ne laifferai pourtant pas de rapporter, mais en peu de mots, plus de Carroufels, de Joûtes & de Tournois donnés à Paris feulement, qu'ils n'en ont découvert dans toute l'Europe, & dont ils ont chargé quatre gros Volumes. Je ne mets pas ici en ligne de compte les courfes de Bague, comme étant trop frequentes : à peine même ferai-je mention des Carroufels, puifque ceux de François I & de Henri II, ne font rien en comparaifon de celui de Louis XIII, dont l'image eft encore prefente, pour ainfi dire, aux yeux prefque de toute l'Europe. Des Joûtes & des Tournois, au contraire, j'ai découvert tant de chofes curieufes, que je ne toucherai que les principales; car enfin avec le tems, ils devinrent fi communs, que non feulement au Palais & au Louvre, à l'Hotel Royal de faint Pol, à celui des Tournelles & à ceux d'Orleans & des Princes, il y avoit des Lices exprès pour de tels fpectacles, & affectés à ces exercices; mais encore il s'en faifoit à la Place Royale, à la Greve, devant l'Hotel de Guife, à la rue faint Antoine, & de plus, à la Coulture fainte Catherine, contre l'ancienne clôture, aux environs de la rue des Francs-Bourgeois. Et de fait, en 1389, Charles VI, qui étoit paffionné pour cette forte de paffe-tems, acheta l'Hotel d'Alençon, bâti dans la rue du Roi de Sicile, à la place de l'Hotel de faint Pol d'aujourd'hui, afin d'avoir une maifon où il pût promtement changer d'habit, lorfqu'il voudroit entrer fur les rangs à la Coulture fainte Catherine.

Bien davantage, une cour de l'Hotel Royal de faint Pol, vers les Celeftins, nommée la cour de la cage aux oifeaux; & la grande cour même, que pour cette raifon on appelloit auffi fouvent la cour des Joûtes, que la grande cour, cette cour, dis-je, a fervi long tems aux Joûtes & Tournois, tant de Charles V, & Charles VI, que de leurs fucceffeurs.

Outre ces Lices, les mêmes Princes en ont encore eu plufieurs autres en divers endroits de l'Hotel des Tournelles, & de la rue faint Antoine.

En 1486, elles étoient dans un grand pré du Jardin des Pommiers, que les Regîtres des œuvres Royaux appellent le grand Perreau, où font les Lices ou Jardin des Pommiers.

En 1529, François I en fit faire dans le Parc, & les difpofa de forte que de fon appartement il pouvoit voir à fon aife tout ce qui s'y paffoit.

Henri II en fit d'autres en 1548, que les mêmes œuvres Royaux nomment le grand cours des Lices de l'Hotel des Tournelles. Leur longueur étoit de quarante-huit toifes, avec des contre-lices tout au tour qui en avoient cinquante-quatre, outre un lançoir à chaque bout fait en triangle qui les terminoit, où les tenans mettoient leurs lances. Au Louvre il y en eut auffi tantôt du côté de la riviere, tantôt vers l'Eglife faint Thomas, tantôt vers la rue du Louvre, dans une cour nommée la cour des Lices. Pour le Tournoi de la Reine Eleonor, à fon entrée on fit les premieres, à qui on donna quarante-cinq toifes de longueur, & aux contre-lices à proportion. Les foffés du Château furent comblés, on abbatit une porte, & quelques anciens murs qui reftoient encore de la clôture de Philippe Augufte. Dans une chambre baffe, qui étoit tout contre, le Roi venoit prendre là fes armes, lorfqu'il vouloit entrer fur les rangs, & s'il n'avoit deffein que de voir faire les autres, il fe retiroit dans une tour voifine.

Pour ne point perdre le tems à décrire les Lices, tant des Hotels des Ducs de Berri & de Bourgogne, que des autres Princes & Grands du Royaume, il suffira de dire que les plus fréquentées & les plus belles, du tems de Charles VI, étoient dans l'Hotel du Duc d'Orleans son frere, sur les ruines duquel on a bâti depuis l'Hotel de Soissons. Louis de France Duc d'Orleans, les fit faire en 1392; & ce ne fut pas seulement dans la grande cour, mais aussi dans le grand jardin, le long des anciennes murailles de la Ville, ou dans le contre-fossé, vers la Croix neuve, & saint Eustache.

Certainement à considerer tant de lieux, on peut dire que quand l'Eglise elle-même auroit ordonné les Joûtes & les Tournois, il n'y en eut pas eu davantage; mais bien loin de les permettre, qu'au contraire au deux & au troisiéme Concile de Latran tenus en 1139, & 1179, on les avoit défendus comme Assemblées détestables, où la vie & l'ame des tenans & des assaillans couroient grand risque; & même il fut arrêté qu'on ne mettroit point en Terre sainte les corps de ceux qui auroient été tués.

Eugene III fulmina des anathèmes contre ceux qui feroient des Tournois. Innocent III les défendit sur peine d'excommunication. Au Concile de Lion de l'an 1245, Innocent IV les défendit encore. Nicolas IV, anathématisa en France les contrevenans: & sur ce que le Cardinal de sainte Cecile Legat du saint siége, après avoir fait publier la Sentence d'excommunication, ne laissa pas d'en sursoir l'execution à la priere du Roi, il lui en fit une severe reprimande qui se voit dans les Annales Ecclesiastiques. Enfin en 1313, le Cardinal Nicolas Legat de Clement V, abolit ceux qu'on faisoit à la Fête de saint Denys, & ne mit pas seulement en interdit les Terres des Princes qui viendroient à les permettre, & de quiconque en feroit ou voudroit les favoriser, il prononça encore contre eux une Sentence d'excommunication.

A leur exemple nos Rois les ont souvent supprimés. En 1209, Philippe Auguste obligea ses enfans de jurer entre ses mains, qu'ils n'iroient point chercher les Tournois, qu'ils se contenteroient d'assister comme simples spectateurs à ceux qui se feroient près d'eux, & n'y viendroient point armés comme les Chevaliers; mais seulement le pot en tête, avec une petite cote de maille; car c'est ainsi qu'il faut corriger du Tillet, Belleforest & du Cange qui rapportent ceci autrement qu'il n'est au serment que j'ai mis dans mes preuves.

De plus, saint Louis eu 1260, ayant appris la défaite de l'Armée Chrétienne, tant en Armenie que dans la Terre-Sainte par les Infidèles, fit défendre les Tournois pour deux ans. En 1280, vers la Pentecôte, Philippe le Hardi les défendit encore jusqu'à Pâques: & de même Philippe le Bel par plusieurs fois renouvella les mêmes défenses; mais presque toujours à cause des guerres étrangeres, sur-tout en 1296, 1304, 1305, 1311 & 1314, en quoi il fut imité, & pour le même sujet, tant en 1308, par Philippe le Long qu'en 1405, par le Roi Jean. Avec tout cela cependant, il se trouva que les plus fameux Tournois, aussi-bien que les Joûtes, ont été faites depuis, & même durant ces défenses. La mort de Henri II, arrivée à un Tournoi dans la rue saint Antoine, est cause qu'on les a supprimés, & elle seule a eu plus de pouvoir que la raison, les Papes, ni les Conciles ensemble.

Aussi alors, & long-tems auparavant, ils étoient devenus si communs, que des Rois seuls & des Princes passant aux Seigneurs, les particuliers tout de même en faisoient. Tellement que ce qui autrefois ne se voyoit qu'aux grandes solemnités, aux entrées des Rois, à leurs mariages, à leur sacre, au batême de leurs enfans, & lorsqu'on les faisoit Chevaliers, étoit ordinaire; aux Princes, aux grands Seigneurs, aux Ambassadeurs, lorsqu'ils faisoient leur entrée, & enfin descendit si bas, qu'aux Fêtes solemnelles, à la saint Denys, aux jours gras; en un mot toutes & quantes fois que bon leur sembloit, les simples Gentils-hommes, en presence de toute la Cour, & à la vûe de tout Paris, montoient à cheval, la lance à la main, & entroient en Lice.

DE LA VILLE DE PARIS Liv. XII.   68

Pour montrer au reste qu'il étoit permis aux particuliers de faire aussi des Tournois, il n'y a qu'à rapporter les Conciles, les Bulles, & les Lettres de nos Rois qui les défendent indifféremment à toutes sortes de personnes. Et à l'égard de ceux qui en faisoient aux Fêtes solemnelles, il suffit de ce que j'ai dit un peu auparavant, que le Cardinal Nicolas le défendit à la Fête de saint Denys ; & dans ce tems là même que Clement V, les permit le Dimanche, le Lundi, & le Mardi gras seulement, à la priere des nouveaux Chevaliers.

En 1392, le jour de la Fête-Dieu, remarquable par l'assassinat du Connétable de Clisson, Charles VI, pour plaire aux Dames, vit joûter jusqu'au soir les jeunes Chevaliers & Ecuyers à l'Hotel Royal de saint Pol.

En 1402, il tomba malade, pour avoir assisté à des Tournois faits à Paris un peu devant la Pentecôte : si bien que publiquement, les Fêtes les plus solemnelles étoient souillées & par effusion de sang & par meurtre.

TOURNOIS DES PARTICULIERS.

TOUCHANT les particuliers, disons deux mots de leurs Tournois, & de leurs Joûtes les plus célébres.

En 1405 & 1415, Charles VI défendit certaines Joûtes que quelques Chevaliers avoient resolu de faire à Vincennes, & à Royaumont à dix lieuë de Paris. La Colombiere, plus au long peut-être qu'il ne faudroit, décrit u autre Tournoi qui se devoit encore faire à Vincennes sous Charles VIII, & encore un autre qui se fit en 1493 à Sandricourt, à sept ou huit lieues de Pontoise, où les assaillans se battirent comme on vouloit, & contre tous venans, tantôt à la barriere perilleuse, & au carrefour tenebreux, tantôt au champ de l'Espine, & à la Forêt dévoyable. Mais comme ceci se passa hors de Paris, qui en voudra sçavoir davantage, n'a qu'à voir le vrai Théatre d'honneur & de Chevallerie. Ni lui au reste, ni Favyn, n'ont point parlé d'un Tournoi publié en 1468, par quatre Gentils-hommes de la Compagnie du grand Sénéchal de Normandie, & ouvert le quinziéme Mai, à la rue St Antoine, devant l'Hotel des Tournelles. Cette publication avoit été précédée d'une autre, pour avertir qu'ils vouloient joûter & rompre chacun trois lances contre tous venans. Les Lices, & le champ de bataille furent faits à leurs dépens, aussi bien que les échafauts pour les Dames. La veille du Tournoi, sur le soir, Raguier Trésorier des Guerres en Normandie, & Grennetier de Soissons ; accompagné de vingt Cavaliers, partie de ses amis, partie Gentilshommes de la Compagnie du Maréchal Rouhault arriva secretement à saint Lazare, petit Village alors, depuis joint au Fauxbourg saint Denys : le lendemain au son des trompettes & des clairons, il se rend au champ de bataille, monté sur un coursier avec sa Compagnie habillée de hocquetons bordés de grandes lettres d'or, & quatre hommes à pied vêtus de ses livrées pour le servir dans les Lices. En attendant les assaillans, il fit plusieurs tours. D'abord qu'ils furent arrivés, il courut contre eux, & rompit cinq lances, & en auroit rompu bien d'autres sans les Juges du Tournoi Après les avoir remercié & salué les Dames, il se retira plein d'honneur & avec mille louanges. Senami & deux fils de Sanguin entrerent ensuite sur les rangs : ils y firent tous les maux qu'ils purent ; mais ils n'en emporterent guere de bruit. Personne au reste n'en fit plus, & ne se porta plus vaillamment que Louviers Echanson du Roi ; car il brisa plusieurs lances, & remporta le prix du Tournoi. Les assaillans au contraire, reçûrent quantité de coups, deux porterent le bras en écharpe ; & un troisiéme fut blessé sous le gantelet. Si bien que l'honneur du combat demeura aux enfans de Paris. Jerôme de Cambrai autre enfant de Paris, remporta encore le prix d'un autre Tournoi fait à Bruges huit jours auparavant, en presence du Duc de Bourgogne.

TOUNOIS POUR LES AMBASSADEURS.

DE plusieurs Tournois dont sans doute ont été honorés les Ambassadeurs des Princes étrangers pendant leur séjour à Paris, l'Histoire ne remarque que les Tournois qui furent publiés en considération des Ambassadeurs d'Angleterre; honneur qu'on commença à leur rendre du tems que leurs Rois avoient avantage sur la France. En 1545, au batême d'Elisabeth de France fille de Henri II, que les Ambassadeurs de Henri VIII tinrent sur les fonts, on leur fit un Tournoi que je décrirai incontinent. De plus, à d'autres Ambassadeurs envoyés en 1518, pour la ratification de la paix entre les deux Couronnes, fut fait encore un Tournoi dans la rue St. Antoine depuis la Bastille, jusqu'à sainte Catherine du Val des Ecoliers; c'est-à-dire, devant l'Hotel des Tournelles. Dans la même rue, mais depuis sainte Catherine, jusqu'au petit saint Antoine, on donna le même divertissement à ceux qui vinrent demander en mariage Catherine de France, avec la Guyenne, la Normandie & le Ponthieu pour son douaire. De ces trois spectacles je ne sai rien du second; sinon qu'auparavant, le Roi, les Princes & les Princesses les traiterent splendidement; la Reine, la Duchesse de Guyenne, sa belle-fille, avec toutes les Dames assisterent au dernier. Le Roi y courut contre Mr d'Alençon qu'il venoit de faire Duc & Pair: le Duc de Guyenne y fit plusieurs courses, où parurent tout ensemble sa vigueur, son adresse & son courage. Au reste, quoique le Duc de Brabant fût frere du Duc de Bourgogne, celui-là même qui avoit fait tuer le Duc d'Orleans, il ne laissa pas de courir contre le fils; & ce Duc d'Orleans ici oubliant le passé, le fit moult cordialement, parce que l'autre étoit venu pour faire la paix. De part & d'autre, les tenans & assaillans s'acquirent beaucoup d'honneur; mais plus que tous les autres, le Duc de Brabant, qui emporta le prix. Belleforest prétend que ceci se passa en 1415, en réjouissance de la paix avec le Duc de Bourgogne; cependant j'ai lû le contraire dans les Historiens du tems, qui tous assurent que ce Tournoi fut fait l'année d'auparavant, à l'occasion des Ambassadeurs d'Angleterre, & que le traité de paix du Duc de Bourgogne avec le Roi, ne se publia qu'après qu'ils s'en furent allés.

Maintenant je vais décrire en deux mots le premier de ces Tournois fait en 1545; avertissant auparavant que François I en avoit fait publier un autre en 1517, pour le batême de François de Bourbon Comte de Clermont qu'il tint sur les Fonts avec Anne de France Duchesse de Bourbon, fille de Louis XI, & si je me contente d'en donner avis simplement, c'est que l'Histoire ne parle point du lieu où on le fit. Celui donc que je veux décrire, termina la cérémonie du batême d'Elisabeth, fille aînée de Henri II, alors Dauphin, lui & le Comte de Laval en firent l'ouverture. A l'ordinaire ils marcherent à la tête de leurs Chevaliers. Le Comte & sa troupe avoient des armes & des habits incarnats. Le Dauphin & sa suite étoient vêtus de blanc, armés de même, & portoient sur la tête un croissant d'argent; à cause de Diane de Poitiers. De part & d'autre, ils étoient armés & caparassonnés de même sorte. Ce spectacle dura tout le jour: tous firent fort bien; mais le Dauphin mieux que pas un; car non seulement il courut contre le Comte, mais contre tous les Chevaliers, & rompit plusieurs lances; enfin il remporta tout l'honneur du Tournoi, aussi-bien que le prix.

Que si j'ai rapporté peu de Tournois de ceux qui furent faits par des particuliers, ou au batême des enfans de France & des Princes du Sang, à l'arrivée des Ambassadeurs, & aux Fêtes solemnelles, le nombre ne sera guere plus grand des autres, qui ont servi à embellir la cérémonie des nouveaux Chevaliers; mais en récompense, on en verra un peu plus aux mariages des Grands, & davantage encore, tant aux mariages, qu'au facre & couronnement de nos Rois & de nos Reines.

TOURNOIS POUR LES NOUVEAUX CHEVALIERS.

QUAND Philippe le Hardi créa nouveau Chevalier Robert de France fon frere, Chef de la Maifon de Bourbon, il fit publier à Paris un Tournoi folemnel. Les Sainte-Marthes dans leurs Maifons de France, fondés fur le témoignage de Guillaume de Nangis, qui pourtant n'en dit pas un feul mot, veulent que cela fe fit en 1278. Le nouveau Chevalier au refte ne fut pas feulement l'un des tenans, mais comme jeune homme & plein de cœur, il s'opiniâtra fi fort au combat, & fut froiffé de tant de coups, que toute fa vie il s'en fentit.

J'ai fait favoir que Clement V, en 1313, permit les Tournois en confideration des nouveaux Chevaliers, & qu'en 1392, le jour de la Fête de Dieu, les nouveaux Chevaliers joûterent en prefence de Charles VI.

En 1389, lorfque Louis Roi de Sicile, & le Prince de Tarente fon frere furent faits Chevaliers, il y eut un Tournoi à faint Denys fi remarquable, & pour fa galanterie & pour fa magnificence, qu'on le reprefenta dans une tapifferie. Il dura trois jours, & fut publié tant en Angleterre qu'en Allemagne. Les Ducs de Touraine & de Bourbon, l'un oncle, & l'autre frere du Roi, montrerent là ce qu'ils favoient faire, auffi bien que le Connétable de Cliffon, Pierre de Navarre, & dix huit Chevaliers connus déja pour leur courage & leur adreffe. La Reine, celle de Sicile mere des nouveaux Chevaliers, la Comteffe de Saint-Pol fœur du Roi d'Angleterre & les autres Princeffes, n'affifterent pas feulement au fpectacle avec toutes les Dames de la Cour & une infinité d'autres, mais la Comteffe de Saint Pol elle-même, & quelques autres Dames de la plus haute qualité, conduifirent dans le champ de bataille les tenans & les affaillans. Le premier jour, les Chevaliers parurent fur les rangs; les Ecuyers le fecond, & tous enfemble le troifiéme. Le premier jour, les Chevaliers armés & montés à l'avantage, ayant au col un écu verd, éclatant de la devife dorée du Roi des Cattes, & fuivis chacun d'un Ecuyer qui portoit leurs armes & leurs lances, vinrent faluer le Roi dans la premiere cour de l'Abbayie faint Denys, & là attendirent les Dames qui les devoient conduire dans les Lices. Incontinent après elles arriverent montées fur des hacquenées ou palefrois; & de plus vêtues comme les Chevaliers, d'habits verds-brun chacun, brodés d'or & de perles, femés & bordés d'efchers, puis au milieu d'un grand nombre de Herauts d'Armes, au bruit des trompettes, des tambours & de quantité d'inftrumens, elles partirent en très-bel ordre à gauche des Chevaliers, tenant un gros cordon d'or & de foie, paffé au tour du cou de leurs chevaux. Après les avoir ainfi accompagnés jufqu'à l'entrée du champ de bataille, elles monterent fur les échafauts qui leur avoient été préparés, pour jouir du plaifir du Tournoi, qui dura jufqu'au foir avec tant de valeur & d'adreffe, que les tenans & les affaillans rompirent leurs lances prefqu'à toutes leurs courfes. Le Roi enfuite leur donna à fouper & à eux & aux Dames. Le foupé achevé, les Dames tirerent de leur fein des rubans & des galants de diverfes couleurs, qu'elles donnerent aux Chevaliers pour marque de leur courage. Deux entre elles, comme juges du Tournoi, adjugerent le prix à un Etranger & à un François.

Charles VI déféra volontiers à leurs jugemens, & fit des préfens aux victorieux auffi dignes de lui que de leur valeur.

Le lendemain les Ecuyers qui la veille avoient fervi les Chevaliers, fe rendirent au champ de bataille avec les armes & les chevaux de leurs Maîtres. Ils furent conduits jufqu'aux barrieres par vingt-deux Damoifelles, au même ordre, & avec la même cérémonie que les Chevaliers l'avoient été par les Dames, & après avoir couru tout le jour, ils se trouverent au souper du Roi, pour subir leur jugement, & recevoir le prix de leurs mains.

Le troisiéme jour on ne garda aucun ordre; ni les Dames, ni les Damoiselles ne menerent point les combatans: les Ecuyers joûterent pêle mêle avec les Chevaliers; tous firent leur devoir, ainsi que les jours précedens: les Dames en furent juges, & leur jugement approuvé. La nuit se passa en danse, ainsi que les deux nuits d'auparavant, où les Masques ne laisserent pas trop en repos leurs Maitresses.

Enfin le Roi combla de presens les plus braves, tant Chevaliers qu'Ecuyers, & prenant congé des Dames les plus qualifiées, les baisa, & les renvoya toutes avec des pendans d'oreilles de diamans de toutes sortes, & de riches étoffes. Après quoi il licencia la Cour à l'ordinaire, & de la façon qu'on vivoit de ce tems-là; car alors on ne voyoit à la Cour, ni Dames, ni Grands, ni Chevaliers, & ils ne s'y trouvoient que lorsqu'on les mandoit. Et ainsi comme nos Rois & nos Reines ne les faisoient prier d'y venir qu'à leur sacre, leur conronnement, leur mariage, leur entrée à Paris, & autres fêtes & cérémonies semblables, ils y alloient rarement. Si bien que le Roi & la Reine n'avoient auprès d'eux que leurs Ministres & leurs Officiers: ce qui a duré jusqu'à Claude femme de François I, tous deux étant les premiers qui aient commencé à retenir le beau sexe à la Cour. Et de fait, il en est le plus grand ornement, & ce qui attire l'admiration des Etrangers; car enfin, à la reserve de la Cour d'Angleterre, celle de tous les autres Princes en est privée.

TOURNOIS POUR LES MARIAGES.

EN 1344, les Dames encore assisterent au Tournoi qui fut fait au Palais, quand Philippe de France Duc d'Orleans, second fils de Philippe de Valois, épousa Blanche de France, fille de Charles le Bel. La Reine Jeanne de Bourgogne, mere du marié, & la Reine Jeanne d'Evreux, veuve de Charles le Bel, mere de la mariée, s'y trouverent avec toute la Cour; & peut-être n'y arriva-t-il rien de remarquable que la mort du Connétable, tué d'un coup de lance; car pour tout le reste, l'Histoire est muette là-dessus, & n'en dit pas un seul mot.

Les Dames encore en 1423, ou 1424, se trouverent aux Joûtes de l'Hotel d'Artois, que le Duc de Bourgogne fit à ses dépens, quand la Trimoille de Jonvelles épousa la Damoiselle Rochebaron d'Amboise, où la Reine, la Duchesse de Bethfort, la Comtesse de Salsberri furent conviées avec le Duc de Suffolk; & de plus, l'Evêque de Therouenne, & autres personnes qualifiées de l'un & de l'autre sexe.

Ces Joûtes durerent quinze jours; les Ducs de Bethfort & de Bourgogne, aussi bien que les autres Princes & Chevaliers les plus braves, y firent plusieurs courses, & il ne se passa aucun jour qu'ils ne courussent l'un contre l'autre, & ne dansassent avec les Dames.

Au mariage de Marguerite de Valois sœur de François I, Duchesse d'Alençon, avec Henri d'Albret Roi de Navarre, furent faits Joûtes & Tournois & grand triomphe par l'espace de huit jours ou environ à saint Germain en Laie, en 1526, vers la fin de Janvier.

Huit ans après, au mariage encore de Louis Duc de Longueville avec Marie de Lorraine, fille de Claude de Lorraine Duc de Guise, il y eut au Louvre & Tournois & Joûtes, qui durerent seize jours en grand triomphe.

Lorsque Henri II maria Elisabeth & Claude ses filles, l'une au Roi d'Espagne, & l'autre au Duc de Lorraine, le Duc de Guise ouvrit un Tournoi

devant

DE LA VILLE DE PARIS. Liv. XII.   689

devant son Hotel, où les tenans reçûrent tout autant de Chevaliers qu'il s'en présenta, & ne refuserent aucune sorte de combat.

Le Roi en 1559, en ouvrit un autre à la rue saint Antoine, devant l'Hotel des Tournelles, qui dura les trois derniers jours du mois de Juin, & qui fut enrichi d'arcs de triomphe, & de beaucoup d'autres magnificences, qu'on peut voir & dans la Colombiere & dans les Cérémoniaux.

Le Roi paré des livrées de la Duchesse de Valentinois, fit admirer à son ordinaire & sa vigueur & son adresse; mais le troisiéme jour, en courant contre Montgommeri, il reçut un coup de lance à l'estomach, dont un éclat lui étant entré dans la tête par la visiere audessus de l'œil, il tomba contre la barriere, sans pourtant perdre les arçons, & mourut bientôt après.

Quelques-uns par une observation ridicule, remarquerent qu'alors il étoit monté sur un cheval Turc, nommé le malheureux. D'autres pleins de superstition, ajoûtent que cet accident arriva dans la Paroisse saint Paul, le jour de la Fête qu'on ne solemnisa pas exprès, à cause de ce Tournoi Les Huguenots aussi bien que le peuple en parlerent à leur mode.

Je laisse là ce qui se passa à l'Hotel de Bourbon, aux noces de Henri IV, pour lors simple Roi de Navarre, avec Marguerite de France, pour venir au Tournoi qui fut fait en 1581, au mariage du Duc de Joyeuse, Favori de Henri III, avec Marguerite de Lorraine, fille du Comte de Vaudemont, belle-sœur du Roi, & propre sœur de la Reine ; car si jamais il s'est rien vû de magnifique & de galand en France, ce fut en ce tems là : j'en excepte pourtant le Carrousel de Louis XIII, qui est incomparable.

Plus de quinze jours durant ce ne furent que Bals, Balets, Comedies, Festins, Feux d'artifices & Joûtes dans le Jardin du Louvre & celui des Tuilleries; car aux Tuilleries ces pavillons de bois couverts d'ardoises qu'on voit encore çà & là, sont des restes d'une gallerie qui fut faite exprès. Il en fut dressé de semblables, & encore plus belles, au Jardin du Louvre, planté alors vers les Peres de l'Oratoire, & renfermé aujourd'hui dans le nouveau bâtiment. Dans ces deux Jardins donc pendant plusieurs jours, tantôt la nuit à la clarté d'une infinité de flambeaux qui representoient le jour, on voyoit un combat de quatorze blancs contre quatorze jaunes; tantôt on se battoit à la pique, à l'estoc, au tronçon de lance, à pied & à cheval ; tantôt des chevaux d'Espagne, & des coursiers de Naples, dansoient un balet en cadence au son des clairons & des trompettes. De tems en tems une Musique excellente, des Bals, des Ballets & des Banquets somptueux servoient comme d'intermedes à de si beaux spectacles. Des chars de triomphe, des galeres, des animaux, & autres machines, ravirent les spectateurs par leur magnificence, & leur nouveauté. Les Feux d'artifice divertirent & épouventerent tout ensemble : & enfin brûlerent la grange où toutes les machines étoient; ce qui fit parler bien du monde.

TOURNOIS POUR LE SACRE, COURONNEMENT,
Mariage & Entrée des Rois.

PASSONS aux Joûtes faites pour nos Rois & nos Reines à leur entrée, sacre, mariage & leur couronnement ; le tout en peu de mots ; puisque cette matiere a été traitée fort au long par d'autres.

A l'entrée de Charles V, & de Jeanne de Bourbon, après la mort du Roi Jean, deux jours durant il y eut des Joûtes dans la cour du Palais, où le Roi de Chipre parut sur les rangs, avec quantité de Ducs, de Comtes & de Barons.

Sous Charles VI il y eut quatre Tournois célébres. J'ai décrit celui de

Tome II.   SSff saint Denys, qu'il fit publier en 1389. Après son sacre il donna le second à Paris, qui dura trois jours consécutifs, où les Dames de qualité furent priées de se trouver par les Chevaliers. Tant les tenans que les assaillans, à la magnificence & à la richesse de leurs équipages, ajoûterent le courage à la valeur. Ce qui s'y passa de plus mémorable, est que l'illustre Wallerand de Luxembourg offrit de se battre en Duel contre tous ceux qui voudroient l'accuser d'intelligence avec le Roi d'Angleterre, parce qu'il venoit d'épouser sa sœur.

Neuf ans après, le Roi publia les deux autres pour l'amour d'Isabeau de Baviere; le premier à son entrée dans Paris; le dernier lorsqu'il fut sacré & couronné à la Sainte Chapelle; l'un dura quatre jours, l'autre six, & furent ouverts au mois de Juin & d'Août, dans l'Hotel Royal de saint Pol, & à la Coulture de sainte Catherine.

Ce Prince, qui comme j'ai dit, étoit passionné pour ces sortes d'exercices, fit merveilles au premier & au dernier, à cause des Etrangers qui y étoient, & dont il fut blâmé généralement, chacun trouvant mauvais qu'il exposât ainsi sa personne à des dangers qui ne sont que trop fréquens en telles rencontres.

Le dernier se lit fort au long dans Froissart & dans Juvenal des Ursins. Le Roi pour s'y trouver de bonne heure le premier jour, dîna en particulier, ainsi que les Dames & les Chevaliers. La Reine s'y rendit dans un char couvert, & fort riche, suivie de toutes les Duchesses & Dames de la Cour. A la priere du Roi le Duc d'Irlande, les Comtes de Hainaut & de Namur, avec plusieurs Chevaliers Etrangers, prirent parti parmi les tenans & les assaillans. Quant au Roi, il marcha à leur tête, ayant pour devise le Soleil, & pour Compagnons les Ducs de Berri & de Bourgogne, les Princes de la Maison de Bourbon, le Connétable & d'autres grands Seigneurs sous le nom de Chevaliers du Soleil. Entre ceux qui se signalerent le plus, on remarqua le Duc d'Irlande, le Comte de Hainaut & un Chevalier des environs du Rhin Le Sire de Couci l'emporta sur eux, le Roi sur lui & sur tous les autres; car il n'y en eut point qui donnât tant de preuves de valeur. Aussi les Dames lui adjugerent-elles le prix des assaillans, & tout le monde demeura d'accord, qu'à son âge, c'étoit un des plus forts & des plus braves gens d'armes qu'on eut pû voir. Enfin des tenans, il n'y en eut point qui fit mieux que le Halze de Flandre, frere bâtard de Marguerite de Flandre, Duchesse de Bourgogne, inconnu aux Genealogistes. Des tenans & des assaillans il ne s'en trouva aucun dont les courses & toutes les autres actions ne fussent dignes de louanges. Mais comme par malheur ils étoient en trop grand nombre, c'est ce qui leur fit tort, le plus souvent ne pouvant se fraper, ni se rencontrer de front; joint que la poussiere que le pied des chevaux faisoit voler, déroba aux yeux des spectateurs quantité de beaux faits d'armes. La nuit venue, les uns conduisirent chés elles une partie des Dames; d'autres en amenerent à l'Hotel saint Paul, souper avec le Roi, & passerent la nuit à danser & à se divertir. Les trois jours suivans on leur donna encore le même plaisir & au même endroit; & quoiqu'alors on fit jetter de l'eau dans le champ de bataille par deux cens personnes, la poussiere ne laissa pas encore d'incommoder bien fort, & d'empêcher de voir. Les Dames, comme de coutume, donnerent le prix, souperent à l'Hotel de saint Pol, où la nuit se passa encore à danser & à se divertir. Le dernier jour de même qu'au Tournoi de St Denys, le Roi à l'ordinaire remercia & congedia les Dames.

Au reste, je ne dirai qu'un mot du Tournoi fait en 1431, à l'Hotel de saint Pol, après que Henri VI Roi d'Angleterre eut été sacré & couronné à Notre-Dame, non plus que de celui qui se fit aux Tournelles devant Charles VIII après son entrée à Paris; car pour celui-ci, je n'en sai autre chose, sinon qu'il dura plusieurs jours; à l'égard de l'autre, tout ce que j'en ai pû découvrir, est que le Comte d'Arondel & le bâtard de St Pol attirerent les cris des Dames.

DE LA VILLE DE PARIS. Liv. XII.

Touchant celui de Louis XII publié en 1498, après son entrée, & qui fut fait à la rue saint Antoine, près l'Hotel des Tournelles, où maintenant est la Place Royale, je n'y apperçois rien de remarquable, sinon que les Armes de France, qui jusques-là n'avoient été couvertes que d'une Couronne Royale toute simple; c'est à-dire, découverte, y parurent avec une Couronne couverte & Imperiale; & de plus, que le Duc d'Albanie y reçût de telles blessures, qu'à quelques jours de-là il mourut. Car de m'amuser de faire marcher ici un cigne de dix pieds de haut, & tout de même un porc-épic qui se herissoit de tems en tems, & qui devant faire le tour des Lices, demeura en chemin, cela n'en vaut pas autrement la peine. Passe pour dire que le Marquis de Clericux, quoiqu'assés âgé, après avoir porté par terre un Gentil-homme de Picardie avec son cheval d'un coup de lance, s'alla aussi-tôt mettre au lit afin de se reposer, & envoya son casque à une Dame de Paris, avec promesse de ne se trouver de sa vie en armes à Joûtes, ni Tournois.

Je passerai encore en un mot les Tournois publiés à Paris & à Romorantin en 1514, 1515, 1516, & 15 3, tant aux entrées de Marie d'Angleterre, de François I, & de la Reine Claude, après leur Couronnement & leur Sacre, qu'à l'occasion de la paix conclue entre François I, & l'Empereur Maximilien & l'Archiduc d'Autriche; & ensuite du Traité passé à Marseille entre lui & le Pape.

Du premier, je me contenterai de dire, que le Roi qui pour lors n'étoit que Duc de Valois & de Bretagne, fut chef de Bande; qu'au second, il donna de grandes preuves de valeur, & qu'à l'un & à l'autre, outre les échafauts, les loges, les Lices, & les contre-Lices qu'on fait toujours, il y eut encore des arriere Lices.

Le premier dura neuf jours, le troisiéme douze, le dernier seize, & de ces seize jours-là, le cinquiéme, le Roi fut Chef de la bande blanche, qui figuroit le jour, & le Comte de Saint Pol de la bande noire, qui signifioit la nuit. Plus de six cens lances y furent brisées; on se batit à pied & à cheval, à la barriere, à coups d'épée & de pique, où par tout les tenans & les assaillans ne firent rien qui ne répondit à la haute estime qu'ils s'étoient déja acquise; ce qui fit éclater ces Tournois doublement. Enfin au dernier, un Gentil-homme nommé de Fontaines, beau frere de Chandiou, grand Prevôt des Maréchaux, fut blessé à mort; & au second encore Saint Aubin, autre Gentil-homme fut tué d'un coup de lance.

Finissons, mais encore en trois mots, la matiere des Tournois, par ceux que l'on vit à Paris en 1530, & 1539, à la venue de Charles-Quint & de la Reine Eleonore. Le dernier fut ouvert par le Duc de Vendôme & le Comte d'Aumalle, & fermé par le Marquis de Pont, fils du Duc de Lorraine: le Dauphin avec sa bande ouvrit le pas, la premiere entreprise fut de quatre lances mornées, & de deux pour les Maitresses des tenans & des assaillans; la seconde d'une seule course, sans Lice, seul à seul, & d'un combat à l'épée; la derniere, d'un combat à l'épée en troupe & en foule, & se termina par des cris de largesse que le Dauphin & le Marquis de Pont firent publier, & par le don de deux chevaux, l'un bay, l'autre gris, qu'ils donnerent chacun à leurs Herauts.

Sans les Regîtres des œuvres Royaux de l'année 1530, nous ignorerions que François I, fit publier un Tournoi en faveur de la Reine Eleonore sa seconde femme, lorsqu'elle arriva à Paris; car là on trouve, & nulle part ailleurs, que pour ce Tournoi on applanit exprès une grande place, qui regnoit alors devant la face du Louvre, du côté de la Riviere, & non-seulement que les fossés furent comblés; mais même qu'on abbatit une ancienne porte de la Ville, avec de vieux murs, qui restoient après la clôture faite sous Philippe Auguste, & de plus, que les Lices, comme j'ai déja dit, portoient quarante cinq toises de long sur cinq pieds & demi de haut, & étoient revêtues par

Tome II   SSss ij

dedans de contre-Lices, larges d'un tiers fur trente-neuf toifes de longueur.

D'un fi grand filence de l'Hiftoire du tems, peut-être auroit-on raifon d'inferer, qu'il ne s'eft prefque point fait d'entrée de Rois & de Reines à Paris fans Tournois, ou Joûtes, mais qu'on n'en a fait mention, que lorfqu'il s'y trouvoit quelque chofe d'extraordinaire.

Quoi qu'il en foit, depuis 1549, & l'entrée de Henri II, & de Catherine de Medicis, on n'a plus vû ni Tournois, ni Joûtes aux entrées des Rois & des Reines, à caufe de la mort de Henri en 1559. Celui qu'on publia en 1549, fe fit à la rue faint Antoine, depuis la rue de faint Paul, jufqu'à la Baftille, où l'on entroit par des arcs de triomphe, enrichis de colomnes, de trophées, de figures d'H, de K, & même de croiffants, pour marquer l'union du Roi, de la Reine & de Diane de Valentinois.

Les tenans furent le Duc d'Aumale, les Maréchaux de Bouillon & de Saint André, le grand Ecuyer, & autres braves, toutes perfonnes de qualité. Du nombre des affaillans étoient le Roi, le Duc de Vendôme, les Princes du Sang & quelques grands Seigneurs. Après eux le fils aîné du Connétable de Montmorenci entra fur les rangs avec Crevecœur, Bonnivet, Canaples & autres, qui ne leur cedoient guere pour l'adreffe. Tous fe comporterent bravement; mais fur-tout le Roi, le Duc de Vendôme & fes freres.

Aux Tournois & aux Joûtes, François I, Henri II, & Henri III ont joint les Carroufels, Ballets de chevaux, courfes de Bague; de plus, un combat naval & un fiége fur la Seine.

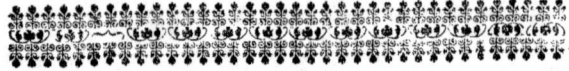

COMBAT SUR L'EAU.

A L'ENTRE'E de Henri II, & de Catherine de Medicis, il y eut un Combat naval de fept Galeaffes, & de trente-trois Galeres pleines d'artillerie, de Soldats & de Mariniers, qui vinrent affiéger un Port, & un Fort bâti dans l'Ifle Louviers, qu'on pourroit peut-être oppofer aux Naumachies Romaines, fi quelqu'un de nos Hiftoriens s'étoit donné la peine dè nous en faire la defcription.

CARROUSEL.

EN 1558, à la rue faint Antoine, entre la rue des Balets, & celle de Saint Paul, le vingt de Janvier, de nuit, à la clarté de quarante-huit flambeaux, le Roi, le Dauphin, & avec lui plufieurs Princes & autres grands Seigneurs, furent d'un Carroufel; les uns armés à la Turque, les autres à la Maurefque, & tous montés fur de petits chevaux, fortirent de l'Hotel des Tournelles & de celui du Connétable de Montmorenci, fitué à la rue faint Antoine. Les Turcs parmi lefquels étoit Henri II, accompagné du Roi, du Dauphin, & de quelques Princes du Sang, avoient fur l'épaule gauche un carquois plein de fleches, & des habits de foie blanche, faits comme ceux des Levantins. D'une main ils tenoient un bouclier, de l'autre une boulle de terre cuite, creufe. A leur tête marchoient à cheval les Trompettes du Roi; après douze hommes habillés de blanc, à la façon des Turcs, montés

DE LA VILLE DE PARIS. Liv. XII. 693

fur des ânes & des mulets, ayant chacun devant eux deux Tambours & deux Timbales. A peine furent-ils dans le champ de bataille, que les Maures arrivent, & tous pour lors fe mettent à courir les uns contre les autres; tantôt s'entretuant leurs boules, & tantôt fe tirant des fleches, d'abord deux à deux, puis huit à huit, douze à douze, & après tous enfemble, toujours au fon des timbales, des tambours & des trompetes, qui faifoient une Mufique étrange à la verité, mais affés bien concertée. A la fin ils fe rallierent, puis fe rangeant en rond deux à deux & au fon des mêmes inftrumens, ils fe mirent à faire danfer leurs chevaux en cadence avec des cris & des huées épouventables. A ce propos il eft bon de dire qu'à Paris depuis il s'eft danfé trois balets de chevaux, l'un en 1581, au mariage du Duc de Joyeufe, l'autre dans la cour du Louvre en 1606, devant Henri IV, au milieu des fufées, de mille lampes & de deux mille flambeaux; le dernier au Carroufel, publié pour le mariage de Louis XIII, & celui de fa fœur : Carroufel au refte fi magnifique, que peut-être ne s'en verra-t-il jamais un pareil, puifqu'enfin le Roi lui-même, auffi-bien que tout le Royaume n'épargnerent rien, & pour ainfi dire, s'épuiferent, afin de contribuer à fa galanterie.

Pour tout le refte qui regarde les Tournois, je laifferai là, & cette Quintaine de Henri le Grand en 1601, fur le Pont Notre-Dame, outre les autres courfes de Bague, & même celle de Louis XIV, au Jardin Royal & aux Tuilleries.

Voila les principaux fpectacles & divertiffemens où nos Rois mettoient autrefois & mettent encore leur plaifir : Venons à ceux des Parifiens.

DIVERTISSEMENS DES PARISIENS.

ANCIENNEMENT, avant l'invention des armes à feu, les Parifiens de même que par tout ai leurs, s'exerçoient à l'arc & à l'arbalêtre, au lieu qu'à prefent ils s'exercent à l'arquebufe. Or comme ces fortes d'exercices demandent des lieux fort fpacieux, depuis quelques années les Arquebufiers vont s'exercer fur les remparts de la porte faint Antoine, pour ce qui eft des Archers & des Arbalêtriers, jamais ils n'ont fait leurs exercices, que le long des murs de la Ville, & dans l'Ifle Notre-Dame; mais bien devant qu'on eut commencé à y bâtir, & qu'ainfi ne foit, en 1371, on leur fit deux butes dans cette Ifle, outre deux autres qui y étoient déja long-tems auparavant, qu'on répara le tout aux dépens du Roi ; ce qui coûta quarante fols Parifis, & le compte en fut rendu à la Chambre des Comptes, qui fe voit dans un Regître des œuvres Royaux de ce tems-là.

En 1379, & auparavant, les Arbalêtriers s'exerçoient encore hors de la Ville dans un grand lieu nommé le *champ des Arbaletriers*, où conduifoit une ruelle qu'on appelloit, *l'allée des Arbalêtriers*, & ce champ étoit fitué le long des murailles de Paris de ce fiécle-là, entre la vieille rue du Temple & la Coulture fainte Catherine, au lieu même où eft aujourd'hui la rue des Francs Bourgeois, avec les maifons des environs. Depuis en 1390, le Roi leur bailla à heritage pour douze deniers Parifis de cens, & dix fols Parifis de rente, une place de deux cens quatre-vingts-huit toifes de furface, qui tenoit encore aux murailles de la Ville, où conduifoit pareillement une ruelle nommée la *rue des Arbaletriers*, & qui étoit affife entre la rue faint Denys & celle de Montorgueil, à l'endroit même où font bâties les rues Pavée, du Lion, Tireboudin, & les logis circonvoifins.

En 1410, c'est-à-dire, vingt ans après, le Roi leur donna une Tour des anciens murs tout joignant la même place, & cela du consentement du Prevôt des Marchands & Echevins, & moyennant quatre sols Parisis de rente, payables tous les ans, à la Recette du Parloir aux Bourgeois, ils l'agrandirent de plusieurs toises, & ce total là s'appelloit en 1413, *le Jardin des Arbalêtriers*, & le Jardin du trait des Arbalêtriers en 1416.

En 1604, le Roi le retira de leurs mains pour le vendre à des particuliers, qui le couvrirent des rues & des maisons que je viens de dire: en récompense, le Marquis de Rhosni, grand Voyer de France, leur donna deux autres places à choisir, l'une derriere le Boulevard de la porte saint Martin, l'autre sur celui de l'Ardoise, entre la porte du Temple & celle de saint Antoine. En 1605, au mois de Mai, les Trésoriers de France les mirent en possession de la derniere, à la charge de payer autant de redevances à la Recette du Domaine, qu'ils faisoient auparavant pour leur Jardin de la rue saint Denys.

Or pendant tout ce tems-là, les Archers de leur côté avoient aussi un grand Jardin, nommé *le Jardin des Archers de la Ville*, près la porte de Bussi, & des murs qui vont gagner la riviere, à la place de la rue Dauphine & des maisons du voisinage, & du consentement encore du Prevôt des Marchands & Eschevins, moyennant quatre livres Parisis de rente, ils y joignirent en 1508, une place vague & des allées dont en 1576, Henri III s'empara, & pour échange, leur promit une partie du parc de l'Hotel des Tournelles de la rue saint Antoine. Les Archers avoient aussi alors encore un grand lieu vague derriere les Celestins, entre la Bastille & la riviere, ou entre l'Arsenal de la Ville, nommé en ce tems là la Grange de l'Artillerie de la Ville, situé vers la Bastille & la Tour de Billi, grosse Tour assise sur le bord de la Seine.

En 1531, la Ville en fit bail à longues années à ses cent Arquebusiers ordinaires, dont je parlerai incontinent, aux conditions suivantes, que tous les ans ils payeroient seize sols Parisis à la Recette du Domaine, qu'en tems de guerre, ou autre necessité pressante ils la rendroient sans rien prétendre, ni à cause des bâtimens qu'ils pourroient avoir faits, ni pour les réparations; que Dimanches ni Fêtes, ils ne prendroient l'Arquebuse qu'après le Service, non plus qu'en Eté huit heures passées, & en Hiver après cinq heures, depuis la saint Remi jusqu'à Pâques; qu'aucune femme de mauvaise vie n'y entreroit.

Et comme les Arquebusiers font du bruit & du feu, de crainte d'accident, à cause de la Tour de Billi, où le Roi tenoit ses poudres & ses munitions, & aussi afin que le bruit ne troublât le Service Divin des Celestins, on les obligea de dresser leur butte du côté de la Bastille.

En 1558, le vingt-quatre Mai, lorsqu'on travailloit au grand Boulevart, la Ville leur donna les murs & les remparts qui s'étendoient depuis la porte saint Martin, jusqu'à la premiere guerite, en attendant que ce Boulevart fût achevé.

En 1634, lorsqu'il s'agissoit de la nouvelle clôture, depuis la porte saint Denys jusqu'à celle de la Conference. Le Parlement ne verifia les Lettres du Roi qu'à la charge que l'Entrepreneur laisseroit prendre aux Arquebusiers sur les nouveaux Remparts une place longue de quarante-deux toises sur cinq de large, au lieu de la maison qu'ils avoient, qui étoit de la même grandeur.

Presentement les Arbalêtriers, les Archers & les Arquebusiers de la Ville compris sous le nom de collectif d'Archers, n'ont plus de lieu affecté à leurs exercices. Veritablement sur le Boulevart de la porte saint Antoine, il y a un Jardin où l'on tire de l'Arquebuse; mais ce n'est pas à eux, car il appartient à une Compagnie de Bourgeois qui se plaît à cette sorte de divertissement; aussi n'y a-t-il qu'eux qui s'y exercent depuis plusieurs années, où ils ne

DE LA VILLE DE PARIS. Liv. XII.

manquent guere de se trouver les Fêtes & les Dimanches, & d'y jouer le souper & la collation, & quelquefois même proposent des prix. Voila les lieux destinés aux exercices des Arquebusiers, Archers & Arbalêtriers.

Quant aux autres divertissemens, saint Louis en 1260, défendit toutes sortes de jeux, à l'exclusion de l'Arc & de l'Arbalêtre. En 1319, & 1369, Charles le Bel, & Charles V, défendirent tout de même, à peine de quarante sols Parisis d'amende, les Dés, les Dames, la Paume, le Palet, les Quilles, la Boule, le Billard, & généralement tous les autres Jeux inutiles, & qui ne dressoient point aux Armes, ordonnant que chacun le jour de sa Fête, ou tel autre jour qu'il voudroit, s'exerceroit à l'Arc & à l'Arbalêtre où il y avoit des prix proposés. Ce qui fut cause que tant de gens se firent Archers, & même tous devinrent si adroits à tirer de l'Arc, que les Archers d'Angleterre leur cedoient la place; de sorte que sous Charles VI, qui en eût fait un corps, les Princes, ni toute la Noblesse ne leur auroient pas tenu tête; ce qui obligea le Roi d'en limiter le nombre, & de casser le reste. Si bien qu'en 1394, il établit dans chaque Ville une certaine quantité d'Archers & d'Arbalêtriers: & tout de même en 1410 & 1411, pour la garde de Paris, il créa soixante Arbalêtriers & cent vingt Archers.

Par ordre de Charles VIII, le Prevôt de Paris en 1493, fit publier qu'il seroit libre à chacun de s'exercer, comme auparavant, à tous les jeux permis. A son exemple Louis XII, au sujet de la guerre contre le Roi des Romains, voulut qu'à Paris on s'accoutumât à tirer de l'Arc, de l'Arbalêtre & même des couleuvrines. En 1507, le Premier Président de Ganni, dans l'Assemblée générale de la Ville, déclara le quinze Novembre, qu'il étoit à propos que dans Paris on rétablît l'exercice public de l'Arc & de l'Arbalêtre, afin que le peuple s'y appliquant, on pût au besoin être en état de resister aux ennemis. Peu de tems après, le Prevôt des Marchands & Echevins ayant mandé les Jurés des Métiers, leur firent entendre l'intention du Roi sur ce point, & à quelques jours de-là, leur enjoignirent de choisir au tour des murailles quelques lieux propres à tels exercices, pour être distribués entre eux; & cela nonobstant toutes leurs remontrances: & quoiqu'ils representassent que la plupart de leurs compagnons étant Provinciaux il étoit dangereux de les dresser aux armes. Enfin de nos jours, Labarade Archer des Gardes Escossoises, & un nommé le Laboureur, par ordre du Roi & de la Ville, établirent à Paris une Academie Militaire, tant pour le maniement de l'Arquebuse, du mousquet & de la pique, que pour les autres exercices & motions Militaires, le tout par une methode de l'Arquebuse & de leur invention; mais comme il sera plus à propos d'en parler quand je ferai mention des Academies, je n'en dirai rien ici.

Au reste, de tout tems il y a eu à Paris des Archers & Arbalêtriers, & composoient deux Confreries, qui chacune à part avoit son Roi & son Connétable, soit que sous Charles VI elles fussent presque abolies, ou qu'on voulût les grossir, le Roi à la priere de leurs Chefs, établit celle des Arbalêtriers en 1410, qu'il fit de soixante hommes, choisis entre les plus adroits d'entre eux, & leur accorda de grands privileges à ces conditions: Que leur Maître ou Capitaine seroit nommé par le Prevôt des Marchands & Echevins, & changé tous les ans; qu'ils viendroient en armes autant de fois qu'il leur plairoit; que sans leur permission ils ne pourroient aller à l'Armée.

L'année d'après, il créa cent vingt Archers, avec les mêmes privileges; & de plus, en leur faveur érigea une Confrerie à l'honneur de saint Sebastien. Si bien qu'en 1413, en vertu de son Mandement, Robert de la Suze, dit le Borgne, Prevôt de Paris, assembla les Conseillers & l'Avocat du Roi du Châtelet avec les Echevins, plusieurs Marchands & autres notables, pour choisir avec eux cent vingt Archers des plus experimentés, afin de composer cette Compagnie de la Confrerie de saint Sebastien, qu'on obligea aux mêmes choses que les Archers; joint qu'ils seroient tenus eux & leurs successeurs de prêter serment entre les mains du Prevôt des Marchands & des Echevins ; ce qui a duré en cet état jufqu'à François I, qui trouvant le nombre des Archers & des Arbalêtriers trop petit pour la défenfe & fûreté de Paris, il créa en 1523, cent Arquebufiers avec les mêmes privileges, & enjoignit à la Ville de leur donner une place propre pour s'exercer les Fêtes, & une fois la femaine, avec permiffion de choifir d'entre eux un Chef pour les commander, qui feroit changé tous les trois ans.

Charles I X en 1566, voulant rendre ces trois Compagnies égales en nombre, ordonna que le Capitaine des cent vingt Archers en détacheroit vingt de fa Compagnie, moitié jeunes, moitié vieux, pour être enrollés dans celle des Arbalêtriers; que celui des Arbalêtriers en choifiroit encore vingt autres, & qu'à l'avenir ces trois Compagnies porteroient des Arquebufes au lieu de leurs Arcs & de leurs Arbalêtres, comme 'n'étant plus en ufage. Au refte, jufqu'en 1594, ces trois Compagnies ont eu chacune leur Capitaine : d'abord on les changeoit tous les ans, enfuite tous les trois ans ; puis ils furent continués des quinze, des vingt ans entiers, & même toute leur vie : tant qu'enfin Henri IV les réunit toutes trois, & n'en fit qu'une Compagnie, en confideration de Marchand Capitaine des cent Arquebufiers, connu fous le nom de Capitaine Marchand, & recommandable par le Pont Marchand qu'il fit bâtir à fes dépens avec une magnificence de Roi.

Ses fucceffeurs depuis, méprifant le nom de Capitaine, fe font faits appeller Colonels, qualité que le Prevôt des Marchands, ni les Echevins ne leur refufent pas. Leurs Soldats cependant, quoique fans Arcs & fans Arbalêtres, ne laiffent pas d'être appellés quelquefois Archers, & ce nom-là non-feulement leur eft demeuré, mais encore aux Gardes de la porte du Louvre, aux gens du Chevalier du Guet, & leurs femblables.

Ce que je vais rapporter qui n'eft pas grande chofe, & pourtant digne d'être fû, mettra fin à ce difcours.

En 1425, quelques Paroiffiens de St Leu & St Gilles, le premier jour de Septembre, Fête de leur Patron, dreflerent à la rue aux Oies, ou aux Oues, vis-à-vis celle de Quinquampoix, une perche de fix toifes, où étoit attaché un panier avec un Oie, & fix blancs dedans, & le tout pour celui qui pourroit l'aller prendre là, & y grimper. Quantité firent leurs efforts inutilement pour en venir à bout, hormis un valet affés jeune, qui alla plus haut que pas un, & eut l'Oie, mais non pas les fix blancs & le panier, dont il ne put fe faifir.

L'Auteur de qui j'ai tiré ceci, qui en parle comme d'une chofe fort merveilleufe, rapporte encore que deux ans après, une femme de Hainaut, âgée de quelque trente-fix ans, dans la rue Grenier-faint-Ladre, au Jeu du petit Temple, jouoit à la paume de l'avant-main & de l'arriere-main avec une dexterité furprenante, ou plutôt pour me fervir de fes termes, puiffamment, très-malicieufement, très habilement, comme pourroit faire un homme, & prefque auffi bien que les meilleurs joueurs ; car il faut favoir qu'en ce tems-là on jouoit à la paume avec la main, qu'on couvroit tantôt d'un gand fimple ou double, tantôt de cordes paffées entre les doigts & au tour du poignet, tantôt fans cordes ni gand ; & de-là eft venue peu à peu l'invention des Raquettes ; comme celle des peignes, à ce qu'on dit, vient des doigts, avec lefquels anciennement on fe déméloit les cheveux.

Tous ceux qui ont lû Rabelais, favent qu'il fait jouer Gargantua encore Ecolier, au Pré aux Clercs, & au grand & petit Braque du Fauxbourg St Jaques, à la balle, à la pille-trigonne, jeu qui n'eft plus en ufage, & à la paume avec la main, ou avec des Raquettes.

Que fi je m'amufe à de fi petites chofes enfuite des Joûtes & des Tournois, ce n'eft que pour faire voir la fimplicité des Auteurs du Regne de Charles VI, qui font de fi belles remarques.

Fin du douzième Livre.

HISTOIRE

HISTOIRE
ET
RECHERCHES
DES
ANTIQUITÉS
DE LA VILLE
DE
PARIS
LIVRE TREIZIÉME.

CROISADES CONCLUES A PARIS.

ES CROISADES des François pour la plupart ont été conclues à Paris, souvent en préfence de nos Rois, toujours en vertu des Bulles des Papes, & entre leurs mains même; car cela eft arrivé quelquefois: mais pour l'ordinaire, entre les mains de leurs Legats; le tout avec bien de la cérémonie, & proche de quelque grande Fête, un peu devant ou après.
 Ces Croifades n'étoient autre chofe qu'une Armée de Chrétiens volontaires, de tous pays & de toutes qualités, qui faifoient vœu de marcher contre les Infidèles & les Heretiques, tant pour chaffer ceux-ci du Languedoc, & de l'Arragon, que les autres de l'Afrique, de la Terre-Sainte & du refte de l'Afie. On les appelloit *Croifés*, à caufe d'une Croix de toile ou de taffetas rouge qu'ils portoient. Quant à la couleur des Croix que portoient les Croifés des autres Nations, celle des Anglois étoit blanche; les Allemans en prenoient une noire; les Italiens une jaune, & ceux des Pays-Bas en portoient une verte.

Tome II.   T Ttt

Mathieu Paris prétend qu'ils la faisoient coudre au côté gauche, à l'endroit du cœur. L'Auteur des Gestes des François & des autres Jerosolymitains, qui est Mamerot, assûre au contraire, que c'étoit sur l'épaule droite ; & enfin, nous lisons qu'en 1243, saint Louis pria l'Evêque de Paris de lui mettre la Croix de Jerusalem sur les épaules.

Au reste, pour obliger plus de monde à se croiser, toutes sortes de voies furent tentées, & la force même n'y eut guere moins de part que la douceur. Et de fait, quand Louis VII, après la prise de Vitri, où il brûla l'Eglise avec cinq cens personnes, toutes femmes & petits enfans qui s'y étoient refugiés, pleuroit si amerement sa faute, quoique saint Bernard pour le consoler & arrêter le torrent de ses larmes, lui dit: Si vos larmes ne tarrissent bientôt, elles ne pourront éteindre la memoire de l'embrasement de Vitri ; neanmoins il ne laissa pas de lui donner pour penitence, le voyage d'outre-Mer.

Pour le Traité de paix passé à Paris en 1228, ou 1229, Romain Legat *à latere* de Gregoire IX, ne donna l'absolution à Raymond Comte de Toulouse, Chef des Heretiques Albigeois, qu'à la charge de faire la guerre aux Sarrasins cinq ans durant.

Et tout de même Enguerrand de Couci, ayant fait pendre deux jeunes Flamans, & tous deux Gentils hommes, pour avoir chassé sur ses Terres, fut condamné par saint Louis & par les Pairs de France d'entreprendre à ses dépens, accompagné de quelques Chevaliers, un voyage au Levant contre les Infidèles.

Alphonse de France, frere de saint Louis & Comte de Poitiers, ayant manqué d'accomplir le vœu qu'il avoit fait, aussi bien que beaucoup d'autres Croisés, de partir au premier embarquement, pour cela seul Innocent IV, les excommunia.

Et parce que les grands Seigneurs à force d'argent rachetoient ces sortes de vœux, Clement IV défendit expressément à l'Archevêque de Tyr, qui préchoit alors la Croix en France, de se méler d'un tel trafic. Bien plus, quand Philippe de Valois vint à se croiser, & pourtant à condition de ne point faire le voyage, s'il lui survenoit quelque empêchement jugé legitime par deux Archevêques ou Evêques François nommés par le Pape, tout Roi qu'il fût, & ne pouvant pas y aller, Jean XXII, aussi-tôt nomma quatre Prélats pour examiner l'affaire, & voir si ses raisons étoient valables.

Voila pour ce qui regarde la force & la contrainte.

A l'égard des voies douces, Philippe Auguste, non-seulement exempta les Croisés de la taille ; mais leur accorda quantité de privileges rapportés par Rigord ; & saint Louis depuis leur donna encore des Lettres de Répit, comme il se voit dans une Chronique du tems. J'en ai trouvé la preuve dans les Ordonnances de du Tillet, qui semble attribuer à ces Lettres tout le mauvais succès qu'eurent les Croisades de ce Prince. Car il dit ensuite, que Dieu qui hait les maltôtes & les rapines, benit l'entreprise de Godefroi de Bouillon, parce qu'il y alla à ses dépens, vendant jusqu'à la derniere de ses Terres, afin de n'incommoder personne, & ne point emporter le bien d'autrui.

Pour ce qui est des Papes, les uns accordoient aux Croisés des Indulgences plenieres ; les autres en faveur de ceux qui voudroient se croiser, donnoient pouvoir aux Evêques & Archevêques de les absoudre de plusieurs crimes ; & d'autres enfin, prenoient ces Croisés sous leur protection & celle du saint Siége, de saint Pierre & de saint Paul ; & non seulement leur personne, mais leur famille & leur bien. Et quoique ces Croisés jusqu'à ce qu'ils partissent, se souillassent de toutes sortes de crimes, de vols, de rapts, de violemens & de meurtres ; cependant ni les Juges, ni le Roi même, n'osoient se saisir d'eux, ni leur faire leur procès. Tellement que pour les punir, il fallut que nos Rois en obtinssent des Papes la permission ; car en ce

DE LA VILLE DE PARIS. Liv. XIII.

tems-là les Papes avoient tant de pouvoir, qu'ils n'étoient guere moins abfolus en France & par toute la Chrétienté, que chés eux. En un mot les Conciles, les Bullaires, le Tréfor des Chartes, rapportent tant de privileges accordés aux Croifés comme à l'envi, par nos Rois, par les Papes, & par l'Eglife affemblée, que de les rapporter, ce ne feroit jamais fait.

Au refte, fi faute de cœur ou autrement, les Croifés vouloient fe dédire de leur vœu, ils étoient abfous pour de l'argent qui fervoit pour la fubfiftance des autres; & alors ni les Conciles, ni les Papes, ni nos Rois ne s'y oppofoient point.

Sous faint Louis, Innocent IV, permit à Philippe Tréforier de faint Hilaire de Poitiers d'abfoudre tout autant de Croifés qui fe prefenteroient, l'argent à la main, pour s'exemter de leur vœu, ainfi qu'il eft porté par le Concile général; & même lui commanda d'ufer de cenfures Ecclefiaftiques contre les Gentils-hommes & grands Seigneurs; qui fous prétexte du voyage d'outre-Mer, qu'ils ne faifoient pas, avoient fait des levées extraordinaires fur leurs Sujets.

En 1454, Alexandre IV, ayant fû que quantité de Croifés par foibleffe, ou faute d'experience aux armes, n'étoient pas en état d'accomplir leur vœu, fe relâcha fi fort en leur faveur, qu'il commanda à l'Archevêque de Bourges de fe contenter de l'argent qu'ils voudroient donner pour leur abfolution, fans prendre davantage. Touchant cet Enguerrand de Couci que j'ai dit avoir été condamné à paffer la Mer à fes dépens avec quelques Chevaliers, il en fut déchargé à pur & à plein par faint Louis en 1261, pour la fomme de douze mille livres Parifis.

Raoul Evêque d'Albe, Legat du faint Siége Apoftolique, en 1269, écrivit de Paris à l'Abbé de Hautvilliers, afin de contraindre les Croifés qui ne pouvoient faire le voyage, de contribuer felon leur pouvoir. Enfin cette grande facilité des Papes fut caufe que bien des gens s'en prévalurent. Que fi Clement IV, depuis s'eft montré plus fevere, cela ne lui eft arrivé que deux fois; l'une quand il défendit à l'Archevêque de Tyr qui préchoit en France, de ne plus accepter l'argent des perfonnes de qualité, pour le rachat de leur vœu; l'autre à l'occafion d'Alphonfe Comte de Poitiers, & de plufieurs autres Croifés qu'il excommunia, pour ne s'être pas embarqués à tems; & encore avec tout cela, bientôt après ordonna-t-il à Philippe Tréforier de faint Hilaire de Poitiers de lever l'excommunication, en cas quils partiffent au premier embarquement. Il eft certain que pour la fubfiftance des Croifés, les Papes, auffi-bien que nos Rois n'oublioient rien là-deffus, & n'épargnoient perfonne. Quelquefois les Prélats fe cottifoient deux-mêmes; quant à nos Rois, ils mettoient à la taille généralement tous les François; c'eft-à-dire, tant leurs Sujets que ceux de leurs Vaffaux. Car comme je le ferai voir en fon lieu, la taille autrefois n'étoit pas un fubfide ordinaire; le Roi ne la pouvoit impofer fur fes peuples mêmes que pour des befoins preffans, & à l'égard des Sujets de fes Vaffaux, qu'en de certaines rencontres.

Pour ce qui eft des Papes, les uns, comme Innocent IV, l'ont fait plufieurs fois, & Alexandre IV, la derniere année de fon Pontificat; les autres, autant avant eux, que depuis; ont fouvent taxé à de groffes fommes les ufuriers & les ufurpateurs du bien d'autrui; & même, nonobftant la Conftitution *de duabus Diœcefibus*, du Concile général, leurs Députés les contraignoient à leur mettre entre les mains le bien qu'ils avoient ravi à diverfes perfonnes, quand ils ne favoient à qui : tantôt d'autres Papes accordoient des Indulgences plenieres à ceux qui fourniffoient pour telle guerre une partie de leur bien, ou le vingtiéme, le quinziéme & le dixiéme de leurs rentes, ou de leurs meubles, & même exigeoient du Clergé le centiéme de fon revenu; d'autres, tantôt permettoient à nos Rois de prendre la décime pour un an, & pour trois fur les Benefices du Royaume; avec

Tome II. TTtt ij

le vingtiéme fur ceux des Diocèfes de Liege, de Toul, de Mets & de Verdun; d'autres quelquefois pour des fix ans leur donnoient le revenu de plufieurs Benefices, avec les legs pieux, les rachats des vœux, outre quantité de fubfides qu'ils impofoient pour les Croifades; & ces largeffes-là qu'ils faifoient à nos Rois, ils les faifoient encore aux Princes de France, qui entreprenoient de tels voyages.

Innocent & Alexandre IV, ordonnerent à Hugues Duc de Bourgogne, deux mille marcs d'argent, & trois mille à Archambault, Sire de Bourbon, qui furent pris fur les deniers deftinés pour la Terre-Sainte. Le premier, par une Bulle dattée de Lion, la fixiéme année de fon Pontificat, donne au Comte de Poitiers frere de faint Louis, trois mille autres marcs d'argent à prendre fur les ufuriers & les ufurpateurs du bien d'autrui. Par une autre de la même année, fcellée au même lieu, il lui fait encore don de tout l'argent levé pour la Croifade.

Clement IV, commande à fon Legat & à l'Evêque de Troies, d'ufer de cenfures Ecclefiaftiques contre les Habitans de Champagne & de Brie, s'ils ne payent à Thibaud Comte de Champagne, tous les impôts mis pour le fecours de la Paleftine. Enfin tant ces Papes que leurs fucceffeurs, & ceux qui les avoient devancés, tous mettoient fous la protection de faint Pierre & de faint Paul; non-feulement les Croifés pendant leur voyage, mais encore les Terres & les Etats des Princes & des Rois, & la France-même: & de plus, défendoient aux parties qui étoient en procès avec eux de faire aucune pourfuite, ni rien entreprendre à leur préjudice en leur abfence fous peine d'excommunication, dont il fe refervoit l'abfolution & à leurs Legats feulement.

Touchant tant de fortes de taxes, on verra ailleurs qu'elles furent toutes mifes par Gregoire VIII, Innocent, Alexandre, Clement, Martin, Nicolas IV, Jean XX, & autres Pontifes fouverains, en faveur de Philippe Augufte, Louis VIII, faint Louis, Philippe le Hardi, Philippe le Bel, & Philippe de Valois, à l'occafion des Croifades contre les Infidèles, les Albigeois & le Roi d'Arragon, dont je vais parler.

Car il faut favoir qu'à Paris & par toute la France, il y a eu des Croifades & des Croifés de bien des fortes. La premiere fois qu'on fe croifa, ce fut à deffein de paffer la Mer & de marcher contre les Infidèles de Tunis, d'Egypte, de la Terre-Sainte & des autres Provinces voifines, où la fortune fut plus contraire que favorable, autant fous la conduite de Louis VII & de Philippe Augufte, que fous celle de Saint Louis.

A la feconde Croifade, où l'on fuivit encore les Enfeignes de ces trois Princes, on ne fortit point du Royaume, parce que cette guerre dont le fuccès fut grand, ne regardoit que Raymond de Touloufe, & les Heretiques Albigeois.

La troifiéme forte de Croifade affés inutile, eft celle de Philippe le Hardi dans l'Arragon contre le Roi Pierre, que Martin IV avoit excommunié.

La quatriéme & la cinquiéme fous Charles VI, fans ordre du Pape, fe firent à caufe des Maures, & de Bajazet I. Que fi parmi de veritables Croifés, c'eft-à-dire, des gens qui prennent les armes pour le fervice de Dieu, & de la Religion, on peut mêler des Heretiques & des Seditieux qui ufurperent le nom de Croifés, la derniere Croifade fera celle des Paftoureaux, qui fe leva à Paris & en France, durant le premier voyage de faint Louis.

Après tout, fi je n'ai point fait mention de la Croifade de Charlemagne, c'eft qu'elle ne fe lit que dans des Romans & des Hiftoires fufpectes; ainfi il ne faut rien croire de tout ce qu'en difent quelques Hiftoriens fabuleux, ni Mamerot même Chantre de faint Etienne de Troies dans fes paffages d'outre-Mer. La vifion de Conftantin le jeune fur ce fujet; l'Ambaffade de Jean Evêque de Naples, de David Archiprêtre, de Samuel & d'Ifaac, à

Charlemagne ; leur séjour à l'Abbayie de saint Denys, sont des contes faits à plaisir. On ne doit pas ajoûter plus de foi aux Lettres qu'ils présenterent au Roi, comme il arrivoit à Paris. Lettres si touchantes, que dès le lendemain, tant grands que petits, jusqu'aux Prélats même, voulurent partir pour aller au service de l'Empereur de Constantinople. En un mot l'Edit de Charlemagne, où il fait commandement à tous François capables de porter les armes, de suivre ses Etendars contre les Sarrasins, sur peine de payer à perpetuité en signe de servitude & d'esclavage, quatre deniers, tous les ans, sent trop le Roman pour être crû, aussi bien que cette armée si brave qui l'accompagna, & la plus nombreuse qu'on vit jamais.

La Croisade de du Breul proclamée à Paris en 1088, à ce qu'il dit, n'est pas plus certaine.

Je passe celle qu'en 1095, on publia à Clermont en Auvergne, durant un Concile, qui s'y tint sous Urbain II, où Hugues Comte de Vermandois, frere de Philippe I, se croisa, & avec lui, Godefroi de Bouillon, le Duc de Berri & le Comte de Clermont, qui tous trois vendirent leurs Terres; le premier, à l'Evêque de Liége, & aux Habitans de Mets ; le second au Roi, & l'autre à son Evêque.

Et de même, je ne dirai point que Philippe, à ce qu'on prétend, ayant fait vœu, pendant tout le voyage, de marcher à la tête des troupes, armé de toutes pièces, & ne l'accomplissant pas, il choisit à sa place Chalo-Saint-Mas, l'un de ses Chambellans, qui pour ce service signalé, obtint du Roi des prérogatives inouies, & qu'il transmit à ses successeurs; dont pourtant sa famille ne jouit pas, quoiqu'elle subsiste encore à Paris avec éclat. Je passe, dis-je, cette Croisade & les autres depuis qui furent faites ailleurs qu'en cette Ville, bien qu'alors de ses portes sortissent quelquefois des armées toutes entieres pour les grossir.

Voila pour les Croisades en général ; venons aux particulieres, & qui regardent notre sujet; savoir, celles de Louis VII, de Philippe Auguste, de saint Louis, Philippe le Bel, Philippe le Long, & enfin de Philippe de Valois, puisque toutes assûrément furent conclues à Paris.

CROISADE DE LOUIS VII.

A LA Croisade de Louis VII, Eugene III vint à Paris, & donna la bénédiction à tous ceux qui se croiserent. Les Grands de France ensuite ayant été convoqués à Etampes, là le Roi choisit pour gouverner le Royaume Suger Abbé de saint Denys, & Raoul Comte de Vermandois. De-là en 1147, la seconde semaine d'après la Pentecoste, il fut à saint Denys entendre la Messe, où il prit congé de l'Apôtre de Paris, & reçut le Bourdon & l'Oriflame, selon la coutume & comme les autres Rois ses prédecesseurs en usoient, qui tous presque n'entreprenoient ni guerre, ni pelerinages, sans y apporter ces cérémonies. Cela fait, il partit aussi-tôt pour passer dans la Palestine, accompagné d'un grand nombre de Prélats, de Barons & des Principaux de la Cour; même d'Eleonore de Guyenne sa femme, dont elle se fût bien passée, puisqu'elle n'y alla que pour ternir l'éclat de ses Ancêtres, & souiller la Terre-Sainte.

CROISADE DE PHILIPPE AUGUSTE.

TOUCHANT la Croisade de Philippe Auguste qui fut en 1184, Heraclius Patriarche de Jerusalem, le Prieur de saint Jean de Jerusalem & le grand-Maître du Temple furent envoyés exprès par les Chrétiens de la Palestine, avec les clefs de la Ville de Notre-Seigneur. L'Evêque Maurice fit tant d'honneur au Patriarche le jour qu'il arriva à Paris, qu'il fut le recevoir à la tête de son Clergé & suivi de tout le peuple. Le lendemain il célébra la Messe & prêcha dans Notre-Dame. Tant qu'il demeura en France le Roi le défraya, & toute sa Compagnie; & de plus, à sa consideration, assembla à Paris les Prélats & les Grands du Royaume, & s'y seroit croisé même sans ceux ci, qui l'en détournerent, pour n'avoir point encore d'enfans. Et bien qu'il acquiesçât à leurs remontrances, & se contentât d'arrêter avec eux, que les Evêques, chacun dans son Diocèse fissent leur devoir, afin de porter les peuples à se croiser, trois ans après neanmoins ayant un fils, & sachant que Saladin Roi de Syrie & d'Egypte avoit pris Jerusalem, il se croisa avec le Roi d'Angleterre, entre Trie & Gisors; & pour cela même l'année suivante tint son Parlement à Paris dans la Sale de l'Evêché. Prélats, Abbés, Barons, s'y trouverent, & une infinité de monde de toutes conditions, prit la Croix de Jerusalem.

Pour son voyage, on lui accorda un an durant, la dixiéme partie tant des biens, meubles, que du revenu de tous ceux qui ne se croiseroient pas, à la reserve des propres, appartenans aux Leproseries, à l'Ordre de Citeaux, aux Chartreux & Fontevraut. Ce sont là les Dîmes qu'on appelle *Saladines*, à cause qu'elles servirent à faire la guerre à Saladin; car c'est ainsi qu'il faut réformer le passage de Samedo Venitien, qui ne savoit pas si bien ces choses là que Rigord Moine de saint Denys qui les vit, s'étant imaginé que ces Dîmes ne se levassent que sur ceux qui passeroient la Mer.

Au même Parlement furent dressés & enregistrés les Reglemens qu'on devoit observer pendant le voyage: comme ce n'est pas ici un lieu pour les mettre, je renvoie aux Regîtres du Parlement, ou même à Favin qui les a transcrits. Ces Reglemens furent publiés en 1190, à Vezelai en Bourgogne, où étoit le rendés vous des troupes, & où Philippe vint, avec Richard I, Roi d'Angleterre, le Duc de Bourgogne, les Comtes de Flandres, de Champagne, de Blois, de Sancerre, de Clermont, de Ponthieu, de St Pol, & beaucoup d'autres, tous braves & qualifiés. Avant que de partir, le Roi fit son testament, & dressa lui-même les Ordonnances qu'il vouloit qu'on gardât, tant qu'il seroit absent. Il donna le gouvernement du Royaume à Adelaïde de Champagne sa mere, & à Guillaume de Champagne son oncle, Archevêque de Reims, Cardinal Legat. Ensuite à l'exemple de son pere & des autres Rois ses prédecesseurs, il vint à saint Denys, là prosterné devant les Reliques des Martyrs, le jour de saint Jean-Batiste, il implora l'assistance de Dieu, de la Vierge & de tous les Saints: après quoi, les larmes aux ïeux, il reçût devotement des mains de l'Archevêque son oncle le Bourdon & l'Echarpe; puis prit lui-même sur la Châsse de saint Denys deux riches étendars pour combattre les Infidèles. Là dessus se recommandant aux prieres des Religieux, il reçut la benediction du Bras de saint Simeon, du Cloud & de la Couronne de Jesus Christ; & enfin le Mercredi d'après l'Octave saint Jean, il partit avec le Roi d'Angleterre.

Afin de suivre l'ordre des tems, il nous faut venir à la seconde sorte de Croisades, qui furent faites en France contre les François mêmes, & réunirent à l'Eglise une Nation presque entiere, & quasi tout le Languedoc à la Couronne.

La premiere commença sous Philippe Auguste, à la sollicitation d'Innocent III, contre Raimond de Toulouse & les Heretiques Albigeois, & envoya exprès le Cardinal Guala, donnant au Roi les Comtés de Toulouse, de Cahors, Narbonne, Beziers, avec tout l'Albigeois & & les Terres circonvoisines infectées d'heresie ; outre tous les autres grands privileges, ainsi qu'aux Croisades précédentes du Levant, qu'il accordoit à tous ceux qui iroient à cette conquête, ou mouroient en chemin ; & sur-tout indulgences plenieres de tous les pechés dont ils se seroient confessés, & n'auroient pas fait penitence.

Vers la mi-Carême donc, en 1210, l'Evêque de Paris, Enguerrand de Couci, & plusieurs autres Croisés partirent d'ici pour cette Croisade, & se rendirent à Carcassonne. Deux ans après, c'est à dire en 1212, au mois de Février, Louis de France fils aîné du Roi & son successeur sous le nom de Louis VIII, prit la Croix contre ces Heretiques; & à son exemple, une infinité de Chevaliers. Ce qui facha le Roi, si tôt qu'il en fut averti, sans qu'on ait sû pourquoi; puisqu'enfin le jour des Cendres il ne laissa pas de tenir à Paris une grande Assemblée, pour savoir qui iroit avec son fils ; ordonnant en même tems qu'il partiroit l'Octave de Pâques. Mais comme là-dessus des guerres survinrent, on en demeura-là ; ce qui pourtant n'empêcha pas l'Archevêque de Sens, alors Metropolitain de Paris, accompagné d'autres Prélats, de s'y acheminer, avec le Duc de Bourgogne, quantité de Princes & autres Grands du Royaume.

Louis cependant fils aîné du Roi, fit ce voyage en 1215, & s'acquitta de son vœu ; je laisse-là quel en fut le succès, qui ne sert point à mon sujet, & dirai seulement qu'en 1225, deux ou trois ans après la mort de Philippe Auguste, les Comtes de Boulogne, de Clermont, de Bretagne, Richemont, Dreux, Chartres, Saint-Pol, Rouci, de Vendôme & autres grands Seigneurs assemblés à Paris, lui ayant conseillé de se croiser de nouveau contre les Albigeois, il suivit leur conseil.

CROISADE DE LOUIS VIII CONTRE LES ALBIGEOIS.

LOUIS VIII donc par l'avis des Grands assemblés vers la Chandeleur, reçût la Croix à Paris de la main du Legat d'Honoré III, nommé Romain, & marcha contre les Albigeois; & ce fut à ce voyage qu'il tomba malade & mourut. Un peu après sa mort, l'Archevêque de Sens & l'Evêque de Chartres, fâchés que l'entreprise du Roi demeurât sans effet, voulurent l'executer: si bien qu'ils vinrent à Paris exprès, & là promirent à Blanche mere de saint Louis & Regente tout ensemble, de payer chaque année à son fils & à elle quatre ans durant, quinze cens livres Parisis, somme alors très-considerable ; tellement que cette guerre ayant été recommencée, les Albigeois furent poursuivis avec tant de vigueur, qu'à la fin & eux mêmes & le Comte Raimond avec tous ses Sujets, furent contrains d'abjurer leur heresie. Ce Prince au reste par le traité de paix passé à Paris en 1228, ou 1229, eut pour pénitence de prendre la Croix des mains du Legat, qui étoit Romain, pour lors Cardinal Diacre, du titre de saint Ange & dans deux ans, de marcher contre les Sarrasins, & leur faire la guerre cinq ans durant. Le Vendredi-saint donc, Raymond & les Albigeois excommuniés comme lui, vinrent à Notre-Dame, pieds nuds & en chemise, & en cet état ayant été conduits devant les Legats de France & d'Angleterre, l'anathème fut levé, & rentrerent tous au giron de l'Eglise.

Ce Prince cependant dix ans après, non-seulement n'étoit pas encore parti pour la Terre Sainte, mais même, afin de l'y obliger, il falut en 1239, que Gregoire IX, des cinq années qu'il devoit passer dans le Levant, lui en remit deux. Son voyage, avec tout cela n'en fut pas plus

HISTOIRE ET ANTIQUITE'S

avancé; tant qu'enfin, en 1247, il se croisa de nouveau & à son exemple quantité de monde, tant Barons, Chevaliers, que Bourgeois, & pour lors tout de bon il commença à faire de grands préparatifs & à équiper des vaisseaux; si bien qu'en 1248, tout étant prêt, & les choses en tel état, qu'Innocent IV avoit déja exhorté le Patriarche de Jerusalem à favoriser son passage, avec commandement tant aux Templiers de le bien recevoir, qu'à son Legat de lui fournir deux mille marcs sterlins, d'abord qu'il seroit en Orient. A Aiguemorte sur le point de s'embarquer, il devint malade, & mourut à Milhau en 1249. Son corps fut porté à Fontevraut, où il est enterré.

CROISADES DE SAINT LOUIS.

IL en alla bien autrement des Croisades de saint Louis, que de celles du Comte Raymond.

PREMIERE CROISADE.

CE Prince en 1243, avant que de se croiser, pensa mourir à Pontoise d'une dissenterie, accompagnée de fiévre, & même tomba en léthargie, qui fut cause qu'on le tint long-tems pour mort. A peine commençoit-il à se mieux porter, qu'il supplia l'Evêque de Paris de le croiser. Sa mere & sa femme eurent beau se jetter à ses pieds & le conjurer d'attendre au moins que sa santé lui fût tout-à-fait revenue, il demeura ferme dans sa résolution, & même protesta de ne rien prendre, qu'il n'eût reçû la Croix de Jerusalem. Il la reçût donc en presence de toute la Cour, qui pour lors fondoit en larmes, & ne l'eut pas plutôt reçû, qu'il dit : *Je suis guéri*. En même tems il fait savoir aux Chrétiens d'outre-Mer, qu'il s'est croisé pour venir à leurs secours; que cependant ils se tiennent sur leurs gardes, & donnent ordre que leurs Villes & leurs Forteresses soient en bon état.

Deux ans après il assembla à Paris un grand Parlement, où se trouva Eudes de Chasteauroux Legat, & quantité de grands Seigneurs. A son exemple, autant qu'à sa persuasion, & à celle du Legat par ses sermons, les freres du Roi premierement, les Archevêques de Reims & de Bourges, les Evêques de Laon, de Beauvais & d'Orleans, Robert de France Comte d'Anjou, frere du Roi, Hugues de Châtillon Comte de Saint-Pol & de Blois, le Comte de Bretagne & son fils, avec le Comte de la Marche, Jean de Montfort, Raoul de Couci & une infinité d'autres de toutes sortes de conditions, firent vœu alors & depuis d'entreprendre le voyage de la Palestine.

Enfin il laissa le Royaume entre les mains de Blanche sa mere, & d'Alphonse de France son frere, & partit de Paris en 1248, la semaine de la Pentecôte. La Reine sa femme, les Comtes & Comtesses d'Artois & d'Anjou, ses freres & ses belles-sœurs, Eudes Legat en France & un fort grand nombre de Prélats & de grands Seigneurs lui tinrent compagnie. Les Processions de Paris le conduisirent jusqu'à saint Antoine des Champs. Là après avoir prié Dieu quelque tems, & s'être recommandé aux Religieuses du Monastere, il commença son voyage plein d'allegresse & de confiance; & si j'ajoûte à cela qu'il fut défait, pris & mis à rançon par les Sarrasins, ce

n'est

DE LA VILLE DE PARIS Liv. XIII.

n'est que pour donner avis, qu'à cette nouvelle s'éleva la prétendue Croisade des Pastoureaux.

Ces Pastoureaux étoient une multitude presque innombrable de mutins, de toutes conditions & de tout âge, jeunes gens neanmoins pour la plupart, qui faisoient courir le bruit, & eux-mêmes disoient tout haut, que Dieu les avoit suscités pour venger le Roi. Et ce qui est surprenant, par tout où ils passoient, & jusques dans Paris, ils faisoient l'eau-benite de même que les Evêques. Mamerot que je n'oserois citer, va bien plus loin; car il prétend que leur Chef nommé Maître de Hongrie, prêcha & dit la Messe en habits Pontificaux à saint Eustache. Les Historiens du tems assûrent qu'ils marioient & démarioient ceux qui le vouloient bien, & même à d'autres donnoient & étaloient la Croix. Du reste ils voloient par tout, violoient femmes & filles, maltraitoient & massacroient qui bon leur sembloit, jusqu'aux Prêtres & Religieux, sans qu'on osât s'y opposer. Tout ce qu'on put faire, à ce que dit Mamerot, fut de leur fermer les portes du petit Pont, qui sont celles du petit Châtelet, de crainte qu'ils n'allassent tuer les Ecoliers. Car ce qu'il y avoit de fâcheux à cela, est que la Regente croyoit bonnement qu'ils marchoient au secours de son fils; & pour cette raison avoit fait grand accueil à leur Chef, & commandé qu'on le laissât faire. Ceci pourtant n'empêcha pas qu'il ne fût tué en Berri avec quantité de ses camarades, & d'autres pendus; si bien que le reste se dissipa.

SECONDE CROISADE.

SAINT Louis étant de retour, il fut sollicité de nouveau, & lui-même souvent eut-il le dessein de se croiser encore une fois; mais afin que cette seconde Croisade fût plus heureuse que la premiere, il s'associa en 1259, Henri III Roi d'Angleterre, qui promit de passer la Mer avec lui, suivi de cinq cens Chevaliers, tous bien accompagnés; & sur ce pied-là lui compta pour un an douze cens mille écus. Il n'est pas besoin d'avertir qu'il y a de l'erreur dans cette somme, puisque par les rouleaux de la Chambre des Comptes il paroît que saint Louis avec la Reine, ses enfans, sa Cour, les armées, les forts & les Villes qu'il bâtit dans le Levant, n'a jamais dépensé cent mille écus par an. Mais croira-t-on que Henri III prit l'argent du Roi son frere sans faire le voyage; & que ceux du Perigord outrés du mauvais emploi d'une somme si excessive, dès-lors prirent saint Louis en telle aversion, que depuis ils ne voulurent pas chommer sa Fête.

Cependant en 1260, le Dimanche de la Passion, ce Prince assembla à Paris les Prélats & les autres grands Seigneurs pour prendre leur avis touchant la réponse qu'il devoit faire à Alexandre IV, qui lui mandoit que non-seulement les Tartares avoient passé la Mer; mais que les Sarrasins, outre l'Armenie qu'ils tenoient, s'étoient encore rendus maîtres d'Antioche, de Tripoli, de Damas, sans les autres places fortes; qu'enfin toute la Chrétienté étoit en grand danger. Il fut arrêté qu'outre les prieres qui seroient redoublées & les processions, les juremens & les blasfêmes seroient défendus, les superfluités des tables & des habits retranchées, & que de deux ans il ne seroit fait de Tournoi, ni permis de s'exercer à autres jeux qu'à celui de l'Arc & de l'Arbalêtre. Mais comme de ces réformations, les Chrétiens du Levant ne tiroient pas tout le secours qui leur étoit necessaire, saint Louis resolut d'entreprendre un second voyage, dont les Papes & les Levantins l'avoient souvent pressé, & que lui-même s'étoit proposé bien des fois.

Clement IV n'en eut pas plutôt avis, qu'il le sollicita encore là-dessus tout de nouveau, & non feulement lui permit de lever trois ans durant, tout ce qui étoit dû pour les legs de la Terre-Sainte, & pour la redemption des vœux de ceux qui avoient pris la Croix de Jerufalem, il lui accorda encore pour autant de tems le vingtiéme dans les Diocéfes de Liége, de Mets, de Toul & de Verdun, avec la Dîme deftinée pour le fecours de la Sicile, que Manfred Seigneur de Tarente allié aux Infidèles, vouloit envahir. Enfin il donna la rémiffion des pechés à tous ceux qui l'affifteroient de leurs biens & lui fournirpient pour cette guerre le dixiéme, le quinziéme ou le vingtiéme tant de leurs meubles que de leur revenu. Or comme tout ce fonds-là ne fuffifoit pas, faint Louis mit encore à la taille les Parifiens fans exception, auffi-bien les Sujets de l'Evêque que les autres. Et parce que par le Concordat paffé en 1222, entre Philippe Augufte & l'Evêque Guillaume, la Croifade n'étoit pas un des cas où le Roi pût mettre à la taille les Parifiens qui relevoient de l'Eglife de Paris, les Regens de France en 1270, déclarerent à l'Evêque Etienne que cela s'étoit fait fans préjudice de fes droits, & fans tirer à conféquence.

 Le Roi avant que de partir fit fon teftament à Paris, & choifit pour gouverner le Royaume en fon abfence, Matthieu Abbé de faint Denys & Simon de Nefle; & au cas que ceux ci vinffent à mourir, que Philippe Evêque d'Evreux, & Jean Comte de Ponthieu prendroient leur place. De même qu'à fa premiere Croifade, il tint encore à Paris un grand Parlement où affifterent une infinité de Prélats, de Princes, Barons, Chevaliers & autres perfonnes de toutes conditions. Simon Cardinal de fainte Cecile & Legat du Pape harangua. Saint Louis enfuite prit la parole, & fon exhortation fut fi touchante, que bien des gens qui n'avoient pas trop d'envie, fe croiferent. Les principaux furent fes trois enfans, le Comte de Poitiers fon frere, le Roi de Navarre, les Comtes d'Artois & de Flandre, avec le fils du Comte de Bretagne, fans les autres grands Seigneurs qui n'étoient pas en petit nombre. Avant que de fe mettre en chemin, le Roi accompagné de la plupart des Croifés, fut à faint Denys pour implorer fon fecours & y prendre l'Oriflame, l'Echarpe & le Bourdon dans le Chapitre. Son humilité au refte fut fi grande, qu'il fe mit fur la derniere des fix marches, par où l'on monte au fiége de l'Abbé. Après s'être recommandé & lui & fes enfans aux prieres des Religieux, de-là il entra dans l'Eglife, où après avoir mis la France fous la fauve-garde de faint Denys, il reçut la benediction du Cloud & de la Couronne d'Epines, puis vint coucher à Vincennes, chacun fondant en larmes, & le lendemain prit congé de la Reine, qu'il laiffa bien affligée.

CROISADE DE PHILIPPE LE HARDI.

PHILIPPE le Hardi, fils & fucceffeur de faint Louis, & qui l'avoit fuivi dans fes deux Croifades, après fa mort n'en entreprit point contre les Infidèles, quoique le grand Kam de Tartarie en 1276, lui eut envoyé à Paris des Ambaffadeurs exprès, pour l'affûrer que s'il vouloit paffer en Syrie, il l'affifteroit & de fes peuples & de fon confeil contre les Sarrafins. Le Roi fit conduire ces Ambaffadeurs à l'Abbayie faint Denys, où ils firent leurs Pâques à la façon des Chrétiens; car ils n'étoient ni de la Religion des Tartares, ni de leur Pays; mais Chrétiens de Georgie, & Sujets du grand Kam: de favoir s'ils étoient Ambaffadeurs en effet, ou Efpions, Guillaume de Nangis ne fait qu'en dire.

 Philippe en 1283, reçut bien mieux la propofition que Martin IV lui fit aire par Jean Cholet Legat *à latere*, de paffer à Valence & en Arragon, pays excommunié, auffi-bien que leur Roi; car auffi-tôt il fit une Affemblée

DE LA VILLE DE PARIS. Liv. XIII.

célebre à Paris, & mit en queſtion, ſi pour Charles ſon ſecond fils il devoit accepter le Royaume d'Arragon, que le Pape n'avoit pas mis ſimplement en interdit, mais dont il l'inveſtiſſoit. Pour tel voyage la Dîme fut levée ſur tous les Benefices de France. Le Legat logé pour lors à ſaint Germain des Prés, prêcha la Croiſade, & ailleurs depuis.

Le Roi reçût à Paris la Croix de ſes mains, & à ſon exemple, quantité de perſonnes & de toutes ſortes de conditions. Il partit enſuite avec ſes fils & le Roi de Navarre; à la tête d'une puiſſante armée; & comme ſon pere, mit à la taille les Sujets de l'Evêque. A la verité en 1285, de même qu'en 1270, Mathieu Abbé de ſaint Denys, & Simon de Neſle, ſes Lieutenans du Royaume reconnurent de bonne foi que le Prince en ceci n'avoit aucunement pretendu préjudicier au Concordat de l'année 1222. Nicolas IV de même qu'aux Croiſades du Levant, donna indulgences plenieres tant à ceux qui ſeroient du voyage, qu'aux autres qui paieroient au Roi les Dîmes & lui fourniroient d'hommes & d'argent.

Enfin, Philippe le Bel, Philippe le Long & Philippe de Valois ſe croiſerent auſſi depuis; mais ſans effet, ainſi que j'ai remarqué au commencement.

CROISADE DE PHILIPPE LE BEL.

EN 1293, la ſemaine de la Pentecôte, Philippe le Bel reçût la Croix dans l'Iſle Notre-Dame, des mains du Legat, qui étoit Nicolas, Cardinal du titre de ſaint Euſebe.

Entre le grand nombre de ceux qui la reçûrent avec lui, l'Hiſtoire nomme Louis Roi de Navarre, Philippe Comte de Poitiers. Charles Comte de la Marche ſes enfans, Edouard II Roi d'Angleterre, ſon gendre, tous les Grands, tant de l'un que de l'autre Royaume, avec les Chevaliers Anglois, & pluſieurs Seigneurs que le Roi avoit fait nouveaux Chevaliers quelques jours auparavant. Elle ajoûte que les Dames auſſi-bien que les hommes voulurent être de la partie, à condition que leur vœu ſeroit nul, ſi leurs maris ne faiſoient pas le voyage, & par cette clauſe, bien loin d'avoir part au blâme qu'on donna aux maris qui n'y furent pas, qu'au contraire, il leur en revint double honneur, paſſant tout enſemble & pour heroïnes & pour femmes bien aviſées.

CROISADE DE PHILIPPE LE LONG.

PHILIPPE le Long en 1316, fit commandement à tous Baillis & Sénéchaux de faire aſſigner à Paris les Eccleſiaſtiques, tant Prélats, qu'Abbés & autres; & tout de même les Barons avec la Nobleſſe, afin de lui donner avis ſur ſon voyage du Levant. Si bien qu'en 1317, tous les Archevêques, Evêques, Abbés, Prieurs, les Villes même & Communautés de France envoyerent leurs procurations, pour ſe trouver à l'Aſſemblée. Dans ces entrefaites, vers la Fête de la Madelaine, Louis Comte de Clermont, Jean ſon frere Comte de Soiſſons, reçûrent la Croix à Paris du Patriarche de Jeruſalem; & pour lors le Comte de Poitiers qui avoit pris la Croix quelque tems auparavant, fit publier que tous les Croiſés euſſent à ſe tenir prêts à partir à la Pentecôte avec lui l'année ſuivante.

Le voyage neanmoins fut remis par deux fois: d'abord juſqu'en 1325, puis juſqu'en 1326, & enfin il ne ſe fit point du tout. Et parce que le bruit courut qu'en 1325, à Pâques ſans faute le Comte de Clermont paſſeroit en Terre-Sainte, divers Croisés de diverses parties du monde accoururent à Paris en ce tems-là pour l'accompagner. Mais comme ce Prince n'étoit pas encore en état de soutenir une si grande dépense, le Vendredi saint, il leur fit dire par celui qui préchoit la Passion au Palais, que présentement il ne pouvoit pas, & qu'il lui falloit encore un an; & pour lors, qu'il les attendroit à Lyon, afin de convenir avec eux du lieu où ils s'embarqueroient.

Ce qui fut reçû diversement; car les uns s'en fâcherent tout de bon; les autres n'en firent que rire. Mais en 1327, il se fit encore bien plus moquer de lui; car il vint à Notre Dame prendre congé de la Vierge; & après fut à la Sainte Chapelle, où il fit serment de ne point rentrer dans Paris, qu'il n'eût accompli son vœu.

A la verité il n'y entra pas; mais il se tint toujours au Fauxbourg, tantôt au Louvre, & tantôt au Temple, qui en ce tems-là étoient hors de la Ville.

CROISADE DE PHILIPPE DE VALOIS.

PHILIPPE de Valois de même que Philippe le Bel & Philippe le Long se croisa aussi; mais avec tout autre appareil, & bien plus de cérémonies qu'eux. Car d'abord en 1332, de Melun où il étoit, il envoya ses Ambassadeurs à Jean XXII, pour faire vœu en son nom d'entreprendre le voyage d'outre-Mer au tems qu'il lui marqueroit, pourvû qu'il ne lui survînt point d'empêchement trouvé légitime par deux Prélats François nommés par le Pape. Ensuite ayant assemblé à la Sainte Chapelle, Princes, Prélats & Gentils-hommes en très-grand nombre, il leur fit entendre que son dessein étoit de faire la guerre aux Infidèles; que pour cela en son absence il vouloit laisser le Gouvernement du Royaume à Jean son fils aîné, âgé pour lors de quatorze ans; & là-dessus les pria de lui prêter en sa présence serment de fidelité sur les précieuses Reliques gardées dans cette Chapelle si sainte; & qu'au reste s'il venoit faute de lui, qu'on le couronnât sur le champ. Or non seulement il fut obéï quant au serment; mais ce serment-là même fut encore renouvellé en particulier. Le tout au reste se passa avec tant de solemnité, qu'on en fit un grand tableau qui se voit encore dans le Chœur de la Sainte Chapelle, au-dessus de la porte de la Sacristie.

Pour favoriser ce glorieux dessein, Jean XXII déclara le Roi Chef du voyage, & lui ordonna de partir en 1336. De plus, en 1333, il fit savoir à tous les Prélats de France qu'il lui donnoit tous les legs pieux, & généralement toutes sortes de donations avec le revenu six ans durant, de tous les Benefices du Royaume au-dessus de quinze livres Tournois, à la reserve de ceux des Moines, de saint Jean de Jerusalem, de l'Ordre Teutonique, des Templiers, des Archevêchés & Evêchés. Enfin, le Vendredi d'après la saint Michel, Roger Archevêque de Rouen, nommé depuis Clement VI, précha la Croix devant le Roi au Pré-aux-Clercs, où tout Paris se trouva sans compter les Prélats & les Barons. Philippe de Valois la prit le premier, & après lui Pierre de la Palu, ce savant & célèbre Archevêque de Jerusalem: ensuite les autres Prélats, avec quantité d'hommes & de femmes.

Là encore il fut résolu que cette Croisade seroit préchée par tout le Royaume, & que dans trois ans les Croisés se tiendroient prêts pour s'embarquer. Toute cette grande levée de bouclier cependant si précipitée & pleine d'agitation, avec tout le bruit qu'elle fit, aboutit à ce point, que Philippe ne fit pas le voyage; soit qu'il eût changé d'avis, ou qu'il ne le pût pas. Si bien que le Pape en 1334, se vit contraint de nommer quatre Prélats pour examiner les raisons qui l'empêchoient de partir.

CROISADES DE CHARLES VI.

SOUS Charles VI enfin, deux autres voyages encore furent entrepris contre les Infidèles, que les Historiens qualifient du nom de Croisades, quoiqu'on n'y observât aucune des cérémonies accoutumées en ces rencontres. L'un fut fait en Hongrie, contre Bajazet I en 1396, où entre autres se trouverent Jean Comte de Nevers, fils aîné de Philippe de France Duc de Bourgogne, Philippe d'Artois Comte d'Eu, Connétable de France, le Maréchal de Boucicault, Enguerrand de Couci, Henri & Philippe de Bar, le Comte de la Marche, le Sire de Sampi, Maître Renault de Roye, & Gui de la Tremoille, tous grands Capitaines; & de plus, deux mille Gentilshommes des plus braves du Royaume. Ce qui haussa le cœur à tant d'autres, que si le Roi eut laissé enrôler tous ceux qui l'en pressoient, toute la Noblesse eut monté à cheval. Avant que de partir, le Duc de Bourgogne mena son fils à saint Denys pour y faire sa priere & implorer son secours. Je ne dirai rien du succès de cet armement, que ce que chacun sait ; & enfin qu'il fut si malheureux, que tant de braves furent défaits ; pris, massacrés & livrés aux Boureaux.

L'occasion de l'autre Croisade, la voici Les Genois en 1388, ayant envoyé des Ambassadeurs pour prier Charles VI de leur fournir des troupes contre les Maures sous la conduite de Louis de France Duc de Touraine son frere, ou de quelqu'un de ses oncles, le Roi leur promit une armée, que commanderoit Louis Duc de Bourbon son oncle maternel, & qui auroit pour Lieutenant le très-vaillant Seigneur de Couci Comte de Soissons. A cette nouvelle accoururent tant de France que d'Angleterre & des pays voisins quantité de personnes, presque toute la Noblesse, & même plusieurs grands Seigneurs, sans les Chevaliers. Peu de François neanmoins, firent ce voyage ; les uns, parce qu'il falloit y aller à ses dépens. & que l'argent leur manquoit ; les autres, à cause que le Roi leur en refusa la permission, de crainte d'affoiblir son Royaume. Quant à ceux qui partirent, la plupart vendirent leurs Terres pour se mettre en équipage. Tout le monde étant prêt en 1389, comme le Duc de Bourgogne ne l'étoit pas, le départ fut remis à l'année suivante, & pour lors ils s'embarquerent. De la partie étoient Philippe d'Artois Comte d'Eu, le Comte Dauphin d'Auvergne, Jean de Vienne Amiral de France, Gui de la Tremoille, Philippe de Bar, les Seigneurs d'Harcourt, de Ligni, de Haveresk, les fils naturels du Duc de Lanclastre & du Comte de Foix. L'armée consistoit en cent vingt galeres, deux cens barques, cent vaisseaux chargés de vivres. Elle vint mettre le siége devant Carthage ; mais qu'après elle leva, en résolution pourtant d'y retourner l'année suivante. J'avoue franchement qu'une bonne partie des circonstances de cette Croisade est tirée de Mamerot, que j'ai tantôt traité de Romancier & d'Historien fabuleux ; mais comme ceci arriva presque de son tems, il a pû les apprendre de ceux qui étoient presens quand la chose se passa, joint que tout ce que j'en ai dit se trouve presque dans les Historiens contemporains, & se rapporte assés à ce qui se lit là-dessus dans les autres Livres.

DES NOUVEAUX CHEVALIERS
faits à Paris.

DES ORDRES DE CHEVALERIE
qui y ont été créés; & des marques qui nous reftent, tant de ceux-là que de quelques-autres.

A LA place de tous ces Ordres de Chevalerie, qui depuis quelques fiécles fe font repandus prefque par toute la Chrétienté, & où toutes fortes de Gentils-hommes font admis indifferemment, autrefois il n'y en avoit qu'un; & encore ne fe donnoit-il qu'à des perfonnes auffi illuftres pour leur naiffance, que pour leur valeur. Mais parce qu'une matiere fi vafte me feroit faire trop de chemin, moi qui n'ai en vûe que Paris, je ne veux pas m'en éloigner. Les bornes que je me prefcris ici font fi étroites, qu'à peine fortirai-je les portes.

Les Ordres dont j'ai à faire mention, à caufe de Paris, feront de trois fortes. Les uns ne fubfiftent plus que dans les Livres; & même encore aujourd'hui, à peine en refte-il à Paris des traces; tel que celui des Templiers, l'Ordre du Chardon, de l'Ecu d'Or, & femblables. Les autres que je mets au fecond rang, fe trouvent épars çà & là dans l'Hiftoire; & de ceux-ci, quelques-uns paffent pour certains, & le font en effet; les autres non. Entre les certains, on compte l'Ordre du Cordon jaune, ceux des Chevaliers au Fer d'or, & des Ecuyers au Fer d'argent; car quant aux Chevaliers du Chien, auffi-bien que de l'Ordre de la Genefte, c'eft de quoi on doute fort.

Enfin les derniers, & qui fleuriffent encore avec éclat, font les Chevaliers de l'Ordre, ainfi nommés par excellence, à caufe de leur haut rang, autrement dits, les Chevaliers du Saint-Efprit: enfuite ceux de Malte, ou les Freres Hofpitaliers de faint Jean de Jerufalem, & après l'Ordre de faint Michel.

DE LA VILLE DE PARIS. Liv. XIII.

LES NOUVEAUX CHEVALIERS.

MAIS parce qu'on auroit de la peine à deviner ce que j'entends par ce seul & premier Ordre de Chevalerie tant vanté anciennement, si je ne le faisois savoir, je dirai qu'autrefois il y avoit trois rangs ou degrés parmi la Noblesse, & quels ils étoient ; les voici. Et pour commencer à rebours, le dernier des trois tout à fait méprisable, étoit de ces Casaniers, qui contens de l'honneur acquis par leurs ancêtres, sans se soucier de l'augmenter, en secourant la veuve & l'orfelin, & autres personnes affligées, aimoient à vivre chés eux en repos, & ne songeoient qu'à leur plaisir. Le second, comprenoit les Ecuyers, appellés ainsi, parce qu'ils portoient l'Ecu & l'Epée de quelque Chevalier renommé, afin que dans une si bonne Ecole, & se formant sur eux, ils pussent en les imitant, produire eux-même ces grandes & heroïques actions qui rendoient dignes d'être élevés à l'Ordre de Chevalerie. Le suprême degré de Noblesse étoit celui des Chevaliers, autrement dit, l'Ordre de Chevalerie, qu'on divisoit en Chevaliers Bannerets, & Chevaliers Bacheliers ; au reste tous gens illustres & choisis, mais dont le nombre n'étoit pas fixé. Là n'étoient admis que des Gentils-hommes de nom & d'armes de trois races paternelles, selon Favin, ou de quatre quartiers, tant paternels que maternels, selon la Colombiere.

De plus, on ne pouvoit y être reçu que par un Souverain, ou par un Général d'Armée, ou tout au moins, par quelque brave Chevalier ; & enfin, qu'après l'avoir merité par des actions de valeur éclatantes, & en plusieurs rencontres, soit en servant son Prince ou sa patrie, soit pour tirer de l'oppression les veuves, les orfelins & autres personnes foibles, sans suport & sans bien. De sorte qu'il étoit si glorieux d'être de cet illustre Corps, que les Princes du Sang, les Fils de France & les Rois même en vouloient être, & s'y faisoient recevoir avec beaucoup de la solemnité. En un mot, on prétend que sous saint Louis, les Sarrasins creverent les yeux à trois mille Gentils-hommes de ce rang-là, & qu'en leur consideration, ce Prince fonda les Quinze-Vingts; mais dans le discours des fausses Traditions, j'ai fait voir que celle-ci est une des principales.

Or il faut savoir qu'en ce tems là la taille n'étoit pas un subside ordinaire, & même que nos Rois ne la pouvoient imposer que dans des necessités très pressantes, & qui menaçoient l'Etat ; & encore en telle occasion ne leur étoit-il pas permis d'y mettre tous les François, ni tous les Sujets des Seigneurs particuliers, non plus que ceux de l'Evêque de Paris; & tous les Parisiens, hormis en quatre rencontres; car alors la chose avoit lieu par toute la France généralement, ce qui s'appelloit la taille aux quatre cas. Une de ces quatre tailles qui vient à mon sujet, arrivoit quand ils faisoient leurs enfans nouveaux Chevaliers ; c'est-à-dire, qu'ils les élevoient à l'Ordre de Chevalerie, & les y associoient avec eux. Et cependant pour lors, les Sujets tant de l'Evêque que du Chapitre de Paris en étoient exemts, comme on l'apprend d'un Concordat de Philippe Auguste en 1222, avec l'Evêque Guillaume & les Chanoines, & que depuis Philippe le Hardi en 1292, confirma. Car là non seulement la taille qu'on exigeoit quand le Roi faisoit ses fils Chevaliers, est rapportée, & encore lorsque l'Etat étoit menacé, comme je disois tout maintenant ; mais aussi celle qui regardoit le mariage des enfans de France, & la rançon du Roi tombé entre les mains des Ennemis, les armes à la main, & prisonnier de guerre; qui sont les deux autres cas où toute la Ville, sans exception, devoit être taillable.

Cela étant donc, comme on n'en peut pas douter, telle levée de deniers si extraordinaire pour la reception de ces Chevaliers, nous fait voir combien grande en étoit la solemnité & l'appareil. Aussi pour cela le plus souvent choisissoit-on le jour de la Pentecôte, & presque toujours à Paris ou aux environs, dans la Cathedrale ou la principale Eglise du lieu. Des Rois même quelquefois, ou autres Princes étrangers, étoient priés d'y assister. Toute la Noblesse du Royaume sans distinction de séxe, ne manquoit pas de s'y trouver avec un équipage superbe ; la grosse Bourgeoisie de son côté aussi-bien que le menu peuple, tant à pied qu'à cheval, y paroissoit en armes. Toutes les boutiques étoient fermées pendant plusieurs jours. On tapissoit les rues, & par tout on ne voyoit que festins & réjouissances. Je ne m'amuserai point à décrire ici les cérémonies qui furent observées du tems de Charlemagne & des autres Rois depuis lui, tant de la seconde Race que de la troisiéme au commencement, lorsqu'ils firent leurs enfans Chevaliers, puisque ce ne fut pas à Paris. Et neanmoins à cause qu'il s'y passa des choses assés singulieres, ceux qui seront curieux de les savoir, n'ont qu'à lire les Capitulaires tant de Charlemagne, que de Charles le Chauve.

Au reste, je n'ai point vû dans l'Histoire que jamais personne, avant Louis VIII, Robert Comte d'Artois, & Charles Comte d'Anjou, ait été fait Chevalier aux environs de Paris ; ni même à Paris avant Philippe le Hardi, Charles Comte d'Artois, & les enfans de Philippe le Bel, tous fils de France, & Princes du Sang, dont je vais faire mention.

En 1203, le propre jour de la Pentecôte, Louis VIII fut reçû Chevalier à Compiegne, Ville du Gouvernement de l'Isle de France, dans l'Eglise de saint Cornille, par Philippe Auguste son pere, où une infinité de grands Seigneurs & autres personnes se trouverent, si tant avec tant de magnificence, soit pour les habits, soit pour les festins, qu'il ne s'étoit encore rien vû de pareil.

Dans la même Eglise, Robert de France Comte d'Artois, un peu après son mariage, fut fait nouveau Chevalier par saint Louis, où le Roi convia toute la Noblesse, deux mille Chevaliers Bannerets, suivis de leurs valets & de leurs Sergens, s'y rendirent; Enfin, tant de monde s'y trouva, que l'Empereur Frederic entra en ombrage, & n'osa pas venir jusqu'à Vaucouleurs, où il devoit s'aboucher avec le Roi.

Ce fut encore le jour de la Pentecôte, qu'à Mesun, autre petite Ville à dix lieues de Paris, Saint Louis fit nouveau Chevalier Charles son troisiéme fils, & lui donna l'investiture des Comtés d'Anjou & du Maine.

Enfin, à pareil jour, le même saint Louis en 1267, fit encore nouveaux Chevaliers Philippe son fils aîné & son successeur, & avec lui Robert Comte d'Artois son neveu, & plusieurs autres personnes de haute qualité; le tout à Paris & dans Notre Dame, où assisterent la plupart des Prélats & des Barons du Royaume. L'allegresse fut si grande, que huit jours durant les boutiques demeurerent fermées. Dans les rues on ne voyoit que Tapisseries, Tableaux, & autres ornemens, & par tout table ouverte.

Au reste, si je n'ai pas dit en son lieu que Raymond Comte de Toulouse & Alphonse de France frere de saint Louis, furent aussi tous deux faits Chevaliers par le Roi ; le premier à Paris en 1229, & dans Notre-Dame, l'autre en 1241, c'est qu'à la reception de Raymond on ne fit aucune cérémonie, & qu'Alphonse fut créé Chevalier à Saumur, Ville sur la riviere de Loire.

A l'égard de Philippe le Bel, ce fut aussi dans Paris, & le propre jour de la Pentecôte, qu'en 1313, à Notre-Dame il fit ses enfans nouveaux Chevaliers. La pompe fut si extraordinaire, qu'elle passa de bien loin toutes celles que je viens de dire, autant pour l'excès de la dépense & la multitude des assistans, que pour la magnificence de l'appareil. Car premierement, par ordre du Roi, Louis de France son frere Comte d'Evreux, y invita le Roi, a Reine & tous les grands Seigneurs d'Angleterre, les Ducs,

les

DE LA VILLE DE PARIS. Liv. XIII.

les Comtes & tous les Barons de France s'y trouverent, & changerent trois fois d'habits ce jour-là. Les Corps des Métiers y parurent avec des Livrées differentes; les uns repreſentoient l'Enfer; les autres le Paradis; le reſte diverſes Hiſtoires. Toute la Ville fut tapiſſée de ſoie & de draps précieux; tant que la nuit dura, les rues furent éclairées d'une infinité de flambeaux, & cette Fête continua pluſieurs jours. Le premier jour, toute l'aſſiſtance fut traitée au Louvre ſplendidement par Philippe le Bel, le lendemain par le Roi de Navarre ſon fils aîné, le Mardi par le Roi d'Angleterre ſon gendre, ſous des tentes dreſſées au Pré-aux-Clercs, les jours ſuivans, par les Comtes de Valois & d'Evreux freres du Roi. Enfin le dernier jour, les Bourgeois & les Artiſans firent montre proche de l'Abbayie ſaint Germain, où l'on compta quinze mille hommes à cheval & trente mille à pied; ce qui ſurprit fort le Roi d'Angleterre, de voir une ſi grande multitude.

Or quoique le jour de la Pentecôte ſemblât comme deſtiné pour créer des Chevaliers, Philippe de Valois neanmoins en 1332, lorſqu'il fit Chevalier Jean de France ſon fils aîné, choiſit la ſaint Michel; mais ce fut encore à Paris; & dans Notre-Dame, que la choſe ſe paſſa, & même avec tant d'éclat, que les Rois de Navarre & de Bohême, les Ducs de Bourgogne, de Bretagne, de Lorraine, de Brabant & de Bourbon, s'y rendirent avec une infinité de grands Seigneurs & de Gentils-hommes. Là Marie de France fille du Roi, épouſa Jean Duc de Limbourg, fils du Duc de Brabant. Enfin jamais à Paris il ne ſe vit plus de réjouiſſance, ni d'allegreſſe.

Aſſés long-tems depuis, c'eſt-à dire en 1373, & ſous Charles VI, ce Prince fit Chevaliers au Louvre le Chancelier d'Orgemont, & de Corbie Premier Préſident, tous deux, peu de jours auparavant, élûs par ſcrutin pour ces hautes Charges, par plus de ſoixante & dix perſonnes, tant Princes, Prélats, Seigneurs, Conſeillers du Parlement, & Maîtres des Comptes.

Charles VI, outre cela, en 1389, à la priere de Marie Reine de Sicile, créa encore Chevalier Louis II Roi de Sicile, & Charles d'Anjou ſon frere. Si bien qu'après le premier jour de Mai ſur le ſoir, il arriva à l'Abbayie Saint Denys, où il logea avec la Reine, les Princes & Princeſſes du Sang, tous les Grands du Royaume & les Officiers de la Couronne. Peu de tems après d'autres Princes, accompagnés de quelques grands Seigneurs, & de quantité de Gentils-hommes, tous habillés ſuperbement, partirent de Paris avec le Roi, la Reine de Sicile & ſes enfans. Ces jeunes Princes, beaux & de bonne mine, marchoient à la tête de la Compagnie, vêtus tout ſimplement, & d'une façon aſſés ſinguliere. Une robe ou tunique de griſette brune les couvroit depuis les pieds juſqu'à la tête. Sur leurs chevaux étoit un morceau de drap ſemblable, plié & attaché à la ſelle, en guiſe de houſſe. Sur eux, non plus que ſur leurs chevaux, on ne voyoit ni dorure, ni argenterie, ni autre ornement; en un mot leur équipage étoit le même que celui des Ecuyers, qui veulent devenir Chevaliers errans. Arrivés à Saint Denys, ils furent deſcendre au Prieuré de l'Eſtrée, où ils ſe mirent dans le bain qui leur avoit été préparé en lieu ſecret. La nuit venue ils vinrent ſaluer le Roi, & quitterent l'habit de Chevalier errant, pour prendre celui de nouveau Chevalier, qui n'étoit pas moins remarquable, & qu'avoient auſſi les autres Princes. Il étoit de velours cramoiſi, fourré de menu vair, & conſiſtoit en un manteau & une robe ou tunique. La robe étoit ronde & leur venoit juſqu'aux talons. Le manteau traînoit à terre, fait en façon de chape ou d'épitoge Imperial; & ſi quelque choſe les diſtinguoit des autres Princes, c'eſt qu'ils n'avoient point de chaperon. En cet état ils ſuivirent le Roi à l'Egliſe au milieu des Grands & de la Nobleſſe, le premier, entre les Ducs de Bourgogne & de Touraine, l'un frere, & l'autre oncle de Charles VI; le ſecond, entre le Duc de Bourbon & Mᵉ Pierre de Navarre. Après avoir fait leur priere devant la Châſſe ſaint Denys & des Martyrs, ils allerent ſouper avec le Roi dans une ſale de charpente, large de ſix toiſes, & longue de trente-deux, qui avoit été faite exprès dans la cour de l'Abbayie, où la propreté ne cedoit en rien à la magnificence. Par dehors une toile blanche retrouflée aux quatre coins, la couvroit de haut en bas. En dedans une autre toile rayée de blanc & de verd l'environnoit de toutes parts. Cette fale étoit terminée d'un pavillon double, riche & fait en forme de haut dais, ou de trône, fous lequel fe devoit mettre le buffet & le couvert du Roi. On y montoit par un marche-pied, orné de tapis de foie, ou de laine. Il étoit tout environné de tapifferie à fonds d'or. Enfin dans cette fale, outre l'efpace fe trouvoient toutes les commodités de celle du Palais de Paris.

Je dirai en paffant, qu'à la droite du Roi s'affirent les Reines, les Ducs de Bourgogne, & de Touraine, avec le Roi d'Armenie, & à gauche le Roi de Sicile fon frere, les Dames & les grands Seigneurs. Après foupé, on fut encore à l'Eglife dans le même ordre qu'auparavant. Pour obéïr à la coutume, il falloit que les deux jeunes Princes y paffaffent la nuit en prieres; mais comme leur âge ne pouvoit porter une telle fatigue, après y avoir été quelque tems, ils s'allerent coucher, & le lendemain y retournerent de fi bon matin, que ceux qui les devoient relever, les trouvant profternés, & en grande devotion, firent femblant de croire qu'ils n'avoient bougé de là toute la nuit en cet état. Un peu devant que la grand'Meffe commençât, le Roi entra, fuivi de la Nobleffe & de fes grands Seigneurs. Il étoit revêtu de fon Epitoge ou Manteau Royal, & devant lui marchoient les deux principaux Ecuyers de fa Garde, portant chacun par la pointe une épée nue, d'où pendoient des éperons d'or. Les Reines, les Princeffes & les autres Dames, arriverent incontinent après; & pour lors l'Evêque d'Auxerre affifté des Religieux de Saint Denys, chanta la Meffe; puis préfenta au Roi les deux jeunes Princes. A l'ordinaire s'étant mis à genoux devant lui, ils lui demanderent la grace de Chevalerie, ce font les termes, & prêterent entre fes mains le ferment accoutumé; & pour ufer encore des termes ufités, Charles VI, les acola du Baudrier militaire, où pendoit l'épée dont je viens de parler; enfuite il leur fit chauffer les éperons d'or, & après avoir reçu la benediction de l'Evêque, il les mena dîner avec lui dans la fale que j'ai décrite. Les trois jours fuivans fe pafferent en Feftins, Ballets & Tournois. Les plus braves Chevaliers de l'Europe y montrerent ce qu'ils favoient faire; & fi ce n'étoit que le recit de cette Fête convient mieux au difcours des Tournois, qu'à la matiere que je traite, je ferois voir toute la pompe & la magnificence des François en ce tems-là.

Par ce que je viens de dire, l'on voit de quelle façon, fe faifoient les Chevaliers; & de plus, que c'étoit un peu legerement fous Charles VI; car enfin, fous Philippe le Hardi, on y prenoit garde de bien plus près. En effet, fous fon Regne, les Comtes de Flandre & de Nevers ayant fait Chevaliers deux freres de la Ville de Bourbon, & tous deux donné l'Ordre de Chevalerie à deux Roturiers de la Ville de Bourbon, & tous deux freres. La nouvelle n'en vint pas plutôt qu'ils furent cités au Parlement en 1279, 1280, & 1281, par ceux de la Touffaint & de la Pentecôte, & tous condamnés à l'amende. Que fi par Arrêt ces Roturiers-là demeurerent Chevaliers, ce fut fimplement Chevaliers de grace.

A ceci j'ajoûterai une chofe fort extraordinaire, & qui fit parler bien du monde. En 1415, l'Empereur Sigifmond en pleine audiance, fit Chevalier un fimple Gentil-homme. Ce Prince étoit venu a Paris à deux fins; l'une pour la paix entre la France & l'Angleterre; l'autre pour la réunion de l'Eglife, en ce tems-là déchirée par les Antipapes. Pendant fon féjour il eut la curiofité de fe trouver à la Chambre des Pairs que nous appellons aujourd'hui la grand'Chambre. D'abord qu'il fut entré, il vint tout droit s'affeoir à la place du Roi, quoique plufieurs en murmuraffent, foûtenans que fa vraie place étoit parmi les Prélats au-deffus d'eux. La caufe au refte qu'on plaida devant lui, regardoit la Sénéchauffée de Beaucaire, qu'un certain Chevalier nommé Pefteil, prétendoit lui appartenir, à caufe de fa qualité. D'un

DE LA VILLE DE PARIS. Liv. XIII.

autre côté Seigner simple Gentil-homme prétendoit la même chose. Le Chevalier alleguoit que la dignité de Sénéchal à Beaucaire avoit toujours été donnée à un Chevalier; que sa partie n'étant que Gentil-homme, en devoit être exclus. Or comme le Chevalier n'avoit autre chose à remontrer que sa qualité, & que c'étoit sa plus forte raison ; l'Empereur là-dessus fait approcher Seignet, lui commande de s'agenouiller proche du Greffier, & pour lors le frapant doucement trois fois sur le dos, d'une très belle épée qu'il demanda à un de ses Gentils hommes, en même tems il se fait ôter un de ses éperons dorés, le lui fait mettre par un de ses gens, avec une ceinture, où au lieu d'épée pendoit un long coûteau ; & de cette sorte Seignet devint Chevalier. Avec tout cela cependant la cause ne laissa pas d'être apointée. Tel procédé au reste par un Empereur en France, dans la Cour des Pairs, de plus, en pleine audiance, & devant tout le monde, surprit de telle sorte, que le Roi lui-même & tous les Princes en furent scandalisés, avec d'autant plus de sujet, que le Parlement l'avoit enduré. Les uns disoient que l'Empereur l'avoit fait de pleine autorité, & comme ayant droit d'en user ainsi dans le Royaume. Les autres que le Roi de France, comme relevant purement de Dieu & de son épée, ne sait ce que c'est que d'Empereur. D'autres au contraire, qui veulent faire les politiques, avancent que si on ne s'opposa pas à l'entreprise de Sigismond, c'est qu'on n'osoit, à cause du Duc de Bourgogne, dont il étoit partisan, qui pour lors disposoit du Roi & de l'Etat à sa volonté. Enfin, quelques Historiens, pour faire qu'on se console d'une telle injure, remontrent que Charles VIII depuis, en eut bien sa raison ; quand à Rome, le Pape y étant, & presque à sa vûe, il fit donner le fouet & couper les oreilles à certains fripons. Outre ceci neanmoins, si l'on avoit sû que la création des Chevaliers est un acte legitime, & si libre de soi qu'il n'est assujetti ni au tems ni au lieu ; que par tout indifferemment les Souverains peuvent faire des Chevaliers, & qu'enfin même ce droit a passé jusqu'aux Généraux d'Armée, qui souvent en ont ainsi usé ; si, dis-je, ces choses eussent été connues, personne ne se seroit formalisé de l'action de l'Empereur ; & nos Historiens n'auroient pas fait les contes qu'ils font là-dessus si mal-à propos.

Après tout pourtant on peut dire de Sigismond que, qui l'eut laissé faire depuis, la France alloit recevoir un si grand affront, que la Jurisprudence, ni l'Histoire ne l'auroient pas pû pallier avec toutes leurs raisons, bien loin de l'effacer ; car à Lion en 1416, il eut bien la hardiesse de vouloir ériger en Duché le Comté de Savoie, & même y revêtir Amedée du Manteau & du Bonnet Ducal ; mais comme les Officiers du Roi s'y opposerent, & ne purent souffrir que dans le Royaume il exerçât un Acte de cette qualité ; & quoi qu'il se sentît offensé de ce refus ; neanmoins la consideration d'Amedée qu'il ne vouloit pas mécontenter, l'obligea de passer le Rhosne. & là, dans un petit Château nommé Monluet, qui dépend de l'Empire, il le fit Duc.

A ce propos, je ne veux pas omettre ce qui arriva au siége de Melun en 1420, Henri V, Roi d'Angleterre, étant venu à faire Chevaliers de Hornes, de Baussignes, de Manues, & autres, qui s'étoient signalés à une mine qu'il avoit conduite jusqu'à la muraille ; Barbazan Gouverneur de la place, en voulut faire aussi de son côté, qui furent Louis Juvenal des Ursins, & Gilles d'Eschevillier, Bailli de Chartres, le tout au bruit des trompettes & des cloches. Les Ennemis surpris de tant d'allegresse, & ne pouvant s'imaginer autre chose, sinon que les assiegés étoient dans l'esperance de quelque secours, Barbazán en même tems, pour ne les pas laisser plus long-tems dans cette erreur, fut bien aise de leur faire savoir la verité, afin qu'ils n'en doutassent pas.

Au reste, qui voudra être instruit des cérémonies qu'on observoit tant à Paris qu'ailleurs, à la reception des Chevaliers, il y a des Livres qui en sont pleins, qu'on n'a qu'à ouvrir.

Tome II

Voila ce que j'avois à dire des Chevaliers en général, & de la premiere sorte, venons aux autres Ordres de Chevalerie en particulier.

LES CHEVALIERS DE MALTE.

LES plus anciens Ordres dont il reste des marques à Paris, sont les freres Hospitaliers de Saint Jean de Jerusalem, appellés les Chevaliers de Malte, & les Chevaliers Templiers abolis au Concile de Vienne sous Philippe de Valois.

A l'égard de ces Templiers, il s'en voit encore des Tombes, & au Temple, & à saint Jean de Latran.

Pour les Chevaliers de Malte, comme ils sont en possession de ces deux lieux-là, depuis fort long tems; aussi tout est il plein de leurs Epitaphes & de leurs Mausolées, que les Curieux peuvent aller voir, & qu'on ne sauroit particulariser, sans faire un gros Volume. Peut-être seroit-il à propos de rapporter ici ce qui se passa à Paris contre les Templiers; mais parce que le savant du Pui, Garde de la Bibliothéque du Roi, a traité cette matiere amplement, il n'y a qu'à lire son ouvrage.

Touchant les Chevaliers de Malte, je ne dirai que ce qui fut observé à la reception d'Alexandre de Bourbon fils naturel de Henri IV, depuis Grand Prieur de France, appellé communément le Grand Prieur de Vendôme, parce qu'elle se fit avec plus d'appareil que de coutume.

Suivant les expeditions que le Grand Maître de Malte avoit envoyées au Roi, les Grands Prieurs de France & de Champagne se rendirent au Temple avec douze Commandeurs & seize Chevaliers, pour donner l'Ordre à ce Prince. Dans l'Eglise qui étoit fort bien parée, fut dressé un haut dais au milieu du Chœur, où se mirent le Roi & la Reine. Les Princes, les Princesses, quantité de Prélats, avec les Ambassadeurs, qui pour lors étoient à Paris, assisterent à la cérémonie. D'abord l'épée d'Alexandre fut benite; après quoi, on lui mit une Robe de taffetas noir, sur un Habit qui étoit de satin blanc, & tout couvert de clinquant. Ensuite un Commandeur & le Duc de Vendôme son frere le conduisirent à l'Autel.

L'Evêque de Nevers lui fit une remontrance sur l'Ordre qu'il alloit prendre. Cela fait, on commença la Messe qu'il entendit, l'Evangile dit, il se mit à genoux devant le Grand Prieur de France, tenant à la main un cierge blanc & lui demanda l'Ordre de Malte qu'il reçût.

Au reste il étoit si jeune, que lorsque le Grand Prieur vint à l'interroger, le Roi descendit de son Trône pour lui aider à répondre. La Messe achevée, il se presenta, afin de faire profession; & Henri IV encore plus par office de pere que de Roi, s'avança, & promit que son fils n'auroit pas plutôt seize ans, qu'il feroit les vœux de pauvreté, d'obedience & de chasteté. Ensuite le Grand Prieur mit au nouveau Chevalier un plastron de satin noir, avec la grande Croix, & en même tems, les hauts-bois & les trompettes se firent entendre, qui terminerent la cérémonie.

Le Grand Prieur & les Chevaliers de Malte dînerent avec le nouveau reçu, & le Roi chés Zamet, au lieu même où est maintenant l'Hotel de Lesdiguieres.

DE LA VILLE DE PARIS. Liv. XIII.

L'ORDRE DE L'ETOILE.

S'IL en faut croire Favin, c'eſt le Roi Robert qui a inſtitué l'Ordre de l'Etoile, & ſaint Louis celui de la Geneſte, ou de la Coſſe de Geneſt; par conſequent que tous leurs ſucceſſeurs & deſcendans, que j'ai dit avoir été créés nouveaux Chevaliers, étoient Chevaliers ſimplement de l'un ou de l'autre de ces deux ordres. Cependant il n'y a rien de ſi faux que ce qu'il avance là de St Louis & du Roi Robert. Et de fait, ſans entaſſer ici une infinité de preuves pour le confondre, que je pourrois rapporter, il faut conſiderer ſeulement que pas un Auteur du tems de Robert ne fait mention de l'Ordre de l'Etoile. Bien davantage, la plupart des grands Seigneurs, à qui il veut que ce Prince le donna, n'étoient pas encore au monde, ou étoient morts auparavant. De plus, à ſon dire, la cérémonie s'en fit après la création des Pairs de France, dont on n'a ſû encore découvrir l'origine; & enfin les autres choſes qu'il raconte à ce propos, ſont toutes tirées d'un Roman écrit ſous Philippe de Valois, trois cens ans ou environ depuis le Roi Robert, par Brabant Roi d'Armes, qui à la façon des Poëtes, a inventé exprès cette fable, pour embellir & groſſir ſon ouvrage.

Mais ſans m'amuſer plus long-tems à refuter les erreurs d'un ſi excellent Hiſtorien, le Roi Jean eſt certainement l'Inſtituteur de l'Ordre de l'Etoile; & pour le prouver en deux mots, il ne faut que lire ſes lettres, où il prend la qualité d'Inventeur & de Fondateur d'icelle Compagnie.

Pour cette fondation, il choiſit une maiſon de plaiſance, qui appartenoit à Marie d'Eſpagne Comteſſe d'Alençon, & à ſes enfans, que Charles Comte d'Alençon ſon mari avoit agrandie & accompagnée de quantité d'édifices. Elle tenoit à Saint-Ouen, petit Village à deux lieues de Paris, ſitué ſur le bord de la Seine, dans la plus belle vûe du monde. Le Roi Jean, Charles VI ſon petit-fils, Louis Duc de Guyenne, ſon arriere-petit fils, pour lui donner plus d'étendue, y joignirent quantité de maiſons, des maſures, des prés, des bois, des vignes, & des jardins qu'ils acheterent aux environs : on la nomma la noble Maiſon. Et parce que le Roi choiſit pour Fête de l'Ordre l'Aſſomption de la Vierge, ceux qui y furent reçûs, s'appellerent les Chevaliers de Notre Dame de la Noble-Maiſon. Entre pluſieurs beaux édifices qu'on y fit le plus célébre, étoit la ſale, large de dix toiſes, longue de vingt, flanquée aux quatre coins de quatre tours rondes, terminée de plus d'une cheminée, extraordinairement grande, & auſſi haute que le Clocher du Village. Chaque Chevalier y avoit ſa place & ſes armes au-deſſus. Le Roi Jean y fit faire une table, appellée la table d'honneur, & à cette table, tant la veille que le jour de la Fête de l'Ordre, devoient être aſſis les trois plus braves Princes, les trois plus braves Chevaliers Bannerets, & les trois plus braves Bacheliers de l'Aſſemblée. En tout cas, neuf autres de ces trois qualités differentes, qui chaque année avoient achevé de plus grands faits d'armes, ou à la guerre s'étoient fait remarquer par quelque action très ſignalée. De tant de choſes cependant, à peine en reſte-t il des ruines, & même en eſt-il parlé.

Cet Ordre étoit compoſé de cinq cens Chevaliers. Ils devoient jeûner le Samedi, ou donner quinze deniers aux pauvres, en l'honneur des quinze joies de Notre Dame, & tous les ans il faloit qu'ils ſe trouvaſſent à Saint-Ouen, la veille & le jour de la mi-Août, à moins que d'avoir de grandes affaires. Comme le Roi quelquefois pouvoit les conſulter ſoit en particulier, ou tous enſemble, ſur des points importans, & qui regardoient l'Etat, ils faiſoient ſerment de dire toujours leur avis en gens d'honneur & en conscience; mais au cas qu'avant leur reception ils eussent déja pris quelque autre Ordre de Chevalerie, ils promettoient de le quitter, si la chose étoit en leur disposition, & que la bien séance le pût permettre ; mais du moins qu'à l'avenir, ils n'en recevroient plus sans la permission du Roi.

Leur habit étoit une Cotte blanche, & un Chaperon rouge, quand ils ne portoient point de Manteau, & quand ils en portoient, ce Manteau étoit rouge, semblable à celui d'un nouveau Chevalier, & fouré de vair, qui est une espece de penne, ou fourure blanche & bleue. Dessous ils avoient une cotte harelie blanche, un sercot ou chemisette de la même couleur, avec des chausses noires & des souliers dorés.

Or quoiqu'ils pussent aller ainsi vêtus toutes & quantes fois qu'il leur plaisoit, neanmoins le Samedi il n'y falloit pas manquer, si faire se pouvoit ; & de même tous les jours d'avoir un habit blanc par-dessous ; mais sur-tout autant le jour que la nuit, de porter continuellement au doigt un anneau où fût écrit leur nom & leur surnom, avec un morceau d'émail rouge, rehaussé d'une étoile blanche, & un Soleil d'or au milieu. A leur manteau sur l'épaule, ou devant à leur chaperon ; il y avoit agraphe ou carquant, nommé alors fremail enrichi d'une étoile, & d'un Soleil de la même maniere, qu'ils pouvoient porter tous les jours, & sur toute sorte de Robe ; mais à l'Armée par tout indifferemment & où bon leur sembleroit.

Quand quelqu'un d'eux venoit à mourir, ce jour-là même on envoyoit à Saint-Ouen le plus riche de ses anneaux, & de ses fremaux dont une partie devoit servir à faire prier Dieu pour lui, & l'autre à honorer la Noble-Maison : de sorte qu'incontinent après, à son intention étoit fait un Service solemnel ; & de plus, les autres Chevaliers absents, ne recevoient pas plutôt la nouvelle de cette mort, que chacun faisoit dire une Messe.

Au reste, tout Chevalier qui venoit à lâcher le pied, soit dans une bataille ou ailleurs, pour lors il ne lui étoit plus permis de prendre les habits & les autres marques de l'Ordre ; ses Armes & son timbre élevés dans la grande sale de Saint-Ouen, étoient déplacés, & mis sans dessus dessous, jusqu'à ce que reparant sa faute par quelque belle action, le Roi par l'avis de son Conseil, le rétablît.

J'omets ici que le Roi Jean, en qualité d'Inventeur & de Fondateur de cet Ordre en étoit le Chef ; par consequent que les Rois ses successeurs, non plus que les Chevaliers, n'osoient entreprendre de voyage au loing, sans le faire savoir ; car c'est la coutume.

Je passe encore beaucoup d'autres particularités dont Favin, assés mal à propos, a farci son Théatre d'honneur & de Chevalerie, afin de ne pas perdre du tems à les refuter, comme n'en vallant pas la peine.

Je dirai seulement que Charles VII n'a point aboli cet Ordre, ainsi qu'on a tâché de faire croire. Que si en 1455, il le donna au Chevalier du Guet, ce ne fut point par mépris, suivant la tradition : ce qui est si vrai, qu'il ne l'auroit pas donné, comme il fit en 1458, à Gaston de Foix son gendre, Prince de Navarre. Mais bien plus, Louis XI encore en 1470, n'auroit pas mandé au Prevôt des Marchands & Echevins, qu'il vouloit venir à Paris célébrer la Fête de cet Ordre, & qu'il entendoit que les Princes & autres grands Seigneurs qu'il ameneroit avec lui, fussent logés par fourriere, aussi bien que leur suite.

Enfin il est constant que l'Ordre de l'Etoile a duré jusqu'à Charles VIII, & c'est lui qui l'abolit, à cause de l'Ordre de saint Michel que Louis XI son pere avoit institué à la place.

Cependant il en reste encore des marques à Paris, sans parler du Chevalier du Guet & de ses Archers, dont les Hoquetons & Mandiles ont devant & derriere une étoile en broderie.

On voit encore au-dessus de la porte saint Jaques & celle de saint Marceau, un écu d'azur, & une étoile d'or, au-dessous de la figure de pierre d'une N. D.

DE LA VILLE DE PARIS. Liv XIII. 719

De plus, à la Chapelle d'Orleans des Celestins, Louis de France Duc d'Orleans, y est representé, vêtu d'une Robe de velours, à grandes manches fourées d'hermines, une étoile d'or sur l'épaule gauche, & deux colliers d'or au tour du cou, qui sont peut-être les colliers tant de l'Ordre de l'Etoile que de celui du Porc-épic qu'il établit & institua. Et quoique cette peinture ne paroisse pas si ancienne que le Mausolée de ce Prince, on croit pourtant que si ce n'est qu'une copie, le Peintre qui l'a faite, a tâché qu'elle ressemblât entierement à l'original.

L'ORDRE DU CHIEN.

BELLEFOREST fondé sur une vieille Histoire manuscrite qu'il allegue, prétend que Bouchard de Montmorenci, surnommé à la barbe torte, après avoir fait la paix avec Philippe I, vint à Paris lui baiser les mains, suivi d'un grand nombre de Chevaliers, qui portoient au col une double chaîne d'or faite en façon de tête de cerf, & terminée d'une Médaille où se voyoit un Chien.

A son avis, cet Ordre se nommoit l'Ordre du Chien, que les predecesseurs de ce Bouchard avoient institué, & ἀπλανὴς, qui signifie sans erret ni varier, en étoit la devise; & c'est de-là que la Maison de Montmorenci porte un chien pour cimier, & que pour devise elle conserve encore ce mot.

L'ORDRE DE LA GENESTE.

FAVIN le plus credule de nos Historiens, pour ne rien dire de pis, prétend que saint Louis, ainsi que j'ai déja remarqué, institua l'Ordre de la Geneste, ou de la Cosse de Genest; qu'en 1234, un jour auparavant que Marguerite de Provence sa femme fût couronnée, il le reçût de la main de Gautier Archevêque de Sens; que depuis il le donna à son fils, à ses freres & à son neveu. Pour le prouver, contre sa coutume neanmoins, qui n'est pas de se soucier trop d'apporter des preuves de tout ce qu'il dit, il cite & transcrit même un passage de Guillaume de Nangis; mais après l'avoir falsifié. Et de fait, quoique dans les differentes éditions, & même dans plusieurs anciens manuscrits de cet Auteur, on lise toujours: *Eos cum pluribus aliis milites novos*; afin d'y trouver son compte il ajoute & met: *Eos cum pluribus aliis milites novos Ginestellæ fecit.*

Après cela j'ai grand sujet de douter auquel des deux on doit ajouter plus de foi, ou aux Lettres de Charles V, de l'année 1378, qu'il a copiées dans son Theatre d'honneur & de Chevalerie, pour montrer que ce Prince permit à Geoffroi de Belleville, l'un de ses Chambellans, de porter les Fêtes & en toutes sortes d'Assemblées, le collier de la Cosse de Geneste; ou à celles de Charles VI, qui accordent la même faveur à Pierre Fenyn Pannetier; & que le jeune Godefroi a fait imprimer avec Juvenal des Ursins.

Quoi qu'il en soit, ces fables avancées avec tant d'effronterie, ont tellement imposé à Peiresc, Conseiller au Parlement d'Aix, l'homme le plus curieux qui peut-être ait jamais été, qu'au tour du Tombeau de Leon de Luzignan Roi d'Armenie enterré aux Celestins, il s'est imaginé d'avoir vû en effet des marques de cet Ordre; car entre les figures qui y sont, il prend l'une pour saint Louis, l'autre pour Edouard III Roi d'Angleterre, à cause que l'une & l'autre ont un collier d'or, fait de mailles à crochets. Ce pourroit être, dit-il, des fleurs de Genest, & parce que sur l'estomac leur pend une Medaille grande comme un ducaton, où à l'une est representé un cerf, seconde, un Agneau Paschal, ou cerf aîlé, dont le bois est tombé, il veu à toutes forces que ce soit une Geneste couchée.

Quant à moi, étant venu à considerer après lui, ce Tombeau assés attentivement, à la reserve de la figure d'Edouard III, je n'y ai rien vû de tout le reste; & de vrai, les crochets, ou mailles des colliers ne ressemblent aucunement à des fleurs de Genest. Pour les Medailles d'Edouard III, ce qui s'y remarque, approche bien plus d'un cerf aîlé, que d'un Agneau Paschal. J'ai pris la figure de saint Louis pour celle de Charles VI, qui reçût le Roi d'Armenie d'une façon si obligeante, qu'il est mort en France riche & comblé d'honneurs. Et ce qui me le fait croire encore plus volontiers, est que dans sa Médaille, au lieu d'une Geneste couchée, c'est assurément un cerf aux abois, avec un collier au cou, que Charles VI, prit pour symbole ou emblême, depuis qu'il eut forcé dans la Forêt de Senlis ce cerf si renommé, & dont l'Histoire parle tant, qui avoit un collier où ces mots se lisoient: *Hoc Cæsar me donavit*.

De ceci il resulte que l'Ordre de la Geneste est une chimere, ou peu s'en faut, & que les singularités rapportées par Favin, sont aussi peu veritables, que les traces prétendues qu'en a découvert le Conseiller Peiresc.

L'ORDRE DU CHARDON.

CE que Peiresc & Favin disent tous deux des Ordres de l'Ecu d'or, & du Chardon, établis en 1363, & 1370, par Louis II, Duc de Bourbon, & même de celui du Porc-épic, institué en 1393, par Louis de France Duc d'Orleans, est plus curieux & plus approchant de la verité, que ce que j'ai allegué d'eux touchant l'Ordre de la Geneste, & quoi que ces Princes ne les aient pas érigé à Paris, neanmoins il y en reste des marques, & dont je vais parler.

Quant à l'érection & aux autres particularités qui ne font point à mon sujet, elles sont en partie dans Favin; mais qui les voudra voir, doit se défier & se donner de garde de ses embuches; car enfin, tout ce qu'il dit, m'est si suspect, qu'encore que pour l'intelligence des choses qu'il me faut rapporter des Chevaliers du Chardon, j'aie besoin de la description qu'il fait du collier & de la ceinture de leur Ordre; cependant j'aime mieux me contenter de ce qui s'en voit près du Louvre, à l'Hotel du petit Bourbon, bâti par Louis, Instituteur de cet Ordre.

Avant donc qu'on eût démoli une partie de ce Palais pour agrandir le Louvre, la ceinture des Chevaliers du Chardon se voyoit étendue comme un rouleau, sur les deux battans du portail, en haut, en bas & au milieu. Elle étoit large de quatre ou cinq pouces, & bordée de clouds dorés, le mot, *Esperance*, devise du Prince, s'y lisoit en lettres majuscules & gothiques au bout il y avoit une boucle avec son ardillon déchiqueté & ébarbillonné comme la tête d'un chardon, & ne ressembloit pas mal à une grosse sangle. Le collier se voit encore à l'apui du balcon d'un corps de logis qui reste de cet Hotel, vers la riviere, sur le quai de Bourbon, il est de pierre de taille, percée à jour, & coupée fort proprement. Ce sont des bâtons recroisés, ou lozanges rangées les unes après les autres, & garnis alternativement de fleurs de lis & de lettres gothiques, qui composent encore le mot Esperance; mais disposées d'une façon assés bisare, & tout autrement qu'à la ceinture & au collier que Favin a fait graver dans son Théatre. Le Conseiller Peiresc prétend avoir vû plusieurs restes tant de cet Ordre que de celui de l'Ecu d'or, que pourtant je n'ai point vû, quoique j'y sois allé bien des fois exprès, & que j'aie fait mon possible pour les trouver. Favin de son côté assûre que le clocher étoit couronné d'un cercle de plomb doré, fait comme

un

DE LA VILLE DE PARIS. Liv. XIII.

un chapeau Ducal, & enrichi de fleurs de lis déchiquetées en têtes de chardons Quant à moi, je ne l'ai jamais vû; & de plus, les vieillards de ma connoissance les plus curieux, ne m'en ont pû dire de nouvelles : & sans me mettre en peine de prouver que les Couronnes des Ducs & des Princes du Sang de ce tems-là, ne finissoient point en fleurs de lis ; j'ai cet avis à donner, que celles de Louis & de Charles Ducs d'Orleans, qu'on voit aux Celestins, dans la Chapelle de ces Princes, sont terminées simplement d'un rang de petites perles, & que celle de Philippe Comte de Vertus, fils de Louis de France, frere de Charles, tous deux Ducs d'Orléans, y est toute unie, & sans aucun de ces enrichissemens qu'ont usurpé depuis, non-seulement les Princes, les Ducs, les Comtes & les Marquis, mais un tas de petits Gentils-hommes, & même de Roturiers.

L'ORDRE DU PORC-EPIC.

PUISQUE je me trouve sans y penser, dans la Chapelle d'Orleans des Celestins, où sont plusieurs marques du Porc-Epic, inventé par Louis de France Duc d'Orleans, j'y ai observé que sous les pieds de Charles son fils, dont le Mausolée se voit là, près de celui de son pere, est couché un Porc-Epic ; ce qui est cause que le Conseiller Peiresc a mieux aimé lui attribuer l'érection de cet Ordre ; qu'à son pere, qui en fut l'Instituteur assurément. Il ne seroit pas tombé dans cette erreur, s'il avoit pris garde que ce Prince avoit pour emblême un Porc-Epic, avec la devise *Cominus* ; & encore s'il eût sû qu'en 1407, le vingtième de Novembre, qui étoit un Dimanche, après avoir dîné à l'Hotel de Nesle, avec le Duc de Bourgogne, il lui mit au cou le Collier de l'Ordre du Porc-Epic. Par là nous apprenons pourquoi Louis XII, son petit-fils, avoit pris un Porc-Epic pour symbole, & pourquoi nous voyons des Porcs Epics à tous les édifices qu'il a fait bâtir, tant à Paris qu'ailleurs. Au reste, avec la Couronne de Charles Duc d'Orléans que j'ai décrite, il y a encore au même lieu son casque, ayant autour du cou le Collier de l'Ordre du Porc-Epic, & une de ses Enseignes ou Bannieres, que Henri II fit repeindre en 1554, où est figuré un Porc-Epic, lançant des épics, ou dards, & portant au col le camail de l'Ordre, avec un tortis d'or brûlé par les deux bouts, entouré d'un ruban d'argent, où est écrit, *ma volonté*.

L'ORDRE DES CHEVALIERS DU FER D'OR
& des Ecuyers au Fer d'argent.

AFIN de suivre l'ordre Chronologique ; il me faut revenir à l'Hotel de Bourbon que j'ai quitté, ou plutôt à un Ordre de Chevalerie, que Jean Duc de Bourbon, fils de Louis II, Instituteur de ceux du Chardon & de l'Ecu d'or, érigea en 1414, à Notre-Dame de Paris, le premier jour de Janvier, & dont ni la Colombiere, ni Favin, qui s'imaginent avoir épuisé cette matiere, ne font aucune mention.

Il l'appella l'Ordre des Chevaliers du Fer d'or & des Ecuyers au Fer d'argent, & fit savoir qu'il l'établissoit tant pour éviter l'oisiveté, & se signaler par des faits d'armes, que pour acquerir de la gloire, & les bonnes graces d'une très-belle Dame qu'il servoit.

Seize Gentils-hommes seulement, partie Chevaliers, partie Ecuyers, y

Tome II. YYyy

devoient être reçûs. Ces Chevaliers auſſi-bien que lui, étoient obligés de porter tous les Dimanches à la jambe gauche un fer de priſonnier pendant à une chaîne; ou venant à y manquer, de donner quatre ſols Pariſis aux pauvres, ſomme alors aſſés conſidérable. Le nom de l'Ordre fait aſſés connoître qu'il y avoit entre eux cette différence, que la chaîne & le fer aux Chevaliers étoient d'or, & d'argent ſeulement aux Ecuyers. De ces Ecuyers au reſte, les premiers qui s'enchaînerent furent Carmaſet, Cochel & du Pont; & entre les Chevaliers, Chalons Amiral de France, Barbazan, Duchaſtel, Gaucourt, de la Huze, Gamaches, Saint Remi, de Mouſſures, Bataille, d'Aſnieres, la Fayette & Poulargues. Leur ſerment portoit.

De s'entr'aimer comme freres, de ſe procurer du bien les uns aux autres, de ne point ſouffrir qu'on parlât mal d'eux, de défendre leur honneur à quelque prix que ce fût : leurs armes ſur-tout, comme étant dédiées au ſervice des Dames qui imploreroient leurs ſecours. Ils étoient reſolus de ſe battre tous enſemble dans deux ans pour l'amour d'elles, ſoit à pied & à outrance; armés de haches, de lances, d'épées, de dagues, & même de bâtons; le tout au choix des adverſaires.

Tous ces deux ans-là de tems au reſte, ne furent pris pour leur combat', qu'à condition qu'ils ne puſſent trouver plutôt dix-ſept Chevaliers ou Ecuyers ſans reproche, qui vouluſſent en venir aux mains, & s'éprouver contre eux. Que s'ils y étoient outrés, c'eſt le terme, ils demeureroient entre les mains des victorieux, & deviendroient leurs priſonniers, ou bien donneroient pour rançon un fer avec ſa chaîne ſemblable à celui de leur Ordre; les Chevaliers un d'or, les Ecuyers un d'argent. Que ſi au contraire, ils avoient l'avantage, les adverſaires tout de même demeureroient priſonniers, ou ſe racheteroient par quelque preſent; les Ecuyers leur donneroient un braſſelet d'argent, & les Chevaliers un d'or. Enfin s'ils y étoient aſſommés, ou bien que par maladie, ou autrement, ils vinſſent à mourir, en ce cas-là leur fer auſſi bien que la chaîne feroient envoyés à la Chapelle de l'Ordre, & là appendus devant l'image de la Vierge; & alors pour l'ame du défunt les Confreres feroient dire un ſervice, & dix-ſept Meſſes chacun, où ils aſſiſteroient en deuil. Quiconque au reſte tomberoit dans quelque faute, ſeroit caſſé & chaſſé de leur Compagnie; & quoique le Duc de Bourbon fût Inſtituteur de l'Ordre, ſa modeſtie fut telle qu'aucune place vacante ne devoit être remplie que par l'avis de la meilleure partie, ou de tous les Chevaliers enſemble, ne ſe reſervant autre ſuperiorité ni avantage, que de contribuer plus largement qu'eux aux dépenſes qui ſe devoient faire à frais communs, de leur fournir les Lettres du Roi dont ils auroient beſoin, & quand il faudroit aller en Angleterre, ou devant leur Juge, de leur faire ſavoir le jour qu'il partiroit; & qu'enfin aucun d'eux, ſans ſon congé ne pourroit entreprendre de voyage, ni faire autre choſe qui pût empêcher de ſe trouver au rendés-vous, au tems du combat.

Par tout ceci, il paroît que cet Ordre, à proprement parler, n'étoit qu'un combat à outrance, & un duel de dix-ſept contre dix-ſept, où les Dueliſtes ſacrifioient leur vie & leur honneur pour des femmes, & peut-être, pour des concubines; & neanmoins, comme j'ai dit, ils ne laiſſerent pas de le fonder à Notre-Dame, dans une Chapelle nommée la Chapelle de Grace Notre-Dame, au nom de la Trinité, de la Vierge & de ſaint Michel. De plus, ils s'obligerent à faire peindre dans cette Chapelle une image de Notre-Dame, avec les armes de leur Maiſon, & y mettre un fer d'or ſemblable à celui qu'ils portoient; mais fait en chandelier, afin d'y placer un cierge allumé, qui brulât continuellement juſqu'au jour du combat. Ils s'obligerent encore à faire dire à neuf heures tous les Dimanches, une haute Meſſe de la Vierge, & une baſſe à pareille heure les autres jours; & pour cela fourniroient Calice, Chaſuble & autres ornemens neceſſaires, & ſi c'étoit le bon plaiſir de Dieu, qu'au combat général ils battiſſent leurs adverſaires

DE LA VILLE DE PARIS Liv. XIII.

chacun d'eux alors en particulier, non seulement y fonderoit sa Messe & un cierge à perpetuité, mais encore s'y feroient representer avec sa cotte d'armes & les autres armures qu'il avoit en combattant, & même y donneroit les brasselets des vaincus que Dieu leur auroit donné ce jour-là, ou d'autres de pareille valeur.

Cet Ordre après tout, dura peu, & même les Chevaliers & les Ecuyers ne se battirent point au jour préfix. A la verité le Duc de Bourbon passa en Angleterre au tems porté, ou à peu près, par les Lettres de fondation; mais en qualité de prisonnier de guerre, & non pas de Chevalier du Fer d'or, où il mourut après dix-neuf ans de prison, sans avoir pû executer son entreprise.

LES CHEVALIERS DE L'ORDRE ou DU SAINT-ESPRIT.

DEPUIS l'institution des Chevaliers du Fer d'or, jusqu'en 1579, je ne trouve point qu'il se soit érigé d'autre Ordre à Paris, que celui du Saint-Esprit, que Henri III disoit n'avoir créé, que parce que celui de saint Michel commençoit trop à s'avilir, & même étoit en tel mépris qu'on l'appelloit le Collier à toutes bêtes; cependant on l'accusoit de l'avoir donné pour deux Turquets, ou petits Chiens, pour

pour   sa naissance, son élection au Royaume de Pologne, & pour son avenement à la Couronne de France arrivés le jour de la Pentecôte, Fête du Saint Esprit, l'avoient porté à l'établir en l'honneur du Saint-Esprit.

On veut pourtant que ç'ait été pour d'autres considerations. Outre les H & les A doubles, son Monogramme & celui de la Reine Louise qu'il avoit fait mettre sur le Collier de son Ordre, il y avoit encore des flammes & des φ pareillement doubles. Le Manteau de ses Chevaliers étoit doublé de jaune doré, & les émaux de son Collier étoient blancs, violets, & verdnaissant.

Si Brantosme & Favin étoient en vie, nous saurions mieux de leur bouche que par leurs écrits, ce qui étoit caché sous un tel mystere, & ce que vouloient dire toutes ces lettres; car ils nous diroient au vrai, si ces M, ces φ, & ces émaux sont veritablement les livrées & les chiffres de personnes favorites, dont le Roi se reservoit dans l'esprit les noms & l'explication. Si ces φ signifioient Φιφιλτα, si par les M, il entendoit S. C. M. ou L. R. M. ou quelques autres personnes de l'un & de l'autre sexe; & si les contes qu'en faisoit la Reine Marguerite, étoient des verités ou non. Ce qui fut cause aussi que Henri IV, qui n'en savoit que trop, ôta toutes ces choses du Collier, à cause du scandale que cela causoit, & commanda en 1595, au grand Trésorier qui a le soin des Colliers, des Manteaux & des autres enrichissemens de l'Ordre, de faire mettre des H & des trophées d'armes couronnés à la place des Monogrammes.

On sait aussi peu le motif qui porta Henri III à choisir plutôt pour l'établissement & la solemnité de son Ordre, les Augustins du grand Couvent, que les autres Eglises de Paris. Ses Lettres de l'année 1579, n'en font aucune mention, où il ordonne que la cérémonie s'en fera dans ce Couvent tant par lui que par ses successeurs, à moins d'en être empêché par de puissantes considerations.

Au reste, pour s'assembler avec les Chevaliers le jour de la Fête, se revêtir de l'habit de l'Ordre, & se rendre avec eux aux Augustins, il fit choix de l'Hotel de Luynes, situé sur le Quai des Augustins même, au coin de la rue Gille-cœur, nommé alors l'Hotel de Nantouillet, & auparavant cela, l'Hotel d'Hercules, à cause des travaux d'Hercules peints sur les murailles:

Tome II.   YYyy ij

On ne fait point encore non plus pourquoi il le préféra à d'autres du voisinage plus commodes.

A son imitation, Henri IV, ordonna de nouveau que la Fête de l'Ordre du Saint-Esprit se celebreroit tous les ans aux grands Augustins, ou en cas d'absence, dans la plus spacieuse Eglise du lieu, où les affaires du Royaume le retiendroient. Depuis lui, son fils & son petit-fils, l'ont célébré plus souvent dans cette Eglise qu'ailleurs, autant de fois qu'ils ont fait la cérémonie, toujours auparavant ils se sont rendus avec leurs Chevaliers à l'Hotel de Luynes.

Dans un grand Tableau que Henri III fit mettre lui-même sur le grand Autel des Augustins, le Peintre l'avoit représenté donnant l'Ordre aux Chevaliers, avec l'inscription que rapporte le Pere du Breul ; mais en 1580, après le meurtre du Duc & du Cardinal de Guise, les Seize, ennemis mortels du Roi mirent en piéces cette peinture. Le chassis & l'inscription se voient encore derriere le Maître Autel, avec l'Histoire des Pelerins d'Emaüs, faite de plusieurs morceaux rapportés, à la place du premier Tableau. Les qualités & les Armes des Chevaliers que fit ce Prince, furent rangés dans le Chœur au-dessus des chaises. On y a vû pareillement les Armes, avec les qualités de ceux que créérent Henri IV & Louis XIII, & il en seroit encore enrichi, si les differends touchant la préséance, & les rangs avoient été décidés ; ce que nos Rois eux-mêmes, avec toute leur autorité n'ont jamais pû regler. Depuis quelques années on les met dans la Bibliotheque & dans le Refectoire ; mais c'est toujours au Chœur & au Maître-Autel que se font à Paris les Cérémonies de l'Ordre, quoique le Maître-Autel ne soit plus l'Autel des Chevaliers.

Henri IV l'a transferé dans une Chapelle bâtie à côté, qu'on nomme présentement la Chapelle du Roi, ou la Chapelle du Saint-Esprit, qui est ornée d'Hieroglyphes, mais sur-tout du Tombeau de Philippe de Comines, & d'un Tableau, où Bunel, l'un des plus excellens Peintres modernes, a representé la descente du Saint-Esprit sur les Apôtres. Il paroît si admirable aux ïeux des meilleurs Maîtres, que je craindrois de le gâter, voulant en faire la description.

Je ne dirai rien davantage de l'Ordre du Saint Esprit, afin de ne pas repeter une infinité de choses qui se trouvent répandues en je ne sai combien d'ouvrages. En recompense je m'étendrai beaucoup plus sur la cérémonie qui se fit aux Augustins, & au Louvre en 1585, lorsque Henri III reçût l'Ordre de la Jarretiere, qu'Elisabeth Reine d'Angleterre lui envoya.

Auparavant neanmoins j'avertirai qu'au cent-dixiéme Volume des manuscrits de Monsieur du Pui, sont les Statuts d'une Compagnie de trois cens Chevaliers du Saint-Esprit au Désir, institués en 1352, le jour de la Pentecôte, par Louis de France fils du Roi Jean, & Roi de Jerusalem & de Sicile, qui selon Duplex, & quelques autres, a servi de modele à Henri III pour son Ordre.

L'ORDRE DE LA JARRETIERE.

EN 1585, le vingt-troisiéme Février, le Comte d'Herbi Ambassadeur extraordinaire d'Angleterre, suivi de deux cens chevaux, arriva à Paris. Le Duc de Montpensier fut envoyé au devant jusqu'à Saint Denys, ou peu s'en faut, accompagné d'un grand nombre de Chevaliers du Saint-Esprit & de Gentils-hommes de la Chambre. Ce Prince lui tenant toujours compagnie, ne le quitta qu'à l'Hotel de Longueville qu'on avoit paré des plus riches meubles de la Couronne. Ses gens furent logés par Fourriers dans le voisinage. La Mothe-Fenelon, Curton & Grignan, eurent ordre de prendre garde que rien ne lui manquât. Dans le tems qu'il fut à Paris, Princes & grands Seigneurs le traiterent splendidement. A chaque repas le Roi & toujours par ses Officiers, le faisoit servir à neuf plats, avec tant de magnificence, qu'il coutoit à le traiter cinq cens écus par jour.

Dès le lendemain qu'il fut arrivé, il alla faire la reverence au Roi dans sa Chambre de parade, avec l'Ambassadeur ordinaire de la Reine. Depuis l'Hotel de Longueville, jusqu'à la porte du Louvre presque, il passa entre deux haies de Soldats aux Gardes. Devant le portail il trouva les Lieutenans avec les Archers du grand Prevôt de l'Hotel ; à l'entrée le Capitaine de la porte, dans la cour, ses Archers ; les Suisses de la Garde ; le long du grand escalier ; & à la porte de la grande Sale, le Capitaine des Gardes, avec deux haies de Gardes dans la Sale, disposés de sorte que les Gardes du Corps étoient près de l'Antichambre.

Combault Chevalier de l'Ordre, & premier Maître d'Hotel, suivi des Maîtres d'Hotels ordinaires, le reçût à la porte de l'Antichambre, & le conduisit à la Chambre d'Etat, à travers d'une foule de Gentils-hommes, de plusieurs grands Seigneurs & de quelques Princes. Le Marquis de Lioncourt premier Ecuyer, escorté des Ecuyers de l'Ecurie ; vint là le recevoir, & le conduisit jusqu'à la Chambre d'Audiance, où étoient les cent Gentils hommes de la Chambre, avec les autres Gentils hommes de la Maison du Roi, armés de leurs haches. Le Duc de Joyeuse Favori, ou l'un des Mignons fraizés & frisés, l'aborda là, & lui tint compagnie jusqu'à la Chambre Royale, ou de parade. Là il n'y avoit que Cardinaux, Prélats, Princes, Chevaliers de l'Ordre, Conseillers d'Etat, Gouverneurs de Provinces, Lieuhans Généraux, sans parler des Capitaines de Gendarmes, des neuf Gentilshommes de la Chambre, avec les cinq ordinaires, qui étoient de service ce jour là. Le Roi, sous un haut dais, au lieu le plus éminent, environné d'un balustre, l'attendoit appuyé sur une chaise. Le Comte d'Herbi d'abord lui présenta les Lettres de la Reine, & après l'avoir assés long-tems entretenu du sujet de son voyage, & même d'autres choses, s'en retourna à l'Hotel de Longueville au même ordre qu'il en étoit parti. Le Roi ensuite envoya le Grand-Maître des Cérémonies l'avertir de se préparer à lui donner l'Ordre de la Jarretierre le vingt-huit & dernier jour du mois dans l'Eglise des Augustins.

Ce jour-là donc, le Comte à l'issue de son dîné, se rendit à l'Hotel de Nantouillet, tapissé & meublé magnifiquement. Peu de tems après le Roi arriva avec toute sa Cour, & s'étant retiré dans une Chambre destinée & preparée exprès pour une telle cérémonie, & où personne n'entra que les Chevaliers du Saint-Esprit, avec le Collier de l'Ordre. Là le Comte accompagné de l'Ambassadeur d'Angleterre, le vint trouver avec un Roi d'Armes appellé Jarretiere, un Heraut de la Reine, & cinq ou six des principaux Seigneurs qui étoient passés en France avec lui. Après quelques complimens il présenta au Roi sa commission, qui fut lue par Pinart Secretaire d'Etat ensuite un genouil en terre, il mit la Jarretierre à la jambe gauche du Roi, dans le tems que le Roi d'Armes prononçoit ce qui suit.

Sire, à l'honneur de Dieu très-puissant, & à la souvenance de la valeur de celui en l'honneur duquel cet Ordre a été institué, l'honorable Compagnie de la Jarretiere, par le commandement & consentement de notre Reine, leur Souveraine, nous ont donné commission, & à Monseigneur le Comte particulierement, chargé de lier votre jambe de cette Jarretiere ; en signe de quoi vous vous souviendrés, s'il vous plaît, d'entreprendre avec résolution toutes choses justes & raisonnables, esquelles vous vous mettrés, & non autrement.

Après quoi l'Ambassadeur mit au Roi une Robe de velours-cramoisi, en forme de soutane, & pour lors, Jarretiere lui dit.

Prenés aussi, Sire, cet Habillement, s'il vous plaît, de Monseigneur le Comte, en accroissement d'autant d'honneur, que votre Royale Personne peut endurer, le recevoir en signe qu'avés été reçû en cet Ordre, & vous vous souviendrés, s'il vous plaît de n'épargner votre sang à la défense de la Foi Chrétienne, de la Justice, & de ceux qui par nécessité sont oppressés, & auront affaire de votre secours.

Ces paroles achevées, le Roi prit des mains du Comte le Manteau violet de l'Ordre, & aussi tôt le Roi d'Armes reprenant la parole.

Sire, dit-il, prenés aussi de Monseigneur le Comte, s'il vous plaît, le Manteau de cet Ordre, en accroissement de l'honneur de votre Majesté, lequel garni d'un écu blanc, & d'une Croix rouge, vous fera souvenir, s'il vous plaît, qu'étant armé de vertu, le moyen vous est ouvert de ruiner vos ennemis, & qu'esperance vous est donnée qu'après avoir guerroyé en ce monde, la paix éternelle vous est reservée en l'autre.

Enfin, Henri III reçût le Collier de cet Ordre, garni de tant de perles & de pierreries, qu'on l'estimoit cent mille écus : le Roi d'Armes cependant, ajoûtant ces paroles.

Sire, vous prendrés aussi, s'il vous plaît, de sa main le Collier, comme la principale & derniere enseigne de l'honneur de cet Ordre, en souvenance qu'après avoir beaucoup travaillé en ce monde, la Couronne de l'éternelle gloire vous attend en l'autre.

Après que le Roi fut entierement revêtu des Habillemens & ornemens de l'Ordre de la Jarretiere, l'Ambassadeur extraordinaire lui dit.

Sire, nous nous réjouissons grandement de voir votre Majesté vêtue en cet Ordre & Confrerie très-honorable, & prions Dieu qu'il vous puisse réussir à l'honneur & accroissement de grandeur, tant qu'aucun de vos prédécesseurs, ou Princes du monde qui l'aient jamais porté, nous faisant fort que si la Reine notre Maitresse, & Messeigneurs les Chevaliers de de-là étoient avertis du tems de cette votre reception, ils ne fauldroient trestous de se vêtir de leur Robe pour la célébration de ce jourd'hui, pour l'honneur qu'ils désirent à votre personne Royale.

Cela fait, le Grand-Maître des Cérémonies fit marcher les Suisses de la Garde, puis les Gentils-hommes ordinaires, après les Trompettes, ensuite les Gentils-hommes de la Chambre, qui par honneur, cédoient la droite aux Gentils-hommes Anglois ; le Heraut de la Reine d'Angleterre les suivoit, qui étoit suivi de Jarretiere, Roi d'Armes, le Comte d'Herbi, & Stafort Ambassadeur ordinaire, marcherent ensemble. Enfin le Roi parut seul, ayant devant lui deux Huissiers de la Chambre, armés de leurs masses. Derriere lui étoient les Princes & les Chevaliers du Saint-Esprit, portant tous leurs grands Colliers, & à côté les cent Gentils-hommes en haie, avec les Gardes du Corps & autres. En cet ordre on arriva au Chœur des Augustins, qui éclatoit d'or de toutes parts.

A la droite, les chaises basses étoient toutes couvertes de drap d'or. A gauche encore de toile d'or, aussi-bien que quelques formes qui y avoient

DE LA VILLE DE PARIS. Liv. XIII.

été rangées de côté & d'autre. A droite en entrant, se voyoit un riche dais, une chaise de même dessous, & au bas, les Armes de la Reine d'Angleterre, sans qualité, ni souscription, afin sans doute, de ne lui point donner le titre de Reine de France, que les Rois d'Angleterre prennent depuis que Henri VI, eût été reconnu, & même couronné Roi de France dans Notre-Dame. Vis-à-vis étoit un autre dais magnifique, & une chaise fort riche, avec les Armes d'Henri III, écartelées de France & de Pologne, sans inscription, comme celle de la Reine Elisabeth. Cinq ou six places après le premier dais, on avoit mis des carreaux dans les chaises où devoient s'asseoir les Comtes d'Herbi & de Staffort, avec les Armes du premier à sa place, & une liste de ses qualités. La Reine mere, & la Reine regnante assisterent à la cérémonie sur un échafaut dressé de ce côté-là, leurs Dames remplirent le reste des hautes & des basses chaises, & des formes que les Anglois n'occupoient point. Jarretiere, Roi d'Armes, fut assis dans un siége au bas du dais de sa Maitresse, & trente-cinq Chevaliers de l'Ordre du Saint-Esprit se mirent dans les hautes chaises à main gauche. Si tôt que le Roi fut arrivé, on chanta Vêpres jusqu'à *Magnificat*, après quoi le Grand-Maître des Cérémonies ayant averti le Comte qu'il étoit tems de s'acquitter de sa commission. Jarretiere l'alla querir, puis l'Ambassadeur d'Angleterre, & les conduisit tous deux devant le dais du Roi. Le Comte d'Herbi lui presenta le serment qu'il avoit à faire pour devenir Chevalier, & que voici.

Nous promettons & jurons en parole de Roi, que nous observerons, garderons & maintiendrons les Statuts & Ordonnances de l'Ordre de la Jarretiere, en tout ce, & si avant, qu'ils ne soient contraires ni dérogatoires à notre Grandeur & Majesté Royale, ni aux Statuts d'aucun autre Ordre ou serment que nous aurions pris auparavant.

Pinart Secretaire d'Etat le lût au Roi qui le signa, après quoi chacun retourna à sa place pour entendre le reste des Vêpres. Vêpres finies, Henri III revint à l'Hotel de Nantouillet au même ordre & avec la même cérémonie qu'il en étoit parti. Il n'eut pas plutôt quitté les habillemens de Chevalier de la Jarretiere, & repris les siens, qu'il monta en carrosse, & s'en retourna au Louvre suivi de toute sa Cour, où il fit un superbe festin aux Ambassadeurs, & à seize autres Milords Anglois. Dans la sale basse on dressa deux tables, à la premiere s'assirent le Roi, les Reines, les Princesses, les Duchesses de Montpensier & de Joyeuse, avec les deux Ambassadeurs d'Angleterre.

Les Dames se mirent du côté du Roi, les Ambassadeurs de l'autre, vis-à-vis des deux dernieres Dames. A l'autre faite en esquieçe, se mirent seize Milords Anglois, les plus qualifiés de la troupe, avec six Dames des Reines & toutes leurs Filles d'Honneur. Le soupé achevé, aussi tôt on monta à la sale haute, où le Roi donna le bal à la Compagnie. Trois jours après, qui fut le Dimanche gras, il traita encore les Anglois fort magnifiquement dans la sale haute de l'Evêché, les plus belles Dames & les plus braves de la Ville furent priées d'y venir; ensuite il y eut encore un ballet dansé par soixante & dix personnes, tant hommes que femmes, tous en masque & vêtus si somptueusement que leurs habits, à ce qu'on disoit, revenoient à soixante mille livres, ou peu s'en falloit.

Enfin le bruit courut que le Comte d'Herbi étoit venu à Paris, non pas tant pour donner au Roi l'Ordre de la Jarretiere, que pour l'engager à prendre les Flamands sous sa protection, & l'assurer que la Reine fourniroit le tiers des frais de cette guerre.

LES CHEVALIERS DE LA CHARITE' CHRE'TIENNE.

J'AI bien perdu du tems à m'enquerir de qui Favin avoit appris que pour l'entretennement & la retraite des pauvres Officiers & Soldats eftropiés, Henri III fonda à la rue des Cordelieres du Fauxbourg faint Marceau un Ordre de Chevalerie, fous le nom de la Charité Chrétienne, dont les Chevaliers portoient fur leur manteau une Croix anchrée de fatin blanc en broderie, orlée, bordée de bleu celefte, avec ces mots au tour : *Pour avoir fidélement fervi*, & garnie dans le milieu d'une lozange de la même couleur, & d'une fleur de lis en broderie d'or. D'ailleurs je voudrois bien favoir qui lui a pû dire, que pour le maintenir, Henri IV établit à Sainte Croix de la Bretonnerie une Chambre de Juftice, compofée du Connétable, des Maréchaux de France, de Colonels, d'anciens Chevaliers de l'Ordre, Maîtres des Requêtes, & Subftituts du Procureur Général. Je trouve à la verité qu'en 1576, un Marchand Apoticaire, nommé Houel, obtint de Henri III le don de quelques places vagues, qui reftoient à vendre de l'Hotel des Tournelles, pour l'érection d'un Hopital, ou d'une Maifon de la Charité Chrétienne, inftituée, tant pour recevoir les pauvres paffans honteux, que pour apprendre à un certain nombre d'enfans orfelins nés en loyal mariage, les bonnes Lettres, la Pharmacie, la connoiffance des Simples, & outre plufieurs autres raifons pleines de charité que je dirai ailleurs.

Je trouve encore que vainement on voulut établir cet Hopital à la Trinité, aux Petites Maifons & aux Enfans rouges ; & qu'enfin, en 1584, il fut placé à la rue de Loutfine du Fauxbourg faint Marceau, dans l'Hopital dédié depuis fort long-tems à faint Marcel & à fainte Valere, mais de tout cela, que puis-je inferer, finon que Favin a confondu un Ordre de Chevalerie avec un Hopital, & que peut être lui-même a inventé la figure & les ornemens de la Croix que je viens de décrire ; & le tout pour rendre fa fable plus fpecieufe, & lui donner quelque forte d'éclat.

LES CHEVALIERS DE NOTRE-DAME
du Mont Carmel.

SI Favin s'eft fi fort abufé touchant fon Ordre de la Charité Chrétienne, dont nous venons de parler, on doit ajoûter plus de foi aux chofes qu'il dit du rétabliffement des Chevaliers de Notre Dame de Mont Carmel, & de l'union qui en fut faite avec celui de faint Lazare en Jerufalem. Cet Ordre au refte eft un Ordre Militaire inftitué dans l'Orient dans le quatriéme fiécle en Europe par Louis VII, & par faint Louis ; & rétabli à Paris par Henri le Grand, conformément à la Conftitution de Pie IV, *Inter affiduas*, de l'année 1565. Saint Bafile en fit la premiere Regle en Orient. A la Requête de Henri IV, Paul V, fit la feconde en 1608, qui eft contenue dans fa Bulle : *Militantium Ordinum inftitutio*.

Dans ces deux Regles on voit que fon inftitution a trois fins ; la premiere de combatre les Ennemis de la Foi & de la Religion Chrétienne ; la feconde, de veiller à la garde, & à la fureté de nos Rois lorfqu'ils font à la guerre ; la derniere, d'avoir foin des pauvres Gentils-hommes, des Soldats bleffés & abandonnés, des Lepreux, & du logement des Pelerins.

Ce qui eft fi vrai, que pour cela il y a trois fortes de Maifons, les Commanderies, les Maladeries & les Hopitaux.

Dans

DE LA VILLE DE PARIS. Liv. XIII.

Dans les Hopitaux sont reçûs les passans & les Pelerins ; dans les Maladreries on traite les ladres & les incurables ; dans les Commanderies, non seulement on y panse & nourrit les pauvres Gentilshommes estropiés au service du Roi, mais encore les pauvres cadets y sont reçus & élevés pour apprendre les exercices necessaires à la Noblesse.

Le Cheflieu, ou le Chef principal & général de l'Ordre, étoit autrefois à Jerusalem, maintenant il est à Boigni près d'Orleans ; & même à la Pierre-au-lait, proche St Jaques de la Boucherie, il y a un fief, appellé le Chef de St Lazare, avec une maison pour vaquer à leurs exercices. Le peuple donne au Cheflieu le nom de la Commanderie de Boigni ; les Chevaliers l'appellent la Commanderie de Jerusalem, & nomment Nazaret & Bethléem les maisons qui en dépendent. Ils ont tenu plusieurs Chapitres & autres Assemblées au Prieuré de St Lazare de Paris. Dans ceux qui y furent tenus en 1608 & 1613, le Grand-Maître donna l'Ordre à plusieurs Gentilshommes, & son fils fut reçû à sa place. Pour lors St Lazare, à ce qu'ils disent, étoit un Prieuré qui leur appartenoit, & comme on l'a demembré de leur Ordre, ils veulent y rentrer, & même dans toutes les autres léproseries. Je ne dirai point où ils se sont assemblés depuis.

En 1664, ils commencerent à tenir leur Chapitre au Couvent des Billettes, desservi maintenant par des Carmes, ou Religieux du Mont-Carmel.

En 1665, par Arrêt du Conseil, le Roi leur a permis de louer ou d'acheter à Paris quelque grande maison, en tel quartier que bon lui semblera, pour y exercer l'hospitalité envers les pauvres Gentilshommes & Officiers estropiés au service de Dieu, de la Religion & de l'Etat, y faire faire les épreuves aux Chevaliers, & vaquer à leurs autres exercices. En un mot, depuis quelques années ils travaillent serieusement à donner à leur Ordre quelque splendeur, & accomplir religieusement leurs statuts. Henri IV les dressa ; Paul V les confirma en 1607, à la sollicitation du Marquis de Narestang, Chevalier de St Michel, & Capitaine des Gardes du Corps : les principaux sont.

Que le Cheflieu de l'Ordre s'établira en telle Ville qu'il plaira au Roi. Que le nombre des Chevaliers sera de cent, ou davantage. Qu'on n'en recevra point qui n'ait dix-huit ans ou plus, qui ne soit né en legitime mariage, & Gentilhomme de quatre races, tant de pere que de mere. Que le Grand-Maître sera nommé par le Roi pendant sa vie ; & après sa mort, par ses successeurs Rois de France. Que trois mois après & avant que d'entrer en possession de sa dignité, il se fera confirmer par le Pape, & pourra toujours donner dispense d'âge à ses Pages, & leur conferer l'Ordre, pourvû qu'ils aient sept ans passés. Que tous les Chevaliers reconnoîtront pour leur Patrone, Notre-Dame du Mont-Carmel, & tous les ans en celebreront la fête, le sixiéme Juillet. Que tous les Mercredis ils s'abstiendront de viande, & diront tous les jours l'Office de la Vierge, ou le Chapelet. Qu'il leur sera libre de se marier deux fois seulement, & à l'une des deux, épouser une veuve. Qu'ils feront vœu de se battre pour l'interêt de la Foi Catholique, autant de fois que le Pape, le Roi, & leur Grand-Maître ; sous lequel seul ils marcheront à la guerre, leur en feront le commandement.

Enfin, Paul V leur permit d'avoir jusqu'à deux mille écus de rente sur tous les benefices de France, & six au Grand-Maître ; le jour de leur Profession. De plus, à l'article de la mort, il leur accorde pleine remission de leurs pechés, tant de peine que de coulpe, pourvû qu'ils s'en confessent, & en soient repentans de cœur & de bouche.

Ensuite de l'approbation du Pape, le Roi nomma le Marquis de Nerestang pour premier Grand-Maître de l'Ordre, & lui en donna à Fontainebleau le Manteau & le Collier.

Tome II.   ZZzz

Le Collier consistoit en un ruban de soie tannée, où pendoit une Croix d'or ancrée, & rehauffée de côté & d'autre de l'image de Notre-Dame, émaillée. Sur le Manteau étoit une Croix de velours ou de satin de la même couleur, à l'orle d'argent, avec l'image de la Vierge resplendissante de rayons dans le milieu. Sur le sceau de l'Ordre est representé d'un côté, un Chevalier armé de toutes pieces, tenant son bouclier d'une main, son épée nue de l'autre, & monté sur un cheval bardé, avec ces mots autour : *Sigillum Ordinis & Militiæ Beatæ Mariæ Virginis de Monte Carmeli, & sancti Lazari in Jerusalem*. Et de l'autre côté, du vivant du Marquis de Nerestang, qui étoit Chevalier de St Michel, il y avoit ses armes avec les deux Colliers de ses deux Ordres, & les paroles suivantes. *Philibertus de Nerestang, Magnus Magister Ordinis & Militiæ Beatæ Mariæ Virginis de Monte Carmeli, & sancti Lazari in Jerusalem* 1608. Depuis, on y a mis les armes de son fils, où le nom & les qualités seulement ont été changés.

L'ORDRE DU CORDON JAUNE.

DANS le tems que Henri IV étoit après à ériger l'Ordre de St Lazare, il travailloit encore à abolir celui du Cordon Jaune, que le Duc de Nevers venoit d'instituer, & dont il étoit le Chef ou Général, pour user des termes. C'étoit une Compagnie de Chevaliers de l'une & de l'autre Religion, qu'on recevoit neanmoins dans l'Eglise, en presence des Curés, après la Messe, entre les mains du Prêtre-même qui l'avoit dite, & en mettant les mains sur les saints Evangiles qu'il tenoit ouverts. Pour cette cérémonie ils prenoient un Dimanche ; après avoir ouï la Messe on sonnoit une cloche, & aussi-tôt, tant les Chevaliers que les Officiers de l'Ordre, Catholiques & autres, s'assembloient près de l'Autel, prenant leurs places sur des bancs, comme ils se trouvoient, sans autre façon. Le Général, ou autre choisi par lui le representant, faisoit une remontrance à celui qui demandoit l'Ordre du Cordon Jaune, touchant l'Ordre qu'il alloit recevoir : la remontrance finie, le Greffier lisoit les Statuts, après quoi le Prêtre qui avoit celebré la Messe, lui ouvroit le Livre des Evangiles, & en même tems le Recipiendaire, un genou en terre, sans épée, mettant la main dessus, promettoit avec serment d'observer les articles qu'il venoit d'entendre. Cela fait, le Général ou son Lieutenant, prenant une épée qu'on tenoit là toute prête, la lui mettoit au côté, & le Cordon Jaune au col, puis l'embrassoit. Tous au reste devoient savoir le jeu de la mourre. Leur équipage étoit un cheval gris, deux pistolets, deux fourreaux de cuir rouge, & le harnois de même, autrement il ne leur étoit pas permis de venir au Chapitre.

Quant à leurs articles, comme ces Chevaliers étoient de differente Religion, il n'y avoit rien de plus extravagant que ceux qui concernoient leurs femmes ; à l'égard des autres, les uns tendoient à établir une si grande union, qu'elle passât même à la Communauté de biens : tellement que quand quelque Chevalier se trouvoit en peine, ou que la necessité le pressoit, il falloit qu'il eût toujours un fonds prêt pour l'assister. Bien davantage, par ces mêmes Statuts ceux qui n'avoient point de chevaux pouvoient librement en aller prendre dans l'écurie de leurs Compagnons, même en leur absence, pourvû qu'ils leur en laissassent un. Un autre manquoit-il d'argent ? il lui étoit permis d'aller prendre cent écus, sans oser les redemander, ni s'en offenser, à peine, pour la premiere fois, d'une rude reprimande, & en cas de recidive, d'être dégradé de l'Ordre, si le Général le trouvoit à propos. Ils étoient encore obligés d'assister leur Géneral contre qui que ce fût, à l'exception du Roi seulement, & tout de même entre eux, de s'entretenir & secourir, non pas seulement contre leurs meilleurs amis & leurs parens, mais contre leurs freres, & contre leurs propres Peres, à moins que d'en être dispensés par ceux de l'Ordre à qui tel privilege auroit été donné. Enfin, tout ce qui se passeroit entre eux, tant au Chapitre qu'ailleurs, devoit être secret, & ne se pouvoit reveler que du consentement de quatre Chevaliers assemblés.

Henri IV ayant eu avis de tout ceci, traita cet Ordre de ridicule; & ne laissa pas d'en faire écrire par deux fois à Inteville, Lieutenant Général au Gouvernement de Champagne & de Brie. La premiere Lettre du vingt Novembre 1606, portoit qu'il eût à s'informer plus particulierement de la chose, sur tout des Curés qui avoient assisté à la création de ces Chevaliers-ici, pour en dresser un état, tel que l'affaire le meritoit, afin que punissant ceux qui font de semblables entreprises, leur exemple retînt les autres, & les empêchât de tomber en de pareils inconveniens.

Dans la seconde il lui faisoit savoir qu'il trouvoit étrange que le Duc de Nevers s'éloignât si fort de son devoir, de tenir ainsi secrette une chose de cette importance, sans se découvrir à lui là-dessus, & lui en donner avis; qu'en cas de refus de sa part, & sachant son mécontentement, il auroit volontiers écouté ses raisons & ses remontrances: que puisqu'il s'est oublié à ce point, & que tous ses voyages & déportemens confirment son premier dessein qu'il le charge de veiller sur ses actions, & en même tems de lui envoyer le Rolle des Chevaliers du Cordon Jaune; & au cas qu'ils entreprennent quelque chose, de l'en avertir. De plus, que Dandelot se tienne près de lui, autant qu'il pourra, tant pour savoir de lui les noms de ceux qui l'auront visité, que pour lui rendre compte de tout ce qu'il aura vû & appris touchant cet Ordre prétendu.

Après avoir parlé des Croisades & des Ordres de Chevalerie, j'ai crû qu'il étoit à propos de placer ici la Dissertation sur les *Anciennes Enseignes & Etendarts de France*. Plusieurs Auteurs ont ignoré le nom & l'usage de la *Chappe de St Martin*, estimant que cette Chappe & l'*Oriflame* étoient la même chose; & d'ailleurs l'Office & la Dignité de *Dapifer*, n'ont pas été bien distingués, non plus que la *Banniere de France & la Cornette Blanche*. Toutes ces difficultés se trouvent entierement éclaircies dans ce Discours, que le savant Auguste Galland nous a donné en 1627, où il a sur ce sujet épuisé la matiere. Je me suis determiné à le donner tel qu'il l'a composé. La rareté des Exemplaires, dont l'Auteur n'a fait tirer qu'un petit nombre pour donner à ses amis, me fait esperer que le Public me saura gré de l'avoir inseré à la fin de ce Volume.

DES
ANCIENNES ENSEIGNES
ET ETENDARTS DE FRANCE.

De la Chappe de St Martin.

De l'Office & Dignité du Grand-Sénéchal, dit *Dapifer*.

De l'Oriflamme, ou Etendart de St Denys.

De la Banniere de France, & Cornette Blanche.

LA CHAPPE DE St MARTIN.

LES Armées Royales ont autrefois eu divers Etendarts ou Enseignes, selon les tems. Le plus ancien, dont la memoire soit passée jusqu'à nous, a été celui des Fleurs-de-lis, duquel neanmoins l'éclat a été obscurci par la rencontre d'autres plus notables, entre lesquels tiendra le premier rang, LA CHAPPE, c'est-à-dire, le manteau DE SAINT MARTIN, portée aux guerres devant nos Rois, par respect de ce saint personnage, reconnu pour un des Patrons du Royaume; par le tems du decès duquel les anciens François commençoient leurs années : à sa fête ils faisoient ouverture de leurs Parlemens, & à son tombeau rendoient leurs plus religieux sermens.

Pour montrer en quelle estime St Martin a été envers les François je ne veux pas emprunter tout ce qu'ont écrit Severus Sulpitius, Gregoire de Tours, ni pareillement Nicetas en son Epitre, qui est la huitiéme entre celles des Rois & Evêques de France; & me contenterai des termes de St Bernard: *Sermone in festo S. Martini. Dives est iste Martinus; dives in meritis, dives in miraculis; dives in virtutibus; dives in signis.* Aussi la veneration & reverence envers son nom & memoire a été sans bornes. Et combien qu'éloigné du tems des Apôtres, il a été tenu pour personnage Apostolique, comme ayant été revêtu de pareilles graces que les Apôtres mêmes : Severus Sulpitius *Hist. de S. Martina c.* 5. *Ut qui sanctus ab omnibus habebatur potens etiam & verè Apostolicus haberetur.* C'est le sens de cette Epitre, rapportée par Gregoire de Tours, liv. 9. chap. 39. *B. Martinus, licet Apostolorum tempore non fuerit, tamen Apostolicam gratiam non effugit : nam quod defuit in ordine, suppletum est in mercede.* Le semblable est touché en l'Epitre 2. de Severus Sulpitius : *Licet ei ratio temporis non potuerit præstare martyrium, gloriâ tamen Martyrum non carebit, quia voto & virtutibus potuit esse Martyr. Idem Greg. Turon. lib.* 2. *de Miracul. c.* 58. St Bernard au lieu ci-devant touché, *Martyr fuit affectu devotissimæ voluntatis.*

Les Conciles, premier & second de Tours, lui rendent, en un seul mot, témoignage de déference. Anciennement le mot DOMINUS étoit appliqué à Dieu seul. Les Saints, les Papes, les Empereurs, les Rois, ne recevoient que celui de DOMNUS.

DE LA VILLE DE PARIS. Liv. XIII.

Cœlestem Dominum, terrestrem dicito Dominum.

In *Chronico Cameracensi*, de Baldericus, lib. 1. cap. 27. est une anciene Patente commençant en ces mots : *Anno 12. regni Domni nostri Childerici gloriosissimi Regis*, &c. Concile de Macon, chap. 14. *Secundum edictum bonæ recordationis* DOMNI *Childeberti Regis. Aimoin. Monach.* lib. 4. c. 41. DOMNUS *Dagobertus &* Domna *Nantildis*, cap. 97. DOMNUS *Ludovicus Rex*, lib. 5. cap. 33. DOMNUS *Apostolicus.* Flodoard, histoire de Reims, liv. 3. & 4 en divers lieux : DOMNUS *Papa*, *Domnus Apostolicus*, *Domnus Rex*, *Domnus Lotharius*, & autres.

Quand neanmoins ils ont parlé de St Martin, ils lui ont deferé le nom plus venerable, l'appellant DOMINUS MARTINUS. Les autres Saints, *Beatus talis*, *Sanctus talis*. A St Martin, DOMINUS MARTINUS. Severus Sulpitius, Epitre 2. *Duo Monachi à Turonis adfuerunt* DOMINUM MARTINUM *obiisse nunciant.* Le semblable, Epitre 3. Et combien que Gregoire de Tours, au liv. 4. de son histoire, c. f. ait usé de ces termes : *A transitu sancti Martini ad transitum Chlodovæi Regis*, &c. Au liv. premier des Miracles, chap. 6. il passe plus avant : *Post transitum*, dit-il, *gloriosissimi* DOMINI MARTINI, &c. Titre qu'il repete liv. premier, en la préface & aux chap. 1. 3. 4. 7. 11. 19. 31. 35. liv. 2. chap. 4. 18. 24. Ce titre lui fut reconnu par un consentement commun au premier Concile de Tours, *in principio*. *Severino viro clarissimo Consule, sub die 18. Kal. Decemb. cùm ad sacram festivitatem*, *quâ* DOMINI MARTINI *receptio celebratur*, &c. Au Canon 13. *Adjuvante Dei misericordiâ valeat custodiri sancti & beatissimi Sacerdotis* DOMINI MARTINI, *quæ Deo accepta est, obtinebit intercessio.* Et au Concile second de Tours : *Pro reverentia* DOMINI MARTINI, *vel cultu ac virtute*, *id statuimus observandum*, &c.

Voici un surcroît : Ailleurs il est par un terme indefini, appellé DOMINUS, sans addition du nom : dans *Gregor. Turon. de Mirac.* lib. 2. cap. 1. 9. 13 lib. 4. cap. 31. Plus : *Gloriosissimus Dominus*, lib. 2. cap. 21. Ailleurs , *Sanctus Dominus*, lib. 2. cap. 14. 16. Ce qui peut confirmer l'opinion de *Fernandus Mendozza*, *Commentario in Concil. Elibert.* où il tient que le Canon 5. du Concile d'Auxerre, lequel deffend *vigilias in honore Domini observari*, doit être entendu de celles qui étoient faites à la fête de St Martin, appellé *Dominus* ; vû que le tems pour celles qui se font à Pâques, & sont tollerées, est reglé au Canon 11. du même Concile d'Auxerre, & prend pour fondement de ce decret, les excès & débauches qui se faisoient à la vigile de St Martin, même la nuit dans les Eglises, en danses, festins, chants & paroles lascives.

La fête en l'honneur de St Martin, annuelle & très-ancienne, est rapportée en divers endroits de Gregoire de Tours, lib. *de Mirac.* 3. cap. 50. lib. 4. cap. 20. 24. 38. Et des Vigiles de cette fête, le même Auteur, liv. 4. de son Histoire, chap. 23. Cette fête étoit celebrée l'hiver, chap. 40. liv. 2. des Miracles, confirmée liv. 6. des Capitulaires, chap. 186. ad 3. *Id. Nov.*

Le Carême, consistant en jeûne de trois jours la semaine, depuis la fête de la saint Martin jusqu'à Noel, appellé *Quadragesima sancti Martini*, est introduit au Concile de Mâcon, environ l'an 581. Canon 9.

La coutume du vin de la saint Martin, tirée du miracle rapporté par Gregoire de Tours, *hist.* lib. 5. cap. 22. est amplement traitée par le Cardinal BARONIUS en ses Annales , *ad annum* 580, & finit par des termes notables : *Quod pietas docuit, pravus usus labefactavit, ut ejus invocatione, non ex vino miracula, ut olim, sed ebrietates ex luxu soleant provenire.*

Les Privileges accordés par les Papes à l'Eglise saint Martin, sont divers. Hildebert Evêque du Mans, & depuis Archevêque de Tours, Epitre, 18. *Non paucis declaratur privilegiis*, *quantum Ecclesiæ Beati Martini Romani detulerint Pontifices.*

Pour ce même respect, nos Rois ont retenu le nom & titre d'Abbé & Chanoine de l'Abbaye de saint Martin de Tours. Il se voit des Patentes de Louis XI. en la qualité d'Abbé de saint Martin.

Au livre des Statuts & Recueil de l'Eglise saint Martin de Tours, au chapitre *De potestate Abbatis, Regis Franciæ*, il dit que l'Abbé de saint Martin, à savoir le Roi de France, est Chanoine de ladite Eglise, & a une petite Prebende, & doit seoir au siege du Tresorier : *Abbas Beati Martini, scilicet Rex Franciæ, est Canonicus de consuetudine, & habet parvam præbendam, quam habet sanctus Venantius, & debet sedere in sede Thesaurarii.* Puis, ajoute : Le premier jour que le Roi Abbé arrive à Tours, le Tresorier le nourrit ; le seconde jour le Doyen, & ce dans le cloître de saint Martin, & en ses maisons ; le troisième, d'Archevêque. Si son sejour y est plus long, il vivra à ses dépens. En un ancien Livre couvert de velours, écrit en velin & lettres d'or, est le serment que fait le Roi Abbé, lorsqu'il est reçu en la qualité d'Abbé & Chanoine, pour la protection & conservation des droits & privileges de l'Eglise de saint Martin.

HOC EST JURAMENTUM REGIS FRANCIÆ,
quod facere debet, dum primùm recipitur in Abbatem & Canonicum hujus Ecclesiæ B. Martini Turonensis.

Ego N. annuente Domino, Francorum Rex, **Abbas et Canonicus hujus Ecclesiæ B. Martini Turon.** *Juro Deo & B. Martino, me, de cætero protectorem & defensorem fore hujus Ecclesiæ, in omnibus necessitatibus & utilitatibus suis, custodiendo & servando possessiones, honores, jura, privilegia, libertates, franchisias & immunitates ejusdem Ecclesiæ, quantum divino fultus adjutorio, secundùm posse meum, rectâ & purâ fide : sic me Deus adjuvet, & hæc sancta verba.*

Le vingt-cinquième du mois de Juillet 1614, le Roi Louis XIII, à present heureusement regnant, se transporta en l'Eglise de St Martin, pour la seconde fois ; Et d'autant que le 21 du mois, jour de sa premiere entrée en ladite Eglise, pour ouïr la Messe, il avoit remis la prestation du serment desiré de lui, comme Chanoine d'honneur, & Abbé seculier, & Protecteur special de ladite Eglise, dont il n'avoit pas été informé ; il prêta lors ledit serment, comme ses predecesseurs, dont le Regître de l'Eglise fut chargé.

Or pour justifier la verité de ma proposition, & montrer que la Chappe de saint Martin étoit portée aux Armées de nos Rois, pour Etendart & Banniere de France, voici divers témoignages très-clairs.

Le Moine de St Gal, qui vivoit environ le tems de Charlemagne, *lib. 2. de reb. Caroli Magni*, parlant de ceux qui étoient employés par ce Monarque à sa Chapelle, dit : que les Rois de France avoient de coutume d'appeller du nom de Chapelle, *Sancta sua*, à cause de la Chappe de St Martin, qu'ils portoient ordinairement à la guerre pour leur defense, & ruine de leurs ennemis.

Walafridus Strabo, cap. ultimo de exordiis & incrementis rerum Ecclesiasticarum, dit que anciennement les Chapellains ont été ainsi appellés, à cause de la Chappe de St Martin, laquelle les Rois de France portoient pour secours & pour la victoire aux guerres : & ceux qui la portoient & gardoient avec les autres reliques des Saints, ont été appellés Chapellains.

Honorius Augustodunensis in speculo Ecclesiæ, sermone de Martino Episcopo. La Chappe de St Martin étoit portée devant les Rois de France, allans à la guerre, pour étendart, & par le moyen d'icelle remportoient la victoire, & surmontoient leurs ennemis.

Au livre inscrit *Gemma animæ*, qui est au premier volume de la Bibliotheque des Peres, chap. 128. *Capellani, à Cappa sancti Martini appellati, quam Reges Francorum in præliis semper habebant, & eam deferentes, Capellanos dicebant.*

DE LA VILLE DE PARIS. Liv. XIII.

Durand Evêque de Mende, *lib 2. de divinis officiis, cap.* 10. En plusieurs lieux, dit-il, les Prêtres sont appellés Chappelains : car anciennement les Rois de France allans à la guerre portoient avec eux la Chappe de saint Martin, gardée sous quelque tente, laquelle, à cause de la Chappe, fut appellée Chappelle ; & les Clercs ausquels la garde en étoit commise, furent appellés Chappelains.

Beatus Rhenanus rapporte, d'un livre qu'il dit être en l'Abbaye de Noüjent, ces termes : *Quemdam optimum dictatorem & scriptorem in Capellam suam assumpsit, quo nomine Francorum Reges Cappam sancti Martini, quàm secum ob sui tuitionem & hostium oppressionem jugiter in bello portabant, & sancta sua appellare solebant.* Ce texte est aussi coté par Monsieur Fauchet, en ses origines des Dignités, tit. des Chappelains.

Ces lieux sont suffisans pour montrer que la Chappe de St Martin étoit anciennement l'Etendart & Banniere de France. Les tenebres de l'Antiquité dénient une plus grande lumiere.

Mais par qui étoit gardée cette Chappe de St Martin, ou par qui portée aux armées ? Il est difficile de marcher de pied ferme en un chemin glissant, & non battu. Aucun n'a jusqu'à present traitté la question, qui n'est que de plaisir. Je toucherai ma conjecture, prêt de changer & ployer sous des raisons plus solides.

Doctus iter melius.

J'estime que les Comtes d'Anjou étoient fondés en droit de garder & porter aux batailles cette Chappe, en qualité de Grands-Senechaux de France, appellés DAPIFERI, d'autant qu'entre autres fonctions ils avoient l'intendance des tables, boire & manger des Rois, par infinis exemples. J'ai à montrer trois choses. La premiere : Que le Grand-Senechal, qui tenoit le premier rang en l'Etat après le Roi, portoit la Chappe de saint Martin ès Armées. La seconde, Que les Comtes d'Anjou avoient droit de la porter. La troisiéme : Que les Comtes d'Anjou étoient Grands-Senechaux.

Au Rituel de l'Eglise saint Martin de Tours est un chapitre inscrit, *De Comite Andegaviæ*: contenant ces termes. *Comes Andegaviæ est canonicus de consuetudine ; & habet præbendam in blado & vino & nummis, sicut dicitur, in octava sancti Andreæ, & mittitur in chorum sicut canonicus in stallum suum ; ubi decanus sedet, & facit juramentum Ecclesiæ, & fit de eo sicut de canonico si moriatur ;* IPSE HABET VEXILLUM B. *Martini quoties vadit in bello, præterquàm contra Regem Franciæ, quod homines Castri novi sequuntur, domino de Pruliaco illud ferente; & est receptus in processione, quando primo venit ad Ecclesiam nostram.*

,, Cette antiquité est expliquée au Livre imprimé en 1642, intitulé : His-
,, toire des Ministres d'Etat qui ont servi sous les Rois de France de la troisieme lignée,
,, au discours ou chapitre de la Chappe ou du Manteau de saint Martin, an-
,, cien Etendart des Armées de nos Rois, & de celles des Comtes d'Anjou,
,, pag. 89, *&c.*

Ce lieu fait foi : confirme mon avis : mais il ne contient qu'une proposition generale & indefinie des gratifications faites aux Comtes d'Anjou d'une Prebende en l'Eglise de St Martin, & du droit de porter aux armées l'Etendart de St Martin, qui est la Chappe. Je desire confirmer l'un & l'autre, & remonter jusqu'à leur source, par l'histoire des Comtes d'Anjou, & par la Chronique de St Martin. Ce qui est d'autant plus necessaire que la concession de la Prebende, & le droit de porter l'étendart, ne sont de même tems, ni à même personne, ni par même personne.

La Prebende à saint Martin fut accordée par le Chapitre saint Martin à Ingelgerius premier Comte, pour reconnoissance du travail qu'il avoit pris à recouvrer & retirer d'Auxerre la Chasse de saint Martin, laquelle y avoit été portée par la crainte des Normans. *Historia Andegavensium Consulum. Communi Consilio dederunt Ingelgerio Consuli, Præbendam Beati Martini, ipsi & hæredibus ejus in perpetuum. Quia verò Ecclesia ejusdem Sancti, tunc temporis carebat Thesaurario vel Ædituo, Consulem Ingelgerium intronisaverunt, & Thesaurarium constituerunt, & DEFENSOREM Ecclesiæ fecerunt, & tutorem omnium possessionum ejus ubicumque essent.* La Chronique saint Martin: *Ingelgerio Comiti, suisque successoribus, Præbendam Ecclesiæ sancti Martini, nec non & terrarum suarum* CUSTODIAM *contulerunt.*

Cette dignité de Chanoine fut continuée par ses successeurs. Les mêmes histoires ont remarqué de Foulques second, dit le Bon, qu'il prenoit à honneur la qualité de Chanoine, & qu'ès fêtes de saint Martin il se tenoit dans le chœur entre les Chantres en habit d'Ecclesiastique, chantoit avec eux & se conformoit à leurs mœurs. Ce que aucuns proches du Roi ayant apperçu, s'en moquerent comme d'un monstre & prodige, en quoi ils furent secondés par le Roi même, auquel le Comte écrivit en ces termes. Sçachés, Sire, qu'un Roi ignorant est un âne couronné. *Noveritis Domine, quia Rex illiteratus est asinus coronatus.* A la lecture de cette lettre le Roi pleura, disant que de verité la sagesse, l'éloquence & les lettres, sont principalement convenables aux Rois & aux Grands: & qu'un homme doit être d'autant plus recommandé par les mœurs & les lettres, qu'il est relevé par dessus les autres. Ce Comte decedé fut enterré en l'Eglise saint Martin. *Chronicon sancti Martini. Cum in crastinum in choro Beati Martini Missam Dominicam audisset, & de manu Archiepiscopi accepta Eucharistia in* SEDE SUA, *quæ nunc Decani dicitur, recedisset, spiritum exalavit, anno Comitatus 18. & in Ecclesia Beati Martini sepultus est, cui successit Gaufridus Grisa tunica.*

A Geoffroi Grisegonnelle, fils de Foulques le Bon, fut conferée par le Roi la charge de grand Senéchal, dit Dapifer, & le droit de Porte-enseigne aux armées. *Hist. Andegav. Consulum Et ob insignia summi & singularis meriti a Rege in præliis* SIGNIFER, *& in coronatione Regis* DAPIFER, *tam ipse quam hæredes constituuntur, & cognomen Grisia tunica referens, præmia maximæ probitatis sibi acquisivit.* Ailleurs: *Quia hic & alibi bene meruerat, sibi & successoribus suis jure hæreditario* MAJORATUM *regni, & Regiæ domus* DAPIFERATUM, *cunctis applaudentibus exinde donavit.* La Chronique de St Martin dit presque le semblable, mais en termes divers & importans. *Rex* SENESCALLIAM *Franciæ ei dedit, & partem Zonæ Beatæ Mariæ, &c.* Ce qui est dit en un lieu *Dapiferatus*, est dit en l'autre *Majoria*, ou *Senescallia*. Lumiere à ce que j'ai ci-après touché, pour montrer que Dapifer, Seneschal & Maire étoit même chose.

La continuation de la charge de grand Maître & Dapifer, en la Maison des Comtes d'Anjou, est ci-après éclaircie. Pour l'Etendart aux armées, *Chronicon sancti Martini. Anno Henrici Imperat. 3. & Henrici Regis 12 Comes Andegav. Gaufridus Martellus nomine, vici: in bello Theobaldum Comitem Blezensem, & eum cœpit, &c. Nam Comes Andegavensis* VEXILLUM BEATI MARTINI *in illo bello, sicut consuetudo est, habebat. Quod videntes inimici ejus fugerunt, per miraculum videntes, alios ex parte Comitis Andegavensis vestitos candidissimis indumentis.*

Dans le Chartulaire de St Maur sur Loire, est une Patente, par laquelle Geoffroi Comte d'Anjou accorde, *si exercitum suum contra inimicos suos ire contigerit, &c. Nos concedimus, ut non alius quilibet nostrorum super homines illos potestatem exerceat, sed admonitione Monachorum ibidem existentium, cum serviente scilicet sancti Mauri illius patriæ, &* VEXILLO SANCTI MARTINI *in exercitum pergant. Actum anno Incarnationis millesimo sexagesimo sexto, regnante Philippo Rege Francorum, & juniore Comite Gosfredo Andegavensium.*

En un traité sans datte, d'entre le Roi Philippes de France, Richard Roi d'Angleterre, & le Comte d'Anjou, en la disposition des droits du Roi & du Comte. *Comes non potest, nec debet, homines de Castro novo ducere in expeditionem, sive in equitationem contra aliquem, nisi forte contra & nomine belli:*

ita

DE LA VILLE DE PARIS. Liv. XIII.

ita tamen quod VEXILLUM SANCTI MARTINI *procedat: contra tamem Regem Francorum nullo modo potest eos ducere.*

Mais, me dira-t-on, quel étoit cet Etendart? Chappe: *Cappa*, signifie Manteau. La Chappe de St Martin, ne signifie autre chose, que son Manteau, porté aux armées par le respect de sa memoire. Du Tillet, chapitre du grand Chambellan: *Le grand Chambellan seul, portoit Chappe, qui est Manteau,* & en avoit chacun an aux dépens du Roi.

L'ancienne Chronique de Normandie, écrite à la main, parlant du Duc Guillaume, tué par trahison du Comte de Flandres: *Le Duc qui ne pensoit nul mal, retourna arriere, & quand il fut arrieré, chilz qui armez estoient soubz leurs cappes faillirent & occhisrent.*

Le Roman de Rou & des Ducs de Normandie, décrivant ce meurtre, use d'un autre mot designant la qualité de l'étoffe, dont étoit composée cette Chappe:

> *Francés leva l'espée qui soubz ses peaux porta*
> *Tel l'en donna au chief que tout l'escervela.*

Donc: Chappe: c'est-à-dire, Manteau ou Couverture. Le même Roman.

> *N'a gueres meillor terre soubz la Chappe du Ciel.*

Ailleurs.

> *Par les champs sont à luy esperon venu,*
> *Esmuchies de lor chappes, rien a nul cogneu.*

Ce lieu m'en fait toucher quelques autres du Roman de Vacce, pour montrer la façon de ces manteaux, qui étoient longs.

> *En la chape s'est embuschies*
> *Qu'il ne fust pris, ne encerchies.*

Ailleurs.

> *Une chape à pluye aseubla,*
> *Sur sa chape se feit chaindre,*
> *Et ô une chainture estraindre.*

En un autre lieu.

> EN BRAYE EST, ET EN CHEMISE,
> *Une chape à son col a mise,*
> *A son cheval mout tost se prist,*
> *Et à la voye tost se mist.*

Le Roman de la Rose.

> *Elle eust d'une chape fourrée,*
> *Si bien de ce je me records*
> *Affeublé & vestu son cors*

Le Roman de Florimond.

> *Toz à guise de marcheans*
> *Furent vestus de chapes grands,*

HISTOIRE ET ANTIQUITE'S

Defor avoient les espées,
Celes n'ont-ils pas oubliées.

Le Sire de Joinville en l'histoire de St Louis : *Le poure Chevalier ne fust mie esbahi, mais empoigne le bourgeois par sa chape, bien estroit, & lui dit, qu'il ne le laisseroit point aller.*

Chronicon incerti authoris edit· m à Pithæo. Primum quendam nominatim exprimens, se sub CAPPA *illius stetisse professus st.* Au volume des Épîtres écrites au Roi Louis le jeune, que j'ai vû entre les mains de Mr du Chesne Historiographe du Roi, y en a une conçue en ces termes : *Hugo Dei gratia Suessionensium Episcopus, Regis Francorum Cancelarius. I. Præposito de Chialfinant salutem. Cappam quam Clerici de Norvagia per fines vestros transeuntes, in vadio dimiserunt, mandamus ut ipsam liberam dimittatis.* A l'exemple du Latin, souvent au lieu de Chappe, a été mis le nom de Cappe, dont se voyent plusieurs exemples en l'histoire manuscrite en vers de Philippes Mousk, qui est en la Bibliotheque du Roi.

J'estime avoir clairement montré l'usage de cet Étendart : Mais la durée & le tems auquel il a cessé, n'est pas de ma connoissance.

Et la chose étant éclaircie, l'origine du nom de Chappe ou Chappelle desireroit quelque sejour. Mais tel que puisse être l'origine, qu'aucuns se sont efforcés tirer du Grec, ou comme Durandus, *à Caprinis pellibus*, l'adaptation en a été diverse. Car outre la designation des tentes, souvent employées pour la celebration du Service Divin, en longs voyages & suite des armées : sous ce nom sont compris les lieux destinés à la devotion ès maisons privées : les secours des Eglises & autres lieux affectés au service, soumis néanmoins aux Eglises principales.

J'ai été retranché en la suite de mon travail, par la rencontre d'un discours de long-tems imprimé, sur le nom de Chapelle : ne desirant donner autre chose que de mon travail sans emprunt.

Outre ces significations : Chapelle quelquefois se prend pour une Eglise principale. La Patente de Charlemagne, pour la fondation de l'Eglise de Notre-Dame à Aix, rapportée par *Miræus, Donationum piarum lib.* 1. c. 11. l'appelle en divers lieux , *Basilicam, & Templum*. Et néanmoins par tout ailleurs elle est appellée Chapelle : & de là, Aix-la-Chapelle, à cause de cette grande Eglise. La fondation & dotation de l'Eglise de Compienne par Charles le Chauve, de l'an 877, contient cette diversité de significations. *In honore gloriosæ Dei genitricis ac perpetuæ semper Virginis Mariæ, cui regium vocabulum dedimus, fundo tenus exstruximus, &c* Et dit avoir été porté à cette fondation, *quia divæ recordationis Avus noster Carolus, cui divina providentia Monarchiam totius hujus Imperii conferre dignatus est, in palatio Aquensi, Capellam, in honore beatæ Dei genitricis & virginis Mariæ construxisse* Les Annales d'un Auteur incertain, *edit· Pith. ad annum* 881. *Aquense Palatium, ubi in Capella Regis, equis suis stabulum fecerunt.* Deux Patentes de Charles le Simple confirment cet usage : Car ayant dit par ces Patentes, *regni* 24. *indict.* 19. *Statuimus ædificare Ecclesiam in Attiniaco Palatio, in honore sanctæ Waldeburgiæ Christi virginis.* En une autre, *regni* 26. *indict.* 21. il dit, *Reliquias corporis ejus (scilicet Waldeburgiæ) deferri fecimus Attiniacum, quo nostrum situm est Palatium & Capella constructa, sub ejus Virginis memoria.* Dans le Chartulaire de l'Abbaye de la Trinité de Vendosme, est un titre en ces termes : *Facta est hujus venerabilis ædis consecratio ann· Dominicæ incarnationis* 1026. *per dominum Carnotensem Episcopum. Fundata verò est, hæc eadem Ecclesia, quæ & Capella dicitur maxima , propter pauperes & familiam Monasterii sanctæ Trinitatis.*

Souvent aussi Chapelle se prend pour les livres, ornemens, vases, reliques destinées aux lieux de dévotion. Dans Eginhard, au testament de Charlemagne : *Capellam, id est Ecclesiasticum ministerium, tam id quod ipse fecit atque congregavit, quam quod ei ex paterna hæreditate pervenit, ut integra essent, neque*

DE LA VILLE DE PARIS. Liv. XIII. 739

ulla divisione scinderentur, ordinavit: si qua autem invenirentur aut vasa, aut libri aut alia ornamenta, quæ liquidò constaret eidem Capellæ ab eodem collata non fuisse; hæc qui habere vellet, dato justæ estimationis pretio emeret, atque haberet.

DU GRAND SENECHAL, dit DAPIFER, fondé en droit de porter la Chappe de St Martin aux armées.

CHAPITRE I.

LA dignité de grand Senechal, a été autrefois la plus haute & la plus relevée du Royaume, & tenoit le premier rang, comme convenable à sa grandeur.

LE RANG, se justifie par les Patentes expediées depuis le Roi Henri I, petit fils de Hugues Capet, jusqu'au Roi Philippes le Hardi : le Senechal, dit *Dapifer*, étant nommé le premier entre les quatre principaux Officiers du Royaume ; du nom & assistance desquels, avec le Chancelier, les Patentes étoient autorisées. D'infinis, je n'en toucherai qu'un : tous les autres sont semblables : Il est au Chapitre de Noyon. *Datum Suessionis publicè anno incarnati Verbi* 1126. *Regni Ludovici* 18. *adstantib. in Palatio nostro ; quorum nomina subtitulata sunt.*

  S. Stephani DAPIFERI.
  S. Wisleberti Buticularii.
  S. Hugonis Constabularii.
  S. Alberici Camerarii.
  Data per manum Stephani Cancellarii.

Le rang éclairci, il faut reconnoître le pouvoir. Ceux qui ont rendu en François le nom DAPIFER, l'appellent Senechal & grand Maître de France. Du Tillet, chapitre de Blois & Champagne, & en celui du grand Maître de France, l'appelle SENESCHAL. Le procès verbal de Hugues de Cleeries, fait sous Louis le Gros, inseré après les Notes, sur *Goffridus Vindocin.* donné en François par Mr Fauchet, livre des Dignités, chap. 10. confond, *Dapiferatum, Senescalliam, & Majoratum Franciæ.* Après avoir parlé du Dapifer, & en representant les droits : *Recognita sunt jura Comitis videlicet Majoratus & Senescallia Franciæ.* Au livre inscrit *Martiniana*, une Patente du Roi Philippes, *anno* 1067. *& anno regni* 7. appelle Senechal, ce que les autres nomment Dapifer.

  Radulphus, SENESCHALLUS.
  Waleranus Camerarius.
  Balduinus Constabularius.
  Engenulphus Buticularius.
  Petrus Cancellarius.

Autre : du même Roi *anno* 12 *regni*, *anno* 1071. inserée au recueil des vies de St Exupere & de St Loup.

  S. Frederici SENESCHALLI.
  S. Guidonis Buticularii.
  S. Adelmi Constabularii.

Tome II.   AAAaa ij

HISTOIRE ET ANTIQUITE'S
S. Walerani Camerarii.
Petrus Cancellarius scripsi.

Ce que les uns appellent *Dapiferum*, les autres le nomment *Senescallum*.

L'exercice de cet Officier, Dapifer, ou Seneschal, consistoit en quelques fonctions principales. Il avoit l'intendance, *sur le boire & manger du Roi*, parement des Chambres, & generalement de toute la dépense domestique: Ce sont les termes de Mr Fauchet, qu'il confirme par quelques lieux des Romans. J'ajoute: qu'il avoit l'intendance, non seulement du manger du Roi, mais aussi de ceux qui étoient invités & reçus en son Palais. Le Roman de Florimont l'exprime en trois endroits.

Quant lor manger fut atornez,
Li oste dit, Seignor, lavez,
A l'ostel étoit venu
Pour veoir le poure perdu,
Li Damoisel, li Chevalier,
Sergens, Bourgeois & Escuyer,
A l'ostel avoit moult grand bruit,
Et de joye & de déduit:
Tout sont retenu au mangier.
Se font le SENESCHAL *proier,*
Qu'il remansist pour deporter
Al poure perdu au souper.
Li SENESCHAL *fit lor voloir;*
Quant ot lavé s'ala seoir.
Delfis ne fit pas chiere morne,
Les tables & les mez atorne.
Quant ils se furent tos assis,
Les tables fit mettre Delfis.

Ailleurs.

Quant les tables furent assises,
Si ont les nappes dessus mises.
Li Sergent ne sont pas vilain,
Le vin apporterent & le pain,
Puis apporterent les autres metz,
En la table furent espez,
Onc del mangier ne fust à dire,
Mes com plus penser ne dire,
Quant ils ont assez mangé tuit
Delfis fit apporter le fruict.
Quant ils ont mangé & beu,
Las estoient li Chevalier,
De la nuict estoit moult alé,
Lors quant ils orent tuit soupé,
Los lits furent appaveillé,
Li SENESCHAL *a pris congié.*

Ailleurs.

Celle table fut bien servie,
Où fist li Rois de Barbarie,
Portes Purelles qui y sont,
Li SENESCHAUX *fit Florimont*
Servir, parce qu'il sçavoit
Quant en son cuer moult li pesoit,
Assis si sont li Chevalier,
Cil qui ne servent au mangier.

Aû Roman d'Artus, par Mr Garce.

>   Quant la court li Roi fuſt i oſtée,
>   Moult viſſiez belle aſſemblée,
>   Les MARESCHAUX oſter, livrer
>   Soliers, & chambres delivrer,
>   Et ceux qui n'avoient oſtex
>   Faire loges & tendre tres

En un autre lieu.

>   Quant li Rois feuſt au deis aſſis,
>   A la coutume del pays,
>   Aſſis ſont li Barons entor,
>   Chacun en l'ordre de ſenor,
>   Le SENESCHAL ki avoit non
>   Veſtu d'une armine pelliçon,
>   Servi à ſon manger le Roi.

Autre.

>   Quant lavées orent lor mains,
>   Et li SENESCHAUS......
>   Les fit aler ſeoir ades,
>   Servis furent de pluſor mez.

Le Senechal en outre, avoit exercice de Juſtice, en la maiſon du Roi. Mr Fauchet l'induit d'un Roman, qui pourroit être tiré à contre-ſens; mais je le confirme diverſement. Le procès verbal de Hugues de Cleeries donne une grande lumiere. *Quando erit in Francia* (Dapifer ſeu Seneſchallus) *quòd & Curia ſua judicaverit, firmum erit & ſtabile. Si verò contentio aliqua naſcatur, judicio facto, in Francia, Rex mandabit quòd Comes veniat illud emendare: & ſi pro eo mittere noluerit, ſcripta utriuſque partis Comiti tranſmittet, & quod inde ſua Curia judicabit, firmum erit & ſtabile. Ego Hugo de Cleeriis vidi multoties judicia facta in Francia in Andegavia emendari.*

Dans le petit Paſtoral du Chapitre Notre-Dame de Paris chap. 159. Acte de Bernerus Doyen, & du Chapitre. *Cum dictus Guillelmus prædictos hoſpites noſtros, injuſtis vexaret exactionibus, factumque ſuum quaſi jure deffenſurus, ſtatuta die, in aula domini Gualonis Pariſienſis Epiſcopi* JUSTITIAM TENENTE ANSELMO DAPIFERO REGIS, *ad duellum contra unum de hominibu noſtris conveniſſent, conſilio eorumdem Gualonis ſcilicet Epiſcopi &* Anſelmi DAPIFERI, *concordia inter nos & ipſum Guillelmum facta eſt.* Autre témoignage en l'Epître 78 de St Bernard rapporté ci-après. Si ce que dit du Tillet eſt veritable, que celui qui a été appellé Seneschal & grand Maître, ſous la troiſiéme lignée, étoit appellé ſous la premiere & ſeconde, Comte du Palais; la confirmation ſera promte. Eginhard, en la vie de Charlemagne: *Si Comes Palatii litem aliquam eſſe diceret, quæ ſine ejus juſſu deffiniri non poſſet, ſtatim litigantes introducere juſſit, & veluti pro tribunali ſedens, lite cognitâ ſententiam dixit.* Aux Capitulaires lib. 3. c. 77. *Neque ullus Comes Palatii noſtri, potentiores cauſas ſine noſtra juſſione finire præſumat, ſed tantum ad Pauperum & minus potentum juſtitias faciendas ſibi ſciat eſſe vicandum.*

L'exercice plus noble, plus haut de cette charge de Seneſchal & Dapifer, eſt au commandement DES ARME'ES, dont ceux qui ont écrit ne rapportent exemple ni autorité. Le procès verbal de Hugues de Cleeries: *De cætero Comes* (ſcilicet Andegavenſis) *appellatur Major in Francia, propter retutelam quam facit in exercitu Regis.* Ce que Fauchet rapporte à la garde & arriere-garde en l'hoſt du Roi. Pour cette conſideration, la charge hereditaire étant écheue à Frienne de Garlande Chancelier de France, par le decès de Guillaume & Anceau ſes freres, elle fut par lui delaiſſée, comme incompatible avec les Ordres dont il étoit pourvû en l'Eglise.

De là, aucuns ont estimé, proceder l'usage ancien, qui commet aux Baillifs & Senechaux (inferieurs au Dapifer grand Senechal) la conduite des troupes de leurs Senechauffées (voyés Froiff. 3. vol. ch. 19.) Ce que les autres titres Latins disoient *conducere & cadellare*, rendu par les Romanciers par *conduire & cadeler* : autres *chadeler* : aucuns, *capdellare*. Ce qui desire un plus long discours. Roman de Guiteclin:

La vertu de Deu les chadele & guie.

Roman d'Alexandre.

Et mande à Alexandre qu'il chadele les gris.

Philippes Mousk, qui a écrit en vers l'histoire generale de France, jusqu'au regne de St Louis, confond & rend synonymes les noms de Senechal & Marechal, & leur baille la conduite des armées Royales.

HUE LI GRANS *ot ce non cil*,
Si fu fais SENESCHAUX *de France*
Apres son pere sans doutance.

Ailleurs, parlant de Hugues Capet, fils de Hugues le Grand.

Hugues Capet ses fius aisnés,
Qui moult est vites & senés,
Nonques n'ayma droict ne bien fets ;
Fu MARESCAUX DE FRANCE *ses ;*
Pour garder la tierre commune.

Or décrivant la charge de Marechal, qui est à dire Senechal, il s'étend en ce discours.

Heracles moru Lemperere,
Constantins tint apres l'Empere,
A dont si hault vin e de France ;
Quand il virent par mesestance,
Le Royaume ensi de Kair,
Pour la tiere mioux sostenir,
Establirent un MARESCHAL,
Sage & preud'homme, & bien loyal,
Qui toute France pourvoyoit,
Et les sandées departoit,
As Sergans, & as Cevaliers,
Et cil qui Rois iert droituriers,
Sejornoit en une cité,
Et non pas à sa volonté,
Mais il vouloir di MARISCAL,
L'on faisoit de la tiere bal,
Ne de toute sa seigneurie,
N'avoit-il plus en sa baillie,
Que cele vile con prouvende,
Et li MARESCAUS *tot amende,*
Qui dont Princes calmes étoit,
Li Rois fors que le nom n'avoit,
De la couronne seulement,
Et son vivre tot purement,

DE LA VILLE DE PARIS. Liv. XIII. 743

Pour sa femme & pour ses enfans,
Pour Cambriers & pour Siergans,
Et le i! MARESCAUS fu premiers,
Qui fust en France coutumiers.

Et ailleurs.

Roland y fu li prous li fiers,
Qu'en deblancs & en dangiers ,
Puis Bertram la serour le Roy ,
Si mena lot sans nul desroy,
Quar il en estoit MARESCAUX ,
Et fu sages, preus & loyaux.

Voilà donc trois exercices attachés à la dignité du DAPIFER, Sénéchal ou Marechal. 1. Le soin de la maison, du manger & table du Roi. 2. La conduite des armées. 3. Exercice de jurisdiction. Ils sont tous trois remarqués par St Bernard, Epître 78. en laquelle il se plaint d'un Ecclesiastique pourvû de plusieurs dignités, lequel affectoit le nom & l'exercice de la charge de DAPIFER: & en sa conduite remarque l'exercice de ces trois fonctions. *Cum sit Archidiaconus, Decanus, præpositusque in diversis Ecclesiis, nihil horum tamen tam eum quam Regis delectat vocari* DAPIFERUM.

Pour l'exercice des armes.] *Ut Clericalis constat non esse dignitatis, Regum stipendiis militare, sic nec Regiæ majestatis, rem fortium administrare per Clericos. Denique quisnam Regum suæ unquam militiæ Clericum præfecit imbellem & non magis quempiam fortissimum ex militibus ?* En un autre lieu : *Quis sane non miretur, imo detestetur, unius esse personæ, & armatum armatam ducere militiam, & alba stolaque indutum, in medio Ecclesiæ pronunciare Evangelium ? tuba indicere bellum militibus, & jussa Episcopi populis intimare ?*

Pour le soin de la table & maison du Roi.] *Curiam Ecclesiæ præfert : Regis* MENSAM *altari Christi : & calici Domini calicem Dæmoniorum.*

Pour l'exercice de la Justice.] *Qui clero militiam,* FORUM *anteponit Ecclesiæ, divinis profectò humana, cœlestibus præferre terrena convincitur.*

Puis conclud : *Ergo pulchrius est vocari* DAPIFERUM, *quàm Decanum, quàm Archidiaconum : & quidem, sed laico non clerico :* MILITI *non Decano.*

Comme la charge de Sénéchal, Maréchal, DAPIFER, a été grande ; aussi a-t-elle été commise à des personnages grandement relevés par la naissance. Le Roi Robert la confera, comme héréditaire à Geofroy Comte d'Anjou, dit Grisegonelle, en recompense de grands services. L'histoire manuscrite des Comtes d'Anjou, inscrite : *Historia Andegavensium Consulum. Rex sibi & successoribus suis, jure hæreditario Majoratum regni, & Regiæ Domûs* DAPIFERATUM, *amicis plaudentibus & laudantibus donavit.* La voila placée en un haut degré. Du Tillet, dit, que sous Philippes I elle fut conferée à Guy de Rochefort, dont la fille fut accordée par le Roi, sans la fiancer. Par titres du grand Pastoral de l'Eglise de Paris, cette charge se voit exercée depuis 1116, par Anselme ou Anseaulme, & Guillaume de Gallande, par le decés duquel, Etienne de Gallande, Chancelier, en fut pourvû. Outre un titre de l'Abbaye de Morigni, *an.* 1120 contenant, *S. Stephani tunc temporis* DAPIFERI. *& Cancellarii nostri, &c. Data per manum Stephani Cancellarii:* & un de l'Eglise de Laon 1125. *Stephano Cancellario &* DAPIFERO. J'en ai vû un autre au Chartulaire de St Lazare près Paris, de l'an 1124. *Ludovicus Grossus, Dei gratiâ, Rex. Actum Parisiis publicè, anno Incarnati Verbi* 1124 *regni* 17. *Adstantib. &c. S. Stephani* DAPIFERII, *&c. Data per manum Stephani* CANCELLARII Le même est *Dapifer & Cancellarius.* L'an 1125. Raoul, Comte de Vermandois, est employé aux lettres. Du Tillet dit, que Amaulry, Comte de Montfort, querella cet Office contre Etienne de Gallande, soutenu par Louis le Gros, & que tous deux le quitterent à Raoul, Comte de Vermandois. Quoi qu'il en soit, à ceux de Gallande succeda Raoul, Comte de Vermandois. Et depuis l'an 1125, jusqu'en 1152, les Patentes portent, *S. Radulfi Viromandorum Comitis*. En une de l'an 1127, au grand Pastoral de Paris, il est qualifié Comte de Peronne, *S. Radulfi Comitis de Perona*. Ce Comte de Vermandois ou de Peronne, étoit Prince du sang de la Maison Royale: auquel, avec l'Abbé de St Denys Suger, fut delaissé le gouvernement du Royaume, pendant le voyage du Roi outre-mer. En l'année 1152. *la charge fut vacante*. Je l'apprens d'une Patente de ladite année, à St Martin des Champs, S. REGIS LOCO DAPIFERI, *quia tunc nullus in Palatio*. Autre à St Denys, portant, *Domus nostra sine Dapifero*. En la même année 1153. elle fut donnée à Thibaut, Comte de Blois & de Champagne, au nom duquel, pour marquer le lustre de la maison, il ne faut rien ajouter. Toutes les Patentes, depuis l'an 1153, jusqu'en 1191. qu'il deceda au siége d'Acre, portent, *S. Theobaldi Comitis Blezensis*; *Dapiferi*, ou bien, *S. Theobaldi Comitis Dapiferi*. Depuis, le nom d'aucun autre Dapifer, n'a été employé aux Lettres. Quelques-uns ont écrit, que par le decès de Thibaut, la charge fut supprimée. Il est vrai que depuis son decès, il ne se voit point de provision; mais sans doute la suppression ne fut lors resolue ni executée car: les Patentes que j'ai vûes en grand nombre, *depuis 1191, jusqu en l'an 1262*. qui sont soixante & onze années, portent, *Dapifero nullo*. En une Patente pour l'Hopital de Pontoise, *anno Dominicæ Incarnat 1261. mense Julio, regni 33. anno, Astantib. in Palatio*, &c DAPIFERO NULLO. *Data vacante Cancellaria*. Autre, au Prieuré de la Saulsaye près Paris, *Ludovicus*, &c. *Actum ad Vicennas, an. incar. Dom. 1262. mense Maio, regni 25. Adstantib*. &c. DAPIFERO NULLO. Ce sont termes de manque, & defaut d'Officier exerçant, mais non de suppression d'Office. Ainsi souvent nous voyons, *Camerario nullo*, & autres semblables. En un titre de l'an 1223. ès Antiquités de St Denys, *Dapifero nullo*, *Buticulario nullo*, *vacante Cancellaria*; c'étoient seulement des suspensions & treves, suivies, peu après, de continuation d'exercice. Et combien que depuis Thibaut Comte de Blois, il ne se voye point de provisions ni de suppression, il se peut faire que le nom ait été éteint, & la charge exercée sous un autre titre. Du Tillet remarque une suite de grands Maîtres de France, qu'il dit avoir succedé au Sénéchal. Cette charge donc, exercée par des Princes du sang, Comtes d'Anjou, & autres très-relevés; s'étant rencontrée, & ayant subsisté en un Chancelier de France, n'est-ce pas un témoignage puissant de sa grandeur? L'insistance faite par la Maison d'Anjou, pour se la conserver, merite une attention particuliere. Le Roi Robert la donna à Geofroi Grisegonelle: Guillaume de Gallande en ayant été pourvû après Anselme son frere, le Comte d'Anjou se sentit blessé; invité par le Roi Louis le Gros, d'assister en une rencontre importante, il refuse, jusqu'à ce que le tort lui eut été reparé. Hugues de Cléeries de sa part fait un voyage vers le Roi: il s'informe, & dresse procès verbal des droits & prerogatives de la charge. Le Roi confirma le Comte d'Anjou auquel Guillaume de Gallande, & depuis, Etienne son frere, & Raoul Comte de Vermandois, rendirent hommage de la charge de Sénéchal de France. En l'année 1170, au dire de Sigebert, le Roi confirma la charge à Henri, fils du Roi d'Angleterre, comme dépendant du fief d'Anjou; mais par le tems, le nom a été amorti, & les droits diversement départis. Le grand Maître en a tiré partie, & le premier Maître d'Hotel pour la conduite de la maison du Roi; le Connétable pour les armes: & cette dignité aujourd'hui le solstice des militaires, a pris sa vie & son accroissement en la chûte & défaillance de celle du Sénéchal.

Du Tillet convient que sous les deux premieres lignées, le Comte du Palais exerçoit cette charge: sous la troisiéme, le Sénéchal ou grand Maître de France. Et comme le Sénéchal avoit son exercice de justice, aussi l'avoit le Connétable, qui se l'est retenue en son siege particulier. Le grand Maître: le grand & souverain Maître d'Hotel du Roi, ont été reconnus en

cette

DE LA VILLE DE PARIS. Liv. XIII.

cette prérogative. Nous voyons écrit que les Maîtres d'Hotel ont droit de faire porter verges devant eux aux Palais, & en toutes maisons du Roi. L'on remarque des Arrêts portant confirmation de leur jugement. J'en ai vû un folemnel entre les titres de St Martin des Champs.

JEAN Seigneur de Chaftillon, Confeiller du Roi nôtre Sire, & SOUVERAIN MAISTRE DE SON HOTEL. A tous ceux qui ces Prefentes Lettres verront : SALUT. Comme de notre commandement, le Roi des Ribaux dudit Hotel, eut pris Lettres, & emporté, comme ainfi qu'en plufieurs des biens, Geoffroi Gaftelier, executé par fes demerites faites audit Hotel, par notre Jurifdiction, lefquels biens étoient en, & fur la terre & haute juftice, & Jurifdiction des Religieux de St Martin des Champs lès-Paris : C'eft à favoir en l'Hotel où fouloit demeurer, & demeure pour le tenis dès-lors Robert Digonville coufturier, par dedans la Porte, nommée la Porte St Martin des Champs, à Paris : & auffi eut envoyé par devers nous, ledit Robert, hofte defdits Religieux, & fait METTRE EN L'ESCHIELLE, pour caufe de certains faux ferments faits par-devant nous, ou les Maîtres dudit Hotel fous nous. Et combien que le Chambrier & Maire de ladite Eglife, fe fuffent traicts par devers nous, & par devers ledit Roi des Ribaux, en requerant à eux être rendus, & reftitués lefdits biens & hofte, comme à eux appartenans : & depuis en ont mis & tenu ledit Roi des Ribaux, en procès en Parlement : SÇAVOIR faifons, que nous voulant garder l'Eglife & fes droits, en confeil & deliberation aux chofes deffufdites, & auffi ofter le Roi des Ribaux defdits procès, AVONS voulu & ordonné, voulons & ordonnons, que tous les biens dudit Geoffroi, trouvés & pris en l'Hotel dudit Robert, que à caufe de la jurifdiction defdits Religieux, leur foient baillés, delivrés & rendus, & auffi la connoiffance dudit Robert, laquelle nous leur baillons, entant que faire fe peut, par la teneur de ces Prefentes : & ne voulons qu'il tourne à préjudice à la jurifdiction defdits Religieux, ce que fait en a été par nous ; & par ainfi, que lefdits Religieux fe départiront en la Cour de Parlement, s'il plaift à la Cour. Par ce donnons en Mandement à nos amés Pierre de Selin, Clerc de Nous, & Commiffaire dudit Hoftel, & audit Roi des Ribaux : que lefdits biens ils baillent & délivrent aufdits Religieux, fans délai, & fans autre mandement attendre de nous, en prenant lettre de quittance defdites parties. EN TESMOING, nous avons mis notre fcel à ces prefentes Lettres, qui furent faites le 18: Août, l'an de grace 1355. Scellé des armes de Chaftillon.

Tous les voifins & alliés du Royaume ont emprunté le nom de cette charge, DAPIFER, avec partie des effets. Les Ducs de Normandie : Comtes de Flandres : Ducs de Bourgogne : Rois d'Angleterre : Rois d'Arragon : Rois d'Italie, & l'Empereur, dont j'ai infinis exemples. *Ordric. Vital. Ecclef. hift. lib.* 3. *& 7.* parle *de Normanorum Dapifero.* Dedans les hiftoires de la Terre fainte, fouvent fe voit *Dapifer* & *Vicedapifer*. Et en l'établiffement des Rois au Royaume de Jerufalem, par Baudouin Comte de Flandres, au livre manufcrit des Affifes, y a un chapitre du Sénéchal, en ces termes.

LE JOUR du Couronnement, le Sénéchal doit ordonner LE MANGER du jour, & comment l'on fervira icelui jour en la maniere que mieux lui fembleta, fi le Roi lui fait aucun exprès commandement icelui jour mêmes, fitôt comme le Roi ira de fa Chambre où il fera veftu pour aller au moutier. Le Sénéchal doit TENIR LE SCEPTRE, & le porter devant lui jufques dedans l'Eglife, & le tenir jufqu'à tant qu'il le prenne en fa main, & fi-tôt comme il fera couronné, le Sénéchal doit aller avant en l'Hotel, & faire ordonner les chofes qui lui fembleront à bien faire, & ceux qui porteront les efcuelles au Roi, & ferviront la table, de ce qu'il a montré au manger; le Sénéchal doit ordonner ceux qui meilleurs lui sembleront, si le Roi ne lui fait exprès commandement.

Quand le Roi voudra MANGER, le Sénéchal doit commander au Chambellan qu'il porte l'aigue aux mains, & commander aux autres par le Palais, qu'ils donnent l'aigue quand le Roi voudra laver. Il doit servir le corps du Roi le jour du Couronnement, & dresser devant lui de tous ses mets, & doit commander de LEVER LES TABLES, tant comme il sera temps. Et quand le Roi aura mangé, s'il ne veut tenir LE SCEPTRE en sa main, le Sénéchal le doit tenir devant le Roi, & le porter devant lui jusques en la Chambre où il se voudra depouiller de la Robe Royale; & puis doit le Senechal manger, & toutes les escuelles & les gréaux, en quoi il aura servi le Corps du Roi du premier mets, doivent être servies pleines de telle viande, comme le Corps du Roi aura été servi icelui jour; & il y doit manger aux quatre Fêtes Annuelles de l'an; & aux autres grandes solemnités il doit tenir compte de toutes les rentes du Roi, & faire rendre compte à tous ceux qu'il voudra. LES CHATEAUX ET LES FORTERESSES, le Sénéchal les peut & doit revisiter, & faire leur avoir ce que mestier leur est, & changer & remuer Sergens, & toutes manieres d'Offices, qui dedans Chateau, ou dedans Forteresse feront, sauf le Corps du Chastellain, ou sauf le commandement du Roi, s'il aucun propre commandement en faisoit: & les devant dits Chasteaux & Chastelains doivent être obeissans à lui & à son commandement, sauf le Commandement du Roi: & les sermens des Baillifs & des Escrivains, le Sénéchal les peut & doit recevoir : s'il advient que le Roi ne soit au Royaume, ne homme qui tient son lieu, le Sénéchal peut & doit par son Office être en son lieu; & si aucun PLAIT étoit commencé devant le Roi & le Roi se partit du Royaulme, sans ordonner un homme en lieu de lui, celui plait, pourroit estre determiné devant le Sénéchal.

ORIFLAMME, OU E'TENDART DE St DENYS.

L'Autre Etendart dont nos Rois se sont servis aux grandes & importantes guerres, a été la Banniere de St Denys, appellée ORIFLAMME, à cause de la splendeur & couleur de flamme d'or, empreinte au Cendal dont elle étoit.

Quod cum flamma habeat vulgariter aurea nomen.

dans Philippes Brito, *lib* 11. *Philippidos.* Guillaume Guiart en son Roman des Royaux lignages.

ORIFLAMME, *est une Banniere,*
De Cendal roujoyant & simple,
Sans pourtraiture d'autre affaire.

Comme l'Abbayie de St Denys & ce qui en dépendoit, étoit en grand respect envers nos Rois, par devotion envers St Denys & ses compagnons: Quand ils vouloient se servir de l'Oriflamme, ils la recevoient par les mains de l'Abbé, avec diverses cérémonies.

Ceux qui en ont écrit, ont obmis de grandes rencontres, n'en ont parlé qu'en termes generaux, pour n'avoir pas eu connoissance particuliere de ces formalités. Le livre inscrit, *Gesta Sugerii Abbatis MS.* L'histoire Latine de Charles VI, manuscrite : Celle du sieur des Ursins donnée depuis quelques années au Public, en ont baillé la lumiere.

Quand les Rois se voyoient menacés d'une guerre douteuse, necessités de recourir à l'Oriflamme, ils faifoient leurs premieres devotions en l'Églife Notre-Dame de Paris : puis fe tranfportoient à St Denys, où ayant été folemnellement reçûs ; ils defcendoient fans Chaperon & ceinture, ès voutes fous lefquelles repofoient les Reliques des Saints, avec l'Oriflamme, & fouvent les portoient eux-mêmes fur l'Autel. L'an 1382, outre les Reliques de St Denys, fut porté le corps de St Louis. L'Abbé célebroit la Meffe, pendant laquelle il faifoit des remontrances à la recommandation de St Denys, rehauffoit la devotion du Roi & du Comte du Vexin, fondé en droit de porter l'Oriflamme aux batailles, comme premier Vaffal de St Denys : cependant le Comte étoit à genoux, tête nue & fans ceinture, entre le Roi & l'Abbé, des mains duquel le Roi ayant reçu l'Oriflamme benite par des prieres rapportées par du Tillet ; & par le Frere Doublet, il la delivroit au Comte du Vexin.

Depuis que le Comté du Vexin eut été joint à la Couronne, fous le regne de Louis le Gros : au lieu du Comte de Vexin, fucceda en cette fonction, celui des vaillans Seigneurs du Royaume, que le Roi en vouloit honorer ; & pour parler avec Jean Juvenal des Urfins, en fon hiftoire de Charles VI, *ad annum* 1414. *On avoit de tout temps accoustumé de bailler l'Oriflamme à un Chevalier loyal, preud homme & vaillant.* Celui donc auquel l'Oriflamme étoit delivrée par le Roi, la gardoit fans la déployer, jufqu'à la neceffité. Quelque fois les Rois leur attachoient fimplement l'Oriflamme au col, & en cette forme la portoient pour marque d'honneur, attendant la rencontre ; & lors elle étoit déployée, attachée au bout d'une lance. Celui qui étoit élu, pour fe rendre digne d'un choix fi noble ; fe confeffoit, prenoit l'Euchariftie, & fur icelle faifoit ferment folemnel de la fidellement garder pendant fa vie. La guerre finie, l'Oriflamme étoit reportée à St Denys par les Rois mêmes, comme il fe verra ci-après.

Pour montrer qu'avant le delaiffement fait au Roi Louis le Gros, du Comté du Vexin, par Richard Roi d'Angleterre, rapporté par *Aimonius Monachus*, la garde de l'Oriflamme appartenoit au Comte du Vexin ; & a paffé au Roi avec le Comté ; je rapporte la Patente expediée par commandement du Roi Louis, lorfqu'en cette qualité l'Oriflamme lui fut delivrée, laquelle j'ai tirée du trefor des titres de St Denys.

Au nom du Pere, du Fils, & du St Efprit. *Amen.*

LOUIS, par la grace de Dieu, Roi de France. Aux Archevêques, Evêques, Ducs, Comtes, & à tous les Grands de notre Royaume. D'autant que par la grande mifericorde de Dieu, nous connoiffons que notre Royaume ne peut demeurer en un état ferme, & que le terreftre ne prend fon vrai progrès que par le moyen du celefte, &c. Ayant eu avis que le Roi des Allemans prepare une Armée pour entrer en notre Royaume, & l'opprimer : après avoir pris l'avis des principaux Officiers, étans près de nous, fuivant la forme ancienne, Nous nous fommes tranfportés à l'Eglife Sacrofainte de nos Patrons : & là, en prefence des grands de notre Royaume, pour la defenfe d'icelui, Nous avons fait élever fur l'Autel, nofdits Patrons, &c. En prefence du venerable Abbé de ladite Eglife, Sugger notre fidel & familier Confeiller, & en prefence des Grands de notre Royaume, Nous avons reçû & PRIS DE L'AUTEL des Saints Martyrs, aufquels la Seigneurie du Comté du Vexin appartient, & lequel nous tenons d'eux aujourd'hui en fief, l'ESTENDART, fuivant l'ancienne coutume de nos predeceffeurs, comme ayant droit de porter ladite Banniere, COMME LES COMTES DU VEXIN, faifoient autrefois : *Signiferi jure : ficut Comites Vulcaffini foliti erant.* (Ce font les termes des Patentes.) Fait à Paris, l'an 1124 De notre regne le dix-huitième, & de Adelais le dix.

L'Abbé de St Denys Sugger, denommé en cette Patente, composa un Livre en Latin, lequel est manuscrit à St Denys, avec ce titre, *Gesta Suggerii Abbatis*, auquel est écrit: ,, Le noble Comté du Vexin, qui est entré ,, la riviere de Sare & d'Epte, fief propre de l'Eglise St Denys, & lequel ,, le Roi de France Louis, fils de Philippes, allant en guerre contre l'Em- ,, pereur des Romains, reconnut en plein Chapitre, tenir de St Denys, ,, & d'icelui en qualité de Porte-enseigne devoir l'hommage, s'il n'étoit point ,, Roi, a été un accroissement de dignité à l'Eglise.

L'histoire de St Denys, en la vie de Louis le Gros, dit que ce Roi prit l'Enseigne de St Denys, que l'on appelle l'Oriflamme, sur l'Autel devotement, qui appartient à la Comté de Vequecin, que le Roi tient en fief de St Denys, comme de son lige Seigneur.

Sur l'origine de l'Oriflamme, les opinions sont diverses. Les uns la rapportent au Batême de Clovis; les autres au tems de Dagobert; autres à celui de Charlemagne. Autres l'ont dit envoyée du Ciel, dans Froissard, 2. Volume, chap. 125. circonstances inutiles, auxquelles je ne veux pas m'arrêter. Mais il faut tenir pour vrai, comme j'ai dit ci-dessus, que cet Etendart & Banniere de St Denys, étoit de Cendal, de couleur de flamme d'or, & splendeur rouge, dont il a pris son nom, & n'avoit aucune figure; ce qui est à remarquer. Guillelmus Brito, *Philippidos lib.* 11.

Ast Regi satis est tenues crispare per auras
Vexillum simplex, Cendalo simplice textum,
Splendoris rubei, Lethania qualiter uti
Ecclesiana solet, certis ex more diebus;
Quod cùm flamma habeat vulgariter aurea nomen,
Omnibus in bellis habet omnia signa præire,
Quod Regi præstare solet Dionysius Abbas
Ad bellum quotiens sumptis proficiscitur armis.
Ante tamen Regem signum regale tenebat,
Montiniacensis vir fortis corporeGalo.

Guillaume Guiart en son Roman.

Oriflamme est une Banniere,
Aucun poi plus forte que guimple
De Cendal roujoyant & simple,
Sans pourtraiture d'autre affaire,
Li Roi Dagobert la fi faire
Qui saint Denys ça en arriere
Fonda de ses rentes premieres,
Si comme encor appert leans,
Es Chaplets des mescreans
Devant lui porter la fuisoit
Toutesfois qu'aller li plaisoit
Bien attachée en une lance
Pensant qu'il eust remembrance
Au raviser le Cendal rouge
De celuy glorieux guar rouge.

La Chronique ancienne de Flandres, chap. 67. parlant de la bataille près Cassel, sous le Roi Philippes de Valois. *Messire Miles de Noyers, estoit monté sur un grand destrier couvert de haubergerie, & tenoit en sa main une lance, à quoi l'Oriflamme estoit attachié, d'un vermeil Samit, à guise de Gonfanon, à trois queuës, & avoit entour houpes de verte soye.*

Cet Etendart a été en tel respect entre les François, que sous le Roi

DE LA VILLE DE PARIS. Liv. XIII.

Charles V, le sieur d'Andrehen quitta son office de Maréchal de France, pour porter l'Oriflamme; Exemple, lequel, combien que touché par plusieurs sur ce sujet, j'ai estimé ne pouvoir obmettre; & pour cette consideration a été appellé par Froissard, vol. 1. chap. 164. LA SOUVERAINE BANNIERE DU ROY, où il parle de l'Etendart de France, porté par le sieur de Charni à la bataille de Poitiers, appellé par le sieur de Joinville, LA BANNIERE DE ST DENYS; dans Monstrelet, 1. vol. chap. 79. en une Patente de Charles VI. LE SIGNE ROYAL, qu'on nomme L'ORIFLANDE. Au Roman de Guiteclin.

Mainte enseigne y baloie de soye tainte en grene
L'ORIFLAMBE Karlin est devant promieraine.

Ailleurs.

Les Enseignes de soye vont avant baloians,
L'ORIFLAMBE Karlin ou premier chef devant.

Aussi, les ennemis de l'Etat se sont efforcés de le déprimer, & lui donner une condition fabuleuse, *Jacobus Meyerus, historiæ Fland. libro duodec. ad an.* 1346. *Flammulam illam victoriosissimam, gessit, illo die, Milo Noërius, qui non diu fuit in humanis. Auctor est Polybius Gallos, olim Insubres, signa quædam habuisse aurea, quæ immobilia vocitabant, non nisi in extremo periculo ex Minervæ templo promi solita: ab his puto auream Gallorum Flammulam promanasse, quæ ex penetralib. templi Dionysiani promitur, cùm extremum timetur discrimen.* Et au même Livre, *Miloni Nocrio, Flammulam illam fabulosam, Vexillum ex serico, vermiculari colore ab Abbate D. Dionysii desumptum Rex attribuit.* C'est pourquoi au Liv. 10. parlant du combat arrivé l'an 1304; à Monts-en-Puele, (c'est *Mons Pabularius*, ou bien, *Mons Populeti* dans Paul Æmile) il pose affirmativement, cet ORIFLAMME avoit été pris, rompu & dissipé par les Flamans. *Flammula Gallorum signum, de quo tam multa solebant fabulari eo prælio discissa & laniata est à Flandris, occisusque Anselmus Chevrosius ejus gestator.* Il est vrai, par le consentement de toutes les histoires, que Anseau de Chevreuse mourut en ce combat: mais ils ne conviennent pas que l'Oriflamme ait été prise. Jean Villani décrivant cette bataille au Livre 8. ne parle point de l'Oriflamme. Le sieur Vignier en son Sommaire d'histoire, rapporte l'autorité d'un Ecrivain de ce tems-là, *Dominus Anselmus de Caprosto* (Vignier le tourne de Caprose) *miles probatus & maturus, strenuus & fidelis, qui ferebat tunc, & alias pluries tulerat de præcepto Regis, ob fidelitatem & integritatem eximiam, Vexillum sancti Dionysii, quod vulgariter dicitur* ORIFLAMMA, *sitis vehementis æstu occubuit.* La Chronique ancienne de Flandres, chap. 47. dit, que le lendemain de la bataille, on trouva l'Oriflamme gisant emmy les champs, *& que toute nuit y avoit geu.* Mais Guillaume Guiart, qui vivoit lors, & étoit au combat, temoigne la prise, non de l'Oriflamme veritable, mais d'une Oriflamme feinte, portée pour enflammer & animer le courage des Soldats.

Aussi li sires de Chevreuse,
Porta l'ORIFLAMME merveille,
Par droicte semblance pareille,
A celle, sele voir esgarde,
Que l'Abbé de Saint Denys garde.

Et par après, ailleurs.

Anssiau le sieur de Chevreuse,
Fut si comme nous apprismes,
Esteint en ses armes mesmes,
Du trop grand chaleur & retraitte,
Et l'ORIFLAMME CONTREFAITE
Chai à terre, & la saisirent,
Flamens, qui après s'enfuyrent.

HISTOIRE ET ANTIQUITE'S

L'imposture de Meyer est combattuë par deux moyens très puissans. Le premier, que les Rois successeurs de Philippes le Bel, se sont servis de l'Oriflamme, l'ont reçû avec pareille devotion, l'ont rendu avec semblable respect que leurs predecesseurs; ce qu'ils n'eussent point fait à un ombre, à une feinte. Louis le Hutin, Philippes de Valois, Jean son fils, Charles V, ont fait porter l'Oriflamme par des plus estimés de leur tems. Les exemples se voyent dans les Histoires; mais le nombre est si grand sous Charles VI, rapporté par Jean Juvenal des Ursins, & par une grosse histoire Latine manuscrite, étant en la Bibliotheque de Monsieur de Thou, dont l'Auteur, comme des Ursins, en a été temoin occulaire, qu'il met la question hors de doute.

J'en rapporterai les mots mêmes, comme importans, & servans à beaucoup de raretés, concernans les formalités mysterieuses pour prendre l'Oriflamme, & les qualités rares de ceux qui ont été choisis pour la porter.

Jean Juvenal des Ursins, sous l'an 1381. *Le Roi s'en alla à St Denys, visita les corps saints, fit ses offrandes, fit benir l'*ORIFLAMME *par l'Abbé de St Denys, & la bailla à Messire* Pierre *de Villiers, lequel fit le serment accoutumé, & la garda plus d'un an entier, car le Duc de Bourgogne, &c.* Le même Auteur, ad an. 1382. parlant du dessein contre les Flamans: *Le Roi alla à St. Denys, &c. Les corps de St Denys & de ses Compagnon: furent descendus, & mis sur l'Autel. Le Roi, sans chapperon & sans ceinture, les adora, & fit ses oraisons bien & devotement, & ses offrandes, & fi firent les Seigneurs. Ce fait, il fit apporter l'*ORIFLAMME*, & fut baillée à un vieil Chevalier, vaillant homme, nommé Maître* Pierre *de Villiers l'ancien, lequel reçut le Corps de Notre Seigneur, & fit les sermens en tel cas accoustumés, & après, s'en retourna le Roi au bois de Vinciennes.*

Froissard, 2. vol. chap. 125. parlant de Pierre de Villiers: *Là fut ordonné, quand on viendroit à s'assembler, qu'on mettroit la bataille du Roi & l'*ORIFLAMME*, au premier front. Il avoit été destiné à cette charge dès la proposition des Ordonnances pour le voyage de Flandres. Idem 2. vol. chap* 114.

L'histoire Latine, fol. 20. represente la même rencontre, avec des circonstances plus amples. *Soluto Consilio, Rex prædecessorum suorum morem servans, mense Augusti, 18 die, ad Ecclesiam B. Dionysii Franciæ peculiaris Patroni, accessit, cum avunculo atque regni proceribus. sequenti luce, vexillum gloriosissimum, Martyris, quod* AURIFLAMMA *dicitur, in signum expeditionis proximæ accepit per hunc modum. Circa horam namque diei tertiam, venerabilis Abbas & Conventus Ecclesiæ, capis sericis induti, juxta sancti Clementis Capellam Regem aliquantulum expectaverunt pede fixo, quem cum eminus ab aula descendentem conspexissent, individuæ Trinitati altisonis vocib. decantando, cum ad Ecclesiam cum solemni processione perduxerunt: Cum autem ad altare benedictorum accessisset, oratione peracta, regale epitogium exuit, & in obsequium eorum promptâ animi devotione, crinibus resolutis, zonâ pariterque discinctus, se multum obtulit reverenter. Accedens inde ad criptam sæpefatorum sanctorum, sacrosancta pignora in scriniis electrinis contenta, in ulnis suscipiens, cum Abbatis auxilio, merâ cordis alacritate, super eorumdem altare detulit, cum corpore etiam beatissimi Ludovici, ac postmodum, de eminentiore loco, in altaris facie collocavit. Abbas autem in Pontificalibus existens, Missam Conventualem celebravit, interque Missæ solemnia collationem faciens, & Martyrum reliquias sapientissimè recommendans, ut erat in sacris litteris eruditus, & in sacra pagina excellentissimus Professor, devotionem Regis, fidelitatem militum, multis laudibus extollens, notabiliter commendavit. His ergo rite peractis, cùm Rex de manibus ejus videlicet vexillum suscepisset, illud* Petro *de Villaribus, Domûs Regiæ Magistro, non juveni, ætate primâ florente, sed viro emeritæ militiæ, & fidei non dubiæ, cum pacifico osculo tradidit deferendum: is jam exacta ætatis miles erat, sed vegetum ingenium in vivido pectore vigebat, virebatque, integris sensibus, atque ideò bonam virium suarum consummationem in proximo adesse existimans, illud, perceptâ priùs Eucharistiâ, devotissimè suscepit: & sic repositis sacrosanctis reliquiis, & servitio peracto, ad nemora Vicennarum rediit.*

DE LA VILLE DE PARIS. Liv. XIII. 751

Ces textes parlent de la délivrance faite au Roi de l'Oriflame. Des Ursins en la page 40. represente la restitution, qui en fut faite à St Denys, par le Roi même, après la victoire sur les Flamans. *Vint le Roi à l'Eglise, & prit l'Oriflamme, lui étant nue tête & sans ceinture, & la rendit en moult grande devotion devant les corps saints, & la bailla à l'Abbé, & donna à l'Eglise un moult beau poisle de drap d'or.*

Le même des Ursins sous l'an 1383. *Le Roi partit de Paris & vint à saint Denys & ouït Messe; prit l'Oriflame en grande reverence, & la bailla à Messire Gui de la Trimouille, vaillant Chevalier, lequel reçut le Corps de Notre-Seigneur, & fit le serment accoutumé & la print.*

L'Historien Latin page 31. b. *Secunda die Augusti, Rex ad sanctum Dionysium more prædecessorum Regum venit Auriflammam suscepturus, vel, ut lucidius loquar, vexillum Beati Dionysii Franciæ peculiaris Patroni: quod tamen peractis mysteriis modo & forma aliàs perhibitis, penes se retinuit, donec illud Guidoni dicto* de la Trimouille, *obtentu domini Ducis Burgundiæ, credidit deferendum, tandem tamen....... deplicandum.*

Des Ursins, sous la même année. *Et retourna le Roi à Paris & vint à St Denys, où il fit ses oraisons & offrandes; & remit l'Oriflame en la forme & maniere ci-dessus declarée.*

L'Historien Latin, sous l'an 1410. *Rex vexillum suum sibi præcepit afferri in Ecclesia Beati Dionysii conservatum, vocatum* Auriflamma.

Juvenal des Ursins, *ad annum* 1412. *Le Roi s'en alla à St Denys, ainsi qu'il est accoutumé, & prit l'Oriflambe & la bailla à un vaillant Chevalier, nommé Messire Hutin sieur d'Aumont, lequel reçut le Corps de Notre-Seigneur* Jesus-Christ, *& fit les sermens qu'il devoit faire.*

L'Historien Latin. *Peracta solemnitate Paschatis, Rex morem genitorum observans, quando quid arduum aggredi cupiebant, ab Ecclesia Beatæ Mariæ Parisiensis; ad venerabile Monasterium Beati Dionysii, peculiaris Franciæ Patroni, die sancti Joannis ante portam Latinam; & cum suo primogenito domino Duce Guyennæ, & Baronum multitudine devotissimè accessit, & inter Missarum solemnia gloriosissimè Martyri supplicavit, ut prosperum iter suum faceret; ad gloriam regni & honorem: in signum celeris profectionis, vexillum gloriosissimi Martyris, quod* Auriflamma *dicitur, ab annis multis exactis, ab anno Domini benedictum, necdum exactis præliis deplicatum, ab ejus altari statuerat sumere, quod quamvis strenuo & emerito militi Domino* de Osmonte *nuper deferendum tradidisset, necdum adhuc solito præstito juramento ab eo illud exegit cum observantiis scribendis. Cum enim ab oratorio suo ad cornu altaris prædicti accessisset, ante ipsum, juxtà altare stetit, pontificalib. indutus, Monasterii venerabilis Abbas, qui luculenter & profundè onera & honores authoritatis Regiæ narrans, ipsum Regem monuit, ut Pastorum more, ipsos gloriosos Martyres semper devotissimè invocaret pro victoria obtinenda: Vexilliferum etiam regium multipliciter commendavit; qui prius percepto Eucharistiæ Sacramento, inter Regem & Abbatem flexis genibus & sine caputio mansit, donec verbis finem fecit: & cum publicè super corpus Christi jurasset, quod illud usque ad mortem fideliter custodiret: Mox, illud Rex de manu Abbatis recipiens, cum pacis osculo, ad collum ejus suspendit, priscorum cæremonias observans. Sic vexillum ferre dignum duxit, donec urgente belli necessitate, hasta aurea applicasset: utque tunc corpus confectum senio firmius consisteret, resistendo, insignes milites in armis quoque strenuos dominum scilicet de sancto Claro & Jacobum dictum* de Moncheurel *adjunxit.*

J'ai inseré ce texte tout au long à cause de l'éclaircissement qu'il apporte aux solemnités obmises par des Ursins, lequel page 309. *Le Roi alla à St Denys en grande devotion, & fut baillée l'Oriflamme en l'Abbayie en la forme & maniere accoutumée.* Le même Auteur sous l'an 1414. *Pour ce que le Seigneur d'Aumont, qui avoit accoutumé de porter l'Oriflambe, etoit mort, le Roi avoit assemblé son Conseil, pour sçavoir à qui on la bailleroit: Car on avoit de tout tems accoutumé la bailler à un Chevallier loyal, preud'homme & vaillant: & par élection fut éleu Messire Guillaume Martel, Seigneur de Bacqueville auquel fut* baillée l'Oriflambe & se confessa & ordonna, & fit les sermens accoutumés; & s'excusa fort pour son vieil age : & pour ce lui fut baillé en aide & confort son fils aîné, & un beau & grand Chevalier, nommé Meffire Jean de Betac, qui furent donnés comme coadjuteurs audit Seigneur.

L'Hiftorien Latin s'étend beaucoup davantage *ad annum* 1414. *Quamplures ætate graves, summæ tantæ ingenuitatis viros, vis ægritudinis abfumpfit : inter quos* Dominum de Ofmonte *mihi femper reverendum fufpicio & pro curialitatibus, mihi fæpius conceffis, dum in caftris Regiis, fub ficca palea, vel herbis virentibus lectus erat, cenfeo nominandum, militem utique confulti pectoris, in armis ftrenuum, quem & propter emeritam fidem Rex ftatuerat in expeditionibus bellicis vexillum fuum deferre,* quod Auriflamma vel vexillum fancti Dionyfii vocatur. *Tam fpectabilis viri mortem, Regii decuriones & aulici, urbanis ejus moribus & armorum exercitatione, à novem luftris imbuti, multis diebus planxerunt : & quamvis plures ex eis fimiles potuiffent reperiri, Rex tamen* Guillelmum Martelli *Dominum* de Bacqueville, *Cambellanum fuum, virum facundia clarum, ftrenuum in agendis, & ex ftrenuis proavis Ducatûs Normaniæ ducentem originem, tanta autoritate dignum duxit honorandum, &c. Inde oratione peracta in Ecclefia Beatæ Mariæ Parifienfis, biduo non exacto, more progenitorum fuorum ad dedicatum à Chrifto Monafterium Beati Dionyfii Franciæ peculiaris Patroni, die Pafchatis Floridi, cum loci venerabilis Abbas Philippus Miffam conventualem ad altare Domini Martyris celebrandam fufcepiffet, Rex fuum militem vexillo Regio taliter infignivit. Ante fecretas collectas, dictus Abbas, collationem faciens, priufquam dicti militis infigne genus, magnitudinem, aptitudinem & prudentiam in agendis multipliciter commendaffet, &c. addens quod fpeciali devotione gloriofi Martyris Beati Dionyfii fuffragium imploraret, cujus vexillum nunc pofcebat, fermonis finem faciens, & poft corporis Chrifti confecrationemufque ad Agnus Dei pervenims, illud Regi tenendum obtulit, benedictiones confuetas intelligibiliter proferendo, militem dictum flexis genibus & fine caputio, jurare fecit fuper fanctiffimum* Corpus Chrifti, *quod illud ufque ad mortem fideliter cuftodiret, &c. Abbas facratiffimâ Communione perceptâ, & minifterium confummans, fibi cœlefte fumendum tradidit viaticum* Corpus Chrifti *Miles autem circonfpectus, attendens fe fexagenarium ætate, & quod ejus vigor corporeus jam incipiebat tabefcere, præ nimia fenectute, fine dificultate maxima non poffe vexillum Regium, fi neceffitas urgeret, deplicatum deffendere : inclytos milites & robuftos, filium fuum primogenitum, & Dominum Joannem de Betac Dominum fancti Clari, confodales & coadjutores elegit, & illud quafi pretiofiffimum monile à collo ufque ad pectus dependens detulit multis feriis fucceffivis ante Regem, donec Sylvanectum perveniffet.*

Donc jufqu'à Charles VI. cet Etendard a été en ufage : fous Charles VII & fes fuivans, il a ceffé; & depuis, ne fe voit point d'exemples.

L'autre moyen contre l'impofture de Meyerus, dépend de la verité. Le Frere Doublet rapporte, qu'en l'inventaire du trefor de l'Eglife de St Denys, fait par Commiffaires de la Chambre des Comptes, en l'année mil cinq cens trente-quatre, en vertu de Patentes du Roi, l'ORIFLAMME eft compris, defigné par ces termes : *Etendard d'un Cendal fort épais, fendu par le milieu en façon d'un Gonfanon, fort caducque, enveloppé autour d'un baton couvert d'un cuivre doré, & un fer long et aigu au bout.* Et ajoute l'Auteur, avoir vû l'ORIFLAMME long-tems depuis au même lieu defigné par ledit inventaire, & l'avoir tenu encore après fa reduction de Paris en l'obéiffance du Roi, arrivée l'an 1594, lorfque les Reliques furent tranfportées de Paris à St Denys.

Mais d'autant qu'aucuns ont écrit, la charge de porter l'Etendart Royal ou l'Oriflamme, avoir été un office de la Couronne, je ne puis diffimuler mon diffentiment. Il ne s'en voit point d'établiffement, de titres qui en faffent mention, ni de gages ou droits qui y foient attribués. C'a été une commiffion honorable dépendant de la volonté des Rois, conferée à perfonnes capables, fouvent conferée à une même : & fouvent fous un même Roi, & dans peu d'efpace nous la voyons exercée par diverfes perfonnes.

DE LA VILLE DE PARIS. Liv. XIII

nés. Dans le Roman de Guiteclin, est representée la dignité de cette charge en peu de mots.

> *Diolas, di li Rois, laisse ester ta falor,*
> *Qui se croi en Jesu notre bon creator,*
> *Si batizar te vieux, tauras tote mamor,*
> *Sesoigne te dourai qui fu ton ancessor,*
> *Por tel que en bataille porteras l'*ORIFLOR.

Je ne puis pareillement que je ne m'étonne de ceux, lesquels, dans des Ursins *ad annum* 1386, disoient, que l'Oriflamme ne se devoit prendre que pour la défense du Royaume, & *non mie quand on veut conquester autre pays*: ce sont les termes de l'Auteur. Autres ont aussi pensé, qu'elle ne pouvoit être déployée sur des Chrétiens, ains seulement contre des Infideles, comme Froissard 2. vol. ch. 125. parlant de la bataille de Rozebecque contre les Flamans. Mais ces discours sont des imaginations foibles: Car l'ORIFLAMME étoit l'Etendart principal, absolument destiné à toutes rencontres perilleuses, soit dedans ou dehors, & contre toutes sortes de personnes. Dans le sire de Joinville, l'Enseigne de St Denys, qui étoit l'Oriflamme, fut portée au voyage d'Outre-mer, & dans Nangis *lib. de Gest. Ludovici Franc. Reg.* Aussi peu est recevable B. Rhenanus, & ceux qui ont pensé avec lui, que l'Oriflamme & Chappe St Martin fussent même chose. La diversité des tems, des noms, de la forme, & de ceux qui ont porté l'une & l'autre, montre la difference.

Le discours suivant, fera aussi connoître la difference d'entre l'Oriflamme, la Banniere de France & Cornette blanche, souvent conjointement portée en même bataille; éclaircira le doute diversement traité, sur l'emploi du sieur de Montigni, & fera connoîtr e qu'il portoit non l'Oriflamme mais la Banniere de France.

BANNIERE DE FRANCE & CORNETTE BLANCHE.

LE TROISIEME ETENDART, très-ancien, étoit la Croix blanche, ou autre Cornette, parsemée de Fleurs-de-Lis, appellée BANNIERE DE FRANCE, à laquelle depuis a succedé la CORNETTE BLANCHE, different entre autres choses d'avec l'Oriflamme, en ce que l'Oriflamme étoit en plus grand respect, n'étoit porté qu'aux necessités très-pressantes, & l'autre étoit ordinaire ès armées Royales & à toutes rencontres: même quelquefois concurremment avec l'Oriflamme, comme à la bataille de Bouvines: l'un étoit porté près la personne du Roi; l'autre au fort de la bataille: l'un appellé *Signum Regale*, par Rigordus; l'autre dit *souveraine Banniere du Roi*, par Froissard.

Du Tillet s'est mécompté, quand il dit, que Philippes Auguste à la bataille de Bouvines, bailla à porter l'Oriflamme à Gilles de Montigni, pour sa vertu. Philippes Mousk, qui vivoit du tems de St Louis, est tombé au même erreur en son Histoire.

> *Si a fait bailler erramment,*
> *L'*ORIFLAMBE *de saint Denys,*
> *A un Chevalier par devise:*
> *Wales de Montigni et nom,*
> *Qui moult estoit de grand renom.*

Ils se sont mécomptés, dis-je, ne distinguant pas ces deux Etendarts,

HISTOIRE ET ANTIQUITES

Car Gilles de Montigni porta, non l'Oriflamme, mais la Banniere, l'Etendart Royal, parsemé de Fleurs-de-Lis. Rigordus, *Signum Regale, vexillum scilicet floribus lilii distinctum, ferebat Gilo de Montiniaco.* Guillaume le Breton.

Ante tamen Regem signum Regale ferebat,
Montiniacensis vir fortis corpore Galo.

Guiart même, parlant de la bataille de Bouvines.

Galon de Montigny porta,
Ou la Chronique faux m'enseigne,
De fin azur luisant l'Enseigne,
A Fleurs-de-Lis d'or aornée,
Pres du Roi fu celle Journée,
A l'endroit du riche Estendart.

Papirius Masso, au livre 3. des Annales, *in Philipp. August. in Bovinensi pugna, præter Flammulam, Regium insigne, liliis conspicuum, ante Regem fuit: Cujus rei Vincentium Scriptorem illius temporis testem habeo.* Et sur cette rencontre il prend sujet de parler des Fleurs-de-Lis. Et ne faut point trouver étrange, qu'en une même armée se soient rencontrés deux Etendarts, l'un du Roi, l'autre du Royaume: ce sont deux choses diverses. Philippes le Bel obligea le sieur de Villemonde à mutation de Seigneur, à deux arçons de selle de cheval, l'une aux armes de France, l'autre aux armes du Roi Clovis; témoignage de diversité. Geoffroi de Villehardouin, liv. 4. de son histoire, dit, *Quand le Tyran Murzufle fut déconfit, l'Estandard Royal fut pris, avec une Banniere, qu'il faisoit porter devant lui, en laquelle étoit representée une image de Nostre-Dame, qu'il avoit en grand respect.* Et en cette grande deffaite des Sarrasins rapportée *Registro Innoc. III. PP. lib. 3. Epist. 130.* il y avoit deux Etendarts en l'armée, l'un general avec la Croix, l'autre particulier du Roi d'Arragon & l'image de la Vierge. Froissard 2. vol. chap. 135. *Faisoit l'Evêque de Nurdvich devant lui porter les armes de l'Eglise, la Banniere de St Pierre, de gueules à deux clefs d'argent en sautoir, comme Gonfalonnier du Pape Urbain, & en son Pennon étoient ses armes.* Monstrelet 2. des Chroniques *ad annum* 1429. Y avoit deux Bannieres en une seule bataille, l'une de France & l'autre d'Angleterre: & si estoit avec icelle l'Estendart de St Georges, &c.

L'Oriflamme étoit le principal Etendart sous Charles VI. Il avoit néanmoins la Croix blanche pour Enseigne particuliere, dans des Ursins, *ad annum* 1411. Alain Chartier, *ad annum* 1448. décrivant la solemnelle entrée de Charles VII en la ville de Rouen, touche clairement cette diversité d'Etendarts, combien que hors le corps d'une bataille. ,, Derriere les Pa-,, ges du Roi étoit HAVART Ecuyer trenchant, monté sur un grand destrier, ,, qui portoit un Pennon de velours azuré, à quatre Fleurs-de-Lis d'or de ,, broderie, brodées de grosses perles, &c. Grand-Maistre d'Hotel, &c. ,, Auprès de lui estoit un Escuyer, qui portoit l'ESTENDART DU ROY, lequel ,, étoit de satin noir.

Entre les Anciens qui ont discouru de l'Oriflamme, il n'y en a aucun qui en ait parlé avec plus de certitude que Guiart. Car après avoir dit, que l'Oriflamme étoit composée de simple Cendal, & sans aucune figure; il ajoute qu'elle étoit à St Denys, & que peu auparavant il l'avoit vûe.

Elle est à sainct Denys encorés,
La l'ay je n'agueres veuë,
Quand Philippes lot receuë.

Cet Auteur vivoit & écrivoit encore l'an 1306 sous Philippes le Bel:

DE LA VILLE DE PARIS. Liv. XIII.

de sorte que quand il parle de la Banniere aux Fleurs-de-Lis, sans doute il parle d'une autre que de l'Oriflamme : sous l'an 1205.

A la fenestre derrenière,
Du Roy de France la Banniere,
A Fleurs-de Lis bien apertes,
Par les villes maisons ouvertes.

L'on ne peut douter que celui des Fleurs-de-Lis ne soit ancien, & n'ait une source fort haute : les Fleurs-de-Lis ayant, comme dès la naissance de l'Etat, été prises par Clovis, pour marque auguste, dont nous voyons diverses antiquités. Les Etrangers, qui ont voulu bailler aux premiers Rois un Ecu honteux, dont jusques à present ils ont voulu tirer des sujets de mépris, sont combattus par le silence de tous les Ecrivains du tems, & par exemples contraires. Mais je ne puis convenir avec du Tillet, en ce qu'il dit que les Fleurs-de-Lis sans nombre ont été prises par les Rois jusqu'à Charles VI, qui les reduisit à trois. La proposition est trop generale : J'ai vû des Patentes beaucoup plus anciennes que Charles VI, avec trois Fleurs-de-Lis. J'ai vû le sceau de la Regence, durant l'absence du Roi Philippes le Hardi en Arragon, ayant d'un côté une Couronne, & de l'autre côté trois Fleurs-de-Lis seulement. Ces sceaux sont entiers à l'Archevêché de Paris.

Matthieu, Abbé de St Denys, & Simon, Seigneur de Nesle, Lieutenans pour le Roi, pendant son absence & voyage d'Arragon, avoient au mois de Juillet 1285 expedié certaines Patentes sous le sceau Royal de cire jaune à trois Fleurs-de-Lis, à double lacs de soie rouge & verte. Ces Lettres portent, *In cujus rei testimonium præsentes Litteras sigillo Regio, quo utimur, fecimus sigillari.* Philippes le Bel venu à la Couronne, confirme ces Patentes par d'autres d'un sceau separé de cire verte.

L'honneur de Regent au Royaume n'a pas été particulier à Matthieu Abbé de St Denys. L'Abbé Sugger avoit été honoré de semblable prerogative sous le Roi Louis le Jeune, comme nous apprenons de l'Histoire & des Epîtres de Sugger même, non imprimées, qui sont pardevers Mr du Puy.

Entre les titres de St Martin des Champs est une Patente de l'an 1335, ayant en la face trois Fleurs-de-Lis, & le contre-scel avec pareil nombre. Ce qui nous fait reconnoître combien il est perilleux d'établir des maximes generales ès choses éloignées de notre tems & de nos yeux.

Or comme les choses plus hautes reçoivent changement par le tems & par les humeurs des hommes ; ainsi que l'ORIFLAMME succeda à la CHAPPE DE ST MARTIN, la CORNETTE-BLANCHE a par degrés succedé à la BANNIERE parsemée de Fleurs-de-Lis. Je dis par degrés : Car, au rapport de du Tillet, Eudes ayant été élu Roi pendant la minorité de Charles l'an 888, apporta en France la Banniere semée de Fleurs-de-Lis : & dans l'Histoire des Ursins, sous l'an 1411, la Croix blanche étoit l'Enseigne du Roi. ,, Ils laisserent (dit-il) la CROIX DROICTE BLANCHE, qui est la vraie Enseigne ,, du Roi, & prirent la CROIX DE ST ANDRE' (à sçavoir les Bourguignons.) L'usage ancien de ces deux Croix, droite & de St André, est témoigné par Olivier de la Marche, en l'introduction de son Histoire, chap. 3. Où parlant de la deffaite des Liegeois par Jean sans Peur, Duc de Bourgogne : *En ceste bataille, Jean Duc de Bourgogne reprit la* CROIX ST ANDRIEU, *pour Enseigne, laquelle les Bourguignons avoient laissé, depuis que par succession la Seigneurie vint au Roi de France, & portérent la* CROIX DROICTE *tant que Philippes le Hardi vescut, qui fut moult bon François, mais à ceste journée il étoit trespassé, & reprit son fils la* CROIX ST ANDRIEU *pour Enseigne.* Et au chap. 5. parlant de la prise de Liege par Charles Duc de Bourgogne, assisté du Roi Louis XI. Le

Roi de France porta la Croix de St Andrieu, en ce voyage de Liege.

Exemple aprochant de cetui-ci, & notable, dans Monstrelet, vol. 1. ch. 129. En laquelle armée on feit porter aux personnes du Roi & du Duc d'Aquitaine la bende & Enseigne du Comte d'Armignac, en delaissant sa noble & gentille Enseigne, que lui & ses predecesseurs Rois de France avoient toujours portée en armes: C'est à sçavoir la droicte Croix blanche, dont moult de notables Barons, Chevaliers & autres loyaux anciens serviteurs d'icelui, & aussi du Duc d'Aquitaine, furent assez malcontens, disant que pas n'appartenoit à la très-excellente & haute Majesté Royale, de porter l'enseigne de si paure Seigneur comme estoit le Comte d'Armignac, veu encore que c'estoit en son Royaume & pour sa querelle. Et avec ce, icelle bende dont on faisoit à present si grande joie, avoit esté baillée au temps passé aux predecesseurs de icelui Comte à la porter à toujours lui & ses successeurs & hoirs, par la condemnation d'un Pape, en signe d'amendise d'un forfait que les devant dits d'Armignac avoient commis contre l'Eglise ou temps dessusdit.

Le semblable se lit dans le même Auteur, eodem vol. ch. 123. & au chap. 127. Feit-on commandement que chacun ostast les Bandes, comme ceux du lez du Roy, & les Bourguignons la Croix de St Andrieu.

Autre marque de la Croix-blanche dans Alain Chartier, ad annum 1452. Pendant le siege de Baïonne parut au Ciel une Croix-blanche: lors, dit-il, les habitans d'icelle ville ostèrent leurs Bannieres & Pennons aux Croix-rouges, disant qu'il plaisoit à Dieu qu'ils fussent François & portassent la Croix-blanche.

Donc la Croix de France & d'Angleterre étoient droites, differentes par la seule couleur. Dans le même Auteur ad annum 1448. Le sieur de Lucé vint à tout six cens combatans portant les Croix-rouges, faire hommage au Roi de France en la main du Comte de Foueẑ: Et après le serment fait s'en retourna à son pays & tous ses gens portans les Croix-blanches; dont leurs femmes, enfans & serviteurs furent moult esbahis.

Ainsi la Banniere parsemée de Fleurs-de-Lis & la Cornette-blanche sont égales en effet, combien qu'éloignées de termes & dissemblables en la forme; la Cornette-blanche étant simple non parsemée, sans ornemens, sans mélange de couleurs ou Fleurs-de-Lis. La Banniere avoit ses enrichissemens, comme ce Pennon de velours azuré à quatre Fleurs-de-Lis, dont parle Alain Chartier, ci-dessus touché. Mais comme nous voyons en la journée de Bouvines l'Etendart de Fleurs-de-Lis, porté par Gilles sieur de Montigny, recommandé par sa valeur, *Miles fortissimus* dans Rigordus; dans Guillaume le Breton:

Montiniacensis vir fortis corpore Galo.

Aussi la Cornette-blanche qui a succedé à la Banniere, a toujours été commise à des personnages recommandables; & certainement avec raison: Car la Cornette-blanche étant proche de la personne du Roi, toutes les forces ennemies y sont portées comme au centre & au cœur, & ceux auxquels elle est confiée, doivent être des barrieres inexpugnables, des montagnes opposées aux torrens.

Pour finir: Comme la Croix de France est differente de celle de Bourgogne & Espagne en la forme, aussi est-elle en la couleur. La candeur & blancheur convenable aux mœurs des François, a été par eux choisie, & la portent en leurs écharpes même de toute antiquité. Guillaume Guiart sous Philippes le Bel.

> *Eut entr'eux touts sur leurs atours,*
> *Et les grans gens & les menues,*
> *Escherpetes blanches cousues.*

Et ailleurs.

> *Pour le Bannier qui en l'ost crie;*

Que tout home de sa patrie,
Face tant commant qu'il la tranche,
Qu'il soit seigniez d'Escherpe blanche,
Pour estre au serir concus.

Mais, dit-on : comme la Chappe de St Martin a été commise au Comté d'Anjou & l'Oriflamme, selon les rencontres, à des personnages de courage & fidelité reconnue, le droit de porter la Cornette-blanche aux batailles, a-t-il été attribué à certaines personnes ou familles ? Pour resoudre : J'apprens qu'elle appartient & a été donnée, non à certaines personnes ou familles, mais à l'*Ecuyer trenchant*, lequel défaillant, attendant nouvelle provision, elle est confiée à quelque personnage de merite. Ainsi le sieur de Roddes, Ecuyer trenchant, qui portoit la Cornette-blanche à la bataille d'Ivri (notable atteinte contre la Ligue) ayant été tué aux yeux de son Roi ; en la presence des meilleurs François combatans pour la liberté de l'Etat, contre les desseins des Etrangers, elle fut commise au Seigneur de Paloyseau, Seigneur de naissance, courage & fidelité rare : depuis elle est rentrée & subsiste avec la qualité de Trenchant en la maison de Roddes, dont elle étoit sortie.

Dans Alain Chartier à l'entrée du Roi en la ville de Rouen, Havart, l'Ecuyer trenchant, monté sur un grand destrier, portoit un Pennon de velours azuré à quatre Fleurs-de-Lis : Mais à l'entrée de Baïonne il n'est point parlé de lui.

BANNIERES DES BARONS ET CAPITAINES
Particuliers.

OUtre les Bannieres & Etendarts Royaux, marques de l'autorité absolue, les riches Barons & Capitaines particuliers de Gensdarmes, avoient leurs Bannieres ou Pennons, qui pourroient fournir grand sujet de discours, par les rencontres qui se voyent dans les histoires, même de Froissard ; comme de *Lever Banniere*, vol. 1. chap. 7. 241. Et vol. 2. chap. 10 : *Bouter Banniere hors*. 2. vol. chap. 164 : Formalité pour la developer : 2. vol. chap. 54 : *Relever Banniere* ; dans Olivier de la Marche, &c. Je dirai seulement, que sous les noms generaux de Banniere, Etendart, Gonfallon, Pennon, ou Pannonceaux, étoit pour son excellence entendue l'Enseigne Royale : combien que souvent, par abus, ils ayent été communiqués à autres. Et d'autant que le nom de PANNONCEAUX est frequent en l'usage des affaires, j'en donnerai quelques exemples anciens. PENNON, en sa signification plus naturelle, est l'Enseigne ou Cornette d'un Capitaine de gens de Cheval, où ses Armes étoient empreintes, comme a remarqué Monsieur Fauchet : dont ont procedé les PANNEAUX, terme demeuré entre nous peculier aux affiches, qui designent la vente par decret des heritages saisis, sous les Armes & autorité du Roi : *Cortinæ, & vela Regia*, dans St Ambroise, Epitre 33. Neanmoins autrefois le terme a été employé pour les particuliers. Guillaume Guiart, sous l'an 1194.

Lances, Panonceaux & Bannieres,
Li serjans des routes premieres.

Sous l'an 1304.

Panonceaux par leur floz ventelent,
Et mainte Baniere Isabelle.

Sous l'an 1306.
En autres plusieurs manieres,
Bruient Pannonciaux & Banieres.

Dans Froissard, le nom de *Pennon*: *Pennon & Banniere*, *Pannon & Pannonceaux*, est en infinis lieux, indifferemment employé pour toutes personnes. PANNONCEAUX, Froiss. vol. 1. chap. 241. *Sous le Pennon St Georges, & à la Banniere de Messire Jean Chandos, estoient les Compagnies, où bien estoient douze cens* PENNONCEAUX : vol. 2. chap. 52. *Or est il droict que je vous nomme les Bannieres & Pennonceaux qui là estoient*: vol. 4. chap. 18. *Ce devez sçavoir, que toutes ces Banieres & Pannonceaux estoient en front & en munstre.*

Plusieurs ont remarqué que les Pennons, Pennonceaux, Etendarts, ont ainsi été appellés, comme étant des PANS, ou morceaux de riches étoffes, lesquels battus & étendus par le vent, montrent & *enseignent* la route à tenir en la campagne.

Au Roman d'Alexandre, parlant de Bucephal:

Les flans il li essuie des PANS *de son cendal.*

Aussi, comme les noms de Pannonceaux & Bannieres étoient divers, les formes en étoient pareillement diverses. La diversité est remarquée par le même Auteur, vol. 4. chap. 18. ,, Le Duc de Bourbon (qui pour lors
,, estoit souverain Capitaine de tous eux) fut logé au milieu de tous
,, moult honorablement & puissamment, selon la quantité des gens qui y
,, estoient, & les charges que les Seigneurs y avoient : & estoit la devise
,, dudit Duc & sa BANNIERE, pour lors tout pleinement armoyée de Fleurs-
,, de-lis de France, à une blanche image de Notre-Dame, Vierge, Mere
,, de JESUS-CHRIST, au milieu assise & figurée, à un écusson de Bourbon
,, dessous les piés de l'Image. Or premierement je vous nommerai les Sei-
,, gneurs de nom, qui estoient à la dextre dudit Seigneur de Bourbon,
,, logés, en regardant la Ville. Premierement, Messire Guillaume de la Tri-
,, moille, & son frere, à *Pennon*; le sire de Bordenay, à *Banniere*; Messire
,, Helion de Lignac, à *Pennon*; & le sire de Tours, à *Pennon*. Après estoient
,, en ordonnance le Hainuiers, & avoient en Estendart la devise, Monsei-
,, gneur Guillaume de Haynaut, pour celui tems Comte d'Ostrevant, aisné
,, fils du Duc Aubert de Baviere, Comte de Haynault, de Hollande & de
,, Zelande : & estoit la devise sur l'Estendart, une Herse d'or, assise sur une
,, champaigne de gueules. Là estoient le sire de Haureth, à *Banniere*; le
,, Seigneur de Ligny, à *Banniere*; & puis Messire Philippes d'Artois, Com-
,, te d'Eu, à *Banniere*; le Seigneur Matefelon, à *Banniere*, le sire de Calan,
,, à *Pennon*; le Seneschal d'Eu, à *Pennon*; le sire de Linieres, à *Banniere*; le
,, sire de Thin, à *Banniere*; le sire d'Ameval, à *Banniere*; Messire Gautier
,, de Champenon, à *Pennon*; Messire Jean de Chasteaumorant, à *Banniere*;
,, le frere du Mareschal de Sancerre, à *Pennon*; le sire de Coucy, à *Ban-
,, niere*, & plus étofément que nul des autres, excepté le Duc de Bourbon;
,, le sire de Ligne, à *Pennon*; Messire Estienne de Sancerre, à *Pennon*; &
,, puis le Pennon du Roi de France & sa devise : & delez lui estoit Messire
,, Jean le Barrois, à *Pennon*, armoyé de ses armes : & puis Messire Guil-
,, laume Morles, à *Banniere*; le sire de Longueval, à *Pennon*; Messire Jean
,, de Roye, à *Banniere*; le sire de Bours, à *Pennon*; le Vicomte d'Ausnay,
,, à *Banniere*; & Monseigneur l'Admiral, à *Banniere*, qui se nommoit Jean
,, de Vienne. Après s'ensuit ceux qui au lez senestre estoient ,,. Le même Auteur au vol. 1. chap. 241. ,, S'en reviurent ces Bannieres & ces *Pennons*:
,, c'est à sçavoir, la *Banniere* du Duc de Lenclastre, la *Banniere* de Messire
,, Jean Chandos, & le PENNON DE S. GEORGES ,,. De ce Pennon St Geor-

DE LA VILLE DE PARIS. Liv. XIII.

ges eft encore parlé, 3. vol. chap. 32. vol. 2. chap. 119. ,, Meirent leurs
,, Bannieres & *Pennons* hors de leurs Hoftels, &c. Chacun Seigneur fous
,, la Banniere ou fon *Pennon*: vol. 3. chap. 27. Si vifmes trois Bannieres &
,, quatre *Pennons*. ,, Or BANNIERE, dont il ne m'eft pas neceffaire de toucher
à prefent l'origine tirée du Grec, n'eft autre chofe qu'une Enfeigne pour
la conduite des Compagnies. Dans les nouvelles Chroniques ajoutées à
Monftrelet, *ad an*. 1466. ,, Fit & ordonna le Roi, que toutes perfonnes
,, eftans & refidans à Paris, feroient BANNIERES; auroient des Gouverneurs
,, qui auroient la conduite & gouvernement defdites Bannieres. Et au chap.
,, fuivant: fe trouvent foixante-fept BANNIERES des meftiers, fans les Ef-
,, tendarts & Guidons de la Cour de Parlement, Chambre des Comptes,
,, du Threfor, &c.

Aucuns portoient Pennon & Banniere. Froiff. vol. 2. chap. 235. ,, Là ef-
,, toit Meffire Huë le Defpenfier à *Pennon*.; & là eftoit à *Banniere & Pen-
,, non* le fire de Beaumont, Meffire Hue de Cavellee, Meffire Thomas Truiet,
,, & Meffire Guillaume Heliven; & à *Pennon* fans *Banniere*, Meffire, &c.

ORNEMENT DE PENNONS] Froiff. vol. 2. chap. 112. ,, Faifoit porter fon
,, *Pennon* devant lui tout developpé, armoyé de fes armes. *Vol. 3. chap. 69.*
,, Faifoit porter devant lui fon *Pennon*, pleinement de France & Angleter-
,, re, & ventilloit au vent par une maniere eftrange, car les *Corions* en
,, defcendoient prefque en terre.

De même, FANON & GONFANON, autrefois pris pour les Rois, a été depuis ufurpé par les particuliers. Au Roman de Rou & Ducs de Normandie:

*Renaut affembla s'oft, & fes voifins manda,
A Roulant, un vaffal, fon* GONFANON *livra.*

Au Roman de Vacce, vivant l'an 1160.

*Li Dus appella un Sergent,
Son* GONFANON *fit traire avant.*

Les Rois, outre les Etendarts generaux, portés par des perfonnes choi-
fies, portoient fouvent eux-mêmes, au bout & près du fer de leurs lances, des Penons ou Fanons. Roman de Guiteclin.

Li Rois tint une lance, à un vermeil Penon.

A leur exemple, les particuliers mettoient les Pennons & Fanons à leurs
heaumes ou à leurs lances.

Au même Roman.

Li Confanons de foie for hiaume li vantele.

Ailleurs.

Moult fi fieft bien au col, la lance au Confanon.

Roman d'Alexandre.

Hante et groffe de frefne, & Gonfanon pendant.

De forte qu'en divers joûtes & combats à outrance, l'on voit des coups
de lance, lefquels laiffent le Gonfanon dans le corps de l'ennemi bleffé,
ou portent le Gonfanon au travers du corps par l'ouverture de la plaie.

Fin du fecond Tome.

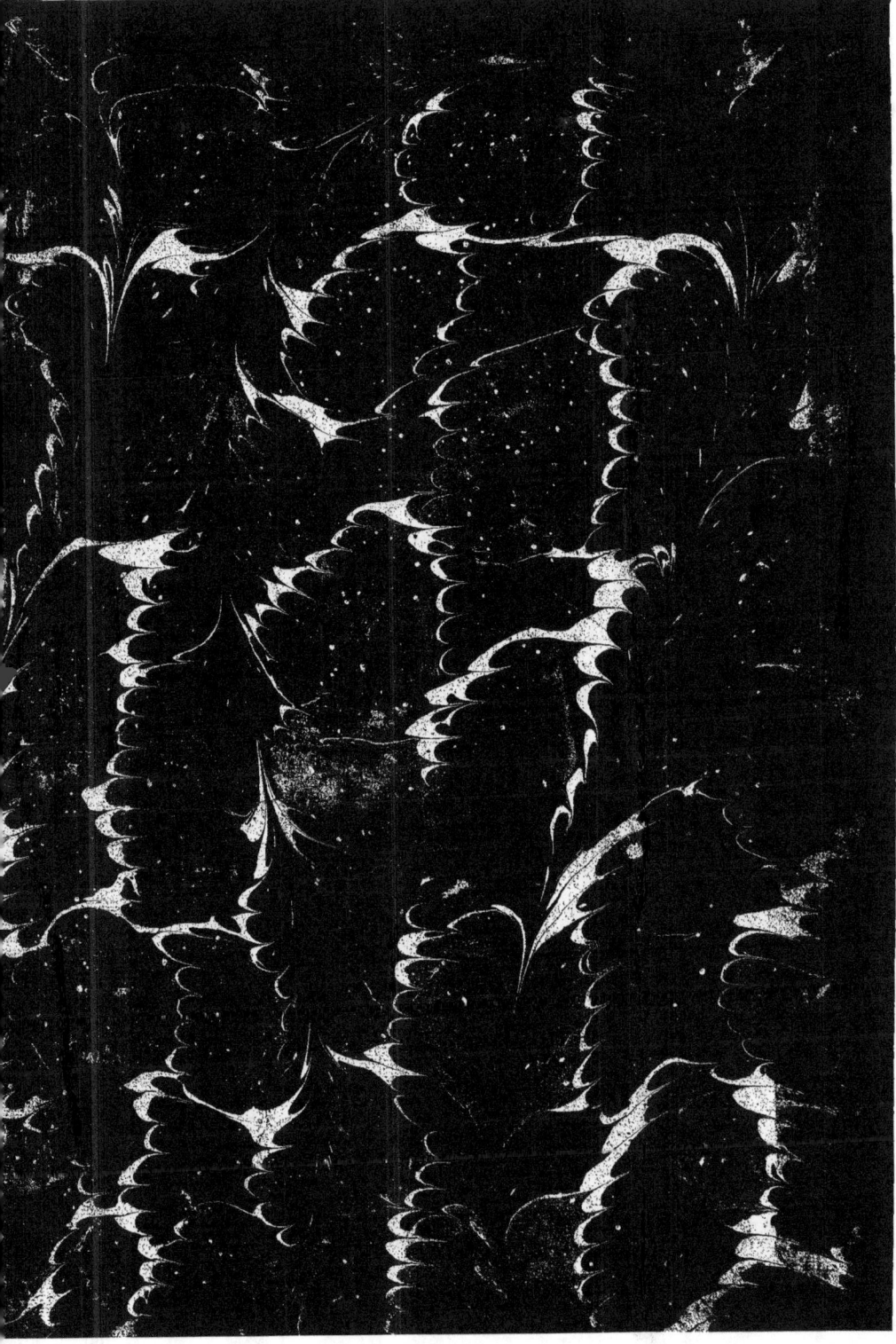

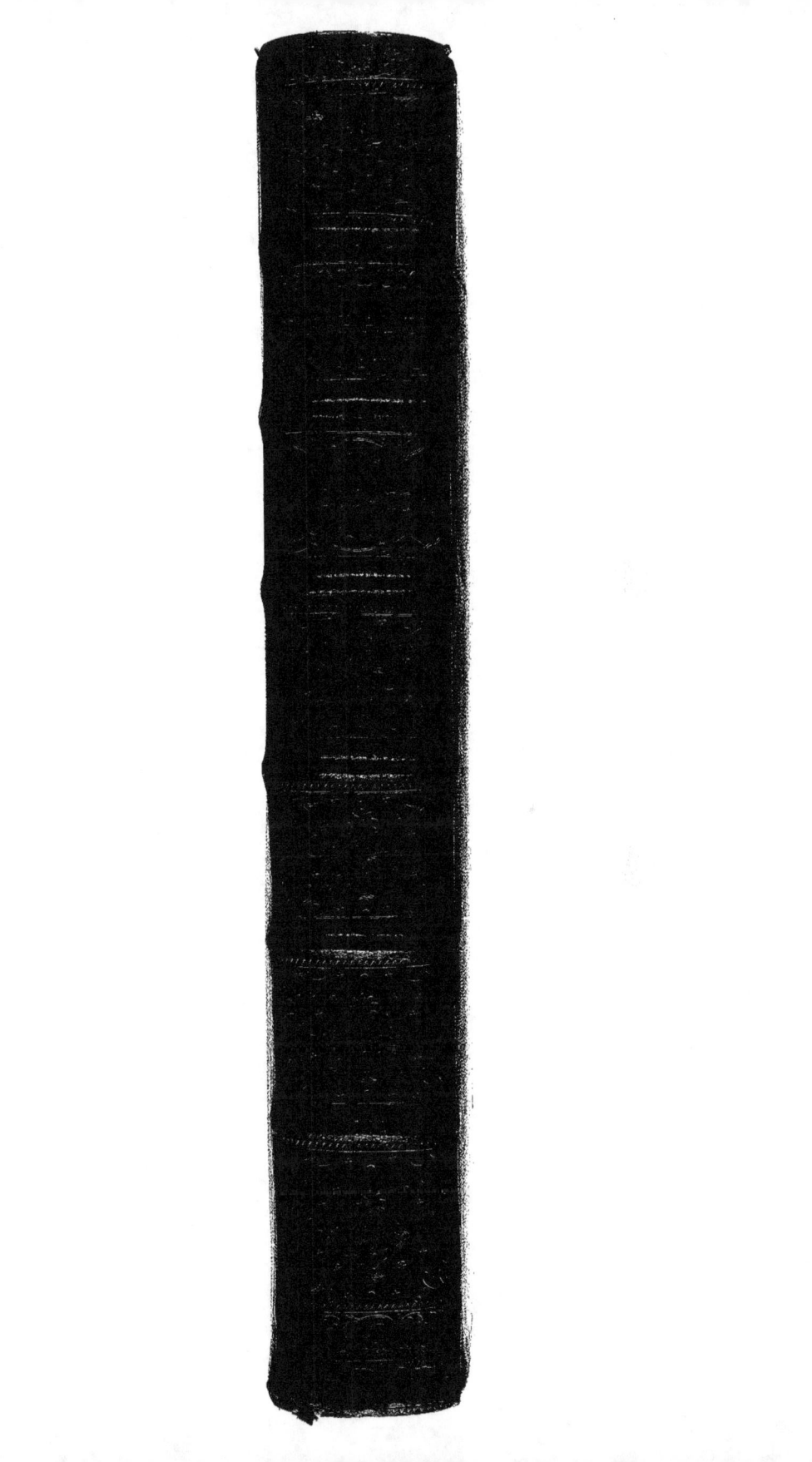

www.ingramcontent.com/pod-product-compliance
Lightning Source LLC
Chambersburg PA
CBHW061734300426
44115CB00009B/1221